हिन्दी साहित्य का वैज्ञानिक इतिहास

प्रथम खण्ड

(आदिकाल से आधुनिक काल पूर्व तक : ११८४-१८५७ ई०)

हिन्दी साहित्य का वैज्ञानिक इतिहास

प्रथम खण्ड

(आदिकाल से आधुनिक काल पूर्व तक : ११८४-१८५७ ई०)

डॉ. गणपतिचन्द्र गुप्त

भूतपूर्व कुलपति, हिमाचल प्रदेश विश्वविद्यालय एवं
कुरुक्षेत्र विश्वविद्यालय

लोकभारती प्रकाशन

लोकभारती प्रकाशन
पहली मंजिल, दरबारी बिल्डिंग, महात्मा गाँधी मार्ग
प्रयागराज-211 001

वेबसाइट : www.lokbhartiprakashan.com
ईमेल : info@lokbhartiprakashan.com

शाखाएँ : 1-बी, नेताजी सुभाष मार्ग, दरियागंज
नयी दिल्ली-110 002
अशोक राजपथ, साइंस कॉलेज के सामने
पटना-800 006 (बिहार)
1, अनमोल सोराबजी संतुक लेन, मरीन लाइंस
मुम्बई-400002

प्रथम संस्करण : 1965
तेरहवाँ संस्करण : 2024

जे.के. आर्ट प्रेस
प्रयागराज द्वारा मुद्रित

HINDI SAHITYA KA VAIGYANIK ITIHAS
PART-I
by Dr. Ganpatichandra Gupt

ISBN : 978-81-8031-204-5

दो खण्डों का संयुक्त
मूल्य : ₹ 1800

प्राक्कथन

(प्रथम संस्करण की भूमिका)

प्रत्येक वस्तु का अपना इतिहास होता है, यहाँ तक कि इतिहास का भी एक इतिहास होता है। कोई भी इतिहास एकाएक अपने विकास की चरम स्थिति तक नहीं पहुँच पाता—इसके लिए एक या अनेक इतिहासकारों को क्रमशः सामग्री-संकलन, वर्गीकरण, विश्लेषण, संश्लेषण आदि को विभिन्न प्रक्रियाओं में से गुजरना पड़ता है। यदि इस दृष्टि से हिन्दी साहित्य के इतिहास पर दृष्टिपात करें तो ज्ञात होगा कि उसका भी विकास क्रमशः अनेक विद्वानों द्वारा हुआ है। प्रारम्भ में गार्सा द तॉसी, शिवसिंह सेंगर प्रभृति ने मुख्यतः सामग्री-संकलन का कार्य किया तो जार्ज ग्रियर्सन एवं मिश्र-बन्धुओं ने वर्गीकरण की ओर ध्यान दिया तथा आचार्य रामचन्द्र शुक्ल ने उसकी विभिन्न प्रवृत्तियों का विश्लेषण किया। आचार्य शुक्ल के अनन्तर आचार्य हजारीप्रसाद द्विवेदी ने उसके विभिन्न सांस्कृतिक स्रोतों के आख्यान की दृष्टि से तथा डॉ० रामकुमार वर्मा ने उसके विभिन्न पक्षों के साहित्यिक मूल्यांकन की दृष्टि से महत्त्वपूर्ण कार्य किया। इनके अनन्तर भी डॉ० नगेन्द्र, आ० विश्वनाथ-प्रसाद मिश्र, डॉ० लक्ष्मीसागर वार्ष्णेय, भगीरथप्रसाद मिश्र, डॉ० श्रीकृष्णलाल तथा अन्य अनेक लेखकों एवं शोधकर्त्ताओं ने उसके विभिन्न काल-खण्डों, काव्य-रूपों एवं काव्य-धाराओं पर नूतन प्रकाश डालकर उसे और अधिक स्पष्ट किया। इस प्रकार हिन्दी-साहित्य का इतिहास तॉसी से लेकर अब तक निरन्तर विकासोन्मुख रहा है। प्रस्तुत प्रयास भी विकास की इस दीर्घ शृंखला में एक नूतन कड़ी है। यह प्रयास किन प्रेरणाओं एवं प्रयोजनों से प्रेरित है, इसी का थोड़ा स्पष्टीकरण यहाँ किया जाता है।

हिन्दी-साहित्य के इतिहास-लेखन की उपर्युक्त दीर्घ-परम्परा में आचार्य रामचन्द्र शुक्ल का कार्य उसका वह मध्यवर्ती प्रकाश-स्तम्भ है, जिसके समक्ष सभी पूर्ववर्ती प्रयास आभा-शून्य प्रतीत होते हैं तो साथ ही सभी परवर्ती प्रयास उसके आलोक से आलोकित हैं। वस्तुतः इस समय तक हिन्दी-साहित्य के इतिहास का जो ढाँचा, रूप-रेखा, काल-विभाजन एवं वर्गीकरण प्रचलित है, वह बहुत कुछ आचार्य शुक्ल के द्वारा ही प्रस्तुत एवं प्रतिष्ठित है। किन्तु उनके इतिहास-लेखन के अनन्तर विगत तीस-पैंतीस वर्षों में हिन्दी साहित्य के क्षेत्र में पर्याप्त अनुसंधान-कार्य हुआ है जिससे बहुत-सी ऐसी नयी सामग्री, नये तथ्य और नये निष्कर्ष प्रकाश में आये हैं जो

आचार्य शुक्ल के वर्गीकरण-विश्लेषण आदि के सर्वथा प्रतिकूल पड़ते हैं। उदाहरण के लिए, जिन रचनाओं के आधार पर उनका वीरगाथा-काल स्थापित था, वे अब अस्तित्वहीन, अप्रामाणिक या परवर्तीकाल की सिद्ध हो गई हैं। उनका वीरगाथा काल– वीरगाथाओं के रचना-काल की दृष्टि से—खिसक कर अब भक्ति-काल में आ गया है। इसी प्रकार ऐसी रचनाएँ भी मिली हैं जिनसे रीति-काल की प्रारम्भिक सीमा बहुत पहले सिद्ध हो जाती है। वस्तुत: जिसे आचार्य शुक्ल एवं उनके अनुयायी वीरगाथा काल, भक्तिकाल एवं रीतिकाल—तीन अलग-अलग काल कहते हैं, वे एक ही काल के साथ-साथ बहने वाली तीन धाराएँ हैं। जिस समय राजस्थानी राजाओं के आश्रय में वीरता का काव्य लिखा जा रहा था उसी समय वृन्दावन-मथुरा के मन्दिरों में भक्ति के पदों का गुञ्जार हो रहा था तथा अकबर के दरबार में नायिका के नख-शिख, हाव-भाव एवं प्रणय-प्रसंगों का आख्यान लगभग उसी कवित-छप्पय पद्धति में हो रहा था, जिसे रीतिकाल की विशिष्टता के रूप में स्वीकार किया जाता है। इसी प्रकार आचार्य शुक्ल ने मध्यकाल (भक्तिकाल एवं रीतिकाल) में केवल पाँच धाराओं का अस्तित्व स्वीकार किया है जबकि नये अनुसन्धान से इस काल में एकादश पुष्ट एवं सुविकसित धाराओं का अस्तित्व सिद्ध होता है जिनका विवरण प्रस्तुत इतिहास में देखा जा सकता है। विभिन्न काव्य-धाराओं के उद्गम-स्रोतों, प्रेरक तत्त्वों एवं प्रवृत्तियों के सम्बन्ध में भी अनेक नये निष्कर्ष स्थापित हुए हैं। अस्तु, इसमें कोई सन्देह नहीं कि आचार्य शुक्ल का प्रयास अपने-आप में अत्यन्त महत्वपूर्ण होते हुए भी आज की स्थिति के अनुकूल नहीं है। अवश्य ही यह बात कुछ मित्रों को अरुचिकर लगेगी, पर कभी-कभी अरुचिकर तथ्यों को भी स्वीकार करना आवश्यक होता है।

प्रस्तुत प्रयास नयी स्थिति के कहाँ तक अनुकूल है, इसका उत्तर तो भविष्य ही दे सकेगा किन्तु मैं अपने दृष्टिकोण, लक्ष्य एवं निष्कर्षों के सम्बन्ध में यहाँ किंचित् संकेत कर देना आवश्यक समझता हूँ।

दृष्टिकोण—इतिहास का सम्बन्ध अतीत की व्याख्या से है तथा प्रत्येक व्याख्या के मूल में व्याख्याता का दृष्टिकोण अनुस्यूत रहता है। प्रस्तुत इतिहास में प्रयुक्त दृष्टिकोण को "वैज्ञानिक दृष्टिकोण" की संज्ञा दी जा सकती है। इस दृष्टिकोण के अनुसार किसी पुष्ट सिद्धान्त या प्रतिष्ठित नियम के आधार पर वस्तु की तथ्यपरक, सर्वांगीण एवं बौद्धिक व्याख्या सुस्पष्ट शैली में प्रस्तुत करने का प्रयास किया जाता है।

विकासवादी सिद्धान्त

विज्ञान के अनुसार सृष्टि की रचना एकाएक नहीं हुई अपितु उसका क्रमश: विकास हुआ है, अत: इतिहास की वैज्ञानिक व्याख्या में भी विकासवादी सिद्धांतों को आधार बनाया जाता है। पर विकासवाद के सिद्धान्त भी अनेक हैं भौतिक विज्ञान, जीव-विज्ञान, मनोविज्ञान, समाजशास्त्र आदि विभिन्न क्षेत्रों में विभिन्न सिद्धान्त

प्रचलित हैं। दूसरी ओर साहित्य के क्षेत्र में अभी तक कोई विकासवादी सिद्धान्त सुप्रतिष्ठित नहीं है। ऐसी स्थिति में मेरे सामने समस्या थी कि मैं किस सिद्धान्त का अनुगमन करूँ इसके लिए मैंने विभिन्न क्षेत्रों के प्रतिनिधि सिद्धान्तों के तुलनात्मक अध्ययन के आधार पर एक ऐसे सिद्धान्त की प्रतिष्ठा का प्रयास किया है जिसे विकास-वाद का सामान्य या सार्वभौमिक (यूनिवर्सल) सिद्धान्त कहा जा सके तथा जिसे अन्य क्षेत्रों के साथ-साथ साहित्य पर भी लागू किया जा सके। यह नव प्रतिष्ठित सिद्धान्त पाँच सूत्रों में प्रस्तुत है—(१) प्राकृतिक सर्जन-शक्ति, (२) परम्परा (३) वातावरण, (४) द्वंद्व (५) संतुलन। संक्षेप में, विकास की प्रत्येक क्रिया के मूल में कोई न कोई प्राकृतिक सर्जन शक्ति निहित रहती है जो परम्परागत तत्त्वों एवं सामयिक वातावरण के पारस्परिक द्वन्द्व से उद्दीप्त एवं प्रेरित होकर तब तक सक्रिय रहती है जब तक कि द्वन्द्व के उभय पक्षों में संतुलन स्थापित नहीं हो जाता। संतुलन-स्थापना ही विकास-प्रक्रिया का चरम लक्ष्य है जिसकी उपलब्धि के अनन्तर विकास की एक आवृत्ति पूर्ण हो जाती है तथा सर्जन-शक्ति तब तक के लिए शान्त एवं निष्क्रिय हो जाती है जब तक कि परिस्थिति-भेद से उनका सन्तुलन पुनः भङ्ग न हो जाय।

विकासवाद का उपर्युक्त सिद्धान्त जहाँ डारविन, मार्क्स, स्पेंसर, बर्गसाँ एवं ट्वायनबी जैसे विभिन्न चिन्तकों के विकासवादी सिद्धान्तों में समन्वय स्थापित करता है वहाँ वह विभिन्न विषय-क्षेत्रों की विकास-प्रक्रिया पर भी भली-भाँति लागू होता है। यह दूसरी बात है कि विषय-क्षेत्र की विशिष्टता के अनुसार उपर्युक्त शब्दावली के भी विशिष्ट अर्थ को समझ लेना आवश्यक है। जहाँ तक साहित्य का सम्बन्ध है, इसे विस्तार से स्पष्ट कर दिया गया है।

साहित्य का विकास मुख्यतः तीन दिशाओं में होता है—साहित्य-रूपों का विकास, साहित्य की आन्तरिक प्रवृत्तियों का विकास एवं साहित्य के गुणों (विशुद्ध साहित्यिक तत्त्वों या मूल्यों) का विकास। इस दृष्टि से साहित्य के विकास के तीन विशिष्ट भेदों का भी विवेचन-विश्लेषण अलग-अलग अध्यायों में करते हुए अनेक नये निष्कर्षों एवं सिद्धान्तों की स्थापना की गई। वस्तुतः इस कृति के प्रथम खण्ड में प्रस्तुत साहित्य के विकासवादी सिद्धान्त मेरे निजी चिंतन पर आधारित हैं; अतः संभव है कि कुछ बिन्दुओ पर किसी का मतभेद हो, किन्तु जहाँ तक इस प्रयास की मौलि-कता का प्रश्न है, मैं विनम्रतापूर्वक यह कहने का साहस कर सकता हूँ कि प्रस्तुत कृति में स्थापित विकासवाद का सामान्य सिद्धान्त तथा साहित्य के विकास सम्बन्धी विभिन्न स्थापनाएँ और साहित्य के रूपात्मक, प्रवृत्यात्मक एवं गुणात्मक विकास सम्बन्धी विभिन्न निष्कर्ष न केवल हिन्दी के इतिहास-लेखन-क्षेत्र के लिए अपितु विश्व के इति-हास-लेखन-क्षेत्र के लिए भी नये हैं।

हिन्दी साहित्य का आविर्भाव काल

हिन्दी-साहित्य के आविर्भाव-काल के सम्बन्ध में विभिन्न मत प्रचलित हैं किन्तु वे अनेक भ्रांतियों पर आधारित हैं; यथा—कुछ विद्वानों ने अपभ्रंश को हिन्दी से

अभिन्न मानते हुए हिन्दी-साहित्य का आविर्भाव-काल लगभग सातवीं शती से माना है जो वस्तुतः अपभ्रंश-साहित्य का आविर्भाव-काल है। अनेक विद्वानों ने इस सम्बन्ध में अपना निर्णय ऐसी रचनाओं के आधार पर दिया है जो अब अप्रामाणिक, अस्तित्व-हीन या परवर्ती सिद्ध हो चुकी है। इसी प्रकार कुछ ने हिन्दी साहित्य का आविर्भाव-काल हिन्दी भाषा के उद्भव-काल से भी दो-तीन शताब्दियाँ पूर्व माना है। भाषा के उद्भव से पूर्व ही उसके साहित्य का आविर्भाव मानना एक विचित्र कल्पना है। अस्तु, इस सम्बन्ध में विभिन्न तथ्यों के आधार पर पुनर्विचार करने पर मैं इस निष्कर्ष पर पहुँचा हूँ कि हिन्दी का पहला प्रामाणिक काव्य मुनि शालिभद्र सूरि कृत 'भरतेश्वर बाहुबली रास' जो सन् ११८४ ई० (१२४१ वि०) में रचा गया था तथा इसी से हिन्दी में धार्मिक रास-काव्यों की भी एक अविच्छिन्न परम्परा का सूत्रपात होता है। अतः मैंने इसी समय (११८४ ई०) को हिन्दी साहित्य का आविर्भाव-काल माना है। ऐतिहासिक, सांस्कृतिक एवं भाषा-वैज्ञानिक दृष्टि से भी यही समय नव परिवर्तन के अनुकूल सिद्ध होता है।

काल-विभजन एवं नामकरण

हिन्दी-साहित्य का प्रचलित काल-विभाजन एवं उसके विभिन्न युगों का नामकरण किसी निश्चित सिद्धान्त पर आधारित न होने के कारण अनेक असंगतियों से युक्त है, जिन्हें देखते हुए मैंने उसे नया रूप देने का प्रयास किया है। संक्षेप में मैंने समस्त हिन्दी-साहित्य को तीन काल-खण्डों में विभक्त किया है—(१) प्रारम्भिक काल (११८४-१३५० ई०), (२) मध्यकाल (१३५०-१८५७ ई०), (३) आधुनिक काल (१८५७ से अब तक)। पूर्ववर्ती इतिहासकारों ने प्रत्येक युग की एक प्रवृत्ति को प्रमुखता देते हुए उसी के आधार पर उसका नामकरण कर दिया, जिससे उस युग की अन्य प्रवृत्तियाँ सर्वथा उपेक्षित एवं तिरोहित हो गई हैं। संभव है इससे अध्यापकों एवं विद्यार्थियों को सुविधा रही हो, किन्तु वैज्ञानिक दृष्टि से यह प्रयास एकांगिता एवं अधूरेपन का सूचक है। प्रमुख प्रवृत्ति को प्रमुख स्थान देना तो उचित है किन्तु गौण प्रवृत्तियों की सर्वथा उपेक्षा करना—उन्हें गौण स्थान भी न देना—अनुचित है। उदाहरण के लिए यदि टोकरी में पचास आम, बीस केले और दस सन्तरे हों, तो प्रमुखता के आधार पर उसे 'आम की टोकरी' कहना अवैज्ञानिक है; वैज्ञानिक दृष्टि से 'फलों की टोकरी' कहना उचित होगा। 'भक्तिकाल', 'रीति-काल' जैसी संज्ञाएँ पहले प्रकार के दृष्टिकोण की सूचक हैं। एक ही प्रवृत्ति को प्रमुखता देने की एकांगी दृष्टि के कारण ही तथाकथित भक्तिकाल में लिखे गये शताधिक वीर-रसात्मक काव्यों को तथा रीतिकाल के रीतिमुक्त कवियों को, जिनमें घनानन्द जैसे रस-सिद्ध कवि भी हैं, फुटकल खाते में ही शरण लेनी पड़ी। अस्तु मैंने इन काल-खंडों के नामकरण में ऐसी सामान्य संज्ञाओं का प्रयोग किया है जिससे हिन्दी-साहित्य को सम्पूर्ण एवं व्यापक रूप में तथा उसकी विभिन्न प्रवृत्तियों को सर्वाङ्गीण रूप से प्रस्तुत किया जा सके।

नयी काव्य-परम्पराएँ

किसी काल-खंड को पहले से ही 'वीरगाथा काल', 'भक्तिकाल' या 'रीतिकाल' मान लेने का एक दुष्परिणाम यह भी हुआ कि प्रत्येक काल खंड की ऐसी काव्य परम्पराओं को, जो इस नामकरण के प्रतिकूल पड़ती थीं, इतिहास में स्थान नहीं दिया जा सका। यदि हम पूर्वाग्रहों से मुक्त होकर मध्यकाल के सारे साहित्य को उसके वास्तविक रूप में देखें तो ज्ञात होगा कि इस काल में केवल पाँच ही काव्य-परंपराओं (ज्ञान-मार्गी, प्रेम-मार्गी, राम-काव्य, कृष्ण-काव्य, रीति-काव्य) का नहीं अपितु एकादश काव्य-धाराओं का अस्तित्व है; वे काव्य-धाराएँ हैं—(१) संत-काव्य परम्परा, (२) पौराणिक प्रबन्ध-काव्य-परम्परा, (३) पौराणिक गीति-काव्य-परम्परा, (४) रसिक भक्ति-काव्य-परम्परा, (५) ऐतिहासिक रासो काव्य-परम्परा, (६) ऐतिहासिक चरित काव्य-परम्परा, (७) ऐतिहासिक मुक्तक काव्य-परम्परा, (८) मैथिली गीति-परम्परा, (९) शास्त्रीय मुक्तक-परम्परा, (१०) रोमांसिक कथा-काव्य-परम्परा, (१) स्वच्छन्द मुक्तक काव्य-परम्परा।

मध्यकाल की इन एकादश काव्य-परंपराओं को मैंने तीन प्रकार के आश्रय-केन्द्रों में विभक्त किया है—धर्माश्रय, राज्याश्रय एवं लोकाश्रय। मध्यकाल का हिन्दी साहित्य इन्हीं तीन प्रकार के आश्रय-केन्द्रों में रचित एवं विकसित होने के कारण ही उनमें रुचि एवं प्रवृत्तियों का भेद मिलता है; यथा—धर्माश्रय में विकसित होने वाली काव्य-परंपराओं में जहाँ धर्म, दर्शन एवं भक्ति संबंधी प्रवृत्तियाँ प्रमुख हैं, वहाँ राज्याश्रय में वीरता, प्रशस्ति, शृङ्गार एवं शास्त्रीय ज्ञान-प्रदर्शन की तथा लोकाश्रय में साहस, कौतूहल, आश्चर्य एवं स्वछन्द प्रेम से सम्बान्धित प्रवृत्तियाँ प्रमुख हैं। अस्तु, जैसा कि मैंने पीछे भी संकेत किया है, वीरता, भक्ति एवं शृङ्गार की प्रवृत्तियाँ अलग-अलग आश्रय-केन्द्रों में साथ-साथ विकसित होने वाली प्रवृत्तियाँ हैं, जबकि हमारे इतिहासकारों ने इन्हें तीन अलग-अलग युगों की प्रवृत्तियाँ मानकर इतिहास को इसी मान्यता के अनुमार काट-छाँट दिया है। वस्तुतः इतिहासकार का लक्ष्य अतीत की सामग्री को उसके यथार्थरूप में ग्रहण करने का होता है न कि उसे अपनी मान्यताओं के अनुसार कल्पित साँचे में ढाल देने का। यह दुर्भाग्य की बात है कि हमारे इतिहासकारों ने इस दूसरे मार्ग का अवलंबन करते हुए इतिहास को एक ऐसे साँचे में ढाल दिया है जो वास्तविकता से बहुत दूर है। यद्यपि वीरगाथाकाल, भक्तिकाल, रीतिकाल का यह भ्रामक एवं कल्पित ढाँचा हमारे विद्वानों एवं अध्यापकों के मन में बड़ी गहराई से पैठ गया है, फिर भी इसी में हमारा हित है कि हम वस्तु-स्थिति को ध्यान में रखते हुए इस रोचक एवं बहुप्रचलित भ्रांति से शीघ्रातिशीघ्र मुक्ति पा लें।

मध्यकाल की अनेक काव्य-परम्पराओं के प्रचलित नामकरण में भी मुझे संशोधन करना पड़ा है। उदाहरण के लिए, राम-भक्ति-काव्य-धारा को लीजिये। आचार्य

शुक्ल के अनुसार इस धारा की प्रतिष्ठा तुलसीदास के द्वारा हुई और यह लगभग उन्हीं के साथ समाप्त हो गई—क्योंकि बाद में किसी का साहस ही नहीं हुआ कि वह तुलसी की प्रतिद्वंद्विता में उतरता। तुलसीदास के अतिरिक्त इस धारा में तीन-चार कवियों का नाम और गिनाया जाता है जिनमें से किसी ने नाटक लिखा और किसी ने मुक्तक। इतिहास में परंपरा या धारा उसे कहते हैं जिसमें एक जैसी विषय-वस्तु, पद्धति एवं शैली में कम से कम आठ-दस रचनाएँ अवश्य मिलती हों, पर यह बात राम-काव्य परम्परा पर लागू नहीं होती। ऐसी स्थिति में इसे धारा या परम्परा कैसे माना जा सकता है! तो क्या यह माना जाये कि तुलसी जैसे महाकवि अकेले हैं—उनकी कोई परम्परा नहीं है। वस्तुतः ऐसा नहीं है। मध्यकाल में लगभग दो सौ ऐसे प्रबन्ध-काव्य मिलते हैं जिनमें राम, कृष्ण, नृसिंह, प्रह्लाद, ध्रुव, सुदामा आदि पौराणिक पात्रों की गाथाएँ प्रस्तुत की गई हैं तथा जो रचना-पद्धति एवं शैली की दृष्टि से एक ही परंपरा के हैं। इसी परंपरा को मैंने 'पौराणिक प्रबन्ध-काव्य-परंपरा' के रूप में स्वीकार करते हुए उसी में तुलसीदास को स्थान दिया है। इस परंपरा में राम की अपेक्षा कृष्ण तथा अन्य पौराणिक पात्रों पर अधिक प्रबन्ध लिखे गये हैं किन्तु; इसका नामकरण दोषपूर्ण ढंग से हो जाने के कारण एक ओर रामेतर काव्यों को फुटकल खाते में डालना पड़ा तथा दूसरी ओर तुलसी को एक परंपरा-शून्य कवि बताना पड़ा। वस्तुतः इस प्रकार की असंगतियों के निराकरण के लिए ही विभिन्न काव्य-परम्पराओं के प्रचलित नामकरण में संशोधन किया गया है।

उद्गम-स्रोतों एवं प्रवृत्तियों की नयी व्याख्या

विकासवादी सिद्धान्तों के अनुसार किसी भी वस्तु का विकास परम्परा और वातावरण के द्वंद्व से ही होता है; अतः साहित्य की धाराओं एवं प्रवृत्तियों के विकास की भी व्याख्या इन दोनों तत्त्वों के आधार पर की जानी चाहिए। पर इसके विपरीत हिन्दी के अनेक इतिहासकारों ने—जिनमें आचार्य शुक्ल का नाम विशेष रूप से उल्लेखनीय है—वातावरणवादी दृष्टिकोण को अपनाते हुए पूर्ववर्ती परम्पराओं की प्रायः उपेक्षा कर दी है। इसीलिए 'वे भक्ति-आन्दोलन से लेकर रोमांसिक आख्यानों तक को इस्लाम की देन मान लेते हैं, जबकि वास्तविकता कुछ और ही है। आचार्य हजारीप्रसाद द्विवेदी ने सामयिक वातावरण की अपेक्षा पूर्व-परम्पराओं को अधिक महत्त्व देते हुए अनेक भ्रान्तियों का निराकरण किया है। प्रस्तुत इतिहास में परम्परा और वातावरण—दोनों को ध्यान में रखते हुए विभिन्न काव्य-धाराओं के स्रोतों और प्रवृत्तियों की व्याख्या करने का प्रयास किया गया है जिससे अनेक नये निष्कर्ष प्राप्त हुए हैं। उदाहरण के लिए तथाकथित प्रेमाख्यान-परम्परा या रोमांसिक कथा-काव्य-परम्परा की पूर्ववर्ती परम्परा को उदघाटित करते हुए इस तथ्य को स्पष्ट किया गया है कि यह परम्परा शुद्ध भारतीय स्रोतों पर आधारित है। इसे फारसी-मसनवियों से सम्बद्ध मानना एक भ्रान्ति है। भारतीय प्रेम-कथाओं की यह परम्परा सिकन्दर के

'रोमांस' काव्य का
और नहीं हो सकती
र हर्टल Hertell)
जैसे यूरोपियन विद्वान् विश्व-साहित्य को भारत की महान् देन के रूप में स्वीकार करते हैं, उसी को भारत के—मुख्यतः हिन्दी के—कतिपय विद्वान् केवल अपने पूर्वाग्रह के आधार पर विदेशी घोषित कर रहे हैं। इसी प्रकार और भी कई काव्य-परंपराओं के उद्गम स्रोतों और प्रवृत्तियों के सम्बन्ध में अनेक भ्रान्तियाँ प्रचलित हैं जिनके निराकरण का प्रयास इसमें किया गया है।

आधुनिक काल

आधुनिक काल में साहित्य सम्बन्धी परम्परागत परिस्थितियों में पर्याप्त परिवर्तन हो गया है। जहाँ मध्यकाल में साहित्य-रचना धर्माश्रय, राज्याश्रय एवं लोकाश्रय में होती थी वहाँ अब विभिन्न संस्थाओं, प्रकाशकों एवं पत्रिकाओं के आश्रय में होती है। मूलभूत विचारधारा, प्रेरणा-स्रोत एवं प्रयोजन की दृष्टि से आधुनिक काल के इन सभी आश्रयों को तथा उनसे सम्बन्धित साहित्यकारों को स्थूल रूप में तीन वर्गों में विभक्त किया जा सकता है—(१) आदर्शवादी, (२) स्वच्छन्दतावादी एवं (३) यथार्थवादी। आदर्शवादी वर्ग के साहित्यकार सांस्कृतिक, नैतिक एवं राष्ट्रीय प्रेरणाओं से अनुप्राणित होकर जीवन की व्यापक अनुभूतियों, गंभीर भावनाओं एवं उदात्त मूल्यों के चित्रण में संलग्न रहे हैं, जबकि स्वच्छन्दतावादी वर्ग के साहित्यकार सौन्दर्य, प्रेम और रोमांस की अभिव्यक्ति उन्मुक्त रूप में करते रहे हैं। तीसरा वर्ग यथार्थवादियों का है, जिसे दो उपवर्गों में विभक्त किया जा सकता है—समाजपरक यथार्थवादी एवं व्यक्तिपरक यथार्थवादी। समाजपरक यथार्थवादी भौतिकतावादी विचारों से प्रभावित होते हुए भी लोक-हित का विरोध नहीं करते, जबकि व्यक्तिपरक यथार्थवादी या अति यथार्थवादी भौतिकवाद के साथ-साथ व्यक्तिवाद में भी विश्वास करते हैं। हिन्दी कविता में इन्हीं चारों वर्गों को क्रमशः द्विवेदी-युग, छायावाद-युग, प्रगतिवाद युग एवं प्रयोगवाद युग की संज्ञा दी गई है। वस्तुतः ये चारों वर्ग चार भिन्न प्रकार की विचारधाराओं, नैतिक चेतना एवं काव्य-प्रेरणाओं का प्रतिनिधित्व करते हैं। अतः इन्हें चार युग या काल-खंड न मानकर चार धाराओं या परम्पराओं के रूप में स्वीकार करना उचित होगा। इन चारों परम्पराओं का प्रवर्त्तन क्रमशः हुआ, किन्तु अभी तक ये समानान्तर रूप में प्रवाहित होती हुई अपने विकास की ओर अग्रसर हैं। जैसा कि इस इतिहास में प्रस्तुत विवरण से स्पष्ट होगा, आदर्शवादी प्रबन्ध-काव्य, स्वच्छन्दतावादी गीति एवं यथार्थवादी व अतियथार्थवादी मुक्तक सभी की परम्पराएँ अलग-अलग वर्गों के साहित्यकारों द्वारा विकसित होती रही हैं जबकि परंपरागत युग-विभाजन से यह भ्रांति उत्पन्न होती है कि छायावादी युग में द्विवेदी युग की परंपरा या परवर्ती युग में छायावादी गीतों की परंपरा एकाएक

लुप्त हो गई या आज केवल प्रयोगवादी काव्य ही लिखा जा रहा है । वस्तुतः साहित्य में राजनीति की भाँति एक नयी शासन-परम्परा की प्रतिष्ठा के साथ ही पुरानी शासन-परम्परा एकाएक समाप्त नहीं हो जाती अपितु उसमें अनेक परस्पर-विरोधी परम्पराओं का निर्वाह विभिन्न केन्द्रों में साथ-साथ भी हो सकता है; अतः साहित्य के किसी एक युग को एक ही परम्परा से सम्बद्ध मानते हुए उस युग की अन्य परम्पराओं की उपेक्षा करना उचित नहीं कहा जा सकता । कुछ परम्पराएँ साहित्यिक मूल्यों की दृष्टि से अधिक महत्त्वपूर्ण न होती हुई भी समाज के विभिन्न वर्गों के प्रतिनिधित्व एवं साहित्य की विकास-प्रक्रिया के स्पष्टीकरण की दृष्टि से पर्याप्त महत्त्वपूर्ण होती हैं; अतः साहित्य का इतिहासकार साहित्य की किसी भी परम्परा, धारा या प्रवृत्ति की उपेक्षा नहीं कर सकता । उसके लिए प्राचीन और नूतन तथा विकासोन्मुखी और ह्रासोन्मुखी—इन दोनों पक्षों का महत्त्व है ।

सम्भव है, यहाँ कुछ विद्वान् यह तर्क प्रस्तुत करें कि प्रत्येक नये युग में नयी प्रवृत्ति का महत्व होता है । पुरानी परम्पराओं का इतना मूल्य नहीं होता कि उन्हें इतिहास में स्थान दिया जाय । यह तर्क उसी स्थिति में दिया जा सकता है जबकि इतिहास और आलोचना के अन्तर को भुला दिया जाय । इतिहास का लक्ष्य अतीत की व्याख्या करना होता है; अतः वह जीवन और मृत्यु, विकास और ह्रास, विजय और पराजय - दोनों पक्षों को महत्व देता है जबकि आलोचक का लक्ष्य मूल्यांकन होता है; अतः वह ऐसे तथ्यों की उपेक्षा कर सकता है जो उसकी दृष्टि से मूल्यवान न हों । हम चाहे तथाकथित 'छायावादी युग' में लिखे गये आदर्शवादी काव्य 'साकेत' को या प्रगतिवादी एवं प्रयोगवादी युगों में लिखे गये छायावादी गीतों को मूल्यांकनात्मक दृष्टि से गौण समझें, किन्तु जहाँ तक ऐतिहासिक व्याख्या का सम्बन्ध है, ये अपनी-अपनी परम्पराओं एवं प्रवृत्तियों की जीवन्तता एवं गतिशीलता के अकाट्य प्रमाण हैं, जिन्हें इतिहास से बहिष्कृत नहीं किया जा सकता । अकबर की तुलना में हेमू बनिया चाहे कितना ही गौण क्यों न हो, किन्तु जब तक उसकी चर्चा न की जाएगी, अकबर का इतिहास अपूर्ण रहेगा । अस्तु इतिहास और आलोचना के इस अन्तर को ध्यान में रखते हुए मैंने आधुनिक काल के साहित्य का वर्गीकरण युगों के स्थान पर परम्पराओं के रूप में किया है, जिससे सभी वर्गों के साहित्यकारों को समुचित स्थान दिया जा सके ।

आधुनिक काल की एक समस्या यह भी है कि जहाँ आदर्शवादी साहित्यकार उच्च कोटि का साहित्य-सर्जन करते हुए भी प्रचार की दृष्टि से निष्क्रिय एवं मौन हैं, वहाँ यथार्थवादी एवं अतियथार्थवादी साहित्यकार सामूहिक एवं संगठित रूप में अपनी ढोल पीटने में लगे हुए हैं । इस ढोल के कर्कश स्वर के सम्मुख सभी कोमल रागिनियाँ अश्रव्य हो गई हैं । यह राष्ट्र का दुर्भाग्य है कि आज आधुनिकता, नवीनता और यथार्थवादिता के नाम पर कुत्सित, अश्लील, कुण्ठाग्रस्त, आत्मघाती, समाज-

विरोधी एवं आस्था-शून्य साहित्य को प्रोत्साहन एवं प्रश्रय दिया जा रहा है जबकि व्यापक अनुभूतियों, गम्भीर भावनाओं एवं उदात्त विचारों से अनुप्राणित साहित्य को 'आदर्शवादी', 'काल्पनिक', 'पुरातनवादी' एवं 'परम्पराग्रस्त' कहकर उपेक्षित एवं तिरस्कृत किया जा रहा है। मेरे विचार में यह प्रयास विदेशी साहित्यकारों की अति आधुनिक प्रवृत्तियों से प्रेरित है, जो न केवल हमारे अपने देश के लिए अपितु विश्व के लिए भी घातक है। जैसा कि जर्मन विद्वान् स्पैंगलर ने सप्रमाण सिद्ध किया है, विदेशी साहित्य की ये प्रवृत्तियाँ पाश्चात्य संस्कृति की पतनोन्मुखी अवस्था की सूचक हैं। पश्चिम की वैज्ञानिक सफलता को देखकर ही यह मान लेना कि उनकी प्रत्येक प्रवृत्ति अनुकरणीय है—एक अन्धविश्वास मात्र है। वस्तुतः हम पश्चिम की राजनीतिक गुलामी से तो मुक्त हो गये हैं, किन्तु उसकी मानसिक गुलामी अब भी हममें व्याप्त है इसलिए हम अपनी स्वस्थ-परम्पराओं से च्युत होकर विदेशों की अस्वस्थ एवं आत्मघाती प्रवृत्तियों को अपनाने में गौरव का अनुभव करते हैं। यह स्थिति जहाँ साहित्य और जीवन के प्रति एकांगी दृष्टिकोण की सूचक है वहाँ वह उसके स्वतन्त्र एवं स्वस्थ विकास के लिए भी बाधक है। अतः इसके निराकरण का प्रयास करते हुए मैंने आदर्शवादी, स्वच्छन्दतावादी, यथार्थवादी आदि सभी वर्गों के साहित्यकारों को यथोचित स्थान देने का प्रयास किया है।

अस्तु, दृष्टिकोण, आधारभूत सिद्धान्त, काल-विभाजन, नयी परम्पराओं के उद्‌घाटन तथा उद्‌गम-स्रोतों व प्रवृत्तियों की व्याख्या की दृष्टि से इस इतिहास में शताधिक नये निष्कर्ष प्रस्तुत हुए हैं। सम्भव है, ये सभी निष्कर्ष सभी पाठकों को मान्य न हों, फिर भी मैं विद्वानों से इतनी आशा अवश्य कर सकता हूँ कि वे किसी भी नये निष्कर्ष को अपनी परम्परागत धारणाओं के प्रतिकूल पाकर एकाएक कुपित या चमत्कृत होने के स्थान पर धैर्यपूर्वक मेरी स्थापनाओं पर विचार करेंगे। मैंने जो भी परिवर्तन, संशोधन या परिवर्द्धन किया है, वह किसी न किसी कारण पर आधारित है, अतः उससे क्षुब्ध होने की अपेक्षा उस कारण को समझ लेना अधिक उचित होगा।

अंत में, प्रस्तुत कृति के सम्बन्ध में भी दो शब्द कहना चाहूँगा। इसके लेखन का विचार मेरे मन में आज से लगभग दस वर्ष पूर्व उदित हुआ था तथा १६५६ ई० में इसे मध्यकाल तक लिख भी चुका था। उन दिनों इसकी चर्चा मैंने एक-दो स्थानों पर 'हिन्दी साहित्य का संशोधित इतिहास' के नाम से की थी, किन्तु इसी बीच 'साहित्य-विज्ञान' की रचना करते समय मुझे अनेक नये विचार-सूत्र प्राप्त हुए, जिनके आधार पर पूरे इतिहास को पुनः नये सिरे से लिखा गया है। इस कार्य की सफल परिणति के लिए मैं अपने अनेक मित्रों की प्रेरणा एवं प्रोत्साहन का आभारी हूँ। मेरे अभिन्न हृदय मित्रवर प्रो० तोताराम शर्मा एम० ए० (इतिहास एवं नागरिकशास्त्र), साहित्यरत्न के सम्बन्ध में क्या लिखूं, वे तो न केवल मेरे साहित्यिक कार्यों में अपितु

जीवन के प्रत्येक क्षेत्र में मेरे प्रेरक, अनुमोदक एवं पथ-प्रदर्शक रहे हैं। विगत पंद्रह वर्षों में मैंने जो कुछ प्राप्त किया है, उसमें उनके परामर्श एवं प्रोत्साहन का योग बराबर रहा है।

मैं उन विद्वानों एवं शोधकर्त्ताओं का भी ऋणी हूँ जिनकी रचनाओं से मुझे सहायता प्राप्त हुई है। इसके लेखन एवं मुद्रण में भी अनेक अशुद्धियों एवं न्यूनताओं का रह जाना भी स्वाभाविक है, यह भी सम्भव है कि अनेक प्राचीन एवं आधुनिक साहित्यकारों के नाम भी भूल से छूट गये हों। ऐसी स्थिति में मेरी प्रार्थना है कि पाठकगण इसे मेरी असमर्थता एवं अल्पज्ञता का ही परिणाम मानते हुए मुझे क्षमा करेंगे तथा तत्सम्बन्धी सूचनाएँ देंगे ताकि आगामी संस्करण में यथोचित संशोधन-परिवर्द्धन किया जा सके। इसके अतिरिक्त भी इसके परिष्कार-परिमार्जन के सम्बन्ध में दिये गये प्रत्येक प्रकार के सुझाव का स्वागत पूरी सहृदयता से किया जाएगा—इस आश्वासन के साथ यह कृति हिन्दी साहित्य के अनुशीलनकर्त्ताओं की सेवा में प्रस्तुत की जाती है।

हिन्दी-विभाग,
पंजाब-विश्वविद्यालय
चंडीगढ़ (पंजाब)।
१९६५

— **गणपतिचन्द्र गुप्त**

नये संस्करण की भूमिका

प्रस्तुत ग्रन्थ के प्रथम एवं द्वितीय संस्करण को विद्वानों, समालोचकों एवं विभिन्न संस्थाओं ने जिस उदारता एवं सहृदयता से अपनत्व प्रदान किया वह मेरे लिए संतोष की बात है। जहाँ उत्तर प्रदेश-सरकार एवं हरियाणा-सरकार ने इसे अपने विभिन्न पुरस्कारों से पुरस्कृत किया, वहाँ कलकत्ता-विश्वविद्यालय, आगरा-विश्वविद्यालय, कुरुक्षेत्र-विश्वविद्यालय, राजस्थान-विश्वविद्यालय, मगध विश्वविद्यालय, पटना-विश्वविद्यालय, शिवाजी-विश्वविद्यालय (कोल्हापुर), गुरुनानक देव-विश्वविद्यालय (अमृतसर) आदि ने इसे स्नातकोत्तर अध्ययन के लिए संस्तुत किया तथा कर्नाटक विश्वविद्यालय ने इसका अनुवाद कन्नड़ भाषा में प्रकाशित करने का कार्य आरम्भ किया। ये तथ्य इसकी व्यापक मान्यता के परिचायक समझे जा सकते हैं।

विद्वानों की दृष्टि से बहुमान्य होते हुए भी यह ग्रन्थ सामान्य विद्यार्थियों के लिए कदाचित अधिक उपयोगी सिद्ध नहीं हो सका। इसका कारण जहाँ तक मैं जान पाया हूँ—मुख्यतः यह है कि हमारे प्राध्यापक एवं परीक्षकगण अभी तक इतिहास के क्षेत्र में आचार्य शुक्ल-युग की उन अवधारणाओं एवं रूढ़ियों से आबद्ध हैं जो नये अनुसंधान के आधार पर भ्रान्त सिद्ध हो चुकी हैं। जिन प्राध्यापकों ने स्वयं तीस-चालीस वर्ष पूर्व आचार्य शुक्ल का इतिहास पढ़कर कुछ धारणाएँ बनाई थीं, वे प्रायः अब ऐसी कोई नई बात पढ़ने-पढ़ाने के लिए तैयार नहीं होते जो उन धारणाओं के प्रतिकूल पड़ती हों। दूसरे, नये तथ्यों के प्रकाश में मुझे बहुत से परम्परागत नामों में—जैसे 'वीर-गाथा काल', 'भक्तिकाल', 'रीतिकाल', 'राम-काव्य', 'कृष्ण-काव्य', 'प्रेमाख्यान-काव्य' आदि में भी पर्याप्त संशोधन-परिवर्तन करना पड़ा था; अतः जो लोग परम्परागत दृष्टि से इस इतिहास को पढ़ना चाहते थे, उन्हें इसके समझने में थोड़ी कठिनाई का अनुभव होना स्वाभाविक था। तीसरे, नये अनुसंधान से मध्यकाल की बहुत-सी नयी सामग्री प्रकाश में आई है जिसे उपयुक्त स्थान देने के लिए हमें बहुत-सी नयी काव्य-धाराओं व परम्पराओं की भी स्थापना करनी पड़ी है। इससे निश्चय ही विद्यार्थी और अध्यापक का कार्यभार बढ़ा है। अतः जिनका लक्ष्य इतिहास के परम्परागत ज्ञान के आधार पर हो—चाहे वह ज्ञान कितना ही एकांगी, अपूर्ण एवं अल्प हो—सहज ही परीक्षा की वैतरणी पार करने व करवाने तक ही सीमित है, उनके लिए निश्चय ही यह इतिहास कष्ट साध्य सिद्ध हो तो कोई आश्चर्य नहीं।

प्रस्तुत संस्करण में मैंने चेष्टा की है कि विभिन्न काव्य-धाराओं के परिवर्तित नामों के साथ-साथ मूल प्रचलित नामों का भी संकेत कर दिया जाय तथा एक ही वर्ग में आने वाली विभिन्न काव्य-परम्पराओं (धाराओं) को भी समन्वित करते हुए उनकी संख्या थोड़ी न्यून कर दी जाय, जिससे कि विद्यार्थियों की उपर्युक्त कठिनाइयाँ एक सीमा तक दूर हो सकें। फिर भी तत्त्वबोध एवं सत्यानुसंधान के लिए हमारे विद्यार्थियों एवं प्राध्यापकों को थोड़ा अतिरिक्त श्रम करना पड़े तो वे इसे निरर्थक नहीं समझेंगे — इसका मुझे विश्वास है।

यह कहने की आवश्यकता नहीं कि इसमें जो भी खंडन-मंडन किया गया है वह किसी व्यक्तिगत राग-द्वेष से प्रेरित होकर नहीं किया गया; अपितु सत्यानुसंधान के लिए ही किया गया है। ऐसा सभी शोधकों को करना पड़ता है। जिस प्रकार आचार्यवर रामचन्द्र शुक्ल को अपने पूर्ववर्ती इतिहासकारों—मुख्यतः मिश्र-बन्धुओं—की अनेक धारणाओं का खंडन निर्ममतापूर्वक करना पड़ा, उसी प्रकार मुझे भी अनेक स्थलों पर आचार्य प्रवर शुक्ल जी तथा अन्य पूर्ववर्ती इतिहासकारों की मान्यताओं के खंडन में प्रवृत होना पड़ा है, किन्तु इससे यह नहीं समझ लिया जाना चाहिये कि मेरा उनसे कोई व्यक्तिगत विरोध है। वस्तुतः 'वादे वादे जायते तत्व बोधः' का सिद्धान्त ही यहाँ लागू होता है।

ग्रन्थ के आकार की गुरुता को देखते हुए इसे दो खंडों में भी विभक्त कर दिया गया है। यह सब कुछ इसे अधिक से अधिक परिपूर्ण संश्लिष्ट एवं सुबोध बनाने के लक्ष्य से ही किया गया है। भविष्य में भी इसके संशोधन-परिष्कार के लिए प्राप्त प्रत्येक सुझाव का स्वागत पूरी सहृदयता से किया जायेगा —इस आश्वासन के साथ नया संस्करण पाठकों की सेवा में सादर प्रस्तुत किया जाता है।

— गणपतिचन्द्र गुप्त

कन्हैयालाल मुंशी
हिन्दी तथा भाषा विज्ञान विद्यापीठ,
आगरा

विषय-सूची

१

साहित्येतिहास के सिद्धान्त

१.१. इतिहास : अर्थ एवं स्वरूप

'इतिहास' का अर्थ—शाब्दिक दृष्टि से 'इतिहास' का अर्थ है—'ऐसा ही था' या 'ऐसा ही हुआ'; इस दृष्टि से अतीत के किसी भी वास्तविक विवरण को 'इतिहास' की संज्ञा दी जा सकती है। किन्तु अतीत के गर्भ में इतना कुछ छिपा हुआ है कि उसे समग्र रूप में प्रस्तुत करना किसी भी इतिहासकार के वश की बात नहीं है। इसीलिए विभिन्न इतिहासकार अपनी-अपनी रुचि एवं दृष्टि के अनुसार अतीत के कुछ पक्षों को अपने-अपने शब्दों में प्रस्तुत करते हैं। प्रत्येक व्यक्ति जो कुछ देखता है, उसमें उसकी वैयक्तिक रुचि के साथ-साथ उसके युग की सामूहिक चेतना, उसके बौद्धिक विकास एवं उसकी भावात्मक प्रवृत्तियों का प्रभाव भी मिश्रित होता है—इसलिए उसका अतीत सम्बन्धी आख्यान भी अन्य व्यक्ति के आख्यान से थोड़ा-बहुत भिन्न हो जाता है और इसी भिन्नता के कारण इतिहास का अर्थ भी समय-समय पर बदलता रहता है। भारतीय सभ्यता एवं संस्कृति में प्रायः सामयिक तत्त्वों की अपेक्षा चिरन्तन तत्त्वों को अधिक महत्त्व मिलता रहा है; अतः यहाँ के प्राचीन इतिहासकारों ने अतीत की व्याख्या भी इस दृष्टिकोण से की—अर्थात् वे परिवर्तनशील अतीत में से भी उन प्रवृत्तियों का अनुसंधान करते रहे, जो मनुष्य को स्थायी एवं अमर बनाती हैं; उन्होंने घटनाओं एवं क्रिया-कलापों की व्याख्या भौतिक उपलब्धियों एवं वैयक्तिक सफलताओं की दृष्टि से न करके समष्टि-हित की दृष्टि से की। इसीलिए, महाभारतकार[1] ने जहाँ 'इतिहास' को एक ऐसा 'पूर्ववृत्त' माना जिसके माध्यम से धर्म, अर्थ, काम और मोक्ष का उपदेश दिया जा सके तो पौराणिकों[2] ने ऋषियों एवं महापुरुषों के चरित-गान को 'इतिहास' के रूप में स्वीकार किया। किन्तु आगे चलकर बाण, कल्हण आदि इतिहासकारों की दृष्टि से इतिहास को पुराण से भिन्न माना जाने लगा। फिर भी, आधुनिक युग से पूर्व भारत में

---

१. धर्मार्थकाममोक्षाणामुपदेशसमन्वितम्।
पूर्ववृत्तं कथायुक्तमितिहासं प्रचक्षते ।।—महाभारत।

२. आर्ष्यादि बहुव्याख्यानं देवर्षिचरिताश्रयम्।
इतिहासमिति प्रोक्तं भविष्याद्भूतधर्मयुक् ।। - विष्णु पुराण।

इतिहास के प्रति वह दृष्टिकोण विकसित नहीं हो सका, जो आजकल शुद्ध ऐतिहासिक दृष्टिकोण कहा जाता है। संक्षेप में भारत के इतिहास सम्बन्धी परम्परागत दृष्टिकोण की ये विशेषताएँ बतायी जा सकती हैं —(१) भारतीय इतिहासकारों ने इतिहास-लेखन में सामयिक तत्त्वों की प्रायः उपेक्षा की, इसीलिए उन्होंने काल, तिथि, सन्-सम्वतों को महत्त्व नहीं दिया। (२) उनका लक्ष्य घटनाओं एवं क्रिया-कलापों की व्याख्या भौतिक दृष्टि से न करके धार्मिक एवं नैतिक दृष्टि से करने का रहा। (३) व्यक्तियों का मूल्यांकन उन्होंने लौकिक सफलताओं के आधार पर न करके चारित्रिक महत्ता के आधार पर किया। (४) उनकी शैली विश्लेषणात्मक एवं आलोचनात्मक न रहकर संश्लेषणात्मक एवं भावात्मक रही। (५) उन्होंने इतिहास को विज्ञान के रूप में नहीं, कला के रूप में ग्रहण किया।

अस्तु, भारत में इतिहास विशुद्ध तथ्यों का संकलन मात्र न रहकर उदात्त मूल्यों और महान् कार्यों का प्रेरणा-स्रोत रहा; उसमें एक ओर धर्म और नीतिशास्त्र के तत्त्व, एवं दर्शन की समस्याओं का समावेश हो गया तो दूसरी ओर वह शैली की दृष्टि से सरस काव्यात्मक रचनाओं में परिणत हो गया। भारतीय संस्कृति जिस आदर्श और लक्ष्य से अनुप्राणित थी, उसे देखते हुए ऐसा होना स्वाभाविक भी था — और इतना ही नहीं, कोई समय आ सकता है जब कि हम पुनः इसी दृष्टिकोण को स्वीकार कर लें, क्योंकि यदि इतिहास में सांस्कृतिक तत्त्वों, चारित्रिक मूल्यों एवं काव्यात्मक सौन्दर्य की प्रतिष्ठा हो सके तो यह उसका अतिरिक्त गुण ही होगा — भले ही उसे हम 'वैज्ञानिक इतिहास' न कह कर 'कलात्मक इतिहास' ही कहें।

इतिहास : पाश्चात्य दृष्टिकोण —पश्चिम में इतिहास को सर्वथा भिन्न रूपों में ग्रहण किया गया। 'इतिहास' के समानार्थक 'हिस्ट्री' (History) के प्रथम प्रयोग-कर्त्ता यूनानी विद्वान् **हिरोदोतस** (४५६-४४५ ई० पू०) ने इसे खोज, गवेषणा या अनुसंधान के अर्थ में ग्रहण किया। इतिहास के चार प्रमुख लक्षण निर्धारित करते हुए उन्होंने बताया कि इतिहास एक वैज्ञानिक विद्या है अर्थात् इसकी पद्धति आलोचना-त्मक होती है। दूसरे, यह मानव जाति से सम्बन्धित होता है; अतः यह एक मानवीय विद्या है तथा इसमें मानवीय क्रिया-कलापों का ही अंकन होता है। तीसरे, यह तर्कसंगत विद्या है, क्योंकि इसके तथ्य और निष्कर्ष प्रमाणों पर आधारित होते हैं। चौथे, यह शिक्षाप्रद विद्या है, क्योंकि यह अतीत के आलोक में भविष्य पर प्रकाश डालता है। इस प्रकार उनकी धारणाओं के अनुसार इतिहास एक वैज्ञानिक विषय सिद्ध होता है।

हिरादोतस ने इतिहास—की व्याख्या भौतिकवादी दृष्टि से करते हुए यह भी स्पष्ट किया कि इतिहास परिवर्तन की प्रक्रिया है, उससे यह सिद्ध होता है कि प्रत्येक सत्ता अपने चरम उत्कर्ष पर पहुँच कर अन्त में अपकर्ष की ओर अग्रसर हो जाती है। किसी व्यक्ति की अति धनाढ्यता इस बात की सूचक है कि वह भविष्य

में दरिद्रता की ओर अग्रसर होगा। अस्तु, हिरोदोतस ने उस समय की यूनानी मान्यताओं के अनुसार इतिहास को प्राकृतिक परिवर्तन की व्याख्या के रूप में स्वीकार किया।

आगे चलकर विभिन्न विद्वानों ने इतिहास की नयी-नयी व्याख्याएँ की, किन्तु आधुनिकयुगीन दृष्टिकोण का विकास विको, काण्ट, हीगल जैसे बुद्धिवादी चिन्तकों द्वारा हुआ। इटैलियन विद्वान विको (१६६८-१७४४ ई०) ने इतिहास को केवल अतीत से ही सम्बद्ध न मान कर उसे वर्तमान से भी सम्बन्धित किया। ऊपर से भले ही हमें अतीत और वर्तमान में बहुत बड़ा अन्तर दिखाई दे किन्तु फिर भी इतिहासकार उनमें ऐसी प्रवृत्तियाँ ढूंढ़ सकता है जो सामान्य एवं अक्षुण्ण हों। इतिहास का निर्माता स्वयं मनुष्य है, और मनुष्य की मूलभूत प्रवृत्तियाँ सदा समान रहती हैं — अत: विभिन्न युगों में भी समान प्रवृत्तियों का मिलना स्वाभाविक है। इतिहास चक्रवत् घूमता रहता है; अत: उसमें विभिन्न परिस्थितियों एवं प्रवृत्तियों का आवागमन होना स्वाभाविक है। इसी आधार पर विको ने मानव-समाज के विकास की तीन अवस्थाएँ निर्धारित कीं—(१) देव-युग (२) वीर-युग और (३) मानव-युग। इस प्रकार विको ने सामयिक प्रवृत्तियों का सामान्यीकरण करते हुए, इतिहास के सामान्य नियमों की स्थापना का प्रयास किया।

इतिहास-लेखन की पद्धति को भी विको ने नया रूप दिया। उन्होंने इस क्षेत्र में तुलनात्मक एवं वैज्ञानिक पद्धति की प्रतिष्ठा करते हुए इतिहासकारों को पाँच प्रकार की भ्रान्तियों से बचने का उपदेश दिया—एक तो प्राचीनकाल के प्रति अतिरंजनात्मक दृष्टिकोण अपनाने से बचना चाहिए। प्राय: अतीत की व्याख्या करते समय हम अतिशयोक्ति का प्रयोग करने लगते हैं जो ठीक नहीं। दूसरे, हमें जातिवाद के अभिमान से बचना चाहिए। जब कोई इतिहासकार अपने देश और जाति के गौरव को बढ़ा-चढ़ा कर दिखाने की प्रेरणा से इतिहास लिखता है तो वह उसके साथ न्याय नहीं कर पाता। तीसरे, अतीत के महापुरुषों को अधिक विद्वान् मानने के भ्रम से बचना चाहिए। चौथे, दो जातियों के विचारों एवं भावों की समानता के आधार पर ही उन्हें परस्पर सम्बद्ध मान लेना उचित नहीं। पाँचवें, पुराने व्यक्तियों के बारे में यह विश्वास कर लेना कि उन्हें अपने युग का बहुत अधिक ज्ञान था ठीक नहीं। इस प्रकार विको ने इतिहास के प्रति विशुद्ध बौद्धिक एवं संतुलित दृष्टिकोण को अपनाने का समर्थन किया, जिसे वैज्ञानिक दृष्टिकोण भी कहा जा सकता है।

जर्मन दार्शनिक कान्त (१७२४-१८०४ ई०) ने इतिहास की नयी व्याख्या करते हुए प्रतिपादित किया कि 'प्रत्यक्ष जगत में वस्तुओं का विकास उसके प्राकृतिक इतिहास के समकक्ष रहता है। बाह्य प्रगति उन आन्तरिक शक्तियों की कलेवर मात्र होती है जो एक निश्चित नियम के अनुसार मानव-जगत् में कार्यशील रहती है।'[१]

१. इतिहास-दर्शन : डॉ० बुद्धप्रकाश, पृ० १५५।

यह नियम उतना ही निश्चित है जितना कि सौर-मण्डल को चालित करने वाला नियम है। अतः इस दृष्टि से बाह्य विकास को प्रकृति की आन्तरिक विकास-प्रक्रिया का प्रतिबिम्ब मानना चाहिए। इससे स्पष्ट है कि कान्त महोदय इतिहास की घटनाओं को आकस्मिक न मानकर नियमबद्ध तथा आन्तरिक प्रवृतियों से सुसम्बद्ध रूप में मानते थे। जिस प्रकार प्राकृतिक नियम के अनुसार दिन-रात, ऋतु-परिवर्तन एवं अन्य क्रिया-कलाप होते हैं वैसे ही इतिहास की घटनाओं के पीछे भी प्रकृति के नियम कार्य कर रहे हैं। इन ऐतिहासिक घटनाओं का लक्ष्य अन्ततः व्यक्ति का बौद्धिक एवं नैतिक अभ्युत्थान करना है। अस्तु, कान्त के विचार से इतिहास (या ऐतिहासिक घटनाओं) के भी प्राकृतिक नियम स्थापित किये जा सकते हैं।

हीगल (१७७०-१८३१) ने इतिहास-दर्शन पर गम्भीरता से विचार करते हुए कान्त की विचारधारा को आगे बढ़ाया। उन्होंने स्पष्ट किया कि इतिहास केवल घटनाओं का अन्वेषण एवं संकलन मात्र नहीं है अपितु उसके भीतर कार्य-कारण की शृंखला विद्यमान है। इतिहासकार केवल घटनाओं का निश्चय नहीं करता अपितु उनकी आन्तरिक प्रवृत्तियों का भी उद्घाटन करता है। समस्त विश्व में कार्य-कारण की शृंखला का जाल बिछा हुआ है, अतः वास्तविक इतिहास वह है जो इस शृंखला की व्याख्या करता हुआ विश्व-सभ्यता की प्रगति का वृत्तान्त प्रस्तुत करता है। इस प्रकार हीगल भी कान्त की भाँति इतिहास को 'विश्व-इतिहास' के रूप में स्वीकार करता है।

हीगल के विचार से विश्व-इतिहास की प्रक्रिया का मूल लक्ष्य मानव-चेतना का विकास करना है। मानव-चेतना का अर्थ है—हमारा बौद्धिक एवं नैतिक विकास; इतिहास में घटित होने वाली विभिन्न घटनाओं का लक्ष्य अन्ततः यही है। इसी रूप में सृष्टि का विकास होता है। मनुष्य का विकास केवल उसका अपना विकास नहीं है अपितु विश्व-प्रकृति या सृष्टि का विकास है। विश्व-प्रकृति के विकास की प्रक्रिया को हीगल ने द्वन्द्वात्मक माना है—अर्थात् विकास की गति सीधी नहीं है, वह विरोधी परिस्थितियों से द्वन्द्व एवं समन्वय करती हुई आगे बढ़ती है। इस प्रक्रिया को तीन पक्षों में विभाजित किया गया है—(१) वाद (Thesis), (२) प्रतिवाद (Antithesis) और (३) समवाद या समन्वय (Synthesis)। जब किसी भी एक विचार या तत्त्व का विकास होता है तो उसका विरोधी विचार उत्पन्न होता है और अन्त में वे दोनों संघर्ष करते हुए एक तीसरे तत्त्व में समन्वित हो जाते हैं; क्रमशः इसी प्रकार वाद, प्रतिवाद एवं समवाद के रूप में प्रगति की प्रक्रिया चलती रहती है, जिसे 'द्वन्द्वात्मक (Dialectic)' प्रक्रिया कहते हैं। इतिहास की व्याख्या भी इसी द्वन्द्वात्मक प्रक्रिया के आधार पर होनी चाहिए।

इसी बीच डारविन (१८०९-१८८२ ई०) ने विकास वाद के सिद्धान्तों की प्रतिष्ठा की, जिसका प्रभाव इतिहास-दर्शन पर भी पड़ा। मार्क्स, एंजिल्स, मारगन, बर्कले, हक्सले आदि विद्वानों ने अपनी-अपनी दृष्टि से विकासवाद के आधार पर इतिहास की व्याख्या का प्रयास किया। इनमें यहाँ मार्क्स और एंजिल्स के सिद्धान्त

विशेष रूप से उल्लेखनीय है। इसका सिद्धान्त 'द्वन्द्वात्मक भौतिक विकासवाद' कहलाता है, जिसके अनुसार सृष्टि का विकास भौतिक या प्राकृतिक शक्तियों के द्वारा ही द्वन्द्वात्मक प्रक्रिया के द्वारा होता है। यह द्वन्द्वात्मक प्रक्रिया वही है जो हीगल के द्वारा पहले स्पष्ट की जा चुकी थी। उन्होंने मानव-सभ्यता के इतिहास को चार युगों —दासता का युग, सामन्तवादी युग, पूँजीवादी युग और साम्यवादी युग— में बाँटते हुए समाज की उत्पादन-शक्ति एवं वर्ग-संघर्ष के आधार पर उसकी व्याख्या की। इस प्रकार मार्क्सवाद ने इतिहास को विकासवाद का रूप दिया।

बीसवीं शती में इतिहास के क्षेत्र में कार्य करने वाले विद्वानों में स्पेंगलर, ट्वायनबी, टर्नर प्रभृति का नाम विशेष रूप से उल्लेखनीय है। इन्होने मानव-सभ्यता एवं संस्कृति को व्यापक रूप से ग्रहण करते हुए उसके विकास की व्याख्या अपने-अपने दृष्टिकोण से की है तथा अन्त में सभ्यताओं की विकास-प्रक्रिया के सम्बन्ध में कुछ सिद्धान्त स्थापित करने का प्रयास किया है। इन सबके सिद्धान्तो पर विचार करने के लिए यहाँ अवकाश नहीं है, किन्तु इनके सम्बन्ध में यहाँ कुछ सामान्य बातें कही जा सकती हैं। एक तो ये इतिहास का अध्ययन स्थूल भौगोलिक सीमाओं एवं राजनीतिक घटनाओ में बँध कर नहीं करते अपितु उसे समस्त मानव-सभ्यता के विकास के रूप मे स्वीकार करते हुए, उसे विश्व-इतिहास का रूप दे रहे हैं। दूसरे वे इतिहास की स्थूल घटनाओं की अपेक्षा उसकी सूक्ष्म प्रवृत्तियों के अध्ययन पर अधिक बल देते हैं। तीसरे, वे विभिन्न सभ्यताओं के उत्थान-पतन की प्रवृत्ति के आधार पर कुछ सामान्य नियम निर्धारित करने का प्रयास कर रहे हैं। चौथे, वे सभ्यताओं के इतिहास को विकास की एक प्राकृतिक प्रक्रिया के रूप मे स्वीकार करते हुए उसका सम्बन्ध सांस्कृतिक तत्त्वों से स्थापित करते हैं। इस प्रकार हम कह सकते है कि वर्तमान मे इतिहास का अध्ययन अत्यन्त व्यापक एवं सूक्ष्म रूप प्राप्त कर चुका है। व्यापक इसलिए कि वह एक वर्ग या एक देश का इतिहास न रहकर विश्व-इतिहास बन रहा है और सूक्ष्म इसलिए कि वह केवल स्थूल घटनाओं का इतिहास न रहकर सूक्ष्म सामाजिक, मनोवैज्ञानिक एवं सांस्कृतिक प्रवृत्तियों की पारस्परिक प्रतिक्रिया एवं उनके विकास की व्याख्या का रूप प्राप्त कर रहा है। ऐसी स्थिति में साहित्य का इतिहासकार भी पीछे नही रह सकता, उसे भी इतिहास को वही व्यापक एवं सूक्ष्म रूप देना होगा जो सामाजिक एवं सांस्कृतिक क्षेत्र में विकसित हो गया है। वस्तुतः इतिहास की अधिक प्रौढ़ एवं संतुलित व्याख्या भी उसी स्थिति में सम्भव है जबकि हम आर्थिक, सामाजिक एवं सांस्कृतिक प्रक्रियाओं एवं प्रवृत्तियों का अनुशीलन साहित्यिक परम्पराओ एव प्रवृत्तियो के आधार पर करें, क्योंकि समाज की आन्तरिक या मानसिक स्थितियों एवं प्रवृत्तियों के विकास से सम्बन्धित सूचनाएँ साहित्य के माध्यम से ही प्राप्त हो सकती हैं। अतीत के स्थूल शरीर को समझने के लिए और भी बहुत से साधन उपलब्ध हैं, किन्तु उसके हृदय और मस्तिष्क, तक पहुँचने का सबसे बड़ा साधन साहित्य ही है। अतः साहित्य के इतिहास का अध्ययन सभ्यता और संस्कृति के इतिहास पर आधारित होता हुआ भी उसका पूरक

होगा—ऐसी आशा करना अनुचित नहीं है।

इतिहास के विभिन्न रूप—इतिहास सम्बन्धी भारतीय एवं पाश्चात्य दृष्टिकोणों के अनुशीलन से यह स्पष्ट है कि दोनों ही इतिहास का सम्बन्ध अतीत के ज्ञान से मानते हैं। इतिहास की सामग्री वस्तुतः अतीत की वास्तविक घटनाएँ ही हैं---भले ही वे राजनीतिक हों या सामाजिक या सांस्कृतिक। अतः प्रत्येक इतिहासकार अतीत का अध्ययन करता है किन्तु उसकी अध्ययन-पद्धति एवं अध्ययन के दृष्टिकोण के भेद के कारण इतिहास के भी विभिन्न रूप विकसित हो जाते हैं। जहाँ अतीत की घटनाओं का अध्ययन भावात्मक दृष्टिकोण से करते हुए उससे सम्बन्धित अनुभूतियों को कलात्मक रूप से प्रस्तुत करने का लक्ष्य रहता है, वहाँ वह अध्ययन ऐतिहासिक काव्य, ऐतिहासिक नाटक या ऐतिहासिक उपन्यास का रूप प्राप्त कर लेता है। इसी को हम 'कलात्मक इतिहास' भी कह सकते हैं। इसके स्थान पर यदि अध्येता का लक्ष्य ऐतिहासिक व्यक्तियों एवं घटनाओं के आधार पर नैतिक एवं धार्मिक तत्वों का प्रचार करना होता है तो उसकी रचनाएँ पौराणिक कथाओं का रूप ले लेती हैं। किन्तु जहाँ इतिहास का अध्ययन भौतिक दृष्टिकोण से करते हुए उसका विश्लेषण तर्कसंगत रूप में किया जाता है तो वही अध्ययन वैज्ञानिक रूप प्राप्त कर लेता है। इसी को हम 'वैज्ञानिक इतिहास' कह सकते हैं। अस्तु, कलात्मक इतिहास, पौराणिक इतिहास एवं वैज्ञानिक इतिहास एक ही वस्तु को अलग-अलग रूपों, पद्धतियों एवं शैलियों में प्रस्तुत करते हैं। जैसा कि पीछे बताया गया है, वर्तमान में अतीत की वैज्ञानिक व्याख्या को ही विशुद्ध इतिहास के रूप में ग्रहण किया जाता है; अतः उसके अन्य रूप गौण हो गये हैं।

१.२. इतिहास की वैज्ञानिक व्याख्या का आधार

जब हम अतीत की घटनाओं का वैज्ञानिक दृष्टिकोण से अध्ययन करते हैं तो उससे वैज्ञानिक इतिहास की उपलब्धि होती है। इस वैज्ञानिक दृष्टिकोण की सबसे बड़ी विशेषता यह है कि इसके अनुसार हम विभिन्न घटनाओं एवं क्रियाओं को स्वतन्त्र, निरपेक्ष एवं आकस्मिक कार्यों के रूप में ग्रहण नहीं करते अपितु उनके 'पीछे किसी न किसी प्राकृतिक नियम का अस्तित्व स्वीकार करते हुए उन्हें परस्पर सापेक्ष एवं सम्बन्ध रूप से देखते हैं। इस दृष्टिकोण के साथ संसार में जो कुछ है, वह एकाएक घटित नहीं है अपितु क्रमशः विकसित है। इसी को विकासवादी दृष्टिकोण कहते हैं तथा प्रत्येक विषय के वैज्ञानिक इतिहास में पदार्थों, व्यक्तियों, संस्थाओं एवं क्रियाकलापों की व्याख्या करते समय इसी दृष्टिकोण का उपयोग किया जाता है। अतः इतिहास का वैज्ञानिक अध्ययन करने के लिए सर्वप्रथम विकास-प्रक्रिया एवं उसके विभिन्न सिद्धान्तों को समझ लेना नितान्त आवश्यक है।

विकास : अर्थ-मीमांसा—शब्द-कोष के अनुसार 'विकास' का अर्थ है – खुलना, प्रकट होना, क्रमिक विस्तार, प्रकटित वस्तुओं का क्रम आदि। इसी प्रकार इसके आंग्ल पर्याय 'ऍवुल्यूशन' (Evolution) के भी लगभग ये ही अर्थ हैं। इन

अर्थों का विश्लेषण करने पर 'विकास' के मूल में चार धारणाएँ आधारभूत रूप में दृष्टिगोचर होती हैं—(१) प्राकृतिक क्रिया—'बिकास' में 'करने' का भाव नहीं है अपितु 'होने' का भाव है अर्थात् विकास किया नहीं जाता अपितु होता है। विकास का प्रयोग कर्त्तृवाच्य में न होकर कर्म-वाच्य में होता है—इसका अर्थ है, विकास एक प्राकृतिक प्रक्रिया है, मनुष्य के द्वारा स्वेच्छापूर्वक किया गया सचेष्ट कार्य नहीं। (२) पूर्व-विद्यमानता—विकास के विभिन्न अर्थों से यह भी स्पष्ट है कि जिस वस्तु का विकास होता है वह पहले से विद्यमान होती है, सर्वथा नूतन नहीं। इस दृष्टि से विकास नूतन सृष्टि का विपरीतार्थक भी कहा जा सकता है। (३) परिवर्तनशीलता—विकास में वस्तु की स्थिति, अवस्था या उसके रूप में कोई न कोई परिवर्तन अपेक्षित होता है; अतः परिवर्तनशीलता या गतिशीलता को विकास की आधारभूत धारणा के रूप में स्वीकार किया जा सकता है। (४) क्रमबद्धता पदार्थों का विकास एकाएक या बिना किसी क्रम के नहीं होता अपितु क्रमशः होता है। उदाहरण के लिए वृक्ष में पत्ते, फूल और फल एक निश्चित क्रम से आते हैं, या जीवधारियों का विकास शिशु, तरुण एवं वृद्ध के रूप में क्रमशः होता है; अतः क्रमबद्धता को भी विकास का आवश्यक लक्षण माना जा सकता है।

उपर्युक्त चारों धारणाओं का समन्वय करते हुए विकास की सामान्य परिभाषा इस प्रकार प्रस्तुत की जा सकती है—**विकास वह प्राकृतिक प्रक्रिया है जिससे पूर्व-विद्यमान पदार्थ या वस्तु का रूप क्रमशः विभिन्न रूपों में परिवर्तित होता रहता है।**

विकास के सिद्धान्त सृष्टि के विभिन्न रूपों के विकास की व्याख्या करते हुए विभिन्न विचारकों ने विकास के विभिन्न सिद्धान्तों की स्थापना की है, जिन्हें हम मुख्यतः दो वर्गों में विभाजित कर सकते हैं—(१) अध्यात्मपरक सिद्धान्त और (२) विज्ञानपरक सिद्धान्त। प्रथम वर्ग में प्राचीन युग के उन विद्वानों के सिद्धान्त आते हैं जिन्होंने आध्यात्मिक तत्त्वों के आधार पर सृष्टि के विकास की व्याख्या की जबकि दूसरे वर्ग में उन शोधकर्त्ताओं के सिद्धान्त रखे जा सकते हैं जिन्होंने आधुनिक विज्ञान की गवेषणाओं के आधार पर अपने सिद्धान्त प्रस्तुत किये हैं। इतिहास के वैज्ञानिक अध्ययन में दूसरे वर्ग के ही सिद्धान्तों का अधिक महत्त्व है; अतः हम यहाँ इसी वर्ग के सिद्धान्तों की चर्चा कर सकते हैं।

वैज्ञानिक दृष्टि से विकास की व्याख्या करने वाले विद्वानों में भी परस्पर गहरा मत-भेद मिलता है। इसका कारण यह है कि विभिन्न विद्वानों ने सृष्टि के विभिन्न क्षेत्रों की प्रतिक्रियाओं के आधार पर अपने सिद्धान्तों की स्थापना की है। उदाहरण के लिए, डारविन का विकासवाद जीव-सृष्टि की क्रियाओं पर आधारित है तो स्पेन्सर का सिद्धान्त भौतिक पिण्डों के संघटन एवं विघटन की प्रक्रियाओं के आधार पर स्थापित है। इसी प्रकार कार्ल मार्क्स का सिद्धान्त आर्थिक दृष्टिकोण से प्रतिपादित है तो हेनरी बर्गसाँ का सिद्धान्त मूलतः मानसिक प्रक्रियाओं पर आधारित है। इसी प्रकार स्पेंग्लर, ट्वायनबी, सोरोकिन आदि ने समाज एवं संस्कृति के विकास की दृष्टि से विभिन्न सिद्धान्त प्रस्तुत किये हैं। ऐसी स्थिति में हमारे सामने यह प्रश्न है कि हम

साहित्य की व्याख्या के लिए किस सिद्धान्त को अपनावें ? साहित्य का सम्बन्ध रचयिता के व्यक्तित्व, उसकी मानसिक प्रक्रियाओं, सामाजिक वातावरण एवं सांस्कृतिक उपलब्धियों—इन सभी से है। ऐसी स्थिति में हम किसी एक सिद्धान्त का अनुगमन नहीं कर सकते। साथ ही यह भी निश्चित है कि ये सभी सिद्धान्त क्षेत्रीय सीमाओं से आबद्ध होने के कारण सीमित हैं। फिर भी ये सर्वथा अनुपयोगी नहीं हैं। जिस प्रकार विभिन्न क्षेत्रों के व्यक्तियों का तुलनात्मक अध्ययन करके उनकी सामान्य प्रवृत्तियाँ निर्धारित की जा सकती हैं उसी प्रकार विभिन्न क्षेत्रों के सिद्धान्तों की तुलना से उपलब्ध सामान्य तत्त्वों के आधार पर किसी ऐसे सामान्य सिद्धान्त की स्थापना की जा सकती है जो सभी क्षेत्रों पर समान रूप से लागू हो सके। हम भी आगे ऐसा ही करते हुए, विभिन्न क्षेत्रीय सिद्धान्तों के आधार पर विकास का एक सामान्य या यूनिवर्सल सिद्धान्त खोजने का प्रयास करेंगे।

विकास के क्षेत्रीय सिद्धान्त—सृष्टि के विभिन्न क्षेत्रों में विकासवाद के विभिन्न क्षेत्रों में विभिन्न सिद्धान्त स्थापित किये गये हैं जिनमें प्रमुख डारविन, स्पेन्सर, मार्क्स, बर्गसाँ, ट्वायनबी, सोरोकिन आदि के हैं। इनका संक्षिप्त परिचय यहाँ क्रमशः दिया जाता है।

(१) डारविन का सिद्धान्त—चार्ल्स डारविन (१८०६-१८८२) ने अपने ग्रन्थ 'दी ऑरिजन आफ् स्पेसीज' (१८५६) में जीव-विज्ञान के आधार पर विकास का सिद्धान्त प्रस्तुत करते हुए बताया कि सृष्टि के प्राणियों में नव-सर्जन की अपार क्षमता है। ऐसी स्थिति में प्रकृति सभी उत्पादित प्राणियों को संरक्षण प्रदान नहीं कर सकती। परिणामस्वरूप विभिन्न प्राणियों में अपने-अपने अस्तित्व एवं पोषण के लिए संघर्ष होता है। जो प्राणी परिस्थितियों का सामना करने में जितने अधिक उपयुक्त हैं, वे ही प्रकृति का संरक्षण प्राप्त कर पाते हैं, शेष प्राणी नष्ट हो जाते हैं। परिस्थितियों या वातावरण के अनुसार ढलने के लिए विभिन्न प्राणी अपने-आप में तदनुकूल परिवर्तन की कामना करते हैं जिससे उनमें तथा उनकी संततियों में वैसा परिवर्तन या विकास हो जाता है। यदि यह परिवर्तन वस्तुतः उपयोगी हुआ तो इसे प्रकृति स्थायी रूप से स्वीकार कर लेती है। प्रकृति की इसी स्वीकृति को डारविन ने 'प्राकृतिक चुनाव' (Natural Selection) की संज्ञा दी जाती है। वस्तुतः डारविन ने परिस्थिति एवं वातावरणजन्य तथा प्रकृति द्वारा स्वीकृत इसी परिवर्तन को विकास का आधारभूत कारण मानते हुए इसे 'प्राकृतिक चयन' के सिद्धान्त का नाम दिया है।

डारविन का यह सिद्धान्त अपूर्ण है। परवर्ती शोधकर्त्ताओं ने इसे परिवर्द्धित एवं संशोधित करते हुए इस तथ्य का उद्घाटन किया है कि जीवों के विकास में सबसे अधिक योगदान माता-पिता के उन अंशों पर निर्भर है जिनके मेल से संतानोत्पत्ति होती है। मैंडले ने यह प्रमाणित किया कि माता और पिता प्रकृति-भेद एवं उनके क्षरित अंशों के अनुपात-भेद के कारण ही उनकी संतानों में परस्पर गहरा साम्य होते हुए भी अनेक बातों में बहुत बड़ा अन्तर आ जाता है। किन्तु इस अन्तर का मूल कारण माता-पिता की ही प्रकृति में निहित है। अतः विकास का श्रेय सबसे अधिक

वंश-परम्परा को ही दिया जाना चाहिए। पर इसका तात्पर्य यह नहीं है कि वातावरण-जन्य परिवर्तन एवं प्राकृतिक चयन का सिद्धांत खंडित हो जाता है। वंश-परम्परा के साथ-साथ इनका भी महत्त्व है। इस प्रकार जीवविज्ञान के क्षेत्र में वंश-परम्परा, वातावरण एवं प्राकृतिक चुनाव—इन तीनों की ही क्रिया-प्रतिक्रिया को विकास की प्रक्रिया के मूलाधार के रूप में स्वीकार किया जाता है। अतः हमें भी डारविन के सिद्धान्त को इस संशोधित रूप में ही स्वीकार करना चाहिए।

(२) **स्पेन्सर का सिद्धान्त**[१]—हरबर्ट स्पेन्सर (१८२०-१९०३ ई०) ने विकास के सार्वभौम सिद्धान्त की प्रतिष्ठा करते हुए बताया कि समस्त विश्व का सार तत्त्व शक्ति (Force) है, जिसके मुख्यतः दो पक्ष हैं द्रव्य (Matter) एवं गति (Motion)। द्रव्यशक्ति का स्थिर भौतिक रूप है जबकि गति उसी का गत्यात्मक—सूक्ष्म रूप है। द्रव्य और गति की ही प्रतिक्रियाओं के परिणामस्वरूप सृष्टि का विकास एवं ह्रास होता है। जब शक्ति द्रव्य के रूप में संघटित होती हुई निश्चित, स्पष्ट एवं विशिष्ट आकार ग्रहण कर लेती है तो उसे हम 'विकास' कहते हैं, जबकि उसका विघटन हो जाने पर उसका रूप अनिश्चित, अस्पष्ट एवं सामान्य हो जाता है—यही उसका ह्रास है। द्रव्य के संघटन के साथ-साथ गति या क्रिया का फैलाव होता रहता है जबकि उसका विघटन हो जाने पर गति में भी संकोच आ जाता है। इस प्रकार स्पेन्सर के शब्दों में 'विकास द्रव्य की वह संघटनात्मकता एवं गति का व्यय (या बिखराव) है जिसमें द्रव्य अनिश्चितता, असंश्लिष्टता एवं समरूपता की स्थिति से अपेक्षाकृत निश्चितता, संश्लिष्टता एवं बहुरूपता की स्थिति की ओर अग्रसर होता है तथा साथ-साथ ही जिसकी अन्तर्निहित गति में भी समानान्तर रूप में परिवर्तन आता है। स्पेन्सर से इस फार्मूले को यदि और संक्षेप में कहें तो द्रव्य का संघटन, शक्ति या गति की अभिव्यक्ति एवं रूपों का विस्तार ही विकास का सूचक है जबकि इसके विरोधी लक्षण ह्रास से सम्बन्धित हैं।

स्पेन्सर के विचार से विभिन्न पदार्थों के विकास एवं ह्रास का यह चक्र बराबर चलता रहता है तथा इसका मूल कारण विभिन्न शक्तियों का पारस्परिक प्रभाव है। स्पेन्सर ने अपने इस सिद्धान्त की पुष्टि भौतिक, जैविक, मानसिक, सामाजिक, सांस्कृतिक आदि सभी क्षेत्रों के आधार पर की है तथा उनका यह दावा है कि यह सिद्धान्त सृष्टि के सभी क्षेत्रों पर समान रूप से लागू होता है। कला और साहित्य पर भी उन्होंने इसे लागू कर दिखाया है।

(३) **मार्क्सवादी सिद्धान्त**[२]—कार्ल मार्क्स (१८१८-८३) तथा उसके परवर्ती अनुयायियों ने विकासवाद की व्याख्या द्वन्द्वात्मक प्रक्रिया के आधार पर की है। उनके विचार से प्रकृति के सभी उपादानों एवं कार्य-व्यापारों में परस्पर-विरोधी तत्त्व

---

१. Herbert Spencer First Principle.

२. Dialectical and Historical materialism J. Satalin (1938) के आधार पर।

विद्यमान हैं, जिनके पारस्परिक द्वन्द्व से ही सृष्टि का विकास होता है। दूसरे, प्रकृति की प्रत्येक क्रिया सम्बद्ध वातावरण एवं परिस्थितियों से प्रभावित होती है—अतः विकास की प्रक्रिया को भी इन्हीं के आधार पर समझा जा सकता है। सभी प्राकृतिक कार्य-व्यापारों की केन्द्रीय-शक्ति उत्पादन-शक्ति है जो सभी क्षेत्रों को प्रभावित करती है। इस प्रकार मार्क्सवाद के अनुसार विकास का रहस्य प्रकृति, वातावरण, द्वन्द्वात्मक प्रक्रिया एवं उत्पादन शक्ति—इन चार सूत्रों में निहित है।

(४) **हेनरी बर्गसाँ का सर्जनात्मक विकासवाद**[1]—हेनरी बर्गसाँ (१८६५-१९४१) ने समस्त सृष्टि को मूलतः दो तत्त्वों में विभाजित किया—जड़ और चेतन, या द्रव्य और जीवन। उनके विचार से सृष्टि का समस्त विकास इन्हीं दो सत्ताओं के पारस्परिक संघर्ष पर आधारित है। चेतना अपने-आप में एक बहुत बड़ी सर्जनात्मक शक्ति है जो भौतिक सृष्टि से निरन्तर संघर्ष करती हुई आगे बढ़ती रहती है। यह नव सर्जन-शक्ति ही विकास की आधारभूत शक्ति है। जीवनधारियों के विकास की सबसे बड़ी मंजिल मानसिक विकास है। यह मानसिक विकास भी आगे चलकर दो धाराओं में—प्रातिभज्ञान (Intitution) और बुद्धि (Intelligence) में विभक्त हो जाता है; जहाँ पशु-पक्षियों का विकास प्रातिभज्ञान के ही स्तर तक रह जाता है वहाँ मनुष्य का विकास बौद्धिक विकास के रूप में होता है। इस प्रकार बर्गसाँ के विकासवाद का मुख्य क्षेत्र मानसिक क्षेत्र ही है तथा विकास का मूल आधार जड़ और चेतन के द्वन्द्व एवं शक्ति की सर्जन-प्रेरणा में ही निहित है।

(५) **आर्नल्ड ट्वायनबी**[2]—ट्वायनबी (१८८९ ई०) ने अपने ग्रन्थ 'ए स्टडी आफ् हिस्ट्री' में विश्व की विभिन्न सभ्यताओं एवं संस्कृतियों की व्याख्या करते हुए सामाजिक विकास की प्रक्रिया का स्पष्टीकरण जाति (Race), वातावरण एवं सर्जनात्मक व्यक्तित्व के आधार पर किया है। उनके विचार से प्रत्येक समाज के अपने परम्परागत जातीय गुण होते हैं जिनमें उसके विकास की क्षमताएँ निहित होती हैं। परन्तु किसी भी समाज में सक्रियता बाह्य वातावरण या परिस्थितियों के दबाव के कारण आती है। परिस्थितियों के इसी दबाव को ट्वायनबी ने 'चुनौती' (Challange) एवं 'प्रत्युत्तर' (Response) की प्रक्रिया का रूप दिया है। समाज के सामने किसी भी प्रकार का—भौगोलिक, आर्थिक, राजनीतिक, धार्मिक आदि—संकट (या चुनौती) उपस्थित होने पर वह उसका निराकरण या समाधान (प्रत्युत्तर) खोजता है। समाधान का यह कार्य समाज के विशिष्ट सर्जनात्मक व्यक्तियों के द्वारा सम्पन्न होता है। ये सर्जनात्मक (प्रतिभाशाली) व्यक्ति ही ऐसे अवसरों पर समाज का नेतृत्व करते हुए उसे आगे बढ़ाते हैं। इस प्रकार जब तक इन विशिष्ट व्यक्तियों की प्रतिभा समाज के लोगों को आकर्षित करती रहती है तब तक उसका विकास होता रहता है किन्तु आगे चलकर जब परिस्थितियाँ बदल जाती हैं तो उनका आक-

---

१. Creative Evolution by Henry Bergson.

२. A J. Toynbee : A study of History.

र्षण भी न्यून हो जाता है और पुनः समाज में जड़ता आ जाती है। इस प्रकार ट्वायन्बी के विचार से सर्जनात्मक व्यक्तियों के द्वारा दिये गये चुनौतियों के प्रत्युत्तर तथा समाज के द्वारा उनके अनुकरण के बल पर ही विभिन्न जातियों और सभ्यताओं का उत्थान-पतन या विकास एवं ह्रास होता है। ट्वायनबी के इस सिद्धान्त को यदि और भी संक्षेप में प्रस्तुत करना चाहें तो इसे इन चार सूत्रों में रखा जा सकता है—(१) जातीय परम्परा, (२) परिस्थितियों का दबाव, (३) सर्जनात्मक व्यक्तियों का नेतृत्व एवं (४) समाज के द्वारा अनुकरण। ट्वायनबी ने उपर्युक्त सूत्रों के आधार पर विश्व की प्रमुख सभ्यताओं एवं संस्कृतियों के विकास की व्याख्या सफलता पूर्वक की है।

विकास का सामान्य सिद्धान्त—विकासवाद के विभिन्न क्षेत्रीय सिद्धान्तों के तुलनात्मक अध्ययन से हमें पाँच ऐसे सामान्य सूत्रों की उपलब्धि होती है, जिन्हें इन सभी सिद्धान्तों में किसी न किसी रूप में स्वीकार किया गया है। वे सूत्र ये हैं—(१) प्राकृतिक सर्जन-शक्ति, (२) परम्परा, (३) वातावरण, (४) द्वन्द्व या आकर्षण-विकर्षण और (५) संतुलन-स्थापना। इन सूत्रों की संक्षिप्त व्याख्या यहाँ क्रमशः की जाती है—

(१) **सर्जन शक्ति**—विकासवाद के प्रायः सभी सिद्धान्तों में विकास के पीछे एक ऐसी शक्ति का अस्तित्व स्वीकार किया गया है जिसमें अपार सर्जन-क्षमता है। इस शक्ति को विभिन्न विद्वानों ने विभिन्न नाम दिये हैं, किन्तु उसके सामान्य लक्षण के रूप में सभी ने नैसर्गिक सर्जन-क्षमता को माना है। उदाहरण के लिए डारविन ने इसे प्रकृति की अपार **प्रजनन-क्षमता** कहा है तो स्पेन्सर, मार्क्स, बर्गसाँ, ट्वायनबी आदि ने इसे क्रमशः प्राकृतिक शक्ति, उत्पादन-शक्ति, सर्जनात्मक शक्ति, सर्जनात्मक व्यक्तित्व आदि की संज्ञा दी है। वस्तुतः नामकरण का यह अन्तर क्षेत्र एवं भाषा के भेद पर आधारित है अन्यथा ये सभी संज्ञाएँ इस तथ्य को प्रमाणित करती हैं कि सृष्टि के प्रत्येक क्षेत्र का विकास उस क्षेत्र की किसी न किसी सर्जन-शक्ति पर आधारित होता है। उसके अभाव में विकास की प्रक्रिया का होना असम्भव है।

(२) **परम्परा**[1]—विकासवाद के प्रायः सभी व्याख्याताओं ने एक ऐसे तत्त्व का

---

१. परम्परा या Tradition के सम्बन्ध में टी० एस० इलियट लिखते हैं—

"Tradition is not solely, or even primarily, the maintenance of certain dogmatic beliefs; these beliefs have come to take their living form in the course of the formation of a tradition, what I mean by tradition involves all those habitual actions, habets, and customs, from the most significant religious rite to our conventional way of greeting a stranger, which represent the blood kinship of "the same people living in the same place." Points of view : T. S. Eliot. P. 22

उल्लेख किया है जो शक्ति का केन्द्र होता है तथा उसी के गर्भ से नये तत्त्वों का आविर्भाव होता है; इसे डारबिन ने 'वंश-परम्परा' का नाम दिया है तो ट्वायनबी ने 'जाति' या (Race) की संज्ञा दी है। स्पेन्सर ने इसे 'द्रव्य' तथा मार्क्स ने इसे 'विधेयात्मक' तत्त्व कहा है। ऊपरी दृष्टि से ये सब तत्त्व अलग-अलग प्रतीत होते हैं किन्तु वस्तुतः ये सभी उस आधार तत्त्व के द्योतक हैं जिस पर भावी विकास आधारित होता है। जिस प्रकार भौतिक जगत् में आधारभूत या परम्परा द्रव्य के अभाव में कोई भी नई वस्तु निर्मित नहीं की जा सकती उसी प्रकार जैविक क्षेत्र में वंश-परम्परा तथा सामाजिक क्षेत्र में जातीय परम्परा के अभाव में नया विकास सम्भव नहीं। इस तत्त्व को एक सामान्य नाम 'परम्परा' देते हुए कहा जा सकता है कि यही वह बीज है जिस पर सृष्टि रूपी वृक्ष का विकास सम्भव है, यह दूसरी बात है कि इसका स्वरूप विभिन्न क्षेत्रों में विभिन्न प्रकार का हो। प्रत्येक क्षेत्र में परम्परा से कुछ न कुछ लेकर ही आगे बढ़ा जा सकता है, सर्वथा नूतन द्रव्य, वस्तु या जीव का निर्माण किसी के द्वारा भी सम्भव नहीं। सामान्य भाषा में हम जिसे 'नूतन' कहते हैं, वह वस्तुतः प्रयोग शैथिल्य का परिणाम है, अन्यथा उसमें बहुत कुछ पुरातन होता है या यों कहिए कि वह पुरातन का ही परिवर्द्धित, परिवर्तित या विकसित रूप होता है। अतः यह विकास का सार्वभौम नियम है कि प्रत्येक नयी वस्तु के मूल में परम्परा का अस्तित्व किसी न किसी रूप में अवश्य रहता है।

(३) **वातावरण**—जहाँ परम्परा विकास के आधारभूत एवं स्थायी तत्त्वों की सूचक है वहाँ वातावरण परिवर्तनशील पक्ष को प्रस्तुत करता है। जैसा कि अन्यत्र बताया गया है, विकासवाद प्रत्येक वस्तु की परिवर्तनशीलता को स्वीकार करता है, जबकि परम्परा परिवर्तनशीलता की बाधक है। फिर भी परम्परागत तत्वों—या परम्पराओं—को परिवर्तित होना पड़ता है, अन्यथा उनके विकास की गति अवरुद्ध हो जाती है। इस परिवर्तन का मूल कारण है—वातावरण। वातावरणजन्य परिवर्तन को या बाह्य परिस्थितियों या शक्तियों के प्रभाव को डारविन, स्पेन्सर, मार्क्स, ट्वायनबी आदि ने स्पष्ट रूप में स्वीकार किया है। इतना अवश्य है कि 'वातावरण' की व्याख्या हमें प्रसंग के अनुसार करनी चाहिए। इसमें न केवल भौतिक, सामाजिक, आर्थिक, राजनीतिक, सांस्कृतिक आदि सभी परिस्थितियों का समावेश किया जाना चाहिए अपितु उन सब समसामयिक तथ्यों, घटनाओं एवं क्रियाओं को लिया जाना चाहिए जो किसी अन्य सत्ता को किसी न किसी रूप में प्रभावित करती हैं। इस दृष्टि से प्रत्येक प्रकार के बाह्य प्रभाव को वातावरण के अन्तर्गत लिया जा सकता है।

(४) **द्वन्द्व या आकर्षण-विकर्षण की प्रक्रिया**—उपर्युक्त तीनों तथ्य क्रमशः विकास की प्रक्रिया के सूत्रधार, उनकी आधारभूत शक्ति एवं उसके प्रेरक या उद्दीपक कारण की व्याख्या करते हैं, किन्तु इनमें स्वयं विकास की प्रक्रिया के रूप का आख्यान नहीं किया गया। इसके सम्बन्ध में विभिन्न विद्वानों में मतभेद है। डारविन इस प्रक्रिया को 'प्राकृतिक चुनाव' के रूप में स्वीकार करता है तो

मार्क्सवादी इसे द्वन्द्वात्मक प्रक्रिया के नाम से पुकारते हैं। दूसरी ओर स्पेन्सर ने इसे आकर्षण-विकर्षण की प्रक्रिया के रूप में प्रस्तुत किया है तो ट्वायनबी ने इसी को 'चुनौती और जवाब' की प्रक्रिया माना है। ऐसी स्थिति में यह समस्या है कि इनमें से किसे स्वीकार किया जाए? विश्लेषण से हम इस निष्कर्ष पर पहुँचते हैं कि इन सभी के मूल में आकर्षण-विकर्षण की ही प्रक्रिया विद्यमान है, अन्य सभी प्रक्रियाएँ उसी की प्रतिरूप हैं। उदाहरण के लिए डारविन के 'प्राकृतिक चुनाव' के सिद्धान्त को लिया जा सकता है। प्रकृति कोई साकार प्राणी नहीं है और न ही वह नाप जोखकर वस्तुओं का चुनाव करती है। प्रकृति के अन्तर्गत भौतिक जगत् के वे सभी जड़-चेतन पदार्थ एवं व्यक्ति आ जाते हैं जो किसी न किसी प्रकार की क्रिया करते हैं। किन्तु यह क्रिया क्या है? भौतिक, जैविक एवं मानसिक आदि सभी क्षेत्रों में मूल क्रिया एक है—आकर्षण और विकर्षण। एक ओर भौतिक पिंड इस क्रिया के बल पर सृष्टि में चक्कर काटते हैं तो दूसरी ओर जीवधारी इसी से प्रेरित होकर सर्जन, पालन और संहार में प्रवृत्त होते हैं। डारविन ने 'यौनाकर्षण' को भी प्राकृतिक चुनाव का एक अंग माना है, किन्तु यौनाकर्षण 'चुनाव' जैसी बौद्धिक क्रिया न होकर 'आकर्षण' की ही सहज क्रिया है। इसी प्रकार हमारे समस्त मानसिक जगत् के कार्य-व्यापार एक ओर भावात्मक आकर्षण-विकर्षण (या राग-द्वेष तथा उसके व्युत्पन्न असंख्य भावों एवं प्रवृत्तियों) से संचालित होते हैं तो दूसरी ओर बौद्धिक आकर्षण-विकर्षण (जिन्हें दूसरा नाम जिज्ञासा = आकर्षण एवं तर्क = विकर्षण का दिया जा सकता है) द्वारा हमारे समस्त बौद्धिक कार्य-व्यापार गठित होते हैं, इसी प्रकार हमारी सभी शारीरिक चेष्टाएँ एवं गतियाँ—श्वासोच्छ्वास एवं रक्त-प्रसार से लेकर बड़े-बड़े कार्यों तक—आकर्षण-विकर्षण की प्रक्रिया के रूप में सम्पन्न होती हैं। जैसा कि हम अन्यत्र स्पष्ट कर चुके हैं[1] विश्व की सभी जड़ एवं चेतन शक्तियाँ (गुरुत्वाकर्षण चुम्बक, विद्युत्, परमाणु, जीवनी, मानसिक आदि) आकर्षण-विकर्षण की प्रक्रिया के रूप में ही कार्य करती हैं तथा चुनाव और बहिष्कार, चुनौती और जवाब, प्रेम और संघर्ष के मूल में यही प्रक्रिया विद्यमान है, अतः उपर्युक्त सभी विद्वानों की मान्यताओं का इसमें समन्वय करते हुए आकर्षण-विकर्षण को विकास-प्रक्रिया के सामान्य नियम के रूप में स्वीकार किया जा सकता है। वस्तुतः आकर्षण-विकर्षण की प्रक्रिया एक यूनिवर्सल प्रक्रिया है, जो प्रत्येक प्रकार की गति, प्रगति एवं विकास-प्रक्रिया में दृष्टि-गोचर होती है।

(५) **सन्तुलन** - विकास-प्रक्रिया का चरम लक्ष्य क्या है? इसके उत्तर में साम्य संतुलन, समन्वय, शान्ति आदि की बात विभिन्न विद्वानों ने कही है। जब कोई तत्त्व या शक्ति अपने चरम विकास को प्राप्त कर लेती है तो वह शान्त एवं निष्क्रिय हो जाती है। इस शान्ति या निष्क्रियता का वास्तविक कारण यह है कि शक्ति के घटक तत्त्वों में परस्पर संतुलन स्थापित हो जाता है—जिस अभाव या वैषम्य की प्रेरणा से

---

१. साहित्य-विज्ञान; प्रथम खंड, साहित्य की आत्मा।

शक्ति गतिशील होती है, उसकी पूर्ति हो जाती है; फलत: वह चरम लक्ष्य को पाकर शान्त हो जाती है। यह बात न केवल चिन्तनशील प्राणियों में अपितु जड़ पदार्थों में भी पाई जाती है। किसी भी भौतिक पदार्थ में जब प्रोटीन एवं इलेक्ट्रोन के तत्त्वों की संख्या विषम रहती है तो वह तब तक क्रियाशील रहता है जब तक कि इस संख्या में साम्य या सन्तुलन स्थापित नहीं हो जाता। इसी प्रकार चुम्बक शक्ति में उत्तरी छोर व दक्षिणी छोर में पूर्ण सामंजस्य हो जाने पर उसकी आकर्षण-विकर्षण शक्ति शान्त या लुप्त हो जाती है किन्तु ज्योंही किसी कारण से यह सामंजस्य भंग हुआ कि वह पुन: उद्दीप्त एवं क्रियाशील हो जाती है। वस्तुत: यह बात सभी क्षेत्रों में पाई जाती है, इसकी विस्तृत व्याख्या हमने अन्यत्र की है।[1] अत: यहाँ इतना ही कहना पर्याप्त होगा कि प्रत्येक क्षेत्र में विकास-प्रक्रिया का लक्ष्य विरोधी तत्त्वों या विरोधी परिस्थितियों व प्रवृत्तियों के सामंजस्य एवं सन्तुलन स्थापित करना होता है, इस लक्ष्य की प्राप्ति के साथ ही विकास-प्रक्रिया शान्त एवं निश्चेष्ट हो जाती है।

जैसा कि ऊपर स्पष्ट किया जा चुका है, सन्तुलन-स्थापना के अनन्तर सम्बन्धित वस्तु की अन्त:शक्ति तो शान्त एवं निष्क्रिय हो जाती है किन्तु साथ ही उसके स्थूल द्रव्य एवं बाह्य रूप का क्रमश: विघटन आरम्भ हो जाता है, जिसे हम 'ह्रास' का भी नाम दे सकते हैं। यह विघटन या ह्रास तब तक चलता रहता है जब तक कि उसका अवसान नहीं हो जाता। उदाहरण के लिए, जब एक पौधा अपने पूर्ण विकास को प्राप्त कर लेता है—पुष्पों एवं फलों से आच्छादित हो जाता है—तो इसके अनन्तर क्रमश: उसके फूल-पत्ते झड़ने लगते हैं और अन्त में उसका पूर्ण अवसान हो जाता है। अत: विकास के पूर्वोक्त पाँच सूत्रों के अतिरिक्त ह्रास के तत्त्वों—विघटन और अवसान—की भी चर्चा उनके साथ कर सकते हैं।

१.३. साहित्य की विकास-प्रक्रिया

विकास-प्रक्रिया के सामान्य सिद्धान्तों की चर्चा पीछे की जा चुकी है। इनके आधार पर साहित्य की विकास-प्रक्रिया को भी समझा जा सकता है। किन्तु इसके पूर्व हमें कतिपय परम्परागत सिद्धान्तों पर विचार कर लेना चाहिए। पाश्चात्य साहित्य के क्षेत्र में अनेक विद्वानों ने साहित्य की विकास-प्रक्रिया के सम्बन्ध में कुछ सामान्य सिद्धान्तों की स्थापना का प्रयास किया है, जिनमें सबसे अधिक महत्वपूर्ण प्रयास फ्रेंच इतिहासकार तेन (Taine) का है। उसने साहित्य के विकास की व्याख्या के तीन आधारभूत सूत्र बताये हैं (१) जाति (Race), (२) वातावरण (Milien) (३) क्षण (Moment)। वस्तुत: ये तीनों सूत्र जातीय परम्परा, राष्ट्रीय वातावरण तथा समय-विशेष की परिस्थितियों के सूचक हैं। कुछ अन्य विद्वानों ने इन तीन सूत्रों के स्थान पर किसी एक पर ही विशेष बल दिया है। उदाहरण के लिए कुछ जर्मन इतिहासकारों ने युग-चेतना (Spirit of age) को साहित्यिक विकास

---

१. साहित्य-विज्ञान (साहित्य का वैज्ञानिक विवेचन); प्रथम खंड।

का आधार माना तो कुछ अंग्रेज विचारकों ने इस सम्बन्ध में परम्परा (Tradition) को अधिक महत्व दिया। हडसन जैसे चिन्तकों ने इन दोनों के बीच समन्वय स्थापित करते हुए युग-चेतना और परम्परा के साथ-साथ साहित्यकार के विशिष्ट व्यक्तित्व को भी विकास का आधार बताया। इसके विपरीत मार्क्सवादी चिन्तकों ने व्यक्ति के स्थान पर समाज की आर्थिक परिस्थितियों एवं वर्ग-संघर्ष के आधार पर साहित्य की व्याख्या की। उधर फ्रायडवादी विचारक केवल मानसिक अन्तर्द्वन्द्व को ही साहित्यिक विकास का मूल कारण मानते हैं। कुछ लोग व्यक्ति और समाज - दोनों की महत्ता को स्वीकार करते हुए दोनों की पारस्परिक क्रिया-प्रतिक्रिया को ही इस सम्बन्ध में विशेष महत्त्व देते हैं। हमारे विचार से ये सभी दृष्टिकोण एकांगी है; इन सभी में जहाँ आंशिक सत्य है, वहाँ इनमें न्यूनता एवं आंशिक असत्य भी है। यदि हम इन सभी दृष्टिकोणों का समन्वय करते हुए इनकी उपलब्धियों को स्वीकार कर लें तो एक परिपूर्ण सिद्धान्त की रूप-रेखा तैयार हो सकती है। उदाहरण के लिए उपर्युक्त सभी विचारों एवं सिद्धान्तों को विकास-प्रक्रिया के पाँच सामान्य सूत्रों जिनकी व्याख्या पीछे की जा चुकी है—के अन्तर्गत इस प्रकार समन्वित किया जा सकता है :—

(१) प्राकृतिक सर्जन-शक्ति	=विशिष्ट व्यक्तित्व या साहित्यकार की विशिष्ट प्रतिभा।
(२) परम्परा	=जाति (Race) परम्परा (Tradition),
(३) वातावरण	=वातावरण, युग-चेतना, क्षण-विशेष की परिस्थितियाँ; समाज की विभिन्न परिस्थितियाँ; आर्थिक परिस्थितियाँ आदि।
(४) द्वंद्व या आकर्षण-विकर्षण	=सामाजिक द्वन्द्व (आकर्षण--विकर्षण) व्यक्ति का आन्तरिक या मानसिक द्वन्द्व।
(5) संतुलन	= × × ×

उपर्युक्त वर्गीकरण को देखने से यह स्पष्ट होता है कि बहुसंख्यक विद्वानों ने परम्परा, वातावरण एवं द्वन्द्व पर ही अधिक बल दिया है, शेष दो तत्वों की प्रायः उपेक्षा हुई है। वैसे सर्जन-शक्ति के रूप में साहित्यकार के व्यक्तित्व का संकेत अवश्य कुछ विचारकों ने किया है, किन्तु संतुलन का उल्लेख प्रायः नहीं हुआ। किन्तु जहाँ द्वन्द्व है वहाँ संतुलन की भी स्वीकृति अप्रत्यक्ष रूप में रहती है, क्योंकि प्रत्येक प्रकार के द्वन्द्व का अन्तिम लक्ष्य संतुलन स्थापित करना ही होता है। अस्तु, हम कह सकते हैं कि विकास प्रक्रिया के जिन पाँच सामान्य सूत्रों की स्थापना पीछे की गई है, उन्हें साहित्य-चिन्तकों की अप्रत्यक्ष स्वीकृति पहले से ही प्राप्त है, यह दूसरी बात है कि वे अपने एकांगी दृष्टिकोण के कारण अलग-अलग किसी एक को मान्यता देते हैं। वस्तुतः विकास की प्रक्रिया इनमें से किसी एक ही सूत्र पर आधारित नहीं हो सकती, अतः

हमें इन पाँच सूत्रों को संश्लिष्ट रूप में स्वीकार करते हुए इन सभी के आधार पर साहित्य को विकास-प्रक्रिया के विभिन्न पक्षों को समझने का प्रयास करना चाहिए। यहाँ हम प्रत्येक सूत्र की व्याख्या साहित्य की दृष्टि से क्रमशः प्रस्तुत करते हैं।

प्राकृतिक सर्जन-शक्ति साहित्य के विकास में सबसे अधिक योगदान प्राकृतिक सर्जन-शक्ति का रहता है जो व्यक्ति के माध्यम से कार्य करती है। प्राचीन एवं अर्वाचीन साहित्य-शास्त्रियों ने इस विशेष शक्ति को, प्रतिभा, सर्जनक्षमता, कल्पना शक्ति, सहजानुभूति आदि नामों से पुकारा है। इनमें से कौन-सा नाम अधिक उपयुक्त है---इसका निर्णय करना यहाँ कठिन है क्योंकि यह एक स्वतन्त्र शोध का विषय है, किन्तु हम इतना अवश्य कह सकते हैं कि प्रायः सभी वर्गों के चिन्तकों ने साहित्यकार में एक विशेष शक्ति का अस्तित्व अवश्य माना है, जिसके बल पर साहित्य-रचना की जाती है। कुछ लोग यह भी मानते हैं कि यह शक्ति न्यून मात्रा में तो सभी व्यक्तियों में होती है किन्तु साहित्यकार के पास अधिक मात्रा में होती है, जिससे वह साहित्यसर्जन में सफल हो पाता है। इस शक्ति की न्यूनाधिक मात्रा सब व्यक्तियों में हो या न हो, पर यह स्पष्ट है कि साहित्य का सर्जन एक विशिष्ट-शक्ति के द्वारा होता है जो विभिन्न व्यक्तियों को विभिन्न मात्रा में नैसर्गिक रूप में प्राप्त होती है। हमारे विचार से केवल यही नहीं, साहित्यकार के अन्य मानसिक साधन भी जिन्हें वह साहित्यसर्जन में प्रयुक्त करता है बहुत कुछ प्राकृतिक शक्तियों पर आधारित होते हैं। उदाहरणतः साहित्यकार की सर्जन-क्षमता विचारों, भावों, अनुभूतियों, संस्कारों आदि का सहयोग प्राप्त करती है तथा विचार, भाव, अनुभूति आदि की क्षमता भी उसे प्रकृति से ही प्राप्त होती है। इन क्षमताओं को हम समन्वित रूप में 'मानसिक शक्ति' का नाम दे सकते हैं। यद्यपि प्रत्येक व्यक्ति की मानसिक शक्तियों में मात्रा एवं स्तर की दृष्टि से पारस्परिक अन्तर होता है, किन्तु मनोविज्ञान के आधार पर यह स्वीकार किया जा सकता है कि मानसिक शक्ति की सभी प्रक्रियाएँ प्राकृतिक नियमों के अनुसार संचालित होती हैं; अतः व्यापक रूप में हम साहित्य-सर्जन की मूल शक्ति को 'मानसिक शक्ति' का ही एक अंग या अंश मानते हुए उसे प्राकृतिक या नैसर्गिक शक्ति के रूप में स्वीकार कर सकते हैं।

साहित्यकार की नैसर्गिक सर्जन-शक्ति भी अपने आप में पूर्णतः स्वतन्त्र नहीं है, वह साहित्यकार के माध्यम से कार्य करती है तथा मानसिक क्षेत्र की अन्य शक्तियों से भी सहायता लेती है; अतः ऐसी स्थिति में उसका साहित्यकार की रुचियों, प्रवृत्तियों, धारणाओं एवं उसकी अनुभूतियों से प्रभावित हो जाना स्वाभाविक है। जिस प्रकार किसी ट्रेन में चलने का कार्य उसके इंजिन के द्वारा होता है, किन्तु उसे विशेष दिशा एवं विशेष पथ पर अग्रसर करने का कार्य ड्राइवर करता है वैसे ही साहित्यकार की सर्जन-शक्ति साहित्यकार की रुचियों एवं प्रवृत्तियों के अनुसार ही विशेष क्षेत्र में आगे बढ़ती है। इतना अवश्य है कि ट्रेन की भाँति सर्जन-शक्ति यांत्रिक शक्ति नहीं है जो जब चाहे तब सक्रिय हो सके, वह विशेष समय एवं विशेष अवस्था की अपेक्षा रखती है। अस्तु, कहने का तात्पर्य यह है कि सर्जन-शक्ति पर विचार करते

साहित्यकार की वैयक्तिक रुचियों, प्रवृत्तियों, धारणाओं, अनुभूतियों आदि पर भी ध्यान देना आवश्यक है, अन्यथा हम उसकी प्रक्रिया को भलीभाँति समझने में सफल न हो सकेंगे।

परम्परा[1] — साहित्य की विकास-प्रक्रिया का दूसरा मूलाधार तत्त्व परम्परा है। जिस प्रकार कोई भूमि कितनी ही सर्जन-क्षमता से युक्त क्यों न हो फिर भी वह बीज के अभाव में पौधे का सर्जन व विकास नहीं कर सकती, उसी प्रकार कोई भी साहित्यकार अपनी अपार सृजन-क्षमता के होते हुए भी परम्परा से कुछ न कुछ ग्रहण किये बिना साहित्य के विकास में योग नहीं दे सकता। यहाँ यह प्रश्न उठ सकता है कि यदि परम्परा के अभाव में साहित्य-सर्जन सम्भव नहीं तो सर्वप्रथम परम्परा का उद्भव कैसे हुआ, यह प्रश्न वैसा ही है जैसा कि यह पूछना कि यदि बीज के बिना वृक्ष संभव नहीं तो पहले-पहल बीज कहाँ से आया? वस्तुतः हर क्षेत्र के मूल बीज का रहस्य अभी तक स्पष्ट नहीं हो पाया, इसका अस्पष्ट-सा उत्तर यही है कि सृष्टि की मूलाधार शक्ति अपनी विकास-प्रक्रिया की विशिष्ट मंजिलों में समय-समय पर नये बीजों का उद्भव या विकास करती रहती है; पर ऐसा वह कब और क्यों करती है इसका पता लगाना अभी कठिन है। फिर भी यह तथ्य है कि बीज के अभाव में वृक्ष का उद्भव संभव नहीं, भले ही हम उपर्युक्त प्रश्नों का उत्तर न दे सकें। अस्तु-साहित्य की आदि परम्परा के स्रोत का रहस्य न जानते हुए भी हम यह निश्चितता के साथ कह सकते हैं कि साहित्यकार की मानस-भूमि में किसी पूर्व परम्परा का भी बीज वपित होकर नये पौधे या नयी रचनाओं का रूप धारण करता है। इसका यह तात्पर्य नहीं है कि नयी रचना बिलकुल पूर्व परम्परा का ही प्रतिरूप होती है—अपितु उसमें बहुत कुछ ऐसा भी होता है जो कि पूर्व परम्परा से पृथक् किया जा सके। इसका कारण यह है कि परम्परागत तत्त्वों के साथ-साथ वातावरण से सम्बन्धित तत्त्वों का भी मिश्रण हो जाता है—अतः नयी रचना में परम्परा और वातावरण—दोनों का समन्वित रूप दृष्टिगोचर होता है, यह दूसरी बात है कि एक को दूसरे की अपेक्षा प्रमुखता प्राप्त हो जाय। अस्तु, साहित्यिक परम्पराएँ वातावरण के प्रभाव से ही

१. 'परम्परा' का अर्थ स्पष्ट करते हुए श्री नलिन विलोचन शर्मा ने लिखा है—"परम्परा का व्यापकतम अर्थ है वे सारी संस्कारगत रूढ़ियाँ, साहित्यिक मान्यताएँ और अभिव्यंजना की प्रणालियाँ, जो एक लेखक को अतीत से प्राप्त होती है। हम किसी विशिष्ट साहित्यिक मान्यता की परम्परा की चर्चा कर सकते हैं, उदाहरणार्थ 'दुखान्तं न नाटकम्' जो संस्कृत नाटक-साहित्य में निरपवाद रूप से तथा हिन्दी नाटक-साहित्य में भी बहुत अधिक मात्रा में एवं हिन्दी-रंगमंच और चित्रपट में भी, जाने-अनजाने व्याप्त था और है। हम किसी साहित्य-रूप की परम्परा पर विचार कर सकते हैं, यथा महाकाव्य का रूप...और किसी भाषा या शैली की परम्परा भी हो सकती है।"—साहित्य का इतिहास-दर्शन, पृ० २७६।

विभिन्न परम्पराओं में विभक्त एवं विकसित हो जाती है अतः परम्परा के साथ-साथ वातावरण का भी महत्त्व है किन्तु इसकी चर्चा आगे की जायेगी, यहाँ परम्परा के ही विभिन्न पक्षों का और स्पष्टीकरण किया जायेगा।

एक साहित्यकार के सामने अनेक परम्पराएँ विद्यमान रहती हैं, फिर भी वह उन सबको न अपनाकर किसी एक को या कुछ को ही अपनाता है। इसका कारण स्वयं साहित्यकार की रुचि, संस्कार, परिस्थिति, स्थिति, धारणा, दृष्टिकोण आदि में निहित है। कुछ साहित्यकार अपने युग की बहुमान्य परम्पराओं को छोड़कर किसी अन्य युग या अन्य देश की परम्पराओं को अपनाते हैं—इसके पीछे भी उपर्युक्त तत्त्व कार्य करते हैं। साथ ही साहित्यकार को नया रूप भी प्रदान करते हैं—अतः परम्पराओं का अध्ययन करते समय हमें साहित्यकार की उपर्युक्त सभी प्रवृत्तियों को ध्यान में रखना चाहिये; वस्तुतः ये सब प्रवृत्तियाँ विकास-प्रक्रिया के प्रथम सूत्र के अन्तर्गत आ जाती हैं, जिन्हें हम पहला स्थान दे चुके हैं। अतः परम्परा का स्थान उसके बाद ही आता है।

वातावरण—साहित्य के विकास-प्रक्रिया से सम्बन्धित तीसरा तत्त्व वातावरण है। परम्परा रूपी बीज सर्जनात्मक व्यक्तित्व की उर्वर-भूमि में वपित होकर नये पौधों के रूप में विकसित होता है। किन्तु इसके लिए उसे कुछ तत्त्वों की और अपेक्षा होती है; वे तत्व हैं—जल, वायु, प्रकाश आदि। इन्हीं के समूह को हम यहाँ 'वातावरण' की संज्ञा दे सकते हैं। साहित्य की दृष्टि से इस वातावरण के चार पक्ष निर्धारित किये जा सकते हैं—(१) युग-विशेष की सामान्य परिस्थितियाँ (२) साहित्यकार की विशेष परिस्थितियाँ (३) साहित्यकार के आश्रयदाताओं या पाठकों की रुचि एवं प्रवृत्ति (४) विशिष्ट रचना से सम्बन्धित विशेष प्रेरणा-स्रोत। कोई भी साहित्यकार अपने युग के वातावरण, वैयक्तिक परिस्थितियों से सम्बन्धित पाठकों या आश्रयदाताओं की रुचि एवं प्रवृत्तियों तथा विभिन्न प्रेरणा-स्रोतों से न्यूनाधिक मात्रा में प्रभावित हुए बिना नहीं रह सकता। वस्तुतः इन सबका सम्मिलित प्रभाव ही साहित्यकार की सर्जन-शक्ति के उद्दीपन, पोषण एवं संरक्षण का कार्य करता है। जिस प्रकार एक नया अंकुर प्रस्फुटित होने के बाद भी अपेक्षित जलवायु के अभाव में अविकसित रह सकता है, वैसे ही वातावरण को सर्वथा उपेक्षा करने वाला साहित्यकार भी अपनी क्षमता का पूर्ण विकास करने में असफल रहता है। पर इसका तात्पर्य यह भी नहीं है कि साहित्यकार को युगीन परिस्थितियों एवं वातावरण का अन्धानुकरण करना चाहिये। वस्तुतः उसका कार्य परम्परा के बीजों को वातावरण के जल से सींचकर उन्हें नया रूप देने का होता है। प्रत्येक युग की अपनी समस्याएँ, अपनी आवश्यकताएँ और अपनी इच्छाएँ होती हैं। साहित्यकार इन समस्याओं आवश्यकताओं और इच्छाओं को समझकर उनके अनुरूप समाधान प्रस्तुत करता है। यह आवश्यक न[illegible] कि वह अपने युग की हर बात का

समर्थन करे, वह उनका विरोध भी कर सकता है किन्तु उसे अपने युग का यथार्थ बोध अवश्य होना चाहिये। इसके लिए विशेष चेष्टा की आवश्यकता नहीं। जिसे अपने समय की सच्ची अनुभूति प्राप्त है, उसकी वाणी में स्वत: ही युग का स्वर ध्वनित होने लगता है। अस्तु, साहित्य के विकास में युगीन वातावरण के विभिन्न पक्षों का योगदान भी विभिन्न रूपों में रहता है, जिसकी उपेक्षा नहीं की जा सकती।

द्वन्द्व—विकास-प्रक्रिया में योग देने वाले चौथे तत्त्व को 'द्वन्द्व' की संज्ञा दी गई है। जैसा कि अन्यत्र स्पष्ट किया जा चुका है—द्वन्द्व दो वस्तुओं के पारस्परिक आकर्षण-विकर्षण या विरोध की प्रक्रिया का नाम है। सृष्टि के विभिन्न क्रिया-कलापों के मूल में द्वन्द्व की ही प्रक्रिया या प्रतिक्रिया रहती है। विकास के क्षेत्र में सर्जन-शक्ति द्वन्द्व से ही प्रेरित होकर सक्रिय होती है। साहित्यकार की भी सर्जन-शक्ति किसी न किसी प्रकार के द्वन्द्व (या आकर्षण-विकर्ष) से प्रेरित होकर परम्परा एवं वातावरण के सहयोग से कार्य करती है। अस्तु, सर्जन-शक्ति को प्रेरित, उद्दीप्त एवं सक्रिय करते हुए उसे विकास की ओर अग्रसर करने में किसी न किसी प्रकार के द्वन्द्व का योग रहता है अन्यथा वह शक्ति निष्क्रिय एवं निश्चेष्ट हो जाती है।

साहित्य के क्षेत्र में परिस्थिति-भेद से द्वन्द्व के अनेक रूप एवं स्तर हो सकते हैं, जिन्हें मुख्यत: पाँच वर्गों में विभक्त किया जा सकता है—

(१) भौतिक द्वन्द्व—(क) प्रकृति के एक पक्ष एवं अन्य पक्ष के मध्य द्वन्द्व।
(ख) मनुष्य और प्रकृति के बीच द्वन्द्व।

(२) सामाजिक द्वन्द्व—(क) व्यक्ति, परिवार एवं समाज के एक वर्ग एवं अन्य वर्ग के मध्य द्वन्द्व।
(ख) राष्ट्र के एक वर्ग एवं अन्य वर्ग के मध्य द्वन्द्व।

(३) राजनीतिक द्वन्द्व—विभिन्न राष्ट्रों एवं राजनीतिक सत्ताओं के मध्य द्वन्द्व।

(४) सांस्कृतिक द्वन्द्व—विभिन्न सांस्कृतियों के मध्य पारस्परिक द्वन्द्व।

(५) मानसिक द्वन्द्व—एक ही व्यक्ति की विभिन्न मनोवृत्तियों के बीच द्वन्द्व।

सामान्यत: साहित्य की प्रत्येक परम्परा उपर्युक्त द्वन्द्वों में से किसी एक प्रकार के द्वन्द्व की प्रक्रिया से प्रेरित एवं चालित होती है, अत: ज्यों-ज्यों उस द्वन्द्व की प्रक्रिया तीव्र एवं गम्भीर होती जाती है त्यों-त्यों तत्सम्बन्धी साहित्य-परम्परा भी तीव्रता एवं गम्भीरता से विकसित होती चलती है तथा अन्त में द्वन्द्व की प्रक्रिया के शान्त एवं सन्तुलित हो जाने पर सम्बन्धित परम्परा के विकास की गति अवरुद्ध हो जाती है तथा उस स्थिति में वह या तो पुन: ह्रासोन्मुखी होकर विघटित हो जाती है, अथवा किसी अन्य परम्परा में विलीन होकर समाप्त हो जाती है या निर्जीव एवं

प्रभावशून्य होकर रूढ़ि-रूप में आगे बढ़ती रहती है जब तक कि कोई अन्य सशक्त परम्परा उसे बलात् अवरुद्ध नहीं कर देती। सामान्यतः परम्पराओं की चरम परिणति पाँच रूपों में होती है—(१) संयोजन—एक परम्परा अन्य परम्परा में मिल जाती है। (२) विघटन—परम्परा अपने आधारभूत तत्वों का विघटन करती हुई क्रमशः निःशेष हो जाती है। (३) विस्थापन—कोई अन्य परम्परा उसे पदच्युत करके उसका स्थान ग्रहण कर लेती है (४) विनिमय—नई परम्पराओं से विभिन्न तत्वों का आदान-प्रदान करके नये रूप में विकसित हो जाती है। (५) समवायी परिवर्तन—बाह्य तत्वों एवं लक्षणों की दृष्टि से जीवित प्रतीत होती हुई भी आन्तरिक चेतना की दृष्टि से निर्जीव हो जाती है अर्थात् केवल रूढ़ि रूप में आगे बढ़ती रहती है।

संतुलन– विकास-प्रक्रिया के पाँचवें तत्व को 'संतुलन' या सामंजस्य का नाम दिया गया है जो कि द्वन्द्व की चरम परिणति या समाप्ति का सूचक है। जैसा कि अन्यत्र स्पष्ट किया जा चुका है, सर्जन-शक्ति को सक्रिय एवं गतिशील बनाये रखने वाला तत्त्व द्वन्द्व ही है जिसके मूल में प्रायः किसी अभाव की पूर्ति या बाह्य दबाव, संघर्ष या विरोध से मुक्ति अथवा आन्तरिक आकर्षण-विकर्षण से उत्पन्न प्रवृत्तियों से निवृत्ति का लक्ष्य रहता है किन्तु जब इस लक्ष्य की पूर्ति हो जाती है तो तत्सम्बन्धी द्वन्द्व भी समाप्त या शान्त हो जाता है—इस स्थिति को 'संतुलन' की संज्ञा दी गयी है। वस्तुतः संतुलन विकास-प्रक्रिया की चरम परिणति का सूचक है।

साहित्यिक परम्परायें अपने चरम विकास की स्थिति को प्राप्त कर लेने के अनन्तर भी रूढ़ि रूप में कुछ समय तक प्रचलित रहती हैं; यह दूसरी बात है कि मूल शक्ति या चेतना के निःस्पन्द या निष्क्रिय हो जाने के कारण वे निर्जीव व प्रभाव-शून्य हो जाती हैं तथा उनके विभिन्न तत्वों एवं रूपों का क्रमशः विघटन होता रहता है और अन्त में वे अवसान की स्थिति को प्राप्त कर लेती हैं।

इस प्रकार साहित्य की किसी भी कृति, प्रवृत्ति, धारा या परम्परा के विकास को स्पष्ट करने के लिए हमें उपर्युक्त पाँचों तत्वों को ध्यान में रखते हुए क्रमशः रचयिता या रचयिताओं के व्यक्ति-वैशिष्ट्य (सर्जन-शक्ति), आधारभूत परम्परागत तत्वों, तद्युगीन वातावरण या परिवेश के प्रभाव-स्रोतों तथा प्रेरक द्वंद्व एवं संतुलन की स्थितियों पर विचार करना चाहिए, अन्यथा हमारे निष्कर्ष एवं निर्णय एकांगी या एकपक्षीय हो सकते हैं।

१.४ साहित्य के विकास की रूपात्मक व्याख्या

साहित्य की विकास-प्रक्रिया में योग देने वाले विभिन्न तत्वों की विवेचना की जा चुकी है; इनके आधार पर विकास-प्रक्रिया के मूल कारणों या स्रोतों का अनुसंधान सम्यक् रूप में किया जा सकता है। इनके अतिरिक्त कुछ ऐसे लक्षण भी निर्धारित किये जा सकते हैं जिनके आधार पर साहित्य की रूपगत विशेषताओं का विश्लेषण करते हुए उसके विकास या ह्रास की स्थिति का बोध प्राप्त किया जा सकता है।

जिस प्रकार व्यक्ति की रूपाकृति एवं उसके विभिन्न लक्षणों के आधार पर उसके आन्तरिक स्वास्थ्य का अनुमान किया जा सकता है उसी प्रकार साहित्य की भी रूपात्मक विशेषताओं के आधार पर उसके विकास की स्थिति को समझा जा सकता है। स्पेन्सर ने तो सम्पूर्ण सृष्टि के ही विकास की व्याख्या रूपात्मक लक्षणों के आधार पर प्रस्तुत करते हुए प्रतिपादित किया था—"विकास द्रव्य का एक ऐसा संघटन या केन्द्रीयकरण तथा उसकी सहचारी गति का अभिव्यंजन है जिसमें द्रव्य अनिश्चित, असम्बद्ध एवं समरूपता की स्थिति से अपेक्षाकृत निश्चित, सुसम्बद्ध एवं बहुरूपता की स्थिति की ओर अग्रसर होता है तथा साथ ही जिसकी अन्तर्निहित गति (शक्ति) उसी के अनुकूल रूपान्तरित हो जाती है।" यह सिद्धान्त मुख्यतः द्रव्य, गति एवं रूप पर आधारित है, जिन्हें साहित्य की दृष्टि से क्रमशः विषय-वस्तु (द्रव्य), प्रवृत्ति (गति), एवं काव्य-रूप या शैली (रूप) के अर्थ में ग्रहण करते हुए रूपात्मक दृष्टि से साहित्य के विकास के निम्नांकित लक्षण निर्धारित किये जा सकते हैं—

(१) साहित्य की विकासोन्मुख अवस्था में उसकी विषय-वस्तु के अन्तर्गत क्रमशः अधिकाधिक तत्त्व संघटित एवं केन्द्रीकृत होते रहते हैं।

(२) उसमें विषय-वस्तु की 'सहचारी गति' अर्थात् आन्तरिक प्रवृत्ति का प्रकाशन ('अभिव्यंजना' या 'अपव्यय') भी साथ-साथ (अधिक गम्भीर रूप में) होता चलता है।

(३) उसमें साहित्य के बाह्य-रूप-भेद (जैसे—कविता, उपन्यास, कहानी आदि) क्रमशः अधिकाधिक निश्चित या स्पष्ट एवं व्यवस्थित होते जाते हैं तथा उनके भेदों की संख्या में अभिवृद्धि होती रहती है।

(4) इसके साथ-साथ उसकी अन्तर्निहित प्रवृत्ति या मूल प्रवृत्ति भी अधिक निश्चित, स्पष्ट, सुसम्बद्ध, व्यवस्थित बहुरूपी व बहुमुखी होती चलती है।

उपर्युक्त सिद्धान्त को स्पष्ट करते हुए स्पेन्सर ने विकासोन्मुखता के सूचक और भी कई लक्षणों का निर्देश किया है, जो संक्षेप में इस प्रकार है—(१) द्रव्य के विभिन्न तत्त्वों का अधिकाधिक संघटित एवं सुसम्बद्ध होना। (२) द्रव्य की पारस्परिक भिन्नता अर्थात् साहित्य की विषय-वस्तु में वैविध्य का होना। (३) वस्तु की प्रत्येक इकाई का आन्तरिक रूप में सुसम्बद्ध एवं सुगठित होना अर्थात् साहित्य की कथा-वस्तु का आन्तरिक दृष्टि से सुगठित होना। (४) रूपों का आकार-प्रकार अधिकाधिक स्पष्ट एवं निश्चित होते जाना। (५) रूपों में सरलता की अपेक्षा जटिलता का प्रादुर्भाव। (६) अव्यवस्था एवं अराजकता के स्थान पर नियमबद्धता। (७) अनिश्चितता की अपेक्षा निश्चितता।

जहाँ उपर्युक्त लक्षण विकासोन्मुखता के सूचक हैं वहाँ इनके प्रतिकूल लक्षण उसकी ह्रासोन्मुखता के व्यंजक माने गये हैं। यहाँ दोनों प्रकार के लक्षणों को साहित्य की दृष्टि से तालिका रूप में प्रस्तुत किया जाता है—

तालिका-संख्या—१

साहित्य के विकास को रूपात्मक व्याख्या

क्षेत्र	विकासोन्मुखता के लक्षण	ह्रासोन्मुखता के लक्षण
(१) विषय-वस्तु	(क) तत्त्वों का संघटन (ख) तत्त्वों की सम्बद्धता (ग) तत्त्वों की विविधता (घ) तत्त्वों की आन्तरिक सुगठितता (ङ) केन्द्रीय तत्त्व की सुदृढ़ता	(क) तत्त्वों का विघटन एवं क्षय (ख) तत्त्वों की असम्बद्धता (ग) तत्त्वों की न्यूनता (घ) तत्त्वों का आन्तरिक सम्बन्ध शिथिल (ङ) केन्द्रीय तत्त्व दुर्बल एवं प्रभाव-शून्य
(२) आन्तरिक प्रवृत्तियाँ	(च) भावात्मक प्रवृत्तियों का विषय-वस्तु के अनुरूप विस्तार, वैविध्य एवं सुसम्बद्धता।	(च) भावात्मक प्रवृत्तियों का संकुचित एवं सीमित हो जाना।
(३) रूप-भेद	(छ) साहित्य के रूप भेदों का निश्चित एवं सुस्पष्ट होना। (ज) रूपों का वैविध्य एवं विस्तार।	(छ) रूप भेदों का अनिश्चित एवं अस्पष्ट हो जाना। (ज) रूपों का संकोच।
(४) शैली	(झ) शैली परिष्कृत, सुसंस्कृत, प्रौढ़, लाक्षणिक एवं व्यंग्यात्मक।	(झ) शैली रूढ़, विशृङ्खलित, अभिधात्मक, कृत्रिम एवं दुरूह।
(५) साहित्य का आदर्श एवं प्रयोजन	(ञ) साहित्य के मानदण्ड एवं आदर्श, सुव्यवस्थित व निश्चित। (ट) साहित्य का प्रयोजन सुस्पष्ट।	(ञ) मानदण्ड का आदर्श अव्यवस्थित एवं अनिश्चित। (ट) प्रयोजन अस्पष्ट।

१. ५. साहित्य की प्रवृत्त्यात्मक व्याख्या

साहित्य के समय-समय पर विभिन्न प्रकार की प्रवृत्तियों का उत्थान-पतन होता रहता है जिनके विकास की व्याख्या सांस्कृतिक एवं मनोवैज्ञानिक आधार पर की जा सकती है। आधुनिक युग के अनेक समाज-शास्त्रियों विशेषतः ओस्वाल्ड

स्पेंगलर[१], ए० जे० ट्वायनबी[२], पी० सोरोकिन[३] प्रभृति—ने विश्व-सभ्यता के इतिहास का अध्ययन करते हुए प्रतिपादित किया है कि प्रत्येक जाति (या राष्ट्र) के सामाजिक एवं सांस्कृतिक आदर्शों, प्रेरणाओं एवं प्रवृत्तियों की अभिव्यक्ति उसके साहित्य में होती है; अतः किसी भी संस्कृति का अध्ययन उसके साहित्य के आधार पर किया जा सकता है। दूसरी ओर इस निष्कर्ष के आधार पर हम यह भी कह सकते हैं कि साहित्य की प्रवृत्तियों के मूल में उससे सम्बन्धित संस्कृति की प्रवृत्तियाँ रहती हैं; अतः उनके उद्भव एवं विकास को सांस्कृतिक प्रवृत्तियों के आधार पर स्पष्ट किया जा सकता है।

सांस्कृतिक आधार—पी० सोरोकिन ने विश्व की विभिन्न संस्कृतियों का तुलनात्मक अध्ययन करते हुए उन्हें तीन प्रारूपों में विभक्त किया है—(१) तत्त्वपरक संस्कृति (Indeational culture), (२) इन्द्रियपरक संस्कृति (Sensate culture) और (३) आदर्शपरक संस्कृति (Idealistic culture)। उन्होंने प्रत्येक प्रकार की संस्कृति से सम्बन्ध साहित्य की प्रवृत्तियों का निरूपण करते हुए बताया है कि जहाँ **तत्त्वपरक संस्कृति** के साहित्य मे धार्मिक, दार्शनिक एवं आध्यात्मिक विषयों, दिव्य पात्रों, अलौकिक घटनाओं एवं निवृत्तिमूलक प्रवृत्तियो की प्रधानता रहती है वहाँ **इन्द्रियपरक संस्कृति** के साहित्य मे इहलौकिक, सांसारिक एवं ऐन्द्रियक विषयों की प्रमुखता रहती है। उसके पात्र कामुक, विलासी, दुष्ट एवं पतित होते हैं तथा उसमें दैनिक जीवन की सामान्य घटनाओं की प्रमुखता रहती है। इसी प्रकार **आदर्शपरक संस्कृति** के साहित्य में वीरता सम्बन्धी विषयों, वीर एवं महान् पात्रों, वीरतापूर्ण क्रिया-कलापों एवं उदात्त भावनाओं की प्रमुखता रहती है। तीनों के कला सम्बन्धी दृष्टिकोण के अन्तर को भी स्पष्ट करते हुए सोरोकिन ने बताया है कि जहाँ तत्त्वपरक संस्कृति में कला धर्म की पर्याय बन जाती है वहाँ इन्द्रियपरक मे यह ऐन्द्रिक सुख-सुविधा-प्राप्ति की साधन बन जाती है तथा आदर्शपरक में वह समाज के अभ्युत्थान की साधक मानी जाती है।

यद्यपि सोरोकिन के निष्कर्ष अत्यन्त महत्त्वपूर्ण हैं तथा उन्होंने विश्व-संस्कृति के विभिन्न प्रारूपों के आधार पर अपने निष्कर्षों को सम्यक् रूप में पुष्ट भी किया है फिर भी इनमें किंचित संशोधन-परिष्कार किया जा सकता है। एक तो सोरोकिन ने संस्कृति के तीनों रूपों में क्रमशः विचार, ऐन्द्रियकता एवं भाव की प्रमुखता मानी है—इस दृष्टि से उन्हें आदर्शपरक, यथार्थपरक एवं स्वच्छन्दतापरक कहना अधिक उचित होगा। सोरोकिन के 'तत्त्वपरक' एवं 'आदर्शपरक' भेद मिलते-जुलते हैं; अतः उनके नामकरण में परिवर्तन अपेक्षित है। दूसरे, प्रत्येक संस्कृति में भी समय-समय पर विभिन्न प्रवृत्तियों का उत्थान-पतन होता रहता है; परिस्थिति-भेद के अनुसार उसकी

---

१. Oswald Spenglar : 'The Decline of West'

२. A J. Toynbee : 'A Study of History'

३. P. Sorokin : 'Social and Cultural Dynamics'

प्रवृत्ति कभी आदर्शोन्मुखता की ओर हो जाती है तो कभी यथार्थोन्मुखता की ओर। अतः साहित्य में इन प्रवृत्तियों पर विचार करते समय यह ध्यान में रखना आवश्यक है कि सम्बन्धित युग-विशेष में संस्कृति एवं सभ्यता का झुकाव किस ओर था। इस दृष्टि से विचार करने पर स्पष्ट होगा कि एक ही संस्कृति के इतिहास में कभी आदर्शपरक, कभी स्वच्छन्दतापरक और कभी यथार्थपरक प्रवृत्तियों का उन्मीलन एवं विकास होता रहता है।

मनोवैज्ञानिक आधार—मनोविज्ञान के अनुसार मानव-मन की समस्त प्रवृतियाँ मूलतः तीन प्रक्रियाओं में विभक्त की जा सकती हैं—(१) जनता (to know), (२) अनुभूति प्राप्त करना (to feel) और (३) चेष्टा या कार्य करना (to act)। क्रमशः इन्हीं के आधार पर हमारे जीवन की समस्त ज्ञानात्मक, भावात्मक एवं क्रियात्मक प्रवृत्तियों का संचालन एवं नियन्त्रण होता है। ये तीनों प्रवृत्तियाँ मूलतः सभी चेतन प्राणियों में विद्यमान हैं किन्तु इनकी मात्रा, अनुपात एवं विकास की अवस्था की दृष्टि से विभिन्न प्राणियों एवं व्यक्तियों में परस्पर अन्तर रहता है। विभिन्न व्यक्तियों में उनके पैतृक, पारिवारिक, सामाजिक एवं राष्ट्रीय संस्कारों के भेद के अनुसार इन प्रवृत्तियों की व्यापकता एवं गम्भीरता में अन्तर रहता है। जहाँ उपनिषद् काल के ऋषि-मुनियों में ज्ञानात्मक प्रवृत्तियों की प्रधानता रही होगी, वहाँ आधुनिक युग के इंग्लैंड एवं जापान के लोगों में क्रियात्मक या व्यावसायिक प्रवृत्तियों की प्रमुखता मानी जा सकती है। इसी प्रकार एक ही व्यक्ति एवं एक समाज में भी अलग-अलग समय तथा अलग-अलग परिस्थितियों में अलग-अलग प्रवृत्तियाँ प्रमुख हो सकती हैं। अस्तु, कारण एवं परिस्थितियाँ चाहे जो हों, हम समाज के एवं साहित्यकारों के विभिन्न वर्गों को मुख्यतः तीन प्ररूपों में विभक्त कर सकते हैं—(१) ज्ञान-प्रधान (२) भावना-प्रधान और (३) क्रिया-प्रधान। साहित्य की प्रचलित शब्दावली में इन्हें क्रमशः इन नामों से पुकारा जा सकता है—शास्त्रवादी (Classic) (२) स्वच्छन्दतावादी (Romantic) और (३) यथार्थवादी (Realistic)। कदाचित् यह सम्बन्ध-स्थापना एकाएक आरोपित एवं असंगत सी प्रतीत हो सकती है, किन्तु ध्यान से देखने पर ऐसा नहीं होगा। शास्त्रवादिता के मूल में प्रायः ज्ञानात्मकता की प्रवृत्ति ही प्रमुख होती है, उसी से उसकी प्रवृत्ति सूक्ष्म-तत्त्वों, दार्शनिक आधारों, आदर्शवादिता एवं मर्यादावादिता की ओर होती है; अतः कुछ अपवादों को छोड़कर 'ज्ञान-प्रधान' या तत्त्वपरक साहित्यिक प्ररूप को सामान्यतः शास्त्रवादी या आदर्शवादी कहा जा सकता है। इसी प्रकार स्वच्छन्दतावादिता के मूल में भावात्मक की तथा यथार्थवादिता के मूल में क्रियात्मकता की प्रवृत्ति प्रमुख होती है जिससे उनमें तत्सम्बन्धी अन्य प्रवृत्तियों का भी विकास हो जाता है। अस्तु हम उपर्युक्त वर्गों को साहित्यिक दृष्टि से आदर्शवादी, स्वच्छन्दतावादी एवं यथार्थवादी या आदर्शपरक, स्वच्छन्दतापरक एवं यथार्थपरक की संज्ञा दे सकते हैं। यहाँ यह ध्यान रहे कि पाश्चात्य क्षेत्रों में कुछ लोग 'शास्त्रवाद' (Classism) को 'आदर्शवाद' (Idealism) से पृथक् मानते हैं। किन्तु हमारे विचार से इनमें कोई मौलिक अन्तर नही है—

शास्त्रों के आधार पर ही आदर्श का निर्णय होता है या आदर्श की स्थापना शास्त्रीय आधार पर होती है तथा दोनों ही 'तत्त्व' 'विचार' एवं मर्यादा पर आश्रित होते हैं; अतः उन्हें हम एक ही प्ररूप के अन्तर्गत समाविष्ट कर लें तो अनुचित नहीं होगा।

(ग) **प्ररूपों के भेदक लक्षण एवं प्रवृत्तियाँ**—सांस्कृतिक एवं साहित्यिक प्ररूपों के उपर्युक्त संशोधित रूप को ध्यान में रखते हुए हम निजी दृष्टिकोण से उनके लक्षणों एवं प्रवृत्तियों का निर्धारण नीचे तालिक संख्या २ में प्रस्तुत किया जा रहा है।

इस विषय में यह ध्यान रखा जाना चाहिए कि कई बार कुछ साहित्यिक रचनाएँ विशुद्ध रूप में किसी एक प्ररूप के अन्तर्गत नहीं आतीं, उनमें अनेक प्ररूपों की प्रवृत्तियाँ मिश्रित होती हैं। ऐसी स्थिति में यदि उनमें कुछ ऐसे लक्षण दृष्टिगोचर हों जो हमारे विश्लेषण के प्रतिकूल पड़ते हों तो उन्हें अपवाद-रूप—दो प्ररूपों के मिश्रण का परिणाम—समझना उचित होगा।

तालिका संख्या—२

साहित्यिक प्ररूपों का संशोधित रूप एवं उनकी प्रवृत्तियाँ

क्षेत्र	आदर्शपरक प्ररूप	स्वच्छन्दतापरक प्ररूप	यथार्थपरक प्ररूप
१. मनोवैज्ञानिक दृष्टि से	ज्ञानात्मक	भावात्मक	क्रियात्मक
२. दार्शनिक दृष्टि से	आध्यात्मवादी	आध्यात्मिक भौतिक (उभयपरक)	भौतिकतावादी
३. सांस्कृतिक दृष्टि से (सोरोकिन)	तत्त्वपरक (Ideational)	आदर्शपरक (Idealist)	इन्द्रियपरक (Sensate)
४. साहित्यिक तत्त्व	बौद्धिक तत्त्व-प्रधान	भावात्मक तत्त्वों की प्रधानता	कल्पना की प्रधानता
५. विषय-वस्तु	धार्मिक, दार्शनिक एवं नैतिक	साहसिक एवं शृङ्गारिक	सांसारिक ऐन्द्रियक राजनीतिक, लोकोपयोगी
६. पात्र	दिव्य एवं आदर्श	वीर एवं प्रेमी	सामान्य
७. घटनाएँ	अलौकिक एवं महान् कार्य	युद्ध एवं विवाह	दैनिक जीवन के क्रिया-कलाप
८. रस एवं भावात्मक प्रवृत्तियाँ	शान्त, भक्ति, रहस्यवाद	वीर एवं उच्चकोटि का शृङ्गार रस	रसिकता, कामुकता प्रधान शृङ्गार, बीभत्स,
९. कला का प्रयोजन	धर्म या दर्शन की स्थापना	कलात्मक सौन्दर्य की सृष्टि करना	अर्थ प्राप्ति आत्म विज्ञापन

(घ) आश्रय के प्रभाव से प्ररूपों का विकास—जैसा कि अन्यत्र संकेत किया गया है, कोई भी सांस्कृतिक एवं साहित्यिक प्ररूप सदा एक ही रूप एवं अवस्था में स्थिर नहीं रह सकता अपितु वातावरण के प्रभाव से उसमें विभिन्न प्रवृत्तियों का विकास होता रहता है जिससे एक ही प्ररूप के अनेक भेद एवं रूप विकसित हो जाते हैं; अतः प्ररूपों के अध्ययन में उनसे सम्बन्धित वातावरण का भी पूरा ध्यान रखे जाने की अपेक्षा है। सामान्यतः साहित्य के वातावरण का अध्ययन इस तथ्य के आधार पर किया जा सकता है कि उसकी रचना किन परिस्थतियों में या किस प्रकार के आश्रय में हुई है। हमारे विचार से अब तक के साहित्य के आधार पर इन आश्रयों के भी मुख्यतः चार प्रकार स्वीकार किये जा सकते हैं—(१) धर्माश्रय (२) राज्याश्रय (३) लोकाश्रय और चौथा पूँजीपत्याश्रय। धर्माश्रय में मुख्यतः किसी धर्म-सम्प्रदाय के सिद्धान्तों के प्रचार करने, विधि-निषेध की व्याख्या करने तथा धार्मिक अनुभूतियों के प्रकाशन करने का लक्ष्य रहता है, किन्तु धर्माश्रय का वातावरण भी सदा एक जैसा नहीं रहता। जब उनमें आदर्शवाद का प्रयोग हो जाता है तो उसमें दार्शनिकता व बौद्धिकता की प्रधानता हो जाती है, जबकि स्वच्छन्दतावादी प्रवृत्तियों के प्रभाव से भावुकता, भक्ति भावना व रसिकता का प्राधान्य हो जाता है तथा यथार्थवादिता के कारण कर्म-काण्ड, विधि-विधानों, ऐश्वर्य-वृद्धि आदि की प्रवृत्तियों का विकास हो जाता है जिसका प्रभाव उसके आश्रित साहित्य पर भी पड़ता है। इसी प्रकार राज्याश्रय में भी आदर्शवादी दृष्टिकोण की प्रधानता होने पर उच्च स्तर का राष्ट्रीय काव्य, वीर-काव्य एवं शास्त्रीय काव्य रचित होता है, यथार्थवादिता की स्थिति में ऐतिहासिक, नीतिपरक, प्रशंसात्मक (प्रशस्तिमूलक) काव्य की तथा स्वच्छन्दतावादी दृष्टि के उन्मीलित होने पर शृङ्गारी काव्य की रचना होती है। लोकाश्रित काव्य में भी लोक-समाज के तत्कालीन दृष्टिकोण के अनुसार विभिन्न प्रकार की प्रवृत्तियों का विकास होता है, यथा—आदर्शवादी दृष्टिकोण से देवी-देवताओं एवं महापुरुषों से सम्बन्धित भक्ति-भावपूर्ण काव्यों का, यथार्थवादी दृष्टिकोण की प्रधानता होने पर दाम्पत्य-जीवन एवं शृङ्गारिक विषयों से सम्बन्धित रचनाओं की तथा स्वच्छन्दतावादी दृष्टिकोण से रोमांटिक कथाओं, आश्चर्यपूर्ण एवं कौतूहलवर्द्धक वृत्तान्तों की रचना अधिक होती है।

आधुनिक युग में पूँजीवाद के विकास के साथ-साथ ऐसी पूँजीवादी संस्थाओं का भी प्रादुर्भाव हुआ है जिनके आश्रय में ऐसे साहित्य की रचना हो रही है जो कि पूँजीपतियों की मनोवृत्तियों, भावनाओं एवं प्रवृत्तियों से प्रेरित एवं प्रभावित दृष्टिगोचर होता है। पूँजीपतियों में भी क्रमशः आदर्शपरकता, स्वच्छन्दतापरकता एवं यथार्थपरकता की प्रवृत्तियों की प्रमुखता समय-समय पर दिखाई पड़ती है; अतः तदनुसार पूँजीपत्याश्रय में लिखित साहित्य की प्रवृत्तियों का भी निर्धारण किया जा

सकता है । सामान्यतः पूँजीपत्याश्रय में आदर्शपरक साहित्य में परम्परागत सभ्यता एवं संस्कृति के आधार पर उच्चवर्ग के उदात्त प्रेम, करुणा, त्याग एवं उदारता के भावों की व्यंजना सुसंस्कृत शैली में प्रबन्धात्मक काव्यों में होती है जबकि इसके यथार्थपरक साहित्य में मनोविज्ञान, मनोविश्लेषण, यौनविज्ञान के आधार पर विलासिता, नग्नता एवं अश्लीलता का चित्रण प्रायः मुक्तक पद्य या गद्य साहित्य में किया जाता है । इसी प्रकार इसी वर्ग के स्वच्छन्दतापरक साहित्य में काम को ही जीवन का चरम लक्ष्य घोषित करते हुए उसकी अभिव्यंजना स्वच्छन्दरूप में करने के साथ-साथ आश्चर्यपूर्ण वृत्तान्तों, विभिन्न अनुभवों एवं चौंकानेवाले क्रिया कलापों का चित्रण भी मनोरंजन की दृष्टि से किया जाता है ।

इस प्रकार साहित्य की विभिन्न प्रवृत्तियों के विकास की व्याख्या तत्सम्बन्धी सांस्कृतिक मनोवैज्ञानिक प्ररूपों तथा आश्रयदाताओं के प्रभाव के आधार पर सम्यक् रूप में की जा सकती है ।

१.६. साहित्येतिहास के सिद्धान्त : निष्कर्ष

अब तक विभिन्न शीर्षकों में साहित्येतिहास की व्याख्या के लिए अपेक्षित विभिन्न सिद्धान्तों की स्थापना की जा चुकी है, जिनमें साहित्य के विकास के विभिन्न पक्षों की व्याख्या प्रस्तुत की गई है । यहाँ विभिन्न सिद्धान्तों के निष्कर्षों को पुनः संश्लिष्ट एवं संक्षिप्त रूप में प्रस्तुत किया जाता है जिससे तत्सम्बन्धी समस्त विवेचन को सार-रूप में ग्रहण किया जा सके ।

● **इतिहास की व्याख्या**—सबसे पूर्ण 'इतिहास' शब्द का अर्थ स्पष्ट करते हुए हम इस निष्कर्ष पर पहुँचे कि यद्यपि 'इतिहास' का मूल अर्थ 'ऐसा ही था' अर्थात् अतीत की वास्तविक घटना का वर्णन है, फिर भी द्रष्टाओं के दृष्टिकोण-भेद के अनुसार एक ही वस्तु का वर्णन अनेक रूप ग्रहण कर सकता है । इसी सिद्धान्त के अनुसार कलात्मक, उपदेशात्मक एवं वैज्ञानिक दृष्टिकोण से प्रस्तुत अतीत की व्याख्या भी क्रमशः कलात्मक, उपदेशात्मक एवं वैज्ञानिक रूप प्राप्त कर लेती है जिन्हें दूसरे शब्दों में क्रमशः काव्यात्मक, पौराणिक एवं वैज्ञानिक इतिहास भी कहा जा सकता है । वस्तुतः आज के युग में वैज्ञानिक इतिहास को ही वास्तविक इतिहास माना जाता है, शेष रूप गौण हो गये हैं ।

● **इतिहास की वैज्ञानिक व्याख्या का आधार**—वैज्ञानिक इतिहास या इतिहास की वैज्ञानिक व्याख्या में विकासवादी दृष्टि का उपयोग किया जाता है । विकासवाद के भी अलग-अलग क्षेत्रों में अलग-अलग सिद्धान्त हैं; यथा डारविन, स्पेन्सर, मार्क्स, बर्गसाँ, ट्वायनबी आदि ने क्रमशः जीव-विज्ञान, भौतिक-विज्ञान, अर्थशास्त्र, मनोविज्ञान, समाज-शास्त्र आदि क्षेत्रों में अपने-अपने सिद्धान्तों की प्रतिष्ठा की है । इन क्षेत्रीय सिद्धान्तों का अध्ययन करने के अनन्तर हमने पांच ऐसे सामान्य सूत्रों की खोज की है जो किसी न किसी रूप में इन सभी में मिलते हैं । वे पांच सूत्र हैं—(१)

प्राकृतिक सर्जन-शक्ति, (२) परम्परा, (३) वातावरण, (४) द्वन्द्व या आकर्षण-विकर्षण और (५) संतुलन। विकास की प्रत्येक क्रिया के मूल में कोई न कोई प्राकृतिक सर्जन शक्ति निहित रहती है, जो परम्परागत तत्वों एवं सामयिक वातावरण के पारस्परिक द्वन्द्व से उद्दीप्त एवं प्रेरित होकर सक्रिय होती है तथा जब तक द्वन्द्व के दोनों पक्षों में संतुलन स्थापित नहीं हो जाता तब तक वह सक्रिय रहती है। संतुलन-स्थापना के अनन्तर सर्जन-शक्ति ह्रासोन्मुखी होती हुई विघटन एवं अवसान (पूर्ण निष्क्रियता) की स्थिति को प्राप्त कर लेती है।

● **साहित्य का विकास-सिद्धान्त**—उपर्युक्त सूत्र साहित्य के क्षेत्र पर भी भली-भाँति लागू होते हैं। इससे पूर्व भी अनेक साहित्य-चिन्तकों ने इनमें से एक या दो सूत्रों को लेकर साहित्य के विकास की व्याख्या प्रस्तुत करने का प्रयास किया है किन्तु उनके प्रयास अपूर्ण सामग्री, एकांगी दृष्टिकोण एवं सीमित वस्तु पर आधारित होने के कारण पूर्णतः सफल नहीं हो सके, पर फिर भी वे उपर्युक्त सूत्रों को अप्रत्यक्ष रूप से थोड़ी स्वीकृति अवश्य प्रदान करते हैं। वस्तुतः साहित्य के क्षेत्र में भी प्राकृतिक सर्जन शक्ति (साहित्यकार की सर्जनात्मक प्रतिभा) ही परम्परा (सांस्कृतिक परम्पराएँ) और वातावरण (युगीन चेतना) से द्वन्द्व (क्रिया-प्रतिक्रिया) से प्रेरित होकर गतिशील होती है जिसका चरम लक्ष्य द्वन्द्व के दोनों पक्षों में संतुलन-स्थापना करना होता है। जब हमारी परम्पराएँ अपनी सीमा से आगे बढ़कर युग-धर्म की उपेक्षा करने लगती हैं या युग-धर्म अति उच्छृङ्खल होकर परम्पराओं का तिरस्कार करने लगता है तो साहित्य-चेतना (साहित्यकार की आन्तरिक शक्ति) उद्वेलित होकर तब तक कार्य करती रहती है जब तक कि दोनों में सामंजस्य या संतुलन स्थापित नहीं हो जाता। एक क्षेत्र का द्वन्द्व शान्त हो जाने पर साहित्य-चेतना अन्य क्षेत्रों के द्वन्द्व की ओर आकर्षित होती है, इस प्रकार वह तब तक सक्रिय रहती है जब तब कि किसी न किसी प्रकार का द्वन्द्व या आकर्षण विकर्षण उसे प्रेरित एवं उद्वेलित करता रहता है। संक्षेप में यही साहित्य-विकास का मूल सिद्धान्त है, जिसे और अधिक स्पष्ट करने के लिए उसके विभिन्न पक्षों की अलग-अलग व्याख्या भी की गई है।

● **साहित्य के विकास की रूपात्मक व्याख्या**—जिस प्रकार एक रोगी की रूपाकृति एवं उसके बाह्य लक्षणों को देखकर उसकी आंतरिक स्थिति स्वस्थता या अस्वस्थता) का अनुमान किया जा सकता है, उसी प्रकार साहित्य के भी रूपात्मक लक्षणों के आधार पर उसके विकास की स्थिति को समझा जा सकता है। उसकी विकासोन्मुखता के सामान्य लक्षण ये निर्धारित किये गये हैं—(१) विषय-वस्तु से सम्बन्धित विभिन्न तत्वों की संघटनात्मकता, सुसंबता, विविधता एवं केन्द्रीय तत्व की सुदृढ़ता। (२) भावात्मक प्रवृत्तियों की सुसम्बद्धता एवं उनका क्षेत्र-विस्तार। (३) साहित्य के रूपभेदों (नाटक, उपन्यास आदि काव्य-रूपों) का निश्चित सुस्पष्ट, एवं विस्तृत होना। (४) शैली में परिष्कार, प्रौढ़ता एवं व्यंग्यात्मकता। (५) साहित्य के

आदर्शों, प्रयोजनों एवं मानदण्डों की सुव्यवस्था। इन लक्षणों के विरोधी रूपों—यथा विषय-वस्तु के तत्वों की क्षीणता, शिथिलता एवं न्यूनता, भावात्मक प्रवृत्तियों का संकोच, रूप-भेदों की अस्पष्टता, शैली में रूढ़िवादिता एवं कृत्रिमता तथा साहित्यिक मानदण्डों की अराजकता आदि—को ह्रासोन्मुखता के द्योतक के रूप में स्वीकार किया गया है।

● **साहित्य के विकास की प्रवृत्त्यात्मक व्याख्या**—जिस प्रकार साहित्य के रूपात्मक लक्षणों के आधार पर उसके विकास की बाह्य स्थिति को समझा जा सकता है उसी प्रकार उसकी अन्तर्निहित चेतना के आधार पर उसकी विभिन्न प्रवृत्तियों एवं सूक्ष्म विशेषताओं के विकास को हृदयंगम किया जा सकता है। जैसा कि सोराकिन जैसे शोधकर्ताओं ने वर्ग-विशेष की सूक्ष्म चेतना के आधार पर उसकी सांस्कृतिक प्रवृत्तियों के विकास को स्पष्ट किया है, वैसे ही उसकी साहित्यिक प्रवृत्तियों के विकास की भी व्याख्या की जा सकती है। इस दृष्टि से हमने अन्तश्चेतना या मानसिक प्रवृत्ति (Mentality) के आधार पर विभिन्न वर्गों के साहित्यकारों एवं उनके साहित्य को तीन मूल प्ररूपों में विभक्त किया है—(१) आदर्शपरक प्ररूप (२), स्वच्छन्दतापरक प्ररूप एवं (३) यथार्थपरक प्ररूप। इन तीनों प्ररूपों में मानसिक दृष्टि से क्रमशः ज्ञान, भावना एवं क्रिया की, दार्शनिक दृष्टि से अध्यात्म; अध्यात्म भौतिक मिश्रित एवं भौतिकता की, सांस्कृतिक दृष्टि से तत्त्वपरकता, आदर्शोन्मुखता एवं इन्द्रियपरकता की तथा साहित्यिक तत्त्वों की दृष्टि से क्रमशः बौद्धिकता, भावात्मकता एवं कल्पना की प्रधानता रहती है। इसी प्रकार विषय-वस्तु, पात्र, घटनाओं, स्थायी भावों, रसों एवं कला-सम्बन्धी आदर्शों की दृष्टि से भी प्रत्येक प्ररूप में कुछ विशिष्ट प्रवृत्तियाँ रहती हैं जिनका स्पष्टीकरण पीछे तालिका-रूप में किया जा चुका है। साहित्य की विभिन्न प्रवृत्तियों के विकास में तत्सम्बन्धी आश्रय—धर्माश्रय, राज्याश्रय, लोकाश्रय, पूंजीपत्याश्रयादि का भी न्यूनाधिक योग रहता है; अतः प्रत्येक प्ररूप की मूल प्रवृत्ति के साथ-साथ इस दृष्टि से भी विचार किया जाना चाहिये।

●

२

हिन्दी-साहित्य के इतिहास-लेखन की परम्परा

●

हिन्दी में साहित्य के इतिहास-लेखन की परम्परा का प्रवर्तन उन्नीसवीं शती में ही हुआ—इससे पूर्व विभिन्न कवियों एवं लेखकों द्वारा ऐसी पुस्तकें अवश्य लिखी गयीं जिनमें विभिन्न कवियों के व्यक्तित्व एवं कृतित्व पर आंशिक रूप से प्रकाश डाला गया है (यथा—चौरासी वैष्णवन की वार्ता, दो सौ बावन वैष्णन की वार्ता, भक्त-माल, कालिदास, हजारा आदि) किन्तु उनमें काल-क्रम, सन्-संवत तथा विषय-वस्तु आदि का ऐसा व्यवस्थित विवेचन नहीं मिलता जिससे कि उन्हें 'इतिहास' की संज्ञा दी जा सके। वस्तुतः हिन्दी में साहित्येतिहास-लेखन की परम्परा के प्रवर्त्तन का श्रेय फ्रेंच विद्वान् **गार्सा द तॉसी** को ही प्राप्त है, जिन्होंने फ्रेंच भाषा में 'इस्त्वार द ला लितरेत्युतर ऐन्दुई ऐन्दुस्तानी' नामक ग्रन्थ की रचना की, जिसमें हिन्दी और उर्दू के ज्ञात कवियों का विवरण अकारादि क्रम से दिया गया है। इसका प्रथम भाग १८३९ ई० में तथा द्वितीय भाग १८४७ ई० में प्रकाशित हुआ था तथा आगे चलकर इसका संशोधित संस्करण सन् १८७१ ई० में प्रकाशित हुआ।

गार्सा द तॉसी का महत्व इतिहासकार के रूप में तॉसी की उपलब्धियाँ अधिक महत्त्वपूर्ण नहीं हैं। एक तो उन्होंने कवियों का परिचय काल-क्रमानुसार न देकर अंग्रेजी वर्णक्रम से प्रस्तुत किया है। दूसरे, उन्होंने हिन्दी और उर्दू के कवियों को घुला-मिला दिया है। तीसरे, उनके ग्रन्थ में युगीन प्रवृत्तियों एवं साहित्यिक विशेषताओं का भी निर्देश नहीं है। इसके अतिरिक्त तथ्यों एवं सूचनाओं की प्रामाणिकता की दृष्टि से भी उनका ग्रन्थ बहुत विश्वसनीय नहीं है। अतः उनके ग्रन्थ को 'इतिहास' न कहकर इतिहास-लेखन की दिशा में किये गये प्रथम प्रयास के रूप में ही स्वीकार करना उचित होगा। फिर भी इसमें कोई संदेह नहीं कि उस युग में भारत से दूर बैठकर विदेशी भाषा में इस प्रकार का प्रयास करना भी अपने-आप में महत्वपूर्ण है; अतः हिन्दी साहित्येतिहास-लेखन की परम्परा में, उसके प्रवर्त्तक के रूप में तॉसी महोदय का स्थान गौरवपूर्ण है।

शिवसिंह सेंगर—तॉसी की परम्परा को आगे बढ़ाने का श्रेय **शिवसिंह सेंगर** को है, जिन्होंने सन् १८८३ ई० में 'शिवसिंह-सरोज' की रचना की जिसमें लगभग एक सहस्र कवियों का जीवन-चरित एवं उनकी रचनाओं के नमूने प्रस्तुत किये गये हैं।

इतिहास के रूप में इस ग्रंथ का भी महत्त्व अधिक नहीं है किन्तु फिर भी इसमें उस समय तक उपलब्ध हिन्दी-कविता सम्बन्धी ज्ञान को संकलित कर दिया गया है जिससे परवर्ती इतिहासकार लाभ उठा सकते हैं—इसी दृष्टि से इसका महत्त्व है।

ग्रियर्सन – जार्ज ए० ग्रियर्सन द्वारा रचित 'द माडर्न वर्नाक्युलर लिट्रेचर ऑफ हिन्दुस्तान' का प्रकाशन सन् १८८८ ई० में हुआ जो नाम से 'इतिहास' न होते हुए भी सच्चे अर्थ में हिन्दी-साहित्य का पहला इतिहास कहा जा सकता है। इसमें लेखक ने कवियों व लेखकों का कालक्रमानुसार वर्गीकरण करते हुए उनकी प्रवृत्तियों को भी स्पष्ट करने का प्रयास किया है। अपनी दृष्टि एवं पद्धति पर प्रकाश डालते हुए ग्रियर्सन ने लिखा है। उन्होंने 'सामग्री को यथासंभव कालक्रमानुसार प्रस्तुत करने का प्रयास किया है। ग्रन्थ को विभिन्न काल-खंडों में विभक्त किया गया है तथा प्रत्येक अध्याय काल-विशेष का सूचक है। प्रत्येक काल के गौण कवियों को प्रत्येक अध्याय के अन्त में उल्लिखित किया गया है। विभिन्न युगों की काव्य-प्रवृत्तियों की व्याख्या करते हुए उनसे सम्बन्धित सांस्कृतिक परिस्थितियों व प्रेरणा-स्रोतों के भी उद्‌घाटन का प्रयास भी उन्होंने किया है। इसके अतिरिक्त हिन्दी साहित्य के विकास-क्रम का निर्धारण चारण-काव्य, धार्मिक काव्य, प्रेमकाव्य, दरबारी-काव्य के रूप में करना तथा १६वीं-१७वीं शताब्दी के युग (भक्तिकाल) को हिन्दी काव्य का स्वर्णयुग मानना ग्रियर्सन की महत्वपूर्ण उपलब्धियाँ हैं। वस्तुत उन्नीसवीं शती के अंतिम चरण में जबकि हिन्दी-साहित्य के क्षेत्र में आलोचना एवं अनुसंधान की परम्पराओं का श्रीगणेश भी न हुआ था, हिन्दी भाषा एवं उसके काव्य की ऐसी स्पष्ट, सूक्ष्म एवं प्रामाणिक ऐतिहासिक व्याख्या प्रस्तुत कर देना ग्रियर्सन की अद्‌भुत प्रतिभाशक्ति एवं गहन अध्ययनशीलता को प्रमाणित करता है।

मिश्रबन्धु— मिश्रबन्धुओं द्वारा रचित 'मिश्रबन्धु-विनोद' चार भागों में विभक्त है, जिसके प्रथम तीन भाग सन् १९१३ में प्रकाशित हुए तथा चतुर्थ भाग सन् १९३४ में प्रकाशित हुआ। मिश्रबन्धुओं ने अपने ग्रन्थ को 'इतिहास' की संज्ञा न देते हुए भी भरसक इस बात का यत्न किया है कि यह एक आदर्श इतिहास सिद्ध हो। इसे परिपूर्ण एवं सुव्यवस्थित बनाने के लिए उन्होंने एक ओर तो लगभग पाँच हजार कवियों को स्थान दिया है तथा दूसरी ओर से आठ से भी अधिक काल-खण्डों में विभक्त किया है। इनके काल-विभाजन पर अन्यत्र विचार किया जायगा किन्तु यहाँ संक्षेप में कहा जा सकता है कि इस क्षेत्र में इन्हें पूर्ववर्ती इतिहासकारों से अधिक सफलता मिली है। इतिहास के रूप में इस ग्रन्थ की विशेषता यह है कि इसमें कवियों के विवरणों के साथ-साथ साहित्य के विविध अंगों पर पर्याप्त प्रकाश डाला गया है तथा अनेक अज्ञात कवियों को प्रकाश में लाते हुए उनके साहित्य महत्व को स्पष्ट करने का यत्न किया गया है। कवियों का सापेक्ष महत्व निर्धारित करने के लिए उनकी श्रेणियाँ भी बनाई गई हैं। किन्तु काव्य-समीक्षा में परम्परागत सिद्धान्तों व पद्धति का ही अनुसरण मिलता है आधुनिक समीक्षा-दृष्टि से यह ग्रन्थ भले ही बहुत संतोषजनक न कहा जा सके किन्तु इसमें कोई संदेह नहीं कि इतिहास-लेखन की

पूर्व परम्परा को आगे बढ़ाने में इसका महत्वपूर्ण योगदान है। जैसा कि आचार्य रामचन्द्र शुक्ल ने स्वयं स्वीकार किया है—"कवियों के परिचयात्मक विवरण मैंने प्रायः मिश्र-बन्धु-विनोद से ही लिए हैं"—परवर्ती इतिहासकारों के लिए भी यह आधार ग्रन्थ रहा है।

आचार्य रामचन्द्र शुक्ल हिन्दी साहित्येतिहास की परम्परा में सर्वोच्च स्थान आचार्य रामचन्द्र शुक्ल द्वारा रचित 'हिन्दी साहित्य का इतिहास' (सं० १९२९) को प्राप्त है जो मूलतः काशी नागरी प्रचारिणी सभा द्वारा प्रकाशित शब्द-सागर की भूमिका के रूप में लिखा गया था तथा जिसे आगे परिवर्तित करके स्वतन्त्र पुस्तक का रूप दे दिया गया। इसके आरम्भ में ही आचार्य शुक्ल ने अपना दृष्टिकोण स्पष्ट करते हुए लिखा "जबकि प्रत्येक देश का साहित्य वहाँ की जनता की चित्तवृत्ति का संचित प्रतिबिम्ब होता है तब यह निश्चित है कि जनता की चित्तवृत्ति के परिवर्तन के साथ-साथ साहित्य के स्वरूप में भी परिवर्तन होता चला जाता है। आदि से अन्त तक इन्हीं चित्तवृत्तियों की परम्परा को परखते हुए साहित्य-परम्परा के साथ उनका सामंजस्य दिखाना ही 'साहित्य का इतिहास' कहलाता है। जनता की चित्त-वृत्ति बहुत कुछ राजनीतिक, सामाजिक, साम्प्रदायिक तथा धार्मिक परिस्थिति के अनुसार होती है।" इससे स्पष्ट है कि आचार्य शुक्ल का दृष्टिकोण युग चेतनावादी था। वे इतिहास की व्याख्या युगीन परिस्थितियों एवं प्रवृत्तियों के आधार पर करने के पक्षपाती थे। एक सीमा तक यह दृष्टिकोण ठीक था किन्तु सारा ध्यान युगीन परि-स्थितियों या वातावरण पर ही केन्द्रित कर दिये जाने के कारण विकास-प्रक्रिया के अन्य तत्व जैसे—व्यक्ति वैशिष्ट्य, परम्परा, द्वन्द्व आदि उपेक्षित रह गये।

हिन्दी का आविर्भाव उन्होंने लगभग सातवीं शताब्दी से मानते हुए भी हिन्दी साहित्य का आरम्भ विक्रम सं० १०५० से माना तथा उन्होंने हिन्दी साहित्य के सम्पूर्ण इतिहास को चार काल-खण्डों में विभक्त किया। आचार्य शुक्ल ने अपना समस्त काल-विभाजन एक ही पृष्ठ में प्रस्तुत कर दिया। वस्तुतः उन्होंने काल-विभाजन के प्रसंग में केवल अपने निष्कर्ष ही दिये हैं। इन निष्कर्षों का आधार क्या है इसे स्पष्ट करने की आवश्यकता उन्होंने नहीं समझी।

प्रत्येक काल का नामकरण करते समय भी उन्होंने उस काल की प्रमुख प्रवृत्ति को ही आधार बनाया है। इसी आधार पर उन्होंने चारों कालों का नामकरण क्रमशः वीरगाथा काल, रीतिकाल एवं गद्यकाल के रूप में किया। इसी प्रकार उन्होंने भक्तिकाल को भी चार अन्तर्धाराओं में विभक्त करते हुए उन्हें क्रमशः निर्गुण ज्ञानश्रयीशाखा, निर्गुण प्रेमाश्रयी शाखा, सगुण रामभक्ति शाखा एवं सगुण कृष्णभक्ति शाखा का नाम दिया। आचार्य शुक्ल का काल-विभाजन, वर्गीकरण एवं नामकरण सामान्य पाठकों की दृष्टि से अत्यन्त सरल एवं स्पष्ट है, किन्तु नवीनतम तथ्यों के प्रकाश में विचार करने से इसकी अनेक त्रुटियाँ

स्पष्ट रूप में दृष्टिगोचर होती हैं जिनपर आगे काल-विभाजन सम्बन्धी अध्याय में विचार किया जायगा।

आचार्य शुक्ल की इतिहासकार के रूप में सबसे बड़ी विशेषता है—कवियों और साहित्यकारों के जीवन-चरित सम्बन्धी इत्तिवृत्त के स्थान पर उनकी रचनाओं के साहित्यिक मूल्यांकन को प्रमुखता देना। इस क्षेत्र में उन्होंने एक तो चुने हुए कवियों को ही लिया फिर उनके विवेचन में उनकी साहित्यिक महत्ता व लघुता को ध्यान में रखते हुए तदनुसार ही उन्हें स्थान दिया है। वस्तुतः इतिहास के इतने संक्षिप्त कलेवर में भी इतने कवियों का जैसा प्रामाणिक सारगर्भ एवं सोदाहरण विवेचन वे जिस सफलता से प्रस्तुत कर पाये हैं, वह इतिहास कार शुक्ल के पीछे छिपे हुए आलोचक शुक्ल की महत्ता को प्रमाणित करता है। इसी प्रकार उन्होंने विभिन्न कालों एवं काव्यधाराओं की विशेषताओं एवं प्रवृत्तियों के उद्घाटन में भी अपनी सूक्ष्म एवं व्यापक दृष्टि का परिचय दिया है। फिर भी हमें यह न भूलना चाहिये कि उनके द्वारा इतिहास की रचना उस समय हुई थी जबकि हिन्दी का अधिकांश प्राचीन साहित्य अज्ञात, लुप्त एवं अप्रकाशित अवस्था में पड़ा था तथा जो प्राप्त भी था उसका प्रामाणिक अध्ययन विश्लेषण नहीं हो पाया था। ऐसी स्थिति में स्वाभाविक था कि इतिहास के जिस पक्ष का सम्बन्ध उनकी स्वतन्त्र चिन्तना एवं विवेचना शक्ति से था उसमें तो उन्हें पर्याप्त सफलता मिली, किन्तु जिस पक्ष का सम्बन्ध इतिहास की आधारभूत सामग्री से था उसमें उन्हें अनेक स्थलों पर अनुमान और कल्पना से काम लेना पड़ा जिससे उनके तत्सम्बन्धी कतिपय निष्कर्ष निराधार सिद्ध हो गए हैं तथा अनेक काव्य-धाराओं, प्रवृत्तियों एवं रचनाओं को उनके इतिहास में यथोचित स्थान नहीं मिला। फिर भी उस युग की सीमित ज्ञान-राशि को लेकर भी उन्होंने उसे जैसा रूप दिया है, वह निश्चय ही उनके जैसे व्यक्ति के लिए ही संभव था, अतः इतिहास-लेखन की परम्परा में आचार्य शुक्ल का महत्व ऐतिहासिक दृष्टि से सदा अक्षुण्ण रहेगा, इसमें कोई संदेह नहीं।

आचार्य हजारी प्रसाद द्विवेदी—आचार्य शुक्ल के इतिहास-लेखन के लगभग एक दशाब्दी बाद ही आचार्य हजारी प्रसाद द्विवेदी इस क्षेत्र में अवतरित हुए। उन की 'हिन्दी-साहित्य की भूमिका' क्रम व पद्धति की दृष्टि से इतिहास के रूप में प्रस्तुत नहीं है किन्तु उसमें प्रस्तुत विभिन्न स्वतन्त्र लेखों में कुछ ऐसे तथ्यों व निष्कर्षों का प्रतिपादन किया गया है जो हिन्दी साहित्य के इतिहास-लेखन के लिए नयी दृष्टि, नयी सामग्री व नयी व्याख्या प्रदान करते हैं। जहाँ आचार्य शुक्ल की ऐतिहासिक दृष्टि 'युग की परिस्थितियों' को प्रमुखता प्रदान करती थी वहाँ आचार्य द्विवेदी ने परम्परा का महत्त्व प्रतिष्ठित करते हुए उन धारणाओं को खंडित किया जो युगीन प्रभाव के एकांगी दृष्टिकोण पर आधारित थी। उन्होंने अत्यन्त सशक्त स्वरों में

उद्‌घोषित किया कि भक्ति आन्दोलन न तो तद्‌युगीन पराजित हिन्दू जाति की निराशा से उद्वेलित है और न ही वह इस्लाम की प्रतिक्रिया है; इसका प्रत्यक्ष प्रमाण यह है कि सातवीं-आठवीं शती में जबकि भारत की धरती पर इस्लाम की छाया भी नहीं पड़ी थी, दक्षिण के वैष्णव भक्तों में भक्ति अपने पूर्ण वैभव के साथ विद्यमान थी। इस प्रसंग में उन्होंने स्पष्ट शब्दों में इस्लाम के प्रभाव का खंडन करते हुए लिखा है— "......मैं इस्लाम के महत्त्व को भूल नहीं रहा हूँ, लेकिन जोर देकर कहना चाहता हूँ कि अगर इस्लाम न आया होता तो भी इस साहित्य का बारह आना वैसा ही होता जैसा आज है।"

इसी प्रकार उन्होंने संत-काव्य परम्परा के स्रोतों का अनुसंधान करते हुए सिद्धों व नाथ पंथियों की वाणियों, विचारसरणियों, पद्धतियों व काव्य-शैलियों के तुलनात्मक अध्ययन द्वारा यह स्पष्ट किया कि किस प्रकार कबीर आदि इनसे प्रभावित हैं। वस्तुतः भाव, विचार, भाषा तर्क-पद्धति व शैली आदि के आधार पर उन्होंने सिद्ध किया कि हिन्दी का संत-काव्य पूर्ववर्ती सिद्धों व नाथपंथियों के साहित्य का सहज विकसित रूप है, अतः उसे केवल इस्लाम पर आधारित मानने की आवश्यकता नहीं। हिन्दी के प्रेमाख्यानों के मूल स्रोतों का अनुसंधान करते हुए इन्होंने प्रतिपादित किया है कि इनकी कथावस्तु, कथानक रूढ़ियाँ, रचना-शैली, छन्द-योजना आदि संस्कृत, प्राकृत व अपभ्रंश की काव्य-परम्पराओं पर आश्रित हैं।

हिन्दी साहित्य की भूमिका के अनन्तर आचार्य द्विवेदी की इतिहास सम्बन्धी कुछ और रचनाएँ भी प्रकाशित हुई हैं—'हिन्दी साहित्य : उद्‌भव और विकास' 'हिन्दी साहित्य का आदि काल' आदि। इनमें आचार्य द्विवेदी ने अपने तद्‌विषयक विचारों को अधिक व्यवस्थित एवं पुष्ट रूप में प्रस्तुत किया है। इस प्रकार हम देखते हैं कि हिन्दी साहित्य के इतिहास को (विशेषतः मध्यकालीन काव्य के स्रोतों व पूर्व परम्पराओं के अनुसंधान तथा उनकी अधिक सहानुभूतिपूर्ण व यथातथ्य व्याख्या करने की दृष्टि से) आचार्य द्विवेदी का योगदान अप्रतिम है। वस्तुतः वे पहले व्यक्ति हैं जिन्होंने आचार्य शुक्ल की अनेक धारणाओं व स्थापनाओं को चुनौती देते हुए उन्हें सबल प्रमाणों के आधारों पर खंडित किया है। साथ ही उनके युग रुचिवादी एकांगी दृष्टिकोण के समानान्तर अपने परम्परा परक दृष्टिकोण को स्थापित करके उन्होंने हिन्दी साहित्येतिहास के अध्येताओं के लिए एक व्यापक एवं संतुलित इतिहास-दर्शन की भूमिका तैयार की। वैसे, वैज्ञानिक दृष्टि से देखा जाय तो किसी भी घटना रचना या धारा की शुद्ध विकासवादी व्याख्या करने के लिए परम्परा और युग-स्थिति दोनों पक्ष ही विचारणीय हैं। आचार्य द्विवेदी ने जहाँ परम्परा पर बल दिया वहाँ आचार्य शुक्ल ने युग स्थिति पर, अतः कहा जा सकता है कि दोनों के मत इस दृष्टि से एक-दूसरे के पूरक हैं।

डा० रामकुमार वर्मा—आचार्य द्विवेदी के ही साथ-साथ इस क्षेत्र में अवतरित होने वाले एक अन्य विद्वान् डॉ० रामकुमार वर्मा हैं, जिनका 'हिन्दी साहित्य का

आलोचनात्मक इतिहास' सन् १६३८ ई० में प्रकाशित हुआ था। इसमें संवत् ७५० से १७५० वि० तक की कालावधि को हो लिया गया है। सम्पूर्ण ग्रन्थ को सात प्रकरणों में विभक्त करते हुए सामान्यतः रामचन्द्र शुक्ल के ही वर्गीकरण का अनुसरण किया गया है[1]। इतना अवश्य है कि युगों व धाराओं के नामकरण में किंचित् परिवर्तन करके उन्हें सरल रूप दे दिया गया है; यथा —'निर्गुण ज्ञानाश्रयी शाखा' 'निर्गुण प्रेम-मार्गी (सूफी शाखा' जैसे लम्बे-लम्बे नामों के स्थान पर 'संतकाव्य', 'प्रेमकाव्य' आदि का प्रयोग किया गया है, जो अधिक सुविधाजनक है। 'वीर गाथा काल' को 'चारण-काल' की संज्ञा देने के अतिरिक्त उससे पूर्व एक 'संधिकाल' और जोड़ दिया गया है। यद्यपि इस समय तक अपभ्रंश और हिन्दी का भेद भलीभाँति स्पष्ट हो चुका था तथा स्वयं डा० वर्मा ने भी दोनों को भिन्न माना है फिर भी अपभ्रंश के सिद्ध, जैन व नाथ पंथी कवियों की वाणी को हिन्दी साहित्य में स्थान देने का लोभ वे भी संवरण नहीं कर पाये, इतना ही नहीं उन्होंने स्वयंभू को जो कि अपभ्रंश के सबसे पहले कवि हैं, हिन्दी का पहला कवि मानते हुए हिन्दी साहित्य का आरम्भ संवत् ७५० विक्रमी से स्वीकार किया है। ऐतिहासिक व्याख्या की दृष्टि से यह इतिहास आचार्य शुक्ल के गुण-दोषों का ही विस्तार है. कवियों के मूल्यांकन में अवश्य लेखक ने अधिक सहृदयता व कलात्मकता का परिचय दिया है। अनेक कवियों के काव्य-सौन्दर्य का आख्यान करते समय लेखक की लेखनी काव्यमय हो उठी है, जो कि डा० वर्मा के कवि पक्ष का संकेत देती है। अपनी शैली की इसी सरसता व प्रवाहपूर्णता के कारण इनका इतिहास पर्याप्त लोकप्रिय हुआ है तथा पाठकों को इस बात का अभाव प्रायः खलता रहा है कि यह भक्तिकाल तक ही सीमित है, इसका शेष भाग अभी तक अलिखित है।

परवर्ती प्रयास — इधर काशी नागरी प्रचारिणी सभा द्वारा भी 'हिन्दी साहित्य का वृहत् इतिहास' प्रकाशित करने की विशाल योजना क्रियान्वित हो रही है जिसके अन्तर्गत हिन्दी साहित्य के सम्पूर्ण इतिहास को सत्रह-अठारह जिल्दों में अलग-अलग संपादकों एवं शताधिक लेखकों के सहयोग से प्रस्तुत किया जा रहा है। इसमें स्थूल ढाँचे के रूप में आचार्य रामचन्द्र शुक्ल के इतिहास में प्रस्तुत ढाँचे को ही किंचित् संशोधन-परिवर्तन के अनन्तर अपनाया गया है—अतः आचार्य शुक्ल के इतिहास के गुण-दोष इसमें भी न्यूनाधिक मात्रा में पाये जाते हैं। इसके प्रत्येक खंड का महत्त्व उसके संपादक-मंडल एवं लेखक-मंडल की शक्ति एवं योग्यता के अनुरूप है, अतः इसके बारे में सामान्य रूप में कोई निर्णय देना कठिन है। फिर भी सम्मिलित रूप में इतिहास लेखन की दिशा में यह एक अनूठा प्रयास है जिससे हिन्दी-साहित्येतिहास के अध्ययन एवं लेखन की परम्परा को बल मिलेगा।

---

१ डाक्टर वर्मा ने अपने इतिहास को इन सात प्रकरणों में विभक्त किया है।
(१) संधिकाल (२) चारणकाल (३) भक्तिकाल की अनुक्रमणिका (४) भक्तिकाल (५) प्रेमकाव्य (६) राम-काव्य (७) कृष्ण-काव्य।

हि० सा० का वैज्ञानिक इतिहास—हिन्दी साहित्य के इतिहास-लेखन को वैज्ञानिक रूप देने का एक विनम्र प्रयास प्रस्तुत पंक्तियों के लेखक के द्वारा भी 'हिन्दी साहित्य का वैज्ञानिक इतिहास' (सन् १९६५) के रूप में हुआ है जिसका संशोधित संस्करण पाठकों के हाथों में है। इसमें साहित्येतिहास के विकास सम्बन्धी सिद्धान्तों की स्थापना करते हुए उनके आलोक में हिन्दी-साहित्य की नूतन व्याख्या प्रस्तुत करने की चेष्टा की गयी है। संक्षेप में इसकी प्रमुख स्थापनाएँ निम्नलिखित हैं—

● साहित्य के इतिहास की वैज्ञानिक व्याख्या के लिए विकास-प्रक्रिया के इन पाँच सामान्य तत्त्वों (सर्जनात्मक व्यक्तित्व, परंपरा, वातावरण, द्वन्द्व एवं संतुलन) को ध्यान में रखा जाना चाहिए। इसी प्रकार साहित्य के रूपों एवं उसकी प्रवृत्तियों के विकास की व्याख्या के लिए भी तत्सम्बन्धी सिद्धान्तों को आधार रूप में ग्रहण किया जा सकता है।

● हिन्दी साहित्य के आविर्भाव-काल या प्रारम्भ के सम्बन्ध में प्रचलित विभिन्न मत (सातवीं शती, दसवीं शती या संवत् १०५० वि० सम्बन्धी मत) भ्रांति पूर्ण हैं। हिन्दी भाषा का उद्‌भव ग्यारहवीं शती में हुआ तथा हिन्दी की प्रथम काव्य-कृति 'भरतेश्वर बाहुबली रास' की रचना मुनि शालिभद्र सूरी के द्वारा सन् ११८४ ई० में हुई। अत: हिन्दी साहित्य का आरम्भ इसी रचना के रचना-काल से माना जाना चाहिए।

● हिन्दी साहित्य का काल-विभाजन करते हुए प्रारम्भिक तीन कालों को क्रमश: वीरगाथाकाल, भक्तिकाल एवं रीतिकाल की संज्ञा देना भ्रामक है क्योंकि इन कालों में भक्तिभावना, वीरता एवं शृङ्गार की प्रवृत्तियाँ साथ-साथ आश्रयभेद से पनपती रही हैं। इसी प्रकार इन कालों की काल-सीमा में भी संशोधन-परिवर्तन आवश्यक है।

● मध्यकाल में आचार्य शुक्ल द्वारा परिगणित काव्य-धाराओं के अतिरिक्त मैथिली गीति परम्परा, रासो काव्य परम्परा, ऐतिहासिक चरित काव्य-परंपरा, रसिक भक्ति काव्य परंपरा आदि का भी अस्तित्व है, अत: इन्हें भी स्थान दिया जाना चाहिए।

● भक्ति काव्य के अन्तर्गत राम एवं कृष्ण के अतिरिक्त शिव, पार्वती, दुर्गा, नृसिंह, प्रह्लाद, ध्रुव, सुदामा, युधिष्ठिर, अर्जुन आदि से सम्बन्धित शताधिक प्रबन्ध काव्य उपलब्ध होते हैं जिन्हें 'रामकाव्य' या 'कृष्णकाव्य' में स्थान नहीं दिया जा सकता। अत: प्रचलित 'रामकाव्य परंपरा' एवं 'कृष्ण काव्य परंपरा' के स्थान पर इनका नाम क्रमश: 'पौराणिक प्रबन्ध काव्य परंपरा' एवं 'पौराणिक गीति काव्य परंपरा' रखा जाना चाहिये जिससे कि उपर्युक्त साहित्य को उनके अन्तर्गत समुचित स्थान दिया जा सके।

● हिन्दी काव्य की अनेक परंपराओं को, जिनमें प्रेमाख्यान परंपरा विशेष रूप से उल्लेखनीय है, एकांगी दृष्टिकोण के कारण विदेशी स्रोतों पर आधारित

समझ लिया गया है जबकि विभिन्न प्रमाणों के आधार पर यह प्रमाणित हो जाता है कि यह परम्परा शुद्ध भारतीय स्रोतों पर आधारित है। इसी प्रकार मध्यकाल तथा आधुनिक काल की अनेक अन्य काव्य-धाराओं या परम्परा के उद्गम स्रोतों एवं प्रवृत्तियों पर पुनर्विचार करते हुए उनके सम्बन्ध में अनेक नूतन स्थापनाएँ प्रस्तुत की गई हैं।

अस्तु इसमें लेखक का लक्ष्य हिन्दी साहित्य सम्बन्धी नवीनतम सामग्री के आधार पर इतिहास-लेखन को वैज्ञानिक रूप देने का रहा है—यह दूसरी बात है कि ऐसा करते समय उसे अनेक परम्परागत स्थापनाओं एवं मान्यताओं के खंडन-मंडन में भी प्रवृत्त होना पड़ा है। फिर भी इस लक्ष्य की पूर्ति कहाँ तक हो पायी है - इसका निर्णय विद्वान् पाठक ही कर सकेंगे; अतः इसके गुण-दोषों के सम्बन्ध में यहाँ कुछ कहना अनावश्यक है।

अन्य प्रयास—उपर्युक्त इतिहास-ग्रन्थों के अतिरिक्त भी अनेक ऐसे शोध प्रबन्ध व समीक्षात्मक ग्रन्थ लिखे गये हैं जो हिन्दी साहित्य के सम्पूर्ण इतिहास की तो नहीं किन्तु उसके किसी एक पक्ष, अंग या काल की नूतन व्याख्या प्रस्तुत करते हैं। इन सबका विवेचन तो यहाँ संभव नहीं किन्तु उनका संकेत-मात्र अवश्य किया जा सकता है। यथा—डा० भगीरथ प्रसाद मिश्र का 'हिन्दी काव्य-शास्त्र का इतिहास', डा० नगेन्द्र का 'रीतिकाव्य की भूमिका', डा० विजयेन्द्र स्नातक का 'राधावल्लभ' संप्रदाय और उसका साहित्य', पं० विश्वनाथप्रसाद मिश्र का 'हिन्दी साहित्य का अतीत', श्री चन्द्रकान्त बाली का 'पंजाब प्रान्तीय हिन्दी साहित्य का इतिहास' डा० टीकमसिंह तोमर की 'हिन्दी वीर-काव्य', डा० मोतीलाल मेनारिया का 'राजस्थान का पिंगल साहित्य', डा० केसरी नारायण शुक्ल, डा० श्री कृष्णलाल, डा० लक्ष्मी सागर वार्ष्णेय एवं डा० भोलानाथ तिवारी के आधुनिक काल सम्बन्धी विभिन्न शोध-प्रबन्ध, डा० भगवती प्रसाद सिंह का 'रामभक्ति रसिक संप्रदाय', डा० सियाराम तिवारी का 'मध्यकालीन खंड काव्य', डा० इन्द्रपाल सिंह का 'रीतिकालीन प्रबन्ध काव्य', डा० सरला शुक्ल, डा० हरिकान्त श्रीवास्तव प्रभृति के प्रेमाख्यान सम्बन्धी शोध-प्रबन्ध आदि। इनके द्वारा हिन्दी साहित्य के विभिन्न काल-खण्डों, काव्य रूपों, काव्य-धाराओं व उपभाषाओं के साहित्य के विकास पर प्रकाश पड़ता है। अतः आवश्यकता इस बात की है कि इन शोध-प्रबन्धकों में उपलब्ध निष्कर्षों को समन्वित करते हुए उन्हें इतिहास में सम्यक् रूप में स्थान दिया जाय।

इधर साहित्येतिहास के सैद्धान्तिक एवं व्यावहारिक पक्षों तथा उसके विभिन्न काल खंडों की पृष्ठभूमि पर प्रकाश डालने की दृष्टि से भी अनेक नये प्रयास हुए हैं; जिनमें डा० सुमन राजे की 'साहित्येतिहास : संरचना और स्वरूप', डा० राममूर्ति त्रिपाठी की 'आदिकालीन हिन्दी साहित्य की सांस्कृतिक पृष्ठभूमि', डा० शिवकुमार मिश्र की 'हिन्दी साहित्येतिहास के सिद्धान्त', डा० शम्भुनाथ सिंह की 'हिन्दी साहित्य

की सामाजिक पृष्ठभूमि', डा० वासुदेव सिंह की 'हिन्दी साहित्य का उद्भव-काल' आदि कृतियाँ विशेष रूप से उल्लेखनीय हैं। विभिन्न क्षेत्रों के अधिकारी विद्वानों के सहयोग से सम्मिलित रूप में इतिहास-लेखन की दिशा में किये गये नवीनतम प्रयास के रूप में डा० नगेन्द्र के सम्पादन में प्रकाशित 'हिन्दी साहित्य का इतिहास' उल्लेखनीय है।

इस प्रकार हम देखते हैं कि यद्यपि हिन्दी साहित्य के इतिहास-लेखन की परंपरा को प्रवर्तित हुए लगभग सवा सौ वर्ष ही हुए हैं किन्तु इस लघु अवधि में भी इसने प्रत्येक दृष्टि से संतोषजनक-प्रगति कर ली है। विशेषतः इतिहास-लेखन के सिद्धान्तों, दृष्टि-कोणों एवं विचारों की दृष्टि से तो हिन्दी के लेखकों ने बहुत-कुछ नूतन अनुसंधान ही किया है जिसे अन्य भाषाओं के साहित्येतिहासकार भी अपना सकते हैं। इतिहास-लेखन की विभिन्न पद्धतियों एवं विधियों की भी नियोजना हिन्दी के क्षेत्र में सफलतापूर्वक हुई है। फिर भी ज्यों-ज्यों साहित्य-लेखन की परम्परा आगे बढ़ती जाती है तथा साहित्यानुसंधान के क्षेत्र में नये-नये तथ्यों का उद्घाटन होता जा रहा है त्यों-त्यों इतिहासकार का भी कार्य बढ़ता जा रहा है। वस्तुतः अतीत की प्रौढ़ परंपराओं, वर्तमान की स्वस्थ प्रवृत्तियों तथा भविष्य की सुन्दर योजनाओं में सामंजस्य स्थापित करने का उत्तरदायित्व इतिहासकार पर ही रहता है, अतः उसके कार्य एवं महत्त्व की कोई सीमा नहीं है।

●

३

पूर्ववर्ती भारतीय साहित्य एवं उसका प्रभाव

•

भारतीय साहित्य का इतिहास संसार की प्राचीनतम उपलब्ध रचना ऋग्वेद से आरम्भ होता है। संभवतः इससे पूर्व भी भारत में साहित्य-रचना हुई होगी किन्तु निश्चित प्रमाण के अभाव में उसके सम्बन्ध में कुछ कहना कठिन है। ऋग्वेद के रचना-काल के सम्बन्ध में भी विद्वानों में परस्पर मत-भेद है, कुछ इसे अपौरुषेय मानते हुए सृष्टि के आदि में रचित मानते हैं तो कुछ ईसा से दो-ढाई हजार वर्ष पूर्व रचित सिद्ध करते हैं। वैसे ऋग्वेद के भी विभिन्न अंश विभिन्न काल में रचित प्रतीत होते हैं, अतः इस सम्बन्ध में कोई अन्तिम निर्णय देना तो संभव नहीं, किन्तु सामान्यतः इसे ईसा से ३५०० वर्ष पूर्व रचित माना जाता है, यद्यपि इसके और भी अधिक प्राचीन होने की पूरी संभावना स्वीकार की जाती है। इस प्रकार ऋग्वेद से लेकर अब तक का भारतीय साहित्य का इतिहास लगभग ५५०० वर्षों का इतिहास है जिसे भाषा-भेद के अनुसार मुख्यतः पाँच वर्गों में विभक्त किया जा सकता है—(१) वैदिक साहित्य (३५०० ई० पूर्व से १००० ई० पूर्व तक) (२) संस्कृत साहित्य (१००० ई० पू० से १५०० ई० तक) (३) प्राकृत साहित्य (५०० ई० पू० --१००० ई०) (४) अपभ्रंश साहित्य (५०० ई०—१५०० ई०) (५) आधुनिक भाषा साहित्य (१००० ई० से अब तक)। यहाँ एक असंगति दृष्टिगोचर होगी कि हमने अनेक भाषाओं के साहित्य का रचना-काल समान रखा है, किन्तु इसका कारण यह है कि कई बार अनेक भाषाओं के साहित्य का विकास समानान्तर रूप में होता रहा है, अतः इसे असंगति न मानकर वास्तविकता के रूप में ग्रहण करना उचित होगा। आगे प्रत्येक वर्ग के साहित्य का संक्षिप्त परिचय क्रमशः प्रस्तुत किया जाता है।

(१) **वैदिक साहित्य**—वैदिक साहित्य (३५०० ई० पू० — १००० ई० पू०) में मुख्यतः ऋग्वेद, यजुर्वेद, सामवेद, अथर्ववेद एवं तत्सम्बन्धी ब्राह्मण, आरण्यक एवं उपनिषद् ग्रन्थों को लिया जाता है जिनकी भाषा को 'वैदिक' की संज्ञा दी गई है। इस साहित्य में धार्मिक दृष्टिकोण की प्रधानता होने के कारण देवी-देवताओं के स्तोत्र एवं स्तुति पाठ, यज्ञ विधि-विधान, आत्म-ज्ञान और नीति-उपदेशादि की ही प्रमुखता है, जिन्हें विशुद्ध काव्य की कोटि में नहीं रख सकते, किन्तु ऋग्वेद के कतिपय अंशों में

इन्द्र, वरुण, इन्द्राणी, उषा आदि के रूप में मानवीय सौन्दर्य का चित्रण, प्रकृति के विभिन्न क्रिया-कलापों का सजीव अंकन, विभिन्न संवादों (यम-यमी, उर्वशी-पुरुरवा आदि के) में प्रणयोद्‌गारों की अभिव्यक्ति एवं सामाजिक जीवन के विभिन्न दृश्यों का वर्णन भावात्मकता एवं काव्यात्मकता से ओत-प्रोत है। फिर भी वैदिक साहित्य अपनी अति प्राचीनता, दुरूहता एवं भाषा-भेद के कारण हिन्दी साहित्य से इतना अधिक असंपृक्त रहा कि उसका कोई प्रत्यक्ष प्रभाव इस पर दृष्टिगोचर नहीं होता। हाँ, उपनिषदों की अद्वैतवादी विचार-धारा एवं तत्सम्बन्धी उक्तियों ने अवश्य हिन्दी के अनेक संतों, भक्तों एवं आधुनिक रहस्यवादियों को न्यूनाधिक मात्रा में प्रत्यक्ष-अप्रत्यक्ष रूप में प्रभावित किया है। वस्तुतः वैदिक साहित्य आधुनिक अर्थ में विशुद्ध काव्य नहीं है किन्तु परवर्ती भारतीय साहित्य की आधारशिला, सांस्कृतिक पृष्ठभूमि एवं जीवन-दृष्टि निर्मित करने में उसका गहरा योगदान है।

(२) **संस्कृत साहित्य**—वैदिक भाषा के आगे चलकर दो रूप विकसित हो गये। (१) संस्कृत और (२) प्राकृत। वैदिक भाषा का वह रूप जो वैयाकरणों द्वारा परिष्कृत, सुसंस्कृत एवं नियमबद्ध होकर विद्वानों की अभिव्यक्ति का माध्यम बना, 'संस्कृत' के नाम से प्रसिद्ध हुआ जब कि उसका दूसरा रूप सर्वसाधारण द्वारा प्रकृत एवं सहज रूप में विकसित होता हुआ 'प्राकृत' कहलाया। संस्कृत साहित्य (१००० ई० पू० १५०० ई०) का आरम्भ दो विशाल ऐतिहसिक काव्यों—'रामायण' (अनुमानतः ८००—५०० ई० पू०) एवं 'महाभारत' (अनुमानतः ४००-२०० ई० पू०) से होता है, जिनके इतिवृत्त, दार्शनिक तत्त्व एवं भाव-सौन्दर्य ने परवर्ती भारतीय जीवन और साहित्य को अपरिमित मात्रा में प्रभावित किया। महर्षि बाल्मीकि एवं कृष्ण द्वैपायन व्यास की ये महान् कृतियाँ भारतीय कवियों के लिए एक अक्षय कोष का काम करती रही हैं। ये जाने कितने कवियों ने राम, कृष्ण, युधिष्ठिर, अर्जुन आदि के चरितामृत की एक-एक बूंद को लेकर अनेकानेक महाकाव्यों की रचना की है किन्तु वे आज भी विशाल एवं गम्भीर सागर की भाँति अक्षुण्ण गौरव के साथ लहरा रही हैं।

संस्कृत-साहित्य काव्य-रचनाओं की संख्या की दृष्टि से ही नहीं काव्य-विषयों काव्य-रूपों और काव्यशैलियों की दृष्टि से भी विषद एवं महान् है। साहित्य के सभी अंगों—प्रबन्धकाव्य, नाटक; आख्यान, कथा-साहित्य, ऐतिहासिक काव्य, मुक्तक काव्य, गीतिकाव्य एवं आलोचना-शास्त्र आदि का सम्यक् विकास संस्कृत में दृष्टिगोचर होता है। संस्कृत के प्रमुख प्रबन्ध काव्यों में कालिदास[१], अश्वघोष[२], भारवि[३], माघ[४], एवं श्री हर्ष[५] आदि महाकवियों की रचनाएँ आती हैं। यद्यपि

१. कालिदास (प्रथम शती, ई० पू० विवादास्पद) काव्य—कुमारसंभव, रघुवंश, मेघदूत।
२. अश्वघोष (प्रथम शती ई०)—बुद्धचरित, सौन्दरानन्द आदि।
३. भारवि (६वीं शती)—किरातार्जुनीय।
४. माघ (६७५ ई० लगभग)—शिशुपाल-वध।
५. श्री हर्ष (१२वीं शती)—नैषधीय चरित।

संस्कृत के प्रबन्ध-काव्यों में शास्त्रीय दृष्टि से महाकाव्य के सभी लक्षणों की पूर्ति का प्रयास मिलता है किन्तु उनमें काल्पनिकता एवं वर्णनात्मकता की ही प्रधानता है। परवर्ती महाकाव्यों में तो प्रकृति-वर्णन, कथोपकथनों, विद्वत्ता-प्रदर्शन शास्त्रीय-चर्चाओं और अस्वाभाविक अलंकार-योजना को इतना अधिक स्थान मिला कि उससे उनका इतिवृत्त शिथिल एवं प्राण-शून्य हो गया है फिर भी संस्कृत के महाकाव्य-रचयिताओं की एक बात अवश्य प्रशंसनीय है कि पाश्चात्यों की भाँति वे पाठक को कथानक की जटिलता, पात्रों के असाधारणत्व एवं संघर्षपूर्ण परिस्थितियों के द्वारा आश्चर्यान्वित करने की अपेक्षा अपनी मधुर उक्तियों के द्वारा हृदय को रसासिक्त करने का ही प्रयत्न अधिक करते हैं।

संस्कृत साहित्य का पूर्ण-वैभव, उसके रचयिताओं की बुद्धि और भावना का एकान्त संयोग, उनकी अनुभूतियों की विविधता एवं गंभीरता, उनके चित्रण की असाधारण कुशलता और उनकी शैली की स्वाभाविकता एवं रोचकता आदि गुणों का पूर्ण समन्वय उसके विशाल नाटक-साहित्य मे दृष्टिगोचर होता है। भास[१], कालिदास[२], शूद्रक[३], भवभूति[४], हर्षवर्द्धन[५], भट्ट नारायण[६], विशाखदत्त[७], आदि नाटककारों ने अपनी रचनाओं में जीवन के विभिन्न क्षेत्रों एवं विभिन्न अनुभूतियों का चित्रण करते हुए नाट्क-कला को उसके चरम-विकास तक पहुँचा दिया। कथा-वस्तु के क्षेत्र की जैसी व्यापकता भास में मिलती है, सौन्दर्य का जैसा सजीव अंकन कालिदास में मिलता है, प्रेम की जैसी गम्भीरता भवभूति में है, जीवन की यथार्थ परिस्थितियों का जैसा मार्मिक चित्रण शूद्रक ने किया है और राजनीति के दाँव-पेचों का गुम्फन जिस सफलता से विशाखदत्त ने किया है, वह विश्व-नाटक-साहित्य के क्षेत्र में अद्वितीय है। संस्कृत-नाटककारों में स्वाभाविकता का आग्रह इतना अधिक है कि वे अशिक्षित पात्रों के संभाषणों को सहज स्वाभाविक रूप मे उपस्थित करने के लिये असंस्कृत, हेय एवं निम्नवर्गीय भाषा को भी अपनी कृतियों में स्थान दे देते हैं।

संस्कृत में ऐतिहासिक महाकाव्यों की रचना करने का श्रेय परिमल, बिल्हण

---

१. भास (प्रथम शती)—प्रतिमा, पंचरात्र, दूतवाक्य, स्वप्नवासवदत्ता आदि नाटक।

२. कालिदास; नाटक—मालविकाग्निमित्र, विक्रमोर्वशीय, शाकुन्तलम्।

३. शूद्रक (काल विवादास्पद) ; १-५वीं शती ; नाटक मृच्छकटिकम्।

४. भवभूति (७५० ई०) नाटक—मालती माधव; महवीर चरित्र ; उत्तर राम-चरित्र।

५. हर्षवर्द्धन (७वीं शती—) प्रियदर्शिका, रत्नावली, नागानन्द।

६. भट्टनारायण (८वीं शती)—वेणी-संहार।

७. विशाखदत्त— (७-८वीं शती)—मुद्राराक्षस।

और कल्हण आदि को है। दूसरी ओर छठी-सातवीं शताब्दी के अनन्तर सुबन्धु[1], दंडी[2], बाण भट्ट[3] आदि गद्य-लेखकों ने साहस, शौर्य्य एवं प्रणय से ओत-प्रोत प्रेमाख्यानों की परम्परा को जन्म दिया जो प्राकृत एवं अपभ्रंश में होती हुई हिन्दी-काव्य में पहुँची, अमरुक[4], भर्तृहरि[5], गोवर्धनाचार्यादि[6], ने प्राकृत के अनुकरण पर संस्कृत में मुक्तक-काव्य-परम्परा का विकास किया। संस्कृत में गीति-शैली का विकास भी बहुत बाद में भागवतकार (७-६वीं शताब्दी), क्षेमेन्द्र (१०वीं) एवं जयदेव (१२वीं-शती) द्वारा हुआ।

संस्कृत का आलोचनात्मक साहित्य भी पर्याप्त समृद्ध है। आदि आचार्य भरत-मुनि से लेकर पंडितराज जगन्नाथ तक विभिन्न आचार्यों—भामह, दंडी, वामन, कुन्तक, क्षेमेन्द्र, भोजराज, अभिनवगुप्त, मम्मट, धनंजय, विश्वनाथ, भानुदत्त आदि ने विभिन्न दृष्टिकोण से काव्य का विभिन्न समस्याओं पर गंभीरतापूर्वक विचार करते हुये अपनी सूक्ष्मदृष्टि का परिचय दिया। काव्य के भाव-पक्ष एवं कला-पक्ष का जैसा प्रौढ़ विवेचन एवं विश्लेषण संस्कृत के आचार्यों द्वारा हुआ है वह अद्वितीय है। संस्कृत आलोचना-साहित्य में एक न्यूनता अवश्य है—जितना विकास उसमें सैद्धान्तिक पक्ष का मिलता है, उतना समीक्षा के व्यावहारिक रूप का नही हुआ। उसका यह पक्ष प्रायः उपेक्षित रहा। फिर भी समग्र रूप में संस्कृत-साहित्य भारतीय प्रतिभा एवं चिंतन की एक ऐसी सर्वोत्कृष्ट उपलब्धि है जिसमें एक ओर विचार, भावना एवं शिल्प का चरम विकास दृष्टिगोचर होता है तो दूसरी ओर भारतीय-समाज एवं संस्कृत का सर्वाङ्गीण रूप सजीव रूप में प्रतिबिम्बित है। इसमें कोई सन्देह नहीं कि जहाँ संस्कृत भाषा ने कन्या कुमारी से लेकर कश्मीर तक एवं बंगाल से लेकर गुजरात तक समस्त राष्ट्र को समान भाषा एवं समान वाणी का माध्यम प्रस्तुत करके एकता के सुदृढ़ सूत्रों में सुगठित किया वहाँ उसने समग्र भारतीय जीवन एवं परवर्ती साहित्य के विचारों का सामान्य कोष, कथानक रूढ़ियों, काव्य-प्रसंगों एवं काव्य-वस्तु का सामान्य स्रोत एवं अभिव्यंजना की सामान्य पद्धतियों का दाय प्रदान करके उसे, बावजूद भारी भाषा-भेद एवं प्रान्त-भेद के, राष्ट्रीय एकता की भावना से अनुस्यूत किया है। अतः इस दृष्टि से न केवल हिन्दी साहित्य अपितु सभी भारतीय भाषाओं के आधुनिक साहित्य के उद्गम-स्रोतों एवं प्रेरणा-स्रोतों को हृदयंगम करने के लिये संस्कृत साहित्य की विशाल परम्परा का ज्ञान अपेक्षित है।

(३) **प्राकृत साहित्य**—प्राकृत भाषा को साहित्य के क्षेत्र में प्रतिष्ठित करने

---

१. सुबन्धु—'वासवदत्ता' (प्रेमाख्यान)
२. दंडी—'दशकुमार चरित' (")
३. बाणभट्ट—कादम्बरी (")
४. अमरु (७-८वीं शती)—'अमरुशतक' (मुक्तककाव्य)
५. भर्तृहरि (") शृंगार-शतक, वैराग्य-शतक आदि।
६. गोवर्धनाचार्य—(१२वीं शती)—आर्या-सप्तशती।

का श्रेय महात्मा बुद्ध को है जिन्होंने अपने उपदेशों को जन-साधारण तक पहुँचाने के उद्देश्य से इस भाषा को अपना माध्यम बनाकर इसके गौरव में अभिवृद्धि की । प्राकृत की प्रारम्भिक रचनाओं में बौद्ध एवं जैन धर्म की साम्प्रदायिकता शिक्षा एवं उपदेशादि की प्रधानता है किन्तु आगे चलकर विशुद्ध साहित्यिक दृष्टिकोण से भी इसमें रचनाएँ लिखी जाने लगीं । प्राकृत के साहित्य को मुख्यतः इन वर्गों में विभाजित किया जाता है ।[1]

(क) प्रबन्ध काव्य—प्राकृत के विभिन्न प्रकार के उपदेश-प्रधान प्रेमाख्यान धार्मिक एवं पौराणिक चरित काव्य तथा साहित्यिक महाकाव्यों की रचना प्रचुर मात्रा में हुई । प्रेमाख्यानों के अन्तर्गत 'तरंगवती' (पादलिप्त सूरि; 5वीं शती), 'सुर सुन्दरी चरिअं' (धनेश्वर, १०३८ ई०) 'भुवन सुन्दरी' (विजय सिंह, सन् ९१७ ई०) 'लीलावती' (कौहतूल, १०वीं शती), 'मलय सुन्दरी कथा' (रचयिता अज्ञात रचनाकाल १४वीं शती), 'सिरिसिरिवाल कहा' (रत्न शेखर सूरि, १४वीं शती), 'रयणसेहर कहा' (जिनहर्षगणि, १५वीं शती) आदि उल्लेखनीय हैं । धार्मिक प्रेरणा से रचित चरित-काव्यों में 'पउम चरिउ' (विमल सूरि; प्रथम शती), 'वसुदेव हिण्डी' संघदास गणि, धर्मसेन गणि, सातवीं शती), 'शलाका पुरुष चरित' (शीलाचार्य), 'महावीर चरित', सनत्कुमार चरित' (श्री चन्द्र कृत) आदि विशेष महत्वपूर्ण हैं । विशुद्ध साहित्यिक दृष्टि से रचित महाकाव्य प्राकृत में अधिक नहीं मिलते, किन्तु उनका सर्वथा अभाव भी नहीं है । इस श्रेणी में 'सेतु बन्ध' या रावण वध' (प्रवर सेन; ५वीं शती से पूर्व 'गौण वध' (वाक्पतिराज ५वीं शती) 'मधुमख विजय' (वाक्पतिराज) आदि आते हैं ।

(ख) मुक्तक काव्य—प्राकृत साहित्य के दूसरे वर्ग में 'गाथा सप्तशती', 'वज्जालग्ग', विषम वाण लीला', 'मदन मुकुट' आदि मुक्तक-संग्रहों को रखा जा सकता है जिनमें यथार्थवादी दृष्टि से श्रृंगार रस की व्यंजना हुई है ।

(ग) नाटक साहित्य - प्राकृत के उत्तर काल (८-९वीं शती) में कर्पूर मंजरी', 'रंभा मंजरी' जैसे उत्कृष्ट नाटकों की भी इसमें रचना हुई ।

यद्यपि प्राकृत में सभी प्रकार की रचनाएँ थोड़ी-बहुत संख्या में उपलब्ध हैं किन्तु उनमें से अधिकांश संस्कृत काव्य-परम्परा से ही प्रभावित हैं, केवल मुक्तक काव्यों एवं चरित-काव्यों की ही परम्पराएँ ऐसी हैं जो प्राकृत की अपनी कही जा सकती हैं। प्राकृत का गौरवशाली अंग उसका श्रृंगार-रस-प्रधान मुक्तक काव्य है । जहाँ संस्कृत-साहित्य में उच्चवर्ग के ऐश्वर्य का चित्रण अधिक हुआ है, वहाँ प्राकृत-साहित्य में मध्यमवर्ग की परिस्थितियों का अंकन यथार्थवादी दृष्टिकोण से हुआ है । इसके अतिरिक्त यह साहित्य शैली की सरसता, सरलता एवं सुबोधता के लिये भी विख्यात है ।

(४) अपभ्रंश साहित्य—प्राकृत भाषा जनता के द्वारा प्रयुक्त, विकृत एवं परिवर्तित होकर अपभ्रंश के रूप में विकसित हुई तथा इसी अपभ्रंश से आगे चलकर

१. प्राकृत और उसका साहित्य : डॉ० हरदेव बाहरी ।

हिन्दी तथा उत्तरी भारत की अन्य आधुनिक भाषाओं का विकास हुआ । इस दृष्टि से अपभ्रंश प्राकृत और हिन्दी के बीच की कड़ी है तथा उसका हिन्दी के अन्य भाषाओं की अपेक्षा अधिक निकट सम्बन्ध सिद्ध होता है। इस तथ्य को ध्यान में रखते हुये हम अपभ्रंश एवं उनके साहित्य का परिचय अपेक्षाकृत अधिक विस्तार से प्रस्तुत करेंगे ।

यद्यपि अपभ्रंश भाषा का विकास चौथी-पाँचवीं शताब्दी में माना जाता है किन्तु व्याकरण-ग्रंथों एवं साहित्य-शास्त्र में 'अपभ्रंश' संज्ञा का प्रयोग बहुत पूर्व से मिलता है। पतंजलि (ई० पू० दूसरी शती) ने अपने महाभाष्य में लिखा है—'अप-शब्द बहुत हैं, शब्द अल्प हैं, एक-एक शब्द के बहुत से अपभ्रंश हैं, जैसे 'गो' शब्द के गावी, गोणी, गोता, गोपोतलिका इत्यादि । यहाँ अपभ्रंश का प्रयोग भाषा-विशेष के अर्थ में न होकर सामान्य शब्दों के सम्बन्ध में ही हुआ है, ऐसा प्रतीत होता है । भरत मुनि (अनुमानतः दूसरी शती ईस्वी) ने अपने 'नाट्य शास्त्र' में तीन प्रकार की प्राकृत भाषाओं का विवेचन किया है, किन्तु उनमें अपभ्रंश का उल्लेख नहीं है, इससे कहा जा सकता है कि उनके समय तक अपभ्रंश का विकास नही हो पाया था, या यह भी संभव है कि उसका नामकरण 'अपभ्रंश' नहीं हो पाया हो क्योंकि उन्होंने एक विभ्रष्ट शब्दों वाली प्राकृत का उल्लेख अवश्य किया है । सम्भव है, आगे चलकर इसी को अपभ्रंश के नाम से पुकारा जाने लगा हो । दूसरी ओर भामह (६वीं शताब्दी) और दंडी (७वीं शती) ने अपभ्रंश में काव्य-रचना होने का उल्लेख किया है । कोई भाषा काव्य-रचना का माध्यम बनने से कुछ पूर्व या बहुत पूर्व ही प्रायः विकसित हो जाती है, अतः कहा जा सकता है कि अपभ्रंश का भी विकास भामह-दंडी से एक-दो शताब्दी पूर्व अवश्य हो गया होगा । यदि हम भरत और भामह-दोनों की काल-सीमा को ध्यान में रखते हुए विचार करें तो इस निर्णय पर पहुँचते हैं कि एक लोकभाषा के रूप में अपभ्रंश का विकास ईसा की चौथी पाँचवीं शताब्दी के लगभग हो गया था तथा इसके बाद वह काव्य-रचना में भी प्रयुक्त होने लग गई थी ।

अपभ्रंश-भाषा के साहित्य को मुख्यतः तीन वर्गों में विभक्त किया जा सकता है[१]—(१) सिद्ध-साहित्य (२) जैन साहित्य और (३) लौकिक साहित्य । सिद्ध-साहित्य के रचयिता सहजयानी या वज्रयानी सम्प्रदाय के सिद्ध थे, जिन्होंने अपने सम्प्रदाय के विचारों एवं अपनी धार्मिक अनुभूतियों को प्रकाशित करने के लिए काव्य रचना की । सहजयान सम्प्रदाय का सम्बन्ध बौद्धधर्म की महायान शाखा की उस परम्परा से है जो तन्त्र, मन्त्र व अन्य गुह्य साधना-पद्धतियों को अपनाती हुई ईसा की ८वीं शताब्दी के लगभग अत्यन्त विकृत होकर एक नये सम्प्रदाय के रूप में परिवर्तित हो गई थी । इसी सम्प्रदाय को 'सहजयान' या 'वज्रयान' कहा गया है तथा इसके अनुयायी साधक ही 'सिद्ध' कहलाते हैं । इन सिद्धों की संख्या ८४ बताई जाती है जिनमें सरहपा (७वीं-८वीं शती, शबरपा (८वीं शती), लुईपा (८वीं शती ,

१. अपभ्रंश-साहित्य : डॉ० हरिवंश कोचर ।

कण्हपा (६वीं शती), गोरक्षपा (१०वीं शती) आदि का नाम उल्लेखनीय है। सरहपा इस सम्प्रदाय के प्रवर्तक थे जो पहले नालन्दा में बौद्ध ग्रंथों का अध्यापन करते थे, किन्तु राहुल सांकृत्यायन के शब्दों में "जब उन्हें वहाँ का जीवन दमघोटू लगने लगा तो उन्होंने सब कुछ को लात मारी, भिक्षुओं का बाना छोड़ा, अपनी नहीं किसी दूसरी छोटी जाति की तरुणी को लेकर खुल्लमखुल्ला सहजयान का रास्ता पकड़ा।" वस्तुत: सहजयान में जीवन की सहज वासनाओं की पूर्ति को ही साधना के सर्वोत्कृष्ट रूप से स्वीकार किया गया। सहज वासना या कामवासना की पूर्ति के लिये विभिन्न जाति की मुद्राओं या साधिकाओं के सहयोग से कमल-कुलिश साधना की जाती थी। यद्यपि आधुनिक युग के अनेक व्याख्याता इनकी साधना-पद्धति को आध्यात्मिक सिद्ध करने के लिए कमल, कुलिश, मुद्रा आदि शब्दों की नयी व्याख्या करने का प्रयास भी करते हैं किन्तु वस्तुत: ये क्रमशः जननेन्द्रिय, पुरुषेन्द्रिय एवं नारी के ही पर्यायवाची हैं। सरहपाद ने स्पष्ट रूप से लिखा है कि सुख से खाते-पीते एवं रमण करते हुए नित्य से चक्र को पूर्ण करते हुए इस धर्म में परलोक की साधना की जाती है। इसी प्रकार अन्य स्थान पर कमल-कुलिश साधना का भी रहस्य उद्घाटित करते हुए उन्होंने लिखा है—'कमल और कुलिश को मध्य में स्थित करके सुरत विलास का जो आनन्द लिया जाता है, त्रिभुवन में कौन उससे वंचित रह सकता है तथा किसकी आशा को वह पूरी नहीं करता!' अस्तु विभिन्न प्रमाणों से स्पष्ट है कि सिद्ध की साधना-पद्धति वाममार्गी एवं भोग-विलास-प्रधान थी, यह दूसरी बात है कि हम खींच-तान कर उनके शब्दों की आध्यात्मिक व्याख्या भी कर डालें।

आगे चलकर इसी सम्प्रदाय के अन्य साधक गोरक्षपा या गोरखनाथ ने एक नये पंथ की स्थापना की जिसमें भोग के स्थान पर योग को एवं उच्छृङ्खल साधना-पद्धतियों के स्थान पर कृच्छ एवं नियमित पद्धतियों को स्वीकार किया गया। यही पंथ 'नाथ सम्प्रदाय' के नाम से प्रसिद्ध हुआ। यद्यपि नाथपंथ सहजयान से भिन्न एवं विरोधी लक्ष्य को लेकर स्थापित हुआ था किन्तु जीवन की स्वाभाविक स्थिति, पारिवारिक एवं सामाजिक जीवन के सामान्य एवं सुव्यवस्थित रूप के साथ उसका भी कोई गहरा सम्बन्ध नहीं था, अतः सहजयानियों की भाँति नाथपंथियों का साहित्य भी अलौकिक अनुभूतियों, धार्मिक विश्वासों एवं साम्प्रदायिक पद्धतियों का ही शुष्क वर्णन मात्र रह गया जिसका काव्यात्मक दृष्टि से कोई महत्व नहीं है। किन्तु सिद्धों और नाथपंथियों द्वारा प्रवर्तित मुक्तक गीति शैली एवं वैयक्तिकता, अलौकिकता, रहस्यात्मकता सम्बन्धी प्रवृत्तियों व पारिभाषिक शब्दों, योग की शब्दावली, रूपकों उलटवासियों व खंडन-मंडन की पद्धति का परवर्ती हिन्दी-काव्य, विशेषत: संत-काव्य पर प्रभाव दृष्टिगोचर होता है, अत: हमारे लिए इस साहित्य का महत्व परम्पराओं के उदगम-स्रोत एवं उनकी ऐतिहासिक व्यख्या की दृष्टि से ही है, अन्यथा इसका काव्यात्मकता की दृष्टि से विशेष महत्व नहीं है।

अपभ्रंश-साहित्य के दूसरे वर्ग में जैन मुनियों द्वारा रचित काव्य आता है, जिसे 'जैन-साहित्य' की संज्ञा दी गई है। यद्यपि इन कवियों का लक्ष्य प्रायः अपने

धर्म-सिद्धांतों का प्रचार करना रहा है, किन्तु इससे इनकी काव्यात्मकता में कोई न्यूनता नहीं आई है क्योंकि उन्होंने जो कुछ कहा है वह भावना से अनुप्राणित एवं काव्य-गुणों से युक्त शैली में प्रस्तुत है। आचार्य रामचन्द्र शुक्ल ने इसे भी सिद्धों एवं नाथपंथियों के साहित्य जैसा ही मानकर काव्य-कोटि से बहिष्कृत कर दिया है किंतु वस्तुतः ऐसा करना ठीक नहीं। सिद्धों एवं नाथपंथियों के साहित्य में जहाँ धार्मिक, दार्शनिक और साधनात्मक विचारों का शुष्क शैली में कथन मात्र है वहाँ यह साहित्य धार्मिक विश्वासों एवं दार्शनिक मान्यताओं से अनुप्रमाणित होता हुआ भी भावात्मक, सरस एवं काव्योचित शैली में प्रस्तुत है, अतः इसे उसी प्रकार काव्य-कोटि में स्थान दिया जाना चाहिये। जिस प्रकार परवर्ती युग के हिन्दी काव्य में कबीर, सूर, मीरा एवं तुलसी की रचनाओं को, जो कि धर्मपरक होती हुई भी काव्यात्मक हैं, स्थान दिया जाता है।

जैन कवियों ने मुख्यतः 'चरित' संज्ञक प्रबन्धात्मक काव्य लिखे जिनमें स्वयंभू का 'पउम चरिउ' 'पद्मचरित' (८वीं शती), पुष्पदंत (१०वीं शती) के 'तिरसठी महापुरिस गुणालंकार,' 'नायकुमार चरिउ', 'जसहर चरिउ', 'धनपाल की 'भविसयत्त कहा' या भविष्यदत्त कथा (११वीं शती), वीर का 'जम्बुसामि चरिउ' (१०१९ ई०) नयनन्दी का 'सुदंसण चरिउ' (१५५३ ई०) कनकामर मुनि का 'कर कंड चरिउ' (१०६५ ई०), पद्मकीर्ति का 'पास चरिउ' या 'पार्श्व चरित' (१०७७ ई०) धाहिल का 'पद्मश्री चरित' (११३४ ई०) आदि उल्लेखनीय हैं। आगे चलकर यह परम्परा पन्द्रहवीं-सोलहवीं शताब्दी तक बराबर चलती रही, जिसमें श्रीधर (१२वीं शती) धनपाल (१४वीं शती), रयधू (१४वीं शती), नरसेन (१५वीं शती), जयमित्र (१५वीं शती), आदि के द्वारा रचित विभिन्न चरित काव्य आते हैं। विषय-वस्तु की दृष्टि से चरित काव्य प्रायः संस्कृत एवं प्राकृत की रोमांटिक कथाओं की परम्परा में आते हैं जिनमें जैन कवियों ने धार्मिक तत्वों एवं पद्यात्मकता का और समन्वय कर दिया है। इसके नायक प्रायः पौराणिक, अर्द्ध पौराणिक या कल्पित हैं, जो साहसी, वीर एवं सच्चे प्रेमी हैं तथा जो अपने शौर्य्य एवं साहस का प्रदर्शन करते हुए गहरे संघर्ष के अनन्तर इच्छित सुन्दरियों का वरण करते हैं। जैन-धर्म से उनका इतना ही सम्बन्ध है कि वे या तो किसी जैन महापुरुष के पूर्व जन्म से सम्बन्धित हैं या वे पहले या बाद में जैन-धर्म की दीक्षा ले लेते हैं अथवा उन्हें किसी जैन साधक के द्वारा प्रदत्त आशीर्वाद या गुरु-मन्त्र से सफलता प्राप्त होती है। वस्तुतः इन काव्यों का आन्तरिक वातावरण धार्मिक न होकर रोमांटिक है। जिसमें नारी सौंदर्य, पुरुषों के शौर्य्य एवं प्राकृतिक वैभव के साथ-साथ सौन्दर्याकर्षण, प्रथम-दृष्टि जन्य प्रेम; मिलनाकांक्षा, विरह वेदना आदि का अंकन एवं निरूपण अत्यन्त सरस भावात्मक शैली में किया है। साहित्यिक दृष्टि से यह सन्तोष की बात है कि जैन धर्म की संयमप्रधान दृष्टि एवं निवृत्ति-प्रधान मान्यताओं ने इनकी लेखनी को हास्य, विलास एवं शृंगार के प्रवृत्तिमूलक क्षेत्रों में आगे बढ़ने से रोका नहीं। ऐसा प्रतीत होता है

कि काव्य-रचना के समय इनका धर्म गौण एवं कवित्व प्रमुख हो उठा है, इसीलिए ये, पद-पद पर अलंकारों, उत्प्रेक्षाओं एवं रूपकों की ऐसी झड़ी लगा देते हैं तथा कल्पना को इतने नए-नए रूपों एवं रङ्गों में प्रस्तुत करते हैं जिसे देखकर मानना होगा कि इन काव्यों के रचयिता पहले कवि थे और बाद में और कुछ । अस्तु, काव्यात्मक दृष्टि से ये काव्य उच्चकोटि के हैं।

चरित काव्यों के अतिरिक्त जैन कवियों ने मुक्तक शैली में भी अनेक काव्यों की रचना की, जिनमें 'परमातम प्रकाश' (योगीन्दु; १०वीं शती); 'योगसार' (योगीन्दु); 'सावयधम्म दोहा' (देवसेन; ६६० वि०), 'पाहुड़ दोहा' (रामसिंह; १०-११वीं शती), 'वैराग्यसार (सुप्रभाचार्य; ११-१२वीं शती), 'भावना संधि प्रकरण' (जयदेव मुनि; ११वीं शती), 'कालस्वरूप कुलक' (जिनदत्त सूरि ११३१—१२२० वि०), संयम मंजरी (महेश्वर सूरि १५६१ वि०) आदि उपलब्ध हैं। इन काव्यों में मुख्यत: वैराग्य नीति एवं धर्मोपदेशों का प्रतिपादन दोहा-शैली में किया गया है, यथा—

वे पंथेहि ण गम्मइ वे मुह सूई ण सिज्जए कंथा ।
विण्णी ण हुँति आयाणा इन्दिय सोक्खं च मोक्खं च ॥

—पाहुड़ दोहा

धम्मु करंतहं होइ घणु इत्थु ण कायउ भंति ।
जलु कड्ढंतहं कूवयहं अ वसइं सिरउ धडंति ॥

—सावयधम्म

जैन कवियों की इसी मुक्तक शैली का विकास आगे हिन्दी के संत-कवियों की साखियों के रूप में दृष्टिगोचर होता है। सन्तों की विषय-वस्तु एवं निरूपण शैली में तो इनसे गहरा साम्य है ही, कहीं-कहीं तो उनकी शब्दावली तक भी एक है, उदाहरण के लिए कबीर के निम्नांकित मुक्तक की तुलना मुनि रामसिंह के एक दोहे से की जा सकती है :

दाडी मूंछ मुड़ाय के हुआ घोटमघोट ।
मन को क्यों नहीं मूडिए, जामे भरिया खोट ॥

—कबीर

मुंडिय मुंडिय मुंडिया सिरु मुंडिय चित्तु ण मुंडिया ।
चित्तह मंडणु जि कियउ संसारह खंडणुति कियउ ॥

—मुनि रामसिंह (पाहुड़ दोहा)

अपभ्रंश-साहित्य के तीसरे वर्ग में विभिन्न लोक कवियों की रचनाओं को स्थान दिया जा सकता है। इसमें अब्दुर्रहमान की 'संदेश रासक' (१२वीं शती), एवं विभिन्न ग्रंथों (जैसे-हेमचन्द्र के 'प्राकृत-व्याकरण', 'छन्दोऽनुशासन', 'कुमारपाल चरित' आदि, सोमप्रभाचार्य के 'कुमारपाल-प्रतिबोध', मेरुतुंगाचार्य के 'प्रबन्ध-

चिन्तामणि' आदि' आदि) में संकलित अज्ञात कवियों के मुक्तकों को लिया जा सकता है जिनमें सौन्दर्य, प्रेम और विरह का निरूपण विशुद्ध यथार्थवादी दृष्टिकोण से हुआ है। 'संदेश-रासक' प्रबन्धात्मक शैली में रचित है जिसमें एक विरहिणी किसी पथिक के द्वारा अपने खंभातवासी पति को संदेश भेजने के व्याज से अपनी विरह-व्यथा की अभिव्यक्ति अत्यन्त स्वाभाविक एवं मार्मिक शब्दावली में प्रस्तुत करती है। वस्तुतः यह अत्यन्त उच्च कोटि का विरह-काव्य है जिसे कालिदास के 'मेघदूत' की परम्परा में रखा जा सकता है। आचार्य हेमचन्द्र (१०८७-११७२ ई०, सोमप्रभाचार्य (११९५ ई०) मेरुतुंगाचार्य (१३वीं शती) के द्वारा संकलित मुक्तक जहाँ लौकिक शृंगार की मनोरम अभिव्यक्ति व यथार्थवादी जीवन-दृष्टि को प्रस्तुत करते हैं वहाँ वे साथ ही अपभ्रंश भाषा के उस उत्तरकालीन रूप का भी दिग्दर्शन करवाते हैं जो कि हिन्दी के बहुत निकट आ गया था। उदाहरणार्थ यहाँ कुछ मुक्तक प्रस्तुत हैं :

पिय संगमि कउ निद्दड़ी पिअहो परोक्ख ही केम्व।
मइ विन्नि वि विन्नासिसा, निद्द न एम्व न तेम्व॥

—प्राकृत व्याकरण

एहु जम्मु निग्गहं गियउ भडसिरि खग्ग न भग्गु।
तिक्खा तुरिय न वाहिया गोरी गलि न लग्गु॥

—प्रबन्ध चिन्तामणि

अपभ्रंश-काव्य की इन परम्पराओं का हिन्दी-काव्य से गहरा सम्बन्ध रहा है, जिसका स्पष्टीकरण आगे यथास्थान किया जाएगा।

● **हिन्दी साहित्य पर प्रभाव** वैसे तो संस्कृत, प्राकृत एवं अपभ्रंश की प्रायः सभी सशक्त रचनाओं का न्यूनाधिक प्रभाव प्रत्यक्ष या अप्रत्यक्ष रूप में हिन्दी काव्य पर खोजा जा सकता है किन्तु इन भाषाओं की कतिपय साहित्यिक परम्पराओं का हिन्दी-साहित्य पर विशेष प्रभाव परिलक्षित होता है, जिसकी सम्यक् व्याख्या आगे विभिन्न काव्य-धाराओं के विवेचन के समय यथास्थान की जाएगी किन्तु यहाँ संक्षेप में उसका संकेत किया जाता है।

१. **संस्कृत की महाकाव्य परम्परा**—संस्कृत में जिस महाकाव्य का प्रवर्त्तन बाल्मीकि की 'रामायण' से हुआ वह कालिदास, अश्वघोष, भारवि, माघ प्रभृति महाकवियों द्वारा पुष्ट होकर प्राकृत एवं अपभ्रंश में होती हुई हिन्दी कवियों तक पहुँची, इसीलिए हिन्दी के महाकाव्यों में जहाँ संस्कृत के महाकाव्यों के उदात्त उद्देश्य, काव्य-प्रयोजन विषय-वस्तु एवं रचना-पद्धति सम्बन्धी विभिन्न विशेषताएँ मिलती हैं वहाँ उनमें कहीं-कहीं प्राकृत एवं अपभ्रंश की छन्द-योजना एवं शैली का भी प्रभाव दृष्टिगोचर होता है। सामान्यतः हिन्दी के मध्यकालीन एवं आधुनिक युगीन महाकाव्यों के काव्यादर्श वही रहे जो संस्कृत के कवियों ने स्वीकार किये थे। किसी महान् पात्र या अवतार-पुरुष के चरित का चित्रण करते हुए वीरता, भक्ति एवं शृंगार का

निरूपण करने का लक्ष्य संस्कृत एवं हिन्दी के महाकाव्य-रचयिताओं के सम्मुख रहा। विषय-वस्तु प्रायः इनकी पौराणिक ही रही। उत्तर मध्यकाल में राजाश्रय में रचित ऐतिहासिक महाकाव्यों में यह स्थिति बदल गयी उनमें आश्रयदाताओं के चरित को काव्य का विषय बनाया गया। इस दृष्टि से केशव का 'वीरसिंह देवजू चरित' उल्लेखनीय है। हिन्दी के उत्तर मध्यकाल में रचित 'महाकाव्यों का स्तर अपेक्षाकृत हीन होने के कारण उन्हें सामान्य प्रबन्ध-काव्यों की कोटि में रखा जा सकता है। अपभ्रंश के 'पद्मचरित' जैसे महाकाव्यों के प्रभाव से हिन्दी के अनेक मध्यकालीन काव्यों में दोहा-चौपाई शैली का प्रयोग किया गया जिनमें तुलसीदास का 'रामचरित-मानस' विशेष रूप में उल्लेखनीय है।

इसी प्रकार आधुनिक युग के प्रारम्भ में मैथिलीशरण गुप्त, अयोध्यासिंह उपाध्याय प्रभृति ने अपने प्रबन्धकाव्यों में संस्कृत के महाकाव्यों के लक्षणों का निर्वाह करने का विशेष प्रयास किया मुख्यतः मंगलाचरण, सर्ग-विभाजन, छन्द-योजना में। वस्तुतः हिन्दी के महाकाव्य-रचयिताओं के लिए संस्कृत के महाकाव्य प्रायः आदर्श के रूप में रहे हैं, यह दूसरी बात है कि बीसवीं सती के प्रथम चरण के बाद इस स्थिति में परिवर्तन हो गया क्योंकि परवर्ती युग के प्रबन्ध-रचयिताओं ने काव्यादर्श, विषय-वस्तु एवं रचना-पद्धति की दृष्टि से नूतन प्रयोग पर अधिक बल दिया।

२. **संस्कृत की गीतिकाव्य-परम्परा** – महाकाव्य की ही भाँति संस्कृत की गीति-काव्य परम्परा क्षेमेन्द्र एवं जयदेव से पुष्ट होती हुई हिन्दी के महाकवि विद्यापति तक पहुँची तथा उनके बाद वह क्रमशः समस्त हिन्दी प्रदेश में प्रसारित हो गयी। इस क्षेत्र में जयदेव का 'गीत गोविन्द' हिन्दी कवियों का प्रेरणा-स्रोत रहा। संस्कृत एवं हिन्दी दोनों को ही गीतिकारों ने प्रायः कृष्ण के प्रेममय जीवन को चित्रित करते हुए अपनी रचनाओं में भावात्मकता संगीतात्मकता भाषा-माधुर्य आदि तत्वों का समावेश सफलतापूर्वक किया। 'भागवत पुराण' दोनों के लिए ही काव्य-वस्तु का आधार स्रोत रहा। फिर भी संस्कृत और हिन्दी के गीतकारों का दृष्टिकोण सर्वत्र समान नहीं है। विद्यापति, सूरदास, मीराँ, नन्ददास प्रभृति हिन्दी गीतकारों में संस्कृत के जयदेव की अपेक्षा भावों की नवीनता, सरलता एवं मधुरता अधिक है तथा ऐन्द्रियकता, कामुकता एवं विलासिता कम। इसी प्रकार राधा एवं अन्य गोप बालाओं के व्यक्तित्व के चित्रण में हिन्दी कवियों ने अधिक स्पष्टता एवं सजीवता का परिचय दिया है तथा विभिन्न प्रेम-प्रसंगों की उद्भावना की दृष्टि से भी उनमें अधिक मौलिकता मिलती है। विद्यापति के अनन्तर कृष्णभक्त कवियों द्वारा हिन्दी गीति-परम्परा में भक्ति के तत्व का विकास और हो गया जो कि संस्कृत की गीति-परम्परा में नगण्य सा ही था। इससे इसकी भावधारा में अधिक व्यापकता, गम्भीरता एवं उदात्तता का संचार हुआ—अतः हिन्दी की गीति-परम्परा संस्कृत काव्य से प्रभावित होती हुई भी उसकी तुलना में अधिक विकसित एवं परिष्कृत दृष्टिगोचर होती है।

३. **प्राकृत की लौकिक मुक्तक परम्परा**—भारतीय साहित्य में जिस मुक्तक-काव्य-परम्परा का प्रवर्तन प्राकृत के कवि हाल द्वारा रचित—'गाथा-सप्तशती' के द्वारा हुआ वह परवर्ती युग में प्राकृत एवं संस्कृत के कवियों द्वारा विकसित होकर हिन्दी कवियों तक पहुँची। गाथा सप्तशतीकार ने अपनी काव्य रचना का लक्ष्य काम एवं प्रेम की शिक्षा देना घोषित करते हुए सामान्य जीवन की यौन-भावनाओं एवं प्रणय-क्रीडाओं का चित्रण शुद्ध लौकिक एवं यथार्थमूलक दृष्टि से किया है। उन्होंने अपनी विलासिता की वृत्तियों पर धर्म, अध्यात्म या नैतिकता का आवरण डालना आवश्यक नहीं समझा और नही उन्होंने अपने पात्रों के रूप में दिव्य और अवतार पुरुषों को अपनाया। वस्तुत: उन्होंने सामान्य जीवन के पात्रों और प्रसंगों को लेकर शृङ्गार का चित्रण शुद्ध लौकिक स्तर पर करते हुए कहीं-कहीं गार्हस्थ्य जीवन की असगंतियों एवं विषमताओं का भी उद्‌घाटन किया है। उन्होंने प्राय: दो-दो पंक्तियों के ही छन्दों में वृत्ति-विशेष, अनुभूति-विशेष या क्षण-विशेष का चित्र प्रस्तुत कर दिया है। हाल की यह पद्धति बहुत लोकप्रिय हुई जिससे परवर्ती युग में एक ओर तो प्राकृत की बज्जालग्ग में तथा दूसरी ओर संस्कृत के अमरु (अमरुशतक) भर्तृ-हरि (शृङ्गार-शतक, नीति-शतक और वैराग्य शतक), गोवर्धनाचार्य (आर्या सप्तशती) आदि के मुक्तक काव्यों में गाथा-सप्तशती की परम्परा का विकास दृष्टिगोचर होता है। परवर्ती युग के कवियों ने कामुकता एवं शृङ्गार के अतिरिक्त लोक-नीति एवं वैराग्य सम्बन्धी विषयों का भी समावेश इसमें कर दिया।

जैसा कि पीछे संकेत किया जा चुका है, प्राकृत-संस्कृत की इस मुक्तक-परंपरा को मध्यकाल में हिन्दी कवियों ने अपनाकर इसका विकास नूतन दिशा में किया। मुख्यत: कृपाराम, केशव, बिहारी, मतिराम आदि ने प्रेमप्रधान मुक्तक काव्यों की रचना की तो रहीम, वृन्द, गिरिधर, दीनदयाल गिरि प्रभृति ने नीति सम्बन्धी मुक्तकों की रचना की। इन मुक्तककारों पर प्राकृत-संस्कृत कवियों का विषय-वस्तु एवं शैली सम्बन्धी प्रवृत्तियों की दृष्टि से गहरा प्रभाव परिलक्षित होता है यहाँ तक कि कहीं-कहीं तो मूल उक्ति के भावों को पूरी तरह अपना लिया गया है। फिर भी हिन्दी कवियों की अपनी अनेक निजी विशेषताएँ भी हैं जिन पर इनका विवेचन करते समय अन्यत्र प्रकाश डाला जाएगा।

४. **संस्कृत-प्राकृत एवं अपभ्रंश की प्रेमाख्यान-परम्परा**–महाभारत में सम्मिलित विभिन्न उपाख्यानों में प्रेम के उस स्वच्छन्द रूप का चित्रण हुआ है जिसे अंग्रेजी में 'रोमांस' की संज्ञा दी जाती है। प्रेम के इसी रूप का विकास आगे चलकर विभिन्न पुराणों एवं प्रेम-कथाओं में हुआ। हरिवंश पुराण, विष्णु पुराण आदि पुराणों में तथा वासवदत्ता, कादम्बरी, दशकुमार चरित आदि गद्य-काव्यों में स्वछन्द प्रेम का निरूपण किया गया है। दूसरी ओर प्राकृत की बृहत्कथा, लीलावती, मलय-सुन्दरी कथा तथा अपभ्रंश के चरित्र काव्यों में भी प्रेमाख्यानों की विभिन्न कथानक रूढ़ियों एवं भावात्मक प्रवृत्तियों का उपयोग अपनी रचनाओं की रोचकता की अभिवृद्धि के लिए किया गया है। अस्तु संस्कृत, प्राकृत एवं अपभ्रंश के विभिन्न कवियों द्वारा

विकसित होती हुई यही परम्परा हिन्दी के मध्यकालीन प्रेमाख्यान रचयिताओं तक पहुँची जिन्होंने इसे नूतन सौन्दर्य प्रदान किया। जैसा कि हिन्दी के प्रेमाख्यान रचयिताओं ने स्वयं भी स्वीकार किया है, उन्होंने अपनी रचनाओं की आधारवस्तु के रूप में पूर्ववर्ती प्रेमकथाओं से पर्याप्त सहायता ली है; यही कारण है कि इनकी विषय-वस्तु कथानक-रूढ़ियों, प्रेम सम्बन्धी प्रवृत्तियों एवं रचना-पद्धति पर संस्कृत, प्राकृत एवं अपभ्रंश के तत्सम्बन्धी काव्यों का गहरा प्रभाव दृष्टिगोचर होता है।

५ **अपभ्रंश की मुक्तक-पद परम्परा** जैसा कि अपभ्रंश-साहित्य का परिचय देते हुए पीछे बताया जा चुका है, अपभ्रंश में सिद्ध, जैन एवं नाथ पंथी कवियों के द्वारा साधनात्मक या धर्मोपदेश विषयक काव्य- परम्परा का भी विकास हुआ, जिसमें मुख्यतः दो शैलियों — मुक्तक शैली एवं पद शैली का प्रयोग किया गया है। इनका दृष्टिकोण प्रायः वेद-विरोधी रहा है तथा इन्होंने बर्णाश्रम- व्यवस्था, जाति-पाँति भेद तथा धर्म के बाह्याचारों का खण्डन किया है। यही परम्परा आगे चलकर हिन्दी में संत कवियों के निर्गुण- साधनात्मक काव्य के रूप में विकसित हुई है, इसीलिए हिन्दी के इस काव्य पर जीवन दृष्टि, सामाजिक दृष्टिकोण, काव्यादर्श, विषय-वस्तु एवं रचना -शैली की दृष्टि से पूर्ववर्ती कवियों का गहरा प्रभाव परिलक्षित होता है।

पूर्ववर्ती भारतीय साहित्य की उपर्युक्त पाँचों काव्य- परम्राओं के अतिरिक्त संस्कृत के दर्शन-शास्त्र, काव्य-शास्त्र, काम-शास्त्र, नीतिशास्त्र, ज्योतिष-शास्त्र आदि का भी हिन्दी काव्य पर गहरा प्रभाव विद्यमान है। वस्तुतः हिन्दी कवियों की काव्य-चेतना के मूल में पूर्ववर्ती भारतीय चिन्तन एक सुदृढ़ दार्शनिक एवं सांस्कृतिक आधार के रूप में रहा है — अतः इन दोनों को विच्छिन्न करना संभव नहीं। इसीलिए हिन्दी काव्य की प्रत्येक काव्य-धारा एवं काव्य-प्रवृत्ति के उद्‌भव एवं विकास के सम्यक् रूप में विश्लेषित करने के लिए यह आवश्यक है कि हम पूर्ववर्ती भारतीय साहित्य के आधार पर उसके मूलतत्त्व का उद्‌घाटन, विश्लेषण एवं परीक्षण सम्यक् रूप में कर लें, अन्यथा संभव है कि हमारा विवेचन-विश्लेषण सत्य की सीमा से बहुत दूर रह जाय।

४

हिन्दी साहित्य के आविर्भाव-काल का निर्णय

•

किसी भी साहित्य के इतिहास का अध्ययन आरम्भ करते समय सबसे पूर्व उसके आविर्भाव-काल पर विचार करना आवश्यक होता है । हिन्दी-साहित्य के आविर्भाव-काल के सम्बन्ध में अब तक विभिन्न इतिहासकारों ने विभिन्न मत प्रस्तुत किये हैं किन्तु वैज्ञानिक दृष्टि से विचार करने पर उनमें से अधिकांश— प्रायः सभी, असंगत एवं भ्रामक सिद्ध होते हैं । हिन्दी के प्रथम इतिहास-लेखक गार्सां द तॉसी'[1] ने तो इस प्रश्न पर विचार ही नहीं किया था, उसके अनन्तर इस क्षेत्र में कार्य करने वाले शिवसिंह सेंगर ने अपने 'शिवसिंह सरोज' (१८८३ ई०) में किसी पुरानी आनुश्रुति के आधार पर सातावीं शताब्दी के पुष्य नामक कवि को हिन्दी का पहला कवि घोषित करते हुए अप्रत्क्षय रूप में इसी समय से हिन्दी साहित्य का आविर्भाव माना । किन्तु परवर्ती अनुसंधान से ज्ञात हुआ कि इस नाम के किसी कवि के अस्तित्व का कोई प्रमाण या उसकी कोई रचना प्राप्य नहीं, है । ऐसी स्थिति में उसे हिन्दी का आदि कवि कैसे माना जा सकता है ? आचार्य हजारी प्रसाद द्विवेदी ने इस संबंध में अनुमान किया है कि यह पुष्य संभवतः अपभ्रंश का प्रसिद्ध कवि पुष्यदंत ही है, जिसका आविर्भाव नवीं शती में हुआ था । हमारे विचार से यह अनुमान ठीक है किन्तु यदि ऐसा न भी हो तो भी हिन्दी में पुष्य की कोई रचना उपलब्ध नहीं है, अतः उसके आधार पर हिन्दी के आविर्भाव-काल का निर्णय करना ठीक नहीं । पर दुर्भाग्य से हिन्दी-साहित्य के परवरर्ती इतिहासकार भी, जिनमें सर जार्ज ग्रियर्सन[2] एवं मिश्रबंधुओं[3] का नाम उल्लेखनीय है, इस पुष्य सम्बन्धी भ्रान्ति में पड़ जाने के

---

१. गार्सां द तॉसी : 'इस्त्वारद ला लितेरात्सूर ऐंन्दूई ऐं ऐंन्दुस्तानी, (फ्रेंच), (१८३९ ई०)

२. ग्रियर्सन : दी मार्डन वर्नाक्युलर लिटरेचर आफ हिन्दुस्तान' (१८८८ ई०) ।

३. निश्रबन्धु —'मिश्रबन्धु विनोद' (१९१३ ई०) ।

कारण हिन्दी साहित्य का आविर्भाव सातवीं शती में ही मानने को विवश हो गये। वैसे पुष्य के अस्तित्व की संदिग्धता का पता इन्हें था, क्योंकि ग्रियर्सन ने स्पष्ट शब्दों में लिखा है—"यह (पुष्यकवि) प्राचीनतम भाषा कवि है, जिसका कोई उल्लेख मुझे देशी लेखकों के कृतियों में मिला है। शिवसिंह सरोज का कथन है कि यह ७१३ ई० में उपस्थित था और 'भाषा की जड़' यह कवि है। इस विवरण से यह स्पष्ट नहीं होता कि इसका नाम पुष्य या पुष्प था अथवा पुंड था।...यदि भाषा से अभिप्राय प्राकृत के पाश्चात्कालीन भाषा रूप से है, तब तो यह पूर्णरूपेण अस्वाभाविक वक्तव्य प्रतीत होता है। मुझे तो टाड में सरोज के इस कथन का कोई प्रमाण नहीं मिलता। टाड में किसी पुष्य का उल्लेख अवश्य है पर यह एक उत्कीर्ण लेख का रचयिता है ...पर यह उत्कीर्ण लेख किस भाषा में लिखा गया था, टाड में मुझे इसका कोई उल्लेख नहीं मिला।[1]—इससे स्पष्ट है कि हिन्दी के एक कवि के रूप में पुष्य को मान्यता देना ग्रियर्सन को अस्वीकार्य था, किन्तु फिर भी कई बार जो लीक पड़ जाती है उससे हटना परवर्ती चिन्तकों के लिए असम्भव हो जाता है।

● **आचार्य शुक्ल का मत**—परवर्ती युग में आचार्य रामचन्द्र शुक्ल ने अपने 'हिन्दी साहित्य का इतिहास' (१६२६ ई०) में पुष्य को कोई स्थान नहीं दिया तथा आविर्भाव-काल के सम्बन्ध में भी परम्परागत धारणा में संशोधन करते हुये सम्वत् १०५० वि० से हिन्दी साहित्य के आदि काल का आरम्भ माना। यद्यपि शुक्लोत्तर इतिहास लेखकों ने प्रायः इसी मत को स्वीकार किया है तथा आज भी सर्वाधिक मान्यता इसी को प्राप्त है किन्तु यदि हम आचार्य शुक्ल के निर्णय की परीक्षा करें तो ज्ञात होगा कि वह भी उतना ही निराधार एवं असंगत है जितना कि उनसे पूर्व प्रचलित मत था। आचार्य शुक्ल का यह निर्णय मुख्यतः दो धारणाओं पर आधारित है—एक, अपभ्रंश हिन्दी का ही एक रूप है, जिसे उनके शब्दों में 'प्राकृताभाष हिंदी' या 'पुरानी हिन्दी' कहा जा सकता है। अपभ्रंश को हिन्दी मान लेने पर उसका आविर्भाव-काल सातवीं शताब्दी ही सिद्ध हो जाता है। इस निष्कर्ष पर पहुंचते हुए वे लिखते हैं—"अपभ्रंश या प्राकृताभास हिन्दी के पद्यों का सबसे पुराना पता तांत्रिक और योगमार्गी बौद्धों की साम्प्रदायिक रचनाओ के भीतर विक्रम की सातवीं शताब्दी के अन्तिम चरण मे लगता है।[2] ऐसी स्थिति में उन्हे हिन्दी साहित्य का आरम्भ भी सातवीं सताब्दी से ही मान लेना चाहिये था, किन्तु उनकी दूसरी धारणा इसके विपरीत पड़ती थी। वह दूसरी धारणा यह थी कि अपभ्रंश का प्रारम्भिक साहित्य —१०५० विक्रमी तक का साहित्य—उनकी दृष्टि से साम्प्रदायिक साहित्य मात्र था, उसे विशुद्ध काव्य-कोटि में स्थान नहीं दिया जा सकता था। इस निष्कर्ष को उन्होंने बार-बार दोहराया है, यथा, कुछ उद्धरण द्रष्टव्य हैं :

(क) "सिद्धों में सरह सबसे पुराने अर्थात् वि० सं० ६९० के हैं। अतः हिन्दी

१. 'हिन्दी साहित्य का प्रथम इतिहास'; किशोरीलाल गुप्त; पृष्ठ ५६।
२. हिन्दी साहित्य का इतिहास; आदिकाल, प्रकरण १, पृ० ३।

काव्य-भाषा के पुराने रूप का पता हमें विक्रम की सातवीं शताब्दी के अन्तिम चरण से लगता है।"[1]

(ख) "उनकी (सिद्धों और योगियों की) रचनाओं का जीवन की स्वाभाविक सरणियों, अनुभूतियों और दशाओं से कोई सम्बन्ध नहीं। वे साम्प्रदायिक शिक्षा मात्र हैं, अतः शुद्ध साहित्य की कोटि में नहीं आ सकतीं।"[2]

(ग) "मुंजु और भोज के समय (सम्वत् १०५० के लगभग) में तो ऐसी अपभ्रंश या पुरानी हिन्दी का पूरा प्रचार शुद्ध साहित्य का काव्य रचनाओं में भी पाया जाता है। अतः हिन्दी-साहित्य का आदिकाल सम्वत् १०५० से लेकर सम्वत् १३७५ तक अर्थात् महाराज भोज के समय से लेकर हम्मीर देव के समय के कुछ पीछे तक माना जा सकता है।"[3]

यहाँ विशेष लक्ष्य करने की बात यह है कि आचार्य शुक्ल ने सम्वत् १०५० का निर्णय यों ही 'मुंजु और भोज के समय' के आधार पर एकाएक कर लिया— मानों मुंज और भोज हिंदी के कोई कवि हों—किसी निश्चित साहित्यिक आधार पर नहीं किया। वस्तुतः हिन्दी का पहला कवि किसे माना जाय, इस प्रश्न को शुक्ल जी बड़ी चतुराई से टाल गये हैं। मुंज और भोज का हिन्दी साहित्य से क्या सम्बन्ध था, उनके समय को ही यहाँ आधार क्यों बनाया गया, इस सम्बन्ध में भी आचार्य शुक्ल मौन हैं। अतः यह निर्णय अपने आप में बहुत-कुछ अस्पष्ट है, या यों कहिए कि उसका आधारभूत कारण स्पष्ट नहीं। किन्तु इससे भी अधिक प्रतिकूल स्थिति तो यह है कि आचार्य शुक्ल ने इस संबंध में जिन दो धारणाओं को 'आधार' रूप में ग्रहण किया था, वे भी अब बिल्कुल अमान्य हो गई हैं। अब न तो अपभ्रंश को 'पुरानी हिन्दी' या 'प्राकृताभास हिन्दी' कहा जा सकता है और न ही अपभ्रंश के प्रारम्भिक कवियों की रचनाओं को केवल साम्प्रदायिक शिक्षा मात्र कहकर काव्य क्षेत्र से बहिष्कृत किया जा सकता है। यदि अपभ्रंश और हिन्दी को एक मानते हैं तो निश्चित ही हमें सरह पाद को हिन्दी के पहले कवि के रूप में स्वीकार करते हुए हिन्दी-साहित्य का आविर्भाव-काल सातवीं शती से मानना होगा तथा अपभ्रंश के सभी कवियों को हिन्दी साहित्य के इतिहास में स्थान देना होगा। वस्तुतः भाषा वैज्ञानिक, साहित्यिक एवं व्यावहारिक —सभी दृष्टियों से अब अपभ्रंश की हिन्दी से भिन्नता सिद्ध हो गई है। वैसे राहुल सांकृत्यायन तथा अन्य कतिपय विद्वान् आज से कुछ वर्षों पूर्व तक अपभ्रंश और हिन्दी को एक मानने का समर्थन करते रहे हैं, किन्तु इस मत को मान्यता देने में दो बड़ी कठिनाइयाँ हैं। एक तो यह कि यदि हिंदी की जननी अपभ्रंश को भी हिन्दी कहें तो फिर अपभ्रंश की जननी प्राकृत एवं प्राकृति की जननी पूर्ववर्ती भाषाओं को भी हिन्दी कहने मे क्या आपत्ति है? इस दृष्टिकोण को

---

१. हिन्दी साहित्य का इतिहास : आदिकाल, प्रकरण २, पृ० २०।
२. वही, पृ० २१।
३. वही, प्रकरण १, पृ० ३।

अपनाने पर तो सभी पूर्ववर्ती भाषाओं को हिन्दी का ही नहीं, उत्तरी भारत की अन्य आधुनिक भाषाओं—पंजाबी, गुजराती, बंगाली, मराठी, उड़िया, आसामी आदि—का भी सम्बन्ध है ये सभी अपभ्रंश से विकसित होने के कारण हिन्दी की बहनें लगती हैं, यदि अपभ्रंश और हिन्दी को अभिन्न मान लिया जाए तो इन सबकी जननी हिन्दी सिद्ध हो जाएगी, कदाचित् यह स्थिति हिन्दी वालों को मान्य भी हो सके, किन्तु अन्य भाषा-भाषी इसे स्वीकार नहीं करेंगे। वस्तुतः अपभ्रंश पर जितना अधिकार हिन्दी का है उतना ही पंजाबी, गुजराती, बंगला आदि भाषाओं का है; अतः उस पर हिन्दी का एकाधिकार सिद्ध करना अनधिकार चेष्टा है।

ऐसा प्रतीत होता है कि यद्यपि आचार्य शुक्ल ने सिद्धान्त रूप में तो अपभ्रंश को हिन्दी से अभिन्न घोषित कर दिया पर व्यवहार-रूप में वे भी इसकी यथार्थता में सन्देह करते थे, कदाचित् इसी का परिणाम है कि उन्होंने अपभ्रंश और हिन्दी के काव्य का परिचय अलग-अलग अध्यायों में दिया है। जहाँ वे आदिकाल के प्रकरण संख्या २ का शीर्षक 'अपभ्रंश काल, रखते हैं, वहाँ उन्होंने प्रकरण संख्या ३ का शीर्षक 'देशभाषा काव्य' रखा है। इन दोनों में क्या अन्तर है, तथा क्या दोनों ही हिन्दी से सम्बन्धित हैं या नहीं—इसका स्पष्टीकरण उन्होंने नहीं किया, किन्तु यह उन्होंने उसमें कुछ तो असंदिग्ध है और कुछ संदिग्ध है। असंदिग्ध सामग्री जो कुछ प्राप्त है स्पष्ट रूप में स्वीकार किया है कि "इस काल की जो साहित्यिक सामग्री प्राप्त है उसकी भाषा अपभ्रंश अर्थात् प्राकृताभास (प्राकृत की रूढ़ियों से बहुत कुछ बद्ध) हिन्दी है।"[1] इसका तात्पर्य यह हुआ कि यदि हम अपभ्रंश के साहित्य को हिन्दी से अलग कर दें तो शुक्ल जी के इस आदिकाल के पास केवल संदिग्ध सामग्री शेष रह जायगी जिसके आधार पर किया गया निर्णय भी संदिग्ध एवं अवास्तविक सिद्ध होगा। वस्तुतः आज यही स्थिति है—आचार्य शुक्ल के द्वारा कथित हिन्दी की आदिकालीन रचनाओं में से अब कुछ अपभ्रंश की सिद्ध हो गई हैं, कुछ अस्तित्वहीन प्रमाणित हुई हैं और कुछ बहुत बाद की रचित हैं। अस्तु, आचार्य रामचन्द्र शुक्ल ने जिन धारणाओं के आधार पर हिन्दी साहित्य का आरम्भ संवत् १०५० से माना था, वे अब सभी अस्पष्ट, असंगत, संदिग्ध एवं अमान्य सिद्ध हो गयी हैं, ऐसी स्थिति में अब उसी निर्णय को मानते रहना अपनी रूढ़िवादिता का परिचय देने के अतिरिक्त और कुछ नहीं हैं।

● **शुक्ल परवर्ती आचार्यों के मत**—आचार्य शुक्ल के अनन्तर डा० रामकुमार वर्मा एवं आचार्य हजारी प्रसाद द्विवेदी ने इतिहास को नये रूप में प्रस्तुत करने का प्रयास किया है किन्तु जहाँ तक उपर्युक्त प्रश्न का सम्बन्ध है ये विद्वान् भी कोई स्पष्ट एवं निर्भ्रान्त उत्तर नहीं दे पाये हैं। डा० रामकुमार वर्मा एक ओर तो हिन्दी को अपभ्रंश से विकसित उससे भिन्न भाषा के रूप में स्वीकार करते हुए लिखते हैं—'अपभ्रंश' भाषा दसवीं शताब्दी तक प्रचलित रही, उसके बाद उसे भी 'साहित्य-

---

१. हिन्दी साहित्य का इतिहास : प्रकरण १, पृ० ३।

मरण' के लिए बाध्य होना पड़ा और दसवीं शताब्दी से अपभ्रंश भाषा ने अनेक शाखाओं में विभाजित होकर नवीन नाम धारण किये। फलतः हिन्दी आदि भाषाओं का सूत्रपात हुआ।"१ - इससे स्पष्ट है कि वे हिन्दी भाषा का सूत्रपात अपभ्रंश के साहित्यिक मरण से बाद दसवीं शताब्दी में मानते हैं पर दूसरी ओर वे 'हिन्दी साहित्य' के विकास काल को 'संधिकाल' कहते हुए उसकी काल सीमा सं० ७५०-१००० वि० रखते हैं और अपभ्रंश के सारे साहित्य को हिन्दी-साहित्य में स्थान दे देते हैं। वे ऐसा अनजान में नहीं, अपितु बहुत सोच-समझकर करते हैं। वे लिखते हैं— 'अर्धमागधी और नागर अपभ्रंश से निकलने वाली सिद्ध और जैन कवियों की भाषा हिन्दी के प्रारम्भिक रूप की छाप लिए हुए है। इस प्रकार इसे हिन्दी-साहित्य के इतिहास के अन्तर्गत स्थान मिलना चाहिए।' डा० वर्मा का यह विचित्र निर्णय अनेक शंकाओं को जन्म देता है—एक तो उन्होंने यह स्पष्ट नहीं किया कि 'छाप' से उनका क्या आशय है? अपभ्रंश में हिन्दी-भाषा का पूर्व रूप मिलना संभव है, यदि इसी को 'छाप' कहते हैं तो इस स्थिति में न केवल अपभ्रंश, अपितु प्राकृत और संस्कृत पर भी हिन्दी की छाप मानी जा सकती है। वस्तुतः छाप पूर्ववर्ती की परवर्ती पर पड़ती है न कि परवर्ती की पूर्ववर्ती पर, अतः दसवीं शती में उत्पन्न होने वाली हिन्दी की छाप सातवीं शताब्दी की अपभ्रंश पर मानना तर्क-संगत प्रतीत नहीं होता। दूसरे पहले भाषा का उद्भव होता है तदनन्तर उसमें साहित्य-रचना होती है जबकि डा० वर्मा के अनुसार हिन्दी-साहित्य का आविर्भाव काल (७वीं शती) हिन्दी भाषा के उद्भव-काल (१०वीं शती) से तीन शताब्दी पूर्व पड़ता है। वस्तुतः डा० वर्मा के प्रति पूरी श्रद्धा होते हुए भी उनके निष्कर्षों को स्वीकार करना हमारे लिए बहुत कठिन है। ऐसा प्रतीत होता है कि इन निष्कर्षों के पीछे डा० वर्मा के उस कवि-हृदय की प्रेरणा है जो अपभ्रंश काव्य की सौन्दर्य-श्री को किसी न किसी प्रकार हिन्दी के अधिकार-क्षेत्र में ले आने के लिए विवश हो गया। किन्तु इतिहास को शुद्ध एवं वैज्ञानिक रूप देने के लिए इस प्रकार के लोभों का संवरण किये बिना काम नहीं चलता।

आचार्य हजारी प्रसाद द्विवेदी ने इतिहास-लेखन के समय अपभ्रंश और हिन्दी की भिन्नता को पूरी तरह ध्यान में रखते हुए स्पष्ट रूप में घोषित किया है कि भाषा शास्त्रीय एवं वैज्ञानिक दृष्टि से ये दोनों भाषाएँ एक नहीं हैं। उनके विचारानुसार हिन्दी का विकास आचार्य हेमचन्द्र द्वारा उल्लिखित उस ग्राम्य अपभ्रंश से हुआ, जिसमें रासक, डोम्बिका, आदि लिखे जाते थे। यह विकास कब हुआ — इसका स्पष्ट निर्णय तो वे नहीं देते, पर उनके शब्दों में 'यही भाषा (हेमचन्द्र द्वारा उल्लिखित ग्राम्य अपभ्रंश) ही आगे चलकर आधुनिक देशी भाषाओं के रूप में विकसित हुई है।' यदि हम 'आगे चलकर' का तात्पर्य एक शताब्दी भी लें तो इस दृष्टि से हिन्दी का आविर्भाव आचार्य हेमचन्द्र (१०८८—११७२ ई०) के सौ साल

१. हिन्दी साहित्य का आलोचनात्मक इतिहास; चतुर्थ संस्करण, पृ० ४८।

बाद लगभग १३वीं शताब्दी में सिद्ध होता है। ऐसी स्थिति में हिन्दी साहित्य का आविर्भाव काल तो इसके और भी बाद में माना जाना चाहिए था, पर यह विचित्र बात है कि वे भी यहाँ पूर्ववर्ती इतिहासकारों की रूढ़ियों को स्वीकार करते हुए आदि काल की प्रारम्भिक सीमा १०००ई० ही मान लेते हैं। ऐसा उन्होंने कदाचित् पूर्ववर्ती विद्वानों के प्रति अति सौजन्यता एवं सहिष्णुता की प्रवृत्ति के कारण ही किया है, अन्यथा वे स्पष्ट रूप में मानते हैं कि चौदहवीं शताब्दी से पूर्व हिन्दी का कोई साहित्य नहीं मिलता। उनके शब्दों में —'दसवीं से चौदहवीं शताब्दी का काल जिसे हिन्दी का आदिकाल कहते हैं, भाषा की दृष्टि से अपभ्रंश का ही बढ़ाव है।' यहाँ भाषा की दृष्टि' से यह भ्रांति उत्पन्न हो सकती है कि कदाचित् अन्य दृष्टियों से यह साहित्य हिन्दी का होगा, किन्तु वस्तुतः ऐसा नहीं है। किसी भी साहित्य को हिन्दी का साहित्य कहलाने के लिए उसका भाषा की दृष्टि से हिन्दी का होना अनिवार्य है, अन्यथा कालिदास और रवीन्द्र को भी हिन्दी का कहा जा सकता है। आदि काल सम्बन्धीं अध्याय की अन्तिम पंक्ति इसमें भावी हिन्दी भाषा और उसके काव्य-रूप अंकुरित हुए हैं तथा भक्ति काल सम्बन्धी अध्याय के आरम्भ में उनके द्वारा प्रयुक्त यह उप-शीर्षक 'वास्तविक हिन्दी साहित्य का आरम्भ'—ये दोनों तथ्य भी यह ध्वनित करते हैं, कि आचार्य द्विवेदी वास्तव में तो हिन्दी साहित्य का अस्तित्व चौदहवीं शताब्दी से पूर्व नहीं मानते किन्तु उनकी इस ध्वनि-वादी शैली के कारण सामान्य पाठक वास्तविक हिन्दी साहित्य और अवास्तविक हिन्दी साहित्य के भेद को स्पष्ट रूप में ग्रहण नहीं कर पाता।

उपर्युक्त विश्लेषण से स्पष्ट है कि हिन्दी साहित्य के आविर्भाव-काल के संबंध में किये गये अब तक के प्रयास मुख्यतः तीन प्रकार की भ्रांतियों एवं असंगतियों पर आधारित हैं। एक तो अधिकांश विद्वान् अपभ्रंश और हिन्दी के भेद को ध्यान में नहीं रख सके, कुछ ने सिद्धान्त रूप में दोनों को अलग माना किन्तु व्यवहार में दोनों के साहित्य को घुला-मिला कर एक कर दिया। दूसरे, वे हिन्दी भाषा के उद्भव-काल एवं उसके साहित्य के आविर्भाव-काल में संगति नहीं रख सके, जिसके परिणाम स्वरूप उन्होंने साहित्य का आविर्भाव भाषा के उद्भव से भी पूर्व माना है। तीसरे, अनेक विद्वानों ने संदिग्ध, अप्रामाणिक, परवर्ती एवं अस्तित्वहीन रचनाओं को हिन्दी साहित्य की प्रारम्भिक रचनाओं के रूप में स्वीकार कर लिया। ऐसी स्थिति में उनके निष्कर्षों में असंगति एवं अनौचित्य का आ जाना स्वाभाविक था। अस्तु, इस सम्बन्ध में किसी सही निर्णय पर पहुँचने के लिये हमें सबसे पहले उपर्युक्त तीनों विषयों —हिन्दी का क्षेत्र, उसका उद्भव-काल एवं उसकी प्रामाणिक प्रथम रचना—पर सम्यक् रूप से विचार कर लेना चाहिये तथा उसी से उपलब्ध निष्कर्षों के आधार पर ही प्रस्तुत विषय के सम्बन्ध में अपना निर्णय देना चाहिये। अस्तु आगे हम ऐसा ही करने का प्रयास करेंगे।

● **हिन्दी : अर्थ एवं क्षेत्र**—हिन्दी भाषा के क्षेत्र में किन-किन भाषाओं एवं उपभाषाओं को स्थान देना चाहिये—इस सम्बन्ध में परस्पर-विरोधी मत मिलते हैं।

एक ओर प्रारम्भिक इतिहासकारों ने जहाँ अपभ्रंश को भी 'प्राकृत-भास हिन्दी, या 'पुरानी हिन्दी' कहकर उसे हिन्दी का ही एक रूप मान लिया, वहाँ नवीनतम दृष्टिकोण के अनुसार हिन्दी की एक उपभाषा 'खड़ी बोली' तक ही हिन्दी को सीमित रखने की प्रवृत्ति भी मिलती है। इस पारस्परिक विरोध का मूल कारण यह है कि हिन्दी का क्षेत्र इतना व्यापक है कि उसमें अनेक भाषाओं, उपभाषाओं एवं बोलियों को स्थान प्राप्त है। इतना ही नहीं, समय और परिस्थितियों के अनुसार उसमें कभी कोई भाषा प्रमुखता प्राप्त करती रही है तो कभी कोई तथा इसके साथ ही उसकी सीमाएँ भी बदलती रही हैं। उसके विकास का इतिहास देखें तो यह भलीभाँति स्पष्ट हो जाता है।

यह आश्चर्य की बात है कि हिन्दी का नामकरण उसके आविर्भाव से भी बहुत पहले हो गया था। पाँचवीं छठी शताब्दी में अरब-फारस के लोग जहाँ 'भारत' को 'हिन्दी कहते थे, वहाँ वे यहाँ कि सभी भाषाओं को सामान्य रूप में 'जबाने हिन्दी' (हिन्दी भाषा) के नाम से पुकारते हुए उसके अन्तर्गत संस्कृत, पालि, प्राकृत अपभ्रंश आदि को सम्मिलित करते थे। इस बात का प्रमाण यह है कि छठी शती ईस्वी में बादशाह नौशेरवाँ के दरबारी कवि ने 'पंचतत्र' का अनुवाद करते हुए इसे 'जबाने हिन्दी' का ग्रन्थ कहा है जब कि यह वस्तुतः संस्कृत का है। इसी प्रकार अल्बेरूनी (११वीं शती), फारसी कवि औफी (१३वीं शती), अमीर खुसरो (१३-१४वीं शती) आदि मुस्लिम लेखकों ने भी 'हिन्दी' का प्रयोग भारत की सभी भाषाओं के लिये किया है। इससे स्पष्ट है कि प्रारम्भ में 'हिन्दी' का अर्थ भारत की किसी एक विशिष्ट भाषा से न होकर सामान्य रूप में भारत की सभी सामान्य भाषाओं से था। जैसा कि डॉ० ब्रजेश्वर वर्मा ने स्पष्ट किया है, इस स्थिति में 'हिन्दी' एक सामूहिक नाम था।[२]

आगे चलकर चौदहवीं-पन्द्रहवीं शती से लेकर अठाहरवीं शती तक भारत में विभिन्न नयी भाषाओं का उदय एवं विकास हो गया तथा उन्होंने प्रान्तीय आधार पर नये-नये नाम ग्रहण किये, फिर भी भारतीय भाषाओं के लिये सामान्य रूप में हिन्दी हिन्दवी, हिन्दुस्तानी आदि नामों का प्रयोग होता रहा। उदाहरण के लिए बाबर ने एक स्थान पर 'हिन्दुस्तानी' का तथा जायसी ने 'हिन्दवी' नाम का प्रयोग किया है। फिर भी इस बीच के युग में हिन्दी एवं हिन्दुस्तानी नाम का प्रचार कम रहा, इनके स्थान पर विभिन्न भाषाओं को अलग-अलग प्रान्तीय नामों से ही पुकारा जाता रहा।

उन्नीसवीं शती में अंग्रेजों एवं मुसलमान लेखकों द्वारा पुनः हिन्दवी, हिन्दी, हिन्दुस्तानी नामों के प्रयोग में वृद्धि होने लगी। उदाहरण के लिये 'अनुराग बाँसुरी' के रचयिता नूर मोहम्मद (१८वीं शती) ने अवधी भाषा के लिये तथा इंशाअल्ला खाँ

---

१. 'हिन्दी और उसका अखिल भारतीय प्रयोग' डॉ० ब्रजेश्वर वर्मा, 'गवेषणा' १।२
२. वही

(१६वीं शती) ने 'रानी केतकी की कहानी' की ब्रज मिश्रित खड़ी बोली के लिये तथा अनेक अंगरेज लेखकों ने खड़ी बोली के लिये 'हिन्दुस्तानी' एवं 'हिन्दी' का प्रयोग किया। इस प्रकार पुनः 'हिन्दी' या 'हिन्दुस्तानी' का प्रयोग व्यापार स्तर पर होने लग गया। वस्तुतः आज स्थिति यह है कि हिन्दी कोई एक भाषा नहीं है, वह राष्ट्र की एक ऐसी सामान्य भाषा है, जिसके विभिन्न रूप विभिन्न क्षेत्रों एवं विभिन्न वर्गों में पायें जाते हैं। राष्ट्र की कुछ भाषाएँ भिन्न लिपियों में आबद्ध होकर या भिन्न साहित्य के रूप में सीमित होकर स्वतंत्र हो गयी हैं जबकि शेष सभी भाषाएँ—राजस्थानी, ब्रज, अवधी, खड़ी बोली, मैथिली आदि तथा उनसे सम्बद्ध बोलियाँ हिन्दी में आती हैं। दूसरे शब्दों में हिन्दी भारत की केन्द्रीय एवं राष्ट्रीय भाषा है। जिस प्रकार भारत का नक्शा और उसकी सीमाएँ समय-समय पर राजनीतिक कारणों से बदलती रही है, उसी प्रकार राष्ट्रीय भाषा हिन्दी की भी सीमायें समय-समय पर बदलती रही हैं—किसी समय वह सारे भारत का प्रतिनिधित्व करती थी, तो अब वह केवल उन भाषाओं का प्रतिनिधित्व करती हैं, जो सहर्ष उसमें सम्मिलित हैं। अन्यथा हिन्दी का पंजाबी और गुजराती से भी उतना ही सम्बन्ध है जितना राजस्थानी से है, (सही पूछा जाय तो राजस्थानी तथा पश्चिमी हिन्दी पूर्वी हिन्दी की अपेक्षा गुजराती के अधिक निकट पड़ती हैं) या अवधी और मैथिली से उसका उतना ही सम्बन्ध है जितना कि आसामी और बंगला से है। अस्तु, हमारे विचार से आज भी हिन्दी किसी एक भाषा का नाम नहीं है, अपितु भारत की अनेक भाषाओं के समूह का नाम है।

यहाँ एक प्रश्न उठ सकता है कि वे कौन से सूत्र हैं जो कि इन विभिन्न भाषाओं को एक समूह—हिन्दी—में बाँधे हुए हैं। इसके उत्तर में तीन तत्त्वों पर प्रकाश डाला जा सकता है—एक तो इस समूह की सभी भाषाओं की एक सामान्य लिपि है, वे अन्य लिपियों में भी लिखी जा सकती हैं फिर भी उनमें मुख्य रूप से देवनागरी का ही प्रयोग होता है। दूसरा तत्त्व भौगोलिक एकता सम्बन्धी है। ये सभी भाषायें भारतवर्ष के केन्द्रीय भू-भाग में प्रचलित हैं, जिसे विद्वानों ने 'मध्य देश' की संज्ञा दी है। आचार्य हजारी प्रसाद द्विवेदी ने 'हिन्दी' की परिभाषा ही इस भौगोलिक आधार पर करते हुये लिखा है—'राजस्थान और पंजाब राज्य की पश्चिमी सीमा से लेकर बिहार के पूर्वी सीमान्त तक तथा उत्तर प्रदेश के उत्तरी सीमांत से लेकर मध्य प्रदेश के मध्य तक के अनेक राज्यों की साहित्यिक भाषा को हम हिन्दी कहते आये हैं। इस प्रदेश में अनेक स्थानीय बोलियाँ प्रचलित हैं। सबका भाषा शास्त्रीय ढाँचा एक जैसा ही नहीं है। फिर भी हिन्दी साहित्य की चर्चा करने वाले सभी देशी-विदेशी विद्वान् इस विस्तृत प्रदेश के साहित्यिक प्रयत्नों के लिए व्यवहृत भाषा या भाषाओं को हिन्दी कहते हैं। जिस विशाल भू-भाग को आज हिन्दी-भाषा क्षेत्र कहा जाता है, उसका कोई एक नाम खोजना कठिन है, परन्तु इसके मुख्य भाग को पुराने जमाने से ही मध्य देश कहते रहते हैं।'

लिपि की समानता और भौगोलिक एकता के अतिरिक्त तीसरा महत्त्वपूर्ण तत्त्व सांस्कृतिक एकता है। मैथिली, अवधी, राजस्थानी, ब्रज आदि भाषाएँ बाह्य

दृष्टि से परस्पर कितनी ही भिन्न क्यों न हों, किंतु आंतरिक दृष्टि से—मूलभूत चेतना एवं दार्शनिक दृष्टि से, परंपरागत मान्यताओं एवं धार्मिक विश्वासों की दृष्टि से, तथा प्रेरणा-स्रोत एवं आंदोलनों की दृष्टि से वे सब एक हैं। इतना ही नहीं इन भाषाओं के प्रयोगकर्त्ताओं में भी सदा एक आंतरिक एकता की भावना रही है जिससे एक प्रदेश के लोग प्रसन्नतापूर्वक दूसरे प्रदेश की भाषा को अपनाते रहे हैं। यही कारण है कि अनेक कवियों ने एक साथ ब्रज, अवधी, राजस्थानी आदि का प्रयोग किया है। अस्तु, जिस प्रकार विभिन्न प्रदेशों मे पारस्परिक भेद के होते हुए भी उनकी सामान्य एकता के आधार पर उन्हें एक राष्ट्र की संज्ञा दी जाती है, वैसे ही उपर्युक्त समानताओं—लिपि की समानता, भौगोलिक समानता एवं सांस्कृतिक समानता—के आधार पर भारत के मध्य भाग (उत्तर में काश्मीर एवं पंजाब का, पूर्व में बंगाल, उड़ीसा, आसाम आदि को, पश्चिम में गुजरात को तथा दक्षिण में दक्षिणी सीमावर्ती प्रांतों को छोड़ कर शेष भारत) की भाषाओं के समूह 'हिन्दी' का नाम दिया जाता है, जिनमें समय, स्थान एवं परिस्थिति के भेद से कभी कोई भाषा प्रमुख हो गई है तो कभी किसी अन्य ने प्रमुखता प्राप्त कर ली है।

जिस प्रकार एक राष्ट्र का केन्द्र—या उसकी राजधानी समय-समय पर परिस्थितियों के अनुसार बदलती रहती है, वैसे ही हिन्दी का भी केन्द्र बदलता रहा है। प्रारम्भ में वह मैथिली, राजस्थानी, अवधी, ब्रज आदि अलग-अलग केन्द्रों में विभाजित थी। आगे चलकर ब्रज ने इतनी अधिक प्रमुखता प्राप्त कर ली कि न केवल समस्त हिन्दी प्रदेशों में अपितु गुजरात, पंजाब एवं बंगाल तक मे इसका प्रचार हो गया। एक ओर गुरु गोविन्दसिंह के दरबार में ब्रजभाषा की शताधिक रचनाओं का लिखा जाना तथा दूसरी ओर बंगाल में ब्रज एवं मैथिली मिश्रित 'ब्रजबुलि काव्य-परम्परा' का प्रवर्त्तन होना, इस बात का प्रमाण है कि हिन्दी को राष्ट्रीय भाषा का गौरव ब्रजभाषा युग में ही प्राप्त हो गया था। आगे चलकर जब ब्रज का स्थान खड़ी बोली ने ग्रहण किया तो उसे भी उत्तराधिकार के रूप में वह गौरव प्राप्त हो गया जो ब्रजभाषा को प्राप्त था। ऐसी स्थिति में खड़ी बोली को पूर्ववर्ती केन्द्रीय भाषाओं का ऋण स्वीकार करना चाहिये। किंतु जो लोग इस तथ्य से परिचित नहीं हैं, वे कई बार केवल खड़ी बोली को ही—जो लगभग एक शताब्दी से केन्द्रीय भाषा है—एकमात्र हिन्दी मानने की भूल करते हुये हिन्दी साहित्य का इतिहास पिछले अस्सी वर्षों से ही आरम्भ करना चाहते हैं। यदि दृष्टिकोण को इतना संकुचित कर लिया जाये तो फिर अस्सी वर्ष से ही क्यों, पिछले पन्द्रह-बीस वर्षों से ही यह आरम्भ माना जा सकता है क्योंकि छायावादियों की खड़ी बोली में और परवर्ती कवियों की बोली में भी कई दृष्टियों से गहरा अन्तर ढूँढ़ा जा सकता है। वस्तुतः हिन्दी पर जितना अधिकार खड़ी बोली का है उतना ही मैथिली, ब्रज, अवधी, राजस्थानी आदि भाषाओं का है, अतः उपर्युक्त दृष्टिकोण को ठीक नहीं कहा जा सकता।

अस्तु, उपर्युक्त विवेचन से हम इन निष्कर्षों पर पहुँचते हैं—(1) प्रारम्भ में 'हिन्दी' भारतीय भाषाओं का सामान्य था। (2) अब 'हिन्दी' का प्रयोग

भारतीय भाषाओं के एक विशेष समूह के लिये होता है जिसमें लिपि, भौगोलिक सीमाओं एवं सांस्कृतिक तत्त्वों की दृष्टि से एकता है। (३) हिन्दी के अन्तर्गत मुख्यतः मैथिली, अवधी, राजस्थानी, ब्रज एवं खड़ी बोली का समावेश किया जाता है। (४) इन भाषाओं में से समय-समय पर कुछ भाषाएँ अधिक प्रमुखता प्राप्त करती रही हैं; फिर भी शेष भाषाओं की उपेक्षा नहीं की जा सकती है।

उपर्युक्त विधेयात्मक निष्कर्षों के आधार पर इन निषेधात्मक निष्कर्षों की भी पुष्टि हो जाती है कि उपर्युक्त भाषाओं के अतिरिक्त अन्य भाषाएँ, जैसे प्राकृत, अपभ्रंश, गुजराती, बंगला आदि हिन्दी के क्षेत्र में नहीं आती। ऐसी स्थिति में इनके साहित्य को हिन्दी-साहित्य में स्थान देने का प्रश्न ही नहीं उठता, किंतु कुछ लोग इस युक्ति के आधार पर कि अपभ्रंश की बहुत सी साहित्यिक परम्पराएँ हिन्दी में आई हैं, इसके साहित्य को हिन्दी में स्थान देना चाहते हैं। जहाँ तक पूर्ववर्ती परम्पराओं को समझने के लिये अन्य भाषाओं के साहित्य का अध्ययन करने की बात है, इसमें हमें कोई आपत्ति नहीं है, किंतु इसका यह तात्पर्य नहीं है कि हम परम्पराओं के आधार पर ही अन्य भाषाओं के साहित्य को भी हिन्दी का साहित्य घोषित कर दें। यदि ऐसा ही करना हो तो फिर अपभ्रंश ही क्यों, संस्कृत, फारसी, और अंग्रेजी के साहित्य को भी हिन्दी का साहित्य माना जा सकता है क्योंकि प्राचीन और अर्वाचीन युग में इनकी बहुत सी परम्पराएँ हिन्दी में आई हैं तथा और भी आ सकती हैं। वस्तुतः ऐसा करना सैद्धान्तिक एवं व्यावहारिक—दोनों ही दृष्टियों से अनुचित एवं अस्वाभाविक सिद्ध होगा।

● **हिन्दी का उद्भव-काल**—जैसा कि अन्यत्र उल्लेख किया जा चुका है, हिन्दी के उद्भव-काल के सम्बन्ध में विभिन्न मत प्रचलित हैं। जहाँ शिवसिंह सेंगर, मिश्रबंधु एवं आचार्य रामचन्द्र शुक्ल हिन्दी का उद्भव सातवीं शती के आस-पास मानते हैं, वहाँ डा० धीरेन्द्र वर्मा, डा० रामकुमार वर्मा व अन्य कतिपय विद्वान् दसवीं शताब्दी से मानते हैं। इनमें से प्रथम वर्ग के विद्वान् तो हिन्दी के अन्तर्गत अपभ्रंश को भी सम्मिलित कर लेते हैं; अतः उनके मत को हिन्दी के स्थान पर अपभ्रंश से सम्बन्धित मानना चाहिए। दूसरे वर्ग के विद्वानों ने अपने मत की पुष्टि में यथेष्ट प्रमाण नहीं दिये हैं। प्रायः उन्होंने 'अनुमान' के आधार पर ही - और शायद इसलिए भी कि हिन्दी साहित्य का आविर्भाव इसी समय से माना जाता है दसवीं शताब्दी से हिन्दी का उद्भव मान लिया है। इनकी भ्रान्ति का एक कारण यह भी रहा है कि इनके सामने हिन्दी की कुछ ऐसी कृतियाँ थीं, जो उस समय १०वीं शती में रचित मानी जाती थीं, पर अब वे बहुत परवर्ती सिद्ध हो चुकी हैं। अस्तु, इस मत को भी मान्यता नहीं दी जा सकती।

इस सम्बन्ध में एक अन्य वर्ग ऐसे विद्वानों का भी है जिन्होंने शुद्ध भाषा वैज्ञानिक दृष्टि से इस प्रश्न पर विचार करते हुए हिन्दी का उद्भव-काल तेरहवीं शती के बाद सिद्ध किया है। इनमें डा० सुनीतिकुमार चट्टर्जी, डा० उदयनारायण

तिवारी, डा० नामवर सिंह प्रभृति उल्लेखनीय हैं। डा० चटर्जी इस सम्बन्ध में लिखते हैं—'यह मालूम नहीं पड़ता कि यह 'हिन्दी' ठीक-ठीक कौन-सी बोली थी, परन्तु संभव है कि यह ब्रज भाषा या पश्चात्कालीन हिन्दुस्तानी के सदृश न होकर १३वीं शती में प्रचलित सर्व साधारण की साहित्यिक अपभ्रंश ही रही हो, क्योंकि १३वीं व १४वीं शती ईस्वी तक हमें हिन्दी या हिन्दुस्तानी का दर्शन नहीं होता।' डा० उदयनारायण तिवारी उपर्युक्त संभावना की पुष्टि अधिक स्पष्ट शब्दों में करते हुए कहते हैं—आचार्य हेमचन्द्र के पश्चात् तेरहवीं शती के प्रारम्भ में आधुनिक भारतीय भाषाओं के अभ्युदय के समय पन्द्रहवीं शती के पूर्व तक का काल संक्रान्ति काल था, जिसमें भारतीय आर्य-भाषा धीरे-धीरे अपभ्रंश की स्थिति को छोड़कर आधुनिक काल की विशेषताओं से युक्त होती जा रही थी।' इसी प्रकार डा० नामवरसिंह के विचार से भी 'तेरहवीं शताब्दी तक जाते-जाते अपभ्रंश के सहारे ही पूर्व और पश्चिम के देशों ने अपनी-अपनी बोलियों का स्वतन्त्र रूप प्रकट' किया था, अतः हिन्दी का उद्भव यहीं से माना जा सकता है। यद्यपि डा० तिवारी संक्रान्तिकाल की अंतिम सीमा पन्द्रहवीं शताब्दी तक खींचते हैं, फिर भी ये तीनों विद्वान् उसकी प्रारम्भिक सीमा तेरहवीं शती से मानते हैं। डा० हजारीप्रसाद द्विवेदी ने भी अप्रत्यक्ष रूप से इसी मत का अनुमोदन करते हुए लिखा है—'हेमचन्द्राचार्य ने दो प्रकार की अपभ्रंश भाषाओं की चर्चा की है। दूसरी श्रेणी की भाषा की हेमचन्द्र ने ग्राम्य कहा है। वस्तुतः यही भाषा 'आगे चलकर' आधुनिक देशी भाषाओं के रूप में विकसित हुई।' यद्यपि द्विवेदी जी ने यहाँ 'आगे चलकर' का काल-परिमाण नहीं दिया फिर भी यदि उसका तात्पर्य एक शताब्दी भी लें तो उनके विचारानुसार हिन्दी का आविर्भाव आचार्य हेमचन्द्र (१०८८-११७२ ई०) के एक सौ वर्ष बाद अर्थात् तेरहवीं शती में सिद्ध होता है। अस्तु, आचार्य द्विवेदी के मत को भी इसी वर्ग में स्थान दिया जा सकता है, यह दूसरी बात है कि हिन्दी साहित्य के आदिकाल का आरम्भ वे दसवीं शताब्दी से मानते हैं।

उपर्युक्त मतों के अनुसार यदि हिन्दी भाषा का उद्भव १३वीं शती से माना जाय तो उसके साहित्य का आरम्भ अवश्य ही उसके सौ-दो सौ वर्ष बाद से माना जायेगा, क्योंकि कोई भी भाषा साहित्य में स्थान पाने में एक-दो शताब्दियों का समय अवश्य ले लेती है। इस दृष्टि से हिन्दी-साहित्य का आरम्भ चौदहवीं-पन्द्रहवीं शती से सिद्ध होता है। पर यह ठीक नहीं है। हमे इससे पूर्व ही हिन्दी साहित्य के अस्तित्व के अनेक प्रमाण मिलते हैं जिनकी चर्चा आगे की जायगी। हमारे विचार से इस स्थिति में हिन्दी का उद्भव थोड़ा और पहले से माना जाना चाहिए। अतः इस विषय पर पुनर्विचार करने की आवश्यकता है।

जैसा कि विभिन्न विद्वानों ने स्वीकार किया है, अपभ्रंश के उत्तरकाल में उसके दो प्रमुख भेद विकसित हो गये थे—एक उसका परिनिष्ठित साहित्यिक रूप में एवं दूसरा लोक-सम्पर्क से विकसित ग्राम्य रूप। इस ग्राम्य रूप के भी प्रदेश-भेद के

अनुसार तीन भेद हो गये थे—पूर्वी, पश्चिमी एवं मध्यदेशीय । इन्हीं भेदों से उत्तरी भारत की अनेक आधुनिक भाषाएँ विकसित हुई हैं, जिनमें हिन्दी (अर्थात् राजस्थानी, मैथिली, अवधी आदि) भी एक है । इन आधुनिक भाषाओं का विकास कब हो गया था, इसका पता लगाने का कोई निश्चित साधन प्राप्त नहीं है, फिर भी कुछ ऐसे ग्रंथ मिलते हैं, जिनके आधार पर यह निश्चिततापूर्वक कहा जा सकता है कि हिन्दी के कुछ रूपों का आविर्भाव बारहवीं शती के पूर्व हो गया था । इन ग्रंथों में 'उक्ति व्यक्ति प्रकरण', 'प्राकृत पैंगलम्', 'वर्णरत्नाकर' आदि उल्लेखनीय हैं । 'उक्ति व्यक्ति प्रकरण' गाहडवाल नरेश गोविन्द चन्द्र (१११४-११५५ ई०) के सभा-पण्डित दामोदर की रचना है जिसमें लोक-भाषा को संस्कृत में रूपान्तरित करने की पद्धति पर प्रकाश डाला गया है । इसके रचयिता ने भूमिका में अपना प्रयोजन स्पष्ट करते हुए लिखा है कि उनका लक्ष्य अपभ्रंश को पुन: संस्कृत में परिवर्तित करना था । जिस प्रकार एक पतिता ब्राह्मणी को प्रायश्चित के द्वारा पुन: ब्राह्मणीत्व प्रदान किया जा सकता है, वैसे ही तुर्कों के द्वारा भ्रष्ट 'सर्व जन साधारण' की भाषा को पुन: संस्कृत रूप दिया जा सकता है । इस लक्ष्य की पूर्ति के लिए उन्होंने भाषा के शताधिक नमूने प्रस्तुत किये हैं जो हिन्दी के प्रारम्भिक रूप को सूचित करते हैं । उदाहरण के लिए कुछ वाक्य द्रष्टव्य हैं—

'गंगा न्हाए धर्मु हो पापु जा ।'
'एरे एति वार तैं काह किअ तांहा ।'
जब जब धर्मु बाढ़, तब तब पापु ओहट ।'
'जस जस धर्मु बाढ़, तस तस पाप घाट ।'
'छात्र ईहाँ काह पढ़, काहें का किह का पास ।'
'को ए मुंडे मुंजे दीर्घीं चूलीं धोति परिहें ?'

यद्यपि पुस्तक के रचयिता ने इन्हें 'अपभ्रंश' का ही नाम दिया है किन्तु व्याकरण एवं शब्द-रूपों की दृष्टि से यह उदाहरण निश्चित रूप से पूर्व हिन्दी के हैं । डा० सुनीतिकुमार चटर्जी तथा अन्य कतिपय विद्वानों ने भी भाषा-वैज्ञानिक दृष्टि से इनकी परीक्षा करते हुए इन्हें पूर्वी हिन्दी के उदाहरणों के रूप में स्वीकार किया है । पर उस समय तक 'हिन्दी' नाम बाहर से आने वाले मुसलमानों में ही प्रचलित था । दामोदर जैसे संस्कृत के विद्वानों की दृष्टि में तो अपभ्रंश का नया विकसित रूप भी अपभ्रंश ही था—जो स्वयं उसके शब्दों में 'तुर्कों द्वारा भ्रष्ट' ('सर्वजन-साधारण' की) भाषा थी—उसका नया नाम (हिन्दी) स्वीकार करने के लिए वे अभी तैयार नहीं थे । अस्तु पण्डित दामोदर ने भले ही इन उक्तियों को 'हिन्दी' नाम न दिया हो, किन्तु वे इस तथ्य को प्रमाणित करती हैं कि ईसा की १२वीं शती के मध्य तक मध्य प्रदेश में हिन्दी के प्रारम्भिक रूप का विकास हो चुका था ।

इसी प्रकार आचार्य हेमचन्द्र (१०८८-११७२ ई०) ने अपने 'प्राकृत व्याकरण' में जिस 'ग्राम्य अपभ्रंश' का उल्लेख किया है, वह भी पश्चिमी हिन्दी या राजस्थानी

का ही प्रारम्भिक रूप प्रतीत होता है। सामान्यतः जब कोई भाषा पर्याप्त महत्त्वपूर्ण हो जाती है, तभी वह व्याकरणों के द्वारा मान्यता प्राप्त करती है। अतः 'ग्राम्य अपभ्रंश' का हेमचन्द्राचार्य द्वारा उल्लेख होना ही इस बात का प्रमाण है कि वह इससे पूर्व ही परिनिष्ठित अपभ्रंश से इतनी भिन्न हो गई थी कि हेमचन्द्र को उसकी स्वतन्त्र सत्ता स्वीकार करनी पड़ी। इतना ही नहीं हेमचन्द्राचार्य ने इसके रासक, डोम्बिका जैसे साहित्य के रचे जाने की बात भी कही है। अतः इस 'ग्राम्य अपभ्रंश' या हिन्दी का उद्भव हेमचन्द्राचार्य के बाद नहीं, अपितु उनसे कुछ पहले ही स्वीकार करना होगा। इस दृष्टि से इसका उद्भव-काल लगभग ११०० ई० या बारहवीं शती का आरम्भकाल माना जा सकता है।

आचार्य हेमचन्द्र के व्याकरण में देशी शब्दों की सूची दी गई है, जिसमें बहुत से शब्द ऐसे आये हैं जो राजस्थानी या पश्चिमी हिन्दी के प्रारम्भिक रूप को सूचित करते हैं, जैसे—कुम्भार, खंम्भो, खोड़ि, गड्डो, गाई, डुँगर, दुवार, नाव, पराई, पिआस, रस्सी, संझा, हलद्दी आदि। साथ ही 'प्राकृत-व्याकरण' में उद्धृत अनेक पद्यों की भाषा भी हिन्दी के पर्याप्त निकट है; उदाहरण के लिए कुछ पद्य द्रष्टव्य हैं

सिरि जर-खण्ड लोअड़ी गलि मणियडा न बीस।
तो वि गोट्ठड़ा कराविआ मुद्धएं उट्ठ-बईस।।
हिअड़ा जइ वेरिअ घणा जो कि अब्भि चड़ाहुँ।
अम्हाहि बे हत्थड़ा जइ पुणु मारि मराहुँ।।

उपर्युक्त पद्यों के मोटे टाइप के अंशों की भाषा को निःसंकोच रूप में प्रारंभिक हिन्दी कहा जा सकता है।

ग्यारहवीं से तेरहवीं शती तक की कुछ रचनाएँ और भी प्राप्त हैं, जिनमें हिन्दी के अस्तित्व का प्रभाण मिलता है। इनमें रोड़ाकृत राउलवेल (११वीं शती) भरतेश्वर बाहुबली रास (११८४ ई०), रेवन्तगिरि रास, (१२३१ ई०), शेख फरीदुद्दीन शकरगंजी (११७३-१२६५ ई०) का कलाम, चक्रधर स्वामी ११९४-१२७४ ई०) के पद आदि उल्लेखनीय है। राउलवेल का एक शिलाङ्कित काव्य है जिसमें विभिन्न प्रदेशों की नायिकाओं का वर्णन करते हुए उनकी बोलियों के उदाहरण प्रस्तुत हैं। डा० हरिवल्लभ भायाणी एवं डा० माताप्रसाद गुप्त ने इस शिलालेख का लिपिकाल ईसा की ११वीं शती निश्चित किया है। इसमें प्राप्त भाषा के विभिन्न नमूनों का विवेचन करते हुए डा० नामवरसिंह ने लिखा है कि 'कुल मिलाकर यह भाषा आ०निक भाषाओं के अत्यधिक निकट की प्रतीत होती है।……… इस शिलालेख की भाषा हेमचन्द्र प्राकृत व्याकरण की परिनिष्ठित अपभ्रंश से ही नहीं बल्कि अब्दुल रहमान के 'संदेश रासक' से भी अधिक आधुनिक है। इसके तद्भव आज के हिन्दी भाषा-भाषी के लिए काफी परिचित हैं।'[1] हमारे विचार से जैन मुनि लोक भाषाओं का प्रयोग

१. हिन्दी के विकास में अपभ्रंश का योग : नामवरसिंह, पृ० ९५

करते समय उनका थोड़ा-बहुत अपभ्रंशीकरण भी करते रहे होंगे जब कि इसमें लोक भाषाओं को विशुद्ध रूप में प्रस्तुत किया गया है, संभवत: यही कारण है कि जैनाचार्यों की परवर्ती रचनाओं से भी इसकी भाषा अधिक आधुनिक है। उदाहरण के लिए कुछ पंक्तियां द्रष्टव्य हैं—

धवल र कापड़ औढिअल कइसे ।
मुह ससि जोन्ह पसारेल जइसे ॥
× × ×

यहाँ यह उल्लेखनीय है कि इसमें टक्क ('दक्षिणी-पूर्वी पंजाब'), गौड़, मालवा, कन्नौज आदि विभिन्न प्रदेशों की नायिकाओं से सम्बन्धित पदों की भाषा में परस्पर प्रादेशिक भेद हैं; इसलिए जहाँ टक्किणी की भाषा में किंचित पंजाबीपन मिलता है, वहाँ गौड़ी और राजस्थानी में क्रमश: गौड़ीय एवं राजस्थानी भाषा के प्रारम्भिक रूप दृष्टिगोचर होते हैं; यथा—

केहा टेल्लि पुतु तुहुँ झांखहि ।
अ……रा दुवेहु तुहुँ आखहि ॥
× × ×
पहिरणु घाघरेंहि जे केरा ।
कच्छड़ा वछड़ा डहि पर इतरा ॥
(टक्किणी)

जेहर रूचइ तेहर वोलु ।
तारे वेसहि आथि कि मोलु ॥
(गौड़ी)

एहु कानोडउं काइ सउ झांखइ ।
वेस अम्हाणउं ना जाउ देखई ॥
× × ×
काइं करेवउ सोहहिं आनहिं ।
× × ×
हांस गइ जा चालती अइसी ।
सा वाखर णहु राउल कइसी ॥
(राजस्थानी)

उपर्युक्त उद्धरण विभिन्न प्रदेशों की आधुनिक भाषाओं के प्रारम्भिक रूप के प्रामाणिक उदाहरण प्रस्तुत करते हैं, तथा वे इस तथ्य को प्रमाणित करते हैं कि इस शिलालेख के लिपिकाल के समय आधुनिक भाषाओं का आविर्भाव हो चुका था, भले ही अभी उनका सम्यक् विकास न हुआ हो।

बारहवीं-तेरहवीं शती में रचित कतिपय रासो काव्यों में भी हिन्दी के

प्रारम्भिक रूप के दर्शन होते हैं। इनमें 'भरतेश्वर बाहुबलीरास' (११८४ ई०) एवं रेवंत गिरिरास (१२३१ ई०) विशेषरूप से उल्लेखनीय हैं। हिन्दी के इतिहासकारों का ध्यान अभी तक इन ग्रंथों की ओर नहीं गया, किन्तु गुजराती के विद्वानों ने इन्हें गुजराती की प्रामाणिक रचनाओं में स्थान दिया है। जैसा कि इस विषय पर शोधकर्ता डॉ० हरीश ने स्पष्ट किया है, इस युग में गुजराती और राजस्थानी का भेद स्पष्ट नहीं हो पाया था; अतः इन रचनाओं की भाषा को जितनी दृढ़ता से गुजराती बताया जा सकता है उतना ही दृढ़ता से राजस्थानी या हिन्दी भी कहा जा सकता है। उदाहरण के लिए इनके कुछ अंश द्रष्टव्य हैं—

हा ! कुल मंडण हा कुल बीर !
हा ! समरंगणि साहस धीर।
× × ×
कहि कुण ऊपरि कीजइ रोसु
एहु जि दीजइ दैवह रोसु।

—(भरतेश्वर बाहुबलीरास)

जाइ कुंदु विहसंतो जं कुसुकिह संकुलु।
दीसइ दस दिसि दिवसो किरि तारा मंडलु।

—(रेवंतगिरिरास)

इन ग्रन्थों का विस्तृत परिचय आगे दिया जायेगा। यहाँ इतना ही कहना पर्याप्त होगा कि इनके आधार पर बारहवीं-तेरहवीं शती में हिन्दी का साहित्य-प्रवेश प्रमाणित होता है।

अस्तु, उक्ति व्यक्ति प्रकरण, प्राकृत-व्याकरण, राउरवेल काव्य, विभिन्न प्रारम्भिक रासो काव्य आदि ग्यारहवीं शती से लेकर तेरहवीं शती तक की हिन्दी के विभिन्न रूपों के नमूने प्रस्तुत करते हैं तथा इनके आधार पर भलीभाँति सिद्ध हो जाता है कि इस अवधि में हिन्दी का इतना विकास हो चुका था कि जिससे इसका प्रयोग काव्य में किया जा सके। इन साक्ष्यों के अतिरिक्त भी बहुत सी रचनायें मिलती हैं जो इसी युग की बताई जाती हैं। किन्तु उनकी प्रामाणिकता संदिग्ध है; अतः यहाँ उनका उल्लेख करना अनावश्यक है।

● **हिन्दी का प्रथम कवि कौन था ?**—कोई भी भाषा अपने आविर्भाव के साथ ही साहित्य में स्थान नहीं प्राप्त कर लेती, अतः हिन्दी भाषा के उद्भव-काल (११०० ई०) को ही हिंदी-साहित्य का आविर्भाव-काल नहीं माना जा सकता। इसके लिए हमें यह देखना होगा कि हिन्दी की प्रथम साहितियक रचना या उसका रचयिता कौन है, जिसके आधार पर हिन्दी-साहित्य के आविर्भाव-काल का निर्णय किया जा सके। हिन्दी का प्रथम कवि किसे कहा जाय, इस सम्बन्ध में अभी तक कोई निश्चित या सर्वमान्य मत प्राप्त नहीं है। प्रारम्भ में शिवसिंह सेंगर एवं मिश्रबन्धुओं ने पुष्य

नाम के कवि को हिन्दी का प्रथम कवि घोषित किया था, किन्तु अब यह सिद्ध हो चुका है कि यह पुष्य और कोई नहीं, अपभ्रंश के ही प्रसिद्ध कवि पुष्पदन्त हैं, जिन्हें हिन्दी का कवि नहीं माना जा सकता। आचार्य रामचन्द्र शुक्ल ने इस सम्बन्ध में कोई स्पष्ट निर्णय तो नहीं दिया किन्तु उन्होंने अपने इतिहास में एक ओर अपभ्रंश कवियों में सर्वप्रथम देवसेन का तथा दूसरी ओर 'वीरगाथा' शीर्षक अध्याय में दलपति विजय का उल्लेख किया है, तथा इनका समय नवीं-दसवीं शती माना है। यह भी विचित्र बात है कि आचार्य शुक्ल हिन्दी साहित्य का आरम्भ इन कवियों के रचना-काल से न मानकर इसके लगभग सौ वर्ष बाद से मानते हैं। ऐसी स्थिति में यह संदिग्ध है कि आचार्य शुक्ल किसे हिन्दी का प्रथम कवि मानते थे। फिर भी उपर्युक्त दोनों कवियों में से एक अपभ्रंश का है तथा दूसरा अठारहवीं शती का सिद्ध हो चुका है; अतः इनमें से किसी को भी हिन्दी के प्रथम कवि के रूप में स्वीकार नहीं किया जा सकता।

डॉ० रामकुमार वर्मा सिद्ध कवियों के काव्य में हिन्दी-कविता के आदि रूप का अस्तित्व मानते हुए सरहपा (८१७ वि०) को प्रथम कवि मानते हैं, पर जैसा कि पीछे कहा जा चुका है, सिद्धों का साहित्य अपभ्रंश में है, हिन्दी में नहीं; अतः इस मत को भी स्वीकार करना कठिन है। आचार्य हजारी प्रसाद द्विवेदी ने प्रारम्भिक साहित्य को प्रामाणिक, संदिग्ध एवं अर्द्ध प्रामाणिक रचनाओं के रूप में वर्गीकृत करते हुए प्रामाणिक रचना के रूप में सर्वप्रथम 'संदेश रासक' की चर्चा की है, किन्तु जैसा कि वे अन्यत्र स्वीकार करते हैं इसकी भाषा अपभ्रंश है। इसी प्रकार अर्द्ध प्रामाणिक एवं अप्रामाणिक रचनाओं की भी स्थिति इतनी स्पष्ट नहीं है कि जिसके उनमें से किसी को हिन्दी की प्रथम रचना माना जा सके। इस प्रकार आचार्य द्विवेदी के द्वारा भी स्पष्ट उत्तर प्राप्त नहीं होता।

'वीसलदेव रासो' के रचयिता नरपति नाल्ह, अमीर खुसरो, विद्यापति आदि का भी समय-समय पर कुछ लोगों के द्वारा हिन्दी के प्रथम कवि के रूप में उल्लेख होता रहा है, किन्तु इनमें से कुछ की तो रचनाओं का वर्तमान रूप एवं रचना-काल ही संदिग्ध है जब कि अन्तिम का समय ही पन्द्रहवीं शताब्दी है जो कबीर के आस-पास पड़ता है। अतः इनमें से किसी को भी प्रथम कवि के रूप में ग्रहण नहीं किया जा सकता।

इधर जैन-कवियों द्वारा रचित कुछ ऐसे रास काव्य प्रकाश में आये हैं, जिन की प्रामाणिकता असंदिग्ध है तथा जिनकी भाषा को हिन्दी के प्रारम्भिक रूप में स्वीकार किया जा सकता है। इन रचनाओं में काल-क्रम तथा भाषा के विकास की दृष्टि से सर्वप्रथम शालिभद्र सूरीकृत 'भरतेश्वर बाहुबली रास' है, जिसका रचना काल ११८४ ई० (१२४१ वि०) है। इस कृति का सम्पादन एवं प्रकाशन एक चार-पाँच सौ वर्ष पुरानी तथा अत्यन्त विश्वनीय प्रति के आधार पर मुनि जिन विजय

द्वारा हो चुका है। गुजराती और हिन्दी के अन्य विद्वानों ने भी इसे प्रामाणिक माना है। डॉ० हरिशंकर शर्मा 'हरीश' ने इसका विशेष अध्ययन प्रस्तुत करते हुये इसे हिन्दी-जैन साहित्य की रास-परंपरा का सर्वप्रथम काव्य माना है; गुजराती के विद्वान् इसे गुजराती का काव्य मानते हैं किन्तु पन्द्रहवीं शती के पूर्व तक गुजराती और राजस्थानी—दोनों भाषाएँ एक ही थीं; अतः इस पर दोनों का अधिकार माना जा सकता है। भाषा-शैली की दृष्टि से भी यह रचना प्राचीन एवं प्रामाणिक सिद्ध होती है। इसके कुछ उद्धरण पीछे भाषा के उद्भव के प्रसंग में प्रस्तुत किए जा चुके हैं, जिनसे यह भलीभाँति हिन्दी की रचना सिद्ध होती है।

इस रचना की प्रामाणिकता का एक अन्य आधार यह भी है कि यह परम्परा से विच्छिन्न अकेली रचना नहीं है अपितु बारहवीं शती से लेकर पन्द्रहवीं-सोलहवीं शती तक इसकी एक अखण्ड परम्परा मिलती है, जिसमें बीसों रासो काव्य आते हैं। इस रचना के कुछ वर्ष बाद ही रचित बुद्धिरास (१२वीं शती), जम्बू स्वामी रास (१२०९ ई०), जीवदया रास (१२०० ई०), चन्दन बाला रास (१२०० ई०), रेवतगिरि रास (१२३१ ई०), नेमिनाथ रास (१२३८ ई०), गयसुकुमाल रास (१२५० ई० के लगभग) आदि रचनाएँ भी मिलती हैं, जो रासो-परम्परा के क्रमिक विकास को सूचित करती हैं। अतः इसमें कोई सन्देह नहीं कि 'भरतेश्वर बाहुबली रास' के रचयिता शालिभद्र सूरी को उपर्युक्त तथ्यों के आधार पर हिन्दी का प्रथम कवि माना जा सकता है।

● **प्रथम कवि के सम्बन्ध में पुनर्विचार**—'हिन्दी साहित्य का वैज्ञानिक इतिहास' (१९६५ ई०) के प्रकाशन के अनन्तर कतिपय विद्वानों ने उपर्युक्त मत का खंडन करते हुये इसके विरोध में अनेक तर्क एवं प्रमाण प्रस्तुत किये हैं; अतः इस पर पुनर्विचार अपेक्षित है। इन विद्वानों में डॉ० रामगोपाल शर्मा 'दिनेश' एवं डॉ० वासुदेव सिंह के नाम उल्लेखनीय हैं। डॉ० दिनेश ने डॉ० नगेन्द्र द्वारा सम्पादित 'हिन्दी-साहित्य का इतिहास' में संकलित आदिकाल सम्बन्धी अध्याय में प्रतिपादित किया है कि 'भरतेश्वर बाहुबली रास' के रचयिता मुनि शालिभद्र सूरी की अपेक्षा सिद्ध कवि सरहपा (७६९ ई०) पहले हुए थे तथा उनकी भाषा भी अपेक्षाकृत हिन्दी के अधिक निकट है; अतः उन्हें (सरहपा को) ही हिन्दी का प्रथम कवि माना जाना चाहिये। डॉ० दिनेश की धारणाओं पर विस्तार से विचार करते हुए हमने अपने लेख—"हिन्दी का प्रथम कवि कौन ?"[1] में स्पष्ट किया है कि सरहपा की रचनाएँ मूल रूप में उपलब्ध नहीं हैं। श्री राहुल सांकृत्यायन ने सरहपा की रचनाओं को प्रकाशित करते हुए इस तथ्य को स्वीकार किया है कि वे अपभ्रंश के कवि थे तथा

---

1. 'पुराकल्प' वाराणसी में प्रकाशित तथा लेखक की 'आदिकाल की प्रामाणिक रचनाएँ' पुस्तक में संकलित।

उनकी रचनाएँ मूल रूप में उपलब्ध नहीं हैं, जो पाठ उन्होंने प्रकाशित किया है वह सरहपा की रचनाओं के तिब्बती अनुवाद पर आधारित हिन्दी अनुवाद है; देखिये—

(क) "सरह की अपभ्रंश कृतियाँ 'दोहा कोष' या 'दोहा गीति' के नाम से प्रसिद्ध है।"

(ख) "उनकी कविता में शास्त्रसम्मत गुणों का अभाव नहीं है। उनके 'दोहा कोष' एवं 'चर्यागीत' के तो एक-एक पद में उपमाएँ भरी पड़ी हैं। अफसोस है कि सरह की इस अनमोल कृति को अभी मूल भाषा में नही पाया गया और उसके तिब्बती अनुवाद से ही हमें संतोष करना पड़ेगा।"

(राहुल सांकृत्यायन : 'दोहा कोश' की भूमिका, पृ० सं० २२)

पंडित राहुल सांकृत्यायन की उपर्युक्त उक्तियों से स्पष्ट है कि सरहपा की जिस भाषा को हमारे विद्वान् 'हिन्दी के निकट' समझ रहे हैं, वह वस्तुतः सरहपा की मूल भाषा न होकर उसके हिन्दी अनुवादक (पं० सांकृत्यायन ?) की भाषा है; अतः वह हिन्दी के निकट हो तो स्वाभाविक ही है। वस्तुतः यह बात न केवल सरहपा तथा अन्य सिद्ध कवियों पर अपितु नाथपंथी कवियों पर भी लागू होती है। इनकी रचनाओं के संपादकों ने भूमिका में स्पष्ट रूप से स्वीकार किया है कि भाषा की दृष्टि से ये रचनाएँ मूल रूप में उपलब्ध नहीं हैं। वस्तुतः सातवीं-आठवीं शती में जबकि हिन्दी भाषा का ही उद्भव नहीं हुआ था तथा अपभ्रंश भी साहित्य-रचना की दृष्टि से प्रारम्भिक अवस्था में थी, उस समय किसी हिन्दी कवि के अवतरित होने की कल्पना भी नहीं की जा सकती।

डॉ० वासुदेव सिंह ने अपनी पुस्तक 'हिन्दी साहित्य के उद्भव-काल' में प्रतिपादित किया है कि योगीन्दु मुनि (रचनाएँ—'परमात्म प्रकाश' और 'योग सार'), जिनदत्त सूरी ('उपदेश-रसायन-रास'), अब्दुल रहमान ('संदेश रासक'), मुनि राम सिंह ('पाहुड़-दोहा'), दामोदर ('उक्ति व्यक्ति-प्रकरण'), रोड़ा एवं मुंज रासो का रचयिता (नाम अज्ञात)—ये सात कवि शालिभद्र सूरी से पहले हो चुके थे तथा इन में योगीन्दु मुनि सबसे पहले आते हैं; अतः इन्हीं को हिन्दी का पहला कवि माना जाना चाहिये। डॉ० सिंह की इस स्थापना पर भी हमने पूर्वोक्त लेख (हिन्दी का प्रथम कवि कौन ?) में सप्रमाण विचार करते हुए स्पष्ट किया है कि एक तो योगीन्दु का रचना-काल ही निश्चित नही है। स्वयं डॉ० सिंह के मतानुसार विभिन्न विद्वानों ने इनका काल आठवीं शती से लेकर बारहवीं शती तक माना है। दूसरे, योगीन्दु की भाषा हिन्दी की अपेक्षा अपभ्रंश के अधिक निकट है, इसीलिए डॉ० हरिवंश कोचर, डॉ० रामसिंह तोमर, डॉ० नामवरसिंह प्रभृति विद्वानों ने इन्हें अपभ्रंश के कवि के रूप में मान्यता दी है। इसी प्रकार 'उपदेश रसायन रास', 'संदेश रासक', 'मुंज रासो' की भी भाषा अपभ्रंश है—इसे डॉ० माताप्रसाद गुप्त ने भी स्वीकार किया है। वैसे इनका रचना-काल भी अनिश्चित है तथा अन्तिम रचना के तो केवल २० छन्द ही

इधर-उधर मिलते हैं; पूरी रचना नहीं मिलती। इसके अतिरिक्त दामोदर का 'उक्ति व्यक्ति -प्रकरण' कोई काव्य न होकर व्याकरण का ग्रन्थ है तथा रोड़ा का 'राउलवेल' एक शिलालेख है जिसमें राजस्थानी, गुजराती, पंजाबी, मालवी आदि विभिन्न भाषाओं के नमूने उपलब्ध हैं। मुनि रार्मासह के 'पाहुड़ दोहा' की भी भाषा अपभ्रंश है। इस तथ्य को डॉ० कोचर, डॉ० तोमर व अन्य विद्वानों ने स्वीकार किया है। अस्तु, इन रचनाओं के रचयिताओं को हिन्दी कवि के रूप में मान्यता नहीं दी जा सकती।

अस्तु इसमें कोई संदेह नहीं कि अब तक के अनुसंधान से यही प्रमाणित होता है कि 'भरतेश्वर बाहुबली रास' के रचयिता शालिभद्र सूरी ही हिन्दी के प्रथम कवि थे। अतः इसके रचना-काल के आधार पर सन् ११८४ (या १२४१ वि०) को हिन्दी साहित्य का आविर्भाव-काल निश्चित किया जा सकता है। यह काल हिन्दी के विकास की दृष्टि से तथा राष्ट्र की राजनीतिक, सामाजिक एवं सांस्कृतिक दृष्टि से भी उपयुक्त प्रतीत होता है। इस समय तक मुसलमान भारत में आगे तक बढ़ आये थे, हिन्दू राष्ट्र का विघटन एवं पतन हो चुका था जिसके कारण राज्याश्रम में पलने वाले धर्म एवं साहित्य को जनता का संरक्षण एवं जनता की भाषा का माध्यम स्वीकार करने के लिए विवश होना पड़ा था। परम्परागत भाषायें—संस्कृत, प्राकृत, अपभ्रंश आदि साहित्य और व्याकरण के ढाँचे में रूढ़ हो चुकी थीं, तथा उनका स्थान परवर्ती लोकभाषाएँ ले चुकी थीं। अस्तु, इन सभी दृष्टियों से बारहवीं शती के अंतिम चरण से हिन्दी-साहित्य का आविर्भाव मानना तर्कसंगत प्रतीत होता है। इससे पूर्व के समय को, जिसे हिन्दी के इतिहासकार आदि काल, वीर गाथा-काल या चारण-काल आदि में स्थान देते रहे हैं, हिन्दी की प्रामाणिक रचनाओं की दृष्टि से शून्य है; अतः उसे हिन्दी-साहित्य की काल-सीमाओं से बाहर समझना चाहिए।

●

५

हिन्दी साहित्य का काल-विभाजन

किसी भी विषय-वस्तु का बौद्धिक एवं वैज्ञानिक अध्ययन करने के लिए उसे किन्हीं काल्पनिक पक्षों, खण्डों, वर्गों या तत्वों में विभक्त कर लिया जाता है जिससे कि उसके विभिन्न अवयवों को सम्यक् रूप में ग्रहण किया जा सके। ऐसा न केवल सैद्धान्तिक क्षेत्र में अपितु व्यावहारिक क्षेत्र में भी किया जाता है। एक बहुत बड़े राज्य को सुशासित करने के लिए एक शासक उसे विभिन्न प्रदेशों एवं मण्डलों में विभाजित कर देता है, यद्यपि यह विभाजन कृत्रिम ही होता है। इसी प्रकार अन्य क्षेत्रों में भी सम्बन्धित विषय को विभिन्न रूपों में विभक्त कर लिया जाता है। इतिहास में हम मुख्यतः देश (Space) के स्थान पर काल (Time) का अध्ययन करते हैं; अतः अध्ययन की सुव्यवस्था की दृष्टि से उसे विभिन्न काल-खण्डों में बाँट लेना सुविधाजनक एवं उपयोगी सिद्ध होता है।

काल-विभाजन का लक्ष्य अन्ततः इतिहास की विभिन्न परिस्थितियों के संदर्भ में उसकी घटनाओं एवं प्रवृत्तियों के विकास-क्रम को स्पष्ट करना होता है। साहित्येतिहास पर भी यह बात लागू होती है। साहित्य की अन्तर्निहित चेतना क्रमिक विकास, उसकी परम्पराओं के उत्थान-पतन एवं उसकी विभिन्न प्रवृत्तियों के दिशा-परिवर्तन आदि के काल-क्रम को स्पष्ट करना ही काल-विभाजन का लक्ष्य होता है, अन्यथा उसकी कोई उपयोगिता नहीं है। जहाँ काल-विभाजन उपर्युक्त लक्ष्य की पूर्ति में साधक के स्थान पर बाधक बनता हो वहाँ यही उचित है कि उसके अभाव में ही काम चलाया जाय। उदाहरण के लिए, प्रसिद्ध इतिहास-लेखक कीथ ने अपने संस्कृत साहित्य के इतिहास में ऐसा ही किया है। संस्कृत साहित्य में अनेक धाराएँ एवं अनेक काव्य-प्रवृत्तियाँ एक ही साथ समानान्तर रूप में उदित एवं विकसित होती हुई दृष्टिगोचर होती हैं, जिनका विश्लेषण काल-क्रमानुसार करने की अपेक्षा काव्य-रूप-भेद एवं काव्य-प्रवृत्तियों के आधार पर करना अधिक सुविधाजनक प्रतीत होता है, कदाचित् इसी परिस्थिति के कारण कीथ ने अपने इतिहास में काल-विभाजन करने का प्रयास नहीं किया। इसका यह तात्पर्य नहीं है कि संस्कृत-साहित्येतिहास को काल-खण्डों में विभक्त करना असंभव है अपितु हमारा लक्ष्य यहाँ केवल यह बताने का है कि असंगत रूप में काल-विभाजन करने की अपेक्षा, यह अधिक अच्छा

है कि उसके बिना ही काम चलाया जाय। इस तथ्य पर यहाँ विशेष बल देने की आवश्यकता इसलिए है कि हिन्दी-साहित्येतिहास का क्षेत्र अभी तक परम्परागत काल-विभाजन की अनेक असंगतियों एवं त्रुटियों के फलस्वरूप विभिन्न भ्रान्तियों एवं गुत्थियों से ग्रसित है जिनके कारण इतिहास के वैज्ञानिक अध्ययन का मार्ग अवरुद्ध हो रहा है। अस्तु, आगे काल-विभाजन के विभिन्न प्रयासों पर पुनर्विचार करते हुए उसे परिशोधित रूप देने का प्रयास किया जायगा।

● **परम्परागत काल-विभाजन : पुनर्विचार**—हिन्दी साहित्य के प्रारंभिक इतिहासकारों—गार्सा द तॉसी एवं शिवसिंह सेंगर का तो इस ओर ध्यान ही नहीं गया; अतः उनकी चर्चा यहाँ अनावश्यक है। इस सम्बन्ध में सबसे पहला प्रयास करने का श्रेय **जार्ज ग्रियर्सन** को है। पर जैसा कि उन्होंने स्वयं अपने ग्रंथ की भूमिका में स्वीकार किया है, उनके सामने अनेक ऐसी कठिनाइयाँ थीं जिससे वे काल-क्रम एवं काल-विभाजन के निर्वाह में पूर्णतः सफल नहीं हो सके। वे लिखते हैं—"सामग्री को यथासंभव काल-क्रमानुसार प्रस्तुत करने का प्रयास किया गया है। यह सर्वत्र सरल नहीं रहा है और कतिपय स्थलों पर तो यह असंभव सिद्ध हुआ है। अतएव वे कवि जिनका समय मैं किसी प्रकार स्थिर नहीं कर सका, अन्तिम अध्याय में वर्णानुक्रम से एक साथ दिये गये हैं। ...प्रत्येक अध्याय सामान्यतया एक काल का सूचक है। भारतीय भाषा-काव्य के स्वर्णयुग १६वीं एवं १७वीं शती के मलिक मुहम्मद की प्रेम कविता से आरम्भ करके, ब्रज के कृष्ण-भक्त कवियों व तुलसीदास के ग्रंथों और केशव दास द्वारा स्थापित कवियों के रीति-सम्प्रदाय को सम्मिलित करके कुल ६ अध्याय हैं, जो पूर्णतया समय की दृष्टि से विभक्त नहीं हैं, बल्कि कवियों के विशेष वर्गों की दृष्टि से बँटे हैं।"[1]

उपर्युक्त उद्धरण से स्पष्ट है कि स्वयं जार्ज ग्रियर्सन को भी अपने काल-विभाजन की अपूर्णता एवं न्यूनता का पता था, फिर भी उन्होने विभिन्न कालों की कतिपय प्रवृत्तियों को स्पष्ट करने का प्रयास अवश्य किया है। उनका काल-विभाजन इस प्रकार है—(१) चारण-काल (७००-१३०० ई०) (२) पन्द्रहवीं शती का धार्मिक पुनर्जागरण (३) जायसी की प्रेम कविता (४) ब्रज का कृष्ण-सम्प्रदाय (५) मुगल दरबार (६) तुलसीदास (७) रीति-काव्य (८) तुलसीदास के अन्य परवर्ती (९) अट्ठारहवीं शताब्दी (१०) कम्पनी के शासन में हिन्दुस्तान (११) महारानी विक्टोरिया के शासन में हिन्दुस्तान। इस प्रकार उनका ग्रंथ इन ग्यारह काल-खंडों में विभक्त है, जो बस्तुतः युग-विशेष के द्योतक कम हैं, अध्यायों के शीर्षक अधिक हैं। इसके अतिरिक्त काल-क्रम का प्रवाह भी इसमें अविच्छिन्न रूप से नहीं चलता—यथा, चारण-काल (७००-१३०० ई०) के बाद एकाएक वे पन्द्रहवीं शती में पहुँच जाते हैं, पूरी चौदहवीं शताब्दी को वे इतिहास में से निकाल देते हैं। कालों का नामकरण भी सर्वत्र किसी एक आधार पर नहीं है—कहीं किसी धार्मिक सम्प्रदाय को इसका आधार बनाया है

१. हिन्दी साहित्य का प्रथम इतिहास : किशोरीलाल गुप्त, पृ० ४८।

तो कहीं किसी शासक-विशेष की और कहीं शताब्दी का ही उल्लेख मात्र है। साथ ही तथ्यों की दृष्टि से इसमें सबसे बड़ी भ्रान्ति यह है कि सातवीं शती से लेकर तेरहवीं शती तक के समय को इसमें हिन्दी-साहित्येतिहास का एक युग माना गया है, पर यह भ्रान्ति तो उनके पहले और बाद भी बहुत समय तक चलती रही है; अतः इसके लिए केवल उन्हें ही दोष दिया जा सकता है। अस्तु, ग्रियर्सन का यह प्रयास प्रारम्भिक प्रयास मात्र है, जिसमें विभिन्न न्यूनताओं, असंगतियों एवं त्रुटियों का होना स्वाभाविक है।

आगे चलकर **मिश्र-बन्धुओं** ने अपने 'मिश्रबन्धु-विनोद' (१९१३ ई०) में काल-विभाजन का नया प्रयास किया जो प्रत्येक दृष्टि से ग्रियर्सन के प्रयास से बहुत अधिक प्रौढ़ एवं विकसित कहा जा सकता है। उनका विभाजन इस प्रकार है—

१. प्रारम्भिक काल—	पूर्वारंभिक काल	(७००—१३४३ वि०)
	उत्तरारंभिक काल	(१३४४—१४४४ वि०)
२. माध्यमिक काल—	पूर्व माध्यमिक काल	(१४४५—१५६० वि०)
	प्रौढ़ माध्यमिक काल	(१५६१—१६८० वि०)
३. अलंकृत काल—	पूर्वालंकृत काल	(१६८१—१७६० वि०)
	उत्तरालंकृत काल	(१७९१—१८८९ वि०)
४. परिवर्तन—		(१८९०—१९२४ वि०)
५. वर्तमान काल—		(१९२६ वि० से अब तक)

जहाँ तक पद्धति की बात है, यह वर्गीकरण बहुत सम्यक् एवं स्पष्ट है। किन्तु तथ्यों की दृष्टि से इसमें भी अनेक असंगतियाँ विद्यमान हैं। सबसे पहले तो उन्होंने भी ग्रियर्सन की भाँति ७०० से १३०० ई० तक के युग को हिन्दी-साहित्य के साथ सम्बद्ध कर दिया जो वस्तुतः अपभ्रंश का युग है। यह भी विचित्र बात है कि वे मध्यकाल में लगभग दो सौ वर्ष के समय को भी साहित्य की प्रौढ़ता के आधार पर दो अवान्तर भेदों—पूर्व माध्यमिक काल एवं प्रौढ़ माध्यमिक काल में विभक्त करते हैं; जिसका अर्थ है कि सौ वर्षों में ही साहित्य प्रौढ़ ही गया जब कि प्रारम्भ में सात-आठ सौ वर्षों में भी वह एक-सा रहता है। इसी प्रकार 'अलंकृत-काल' के बाद 'परिवर्तन काल' (१८९०-१९२५ वि०) के रूप में केवल ३५ वर्ष के समय को अलग स्थान देना भी अस्वाभाविक प्रतीत होता है; प्रत्येक काल के बाद दूसरा काल आने से पूर्व सदा परिवर्तन होता ही है, अतः यदि 'परिवर्तन-काल' की संज्ञा स्वीकार करें तो प्रत्येक काल के अनन्तर एक-एक 'परिवर्तन-काल' देना होगा, जो अनावश्यक है। विभिन्न काल-खंडों के नामकरण में भी एक जैसी पद्धति नहीं अपनाई गई है, जहाँ अन्य नामकरण विकास-वादिता के सूचक हैं वहाँ 'अलंकार काल' आन्तरिक प्रवृत्ति पर आधारित है। अस्तु, इन दोषों के होते हुए भी, मिश्र-बन्धुओं का प्रयास पर्याप्त महत्त्वपूर्ण एवं प्रौढ़ हैं, इसमें कोई सन्देह नहीं।

आचार्य रामचन्द्र शुक्ल ने 'हिन्दी साहित्य का इतिहास' (१९२९ ई०) प्रस्तुत करते हुए काल-विभाजन का नया प्रयास किया, जो इस प्रकार है—

आदिकाल	(वीरगाथाकाल, सं०	१०५०—१३७५)
पूर्व मध्यकाल	(भक्तिकाल,	१३७५—१७००)
उत्तर मध्यकाल	(रीतिकाल,	१७००—१९००)
आधुनिक काल	(गद्यकाल,	१९००—१९८४)

आचार्य शुक्ल के काल-विभाजन की यदि मिश्र-बन्धुओं के काल-विभाजन से तुलना करें तो इसकी कई विशेषताएँ सामने आयेंगी। एक तो इन्होंने मिश्र-बन्धुओं के प्रारंभिक काल की पूर्वारम्भिक सीमा ७०० वि० के स्थान पर १०५० वि० को मान कर उसे यथार्थ सीमा के थोड़ा निकट ला दिया। दूसरे, इन्होंने मिश्र-बन्धुओं के द्वारा किये गये भेदोपभेदों की कुल संख्या को दस से घटाकर चार तक सीमित कर दिया। इससे इनके काल-विभाजन में अधिक सरलता, स्पष्टता एवं सुबोधता आ गई। अपनी इसी विशेषता के कारण वह बहुमान्य एवं बहुप्रचलित है।

शुक्लोत्तर इतिहासकारों में से अनेक ने आचार्य शुक्ल के उपर्युक्त काल-विभाजन की तीव्र आलोचना तो की, तथा उसके अनेक दोषों को भी स्पष्ट किया किन्तु उसे संशोधित करके नया रूप देने में किसी को सफलता नहीं मिली। केवल मात्र **डॉ० रामकुमार वर्मा** का ही नाम इस प्रसंग में उल्लेखनीय है, जिन्होंने नया काल-विभाजन प्रस्तुत किया जो इस प्रकार है—

१.	संधिकाल	(७५०—१००० वि०)
२.	चारण-काल	(१०००—१३७५ वि०)
३.	भक्ति काल	(१३७५—१७०० वि०)
४	रीतिकाल	(१७०० –१९०० वि०)
५.	आधुनिक काल	(१९०० से अब तक)

डॉ० वर्मा के इस विभाजन के अन्तिम चार काल-खण्ड तो आचार्य शुक्ल के ही विभाजन के अनुरूप हैं, केवल 'वीरगाथाकाल' के स्थान पर 'चारण-काल' नाम अवश्य दे दिया गया है, किन्तु इसमें एक विशेषता 'संधिकाल' की है, जो वस्तुतः गुण-वृद्धि का सूचक कम एवं दोष-वृद्धि का द्योतक अधिक है। जैसा कि अन्यत्र स्पष्ट किया जा चुका है, हिन्दी साहित्य का आरम्भ सातवीं-आठवीं शताब्दी से मानना एक विशेष भ्रान्ति का परिणाम है, तथा डॉ० वर्मा का यह 'संधिकाल' भी उसी भ्रान्ति से सम्बन्धित है; अतः इसे शुक्ल के काल-विभाजम का परिष्कृत रूप नहीं कहा जा सकता। फिर भी उन्होंने किन्हीं अंशों में आचार्य शुक्ल की रूढ़ि को त्यागने का साहस अवश्य किया है जो इस युग के लिए कम महत्त्व की बात नहीं है।

इसी बीच **डॉ० रामबहोरी शुक्ल एवं डॉ० भगीरथप्रसाद मिश्र** का 'हिन्दी-साहित्य का उद्भव और विकास' ग्रन्थ भी प्रकाश में आया है जो प्रारम्भिक काल की सीमाओं में किंचित् परिवर्द्धन-संशोधन करने के अतिरिक्त सामान्यतः आचार्य शुक्ल के ही अनुरूप है। इधर 'काशी नागरी-प्रचारिणी सभा' द्वारा अठारह-उन्नीस जिल्दों में 'हिन्दी साहित्य का वृहत् इतिहास' तैयार हो रहा है, जिसके कुछ भाग प्रकाशित भी हो गये हैं। वस्तुतः इसका स्थूल ढाँचा आचार्य शुक्ल के ही इतिहास के अनुरूप है,

जिसके गुण-दोषों को इसमें अधिक विस्तृत एवं विकसित रूप में प्रस्तुत किया जा रहा है। **आचार्य विश्वनाथ प्रसाद मिश्र** ने अपने 'हिन्दी साहित्य के अतीत' में भी रीति-काल के नामकरण एवं अन्तर्विभाजन के क्षेत्र में नया प्रयास करते हुए भी शेष बातों में पूर्ववर्ती परंपरा का निर्वाह किया है।

इस प्रकार इस समय आचार्य शुक्ल के ही काल-विभाजन को सर्वमान्य कहा जा सकता है, किन्तु इसका तात्पर्य यह नहीं है कि वह सर्वथा संगत एवं निर्दोष है। आचार्य शुक्ल ने जिन परिस्थितियों में इतिहास लिखा था, उस दृष्टि से यह ठीक है, किन्तु विगत पैंतीस वर्षों में हिन्दी के क्षेत्र में पर्याप्त अनुसंधान एवं नया चिंतन हुआ जिसे ध्यान में रखकर विचार करने से आचार्य शुक्ल के प्रयास की अनेक न्यूनताएँ एवं त्रुटियाँ स्पष्ट रूप में दृष्टिगोचर होती हैं। अतः किसी नये इतिहासकार के लिए यदि वह आचार्य शुक्ल की परम्परा का अन्धानुकरण न करके अपने प्रयास को वैज्ञानिक एवं सुसंगत रूप देना चाहता है, तो यह अनिवार्य है कि वह पूर्ववर्ती इतिहास-ग्रंथों की निम्नांकित त्रुटियों एवं असंगतियों का निराकरण करके इस क्षेत्र में आगे बढ़े—

(क) पूर्ववर्ती इतिहासकारों ने तथा आचार्य शुक्ल ने अपभ्रंश-साहित्य के सम्बन्ध में किसी स्पष्ट नीति का अनुकरण नहीं किया, कभी अपभ्रंश को प्राकृताभास 'हिन्दी', 'पुरानी हिन्दी' आदि संज्ञाओं से अभिहित करते हुए उसे हिन्दी से अभिन्न मानते रहे तो कभी दोनों की स्वतन्त्र सत्ताएँ स्वीकार करते रहे। शुक्लोत्तर इतिहास-कारों की नीति तो इस सम्बन्ध में और भी अस्पष्ट एवं विचित्र रही है, वे एक ओर तो यह घोषणा करते हैं कि अपभ्रंश हिन्दी से भिन्न है, पर दूसरी ओर अपभ्रंश की रचनाओं को हिन्दी-साहित्य के अन्तर्गत समाविष्ट करते रहे हैं, वस्तुतः इस सम्बन्ध में हमें अब एक स्पष्ट नीति का अनुसरण करना होगा ; या तो अपभ्रंश और हिन्दी को सिद्धांत और व्यवहार—दोनों में एक मानना होगा अन्यथा अपभ्रंश रचनाओं को हिन्दी-साहित्य में स्थान देने का लोभ संवरण करना पड़ेगा। जैसा कि अन्यत्र स्पष्ट किया जा चुका है हम दूसरे पक्ष का समर्थन करते हुए अपभ्रंश और हिन्दी को दो पृथक् भाषाओं के रूप में स्वीकार करना उचित समझते हैं।

(ख) जिन रचनाओं के आधार पर आचार्य शुक्ल तथा अन्य इतिहासकारों ने हिन्दी साहित्य के आरंभिक काल, वीरगाथाकाल या आदिकाल की स्थापना की थी, अब वे अस्तित्वहीन, अप्रामाणिक या परवर्ती काल की सिद्ध हो गई हैं। यथा, 'जय मयंक जस चंद्रिका', 'जयचन्द्र प्रकाश' अस्तित्वहीन हैं, 'पृथ्वीराज रासो', 'बीसलदेव रासो आदि का रचनाकाल संदिग्ध है, 'खुमानरासो' परवर्तीकाल (१९वीं शती) की सिद्ध हो गयी है, अमीर खुसरो की पहेलियों की भाषा भी संदिग्ध है तथा अन्य कुछ रचनाएँ हिन्दी की न होकर अपभ्रंश की हैं। यह भी उल्लेखनीय है कि कुछ कवियों को जानबूझकर भी पीछे ठेल दिया गया है, जैसे विद्यापति का रचनाकाल स्वयं शुक्ल जी ने संवत् १४६० के लगभग माना है फिर भी उन्होंने विद्यापति को उस

वीरगाथा काल में स्थान दिया जो १३७५ ई० में ही समाप्त हो जाता है। इस प्रकार रचनाओं की दृष्टि से आचार्य शुक्ल का 'वीरगाथाकाल' बिल्कुल आधार-शून्य सिद्ध होता है। कुछ विद्वानों ने इस स्थिति को सुधारने के लिए इस काल के नये नामकरण—आदिकाल—का सुझाव दिया, किन्तु हमारे विचार से केवल नाम बदल देने मात्र से इस असंगति का निराकरण नहीं हो सकेगा। जिस वस्तु का अस्तित्व ही नहीं है उसका नामकरण कैसा ? और यदि कोई नामकरण किया ही जाता है तो 'आदिकाल' की अपेक्षा 'शून्यकाल' नाम कहीं अधिक अच्छा रहेगा, क्योंकि इससे हमारे विद्यार्थियों और शोधकर्त्ताओं के सामने यह स्थिति तो स्पष्ट हो जाएगी कि रचनाओं की दृष्टि से यह शून्य है। पर हमारे विचार से वर्तमान स्थिति में सबसे अच्छा प्रयास यह होगा कि हम पूर्ववर्ती इतिहासकारों की रूढ़ धारणाओं से सर्वथा मुक्त होकर हिन्दी साहित्य का प्रारम्भ वहाँ से माने, जहाँ से वस्तुतः आरम्भ होता है या जब से इसकी प्रथम् प्रामाणिक रचना उपलब्ध होती है तथा उसी के अनुसार प्रारंभिक काल की सीमाएँ एवं प्रवृत्तियाँ निर्धारित करते हुए उसकी स्थापना वास्तविक रचनाओं के आधार पर करें।

(ग) परम्परागत इतिहास-ग्रन्थों में प्रचलित विभिन्न काल-खंडों का नामकरण एवं उनका अन्तर्विभाजन भी हिन्दी-साहित्य की विभिन्न परम्पराओं एवं प्रवृत्तियों के अध्ययन में साधक बनने के स्थान पर बाधक अधिक सिद्ध होता है। 'वीरगाथा काल' की असंगति तो ऊपर स्पष्ट की जा चुकी है, भक्तिकाल एवं रीतिकाल नाम भी दोषशून्य नहीं हैं। ये नाम अपने युग की किसी एक धारा या एक प्रवृत्ति को ही सूचित करते हैं, जब कि इन युगों में अनेक धाराएँ एवं अनेक प्रवृत्तियाँ साथ-साथ विकसित होती रही हैं। एक प्रवृत्ति को ही प्रधानता देने एवं शेष को गौण मान कर 'फुटकल खाते' में डाल देने का परिणाम यह हुआ कि इस समय विभिन्न युगों का अधूरा एवं एकपक्षीय रूप ही हमारे सामने आ पाता है। एक प्रवृत्ति को ही सर्वप्रमुख मान लेने का दृष्टि-कोण अपने लिए तथा पाठकों के लिए सुविधाजनक भले ही प्रतीत हो किन्तु वह इतिहास की एकांगी एवं अधूरी व्याख्या प्रस्तुत करता है। जिसे वैज्ञानिक नहीं कहा जा सकता। अस्तु, इसमें विभिन्न युगों का नामकरण इस प्रकार किया जाना चाहिए कि जिससे युग की विभिन्न प्रवृत्तियों के साथ न्याय हो सके।

(घ) नये अनुसंधान से अनेक नयी रचनाओं एवं काव्य-परम्पराओं का भी उद्‌घाटन हुआ है जिन्हें हिन्दी-साहित्य के इतिहास में स्थान देना आवश्यक है। इसके लिए 'भक्तिकाल' की केवल चार काव्य-परंपराओं (निर्गुण ज्ञानश्रयी, निर्गुण प्रेममार्गी, कृष्ण-भक्ति एवं रामभक्ति सम्बन्धी काव्य धाराएँ) से काम नहीं चलेगा। अब हमें नये वर्गीकरण के अनुसार इस काल में और कई परम्पराओं का अस्तित्व स्वीकार करते हुए उन्हें उचित स्थान देना होगा। इन परम्पराओं का परिचय आगे दिया जाएगा।

(ङ) 'भक्तिकाल' में प्रवर्तित होने वाली सभी काव्य-परम्पराएँ आधुनिक-काल के आरम्भ तक अखंड रूप से चलती रहती हैं; अतः भक्तिकाल को रीतिकाल से सर्वथा विच्छिन्न मानना भी ठीक नहीं है।

अस्तु, हम उपर्युक्त तथ्यों एवं विभिन्न परिस्थितियों को ध्यान में रखते हुए काल-विभाजन का नया प्रयास करने की आवश्यकता समझते हैं; अतः वहाँ ऐसा ही किया जाएगा।

● **काल-विभाजन का नया प्रयास**—यहाँ हमें सबसे पूर्व यह स्पष्ट कर लेना चाहिए कि हमारे काल-विभाजन का आधार क्या होगा या वह किन तथ्यों पर आधारित रहेगा? इस सम्बन्ध में सामान्यतः दो मत प्रचलित हैं: एक मत के अनुसार साहित्येतिहास का काल-विभाजन सर्वथा स्वतंत्र रूप में—विशुद्ध साहित्यिक प्रवृत्तियों के आधार पर होना चाहिए जब कि दूसरे मत के अनुसार साहित्य समाज कि प्रवृत्तियों का प्रतिबिम्ब है; अतः तत्सम्बन्धी समाज की विभिन्न परिस्थितियों—विशेषतः राष्ट्रीय परिस्थितियों—के आधार पर साहित्येतिहास का काल-विभाजन किया जाना चाहिए। पहले मत का स्पष्टीकरण प्रो० नलिन विलोचन शर्मा के शब्दों में करते हुए कहा जा सकता है—"यदि हम यह मानते हैं कि मनुष्य के राजनीतिक, सामाजिक, बौद्धिक या भाषा वैज्ञानिक विकास से संयुक्त रहते हुए साहित्य का स्वतंत्र विकास होता है, और दूसरा पहले का निष्क्रिय प्रतिबिम्ब नहीं है तो हम अनिवार्यतः इस निष्कर्ष पर पहुँचते हैं कि साहित्यिक युग विशुद्ध साहित्यिक मानदंड के सहारे निर्धारित होने चाहिए।"[1] यह मत स्पष्टतः इस भ्रान्त धारणा पर आधारित है कि साहित्य का विकास स्वतन्त्र रूप से समाज और राष्ट्र की परिस्थितियों से अप्रभावित रहते हुए होता है। वैज्ञानिक दृष्टिकोण के अनुसार साहित्य का विकास पूर्ववर्ती परम्पराओं एवं युगीन वातावरण के मेल से होता है तथा युगीन वातावरण का निर्माण राष्ट्र की राजनीतिक, सामाजिक, आर्थिक आदि परिस्थितियों के प्रभाव से होता है; अतः साहित्य के स्वतंत्र विकास की धारणा को स्वीकार नहीं किया जा सकता। फिर भी इतना अवश्य है कि साहित्य के इतिहास में परम्पराओं एवं परिस्थितियों का आधार उसी सीमा तक ग्रहण किया जाना चाहिए जहाँ तक वे साहित्यिक प्रवृत्तियों के विकास को स्पष्ट करने में सहायक सिद्ध होती हैं, अन्यथा उनका असम्बद्ध एवं स्वतंत्र विवरण अनावश्यक भार सिद्ध होगा। इस प्रकार के भार का उदाहरण काशी नागरी प्रचारिणी सभा से प्रकाशित होने वाले 'हिन्दी साहित्य के वृहत् इतिहास' के कुछ खंडों में देखा जा सकता है, जिनमें सास्कृतियों एवं राजनीतिक परिस्थितियों के विवरण साहित्येतिहास के अंग नहीं अपितु ऊपर से जोड़े हुए किसी अन्य पुस्तक के अंश से लगते हैं। वस्तुतः हमारा लक्ष्य सांस्कृतिक परम्पराओं एवं बाह्य परिस्थितियों के प्रकाश में साहित्य की

---

१. साहित्य का इतिहास-दर्शन, पृ० ५७।

प्रवृत्तियों का अनुशीलन करना है, अतः काल-विभाजन में भी इसी तथ्य को ध्यान में रखना उचित होगा।

साथ ही हमें यहाँ यह भी न भूलना चाहिये कि हिन्दी का साहित्यिक क्षेत्र इतना व्यापक एवं विस्तृत है कि उसमें एक ही युग में अनेक प्रवृत्तियाँ एक साथ चलती हुई दृष्टिगोचर होती हैं। जिस समय राजस्थान के चारण वीरता के गीत गाने में संलग्न थे, उसी समय मिथिला के कवि सौंदर्य, प्रेम और विरह के भावों की अभिव्यक्ति में लीन थे। जिस समय अकबर के दरबार में अनेक कवि नायिका के सौंदर्य की व्याख्या रसिकतापूर्ण शब्दों में कर रहे थे, उसी समय तुलसी की लेखनी भक्ति-रस से ओत-प्रोत पंक्तियाँ लिख रही थीं। अस्तु, जिस वीरता, भक्ति एवं शृङ्गारिकता को हम तीन अलग-अलग युगों की प्रवृत्तियों के रूप में मानते चले आ रहे हैं, वे वस्तुतः एक ही युग में साथ-साथ विकसित होने वाली तीन प्रवृत्तियाँ हैं। जहाँ राज-दरबारों में रसिकता और वीरता का पोषण हो रहा था, वहाँ धर्माश्रय एवं लोकाश्रय में क्रमशः भक्ति-भावना व शुद्ध प्रणय की प्रवृत्तियाँ पनप रही थीं। अस्तु, जैसा कि आगे विभिन्न काव्य-परम्पराओं के अध्ययन से स्पष्ट होगा, हिंदी-साहित्य के विभिन्न केन्द्रों के आश्रय में एक ही साथ विभिन्न प्रवृत्तियाँ पनप रही थीं। इस केन्द्र-भेद या आश्रय -भेद को युग-भेद समझ लेना बहुत बड़ी भूल होगी।

उपर्युक्त मान्यताओं को ध्यान में रखते हुए सबसे पहले हिंदी-साहित्य के इतिहास को दो बड़े काल-खंडों में विभक्त किया जा सकता है; एक १८५७ ई० के पहले का समय और दूसरा, उसके बाद का समय। जिस प्रकार हमारे राजनीतिक इतिहास में १८५७ ई० एक ऐसी विभाजक-रेखा है जिससे मुस्लिम राज्य की समाप्ति तथा ब्रिटिश शासन का आरम्भ होता है, उसी प्रकार हिंदी-साहित्य के इतिहास में भी यह पुराने युग की समाप्ति एवं नये युग के आरम्भ की सूचक है। नये युग के प्रवर्त्तक भारतेन्दु हरिश्चन्द्र का जन्म १८५० ई० में हुआ था तथा सात-आठ वर्ष की अवस्था में ही उन्होंने अपनी पहली कविता लिख डाली थी; अतः नये युग का आरंभ, राजनीतिक इतिहास के अनुकूल १८५७ ई० से माना जा सकता है। आचार्य शुक्ल ने भी इसी समय के आसपास (सन् १८४३ ई० या १९०० वि०) से नये युग का आरम्भ माना है जिसे उन्होंने 'आधुनिक काल' का नाम दिया है। वस्तुतः इस काल के नामकरण के बारे में विद्वानों में सामान्यतः मतैक्य है, किंतु कठिनाई इससे पहले के काल-खंडों के बारे में है। हमारे विचार से पूर्ववर्ती काल (सन् ११८४ ई० — १८५७ ई०) को भी मोटे रूप में दो खंडों **प्राचीन काल** (सन् ११८४ ई०-१३५० ई०) एवं **मध्यकाल** (१३५०—१६०० ई०)—में बाँटा जा सकता है। यद्यपि हमारे विचार से संपूर्ण मध्यकाल एक इकाई है फिर भी इसकी दीर्घता को देखते हुये इसे दो उपखंडों में विभक्त किया जा सकता है—(१) **पूर्व मध्यकाल** (सन् १३५० — १६०० ई०) एवं (२) **उत्तर मध्यकाल** (सन् १६००—१८५७ ई०)। यहाँ यह

उल्लेखनीय है कि लगभग १३५० ई० तथा १६०० ई० के बाद अनेक नयी काव्य-परम्पराओं का प्रवर्त्तन होता है; इसी तथ्य को ध्यान में रखते हुये हमने पूर्व मध्यकाल एवं उत्तर मध्यकाल की प्रारंभिक सीमाओं का निर्धारण किया है।

उपर्युक्त प्राचीन काल में ही हिन्दी साहित्य का प्रारंभ हुआ; अतः हम इसे **प्रारम्भिक काल** भी कहें तो अनुचित न होगा किंतु दूसरी ओर विभिन्न इतिहासकारों ने इसे **'आदिकाल'** की भी संज्ञा दी है तथा यह नाम व्यापक रूप से प्रचलित है; वैसे प्राचीन काल, प्रारंम्भिक काल, आदिकाल में तात्त्विक दृष्टि से विशेष अन्तर भी नहीं पड़ता; अतः हम भी यदि इनमें से 'आदिकाल' को ही स्वीकार कर लें तो इससे पाठकों को सुविधा रहेगी।

जहाँ तक 'पूर्व मध्यकाल' एवं 'उत्तर मध्यकाल' की बात है, इनके लिये भी क्रमशः **'भक्तिकाल'** एवं **'रीतिकाल'** नाम रूढ़ हो गये हैं। किंतु इनसे इन काल-खण्डों की एक-एक प्रवृत्ति को ही प्रमुखता मिल जाती है, शेष प्रवृत्तियाँ गौण हो जाती हैं जिसे इन कालों के सम्यक् बोध में बाधा उपस्थित होती है; इस तथ्य को ध्यान में रखते हुये हम इन्हें भक्तिकाल-रीतिकाल नाम से सम्बोधित करने का अनुमोदन नहीं कर सकते, भले ही इससे पाठकों को थोड़ी असुविधा ही क्यों न हो।

निष्कर्ष—उपर्युक्त काल-विभाजन एवं नामकरण को संक्षेप में इस प्रकार प्रस्तुत किया जा सकता है—

१. आदि काल (सन् ११८४—१३५० ई०)
२. पूर्व मध्यकाल (सन् १३५०—१६०० ई०)
३. उत्तर मध्यकाल (सन् १६००—१८५७ ई०)
४. आधुनिक काल (सन् १८५७ से अब तक।)

यहाँ यह उल्लेखनीय है कि प्रस्तुत पुस्तक के प्रथम संस्करण में काल-विभाजन एवं प्रत्येक काल काव्य-परम्पराओं पर सूक्ष्मता से विचार करते हुए उन्हें विभिन्न वर्गों एवं धाराओं में विभाजित किया गया था। किंतु यह सूक्ष्मता सामान्य पाठकों को प्रायः अग्राह्य एवं दुर्बोध प्रतीत होती है। इस तथ्य को ध्यान में रखते हुए इसे उस सीमा तक सुगम बनाने की चेष्टा की गई है जहाँ तक वह हमारी आधारभूत स्थापनाओं एवं अन्तर्निहित तथ्यों के प्रतिकूल नहीं पड़ती।

६
आदि काल : सामान्य विवेचन

६.१. बाह्य परिस्थितियाँ एवं वातावरण

ईसा की बारहवीं शताब्दी का अन्तिम चरण भारतवर्ष के इतिहास में उसका सबसे अधिक दुर्भाग्यपूर्ण समय है। यही वह समय है जबकि भारत अपनी हजारों वर्ष की—जब से उसका इतिहास आरम्भ होता है तब से लेकर इस समय तक की—स्वतन्त्रता को खोकर लगभग आठ शताब्दियों के लिए विदेशी जातियों के अधीन हो गया। सन् ११७५ ई० में गजनी के शासक मुहम्मद गोरी ने भारत पर पहली विजय प्राप्त की थी जबकि उसने मुल्तान (पंजाब) पर अधिकार प्राप्त कर लिया था। तदनन्तर लगभग तीस वर्षों के अल्पकाल में ही पंजाब से लेकर बंगाल तक का समस्त उत्तर पूर्वी भारत क्रमशः उसके अधिकार में आ गया; उसने या उसके सेनापतियों ने पेशावर (११७९ ई०), स्यालकोट (११५८ ई०), दिल्ली (११९२ ई०), कन्नौज (११९४ ई०), बुन्देलखण्ड (११९८ ई०), बिहार (१२०२ ई०), बंगाल (१२०६ ई०) आदि प्रदेशों पर अधिकार करके भारत में एक नये विदेशी शासन की नींव डाली जो आगे शताब्दियों तक चलता रहा। १२०६ ई० में मुहम्मद गोरी के अनन्तर क्रमशः दिल्ली के सिंहासन पर दासवंश (१२०६-१२९०), खिलजी वंश (१२९०-१३२०) तुगलक वंश (१३२०-१४१४), सैय्यद वंश (१४१४-१४५०), लोदी वंश (१४५०-१५२६), मुगल वंश (१५२६-१८५७) के विभिन्न उत्तराधिकारियों का शासन रहा, जिन्होंने भारत-भूमि को सदा विदेशी भूमि, यहाँ के निवासी हिन्दुओं को सदा विधर्मी तथा यहाँ की संस्कृति को सदा पराई के रूप में समझा। अवश्य ही इसके कुछ अपवाद भी मिलते हैं किन्तु वे इतने कम हैं कि उन्हें न के बराबर ही समझना होगा। यह विचित्र बात है कि परवर्ती युग के प्रायः सभी शासकों का जन्म भारत में हुआ था, पर फिर भी उनकी भावनाएँ इसके साथ कभी पूर्णतः सम्बद्ध नहीं हो सकी। वे सदा इसे तथा इसके मूल निवासियों को प्रतिद्वन्द्वी ही समझते रहे तथा उनके धर्म, संस्कृति एवं जीवन पर समय-समय पर निर्मम कुठाराघात करते रहे। जिस शाखा पर वे बैठे थे उसी का उच्छेदन बराबर करते रहे, जिसका परिणाम यह हुआ कि एक अन्य विदेशी जाति—अंग्रेजों ने १८५७ ई० में सत्ता छीन ली और अन्त में राष्ट्र

के दो टुकड़े हो गये। मुस्लिम आक्रामक भारत को बसाने एवं सुधारने के लिए नहीं आये थे, अपितु इसे हड़पने के लिए आये थे और अन्ततः वे इसमें आंशिक रूप में सफल हो गये। मुस्लिम आक्रमणकारियों, विजेताओं एवं शासकों को हम उनके इस अराष्ट्रीय दृष्टिकोण के कारण विदेशी कहते हैं—यद्यपि उनमें से अधिकांश का जन्म भारत में हुआ था। अस्तु, जिस युग का अध्ययन हम यहाँ कर रहे हैं, वह इस दृष्टि से दासता का युग कहा जा सकता है।

मुस्लिम शासकों के आश्रय में भारतीय संस्कृति एवं साहित्य की पूर्ववर्ती परम्पराओं के पोषित एवं विकसित होने का तो प्रश्न ही नहीं उठता अपितु अपने संकीर्ण दृष्टिकोण, धर्मान्धता की भावना एवं क्रूरतापूर्ण व्यवहार-नीति के कारण उन्होंने भारतीय संस्कृति के उन सभी केन्द्रों—विशेषतः मन्दिरों, मठों एवं विद्यालयों को नष्ट करने का पूरा प्रयास किया जो कि जनता के आश्रय में पल रहे थे। ऐसी स्थिति में संस्कृत, प्राकृत एवं अपभ्रंश की प्राचीन साहित्य-परम्पराओं का एकाएक ह्रासोन्मुखी हो जाना स्वाभाविक था। मुस्लिम शासक या तो अपनी भाषा जानते थे या भारत की तत्कालीन बोलचाल की भाषा; अतः उनके आश्रय में अरबी-फारसी जैसे विदेशी भाषाओं के अतिरिक्त अधिक से अधिक भारत की तत्कालीन प्रमुख लोक-भाषाओं को ही स्थान मिल सकता था तथा संस्कृत प्राकृत के महत्त्वपूर्ण अध्ययन-केन्द्रों के नष्ट हो जाने के कारण उनकी परम्पराओं का लुप्त हो जाना स्वाभाविक था। कुछ इतिहासकार इसके स्थान पर यह मानते हैं कि संस्कृत प्राकृत जनता में अप्रचलित हो जाने के कारण 'मृत-भाषाएँ (dead languages) हो गई थी, इसलिए उनके साहित्य का विकास अवरुद्ध हो गया था। हमारे विचार से यह धारणा ठीक नहीं है। संस्कृत तो गौतम बुद्ध के समय—ईसा के छठीं शताब्दी पूर्व—ही जनता में अप्रचलित या कम प्रचलित हो गई थी, फिर भी उसके बाद लगभग १८०० वर्षों तक उसमें उच्च कोटि के साहित्य, दर्शन एवं विज्ञान की रचना होती रही, अतः कोई कारण नहीं कि इसके बाद भी यदि उसके आश्रय-केन्द्र नष्ट न होते तो उसकी परम्पराएँ आगे न चलती रहतीं।

उपर्युक्त राजनीतिक परिस्थितियों के साथ-साथ तत्कालीन धार्मिक परिस्थितियों ने भी हिन्दी तथा अन्य कतिपय लोक-भाषाओं के साहित्योत्थान में योग दिया। मुसलमानों के आगमन तक विभिन्न भारतीय धर्मावलम्बियों को जनता के निम्न अशिक्षित वर्ग की बहुत अधिक चिन्ता नहीं थी, यद्यपि इससे बहुत पूर्व बौद्ध धर्म के उत्थान के समय निम्न वर्ग धर्म-नेताओं के प्रचार का लक्ष्य बन गया था, किन्तु इस समय तक बौद्ध धर्म तथा उसकी प्रतिद्वंद्विता में किये जाने वाले धार्मिक आन्दोलन प्रायः शान्त एवं निष्क्रिय हो चुके थे। गौतम बुद्ध ने जन-भाषा जो अपने उपदेशों का माध्यम बनाकर प्राकृत के महत्त्व को बढ़ा दिया था, पर हिन्दू धर्म के नेताओं ने संस्कृत में ही जनपदीय स्तर के धर्म-ग्रन्थों, विशेषतः पौराणिक साहित्य की रचना करके, पुनः संस्कृत के महत्त्व को प्रतिष्ठित कर दिया था, अतः जब तक बौद्ध धर्म

सशक्त रहा, हिन्दू धर्म के संरक्षकों को निम्न वर्ग को अपना अनुयायी बनाये रखने की चिंता रही तथा इस लक्ष्य की पूर्ति के लिये उन्होंने हिन्दू धर्म का जनपदीय संस्करण तैयार किया, जिसे पौराणिक धर्म कहते हैं। किंतु दसवीं-ग्यारहवीं शताब्दी तक पौराणिक धर्म पुनः उच्च वर्ग के शिक्षित लोगों तथा शास्त्रचिंतक विद्वानों तक सीमित होने लगा था। पर इस्लाम के प्रचारकों ने जनता के निम्न वर्ग को न केवल अपने धर्म में ऊँचा स्थान देना स्वीकार किया अपितु उन्हें उसके लिए साम, दाम, दण्ड आदि सभी प्रकारों से आकर्षित, प्रेरित एवं विवश भी किया। परिणामस्वरूप हिन्दू-जैन आदि धर्मावलम्बियों को इस बात की आवश्यकता अनुभव हुई कि वे अपने धर्म को ऐसे रूप, ऐसे माध्यम एवं ऐसी भाषा में प्रस्तुत करें कि जिससे वह जन-साधारण के लिये ग्राह्य हो सके। ऐसी स्थिति में यह आवश्यक था कि धर्म की प्रेरणा से काव्य रचना करने वाले कवि एवं साहित्यकार संस्कृत, प्राकृत, अपभ्रंश आदि प्राचीन भाषाओं को छोड़कर तत्कालीन लोक-भाषाओं को सर्व-साधारण की भाशा को —अपनी अभिव्यक्ति का माध्यम बनाते। जब-जब जन-साधारण हमारी अभिव्यक्ति का लक्ष्य बनता है तब-तब जन-भाषाओं का उत्थान होता है तब उनका धर्म एवं साहित्य में प्रवेश होता है; इसी सिद्धांत के अनुसार पहले पालि, प्राकृत एवं अपभ्रंश का अभ्युत्थान हुआ था तथा इसी के अनुसार अब हिंदी तथा अन्य आधुनिक भाषाओं का हुआ।

इस क्षेत्र में सबसे पहले अग्रसर होने का श्रेय गुजरात के जैन कवियों को है। इस सम्बन्ध में हमें यहाँ एक विशेष तथ्य को ध्यान में रखना चाहिये, वह यह कि जब-कि दसवीं शताब्दी से लेकर तेरहवीं शताब्दी के अन्त तक दक्षिण को छोड़कर शेष भारत क्रमशः पराधीन हो गया था, वहाँ गुर्जर-राज्य तेरहवीं शती के अन्तिम समय तक—१२६६ ई० तक अपनी स्वतन्त्रता को अखण्ड बनाये हुए था। सच पूछा जाय तो तेरहवीं शताब्दी में भारत की स्वतन्त्रता, शक्ति एवं संस्कृत का केन्द्र गुजरात बन गया था। यहाँ हमें 'गुजरात' का अर्थ भी आधुनिक गुजरात नहीं लेना चाहिए अपितु उस विशाल गुजरात से लेना चाहिये जिसकी सीमा में एक ओर सांभर झील तक का राजस्थान आ जाता था तो दूसरी ओर मालवा, सौराष्ट्र, काठियावाड़ आदि भी उसके अन्तर्गत आ जाते थे। जब पृथ्वीराज चौहान के पतन (११९४ ई०) के बाद दिल्ली तथा गंगा-यमुना के दोआबे पर क्रमशः गोरी का अधिकार हो गया तो भारतीय संस्कृति एवं भारतीय साहित्यकारों का आश्रय-स्थल गुजरात ही बना। पृथ्वीराज एवं जयचन्द के राज्याश्रय में पलने वाले बहुत से धर्माचार्य एवं कवि दिल्ली, अजमेर एवं कन्नौज के पतन के बाद गुजरात-मालवा की ओर प्रस्थान कर गये थे; इसके अनेक सबल प्रमाण इतिहास में मिलते हैं; उदाहरणार्थ पृथ्वीराज चौहान के दरबारी कवि आशाधर के मालवा चले जाने की बात इतिहासकार स्वीकार करते हैं। इस प्रकार और भी बहुत से कवि चले गये होंगे, इसे अनुमान की अयथार्थ नहीं कहा जा सकता।

यद्यपि गुजरात के तत्कालीन नरेश सभी धर्मों का समादर करते थे, किन्तु जैन-धर्म की ओर उनका विशेष झुकाव था। विशेषतः कुमारपाल (११४५-११७१ ई०) तो जैन-धर्म का पूर्णतः अनुयायी ही बन गया था तथा उसने जनता में भी इस धर्म की प्रतिष्ठा एवं प्रचार के लिये तथा जीव-हिंसा को बन्द करने के लिये विशेष प्रयत्न भी किया था। वस्तुतः कुमारपाल को राज्य-गद्दी ही जैन-मतावलम्बियों के सहयोग के कारण मिली थी तथा जैनाचार्य हेमचन्द्र का भी उस पर बहुत अधिक प्रभाव था; अतः उसका जैन-धर्म को विशेष प्रश्रय देना स्वाभाविक था। कुमारपाल के उत्तराधिकारी जैन धर्म के अतिरिक्त या उसके स्थान पर हिन्दूधर्म के अन्य विभिन्न मतों के अनुयायी रहे किंतु एक बात सबके बारे में कही जा सकती है, वह यह कि उन सबमें धार्मिकता का भाव बराबर रहा। यही कारण था कि ११७८ ई० में मूल-राज द्वितीय ने मुहम्मद गोरी से धर्म के आधार पर—धर्म-रक्षा के उद्देश्य से युद्ध किया था, उसने गोरी को भलीभाँति पराजित किया था। इस प्रकार भारत के विभिन्न प्रदेशों के आक्रान्त एवं पराधीन हो जाने के बाद भी अलाउद्दीन के आक्रमण (१२९९) तक गुजरात पूर्ण स्वाधीनता का उपभोग करता हुआ भारतीय संस्कृति एवं साहित्य के संरक्षण में लगा रहा।

हिन्दी-साहित्य के इतिहास का आरम्भ किसी हिन्दी-प्रदेश से न होकर इसी गुर्जर-भूमि के जैन-कवियों की रचनाओं से होता है। आदिकाल में उपलब्ध हिन्दी का अधिकांश प्रामाणिक साहित्य इसी प्रदेश में रचा गया था। जब हम उपर्युक्त पृष्ठ-भूमि को ध्यान में रखे बिना ही इस स्थिति का अवलोकन करते हैं, तो सचमुच आश्चर्य होता है कि इस युग में केन्द्रीय हिन्दी-प्रदेश हिन्दी रचनाओं से शून्य रहा जब कि सीमावर्ती प्रदेशों में केवल जैनकवियों ने ही साहित्यिक क्रांति का शंख फूंका। जिन विद्वानों का विश्वास है कि कोई भी साहित्यिक क्रांति पहले केन्द्रीय स्थान में होती है, वे भारत के मध्य भाग में हिन्दी रचनाओं के न रचे जाने या आरक्षित रह जाने का दोष कभी कन्नौज के गाहड़वाल नरेशों के मत्थे और कभी मुस्लिम आक्रमण-कारियों के साहित्य-संहार पर मँढ़ते हैं; हो सकता है, यह बात सही भी हो किन्तु असर्जित एवं अरक्षित रह जाने वाले अज्ञात साहित्य की चर्चा से अब किसी लाभ की संभावना नहीं। अस्तु, मध्यभाग के साहित्यकारों ने इस युग में कोई साहित्य रचा हो या न रचा हो, वस्तुस्थिति यह है कि ज्ञान की वर्तमान स्थिति में हिन्दी-काव्य का उद्घोष करने का श्रेय सर्वप्रथम जैन-काव्य-रचयिताओं को दिया जा सकता है तथा पूर्व विवेचित परिस्थितियों को ध्यान में रखकर सोचने से यही स्वाभाविक प्रतीत होता है कि इसी प्रदेश में नयी साहित्य-चेतना का प्रस्फुटन होता।

६.२ आदिकाल की प्रामाणिक रचनाएँ

हिन्दी साहित्य के विभिन्न इतिहासकारों ने प्रारम्भिक काल या आदिकाल को विभिन्न नामों से पुकारते हुए इसके अन्तर्गत विभिन्न रचनाओं का उल्लेख किया है, जिनमें परस्पर गहरा अन्तर है। एक ही काल-खण्ड के अन्तर्गत लिखी गयी हिन्दी

रचनाओं के बारे में यह मतभेद अत्यन्त विचित्र एवं आश्चर्यजनक है। जहाँ जार्ज ग्रियर्सन ने इस काल को 'चारण-काल' (७००-१३०० ई०) की संज्ञा देते हुए इसके अन्तर्गत कुल नौ रचनाओं का उल्लेख किया है वहाँ उन्हीं के उत्तराधिकारी मिश्र-बन्धुओं ने अपने 'मिश्रबन्धु विनोद' में आरम्भिक काल (सं० ७००-१४४४ वि०) में १९ कवियों की विभिन्न रचनाओं को स्थान दिया है। किन्तु उन्हें इसी से संतोष नहीं हुआ, मिश्रबन्धु-विनोद के नये संस्करण में उन्होंने सिद्धों और नाथपंथियों को भी सम्मिलित करते हुए इस काल के कवियों की संख्या ७५ तक पहुँचा दी है। किन्तु आगे चलकर आचार्य रामचन्द्र शुक्ल ने बारह रचनाओं को ही इस काल में स्थान देने के योग्य समझा जिनमें से चार उनकी ही मान्यता के अनुसार अपभ्रंश में रचित हैं। शुक्ल-परवर्ती इतिहासकारों में से डॉ० रामकुमार वर्मा ने मिश्र-बन्धुओं के मार्ग का अनुसरण करते हुए इस काल में (संधिकाल एवं चारण-काल में) शताधिक रचनाओं को स्थान दिया है, तो आचार्य हजारीप्रसाद द्विवेदी ने पुनः शुक्ल जी की परम्परा के अनुसार केवल आठ-नौ कवियों की ही चर्चा इस काल में की है। इतना ही नहीं, इनमें से भी अनेक को उन्होंने अस्तित्वहीन, संदिग्ध एवं अर्द्ध प्रामाणिक घोषित किया है। वस्तुतः आचार्य द्विवेदी ने अन्यत्र ईमानदारी से यह स्वीकार किया है कि चौदहवीं शती से पूर्व रचित हिन्दी का कोई भी ऐसा काव्य उपलब्ध नहीं है, जिसे प्रामाणिक कहा जा सके।

इस प्रकार आदिकाल की स्थिति बड़ी विचित्र है। यदि एक इतिहास-ग्रन्थ में देखें तो वह शताधिक रचनाओं से भरा-पूरा दिखाई पड़ता है तो दूसरे के अनुसार वह प्रामाणिक रचनाओं से सर्वथा शून्य प्रतीत होता है। ऐसी स्थिति में इस काल की साहित्यिक प्रवृत्तियों—विशेषताओं आदि का निर्माण करना कठिन ही नहीं असंभव है। अतः यहाँ विभिन्न इतिहासकारों द्वारा उल्लिखित रचनाओं पर क्रमशः पुनर्विचार करते हुए सर्वप्रथम इस बात का निर्णय करने का प्रयास किया जाता है कि इस काल की वास्तविक या प्रामाणिक हिन्दी रचनाएँ कौन-सी हैं और कौन-सी नहीं।

जार्ज ग्रियर्सन द्वारा उल्लिखित रचनाएँ ग्रियर्सन ने नौ कवियों—पुष्यकवि, खुमानसिंह, केदार, कुमारपाल, अनन्यदास, चन्द्र, जगनिक, शार्ङ्गधर एवं जोधराज का उल्लेख किया है, जिनमें से पुष्य और केदार के बारे में तो उन्होंने स्वयं स्वीकार किया है कि इनकी कोई रचना उपलब्ध नहीं है। इसी प्रकार शार्ङ्गधर के दो ग्रन्थों में से शार्ङ्गधर-पद्धति को संस्कृत का काव्य-संग्रह माना गया है तथा उनका दूसरा ग्रंथ 'हम्मीर रायसा' या 'हम्मीर चरित' भी उपलब्ध है। 'कुमारपाल चरित' के रचयिता 'कुमारपाल' भी कोई कवि न होकर इस काव्य के नायक हैं, तथा इस काव्य की रचना प्रसिद्ध जैनाचार्य हेमचन्द्र सूरी द्वारा अपभ्रंश में हुई थी, अतः न तो इस काव्य को ही और न ही इसके रचयिता को हिन्दी-साहित्य में स्थान दिया जा सकता है। 'अनन्य योग' के रचयिता अनन्यदास का रचना-काल सं० १७१०-६० विक्रमी तथा 'हम्मीर रासो' के रचयिता जोधराज का रचनाकाल सं० १८७५ वि० निश्चित

हो चुका है; अतः ये भी आदिकाल की सीमा से बहुत दूर पड़ते हैं। इसी प्रकार 'खुमानरासो' के रचयिता 'खुमानसिंह' न होकर दलपति विजय थे जिनका जीवन-काल डॉ० मोतीलाल मेनारिया द्वारा अठारहवीं शती सिद्ध हो चुका है; अतः उन्हें भी इस काल में स्थान नहीं दिया जा सकता। इसके बाद केवल दो कवि— 'पृथ्वीराज रासो' के रचयिता चन्द्र (चन्दवरदायी) एवं आल्हा 'खण्ड' के रचयिता 'जगनिक' बचते हैं, किन्तु इनकी भी रचनाएँ मूल रूप में प्राप्य नहीं हैं; फिर भी पृथ्वीराज रासो के लघुतम संस्करण के शोधित रूप को मूल के बहुत निकट माना जा सकता है। अतः इस प्रकार ग्रियर्सन द्वारा उल्लिखित कवियों में से केवल चन्दवरदायी ही एक ऐसे हैं, जिन्हें एक सीमा तक इस काल के हिन्दी कवि के रूप में स्वीकार किया जा सकता है, शेष की या तो रचनाएँ उपलब्ध हैं या वे परवर्ती युग के हैं।

मिश्रबन्धुओं द्वारा उल्लिखित रचनाएँ – जैसा कि पीछे संकेत किया जा चुका है, मिश्रबन्धुओं ने 'मिश्रबन्धु-विनोद' के प्रथम संस्करण में 'आरम्भिक काल' (सं० ७००–१४४४ वि०) के अन्तर्गत इन १६ कवियों को स्थान दिया है— १. पुष्य या पुंड (रचना अज्ञात; काल ७७० वि०), २. अज्ञात कवि (खुमान रासो; ८६० वि०), ३. नन्द कबि (रचना अज्ञात; काल ११३७ वि०), ४. मसऊद (सं० ११८० वि०), ५. कुतुब अली (सं० ११८० वि०), ६. साईंदान चारण (सम्वतसार, सं० ११६१), ७. अकरम फैज़ (वर्तमाल, सं० १२०५-५८ वि०), ८. चन्द (पृथ्वीराज रासो, सं० १२२५–४६ वि०), ९. जगनिक (आल्हा), १०. केदार कवि ११. बारदर वेणा (सं० १२२५) १२. जल्हन १३. भूपति (भागवत दशम स्कन्ध भाषा : १३४४) १४. नरपति नाल्ह (वीसलदेव रासो, सं० १३५४) १५. नल्लसिंह (विजयपाल रासो : सं० १३५५) १६. शार्ङ्गधर (हम्मीर काव्य ; सं० १३५७) १७. अमीर खुसरो १८. मुल्ला दाऊद (नूरक चंदा की प्रेम कहानी; सं० १३८५) १९. गोरखनाथ (४० ग्रंथ; सं० १४०७)।

इनमें से पुष्य, नन्द, मसऊद, कुतुबअली, केदार, वारदरवेणा और जल्हन--ये सात कवि तो ऐसे हैं जिनकी रचनाएँ ही उपलब्ध नहीं हैं। शेष में से भूपति या भुवाल को डॉ० रामकुमार वर्मा ने १७वीं-१८वीं शती का कवि सिद्ध किया है। 'वर्त्तमाल' के रचयिता अकरमफैज को मिश्रबन्धुओं ने जयपुर के महाराजा माधवसिंह का आश्रित बताया है—जयपुर सत्रहवीं शती में बसाया गया था तथा महाराजा माधवसिंह उन्नीसवीं शती में हुए थे; अतः यह कवि भी आदिकाल के स्थान पर आधुनिक काल का ही सिद्ध होता है। साईंदान चारण, नल्लसिंह और शार्ङ्गधर की रचनाओं का भी केवल नाम लिया जाता है, उनका पाठ उपलब्ध नहीं है। गोरख-नाथ का भी न तो जीवन-काल निश्चित है और न ही उनकी रचनाएँ मूल रूप में उपलब्ध हैं; जो रूप मिलता है वह बहुत परवर्ती है। इस प्रकार चन्द, जगनिक, नरपति नाल्ह, अमीर खुसरो एवं मुल्ला दाऊद—ये पाँच कवि ही ऐसे रह जाते हैं जिन्हें परवर्ती इतिहासकारों ने भी आंशिक रूप में स्वीकार किया है। इनमें से भी

जगनिक का 'आल्हा-खंड' एवं अमीर खुसरो की कविता की भाषा बहुत परिवर्तित है तथा मुल्ला दाऊद के 'चंदायन' का रचनाकाल ७८१ हिजरी अर्थात् सं० १४३६ वि० प्रमाणित हो चुका है; अतः इन्हें भी आदिकाल में स्थान देना उचित न होगा। अस्तु, उल्लिखित कवियों में से चन्दवरदायी एवं नरपति नाल्ह ही ऐसे हैं जिनके काव्य को अर्द्धप्रामाणिक मानते हुए भी आदिकालीन हिन्दी-साहित्य में स्थान दिया जा सकता है।

आचार्य रामचन्द्र शुक्ल द्वारा उल्लिखित रचनाएँ—आचार्य शुक्ल ने अपने इतिहास में आदिकालीन सामग्री को दो वर्गों में—अपभ्रंश और देशभाषा (बोलचाल) की रचनायें—विभक्त करते हुए निम्नांकित बारह रचनाओं को साहित्य में स्थान दिया है—[क] अपभ्रंश की साहित्यिक रचनायें—(१) विजयपाल रासो (२) हम्मीर-रासो (३) कीर्तिलता और (४) कीर्ति पताका। [ख] 'देश भाषा काव्य' की पुस्तकें—(१) खुमान रासो (२) बीसलदेव रासो (३) पृथ्वीराज रासो (४) जयचन्द्र-प्रकाश (५) जय मयंक जस चन्द्रिका (६) परमाल रासो (आल्हा का मूल रूप) (७) खुसरो की पहेलियाँ और (८) विद्यापति पदावली। इनमें अपभ्रंश की रचनाओं को तो अब हिन्दी-साहित्य में स्थान देने का प्रश्न ही नहीं उठता। शेष में से 'जयचन्द्र प्रकाश' और 'जय मयंक जस चन्द्रिका' अनुपलब्ध हैं तथा 'खुमान रासो' का रचना-काल अठारहवीं शती सिद्ध हो चुका है। परमाल रासो एवं खुसरो की पहेलियाँ भाषा की दृष्टि से संदिग्ध या परवर्ती प्रतीत होती हैं। विद्यापति का रचनाकाल स्वयं शुक्ल जी के ही अनुसार संवत् १४६० के लगभग है तथा इस दृष्टि से वे आदिकाल के नहीं भक्तिकाल के कवि सिद्ध होते हैं। इस प्रकार शुक्ल जी द्वारा उल्लिखित रचनाओं में से 'पृथ्वीराज रासो' को ही आदिकालीन हिन्दी काव्य के रूप में स्वीकार किया जा सकता है; यद्यपि इसका भी रचनाकाल एवं मूल पाठ विवादास्पद है।

डॉ० रामकुमार वर्मा द्वारा उल्लिखित रचनाएँ—डॉ० वर्मा ने हिन्दी साहित्य के प्रारम्भिक काल को भी दो खंडों संधिकाल (सं० ७५०-१०००) एवं चारण-काल (सं० १०००-१७३५ वि०) में विभक्त करते हुए संधिकाल की रचनाओं को सिद्ध-साहित्य, जैन-साहित्य, नाथ-साहित्य, मनोरंजन-साहित्य और प्रेम-कथा साहित्य-इन वर्गों में विभक्त किया है। इन वर्गों में आने वाले कवियों की संख्या सौ से अधिक है। पर क्या यह साहित्य आदिकाल के हिन्दी-साहित्य के रूप में स्वीकार्य कहा जा सकता है? इस प्रश्न का उत्तर पाने के लिये यहाँ प्रत्येक वर्ग पर क्रमशः विचार करना उचित होगा।

(क) सिद्ध-साहित्य—इस वर्ग के अन्तर्गत डॉ० वर्मा ने सरहपा, गुन्डरीपा, कण्हपा आदि उन सिद्ध कवियों को स्थान दिया है जिनकी चर्चा हम पीछे 'पूर्ववर्ती भारतीय साहित्य एवं उसका प्रभाव' शीर्षक अध्याय के अन्तर्गत अपभ्रंश के कवियों के रूप में कर चुके हैं। इन कवियों को प्रकाश में लाने का श्रेय पं० राहुल सांकृत्या-

यन को है जिन्होंने स्वीकार किया है कि इनकी रचनायें मूल रूप में अनुपलब्ध हैं; उन्होंने जो रचनायें सिद्ध कवियों के नाम पर प्रकाशित करवाई हैं वे या तो तिब्बती भाषा में उपलब्ध अनुवादों पर या फिर अठारहवीं-उन्नीसवीं शती की पांडुलिपियों पर आधारित हैं। प्रारम्भ में सांकृत्यायन जी ने 'हिन्दी-काव्य-धारा' में इन्हें हिन्दी कवि के रूप में प्रस्तुत किया था किन्तु आगे चलकर 'दोहाकोष' की भूमिका में उन्होंने अपने मत को संशोधित करते हुए इनके काव्य को मूलतः अपभ्रंश में ही रचित माना है;[1] अतः इन्हें हिन्दी साहित्य में स्थान देना उचित न होगा।

(ख) जैन साहित्य इस वर्ग के अन्तर्गत जैन कवियों की रचनाओं को स्थान दिया गया है, जिन्हें दो वर्गों में विभक्त किया जा सकता है (१) साहित्यिक अपभ्रंश में रचित; जैसे—स्वयंभू, देवसेन, पुष्पदन्त, धनपाल आदि के चरित-काव्य (२) अपभ्रंश-परवर्ती लोकभाषा में रचित; जैसे—शालिभद्र सूरी प्रभृति के रास-काव्य। इनमें से प्रथम वर्ग की रचनाओं को अपभ्रंश साहित्य में तथा दूसरे वर्ग की रचनाओं को हिन्दी साहित्य में स्थान दिया जा सकता है।

(ग) नाथ साहित्य इसके अन्तर्गत गोरखनाथ, चर्पटनाथ, चौरंगीनाथ, गोपीचन्द्र आदि नाथ-पंथी योगियों की रचनाओं को स्थान दिया है। जैसा कि अन्यत्र बताया जा चुका है, इन रचनाओं की भाषा बहुत कुछ परिवर्तित एवं विकृत हो गई है—इस तथ्य को 'गोरखबानी' के सम्पादक बड़थ्वाल ने तथा 'नाथ-सिद्धों की बानियाँ' के संपादक आचार्य हजारीप्रसाद द्विवेदी ने स्पष्ट रूप में स्वीकार किया है। इनकी आधारभूत पांडुलिपियाँ अठारहवीं शती से पहले की नहीं हैं तथा इनकी भाषा का रूप भी अर्वाचीन है; अतः इन्हें प्रारंभिककाल या आदिकाल की प्रामाणिक हिंदी रचनाओं के रूप में स्वीकार नहीं किया जा सकता।

उपर्युक्त तीनों वर्गों के अतिरिक्त 'शृङ्गारी व मनोरंजन साहित्य' के अन्तर्गत अब्दुर्रहमान (संदेशरासक), बब्बर और अमीर खुसरो की रचनाओं का स्थान दिया गया है। इनमें 'संदेशरासक' तो निश्चय ही अपभ्रंश की रचना है तथा शेष दो कवियों की रचनाओं की भाषा संदिग्ध है। चारण साहित्य के अन्तर्गत पुष्य, भुवाल, मोहनलाल द्विज, भट्टकेदार, मधुकर, दलपति विजय, शार्ङ्गधर, नल्लसिंह आदि की चर्चा करते हुए इनकी रचनाओं को अप्राप्य, अनिश्चित एवं अप्रामाणिक माना है। साथ ही उन्होंने बारह डिंगल रचनाओं का भी उल्लेख किया है जिनका रचनाकाल स्वयं डॉ० वर्मा के ही अनुसार संवत् १५६८ वि० से लेकर सं० १८६५ वि० तक है—ऐसी स्थिति में इन्हें भी इस काल के अन्तर्गत स्थान दिया जा सकता है।

अस्तु, डॉ० वर्मा द्वारा उल्लिखित रचनाओं में जैन कवियों द्वारा लोक-भाषा (हिन्दी) में रचित रचनाओं को छोड़कर शेष ऐसी नहीं हैं जिन्हें इस काल की प्रामाणिक हिन्दी रचनाओं के रूप में स्वीकार किया जा सके।

---

१. इस विषय पर विस्तृत विचार पीछे 'प्रथम कवि' के सम्बन्ध में 'पुनर्विचार' शीर्षक के अन्तर्गत किया जा चुका है।

डॉ० नगेन्द्र द्वारा संपादित 'हिन्दी साहित्य का इतिहास' में आदिकाल संबंधी अध्याय के लेखक डॉ० दिनेश ने पुनः सिद्ध-साहित्य, नागपंथी साहित्य तथा अनेक अस्तित्वहीन (जयमयंक जस-चन्द्रिका, जयचन्द्र प्रकाश) एवं परवर्ती रचनाओं (खुमाण रासो, परमाल रासो आदि) को इस काल की हिन्दी रचनाओं में स्थान देते हुए पूर्ववर्ती इतिहासकारों के प्रयासों की पुनरावृत्ति की है, जिस पर पीछे विचार किया जा चुका है। वस्तुतः विभिन्न इतिहासकारों द्वारा इस काल के अन्तर्गत उल्लिखित रचनाओं पर विस्तृत रूप में विचार करते हुए हमने अपनी पुस्तक 'आदिकाल की प्रामाणिक रचनायें' में उन्हें दो वर्गों में विभक्त किया है—(क) अप्रामाणिक रचनायें एवं (ख) प्रामाणिक रचनायें। अप्रामाणिक रचनाओं को भी निम्नांकित पाँच वर्गों में विभक्त किया जा सकता है—

१. **अस्तित्वहीन रचनाएँ**—इस वर्ग में उन रचनाओं को स्थान दिया जा सकता है जो उपबन्ध नहीं हैं किन्तु उनके नाम या उनके रचयिताओं के नाम का उल्लेख विभिन्न इतिहासकारों ने किया है; जैसे—पुष्य, केदार, शार्ङ्गधर, कुमारपाल, नन्द, मसऊद, कुतुबअली आदि कवियों की अज्ञात रचनाएँ।

२. **अपभ्रंश की प्रामाणिक रचनाएँ**—इस वर्ग में मुख्यतः जैन कवियों—स्वयंभू, देवसेन, पुष्पदन्त, धनपाल आदि के चरित-काव्य तथा अब्दुर्रहमान की 'संदेश-रासक' आदि रचनाएँ आती हैं जिनकी भाषा अपभ्रंश है।

३. **परिवर्तित या प्रक्षिप्त रचनाएँ**—इस वर्ग में सिद्धों की और नाथ-पंथियों की उन रचनाओं को स्थान दिया जा सकता है जो अब परिवर्तित, अनूदित या प्रक्षिप्त रूप में मिलती हैं।

४. **परवर्ती युग की रचनाएँ**—इस वर्ग में उन रचनाओं को स्थान दिया जा सकता है जो रचना-काल की दृष्टि से इस काल के बाद की है; जैसे—खुमान रासो, ढोला मारू रा दूहा, विद्यापति की रचनायें, आल्ह खण्ड आदि।

५. **साहित्येतर रचनाएँ**—इस वर्ग में व्याकरण, दर्शन, नीति-उपदेशादि से सम्बन्धित उन रचनाओं को स्थान दिया जा सकता है जो भाषा एवं रचना-काल की दृष्टि से आदिकालीन हिन्दी रचना के रूप में मान्य होती हुई भी काव्यात्मकता से शून्य है; जैसे—'उक्ति-व्यक्ति प्रकरण', 'उपदेश रसायन-रास' आदि।

अस्तु, उपर्युक्त पाँचों वर्गों की ही रचनाओं को आदिकालीन हिंदी-साहित्य के अंतर्गत स्थान नहीं दिया जा सकता।

प्रामाणिक रचनाएँ—इस काल में उपलब्ध हिन्दी की काव्य-रचनाओं को मुख्यतः पाँच वर्गों में विभक्त किया जा सकता है—(१) जैन रास-काव्य (२) फागु काव्य (३) चतुष्पदी काव्य (४) महाराष्ट्रीय संत काव्य और (५) ऐतिहासिक रासो-काव्य। इनकी सूची इनके रचयिताओं के नाम तथा रचना-काल के निर्देश-सहित यहाँ प्रस्तुत की जाती है—

१. जैन रास काव्य

रचना	रचयिता	रचनाकाल
(१) भरतेश्वर बाहुबली रास	शालिभद्र सूरी	११८४ ई०
(२) बुद्धिरास	"	१२०० ई०
(३) चंदनबाला रास	आसगु	"
(४) जीलदया रास	"	"
(५) स्थूलभिद्र रास	जिनधर्म सूरी	१२०९ ई०
(६) रेवन्त गिरि रास	विजयसेन सूरी	१२३१ ई०
(७) आबू रास	पल्हण	१२३२ ई०
(८) नेमिनाथ रास	सुमति गुणी	१२३८ ई०
(९) कछूली रास	प्रज्ञातिलक	१३०९ ई०
(१०) गयसुकुमाल रास	दल्हण	१४वीं शती
(११) जिनपद्मसूरि पट्टाभिषेक रास	सारमूर्ति	१३३३ ई०

२. फागु काव्य

रचना	रचयिता	रचनाकाल
(१) जिनचंद सूरि फागु	?	१२८५ ई० लगभग
(२) सिरिथुलि भद्द फागु	जिनपद्म सूरी	१३४० ई० "
(३) नेमिनाथ फागु	राजशेखर सूरी	१३४८ ई० "
(४) वसंत विलास फागु	?	१३५० ई० "

३. चतुष्पदी-काव्य

रचना	रचयिता	रचनाकाल
(१) जिनदत्त चौपई	रल्हकवि	१२९७ ई०
(२) नेमिनाथ चौपई	विनयचंद्र सूरी	१३५० ई०

४. महाराष्ट्रीय संत-काव्य

रचना	रचयिता	रचनाकाल
(१) चक्रधार के हिन्दी-पद		*(११९४-१२७४ ई०)
(२) ज्ञानेश्वर के हिन्दी-पद		*(१२७५-१२९६ ई०)
(३) नामदेव के हिन्दी-पद		*(१२७०-१३५० ई०)

५. ऐतिहासिक रासो-काव्य

रचना	रचयिता	रचनाकाल
(१) पृथ्वीराज रासो	चंदबरदायी	१२०० ई० लगभग
(२) बीसलदेव रासो	नरपति नाल्ह	१२१५ ई० "

उपर्यूक्त रचनाओं में से स्पष्ट ही प्रथम चार वर्गों की रचनाएँ धर्माश्रय में रचित हैं जबकि अंतिम वर्ग की रचनायें राज्याश्रय में रचित हैं। इसके अतिरिक्त संभव है कि लोकाश्रय में भी रचनाएँ रची गयी हों किन्तु संरक्षण के अभाव में वे लुप्त हो गयी हों। आगे प्रत्येक वर्ग के काव्य की बिवेचना संक्षेप में प्रस्तुत की जायेगी।

●

*यहाँ कोष्ठक में कवियों का जीवन-काल दिया गया है।

७

आदिकालीन हिन्दी काव्य : परम्परा और प्रवृत्तियाँ

७. १. जैन रास-काव्य

'रस' या 'रासो' की व्युत्पत्ति—रास काव्य की परम्परा का अध्ययन आरम्भ करने से पूर्व हमें 'रासो' की व्युत्पत्ति एवं अर्थ स्पष्ट कर लेना चाहिए। इसके व्युत्पत्ति के सम्बन्ध में विभिन्न विद्वानों में परस्पर गहरा मत-भेद रहा है। गार्सा द तासी ने इसका सम्बन्ध 'राजसूय' से स्थापित किया है तो आचार्य रामचन्द्र शुक्ल ने 'वीसलदेव रासो' में प्रयुक्त 'रसायण' शब्द से 'रास' या 'रासो' की व्युत्पत्ति सिद्ध की है; किन्तु अब ये दोनों ही प्रयास अमान्य समझे जाते हैं। इधर डॉ० दशरथ शर्मा, डॉ० हजारीप्रसाद द्विवेदी, डॉ० माताप्रसाद गुप्त प्रभृति विद्वानों ने संस्कृत के 'रासक' से ही 'रास' का सम्बन्ध सिद्ध किया है। प्राकृत अपभ्रंश के नियमानुसार 'रासक' के 'रासअ', 'रासउ', 'रास' आदि रूप विकसित हो जाते हैं जबकि राजस्थानी में प्राय: संज्ञाएँ अकारात्मक से ओकारान्त हो जाती हैं; अत: इसमें 'रास', 'रासा' के स्थान पर 'रासो' का प्रयोग होना स्वाभाविक है। इस प्रकार 'रास', 'रासा', 'रासु', 'रासो' आदि शब्द मूलत: 'रासक' (नृत्य-विशेष, छन्द-विशेष एवं काव्य-विशेष) के ही परिवर्तित एवं विकसित रूप हैं।

पूर्व-परम्परा—विभिन्न विद्वानों के अनुसंधान से पता चला है कि संस्कृत-साहित्य में 'रासक' संज्ञा का प्रयोग प्राय: एक ही समय तीन अर्थों में होता रहा है—(१) गेय काव्यों के लिए (२) नृत्य विशेष के लिए और (३) रूपक के विशेष भेद के लिये। ऐसी स्थिति में यह अनुमान किया जाता है कि प्रारम्भ में रासक गीतों का प्रयोग नृत्य एवं अभिनय के साथ होता रहा होगा तथा आगे चलकर नृत्य एवं अभिनय के तत्व लुप्त हो गये होंगे तथा केवल काव्य-रूप का विकास अधिक हो गया होगा। इस अनुमान की पुष्टि अनेक साक्ष्यों से होती है। जहाँ 'रासक नृत्य' का लक्षण बताते हुए अनेक संस्कृत विद्वानों ने पुरुष एवं स्त्रियों के मण्डलीबद्ध नृत्य का उल्लेख किया है, वहाँ अनेक काव्यों में भी इस प्रकार के नृत्य का संकेत मिलता है; जैसे—'संघपति समरारास' में इस रास के 'पढ़ने, गुनने एवं नाचने' का उल्लेख किया गया है तो

'वीसलदेव रास' में दो प्रकार की नृत्य-मण्डलियों के द्वारा बाँसुरी-वादन, ताल एवं घुँघरू के साथ 'रास' प्रकाशित करने की विधि का उल्लेख किया गया है—

'गावणहार माँडइ (अ, रंगाई ।
रास कई (सम) यह वंसली वाई ।
ताल कई समचइ धूंध री ।
मांहिली मांडली छीदा होइ ।
बारली मांडल सांधणां ।
रास प्रगास ईणी विधी होइ ।

यद्यपि डॉ० माताप्रसाद गुप्त ने इन पंक्तियों को मूल कवि द्वारा रचित नहीं माना है, फिर भी वे जिस किसी की भी रचना है, उस व्यक्ति के युग में रास-काव्य के प्रकाशन की उपर्युक्त विधि अवश्य रही है जो आगे चलकर लुप्त हो गयी । अतः यह स्वीकार किया जा सकता है कि किसी समय रासक काव्य का गायन विशेष नृत्य एवं अभिनय के साथ होता था । आगे चलकर जब भारतीय जीवन में नृत्य एवं अभिनय की कलाओं का ह्रास हो गया हो तो रासक काव्य के साथ भी ऐसा होना स्वाभाविक था । इस तथ्य की और स्पष्टता के लिए हम हिन्दी-नाटक का इतिहास इसके समानान्तर रख सकते हैं । नाटक भी संस्कृत-प्राकृत-युग में नृत्य एवं अभिनय आदि के साथ अभिनीत करने के लिये लिखे जाते थे, किन्तु जब नृत्य एवं अभिनय कला का ह्रास हो गया तो भी 'नाटक' नाम की रचनाओं का प्रचलन रहा, भले ही अभिनय उनका न होता हो । आधुनिक युग में भी लिखे जाने वाले सभी नाटक अभिनय-योग्य हों, यह आवश्यक नहीं । रासक का विकास-क्रम भी बहुत कुछ 'नाटक' के इतिहास से मिलता-जुलता सिद्ध होता है ।

'रासक काव्य' विशेष प्रकार के नृत्य एवं अभिनयादि के लिए लिखे जाते थे, इसलिए उनमें छन्द-वैविध्य का विशेष ध्यान रखा जाता था । इस बात का निर्देश एक ओर नवीं-दसवीं शताब्दी के आचार्यों ने तथा दूसरी ओर बारहवीं शती के कवि अब्दुर्रहमान ने किया । यथा-विरहांक ने लिखा है—"जिसमें बहुत से अड़िल्ल, दुवहअ मात्रा, रड्डा और ढोसा छन्द होते हैं, ऐसी रचना 'रासक' कहलाती है तथा लगभग इसी लक्षण की आवृत्ति करते हुए स्वयंभू (१०वीं शती) ने भी लिखा है—जिस काव्य में घत्ता, छप्पय पद्धतियाँ तथा अन्य रूपकों (वृत्तों) के कारण जन-साधारण के मन का अभिराम होता है वह रासाबन्ध काव्य कहलाता है ।" आगे चलकर 'संदेश-रासक' के रचयिता ने भी इसी का संकेत करते हुए लिखा है—

'कह बहुरूवि णिबद्धउ 'रासउ भासियइ'

अर्थात् कहीं पर वह बहुरूपक (छन्द) निबद्ध रासक घोषित होता रहता है ।

अस्तु, इससे स्पष्ट है कि नवीं से बारहवीं शती तक 'रासक' काव्य में केवल छन्दों के ही वैविध्य पर बल दिया जाता रहा तथा परवर्ती युग में भी, जैसा कि डॉ० माताप्रसाद गुप्त ने स्वीकार किया है, छन्द-वैविध्य की ही प्रवृत्ति इनमें प्रमुख रही है । यहाँ यह भी उल्लेखनीय है कि 'रासक काव्य' के उपर्युक्त लक्षण बहुत ही

संक्षिप्त हैं। किसी काव्य के सम्बन्ध में केवल उसके छंद-वैविध्य का ही संकेत करना बहुत संतोषजनक नहीं कहा जा सकता। यदि इस तथ्य पर विचार करें तो दो बातें स्पष्ट होंगी, एक तो यह है कि विरहांक स्ययंभू ने अपने छन्द सम्बन्धी ग्रंथों में ही 'रासक' के काव्य का उल्लेख किया है; अतः उनकी दृष्टि केवल छन्द-योजना तक ही सीमित थी, अन्य पक्षों पर दृष्टि डालने का उनका लक्ष्य ही नहीं था। कदाचित् छन्द सम्बन्धी ग्रन्थ लिखने का प्रयोजन न होता तो वे इस काव्य-रूप पर ध्यान ही न देते। इससे दूसरी बात यह स्पष्ट है कि रासक काव्य सुपठित आचार्यों द्वारा बहुत उपेक्षा की दृष्टि से देखा जाता था। कदाचित् इस उपेक्षा का कारण यह था कि इस काव्य-रूप का आविर्भाव ही जन-साधारण के निम्नस्तरीय लोक-नृत्य-गीतों से हुआ। जैसा कि डॉ० वासुदेव शरण अग्रवाल ने निर्देश किया है, बाण के 'हर्ष चरित' (७वीं शती) में हर्ष के जन्मोत्सव पर स्त्रियों के द्वारा ऐसे अश्लील रासक पदों के गाये जाने का उल्लेख है जिन्हें सुनकर विट लोग ऐसे हुलसते थे मानो कानों में अमृत रस चुआया जा रहा हो। ऐसी स्थिति में यह भी सम्भव है कि ये स्त्रियाँ गाने के साथ-साथ नृत्य एवं अभिनय भी करती हों। वैसे इसी रचना में बाण ने मण्डलाकार रासक नृत्यों का भी अन्यत्र उल्लेख किया है। अस्तु, नृत्य एवं रासक पद चाहे अलग-अलग रूप में व्यवहृत होते रहे हों या एक साथ, पर यह स्पष्ट है कि बाणभट्ट के समय स्त्रियों में अश्लील रासक-पदों का प्रचार अवश्य था।

बारहवीं शती में हेमचन्द्राचार्य ने भी अपने 'प्राकृत-व्याकरण' से अपभ्रंश भाषा के ग्राम्य रूप की चर्चा करते हुए कहा है कि इसमें रासक, डोम्बिका आदि श्रेणी के लोक-प्रचलित गेय एवं अभिनेय काव्य लिखे जाते हैं। रासो काव्यों के गेय एवं अभिनेय होने के प्रमाण और भी बाद में मिलते हैं; जैसे—'रेवंतगिरिरास' (१२वीं शती) में उल्लेख हैं—'रंगहिए रमए जो रासु, सिरि विजय सेणिसूरि निम्नविउए' तथा 'समरारास' (१४वीं शती) एवं 'श्री जिनोदयसूरि रचित 'पट्टाभिषेक रास' में भी इसी प्रकार के उल्लेख मिलते हैं—

खेला नाचइ नवल परे घाघारिखु झमकइ।
अचरिउ देषिउ धामियह कह चित्तु न चमदइ। —समरारास
नाचइ ए नयण विशाल, चंदवयणि मन रंग भरे,
नव रंगि ए रासु रमंति, खेला खेलिय सुपरिवरे।
—श्री जिनोदयसूरि पट्टाभिषेक रास

इसी प्रकार एक अन्य साक्ष्य 'बीसलदेव रास' में मिलता है, जिसे पीछे उद्धृत किया जा चुका है।

इन प्रमाणों को देखते हुए यह निष्कर्ष भली-भाँति निकाला जा सकता है कि जन-साधारण के द्वारा नृत्य-गान के साथ 'रासक पदों'—आगे चलकर रासक काव्यों के प्रयोग की परम्परा सातवीं शती से लेकर चौदहवीं-पन्द्रहवीं शती तक बराबर रही है। प्रारम्भ में इसका स्तर अत्यन्त निम्न था, किन्तु आगे चलकर उसके स्तर का उत्थान क्रमशः होता रहा। लगभग १२वीं शती में कदाचित् इनकी लोकप्रियता को

देखकर जैन-कवियों का ध्यान भी इनकी ओर गया और इन्हें अपने तीर्थंकरों के चरित-गान एवं धार्मिक उपदेशों का माध्यम बनाया। जैसा कि इस युग की अनेक जैन-रचनाओं से प्रमाणित होता है, जैन-मुनियों का दृष्टिकोण इस युग (१२वीं-१६वीं शती) में अधिक सुधारवादी हो चला था, जिससे वे चैत्यगृहों में विभिन्न प्रकार के नृत्यों, वारांगनाओं के प्रवेश एवं कामोद्दीपक कलाओं के प्रयोग का निषेध करने लगे थे। इस स्थिति का प्रभाव जैन कवियों द्वारा रचित रासो काव्यों पर भी पड़ना स्वाभाविक था। परिणामस्वरूप जैनियों के रासो काव्यों में एक ओर धार्मिक क्षेत्र की विषय-वस्तु का प्रयोग हुआ तो दूसरी ओर उनकी शैली में भी चंचलता के स्थान पर गम्भीरता का आविर्भाव हुआ। जैनियों से ही यह परम्परा अन्य कवियों में आयी; जिसका विवेचन हम आगे करेंगे।

रासो-काव्य की दो परम्पराएँ—डॉ० माताप्रसाद गुप्त ने 'हिन्दी-साहित्य' में संकलित एक लेख में रासो काव्यों की दो स्वतन्त्र काव्य परम्पराओं के अस्तित्व का विचार प्रतिपादित करते हुए लिखा है—'रासो' के अन्तर्गत प्रबन्ध की दो विभिन्न परम्पराएँ आती हैं—'एक तो गीत-नृत्यपरक और दूसरी छन्द वैविध्यपरक। पहली का उद्भव कदाचित् नाट्य रासकों से हुआ है और दूसरी का रासक या रासा-बन्ध से। दोनों परम्पराओं को मिलाया नहीं जा सकता।' इनमें से प्रथम परम्परा—गीत नृत्यपरक—में आपने उपदेश-रसायन-रास, भरतेश्वर-बाहबलीरास, बुद्धिरास, जीवदयारास, चन्दन-बाला रास, जम्बू स्वामीरास, रेवतगिरि रास आदि से लेकर वीमलदेव रास तक के ऐसे काव्यों को स्थान दिया जाता है जो १२वीं शती से लेकर चौदहवीं शती तक जैन कवियों द्वारा रचित हैं—जिनमें 'वीसलदेव रासो' ही इसका अपवाद है; जबकि दूसरी परम्परा में जैनेतर रासो काव्यों को स्थान दिया गया है जो चौदहवीं शती से लेकर बीसवीं शती तक रचित हैं। दूसरी परम्परा में उन्होंने मुंजरास, हम्मीर रासो, जैसी रचनाओं को भी सम्मिलित कर लिया है जिनके दो-चार छन्द ही उपलब्ध हैं तथा जिनका अस्तित्व संदिग्ध है। इन दोनों परम्पराओं के भेदक लक्षणों पर प्रकाश डालते हुए डॉ० गुप्त ने इन तथ्यों का भी उल्लेख किया है— (१) गीत-नृत्य-परक परम्परा का प्रचार जैन कवियों में अधिक रहा जबकि दूसरी परम्परा जैनेतर समाज में प्रचलित रही। (२) जैन-रचनाओं की भाषा अपभ्रंश-बहुल है जबकि अन्य आधुनिक है। (३) गीत-नृत्यपरक रासो रचनाएँ प्रायः पश्चिमी राजस्थान और गुजरात में ही लिखी गयी थीं, जबकि दूसरी परम्परा की रचनाएँ हिन्दी-प्रदेश की हैं। (४) प्रथम परम्परा की अपेक्षा दूसरी का दृष्टिकोण अधिक काव्यपरक रहा।

यदि हम इन दोनों परम्पराओं की तुलना करते समय इनके रचना-काल पर भी ध्यान दें तो यह स्पष्ट हो जाता है कि परम्परा १४वीं शती तक जैन-कवियों के हाथ में रही. वही १४वीं शती या उसके बाद जैनेतर कवियों के हाथ में पहुँच गयी; इस युग-परिवर्तन एवं केन्द्र-परिवर्तन के साथ ही दोनों की विषय-वस्तु एवं भाषा-शैली में भी परिवर्तन हो गया, किन्तु मूलतः ये सर्वथा भिन्न नहीं हैं। हमारे

विचार से जिन्हें डॉ० गुप्त दो परम्पराएँ कहते हैं, वे वस्तुतः एक ही परम्परा के दो पक्ष हैं—एक उसका पूर्व पक्ष है और दूसरा उत्तर पक्ष। इन दोनों पक्षों को मिलाने वाली कड़ी वीसलदेव रासो है जिसमें दोनों पक्षों की विशेषताएँ समन्वित रूप में मिलती हैं। जहाँ शैली की दृष्टि से वह पहली परम्परा में आती है, वहाँ विषय-वस्तु की दृष्टि से दूसरी परम्परा में पड़ती है। वस्तुतः वीसलदेव रासो का कवि जैनी नहीं था। उसने जैन-महापुरुषों के स्थान पर ऐतिहासिक नरेश के चरित्र को अपनाकर इस परम्परा को नया मोड़ दिया। किन्तु फिर भी जैन-कवियों ने इस परम्परा को सर्वथा नहीं त्याग दिया। आगे चलकर जैन मुनि दलपतिविजय ने 'खुमान-रासो' की रचना की थी। अतः 'रास' और 'रासो' काव्यों को दो परस्पर निरपेक्ष परम्पराओं के रूप में स्वीकार करने की अपेक्षा एक ही परम्परा के विकास की दो अवस्थाओं के रूप में मानना अधिक उचित होगा। राजस्थानी में आकारान्त संज्ञाएँ ही ओकारान्त बन जाती हैं, जैसे घोड़ा—घोड़ो; मोर—मोर्‌यो; अतः जहाँ 'रासो', 'रास' या 'रासा' का ही विकसित रूप है वहाँ परवर्ती काव्य भी पूर्ववर्ती परम्परा से सम्बन्धित हैं। फिर भी विषय-वस्तु या मूलभूत दृष्टिकोण के आधार पर अवश्य इन काव्यों को दो वर्गों में विभक्त किया जा सकता है—(१) धार्मिक रासो काव्य, जो मुख्यतः जैनियों द्वारा लिखे गये हैं। (२) ऐतिहासिक रासो काव्य, जो परवर्ती राज्याश्रित कवियों द्वारा रचित हैं। वस्तुतः जिस प्रकार विद्यापति की गीति-परम्परा सूरदास आदि भक्त कवियों के द्वारा विकसित होकर नये रूप में प्रतिष्ठापित हो गई लगभग वैसे ही जैन कवियों की यह परम्परा दरबारी कवियों के हाथ में पड़कर नयी भावनाओं एवं नये रूपों से युक्त हो गई है। जहाँ पहले कवियों का लक्ष्य अपने धर्म-सिद्धान्तों का प्रचार तथा अपने आराध्य का गुण-गान करना था; अतः वह शान्त रस-प्रधान थी। वहाँ परवर्ती कवियों का लक्ष्य सामन्तों की वीरता का गुण-गान करना हो गया; अतः उनकी विषय-वस्तु पौराणिक के स्थान पर ऐतिहासिक एवं शान्तरसात्मक के स्थान पर वीररसात्मक हो गई। अतः दोनों वर्गों की रचनाओं के इस अन्तर को ध्यान में रखते हुए इनका परिचय भी आगे अलग-अलग शीर्षकों—'जैन रास-काव्य-परम्परा' एवं 'ऐतिहासिक रासो काव्य-परम्परा'—के अन्तर्गत काल-क्रमानुसार अलग-अलग प्रस्तुत किया जाएगा। यहाँ हम पहली शाखा का ही विवेचन प्रस्तुत करते हैं।

रासो काव्य-परम्परा का प्रवर्त्तन—इस परम्परा का प्राचीनतम ज्ञात ग्रन्थ **'रिपुदारण रास'** है जो डॉ० दशरथ शर्मा के अनुसार सन् ६०५ ई० (६६२ वि०) का रचित है तथा इसकी भाषा संस्कृत है। डॉ० हरीश ने इसके सम्बन्ध में लिखा है कि यह अब तक के उपलब्ध रासो ग्रन्थों में सबसे पुराना है। इसमें अभिनय, नृत्य और गान—इन तीनों के तत्त्व मिश्रित हैं। ऐसी स्थिति में इसे रासो-काव्य-परम्परा की उस प्रारम्भिक अवस्था का सूचक माना जा सकता है जबकि वह अभिनय और नृत्य से पृथक् नहीं हो पाई थी। इसका विस्तृत परिचय डॉ० दशरथ शर्मा ने 'मरुभारती', वर्ष ४, अङ्क २ में प्रकाशित करवाया है। संस्कृत में इसके अतिरिक्त कोई और रासो नहीं मिलता; अतः इसे भाषा की दृष्टि से अपवाद ही मानना चाहिए।

रासो-काव्य-परम्परा का अखण्ड रूप में प्रवर्त्तन इसके लगभग दो सौ वर्ष बाद जिनदत्त सूरि द्वारा रचित **'उपदेश रसायन रास'** से होता है जिसका रचनाकाल डॉ० दशरथ ओझा ने संवत् ११७१ वि० अर्थात् १११४ ई० माना है, जबकि डॉ० माताप्रसाद गुप्त के मतानुसार यह संवत् १२०० वि० या उसके कुछ बाद की रचित है। वैसे इससे पूर्व के भी तीन रासो-काव्यों—मुकुट सप्तमी रासक, माणिक्य प्रस्तारिका रासक एवं अम्बादेवी रास का उल्लेख जैन-ग्रन्थों में मिलता है, जो डॉ० ओझा के अनुसार ११वीं शती में या उसके पूर्व रचे गये थे, पर अब वे अनुपलब्ध हैं। ऐसी स्थिति में 'उपदेश रसायन रास' को ही उपलब्ध जैन-रासो काव्य में प्रथम स्थान दिया जाता है।[1]

यह रास विशुद्ध धार्मिक रचना है, जिसमें जैन-मत से सम्बन्धित विभिन्न तत्त्वों का विवेचन विशुद्ध उपदेशात्मक शैली में किया गया है। कहीं-कहीं रूपकों एवं दृष्टान्तों का उपयोग अवश्य किया गया है, अन्यथा यह रचना काव्य की अपेक्षा दर्शन के क्षेत्र में स्थान पाने के अधिक उपयुक्त है। इसकी भाषा का अपभ्रंश है, उदाहरण के लिए कुछ पंक्तियाँ द्रष्टव्य हैं—

गुरु-पवहणु निप्पुन्नि न लब्भइ
तिणि पवाहि जणु पडियउ बुब्भइ।
सा संसार — समुद्दि पइट्ठी,
जाहि सुक्खह वत्ता वि पणट्ठी॥

अर्थात् गुरु रूपी नौका पुण्यविहीन जनों के द्वारा प्राप्त नहीं की जाती। इसमें (लोक-प्रवाह) पड़ा हुआ मनुष्य बह जाता है। जब वह नदी संसार-सागर में प्रविष्ट हो जाती है तब सुखों की वार्त्ता भी नष्ट हो जाती है।

अपभ्रंश का दूसरा रासक-काव्य अब्दुर्रहमान द्वारा रचित **'संदेश रासक'** है जिसका रचना-काल विवादास्पद है किन्तु अन्तरंग साक्ष्यों एवं भाषा आदि की दृष्टि से इसे सामान्यतः १२वीं शताब्दी में रचित माना जाता है। इसमें विषय-वस्तु एवं शैली की दृष्टि से 'उपदेश-रसायन-रास' से गहरा अन्तर मिलता है; जहाँ पूर्ववर्ती रचना में धर्मोपदेशों का कथन एक ही प्रकार के छन्दों में किया गया है, वहाँ इसमें विरहिणी का प्रणय-संदेश विविध प्रकार के छन्दों में तथा मार्मिक शैली में प्रस्ततु हुआ है। भावाभिव्यंजना एवं काव्य-सौष्ठव की दृष्टि से भी यह रचना एक सच्चे काव्य का उदाहरण है। वस्तुतः इन दोनों रचनाओं के रचयिताओं के दृष्टिकोण एवं प्रयोजन में गहरा अन्तर होने के कारण ही इनमें यह अन्तर उपस्थित हो गया है। यह भी संभव है कि 'उपदेश-रसायन' केवल रसायण ही हो जिसके साथ 'रास' विशेषण का प्रयोग बाद में होने लग गया हो। इस रचना (उपदेश रसायण) का पाठ भी अभी निश्चित नहीं;

---

१. 'उपदेश रसायण-रास' की भाषा हिन्दी की अपेक्षा अपभ्रंश के अधिक निकट है तथा इसमें काव्यत्व का अभाव है; अतः इसे हिन्दी काव्य में स्थान नहीं दिया गया।

एक पाठ के अनुसार इसमें 32 छन्द मिलते हैं जबकि अन्य के अनुसार इसमें 80 छन्द हैं। अस्तु, रसायण को संदिग्ध रचना मान लेने की स्थिति में 'संदेश-रासक' ही अपभ्रंश का प्रारम्भिक रासो काव्य रह जाता है। इसके रचयिता ने स्वयं भी इसके 'रासक' होने का उल्लेख विशेष रूप से किया है—

अद्दहमाणपसिद्धो संनेहय रासयं रइयं।

'संदेश-रासक' की भाषा को हमारे विद्वान् कभी अपभ्रंश, कभी अपभ्रंश से आगे बढ़ी हुई और कभी हिन्दी मानते रहे हैं; पर हमारे विचार से इसे अपभ्रंश मानें या आगे बढ़ी हुई अपभ्रंश, किन्तु हिन्दी से यह बहुत दूर है। हमारे अनेक सहृदय इतिहासकारों ने इसके काव्य-सौन्दर्य पर मुग्ध होकर इसकी चर्चा इस तरह की है मानो यह हिन्दी की ही रचना हो; अवश्य ही इसका सौन्दर्य गजब का है; किसी भी बहाने इसकी चर्चा छिड़ जाने पर यह ध्यान ही नहीं रहता कि यह कोई परायी रचना है, फिर भी सत्य यही है कि इसकी भाषा हिन्दी की अपेक्षा अपभ्रंश के अधिक निकट है। यहाँ नमूने के रूप में इसका एक छन्द उद्धृत है—

पउ मोडवि निमिसिद्धु पहिय जइ दय करहिं,
कहउं किपि संदेसउ पिउ तुच्छक्खरहि।
पहिउ भणइ कणयंगि कहह कि रुन्नयण,
झिज्जंती णिरु दीसहि उव्विन्नमियनयण। ६८

अर्थात् "हे पथिक ! यदि दया करके आधे क्षण बैठो, तो प्रिय के लिए कुछ शब्दों में एक छोटा सा संदेश निवेदन करूँ।" पथिक ने कहा "हे सुवर्णांगी ! कहो, रोने से क्या होगा ? हे घबरायी हुई हरिणी के समान नेत्रों वाली बाले ! तुम अत्यंत दुःखी दिखाई देती हो।"

इसके अनन्तर जैन-कवियों के अनेक रासो-काव्य मिलते हैं, जिनकी भाषा कहीं-कहीं अपभ्रंश से प्रभावित होती हुई भी परिनिष्ठित अपभ्रंश से इतने आगे बढ़ी हुई है कि उसे निःसंकोच हिन्दी का प्रारम्भिक रूप माना जा सकता है तथा अनेक विद्वानों ने माना भी है। अतः उनकी चर्चा आगे हिन्दी रासो-काव्यों के अन्तर्गत करना उचित होगा।

रासो-परम्परा का हिन्दी में प्रवर्त्तन व विकास— हिन्दी में रासो-परम्परा का प्रवर्त्तन जैन साधु श्री शालिभद्र सूरी द्वारा रचित 'भरतेश्वर बाहुबली रास' से होता है। यद्यपि इससे किंचित् पूर्व की एक अन्य रचना 'भरतेश्वर बाहुबलिघोर रास' (वज्रसेन सूरि द्वारा रचित) भी उपलब्ध है किन्तु एक तो उसका रचना-काल संदिग्ध है, दूसरे वह केवल तीन पृष्ठों की अत्यन्त लघु कृति है जिसे विद्वानों ने विशेष महत्व नहीं दिया है, अतः अब तक इस क्षेत्र से सम्बन्धित विभिन्न शोधकर्त्ता 'भरतेश्वर बाहुबली रास' को ही प्राथमिकता देते रहे हैं। मुनि जिन विजय के विचारानुसार यह ग्रन्थ हिन्दी-जैन-रास-परम्परा का आदि काव्य है तो डॉ० दशरथ ओझा एवं डॉ० हरीश ने भी इसे देशी भाषा या हिन्दी के प्रथम रासक काव्य के रूप में स्वीकार किया है। ऐसी स्थिति में, जैसा कि हम पीछे हिन्दी-साहित्य के आविर्भाव पर विचार करते

हुए स्पष्ट कर चुके हैं, इसी ग्रंथ को हिन्दी का आदि काव्य होने का गौरव दिया जाना चाहिए, तथा इसी से न केवल रासो-परम्परा का अपितु हिन्दी-साहित्य का भी प्रवर्त्तन समझा जाना चाहिये।

भरतेश्वर-बाहुबली रास का रचना-काल असंदिग्ध रूप से सं० १२४१ वि० (११८४ ई०) फाल्गुन मास की पंचमी है, जिसका उल्लेख अन्त में स्वयं कवि ने भी किया है। इसका सम्पादन एवं प्रकाशन मुनि जिनविजय द्वारा एक चार-पाँच शती प्राचीन पांडुलिपि के आधार पर हो चुका है तथा एक अन्य संस्करण का सम्पादन एवं प्रकाशन भी लालचन्द भगवान गाँधी के द्वारा हुआ है। यद्यपि दोनों संस्करणों की आधारभूत पांडुलिपियाँ अलग-अलग हैं, किन्तु फिर भी उनमें बहुत कम पाठ-भेद मिलता है। अस्तु, हिन्दी के अन्य कतिपय रासो-काव्यों के विपरीत यह अप्रामाणिकता के आक्षेप से मुक्त है।

कवि ने आरम्भ में ऋषि जिनेश्वर, सरस्वती एवं गुरु चरणों को नमस्कार करते हुए प्रस्तावना की है – "नरेन्द्र भरत का चरित युग-युग से विश्व-विदित है, उसमें दोनों भाइयों (भरतेश्वर एवं बाहुबली) का युद्ध वर्णित है। मैं रास छन्द में (उसी चरित का) वर्णन करता हूँ, जो जन-मन को हरने वाला एवं मन को आनन्द देने वाला है। हे भव्य जन ? उसे मनोनिवेशपूर्वक सुनो।"

इसकी कथा पुष्पदन्त के महापुराण में १६ से १८ संधियों तक वर्णित एक इतिवृत्ति पर आधारित है जिसमें बताया गया है कि ऋषभ के पुत्र भरत किस प्रकार चक्रवर्ती बनकर सारे राजाओं को जीत लेते हैं, किन्तु अपने ही छोटे भाई बाहुबली द्वारा अपनी अधीनता न स्वीकार किये जाने पर कुपित होकर उस पर आक्रमण कर देते हैं। बाहुबली भी पूरी शक्ति से सामना करते हैं। अन्त में भरतेश्वर दैवी-शक्ति से युक्त विशेष चक्र की सहायता से बाहुबली को जीतने का प्रयास करते हैं, किन्तु दूसरे ही क्षण उन्हें चक्र का यह नियम याद आता है कि वह अपने ही परिवार के लोगों पर वार नहीं करता। किन्तु इसी बीच, जबकि बाहुबली विजय के बहुत निकट होते हैं, उन्हें वैराग्य की अनुभूति होती है, जिसमें दोनों भाइयों को अपने कार्य एवं युद्ध में हुई अहिंसा पर गहरी आत्मग्लानि होती है। भरतेश्वर जब मुनि-राज (बाहुबली) के चरणों में गिर कर क्षमा-याचना करते हैं और इस प्रकार कथा की परिणति गम्भीर शान्ति में हो जाती है।

यद्यपि सांसारिक उत्कर्ष एवं अन्तिम फल-प्राप्ति की दृष्टि से इस काव्य के नायक भरतेश्वर ही प्रतीत होते हैं, तथा उन्हीं के चरित्र-गान को कवि ने लक्ष्य बनाया है, किन्तु सही बात यह है कि चारित्रिक गरिमा एवं औदात्य की दृष्टि से बाहुबली भरतेश्वर से बहुत अधिक प्रभावशाली सिद्ध होते हैं। एक चट्टान की भाँति दृढ़ किन्तु वैभव-श्री की दृष्टि से हीन व्यक्ति के समक्ष अपने चक्रवर्तीपन की महिमा के भार से विह्वल, सांसारिक सफलताओं के गर्व से उन्मत्त एवं राज्य-शक्ति की एकाएक वृद्धि से उल्लासित भरतेश्वर अत्यन्त तुच्छ एवं कान्तिहीन प्रतीत होते हैं। क्या हुआ जो बाहुबली चक्रवर्ती नहीं हुए तो ! वे चाहें तो बड़े-बड़े चक्रवर्तियों को

झुका सकते हैं। जब भरतेश्वर का दूत बार-बार उनके चक्रवर्तीपन की डींग हाँकता हुआ बाहुबली को आत्म-समर्पण के लिए प्रेरित करने का प्रयास करता है तो वे बड़ी उपेक्षा से उत्तर देते हैं—

कहिरे भरहेसर कुण कहीइ।
मइ सिउं रणि सुरि असुरि न रहीइ।
चक्र धरइ चक्रवर्ती विचार।
तउ अह्म पुरि कुंभार अपार।—(११४)

अर्थात्, भरतेश्वर की क्या कहते हो, मेरे सामने तो युद्ध में सुर-असुर भी नहीं ठहरते। यदि उस चक्रवर्ती को चक्र-धारण का ही अधिक विचार (घमण्ड) हो गया है तो हमारे यहाँ तो एक नहीं कई चक्र-धारी (कुम्हार) हैं।

बाहुबली की उक्तियों में वीरोचित गर्व मिलता है किन्तु उसमें भरतेश्वर का सा मिथ्याभिमान एवं चांचल्य नहीं है। भरतेश्वर के पक्ष को और भी अधिक दुर्बल उसके दूत ने बना दिया है जो बिना किसी कारण बाहुबली पर बार-बार कटु शब्दों की वर्षा करता है तथा जिसे बाहुबली पर्याप्त धैर्य से सहन करते हैं।

कवि ने इसके युद्ध का वर्णन अत्यन्त विस्तार से किया है, किन्तु उसका लक्ष्य नायक की वीरता का चित्रण करना कम है, युद्ध से होने वाली जीवहिंसा, कुल-बान्धवों एवं युवा-पुत्रों के नाश का दिग्दर्शन कराना अधिक है। इस युद्ध के औचित्य पर कवि और उसके साथ-साथ पाठक को भी विश्वास नहीं होता। प्रारम्भ से ही ऐसा प्रतीत होता है कि युद्ध केवल एक तुच्छ आकांक्षा की पूर्ति के लिए अकारण ही किया जा रहा है। बाहुबली को यही शिकायत थी कि बड़े भाई ने उसकी समय-समय पर उपेक्षा की अन्यथा वह सदा भाई के साथ था। यही नहीं, वह दूत के समक्ष प्रारम्भ में जिन शब्दों का प्रयोग करता है वे भ्रातृत्व की भावना से ओत-प्रोत हैं—"हे दूत! तुम ठीक कहते हो कि भरतेश्वर के भय से सारा संसार काँपता है। यह सत्य है। भला जिसके पीछे मेरे जैसा भाई हो उसके साथ समरांगण में कौन ठहर सकता है। मैं पूछता हूँ, जम्बू द्वीप में कौन ऐसा व्यक्ति है जिसे मेरे भाई की आज्ञा मान्य न हो।"

(मैं क्या मेरे भाई का अपकर्ष चाहता हूँ नहीं)···ज्यों-ज्यों मेरे भाई का उत्कर्ष बढ़ा, उसे उत्तम-उत्तम हय' गज, रथ एवं गढ प्राप्त हुए यहाँ तक कि इन्द्र का आधा आसन भी मिला, तो (तुम नहीं जानते) मेरे मन को अपार आनन्द की अनुभूति हुई। पर भाई का अभिषेक हुआ, हमें याद भी नहीं किया गया! मै नहीं पहुँचा पर क्या उसने हमारी सुध-सँभार ली? मैं मानता हूँ, वे बड़े राजा हैं, बड़े भाई हैं; (पर उन्हें दूत भेजने की क्या जरूरत पड़ गई) मुझे कहते, जहाँ वे चाहते मैं मिलता! ·······फिर भी वीर भरतेश्वर को इतना व्याकुल न होना चाहिए, मुझमें और उनमें क्या अन्तर है? लोभी संसार में दुष्टों की बात नहीं माननी चाहिए!"

यह सन्देश है वीर बाहुबली का! वे युद्ध चाहते थे, केवल भाई का—बड़े भाई का स्नेह-प्यार चाहते थे! वे धमकियों के भूखे नहीं थे, स्नेह के दो शब्द ही

उनके लिए पर्याप्त थे। किन्तु प्रभुत्व-शक्ति से विह्वल चक्रवर्ती की समझ में यह नहीं आया।

पर दोनों भाइयों के बीच भ्रान्ति उत्पन्न करने का सबसे बड़ा कार्य दूत ने किया। उसने छोटे भाई के सन्देश को ज्यों का त्यों न पहुँचा कर और ही रूप दे दिया—"वे क्रुद्ध होकर किलकिला रहे हैं तथा मृत्यु की अग्नि की भाँति प्रज्ज्वलित होकर तलवार लिये खड़े हैं।"

अस्तु, भरतेश्वर के आक्रमण एवं युद्ध का अनौचित्य सिद्ध करते हुए कवि ने इसकी परिणति बड़ी सफलता से शान्तरस में की है। जब बाहुबली युद्ध से विरक्त होकर संन्यास ले लेते हैं तो भरतेश्वर आत्म-ग्लानि से ओत-प्रोत होकर कहते हैं –

> धिग-धिग ! ए एय संसार, धिग-धिग ! राणिम राज रिद्धि,
> एवडु ए जीव संहार, कींधउ गुण विरोधवसि ?
> कीजइ ए कंहि कुण काजि; जउ पुण बन्धन आवरइं ए।
> काज न ईणइं राजि, धरि पुरि नयरि न मंदिरिंहि ॥
>
> • • •
>
> कीजई ए आजु पसाउ, न छांड़ि न छांड़ि छयल छलो।
> हीयडइ ए म धरि विसाउ, भाई य अम्हें विराँसीया ए॥
> मानई ए नवि मुनिराउ, मौन न मेल्हइ मन्नवीय।
> मुक्कइ ए नहु नीय माण, वरस दिवस निरसण रहीय ॥

भरतेश्वर कहते हैं—धिक्कार है ! धिक्कार है, इस संसार को ! रानी और राज-वैभव को भी धिक्कार है, जो इतनी मात्रा में जीव-संहार होता है ! भला किसके विरोध के लिए मैंने यह किया है ? यह सब कुछ किसके लिए किया ? यदि किसी प्रकार भाई पुनः आ जाय (या आदृत हो जाय) तो मुझे इस राज्य, पुर, घर, नगर, मन्दिर की कोई इच्छा नहीं !·· ··········भाई ! दया करो, मुझे इस तरह बिल्कुल अकेला मत छोड़ो ! भाई, मैंने ही तुझे विश्रब्ध किया है, पर इसका दुःख हृदय में मत रखो।

नये मुनिराज ! मेरी बात मान जाओ। यदि मनाने पर भी रूठे रहोगे तो फिर मुझे साल-छः माह का व्रत लेना पड़ेगा।"

कितना भ्रातृत्व एवं आत्मीयता है इन पंक्तियों में ! कवि ने यह दिखा दिया कि सच्ची शान्ति और सच्चे स्नेह में कितना मेल है। वस्तुतः यह काव्य न केवल शान्त रस का एक उत्कृष्ट नमूना है अपितु यह इस स्थापना का भी आधार है कि शान्त रस का आधार शुष्क उदासीनता में नहीं अपितु स्वच्छ, स्निग्ध एवं सच्चे स्नेह में है।

संस्कृत में अश्वघोष द्वारा रचित काव्यों में भी शान्त रस का परिपाक हुआ है किन्तु वहाँ अति शृंगार की प्रतिक्रिया के रूप में अति वैराग्य की उद्दीप्ति की गई है तथा परवर्ती प्राकृत अपभ्रंश कवियों ने भी प्रायः इसी परम्परा का निर्वाह किया है जबकि मुनि शालिभद्र ने इसमें भ्रातृत्व भाव उत्साह, धैर्य एवं औदात्य आदि के

समन्वय के द्वारा शम की सृष्टि एवं पुष्टि सहज स्वाभाविक रूप में की है जो शान्त रस की रचनाओं में अपने ढंग का एक अनूठा उदाहरण है।

पात्रों के संवाद, वस्तु-वर्णन, अभिव्यंजना-शैली एवं छन्द-योजना की दृष्टि से भी यह रचना रोचक, आकर्षक एवं वैविध्यपूर्ण है। दूत और बाहुबली के संवादों में नाटकीयता के साथ-साथ व्यंजना का वैभव भी विद्यमान है। विभिन्न प्रकार के अलंकारों—अनुप्रास, यमक, उपमा, रूपक, उत्प्रेक्षा, अतिशयोक्ति आदि का निरूपण आकर्षण रूप में हुआ है। सोरठा, चौपाई, त्रोटक, धवल आदि छन्दों का इसमें प्रयोग हुआ है।

इसकी भाषा राजस्थान की उस अवस्था से सम्बन्धित है जबकि गुजराती इससे पृथक नहीं हुई थी। इसीलिए हिन्दी की अन्य बहुत सी प्रारम्भिक रचनाओं की भाँति यह रचना भी हिन्दी और गुजराती—दोनों भाषाओं के साहित्यिक इतिहास में स्थान पाने की अधिकारिणी है। डॉ० हरीश ने इसकी भाषा का विश्लेषण करते हुए इसमें राजस्थानी की ही प्रधानता मानी है, यद्यपि उत्तरकालीन अपभ्रंश का भी इस पर थोड़ा प्रभाव अवशिष्ट है। किसी भी भाषा की प्रारम्भिक कृति में पूर्ववर्ती भाषाओं के थोडी-बहुत प्रभाव की सम्भावना प्राय: रहती है, अत: इसमें भी ऐसा होना अस्वाभाविक नहीं है, वस्तुत: यही प्रभाव इसकी प्राचीनता एवं प्रामाणिकता का द्योतक है।

मुनि शालिभद्र सूरी की एक अन्य रचना 'बुद्धि रास' बताई जाती है जिसमें जैन-धर्म की शिक्षाएँ प्रस्तुत हैं। किन्तु जैसा कि डॉ० दशरथ ओझा ने लिखा है—'शालिभद्र सूरी नाम के एक और भी ग्रंथकार हो गये हैं और उन्होंने भी रास की रचना की है।" ऐसी स्थिति में यह कहना कठिन है कि बुद्धि राम के रचयिता भी वही शालिभद्र सूरी हैं जिन्होंने भरतेश्वर बाहुबली रास रचा या कोई अन्य है। हमारे विचार मे दोनों एक नहीं हैं। भरतेश्वर बाहुबली रास के रचयिता ने जहाँ अपने को केवल शालिभद्र सूरी लिखा है वहाँ दूसरे रास में उनके साथ 'गुरु' विशेषण का प्रयोग हुआ है—

(क) गुण गणहं ए तणु भंडार, सालिभद्र सूंरि जाणीइए।

—भरतेश्वर बाहुबली रास

सालिभद्र गुरु संकुलीय, सिविहूँ गुरु उपदेसि।
पढइ गुणइ जे संभलहिं, ताहइ विघ्न टलेसि॥

—बुद्धि रास

दूसरे अंश से स्पष्ट रूप में पता चलता है कि यह रचना गुरु शालिभद्र के उपदेशों का संग्रह है जिसे उनके किसी शिष्य ने (संभवत: उसका नाम 'सिवि' ही हो) काव्य-रूप में प्रस्तुत किया है। गुरु के उपदेशों की प्रशंसा करते हुए शालिभद्र को गुरु कहना, यह बताता है कि ये उनके किसी शिष्य के उद्गार हैं।

काव्य-सौष्ठव एवं रचना-शैली की दृष्टि से भी यह रचना 'भरतेश्वर-बाहुबली रास' के स्तर की नहीं है तथा इसका रचना-काल भी संदिग्ध है।

बारहवीं शती के अन्तिम रास-काव्यों में कवि आसगु द्वारा रचित दो काव्य- **'चन्दन-बाला रास'** एवं **'जीव-दया रास'** विशेष उल्लेखनीय हैं। इन दोनों का ही रचना-काल सन् १२०० ई० के आस-पास माना जाता है। चन्दन-बाला-रास में इसकी नायिका चन्दन-बाला की चारित्रिक पवित्रता एवं धार्मिक साधना का चित्रण करते हुए जैन-धर्म की महत्ता का प्रतिपादन किया गया है। वह चम्पा नगरी के राजा दधिवाहन की कन्या थी, जिसे कोशाम्बी के राजा शतानीक ने; उसकी माता धारिणी के सहित कैद कर लिया था। धारिणी ने तो आत्म-हत्या कर ली किन्तु चन्दन बाला ऐसा नहीं कर सकी। इसके अनन्तर उसे किसी सेठ को बेच दिया गया। वहाँ सेठ की स्त्री को यह शक होने पर कि कदाचित् उसके पति का चन्दन बाला से गुप्त सम्बन्ध है, उसे असह्य यातनाएँ दी गईं। किन्तु चन्दन-बाला अपने सतीत्व, संयम एवं साधना पर अटल रही जिसके परिणामस्वरूप अन्त में उसे भगवान् महावीर स्वामी को अपने हाथ से भोजन कराने का सौभाग्य तथा कैवल्य ज्ञान की उपलब्धि हुई। इस प्रकार कवि का दृष्टिकोण मूलतः धार्मिक ही है, पर इससे रचना की काव्यात्मकता में विशेष अन्तर नहीं आया है। उसने नारी-सौन्दर्य, नायिका की चेष्टाओं, रति, करुणा, उत्साह आदि भावों की व्यंजना पूर्ण सरसता से की है। उदाहरण के लिए यहाँ रानी धारिणी के नख-शिख की एक छटा द्रष्टव्य है—

> दधि वाहण गेहिणी सु पाहिणी, रूपवन्त सा धारिणी राणी।
> तुंग पयोहर खीर सर कुंडिल केस भुय नयंण सुचंगी।
> हंस गमांण सा मृग नयाणि नव जोवण नव नेह सुरंगी।

इसकी शैली के सम्बन्ध में डॉ० हरीश का निष्कर्ष है—"छन्द और अलंकारों की दृष्टि से कृति का विशेष महत्व नहीं लगता। परन्तु भाषा तथा सरल भावपूर्ण शब्दावली के कारण रास का महत्त्व बहुत बढ़ जाता है। भाषा की प्रमुख विशेषता यह है कि उसमें गुजराती और राजस्थानी का मिश्रण है।...ऐसी भाषा को सरलता से पुरानी हिन्दी कहा जा सकता है।"

आसगु की दूसरी रचना—**जीव दया रास** में जैन-धर्म के उपदेशों को पद्य-बद्ध किया गया है, जिसका साहित्यिक दृष्टि से विशेष महत्त्व नहीं है। हाँ, बीच में कहीं-कहीं रूपकों का प्रयोग सुन्दर रूप में हुआ है; जैसे—

> देहा सरवर मज्झिहि कमलु,
> तहि वइसउ हंभा धुरि थवलौ।
> कालु भमरू उपरि भमइ,
> आउखए रस गंधु वि ले सइ।
> अणखूटइ नहु जिउ मरइ,
> खूटा उपर घरी न दीसइ।

किन्तु इस प्रकार के अंश बहुत कम हैं, अधिकांश में उपदेशों की चर्चा शुष्क अभिधात्मक शैली में हुई है।

आगे तेरहवीं और चौदहवीं शताब्दी में बहुत बड़ी संख्या में रासो काव्य लिखे

गये, जिनमें कुछ ये हैं—स्थूलभद्र रास (जिन धर्म सूरी; १२०९ ई०), नेमिनाथरास (विजय सेन सूरी, १२३१ ई०), आबू रास (पल्हण; १२३२ ई०), नेमिनाथरास (सुमति गुणि; १२३८ ई०), कच्छुली रास (प्रज्ञातिलक, १३०६ ई०), गय सुकुमाल-रास (देल्हण, १४वीं शती), जिन पद्मसूरी पट्टाभिषेक रास (सारमूर्ति; १३३३ ई०)। **'स्थूलिभद्ररास'** के रचयिता का नाम स्पष्ट रूप में उपलब्ध नहीं, किन्तु इसके अन्त में एक स्थान पर 'जिणधाम' आता है, इसी के आधार पर जिनधर्म सूरी नाम का अनुमान किया गया है। इसमें जैन तपस्वी स्थूलिभद्र की संयमशीलता का प्रतिपादन प्रभावोत्पादक रूप में किया गया है। मुनिराज चातुर्मास व्यतीत करने के लिए अद्भुत सुन्दरी वेश्या कोशा के यहाँ ठहरते हैं। यद्यपि वेश्या उन्हें आकर्षित करने के लिए सभी प्रकार के प्रयास करती है, फिर भी मुनिवर अपने संयम पर अडिग रहते हैं। दूसरी ओर एक अन्य मुनि जब कोशा के यहाँ गये तो वे अपनी संयमशीलता को भूल कर उनके चरणों में लोटने लग गये। इस प्रकार समान परिस्थितियों में दो मुनियों के चरित्र का वैषम्य दिखाते हुए संयमशीलता के महत्त्व पर प्रकाश डाला गया है। यद्यपि इस दृष्टि से काव्य का मूल भाव निर्वेद ही है, किन्तु वेश्या कोशा के प्रसंग में नारी-सौन्दर्य, हाव-भाव, प्रकृति के उद्दीपक रूप, काम-लालसा आदि की भी व्यंजना आकर्षक शैली में हुई है।

'रेवंतगिरि रास' में जैन तीर्थ रेवन्तगिरि के महत्त्व का प्रतिपादन ऐतिहासिक एवं पौराणिक इतिवृत्त तथा प्राकृतिक सौन्दर्य के आधार पर किया गया है। सारा काव्य चार कड़वकों में विभक्त है, किन्तु इसमें कथा-सूत्र का अभाव है। इनमें क्रमशः गिरनार, नेमिनाथ, संघपति, अंबिका, यक्ष तथा मन्दिरों का वर्णन करते हुए तीर्थ-स्थल की प्रतिष्ठा का आख्यान किया गया है। बीच-बीच में विभिन्न दान-वीरों की संघ-यात्रा, उनकी दानवीरता, मूर्ति के पराक्रम आदि की भी व्यंजना की गई है। काव्यत्व की दृष्टि से अधिक महत्त्वपूर्ण स्थल वे हैं जिनमें प्राकृतिक सुषमा का चित्रण किया गया है, यथा जैसे-जैसे भक्त गिरनार के शिखर पर चढ़ने लगता है वैसे-वैसे वह संसार की वासना से धीरे-धीरे मुक्त होता जाता है। जैसे-जैसे ठंडा जल अंग पर बहता जाता है वैसे-वैसे कलियुग का मैल घटता जाता है। जैसे-जैसे वहाँ निर्झर को स्पर्श कर शीतल वायु चलती है, वैसे-वैसे निश्चय तत्काल भवदुःख का यह दाह नष्ट होता जाता है। वहाँ कोकिला और मयूर का कलरव एवं मधुकर का मधुर गुंजार सुनने में आता है।······मेघजाल के समूह और निर्झर से भी रमणीय तथा अलि एवं कज्जल सम श्यामल शिखर शोभित है।" यद्यपि कवि का दृष्टिकोण यहाँ भी धार्मिक प्रभाव से मुक्त नहीं है, फिर भी इसमें प्रकृति-सौन्दर्य की सहज स्वाभाविक झलक मिलती है। इसकी शैली में आलंकारिकता की प्रवृत्ति विशेष रूप से उल्लेखनीय है।

'रेवन्तगिरिरास' की ही भाँति **'आबूरास'** में भी जैनियों के प्रसिद्ध स्थान आबू मन्दिर का आख्यान किया गया है। इसमें विशेषतः आबू-मन्दिर के निर्माण

से सम्बन्धित व्यक्तियों का गुण-गान करते हुए धार्मिक वातावरण की व्यंजना की गई है; जैसे—

अनेक संघपति आबुइ आवहिं,
कनक कपड़ नेमि जिणु पहिरावहिं,
पूजहिं माणिक मोतीयउ हूले,
किवि पूजहि सोगाँधिहि फूले।

इनकी भाषा-शैली में पर्याप्त सरलता एवं प्रवाहपूर्णता विद्यमान हैं।

'नेमिनाथ रास' में मुनि सुमतिगणि ने जैन तीर्थङ्कर नेमिनाथ के चरित का वर्णन अत्यन्त संक्षेप में किया है। इसमें कुल ५८ छन्द हैं। इसमें नायक के पराक्रम, विवाह, वैराग्य, तपस्या आदि से सम्बन्धित प्रसंगों में उत्साह, रति, निर्वेद आदि भावों की व्यंजना अत्यन्त प्रभावोत्पादक शैली में हुई है। नेमिनाथ के द्वारा परित्यक्त सुन्दरी राजुल के बाह्य सौन्दर्य एवं आन्तरिक भावों का भी उद्‌घाटन पूर्ण सहृदयता से किया गया है। डॉ० हरीश के शब्दों में—इसका सौन्दर्य-वर्णन पर्याप्त सुघड़ है तथा सौन्दर्य के उपामानों में भी मौलिकता है। रूपवती राजमती की जीवन भर की साधना व्यर्थ हो गई, राजमती का सारा शृङ्गार क्रन्दन में तिरोहित हो गया। उसकी क्रान्ति रुदन में बदल गई, पर उसने धैर्य नहीं छोड़ा। ऐसे दिव्य पुरुष मुझ मूर्ख के बल्लभ कैसे हो सकते है? वस्तुतः कवि ने इस प्रसंग में नारी-हृदय की प्रतिक्रियाओं का विश्लेषण सफलता से किया है।

'कच्छूलीरास' में कच्छूली नगरी के पट्टाधिपति उदयसिंह सूरी के पराक्रम, धर्म-प्रचार एवं आध्यात्मिक सिद्धि का प्रतिपादन अत्यन्त संक्षेप में किया गया है। सारी रचना केवल तीन पृष्ठों में समाप्त हो जाती है। इसी प्रकार **'गय सुकुमाल रास'** जिसमें देवकी पुत्र (अर्थात् कृष्ण के भाई) गय सुकुमार मुनि के चरित्र का आख्यान किया गया है। केवल ३४ छन्दों की रचना है। इस काल के अन्य रास-काव्य —जिन पद्मसूरि पट्टाभिषेक रास, गौतम स्वामी रास, मयणरेहा रास आदि लघु प्रबन्धात्मक कविताएँ हैं, जिनमें जैन-धर्म से सम्बन्धित विभिन्न साधकों, तीर्थङ्करों एवं साध्वियों के चरित्र का आख्यान सरल एवं सरस शैली में किया गया है। वस्तुतः तेरहवीं-चौदहवीं शती के प्रायः सभी रास-काव्य, इस दृष्टि से जैन-रास-काव्य कहे जा सकते हैं। उन सभी का लक्ष्य किसी न किसी प्रकार जैन-धर्म का प्रचार करना है।

यद्यपि जैन कवियों द्वारा रास लिखने की यह परंपरा आगे भी कई शताब्दियों तक चलती रही किन्तु तेरहवीं शती में ही अनेक जैनेतर कवियों का भी ध्यान इस वर्ग के काव्यों की ओर आकर्षित हुआ, जिन्होंने ऐतिहासिक पुरुषों को लेकर रासो काव्यों की रचना की है। वस्तुतः प्रेरणा-स्रोत, प्रयोजन एवं काव्य-प्रवृत्तियों की दृष्टि से ऐतिहासिक रास-काव्यों में बहुत अन्तर आ गया—इसीलिए इनका परिचय आगे पृथक् परम्परा के रूप में दिया जायगा।

जैन रास काव्यों की सामान्य प्रवृत्तियाँ—इस वर्ग के काव्यों का सम्बन्ध

मुख्यतः विभिन्न पौराणिक महापुरुषों एवं साधक-साधिकाओं के जीवन-चरित, विभिन्न तीर्थ-स्थानों, धार्मिक उपदेशों आदि से है। ये प्रायः जैन धर्म के अनुयायियों के द्वारा ही रचित हैं; अतः इसी धर्म की इनमें प्रमुखता है किन्तु अपवादस्वरूप परवर्ती युग में 'राम रासो' एवं 'कलिजुग रासो' की भी रचना हुई है जिनमें जैनेतर धर्म को स्थान मिला है। डॉ० दशरथ ओझा कृष्ण-भक्तों के रास-लीला सम्बन्धी पदों को भी इसी परम्परा के काव्यों में स्थान देते हैं, किन्तु हमारे विचार से 'रास काव्य' और 'रास लीला' सम्बन्धी पदों में काव्य-रूप का इतना गहरा अन्तर है कि दोनों को एक ही परम्परा में स्थान दिया जा सकता है। ध्यान रहे, प्रस्तुत परम्परा में 'रासो' का प्रयोग काव्य-रूप के अर्थ में किया गया है जबकि रास-लीला के पदों का विषय रास है; जिस प्रकार उपन्यास पर लिखे गये किसी शोध-प्रबन्ध को, जिसका विवेच्य उपन्यास है, औपन्यासिक रचनाओं में स्थान नहीं दिया जा सकता, वैसे ही रास-लीला सम्बन्धी पदों को रासो काव्यों में स्थान देना सम्भव नहीं। अस्तु, हमारे विचार से रासो-परम्परा के धार्मिक काव्यों में जैन धर्म को ही प्रमुखता स्वीकार की जानी चाहिये।

इन जैन कवियों के काव्यों को भी दो उपभेदों में वर्गीकृत किया जा सकता है—प्रथम में विशुद्ध साम्प्रदायिक रचनाएँ आती हैं, जिनमें केवल उपदेश मात्र हैं; जैसे—'उपदेश रसायन'। ये रचनाएँ संख्या में बहुत कम हैं और साथ ही काव्यत्व की दृष्टि से हीन भी हैं। दूसरे वर्ग में उन काव्यों को स्थान दिया जा सकता है जिनमें किसी महापुरुष या साधिका का चरित अंकित है, जैसे—भरतेश्वर बाहुबली रास या चंदन बाला रास। इस वर्ग के काव्य धार्मिक दृष्टिकोण से रचित होते हुए भी काव्यात्मकता से शून्य नहीं हैं। इनका आरम्भ प्रायः वीर, शृङ्गार या करुण से होता है किन्तु इनकी परिणति प्रायः शान्ति रस में होती है—वस्तुतः कवि का प्रतिपाद्य यही होता है। इनके कथानक का स्रोत भी प्रायः जैनागम या जैन-पुराण हैं तथा इनमें प्रबन्ध शैली का निर्वाह सफलतापूर्वक किया गया है। कवि का लक्ष्य प्रबन्ध का विस्तार करना नहीं होता अपितु प्रतिपाद्य रस की व्यंजना के लिये सम्बन्धित घटना तक सीधे पहुँचना होता है; अतः इनमें कथानक के अधिक घुमाव-फिराव के लिये अवकाश नहीं रहता। इसीलिये ये सभी प्रबंध काव्य आकार-प्रकार की दृष्टि से लघु हैं तथा उनमें कोई भी महाकाव्य की गरिमा तक नहीं पहुँचता। इनमें से कुछ काव्य सम्भवतः सस्वर का पाठ या गायन के लिये भी लिखे गये थे, इससे भी ये अधिक विस्तृत नहीं हो पाये। छन्दों की दृष्टि से ये वैविध्यपूर्ण हैं; इनमें प्रायः रासक, चौपाई, सोरठा, वस्तुबन्धु, त्रोटक, धवल, रोला, दोहा, द्विपदी, आदि छन्दों का प्रयोग हुआ है। शैली में शब्दालंकारों एवं अर्थालंकारों का भी प्रयोग प्रचुर मात्रा में मिलता है। सब कुछ मिलाकर, ये काव्य सरल व संक्षिप्त होते हुए भी गम्भीर एवं प्रौढ़ हैं। इस वर्ग का सर्वश्रेष्ठ काव्य हमारी दृष्टि में 'भरतेश्वर बाहुबली रास' है जिसकी विस्तृत विवेचन पीछे की जा चुकी है।

७ २. फागु काव्य

फागु काव्य : सामान्य परिचय - आदिकाल की रास-परम्परा की ही भाँति फागु-काव्य-परम्परा भी जैन-कवियों की महत्वपूर्ण उपलब्धि है। हिन्दी से पूर्व संस्कृत, प्राकृत एवं अपभ्रंश में फागु-काव्यों की कोई परम्परा दृष्टिगोचर नहीं होती, अतः अनुमान किया जा सकता है कि जैन कवियों की लोक-परंपरा से ही प्रेरित होकर इसकी साहित्य में प्रतिष्ठा की गई है। इस बात के पर्याप्त प्रमाण मिलते हैं कि दसवीं-ग्यारहवीं शती में उत्तर-पश्चिमी भारत में—विशेषतः गुजरात एवं राजस्थान में—फाल्गुन के महीने में वसन्तोत्सव बड़ी धूमधाम से मनाया जाता था। उस समय जन-साधारण के द्वारा विभिन्न प्रकार के लोक काव्य गाये जाते थे जिन्हें सम्भवतः 'फागु' कहा जाता था। जनता में फागु काव्यों की लोकप्रियता देखकर जैन कवियों ने उन्हें परिष्कृत रूप देते हुए अपने धर्म के तीर्थङ्करों एवं महापुरुषों के चरित एवं उपदेशों के प्रचार का माध्यम बनाया। यहाँ यह उल्लेखनीय है कि रास-काव्य-परम्परा भी मूलतः बाणभट्ट के समय प्रचलित अश्लील लोक काव्य (जिन्हें उस समय 'रासक' कहा जाता था) पर आधृत है; अत. इसमें कोई आश्चर्य नहीं कि फागु काव्यों की परम्परा भी मूलतः लोक साहित्य पर आधारित हो। प्रायः धर्म-प्रचारक जन-साधारण में प्रचलित भाषा एवं काव्य शैलियों को अपनाते रहे हैं; अतः यदि जैन कवियों ने भी ऐसा ही किया हो तो अस्वाभाविक नहीं है।

'फागु' शब्द की व्युत्पत्ति संस्कृत के 'फल्गु' (बसन्त) > प्राकृत के 'फागु' और हिन्दी के 'फाग' से मानी गई है।[1] आचार्य हेमचन्द्र ने 'देशी नाममाला' (६८२ में 'फागु' शब्द को वसन्तोत्सव के अर्थ में ग्रहण किया है। राजस्थानी में जब भी होली पर गाये जाने वाले लोकगीतों को 'फाग' तथा होली पर रंग गुलाल आदि के खेलने की क्रिया को 'फाग खेलना' कहा जाता है; अतः निश्चय ही फागु काव्यों की रचना होली एवं वसंत के उत्सवों के अवसर पर गाये जाने के लिए की गई होगी—यह दूसरी बात है कि आगे चलकर इस प्रयोजन को भुला दिया गया हो।

फागु का सम्बन्ध वसंतोत्सवों से होने के कारण उनमें नायिका के रूप-सौन्दर्य, यौवन एवं प्रेमोन्माद के चित्रण को प्रमुखता मिली है। फिर जैन कवियों ने ऐसे मादक वातावरण में अपने चरित-नायक को रखकर उनके संयम, शील एवं चरित्र की दृढ़ता का प्रतिपादन करते हुए अपनी रचनाओं की परिणति शान्त रस में की है। फिर भी अपरोक्ष रूप में काव्य-रचयिताओं को नारी के सौन्दर्य, यौवन एवं उसके हाव-भाव की व्यंजना के लिए पर्याप्त अवसर मिल गया है। जिसका उपयोग उन्होंने अपनी रचनाओं की आकर्षण-शक्ति बढ़ाने में की है।

फागु काव्यों की रचना-पद्धति का विश्लेषण करते हुए डॉ० दशरथ शर्मा एवं

---

१. 'रास और रासान्वयी काव्यः' डॉ० दशरथ ओझा एवं डॉ० दशरथ शर्मा, पृ० सं० ६४।

डॉ० दशरथ ओझा ने लिखा है — "विशेष प्रकार की छन्द रचना के कारण ही इस प्रकार की रचनाओं को 'फागु' या 'फाग' नाम दिया गया है ।... जिनपद्म सूरी कृत 'स्थूलि भद्र फागु' और राजशेखर सूरी कृत 'नेमिनाथ फागु' जैसे प्राचीनतम फागु-काव्यों में दोहा के उपरान्त रोला के अनेक चरण रखने से 'भास' बनता है। एक फाग में कई 'भास' होते हैं।...रोला जैसे सस्वर पठनीय छन्द फागु जैसे गेय रूपक के सर्वथा उपयुक्त सिद्ध होते हैं। जिस प्रकार 'गरबा' के अन्तर्गत बीच-बीच में साखी का प्रयोग होने से एक प्रकार का विराम उपस्थित हो जाता है और काव्य की सरसता बढ़ जाती है, उसी प्रकार प्रत्येक भाषा के प्रारम्भ में एक दूहा (दोहा ?) रख देने से फागु का रचना-बंध सप्राण हो उठता है और उसकी एक स्वरता परिवर्तित हो जाती है।"[1] किन्तु आगे चलकर इसकी रचना-शैली में और भी कई परिवर्तन हुए; जैसे —'वसंत विलास फागु' में दोहे के भी प्रत्येक चरण में अनुप्रास एवं यमक की नियोजना विशेष रूप से की गयी है। परवर्ती युग के फागु काव्यों में संस्कृत के श्लोकों के समावेश की भी प्रवृत्ति मिलती है। वस्तुतः यह स्थिति उस समय आई जबकि फागु काव्यों की रचना जन-साधारण के लिए न होकर विद्वानों के लिए होने लगी तथा उनका उपयोग भी उत्सवों पर गेय काव्य से रूप में न होकर सामान्य रूप में पाठ्य काव्य के रूप में होने लग गया।

फागु काव्यों की परम्परा—आदि काल की सीमा में रचित उपलब्ध फागु-काव्य ये हैं—१. जिनचंद सूरि फागु (१२८४ ई०) २. सिरिथूलि भद्द फागु (१३३३ ई०) ३. श्री नेमिनाथ फागु (१३५० ई०) ४. वसंत विलास फागु (१३५० ई०)। **'जिनचंद सूरि फागु'** केवल २५ छंदों की छोटी-सी रचना है, जिसके रचयिता स्वयं जिनचंद सूरि ही थे। इसमें वसंत की शोभा का वर्णन उल्लसित भाव से किया गया है; देखिये—

अरे इसउ वसंत पेखेवि नारिय कुंजरु कामु,
अरे सिगारावए विविह परि, सव्वह लोयस वामु,
अरे सिरि-मउडु, कन्नि कुंडल वरा, कोटिहि नवसरु हारु,
अरे बाहहि चूड़ा, पागिहि नेउर कओ झणकारु।

इसके रचयिता जैन धर्मावलम्बी हैं किन्तु इस रचना में उन्होंने धर्म-निरपेक्ष दृष्टि से ही अपनी सौन्दर्यानुभूति की व्यंजना की है।

'सिरिथूलिभद्द फागु' (श्री स्थूलिभद्र फागु) इस परम्परा का सर्वाधिक सुन्दर काव्य है। इसमें मुनि स्थूलिभद्र एवं वेश्या कोशा के पारस्परिक द्वंद्व का चित्रण भावात्मक शैली में किया गया है। मुनिवर गुरुदीक्षा लेने के अनन्तर अपने संयम एवं शील की परीक्षा देने के लिए पाटिलपुत्र की सर्वाधिक सुन्दरी कोशा के यहाँ चातुर्मास व्यतीत करने के लिए रहते हैं। कोशा चित्ताकर्षक सौन्दर्य एवं उद्दाम यौवन से परिपूर्ण कामुक चेष्टाओं तथा प्रेमभरे अनुरोधों के द्वारा मुनिवर को अपनी

१. रास रासान्वयी काव्य, पृ० ६६।

ओर आकर्षित करने का भरसक प्रयास करती है, किन्तु वह सफल नहीं हो पाती। अस्तु, इसमें सौंदर्य एवं यौवन की विभिन्न भंगिमाओं का चित्रण करते हुए अंत में शांतरस की व्यंजना की गई है। लगभग बीस वर्ष पूर्व 'काशी नागरी-प्रचारिणी पत्रिका' के किसी अङ्क में श्री अक्षयचंद्र शर्मा ने इस काव्य की विस्तृत विवेचना करते हुए इसके भावसौंदर्य एवं शैलीगत सौंदर्य का उद्घाटन सम्यक् रूप में किया था। यहाँ इसके कतिपय अंश दृष्टव्य हैं—

(क) वर्षा ऋतु के प्राकृतिक सौंदर्य का चित्रण :

झिरिमिरि झिरिमिरि झिरिमिरि ए मेहा बरिसंते।
खलहल खलहल खलहल ए वाहला वहंते॥
झबझब झबझब झबझब ए वीजुलिय झब्बक्कइ।
थरहर थरहर थरहर ए विरहिणो-मणु कंपइ॥

(ख) कोशा की सौंदर्य-सज्जा :

कन्न - जुयल जसु लहलहंत फिर मयण-हिंडोला।
चंचल चपल तरंग चंग, जसु नयण कचोला॥

(ग) कोशा का प्रणय-निवेदन एवं स्थूलिभद्र का उत्तर :

बारहँ बरिसहँ तणउ नेहु किणि कारणि छंडिव।
एवड़ निट्ठुरपणउ काइँ मुसिउँ तुम्हि मंडिउ॥
थूलिभद्द पभणेइ वेस ! अइ खेदु न कीजइ।
लोहिहि घड़ियउ हियउ मज्झ, तुह वयणि न भीजइ॥

उपर्युक्त काव्य-परम्परा को आगे बढ़ाने वाली रचना राजशेखर सूरी द्वारा रचित **श्री 'नेमीनाथ फागु'** है, जिसमें नेमिनाथ एवं राजुल के विवाह की घटना का चित्रण करते हुए अन्त में दोनों के वैराग्य का निरूपण किया गया है। प्रकृति, वर-यात्रा, विवाहादि के विभिन्न दृश्यों का अंकन इसमें अलंकारपूर्ण शैली में किया गया है। पूरा काव्य केवल २७ छन्दों में ही समाप्त हो जाता है।

'वसंत विलास फागु' संज्ञक अनेक रचनाएँ मिलती हैं; जिनमें से एक चौदहवीं शती की तथा दूसरी सोलहवीं शती की है। पहली रचना का रचना-काल एवं रचयिता अज्ञात है किन्तु डॉ० माताप्रसाद गुप्त ने परिश्रमपूर्वक इसका सम्पादन करते हुए इसकी रचना सं० १३५६ वि० से पूर्व मानी है। अतः हम इसे आदिकाल की सीमा में रचित काव्य मान सकते हैं। इसके रचयिता का दृष्टिकोण धर्मपरक नहीं है; अतः उसने शुद्ध लौकिक दृष्टि से इसमें वसन्त का उद्दीपक चित्र प्रस्तुत करते हुए नारी-सौन्दर्य, शृङ्गार, रति-क्रीड़ा आदि का चित्रण उन्मुक्त रूप में किया गया है। काव्य

---

१. वेश्या कहती है—"मेरे बारह वर्ष के स्नेह को तुमने किस कारण से छोड़ दिया। मेरे साथ ऐसी निष्ठुरता भला किस लिये कर रहे हो ?" स्थूलिभद्र उत्तर देते हैं —"वेश्या ! इसकी चिन्ता मत करो ! मेरा हृदय लौह-घटित है, तुम्हारे वचनों से जह नहीं भीगेगा।"

की शैली परिपक्व एवं परिष्कृत है। पूरी रचना ८४ छन्दों में समाप्त हुई है। आदि काल की सीमा में उपर्युक्त फागु-काव्य ही आते हैं किन्तु आगे चलकर जैन एवं जैनेतर कवियों ने अनेक रचनाएँ प्रस्तुत करके इस परम्परा को आगे बढ़ाने में योग दिया। इन परवर्ती रचनाओं की चर्चा आगे पूर्व मध्यकाल के अन्तर्गत की जायगी।

७.३. चतुष्पदी-काव्य

आदिकाल में जैन कवियों द्वारा रचित 'चतुष्पदी' या 'चउपई'/'चौपई' संज्ञक प्रबन्धात्मक रचनाएँ भी उपलब्ध होती हैं, जिनमें **'जिनदत्त चौपई' एवं 'नेमिनाथ चउपई'** यहाँ उल्लेखनीय हैं। **'जिनदत्त चौपई'** की रचना रल्ह कवि के द्वारा हुई थी। इसके रचना-काल का निर्देश स्वयं कवि ने इस प्रकार किया है—

संवत तेरहसे चउव्वणे, भादव सुदि पंचम गुरु दिण्णे।
स्वाति नखत्त चन्दु तुलहती, कवइ रल्हु पणवइ सुरसती॥

उपर्युक्त उल्लेख के आधार पर इसका रचना-काल भाद्रपद शुक्ल पक्ष पंचमी गुरुवार सं० १६५४ वि० तदनुसार सन् १२६७ ईस्वी माना जाता है। इसमें वसन्तपुर के नगर-सेठ के पौत्र जिनदत्त की दीपों की यात्रा से प्राप्त प्रभूत धन-राशि एवं सुन्दर कन्याओं का अंकन किया गया है। डॉ० वासुदेव सिंह ने इसकी समीक्षा करते हुए लिखा है – "कथा में चामत्कारिक घटनाओं एवं अलौकिक कार्यों का बाहुल्य है। सिंहलद्वीप की कुमारियों का वर्णन सरस है। काव्य पर जैन धर्म का प्रभाव भी परिलक्षित होता है।.....भाषा की दृष्टि से यह एक महत्वपूर्ण ग्रन्थ है। इसमें अपभ्रंश के बहुत कम तत्व शेष रह गये हैं। छन्दों में चौपाई को मुख्य रूप से आधार बनाया गया है किन्तु बीच-बीच में वस्तुबन्ध, दोहा, नाराच और अर्ध नाराच आदि छन्दों का भी प्रयोग किया गया है।"[1] इसकी कुल छन्द-संख्या ५५४ बतायी गई है।

हमारे विचार से इस रचना में धर्म का आवरण बहुत झीना है, कवि का मूल लक्ष्य अपभ्रंश चरित-काव्यों का अनुसरण करते हुए स्वच्छन्द प्रेममूलक प्रेमाख्यान लिखने का रहा है। अभी तक प्रेमाख्यान-परम्परा सम्यक् रूप में हिन्दी में प्रतिष्ठित नहीं हो पायी थी; सम्भवतः इसी से कवि ने इसे 'चौपई' संज्ञा देते हुए इसमें विभिन्न शैलियों का मिश्रण किया है।

नेमिनाथ चौपई की रचना विनयचन्द्र सूरी के द्वारा लगभग चौदहवीं शती के मध्य में हुई थी। इसमें नेमिनाथ एवं राजमती के विवाह की योजना तथा अन्त में दोनों के वैराग्य का निरूपण करते हुए बारहमासा-शैली में नायिका को विरह-वेदना की अभिव्यक्ति मार्मिक रूप में की गयी है। कवि ने एक ओर तो विभिन्न ऋतुओं के सौन्दर्य का चित्रण उद्दीपक रूप में प्रस्तुत किया है तो दूसरी ओर नायिका की विरहानुभूतियों की व्यंजना संवादात्मक शैली में—नायिका और उसकी सखी के संवाद के रूप में – की गयी है। विरह-वेदनाजन्य रोष एवं क्षोभ से पीड़ित होकर वह दाम्पत्य

---

१. हिन्दी-साहित्य का उद्भव-काल, पृ० २१४

जीवन को ठुकरा कर भाग जाने वाले पति को 'कायर' तक कह देती है :

नेमितणी सखि ! मकि न आस, कायरु भगगउ सो घर-वास ।
इमइ इसी सनेहल नारि, जाइ कोइ छंडवि गिरि नारि !

पर अन्त में इसका खंडन करते हुए नायक की वैराग्य-साधना के महत्व की प्रतिष्ठा की गयी है । फिर भी समग्र रूप में यह काव्य अनुभूतियों की सहायता एवं स्वाभाविकता तथा शैली की प्रवाहपूर्णता की दृष्टि से उच्चकोटि का है ।

७. ४. महाराष्ट्रीय सन्त-काव्य

हिन्दी में सन्त-काव्य-परम्परा के प्रचलन के लगभग दो शताब्दी पूर्व ही महाराष्ट्र में सन्त-काव्य की रचना आरम्भ हो गई थी। महाराष्ट्र में इस परम्परा के आदिकवि मुकुन्दराज (११२७-१२०० ई०) माने जाते हैं, जिन्होंने सन् ११९० में मराठी का पहला काव्य ग्रंथ 'विवेक सिन्धु' लिखा था। इसमें गुरु के महत्व, ब्रह्म, जीव, माया, पंच महाभूत, सगुण, निर्गुण, तत्वमसि आदि विषयों का प्रतिपादन ऐसी शैली में किया गया है जिसे जन-साधारण भी समझ सके । मुकुन्दराज का एक अन्य ग्रन्थ 'परमामृत' भी उपलब्ध है, जिसमें अद्वैत की अनुभूति का प्रकाशन है । जैसा कि प्रो० देशपांडे ने लिखा है—"इन दोनों ग्रंथों में शंकर अद्वैत, योगानुभाव और सगुणोपासना का प्रतिपादन[1] किया गया है।" इसे मुकुन्दराज स्वयं नाथ-संप्रदाय में दीक्षित थे किन्तु उन्होंने अपने ग्रन्थों में ऐसे विचारों का प्रतिपादन किया जो सन्तमत के अधिक अनुरूप हैं । अतः मुकुन्दराज को हम नाथ–पंथ संत-मत के बीच की कड़ी मान सकते हैं ।

मुकुन्दराज के देहान्त-काल के कुछ पूर्व ही महात्मा चक्रधर (११९४-१२७४ ई०) का आविर्भाव हुआ, जिन्होंने 'महानुभावपन्थ' की स्थापना करते हुए अपने क्रान्तिकारी विचारों का प्रचार किया ।[2] उन्होंने विविध देवी-देवताओं की उपासना के स्थान पर परब्रह्म परमेश्वर की ही उपासना पर बल दिया पर साथ ही वेदों और अद्वैतवाद को अमान्य घोषित किया । जाति-पाँति और छुआछूत के विचारों का भी उन्होंने पूरी शक्ति से खण्डन किया । इस प्रकार उन्होंने धर्म-क्षेत्र में एक नया दृष्टिकोण प्रस्तुत किया जो परवर्ती सन्तों के द्वारा भी मान्य हुआ । फिर भी सन्त-मत की सम्यक् प्रतिष्ठा का पूर्ण श्रेय चक्रधर को नहीं दिया जा सकता । इसका कारण यह है कि इन्होंने उस अवतारवाद को अधिक महत्व दिया जो निर्गुण उपासना की अपेक्षा सगुण-भक्ति के अधिक समीप पड़ता है । इसलिये महानुभाव-सम्प्रदाय के कवियों ने अपने काव्यों—वासहरण (१२७८), रुक्मिणी-स्वयंबर (१२९२), शिशुपाल वध

---

१. मराठी का भक्ति-साहित्य : भ० गो० देशपांडे, पृ० १५ ।
२. महात्मा चक्रधर के कुछ पद हिन्दी में भी उपलब्ध हैं; देखिए —हिन्दी को मराठी संतों की देन' तथा 'आदिकाल की प्रामाणिक रचनाएँ' आदि पुस्तकें ।

(१३०६) आदि—में पौराणिक आधार पर लीलाओं का गुण-गान किया है। वस्तुतः मुकुन्दराज एवं चक्रधर की सन्त-परम्परा को पृष्ठभूमि तैयार करने का ही अधिक श्रेय है, उसकी सम्यक प्रतिष्ठा तेरहवीं शती के अन्तिम चरण में वारकरी सम्प्रदाय के सन्तों के द्वारा ही हुई। सम्भवतः यही कारण है कि प्रारम्भ के इन दोनों कवियों के साथ 'सन्त' विशेषण का प्रयोग नहीं किया जाता।

वारकरी सम्प्रदाय के मूल प्रवर्त्तक तो सन्त पुण्डलिक माने जाते हैं किन्तु उनके सम्बन्ध में ऐतिहासिक सामग्री का सर्वथा अभाव है। वस्तुतः पुण्डलिक के साथ इस प्रकार के चमत्कार-पूर्ण प्रसंग जुड़ गये हैं जिससे वे ऐतिहासिक व्यक्ति के स्थान पर पौराणिक ही अधिक प्रतीत होते हैं। ऐतिहासिक दृष्टि से इस सम्प्रदाय के प्रथम उन्नायक सन्त ज्ञानेश्वर (१२७५-१२९३ ई०) सिद्ध होते हैं। इन्होंने गीता की प्रसिद्ध टीका 'भावार्थ दीपिका' (ज्ञानेश्वरी), अमृतानुभव, हरि पाठ के अभंग, चांगदेव पैंसठी और सैकड़ों फुटकर अभंगों की रचना की, जिनमें इनके दार्शनिक विचारों एवं भक्ति की अनुभूति की अभिव्यक्ति हुई है।[1] ज्ञानेश्वर के ही साथ-साथ नामदेव (१२७०-१४५० ई०), निवृत्तिनाथ (१२७३-१२९३), सोपानदेव (१२७७-१२९७), मुक्ताबाई (१२७९-१२९७) प्रभृति सन्त हुए, जिन्होंने अपनी अलौकिक अनुभूतियों को साहित्यिक माध्यम से प्रकाशित किया। यहाँ यह उल्लेखनीय है कि इनमें नामदेव को छोड़कर शेष तीनों ज्ञानेश्वर के भाई-बहन थे, जिन्होंने अपना समस्त जीवन आध्यात्मिक साधना में ही व्यतीत किया। नामदेव भी ज्ञानेश्वर के समाधि-काल तक उनके साथ ही रहे किन्तु बाद में वे धर्म का प्रचार करते हुए पंजाब में चले गये तथा वहीं अठारह वर्ष तक रहे। वस्तुतः ज्ञानेश्वर एवं नामदेव ने अपने आकर्षक व्यक्तित्व, दिव्य-चरित्र एवं सच्ची भक्ति-भावना से जनता को इस प्रकार मुग्ध कर लिया कि थोड़े समय में ही सारे महाराष्ट्र एवं उत्तरी भारत में भक्ति की बाढ़-सी आ गई। वैसे तो आगे चलकर इस क्षेत्र में और भी कई सम्प्रदाय अवतरित हुए किन्तु महाराष्ट्र का महानुभाव-सम्प्रदाय इनमें अग्रणी माना जा सकता है।

नामदेव का व्यक्तित्व, चरित एवं साहित्य—नामदेव का जन्म महाराष्ट्र के एक साधारण दर्जी-परिवार में सन् १२७० में हुआ था। उसके पिता दामाशेट प्रति-वर्ष पंढरपुर की यात्रा करते थे, जिससे नामदेव को भक्ति के संस्कार बाल्यावस्था में ही प्राप्त हो गये थे। कहते हैं कि बचपन में ही विट्ठल की मूर्ति को दूध पीने के लिये बाध्य करते समय इन्हें ईश्वर का साक्षात्कार प्राप्त हो गया था। विवाह के अनन्तर भी उनकी भक्ति-भावना में कोई अन्तर नहीं आया अपितु इनके प्रभाव से इनके परिवार के सभी लोग भक्त हो गये। आगे उन्हें सन्त ज्ञानेश्वर का सान्निध्य प्राप्त हो गया तथा उनके आदेश से इन्होंने विसोबा खेचर से दीक्षा ग्रहण की तथा ज्ञानेश्वर के समाधिस्थ होने तक उन्हीं की मण्डली में रहे। तदनन्तर वे भक्ति का प्रचार करते हुए पंजाब चले गये जहाँ वे लगभग अठारह वर्ष तक रहे। गुरदासपुर (पंजाब) जिले

१. संत ज्ञानेश्वर के कुछ पद हिन्दी में भी उपलब्ध हैं।

के धोमान नामक स्थान पर आज भी सन्त नामदेव का मन्दिर स्थित है तथा इसके आस-पास नामदेव सम्प्रदायियों की बस्ती है। एक मन्दिर को 'गुरुद्वारा बाबा नामदेव' कहा जाता है। इनके पंजाब में बहुत शिष्य हुए थे, जिनमें विष्णुस्वामी, बहारेदास, जालतो सुनार, लब्धा खत्री, केशो कलाधारी आदि का नाम उल्लेखनीय है। अपने जीवन के अंतिम भाग में वे पुनः काठियावाड़ एवं गुजरात होते हुए महाराष्ट्र में आ गये तथा ८० वर्ष की आयु में पंढरपुर के विट्ठल मन्दिर के महाद्वार पर समाधि ले ली।

संत नामदेव की देन पर विचार करते हुए प्रो० देशपांडे लिखते हैं—"उन्होंने उत्तर भारत में भक्ति मार्ग का प्रचार करके हिन्दू समाज को जाति-भेद की संकीर्णता बहुदेवोपासना का सच्चा अर्थ, धर्माडम्बर और अनावश्यक आचार-विचार के सम्बन्ध में जागृत किया। वे यथार्थ में सच्चे लोक शिक्षक थे। उन्होंने सन्त कबीर, गुरु नानक जैसे परवर्ती सन्तों का मार्ग प्रशस्त बनाने में कुछ न उठा रखा। सचमुच वे उत्तर भारत के सांस्कृतिक एवं धार्मिक जागरण के आद्य प्रणेता थे।···सन्त नामदेव का व्यक्तित्व जितना पवित्र, भावुक और महान् था उतनी उनकी साहित्य-रचना भी (महान्) थी।[1]

नामदेव के मराठी में लगभग तीन हजार अभंग प्राप्त हैं जो 'नामदेव की गाथा' में संगृहीत हैं। हिन्दी में उनके लगभग ७० पद उपलब्ध हैं। डॉ० विनय मोहन शर्मा ने इन्हें सुसंपादित रूप में अपने प्रबन्ध के अन्त में प्रस्तुत किया है। जैसा कि शर्मा जी ने निर्देश किया है, 'गुरु ग्रंथ साहिब' नामदेव के ढाई सौ वर्ष बाद की रचना है; अतः सम्भव है कि उनके पदों की भाषा में परिवर्तन आ गया हो। किन्तु जनता सन्तों की वाणी में दैवी शक्ति मानकर उनका पाठ शुद्ध रखने का प्रयास करती है, अतः नामदेव के पद बहुत अधिक परिवर्तित हो गए हैं ऐसा नहीं कहा जा सकता। वैसे भी इनकी भाषा कबीर के उपलब्ध काव्य की भाषा से प्राचीन प्रतीत होती है तथा उस पर मराठी का प्रभाव भी यत्र-तत्र दृष्टिगोचर होता है। उनमें अधिक परिवर्तन नहीं हुआ है।

विषय-वस्तु की दृष्टि से नामदेव के काव्य में मुख्यतः ईश्वर-भक्ति, माधुर्य भाव, अद्वैतानुभूति, गुरु-महिमा, जाति-पाँति-विरोध, बाह्यचारों का खण्डन, यौगिक शब्दावली, पद या गति शैली आदि की प्रवृत्तियाँ मिलती हैं, किन्तु उनका मूल स्वर अलौकिक प्रेम का ही है। उस प्रेम में आस्था, विश्वास, करुणा एवं विरह की भावना सम्मिश्रित है। प्रो० पटवर्धन ने ठीक ही लिखा है कि नामदेव की कविता में हमें उस प्रकाश के रोमांच का अनुभव होता है जो कभी इस धरती या समुद्र पर नहीं उतरा। उसमें हमें एक ऐसे स्वप्न के दर्शन होते हैं जो इस धूल-भरी धरती पर इससे पहले कभी नहीं झलका। उस प्रेम की प्रतीति होती है जिसने वासना को कभी उत्तेजित नहीं किया। उसमें एक ओर करुण, विश्वास एवं भक्ति का रोमांच है तो दूसरी ओर

१. मराठी का भक्ति-साहित्य : देशपांडे, पृ० ७५।

मानवात्मा की दिव्य शक्ति के प्रति आत्म-समर्पण है। उसमें हम भक्ति या दिव्य प्रेम का रोमांच, हृदय का हृदय के प्रति संगीतमय-निवेदन और भावातुर मन के सहज मधुर व रस-भीने उद्गार पाते हैं। नामदेव की कविता के महत्व के सम्बन्ध में इससे अधिक कुछ और कहना अनाश्यक है।

नामदेव के हिन्दी पदों की भाषा के सम्बन्ध में भी विद्वानों में पर्याप्त मतभेद है। मराठी के प्रसिद्ध विद्वान् श्री प्रियोलकर के मतानुसार वह पंजाबी मिश्रित हिन्दी है, उस पर मराठी का प्रभाव नहीं है तथा इसी आधार पर उन्होंने इन पदों के रचयिता नामदेव को प्रसिद्ध नामदेव से भिन्न सिद्ध करने का प्रयास किया था, किन्तु मराठी के दूसरे विद्वान् श्री गो० वारटक्के ने इन पदों की भाषा का विस्तृत विश्लेषण करते हुए उसे मराठी से प्रभावित माना है तथा श्री प्रियोलकर के उपर्युक्त मत का खण्डन किया है। उदाहरण के लिए नामदेव के पदों को निम्नांकित भाषागत प्रवृत्तियाँ मराठी प्रभाव की द्योतक मानी गई हैं—

(क) उ का बाहुल्य—अजामलु, अबरीकु, एकु, कवनु, खेतु आदि।

(ख) क्रियापदों के काल—तारीले, आनीले, केला, दैला, मेंटल आदि।

(ग) शब्द एवं विभक्ति-प्रत्यय—नादि, धरि, सीसू, अकासी, सनाने, बागटा, ताची आणि, ता चे अंसा, तुमचे पारसु, हमचे लोहा आदि।

(घ) वाक्यों पर मराठी की छाया; जैसे—'रे नादि समाइलो, सरिगुरु देवा भेटले (मराठी-रूप : अरे ! नांदी सामविलों, सदगुरुदेव भेटले।)

अस्तु, इसमें कोई सन्देह नहीं कि नामदेव के हिन्दी पदों की भाषा पर मराठी का थोड़ा-बहुत प्रभाव अवश्य है। आचार्य विनयमोहन शर्मा के मतानुसार उनकी भाषा पर ब्रज, पूर्वी हिन्दी और पंजाबी का भी प्रभाव है। उनकी भाषा में कबीर के समान विविधता है। इसके अतिरिक्त, जैसा कि पहले कहा गया है, उसमें किंचित परिवर्तन परवर्ती लिपिकारों के द्वारा भी सम्भव है।

जहाँ तक नामदेव के प्रसिद्ध महाराष्ट्रीय नामदेव से भिन्न होने की बात है, यह भी सर्वथा अमान्य सिद्ध हो गई है। महाराष्ट्रीय नामदेव जाति के 'छीपे' (जिसका मराठी में दर्जी के अर्थ में प्रयोग होता है) थे, इसका उल्लेख उनके मराठी और हिन्दी के पदों में आसानी से पाया जाता है; जैसे—

(क) शिंपिआचे कुली जन्म झाला। (मराठी पदों में)

(ख) छीपे के घरि जनमु देला, गुरु उपदेसु भैला। (हिन्दी पदों में)

(ग) हीनड़ी जात मेरी जातुदम राइया।
छीपे के जनमि काहे कउ आइआ।

इसके अतिरिक्त प्रसिद्ध नामदेव से सम्बन्धित घटनाएँ; जैसे—विट्ठल को दूध पिलाने की विभिन्न घटनाओं के उल्लेख, आराध्यदेव विट्ठल के नाम का प्रयोग, भावधारा, विचार, शैली आदि की दृष्टि से भी गुरु ग्रन्थ-साहब में संकलिक हिन्दी पव प्रसिद्ध नामदेव के ही सिद्ध होते हैं। अतः इस सम्बन्ध में शङ्का या सन्देह के लिए कोई स्थान नहीं रह जाता।

नामदेव द्वारा प्रतिष्ठित सन्त-काव्य-परम्परा परवर्ती युग में और भी अधिक विकसित हुई, अतः इसके परवर्ती विकास का विवेचन-विश्लेषण आगे 'पूर्व-मध्यकाल' के अन्तर्गत किया जायगा।

७. ५. ऐतिहासिक रासो काव्य

जैसा कि पीछे बताया जा चुका है, हिन्दी में जैन-धर्म के आश्रय में एक विशिष्ट काव्य-परम्परा का विकास हुआ था, जिसे 'जैन रास काव्य परम्परा' की संज्ञा दी गई है। इस परम्परा की लोकप्रियता एवं प्रचार को देखकर अनेक जैनेतर कवियों का भी ध्यान इसकी ओर आकृष्ट हुआ, जिन्होंने इसे नया मोड़ दिया। इन कवियों में से अधिकांश राज्याश्रित थे, जिन्होंने महापुरुषों एवं तीर्थंकरों के स्थान पर अपने आश्रयदाताओं के गुण-गान के लक्ष्य को लेकर काव्य-रचना की। उनके सामने धर्म-प्रचार का उद्देश्य न होकर राजाओं को प्रसन्न करना ही उद्देश्य था। फलतः उनके ग्रन्थ रासो संज्ञक होते हुए भी दृष्टिकोण, विषय-वस्तु एवं शैली की दृष्टि से मूल परम्परा से इतनी दूर चले गये कि उन्हें एक नयी या भिन्न परम्परा के रूप में मान्यता देने की आवश्यकता प्रतीत होती है। वैसे डॉ० माताप्रसाद गुप्त 'रास' एवं 'रासो'—इन दोनों संज्ञाओं में मूलभूत अन्तर मानते हुए उनका सम्बन्ध दो भिन्न परम्पराओं से मानते हैं। हमारे विचार से ये परम्पराएँ मूलतः सर्वथा विच्छिन्न नहीं हैं, उनमें परस्पर माँ-बेटी का सम्बन्ध है, अतः दोनों का पृथक् अस्तित्व मानते हुए भी हम उन्हें बिलकुल असम्बद्ध नहीं मानते। 'रास' और 'रासो' संज्ञा में भी व्युत्पत्ति एवं अर्थ की दृष्टि से विशेष अन्तर नहीं है, 'रास' का राजस्थानी संस्करण ही 'रासो' है, क्योंकि राजस्थानी में अकारान्त एवं आकारान्त संज्ञाएँ ही प्रायः ओकारान्त हो जाती हैं, जैसे, 'घोड़ा' से 'घोड़ो'। इसके अतिरिक्त ऐतिहासिक काव्यों में भी 'रास' एवं 'रासो' दोनों संज्ञाओं का प्रयोग मिलता है, (जैसे, वीसलदेव रास, पृथ्वीराज रासो) अतः हम दोनों का ही सम्बन्ध 'रासक' परम्परा से मानते हुए, उन्हें विषय-वस्तु एवं विकास-क्रम की दृष्टि से ही दो भिन्न परम्पराओं के रूप में स्वीकार करते हैं, अन्यथा उनका उद्गम-स्रोत एक ही है।

रास काव्य-परम्परा में नया मोड़ तेरहवीं शती में ही आ गया था, जबकि नरपति नाल्ह ने 'वीसलदेव' रास की रचना की, जो धार्मिक काव्य न होकर ऐतिहासिक काव्य है, पर ऐतिहासिक काव्यों की अखण्ड परम्परा उसके एक-डेढ़ शताब्दी बाद ही प्रतिष्ठित हुई। इसके अतिरिक्त 'पृथ्वीराज रासो' भी ऐतिहासिक रासो काव्य है जो आदिकाल की सीमा में पड़ता है। अतः इन दोनों का परिचय यहाँ क्रमशः दिया जाता है।

वीसलदेव रासो—वीसलदेव रासो की अब तक विभिन्न स्थानों पर सत्ताईस के लगभग रचनाएँ उपलब्ध हैं जिनका विस्तृत परिचय डॉ० तारकनाथ अग्रवाल ने अपने नव प्रकाशित शोध प्रबन्ध में दिया है। इसके विभिन्न संस्करण भी श्री सत्य जीवन वर्मा, डॉ० माताप्रसाद गुप्त एवं डॉ० तारकनाथ अग्रवाल द्वारा सम्पादित होकर

प्रकाशित हो चुके हैं। किन्तु इनमें परस्पर गहरा अन्तर है; जहाँ डॉ० गुप्त ने १२८ छन्दों को ही प्रामाणिक माना है वहाँ अन्य दोनों विद्वानों ने १४६ छन्दों वाले पाठ को प्रामाणिक स्वीकार किया है। फिर भी पाठ-विज्ञान की दृष्टि से डॉ० गुप्त का संस्करण ही अधिक महत्वपूर्ण है, इसमें कोई सन्देह नहीं। डॉ० अग्रवाल ने सं० १६३३ वि० की एक प्रति को ही मूल रचना मान लिखा है जबकि इससे पूर्व भी इसमें काफी प्रक्षेप हो जाने की सम्भावना है। फिर भी इसका वास्तविक मूल रूप क्या था, इस सम्बन्ध में निश्चित रूप से कुछ कहना, अब भी कठिन है।

इसकी विभिन्न पांडुलिपियों में रचना-काल का निर्देश भी भिन्न-भिन्न प्रकार से मिलता है; जैसे —

(क) संवत सहस सतिहत्तरई जाणि।
नल्ह कबीसरि कही अमृत वाणि।
गुण गुथ्थउ चउहाण का।
सुकल पक्ष पंचमी श्रावण मास,
रोहणी नक्षत्र सोहामणउ,
सो दिन गिणि जोइसी जोडइ रास।

(ख) कुछ में उपर्युक्त अंश की प्रथम पंक्ति इस प्रकार है —
'संवत सहस त्तिहुत्तर जाणि।

या इस प्रकार भी है—
'संवत तेर सत्तोत्तरइ जाणि।

(ग) अनेक के आरम्भ में इस प्रकार निर्देश है —
बारह सै बह्रोत्तराहां मंझारि,
जेठ बदी नवमी बुधवारि,
नाल्ह रसाइण आरंभइ।
सारदा तुठी ब्रह्म कुमारि॥

ऐसी स्थिति में उपर्युक्त किस निर्देश को वास्तविक माना जाय यह समस्या है। हमारे विचार से इन सबको मुख्यतः दो वर्गों में विभाजित किया जा सकता है— (१) जिनमें जेठ बदी नवमी बुधवार का उल्लेख है तथा (२) जिनमें श्रावण शुक्ल पंचमी का निर्देश है। दूसरे वर्ग की रचनाओं में संवत में ही प्रायः अन्तर है, महीना व दिन आदि में नहीं, ऐसी स्थिति में यह सम्भव है कि एक ही संवत विभिन्न लिपि-कारों के कारण बदल गया हो; जैसे —'संवत सहस त्तिहुतर जाणि' और 'संवत सहस सतिहतरइ जाणि' में केवल एक 'स' का अन्तर है जिससे त्तिहुतर सतिहुतर हो गया। दूसरी ओर प्रारम्भिक उल्लेख में बारहसै बहोत्तर का निर्देश है। राजस्थानी में बहोत्तर का प्रयोग ७२ के लिए होता है। अतः इसका अर्थ १२७२ लिया जा सकता है। तिथि-बार की दृष्टि से भी इसकी पुष्टि की गई है। ऐसी स्थिति में 'संवत सहस तिहुत्तर' का अर्थ १०७३ न लेकर १२७३ लेना चाहिए जो कि १२७२ के समीप

पड़ता है। यद्यपि अधिक विवेचन के लिए स्थान नहीं है, फिर भी निष्कर्ष रूप में हम कह सकते हैं कि इस काव्य का आरम्भ संवत् १२७२ जेठ बदी नवमी बुधवार को हुआ तथा इसकी समाप्ति संवत् १२७३ श्रावण शुक्ल पंचमी को हुई। इसीलिए कवि ने जहाँ १२७२ के साथ 'नाल्ह रसायण आरंभइ' कहा है, वहाँ दूसरे के साथ भूतकालिक क्रिया का प्रयोग करते हुए 'नल्ह कबीसरि कही अमृत बाणि' कहा गया है जो इसकी समाप्ति का सूचक है। अस्तु दूसरे निर्देश में १२७३ से ही १०७३, १०७७, १३६७ आदि का बन जाना स्वाभाविक है। अन्य ऐतिहासिक एवं भाषा वैज्ञानिक साक्ष्यों के आधार पर श्री गौरीशंकर हीराचन्द ओझा, श्री अगरचन्द नाहटा, डॉ० उदयनारायण तिवारी प्रभृति विद्वान् भी इसका रचनाकाल १२७२ वि० मानने के पक्ष में हैं। कुछ विद्वान् इसका रचना-काल तेरहवीं शती ही मानते हैं, किन्तु वे 'बारह सौ बहोत्तरां' का अर्थ १२७२ लगाते हैं, जो राजस्थानी भाषा के सम्यक् ज्ञान के अभाव का सूचक है।

अत: हम इसे निश्चित रूप से १२७२ वि० अर्थात् १२१५ ई० की रचना मान सकते हैं। यह दूसरी बात है कि आज इसका मूल रूप उपलब्ध नहीं है, जो भी प्रतिलिपियाँ मिलती हैं वे बहुत परवर्ती एवं परिवर्तित हैं।

कुछ विद्वानों ने 'वीसलदेव रासो' के रचयिता नरपति नाल्ह को पन्द्रहवीं शती के किसी गुजराती कवि से अभिन्न सिद्ध करने का प्रयास किया है, किन्तु उक्त गुजराती कवि का नाम केवल मात्र 'नरपति' है, उसके आगे 'नल्ह' या 'नाल्ह' का प्रयोग नहीं मिलता। साथ ही दोनों के रचना-काल में भी पर्याप्त अंतर है, अत: दोनों को एक नहीं माना जा सकता।

इस काव्य में अजमेर व साँभर के राजा वीसलदेव एवं रानी राजमती के विवाहोत्तर जीवन की एक विशेष घटना का वर्णन किया गया है। राजा वीसलदेव की इस गर्वोक्ति पर कि उसके यहाँ नमक की खान है, उसके समान कोई नरेश और नहीं. रानी कह देती है कि उससे भी बढ़कर ऐसे नरेश हैं जिसके यहाँ हीरों की खान है, जैसे उड़ीसापति। राजा क्रुद्ध होकर उड़ीसा चला जाता है और बारह वर्ष पश्चात् लौटता है। यही इसका संक्षिप्त कथानक है।

वीसलदेव या विग्रहराज नाम के इतिहास में कई राजा मिलते हैं, अत: यह प्रश्न उठना स्वाभाविक है कि प्रस्तुत काव्य का संबंध किससे है? कुछ ने विग्रहराज तृतीय का समर्थन किया है, क्योंकि एक शिलालेख से इसकी रानी का नाम राजदेवी मिलता है, जबकि अन्य विद्वानों ने पराक्रमी नरेश विग्रहराज चतुर्थ को, जो कि 'ललित विग्रहराज' नाटक का नायक भी है, इनका नायक सिद्ध किया है। वीसलदेव तृतीय का राज्य-काल ११५१–११७५ वि० तथा चतुर्थ वीसलदेव का राज्य-काल लगभग १२०८ से १२२० वि० तक माना जाता है। इस दृष्टि से चतुर्थ वीसलदेव ही कवि के अधिक समीप पड़ता है। इसके अतिरिक्त इस रचना में जैसलमेर का भी उल्लेख आया है जिसे राजा जैसल ने सं० १२१२ वि० में बसाया था। ऐसी स्थिति में इसका नायक विग्रहराज (वीसलदेव) चतुर्थ का ही होना संभव है। रचना-काल से भी इसी की पुष्टि होती है।

फिर भी ऐतिहासिक दृष्टि से अध्ययन करने वाले विद्वानों को इस काव्य से प्राय: निराशा होती है। वस्तुत: कवि का लक्ष्य न तो इतिहास का आख्यान करने का था और न ही किसी सामयिक नरेश या आश्रयदाता के गौरव का बढ़ा-चढ़ा कर गान करने का था, अपितु उसका मूल लक्ष्य नारी-चरित्र का गुण-गान करने का था, जिसकी व्यंजना उसने बार-बार की है—

बागवाणी मो वर दियो,
अस्त्री रसायण करूँ बखाण।
× × ×
हंस बाहणि मिगलोचनि नारि,
सीस समारइ दिन गिणइ।
जिण सिरजइ उलिगण घर नारि,
जाइ दिहाडाउ झूरितां॥

अर्थात् सरस्वती ने मुझे वर दिया है, स्त्री रसायण का वर्णन करता हूँ। × × "हंसगमनी मृगलोचनी नारी सिर को सुलझाती हुई दिन गिनती है। हाय! किसी को परदेशवासी की पत्नी न बनावे, उसके सारे दिन विलाप करते ही व्यतीत होते हैं!"

काव्य का केन्द्रीय पात्र भी वीसलदेव न होकर राजमती ही है, उसी से इसका आरम्भ होता है, उसी के विरह का इसमें निरूपण हुआ है तथा पाठक उसी के चरित्र एवं व्यक्तित्व से प्रभावित होता है। वीसलदेव तो इसमें केवल एक पूरक पात्र के रूप में आता है। बीच-बीच में जैसी उक्तियाँ कही गई हैं, उनसे भी कवि की नारी-जीवन के प्रति गहरी सहानुभूति का पता चलता है; जैसे—

त्री जनम कांई दियो हो महेस?
अवर जनम थारे घणा हो नरेस!
× × ×
बन खंड काली कोइली
बइसती अंब कइ चंप की डालि।

अर्थात् "महेश! त्रिया का जन्म क्यों दिया? तुम्हारे पास और भी बहुत से जन्म (जीवन) थे...... (इससे अच्छा तो) 'किसी बन-खंड में काली कोयल ही बना देते। जो (स्वतन्त्रतापूर्वक किसी चंपा की डाली पर बैठ सकती!"

अस्तु, इसमें कवि का लक्ष्य नारी-जीवन की गाथा को सहानुभूतिपूर्ण शब्दों में प्रस्तुत करने का है। यही कारण है कि इसमें विरह-वर्णन को सर्वाधिक विस्तार दिया गया है। संक्षेप में, यह एक वीर-गाथा नहीं अपितु विरह-काव्य है।

यद्यपि नरपति नाल्ह अधिक विद्वान् नहीं था, संस्कृत के प्रचलित उपमानों से वह अनभिज्ञ प्रतीत होता है, फिर भी उसे कवि-हृदय प्राप्त था। नारी हृदय की कोमलता, दीनता और विवशता की व्यंजना में उसे पूरी सफलता मिली है। उसका विरह-वर्णन वेदनापूर्ण मार्मिक उक्तियों से परिपूर्ण है। दीर्घ वियोग के लम्बे-लम्बे दिवसों को एक-एक करके काटती हुई और अश्रु-पूरित नेत्रों से अखंड प्रतीक्षा में लीन

प्रियतम-पथ को देखती हुई बाला की मूर्ति का चित्रण अत्यन्त सजीवता से किया गया है। साथ ही उस अहंग्रस्त दंभी पुरुषवर्ग के प्रति, जो अबोध मुग्धा के एक छोटे से उपहासपूर्ण वाक्य से ही उत्तेजित होकर उसे त्याग जाता है, कवि का गहरा रोष व्यंजित हुआ है—

तो थी भली दमयन्ती नारि,
नल राजा मेल्हे गयो,
पुरीष समौ नहीं निगुण संसार।

"तुमसे भी अच्छी दमयन्ती जैसी नादि को भी नल छोड़कर चला गया, (अतः तुम्हारा कोई दोष नहीं—) संसार में पुरुष के समान कोई निगुणी (अवगुणी) नहीं है।"

वस्तुतः अनुभूतियों की सहज स्वाभाविक अभिव्यक्ति की दृष्टि से यह रचना उच्चकोटि की है, किंतु जो लोग तत्सम शब्दावली, परंपरागत उपमाओं, शैलीगत प्रौढ़ता, वर्णन-वैविध्य, कथा-विस्तार आदि की दृष्टि से इसका मूल्यांकन करना चाहते हैं, वे अवश्य इससे संतुष्ट न हो सकेंगे। इसकी भाषा तेरहवीं शती की राजस्थानी है जो कहीं-कहीं लिपिकारों के कारण क्रमशः विकसित एवं परिवर्तित हो गई है।

पृथ्वीराज रासो—'वीसलदेव रासो' से भी अधिक विवादास्पद किंतु साथ ही अधिक महत्त्वपूर्ण रचना पृथ्वीराज रासो (या पृथ्वीराज रासउ) है, जिसका रचयिता अंतिम हिंदू नरेश सम्राट् पृथ्वीराज चौहान का सखा, सामन्त, मन्त्री एवं राज-कवि चंदवरदायी माना जाता है। इस ग्रन्थ की विभिन्न स्थानों में ६० से भी अधिक प्रतिलिपियाँ उपलब्ध हैं जो सभी १६वीं शती के बाद की हैं। इन्हें मुख्यतः चार वर्गों में विभाजित किया गया है—(१) बृहद् (२) मध्यम (३) लघु एवं (४, लघुतम। जहां बृहद् रूपान्तर ६९ सर्गों में विभाजित है तथा १६ हजार छंदों का ही वहाँ लघुतम संस्करण अध्यायों में विभाजित नहीं है तथा इसकी श्लोक-संख्या केवल १३०० हैं। उसे इनमें से मध्यम को छोड़कर शेष सभी संस्करण विभिन्न विद्वानों द्वारा सम्पादित होकर प्रकाशित हो चुके हैं। लघु संस्करण हाल ही में चंडीगढ़ के डॉ० वी० पी० शर्मा द्वारा तथा लघुतम संस्करण डॉ० माताप्रसाद गुप्त द्वारा पर्याप्त श्रम एवं शोधन के अनन्तर संपादित एवं प्रकाशित हुआ है।

रासो का मूल रूप किस संस्करण को माना जाय, यह विवादास्पद है। कुछ विद्वान् सभी संस्करणों को अप्रमाणित मानते हैं जबकि कुछ लघु एवं लघुतम संस्करणों की प्रामाणिकता स्वीकार करते हैं वस्तुतः रासों का मूल रूप अब उपलब्ध नहीं है, फिर भी अन्य संस्करणों की अपेक्षा लघु एवं लघुतम संस्करण मूल रूप से अधिक समीप माने जा सकते हैं। जो लोग बृहद् संस्करण को ही सर्वथा प्रामाणिक मानते हैं या यह मानते हैं कि चन्द नाम का कोई हुआ ही नहीं तथा उसने पृथ्वीराज रासो नाम का कोई ग्रन्थ लिखा ही नहीं, वे यथार्थ से बहुत दूर हैं। अलग-अलग स्थानों में इसके इतने अधिक पाठ भेदों एवं विभिन्न संस्करणों का मिलना ही यह सिद्ध करता है कि इस ग्रन्थ की रचना १६वीं शती से बहुत पूर्व हो चुकी थी, अन्यथा एकाएक इसका इतना विकास, प्रसार एवं रूपांतर संभव नहीं था। फिर भी सभी संस्करणों में बिना

किसी अपवाद के चन्दवरदायी को ही इसका रचयिता माना गया है; अतः इसमें तो कोई सन्देह नहीं कि मूल रासो चन्द द्वारा ही लिखा गया था। यह दूसरी बात है कि परवर्ती कवियों ने भी इसमें पर्याप्त प्रक्षेप कर दिया है। ऐसी स्थिति में हमें जैसा कि डॉ० शम्भूनाथसिंह ने प्रतिपादित किया है, इसे एक विकसनशील काव्य रूप में स्वीकार करना चाहिए।

रासो की ऐतिहासिकता पर लगभग एक शताब्दी से बहुत बड़ा वाद-विवाद चलता आ रहा है, पर अभी तक इसका अन्तिम समाधान नहीं हो पाया है। कर्नल टाड ने इसे ऐतिहासिक ग्रन्थ मानकर इसका अंग्रेजी में अनुवाद करना आरम्भ किया था, किन्तु १८७५ ई० में डॉ० वूलर को काश्मीर में कवि जयानक द्वारा संस्कृत में रचित 'पृथ्वीराज विजय' काव्य उपलब्ध हुआ, जिससे तुलना करने पर पृथ्वीराज रासो का इतिवृत्त पर्याप्त अनैतिहासिक सिद्ध हुआ। फलतः डॉ० वूलर ने इसे अप्रामाणिक घोषित किया। तदनन्तर पं० गौरीशंकर हीराचन्द ओझा ने ऐतिहासिक दृष्टि से रासो पर आक्षेपों की एक लम्बी सूची प्रस्तुत की, जिसके अनुसार इसमें चौहानों की उत्पत्ति व वंशावली, पृथ्वीराज की माता का नाम, गुजरात के राजा भीमदेव के द्वारा पृथ्वीराज के पिता के वध की घटना, पृथ्वीराज के द्वारा ग्यारह वर्ष से लेकर छत्तीस वर्ष की आयु तक चौदह राजकुमारियों से विवाह करना, पृथ्वीराज को अनंगपाल द्वारा दिल्ली का राज्य प्रदान करना, सयोगिता स्वयंवर सम्बन्धी घटनाएँ, गजनी में पृथ्वीराज की वाण-बेध की घटना, सभी सन्-संवत् आदि सामग्री इतिहास विरुद्ध सिद्ध होती है। पं० मोहनलाल विष्णुलाल पंड्या ने आनन्द संवत् की कल्पना करके सन् संवतों सम्बन्धी आक्षेप के निराकरण का प्रयास किया, किन्तु वह सफल नहीं हुआ। अस्तु, ओझा जी के अनुसार यह ग्रंथ लगभग १५५० ई० के आस-पास रचित सिद्ध होता है।

ओझा जी के आक्षेपों के निराकरण एवं रासो की ऐतिहासिकता के संरक्षण के क्षेत्र में सर्वाधिक स्तुत्य कार्य मुनि जिन विजय एवं डॉ० दशरथ शर्मा ने किया। मुनि जिन विजय ने 'पुरातन प्रबन्ध संग्रह' (लिपिकाल सन् १४७१ ई०) में दिये गये 'पृथ्वीराज प्रबन्ध' की ओर विद्वानों का ध्यान आकर्षित किया जिसमें रासो के कथानक के सारांश के साथ-साथ उसके चार छन्द भी उद्धृत किये गये हैं तथा इनमें से तीन छंद रासो के वर्तमान संस्करणों में भी मिल जाते हैं। मुनि जी के विचार से पृथ्वीराज प्रबन्ध मूलतः १२९० वि० की रचना है; अतः पृथ्वीराज रासो का इससे पूर्व ही लिखा जाना संभव है। डॉ० दशरथ शर्मा ने एक ओर 'पुरातन प्रबन्ध-संग्रह' को आधार बनाते हुए तथा दूसरी ओर रासो के लघु संस्करण को लेकर ओझा जी के निष्कर्षों का प्रतिवाद पूरी दृढ़ता से किया। उन्होंने प्रमाणित किया कि ओझा जी के आक्षेप वृहत् संस्करण पर ही लागू होते हैं, लघु संस्करण पर नहीं। लघु संस्करण में केवल दो ही घटनाएँ ऐसी मिलती हैं जिन्हें इतिहास-विरुद्ध कहा जा सकता है, एक संयोगिता से विवाह की तथा अन्य गजनी में वाण-वेध की। डॉ० शर्मा ने इन घटनाओं के भी ऐतिहासिक होने की संभावना पर बल दिया। साथ ही उन्होंने भाषा की दृष्टि

से भी लघु संस्करण पर विचार करते हुए प्रतिपादित किया कि मूल रासो अपभ्रंश में लिखा गया था तथा लघु संस्करण की भाषा किंचित् परिवर्तित हो गई है फिर भी अपभ्रंश के पर्याप्त निकट पड़ती है। इस प्रकार डॉ० शर्मा लघु संस्करण को पूर्णतः प्रामाणिक न मानते हुए भी उसे मूलरूप के पर्याप्त अनुरूप सिद्ध करते हैं।

इधर डॉ० हजारीप्रसाद द्विवेदी एवं डॉ० माताप्रसाद गुप्त ने भी इस क्षेत्र में नया प्रयास किया है। डॉ० द्विवेदी केवल उन्हीं सर्गों को प्रामाणिक मानते हैं जिनका आरम्भ शुक-शुकी संवाद से हुआ है। इसी आधार पर उन्होने अपने द्वारा सम्पादित 'संक्षिप्त पृथ्वीराज रासो' में इन सात सर्गों को स्थान दिया जाता है—(१) आरम्भिक सर्ग (२) इछिनी का विवाह (३) शशिव्रता का विवाह (४) तोमर पाहार का शहाबुद्दीन को पकड़ना (५) संयोगिता का विवाह (६) कैमास वध (७) गौरी वध। डॉ० द्विवेदी के अनुसार इन सर्गों की भाषा-शैली मे भी एकरूपता, व्यवस्था एवं सहज प्रवाह मिलता है। दूसरी ओर डॉ० माताप्रसाद गुप्त ने लघु एवं लघुतम संस्करण की विभिन्न प्रतियों के आधार पर पाठ-विधान के नियमों के अनुसार पृथ्वीराज रासउ का संशोधित संस्करण प्रस्तुत किया है, जिसे उनके विचार से मूल रूप का निकटतम पाठ माना जाता है। पर साथ ही वे इस निष्कर्ष पर पहुँचते हैं कि 'रासो पृथ्वीराज के समकालीन किसी कवि की रचना नहीं हो सकती। यह रचना चन्द्र के नाम पर किसी अन्य व्यक्ति द्वारा की गई है। वह अन्य व्यक्ति कौन था, यह जानने के लिए हमारे पास कोई सोधन इस समय नहीं है। इसके रचनाकाल के सम्बन्ध में उनका मंतव्य है—सभी दृष्टियों स पृथ्वीराज रासो की रचना सं० १४०० को लगभग ही हुई मानी जा सकती है, इससे पूव नहीं।'

इस प्रकार डॉ० गुप्त के निष्कर्षों से हम उसी स्थिति पर पहुँच जाते हैं जो बहुत पूर्व श्री ओझाजी ने उत्पन्न की थी अर्थात् रासो चन्द्र की रचना नहीं, परवर्ती (=अप्रामाणिक) रचना है। अन्तर केवल इतना पड़ा कि डॉ० गुप्त ने इसके रचनाकाल को सं० १६०० के स्थान पर सं० १४०० को मान लिया है।

हमारे विचार से रासो निश्चित रूप से चन्दवरदायी की ही रचना है और पृथ्वीराज रासो का जो पाठ डॉ० माताप्रसाद गुप्त ने प्रस्तुत किया है, वह यदि प्रामाणिक है (या मूल रूप के निकट है) तो इसमें भी कोई संदेह नहीं रहता कि चन्दवरदायी एक ऐसे ऐतिहासिक व्यक्ति एवं सफल कवि हैं जिन्हें पृथ्वीराज से भिन्न नहीं किया जा सकता। यदि चन्दवरदाई ने रासो जैसा न ग्रन्थ लिखा होता तो उसके २००-३०० वर्ष पूर्व बाद कोई अन्य कवि रासो जैसी प्रौढ़ रचना लिखकर उसका यश चन्द को अर्पित करने का औदार्य्य प्रदर्शित नही कर पाता। नकल सदा असल की ही होती है, असल के अभाव में किसी नकल के अस्तित्व की कल्पना नहीं की जा सकती। यदि कहा जाय कि किसी कवि ने धन-लोभ से अपनी रचना को प्रसिद्ध करने के लिए ऐसा कर लिया होगा तो इस तर्क से भी यही सिद्ध होता है कि चौद-

१. पृथ्वीराज राउस : डॉ० माताप्रसाद गुप्त, पृ० १६८।

६वीं शती में कवि चन्द की इतनी प्रसिद्धि थी कि जिसके नाम को अपनाने का लोभ एक परवर्ती कवि ने किया; पर यहाँ भी यह प्रश्न उठता कि चन्द को यह प्रसिद्धि है किस आधार पर प्राप्त हुई जबकि पूर्व पक्ष के अनुसार उसने रासो लिखा ही नहीं तथा उसकी कोई अन्य कृति भी नहीं मिलती। अस्तु, एक ओर यह मानना कि चन्द ने कोई काव्य नहीं लिखा और दूसरी ओर यह मानना कि उसकी प्रसिद्धि को देख कर ही परवर्ती कवि ने उसके नाम पर अपनी रचना को प्रसिद्ध कर लिया—दो परस्पर विरोधी मान्यताएँ हैं। वस्तुतः चन्द की प्रसिद्धि का आधार उसका रासो ही है; अतः दोनों को भिन्न नहीं किया जा सकता।

'पुरातन प्रबन्ध-संग्रह' में जिनका लिपिकाल पन्द्रवीं शती है तथा जिसकी मूल-रचना इससे भी कम से कम डेढ़-दो शताब्दी पूर्व हुई थी, पृथ्वीराज रासो के सारांश के साथ-साथ 'चन्द बलिद्दिक' (वरदाई) कवि और उसके छन्दों को भी दिया गया है; जिससे चन्द के द्वारा रासो-रचना की पुष्टि सम्यक् रूप में होती है। डॉ० माताप्रसाद गुप्त ने पुरातन प्रबन्ध-संग्रह में उद्धृत चारों छन्दों में भी पारस्परिक विरोध दिखाया है क्योंकि एक छन्द में कैमास जहाँ लाभी और लम्पट कहा गया है वहाँ दूसरे में उसे व्यास एवं वशिष्ठ जैसा विद्वान भी माना गया है। हमारे विचार से एक ही व्यक्ति विद्वान् होने के साथ-साथ लोभी व लम्पट भी हो सकता है—जैसा कि रावण को माना जाता है—अतः केवल उसी के आधार पर इन छन्दों में विरोध सिद्ध करते हुए इन्हें भी रासो से असबम्द्ध बताना उचित नहीं।

'पुरातन प्रबन्ध-संग्रह' की कथा-वस्तु का स्थूल ढाँचा वही है जो रासो के लघुतम संस्करणों में मिलता है। किन्तु सूक्ष्म विवरणों में कहीं-कहीं अन्तर अवश्य है; जैसे वर्तमान संस्करण में कैमास को दो बाणों से मार डालने की बात कही है जब कि प्रबन्ध-संग्रह के अनुसार पृथ्वीराज एक ही बाण छोड़ता है जिससे कैमास जीवित रह जाता है। किन्तु इस प्रकार के विवरणों में अन्तर होना यही सिद्ध करता है कि रासो के वर्तमान संस्करणों से पूर्व भी एक ऐसा संस्करण विद्यमान था जिसमें चौदहवीं शती तक थोड़ा-बहुत अन्तर आ गया था। अस्तु, यह अन्तर रासो की प्राचीनता के पक्ष में पड़ता है।

डॉ० गुप्त का कथन है—'रचना-कथा नायक की समकालीन नहीं हो सकती है क्योंकि जैसा हमने अन्यत्र देखा है उसके प्रस्तुत संस्करण के पाठ में भी कुछ न कुछ इतिहास-असम्मत विवरण है, उसमें अनेक ऐसे शब्द आते हैं जो लगता है कि उत्तरी भारत की बोलचाल की भाषा में सम्मिलित हो गए थे और उनकी भाषा भी 'प्राकृत पैंगल' में संकलित हम्मीर के सम्बन्ध के छन्दों (रचना-काल सं ०१३५८ अर्थात् हम्मीर की देहान्त तिथि) और 'रणमल्लछन्द' (रचना-काल सं० १४५४) के बीच की प्रतीत होती है। इस प्रकार सभी दृष्टियों से पृथ्वीराज रासो की रचना सं० १४०० के लगभग हुई मानी जा सकती है, इससे पूर्व नहीं।''[१] इस प्रकार डॉ० गुप्त ने रासो को

१. पृथ्वीराज रासउ : डॉ० माताप्रसाद गुप्त, पृ० १६८।

चन्द परवर्ती मानने के दो ही आधार बताए हैं —(१) इतिहास असम्मत विवरण (२) भाषा। इनमें ऐतिहासिक विवरणों के सम्बन्ध में तो स्वयं उन्हीं का निष्कर्ष इसी पुस्तक के अन्य अध्याय में इस प्रकार है—"रासो सम्पूर्ण रूप में ऐतिहासिक रचना नहीं है, उसके अनेक उल्लेख या विस्तार अवश्य ही कल्पना-प्रस्तुत हैं, और इतिहास में समर्थित नहीं हैं। फिर भी अपने व्यापक रूप में वह एक ऐसे जिम्मेदार कवि की रचना प्रतीत होती है जिसने हिन्दू-सूत्रों से प्राप्त सामग्री का यथेष्ट सावधानी के साथ उपयोग किया और कथा नायक के समय के बाद की किसी घटना अथवा किसी व्यक्ति का घाल-मेल कथा में नहीं किया…निस्संदेह वह पृथ्वीराज का समकालीन तो नहीं था किन्तु बाद का भी नहीं था और उसने रचना यद्यपि काव्य की दृष्टि से अधिक और इतिहास की दृष्टि से कम की, फिर भी सामग्री का उपयोग जिम्मेदारी और कुशलता के साथ किया है।"[1]

इस सम्बन्ध में यहाँ अधिक विचार के लिए अवकाश नहीं है फिर भी संक्षेप में हमारा निवेदन इतना ही है कि रासो का रचयिता यदि सचमुच ही इतिहास के प्रति इतना सावधान होता तो उसमें अनैतिहासिक विवरण - जो थोड़े बहुत आये हैं —आते ही नहीं। पृथ्वीराज परवर्ती व्यक्तियों एवं घटनाओं का न आना किसी परवर्ती कवि की विशेष सावधानी का काम नहीं है। क्योंकि १४वीं शताब्दी में ऐतिहासिकता का आज जैसा महत्त्व नहीं था जो इतनी सावधानी बरती जाती—अपितु कवि की समकालीनता का सहज स्वाभाविक परिणाम है। विवरणों में थोड़ी बहुत अनैतिहासिकता एक समकालीन कवि में रह सकती है, जैसा कि बाण के 'हर्ष-चरित' में है। फिर मूल पाठ अभी अनुपलब्ध है। इसकी भाषा-शैली १२वीं शती के अन्य रासो काव्यों—भरतेश्वर बाहुवली रास आदि – से कुछ प्राचीन ही प्रतीत हो सकती है, परवर्ती नहीं है तथा थोड़ी-बहुत परवर्ती लिपिकारों द्वारा परिवर्तित भी हो सकती है, अतः इन कारणों के आधार पर रासो के रचयिता को यशस्वी चंद से भिन्न एवं परवर्ती मानना युक्ति-युक्त नहीं है। परवर्ती कवियों द्वारा उसमें शोधन, परिवर्द्धन एवं क्षेपक होने की ही सम्भावना एक सीमा तक अवश्य स्वीकार की जा सकती है। अतः रासो मूलतः पृथ्वीराज के समकालीन चंदरवरदायी की रचना है, इस विश्वास से डिग जाने की अभी आवश्यकता नहीं है।

काव्य-सौष्ठव—वस्तु-वर्णन, चरित्र-चित्रण, भाव-व्यंजना एवं शैली की दृष्टि से भी पृथ्वीराज रासो एक उच्चकोटि की रचना है। कवि के प्रसंगानुसार विभिन्न विषयों—प्रकृति, नगर, बाजार, राज-सभा, रंग-महल आदि – का वर्णन विस्तार से अलंकृत शैली में किया है। विभिन्न पात्रों का जिनमें तीन प्रमुख हैं—पृथ्वीराज, चंद (स्वयं), संयोगिता की भी चारित्रिक विशेषताओं का उद्‌घाटन सम्यक् रूप से किया गया है। पृथ्वीराज को जहाँ एक पराक्रमी, उत्साही एवं दृढ़ योद्धा के रूप में चित्रित किया गया है; वहाँ चंदवरदायी को एक ऐसे साहसी एवं गम्भीर वक्ता के रूप में

१. वही, पृ० ११३।

प्रस्तुत किया है जिसकी वाणी विषम परिस्थितियों में भी सत्य को कहने से नहीं चूकती। पृथ्वीराज के राजपूती गौरव एवं आदर्श की झलक उस समय देखी जा सकती है जब कि कन्नौज में संयोगिता का पाणिग्रहण कर लेने के अनंतर उसके साथ सैनिक उसे परामर्श देते हैं कि वह अपनी नव-विवाहिता को लेकर दिल्ली प्रस्थान करे तब तक वे लोग किसी प्रकार जयचंद की विशाल सेना का मुकाबला करते हुए उसे आगे रोकने का प्रयास करेंगे। पृथ्वीराज का आत्म-गौरव इस प्रस्ताव को स्वीकार नहीं कर सका। भला, उसके साथी लड़े और वह चुपचाप दिल्ली प्रस्थान कर जाय ! जिसने बड़े-बड़े हिन्दू एवं तुर्क (सेनापतियों) को संरक्षण दिया, वही आज इस तरह अपने-आपको अपने ही सेना नायकों के संरक्षण में सौंप दे ? नहीं, उसका उत्तर है—

मति घट्टी सामंत मरण हउ मोहि दिखावहु।
जम चीठी विणु कदन होइ जउ तुमउ बतावहु।
तुम गंजउ भर भीम तास गव्वह भय मत्ता।
भइ गोरी साहव्वदीन सरवर साहत्ता।
मुहि सरणहि हींदू तुरक तिह सरणागत तुम करहु।
बुझिअइ न सूर सामंत ही इतउ बोझ अपन्न धरहु।

अर्थात्, हे सामंतो ! क्या तुम्हारी मति घट गई है जो मुझे इस तरह मृत्यु का हौआ दिखा रहे हो ! क्या यम के परवाने के बिना कभी मौत आ सकती है ? ठीक है, तुमने भट्ट भीम को नष्ट किया जिनके गर्व से तुम मदमत्त हो गये हो, पर मैंने भी गोरी शहाबुद्दीन को सरवर में साधा (वश में किया) है। जिसकी शरण में हिन्दू तुर्क (सब) हैं, उसी को आज तुम शरण देना चाहते हो ? तुम शूर सामंत होकर भी नहीं समझते हो, (कि मैं इस प्रस्ताव को कैसे स्वीकर कर लूंगा।) अपना यह भार (एहसान) अपने पास ही रखो।

उपर्युक्त अंश से जहाँ नायक के आत्म-गौरव की व्यंजना हुई है वहाँ उसमें उस राजपूती अहं की भी पूरी झलक मिलती है, जिसके कारण ये नरेश अपने ही सामंतों को मौके बेमौके, छोटी सी बात पर दुत्कार देते थे। सामंतों ने जो प्रस्ताव रखा था, वह उनकी सच्ची स्वामिभक्ति का ही द्योतक था, भले ही पृथ्वीराज उसे स्वीकार न करते किन्तु इसे इतनी दुत्कार के स्थान पर ऐसे शब्दों के द्वारा भी टाला जा सकता था जिससे कि सामंतों के सद्भावपूर्ण हृदय को ठेस न लगती। पर उस युग के राजपूत नरेशों में इस नीति का अभाव था और संभवतः यही कमी उनके पतन का सबसे बड़ा कारण बनी। पृथ्वीराज रासो में यह स्पष्ट रूप में दिखाई देता है कि पृथ्वीराज का पतन उसकी अपनी ही तीन महत्त्वपूर्ण गलतियों के कारण होता है एक कैमास जैसे साथी की छोटी सी बात पर मार देना, दूसरे जयचंद जैसे शक्तिशाली नरेश के राजसूय यज्ञ का विरोध करना और तीसरे संयोगिता के साथ विलास में इस प्रकार लीन हो जाना कि राज-काज की सुध भी भूल जाना। पृथ्वीराज सम्भवतः अत्यधिक आत्मविश्वासी होने के कारण इन भूलों की परवाह नहीं करते

थे, किन्तु कवि चंदबरदायी इनके परिणाम से भली-भाँति परिचित थे; उन्होंने अपने स्वामी को समझाने का प्रयास भी बार-बार किया; जैसे कैमास के वध के समय उन्होंने स्पष्ट कह दिया था—'कइबास बिआस बिसट्ठ बिणुं मच्छि बन्धि बद्धओ मरिसि' (व्यास और वशिष्ठ जैसे कमास के बिना तुम मछली की भाँति जाल में बँध कर मरोगे।) और इसी प्रकार संयोगिता के मोह-पाश में आबद्ध हो जाने पर उसे चेताते हुए कहा था—'गोरी रत्तउ तुव धरा तुं गोरी अनुरत्त' अर्थात् शहाबुद्दीन गोरी तेरी धरा पर अनुरक्त हो रहा है और तू गोरी (संयोगिता) में अनुरक्त हो रहा है।

यद्यपि इस काव्य का नायक पृथ्वीराज है किन्तु व्यक्तित्व की गम्भीरता एवं चारित्रिक गरिमा की दृष्टि से उसकी अपेक्षा चंद अधिक प्रभावशाली प्रतीत होते हैं। वे सम्राट् के अधीन हैं किन्तु ऐसा औपचारिक रूप में ही है, सामान्यतः तो वे एक ऐसे फक्कड़, ओजस्वी, स्पष्टवक्ता, गंभीर, दूरदर्शी एवं कल्पनाशील कवि के रूप में दिखाई देते हैं, जिनका हृदय और मस्तिष्क किसी की भी परतन्त्रता एवं अधीनता को स्वीकार नहीं करता। पृथ्वीराज के स्वभाव की तो वे परवाह नहीं करते, जयचंद की समस्त शक्ति और उसके सारे वैभव को देखकर भी वे तनिक विचलित नहीं होते। कन्नौज में पहुँचकर वहाँ की पनहारियों, बाजारों, राज-द्वार, राज्य-सभा एवं राजमहल के अद्भुत सौन्दर्य एवं वैभव को देखकर वे चकित होते हैं, पर मुग्ध नहीं। पर सारे कन्नौज में एक स्थल अवश्य ऐसा है जहाँ कवि पहुँचकर अपने आपको मुग्ध, विभोर एवं धन्य समझे बिना नहीं रहता; वह स्थल है, कवि दरबार ! वहाँ उसे अनुभव होता है कि वह आज सच्चे काव्य-मर्मज्ञों के बीच पहुँचा है। कन्नौज के कवि-समाज में प्रतिष्ठा पाकर वह कदाचित् जीवन में पहली बार अपने कवि-जीवन की चरम सार्थकता का अनुभव करता है और यहाँ तक सोचने लगता है कि यदि यह अवसर उसे न मिलता तो उसकी वैसी ही स्थिति होती जैसी स्वर्ण के अभाव में दीन (विच्छिन्न) नग की होती है ! उसके शब्दों में—

कवि देषत कबि कउ मन रत्तो।
न्याय नयर कनवज्जि पहुत्तो।
कबि अग्गहि अंगीक्रित हीनउ।
हेभ बिना जिम भयउ दीनउ॥

कन्नौज में पृथ्वीराज को अपने ताम्बूल-वाहक के रूप में रखते हुए उसे तथा अपने आपको जयचंद के समक्ष सुअवस्थित एवं संयमित बनाये रखने का कार्य भी चंद ने बड़ी कुशलता से निर्वाहित किया। परिस्थितिवश एक बार इस ताम्बूल-वाहक को जयचंद की सेवा में भी ताम्बूल अर्पित करने का कार्य करना पड़ा। ऐसी स्थिति में पृथ्वीराज कहीं कुछ और न कर बैठे, इसे भाँप कर चंद ने पहले ही संकेत में कहा—

थिरु रहहि थवाइत वज्र कर छंडि सकारह षिनुक रहि।
जिहि असी लष्ष पल्लाणिहि तिहि पांन देहि दिठ हथ्य गहि॥

अर्थात् 'हे ताम्बूल-वाहक ! तू स्थिर रह और वज्र कर को छोड़कर एक क्षण

सत्कार में रह। जिसके अस्सी लाख (घोड़े) पलाने जाते हैं, उसे तू दृढ़ हाथों से ग्रहण कर पान दे !"

चन्द के इस संकेत के बावजूद पृथ्वीराज से भली-भाँति पान देते नहीं बनता; उसकी चेष्टाओं को देखकर अन्ततः जयचन्द जान जाते हैं कि यह ताम्बूल-वाहक कोई और नहीं, पृथ्वीराज ही है। इस प्रकार उनका रहस्य उद्घाटित हो जाता है। अस्तु, इसमें कोई सन्देह नहीं कि समय-समय पर चन्द ने अपनी संयम-शक्ति, व्युत्पन्न मति एवं दूरदर्शिता का परिचय सम्यक् रूप से दिया है, भले ही कथा-नायक उसका लाभ न उठा पाया हो।

पृथ्वीराज एवं चन्द की दर्पोक्तियाँ जहाँ सामान्यतः वीर-रस की व्यंजना करती हैं, वहाँ संयोगिता का प्रसंग सौन्दर्य, प्रेम और विरह की मार्मिक झाँकियाँ प्रस्तुत करता है। संयोगिता के सहज सौन्दर्य, उसकी यौवनकालीन छटा, उसकी अनुरागपूर्ण चेष्टाओं एवं उसके हृदय की कोमल भावनाओं से परिपूर्ण उक्तियों के प्रस्तुतीकरण में कवि ने पूर्ण सहृदयता, मनोवैज्ञानिकता एवं मार्मिकता का प्रमाण दिया है। उसकी प्रथम झलक ही पर्याप्त मनोमुग्धकारी है—

जब अंकुर करि पानि चरावति वच्छ मृगु।
मनु मानिनि मिस इंदु आनंदइ देखि दृगु।
सहि सहचरिति चरत्त परस्पर वित्तु किअ।
सुभ संजोगि संजोग जानहु मनमथ्थ किअ॥

वह यवाङ्कुरों को हाथ में लेकर मृग-शावकों को खिला रही थी। मानो उस मानिनी के मिस इन्दु ही उन्हें देखकर आनन्दित हो रहा था। साथ ही सखियाँ और सहचरियाँ कह रही थीं, ऐसी शुभा संयोगिता के लिए तो कोई कामदेव ही (वर) होना चाहिए।

मृग-शावकों के साथ खेलने वाली यह संयोगिता ऐसी अभिमानिनी एवं अनुरागिनी है कि कुटुम्ब के लोगों के द्वारा बार-बार समझाये जाने पर भी पृथ्वीराज को वरण करने के निश्चय से जरा भी नहीं डिगती। वह स्पष्ट शब्दों में घोषित कर देती है – 'कइ वहि गंगहिं संचरउं कइ पानि गहउं पृथ्वीराज, (या तो गङ्गा में बह जाऊँगी या पृथ्वीराज का ही पाणिग्रहण करूँगी !)

वह अपने प्रणय-व्रत में इतनी दृढ़ है कि यदि इस जीवन में भी उसे पृथ्वीराज न मिले तो न सही, अगले जीवन में ही सही, पर उसके प्राणेश्वर सदा वही दिल्लीश्वर रहेंगे—"···अन्य प्राणेऽथवा प्राणेश प्राणे दिल्लीश्वरः'।

पर इसी संयोगिता को जब भ्रम हो जाता है कि उसका आराध्य नायक युद्ध से विमुख होकर प्रेमिका के पास लौट रहा है तो एक सच्ची वीराङ्गना की भाँति उसे ग्लानि होती है, और वह यह कहे बिना नहीं रहती —'जिहि प्रिय तन अंगली फिरइ तिहिं प्रियजन कहा कज्ज ! (जिस प्रिय की ओर लोग अंगुली उठावें उस प्रियजन से क्या काम !)

अस्तु, हम देखते हैं कि 'पृथ्वीराज' रासो, बावजूद अपनी सारी अनैतिहासिकता

एवं अप्रामाणिकता के एक उच्चकोटि का महाकाव्य है, जिसमें उच्च पात्रों, उदात्त विचारों एवं गम्भीर भावों की अभिव्यक्ति मार्मिक रूप में हुई है। इसके पात्र जहाँ मध्यकालीन सामंत वर्ग की एक जीवित तस्वीर प्रस्तुत करते हैं, वहाँ इसमें व्यंजित भावनाएँ उस युग के आदर्शों एवं लक्ष्यों को पूर्ण सच्चाई के साथ व्यक्त करते हैं। साथ ही इसका छन्द-वैविध्य-दोहा, कवित्त, रासो, मुडिल्ल, पद्धड़ी गाथा, अड़िल्ल, चौपाई, सारिका, भुजंग, आदि का प्रयोग—पूर्ववर्ती एवं परवर्ती काव्य शैली के विकास-क्रम को भली-भाँति स्पष्ट करता है। अतः विषय-वस्तु, भाव-व्यंजना एवं शैली—तीनी की दृष्टि से यह काव्य अपने युग के आदर्शों, भावों एवं परम्पराओं का एक ऐसा सरस कलात्मक इतिहास कहा जा सकता है, जिससे सन्-संवतों का अंक-गणित भले ही असत्य हो किन्तु भावनाओं की सूक्ष्म रेखाएँ निश्चित ही यथार्थ और सत्य हैं।

रासो पर यह आक्षेप भी लगाया है कि इसका कवि अपने युग को कोई संदेश नहीं देता, किन्तु वस्तुतः ऐसा नहीं है। उन परिस्थितियों में कवि जो संदेश दे सकता था, वह उसे अवश्य दिया है। पृथ्वीराज के वैभव-काल में वह उसे सदा सुमार्ग पर चलाने का प्रयास करता रहा तो उसके कैद हो जाने पर वह समस्त क्षत्रियों को तलवार उठाने के लिये आमंत्रित करते हुए कहता है—

प्रथिराज देव दूवन गहउ रे क्षत्रिअ कर षग्ग गहु न:!

"क्षत्रियो! देव पृथ्वीराज को दुर्जन ने पकड़ लिया है, क्यों नहीं तलवार उठाते!"

हमें लगता है कवि की यह पुकार उसके काव्य की अन्तिम पंक्ति है। इसके बाद अगले अध्याय में प्रसंग जोड़ा गया है वह संभवतः परवर्ती कवि द्वारा—या कवि के पुत्र द्वारा रचित है।

अस्तु, राष्ट्र-पतन की विषम बेला में समस्त क्षत्रियों के द्वारा एक साथ तलवार उठाने के संदेश से बढ़कर कोई और संदेश क्या हो सकता था। काश! उस युग के क्षत्री इस संदेश को ग्रहण कर पाते।

उपर्युक्त विवेचन से स्पष्ट है कि हिन्दी के ऐतिहासिक रासो-काव्य में 'पृथ्वीराज रासो' एक महत्त्वपूर्ण रचना है। यह कथावस्तु की नियोजना, चरित्र-चित्रण की स्वाभाविकता, भावों की उत्कटता, शैली की उत्कृष्टता एवं उद्देश्य की उच्चता की दृष्टि से अपने युग का अनूठा काव्य है। कदाचित् ऐसी ही रचनाओं से प्रभावित होकर परवर्ती युग में अनेक राज्याश्रित कवियों ने ऐतिहासिक रासो-काव्यों की रचना की, जिनकी चर्चा हम आगे 'मध्यकाल' के अन्तर्गत करेंगे। वस्तुतः आदिकाल में तो इस काव्य-परम्परा का प्रवर्त्तन ही हो पाया था, पूर्ण विकास तो परवर्ती युग—मध्यकाल में ही हुआ, अतः इसकी विशेषताओं एवं प्रवृत्तियों का विवेचन हम आगे यथास्थान करेंगे।

७.६. आदिकालीन हिन्दी काव्य की प्रवृत्तियाँ

आदिकालीन हिन्दी-काव्य की प्रवृत्तियों का निर्धारण करने के लिये इसे मुख्यतः दो वर्गों—(१) धर्माश्रित काव्य एवं (२) राज्याश्रित काव्य में विभक्त किया जा सकता है। धर्माश्रित काव्य के अन्तर्गत जैन कवियों की रचनाएँ (जैन रास-काव्य फागु काव्य एवं चतुष्पदी काव्य) एवं संत कवियों के पद आते हैं जबकि दूसरे वर्ग में मुख्यतः ऐतिहासिक रासो काव्यों को स्थान दिया जा सकता है। यहाँ दोनों वर्गों की प्रवृत्तियों पर क्रमशः बिचार किया जाता है।

(क) **धर्माश्रित काव्य**—जैसा कि आदिकाल की परिस्थितियों पर विचार करते हुए स्पष्ट किया जा चुका है, हिन्दी में साहित्य-रचना का आरम्भ करने का श्रेय जैन कवियों को ही है। अधिकांश जैन कवियों ने अपने धर्म के तीर्थङ्करों एवं महापुरुषों के चरित-गान तथा उनके सिद्धान्तों के प्रचार की भावना से प्रेरित होकर काव्य-रचना की। उन्होंने अनुभव किया कि संस्कृत, प्राकृत, अपभ्रंश आदि प्राचीन भाषाएँ जन-साधारण में अप्रचलित हो गयी हैं, इसीलिये अपनी अनुभूतियों, धारणाओं एवं शिक्षाओं को लोक-मानस तक पहुँचाने के लिये लोक-भाषा का आश्रय ग्रहण किया। वस्तुत; हिन्दी से पूर्व प्राकृत एवं अपभ्रंश में भी सर्वप्रथम काव्य-रचना की परम्पराओं का सूत्रपात करने का श्रेय बौद्ध एवं जैन धर्म के उपदेशकों को ही है; अतः यदि हिन्दी में भी ऐसा ही हुआ तो कोई आश्चर्य नहीं। जैन कवियों की ही भाँति सन्त कवियों ने भी अपनी धार्मिक क्रान्ति के लिये लोक-भाषाओं हिन्दी एवं मराठी - को ही माध्यम बनाया।

जैनियों और सन्तों ने संस्कृत के प्रतिष्ठित काव्य-रूपों—महाकाव्यादि को विशेष महत्त्व न देकर उन काव्य-रूपों और शैलियों को ही अपनाया जो कि जनता में बहु-प्रचलित थीं। विभिन्न पर्वों एवं उत्सवों के अवसर पर रास और फागु गाने की परम्पराएँ लोक जीवन में पहले से ही प्रतिष्ठित थीं। जैन कवियों ने इन्हीं परम्पराओं को ग्रहण करके उन्हें साहित्यिक रूप प्रदान किया। सन्त कवियों ने भी सिद्धों और नाथपंथियों द्वारा विकसित पद शैली को अपनाया। इस प्रकार भाषा, काव्य-रूप एवं रचना-शैली की दृष्टि से इस वर्ग का साहित्य तद्‌युगीन लोक जीवन एवं लोक-साहित्य की परम्पराओं से प्रेरित, प्रभावित एवं सम्बन्धित सिद्ध होता है।

धार्मिक विचारों एवं आध्यात्मिक अनुभूतियों से प्रेरित होते हुए भी इनका काव्य दार्शनिक जटिलता, दुरूहता एवं शुष्कता से मुक्त है। जहाँ जैन कवियों ने अपने काव्य में अहिंसा, त्याग, संयम, तपस्या एवं वैराग्य का प्रतिपादन किया है वहाँ सन्त कवियों ने अद्वैतभावना, निर्गुणोपासना, रहस्य-साधना एवं आत्मानुभूति की अभिव्यंजना पर अधिक बल दिया है। इस दृष्टि से इस वर्ग के सारे काव्य में सामान्यतः शान्त रस की प्रमुखता स्वीकार की जा सकती है। फिर भी जैन कवियों ने अपनी रचनाओं की सरसता में अभिवृद्धि करने के लिये शान्तरस की पृष्ठभूमि के रूप में रसराज शृङ्गार के विभिन्न अवयवों - एवं प्रकृति के उद्दीपक दृश्यों, विभिन्न ऋतुओं

के मादक प्रभाव, नारी-सौंदर्य एवं हाव-भावादि का निरूपण रुचिपूर्वक किया है। शृङ्गार रस के अतिरिक्त करुण, वीर, अद्भुत आदि की भी नियोजना विभिन्न प्रसंगों में हुई है।

जैन-रास-काव्यों की विषय-वस्तु का भी क्षेत्र अपेक्षाकृत व्यापक है—उनमें विभिन्न तीर्थङ्करों के जीवन-चरित, जैन-साधकों के जीवन की महत्त्वपूर्ण घटनाओं, उनके आदर्श क्रिया-कलापों, विभिन्न तीर्थस्थलों के ऐश्वर्य-वैभव आदि का वर्णन सजीवतापूर्वक किया गया है। फागु काव्यों में धार्मिक आवरण नाममात्र को ही रह गया है, अन्यथा उनमें प्रकृति के उद्दीपक रूप, वसन्त के मादक सौन्दर्य एवं युवक-युवतियों की प्रणय चेष्टाओं का चित्रण उन्मुक्त रूप में हुआ है। इसी प्रकार 'चतुष्पदी' या 'चौपाई' संज्ञक रचनाओं में भी विभिन्न प्रसंगों के अन्तर्गत प्रेम और विरह की अनुभूतियों की व्यंजना सहज स्वाभाविक रूप में की गयी है। अनेक रचनाओं में बारहमासा-वर्णन शैली का उपयोग करते हुए विभिन्न ऋतुओं के वातावरण का भी अंकन प्रभावोत्पादक शैली में किया गया है। अस्तु, व्यावहारिक जीवन में विरक्त होते हुए भी जैन कवियों ने अपने काव्य में प्राकृतिक दृश्यों, विभिन्न ऋतुओं, पर्वों, उत्सवों आदि के चित्रण में पर्याप्त अनुरक्ति का परिचय दिया है।

संत कवियों में परम्परागत धार्मिक विचारों या मत विशेष के प्रचार की अपेक्षा आत्मानुभूति के प्रकाशन की प्रवृत्ति अधिक है। इसका कारण यह है कि सन्त नूतन धार्मिक चेतना के अनुप्राणित थे। दूसरे, उनका आराध्य निर्गुण था, अतः उनमें बाह्य प्रकृति, लौकिक चरित एवं स्थल इतिवृत्त की अपेक्षा सूक्ष्म विचारों एवं भावों की प्रमुखता का होना स्वाभाविक था।

जैन कवियों ने जहाँ प्रबन्धात्मक शैली को अधिक महत्त्व दिया वहाँ सन्त कवियों ने मुक्तक-गीत शैली को। जैसा कि पीछे संकेत किया जा चुका है, इन्होंने प्रबन्ध के क्षेत्र में संस्कृत प्राकृत की पद्धतियों का अनुगमन न करके लोक-साहित्य की शैलियों के आधार पर नूतन प्रयोग किये। इसीलिए रास-काव्य, फागु-काव्य, चतुष्पदी-काव्य आदि में से किसी का भी रूप-विधान स्थिर एवं निश्चित प्रतीत नहीं होता। एक ही संज्ञा के काव्य-रूप के अन्तर्गत विभिन्न कवियों ने विभिन्न प्रकार की रचना-पद्धतियों का प्रयोग किया है। आकार-प्रकार की दृष्टि से भी इनकी रचनाएँ प्रायः लघु हैं।

भाषा-शैली की दृष्टि से इन कवियों ने प्रायः सरलता एवं स्वाभाविकता का परिचय दिया है, किन्तु अलंकारों—विशेषतः अनुप्रास, यमक आदि शब्दालंकारों—के प्रति जैन कवियों का विशेष आकर्षण दिखाई पड़ता है। छन्द-योजना में भी सरल मात्रिक छन्दों—दोहा, चौपाई, रोला आदि—का प्रयोग अधिक किया गया है। सन्तों ने अपने पदों में राग-रागिनियों का भी समावेश किया है।

इस प्रकार हम देखते हैं कि काल का धर्माश्रित काव्य धार्मिक आस्थाओं, दार्शनिक मान्यताओं एवं आध्यात्मिक अनुभूतियों से अनुप्राणित होता हुआ भी लोक-जीवन व लोक-संस्कृति के विभिन्न रंगीन चित्रों एवं उल्लासपूर्ण भावों से शून्य नहीं

है। उसका लक्ष्य निश्चय ही जनता की भाषा और जनता की शैली में अपना संदेश जन-साधारण तक पहुँचाने का है किन्तु इस लक्ष्य की पूर्ति के लिये सत्यं और शिवं के साथ-साथ सुन्दरम् का भी समन्वय—या विचार के साथ-साथ भावना और कल्पना का भी समन्वय—पूरी-पूरी मात्रा में किया गया है। अतः कलात्मक दृष्टि से भी इस काव्य का महत्त्व किसी भी प्रकार कम नहीं है।

राज्याश्रित काव्य—बारहवीं-तेरहवीं शती के लगभग राज-दरबारों में भी हिन्दी का प्रवेश हुआ। कदाचित् जैन कवियों के रास-काव्यों की लोकप्रियता को देखकर ही राज्याश्रित कवियों ने अपने आश्रयदाताओं या उनके पूर्वजों के जीवन-चरित को लेकर ऐतिहासिक रासो-काव्य लिखने की प्रेरणा प्राप्त की। किन्तु आदि-काल में रासो-काव्यों का रूप स्थिर नहीं हो पाया था, इसीलिए 'वीसलदेव रासो' एवं 'पृथ्वीराज रासो' की रचना-पद्धति एवं शैली में कोई साम्य दृष्टिगोचर नहीं होता। ऐसा प्रतीत होता है कि वीसलदेव रासो का रचयिता कोई लोक-कवि था जो अधिक शिक्षित नहीं था, अतः उसने अपने काव्य की रचना लोक-काव्य की शैली में की है जबकि 'पृथ्वीराज रासो' का रचयिता प्राचीन भाषाओं के साहित्य का मर्मज्ञ था, इसीलिये उसने अपनी रचना में संस्कृत-प्राकृत की महाकाव्य-शैली के विभिन्न तत्त्वों का समन्वय सफलतापूवक किया है। काव्य के आरम्भ, सर्गों के विभाजन, विभिन्न अलंकारों एवं छन्दों के प्रयोग आदि में उन संस्कृत-प्राकृत के प्रबन्ध-काव्यों का पर्याप्त प्रभाव दृष्टिगोचर होता है। उसकी भाषा भी शब्दावली की दृष्टि से समृद्ध, अर्थ व्यंजना की दृष्टि से प्रौढ़ एवं गम्भीर तथा काव्य-गुणों की दृष्टि से पर्याप्त सम्पन्न है।

विषयवस्तु एवं रस की दृष्टि से भी 'वीसलदेव रासो' एवं 'पृथ्वीराज रासो' में कोई समानता नहीं है—एक में जहाँ विरह-व्यंजना की प्रमुखता है वहाँ दूसरे में वीर रस प्रमुख है। वस्तुतः 'वीसलदेव रासो' में नारी-जीवन की कष्टपूर्ण स्थितियों का अंकन सहानुभूतिपूर्वक किया गया है जबकि पृथ्वीराज रासो में सामन्ती युग के पुरुष के गर्व एवं गौरव का अंकन यथार्थ रूप में हुआ है। अस्तु, इस काल के राज्याश्रित काव्य के बारे में कोई सामान्य निर्णय देना अनुचित होगा।

उपर्युक्त विवेचना से स्पष्ट है कि प्रामाणिक हिन्दी रचनाओं के आधार पर यह काल धर्म-प्रेरित रचनाओं का काल सिद्ध होता है जिसमें सर्वाधिक योगदान जैन कवियों का है। ऐसी स्थिति में इसे अब 'सिद्ध-सामन्त काल', 'वीर गाथा काल' या 'चारण काल' मानने की भ्रांत धारणाओं का परित्याग कर दिया जाना चाहिए। साथ ही यह भी स्पष्ट है कि इस काल के कवियों को बहुत अधिक परम्परा-प्रेमी एवं रूढ़िग्रस्त बताना भी उचित नहीं है क्योंकि उन्होंने अनेक नूतन काव्य-रूपों की स्थापना करते हुए विभिन्न नूतन शैलियों एवं नयी रचना-पद्धतियों का प्रयोग रुचिपूर्वक किया है; केवल 'पृथ्वीराज रासो' का रचयिता ही इसका अपवाद है। हमारे विचार से इस काल के हिन्दी कवियों की सबसे बड़ी विशेषता यह है कि उन्होंने जन-साधारण की भाषा एवं जन-साधारण की शैली में जन-साधारण के लिये ऐसा काव्य लिखा जो सत्यं, शिवं और सुन्दरन् से युक्त है। अतः इस दृष्टि से इनके काव्य का महत्त्व अक्षुण्ण है।

८

पूर्व मध्यकाल : सामान्य परिचय

●

● **युगीन परिस्थितियाँ एवं वातावरण**—हिन्दी-साहित्य का समस्त मध्यकाल (१३५०-१८५७ ई०)-राजनीतिक दृष्टि से भारत में मुस्लिम साम्राज्य के क्रमिक उत्थान-पतन का युग है। यद्यपि शासकीय सत्ता की दृष्टि से इस युग की दीर्घ अवधि में विभिन्न परिवर्तन हुए, तथा क्रमशः विभिन्न वंशों दास, खिलजी, तुगलक, सैय्यद, लोदी, मुगल आदि वंशों—के व्यक्ति राजगद्दी पर प्रतिष्ठित हुए, किन्तु सत्ता का यह परिवर्तन सामान्य वातावरण की दृष्टि से विशेष महत्त्वपूर्ण नहीं है। विभिन्न शासकों में वंश-परम्परा, एवं वैयक्तिक रुचियों व प्रवृत्तियों की दृष्टि से पारस्परिक अन्तर के होते हुए भी भारतीय जनता के लिए वे सभी जाति, धर्म एवं संस्कृति की दृष्टि से विदेशी थे। अवश्य ही इनमें से बहुतों का जन्म भारत में ही हुआ था, पर फिर भी वे भारतीय धर्म एवं भारतीय संस्कृति को प्रायः घृणा एवं द्वेष की दृष्टि से देखते थे। इस सम्बन्ध में अपवाद-स्वरूप अकबर जैसे कुछ शासकों को छोड़ा जा सकता है। इसी प्रकार अकबर को छोड़कर प्रायः अन्य सभी शासकों की नीति एवं व्यवहार भी सामान्यतः भारतीय जनता—विशेषतः गैर मुस्लिम जनता के प्रतिकूल था। यही कारण है कि मुस्लिम शासकों के जन्म से स्वदेशी होते हुए भी उनके दृष्टिकोण एवं व्यवहार की दृष्टि से उनके शासन-काल को भारतीय जनता के लिए पराधीनता का युग कहा जाता है।

मुस्लिम शासकों की जिन प्रवृत्तियों ने इस काल के साहित्य एवं संस्कृति को सर्वाधिक प्रभावित एवं उत्प्रेरित किया, उनमें तीन विशेष महत्त्वपूर्ण हैं (१) धार्मिक दमन की प्रवृत्ति (१) राज्य विस्तार एवं युद्ध की प्रवृत्ति (३) ऐश्वर्य-वृद्धि एवं विलासिता की प्रवृत्ति। इनका यहाँ क्रमशः अधिक स्पष्टीकरण किया जाता है।

(क) **धार्मिक दमन की प्रवृत्ति**—मुस्लिम शासकों के राज्य का आदर्श इस्लाम के सिद्धान्तों से अनुप्राणित था, जिनके अनुसार किसी भी गैर-मुस्लिम को मुस्लिम राज्य में जीवित रहने का अधिकार नहीं है। जैसा कि मध्यकालीन भारतीय इतिहास के अधिकारी विद्वान् डॉ० आशीर्वादीलाल श्रीवास्तव लिखते हैं—"But as the

Quran and the 'hadis' did not really permit muslim rulers to allow Hindus to live under a muslim government but to give them the choice between 'Islam or death', the ulma pressed the sultans from time to time that the Quranic law should be enforced and that either the Hindus should be completed to embrace Islam or they should be butchered in cold blood", इस नीति के अनुरूप मुस्लिम शासक समय-समय पर गैर-मुस्लिम प्रजा को 'इस्लाम या मौत' में से एक को स्वीकार करने के लिए बाध्य करते रहते थे। कई शासकों ने इसके स्थान पर एक तीसरा विकल्प भी रखा, जिसके अनुसार गैर-मुस्लिम जनता 'जजिया' नाम का कर देकर अपने जीवित रहने का अधिकार खरीद सकती थी। यह कर भी इतना भारी था तथा इस क्रूरता के साथ वसूल किया जाता था कि उससे विवश होकर निर्धन लोग कई बार धर्म-परिवर्तन कर लेते थे। वस्तुतः 'जजिया' कर का मूल उद्देश्य भी यही था। यद्यपि अकबर तथा उसके परवर्ती कुछ शासकों ने इस कर को हटा दिया था, किन्तु औरंगजेब ने इसे पुनः लागू कर दिया था, तथा जिन लोगों ने इसके विरोध में 'प्रार्थना' की, उन्हें हाथी से कुचलवा दिया गया। हिन्दू-प्रजा के धर्म और संस्कृति को कुचलने के लिए और भी कई प्रकार के प्रयत्न किये गये—उनके धर्म-स्थानों, मन्दिरों, मूर्तियों को नष्ट कर दिया गया, नये मन्दिरों का निर्माण निषिद्ध कर दिया गया, तथा उनके धर्म-नेताओं को समय-समय पर जीवित जला दिया गया, तलवार के घाट उतार दिया गया या उन्हें दीवार में चुनवा दिया गया। वस्तुतः संसार के इतिहास में बहुत कम ऐसे प्रमाण मिलेंगे जहाँ किसी भी शासक वर्ग ने अपनी ही प्रजा के धर्म को नष्ट करने के लिए उस पर इतने नृशंस अत्याचार किए हों। फिर भी हिन्दू-जनता कम सहिष्णु, त्यागी एवं बलिदानी नहीं थी। मुस्लिम शासकों के आठ सौ वर्षों के निरन्तर प्रयास से भी हिन्दू जाति, उसका धर्म और उसकी संस्कृति नष्ट नहीं हो पाई। यह भी कम आश्चर्य की बात नहीं है। प्रश्न है इस पराधीन जाति को भी इतना मनोबल एवं नैतिक साहस कहाँ से प्राप्त हो गया था कि जिससे वह विधर्मी शासकों के क्रूर आघातों को सहन कर सकी। इसका उत्तर इस युग के साहित्य में प्राप्त होगा। जैसा कि स्पष्ट किया जाएगा, मध्यकाल में भले ही भारतीय जनता राजनीतिक दृष्टि से पराधीन हो गई हो किन्तु उसका धार्मिक एवं नैतिक बल क्षीण नहीं हुआ था। उस युग में धर्म, संस्कृति एवं साहित्य के क्षेत्र में ऐसे महापुरुषों का प्रादुर्भाव हुआ, जिन्होंने स्वधर्म-रक्षा के शक्तिशाली आन्दोलन का नेतृत्व करके "यदा यदा हि धर्मस्य, ग्लानिर्भवति भारत......" की उक्ति को चरितार्थ किया। अस्तु मुस्लिम शासकों की धार्मिक दमन की नीति की प्रतिक्रिया एवं प्रतिरोध की प्रेरणा से ही उस स्वधर्म रक्षा आन्दोलन का सूत्रपात एवं प्रसार हुआ जिसे साहित्य के क्षेत्र में 'भक्ति-आन्दोलन' कहा जाता है। इसकी विस्तृत व्याख्या हम आगे करेंगे।

(ख) **राज्य-विस्तार एवं युद्ध की प्रवृत्ति**—मुस्लिम शासकों का जीवन-दर्शन सामान्यतः इतना अधिक भौतिकतावादी था कि नैतिकता का कोई भी नियम उनकी

राज्य-लिप्सा की आकांक्षा के मार्ग में बाधक नहीं बन सकता था। राज्य-लिप्सा की पूर्ति के लिये कुछ अपवादों को छोड़कर प्रायः सभी मुस्लिम शासकों ने अपने किसी न किसी सम्बन्धी की हत्या करके सत्ता प्राप्त की। यहाँ तक कि इस सम्बन्ध में अपने पिता, चाचा या सगे भाई तक को भी नहीं छोड़ा गया। पर यह राज्य-लिप्सा केवल राज्य-प्राप्ति से ही शान्त नहीं होती थी, अपितु उसके पश्चात् राज्य-विस्तार के लिए भी सतत प्रयत्नशील रहती थी। फलतः इन शासकों की सेनाएँ सदा युद्धों में ही निरत रहती थीं। पर दूसरी ओर इनके पास उन साधनों का अभाव था जिससे भारत के विशाल भू-भाग के विजित प्रदेशों पर भी नियंत्रण रखा जा सके। इसका परिणाम यह होता था कि इधर एक प्रदेश को सेनाएँ जीत कर लौटती थीं, उधर कोई दूसरा प्रदेश अपनी स्वतन्त्रता की घोषणा कर देता था। इसी से दक्षिणी, पूर्वी एवं पश्चिमी भारत को विभिन्न मुस्लिम शासकों ने अनेक बार जीता और वे अनेक बार स्वतन्त्र हो गये। इस प्रकार मुस्लिम शासन-काल के सात-आठ सौ वर्ष बराबर युद्धों एवं संघर्ष में ही व्यतीत हुए। इसका प्रभाव इस युग की साहित्य-चेतना पर भी पड़ा। विशेषतः वे लोग जो किसी न किसी प्रकार राज्य-सत्ता से सम्बन्धित थे, अपने आश्रय-दाताओं की वीरता एवं युद्धपरायणता की प्रशंसा करते हुए उनकी इस प्रवृत्ति को बराबर सचेत एवं जागृत रखने का प्रयास करते थे। कविगण विभिन्न सामन्तों एवं उनके पूर्वजों के द्वारा किये गये युद्धों को लेकर ऐतिहासिक, प्रशस्तिमूलक एवं वीरता-पूर्ण काव्यों की रचना करते थे। इस वर्ग की प्रवृत्तियों से प्रेरित हिन्दी काव्य का परिचय आगे विस्तार से दिया जायगा।

(ग) **वैभव-बुद्धि एवं विलासिता की प्रवृत्ति**—प्रायः सभी मुस्लिम शासक (औरंगजेब जैसे अपवाद को छोड़कर) ऐश्वर्य, वैभव एवं विलास के प्रेमी थे। इस प्रवृत्ति का पता जहाँ एक ओर शासकों के रहन-सहन, वेश-भूषा एवं शाही महलों के विभिन्न विवरणों से चलता है, वहाँ दूसरी ओर इस तथ्य से चलता है कि इस्लाम का निषेध होने पर भी शासक वर्ग के लोग इतने अधिक मद्यपी थे कि अनेक शाहजादे केवल अति मद्य-पान के कारण प्राण खो चुके थे। डॉ० आशीर्वादीलाल श्रीवास्तव ने इस सम्बन्ध में लिखा है —"Almost all the sultans of Delhi were addicted to drink...Even Akbar drank wine occasionally. During the Mugal period we have the record of numerous members of the upper class Muslim families dying of excessive drink. All the three sons of Akbar were addicted to drink and two of them died of 'delirium tremens'······It is tedious to recount cases of deaths of nobles from cxcessive drinking." इतना ही नहीं, स्वयं औरंगजेब ने यह लिखा है कि हिन्दुस्तान में दो व्यक्ति ऐसे हैं जो शराब नहीं पीते, एक वह स्वयं और दूसरा उनका मुख्य काजी। औरंगजेब हिन्दुओं को तो 'हिन्दुस्तान' में गिनता ही नहीं था, अतः उसका यह कथन शेष जनता के सम्बन्ध में ही सही प्रतीत होता है।

मद्य की भाँति ही, मुस्लिम शासक अपनी नारी सम्बन्धी दुर्बलताओं के लिये

भी प्रसिद्ध हैं। उन्होंने कई बार किसी अन्य शासक की सुन्दर पत्नी, कंन्या या बहन की प्राप्ति के लिए ही युद्ध किये। अलाउद्दीन ने चित्तौड़ एवं गुजरात पर लगभग इसी प्रकार की प्रयोजन से आक्रमण किया था। अकबर ने अपने धर्म भाई आदम खाँ का इसलिए पीछा किया था कि क्योंकि उसने मालवा की जीत से प्राप्त सामग्री को अकबर के पास भेजते समय, उसमें से दो सुन्दरियों को अपने लिये रख लिया था। जहाँगीर ने भी केवल नूरजहाँ की प्राप्ति के लिए ही उसके पति का वध कर दिया था। इसके अतिरिक्त भी इन शासकों के हरम में हजारों स्त्रियाँ होती थीं। अकबर जैसे संयमी शासक के हरम में भी पाँच हजार स्त्रियों के होने का प्रमाण मिलता है। अस्तु, मुस्लिम शासकों का व्यक्तिगत जीवन सामान्यतः तीन बिंदुओं पर ही आश्रित था-–मांस, मदिरा और नारी। इसका प्रभाव इनके सम्पर्क में आने वाले हिन्दू एवं मुस्लिम शासक वर्ग, राजा लोग, एवं उनके आश्रित कवियों पर भी पड़ा, जिसका साहित्यिक परिणाम इस युग की शृंगारी कविता है। जैसा कि आगे स्पष्ट किया जायगा, मध्यकाल के राज्याश्रय में रचित शृंगारी-काव्य इसी रसिकता एवं विलासिता की भावनाओं से अनुप्राणित है जिसमें एकांगी प्रेम, शुद्ध प्रणय एवं नैतिक संस्कारों का अभाव परिलक्षित होता है। इतना ही नहीं इस काल के उत्तरार्द्ध में धर्म के क्षेत्र में भी इस रसिकता ने प्रवेश किया जिससे 'रसिक भक्ति शाखा' जैसी विकृत धार्मिक परम्पराओं का प्रादुर्भाव हुआ।

अस्तु, मुस्लिम शासन-काल की उपर्युक्त प्रवृत्तियों ने इस युग के साहित्य में धार्मिकता, वीरता एवं रसिकता की प्रवृत्ति को उत्प्रेरित एवं विकसित किया। किन्तु ये तीनों प्रवृत्तियाँ एक साथ ही एक क्षेत्र में नहीं पनपीं अपितु समय एवं परिस्थिति के अनुसार अलग-अलग क्षेत्रों में विकसित हुईं। सामान्यतः इन क्षेत्रों को तीन वर्गों में विभक्त किया जा सकता है – (१) धर्माश्रय (२) राज्याश्रय एवं (३) लोकाश्रय। इनमें से प्रत्येक क्षेत्र के पनपने वाली साहित्यिक परम्पराओं एवं प्रवृत्तियों का अनुशीलन आगे क्रमशः प्रस्तुत किया जायगा।

● **पूर्व मध्यकाल की काव्य-परम्पराएँ** —जैसा कि अन्यत्र काल-विभाजन पर विचार करते हुए स्पष्ट किया जा चुका है, इस काल को भी हम दो खण्डों—पूर्व मध्यकाल (१३५०-१६०० ई०) एवं उत्तर मध्यकाल (१६००-१८५७) में विभक्त कर सकते हैं। यहाँ पूर्व मध्यकाल की काव्य-परम्पराओं का निर्देश उनके आश्रय-भेद स्पष्ट करते हुए संक्षेप में किया जाता है।

(क) धर्माश्रित काव्य :

१. निर्गुणोपासनामूलक सन्त-काव्य-परम्परा।

२. सगुणोपासनामूलक पौराणिक प्रबन्ध-परम्परा।

३. सगुणोपासनामूलक पौराणिक गीति-मुक्तक परम्परा।

(ख) लोकाश्रित काव्य :

१. स्वच्छन्द प्रेम-कथानक (प्रेमाख्यानक) काव्य-परम्परा।

(ग) राज्याश्रित काव्य :

१. वीर रसात्मक ऐतिहासिक प्रबन्ध-परम्परा। ऐतिहासिक

२ वीर-शृंगार-नीतिमूलक राज्याश्रित मुक्तक परम्परा। वीर काव्य

इस प्रकार हम देखते हैं कि पूर्व मध्यकाल में उपर्युक्त छः काव्य-परम्पराओं का अस्तित्व था। व्यावहारिक सुविधा की दृष्टि से इनके नामकरण में संक्षिप्तता बरतते हुए इन्हें क्रमशः इस प्रकार प्रस्तुत किया जा सकता है—(१) सन्त काव्य-परम्परा (२) पौराणिक प्रबन्ध-परम्परा (३) पौराणिक गीति-मुक्तक परम्परा (४) प्रेमाख्यानक काव्य परम्परा (५) ऐतिहासिक प्रबन्ध काव्य परम्परा और (६) राज्याश्रित मुक्तक परम्परा—इन दोनों परम्पराओं का भी समन्वय एक ही काव्य-परम्परा 'ऐतिहासिक वीर-काव्य परम्परा' के अन्तर्गत किया जा सकता है।

इन काव्य-परम्पराओं का विवेचन-विश्लेषण आगे विभिन्न अध्यायों के क्रमशः प्रस्तुत करते हुए इनके उद्भव, विकास एवं स्वरूप (प्रवृत्तियों) को स्पष्ट करने का प्रयास किया जायगा।

९

संत-काव्य-परम्परा

६. १. नामकरण

प्रस्तुत काव्य-परम्परा को हिन्दी साहित्य के इतिहासकारों ने विभिन्न नामों से पुकारा है। आचार्य रामचन्द्र शुक्ल ने 'निर्गुण धारा' को ज्ञानाश्रयी एवं प्रेमाश्रयी दो—शाखाओं में विभक्त करते हुए इसे 'निर्गुण ज्ञानाश्रयी शाखा' के रूप में स्वीकार किया है। यह विभाजन इस मान्यता का द्योतक था कि इस शाखा के कवि अपनी साधना-पद्धति में ज्ञान को सर्वाधिक महत्व देते हैं, किन्तु जैसा कि हम अन्यत्र स्पष्ट करेंगे, यह मान्यता आगे चलकर भ्रान्त सिद्ध हो गई। इस शाखा के कवियों ने प्रेम के अढ़ाई अक्षरों के सम्मुख विश्व के समस्त ज्ञान-कोष को हेय एवं तुच्छ घोषित किया है, ऐसी स्थिति में इन्हें 'ज्ञानमार्गी' कहना, इनकी भावनाओं के अनुरूप नहीं है। कदाचित् इसी तथ्य को ध्यान में रखते हुए आचार्य हजारीप्रसाद द्विवेदी ने इनके काव्य को 'निर्गुण-भक्ति साहित्य' के अन्तर्गत स्थान दिया है। किन्तु दूसरी ओर डॉ० रामकुमार वर्मा, श्री परशुराम चतुर्वेदी प्रभृति विद्वानों ने इसे 'सन्त-काव्य' की संज्ञा दी है। यदि ऐतिहासिक दृष्टि से देखें तो यह नाम अन्य नामों की अपेक्षा अधिक महत्त्वपूर्ण प्रतीत होगा क्योंकि इस वर्ग के कवियों व साधकों के लिए लगभग सात-आठ शताब्दी से 'सन्त' विशेषण का प्रयोग बराबर मिलता है। 'सन्त' शब्द का सामान्य अर्थ 'सज्जन' है—यथा कालिदास ने इसका प्रयोग इसी अर्थ में किया है, किन्तु आगे चलकर अपभ्रंश के योगीन्द्र, (नवीं-दशवीं शती) तथा मराठी व हिन्दी के विभिन्न कवियों ने अपने वर्ग के लिए इस शब्द का इतना अधिक प्रयोग किया कि इसका उनके साथ गहरा सम्बन्ध स्थापित हो गया। उदाहरण के लिए यहाँ कुछ प्रारम्भिक कवियों के प्रयोग प्रस्तुत हैं—

योगीन्द्र (९वीं-१०वीं शती)—'संता विसय जु परिहरइ वलि किज्जउँ हउँ तासु'

ज्ञानेश्वर (१२-१३वीं शती)—'संत तिये खुणे संतोष ले।'

नामदेव—(१३–१४वीं शती)—'संत समगमें नाचेन रंगणी'

कबीर (१५वीं शती)—'संतन जात न पूछो निर्गुनियाँ'

रैदास (१५वीं शती)—'रविदास सुनहुरे संतो हरि जीऊ तै सभै सरै।'

अस्तु, इन कवियों ने 'सन्त' शब्द का प्रयोग मुख्यतः निर्गुणोपासक साधकों के अर्थ में ही किया है जबकि दूसरी ओर तुलसीदास जी ने 'सन्त' का अर्थ भक्त या हरिभक्त लेते हुए लिखा है—"सन्त समागम हरि भाजन, तुलसी दुर्लभ दोय।" किन्तु अब हिन्दी-साहित्य में सगुणोपासकों को प्रायः 'भक्त' तथा निर्गुणोपासकों को 'सन्त' की संज्ञा दी जाती है; अतः इस दृष्टि से इस काव्य-परम्परा के नामकरण में भी 'सन्त' शब्द का प्रयोग उचित प्रतीत होता है।

६.२. सन्तकाव्य-परम्परा : उद्‌गम-स्रोत

हिन्दी की सन्त-काव्य-परम्परा का विकास अनेक स्रोतों के आधार पर हुआ है, जिनमें से ये पाँच उल्लेखनीय हैं—(१) अपभ्रंश का सिद्ध-साहित्य (२) पूर्ववर्ती जैन कवियों का मुक्तक साहित्य (३) नाथपंथी साहित्य (४) महाराष्ट्रीय सन्त-काव्य और (५) वैष्णव भक्ति-आन्दोलन। इनमें से प्रत्येक का यहाँ संक्षिप्त परिचय दिया जाता है।

● १. **अपभ्रंश का सिद्ध साहित्य**—बौद्ध-धर्म की महायान शाखा तन्त्र, मन्त्र व अन्य गुह्य पद्धतियों को अपनाती हुई ईसा की ८वीं-९वीं शताब्दी में एक नये सम्प्रदाय में परिवर्तित हो गयी थी, जिसे 'वज्रयान' या 'सहजयान' कहा जाता है। इस सम्प्रदाय के साधक 'सिद्ध' कहलाते हैं। सिद्धों की साधना-पद्धति एवं उनके साहित्य का परिचय पीछे दिया जा चुका है, अतः यहाँ उसकी पुनरावृत्ति अनावश्यक है। सिद्धों ने अपनी साधनात्मक अनुभूतियों की अभिव्यक्ति विभिन्न पदों या लोक-गीतों में की है। प्रायः ये अशिक्षित थे अतः परम्परागत साहित्यक शैलियो का प्रयोग इनके द्वारा संभव नहीं था। जनता में प्रचलित गीत-शैली को अपनाते हुए इन्होने निःसंकोच रूप मे अपनी भावनाओ, अनुभूतियो एवं विचार-धारा की अभिव्यक्ति की है।[1]

सिद्धों के साहित्य में मुख्यतः गुरु-महिमा, कमल-कुलिश-साधना, सहज मार्ग साधिका के प्रति प्रणय-निवेदन, नारी-सौन्दर्य, अन्य धर्मों का खण्डन आदि विषयों का प्रतिपादन हुआ है जहाँ तक हिन्दी के सन्त-काव्य एवं सिद्ध-साहित्य के साम्य की बात है, दोनों में अनेक समानताएँ मिलती हैं। सन्तों की भाँति सिद्ध कवि भी जनता के निम्न वर्गों से सम्बन्धित थे, जिन्होंने उच्च वर्ग की परम्परागत मान्यताओं का खण्डन निर्भीकतापूर्वक किया। जैसा कि आचार्य हजारीप्रसाद द्विवेदी ने स्पष्ट किया है, सिद्धो ने भी वर्ण-व्यवस्था एवं जाति प्रथा का विरोध उसी तर्क-पूर्ण शैली में किया था, जो बाद में सन्तों में मिलती है। यथा, सरहपाद कहते हैं—'ब्राह्मण ब्रह्मा के मुख से उत्पन्न हुए थे, तब हुए थे, इस समय तो वे भी दूसरे लोगों की तरह

१. देखिए 'हिन्दी-काव्य में शृंगार-परम्परा और महाकवि बिहारी, (द्वितीय संस्करण); पृ० सं० ११४-११५।

उत्पन्न होते हैं। तो फिर उनमें ब्राह्मणत्व कहाँ रहा ? यदि कहा जाय कि संस्कार से ब्राह्मण होता है तो चाण्डाल को भी संस्कार दो, वह भी ब्राह्मण तो जायगा। साथ ही इन्होंने सहज साधना पर विशेष बल दिया; कबीर आदि ने भी सहज की विशेषता स्वीकार की है, यह दूसरी बात है कि दोनों की सहजता का आदर्श भिन्न-भिन्न है। जहाँ सिद्ध कवि 'सुख से खाते-पीते व रमण करते हुए, सृष्टि के चक्र का पूर्णतः अनुसरण करते हुए, परलोक की सिद्धि एवं इस लोक के भय के निराकरण को 'सहज साधना' कहते हैं, वहाँ सन्त कवि दिव्य प्रेम की सहज अनुभूति को ही सहज साधना मानते हैं। इसी प्रकार प्रेम तत्त्व एवं दाम्पत्य जीवन के रूप को भी दोनों वर्गों के काव्य में स्थान मिला है, यद्यपि मूल भावना की दृष्टि से उनमें गहरा अन्तर भी है। सिद्धों का प्रेम एवं दाम्पत्य-जीवन शारीरिकता, एवं कामुकता पर आधारित है जबकि सन्तों ने उसे सूक्ष्म आध्यात्मिक मिलन के रूप में प्रतिष्ठित किया है। अस्तु, सिद्ध साहित्य के विभिन्न तत्त्व सन्त-साहित्य में मिलते हैं किन्तु वे पर्याप्त परिवर्तित एवं विकसित हो गये हैं।

शैली पक्ष की दृष्टि से सिद्ध-साहित्य की अनेक प्रवृत्तियाँ सन्त साहित्य में मिलती हैं। गीति शैली, वैयक्तिकता की प्रधानता, लोक-भाषा, चौंका देनेवाले रूपकों एवं उलट वासियों का प्रयोग, रहस्यात्मकता, प्रतीकात्मकता आदि प्रवृत्तियाँ मूलतः सिद्धों की देन हैं जो विकसित होती हुई सन्तों के पास पहुँची हैं। अतः सन्त-काव्य की अनेक आधारभूत प्रवृत्तियों के मूल-स्रोत के रूप में सिद्ध-साहित्य पर्याप्त महत्त्वपूर्ण सिद्ध होता है। पर हमें इतना ध्यान अवश्य रखना चाहिए कि ये प्रवृत्तियाँ सिद्ध-साहित्य से सीधी सन्त साहित्य में नहीं पहुँची है, अपितु नाथपंथियों में होती हुई पहुँची है, अतः सन्त कवियों का सिद्धों से अप्रत्यक्ष सम्बन्ध ही स्वीकार करना होगा।

● २. **अपभ्रंश का मुक्तक साहित्य**—छोटे-छोटे मुक्तकों के माध्यम से धर्म, नीति एवं सदाचार की शिक्षा देने की परम्परा भारतीय साहित्य में प्राचीन काल में मिलती है। इसका प्रारम्भिक रूप हम एक ओर प्राकृत के जैन बौद्ध साहित्य में देखते हैं, वहाँ उसका विकसित रूप अपभ्रंश और हिन्दी के काव्य में दृष्टिगोचर होता है। ईसा की तीसरी से छठीं शताब्दी में जैनियो ने ऐसे सूत्रों की रचना की थी जिनमें उपदेशों की प्रधानता है,[१] जैसे—

धम्मो मंगल मुक्किट्टं, अहिंसा सजमो तवो।
देवा वि तं नमंसंति, जस्स धम्मे सया मणे।

अर्थ उत्कृष्ट और मंगलमय धर्म अहिंसा, संयम और तप है। देवता भी उसे नमस्कार करते हैं जिनके मन में सदा ऐसा धर्म है।

न वि मुण्डिएण समणो, न ओंकारेण बंभणो।
न मुणी रण्णवासेण, कुस चीरेण, न तावसो।

मूंड मुड़ाने से कोई श्रमण नहीं हो जाता, ओंकार-जप से कोई ब्राह्मण नहीं हो

१. प्राकृत और उसका साहित्य : डॉ० हरदेव बाहरी, पृ० ४५

जाता, अरण्यवास से कोई मुनि नहीं हो जाता और कुशाचीर के पहनने से ही कोई तपस्वी नहीं हो जाता।

इस प्रकार के मुक्तकों की परम्परा परवर्ती अपभ्रंश-साहित्य में भी उपलब्ध होती है। योगीन्द्र (१०वीं शती) के 'परमात्म-प्रकाश' एवं 'योग-सार'; रामसिंह (११वीं शती) के 'पाहुड़ दोहा', सुप्रभाचार्य के 'वैराग्य सार' (११वीं शती) देवसेन (१०वीं शती) के 'सावयधम्य दोहा' आदि में विभिन्न धार्मिक तत्त्वों का खंडन-मंडन मुक्तक-शैली में किया गया है। यह संभव है कि इन सन्तों ने स्वयं अपभ्रंश के उक्त साहित्य का अध्ययन न किया हो किन्तु संभव है कि जिस प्रकार सिद्धों की पद शैली अपने विभिन्न तत्त्वो के साथ अनेक पंथों में होती हुई संतों के पास पहुँची है, उसी प्रकार प्राकृत अपभ्रंश की उपदेश–प्रधान मुक्तक परम्परा भी विभिन्न स्रोतों से हिन्दी के सन्त कवियों को प्राप्त हुई है। फलतः हम सन्त कवियों में गीति एवं मुक्तक—दोनों शैलियों का प्रयोग पाते हैं। सन्त कवियों की काव्य-शैलियों में पूर्ववर्ती परम्पराओं से न केवल बाह्य साम्य है, अपितु उनके स्वर की उग्रता, तर्क की तीक्ष्णता, विचार की स्पष्टता एवं भावना के विभिन्न रूपों की दृष्टि से भी उनमें आन्तरिक एकता मिलती है, अतः सन्त-काव्य को इन पूर्ववर्ती परम्पराओं से सम्बद्ध करना अनुचित नहीं कहा जा सकता।

नाथपंथी साहित्य—जैसा कि पीछे संकेत किया गया है, सिद्धों की सहज साधना की प्रतिक्रिया के फलस्वरूप ही नाथपंथ की स्थापना हुई। कुछ विद्वानों ने नाथपंथ को सिद्धों के सहजयान का ही विकसित एवं प्रौढ़ रूप माना है; यथा—डॉ० रामकुमार वर्मा लिखते हैं—"सिद्धों ने जिस पथ की ओर संकेत किया था, उसे राजमार्ग बनाने का कार्य नाथ-सम्प्रदाय के सन्तों ने किया। सिद्धों की विचारधारा को अपनाकर उसे व्यापकता देते हुए नाथसंतों ने उसे नवीन और प्रगतिशील सिद्धान्तों से समन्वित किया।"[1] हमारे विचार से नामपंथी योगियों ने सिद्धों की विचारधारा एवं साधना पद्धति को अपनाया कम है, उसका बहिष्कार अधिक किया है। सिद्ध जहाँ सहज-साधना पर बल देते थे, वहाँ नाथपंथियों ने हठ योग की कृच्छ्र साधना पर बल दिया है; सिद्धों के लिए नारी का सहवास आवश्यक था जबकि नाथपंथियों ने उसे बाधक माना है। वस्तुतः सिद्धों का मार्ग भोग में निर्वाण पाने का है तो नाथपंथियों का योग के द्वारा समाधि प्राप्त करने का है। अतः दोनों में इतना ही सम्बन्ध स्वीकार किया जा सकता है कि इस पंथ के प्रवर्त्तक एवं प्रचारक गोरखनाथ पहले सहजयान में दीक्षित थे, किन्तु आगे चलकर उन्होंने सिद्धों के भोगवाद का विरोध करते हुए नये पंथ की स्थापना की जिसमें योग की प्रतिष्ठा हुई। ऐसी स्थिति में दोनों को अभिन्न नहीं माना जा सकता।

नाथ सम्प्रदाय के प्रवर्त्तक सामान्यतः गुरु गोरखनाथ माने जाते हैं, किन्तु

---

१. हिन्दी साहित्य का आलोचनात्मक इतिहास : डॉ० रामकुमार वर्मा, पृ० १०२

उन्होंने अपनी गुरुपरम्परा में आदिनाथ एवं मत्स्येन्द्रनाथ का भी उल्लेख किया है, जिससे कुछ विद्वान् आदिनाथ एव मत्स्येन्द्रनाथ को भी इस पंथ के प्रवर्त्तन का श्रेय देना चाहते हैं। पर आदिनाथ तो वस्तुतः इनके आराध्य देव शिव का ही दूसरा नाम हैं, जबकि मत्स्येन्द्रनाथ या मच्छन्दरपा एक वज्रयानी सिद्ध थे। मत्स्येन्द्रनाथ द्वारा रचित तन्त्र-विद्या सम्बन्धी कुछ पुस्तकें मिलती हैं, जैसे—'कौलज्ञान निर्णय', 'अकुल वीर तन्त्र', 'कुलानन्द', 'ज्ञान कारिका' आदि। इससे प्रतीत होता है, मत्स्येन्द्र नाथ ने नये पंथ का प्रवर्त्तन भले ही न किया हो किंतु सहज साधना के स्थान पर तंत्र एवं योग को प्रतिष्ठा करने का कार्य उन्होंने अवश्य आरम्भ कर दिया था, जिसे उनके शिष्य गोरखनाथ ने पूरा किया। वस्तुतः गोरखनाथ ने न केवल अपने गुरु के द्वारा प्रदत्त ज्ञान एवं पद्धति से काम चलाया अपितु उन्होंने इनमें और भी कई नये तत्त्वों को अपनाकर नये सम्प्रदाय का संगठन सम्यक् रूप से किया। संभवतः मत्स्येन्द्रनाथ ने संयम और इन्द्रिय-विग्रह सम्बन्धी तत्त्वों का महत्त्व नहीं पहचाना था, इसीलिए, जैसा कि दन्त कथाओं से ध्वनित होता है, वे कदलोवन में स्त्रियों के माया जाल में फँस गये थे, जिससे वे गोरखनाथ की सहायता से ही मुक्त हो सके। अस्तु, गोरखनाथ ने अपने पंथ को त्याग, संयम और योग की सुदृढ़ पद्धतियों पर प्रतिष्ठित करके उसे मौलिक एवं व्यापार रूप प्रदान किया, यह दूसरी बात है कि उन्होंने अपने गुरु का सम्मान करने के लिए अपने पंथ की परम्परा में अपने आराध्य देव शिव की अनन्तर दूसरा स्थान उसे प्रदान कर दिया। अतः हमारे विचार से 'नाथ सम्प्रदाय' की स्थापना का श्रेय गोरखनाथ को ही दिया जाना चाहिए।

गोरखनाथ के आविर्भाव काल के सम्बन्ध में मतभेद है। आचार्य हजारी प्रसाद द्विवेदी ने इनका समय नवीं शती ईस्वी का उत्तरार्द्ध माना है, जब कि डॉ० राजकुमार वर्मा ने विक्रम की तेरहवीं शती माना है। डॉ० वर्मा ने पुष्ट प्रमाणों के आधार पर महाराष्ट्री सन्त ज्ञानेश्वर के प्रपितामह श्री त्र्यम्बक पन्त को गोरखनाथ का समकालीन माना है तथा सन् १२०७ ई० में उनके द्वारा गोरखनाथ से दीक्षा-ग्रहण करने की बात कही है।[१] आचार्य द्विवेदी ने गोरखनाथ के गुरु मत्स्येन्द्रनाथ के पिता की तिब्बती परम्परा के आधार पर राजा देवपाल (८०६-८४६ ई०) का समकालीन माना है। ऐसी स्थिति में सम्भव है कि गोरखनाथ ने यदि सौ सवासौ वर्ष की आयु पाई हो तो वे सन् १२०७ ई० के आसपास तक जीवित रहे हों। अस्तु, हमारे विचार से गोरखनाथ का आविर्भाव काल उपर्युक्त दोनों विद्वानों द्वारा निर्धारित सीमाओं के बीच में लगभग ईसा की ग्यारहवीं शती का अन्तिम चरण माना जा सकता है।

गोरखनाथ एवं उनकी परम्परा के अन्य शिष्यों—चर्पटनाथ, चौरंगीनाथ, ज्वालेन्द्रनाथ, भर्तृहरि, गोपीचन्द आदि—के द्वारा रचित विभिन्न कृतियाँ मिलती हैं, जिनकी भाषा हिन्दी है। गुरु गोरखनाथ के नाम पर तो चालीस से भी अधिक

१. हिन्दी साहित्य का आलोचनात्मक इतिहास; डॉ० वर्मा (पृ० सं० १०१-१२०)

रचनाएँ मिलती हैं, किन्तु उनकी प्रामाणिकता संदिग्ध है। डॉ० पीताम्बरदत्त बड़थ्वाल ने केवल इन चौदह रचनाओं को ही गोरख रचित माना है—१ सबदी २. पद ३. सिष्या दरसन ८. प्राण सकली ५. नरवै बोध ६. आतम बोध ७. अभैमात्रा जोग ८. पन्द्रह तिथि ९. सप्तवार १०. मछीन्द्र गोरख बोध ११ रोमावली १२. ग्यान तिलक १३. ग्यान चौतीसा १४. पंच मात्रा। इन रचनाओं में मुख्यत: गुरु-महिमा, वैराग्य, इन्द्रिय, प्राण-साधना, मन-साधना, कुंडलिनी-जागरण, शून्य, समाधि आदि साम्प्रदायिक विषयों का ही प्रतिपादन किया गया है, जिनका साहित्यिक दृष्टि से विशेष महत्त्व नहीं है। यहाँ उदाहरण के लिए इनकी कुछ पंक्तियाँ द्रष्टव्य हैं[1]—

गुरु कीजै गहिला निगुरा न रहिला,
गुरु बिन ग्यांन न पायला रे भाईला।
× × ×
अवधू ईड़ा मारग चन्द्र भणीजै,
प्यंगुला मारग भानं।
सुषमनां मारग बांणी बोलिये,
त्रिय मूल अस्थानं॥
× × ×
यहु मन सकती यहु मन सीव।
यहु मन पाँच तत्त का जीव॥

इन पंक्तियों में साहित्यिकता का तो सर्वथा अभाव है ही, साथ ही इनकी भाषा भी बहुत परवर्ती प्रतीत होती है। नाथपंथ के अन्य साधकों की रचनाएँ भी काव्यात्मकता से शून्य हैं, जैसे—

मारिबा तो मन मारिबा लूटिबा पवन भण्डार।
साधिबा तौ पंच तत्त साधिबा, सेइबा तौ निरंजन निराकार।

—चौरंगीनाथ

इक पीत पटा, इक लंब जटा,
इक सूत जनेऊ, तिलक ठटा,
इक जंगम कहियै, भसम घटा,
जउलउ नहि चीन्हैं उलटि घटा।
तब चरपट सगले स्वांग नटा।

चर्पटीनाथ

वस्तुत: हमारे लिए इनके साहित्य का महत्त्व इसी दृष्टि से है कि इनकी विचारधारा, साधना-पद्धति एवं काव्य-शैली का परवर्ती संत-काव्य पर गहरा प्रभाव परिलक्षित होता है, अन्यथा साहित्य के इतिहास में इनकी चर्चा करना अनावश्यक

१. हिन्दी साहित्य का आलोचनात्मक इतिहास; डा० वर्मा (पृ० सं० १०१-१२०)

है । संतों के साहित्य में इनके द्वारा प्रतिपादित हठ-योग की प्रक्रियाओं का उल्लेख बार-बार हुआ है । हठयोग के अनुसार साधक इन्द्रिय-निग्रह, शासन, प्राणायाम तथा इड़ा, पिंगला सुषुम्णा आदि नाड़ियों के साधन के द्वारा मूलाधार में स्थित कुंडलिनी को जागृत करता है । विभिन्न प्रक्रियाओं के द्वारा यह कुंडलिनी षट् चक्रों को पार करती हुई अन्तिम चक्र सहस्रार (जो मस्तक में स्थित है) तक पहुँचती है जहाँ उसके चरम लक्ष्य की सिद्धि हो जाती है । इसी प्रक्रिया के द्वारा योगी समाधि अवस्था को प्राप्त करके अलौकिक आनन्द की अनुभूति प्राप्त करता है । हिन्दी के संत कवियों ने इन प्रक्रियाओं का वर्णन करते हुए नाथ-पंथ की विभिन्न शास्त्रीय शब्दावली—जैसे इड़ा, पिंगला, सुषुम्णा, षट्-चक्र, ब्रह्मरंध्र, कुंडलिनी आदि—का प्रयोग प्रचुर मात्रा में किया है, जिससे यह भ्रम हो जाना स्वाभाविक है कि संतों ने योग-साधना का समर्थन किया है । किन्तु सही बात यह है कि ये संत योग की कृच्छ्र-साधनाओं के स्थान पर सहज भक्ति का प्रतिपादन करना चाहते थे, पर उस समय की जनता पर योगियों की चमत्कारपूर्ण साधनाओं का बहुत प्रभाव था । इस प्रभाव का उपयोग करते हुए संतों ने अनेक स्थानों पर शब्दावली तो नाथ-पंथियों की ही ग्रहण की, किन्तु उसका अर्थ इस तरह बदल दिया जिससे कि योग के स्थान पर भक्ति की प्रतिष्ठा हो जाती है । उदाहरण के लिए, यहाँ कबीर-काव्य के कुछ अंश उद्धृत हैं—

अवधू, अच्छर है सो न्यारा ।
जो तुम पवना गगन चढ़ाओ, करो गुफा में वासा ।
गगना-पवना दोनों विनसै, कहँ गया जोग तुम्हारा ।
गगना मद्धे जोती झलकै, पानी मद्धे तारा ।
घटिगे नीर विनसगे तारा, जीव निकरि गयो केहि द्वारा ।
मेरुदण्ड पर डारि उलीचै, जोगी तारी लाया ।
सोई सुमेर पर खाक उड़ानी, कच्चा योग कमाया ।
× × ×
कह अरु अकह दुहुँ तें न्यारा, सत्त असत्त के पारा ।
कहै कबीर ताहि लख जोगी, उतरि जाव भव-पारा ।
× × ×
अवधू जोगी जग थैं न्यारा ।
मुद्रा निरति सुरति, करि सींगी नाद न खण्डै धारा ।
बसै गगन से दुनी न देखै चेतनि चौकी बैठा ।
× × ×
संतो सहज समाधि भली ।
जब से दया भई सतगुरु की सुरति न अनत चली ।

उपर्युक्त अंशों का लक्ष्य हठयोग का खण्डन करते हुए सहज भक्ति-योग की प्रतिष्ठा करना है, अतः केवल शब्दावली को देखकर ही संतों को योगियों का अनुयायी मान लेना उचित नहीं । यहाँ यह भी उल्लेखनीय है कि जिस प्रकार गुरु

गोरखनाथ प्रारम्भ में वज्रयान में दीक्षित थे किन्तु फिर भी उन्होंने उसका अनुकरण नहीं किया उसी प्रकार महाराष्ट्र के प्रारम्भिक संत नाथ-पंथ में दीक्षित थे, किन्तु आगे चलकर उन्होंने योग-मार्ग के स्थान पर भक्ति-मार्ग को ग्रहण किया। इस दृष्टि से सिद्धों के वज्र-यान, योगियों के नाथ-पंथ एवं संतों के भक्ति-मत में क्रमशः पारस्परिक सम्बन्ध है तथा एक दूसरे का पूर्वज है, किन्तु विचार-धारा एवं साधना पद्धति की दृष्टि से उनमें साम्य की अपेक्षा वैषम्य अधिक है; अतः इनमें अनुकृति के स्थान पर प्रतिक्रिया ही अधिक मानी जा सकती है।

सिद्धों की रचना-शैली एवं अभिव्यंजना-पद्धति को सन्तों तक पहुँचाने में नाथ-पंथियों ने गहरा योग दिया। जहाँ इन तीनों सम्प्रदायों के साहित्य के विचार एवं भाव की दृष्टि से गहरा वैषम्य मिलता है, वहाँ शैलीगत तत्त्वों की दृष्टि से उनमें उतना ही साम्य भी दृष्टिगोचर होता है। फिर भी इनमें क्रमशः वासना, साधना एवं भावना की प्रमुखता होने के कारण उनकी रचनाओं में काव्यात्मकता भी उसी के अनुरूप आ पाई है। दूसरे शब्दों में सिद्ध-साहित्य वासना-प्रधान, नाथ-पंथी साहित्य साधना-प्रधान एवं सन्त-साहित्य भावना-प्रधान है तथा इसीलिए सन्त-साहित्य का महत्व इनमें सर्वाधिक है।

● **४. महाराष्ट्रीय संत-काव्य** —हिन्दी में संत-काव्य परम्परा के प्रचलन के लगभग दो शताब्दी पूर्व ही महाराष्ट्र में सन्त-काव्य की रचना आरम्भ हो गई थी। जैसा कि पीछे आदिकाल के अन्तर्गत स्पष्ट किया जा चुका है। हिन्दी की सन्त-काव्य परम्परा वस्तुतः महाराष्ट्रीय सन्त-काव्य परम्परा की ही एक शाखा है, या उसी का एक विकसित रूप है। महाराष्ट्र के ही महानुभाव पंथ के स्वामी चक्रधर ने तथा वारकरी सम्प्रदाय के सन्त ज्ञानेश्वर एवं नामदेव ने विभिन्न स्रोतों से प्राप्त विचार, भाव एवं शैली को नया रूप देकर हिन्दी सन्त-काव्य परम्परा का मार्ग प्रशस्त किया। सिद्ध एवं नाथ-पंथ की जो विशेषताएँ हिन्दी के संत-काव्य में दृष्टिगोचर होती हैं, वे सम्भवतः महाराष्ट्रीय सन्तों के माध्यम से ही उसमें आई हैं। इसलिए जहाँ अन्य स्रोतों से हिन्दी संत-काव्य का अप्रत्यक्ष सम्बन्ध है, वहाँ महाराष्ट्रीय संत सम्प्रदाय से इसका प्रत्यक्ष सम्बन्ध है। इतना ही नहीं, हिन्दी सन्त-परम्परा के प्रथम कवि कबीर के आविर्भाव से भी बहुत पूर्व चक्रधर; ज्ञानेश्वर, नामदेव, मुक्ताबाई आदि ने हिन्दी में ऐसे पदों की रचना की थी, जिनमें शैली की दृष्टि से कबीर के पदों से गहरा साम्य है। इन महाराष्ट्रीय सन्तों ने हिन्दी की अपेक्षा मराठी में अधिक रचना की है, अन्यथा हिन्दी साहित्य के इतिहास में भी उन्हें उतना ही स्थान दिया जा सकता था जितना कि इन्हें मराठी साहित्य के इतिहास में प्राप्त है। वस्तुतः विचार-धारा, भावना, शैली और भाषा से सम्बन्धित प्रायः वे सभी तत्त्व इन कवियों से मिल जाते हैं जो परवर्ती सन्तों—कबीर, रैदास, दादू आदि—में मिलते हैं। इस तथ्य को अधिक स्पष्ट करने के लिए हम यहाँ संक्षेप में महाराष्ट्रीय सन्त-काव्य की उन विशेषताओं की चर्चा करते हैं जो हिन्दी सन्त-काव्य में भी प्रमुख रूप में मिलती हैं।

(क) अद्वैतवाद और भक्ति में सामंजस्य —वारकरी सम्प्रदाय के सन्तों ने अन्य

भक्ति-संप्रदायों की भाँति अद्वैतवाद का विरोध नहीं किया, अपितु उन्होंने इसे स्वीकार करते हुए बताया कि अद्वैत की 'सच्ची अनुभूति भक्ति के द्वारा ही सम्भव है।' उनके विचार से अद्वैतवाद और भक्ति के विरोध में नहीं है, अपितु भक्ति की चरम अवस्था ही अद्वैतानुभूति है। सन्त ज्ञानेश्वर ने लिखा है – जब गुरु की कृपा से उषाकाल हो जाता है तो ज्ञान-सूर्य की किरणें आकर पड़ने लगती हैं, तब दृष्टि के सामने भेद-भाव रहित एकत्व की संपत्ति प्रकट होती है। ऐसी अवस्था में भक्त जिस दिशा में देखता है उस दिशा में केवल मैं (ईश्वर) ही दिखाई पड़ता हूँ। मेरे सिवा उसके कहीं और कुछ भी नहीं रहता।'[1] आगे चलकर सन्त एकनाथ ने भी इस सम्बन्ध में लिखा है— 'अद्वैतानुभव के बिना खरी भक्ति सम्भव ही नहीं है। आर्त, जिज्ञासु और अर्थार्थी भक्त के प्रकार हैं पर जो अभेद भाव से ईश्वर की उपासना करते हैं वे ही श्रेष्ठ भक्त हैं। जिनका देहाभिमान नष्ट हो जाता है जो सब भूतों में भगवान को देखते हैं, जिनके मन से द्वन्द्व की भावना मिट जाती है वे ही अद्वैतानन्द के पात्र बनते हैं।[2] अद्वैत और भक्ति का यह समन्वय हिन्दी के सन्त-काव्य में दृष्टिगोचर होता है, जिसकी विवेचना आगे की जायगी।

(ख) सगुण और निर्गुण में समन्वय—यद्यपि महानुभाव सम्प्रदाय में सगुण को निर्गुण की अपेक्षा अधिक महत्त्व दिया गया है किन्तु परवर्ती वारकरी संप्रदाय के संतों ने ऐसा नहीं किया। उन्होंने ब्रह्म को अनादि, नित्य, ज्ञानमय, अव्यक्त, निर्गुण और सर्वव्यापक माना है पर साथ ही उसके सगुण रूप को भी अस्वीकार नहीं किया। इनके विचार से निर्गुण ईश्वर ही सगुण के रूप में अवतरित होता है। संत ज्ञानेश्वर ने निर्गुण और सगुण की इसी एकता को स्वीकार करते हुए अपने एक अभंग में कहा है—हे गोविंद ! मेरी समझ में नहीं आता कि मैं तुझे सगुण कहूँ या निर्गुण। तुझे स्थूल कहूँ या सूक्ष्म ? तू तो इन दोनों में व्याप्त है। तुझे दृश्य कहूँ या अदृश्य ! तू तो दृश्य और अदृश्य दोनों में है।[3] परवर्ती सन्तों में भी यही दृष्टिकोण मिलता है।

(ग) माधुर्यभाव की अनुभूति—इन सन्तों ने भक्ति के अन्तर्गत उस माधुर्य भाव का भी सम्मिश्रण किया है, जिसे हिन्दी के विद्वान् भूल से सूफी रहस्यवाद का प्रभाव मानते हैं। सन्त ज्ञानेश्वर ने आराध्य देव एवं स्वयं के बीच पति-पत्नी सम्बन्ध की स्थापना करते हुए अपनी प्रेमानुभूतियों की व्यंजना अनेक पदों में की है। एक पद में वे कहते हैं—मुझे रात्रि दिन जैसी हो गई है और नींद हराम हो गई है। ऐ रुक्मिणी के पति श्री विट्ठल ! मुझे त्वरित दर्शन दीजिए।[4] सन्त नामदेव, एकनाथ, तुकाराम तथा अनेक सन्त-महिलाओं ने भी इसी भावना का प्रकाशन किया है।

उपर्युक्त प्रवृत्तियों के अतिरिक्त गुरु के महत्त्व का गुणगान सभी मनुष्यों की समानता, जाति-पाँति का विरोध, नाथ-पंथी शब्दावलियों का प्रयोग, उलटवासियों

१–२. मराठी साहित्य का भक्ति-साहित्य भी० गो० देशपांडे, पृ० १४-१५।

३. वही पृ० १७।

४. वही, पृ० ३४।

एवं रूपकों का प्रयोग आदि की प्रवृत्तियाँ भी इनमें हिन्दी सन्त-काव्य के समान ही मिलती हैं, केवल स्थानाभाव से ही उनकी विस्तृत चर्चा यहाँ नहीं की जा रही है।

अस्तु, उपर्युक्त विवेचन से यह स्पष्ट हो जाता है कि सन्त-काव्य का यह वट वृक्ष हिन्दी-क्षेत्र में फैलने से पूर्व महाराष्ट्र में पर्याप्त पल्लवित एवं विकसित हो चुका था। मराठी और हिन्दी के सन्त-काव्य की समानताओं को देखते हुए हम बिना किसी संकोच के परवर्ती को पूरवर्ती की एक शाखा मान सकते हैं। इतना अवश्य है कि पन्द्रहवीं शती के अनन्तर ये शाखाएँ एक-दूसरी से क्रमशः दूर होती गईं जिससे इनमें थोड़ा अन्तर आ गया। यह अन्तर मुख्यतः इस बात का है कि जहाँ मराठी संतों ने निर्गुण ईश्वर के साथ-साथ पौराणिक अवतारों—राम और कृष्ण—की लीलाओं का भी गुण-गान किया, वहाँ हिन्दी के सन्त कवियों ने राम, कृष्ण, गोविंद के केवल नाम का ही स्मरण किया, उनकी लीलाओं को अधिक महत्त्व नहीं दिया। दूसरे मराठी के सन्तों में खंडन-मंडन की तीक्ष्णता हिन्दी सन्त कवियों की अपेक्षा कम है, शक्ति का आवेश अधिक है। मराठी सन्तों में अनेक उच्च जाति (ब्राह्मण) के हिन्दू थे, जो सुशिक्षित एवं सुसंस्कृत थे जब कि हिन्दी के प्रायः सभी प्रारम्भिक सन्त-कवि उच्च वर्ग एवं उच्च शिक्षा के संस्कारों से वंचित थे; सम्भवतः इसी अन्तर के कारण हिन्दी सन्त-काव्य में मराठी सन्त-काव्य की अपेक्षा अधिक तीक्ष्णता एवं विद्रोह मिलता है। पर यह अन्तर न केवल मराठी और हिन्दी के सन्तों में अपितु हिन्दी के पूर्ववर्ती एवं परवर्ती सन्तों में भी परस्पर मिलता है; यथा कबीर का सा खंडन-मंडन सुन्दरदास में नहीं मिलता। अस्तु, यह अन्तर इतना अधिक महत्वपूर्ण नहीं है, इसके कारण मराठी और हिन्दी के सन्तों को, या हिन्दी के पूर्ववर्ती या परवर्ती संतों को एक-दूसरे से अलग किया जा सके। अतः हिन्दी सन्त-परम्परा का महाराष्ट्रीय सन्त-परम्परा से अविच्छेद्य सम्बन्ध स्वीकार किया जा सकता है।

● ५. **वैष्णव-भक्ति आन्दोलन**—महाराष्ट्र के उपर्युक्त संत-सम्प्रदाय ने भी भक्ति का प्रचार किया था, अतः यह भी वैष्णव-भक्ति आंदोलन से असम्बद्ध नहीं है। किन्तु इसके अतिरिक्त कुछ सम्प्रदाय और भी थे, जिन्होंने शंकर के अद्वैतवाद का दार्शनिक आधार पर विरोध करते हुए विष्णु के विभिन्न अवतारों की सगुण भक्ति का प्रचार किया। इसमें एक रामानन्द सम्प्रदाय था, जिसका हिन्दी के अनेक प्रारंभिक सन्तों से गहरा सम्बन्ध रहा। इस सम्प्रदाय के संस्थापक स्वामी रामानंद रामानुजाचार्य के श्री-सम्प्रदाय में दीक्षित थे तथा काशी के स्वामी राघवानंद के शिष्य थे। इन्होंने विष्णु के अन्य अवतारों की अपेक्षा राम की उपासना पर अधिक बल देते हुए उत्तरी भारत में भक्ति आंदोलन को आगे बढ़ाया। साथ ही इन्होंने सभी जाति के व्यक्तियों को अपनी शिष्य-मण्डली में स्थान दिया। कहा जाता है कि कबीर, रैदास, पीपा, सेन, धन्ना आदि सन्त इन्हीं के शिष्य थे। यद्यपि इन सन्तों ने आगे चलकर सगुण वैष्णव-भक्ति के स्थान पर निर्गुण भक्ति को अधिक महत्त्व दिया तथा अवतारवाद की उपेक्षा की, किन्तु फिर भी वैष्णव धर्म और वैष्णव भक्तों पर उनकी आस्था सदा बनी रही। इसका प्रमाण यह है कि जहाँ कबीर आदि ने अपने युग के विभिन्न सम्प्रदायों का खंडन

निर्भीकतापूर्वक किया है, जहाँ वैष्णवों का स्मरण उन्होंने गद्‌गद भाव से किया है; वे कहते हैं—

मेरे संगी दोइ जणां, एक वैष्णों एक राम।
वो है दाता मुकति का, वो सुमिरावै नाम।
× × ×
साखत बांमण ना मिले, वैसनों मिलै चंडाल।
अंकमाल दे भेंटिये, मानो मिले गोपाल।
× × ×
वैश्नों की छप्परी भली, न साखत को बडगांऊ।

वस्तुत: कबीर ने जैसी श्रद्धा वैष्णव के प्रति व्यक्त की है, वैसी ही उन्होंने अपने युग के अन्य किसी सम्प्रदाय के प्रति नहीं व्यक्त की है।

हिन्दी में सन्त-कवियों पर वैष्णव भक्ति आन्दोलन का प्रभाव मुख्यत: तीन रूपों में देखा जा सकता है; एक तो यह है कि यदि वैष्णव-भक्ति केन्द्रों के इन सन्तों का सम्पर्क स्थापित न होता तो बहुत सम्भव है कि वे हिन्दू मत, आध्यात्मिकता और भक्ति की ओर अग्रसर नहीं होते। एक बार हृदय में भक्ति की चिनगारी जल जाने के बाद आगे चलकर विभिन्न रूपों में प्रदीप्त हो सकती है, पर यदि उस चिनगारी का ही उन्मेष न होता तो संभव है कि वे किसी अन्य दिशा की ओर भटक जाते इस स्थिति की कल्पना करते हुए स्वयं कबीर ने लिखा है—

पीछैं लागा जाइ था, लोक वेद के साथि।
आगैं थैं सतगुरु मिला, दीपक दिया हाथि।
भली भई जु गुर मिल्या, नहीं तर होती हांणि।
दीपक दृष्टि पतंग ज्यूँ पड़ता पूरी जांणि॥

दूसरी बात यह है कि इन सन्तों ने राम, कृष्ण, गोविन्द अवतारी रूप को अधिक महत्त्व नहीं दिया, फिर भी इन्होंने अपने आराध्य को प्राय: इन्हीं नामों से स्मरण किया है। उन्होंने 'राम' का अर्थ बदल लिया, वे 'दशरथ सुत राम' नहीं हैं, पर यह उन्हें मूलत: वैष्णव गुरु (रामानन्द) से ही प्राप्त हुआ था, जिसे वे कृतज्ञतापूर्वक स्वीकार करते हैं—

राम नाम के पटंतरै देबे को कुछ नांहि।
क्या ले गुर सन्तोषिए, हौंस रही मन माँहि॥

—कबीर

तीसरे, वैष्णवों के प्रपत्ति या आत्म समर्पण की भावना का भी प्रभाव इन पर स्पष्ट रूप में परिलक्षित होता है—

कबीर कूता राम का मुतिया मेरा नाउँ।
गले राम की जेवड़ी, जित खैंचे तित नाउँ॥

इनके अतिरिक्त इन पर अहिंसा, सदाचार, नाम-स्मरण करुणा आदि के संस्कार भी वैष्णवों की देन के रूप में स्वीकार किए जा सकते हैं। अस्तु, हिन्दी के

प्रारंभिक संतों को भक्ति की प्रथम दीक्षा देकर उन्हें संत-मत की ओर जाने वाले मार्ग पर अग्रसर करने का श्रेय बहुत-कुछ अंशों में तत्कालीन वैष्णव भक्ति-आन्दोलन के उन्नायकों को दिया जा सकता है।

● **प्रचलित भ्रान्तियाँ**—उपर्युक्त पर्यालोचन से स्पष्ट है कि हिन्दी का संत-मत और संत-काव्य एकाएक कोई उद्भूत सर्वथा नयी वस्तु नहीं है, वह सिद्ध-साहित्य से लेकर महाराष्ट्रीय संत-संप्रदाय तक की विभिन्न परिस्थितियों एवं प्रवृत्तियों के संयोग से क्रमशः विकसित एक दीर्घ परंपरा का ही किंचित परिवर्तित रूप है। किन्तु विगत युग में, जबकि इसके विकास के अनेक सूत्र एवं स्रोत स्पष्ट रूप से ज्ञात नहीं थे, इसके सम्बन्ध में अनेक भ्रान्तियाँ प्रचलित हो गईं। हमारे वे इतिहासकार जो बारहवीं शती के बाद की हर वस्तु को इस्लाम की देन मानने के अभ्यस्त थे, इस परम्परा को भी ऐसा ही मानने के लिए विवश हुए। उन्होंने घोषित किया कि संतों की निर्गुण उपासना इस्लाम के एकेश्वरवाद से तथा उनकी प्रणय-भावना सूफीमत से उधार ली हुई है। किंतु हमारे विचार से यह घोषणा वास्तविकता के विपरीत है। जैसा कि पीछे स्पष्ट किया जा चुका है, निर्गुण की उपासना का प्रचार इस परंपरा में मुसलमानों के सुस्थिर होने से बहुत पूर्व हो चुका था, मराठी के कवि मुकुन्दराज (११२७-१२०० ई०) ने अपने ग्रन्थों में भारतीय उपनिषदों के आधार पर निर्गुण सम्बन्धी तत्त्वों का प्रतिपादन किया था, जिसका प्रभाव महाराष्ट्रीय सन्तों पर परिलक्षित होता है। दूसरे, संतों की निर्गुण भावना भारतीय दर्शनों पर आधारित है तथा उसका स्वरूप अद्वैतवाद के अनुरूप है जबकि इस्लाम का एकेश्वरवाद इसके प्रतिकूल पड़ता है। उसका ईश्वर या खुदा एक ऐसी स्वतन्त्र एवं शक्तिशाली सत्ता है जो जीवों पर शासन करती है; तथा अन्य दैवी शक्तियाँ भी उसके नियन्त्रण में रहती हैं, जबकि उपनिषदों का ब्रह्म विभिन्न आत्माओं एवं दैवी शक्तियों से अभिन्न है तथा उनका उन से शासक और शासित का सम्बन्ध नहीं है, अपितु वे उसी के रूपान्तर मात्र हैं। संतों के आराध्य उपनिषदों के निर्गुण ब्रह्म हैं, इस्लामी एकेश्वरवाद से उनका कोई मेल नहीं है। ईश्वर के स्वरूप का आख्यान करते हुए उन्होंने जिन उक्तियों का प्रयोग किया है, वे प्रायः पूर्ववर्ती भारतीय दर्शन-ग्रंथों पर आधृत हैं। इसके अतिरिक्त यह भी ध्यान देने की बात है कि संत कवि 'अल्लाह', 'खुदा', 'पैगम्बर', 'मुहम्मद' आदि नामों का प्रयोग प्रायः खण्डन-मण्डन के समय ही करते हैं, अपनी साधना के गंभीर क्षणों में या भक्ति के आवेश के समय तो वे उसे प्रायः 'राम', 'गोविन्द', 'हरि' आदि नामों से ही स्मरण करते हैं। अस्तु, अभी तक इस बात का कोई प्रमाण उपलब्ध नहीं होता कि ये संत इस्लाम से प्रभावित थे, या उसके किसी तत्त्व के प्रति आकर्षित थे। कदाचित् उनके मूर्ति-पूजा-खण्डन को या जाति-पाँति विरोध को इस्लाम का प्रभाव बताया जाए तो यह भी ठीक नहीं। भारतीय संप्रदायों में ही एक ओर सिद्ध एवं नाथ-पंथी, दूसरी ओर आधुनिक युग में आर्य समाज ऐसा कर चुका है, किन्तु इसी से हम इन्हें इस्लाम से प्रभावित नहीं मान सकते। जाति-पाँति का विरोध इन संतों ने अपनी ही परिस्थितियों की प्रतिक्रिया स्वरूप किया है। उदाहरण के लिए, यहाँ संत ज्ञानेश्वर के

जीवन की एक घटना पर विचार कर सकते हैं। ज्ञानेश्वर के पिता बिट्ठल पंत को किसी कारण से जाति से बहिष्कृत कर दिया गया था। उनके वंशजों को पुनः जाति में स्थान देने के लिए उनके समाज ने यह व्यवस्था की थी कि बिट्ठल पन्त सपत्नीक गंगा में समाधि ले ले। अपने चार अबोध बच्चों को रोते हुए छोड़कर उस दंपति ने ऐसा ही किया ! पर फिर भी उन बच्चों को जाति-प्रवेश का प्रमाण-पत्र नहीं मिल सका ! आगे अनेक प्रकार की परीक्षाएँ देने के बाद ही ज्ञानेश्वर एवं उनके भाई को पैंठण के पण्डितों के द्वारा शुद्धि-पत्र प्राप्त हो सका। आगे चलकर इन्हीं ज्ञानेश्वर ने सभी मनुष्यों की समानता का प्रतिपादन करते हुए लिखा—

जें जें भेटे भूत तें तें मानिजे भगवंत।
हा भक्तियोग निश्चित। जाण माझा॥

अर्थात् जिस-जिस प्राणी से तू भेंट करता है उसे भगवान मानता जा। प्रत्येक जीव में भगवान् का साक्षात्कार करना खरा भक्ति योग है। यही मैंने समझा है।[1]

नामदेव ने भी सब मनुष्यों की समानता का समर्थन एवं जाति-भेद का विरोध करते हुए कहा है—

कहा करउ जाती, कहा करउ पाती।
राम को नामु जपउ दिन राती॥

अस्तु, जाति-भेद भावना के लिए इन संतों में हृदय में कोई स्थान ही नहीं था। इसके अतिरिक्त उनका अपना उत्थान इसी के विरोध का उदाहरण था, क्योंकि अधिकांश सन्त या तो निम्न जाति के थे या उच्च जाति से बहिष्कृत एवं तिरस्कृत। ऐसी स्थिति में इनके जाति-विरोध को इस्लाम की देन बताना उचित नहीं। अवश्य ही आगे चलकर जब भारत में इस्लाम प्रतिष्ठित हो गया तो अनेक निम्न जाति के हिन्दू अवश्य इस्लाम से प्रभावित एवं आकर्षित हुए होंगे, किन्तु ऐसे व्यक्तियों के लिए संत मत में दीक्षा लेने की अपेक्षा इस्लाम को ग्रहण कर लेने का मार्ग अधिक सुविधा-जनक एवं लाभदायक था, और इसमें कोई संदेह नहीं कि बहुत से हिन्दुओं ने इस मार्ग को अपनाया भी। पर संतों के अडिग व्यक्तित्व में इस प्रकार के लचकीलेपन की कल्पना नहीं की जा सकती।

इस्लाम की ही भाँति सूफी मत के प्रभाव को भी अनेक विद्वानों ने बहुत बढ़ा-चढ़ा कर बताया है। ऐसा प्रतीत होता है कि आज से तीस-चालीस वर्ष पूर्व जबकि सुधारवाद का आंदोलन जोरों पर था, हमारे इतिहास लेखकों ने प्रेम को सर्वथा विदेशी तत्त्व घोषित कर दिया। उन्हें जहाँ भी प्रेम की प्रधानता दिखाई दी, उसे उन्होंने फारसी की या सूफियों का प्रभाव मान लिया; फलस्वरूप कृष्ण चरित से लेकर नल-दमयंती आख्यान तक, दामो से लेकर सूरदास लखनवी तक प्रेम-कथाओं से रचयिता एवं सन्तों के लेकर स्वच्छंद प्रेममार्गी घनानन्द तक, सब के सब, विदेशी रंग

१. मराठी का भक्ति-साहित्य : देशपांडे, पृ० २३।

में रंगे हुए मान लिए गए । इतना ही नहीं, हमारे कुछ शोध-कर्त्ताओं ने तो महादेवी, पंत और निराला में भी सूफीवाद खोज निकाला । खैर, इस सम्बन्ध में हम विस्तृत विवेचन अपने शोध प्रबन्ध—'हिन्दी काव्य में शृंगार-परम्परा' में कर चुके हैं । यहाँ केवल संत मत सम्बन्धी कुछ ऐसे तथ्यों की चर्चा की जाती है, जो सूफी प्रभाव के विपक्ष में पड़ते हैं ।

(१) प्रेम लक्षणा भक्ति का प्रतिपादन भारतीय साहित्य में ईसा से पूर्व हो चुका था । नारद ने अपने भक्ति सूत्र में प्रेम को सर्वाधिक महत्त्व प्रदान किया है ।

(२) आठवीं नवीं शती से विभिन्न भारतीय धर्म-संप्रदायों से अपने-अपने धर्म को लोक-प्रिय बनाने के लिए किसी न किसी रूप में प्रेम तत्त्व को स्वीकार किया है । इसका उदाहरण, सिद्धों के पदों, जैनियों के आख्यान एवं वैष्णवों के पुराणों में विशेषतः भागवत एवं ब्रह्मवैवर्त्त पुराण में देखा जा सकता है ।

(३) जैसा कि पीछे बताया गया है, महाराष्ट्र के प्रारम्भिक सन्तों – ज्ञानेश्वर, नामदेव आदि में ही माधुर्य भाव की प्रवृत्ति पर्याप्त विकसित रूप में मिलती है । उन्होंने आराध्य को अपना पति मानकर उसके प्रति भावपूर्ण शब्दों में आत्म-निवेदन किया है । ज्ञानदेव (ज्ञानेश्वर) एवं नामदेव के अनेक पदों में अलौकिक प्रेम एवं विरहानुभूतियों की व्यंजना हुई है । यहाँ यह उल्लेखनीय है कि सूफियों का प्रवेश ही भारत में तेरहवीं शती में हुआ है तथा उनका सम्यक् प्रचार तो इसके और भी कई शताब्दियों के बाद सम्भव हैं; ऐसी स्थिति में महाराष्ट्रीय संतों की भावना को सूफियों से संप्रेरित नहीं माना जा सकता । हिन्दी के सन्त कवियों की भी प्रणय-भावना महाराष्ट्रीय संतों की ही भावना के अनुरूप है, सूफियों की भावना के अनुरूप नहीं । सूफी जहाँ परमात्मा को अपनी प्रेयसी के रूप में देखते हैं वहाँ भारतीय संत स्वयं को पत्नी मानते हुए अपने राम को बाल्हा (बल्लभ), पति या स्वामी के रूप में स्वीकार करते हैं । यथा, नामदेव एवं कबीर की कुछ उक्तियाँ द्रष्टव्य हैं—

मोहि लागत तालाबेली । बछरे बिनु गाइ अकेली ।
पानीआ बिनु मीनु तलफे । ऐसे राम नामा बिनु बापुरो नामा ।

× × ×

मैं बउरी मेरा राम भरतार । रचि-रचि ताकउ करउ सिंगार ।

—नामदेव

बाल्हा आव हमारे गेह रे ।
तुम बिन दुखिया देह रे ॥

× × ×

हम घर आये हो राजा राम भरतार ।

—कबीर

भारतीय पत्नी सूफियों की प्रेयसी की भाँति प्रिय के समान महत्त्व की अधि-

कारिणी नहीं होती, अतः उसमें पति की अपेक्षा थोड़ी हीनता या लघुता का भाव आ जाता है; कबीर भी इस भाव की अभिव्यक्ति करते हैं—

जा कारणि मैं ढूंढ़ता, सनमुख मिलिया आइ।
धन मैली पिव ऊजला, लागि न सकौं पाइ।।

हिन्दी सन्तों की प्रणय भावना सूफियों की अपेक्षा महाराष्ट्रीय सन्तों की परम्परा के अधिक अनुकूल है तथा अन्य तत्त्व भी उन्हें इन्हीं से प्राप्त हुए हैं, अतः उनकी प्रणय-भावना का स्रोत कोई अन्य मानने की आवश्यकता नहीं।

साथ ही यहाँ यह भी उल्लेखनीय है, कि इन सन्तों ने सूफी साधना एवं सूफियों का उल्लेख बहुत कम किया है, किन्तु जहाँ किया भी है वहाँ बड़ी उपेक्षा एवं अश्रद्धा से युक्त शब्दों में किया है; जैसे—

सेख सबूरी बाहिरा क्या हज काबै जाइ।
जिनकी दिल स्याबित नहीं, तिनको कहाँ खुदाइ।

× × ×

है कोई दिल दरवेश तेरा।
नासूत मलकूल, जबरूप को छोड़िके,
जाइ लाहूत पर करै डेरा।

—कबीर

यह भी विचित्र बात है कि हमारे अनेक विद्वानों ने बिना किसी प्रत्यक्ष प्रमाण के हिन्दी के सन्त-कवियों में केवल प्रेम तत्त्व को देखकर ही उन्हें सूफी प्रभाव से युक्त घोषित कर दिया। इतना ही नहीं, अनेक बार तो ऐसा भी हुआ है कि जो प्रमाण विशुद्ध भारतीयता के द्योतक हैं, उन्हें भी बलात् अभारतीय पक्ष से सम्बन्धित कर दिया गया। उदाहरण के लिए कबीर का निम्नांकित पद देखिए—

हम सब माँही सकल हम माँहीं।
हक थे और दूसर नाँही।
तीन लोक में हमारा पसारा।
आवागमन सब खेल हमारा।
खट-दरसन कहियत भेखा।
हमहीं अतीत रूप नहीं रेखा।
हमहीं आप कबीर कहावा।
हमहीं अपना आप लखावा।।

उपर्युक्त अंश में तीन लोक, आवागमन, षट्-दर्शन, आदि शब्द तथा इसकी विचार-धारा भारतीय दर्शनों के अभाव की द्योतक हैं, किन्तु डॉ० रामकुमार वर्मा ने इसे कबीर पर सूफी प्रभाव के प्रमाण के रूप में उद्धृत किया है, जबकि इसमें सूफी-मत की कोई बात नहीं मिलती। अस्तु, संतों के प्रेम तत्त्व को अकारण ही सूफियों की देन मान लेना हमें उचित प्रतीत नहीं होता।

● ६ ३ **हिन्दी संतकाव्य परंपरा का प्रवर्त्तक कौन?** उपर्युक्त विवेचन से

स्पष्ट है कि हिन्दी में इस काव्य-परंपरा का प्रवर्त्तन सर्वथा मौलिक रूप में नहीं हुआ, अपितु यह मराठी में विकसित होती हुई हिन्दी में पहुँची है। हिन्दी में इसे प्रचलित करने का श्रेय भी महाराष्ट्रीय संत नामदेव (१२७०-१३५० ई०) को है, जिन्होंने एक ओर उत्तरी भारत में दीर्घकाल तक रहकर अपने विचारों का प्रचार किया तो दूसरी ओर हिन्दी में विपुल पदों की रचना की, जिनमें से शताधिक आज भी उपलब्ध हैं। उनके पदों में परवर्ती संत-काव्य की प्रायः सभी विशेषताएँ—विचार, भाव, भाषा, शैली आदि—मिलती हैं; ऐसी स्थिति में कोई कारण नहीं कि हम उन्हें हिन्दी-संत-काव्य-परंपरा का प्रवर्त्तक न मानें। पर यह आश्चर्य की बात है कि अब तक हिन्दी के प्रायः सभी इतिहासकारों ने इनकी चर्चा करते हुए भी हिन्दी संत-परंपरा का प्रवर्त्तक इन्हें न मानकर कबीर को माना है, जिनका आविर्भाव-काल नामदेव के देहावसान के भी ४८ वर्ष बाद (=१३९८ ई०) पड़ता है। हमारे इतिहासकारों ने इसका कोई स्पष्ट कारण भी नहीं बताया है। नामदेव मूलतः मराठी के कवि थे, संभवतः इसीलिए उन्हें इस श्रेय से वंचित कर दिया गया है, किन्तु यह ठीक नहीं। विद्यापति ने संस्कृत और अपभ्रंश के अतिरिक्त हिन्दी में पदों की रचना की थी, जिसके लिए उन्हें हिन्दी की कृष्ण-गीति-परम्परा का प्रवर्त्तक माना जाता है। नामदेव की स्थिति भी लगभग ऐसी ही है, फिर उन्हें प्रवर्त्तक क्यों न माना जाय? पं० परशुराम चतुर्वेदी ने एक स्थान पर लिखा है कि 'नामदेव में उत्तरी भारत के सन्त मत की सारी विशेषताएँ नहीं मिलती' पर यह बात भी ठीक नहीं है। उदाहरण के लिए यहाँ नामदेव के हिन्दी-काव्य से उन सभी प्रवृत्तियों के प्रमाण प्रस्तुत किये जाते हैं, जो उत्तरी भारत के सन्त-मत से सम्बन्धित हैं; देखिए—

(क) ईश्वर के प्रति दृढ़ अनुराग, माधुर्य भाव एवं विरह की व्यंजना—

मोहि लागत ताला बेली। बछरे बिनु गाइ अकेली।
पानीआ बिनु मीनु तलफे। ऐसे राम नामा बिनु बापुरो नामा।।

× × ×

कामी पुरुष कामनी पिआरी। ऐसी नामें प्रीत मुरारी।

× × ×

मैं बउरी मेरा राम भरतार।
रचि रचि ताकउ करउ सिंगार।।

(ख) अद्वैतवाद का प्रतिपादन—

सभु गोविन्दु है, सभु गोविन्दु है, गोविन्दु बिनु नहीं कोई।
सूतु एकु मणि सत सहस जैसे उतिपोति प्रभु सोई।।
जलतरंग अरु फेन बुदबुदा, जल ते भिन्न न कोई।
इहु परपंचु पारब्रह्म की लीला बिचरत आन न होई।।

× × ×

कहत नामदेऊ हरि की रचना देखदु रिदै बिचारी।
घट-घट अंतरि सरब निरंतरी केवल एक मुरारी ॥[1]

(ग) गुरु के महत्त्व की स्वीकृति—

जऊ गुरुदेऊ न मिलै मुरारी।
जऊ गुरुदेऊ न उतरै पारी ॥[2]

(घ) मूर्ति-पूजा पर व्यंग्य—

एकै पाथर कीजै पाऊ। दूजै पाथर धरिए पाऊ।
जै इहु देऊ तऊ उहु भी देवा। कहि नामदेव हरि की सेवा।

(ङ) जाति-पाँति-भेद का विरोध—

कहा करउ जाती, कहा करउ पाती।
राम को नामु जपउ दिन राती।[3]

(च) अनहद नाद एवं अलौकिक अनुभूतियों की अभिव्यक्ति—

नादि समाइलो रे सति गुरु भेटिले देवा।
जह झिलिमिलि कारु दिसंता। वह अनहद सबद बजता।
जोति-जोति समानी। मैं गुर परसादी जानी।
रतन कमल कोटरी। चमकार बिजुल तही।
नेरै नाही दूरि। निज आतमै रहिआ भरपूरि।[4]

(छ) यौगिक साधना की चर्चा—

वेद पुरान सासत्र आनंता गीत कबित न गावऊगो।
अखंड मंडल निरंकार महि अनहद बेनु बजावऊगो।
वैरागी रामहि गावऊगो।
सबहि अतीत अनाहदि राता, आकुल कै घरि जाऊगो।
इड़ा पिंगुला अउरु सुखमना १ऊनै बंधि रहाऊगो।
× × ×
अठसठि तीरथ गुरु दिखाए घटहि भीतर नाऊगो।
× × ×
नाम कहै चितु हरि सिऊ राता सुन्न समाधि पाऊगो ॥[5]

(ज) हिन्दू-मुस्लिक एकता का प्रतिपादन—

हिंदू अंधा तुरकू काणा, दोहाँ ते गिआनी सिआणा।
हिंदू पूजै देहुरा मुसलमाणु मसीत।
नामें सोई सेविआ जह देहुरा न मसीत।

यहाँ यह भी उल्लेखनीय है कि नामदेव का प्रभाव परवर्ती युग के अनेक संत

१—५. ये सभी उद्धरण 'हिन्दी को मराठी सन्तों की देन' (डॉ० विनय मोहन शर्मा) से उद्धृत हैं।

कवियों पर पर्याप्त मात्रा में परिलक्षित होता है। कबीर, रज्जब, रैदास, दादू आदि ने अनेक विचारों एवं भावों को ग्रहण करने के साथ-साथ नामदेव का स्मरण बड़ी श्रद्धा के साथ किया है; जैसे

गुरु परसादी जै देव नामा।
प्रगति के प्रेम इन्हहि है जाना। —कबीर

नामा, कबीर सुकौन थे कुन राँका बाँका,
भगति समानी सब धरनी तजि कुल काना का। —रज्जब

नामदेव कबीर तिलोचन सधना सैनु तरै।
कह रविदास सुनहु रे संतों, हरि जीउ ते सभै सरै। —रैदास

नामदेव कबीर जुलाहौं जन रैदास तिरै।
दादू वेगि बार नहि लागै, हरि सौं सबै सरै। —दादू

इन कवियों ने न केवल नामदेव का उल्लेख किया है, अपितु उन्हें संत-परंपरा में शीर्ष स्थान भी दिया है। जिस नामदेव को कबीर, रज्जब, रैदास, दादू आदि ने [illegible] स्वर से अपनी परम्परा में प्रथम स्थान दिया है, उन्हें ही आज के इतिहासकारें [illegible] परंपरा के विच्छिन्न एवं वियुक्त कर देना कहाँ तक न्याय है? आचार्य विनय मोहन शर्मा ने अपने प्रबन्ध—'हिन्दी को मराठी सन्तों की देन'—में विभिन्न दृष्टि-कोणों से विचार करते हुए नामदेव को ही इस परम्परा का प्रवर्त्तक मानने का निर्णय देते हुए लिखा है—'नामदेव मे उत्तरी भारत के संत-मत की सारी विशेषताएँ विद्यमान हैं। इसीलिए हम उन्हें उत्तर भारत में निर्गुण भक्ति-मत का प्रथम प्रचारक एवं प्रवर्त्तक तथा कबीर आदि संतों का पथ-प्रदर्शक मानते हैं।...यह सत्य है कि कबीर के समान नामदेव की हिन्दी रचनाएँ प्रचुर मात्रा में नहीं मिलतीं, परन्तु जो कुछ प्राप्य हैं उनमें उत्तर भारत की संत-परंपरा का पूर्व आभास मिलता है और उनके परवर्ती संतों पर निश्चय ही उनका प्रभाव पड़ा है—जिसे उन्होने मुक्तकंठ से स्वीकार किया है ऐसी दशा में उन्हें उत्तर भारत में निर्गुण-भक्ति का प्रवर्त्तक मानने में हमें कोई झिझक नहीं होनी चाहिये।"[१]

आचार्य शर्मा के उपर्युक्त निर्णय को स्वीकार करने से पूर्व हमें दो शंकाओं पर और विचार कर लेना चाहिए। एक तो यह कि यदि नामदेव को हिन्दी संत-परंपरा में स्थान देते हैं तो अन्य महाराष्ट्रीय कवियों को जिन्होने हिन्दी में रचना की है, इसमें स्थान क्यों न दिया जाये? दूसरे, क्या नामदेव से कबीर तक यह परम्परा अखंड रूप में मिलती है। इनमें से पहली शंका के सम्बन्ध में तो हमारा विचार है कि उन सभी कवियों को, जिन्होंने भले ही वे महाराष्ट्रीय हों या किसी और स्थान के, जिन्होंने हिन्दी में रचना की है, इतिहास में स्थान मिलना चाहिये, यह दूसरी बात है कि यह स्थान उनकी रचनाओं के महत्त्व के अनुरूप ही होगा। उदाहरण के लिये नामदेव के अतिरिक्त चक्रधर, महदायिसा, दामोदर पंडित, ज्ञानेश्वर मुक्ताबाई, आदि के भी हिन्दी

१. हिन्दी को मराठी-संतों की देन : डॉ० विनय मोहन शर्मा, पृ० १२८-१२९।

पद मिलते हैं, किन्तु वे संख्या में इतने कम हैं कि उनके रचयिता का केवल उल्लेख मात्र ही किया जा सकता है, उन्हें नामदेव जितना महत्त्व देना संभव नहीं। नामदेव के अनन्तर भी सन्त एकनाथ, अनन्त महाराज, तुकाराम, समर्थ रामदास, रंगनाथ, केशव स्वामी प्रभृति सन्तों ने मराठी के अतिरिक्त हिन्दी में रचना की, जिसके लिए समस्त हिन्दी-जगत् उनका कृतज्ञ है, पर साहित्यिक दृष्टि के उन्हें वह सम्मान देना संभव नहीं जो नामदेव को दिया जा सकता है। फिर भी जो जितने स्थान का अधिकारी है, उसे उतना दिया ही जाना चाहिये, इसका हम समर्थन करते हैं। अस्तु नामदेव के ऐतिहासिक एवं साहित्यिक महत्त्व तथा परवर्ती कवियों द्वारा प्राप्त मान्यता को देखते हुए यदि उन्हें हिन्दी सन्त-परम्परा में प्रथम स्थान दे दिया जाय तो ऐसी कोई नयी समस्या उत्पन्न नहीं होगी, जिसका समाधान संभव न हो।

दूसरी शंका भी विशेष महत्त्वपूर्ण नहीं है। एक तो नामदेव और कबीर के बीच बहुत बड़ा अन्तर नहीं है। एक ऐसी परंपरा जो लगभग ६–७ शताब्दियों तक प्रवाहित होती रही, ५०–६० वर्ष का व्यवधान विशेष महत्त्व नहीं रखता। दूसरे, अनेक ऐसे सन्तों—त्रिलोचन, सदन, बेनी आदि का भी उल्लेख मिलता है, जिनकी रचनाएँ आज उपलब्ध नहीं हैं किन्तु उन्हें ऐतिहासिक दृष्टि से नामदेव और कबीर के बीच की कड़ियों के रूप में स्वीकार किया जा सकता है। डॉ० रामकुमार वर्मा ने इन तीनों कवियों का परिचय देते हुए इनका आविर्भाव नामदेव और कबीर के बीच के समय में ही माना है। अस्तु, तथ्य यह है कि इन कवियों के माध्यम से या अन्य स्रोतों से नामदेव की परम्परा अविच्छिन्न एवं अपरिवर्तित रूप में परवर्ती सन्तों तक पहुँची है, जिसका प्रत्यक्ष प्रमाण इनके काव्य-रूप एवं काव्य-प्रवृत्तियों की समानता में निहित है; यहाँ परवर्ती संतों से नामदेव की तुलना करने के लिये अधिक स्थान नहीं है किन्तु जैसा कि आचार्य विनयमोहन शर्मा ने अपने प्रबन्ध में विस्तार से स्पष्ट किया है, परवर्ती संतों - कबीर, दादू, रज्जब, रैदास, धर्मदास, सुन्दरदास, सहजोबाई आदि ने न केवल नामदेव के भावों, विचारों और शैली का अनुमरण किया है, अपितु उनकी उक्तियों और शब्दावलियों तक को ग्रहण किया है; अतः इसमें कोई सन्देह नहीं कि हिन्दी-संत-परंपरा से नामदेव का इतना घनिष्ठ सम्बन्ध है कि इतिहासकार का कोई भी तर्क उन्हें इससे विच्छिन्न नहीं कर सकता। मराठी से हिन्दी में आने वाले नामदेव पर हमारा उतना ही अधिकार है, जितना उर्दू से हिन्दी में आने वाले उपन्यासकार प्रेमचन्द पर है; यह दूसरी बात है कि नामदेव की रचनाओं का परिमाण प्रेमचन्द-साहित्य की अपेक्षा बहुत कम है, पर ऐतिहासिक दृष्टि से वह भी कम महत्त्वपूर्ण नहीं हैं।"

● **६.४. सन्त-परम्परा विकास व प्रमुख कवि**—नामदेव के अनन्तर इस काव्य-परम्परा के विकास में विभिन्न सन्तों ने योग दिया जिससे यह हिन्दी-क्षेत्र में

---

१. नामदेव के व्यक्तित्व एवं काव्य का परिचय पीछे आदिकाल में 'महाराष्ट्रीय सन्त काव्य' के अन्तर्गत दिया जा चुका है।

उन्नीसवीं सती के मध्य तक बराबर अग्रसर होती रही। जैसा कि परशुराम चतुर्वेदी ने इस परम्परा का विद्वत्तापूर्ण अध्ययन करते हुए अपने ग्रन्थ—'उत्तरी भारत की संत-परम्परा' में स्पष्ट किया है, कबीर के अनन्तर विभिन्न संतों ने अपने-अपने अलग पंथों की स्थापना की, किन्तु उनमें विचारधारा, साधना-पद्धति, भावानुभूति एवं अभिव्यंजना-शैली की दृष्टि से परस्पर विशेष अन्तर नहीं मिलता, अतः इन सभी पंथों के द्वारा रचित साहित्य को सन्त-काव्य के अन्तर्गत स्थान दिया जा सकता है। यहाँ पूर्व मध्यकाल के प्रमुख सन्तों की नामावली उनसे सम्बन्धित पंथ एवं जीवन-काल के निर्देश सहित प्रस्तुत की जाती है।

संत	सम्बन्धित पंथ	जीवन-काल
१—कबीरदास	कबीर पंथ	सं०१४५५-१५७५ वि०
२—रविदास (रैदास)	रैदासी सम्प्रदाय	(कबीर के समकालीन)
३—नानक	सिख पंथ	सं० १५२६-१५९६ वि०
४—लालदास	लाल पंथ	सं १५९७-१७०५ वि०
५—दादूदयाल	दादू पंथ	सं० १६०१-१६६० वि०
६—हरिदास निरंजनी	निरंजनी सम्प्रदाय	देहान्त १६७० वि०
७—मलूकदास	मलूक पंथ	सं० १६३१-१७३९ वि०

उपर्युक्त पंथों एवं सम्प्रदायों में से अनेक आज भी प्रचलित हैं, यद्यपि उनका मूब-स्वरूप अब बहुत कुछ परिवर्तित एवं विकृत हो गया है।

प्रमुख सन्तों के साहित्य का संक्षिप्त परिचय आगे क्रमशः प्रस्तुत किया जाता है।

कबीरदास—नामदेव द्वारा प्रवर्तित हिन्दी संत-काव्य-परम्परा को सुप्रतिष्ठित एवं सुविकसित करने का श्रेय कबीरदास को ही दिया जा सकता है। कबीर के जीवन-चरित सम्बन्धी प्रामाणिक सामग्री का अभाव है, फिर भी विभिन्न विद्वानों ने कबीर-पंथियों के एक उल्लेख के आधार पर उनका जन्म ज्येष्ठ शुक्ला पूर्णिमा चन्द्रवार संवत् १४५५ (१३९८ ई०) में होना स्वीकार किया है।[1] किन्तु उनके देहावसान-काल के सम्बन्ध में मतैक्य का अभाव है। भक्तमाल की टीका में उनकी मृत्यु मगहर में संवत् १५५९ वि०, अगहन शुक्ला एकादशी को होने की बात कही गई है जबकि कबीर के शिष्य धर्मदास ने 'पन्द्रा सौ उनहतरा' (१५६९ संवत्) में

१ इस सम्बन्ध में कबीर-पंथियों में निम्नांकित दोहा प्रचलित है जिसे अधिकांश विद्वानों ने प्रामाणिक माना है—

चौदह सौ पचपन साल गये, चन्द्रवार एक ठाठ ठए।
जेठ सुदी वरसायत को पूरनमासी तिथि प्रगट भए॥

उनका देहान्त माना है।[1] किन्तु एक अन्य अनुश्रुति के अनुसार एक सौ बीस वर्ष की आयु पाना तथा माघ शुक्ला एकादशी संवत् १५७५ में निधन होना माना जाता है।[2] डॉ० श्यामसुन्दर दास एवं आचार्य रामचन्द्र शुक्ल ने इसी मान्यता को स्वीकार किया है जबकि डॉ० रामकुमार वर्मा ने संवत् १५५१ में कबीर का निधन होना माना है। ऐसी स्थिति में निश्चित रूप से कुछ कहना कठिन है, फिर भी जब तक कोई अन्य प्रमाण नहीं मिल जाय, हम परंपरागत अनुश्रुति के अनुसार संवत् १५७५ या १५१८ ई० में ही उनका निधन मानना अधिक उचित मानते हैं।

विभिन्न साक्ष्यों से यह पता चलता है कि कबीर का जन्म किसी उच्च कुल की विधवा के गर्भ से हुआ था जिसने लोकापवाद के भय से इन्हें लहरतारा तालाब के किनारे डाल दिया था।[3] भाग्यवश नीरू नामक एक जुलाहा अपनी स्त्री नीमा के साथ उधर निकला जो इन्हें उठाकर घर ले गया और वहीं उनका पालन-पोषण हुआ आगे चलकर वे गुरु रामानन्द के शिष्य हो गये[4] और गृहस्थी का कार्य करते

---

१. वे तिथियाँ ये हैं—

पन्द्रह सै उनचास में मगहर कीन्हो गौन।
अगहन सुदि एकादशी, मिले पौन सों पौन॥

—भक्तमाल की टीका

× × ×

सुमंत पंद्रा सौ उनहत्तरा हाई। सतगुर चले उठ हँसा ज्याई।

× × ×

२. संवत् पंद्रह सै पछत्तरा, कियो मगहर कौ गौन।
माघे सुदी एकादशी रलो पौन में पौन। —(जनश्रुति)

३. जामि जुलाहा मति को धीर। हरषि हरषि गुण रमै कबीर।

× × ×

मेरे राम की अभैपद नगरी, कहै कबीर जुलाहा।

× × ×

तू ब्राहमन मैं काशी का जुलाहा। —(कबीर ग्रन्थावली—भूमिका, पृ० २३)

४. उनके गुरु रामानन्द थे या शेख तकी—इस सम्बन्ध में मत-भेद है, किन्तु उन्होंने रामानन्द के प्रति श्रद्धा व्यक्त की है तथा अपने गुरु को राम-नाम का मन्त्र देने वाला बताया है जबकि शेख तकी को बहुत ही हलके शब्दों में सम्बोधित किया है जिससे रामानन्द ही उनके गुरु सिद्ध होते हैं : देखिये—

सत गुरु के परताप ते मिट गयो सब दुख द्वन्द।
कह कबीर दुविधा मिटी, गुरु मिलिया रामानन्द॥

—(हिन्दी-साहित्य-द्विवेदी)

× × ×

हुए हरि-भजन में निरत रहे। उनका विवाह भी हुआ था तथा उनके दो सन्तान होने का उल्लेख मिलता है। इनकी पत्नी का नाम लोई[1] और पुत्र व कन्या का कमाल व कमाली नाम माना जाता है।[2] उनका प्रारम्भिक जीवन काशी में बीता था, किन्तु किसी कारण से जीवन के अन्तिम भाग में मगहर में रहने लग गये थे।[3] संभवत: उन्होंने विभिन्न स्थानों का भ्रमण भी किया था तथा स्थान-स्थान पर सत्संग का आयोजन किया था। उनकी मृत्यु से पूर्व ही उनके मत का प्रचार चारों ओर हो गया था तथा हिन्दू और मुसलमान सभी जाति के सैकड़ों लोग उनके शिष्य हो गये थे।

कबीर का व्यक्तित्व अत्यन्त क्रान्तिकारी था, उसमें परस्पराविरोधी तत्त्वों का अद्भुत सम्मिश्रण दिखाई पड़ता है। एक ओर जब वे काशी के पण्डित को शास्त्रार्थ के लिए ललकारते हैं तो चट्टान की भाँति सुदृढ़ और अडिग दिखाई पड़ते हैं पर दूसरी ओर रमैया की सेज की ओर अग्रसर होते समय उनके पद किसी नवीना किशोरी के चरणों से भी अधिक कोमल और लचकदार प्रतीत होते हैं, वहाँ पहुँच कर वे सौ-सौ बल खाने लगते हैं! बड़े-बड़े दार्शनिकों एवं धुरन्धर विद्वानों के कथन को मात्र 'कागज-लेखी' कह कर ठुकरा देनेवाला कबीर जब अपने आराध्य के सम्मुख पहुँचता है तो दीनयता और हीनता से इस प्रकार गद्गद हो जाता है कि वह उसे छूने का साहस नहीं कर पाता, उसे कहना पड़ता है—'धण मैली पिव ऊजला, लाग सकूँ न पाँव !' तार्किकता के क्षेत्र में अत्यन्त शुष्क, तीक्ष्ण एवं हृदयहीन प्रतीत होने वाले कबीर भक्ति की भाव-धारा में बहते समय सबसे आगे दिखाई पड़ते हैं और अपनी निरक्षरता की खुले आम घोषणा करते हुए भी जब आवेश में आते हैं तो रूपकों,

---

काशी में हम प्रगट भए हैं रामानन्द चेताए।

—(कबीर ग्रन्थावली)

× × ×

राम नाम कै पटंतरै, देबे को कुछ नाँहि।
क्या ले गुर संतोषिए, हौंस रही मन माँहि॥

—(कबीर ग्रन्थावली)

× × ×

घट-घट है अविनासी सुनहु तकी तुम शेख।

—(हिन्दी-साहित्य-द्विवेदी)

१. रे यामें क्या मेरा क्या तेरा, लाज न मरहि कहत घर मेरा।
कहत कबीर सुनहु रे लोई, हम तुम बिनसि रहैगा सोई।

२. डूबा वंश कबीर का उपजा पूज कमाल।

३. जो कासी तन तजै कबीरा तौ रामहिं कहा निहोरा रे!

× × ×

बहुत बरस तप कीया कासी। मरनु भया मगहर का बासी।

अलंकारों एवं प्रतीकों की ऐसी झड़ी लगा देते हैं मानो वे सारे काव्य-शास्त्रों में पारङ्गत हों। ऐसे अद्भुत व्यक्तित्व का आविर्भाव कोई साधारण बात नहीं है, अवश्य ही वे युगावतार की विशेष क्षमता लेकर अवतरित हुए थे। आचार्य हजारी-प्रसाद द्विवेदी ने ठीक ही लिखा है "वे भगवान् के नृसिंहावतार की मानो प्रतिमूर्ति थे। नृसिंह की भाँति नाना असम्भव समझी जाने वाली परिस्थितियों के मिलन-बिंदु पर अवतीर्ण थे।......वे दोनों ओर देख सकते थे और परस्पर विरुद्ध दिशा में गए मार्गों के दोष-गुण उन्हें स्पष्ट दिखाई दे जाते थे।"[1] वस्तुतः ऐसा व्यक्तित्व अपने-आप में खोज एवं मनन की वस्तु है।

कबीरदास के नाम पर हिन्दी में लगभग ६५ रचनाएँ उपलब्ध हैं[2] जिनमें से ४३ प्रकाशित हो चुकी हैं।[3] किन्तु इनमें से अधिकांश की प्रामाण्किता संदिग्ध हैं। कुछ अधिक प्रामाणिक समझी जाने वाली रचनाओं में डॉ० श्यामसुन्दरदास द्वारा सम्पादित 'कबीर ग्रन्थावली', गुरुग्रन्थ साहब में सङ्कलित पद जिन्हें डॉ० रामकुमार वर्मा ने 'सन्त कबीर' में प्रकाशित करवाये हैं और कबीर पंथियों का साम्प्रदायिक ग्रंथ 'बीजक'—ये तीन हैं। 'कबीर ग्रंथावली' की आधारभूत दो हस्तलिखित प्रतियां हैं जो क्रमशः सम्वत् १५६१ एवं ११८१ वि० को बताई जाती हैं। दूसरी प्रति में केवल १३१ दोहे और पाँच पद अधिक हैं पहली प्रति के अन्त में 'इति श्री कबीरजी की वाणी सम्पूरन समाप्तः' लिखकर फिर से अपेक्षाकृत मोटी लिखावट में 'सम्पूर्ण सं० १५६१' लिखा हुआ है जो संदेहास्पद है। आचार्य हजारीप्रसाद जी ने पहली प्रति की भी १८वीं शती के अन्त्य भाग में संकलित होने की सम्भावना प्रकट की है। आदिग्रंथ (गुरु ग्रंथ साहब) का संकलन सन् १६१५ में किया गया था जो कि कबीर के लगभग सौ वर्ष बाद का है, अतः इसमें संगृहीत सामग्री को पूर्णतः प्रामाणिक तो नहीं कह सकते, किन्तु उपलब्ध रचनाओं में प्राचीनतम अवश्य है। 'बीजक' की रचना कबीर के जीवनकाल में मानी जाती है किन्तु इसका वर्तमान रूप बहुत कुछ परिवर्द्धित हो चुका है। इसमें दोहा—चौपाई शैली में लिखित 'रमैनिया' मिलती है जो तुलसी कृत रामायण के प्रभाव से १७वीं १८वीं शती में रचित मानी जाती है।[4]

कबीर की विचारधारा को मुख्यतः दो पक्षों में विभाजित किया जा सकता है—(१) सैद्धान्तिक एवं (२) व्यावहारिक। सैद्धान्तिक दृष्टि से कबीर को किसी एक सम्प्रदाय से सम्बन्धित नहीं किया जा सकता। उन्होंने रामानन्द से रामभक्ति का मंत्र प्राप्त किया था, पर फिर भी उनके राम 'दुष्ट दलन रघुनाथ' नहीं थे। 'राम' से उनका अभिप्रायः कुछ और ही था; उनके शब्दों में—"दशरथ सुत तिहुँ लोक

१. हिन्दी-साहित्य : उद्भव और विकास : डॉ० हजारीप्रसाद द्विवेदी।
२. पूरी सूची देखिये—हि० सा० का आलोचनात्मक इतिहास—डॉ० रामकुमार, पृ० २५०–५३।
३. देखिये—हिन्दी-साहित्य—डॉ० हाजारीप्रसाद द्विवेदी, पृ० १२०-२२।
४. वही, पृ० १२५।

बखाना, राम नाम का मरम है आना।" 'उन्होंने राम को निर्गुण रूप में ग्रहण करते हुए उपदेश दिया—'निर्गुण राम निर्गुण राम जपहु रे भाई!' उनकी राम भावना ब्रह्म-भावना से सर्वथा मिलती है अर्थात् उनके राम बहुत कुछ निर्गुण ब्रह्म के पर्यायवाची हैं। ब्रह्म, जीव, जगत्, माया आदि तत्त्वों का निरूपण उन्होंने भारतीय अद्वैतवाद के अनुसार किया है। उनकी दृष्टि में विश्व में जो कुछ है, वह ब्रह्म ही है, ब्रह्म से ही उत्पन्न है और वह अन्त में ब्रह्म में ही विलीन हो जाता है—

पाणी ही ते हिम भया, हिम ह्वै गया बिलाय।
जो कुछ था सोई भया, अब कुछ कहा न जाई।

ब्रह्म और सृष्टि के सम्बन्ध को स्पष्ट करने के लिए भारतीय अद्वैतवादी घट जल प्रतिबिम्ब, कनक-कुण्डल आदि उदाहरण देते हैं; कबीर ने भी प्रायः इन्हीं का उपयोग किया है—

इनमें आप आप सबहिन में, आप आप सूँ खेलै।
नाना भाँति घड़े सब भांडे, रूप धरे धरि मेले॥
× × ×
खंडित मूल विनास कहौ, किम बिगतह कीजै।
ज्यूँ जल में प्रतिव्यंब त्यूँ सकल रामहिं जाणिजै।
× × ×
जैसे बहु कंचन के भूषन ये कहि गलि तवावहिंगे।
ऐसे हम लोक वेद के बिछुरे सुन्निहि मांहि समाहिंगे॥

संसार के मिथ्यात्व एवं मायाजन्य भ्रम का आख्यान भी कबीर ने अद्वैतवादी विचार-धारा के अनुसार ही किया है। माया की निन्दा उन्होंने बारम्बार की है—

जग हटावड़ा स्वाद ठग, माया वेसां लाइ।
रामचरन नीकां गही, जिन जाइ जनम ठगाइ।
× × ×
कबीर माया पापणी हरि सूं करै हराम।
मुखि कड़ियाली कुमति की कहण न देई राम॥

इस प्रकार कबीर की दार्शनिक मान्यताएँ अद्वैतवाद के अनुकूल हैं, किंतु शंकराचार्य की भाँति वे उसे ज्ञान के द्वारा उपलब्ध करने की बात स्वीकार नहीं करते। वे भक्ति या प्रेम के द्वारा ही उसकी प्राप्ति सम्भव मानते हैं। भले ही हमारे इतिहासकारों ने उन्हें 'ज्ञान-मार्गी' घोषित कर दिया हो, किंतु वे तो स्पष्ट रूप में कहते हैं, पोथी पढ़ि पढ़ि जग मुआ, पंडित भया न कोय, ढाई अच्छर प्रेम के पढ़ै तो पण्डित होय।' यहाँ यह कहने कि आवश्यकता नहीं कि अद्वैत और प्रेम लक्षणा भक्ति का समन्वय उनसे पूर्व महाराष्ट्रीय संत ज्ञानेश्वर एवं नामदेव सम्यक् रूप में कर चुके थे. कबीर के महाराष्ट्रीय संत सम्प्रदाय या वारकरी सम्प्रदाय की दीक्षा लेने की कोई चर्चा नहीं मिलती, पर इसमें कोई संदेह नहीं कि उनकी दार्शनिक मान्यताएँ एवं

धार्मिक भावनाएँ इन पूर्ववर्ती संतों के सर्वथा अनुकूल हैं, संभव है, उन्हें इस सम्प्रदाय के अनुयायियों का कोई सम्पर्क या सान्निध्य प्राप्त हुआ हो।

व्यावहारिक क्षेत्र में कबीर पूर्णतः प्रगतिशील दिखाई पड़ते हैं। वे परम्परागत रूढ़ियों, अंध-विश्वासों, मिथ्या प्रदर्शनों एवं अनुपयोगी रीति-रिवाजों के कट्टर विरोधी हैं। वे सभी धर्मों की मूलभूत एकता को स्वीकार करते हुए धर्म के नाम पर होने वाले पारस्परिक विरोध की तीव्र भर्त्सना करते हैं। इसी प्रकार वे मूर्तिपूजा, व्रत-उपवास, तीर्थाटन, रोजा, जीव-हिंसा (कुरबानी) आदि तत्त्वों के भी विरोधी थे। धर्म के सामान्य तत्त्वों—सत्य, अहिंसा प्रेम, करुणा, संयम, सदाचार का उन्होंने पूरा समर्थन करते हुए एक व्यापक धर्म की प्रतिष्ठा की है, जिसे सभी मनुष्य समान रूप से अपना सकें। अस्तु, उनकी तीव्र दृष्टि ने सत्य और असत्य को स्पष्ट रूप में पहचानते हुए सभी क्षेत्रों में 'सार-सार' को ग्रहण कर लिया और निस्सार का बहिष्कार कर दिया।

यहाँ यह ध्यान रखना चाहिए कि कबीर की प्रगतिशीलता आधुनिक युग की उस प्रगतिशीलता के विपरीत थी, जो भौतिकतावाद एवं यथार्थवाद का अनुसरण करती हुई स्थूल जगत् को ही सब कुछ मानकर चलती है। उनकी प्रगतिशीलता का क्षेत्र संकीर्ण भौतिकवाद एवं सीमित यथार्थवाद के स्थान पर व्यापक अध्यात्मपरक आदर्शवाद था, अन्यथा उनमें उस दिव्य प्रेम व्यापक करुणा एवं सर्व-हित की भावना का विकास संभव नहीं था, जो कि उनमें मिलता है।

कवि के रूप में भी कबीर का महत्त्व कम नहीं है। यद्यपि वे मूलतः भक्त, विचारक एवं सुधारक थे, किन्तु उन्होंने जो कुछ अनुभव एवं चिंतन किया उसे कविता के माध्यम से प्रस्तुत कर दिया, तथा समाज-सुधार का कार्य भी अपनी काव्यमय उक्तियों के माध्यम से किया—अतः उनके विभिन्न रूपों का उनके कवित्व से गहरा सम्बन्ध है। कदाचित् यहाँ कहा जा सकता है कि कबीर का मूल लक्ष्य कविता करना नहीं था या काव्य उनका साध्य नहीं था, साधन मात्र था, अतः कवि रूप में उनका स्थान गौण समझा जाना चाहिए, किन्तु वस्तुतः यह बात नहीं है। हमारे विचार से केवल यात्रा के लिए यात्रा करने वालों की अपेक्षा किसी गंतव्य को सामने रखकर यात्रा करने वाले अधिक गतिशील एवं सफल सिद्ध होते हैं। इसी प्रकार जो बिना किसी उद्देश्य के काव्य-क्षेत्र में आ घुसते हैं वे सिवा इधर-उधर भटकने या खींच-तान करके दो-चार रचनाएँ प्रस्तुत करने के और कुछ नहीं कर सकते, जब कि गम्भीर भावना, सच्ची अनुभूति एवं किसी महान् लक्ष्य से प्रेरित होकर सहज रूप में कविता लिख बैठने वाले अधिक सफल कवि सिद्ध होते हैं, बशर्ते कि उनके पास काव्य रचने की मूल-शक्ति (प्रतिभा) पहले से विद्यमान हो। विश्व-साहित्य के इतिहास में जिन महान् कवियों का नाम लिया जाता है, उनमें अधिकतर किसी महान् उद्देश्य से ही प्रेरित होने वाले हैं, निरुद्देश्य भटकने वाले नहीं। अस्तु, किसी विशेष उद्देश्य से काव्य करना कवि कबीर के महत्त्व में अभिवृद्धि ही करता है, वह इस बात का प्रमाण है कि उनके पास कुछ कहने के लिए था, यों ही वे कवियों की श्रेणी में नहीं आ विराजे थे।

पर उपर्युक्त कथन का यह भी तात्पर्य नहीं है कि केवल कथ्य के बल पर ही कोई व्यक्ति कवि बन जाता है। आकर्षण शक्ति सिद्धांत के अनुसार कथ्य या द्रव्य का रूपांतरण कवि के द्वारा इस प्रकार होना चाहिये कि उसकी शक्ति जागृत एवं उद्दीप्त होकर पाठक को आकर्षित कर सके। कबीर में यह बात मिलती है। वे शुष्क से शुष्क तथ्य को भी अपनी कल्पना-शक्ति के बल पर अत्यन्त आकर्षक रूप प्रदान कर देते हैं; उदाहरण के लिए 'लोभ करना बुरा है', मनुष्य का जीवन क्षण-भंगुर है', 'मृत्यु सबको आवेगी' जैसे परंपरागत विचारों का कबीर द्वारा प्रस्तुत रूप क्रमशः द्रष्टव्य है

माखी गुड़ में गडि रही, पंख रही लटकाइ।
ताली पीटै सिर धुनै, मीठे बोइ माइ॥
× × ×
यह तन काँचा कुंभ है लिये फिरै था साथ।
टपका लागा फूटिया, कछु नहिं आया हाथ।
× × ×
माली आवत देखि के कलियाँ करै पुकारि।
फूले फूले चुनि लिए, कालिह हमारी बारि॥

उपर्युक्त उदाहरणों को साहित्य-विज्ञान के अनुसार क्रमशः विश्लेषणात्मक रूप विधान, विनिमयात्मक रूप विधान एवं विस्थापनात्मक रूप विधान के अन्तर्गत स्थान दिया जा सकता है जिनमें क्रमशः बिम्ब-विधान, लक्षणा-शक्ति एवं व्यंजन-शक्ति के आधार पर आकर्षण की उद्दीप्ति होती है। वस्तुतः इन अंशों की मूल वस्तु बिचारात्मक है, अतः उसके शुष्क उपदेश में परिणत हो जाने की बहुत संभावना थी, किन्तु कवि ने अनुभूति एवं कल्पना के संयोग से उन्हें काव्यात्मक रूप प्रदान करने में सफलता प्राप्त की है। कबीर के काव्यत्व का चरम वैभव तो वहाँ परिलक्षित होता है जहाँ मूल विषय या आधारभूत द्रव्य ही भावात्मक है, वहाँ बाह्य सामग्री के विशेष समावेश एवं संयोजन के बिना ही उसमें ऐसी शक्ति उद्दीप्त हो गई है जो पाठक को आकर्षित, संप्रेषित एवं द्रवित किये बिना नहीं रहती; देखिये--

बिरहिन ऊभी पन्थ सिरि, पंथी बुझै धाइ।
एक सबद कहि पीव का, कब रे मिलैंगे आइ॥
बहुत दिनन की जोवती, बाट तुम्हारी राम।
जिव तरसैं तुझ मिलन को, मन नांही विस्राम॥
कबीर देखत दिन गया, निस भी देखत जाइ।
विरहणि पिव पावै नहीं, जियरा तलपै माइ॥

यहाँ कवि ने अपनी विरह-वेदना को सहज स्वाभाविक रूप में प्रस्तुत कर दिया। उसके इन उद्गारों में भावात्मक आकर्षण की उद्दीप्ति अपने उत्कृष्ट रूप में मिलती है।

अस्तु, कबीर के पास न केवल उदात्त विचार, पवित्र भावनाएँ एवं गम्भीर अनुभूतियाँ थीं, अपितु उनमें कल्पना की वह शक्ति भी थी जिसके बल पर वे अपने

विचार, भाव एवं अनुभूति समन्वित द्रव्य को रूपांतरित करते हुए उसकी शक्ति को पूर्णतः उद्दीप्त कर सके।

उनकी भाषा के सम्बन्ध में भी विभिन्न मत प्रचलित हैं; एक ओर उसमें विभिन्न भाषाओं के मेल, व्याकरण की अशुद्धता, शब्दों की तोड़-मरोड़ स्थूल काव्य-गुणों के अभाव की बात कही जाती है तो दूसरी ओर अनेक आलोचक गद्गद भाव से उसकी प्रशंसा करते हुए उसके बल पर कबीर को 'वाणी का डिक्टेटर' तक स्वीकार करते हैं। हमारे विचार से दोनों ही पक्ष ठीक हैं; सोने की मुहर को घिसी हुई, मैली एवं पुरानी बताने वाले भी उतने ही सही हैं जितने उसे कीमती एवं बहुमूल्य मानने वाले हैं; अन्तर केवल दृष्टि का है। एक उसे बाहर से देखते हैं, दूसरे भीतर से। बाह्य दृष्टि भाषा-विज्ञान एवं व्याकरण के मानदण्डों को लेकर चलती है जबकि आभ्यंतरित दृष्टि काव्य-शास्त्र एवं साहित्य-विज्ञान को अपनाती है। साहित्य-विज्ञान के अनुसार द्रव्य कैसा ही क्यों न हो, रूपांतरण की प्रक्रिया द्वारा आंतरिक शक्ति को जागृत एवं उद्दीप्त किया जा सकता है। कबीर की भाषा रूपांतरण की प्रक्रिया का एक ऐसा ही उदाहरण है, जिसकी शक्ति उदीप्त एवं सक्रिय है।

अतः एक वाक्य में—कबीर का काव्य एक महान् व्यक्ति के महान् विचारों एवं भावों की सफल अभिव्यक्ति है; इसीलिए वह पाठकों का क्षणिक अनुरंजन मात्र नहीं करता अपितु उन्हें स्थायी शान्ति भी प्रदान करता है।

रैदास (रविदास) – रामानन्द जी के प्रमुख शिष्यों में से एक रैदास भी थे, जो जाति के चमार थे। इनके माता-पिता बनारस के ही आस-पास रहते थे और मृत पशु ढोने का कार्य किया करते थे। ये भी अपने परम्परागत व्यवसाय को करते हुए भगवद् भजन में लीन रहते थे। इनके जीवन-वृत्त के सम्बन्ध में अधिक सामग्री उपलब्ध नहीं है किंतु विभिन्न भक्तों ने इनका स्मरण आदरपूर्वक किया है जिससे इनके प्रभाव का पता चलता है। प्रसिद्ध भक्त कवयित्री मीरा ने भी अनेक पदों में इन्हें गुरु रूप में याद किया है—"गुरु मिल्या रैदासजी दीन्ही ज्ञान की गुटकी—" "रैदास संत मिले मोहीं सतगुरु दीन्ही सुरत सहदानी।" आदि। कुछ विद्वान इस स्पष्ट उल्लेख को भी तथ्य के रूप में स्वीकार करने में आपत्ति करते हैं किन्तु हमारे विचार में ऐतिहासिक दृष्टि से भी रैदास और मीरा के काल में इतना अधिक अन्तर नहीं कि जिससे दोनों का मिलन असम्भव माना जाय। रैदास को कबीर का समकालीन (१४४५ वि०—१५७५ वि०) कहा जाता है और मीराँ का जन्म संवत् १५५५ वि० माना जाता है, ऐसी स्थिति में कबीर या रैदास के देहान्त-काल के समय में मीराँ बीस वर्ष की वय प्राप्त कर चुकी थी। इसके अतिरिक्त मीराँ के पदों में 'शून्य-महल', 'त्रिकुटी' आति शब्दों का प्रयोग भी मिलता है जो निर्गुण उपासकों के प्रभाव के द्योतक हैं।

रैदासजी के कुछ पद गुरु ग्रंथ साहब में संकलित हैं। उनकी वाणियों का एक संग्रह वेलवेडियर प्रेस, प्रयाग से भी प्रकाशित हुआ था। इनके काव्य में संतकाव्य की प्रायः सभी प्रवृत्तियों का विकास हुआ है—फिर भी अभिव्यक्ति की सरलता और

अनुभूतियों की तरलता की दृष्टि से इनके काव्य का विशेष महत्त्व है। डॉ० हजारी प्रसाद का कथन है--"अनाडंबर, सहज शैली और निरीह आत्म-समर्पण के क्षेत्र में रैदास के साथ कम संतों की तुलना की जा सकती है। यदि हार्दिक भावों की प्रेषणीयता काव्य का उत्तम गुण हो तो निस्संदेह रैदास के भजन इस गुण से समृद्ध हैं। सीधे-सादे पदों में संत कवि के हृद्भाव बड़ी सफाई से प्रकट हुए हैं और वे अनायास सहृदय को प्रभावित करते हैं।" (हिन्दी-साहित्य, पृ० १३९)

रैदास ने कोई नया संप्रदाय चलाया था या नहीं --इस संबन्ध में असंदिग्ध रूप से कुछ नहीं कहा जा सकता, किन्तु इनके अनुयायी महाराष्ट्र, गुजरात, राजस्थान और उत्तर प्रदेश में मिलते हैं जो अपने आपको 'रविदासी' कहते हैं। इनके अधिकांश शिष्य गार्हस्थ्य-धर्म का पालन करते हुए ही ईश्वरोपासना में संलग्न रहे हैं।

इनकी कविता का नमूना दृष्टव्य है :

अब कैसे छूटै राम रट लागी।
प्रभु जी तुम चंदन हम पानी, जाकी अंग अंग बास समानी।
प्रभु जी तुम दीपक हम बाती, जाकी जोत बरै दिन राती।
प्रभु जी तुम घन बन हम मोरा, जैसे चितवत चंद चकोरा।

× × ×

सब घट अन्तरि रमसि निरन्तर मैं देखन नहिं जाना।
गुन सब तोर मोर सब अवगुन कृत उपकार न माना।
मैं तैं तोर मोर असमझि सों कैसे करि निस्तारा।
कह रैंदास कृष्ण करुनामय जय-जय जगत अधारा।

धर्मदास कबीर अनुयायियों में बाँधवगढ़ वासी धर्मदास वैश्य का बहुत ऊँचा स्थान है। कबीर की मृत्यु के अनन्तर बीस वर्ष तक ये उनकी गद्दी पर प्रतिष्ठित रहे -यही तथ्य उनके महत्व का आभास देने के लिए पर्याप्त है। इनके अनुयायियों की शाखा "धर्मदासी शाखा" या "छत्तीसगढ़ी शाखा" के नाम के प्रसिद्ध है जो आगे चलकर अनेक उपशाखाओं में विभक्त हो गई। कबीर की वाणी का संग्रह 'बीजक' के रूप में करने का श्रेय भी इन्हें ही दिया जाता है। इन पदों में भक्ति-भावना का विकास मिलता है। "इनकी रचना थोड़ी होने पर भी कबीर की अपेक्षा अधिक सरल भाव लिए हुए है; उसमें कठोरता और कर्कशता नहीं है। इनकी अन्योक्तियों के व्यंजक चित्र अधिक मार्मिक हैं क्योंकि इन्होंने खंडन-मंडन से विशेष प्रयोजन न रख प्रेम तत्व को लेकर अपनी वाणी का प्रसार किया है।"[1] इनकी रचनाओं का संग्रह 'धनी धरमदास की बानी' नाम से प्रकाशित हो चुका है। इनकी भाषा में पूरबीपन अधिक है। इनकी कविता का उदाहरण—

१. आचार्य रामचन्द्र शुक्ल—हिन्दी साहित्य का इतिहास, पृ० ८३

झरि लागै महलिया गगन घहराय ।
खन गरजै खन बिजुली चमकै लहरि उठै सोभा बरनि न जाय ।
सुन्न महल से अमृत बरसै प्रेम अनन्द ह्वै साधु नहाय ॥
खुली केवरिया मिटी अँधियरिया धनि सतगुरु जिन दिया लखाय ।
धरमदास बिनवैं करि जोरी सतगुरु चरन में रहत समाय ॥

× × ×

मितऊ मड़ैया सूनी कर गैलो ।
अपना बलम परदेश निकरि गैलो, हमरा के किछुवौ न गुन दै गैलो ।
जोगिन होइके मैं बन-बन ढूँढ़ौं, हमरा के विरह-वैराग दै गैलो ।
संग की सखी सब पार उतरि गइलीं, हम धनि ठाढ़ि अकेली रही गैलो ।
धरमदास यह अरज करतु है, सार सबद सुमिरन दै गैलो ।

गुरुनानक— सिक्ख धर्म के प्रवर्त्तक गुरु नानक का जन्म पंजाब के ननकाना साहब (मूलतः तलवंडी ग्राम) में वैशाख शुक्ल तृतीय १५२६ वि० (१४६६ ई०) में हुआ था। आपके पिता कालूराम जाति के खत्री थे जो पटवारी का कार्य करते थे। माता का नाम तृप्ता था। नानकजी बाल्यकाल से ही विचारशील और शान्त चित्त के थे। सांसारिक कार्यों से विरक्त देखकर इनके पिता ने इनका विवाह सत्रह वर्ष की अवस्था में गुरदासपुर के मूलचन्द्र खत्री की कन्या सुलक्षणी से कर दिया। इनके दो पुत्रों—श्रीचंद और लक्ष्मीचंद—में से बड़े ने उदासी संप्रदाय का प्रवर्त्तन किया। गुरुनानक ने गृहस्थी को त्याग कर विभिन्न प्रदेशों में धर्म-प्रचार करते हुए जीवन बिताया। आपका देहावसान अश्विनी शुक्ल १०, १५६५ वि० (१५३८ ई०) में हुआ।

गुरुनानक की रचनाएँ गुरु ग्रंथ साहब में संकलित हैं। अपने निर्गुण ब्रह्म की उपासना संसार की क्षणभंगुरता, माया की शक्ति, नाम-जप की महिमा, आत्मज्ञान की आवश्यकता, गुरु कृपा का महत्त्व, सात्त्विक कर्मों की प्रशंसा आदि विषयों का प्रतिपादन अपने पदों में किया है। जीव-हिंसा, मूर्ति-पूजा बाह्याचारों आदि का खंडन आपने भी कबीर की भाँति निर्भीकतापूर्वक किया है।

इनके भक्ति सम्बन्धी उद्‌गारों में स्वाभाविकता एवं मार्मिकता मिलती है। आपकी रचनाएँ पंजाबी और हिन्दी— दोनों भाषाओं में उपलब्ध हैं। यहाँ हिन्दी रचना का एक उदाहरण प्रस्तुत है —

सुखि बड़ा आखे सब कोई ।
केवड़ा बड़ा डिठ होई ॥
कीमति पाइ न कहिआ जाइ ।
कहणै वाले तेरे रहे समाइ ॥
आखण वाला किया विचारा ।
सिफती भरे तेरे भण्डारा ॥
जिसे तू देहि तिसे कि आचारा ।
नानकु सचु संवारण हारा ॥

गुरु नानक की भाषा पर पंजाबी एवं फारसी का पर्याप्त प्रभाव परिलक्षित होता है।

दादूदयाल—दादू पंथ के प्रवर्त्तक प्रसिद्ध संत दादू का जन्म अहमदाबाद में फाल्गुन शुक्ल द्वितीया वृहस्पतिवार सं० १६०१ वि० (सन् १५४४ ई०) को हुआ था। इनकी जाति के सम्बन्ध में विभिन्न मत प्रचलित हैं—ब्राह्मण, धुनिया, चमार आदि जातियों से इनका सम्बन्ध स्थापित किया जाता है। इनके शिष्य रज्जबजी ने इन्हें धुनिया कहा है—'धुनि गर्भे समुत्पन्नो दादू योगेन्द्रो महामुनिः। अतः इन्हें धुनिया मानना ही अधिक उचित होगा। बंगाल के बाउल सम्प्रदाय से भी इनका सम्बन्ध माना जाता है तथा इस सम्प्रदाय की रचनाओं से इनका मूल नाम 'दाऊद' सिद्ध होता है; संभवतः ये मुसलमान धुनिया हों। दादू ने दूर-दूर तक भ्रमण व पर्यटन करने के अनन्तर राजस्थान में नराना (फुलेरा) नामक स्थान पर अपनी गद्दी स्थापित की। यह स्थान अब भी दादूपंथियों का सबसे बड़ा केन्द्र माना जाता है।

दादू के काव्य रचना के विषय कबीर साहित्य के ही अनुरूप हैं जिनमें ईश्वर की व्यापकता, सतगुरु की महिमा, जाति-पाँति का निराकरण, हिन्दू-मुस्लिम एकता, संसार की अनित्यता, नाम महिमा आदि का प्रतिपादन हुआ है। "दादू की बानी में यद्यपि उक्तियों का वह चमत्कार नहीं है जो कबीर की बानी में मिलता है पर प्रेम-भाव का निरूपण अधिक सरस और गंभीर है। कबीर के समान खंडन और वाद-विवाद से इन्हें रुचि नहीं थी।"[1] इसके सिवा उनके स्वभाव में कबीर के मस्तानेपन के बदले विनय-मिश्रित मधुरता अधिक थी, जिसका प्रभाव उनके काव्य पर भी पाया जाता है। अपनी सुदृढ़ साधना, भक्ति-भाव की गंभीरता एवं कोमल-मधुर व्यवहार के कारण इन्हें मत-प्रचार में पर्याप्त सफलता मिली। सम्राट् अकबर ने भी इन्हें सीकरी मे बुलाकर चालीस दिन तक निरन्तर सत्संग किया था।

इनके पदों की भाषा मुख्यतः राजस्थानी है, किन्तु गुजराती और पंजाबी में भी इनके कुछ पद मिलते हैं। इनकी शैली में सरसता और प्रवाह है। नमूना द्रष्टव्य है—

कौन विधि पाइये रे, मीत हमारा सोइ।
पास पीय परदेस है रे, जब लग प्रगटइ नाँहि।
बिन देखे दुख पाइये रे, यह सालइ मन माँहि।
जब लग नैंन न देखिये रे, परगट मिलइ न आइ।
एक सेज संग रहइ रे, यह दुख सहा न जाइ।
× × ×
कहाँ करहुँ कइसे मिलहि रे, तलफइ मेरा जीव।
दादू आतुर विरहनी रे, कारन अपने पीव।

—दादूदयाल का शब्द (सुधाकर द्विवेदी)

---

१. आचार्य शुक्ल—हि० स० इ०, पृ० ८६।

६.५. उत्तर मध्य काल के संत कवि

सुन्दरदास—दादू पंथ के अनुयायियों में से सर्वाधिक विद्वान् कवि माने जाते हैं। ये जाति के वैश्य थे और इनका जन्म सन् १५६६ ई० में दौसा (राजस्थान) में हुआ था तथा देहावसान सन् १६८६ ई० में हुआ। ये ६ वर्ष की अवस्था में ही दादू के शिष्य हो गये थे। ग्यारह वर्ष की अवस्था में काशी जाकर साहित्य और दर्शन का गम्भीर अध्ययन किया तथा इसके अनन्तर दीर्घकाल तक योगाभ्यास किया। इन्होंने बिहार, बंगाल, गुजरात, मालवा, बदरीनाथ आदि स्थानों का भ्रमण तथा अनेक भाषाओं—संस्कृत, पंजाबी, गुजराती, मारवाड़ी, फारसी आदि का ज्ञान प्राप्त किया। इनकी काव्य-रचनाओं की संख्या ४२ बताई जाती है, जिनमें 'ज्ञान-समुद्र' (सन् १६५३ ई०) और 'सुन्दर विलास' बहुत प्रसिद्ध हैं। शान्तरस सम्बन्धी विषयों का प्रतिपादन इन्होंने अत्यन्त सरस शैली में किया है। प्रायः सन्त कवियों के काव्य का कला-पक्ष अपरिपक्व बताया जाता है किन्तु सुन्दरदास इसके अपवाद हैं इनकी वाणी में कुछ ऐसी शक्ति है कि ये साधारण बात को भी प्रभावोत्पादक बना देते हैं। देखिए—

गेह तज्यो पुनि नेह तज्यो, पुनि खेह लगाइ के देह सँवारी।
मेघ सहै सिर सीत सहै, तन धूप समै जु पंचागिनि बारी॥
भूख सहै रहि रूख तरे पर, सुन्दरदास सहै दुख भारी।
डासन छाँड़ि कै काँसन ऊपर आसन मारि पै आस न मारी॥

रज्जबदास—दादूजी के शिष्यों में रज्जबजी का भी बहुत ऊँचा स्थान है। इनका जन्म साँगानेर के प्रतिष्ठित पठान-परिवार में सन् १५६७ ई० में तथा देहावसान १६८६ ई० में हुआ था। ये भी सुन्दरदास की भाँति सुशिक्षित थे। कहा जाता है कि जिस समय ये अपना विवाह करने जा रहे थे तो मार्ग में इनकी दादूजी से भेंट हो गई तथा उनके उपदेशों के प्रभाव से ये विरक्त हो गये और विवाह के लिए इनका छोटा भाई चला गया।

रज्जबजी की कृतियों में 'बानी' और 'सर्वांगी' महत्त्वपूर्ण हैं। 'बानी' में लगभग पाँच हजार छन्द संगृहीत हैं तथा 'सर्वांगी' में दृष्टान्त-स्वरूप अन्य अनेक सन्तों की रचनाएँ भी संकलित हैं। एक अन्य ग्रन्थ 'अंगबधू' की रचना का श्रेय भी इन्हें दिया जाता है। इनकी भाषा-शैली का नमूना देखिये—

पीत बाइ जब दृष्टि ह्वै, तब पीला संसार।
त्यूं रज्जब रामहिं मिल्यूं, बाहिर भीतर राम॥
ज्यूं सैल सुदामा गत भये, द्वै दामिनि कै माँहि।
त्यूं रज्जब रामहिं मिल्यूं, देही दीसै नाँहि॥

यारी साहब—इनका पूरा नाम यार मुहम्मद था। ये वीरू साहब के प्रभाव से बावरी सम्प्रदाय में दीक्षित हो गये। इनका जीवन-काल सन् १६६८ से १७२३ ई०

तक माना जाता है। इनके शिष्यों में सन्त केशवदास व सूफी शाह प्रसिद्ध हैं। यारी साहब की शैली का एक नमूना देखिये—

हौं तो खेलौ पिया संग होरी।
दरस परस पतिबरता पिय की छवि निरखत भइ बौरी ॥
सोरइ कला सम्पूरन देखौं, रवि ससि में इक ठौरी।
जब ते दृष्टि परो अविनासी, लागो रूप ठगोरी ॥
रसना रटत रहत निसि वासर, नैन लगो यहि ठोरी।
कह यारी भक्ती करु हरि की, कोई कहै सो कहो री ॥

पलटू साहब – ये भी बावरी-सम्प्रदाय में दीक्षित थे। इन्होंने जलालपुर (फैजाबाद) के एक काँदू परिवार में जन्म लिया था। इनका प्रारम्भिक जीवन गृहस्थ का था किन्तु बाद में विरक्त हो गये। इनकी समाधि अयोध्या में बनी हुई है जो 'पलटू साहब का अखाड़ा' नाम से प्रसिद्ध है। यहाँ पर उनके अनुयायी रहते हैं। इन्होने शब्द, साखी, कुण्डलियाँ, झूलना, अरिल्ल आदि लिखे जो काव्यत्व की दृष्टि से उच्चकोटि के हैं। नमूना—

क्या तू सोवै बावरा चाला जात बसन्त।
चाला जात बसन्त कन्त ना घर में आये।
धृग जीवन है तोर कन्त बिनु दिवस गँवाये।
गर्व गुमानी नारि फिरै जीवन मदमाती।
खसम रहा है रूठि नहीं तू पठवै पाती।
लगै न तेरो चित्त कन्त को नाँह मतावै।
का पर करै सिंगार फूल की सेज बिछावै।
पलटू ऋतु भरि खेलि ले फिरि पछितैहै अंत।
क्या सोवै तू बावरी चाला जात बसन्त ॥

मलूकदास—प्रसिद्ध संत कवि मलूकदास का जन्म इलाहाबाद जिले के कड़ा नामक ग्राम में सन् १५७४ ई० में तथा देहावसान सन् १६८२ ई० में हुआ था। इनकी गद्दियाँ कड़ा, जयपुर, गुजरात, मुलतान, पटना, नेपाल और काबुल आदि स्थानों में कायम हुईं। इनका जीवन परिचय इनके भानजे एवं शिष्य संत सुथरादास ने लिखा है जिससे पता चलता है कि ये बचपन से ही सात्विक प्रकृति के थे। कहा जाता है कि एक बार इन्होंने डूबते हुए शाही जहाज को भी बचा लिया था। इनकी रचनाओं में ज्ञानबोध, रतनखान, भक्त बच्छावली, भक्त विरुदावली, पुरुष-विलास, गुरु-प्रताप, अलखबानी आदि उल्लेखनीय हैं। इनकी भाषा बोलचाल की खड़ी बोली है जिसमें उर्दू-फ़ारसी का भी पुट मिलता है। आत्मबोध, वैराग्य और प्रेम का निरूपण करने में इन्हें अच्छी सफलता मिली है। इनकी रचना-शैली के कुछ नमूने यहाँ दिये जाते हैं—

अजगर करै न चाकरी, पंछी करै न काम।
दास मलूका कह गये, सबके दाता राम ॥

× × ×

हरि डार न तोड़िये, लागै छूरा बान।
दास मलूका यौं कहै, अपना सा जिव जान॥
जहाँ जहाँ बच्छा फिरै, तहाँ तहाँ फिरै गाय।
कह मलूक जहँ सन्त जन, तहाँ रमैया जाय॥

प्राणनाथ—धामी सम्प्रदाय के प्रवर्त्तक सन्त प्राणनाथ का जन्म जामनगर में सन् १६१८ ई० में तथा देहान्त सन् १६९४ ई० में हुआ था। अरबी, फारसी, हिन्दी और संस्कृत का अच्छा ज्ञान होने के कारण इनके काव्य का कलापक्ष भी प्रौढ़ बन पड़ा है। ये महाराजा क्षत्रसाल के भी दीक्षा-गुरु थे तथा उन्हें यह आशीष दिया था—

छत्ता तेरे राज में, धक धक धरती होय।
छित जित घोड़ा मुँह करै, तित तित फत्ते होय।

इनकी रचनाओं में रामग्रंथ, प्रकाशग्रंथ, षटऋतु, कलस, किरतन, खुलास, सम्बन्ध, खेलवात, प्रकरण इलाही दुलहिन, सागर सिंगार, कयामतनामा आदि का उल्लेख किया जाता है। रचना शैली का नमूना—

चंद बिन रजनी, सरोज बिन सरवर तेज बिन तुरंग मतंग बिन मद को।
बिन सुत सदन नितंबिनी सुपति बिनि धन धरम नृपति बिन पद को॥
बिन हरि भजन जगत सोहै जग कौन नोन बिनु भोजन त्रिपट बिना छद को।
प्राननाथ सरस सभा न सोहै कवि बिन विद्या बिना बात नगर बिना नद को॥

जगजीवनदास—सतनामी सम्प्रदाय की कोवटा शाखा के पुनः सगठनकर्त्ता जगजीवनदास का जन्म बाराबंकी जिले के सरहदा ग्राम में सन् १६७० ई० में हुआ। बावरी सम्प्रदाय के सन्त बुला साहब और गोविन्द साहब के प्रसाद से इनमें भक्ति भावना का उदय हुआ। ये सम्प्रदाय प्रचार के साथ गृहस्थ-धर्म का भी पालन करते रहे। इनका देहान्त सन् १७६१ ई० में कोटवा में हुआ जहाँ सम्प्रदाय की गद्दी और उनकी समाधि अब भी विद्यमान है। इनकी काव्य रचनाएँ—प्रथम ग्रंथ, ज्ञान प्रकाश, शब्द सागर, महा प्रलय, प्रेम पंथ आदि हैं जो भक्ति भावना से ओत-प्रोत हैं। रचना शैली का एक नमूना—

गगरिया मोरी चित्त सों उतरि न जाय।
एक कर करवा एक कर उबहनि, बतियाँ कहौ अरथाय।
सास ननद घर दारुन आहें, तासों जियरा डेराय।
जो चित छूटै गागर फूटै, घर मोरि सासु रिसाय।
जगजीवन अस भक्ति मारग, बहत अहौं गोहराय।

चरनदास—चरनदास के पिता मुरलीदास जाति के वैश्य थे तथा अलवर से ६ मील दूर डेहरा नामक ग्राम में रहते थे। इनका जन्म सन् १७०३ ई० में हुआ। यद्यपि इनका विवाह बाल्यावस्था में ही कर दिया गया था, किन्तु इससे इनकी वैराग्य-भावना के विकास में कोई बाधा उपस्थित नहीं हुई। इन्होंने किसी समकालीन व्यक्ति से दीक्षा न लेकर शुकदेव मुनि को ही अपना गुरु माना और अपना स्वतन्त्र पंथ

चलाया जो चरणदासी सम्प्रदाय कहलाता है। इनकी प्रमुख रचनाएँ ये हैं—ब्रज-चरित्र, अमरलोक अखंडधाम वर्णन, अष्टांग योग, धर्म जहाज, योग संदेहसार, भक्ति-पदार्थ, ज्ञान-स्वरोदय, ब्रह्म ज्ञान सार, भक्ति-सागर आदि। इनके ग्रंथों में योग, भक्ति और सदाचार का प्रतिपादन किया गया है। रचना-शैली का नमूना—

या तन कूँ बिरहा लगो, हेली ज्यों घुन लागो काठ।
निसि दिन खाये जातु है, हेली देखूँ हरि की बाट॥
हिरदै में पावक जरै, हेली तपि नैना भये लाल।
आँसू पर आँसू गिरैं, हेली यही हमरो हाल॥
प्रीतम बिन कल ना परै, हेली कलकल सब अकुलाहिं।
डिगी परूँ सत न रहो, हेली कब पिय पकरे बाँहि॥

सहजोबाई—चरणदास जी की शिष्याओं में सहजोबाई और दयाबाई का नाम बहुत प्रसिद्ध है। सहजोबाई के पिता हरिप्रसाद मेवात प्रदेश के डहरा नामक गाँव के वासी थे। सहजो के जन्म काल का पता नहीं चलता। इनकी भक्ति-भावना के उद्गार 'सहज प्रकाश' में संगृहीत हैं। इनके कुछ दोहे द्रष्टव्य हैं—

प्रेम दिवाने जे भये, मन भयो चकनाचूर।
छकैं रहैं घूमत रहैं, सहजो देख हजूर॥
साहन कूँ तो भय घना सहजों निर्भय रंक।
कुंजर के पग बेड़ियाँ चींटी फिरै निसंक॥

दयाबाई—दयाबाई के दो ग्रन्थ—'दयाबोध' और 'विनयमालिका' उपलब्ध हैं जिनकी रचना संवत् १८१८ (१७६१ ई०) में हुई। इनमें गुरु महिमा, प्रेम, वैराग्य स्वर-साधना आदि का निरूपण है। कुछ दोहे—

प्रेम पंथ है अटपटो, कोई न जानत वीर।
कै मन जानत आपनो, कै लागी जेहि पीर॥
निरपच्छी के पच्छ तुम, निराधार के धार।
मेरे तुम हो नाथ इक, जीवन प्रान आधार॥
नहिं संजम, नहिं साधना, नहिं तीरथ व्रत दान।
मात भरोसे रहत है, ज्यों बालक नादान॥

अन्य कवि—उपर्युक्त कवियों के अतिरिक्त इस परम्परा में और भी बहुत से कवि हुए हैं, जिनका परिचय विभिन्न स्रोतों से उपलब्ध है। डॉ० रामकुमार वर्मा ने अपने इतिहास में धना, पीपा, सेन, जयदेव, सुथरादास, वीरभान, धरणीदास, लाला-दास, बाबादास, हरिदास, बुल्ला साहब, गुल्ला साहब, केशवदास, बालकृष्ण नायक, अक्षर अनन्य, भीखा साहब, गरीबदास, रामचरण, दूलनदास, नारायण सिंह, रामरूप, सहजानन्द, तुलसी साहब, गाजीदास, आदि का परिचय दिया है। इधर राजस्थान, पंजाब और बिहार के भी और संत कवियों का पता चला है। राजस्थान के कवियों में विश्नोई-सम्प्रदाय के संस्थापक श्री जाँभोजी, जसनाथी सम्प्रदाय से संस्थापक सिद्ध जसनाथ तथा निरंजनी सम्प्रदाय के हरिदास विशेष रूप से उल्लेखनीय हैं। इनका

विस्तृत परिचय डॉ० हीरालाल माहेश्वरी के 'राजस्थानी भाषा और साहित्य' (शोध-प्रबन्ध) में द्रष्टव्य है। डॉ० मोतीलाल मेनारिया ने भी अनेक अज्ञात संत कवियों का भी परिचय अपने ग्रंथों 'राजस्थान का पिंगल साहित्य', 'राजस्थानी साहित्य की रूपरेखा' में प्रस्तुत किया है। हाल ही में प्रकाशित 'पंजाब प्रान्तीय हिन्दी साहित्य का इतिहास' में श्री चन्द्रकान्त बाली ने भी पंजाब के ऐसे संत कवियों का विशेष विवरण प्रस्तुत किया है जिन्होंने हिन्दी या ब्रजभाषा में काव्य-रचना की है, किन्तु उनके ग्रंथ प्रायः गुरुमुखी लिपि में उपलब्ध होने के कारण हिन्दी-साहित्य के इतिहासकारों तक नहीं पहुँच पाये। इनमें फरीदुद्दीन शकरगज (जीवन-काल १२३०-१३२२ वि०), साईंदास, गुरु अंगददेव, सलेमशाह, गुरु अमरदास, स्वामी हरिदास, गुरु रामदास, भाई गुरुदास, गुरु अर्जुनदेव, गुरु तेगबहादुर, गुरु गोविंददास, दरिया जी, निश्चलदास, संत गुलाब सिंह, संत ईश्वरदास, रत्नहरि, संतोष सिंह, बुध सिंह, लालसिंह दास, नारायण स्वामी, धन्ना सिंह, दयाल अनेमानन्द सरस्वती, सुन्दर कवि, प्रहलाद सिंह, ग्राहनदास, हरदयाल, किशोरी दास, खेमराज, उत्तमसिंह, वीर सिंह, लालसिंह 'बेल', 'नारायण सिंह' प्रेम निधि आदि उल्लेखनीय हैं। इसी प्रकार आचार्य शिवपूजन सहाय द्वारा सम्पादित 'हिन्दी-साहित्य और बिहार' में दरियासाहब, धरणीदास, जान क्रिश्चियन, टेकमनराम, देवाराम, नन्दूराम दास, बालखण्डी, स्वामी भिनकराम, भीखमराम, रघुनाथ दास प्रभृति संतों का परिचय प्राप्य है। इनके अतिरिक्त दक्षिण में भी इस परम्परा का विकास अनेक ऐसे महाराष्ट्रीय कवियों द्वारा दृष्टिगोचर होता है जिन्होंने अपनी मातृभाषा मराठी के अतिरिक्त हिन्दी में भी पद-रचना की है; इनमें से गोंदा, एकनाथ, अनंत तुकाराम, समर्थ रामदास, बहिणा बाई, केशव स्वामी, मध्व मुनीश्वर, शिवदिन केसरी, अमृतराय माधव, देवनाथ, दयालनाथ गुलाबराव, गुडा केशव, माणिक के हिन्दी पदों का संग्रह तथा परिचय आचार्य विनय मोहन शर्मा द्वारा उनके शोध-प्रबन्ध में प्रस्तुत हो चुका है।

इस प्रकार इस परम्परा के ज्ञात कवियों की संख्या शताधिक है, जिन सबका परिचय देना यहाँ संभव नहीं। फिर भी सामान्य रूप से इनके सम्बन्ध में कहा जा सकता है कि विचार, भाव एवं शैली की दृष्टि से प्रायः कबीर, दादू, सुन्दरदास, आदि के ही अनुकर्त्ता रहे हैं; अतः सबका अलग-अलग परिचय न दे पा सकने से यहाँ बहुत अधिक अन्तर नहीं पड़ता।

विभिन्न कवियों की उपर्युक्त नामावली से जहाँ सन्त-काव्य के प्रचार एवं प्रसार की व्यापकता का बोध होता है, वहाँ दूसरी ओर इस परम्परा की दीर्घता का भी अनुमान होता है। तेरहवीं शती से लेकर बीसवीं शती तक इस परम्परा का अविच्छिन्न रूप से प्रचलित रहना तथा भारत के सभी भागों में, महाराष्ट्र से पंजाब तक व राजस्थान से बिहार तक, फैला जाना इसकी शक्तिमत्ता एवं लोकप्रियता का प्रमाण है। स्थान-स्थान पर इन कवियों ने आध्यात्मिक केन्द्र स्थापित करके भारतीय जन-जीवन को नई शक्ति और नया संदेश प्रदान किया, जिसके बल पर वह अपने जीवन की विषमताओं एवं कटु परिस्थितियों से ऊपर उठकर अपनी आस्तिकता,

नैतिकता एवं प्राण शक्ति को बचाये रख सका। अस्तु, इस परम्परा का महत्त्व न केवल साहित्यिक दृष्टि से अपितु सामाजिक दृष्टि से भी है।

६.६. सन्त-काव्य : प्रवृत्तियाँ एवं मूल्यांकन

प्रस्तुत काव्य-परंपरा के विशिष्ट कवियों के अध्ययन के आधार पर अब हम उसके रचयिताओं के व्यक्तित्व, प्रेरणा-स्रोत, काव्य-प्रयोजन, विचार-धारा, भाव-पक्ष, शैली-पक्ष आदि पर विचार करते हुए उसकी सामान्य प्रवृत्तियों एवं उसकी उपलब्धियों का विवेचन क्रमशः कतिपय शीर्षकों के अन्तर्गत प्रस्तुत करते हैं :

(क) **व्यक्तित्व**—प्रस्तुत परम्परा से सम्बद्ध कवि प्रायः जनता के निम्न वर्ग से सम्बन्धित थे। यद्यपि आधुनिक समाज-शास्त्र के अनुसार उच्च वर्ग, मध्य वर्ग, निम्न वर्ग, आदि शब्दावलियों का प्रयोग विशिष्ट अर्थ में होता है, किन्तु हम यहाँ इन्हें सामान्य अर्थ में ही प्रयुक्त कर रहे हैं। निम्न वर्ग से हमारा आशय यहाँ उस वर्ग से है जो कि एक ओर परम्परागत जाति-भेद की दृष्टि से बहुत ऊँचा नहीं समझा जाता था तो दूसरी ओर सामाजिक एवं आर्थिक दृष्टिकोण से भी वह गिरा हुआ था। कई बार ऐसा भी हुआ है कि उच्चवर्ग से सम्बन्धित व्यक्ति भी वैयक्तिक या पारिवारिक परिस्थितियों से असंतुष्ट होकर इस ओर आकर्षित हो गये हैं। गोस्वामी तुलसीदास ने सम्भवतः इसी वर्ग के साधकों को लक्ष्य बनाकर कहा था—'नारी मुई घर संपति नासी, मूँड़ मुंड़ाय भये संन्यासी।' गोस्वामीजी की इस उक्ति के अनुसार इनके संन्यास की मूल भावना बहुत हल्की सिद्ध होती, किन्तु सभी संतों पर यह बात लागू नहीं हो सकती। अनेक संत विवाह के मंडप से सजी-सजाई दुलहिन एवं भरे पूरे घर को त्याग कर भी वैराग्य की ओर प्रवृत्त हुए हैं; अतः उनके संन्यास के पीछे गंभीर प्रेरणा स्वीकार करनी होगी। हाँ, सामान्य रूप से इनकी संख्या-वृद्धि के पीछे तत्कालीन समाज की स्थिति अवश्य व्यंजित होती है जो निर्वेद, वैराग्य एवं अध्यात्म के अधिक अनुकूल थी। इस स्थिति का विश्लेषण इस युग की सामान्य परिस्थितियों पर विचार करते समय अन्यत्र किया जा चुका है।

ये संत-समाज के निम्न वर्ग से ऊपर उठे हैं किन्तु इनमें किसी प्रकार की आत्महीनता की भावना दृष्टिगोचर नहीं होती। अनेक संतों ने अपना-अपना स्वतंत्र सम्प्रदाय या पंथ स्थापित किया है जो इनके आत्म-विश्वास का द्योतक है। कदाचित् आज के मनोविश्लेषणवादी, जो व्यक्ति की हर चेष्टा में कामप्रवृत्ति या आत्महीनता की ग्रंथि की प्रतिक्रिया का अस्तित्व सिद्ध कर देने के अभ्यस्त हैं, इन संतों में भी ऐसी प्रतिक्रिया सिद्ध कर सकते हैं, किन्तु हमें ऐसा प्रतीत नहीं होता। इनके आत्म-विश्वास के पीछे आत्महीनता की प्रतिक्रिया न होकर उस विचारधारा एवं भावना का बल है जो क्षुद्र से क्षुद्र व्यक्ति में भी ब्रह्म का अस्तित्व स्वीकार करती है। भले ही इनके आध्यात्मिक जीवन का आरम्भ जीवन की विषमताओं की प्रेरणा से हुआ हो, किन्तु उस जीवन में प्रवेश करने के बाद इन्हें जैसा सत्संग, ज्ञान एवं अनुभव प्राप्त होता था वह इनके व्यक्तित्व एवं चरित्र को पूर्णतः शोधित, परिष्कृत एवं

निर्मल बना देने के लिए पर्याप्त था। परवर्तीकाल में ये संत भी थोड़े-बहुत विधि-विधानों एवं चमत्कार-प्रदर्शन के जाल में भले ही पड़ गये हों पर फिर भी इनकी महत्ता में विशेष अन्तर आ जाने का कोई प्रमाण नहीं मिलता।

सिद्धों और नाथ-पंथियों की परम्परा से सम्बद्ध होते हुए भी ये न तो सिद्धों की भाँति लोक-विरोधी पद्धतियों के प्रचारक थे और न ही नाथ-पंथियों की भाँति अस्वाभाविक एवं कृच्छ्र साधनों के अभ्यस्त थे। इन्होंने अध्यात्म का एक ऐसा मार्ग खोजा जो लोक-मर्यादाओं के विरुद्ध नहीं पड़ता था, वह समाज की चार-दीवारी में से होता हुआ अग्रसर होता था। अनेक संत स्वयं गृहस्थी से दूर थे, फिर भी उन्होंने गृहस्थों को गृह-त्याग का उपदेश नहीं दिया। यह इस बात का प्रमाण है कि इनके हृदय में आत्मतुष्टि एवं आत्महीनता की पूर्ति का लक्ष्य नहीं था अपितु जनता को सच्चे धर्म का मार्ग दिखाना था; अतः संक्षेप में कह सकते हैं कि अनेक अपवादों के होते हुए भी सामान्यतः इन कवियों के व्यक्तित्व एवं चरित्र को उदात्त एवं महान् चारित्रिक माना जा सकता है।

(ख) प्रेरणा-स्रोत एवं काव्य-प्रयोजन—जैसा कि कबीर के प्रसंग में बताया गया है, इनके काव्य का प्रेरणा-स्रोत इनका आत्मानुभव ही था। जिन विचारों एवं भावों को हम स्वयं स्वीकार करते हैं, उन्हें अभिव्यक्त करने की भी लालसा हममें रहती ही है। इसी प्रवृत्ति ने इन संतों को कवि बनने के लिए विवश कर दिया। पर उनकी आत्माभिव्यक्ति निरुद्देश्य नहीं थी; उनकी आत्मानुभूति से प्रभावित होकर अन्य लोग भी उनके विचारों को स्वीकार करें यह लक्ष्य सदा उनके सामने था। दूसरे शब्दों में धार्मिक अनुभूति एवं धर्म-प्रचार का लक्ष्य ही इनके काव्य की प्रेरक शक्ति के रूप में रहा है यह दूसरी बात है कि परवर्ती युग में जबकि यह परम्परा ह्रासोन्मुखी हो गई थी, अनेक कवि केवल परम्परा-पालन के लिए कवि बन बैठे थे; जिनमें कवित्व की झलक बहुत कम मिलती है। पर यह बात तो हर परम्परा पर लागू होती है, प्रत्येक काव्य-परम्परा का ह्रास प्रायः इस प्रकार के कृत्रिम कवियों द्वारा ही होता है।

(ग) विचारधारा—भारतीय धर्म-साधना एवं विचारधारा ने युग-युगों के अनुभव एवं चिन्तन से जिन तत्त्वों को उपलब्ध किया था, उन सबका सारांश संत काव्य में मिलता है। उनमें एक ओर उपनिषदों और ब्रह्म-सूत्रों पर आधारित निर्गुण ब्रह्म, जीव, जगत् एवं माया की चर्चा मिलती है, जिसे दूसरे शब्दों में अद्वैतवाद कहा जा सकता है, तो दूसरी ओर वेद-विरोधी विचारधारा—जैन एवं बौद्ध धर्म के भी अनेक संस्कार उनमें दृष्टिगोचर होते हैं। वेदों को ही सत्य का अंतिम प्रमाण न मानना, वर्णाश्रम एवं जाति-पाँति का विरोध शास्त्रीय ज्ञान की अपेक्षा आत्मानुभव का अधिक महत्व, सत्य, अहिंसा और सदाचार के सामान्य तत्वों की प्रतिष्ठा—आदि प्रवृत्तियों के मूल में उन संस्कारों का प्रभाव दिखाई पड़ता है जो सिद्धों के माध्यम से इन्हें प्राप्त हुए। एक तीसरी विचारधारा है—वैष्णव भक्ति आन्दोलन की जो पुराणों पर आधारित है। इस धारा से इन्होंने मुख्यतः प्रेमलक्षणा भक्ति एवं ईश्वर

की नामावली को ग्रहण किया। इस प्रकार इन्होंने पूर्व परम्पराओं से केवल उन्हीं तत्वों को ग्रहण किया जो आज भी व्यापक एवं सामान्य कहे जा सकते हैं। दूसरे शब्दों में इन्होंने किसी विशिष्ट विचारधारा का अनुमोदन अंध-भक्ति से प्रेरित होकर नहीं किया अपितु अपनी बुद्धि की कसौटी पर कसकर धर्म के सामान्य तत्त्वों को ग्रहण किया।

प्रायः इनकी विचार-धारा के प्रसंग में दो बातें कही जाती हैं—एक तो यह कि इन्होंने इस्लाम और सूफी मत के बहुत से तत्त्वों को हिंदू-धम में समन्वित करके उसे नया रूप दिया। दूसरे, इन्होंने विचार-क्षेत्र में कोई नई बात नहीं कही। वस्तुतः ये दोनों ही बातें भ्रामक हैं। इनमें से प्रथम पर यथेष्ट विचार पीछे किया जा चुका है दूसरों के सम्बन्ध में हमारा निवेदन यह है कि हमारे विद्वान प्रायः पहले से ही किसी पूर्व-प्रचलित वाद के ढाँचे को लेकर चलते है, जिसमें इन कवियों को जैसे-तैसे फिट कर देते हैं। हम इस बात की ओर ध्यान ही नहीं देते कि इनके लिए किसी नये साँचे या नये वाद की प्रतिष्ठा की अपेक्षा हो सकती है; जिसके अभाव में इनकी मौलिकता सुस्पष्ट नहीं हो पाती। अस्तु एक ओर इन्हें परम्परागत साँचे में कसकर हम इनकी मौलिकता को आवृत्त कर देते हैं तथा दूसरी ओर इनमें मौलिकता न होने का आक्षेप लगाते हैं।

यदि इनकी विचारधारा का विश्लेषण किया जाय तो यह स्पष्ट होगा कि पूर्ववर्ती वादों एवं सम्प्रदायों—निर्गुण अद्वैतवाद, सगुण वैष्णव भक्ति, बौद्ध सहजयान, नाथ पंथ, इस्लाम, सूफी मत आदि—में से किसी में भी इन्हें सम्यक् रूप से स्थान नहीं दिया जा सकता, यह दूसरी बात है कि इनमें से कई मतों के विभिन्न तत्त्वों को इन्होंने पूर्णतः आत्मसात कर लिया है। निर्गुण अद्वैतवाद के दार्शनिक पक्ष को स्वीकार करते हुए भी इन्होंने ज्ञान के स्थान पर भक्ति को स्वीकार किया है, सगुण भक्तिवाद में से भक्ति को ग्रहण करते हुए भी इन्होने सगुण रूप और अवतारवाद की उपेक्षा की है, सहजयानियों के अनुसार वेदों की प्रामाणिकता, वर्णाश्रम, धर्म एवं जाति-पाँति का विरोध किया है, पर उनकी साधना-पद्धति से ये बहुत दूर रहे हैं। नाथ पंथ, इस्लाम एवं सूफी मत की चर्चा तो प्रायः इन्होंने इनके खंडन के लिए ही की है; अतः इनके साथ भी इन्हें स्थान नहीं दिया जा सकता। अस्तु संतों के मत को एक विशिष्ट स्थान देना होगा जो इन सबसे पृथक् है, जिसे सामान्यतः 'संत मत' कहा जा सकता है। वस्तुतः सन्त मत भारतीय धर्म साधना की वह चरमोपलब्धि है जिसमें धर्म की विभिन्न दिशाओं एवं प्रवृत्तियों का अंतिम शोधित एवं परिष्कृत रूप दृष्टि-गोचर होता है। दूसरे शब्दों में, संतों ने विभिन्न धर्मों का सामान्यीकरण या विज्ञानीकरण करते हुए उसे एक ऐसे 'विश्व-धर्म' के रूप में प्रतिष्ठित किया, जिसे सब अपना कह सकें; अतः धर्म का विज्ञानीकरण एवं विश्वीकरण (Universalization) संतों के चिन्तन की सबसे बड़ी मौलिक उपलब्धि है।

कदाचित् यहाँ संत मत की मौलिकता के विपक्ष में तर्क किया जा सकता है कि इनके मत की समस्त आधारभूत सामग्री अन्य संप्रदायों से ही ली हुई है; अतः इन्हें

मौलिक कैसे कहा जा सकता है ? इसके उत्तर में हम केवल इतना ही निवेदन कर देना पर्याप्त समझते हैं कि दर्शन और विज्ञान के अनुसार प्रत्येक प्रकार का द्रव्य मूलतः परम्परागत ही होता है, प्रकृति और मानव केवल द्रव्य को नया रूप मात्र देते हैं, इसी से समस्त सृष्टि का विकास होता है। ताजमहल के निर्माताओं ने जिस सामग्री का उपयोग किया। वह सारी की सारी अन्य स्रोतों से प्राप्त थी, किन्तु उस सामग्री को जो रूप दिया गया, वह मौलिक है, जिसके लिए वे यश के भागी हैं। अस्तु, विभिन्न धर्मों की सामग्री को 'विश्व धर्म' के रूप में प्रतिष्ठित करना एक ऐसा प्रयास है, जिसकी मौलिकता में संदेह करना आवश्यक है।

सामाजिक दृष्टि से संतों की विचारधारा का मूल्यांकन करने पर यह भली-भाँति स्पष्ट होता है कि उन्होंने समाज को एक नवीन क्रांतिकारी एवं प्रगतिशील दृष्टिकोण प्रदान किया; वेद-शास्त्र एवं पुराने ग्रन्थ ही सब कुछ नहीं हैं तथा सत्य की कसौटी शास्त्र नहीं अपितु आत्मानुभूति है--इस सत्य की घोषणा करते हुए उन्होंने समाज के सामने एक ऐसा स्वतंत्र दृष्टिकोण प्रस्तुत किया जिससे आज की शब्दावली में 'वैज्ञानिक' एवं 'प्रगतिशील' कहा जा सकता है। यही वह दृष्टिकोण है जिसके बल पर कोई भी समाज परंपरागत रूढ़िवादिता एवं वर्ग-विशेष की मानसिक प्रभुता से मुक्ति पा सकता है। दूसरे, उन्होंने प्रत्येक व्यक्ति की, चाहे वह शूद्र हो या ब्राह्मण, हिन्दू हो या मुसलमान, गृहस्थ हो या साधक, मोची, धुनिया या जुलाहा हो या लखपति व्यापारी—सभी की, समानता की घोषणा करके भारतीय साम्यवाद की पुनः प्रतिष्ठा की। तीसरे, उन्होंने सिद्धों और योगियों की भाँति धार्मिकता को सामाजिकता से पृथक् विच्छिन्न एवं विरोधी रूप न देकर दोनों को सुसम्बद्ध एवं सुव्यवस्थित रूप में प्रस्तुत किया। वस्तुतः संतों की दृष्टि में धर्म और समाज—दो अलग-अलग संस्थाएँ नहीं हैं अपितु दोनों एक-दूसरे के अंग हैं। चौथे, उनकी धर्म-साधना व्यावहारिक जीवन की आवश्यकताओं की उपेक्षा नहीं करती; वह घर-गृहस्थी एवं पारिवारिक जीवन की आवश्यकताओं की पूर्ति के लिए समुचित अवसर प्रदान करती है। पाँचवें, वह आत्मा में परमात्मा के अस्तित्व को स्वीकार करती हुई परतंत्र राष्ट्र के नागरिकों में आत्मविश्वास एवं उच्च नैतिक बल का संचार करती है। छठे, वह विभिन्न संप्रदायों के बीच मध्यस्थता करती हुई, सभी की दुर्बलताओं का दिग्दर्शन कराती हुई, उनमें पारस्परिक एकता की भावना में अभिवृद्धि करती है। अस्तु, प्रत्येक दृष्टि से संतों की विचार-धारा समाज हित की उतनी ही साधक सिद्ध होती है जितनी की वह विश्व-धर्म की प्रतिष्ठा में योग देती है।

(घ) **भाव-पक्ष**—संत-काव्य के मूल में किसी विशुद्ध रागात्मक प्रवृत्ति का अस्तित्व नहीं है अपितु जिज्ञासा, तर्क, चिन्तन, हास्य, व्यंग्य, विस्मय जैसी बौद्धिक अनुभूतियाँ हैं जिन्हें रस-सिद्धान्त के वर्गीकरण के अनुसार 'शान्त रस' के अन्तर्गत स्थान दिया जा सकता है। ध्यान रहे, शान्तरस के मूल में विभिन्न आचार्यों ने शम, निर्वेद, सम्यक् ज्ञान, तृष्णा-क्षय-सुख, सर्वचित्तवृत्ति-प्रशम जैसे विभिन्न स्थायीभावों

की सत्ता सिद्ध की है, किन्तु वस्तुतः ये सब विशुद्ध भाव न होकर बौद्धिक अनुभूतियों के ही विभिन्न प्रकार हैं, जिन्हें बौद्धिक भाव, बुद्धि-रस या बौद्धिक आकर्षण की संज्ञा दी जा सकती है। जब कोई भी विचार भलीभाँति हमारी अनुभूति एवं भावना का अंग बन जाता है तो उसी की अभिव्यक्ति काव्य में शान्तरस या बौद्धिक आकर्षण की आधार बनती है। संतों ने अपने काव्य में विभिन्न स्थूल विषयों की चर्चा अपनी सूक्ष्म बौद्धिक अनुभूतियों की अभिव्यंजना के माध्यम या साधन के रूप में ही की है। उनका मूल विषय तो सूक्ष्म विचार ही है तथा उनके विचार केवल शास्त्रीय ज्ञान पर आधारित न होकर उनकी आन्तरिक अनुभूति के आधार पर विकसित हैं, अतः इस दृष्टि से उनका काव्य 'शान्त रस' या बौद्धिक आकर्षण का उत्कृष्ट उदाहरण प्रस्तुत करता है। उनका शान्तरस भी सीमित नहीं है, उसमें जिज्ञासा, तर्क, विस्मय, उपहास, व्यंग्य, तत्वानुभूति आदि सभी के विभिन्न रूप दृष्टिगोचर होते हैं, यथा—

(अ) जिज्ञासा कौतूहल एवं विस्मय सम्बन्धी अनुभूतियाँ :

है कोई गुरु ज्ञानी जगत महँ उलटि वेद बूझै।
पानी महँ पावक चरै, अंधहि आँखन्हि सूझै॥

—कबीर

अखिल खिलै नहिं, का कह पंडित, कोई न कहै समुझाई।
अबरन बरन रूप नहिं जाके, कहँ लौ लाइ समाई॥

—रैदास

(आ) उपहास, व्यंग्य, तर्क आदि से सम्बन्धित अनुभूतियाँ :

दिन भर रोजा रखत हैं राति हनत हैं गाय।
यह तो खून वह बन्दगी, कैसे खुसी खुदाय॥

—कबीर

पाँव के तरे की नहीं सूझै आग मूरख कूँ,
और सूँ कहत तेरे सिर पै बरतु है।

—सुन्दरदास

(इ) तत्त्वबोध एवं आत्मानुतिजन्य शान्ति या आनन्द :

जब हम होते तब तू नाहीं, अब तू ही, मैं नाहीं।
अतल अगम जैसे लहरि मइ उदधि, जल केवल जल माहीं॥

—रैदास

झरि लागै महलिया गगन घहराय।
खन गरजै, खन बिजुली चमकै, लहरि उठै सोभा बरनि न जाय।
सुन्न महल से अमृत बरसै, प्रेम अनन्द ह्वै साधु नहाय॥

—धर्मदास

गुरु किरपा जेहि नर पै कीन्हीं तिन्ह यह जुगुति पिछानी।
नानक लीन भयो गोबिन्द सो ज्यों पानी सङ्ग पानी॥

—गुरु नानक

दादू देख दयाल को सकल रहा भरपूर।
रोम रोम में रमि रह्या, तू जनि जानै दूर॥
— दादू दयाल

हमहीं दसरथ, हमहीं राम। हमरे क्रोध औ हमरे काम॥
हमहीं रावन हमहीं कंस। हमहीं मारा अपना बंस॥
— मलूकदास

इस प्रकार हम देखते हैं कि इनके काव्य में बौद्धिक अनुभूति के विभिन्न पक्ष सम्यक् रूप में प्रस्तुत हैं।

(ङ) शैली पक्ष — संत कवियों की विषय-वस्तु अत्यन्त सूक्ष्म एवं बौद्धिक है जिसे सामान्यतः उच्चस्तर के सुशिक्षित पाठक ही ग्रहण कर सकते हैं। किन्तु संतों की विशेषता यह है कि वे उसे एक ऐसे माध्यम में प्रस्तुत करते हैं कि जिससे वह जन-साधारण के लिए भी अनुभूतिगम्य हो गई है। यह विशेषता उनके काव्य के शैली-पक्ष के महत्त्व को सूचित करती है। कई बार केवल भाषा-विज्ञान एवं व्याकरणशास्त्र की कसौटियों को लेकर चलने वाले आलोचक इनके शैली-पक्ष के इस महत्त्व तक पहुँचने में असमर्थ रहते हैं जिससे वे भाषा के ऊपरी ढाँचे, उसके शब्दों के अनमेल एवं अनगढ़ रूप एवं व्याकरण नियमों की अव्यवस्था को देख कर ही निराश हो जाते हैं, किन्तु यदि हम इस बाह्य अव्यवस्था को पार कर आगे बढ़ें तो निश्चित ही इनकी शैली में कुछ ऐसी विशेषताएँ दृष्टिगोचर होंगी जो अन्यत्र अनुपलब्ध हैं। जैसा कि अन्यत्र स्पष्ट किया गया है, विचार-प्रधान साहित्य के लिए सबसे पहली आवश्यकता अनुभूति की है; जब तक कोई भी साहित्यकार अपने विचारों को पूर्णतः अनुभूति का विषय नहीं बना लेता तब तक वह उन्हें साहित्य में रूपान्तरित करने में सफल नहीं हो पाता। कच्चे, अपरिपक्व एवं उधार लिए हुए विचारों के आधार पर भी कविताएं लिखे जाने का प्रयास पुराने और नये युगों में बराबर होता रहा है, किन्तु ऐसा प्रयास सदा कविता के स्थान पर अकविता को जन्म देता रहा है। यह दूसरी बात है कि उसकी इस त्रुटि को छिपाने के लिए उसे हम विभिन्न विशेषणों—जैसे 'आधुनिक', 'नयी', 'बौद्धिक', 'प्रयोगशील' आदि—से विभूषित कर दें। वस्तुतः संतों का काव्य इस बात का प्रमाण है कि बौद्धिक काव्य भी जन-समाज की वस्तु बन सकती है, यदि वह सच्ची अनुभूति पर आधारित हो और उसे सच्चे काव्य-माध्यम में प्रस्तुत किया गया हो।

संत-काव्य की शैली का विश्लेषण करने पर ज्ञात होगा कि उसमें अभिधा का प्रयोग बहुत कम किया गया है, उसके स्थान पर लाक्षणिकता एवं व्यंग्यात्मकता का ही उपयोग अधिक है। जब मन में विचार और भावना का पूर्ण योग होता है तो उसकी अभिव्यक्ति सहज ही लाक्षणिकता एवं व्यंग्यात्मकता का रूप ले लेती है, तथा उस समय वाणी सामान्य शब्दावली के स्थान पर विशिष्ट पदों, वक्रोक्ति, अन्योक्ति, रूपक, प्रतीक, उलटबाँसी आदि का माध्यम ग्रहण कर लेती है; इसका निदर्शन संत-काव्य से भलीभाँति हो जाता है। कई बार बाह्य प्रयासों के द्वारा भी

उपर्युक्त तत्त्वों का आरोपण किया जाता है किन्तु उस स्थिति में वे प्रयास सच्ची काव्यानुभूति के स्थान पर केवल कृत्रिमता, दुरूहता, जटिलता एवं शुष्कता की अनुभूति प्रदान कर पाते हैं। संतों के काव्य पर यह बात लागू नहीं होती, वह सहजानुभूति से संवलित एवं प्रेरित है, अतः उसमें शैली के विभिन्न तत्त्व सहज स्वाभाविक रूप में आविर्भूत प्रतीत होते हैं। यहाँ कतिपय उदाहरण द्रष्टव्य हैं :

(अ) वक्रोक्ति :

कबीर नौबत आपणीं, दिन दस लेहु बजाइ।
ए पुर पट्टन ए गली, बहुरि न देखै आइ॥

(आ) अन्योक्ति :

माली आवति देखि कर, कलियाँ करें पुकार।
फूलै-फूलै चुनि लिए, कालि हमारी बार॥

—कबीर

(इ) रूपक :

उपदेस-औषध सौ कौन बिधि लागै ताहि,
सुन्दर असाध रोग भयो जा के मन है।

—सुन्दरदास

(ई) प्रतीक :

सूर समाना चंद में दहूँ किया घर एक।
मन का चिंता तब भया कछू पुरबिला लेख॥

—कबीर

(उ) उलटबाँसी :

नैया बिच नदिया डूबति जाय।

—कबीर

अस्तु, इसमें कोई सन्देह नहीं कि संत-काव्य का विचारपक्ष जितना प्रौढ़ एवं अनुभूतिपक्ष जितना गम्भीर है, उसका शैलीपक्ष भी उतना ही शक्ति-सम्पन्न एवं वैभवपूर्ण है।

(च) महत्त्व अंत में हम कह सकते हैं कि भाषा एवं व्याकरण की दृष्टि से अनेक न्यूनताएँ होते हुए भी संत-काव्य हिन्दी-साहित्य के लिए गर्व की वस्तु है। जिस युग में इन्होंने काव्य रचना की वह भारत के लिए अज्ञान, अशिक्षा और अनैतिकता का अंधकारमय युग था और ये कवि अपने युग की जनता के निम्नतम स्तर से सम्बन्धित थे, फिर भी इन्होंने ज्ञान की जो ज्योति जलायी वह अद्भुत एवं अपूर्व है। सुसंस्कृत युग और सुशिक्षित समाज के प्रतिष्ठित कवियों द्वारा उच्चकोटि की रचनाओं का प्रणीत होना विशेष महत्त्व की बात नहीं। अपने पतन की चरमावस्था में भी पतित, दलित एवं जर्जरित भावना का ऐसे महान् प्रतिभाशाली, गंभीर चिन्तक एवं स्पष्ट वक्ता कवियों को जन्म दे देना एक ऐसा आश्चर्य है जिसका दूसरा उदाहरण विश्व-इतिहास में शायद ही कहीं अन्यत्र मिले। मुस्लिमयुगीन भारत में जबकि उच्च

वर्ग की जनता अपने शासकों का अनुसरण करती हुई विलासिता के रंग में डूबी हुई थी, जब कि मन्दिर, तीर्थ और धर्म-स्थान व्यभिचार के केन्द्र बनते जा रहे थे, और जबकि विभिन्न सामाजिक पर्वों पर मनोरंजन के पवित्र एवं शुभ कृत्यों के आयोजन के स्थान पर सुरा और सुन्दरी के सत्कार का प्रबन्ध होने लगा था, ऐसी स्थिति में निम्न वर्ग के अशिक्षित जन-समुदाय का अनैतिकता, अनाचार और अधःपतन की चरम सीमा तक पहुँच कर मटियामेट हो जाना स्वाभाविक था, किन्तु संत-मत के विभिन्न उन्नायकों ने उन्हें ऐसा नेतृत्व प्रदान किया जिससे राष्ट्र का यह बहुसंख्यक वर्ग विनाश से बच सका।

साहित्यिक दृष्टि से भी संत कवियों की देन का महत्त्व नहीं है। अपनी अनुभूतियों को सहज स्वाभाविक भाषा में अभिव्यक्त करके उन्होंने काव्य के सच्चे स्वरूप का उद्घाटन किया। आधुनिक युग के अनेक कवियों की भाँति इन्होंने अपने काव्य में अपरिपक्व विचारों, अस्पष्ट जीवन-दर्शन और अधकचरे मनोविज्ञान का मिश्रण नहीं किया अपितु जीवन के चिरंतन एवं उदात्त मूल्यों को आत्मानुभूति से संवलित करके प्रस्तुत किया। सच्चे कवि की वाणी में अभिव्यक्ति के साधन स्वतः ही उपस्थित हो जाते हैं, इस बात का प्रत्यक्ष प्रमाण इन कवियों का काव्य है। 'भाषा कैसी ही हो, भाव चाहिए मित्त' की उक्ति संत-काव्य पर पूर्णतः चरितार्थ होती है।

१०

पौराणिक भक्ति आंदोलन : सामान्य पृष्ठभूमि

●

भारतीय संस्कृति मूलतः धर्म प्रधान है —इस तथ्य को एक ओर प्राचीन हिन्दू धर्मशास्त्र एवं पुराण स्पष्ट रूप में घोषित करते हैं तो दूसरी ओर आधुनिक युग के विभिन्न समाज-शास्त्री एवं संस्कृतिवेत्ता —यथा, स्पेंगलर, ट्वायनबी, सोरोकिन -प्रभृति निःसंकोच रूप में स्वीकार करते हैं। भारतीय संस्कृति की इस विशिष्टता का प्रभाव उनके विभिन्न अंगों पर भलीभाँति देखा जा सकता है। भारत में वैयक्तिक जीवन, सामाजिक आदर्श, राजनीतिक नियम एवं शिल्प-कला सम्बन्धी उद्योग परस्पर विच्छिन्न एवं असम्बद्ध रूप में विकसित नहीं हुए अपितु उन सबके मूल में सर्वत्र एक ही चेतना विद्यमान दिखाई पडती है; वह चेतना वस्तुतः धार्मिकता की है। यही कारण है कि भारतीय इतिहास की सभी महान् उपलब्धियाँ प्रायः धार्मिकता से अनुप्राणित हैं। भारतीय राजनीति की सबसे बड़ी उपलब्धि राम के राज्य धर्म एवं अशोक के 'धम्म-चक्क' (धर्म-चक्र) या धर्म राज्य के रूप में है, जिसका आदर्श प्रजा के लिए राजा के आत्मोत्सर्ग एवं सर्वस्व त्याग में निहित है। इसी प्रकार भारत का सामाजिक जीवन भी धार्मिक आदर्शों का पूरक एवं अनुवर्ती रहा है। कला एवं शिल्प के क्षेत्र पर भी यही बात लागू होती है। भारतीय स्थापत्य कला का चरम वैभव उसके मन्दिरों में मूर्तिकला एवं चित्रकला का चरम रूप उसके देवी-देवताओं एवं धर्म नेताओं की छवि के अंकन में, उसकी नृत्य-कला का पूर्ण विकास शिव के तांडव एवं पार्वती के लास्य में तथा उसकी काव्य-कला का पूर्ण वैभव उसके रामायण, महाभारत, बुद्ध चरित, कुमार-संभव, रामचरितमानस आदि में दृष्टिगोचर होता है। अतः भारतीय साहित्य में—ऋग्वेद से लेकर 'राम की शक्ति-पूजा' (निराला) तक—धार्मिकता का प्रभाव न्यूनाधिक मात्रा में प्रायः सर्वत्र दिखाई पड़ता है। अतः मध्यकाल में भी धर्म के आश्रय में काव्य की रचना का होना कोई नयी बात नहीं है। फिर भी उसकी एक विशिष्टता अवश्य है—वह यह कि अब तक

विशुद्ध काव्य की कोटि में आने वाली रचनाओं में धर्म एक सहयोगी एवं पूरक तत्व के रूप में ही रहा था, वह उनका आश्रम केन्द्र, प्रेरणा स्रोत एवं मूल लक्ष्य नहीं बना था, जबकि मध्यकालीन साहित्य में यह दूसरी स्थिति दृष्टिगोचर होती है। इस काल के अनेक काव्य-रचयिताओं का मूल प्रयोजन ही अपने धार्मिक विचारों का प्रचार करना एवं तत्सम्बन्धी अनुभूतियों को व्यक्त करना हो गया था, काव्यात्मकता उनके लिए गौण थी; यह दूसरी बात है कि उनके न चाहते हुए भी रचनाओं में काव्यात्मकता सहज-स्वाभाविक रूप में आ गई है। अस्तु, हमें यहाँ सबसे पूर्व इसी विशिष्ट स्थिति के मूल कारणों पर विचार करना है।

ईसा की आठवीं शती से पूर्व भारत की रचनाओं में धार्मिकता एवं काव्यात्मकता स्वतन्त्र रूपों में विकसित होती हुई दिखाई पड़ती है—अर्थात् धार्मिक साहित्य में काव्यात्मकता बहुत न्यून है तो काव्यात्मक रचनाओं में धार्मिकता बहुत कम है। उनमें धर्म जीवन एवं समाज से सम्बन्धित विभिन्न तत्त्वों के साथ आया है। इसका कारण कदाचित् यह है कि तब तक काव्य धार्मिक द्वन्द्व का केंद्र नहीं बना था, वह जीवन से सम्बन्धित दूसरे प्रकार के द्वन्द्वों से सम्बन्धित था। किन्तु इसके पश्चात् सिद्धों, शैवों, जैनियों एवं वैष्णवों की पारस्परिक प्रतिद्वद्विता का माध्यम काव्य बन गया; इनमें से प्रत्येक अपने धर्म का संदेश रोचक एवं आकर्षक शैली में जनता तक पहुँचाने के लिये काव्यात्मकता को अपनाने लगा। बारहवीं शताब्दी तक इनका पारस्परिक द्वन्द्व ही शांत नहीं हो पाया था कि इनकी प्रतिद्वन्द्विता में एक नया धर्म और उपस्थित हो गया, वह था—इस्लाम। इस्लाम के प्रचारक सदा से कलम में नहीं अपितु तलवार में विश्वास रखते आये हैं; अतः उन्होंने साहित्य के स्थान पर बल-प्रयोग को ही अपना साधन बनाया किन्तु भारत के परम्परागत धर्मों के उन्नायकों ने उनका सामना वाणी और कलम से ही किया। इस्लाम के संघर्ष ने भारतीय धर्म-प्रचारकों को पराजित एवं निराश नहीं किया अपितु उन्हें नई चेतना, नई स्फूर्ति एवं नया कार्य-क्षेत्र प्रदान किया। जो विद्वान् नवागंतुकों की राजनीतिक विजय को ही इस्लाम की विजय मान लेते हैं, वे यहाँ बहुत बड़ी भूल करते हैं। वास्तविकता यह है कि इस्लाम की तलवार ने भले ही हिन्दुओं को सत्ताहीन कर दिया हो, या उसके नेताओं के शरीर को छीन लिया हो, किन्तु इससे उनकी मानसिक चेतना, नैतिक बल एवं धर्मपरायणता ने पराजय स्वीकार नहीं की थी अपितु वह और अधिक संगठित एवं सबल रूप में उद्बुद्ध एवं जागृत हो उठी थी। जिस प्रकार अंग्रेजों के दमन ने भारतीय नेताओं के देश-प्रेम को अधिक सबल एवं सुदृढ़ बनाया तथा चीन के पिछले आक्रमण ने हमारी अर्द्ध-सुषुप्त राष्ट्रीयता को पुनः झकझोर दिया, लगभग वैसे ही मध्यकाल में जब-जब मुस्लिम आक्रान्ताओं ने भारतीय धर्मों पर आक्रमण किया, तब-तब भारत का धर्म-रक्षा-आन्दोलन अधिक सुदृढ़ एवं सबल हो गया; रामानन्द से लेकर गुरु गोविंदसिंह तक तथा महाराणा प्रताप से लेकर वीर शिवाजी तक के विभिन्न हिंदू नेताओं के धार्मिक संघर्ष, आत्म-त्याग एवं बलिदान की शताधिक गौरवपूर्ण घटनाएँ

इस तथ्य को प्रमाणित करती हैं। अतः इस धार्मिक आन्दोलन को पराजय का प्रतीक मानना, एक शुद्ध भ्रान्ति के अतिरिक्त और कुछ नहीं है।

इस धार्मिक आन्दोलन को ठोस आधार, सुदृढ़ संरक्षण एवं व्यापक नेतृत्व प्रदान करने का श्रेय दक्षिण भारत को है। जिस समय उत्तर भारत में संस्कृति एवं धर्म की परम्पराएँ पतनोन्मुखी होकर विधर्मियों के आघातों से क्षत-विक्षत हो रही थीं, उस समय दक्षिण-भारत में वे हिन्दू राजाओं के आश्रय में अपने चरम वैभव की ओर अग्रसर हो रही थीं। जब ग्यारहवीं-बारहवीं शताब्दी में उत्तर भारत में हिन्दू राज्य खण्ड-खण्ड होकर विनाशोन्मुख हो रहे थे, तब दक्षिण में चोल साम्राज्य की विजय-पताका न केवल दक्षिण भारत से लेकर बंगाल तक अपितु सिंहल, अंडमान, मलाया, जावा एवं कम्बोज तक फहरा रही थी। इस साम्राज्य के नष्ट हो जाने पर आगे विजयनगर में एक अन्य हिन्दू राज्य (१३३६-१५६५) की प्रतिष्ठा हुई। इस प्रकार दक्षिण के विभिन्न हिन्दू राज्यों के आश्रय में भारतीय संस्कृति एवं भारतीय धर्म नयी चेतना एवं नयी शक्ति से तेजोद्दीप्त हो रहे थे। वस्तुतः वे उस शक्ति का सञ्चय कर रहे थे, जिसके बल पर वे आगे उत्तरी भारत को उसके धार्मिक पतन से बचा सकें। आठवीं शती से लेकर सोलहवीं शती तक भारतीय धर्म और दर्शन के क्षेत्र में जिन महापुरुषों ने कार्य किया उनमें बहुसंख्यक का आविर्भाव दक्षिण में ही हुआ था; यथा—शंकराचार्य, रामानुजाचार्य, निम्बार्क, माध्व, सायण, बल्लभ आदि। इन मनीषियों ने परम्परागत धर्म एवं दर्शन की नयी-नयी व्याख्याएँ प्रस्तुत करके समस्त भारत की हिन्दू जनता को धार्मिक नेतृत्व प्रदान किया। अस्तु, यह निःसकोच कहा जा सकता है कि मुस्लिम आक्रमण के विरुद्ध उत्तरी भारत में धार्मिक आन्दोलन की जो नयी लहर चली, उनका पृष्ठपोषण, प्रवर्त्तन एवं पथ-प्रदर्शन सामान्यतः दक्षिण के नेताओं द्वारा हुआ।

१०१. **भक्ति आन्दोलन का विकास-क्रम** मनोवैज्ञानिक एवं व्यावहारिक दृष्टि से भारतीय धर्म-साधना के सामान्यतः तीन पक्ष निर्धारित किये जाते हैं (१) ज्ञान-प्रधान साधना। (२) कर्म-प्रधान साधना और (३) भावना-प्रधान साधना। इन्हें क्रमशः ज्ञान-योग, कर्म-योग एवं भक्ति-योग की संज्ञा दी गई है। भारतीय इतिहास में तीनों पक्षों का ही समुचित विकास दृष्टिगोचर होता है, जहाँ उपनिषदों का चिन्तन एवं बौद्धों का सम्यक् ज्ञान प्रथम पक्ष के सर्वोत्कृष्ट रूप को प्रस्तुत करता है, वहाँ वैदिक कर्म-काण्ड एवं रामायण का कर्त्तव्य-प्रधान धर्म दूसरे पक्ष के चरम विकास को सूचित करता है। आगे चल कर, जबकि समाज का दृष्टिकोण भी ज्ञान एवं कर्म के स्थान पर भावना की ओर अधिक उन्मुख हो गया तो भावना-प्रधान धर्म का विकास हुआ, जिसे सामान्यतः 'भक्ति आन्दोलन' के नाम से भी पुकारा जाता है। पीछे हमने जिस धार्मिक आन्दोलन की चर्चा की है, वह भी इसी श्रेणी में आता है; अतः इसके विकास-क्रम को यहाँ अधिक विस्तार प्रस्तुत किया जाता है।

भक्ति-आन्दोलन के सम्बन्ध में सबसे पहले हमें दो बातें स्पष्ट कर लेनी चाहिए। एक तो यह कि 'भक्ति' शब्द का प्रयोग यहाँ उसके सही या वास्तविक अर्थ में बहुत कम हुआ है। मनोवैज्ञानिक दृष्टि से 'भक्ति' शब्द उस विशेष भावनानुभूति को सूचित करता है जिसमें किसी के प्रति श्रद्धा और प्रेम के मिश्रित भाव का विकास होता है। इन दोनों—श्रद्धा और प्रेम के मिश्रण के अभाव में जिस भाव का अनुभव होता है, उसे 'भक्ति' का नाम देना शास्त्रीय एवं मनोवैज्ञानिक दृष्टि से असंगत है। किंतु भाषा-विज्ञान के अनुसार शब्दों के अर्थ भी, उनके प्रयोग के साथ-साथ परिवर्तित, विकसित या विकृत होते रहते हैं; अतः ज्यों-ज्यों हमारी धार्मिक भावनाओं में परिवर्तन हुआ, त्यों-त्यों 'भक्ति' शब्द का अर्थ भी उसी के अनुरूप परिवर्तित होता रहा। उदाहरण के लिए इस आन्दोलन में कई ऐसे रूपों का भी विकास हुआ जिनमें या तो कोरी श्रद्धा रह गई है या उसकी परिणति कोरी प्रेम एवं कोरी रसिकता में हो गई है, फिर भी उसे रूढ़िवश 'भक्ति' की संज्ञा दी जाती है, यद्यपि यह शास्त्रीय दृष्टि से असंगत एवं भ्रमोत्पादक है। अधिक अच्छा यह है कि इस आन्दोलन को हम 'भक्ति-आन्दोलन' के स्थान पर 'धार्मिक आन्दोलन' के नाम से पुकारें, जिससे इसमें तत्सम्बन्धी सभी रूपों का समावेश सुसंगत रूप में किया जा सके।

इस आन्दोलन के विकास के सम्बन्ध में दूसरी बात यह ध्यान में रखना चाहिए कि इसका अभ्युत्थान केवल एक बार ही नहीं हुआ अपितु विभिन्न परिस्थितियों एवं विभिन्न युगों में इसके उत्थान की अनेक लहरें क्रमशः आईं और गईं तथा उन्हीं लहरों में से एक लहर हमारे मध्यकालीन साहित्य से सम्बन्धित है। सबसे पूर्व इस भाव-प्रधान धर्म का अभ्युत्थान वैदिकयुगीन कर्म-काण्ड एवं उपनिषदों के सूक्ष्म बौद्धिक चिन्तन के विरुद्ध महाभारत-काल में गीता के रचयिता श्रीकृष्ण के द्वारा हुआ था, जिन्होंने किसी भी कर्म मूल्यांकन का आधार उसकी ऊपरी क्रिया को या उसके स्थूल फल को न मानकर उसकी अन्तर्निहित भावना को माना। हमारे बाह्य कर्म अन्ततः हमारी भावनाओं से चालित होते हैं, किसी भी कर्म का चाहे वह छोटा हो या बड़ा—महत्त्व इस तथ्य में निहित है कि उसके पीछे हमारी भावना क्या है? इस प्रकार भागवत गीता एवं महाभारत के शान्तिपर्व में पहली बार इस भावना-प्रधान धर्म की महत्ता का प्रतिपादन खुलकर हुआ है तथा इसे इसी आधार पर 'भागवत धर्म' की संज्ञा दी गई है। कृष्ण की जाति के आधार पर इसे 'सात्त्वत' मत भी कहते हैं, किन्तु 'भागवत' एवं 'सात्त्वत' दोनों का ही सम्बन्ध वासुदेव कृष्ण से है; अतः इन्हें अभिन्न माना जाता है।

इस भागवत धर्म को आगे चलकर बौद्ध धर्म एवं जैन-धर्म से भी संघर्ष करना पड़ा। ये दोनों धर्म अपनी सरलता एवं व्यावहारिकता के कारण जन-साधारण में अधिक लोकप्रिय होते जा रहे थे। इस स्थिति का सामना करने के लिए कदाचित् हिन्दू-धर्म की इस शाखा—भागवत धर्म—के उन्नायकों ने ईश्वर के अवतारवाद.

उसकी लौकिक लीलाओं, आकर्षक क्रीड़ाओं तथा उसके लोक-रक्षक रूपों का विकास पौराणिक साहित्य के माध्यम से किया। साथ ही धर्म को और अधिक आकर्षक एवं व्यावहारिक बनाने के लिए भव्य मन्दिरों, सुन्दर मूर्तियों एवं पूजा-पाठ की सरल विधियों का भी प्रचार हुआ। इस नये विकसित रूप को सामान्यतः पौराणिक धर्म कहते हैं, जिसका चरमोत्थान गुप्तवंशीय सम्राटों के आश्रय में दृष्टिगोचर होता है।

सातवीं-आठवीं सती में भारत में बौद्ध-धर्म विशेष प्रभावशाली नहीं रह गया। वह स्वयं अनेक शाखा-प्रशाखाओं में विभक्त होकर विकृत एवं क्षीण हो गया था, ऐसी स्थिति में शंकराचार्य (नवीं शती) ने पुनः वैदिक धर्म के अभ्युत्थान तथा ज्ञान या चिन्तनप्रधान धर्म की प्रतिष्ठा का प्रयास किया। उन्होंने उपनिषदों की परम्परागत विचारधारा की ओर अधिक स्पष्ट और नवीन रूप में व्याख्या करते हुए उस अद्वैतवाद का प्रचार किया जो भक्ति मत के प्रतिकूल पड़ता है। दूसरी ओर बौद्ध-धर्म की ही एक विकृत शाखा सहजयानी सिद्धों की परम्परा में एक नया मोड़ नाथ-पंथी योगियों द्वारा उपस्थित हुआ। नाथ पंथ के प्रवर्त्तक गुरु गोरखनाथ पहले कदाचित् सहजयान में दीक्षित थे, किन्तु उन्होंने इस सम्प्रदाय की तत्कालीन कुत्सित प्रवृत्तियों के विरोध में अपना नया पंथ प्रवर्तित किया, जिसमें शिव की आराधना एवं हठ योग की पद्धतियों को स्वीकार किया गया। इस प्रकार उत्तर भारत में बौद्ध धर्म का पतन होते ही पुनः हिन्दू धर्म के ज्ञानमार्गी एवं योगमार्गी रूपों का नवोत्थान होने लगा। पर दूसरी ओर इससे पूर्व ही पौराणिक धर्म की कुछ परम्पराएँ दक्षिण भारत में पहुँच चुकी थीं तथा उन्हें वहाँ एक ओर विभिन्न हिन्दू राजाओं का तथा दूसरी ओर आलवार भक्तों का संरक्षण प्राप्त हो गया था, जिसके संरक्षण में भक्ति का पौधा क्रमशः अधिकाधिक पल्लवित, पुष्पित एवं विकसित होता गया। उन्होंने न केवल उसकी पूर्ववर्ती चेतना को जागृत रखा अपितु नवीन परिस्थितियों से उत्पन्न विरोधी तत्त्वों का भी सामना दृढ़तापूर्वक किया।

जब किसी भी जाति, धर्म या सम्प्रदाय पर बाहर से आक्रमण होते हैं तं. उसका एक परिणाम यह होता है कि उनके आंतरिक द्वन्द्व एवं विरोध प्रायः शान्त हो जाते हैं, जिससे कि वह बाह्य आक्रमण का सामना कर सके। यदि ऐसा नहीं होता तो वह जाति, धर्म व सम्प्रदाय पराजित एवं नष्ट हो जाता है। इस्लाम के बाह्य आक्रमण के विरुद्ध हिन्दू राजाओं ने अपने आन्तरिक या पारस्परिक द्वन्द्व को नहीं छोड़ा; फलतः उनकी सत्ता नष्ट हो गई, किन्तु हिन्दू धर्म के उन्नायकों ने अवश्य आन्तरिक कलह को भूल कर इस्लाम के विरुद्ध संयुक्त आन्दोलन संगठित किया। यही कारण था कि इस समय ज्ञान, योग एवं भक्ति का पारस्परिक द्वन्द्व दृष्टिगोचर नहीं होता। आगे चलकर सोलहवीं-सत्रहवीं शती में, जबकि बाह्य दबाव कम हो गया था, भक्ति के समक्ष ज्ञान एवं योग की हीनता दिखाने की प्रवृत्ति अवश्य दृष्टिगोचर होती है।

इस प्रकार हम देखते हैं कि यह आन्दोलन सर्वथा नया नहीं था। इसकी अनेक प्रवृत्तियाँ इससे पहले वैदिक कर्म-काण्ड व उपनिषदों के सूक्ष्म ज्ञान तथा बौद्ध-जैन धर्म की प्रतिक्रिया-स्वरूप क्रमशः उभर चुकी थीं, जबकि यह नयी लहर मुख्यतः इस्लाम की प्रतिक्रिया-स्वरूप उद्वेलित हुई थी। कुछ लोग इसे इस्लाम से अप्रभावित मानते हुए तर्क देते हैं कि इस्लाम का आगमन पहले उत्तर भारत में हुआ था जबकि यह लहर पहले दक्षिण भारत में उठी थी। इस सम्बन्ध में हमारा निवेदन है कि एक तो यह लहर इस्लाम की अनुवर्ती नहीं थी, उसकी प्रतिवर्ती (प्रतिकूलित) थी, दूसरे धार्मिक दृष्टि से उस समय का दक्षिणी भारत उत्तरी भारत से इतना विच्छिन्न नहीं था कि जिससे उसे उत्तर की स्थिति का पता ही न हो। उत्तरी भारत को इस्लाम के मुँह में आते देखकर दक्षिण के शक्तिशाली नेताओं का उसे बचाने के लिए दौड़ना अस्वाभाविक नहीं कहा जा सकता। उस समय दक्षिण भारत ही हिन्दू धर्म एवं हिन्दू संस्कृति क गढ़ था; अतः उसी के नेतृत्व की आशा की जा सकती थी। वस्तुतः हुआ भी यही; इस युग में जिन-जिन प्रमुख व्यक्तियों ने उत्तर का धार्मिक नेतृत्व किया, उनमें रामानुजाचार्य, निम्बार्क, मध्वाचार्य, राघवाचार्य, बल्लभाचार्य आदि सभी प्रायः दक्षिण से आये थे। अतः राजनीतिक दृष्टि से भले ही उस समय उत्तर भारत दक्षिण से भिन्न हो, किन्तु धार्मिक दृष्टि से वह अब भी एक था, इसलिए एक हिस्से पर होने वाले आक्रमण की प्रतिक्रिया दूसरे शक्तिशाली हिस्से में होनी अस्वाभाविक नहीं थी। अतः हमें यह स्वीकार करने में कोई संकोच न करना चाहिए कि इस धार्मिक आन्दोलन की मूल शक्ति शताब्दियों पूर्व से संचित थी तथा उसका आविर्भाव एवं विकास भी बहुत पूर्व हो चुका था। किन्तु उसकी यह नई लहर मुस्लिम आक्रमण की प्रतिक्रिया-स्वरूप, उसके विरुद्ध दक्षिण से उठकर आई थी। इसका तात्पर्य यह नहीं है कि इस लहर के उद्वेलन का सारा श्रेय इस्लाम की प्रतिक्रिया को ही है। यदि इस्लाम न आया होता तो भी अपनी सहज चाल और मन्द गति से यह आन्दोलन चलता रहता, या यह भी सम्भव था कि उस स्थिति में यह अनेक शाखाओं में फूट कर पारस्परिक द्वन्द्व में लीन हो जाता, किन्तु इस्लाम की प्रतिक्रिया ने इसकी शक्ति को अधिक उद्दीप्त, इसके संगठन को अधिक सुदृढ़ एवं इसकी गति को अधिक तरंगित व त्वरित कर दिया। अतः इस्लाम की प्रतिक्रिया को—प्रभाव को नहीं—इस सम्बन्ध में न्यूनाधिक श्रेय देना आवश्यक है।

● १०.२. **भक्ति-आन्दोलन के विकास की दिशाएँ**—इस आन्दोलन के नवयुगीन विकास को स्पष्ट करने के लिए इसे मुख्यतः चार दिशाओं में विभक्त किया जा सकता है (१) दार्शनिक आधार का विकास, (२) भक्ति-भावना के स्वरूप का विकास, (३) साहित्य-शास्त्रीय आधार का विकास, (४) साहित्यिक परम्पराओं का विकास। इन चारों पर यहाँ क्रमशः विचार किया जाता है।

(क) दार्शनिक आधार का विकास—यद्यपि यह आन्दोलन ज्ञान की अपेक्षा भावना को अधिक महत्त्व प्रदान करता है, फिर भी भावना-प्रधान धर्म के औचित्य

को सिद्ध करने एवं उसका व्यावहारिक रूप निर्धारित करने के लिए उसे एक सुदृढ़ दार्शनिक आधार की अपेक्षा थी। एक विशेष कारण यह भी था कि आठवीं शती में शंकराचार्य ने अद्वैत सिद्धान्त की पुष्टि करके पौराणिक भक्ति-मार्ग के औचित्य पर प्रश्नवाचक चिह्न लगा दिया था, जब आत्मा और परमात्मा एक ही है, तो एक-दूसरे के भक्ति का विचार ही अव्यावहारिक सिद्ध हो जाता है। यद्यपि भावात्मक धर्म की प्रतिष्ठा इससे पूर्व भगवत्‌गीता में भलीभाँति हो चुकी थी किन्तु शंकराचार्य ने उसकी भी नयी अद्वैतवादी व्याख्या प्रस्तुत कर दी थी। ऐसी स्थिति में पौराणिक भक्ति-मत को बचाने के लिये सबसे पहली आवश्यकता इस बात की थी कि अद्वैत-वाद का खण्डन करते हुए किसी ऐसे दार्शनिक सिद्धान्त की प्रतिष्ठा की जाती जो भक्ति-मत का आधार बन सकता। इस लक्ष्य को ध्यान में रखकर दक्षिण के अनेक आचार्यों ने अपने-अपने दृष्टिकोण से प्रयास किये, जिनके परिणामस्वरूप अनेक ऐसे दार्शनिक सिद्धान्तों का विकास हुआ जो परस्पर भिन्न होते हुए भी शंकर के अद्वैत का खण्डन किसी न किसी रूप में अवश्य करते हैं तथा भक्ति के औचित्य को सिद्ध करते हैं। इस सम्बन्ध में प्रारम्भिक प्रयास करने का श्रेय श्री-सम्प्रदाय के प्रथम आचार्य रघुनाथाचार्य या नाथ मुनि को है, जिनका आविर्भाव त्रिचिनापल्ली के निकट श्रीरंगम् में नवीं शताब्दी ईस्वी में हुआ था। उन्होंने जहाँ दक्षिण के आलवार भक्तों के लगभग चार हजार पदों को संकलित करके 'प्रबन्धम्' का सम्पादन किया, वहाँ 'न्यायतत्त्व' नामक एक दर्शन सम्बन्धी पुस्तक भी संस्कृत में लिखी थी। आगे चलकर इन्हीं के पौत्र तथा श्री-सम्प्रदाय के चतुर्थ आचार्य यमुनाचार्य (९१६-१०४० ई०) ने 'सिद्धित्रय', 'आगम प्रामाण्य', 'गीतार्थ संग्रह' आदि दार्शनिक ग्रन्थों की रचना की। जिनमें क्रमशः शंकराचार्य के मत का खण्डन, भागवत धर्म का प्रतिपादन तथा गीता की भक्तिपरक व्याख्या प्रस्तुत की। उनकी प्रबल इच्छा थी कि वे अपने मतानुसार ब्रह्मसूत्रों को भी नई व्याख्या प्रस्तुत करते; क्योंकि शंकराचार्य के मूल सिद्धान्त ब्रह्मसूत्रों की ही अद्वैतवादी व्याख्या पर आधारित है। यह कार्य उनके उत्तराधिकारी आचार्य श्री रामानुज (१०१७-११३७ ई०) के द्वारा सम्पन्न हुआ। उन्होंने अपने ग्रंथों — 'वेदान्त सार', 'वेदार्थ संग्रह', वेदान्त दीप', 'गीताभाष्य' आदि —में न केवल ब्रह्मसूत्रों एवं गीता की नयी व्याख्या प्रस्तुत की, अपितु अनेक स्वतन्त्र ग्रन्थों की भी रचना की जिनमें श्री-सम्प्रदाय के सिद्धान्तों को सुस्पष्ट एवं सुसंगत रूप में प्रतिष्ठित किया गया है। इस सम्प्रदाय के आचार्यों द्वारा विकसित सिद्धान्तों को 'विशिष्टाद्वैतवाद' की संज्ञा दी जाती है। विशिष्टाद्वैत के अनुसार आत्मा और परमात्मा, जीव और ब्रह्म मूलतः एक ही हैं किन्तु फिर भी वे दोनों शक्ति एवं गुण की दृष्टि से समान नहीं हैं, उनकी स्थिति में विशेष अन्तर है। जिस प्रकार आग और चिन्गारी तथा समुद्र और बूंद मूलतः एक होते हुए भी शक्ति एवं गुण की दृष्टि

---

१. वैष्णव धर्म : परशुराम चतुर्वेदी, पृ० ७९।

से असमान हैं, वैसे ही ब्रह्म और जीव असमान हैं। जीव ब्रह्म का ही अंश है तथा अन्त में ब्रह्म में लीन हो जाता है, किन्तु बीच की स्थिति में वह अपनी लघुता, हीनता एवं संकीर्णता का अनुभव करता है जो वास्तविक है न कि अवास्तविक या भ्रामक है। शंकर के अद्वैतवाद के अनुसार जीव की यह हीनता मायाजन्य अज्ञान या भ्रान्त पर आश्रित है जबकि रामानुज ने इसे वास्तविकता के रूप में स्वीकार किया है। अपनी अल्प-शक्ति के कारण ही जीव को ब्रह्म पर आश्रित रहना पड़ता है तथा ऐसी स्थिति में यदि वह अपने से अधिक शक्तिशाली की भक्ति करे तो उसमें दोष ही क्या है? इसी प्रकार जगत् भी ब्रह्म से या ब्रह्म के द्वारा ही निर्मित उसका एक अंश है, जिसे मिथ्या नहीं कहा जा सकता। यदि ब्रह्म सत् है तो उसी से उत्पन्न जीव एवं जगत् को असत् कहना तार्किक दृष्टि से भी असंगत है। क्योंकि सत्य में से असत्य की सृष्टि कैसे सम्भव है।

अस्तु, विशिष्टाद्वैत के अनुसार ब्रह्म की अभिव्यक्ति विभिन्न रूपों में होती है, तथा जीव और जगत भी उसी अभिव्यक्ति के कुछ रूप हैं। जगत् की सृष्टि माया या भ्रम के कारण नहीं होती अपितु लीला या आनन्द के निमित्त होती है। प्रत्येक पदार्थ अपनी शक्ति की अभिव्यक्ति किसी न किसी रूप में करता है। चेतन प्राणी इसी अभिव्यक्ति में चरम आनन्द की अनुभूति प्राप्त करते हैं; अतः ब्रह्म का भी केवल अभिव्यक्त-जन्य आनन्द के लिये सृष्टि का निर्माण (विकास) करना अयुक्तियुक्त नहीं कहा जा सकता। इस सृष्टि सेशंकर या मायावी ब्रह्म—जीवों को भ्रम में डालने वाला ब्रह्म—रामानुज के यहाँ कलाकार सिद्ध हो जाता है जो आत्माभिव्यक्ति के आनन्द के लिए अपनी कला या लीला का प्रदर्शन करता है।

श्री-सम्प्रदाय के अनन्तर दूसरा सम्प्रदाय सनक-सम्प्रदाय है जिसके आचार्यों ने द्वैताद्वैत सिद्धान्त की स्थापना करते हुए उपर्युक्त लक्ष्य की पूर्ति का प्रयास किया। इस सम्प्रदाय के सबसे अधिक शक्तिशाली आचार्य निम्बार्क (१११४-११६२ ई०) हुए जिन्होंने ब्रह्मसूत्रों का नया भाष्य 'वेदान्त पारिजात सौरभ' तथा 'दशश्लोकी ग्रन्थ' की रचना की। आगे चलकर श्री निवास एवं पुरुषोत्तमाचार्य ने इन ग्रन्थों की टीकाएँ लिखकर इनके सिद्धान्तों को और अधिक स्पष्ट किया है। निम्बार्क के द्वैताद्वैतवाद के अनुसार ब्रह्म और जीव का सम्बन्ध न तो सर्वथा अद्वैतवादी है और न ही सर्वथा द्वैतवादी। जब तक ब्रह्म और जीव पृथक् हैं तब तक वे दो (द्वैत) हैं, किन्तु जब जीव ब्रह्म में लीन हो जाता है तब वे पुनः अद्वैत स्थिति को प्राप्त हो जाते हैं। अतः द्वैत एवं अद्वैत —दोनों स्थितियों को स्वीकार किया जाना चाहिए, यही द्वैताद्वैत का प्रतिपाद्य है। द्वैतावस्था में जीव को ब्रह्म की प्राप्ति के लिए भक्ति का साधन अपनाना चाहिए। इस सम्प्रदाय में राधा-कृष्ण की ही उपासना को स्वीकार किया गया है तथा इसका सर्वाधिक प्रचार ब्रह्म-मण्डल एवं बंगाल में हुआ है।

उपर्युक्त सम्प्रदाय के लगभग साथ-साथ ही ब्रह्म-सम्प्रदाय का उत्थान हुआ जिसके प्रवर्त्तक मध्वाचार्य थे। इनका आविर्भाव उड़ीपी (दक्षिण भारत) के निकट ११९७ ई० में हुआ था। इन्होंने प्रारम्भ में अद्वैतवाद एवं विशिष्टाद्वैत का गूढ़ अध्ययन किया किन्तु आगे चलकर अपने निजी सिद्धान्त की स्थापना की जो 'द्वैतवाद' के नाम से प्रसिद्ध है। मध्वाचार्य ने ब्रह्मसूत्र, गीता उपनिषदादि की नयी व्याख्या करते हुए कुल सैंतीस ग्रन्थों की रचना की जो इनके दृष्टिकोण की मौलिकता एवं तार्किकता के परिचायक हैं। मध्व के अनुसार मूलतः तो एक विष्णु ही अविनाशी ब्रह्म हैं किन्तु शेष सृष्टि तथा जीव ब्रह्म से उत्पन्न हैं। ब्रह्म स्वतन्त्र है जबकि जीव परतन्त्र। दोनों में शक्ति और गुण की दृष्टि से जो अन्तर है वह सर्वथा सत्य है; अतः दोनों को एक नहीं माना जा सकता। एक बार ब्रह्म से उत्पन्न होने पर जीव पुनः ब्रह्म में लीन हो सकता है। जिस प्रकार वृक्ष से अलग होकर पत्ता सदा के लिए पृथक् हो जाता है, उसी प्रकार जीव भी ब्रह्म से अलग सत्ता प्राप्त कर लेता है। ब्रह्म कारण है तो जीव कार्य है; अतः तार्किक दृष्टि से भी दोनों की एकात्मक स्थिति सम्भव नहीं। फिर भी जीव ब्रह्म की आराधना व भक्ति करता हुआ उसकी कृपा से उसके साक्षात्कार एवं नैकट्य का आनन्द प्राप्त कर सकता है। इस प्रकार द्वैतवाद के अनुसार जीव का लक्ष्य अन्ततः अपनी सत्ता को सर्वथा ब्रह्म में विलीन कर देना नहीं है अपितु उसके अधिकाधिक निकट पहुँचना है—इसी को 'मुक्ति' माना गया है। इस मुक्ति के भी अनेक स्तर-भेद हैं—यथा, सालोक्य-प्राप्ति, सामीप्य-प्राप्ति, सारूप्य-प्राप्ति, सायुज्य-प्राप्ति। सायुज्य-प्राप्ति में जीव ब्रह्म का अधिकतम नैकट्य प्राप्त कर लेता है, किन्तु वह उसमें सदा के लिए विलीन नहीं होता। इस प्रकार अन्य सिद्धान्तों की अपेक्षा द्वैतवाद शंकराचार्य के मत के अधिक प्रतिकूल तथा भक्तिमत से अधिक अनुकूल पड़ता है; क्योंकि जहाँ विशिष्टताद्वैत एवं द्वैताद्वैत में आंशिक रूप से अद्वैत को स्वीकार कर लिया गया है, वहाँ इसमें उसका पूर्ण निषेध है।

अद्वैत-विरोधी दार्शनिक परम्परा का सर्वोत्कृष्ट विकास आगे चलकर बल्लभाचार्य (१४७९-१५३०) के द्वारा स्थापित शुद्धाद्वैतवाद में दृष्टिगोचर होता है। इसमें शंकर के अद्वैत का खंडन अद्वैत की सत्ता को अस्वीकार करके नहीं किया गया अपितु यह कहकर किया गया कि स्वयं शंकर का अद्वैत ही शुद्ध अद्वैत नहीं है। जब शंकराचार्य मानते हैं कि ब्रह्म सत्य और जगत् मिथ्या है, दोनों भिन्न प्रकृति के हैं; तो इसका तात्पर्य हुआ कि संसार में दो प्रकार की सत्ताएँ हैं। यह स्थिति अद्वैतवाद की अपेक्षा द्वैतवाद के अधिक अनुकूल है। इस प्रकार के शंकर अद्वैतवाद को अशुद्ध या दोषपूर्ण सिद्ध करते हुए आचार्य बल्लभ ने शुद्ध अद्वैतवाद (शुद्धाद्वैतवाद) की स्थापना की, जिसके अनुसार ब्रह्म, जीव और जगत्—तीनों मूलतः एक हैं। जब ब्रह्म को लीला करने की इच्छा होती है तो वह अपने-आपको ही जीव और जगत् के रूप में व्यक्त करता है। ब्रह्म में तीन सामान्य गुण हैं - सत्, चित्, आनन्द। जीव

और जगत् में भी वे तीनों गुण मूलतः विद्यमान हैं किन्तु वे सदैव प्रकट या जागृत रूप में नहीं रहते। जीव में आनन्द गुण तिरोहित या सुषुप्त हो जाता है, जब कि जगत् (जड़ सृष्टि) में चैतन्य और आनन्द दोनों गुण तिरोहित हो जाते हैं। ईश्वर की अनुकम्पा या पुष्टि प्राप्त होने पर जीव में पुनः आनन्द गुण जागृत हो सकता है। इस प्रकार जीव और ब्रह्म, आत्मा और परमात्मा में तात्त्विक दृष्टि से तो कोई अन्तर नहीं है किन्तु शक्ति के परिमाण एवं तत्त्वों की सक्रियता की दृष्टि से अन्तर अवश्य है, जो अस्थायी है। माया को भी इस मत में ब्रह्म की इच्छाभक्ति या लीला के रूप में स्वीकार किया गया है। वस्तुतः यह मत अद्वैतवाद का एक ऐसा संशोधित एवं वैज्ञानिक रूप है जो भक्ति-मार्ग के अनुकूल पड़ता है। हम इसे वेदान्त सम्बन्धी चिन्तन-परम्परा की चरम उपलब्धि मान सकते हैं। इसके पश्चात् इस क्षेत्र में कोई नया महत्वपूर्ण प्रयास नहीं हुआ।

जहाँ उपर्युक्त सिद्धान्तों—विशिष्टाद्वैत, द्वैताद्वैत, द्वैत, शुद्धाद्वैत—में अद्वैतवाद का खंडन करके उसे भक्ति के अनुकूल बनाया गया, वहाँ कुछ आचार्यों ने बिना ऐसा किये ही अद्वैत और भक्ति दोनों को समन्वित कर दिया। विशेषतः महानुभाव पंथ, वारकर-सम्प्रदाय, कबीर-पंथ, दादू-पंथ, सिक्ख-धर्म आदि में ऐसा मिलता है। इन सबको सामान्य रूप से 'संत मत' का नाम दिया जा सकता है। 'संत मत' के चिंतकों एवं पोषकों ने परम्परागत ग्रन्थों को आधार न बनाकर स्वतन्त्र रूप में ही अपने विचारों का प्रतिपादन किया है। वस्तुतः संतों की पद्धति भी दार्शनिक न होकर व्यावहारिक एवं काव्यात्मक है; उन्होंने दर्शन-शास्त्र के रूप में अपने सिद्धान्तों को प्रस्तुत न करके सामान्य विचारों एवं अनुभूतियों के रूप में व्यक्त किया है; अतः उनसे दार्शनिक पद्धति की अपेक्षा भी नहीं की जा सकती।

शुद्धाद्वैतवाद एवं बल्लभ-संप्रदाय का हिन्दी काव्य से सीधा सम्बन्ध है; अतः इन पर और अधिक प्रकाश आगे यथा-स्थान डाला जायेगा। यहाँ इतना ही कहना पर्याप्त होगा कि मध्यकाल के धार्मिक आन्दोलनों को आगे बढ़ाने एवं उनकी सुदृढ़ दार्शनिक पीठिका तैयार करने में इन सभी सम्प्रदायों का बहुत-कुछ योगदान रहा। वस्तुतः इनके रूप में भारतीय-चिन्तन-परम्परा में अपनी ह्रासोन्मुखी अवस्था में भी अपनी उर्वरता एवं मौलिकता का एक उत्कृष्ट प्रमाण प्रस्तुत किया, जो हमारे लिए गर्व की वस्तु है।

(ख) भक्ति-भावना के स्वरूप का विकास— जैसा कि अन्यत्र संकेत किया गया है, भक्ति-भावना का मूल एवं यथार्थ रूप तो श्रद्धा-समन्वित प्रेम ही है। इस तथ्य को एक ओर तो भक्ति-शास्त्र के प्राचीन आचार्यों ने स्वीकार किया है तो दूसरी ओर आधुनिक युग के विद्वानों ने भी मान्यता दी है। गीताकार ने लिखा है—'मय्यर्पित-मनोबुद्धियों मद्भक्तः स मम प्रियः' अर्थात् जिसने मुझे अपना मन और बुद्धि अर्पित कर दी, वह भक्त मुझे प्रिय है। मन और बुद्धि का अर्पण यहाँ क्रमशः प्रेम और श्रद्धा

का सूचक है। इसी प्रकार नारद ने भी अपने भक्ति-सूत्र में प्रेम और माहात्म्य-ज्ञान (श्रद्ध)--दोनों पर बल देते हुए कहा है -'सा त्वस्मिन् परमप्रेम-रूपा, अमृत-स्वरूपा च, तत्रापि माहात्म्यज्ञानविस्मृत्यपवादः तद्विहीनं जाराणामिव' अर्थात् वह (भक्ति) ईश्वर के प्रति परमरूपा और अमृत-स्वरूपा है फिर भी माहात्म्य-बोध (श्रद्धा) का विस्मरण नहीं होना चाहिए अन्यथा वह व्यभिचारियों के प्रेम तुल्य हो जायेगी। आगे चलकर आचार्य बल्लभ ने भी नारद के इस कथन का अनुमोदन किया है तथा आधुनिक युग के श्रेष्ठ आलोचक आचार्य रामचन्द्र शुक्ल ने भी भक्ति की परिभाषा करते हुए लिखा है—'श्रद्धा और प्रेम के योग का नाम भक्ति है।' अस्तु, श्रद्धा और प्रेम का सम्मिश्रण भक्ति के लिए अनिवार्य है किन्तु मध्यकाल में भक्ति के जिन विभिन्न रूपों का आविर्भाव एवं विकास हुआ, उन पर यह बात लागू नहीं होती, इसे आगे स्पष्ट किया जाता है।

सर्वप्रथम भक्ति के दो भेद किये गये—रागानुगा और वैधी। भक्ति के प्रत्येक रूप में राग या प्रेम की उपस्थिति अनिवार्य है, अतः 'रागानुगा' विशेषण की कोई आवश्यकता नहीं थी, किन्तु भक्ति से सम्बन्धित प्रेम की स्वच्छन्दता एवं मर्यादा का अन्तर स्पष्ट करने के लिए ही कदाचित् इन दो भेदों की कल्पना की गई। वैधो भक्ति जहाँ शास्त्रीय मर्यादाओं एवं विधि-विधानों को स्वीकार करती है, वहाँ रागानुगा के लिए ऐसा नहीं कहा जा सकता। रामानुगा भक्ति पर विशेष बल सर्वप्रथम भागवत पुराण में दृष्टिगोचर होता है। आगे चलकर विभिन्न संप्रदायों के अन्तर्गत रागानुगा या प्रेम-प्रधान भक्ति को ही अधिक महत्व प्राप्त हुआ तथा वैधी को प्रायः उपेक्षा की दृष्टि से देखा जाता रहा। पन्द्रहवीं शती में चैतन्य संप्रदाय के अनुयायी रूप गोस्वामी ने अपने भक्ति-शास्त्रीय ग्रन्थों में भक्ति के पाँच भेद निर्धारित किये —(१) शान्ता (२) प्रीता (३) प्रेयसी (४) अनुकम्पा और (५) कान्ता। इनसे सम्बद्ध भावनाएँ भी क्रमशः शान्त (बौद्धिक चिन्तनजन्य प्रेमानुभूति), दास्य, सख्य, वात्सल्य एवं माधुर्य के रूप में स्वीकार की गई। इनमें भी माधुर्य भाव को सर्वाधिक महत्व दिया गया। माधुर्य भाव या प्रणय भी दो प्रकार का हो सकता है--स्वीकार रूप में परकीया रूप में। बंगाल में बौद्धों, शाक्तों एवं सहजयानियों के प्रभाव से परकीया भाव को ही अधिक मान्यता प्राप्त थी; अतः चैतन्य संप्रदाय में भी इसी को ग्रहण किया गया। चैतन्य महाप्रभु ने भी 'परकीया भावे अति रसेर उल्लास' कहकर परकीया भाव में भावना की अधिक गम्भीरता स्वीकार की। जब चैतन्य मत का प्रचार ब्रजमण्डल में हुआ तो यहाँ के अन्य संप्रदायों पर भी इसका प्रभाव पड़ा। पुष्टि-संप्रदाय में पहले बालकृष्ण की उपासना प्रचलित थी, पर बाद में राधा-कृष्ण की माधुर्य-प्रधान भक्ति का प्रचलन हो गया। इतना ही नहीं, इसी संप्रदाय के नंददास ने अपनी 'रूप-मंजरी' में उपपति भाव की भक्ति का भी प्रतिपादन किया है जो परकीया भाव का ही दूसरा नाम है। इस प्रकार भक्ति अपने मूल रूप में विच्छिन्न होती हुई विशुद्ध परकीयत्व या उपपतित्व के रूप में परिणत हो गई। पर यह

परिणति अन्तिम परिणति नहीं थी, इसके पश्चात् भी इसकी विकृति की प्रक्रिया चलती रही। राधा-बल्लभ सम्प्रदाय में कृष्ण के स्थान पर नित्य किशोरी राधा को ही आराध्य मानते हुए उसकी संयोग क्रीड़ाओं के चिन्तन-मनन को ही भक्ति का सर्वोत्कृष्ट रूप घोषित किया गया। इसमें परकीया भाव को तो 'ब्रज रस' के रूप में स्वीकार किया गया, किन्तु उसके विरह पक्ष को त्याग दिया गया। आगे चलकर भक्ति की चरम परिणति रसिक-भक्ति में हुई, जिसमें रस-केलि के आनन्द को ही तत्सुखी एवं स्वसुखी भक्ति-भावना के रूप में स्वीकृत किया गया। अस्तु, रागानुगा भक्ति क्रमशः माधुर्य भाव, परकीयत्व, संयोग-सुख में परिणत होती हुई अन्त में विशुद्ध रसिकता के रूप में अवशिष्ट रह गई। भक्ति के इस पतन को देखकर नारद की यह चेतावनी याद आती है कि 'तद्विहीनं जाराणामिव' अर्थात् श्रद्धा के अभाव में वह व्यभिचारियों के प्रेम तुल्य हो जाती है।

मध्यकाल के कुछ संप्रदायों में—विशेषतः रामानन्द के रामावत संप्रदाय में—भक्ति के विशुद्ध एवं मर्यादित रूप का भी प्रचलन रहा। राम के उपासकों ने प्रारम्भ में भक्ति के शुद्ध रूप को ही अपनाया किन्तु जब अन्य संप्रदायों के आचार्यों ने इस रूप को 'दास्य भाव' कहकर लांछित करना आरम्भ कर दिया तथा जन-साधारण भी इसे उपेक्षा की दृष्टि से देखने लगा तो स्वामी अग्रदास तथा अन्य कतिपय आचार्यों ने राम-भक्ति के क्षेत्र में भी माधुर्य भाव एवं रसिकता की प्रतिष्ठा की तथा जब वे इस प्रतिद्वंद्विता में उतरे तो कृष्ण-भक्तों से भी आगे बढ़ गये। राम रसिक शाखा के एक आचार्य बालअली ने तो यहाँ तक दावा किया है कि कृष्ण-भक्ति में तो माधुर्य है ही कहाँ! वास्तविक माधुर्य-भावना तो राम-भक्ति में ही है क्योंकि कृष्ण को तो नायिकायें प्राप्त करने के लिए यत्न करना पड़ता था जबकि राजा होने के कारण राम को अनेक नायिकायें तथा अन्य सुविधायें स्वतः प्राप्त थीं। वे लिखते हैं—

कहाँ तहाँ माधुर्य संवादा। प्रगट ईसता की मरजादा॥

× × ×

ह्वै सुतन्त्र निज महलनि माँही। रमँहि रमावँहि हँसँहि हँसाहीं।

अस्तु, मध्यकाल के अन्तिम युग में भक्ति के महत्व की सबसे बड़ी कसौटी उसकी रसिकता को ही मान लिया गया था जो इसके चरम पतन की सूचक है।

(ग) साहित्य-शास्त्रीय आधार का विकास—जैसा कि अन्यत्र कहा गया है, यह आन्दोलन भावना-प्रधान था; अतः व्यावहारिक दृष्टि से दर्शन की अपेक्षा साहित्य का माध्यम इसके अधिक अनुकूल था। इस आन्दोलन के विभिन्न नेताओं एवं अनुयायियों ने अपनी भावनाओं एवं अनुभूतियों का प्रकाशन काव्यात्मक शैली में किया, किन्तु प्रश्न यह था कि इन्हें साहित्य के किस रस के अन्तर्गत स्थान दिया जाय? रस-सिद्धान्त के पूर्व प्रचलित वर्गीकरण की दृष्टि से इन्हें कहीं स्थान देना

संभव नहीं था। वैसे शान्तरस में भक्तिभाव का समावेश हो जाता है किन्तु यहाँ जिस भक्तिभाव की चर्चा है वह कृष्ण की शृंगारी लीलाओं से सम्बद्ध था; अतः उसे शान्तरस में भी सम्यक् रूप से स्थान नहीं दिया जा सकता था। इस स्थिति को ध्यान में रखते हुए धार्मिक आन्दोलन के कतिपय आचार्यों ने भक्तिरस तथा उसके विभिन्न रूपों की स्थापना साहित्य-शास्त्रीय दृष्टि से की, जिनमें सबसे महत्वपूर्ण नाम चैतन्य-संप्रदाय के अनुयायी रूप गोस्वामी (१६वीं शती) का है, जिन्होंने अपने 'हरि भक्ति रसामृत सिंधु' एवं 'उज्जवल नील-मणि' ग्रन्थों में भक्ति रस की सांगोपांग व्याख्या सोदाहरण प्रस्तुत की है। जिस प्रकार भक्ति के पाँच भेद—दास्य, सख्य, वात्सल्य, शान्त एवं माधुर्य—किये गये हैं, उसी प्रकार भक्ति रस के भी ये पाँच भेद माने गये हैं—इनमें भी माधुर्य भक्ति-रस को सर्वाधिक महत्व प्रदान करते हुए उसे 'माधुर्य रस' या 'उज्ज्वल रस' की संज्ञा प्रदान की गई है। माधुर्य रस का स्थायी भाव 'मधुरा रति'(प्रणय भाव) है, भगवान् कृष्ण तथा उनकी सुन्दर प्रेयसियाँ ही आलम्बन हैं, मुरली की ध्वनि तथा वृन्दावन का वाताबरण ही उद्दीपन हैं, कटाक्ष, मुस्कान आदि अनुभाव हैं तथा आलस्य एवं उग्रता को छोड़कर सभी संचारी भाव, इसके संचारी भाव हैं। काव्य-शास्त्र के अन्य रसों की प्रक्रिया की ही भाँति सभी अंगों से परिपुष्ट होकर माधुर्य रस की भी अभिव्यक्ति होती है।[1]

यद्यपि माधुर्य रस या उज्जवल रस की प्रशंसा में भक्ति-साहित्य के व्याख्याताओं ने बहुत कुछ लिखा है, किन्तु हमारे विचार से यह शृंगार रस का ही दूसरा नाम है। शृंगार रस की भाँति इसके भी दो भेद—संयोग माधुर्य एवं वियोग माधुर्य—किये गये हैं। इतना ही नहीं, शृंगार रस से सम्बन्धित अन्य लौकिक सत्वों एवं शारीरिक चेष्टाओं का भी पूर्ण समावेश इसमें मिलता है, यहाँ तक कि लीला, विलास, विच्छित्ति आदि सभी हावों तथा आलिंगन-चुम्बन से लेकर स्थूल संभोग तक की सभी क्रियाओं को भी इसमें स्थान दिया गया है। अतः भक्तगणों की दृष्टि से भले ही यह माधुर्य रस उज्जवल एवं अलौकिक हो, किन्तु साहित्यिक दृष्टि से तो यह शृंगार के अतिरिक्त और कुछ नहीं कहा जा सकता। जैसा कि इस सम्बन्ध में अन्यत्र विस्तार से विचार करते हुए स्पष्ट किया गया है, 'उज्जवल' विशेषण भी शृंगार से परे की वस्तु नहीं है, भरत मुनि से लेकर विश्वनाथ तक विभिन्न आचार्यों ने शृङ्गार रस के प्रसंग में इसकी उज्जवल प्रकृति एवं उज्जवल स्वरूप का उल्लेख किया है। अस्तु, माधुर्य रस एवं उज्जवल रस शृंगार रस ही विशिष्ट पर्यायवाची माने जा सकते हैं।

रूप गोस्वामी की शास्त्रीय परंपरा को और भी कुछ भक्त कवियों ने आगे बढ़ाने का प्रयास किया। बल्लभ-संप्रदाय के कवि नन्ददास ने अपनी 'रूप मंजरी' में भक्तिरस के एक नये रूप—उपपति रस का आविष्कार किया। जब एक विवाहिता

१. हिन्दी कृष्ण-काव्य में माधुर्योपासना : डॉ० श्यामनारायण पाण्डे, पृ० ५२-५३।

नायिका अपने पति की उपेक्षा करके कृष्ण से अपना माधुर्य सम्बन्ध स्थापित करती है, तो उसे केवल माधुर्य रस कहने से काम नहीं चलता; अतः नंददास की दृष्टि में इसे 'उपपत्ति रस' की संज्ञा दी जानी चाहिए। 'रूप मंजरी' की नायिका इस उपपति रस को चरितार्थ भी करती है। इसी प्रकार आगे चलकर रसिक-भक्तिकाव्य के उन्नायकों ने 'लीला रस' की स्थापना की, जिसमें राम की क्रीड़ाओं के अवलोकन से प्राप्त आनन्द को स्थान दिया गया। इसके भी दो भेद किये गये स्वसुख भावना एवं तत्सुख भावना। जब साधक स्वयं आराध्य की रस-केलि में भाग लेता है तो वहाँ स्वसुख भावना की पुष्टि होती है जब कि अन्य सखियों के साथ राम की रस-केलि का आनन्द अप्रत्यक्ष रूप से अनुभव करता है तो उसे तत्सुख भावना कहा गया है। इस प्रकार भक्ति रस, माधुर्य रस, उपपति रस, स्वसुखी भावना आदि भक्ति के स्थान पर क्रमशः प्रणय, रसिकता एवं कामुकता के विकास की विभिन्न मंजिलों को सूचित करते हैं। भक्तिरस का जो विवेचन प्रारम्भ में भक्ति-भावना के प्रसार के निमित्त हुआ था, आगे चलकर वही उपासकों की कुत्सित भावनाओं एवं छद्मलीलाओं के संरक्षण एवं आवरण का साधन बन गया।

भक्ति रस में न केवल श्रृंगार रस के विभिन्न तत्त्वों का समन्वय एवं विकास हुआ अपितु काम-शास्त्र एवं काव्य-शास्त्र की ओर कई रूढ़ियों का प्रवर्त्तन नये सिरे से हुआ। इस प्रसंग में नायक-नायिका-भेद एवं अलंकार-शास्त्र की चर्चा विशेष रूप से की जा सकती है। रूप गोस्वामी ने अपने संस्कृत-ग्रन्थ 'उज्जवल नील मणि' में नायक के भेदों में पति, उपपति, अनुकूल, दक्षिण, शठ, धृष्ट की तथा नायिका-भेद में मुग्धा, मध्या, प्रौढ़ा, अभिसारिका, वासक-सज्जा, खंडिता, विप्रलब्धा, कलहांतरिता, प्रोषितभर्तृका, स्वाधीनभर्तृका आदि के विभिन्न भेदोपभेदों का विवेचन, परिभाषा एवं उदाहरण के सहित किया था। वैसे इनसे पूर्व काम-शास्त्र एवं साहित्य-शास्त्र के विद्वान् अपने-अपने शास्त्रीय ग्रंथों में तथा जयदेव अपने 'गीतगोविन्द' में नायक-नायिका-भेद का विवेचन एवं निर्देश कर चुके थे, किन्तु यह सब श्रृङ्गार रस के क्षेत्र में हुआ था; भक्ति-रस में इसकी सोदाहरण विवेचना की परम्परा का सूत्रपात संभवतः सबसे पूर्व 'उज्ज्वल नीलमणि' के रचयिता द्वारा ही हुआ। आगे चलकर सूरदास ने अपनी 'साहित्य-लहरी' में तथा नंददास ने 'रस-मंजरी' में इस परंपरा को हिन्दी-काव्य में प्रतिष्ठित किया। इन दोनों ग्रंथों में लक्षणों की विशेष चर्चा नहीं है, भेदों का निर्देश करते हुए उनके उदाहरण ही प्रस्तुत किये गये हैं। ये उदाहरण श्रृङ्गारिका से ओत-प्रोत हैं, यह दूसरी बात है कि हर वस्तु में धार्मिकता खोज लेने में सिद्धहस्त आचार्य इनमें में धार्मिकता एवं आध्यात्मिकता खोज निकालें। भक्त कवियों की यही शास्त्रीय परम्परा राज्याश्रित कवियों द्वारा और अधिक विकसित हुई, जिसे 'रीति-परम्परा' कहा जाता रहा है। इसका विवेचन अन्यत्र किया जावेगा।[1]

---

१. हिन्दी काव्य में श्रृंगार-परम्परा और महाकवि बिहारी : डॉ० गणपतिचन्द्र गुप्त

(घ) **साहित्यिक परम्पराओं का विकास**—धार्मिक आन्दोलन के नव अभ्युत्थान से पूर्व ही इसकी विभिन्न साहित्यिक परम्पराओं का प्रवर्त्तन उत्तर एवं दक्षिण की विभिन्न भारतीय भाषाओं में हो चुका था। प्रारम्भ में रामायण, महाभारत तथा विभिन्न पुराणों की रचना संस्कृत में हुई, जिनकी कुछ परम्पराएँ गुप्तवंशीय शासकों के युग में दक्षिण भारत में पहुँच गईं। दक्षिण की भाषाओं तमिल, तेलगू, कन्नड़, मलयालम आदि - में न केवल इन परम्पराओं का अनुवर्त्तन हुआ अपितु अनेक नयी साहित्यिक परम्पराओं, प्रवृत्तियों एवं शैलियों का भी उद्‌भव एवं विकास हुआ, जिनमें धार्मिक अनुभूतियों को उत्कृष्ट साहित्यिक रूप प्रदान किया गया। तमिल साहित्य के भक्तिकाल (६००-६०० ई०) में शैव एवं वैष्णव कवियों का आविर्भाव हुआ, जिन्हें क्रमशः 'नायन्मार' एवं 'आलवार' कहा जाता है। वस्तुतः इन आलवारों ने ही दक्षिण भारत में वैष्णव-भक्ति आन्दोलन को सुदृढ़ नींव प्रदान की। इनकी संख्या बारह बतायी जाती है जिनमें पेरियालवार (विष्णुचित्त), आण्डाल, नम्मालवार, शठकोप, मधुरकवि, कुलशेखर आदि के नाम विशेष रूप से उल्लेखनीय हैं। इन भक्त कवियों ने राम-कृष्ण आदि अवतारों के चरित्र का गुण-गान भक्ति-भावपूर्ण शब्दावली में किया है। इनके लगभग चार हजार गेय पदों का संग्रह एवं संपादन आगे चलकर श्री-संप्रदाय के प्रथम आचार्य रघुनाथ या नाथमुनि (नवीं-दसवीं शती ई०) के द्वारा 'नालायिर दिव्य प्रबंधम्' में हुआ। तमिल साहित्य के अलगे युग, जिसे 'प्रबन्ध काल' (६०० -१४०० ई०) कहा जाता है, में भी धार्मिक काव्य की परम्परा अग्रसर रही। 'पेरिय-पुराण', 'कन्द-पुराण', 'श्रीमद्रामायण' इसी युग की प्रबन्धात्मक रचनाएँ हैं। 'पेरिय-पुराण' में ६३ शैव संतों की जीवनियाँ हैं जबकि 'कंद पुराण' संस्कृत की शंकर-संहिता के आधार पर रचित है। शैवों की प्रतिस्पर्धा में वैष्णवों में तमिल के अद्वितीय कवि कंबन ने १२वीं शती में अपना विशाल प्रबन्ध-काव्य 'श्रीमद्रामायण' रचा जो 'वाल्मीकीय रामायण' पर आधारित होते हुए भी कवि के दृष्टिकोण, प्रसंगों की नवीनता पात्रों के चरित्र-चित्रण तथा स्थानीय संस्कृति व आचार-विचार के प्रस्तुतीकरण की दृष्टि से मौलिक है। इसके अनन्तर महाभारत, भागवत एवं अन्य पुराणों पर आधारित विभिन्न प्रबंध काव्य तमिल में लिखे गये।

तमिल साहित्य की सुविकसित परम्परा तेलगू भाषा में भी प्रचलित हुई। तेलगू साहित्य के इतिहास में सन् १०२० से १५१० तक के युग को 'पुराण युग' कहा जाता है जिसमें अन्नय्या, तिक्कन्ना, येर्रन्ना, भास्कर, नम्मेर, पोतन्ना, पोतराजु, नाचर सोमय्या आदि कवियों ने महाभारत, रामायण एवं भागवत पर आधारित विभिन्न प्रबन्ध-काव्यों की रचना अनुदित एवं मौलिक रूप में की। इनमें पौराणिक शैली के स्थान पर विशुद्ध काव्यात्मक शैली को अपनाने की दृष्टि से नाचर सोमय्या (१४वीं शती) का नाम विशेष रूप से उल्लेखनीय है। पौराणिक प्रबन्ध काव्यों की यह परंपरा आगे सत्रहवीं शती के आरम्भ तक तेलगू में चलती रही।

दक्षिण की अन्य महत्त्वपूर्ण भाषाएँ--कन्नड़ और मलयालम भी इस क्षेत्र में पीछे नहीं रहीं। कन्नड़ साहित्य के पंप युग (९००-१२०० ई० में) महाकवि पंप ने 'आदि पुराण' एवं 'भारत' की तथारन्न (९९२ ई०) ने 'गदायुद्ध', 'अजित तीर्थंकर' की रचना जैन मत की दृष्टि से की। परवर्ती कवियों में नागवर्मा या नागचन्द्र का नाम विशेष महत्त्वपूर्ण है, जिन्हें 'अभिनव पंप' की उपाधि दी जाती है। इन्होंने 'मल्लिनाथ पुराण' और 'रामायण' नामक दो ग्रन्थों की रचना की जो उच्चकोटि के प्रबन्ध काव्य हैं। नये युग (१२००-१५०० ई०) में प्रचुर संख्या में पौराणिक प्रबन्ध काव्यों की रचना हुई जिनमें कुछ ये हैं—'यशोधर चरित' (जन्न कवि : ११७०-१२३५) 'हरिश्चन्द्र काव्य' (हरिहर), 'भारत (महाभारत)' (कुमार व्यास), 'जैमिनी भारत' (लक्ष्मीश) आदि। ये सभी काव्य अत्यन्त उच्चकोटि के हैं। सोलहवीं शती में पुरंदरदास, चिक्कदेवराय, कवयित्री हौन्नम्मा का आविर्भाव हुआ जिन्होंने गीति शैली में भक्ति-भाव की व्यंजना की है।

मलयालम भाषा में भक्ति-काव्य का उदय बारहवीं शती में हुआ। त्रिवेन्द्रम् के राजा श्रीराम पहले भक्त कवि हुए जिन्होंने वाल्मीकीय रामायण के युद्ध-काण्ड के आधार पर 'रामचरित' नामक गीतिकाव्य प्रस्तुत किया। उनके अनन्तर तेरहवीं शती में माधव कवि, राम पणिक्कर, चेमुशेरी नम्मूदरी ने क्रमशः भगवद्गीता, रामायण व महाभारत तथा भागवत का रूपान्तर गीति-शैली में किया। पर मलयालम के सबसे बड़े भक्त कवि 'तुंचत रामानुज' माने जाते हैं जिन्होंने पन्द्रहवीं-सोलहवीं शती में रामायण, भारत, भागवत आदि ग्रन्थों का प्रणयन किया। हिन्दी में जो स्थान तुलसीदास का है, वही इनका मलयालम में है। इस प्रकार इस भाषा में सत्रहवीं शती तक धार्मिक काव्य की परम्परा प्रचलित रही।

तमिल, तेलगू, कन्नड एवं मलयालम का भक्ति-आन्दोलन संभवत महाराष्ट्र से होता हुआ हिन्दी-प्रदेशों में पहुँचा। महाराष्ट्र की लोक भाषा मराठी में भी सर्वप्रथम भक्ति काव्य की रचना हुई। मराठी के प्रथम कवि मुकुन्दराज (११२७-१२०० ई०) ने अपने 'विवेक सिंधु' (११९० ई०) एवं 'परमामृत' में धार्मिक सिद्धान्तों का प्रतिपादन किया है। उनके अनन्तर महानुभाव पंथ के महात्मा चक्रधर (११९४-१२७४), दामोदर ('वत्सहरण' काव्य : १२७८), नरेन्द्र (रुक्मिणी-स्वयंवर : १२९२), भास्कर भट्ट (शिशुपाल वध : १३०६) आदि ने पौराणिक प्रबंध काव्यों की तथा वारकरी सम्प्रदाय के संत कवियों ज्ञानेश्वर (१२७५-१२९६), नामदेव (१२७०-१३५०), निवृत्तिनाथ (१२७३-१२९६), सोपानदेव (१२७७-१२९७), मुक्ताबाई (१२७९-१२९७), गोरा (१२६७-१३०९), सांवता माली (१२५०-१२९५), आदि ने निर्गुण-भक्तिमूलक पदों की रचना करके इस आन्दोलन को आगे बढ़ाया। महाराष्ट्र की यह संत-काव्य-परम्परा ही हिन्दी में विकसित हुई, इसका परिचय पीछे दिया जा चुका है।

इसके अनन्तर यह आन्दोलन हिन्दी में होता हुआ एक ओर गुजराती एवं पंजाबी में तथा दूसरी ओर बंगला, आसामी एवं उड़िया में फैल गया। वस्तुतः सोलहवीं शती के अंत तक भारत की प्रायः सभी भाषाओं के साहित्य पर यह धार्मिक आन्दोलन छा गया जो इसकी व्यापकता, गम्भीरता एवं प्रबलता का द्योतक है। जहाँ तक हिन्दी साहित्य का सम्बन्ध है, इसके अधिक स्पष्टीकरण के लिए इसे तीन साहित्यिक परम्पराओं में विभक्त किया जा सकता है— (१) पौराणिक प्रबन्ध काव्य परम्परा, (२) पौराणिक गीति काव्य परम्परा और (३) रसिक भक्ति काव्य परम्परा। ये परम्पराएँ क्रमशः भक्ति के नव विकसित रूपों का प्रतिनिधित्व करती हैं—(१) सगुण भक्ति जिसमें वैधी तथा रागानुगा के कतिपय भेद; जैसे— दास्य, शान्त आदि मिलते हैं। (२) सगुण माधुर्य भक्ति और (३) रसिकता प्रधान भक्ति।

हिन्दी के धार्मिक काव्य के सम्बन्ध में यह उल्लेखनीय है कि इसमें राष्ट्र की अन्य भाषाओं के धार्मिक आन्दोलनों के प्रायः सभी रूपों का पूर्ण प्रतिनिधित्व मिलता है। इस दृष्टि से इसके आधारभूत दृष्टिकोण, विषय-क्षेत्र, काव्य-रूपों एवं काव्य-शैली में पर्याप्त वैविध्य एवं विस्तार दिखाई पड़ता है। वस्तुतः यह मध्यकालीन आन्दोलन जहाँ भावात्मक एकता एवं चतुर्दिक् विस्तार की दृष्टि से भारत का राष्ट्रीय आन्दोलन कहा जा सकता है, वहाँ हिन्दी के मध्यकालीन धार्मिक काव्य को उसके एक ऐसे प्रतिनिधि के रूप में स्वीकार किया जा सकता है जिसके पास एक ओर तमिल के आलवार भक्तों से लेकर संस्कृत के जयदेव तक की गीति शैली के पर्याप्त नमूने हैं तो दूसरी ओर तेलगू, मलयालम, कन्नड़ आदि से लेकर संस्कृत, प्राकृत एवं अपभ्रंश की पौराणिक प्रबन्ध परम्परा तथा बौद्धों, नाथों एवं संतों की पद-परम्परा की विभिन्न प्रवृत्तियाँ व विशेषताएँ विद्यमान हैं। वस्तुतः राष्ट्र की विभिन्न परम्पराओं का यह प्रतिनिधित्व एक राष्ट्रभाषा के पद के गौरव के अनुकूल ही है।

११

पौराणिक प्रबंध–काव्य–परम्परा (तथाकथित राम-भक्ति शाखा)

११.१. सामान्य परिचय

जैसा कि अन्यत्र कहा जा चुका है, हिन्दी के मध्यकालीन धर्माश्रित काव्य के अन्तर्गत शताधिक ऐसे प्रबन्ध-काव्य मिलते हैं जिनकी विषय-वस्तु पौराणिक ग्रन्थों पर आधारित है, पर साथ ही उनमें काव्यात्मकता का भी अभाव नहीं है। वस्तुतः विषय-वस्तु के विस्तार, पात्रों के वैविध्य एवं शैली की प्रौढ़ता की दृष्टि से इस वर्ग की रचनाएँ उच्च कोटि की सिद्ध होती हैं, जिन्हें हम 'पौराणिक प्रबन्ध-काव्य-परंपरा' शीर्षक के अंतर्गत स्थान दे सकते हैं। इनमें राम, कृष्ण, सुदामा, प्रद्युम्न, अर्जुन, प्रह्लाद, ध्रुव आदि विभिन्न पौराणिक पात्रों के चरित्र का अंकन किया गया है, किन्तु दुर्भाग्य से हिन्दी के प्रचलित इतिहास ग्रन्थों में इस परम्परा को 'राम-भक्ति-शाखा' या 'राम-काव्य-परम्परा' की संज्ञा दे दिये जाने के कारण केवल राम विषयक कतिपय प्रबन्धों को छोडकर शेष को 'फुटकल खाते' में ही स्थान प्राप्त हो सका। यह भी विचित्र बात है कि आचार्य रामचन्द्र शुक्ल जैसे प्रौढ़ समीक्षक ने 'राम-भक्ति-शाखा' की स्थापना करते हुए तुलसी से उसका आरम्भ माना है और उन्हीं से उसकी समाप्ति मानी है क्योंकि 'गोस्वामी की प्रतिभा का प्रखर प्रकाश सौ डेढ़ सौ वर्ष तक ऐसा छाया रहा कि राम-भक्ति की और रचनाएँ उसके सामने ठहर न सकीं।' यहाँ तुलसी की जिस विशेषता की दाद दी गई है, बिहारी के प्रसंग में उसी विद्वान् ने इससे बिल्कुल विपरीत बात के लिए प्रशंसा की है। वहाँ वे लिखते हैं कि बिहारी सतसई को लेकर इतने व्यक्तियों ने उसका अनुकरण किया कि 'बिहारी सम्बन्धी अलग साहित्य ही खड़ा हो गया है, इतने से ही इस ग्रंथ की सर्वप्रियता का अनुमान हो सकता है।' एक समर्थ आलोचक किस प्रकार दो विरोधी बातों को भी एक जैसी सिद्ध कर सकता है, इसका यह उत्कृष्ट उदाहरण है। पर वास्तविकता यह है कि एक प्रबन्धकाव्य, दो नाटकों और दो मुक्तक-संग्रहों के आधार पर स्थापित 'राम

काव्य परम्परा' परम्परा या शाखा कहलाने योग्य नहीं है क्योंकि एक जैसी काव्य-शैली एवं काव्य रूपों वाली कम से कम आठ-दस रचनाएँ हों तभी उसे 'परम्परा' का नाम दिया जा सकता है। अस्तु, हम 'राम-भक्ति-शाखा' जैसे अनुपयुक्त एवं संकीर्ण नाम का बहिष्कार करते हुए इस परम्परा को व्यापक रूप में प्रतिष्ठित करने का प्रयास करते हैं जिससे कि इस युग के सभी पौराणिक प्रबन्धों को यथोचित स्थान दिया जा सके।

११.२. **पौराणिक प्रबन्ध-काव्यों की पूर्व-परम्परा**—धार्मिक महापुरुषों को लेकर प्रबन्ध काव्य लिखने की परम्परा का प्रवर्त्तन प्राचीन काल में ही संस्कृत, प्राकृत एवं अपभ्रंश हो गया था। जहाँ वाल्मीकि ने 'रामायण', अश्वघोष ने 'बुद्ध-चरित' की रचना संस्कृत में की वहाँ अनेक जैन कवियों ने प्राकृत एवं अपभ्रंश में विभिन्न तीर्थंकरों एवं धार्मिक नेताओं के चरित का अंकन काव्यात्मक शैली में किया। प्राकृत ने रचित 'पउम चरिउ' (विमल सूरि : ६०ई०) 'चउपन्न महापुरिस-चरिउ (शीलाचार्य; ८३८ ई०), 'सुपासनाह-चरिउ' (श्री पार्श्वनाथ चरित), 'महावीर चरित' सुमतिनाथ चरित' आदि तथा अपभ्रंश में रचित 'पउम चरिउ' (पदम चरित्र; स्वयंभू) 'रिट्ठणेमि चरिउ' (स्वयंभू), तिसट्ठी महापुरिस गुमालंकार' (पुष्पदंत), 'असहर चरिउ' (पुष्पदंत), जम्बूसामि चरिउ (वीर कवि), पास चरिउ (पार्श्व चरित : पदम-कीर्ति), जिणदत्त चरिउ (लक्खन), णेमिणाह चरिउ (नेमिनाथ चरित : लक्ष्मणदेव), वर्द्धमान चरिउ (जयमित्र) आदि उल्लेखनीय हैं। जैन-कवियों द्वारा विकसित यही 'धार्मिक चरित' काव्य परम्परा सीधी हिन्दी में भी पहुँची है, इसका प्रत्यक्ष प्रमाण एक तो यह है कि इस परम्परा का प्रथम हिन्दी कवि सुधारु अग्रवाल जैन ही था तथा उसने 'प्रद्युम्न चरित' की रचना में जैन कवियों के ही दृष्टिकोण, विषय-वस्तु एवं शैली का अनुकरण किया है; दूसरे हिन्दी के अधिकांश प्रबन्ध काव्य 'चरित' संज्ञक हैं, यहाँ तक कि तुलसीदास ने भी अपने प्रबन्ध का नाम 'रामायण' न रखकर 'रामचरितमानस' रखा है। यहाँ यह भी उल्लेखनीय है कि अपभ्रंश में प्रेमकथाओं का भी 'चरित' संज्ञा दी जाती रही है जबकि हिन्दी में ऐसा नहीं किया गया।

हिन्दी के पौराणिक प्रबन्ध-काव्यों के विकास में जैन-चरित-काव्यों की परंपरा के अतिरिक्त दक्षिण के पौराणिक प्रबन्ध काव्यों की परम्परा का भी गहरा योगदान सम्भव है जैसा कि अन्यत्र बताया गया है, तमिल, तेलगू, मलयालम, कन्नड़ एवं मराठी में वैष्णव पुराणों के विभिन्न पात्रों को लेकर प्रबन्ध काव्य लिखने की एक सुदृढ़ परम्परा का प्रवर्त्तन एवं विकास हिन्दी की इस परम्परा के विकास के पूर्व हो चुका था, अतः यह बहुत सम्भव है कि प्रत्यक्ष या अप्रत्यक्ष रूप में इन परम्पराओं में पारस्परिक सम्बन्ध हो। पर इस प्रकार के तुलनात्मक अध्ययन के अभाव में इस सम्बन्ध में निश्चित रूप से कुछ कहना कठिन है।

११.३. **परम्परा का प्रवर्त्तन व विकास**—पौराणिक प्रबन्ध-काव्यों की परम्परा का प्रवर्त्तन चौदहवीं शती के मध्य में हुआ। इस परम्परा को प्राचीनतम उपलब्ध रचना 'प्रद्युम्न चरित' है जिसकी रचना सधारु अग्रवाल ने सन् १३५४ ई० में की थी। अतः इस परम्परा के प्रवर्त्तक का श्रेय इन्हें दिया जा सकता है। इनके अनन्तर

विभिन्न कवियों ने पौराणिक काव्यों की रचना करके इस परम्परा को आगे बढ़ाया; जिनकी सूची यहाँ प्रस्तुत की जाती है—

रचना	रचयिता	रचना-काल
१. प्रद्युम्न चरित	सधारु अग्रवाल	१३५४ ई०
२. हरिश्चन्द पुराण	जाखू मणियार	१३६६ ई०
३. महाभारत कथा	विष्णुदास	१४३५ ई०
४ स्वर्गारोहण ग्रंथ	,,	,,
५. रुक्मिणी मंगल	,,	,,
६. स्नेह लीला	,,	,,
७. स्वर्गारोहिणी कथा	ईश्वरदास	लगभग १५०० ई०
८. एकादशी कथा	,,	,,
९. भरत मिलाप	,,	,,
१०. प्रह्लाद लीला	रैदास	पन्द्रहवीं शती
११. नेमीश्वर गीत	चतरुमन	१४१५ ई०
१२. नेमीश्वर बेलि	ठकुरी (ठाकुरसिंह)	१५२३ ई०
१३. हरि चरित	लालचदास	१५२८ ई०
१४. भागवत दशम स्कंध	,,	१५३० ई०
१५. प्रह्लाद चरित्र	परशुराम	१५४३ ई०
१६. सीता हरण	कर्मण	१५४८ ई०
१७. ध्रुव चरित	परमानन्द दास	१५५० ई०
१८. सुदामा चरित	हलधर दास	१५६५ ई०
१९. सुदामा चरित	नरोत्तम दास	१५७३ ई०
२०. ध्रुव चरित	नरोत्तमदास	१५७४ ई०
२१. रामचरितमानस	तुलसीदास	१५७४ ई०
२२. भागवत दशम स्कंध	नंददास	१५८० ई०
२३. रुक्मिणी मंगल	,,	(लगभग) ,,
२४. पार्वती मंगल	तुलसीदास	१५८६ ई०
२५. जानकी मंगल	,,	(लगभग) ,,
२६. बेलि क्रिसन रुक्मिणीरी	पृथ्वीराज राठौड़	१५८७ ई०
२७. स्याम स्नेही (रुक्मिणी व्याहली)	आलम	?
२८. रुक्मिणी मंगल	नरहरि	१६०० ई०
२९. सुदामा चरित	बीरबल	लगभग १६०० ई०
३०. सुदामा चरित	गंग	,, ,,

यहाँ हमने केवल १६वीं शती तक के काव्यों की ही सूची प्रस्तुत की है किन्तु आगे चलकर भी इस परम्परा में विभिन्न पौराणिक पात्रों को लेकर प्रबन्ध काव्यों की रचना हुई जिन्हें मुख्यत: दो वर्गों में विभक्त किया जा सकता है—(१) जैन

परम्परा के काव्य एवं (२) वैष्णव परम्परा के काव्य। वैष्णव परम्परा के काव्यों को भी उनकी विषय-वस्तु के आधार पर कृष्ण-काव्य, राम-काव्य, शिव-काव्य, भक्त-चरित-काव्य आदि वर्गों में विभक्त किया जा सकता है। यहाँ विभिन्न वर्गों के काव्यों एवं उनके रचयिताओं का परिचय क्रमशः संक्षेप में प्रस्तुत किया जाता है।

११.४. जैन परम्परा के काव्य

विभिन्न तीर्थंकरों, धार्मिक महापुरुषों एवं पौराणिक पात्रों को लेकर प्रबन्ध-काव्य प्रस्तुत करने की परम्परा का प्रवर्त्तन हिन्दी में जैन कवियों द्वारा ही हुआ। जैसा कि आदिकाल के अन्तर्गत बताया जा चुका है, रास एवं फागु शैली में भी सर्वप्रथम प्रबन्ध-काव्य जैन कवियों द्वारा ही रचे गये थे; इसी प्रकार 'चरित-काव्य' संज्ञक प्रबन्ध-परंपरा का सूत्रपात भी जैन कवि सधारु अग्रवाल के द्वारा उनकी रचना '**प्रद्युम्न चरित**' के द्वारा हुआ। इसमें उन्होंने कृष्ण के पुत्र प्रद्युम्न के आख्यान का निरूपण जैन पुराणों के अनुसार करते हुए अन्त में जैन धर्म की महत्ता का प्रतिपादन किया है।

'प्रद्युम्न चरित' का प्रारम्भिक अध्ययन एवं इसके कुछ अंशों का प्रकाशन डॉ० शिवप्रसाद सिंह के द्वारा उनके शोध प्रबन्ध 'सूर पूर्व ब्रजभाषा और उसका साहित्य' के अन्तर्गत हो चुका है, जिससे इसके सम्बन्ध में अनेक तथ्यों का पता चलता है। कवि ने अपभ्रंश के चरित काव्यों की शैली का अनुसरण करते हुए काव्य का आरंभ सरस्वती की स्तुति, इष्टदेव की वन्दना; रचना के प्रयोजन एवं रचना-काल के निर्देश के साथ किया है ; यथा—

(क) सरस्वती की स्तुति :

सारद विणु मति कवितु न होइ,
मकु आखर णति बुझइ कोइ।
सो सादर पणमई सूरसती,
तिन्हि कहुँ बुधि होइ कत हुती ॥१॥

(ख) रचना का प्रयोजन :

सरस कथा रस उपजइ घणउ।
निसुणहु चरित पदूमह तणउ।

(ग) रचना-काल का निर्देश :

सम्वत चउदह सो हुइ गयौ।
ऊपर अधिक एगारह भयौ।
भादव बदी पंचमी सो सारू।
स्वाति नक्षत्र सनीचर वारू ॥

यहाँ यह उल्लेखनीय है कि रचना-काल सम्बन्धी यह उल्लेख गणना के द्वारा भी शुद्ध साबित हुआ है। डॉ० हीरालाल की जाँच के अनुसार उपर्युक्त तिथि ईस्वीं सन् १३५४ के ६ अगस्त शनिवार को पड़ती है तथा नक्षत्र भी इस दिन स्वाँति ही

पड़ता है; अतः इस तिथि को असंदिग्ध रूप से 'प्रद्युम्न चरित' के रचना-काल के रूप में स्वीकार किया जा सकता है।

अपभ्रंश के कवियों में आत्महीनता एवं विनम्रता के प्रदर्शन की भी प्रवृत्ति रही है जो प्रस्तुत कवि में भी मिलती है। उसने अपने काव्य के आरम्भ में तो नहीं किन्तु अन्त में अवश्य इसका प्रदर्शन किया है—

हौ मति हीण बुद्धि अयाण, मइं सामि को कियो वखाण।
मन उछाह मइं कियउं विचित, पंडित जण सोहइ दे चित ॥
पंडित जण विनवउं कर जोरि, हउं मति हीण म लावहु खोरि।
अगरवाल की मेरी जाति, पुर आगरे माँहि उत्पत्ति ॥
× × ×
एरव नगर बसन्ते जाणि, सुणिउँ चरित मोंहि रचिउँ पुराण।

उपर्युक्त उद्धरण से यह भी ज्ञात होता है कि कवि सधारु अग्रवाल जाति के थे, उनका जन्म आगरे में हुआ था तथा इस 'पुराण' की रचना उन्होंने एरब नगर में रहते हुए की थी। डॉ० शिवप्रसाद सिंह ने इसी उल्लेख के आधार पर इसे आगरे में रचित माना है, जब कि कवि ने अपना जन्म-स्थान आगरा तथा रचना-स्थान 'एरब नगर' लिखा है।[१]

कथा का आरंभ नारद के कृष्ण के यहाँ पहुँचने की घटना से होता है। कृष्ण की पटरानी सत्यभामा अपने उपेक्षापूर्ण व्यवहार से नारद को अप्रसन्न कर देती है जिससे वे इसका बदला लेने के लिए कृष्ण-रुक्मिणी के विवाह की आयोजना करते हैं। सत्यभामा और रुक्मिणी में सौतिया डाह एवं प्रतिद्वन्द्विता का भान जागृत होता है तथा वे शर्त लगाती हैं कि जिसके पहले पुत्र उत्पन्न होगा, वही प्रधान होगी। दोनों के साथ-साथ पुत्र होते हैं किन्तु रुक्मिणी-पुत्र प्रद्युम्न को एक दैत्य उठाकर ले जाता है किन्तु वह दैवयोग से बच जाता है तथा सोलह वर्ष के पश्चात् सोलह प्रकार की उपलब्धियों एवं दो प्रकार की विद्याओं के साथ पुनः लौटता है और नारद की प्रेरणा से सत्यभामा को भाँति-भाँति के कष्ट पहुँचाता है। फलतः बलराम और प्रद्युम्न में संघर्ष होता है तथा आगे कृष्ण और प्रद्युम्न में भी युद्ध होता है। प्रद्युम्न अनजान में अपनी माँ रुक्मिणी का भी अपहरण कर लेता है किन्तु नारद के द्वारा रहस्योद्घाटन हो जाने पर कृष्ण एवं प्रद्युम्न में मेल-मिलाप हो जाता है। प्रद्युम्न अनेक विवाह करता है तथा कृष्ण की मृत्यु व यादवों के नाश के पश्चात् वह जैन धर्म की दीक्षा ले लेता है और अन्त में कैवल्य पद प्राप्त कर लेता है। इस प्रकार इस कथा का स्रोत मुख्यतः जैन पुराण ही है वैष्णव पुराणों से इसका कोई मेल नहीं है। अपभ्रंश में

१. डॉ० छविनाथ त्रिपाठी के अनुसार इनका जन्म-स्थान आगरा न होकर हरियाणा का अग्रोहा नगर है तथा 'एरब' बेतवा के तट पर स्थित 'एरछ' का सूचक है।

प्रद्युम्न के चरित को लेकर अनेक प्रबन्ध काव्यों की रचना की गई थी। प्रस्तुत काव्य का कथानक भी उन्हीं पर आधारित है।

पूरा ग्रन्थ लगभग सात सौ चौपाइयों में समाप्त हुआ है। विभिन्न प्रसंगों के आयोजनों एवं प्रस्तुतीकरण तथा भावानुभूतियों की व्यंजना में कवि को पर्याप्त सफलता मिली है; यथा-कुछ उद्धरण द्रष्टव्य हैं—

(क) नारद का रोष :

बड़ी वार रिषि ढाढेउ भयउ, दुइ कर जोड़ि रमणि सन कहियउ।
उपनौ कोप न सक्यौ सहारि, तउ नारद रिसि चल्यो पचारि॥
विणहु तूर जुणावण चलई, ताकहं तूर आण जू मिलई।
इकु स्याली इकु वीछी खाई, इकु नारद अरु चल्यो रिसाई॥

(ख) प्रद्युम्न वियोग :

नित नित भीजह विलखी खरी, काहे दुखी विधाता करी।
इकु धाजइ अरु रोवइ वयण, आँसू बहत न थाके नयण।
की मइ पुरिष विछोहीं नारि, की दव घाली वणह मझारि।
की मइ लोग तेल घृत हरउं, पूत संताप कवण गुण परउं॥

(ग) प्रद्युम्न-कृष्ण युद्ध :

इहि मोसों बोल्यौ अगलाइ, अब मारउं जिनि जाइ पलाइ।
उपनेउ कोप भइ चित्त कांणि, धनुष चढ़ायेउ सारग पाणि॥
अर्ध चन्द्र तिहि साधिउ वांण, अब याकउ देखिअउं पराण।
साधिउ धनुष उठीठउ वाम, कोपारूढ़ मयण भौ ताम॥

उपर्युक्त प्रसंगों के अनुशीलन से स्पष्ट होगा कि कवि में वस्तु-वर्णन, भावाभिव्यंजना एवं भावानुरूप शैली के आयोजन की पर्याप्त क्षमता है किन्तु उसकी भाषा मे अपेक्षित शक्ति का अभाव प्रतीत होता है; उसकी अनुभूति जितनी गम्भीर है, भाषा उतनी प्रौढ़ नहीं है। इसके दो कारण माने जा सकते हैं—एक तो ब्रजभाषा का सम्यक विकास अभी तक नहीं हो पाया था, दूसरे कवि ने संस्कृत के शब्द-कोष का अधिक लाभ नहीं उठाया, वह चाहता तो तत्सम शब्दों के मेल से लोक भाषा को और अधिक सशक्त एवं प्रौढ़ बना सकता था, पर उसने ऐसा नहीं किया। फिर भी यह प्रस्तुत काव्य-परम्परा की प्रथम उपलब्ध रचना होने की दृष्टि से तथा रसात्मकता की दृष्टि से यह कम महत्वपूर्ण नहीं है। इसका सांगोपांग अध्ययन होने पर इसकी और भी अनेक विशिष्टताओ पर प्रकाश पड़ने की सम्भावना है।

इसके अतिरिक्त परम्परागत रास एवं फागु काव्य की शैलियों में भी अनेक जैन कवियों ने प्रबन्धात्मक कवियों की रचना की। जिनमें से ये उपलब्ध हैं—(१) **पंच पांडव चरित रास** (शालिभद्र सूरी द्वितीय; रचना-काल १३५३ ई०) (२) **श्री कालिकाल रास** (हीरानन्द सूरी; १४२९ ई०) (३) **कुमार पाल रास** (देव प्रभ गणि; १५०२ ई०) (४) **जम्बु स्वामी फागु** (अज्ञात; १३७३ ई०) (५) **नेमिनाथ फागु**

(जयशेखर सूरी; १४०३ ई०) (७) **रंग सार नेमि फागु** (सोम सुन्दर सूरी; १५वीं शती),

जिस प्रकार वैष्णव कवियों के लिए इस युग में सर्वाधिक प्रिय विषय कृष्ण का चरित रहा, उसी प्रकार जैन कवियों के लिए कृष्ण के समकालीन एवं उनके प्रतिद्वन्द्वी तीर्थंकर नेमिनाथ का चरित रहा। इन्हीं के चरित को लेकर अनेक प्रबन्ध काव्य लिखे गये जिनमें से ये उपलब्ध हैं—(१) 'नेमीश्वर गीत', **चतरुमल कृत**, १५१४ ई० (२) 'नेमीश्वर बेलि', **ठकुरसी कृत**, १५२३, ई० (३) 'निमि राजुल विवाह, **विनोदीलाल कृत**, १६६८ ई० (४) 'नेमि चंद्रिका' **खुशालचन्द पल्लीवाल कृत**, १८२३ ई० (५) 'नेमिनाथ जी के कवित्त', **झुनकलाल कृत**, १७८६ ई० (६) 'नेमिनाथ **चंद्रिका' मनरंगलाल कृत**, १८३८ ई०। इनमें से प्रथम चार तो छोटी प्रबन्धात्मक कविताएँ मात्र हैं, प्रबंध-काव्य का सा विस्तार उनमें नहीं मिलता पर अंतिम दो अवश्य उच्चकोटि के प्रबन्ध काव्य हैं। इनमें भी मनरंगलाल को अधिक सफलता मिली है। 'नेमि चंद्रिका' में नेमिनाथ के जन्म से लेकर वैराग्य प्राप्ति की कथा काव्यमय शैली में प्रस्तुत की गई है। विभिन्न वस्तुओं, दृष्यों एवं घटनाओं के अंकन में तथा सूक्ष्म भावों की व्यंजना में कवि ने अपनी प्रतिभा का परिचय दिया है। रस की दृष्टि से इसमें शान्त, वात्सल्य और विप्रलंभ शृंगार की आयोजना हुई है। यहाँ 'निर्वेद' भाव का एक उदाहरण द्रष्टव्य है —

काकी माता कौन को तात ! काको पुत्र कौन को भ्रात।
मिथ्या रीति जगत की सदा। ताते सुख पावत नहिं कदा ॥
अचिर वस्तु जितनी जग माहीं। उपजत विन्दु संसय नाहीं।
स्वारथ पाय सकल हित करै। बिन स्वारथ कोउ हाथ न धरै॥

इसकी भाषा ब्रज है तथा इसमें बारह प्रकार के छन्दों-दोहा, सोरठा, चौपाई, भुजंग प्रयात, पद्धरी, गीतिका, अड़िल्ल, नराच, दोहरा, गीता, त्रोटक और छप्पय—का प्रयोग हुआ है।

सत्रहवीं शताब्दी के अन्तिम भाग में एक अन्य जैन कवि भैया भगवतीदास का आविर्भाव हुआ, जिनके 'ब्रह्मविलास' (१६६८ ई०) में उनकी ६७ रचनाएँ संकलित हैं। इनमें से चार प्रबन्धात्मक शैली में रचित हैं—(१) चेतना-चरित्र भाषा, १६७६ ई० (२) पंच इन्द्रनी चौपाई, १६६४ (३) मधुविन्दु की चौपाई, ६६८ ई० (४) शत अष्टोत्तरी, १६६८ ई०। ये रचनाएँ उपदेशात्मक रूपक (allegory) काव्य हैं जिनमे विभिन्न पात्र विभिन्न मानवीय भावनाओं या वृत्तियों के प्रतीक हैं। 'चेतना-चरित्र' एवं 'शत अष्टोत्तरी' में नायक चेतन मन है जो माया-मोह से संघर्ष करता है। चेतन की दो पत्नियाँ सुबुद्धि और माया हैं। उसका सेनापति मोह, कोतवाल क्रोध मंत्री लोभ, काजी कर्म, सचिव कामदेव और प्रबन्धक ईर्ष्या-घृणा भाव हैं। फलतः उसके सच्चे आमात्य-ज्ञान, दर्शन सुख, वीर्य पलायन कर जाते हैं। अन्त में विभिन्न वृत्तियों के संघर्ष एवं पराजय के अनन्तर पुनः स्थिति में परिवर्तन होता है और चेतना को मोक्ष प्राप्त होता है। अन्य दो रचनाओं में भी विभिन्न दार्शनिक

तत्त्वों का प्रतिपादन प्रतीकात्मक शैली में किया गया है। इन सभी की भाषा ब्रज है, जो कहीं-कहीं खड़ीबोली के बहुत निकट पहुँच गई है। छन्द-वैविध्य की प्रवृत्ति के कारण इनमें दोहा, चौपाई, सोरठा, अड़िल्ल, पद्धरी, बेसरी, करखा, मरहटा, छप्पय, सवैया, कवित्त, कुण्डलियाँ आदि का प्रयोग हुआ है। इनकी शैली में सरलता, कोमलता एवं प्रवाहपूर्णता है; यथा---

सुनु रे सयाने नर कहा कै धरु धरु, तेरो जु सरीर घरु धरी जयो तहरु है।
छिन-छिन छीजै जाय जल सौं ज्यों धरी जाय ताहू कोई लाज कछू उरहुँ धरतु है।
आदि जै सहे ते तो यदि कछू नाहिं तोहि आगे ह्वै है कहा गति का हेतु लरतु है।
धरती एक देखौ खाल धरी की कहा है चाल घरी घरी घरीयाल सोर यों करतु है।

—शत अष्टोत्तरी

वस्तुतः भैयाजी का अपनी प्रतीकात्मक रचना-पद्धति एवं रचना-शैली की दृष्टि से इस परम्परा में विशिष्ट स्थान है।

११.५. **वैष्णव काव्य परम्परा : कृष्ण काव्य**—कृष्ण काव्य के अन्तर्गत हम यहाँ कृष्ण एवं उनसे सम्बन्धित विभिन्न पात्रों—रुक्मिणी, सुदामा, पांडव आदि के चरित पर आधारित प्रबन्धात्मक रचनाओं को ले सकते हैं। इस दृष्टि से यहाँ सर्व-प्रथम विष्णुदास का नाम उल्लेखनीय है जिन्होंने महाभारत एवं भागवत पुराण के आधार पर विभिन्न काव्यों की रचना करते हुए सूर एवं तुलसी जैसे महान् कवियों का मार्ग प्रशस्त किया।

विष्णुदास ग्वालियर नरेश राव डूगेन्द्रसिंह के राज्यकाल (आरम्भ १४२४ ई०) में वर्तमान थे तथा उनकी पाँच रचनाएँ उपलब्ध हुई हैं—(१) महाभारत कथा, (२) रुक्मिणी मंगल, (३) स्वर्गारोहण, (४) स्वर्गारोहण पर्व और (५) स्नेह-लीला। इनमें तीसरी और चौथी एक ही प्रतीत होती हैं; अतः इनकी चार रचनाएँ ही मानी जानी चाहिए। ये सभी रचनाएँ प्रबन्धात्मक शैली में रचित होने के कारण प्रस्तुत परम्परा में आती हैं। 'महाभारत कथा' में पांडवों का चरित प्रस्तुत किया गया है जो १४३५ ई० की रचित मानी गई है। इसमें कवि के धार्मिक दृष्टिकोण की प्रमुखता है, क्योंकि उसने लिखा है—

पांडु चरित जो मन दै सुनै, नासै पाप विष्णु कवि भनै।
एक चित्र सुनै दै कान, ते पावें अमरापुर थान॥

पर इसका यह तात्पर्य नहीं है कि यह काव्यात्मकता से शून्य है। वस्तुतः धार्मिक दृष्टिकोण की प्रधानता के होते हुए भी यह काव्यात्मक रचना है। उदाहरणार्थ इसकी कुछ पंक्तियाँ द्रष्टव्य हैं—

विनसै धर्म किथि पाखंडू, विनस नारि गेह परचंडू।
विनसै रांड़ पढाये पांडे, विनसै खेले ज्वारी डांडे॥
विनसै नीच तनै उपजारू, विनसै सूत पुराने हारू।
विनसै माँगनौं जरै जु लाजै, विनसै जूझ होय बिन साजै॥

यहाँ 'विनसै' की आवृत्ति का चमत्कार है जो लगभग चालीस पंक्तियों में

चलता रहता है। आवृत्ति की यह प्रवृत्ति अपभ्रंश के जैनकाव्यों में भी प्रमुख रूप में मिलती है, जिसका विकास दूसरी ओर हिन्दी के रोमांसिक कथा-काव्यों में भी मिलता है।

'स्वर्गारोहण' या स्वर्गारोहण पर्व' में पांडवों के स्वर्ग-गमन की कथा दी गई है, जो दोहा-चौपाई छन्दों में प्रस्तुत है। कदाचित् यह कल्पना की जा सकती है कि प्रस्तुत काव्य कवि की 'महाभारत कथा' का ही एक अंश होगा, किन्तु वस्तुत: यह स्वतन्त्र ग्रन्थ है जिसका प्रमाण निम्नांकित मंगलाचरण है—

गवरी नन्दन सुमति दै गननायक वरदान।
स्वर्गारोहण ग्रन्थ के वरणों तत्त्व बखान॥

यहाँ 'ग्रन्थ' का उल्लेख इसके स्वतन्त्र अस्तित्व का द्योतक है। रचना-शैली की दृष्टि से यह ग्रन्थ भी उनकी 'महाभारत कथा' के स्तर का प्रतीत होता है। नमूने के रूप में कुछ पंक्तियाँ द्रष्टव्य हैं—

सुनहु भीम कह धर्म नरेसा। बार बार सुन ले उपदेसा॥
अब यह राज तात तुम लेहू। कै भैया अर्जुन कह देऊ॥
राज सकल अरु यह संसारा। मैं छांड़ौं यह कहै भुवारा॥
बन्धु चार ते लये बुलाई। तिन सों कही बात यह राई॥

काव्यत्व की दृष्टि से इनकी अपेक्षा 'रुक्मिणी-मंगल' में कवि को अधिक सफलता मिली है। इस काव्य में एक स्थल पर कवि ने अपने-आपको 'भाषा-काव्य' बनाने के लिए कोसा भी है—

तुछ मत मोरी थोरी सी बौराई भाषा काव्य बनाई।
रोम रोम रसना जो पाउँ महिमा वर्ण नहिं जाई॥

'रुक्मिणी-मंगल' प्रबन्धात्मक शैली में रचित है फिर भी इसके बीच-बीच में विभिन्न राग-रागिनियों के पदों और गीतों का आयोजन किया गया है; जैसे—

मोहन महलन करत विकास।
कनक मन्दिर में केलि करत हैं और कोऊ नहिं पास।
रुक्मिनी चरन सिरावै पिय के पूजी मन की आस।
जो चाहो सो अम्बे पावो हरि पति देवकी सास।
तुम बिन और न कोऊ मेरो धरणि पताल अकास।
निस दिन सुमिरत करत तिहारो सब पूरन परकास।
घट-घट व्यापक अन्तरजामी त्रिभुवन स्वामी सब सुखदास।
विष्णुदास रुकमन अपनाई जनम जनम को दास।

वस्तुत: जिस प्रकार दोहा-चौपाई शैली में 'स्वर्गारोहण' काव्य को प्रस्तुत करके विष्णुदास ने परवर्ती पौराणिक प्रबन्ध-रचयिताओं (जिनमें गोस्वामी तुलसीदास भी आ जाते हैं) का पथ-प्रदर्शन किया वहाँ उन्होंने कृष्ण-भक्ति विषयक पद लिखकर कुम्भनदास, सूरदास आदि के लिए नई परम्परा का प्रवर्त्तन किया। अत: काव्यत्व की दृष्टि से विष्णुदास भले ही बहुत उच्चकोटि के कवि सिद्ध न हों किन्तु ऐतिहासिक

दृष्टि से उनका महत्त्व बहुत अधिक है; जैसा कि हम पहले कह चुके हैं, वे सूर-तुलसी जैसे कवियों के अग्रज एवं पथ-प्रदर्शक सिद्ध होते हैं। उनकी अन्य रचनाओं का विशेष विवरण उपलब्ध नहीं है, और न ही उपर्युक्त रचनाओं का अभी तक सम्यक् अध्ययन हो पाया है; अतः इनके काव्य के सम्बन्ध में इस समय अधिक कुछ कहना संभव नहीं।

ईसा की पन्द्रहवीं शती के अन्तिम भाग में एक अन्य महत्वपूर्ण कवि ईश्वर दास हुए, जिन्होंने अनेक पौराणिक कथाओं को काव्यात्मक रूप में प्रस्तुत किया; जैसे—'सत्यवती कथा', 'स्वर्गारोहण कथा', 'एकादशी कथा' एवं 'भरत मिलाप'।[1] इनमें से 'सत्यवती कथा' का आधार पौराणिक होते हुए भी इसका प्रस्तुतीकरण रोमांसिक शैली में हुआ है; अतः इसका परिचय हम अन्यत्र प्रेमाख्यानक काव्य-परम्परा के अन्तर्गत देंगे। शेष रचनाओं के नाम से धार्मिकता एवं पौराणिकता का आभास स्पष्ट रूप में मिलता है किन्तु इनमें काव्यात्मकता का अभाव नहीं है; अतः वे यहाँ विवेच्य हैं। 'स्वर्गारोहिणी कथा' पांडवों के स्वर्गारोहण-प्रसंग से सम्बन्धित है। इसका आरम्भ गणपति एवं शारदा की वन्दना, इष्टदेव की स्तुति, पूर्व कवियों के प्रति कृतज्ञता-प्रकाशन, सज्जन एवं दुर्जन की प्रशंसा-निन्दा, रचना-काल के निर्देश, तत्कालीन नरेश के उल्लेख, अपने कुल के परिचय, काव्य-स्रोत एवं काव्य-प्रयोजन के निर्देश के साथ किया है, इससे जहाँ काव्य-रूप सम्बन्धी विभिन्न प्रवृत्तियों का पता चलता है वहाँ कवि ईश्वरदास एवं उनके काव्य से सम्बन्धित विभिन्न तथ्यों पर भी प्रकाश पड़ता है।

इसी प्रकार पूर्ववर्ती कवियों की चर्चा करते हुए इसमें व्यास, कालिदास, लक्ष्मण सेन, सूरजदास (सीता पद रचयिता), हरिसिंह देव (उषा सम्बन्धी काव्य), जयदेव (कृष्ण-चौबीसी) और दंडकुमार (कृष्ण केलि) का उल्लेख किया गया है तथा इनके अतिरिक्त दो काव्यों का उल्लेख भी है—'कंस-वध' एवं 'बैताल पच्चीसी'—जिनके रचयिताओं के नाम का निर्देश नहीं किया गया। इनमें व्यास और कालिदास को छोड़कर शेष कवि संभवतः हिन्दी के ही हैं किन्तु इतिहास में उनका अस्तित्व प्रायः लुप्त है। फिर भी इससे इस तथ्य का पता चलता है कि कवि ईश्वरदास के समय सूर-तुलसी के आगमन से पूर्व, हिन्दी के जन-समाज में किस प्रकार की रचनायें प्रचलित थीं। इन रचनाओं के नाम के आधार पर कहा जा सकता है कि पन्द्रहवीं शताब्दी में अनेक ऐसे धार्मिक एवं पौराणिक काव्य हिन्दी में प्रचलित हो चुके थे जिन्होंने उस भाव-भूमि का निर्माण किया जो सूर-तुलसी जैसे महाकवियों को उत्पन्न कर सकी।

'स्वर्गारोहिणी कथा' के रचना-काल, रचना-स्रोत एवं रचना-प्रयोजन का स्पष्ट रूप में उल्लेख करते हुए कवि ने इसे संवत् १५५७ (१५०० ई०), चैत्र शुक्ल

१. ये सब रचनाएँ डा० शिवगोपाल मिश्र द्वारा सम्पादित होकर विद्या मन्दिर प्रकाशन, ग्वालियर से 'ईश्वरदास कृत सत्यवती तथा अन्य कृतियाँ' शीर्षक से प्रकाशित हो चुकी हैं।

पंचमी सोमवार, रेवती नक्षत्र में, जबकि चन्द्रमा मीन राशि पर स्थित था तथा सिकंदर दिल्ली सुलतान था, रचित बताया हैं तथा उसका आधार व्यासकृत भारत कथा है—

भारथ व्याग भारवी चितलाई, तेहि की छाया करौं चौपाई ।
जनि कोउ जानै जो मति भोरी, मोरे कंठ राम कहु जोरी ॥

कवि का प्रयोजन मुख्यतः पाठकों की धार्मिक भावनाओं का उद्‌बोधन करते उन्हें पाप से मुक्ति दिलवाना ही है —

अछर तीनि बखानौ, भारथ कथा चित लाइ ।
कहै ईसर जे सुनितौ, ताकर पाप छै (क्षय) जाइ ॥

सारी कथा दोहा-चौपाई शैली में प्रस्तुत है। अस्तुत काव्य-रूप एवं उसकी विभिन्न रूढ़ियों एवं प्रवृत्तियों की दृष्टि से यह तुलसी के 'रामचरितमानस' का पूर्व-रूप है, प्रारम्भ की जिन विशेषताओं का उल्लेख हमने अभी किया है, वे सभी 'मानस' में भी मिलती हैं। इस दृष्टि से प्रस्तुत काव्य का विशेष महत्व है।

धार्मिक दृष्टिकोण के होते हुए भी, ईश्वरदास कोरे कथाकार नहीं हैं, उनमें कवित्व शक्ति भी पर्याप्त मात्रा में है। इसीलिए उन्होंने उपर्युक्त कथा को शुष्क इतिवृत्त होने से बचा लिया। अनेक स्थानों पर वस्तु-निरूपण एवं भावों की व्यंजना सफलतापूर्वक दी गई है; यथा—

(क) अर्जुन का युद्ध कौशल—

जस बिजुली के मारत, परवत फाट अघात ।
तस अरजुन के बानन्ह, कौरौ भये निपात ॥

(ख) युधिष्ठिर का शोक—

बंधु सोग मै सहैं न पारौं, बंधु बिना जग जीवन हारौं ।
बंधु गर्व मारा सुख लागी, सोग हिदै बारत है आगी ॥

(ग) द्वारिका नगरी का वैभव—

कनक कोट देखा चहुँ पासा, नगर सुहावन जनु कबिलासा ।
भीतर नगर कीन्ह पैसारा, देखि पाइ तब भल भुआरा ।
सोने के मंदिल दीप अटारी, घर घर मंगल गावैं नारी ।
क्रिस्न प्रसाद करैं रस भोगा, उत्तिम जन्म धन्य ऐह लोगा ।

उपर्युक्त अंश कवि की काव्यात्मक प्रतिभा एवं उसकी वर्णन-क्षमता को यथेष्ट रूप में प्रमाणित करते हैं। किन्तु खेद है कि यह उत्कृष्ट काव्य, जिसका आरम्भ इतने विधि-विधानों के साथ इतने ऊँचे स्तर पर किया गया था, केवल सात-आठ पृष्ठों में ही समाप्त हो गया है। हमें ऐसा प्रतीत होता है कि यह अपूर्ण है, प्राप्त रूप केवल इसका एक अध्याय ही है, शेष भाग या तो अप्राप्य है या संभव है कि कवि उसे पूर्ण ही न कर पाया हो। अभी पांडव कृष्ण से विचार-विमर्श कर रहे हैं, वे स्वर्गारोहण (जो कि इसकी मुख्य घटना है) कर भी न पाये कि उससे पूर्व ही काव्य खंडित हो

जाता है और न ही काव्य की समाप्ति का सूचक कोई निर्देश इसमें है; अतः निश्चय ही काव्य अपूर्ण है।

इनकी अन्य रचनाएँ—'एकादशी कथा' और 'भरत-मिलाप' - कृष्ण-काव्य के अन्तर्गत नहीं आतीं; अतः उन पर हम अन्यत्र विचार करेंगे। यहाँ इतना ही कहना पर्याप्त होगा कि पौराणिक प्रबन्ध-काव्य-परम्परा के विकास में ईश्वरदास का महत्वपूर्ण योगदान है। भले ही आज हम परवर्ती प्रौढ़ काव्यों के समक्ष इनकी रचनाओं को नगण्य एवं उपेक्षणीय समझें किन्तु इतिहास की इस धारा के विकास-क्रम को समझने तथा परवर्ती काव्यों के विभिन्न उपादान-स्रोतों को जानने के लिए ईश्वरदास की रचनाओं का अध्ययन अपरिहार्य है।

परवर्ती युग में भागवत पुराण एवं कृष्ण-चरित से सम्बन्धित विभिन्न प्रसंगों को लेकर विभिन्न प्रबन्ध-काव्य लिखे गये, जिन्हें अनेक वर्गों में विभक्त किया जा सकता है; यथा —(१) भागवत पुराण एवं सम्पूर्ण कृष्ण-चरित से सम्बन्धित। (२) कृष्ण रुक्मिणी के विवाह से सम्बन्धित। (३) कृष्ण की रास-लीलाओं तथा अन्य लीलाओं से सम्बन्धित। (४) कृष्ण-सुदामा मैत्री से सम्बन्धित (५) कृष्ण सम्बन्धी अन्य प्रसंगों से सम्बन्धित। इनमें से प्रथम वर्ग के काव्यों में **लालचदास** द्वारा रचित 'हरि-चरित्र' या 'भागवत दशम स्कंध' (१५३० ई०), **नंददास** का 'भागवत दशम स्कंध', **ब्रजवासीदास** का 'ब्रज विलास' (१७७० ई०), **मंचित** कवि का 'कृष्णायन' (१७७६ ई०), **गुमान मिश्र** की 'कृष्ण-चंद्रिका' (१७८१ ई०) आदि उल्लेखनीय हैं। लालचदास ने दोनों काव्यों में भागवत पुराण का आधार ग्रहण करते हुए दोहा-चौपाई शैली का प्रयोग किया है। आचार्य रामचन्द्र शुक्ल ने इनकी भाषा में अवधी का मेल स्वीकार करते हुए काव्यत्व की दृष्टि से इन्हें सामान्य श्रेणी का माना है। इसी प्रकार अष्टछाप के कवि नन्ददास ने भी भागवत के दशम स्कंध का भाषानुवाद लगभग सोलहवीं शती के मध्य में किया था जो दोहा-चौपाई शैली में प्रस्तुत है। ब्रजवासीदास के 'ब्रज-विलास' में भी दोहा-चौपाई शैली एवं ब्रजभाषा में कृष्ण-चरित का गुण-गान किया गया है, जो काव्यत्व की दृष्टि से भी उच्चकोटि का है। इसकी शैली का एक नमूना द्रष्टव्य है—

कहति जसोदा कौन विधि समझाऊँ अब कान्ह।
भूलि दिखायो चंद मैं, ताहि कहत हरि खान॥
यहै देत नित माखन मोकों। छिन-छिन देति तात सो तोकों।
जो तुम स्याम चन्द को खैहों। बहुरो फिर माखन कहँ पैहों ?
देखत रहौ खिलौना चंदा। हठ नहिं कीजै बाल गोविन्दा।
पा लागौं हठ अधिक न कीजै। मैं बलि रिसहि रिसहि तन छीजै॥

बुन्देलखण्ड के मंचित कवि ने भी अपने 'कृष्णायन' में कृष्ण-चरित को रामायण की शैली में प्रस्तुत करने का सफल प्रयास किया था। उन्होंने ब्रज के स्थान पर अवधी भाषा का प्रयोग किया है। इसके अतिरिक्त उनकी एक रचना 'सुरभी दान लीला' भी उपलब्ध है, जिसमें कृष्ण लीलाओं का आख्यान है।

गुमान मिश्र महोबे के निवासी थे। इन्होंने 'कृष्ण चन्द्रिका' की भी रचना १७८१ ई० में की थी, जिसमें कृष्ण का चरित्र प्रस्तुत किया गया है। पर इनकी इससे भी अधिक महत्वपूर्ण रचना 'नैषध काव्य' का पद्यानुवाद है, जिसकी चर्चा अन्यत्र की जायेगी। अठारहवीं शती के अन्तिम भाग में एक अन्य कवि कृष्णदास ने भी कृष्ण-चरित विषयक एक विशाल ग्रंथ विविध छन्दों में प्रस्तुत किया था, जो 'माधुर्य लहरी' (सन् १७६६) के नाम से विख्यात है। इसका एक कवित्त यहाँ प्रस्तुत है—

कौन काज लाज ऐसी करै जो अकाज अहो,
बार-बार कहो नरदेव कहाँ पाइये।
दुर्लभ समाज मिल्यो सकल सिद्धान्त जानि,
लीला गुन नाम धाम रूप सेवा गाइये।
बानी की सयानी सब पानी में बहाय दीजै,
जानी सो न रीति जासों दंपति रिझाइये।
जैसी-जैसी गही जिन लही तैसी नैननहू,
धन्य-धन्य राधाकृष्ण नित ही गनाइये।

वस्तुतः कृष्ण-चरित को कवित्त-छप्पय शैली में प्रस्तुत करने का यह प्रयास अपवाद ही है, अन्यथा इनके पूर्ववर्ती कवियों ने इस क्षेत्र में मुख्यतः दोहा-चौपाई शैली का प्रयोग किया है।

रुक्मिणी-विवाह सम्बन्धी काव्य—कृष्ण-चरित सम्बन्धी दूसरे वर्ग में कृष्ण एवं रुक्मिणी के विवाह सम्बन्धी काव्य-ग्रन्थों को लिया जा सकता है। यह प्रसंग मध्यकालीन कवियों को इतना अधिक रुचिकर हुआ कि लगभग डेढ़ दर्जन काव्य केवल इसी प्रसंग के आधार पर विभिन्न कवियों द्वारा प्रस्तुत हुए हैं। इनमें से विष्णुदास के 'रुक्मिणी-मंगल' की चर्चा पहले की जा चुकी है, शेष सत्रह काव्य ये हैं—(१) **नन्ददास** कृत 'रुक्मिणी-मंगल; रचना-काल लगभग १५८० ई० (२) **आलम** रचित 'स्याम स्नेही' या रुक्मिणी ब्याहलो; (३) **पृथ्वीराज राठौड़** कृत 'वेलि क्रिसन रुक्मिणीरी'; रचना-काल १५७७ ई० (४) **नरहरि** कृत 'रुक्मिणी-मंगल'; रचना-काल लगभग १६०० ई० (५) **हीरामणि** रचित 'रुक्मिणी मंगल'; रचना-काल लगभग १६५० ई० (६) **पदमैया** कृत 'रुक्मिणी मंगल'; रचना-काल १६१२ ई० (७) **कृष्णदास गिरिधर**; 'रुक्मिणी विवाहलो'; लिपिकाल १६३५ ई० (८) **सायांजी** : 'रुक्मिणी हरण'; १६वीं शती के अन्तिम भाग में रचित, (६) **हीरालाल** : 'रुक्मिणी मंगल'; १६४७ ई० (१०) **मेहरचन्द** : 'रुक्मिणी मंगल'; १६६२ ई० (११) **हेतराम** कृष्ण 'रुक्मिणी मंगल'; १७५३ ई० (१२) **विष्णुदास** : 'रुक्मिणी मंगल'; १७७७ ई० (१३) **हीरालाल** : रुक्मिणी मंगल'; १७८२ ई० (१४) **ठाकुरदास** : 'रुक्मिणी मंगल' लिपिकाल १७८० ई० (१५) **रामलाल** : 'रुक्मिणी मंगल'; लिपिकाल १८०५ ई० (१६) लाला **मघ्घूलाल** : 'रुक्मिणी स्वयंवर'; लगभग १८०० ई० में रचित (१७) महाराज **रघुराज सिंह** : 'रुक्मिणी परिचय'; १८५० ई० में रचित।

इस प्रकार हम देखते हैं कि रुक्मिणी-विवाह सम्बन्धी काव्यों की जो परम्परा विष्णुदास के द्वारा पन्द्रहवीं शती में प्रवर्तित होती है वह उन्नीसवीं शताब्दी के मध्य तक अखण्ड रूप में चलती रहती है। इन काव्यों का विस्तृत एवं तुलनात्मक अध्ययन अभी तक प्रस्तुत नहीं हुआ। किन्तु डॉ० सियाराम तिवारी ने हाल ही में अपने शोध प्रबन्ध 'हिन्दी के मध्यकालीन खंड काव्य' में इनका परिचय, स्रोतानुसंधान एवं मूल्यांकन संक्षेप में प्रस्तुत किया है, जिससे इनके सम्बन्ध में पर्याप्त जानकारी प्राप्त होती है। जैसा कि डॉ० तिवारी ने स्पष्ट किया है, रुक्मिणी-विवाह सम्बन्धी ये सभी काव्य मूलत: 'विष्ण-पुराण' के प्रथम अंश अध्याय २६ व भागवत के दशम स्कन्ध के अध्याय ५२-५४ पर आधारित हैं।[1] इन दोनों में से भी भागवत पुराण का ही आधार मुख्य रूप से ग्रहण किया गया है। यद्यपि इन सभी काव्यों का स्थूल ढांचा प्राय: भागवत के अनुसार ही है, किन्तु ये कोरे अनुवाद मात्र नहीं हैं। विभिन्न घटनाओं के आयोजन, वर्णन, विस्तार एवं तत्सम्बन्धी अनुभूतियों के प्रकाशन में कवियों ने अपनी-अपनी अनुभूति एवं कल्पना का उपयोग किया; अत: कथावस्तु का आधार एक होते हुए भी प्रत्येक रचना का स्वतन्त्र महत्त्व है।

काव्यत्व की दृष्टि से भी विभिन्न कवियों को उनकी प्रतिभा एवं अनुभूति के अनुरूप विभिन्न परिणाम में सफलता मिली है। फिर भी इनमें नन्ददास, पृथ्वीराज राठौड़, मेहरचंद, हीरामणि को सर्वाधिक सफल माना जा सकता है। नन्ददास का काव्य जहाँ कथा-वस्तु के संघटन, प्रबन्धात्मकता के निर्वाह, सौन्दर्य-चित्रण एवं भाव-व्यंजना की दृष्टि से अनुपम है वहाँ पृथ्वीराज राठौड़ की 'वेलि' सौन्दर्य-निरूपण, युद्ध-वर्णन, ऋतु-सौन्दर्य एवं प्रणयोद्‌गारों की दृष्टि से महत्त्वपूर्ण है। मेहरचन्द की रचना में रुक्मिणी की प्रणय-वेदना, विह्वलता एवं दैन्यता की अभिव्यक्ति मार्मिक रूप में हुई है तथा हीरामणि ने युद्ध के प्रसंगों में ओजस्विता का सफल प्रदर्शन किया है। यहाँ चारों रचनाओं से कुछ उद्धरण प्रस्तुत हैं :

(क) नन्ददास के 'रुक्मिणी-मंगल' से—

जो नगधर नंदलाल मोहि, नहिं करिहौ दासी।
तो पावक पर जारिहौं, बरिहौं तन तिनका सी।
× × ×
मिटी भूख अरु प्यास, पास कोउ और न भावै।
कोनें जाइ उसास भरै दुख कहत न आवै॥
दुरि रहित क्यों प्रिय-रति प्रकटहि देत दिखाई।
पुलक अंग सुर भंग, स्वेद कबहुँ जड़ताई॥
उर थर थर अति कंपत जपत जब कुँवर कन्हाई।
कबहुँ टकी लगि जाइ, कबहुँ आवत मुरझाई॥
× × ×

१. हिन्दी के मध्यकालीन खंडकाव्य : डॉ० सियाराम तिवारी, पृ० २६२।

(ख) पृथ्वीराज राठौर की 'वेलि क्रिसन रुक्मिणी' से—

आणन्द लखण रोमांचित आँसू,
वाचत गदगद कंठ न वणै।
कागल करि दीधौ करुणा करि,
तिणि तिणि हीज ब्राह्मण तणै।

× × ×

आगलि पित मात रमन्ती अंगणि,
काम विराम छिपाड़ण काज।
लाजवन्ती अंगि एह लाज विधि,
लाज करन्ती आवै लाज॥

× × ×

(ग) मेहरचन्द के 'रुक्मिणी मंगल' से—

सुन्दिरि वदन दुराय पाय लागि पीय कों कहे।
ठाडौ जेठ गताइ कंथ वेगी रथ हाँकीये॥

× × ×

अब तुम दरसन देहु मुरारी।
अबला पड्यौ महादुख भारी।
एक वार सुपने चलि आवौ।
ई नैनन की तड़पि बुझाओ।

(घ) हीरामणि के 'रुक्मिणी मंगल' से

मच्यौ जुद्ध घोर निसाह बज्जैं मनौ तौ प्रलै के महामेघ गरजै।
कहु वीर करि नाद सनमुख धायै हनै और रिपु घोष छामैं।
सकत सैनि ताकि विष का उधारा गजं वीर गज लोक लोकं प्रधारा॥
भूसुण्डी फरस्या घटं वीर पालं हनै कंठ खंग फटै नाल जालं॥

× × ×

लियौ धनुष हरि हाथ रुक्क सिर भंजनै।
कहै रुकमिनि नारि बंधु मम छंडनै।

शैली पक्ष की दृष्टि से रुक्मिणी सम्बन्धी सभी काव्यों को दो वर्गों में विभाजित किया जा सकता है—एक, जिनमें आदि से अन्त तक एक ही छन्द का प्रयोग किया गया है, जैसे नंददास और पृथ्वीराज ने क्रमशः रोला और वेलि छन्द का ही प्रयोग किया है। दूसरे वर्ग में मेहरचन्द तथा अन्य कतिपय कवि आते हैं जिन्होंने विभिन्न छन्दों का प्रयोग किया है। मेहरचन्द ने सोरठा, चौपाई, दोहा, भुजंगप्रयात, हरिगीतिका, छप्पय आदि छन्दों का प्रयोग किया है, किन्तु महाराज रघुराजसिंह एव हीरामणि ने तो और भी कई छन्दों—त्रिभंगी, तोटक, बरवै, घनाक्षरी आदि का प्रयोग किया है। डॉ० सियाराम तिवारी के कथनानुसार रघुराजसिंह ने उनतीस प्रकार के छन्दों की आयोजना की है। भाषा सभी काव्यों की ब्रज है, केवल एक ही

अपवाद 'वेलिक्रिसन रुक्मिणी री' है, जिसमें डिंगल या प्राचीन राजस्थानी का प्रयोग हुआ है।

अनेक आलोचकों एवं इतिहासकारों की धारणा है कि मध्यकालीन काव्य में कृष्ण की प्रेयसियों में केवल राधा को ही विशेष रूप से स्मरण किया गया है। किन्तु प्रस्तुत परम्परा के अध्ययन से यह स्पष्ट होता है कि इन कवियों की दृष्टि में रुक्मिणी का भी कम महत्त्व नहीं था। वस्तुतः रुक्मिणी का आख्यान एक ऐसा आख्यान है जिसमें पूर्वराग से लेकर मिलन तक की सभी प्रेम-दशाओं, रोमांस से लेकर दाम्पत्य जीवन तक के विभिन्न प्रणय-रूपों एवं नारी-सौन्दर्य से लेकर युद्ध तक के विभिन्न दृश्यों के आयोजन की सुविधा एक ही साथ कवियों को मिल जाती है, साथ ही इसमें उस अनैतिकता एवं असामाजिक की गंध भी नहीं है जो राधा-कृष्ण-प्रसंग में मिलती है क्योंकि रुक्मिणी कृष्ण की अन्ततः पत्नी थी, राधा की भाँति प्रवंचिता प्रेयसी नहीं। हाँ, विरोहद्गारों की कोमलता एवं प्रणय-वेदना के गांभीर्य के लिये इसमें अवश्य राधा के वेदनापूर्ण जीवन जैसा अवकाश नहीं था। अतः इन रचनाओं में वह माधुर्य नहीं आ सका जो विद्यापति और सूर के विरह-गीतों में मिलता है।

कृष्ण-लीला-काव्य—कृष्ण की विभिन्न लीलाओं के आधार पर भी मध्यकाल में प्रबन्ध काव्य लिखे गये हैं जिनमें मुख्यतः रास-लीला, दान-लीला, चीर-हरण-लीला, नाग-लीला, जोग-लीला आदि का निरूपण हुआ है। रास-लीला सम्बन्धी काव्यों में नंददास कृत 'रास पंचाध्यायी' (१६वीं शती), रहीम की 'रास पंचाध्यायी (१६वीं शती), हरिराम व्यास कृत 'रास पंचाध्यायी' (१५६३ ई०), **दामोदर स्वामी** कृत 'रास पंचाध्यायी' (१६३० ई०), **गोपालदास** कृत 'रास पंचाध्यायी' (१६९८ ई०), **हितराम कृष्ण** कृत 'रास पंचाध्यायी' (१७वीं शती), नागरीदास कृत 'रासरसलता, (१८वीं शती), **हरिदास** कृत 'रास पंचाध्यायी' (१८वीं शती), **नवलसिंह** कृत, 'रास पंचाध्यायी' (१९वीं शती , **वंशीअली** की 'रास पंचाध्यायी' (१८२८ ई०), **कृष्णदेव** 'रास पंचाध्यायी' (१८२० ई०), **रसानन्द** की 'रास पंचाध्यायी' (१८३२ ई०) और **कृष्णदास** द्वारा रचित 'पंचाध्यायी' (१८५३ ई०) उल्लेखनीय हैं। यह विचित्र बात है कि इन कवियों ने लगभग एक ही कथानक को लेकर इतने अधिक स्वतंत्र काव्य लिखे तथा अधिकांश ने नाम भी एक ही रखा। इन सबकी कथा-वस्तु का आधार भागवत के दशम स्कंध के पाँच अध्याय (२९ से ३३ तक) है। भागवतकार ने यह प्रसंग १७४ श्लोकों में प्रस्तुत किया है जबकि इन कवियों ने इसे अधिक विस्तार एवं अधिक काव्यात्मक शैली में वर्णित किया है। कुछ कवियों ने मूल प्रसंग में यत्र-तत्र परिवर्तन भी किया है, यथा नन्ददास ने कृष्ण का रास देखने के लिये कामदेव के आने एवं उसके मूर्च्छित हो जाने की कल्पना की है। पर सामान्यतः सभी काव्य भागवत के अनुसार ही हैं। काव्यत्व की दृष्टि से इनमें विशेष सफलता नन्ददास और रसानन्द को मिली है। संभवतः हिन्दी में 'रास पंचाध्यायी' शीर्षकीय स्वतंत्र प्रबन्ध काव्यों की परम्परा के प्रवर्त्तक नन्ददास ही हैं; उनके काव्य की सफलता ने ही दूसरे कवियों को इस ओर आकर्षित एवं प्रवृत्त

१४

किया है। वृन्दावन के प्राकृतिक वातावरण की सुरम्यता, मोहन की रूप-माधुरी, गोपियों के भावोद्वेलन एवं रास नृत्य की विभिन्न भंगिमाओं के निरूपण में नन्ददास को अद्भुत सफलता मिली है। गोपियों की माधुर्यपूर्ण छवि का गत्यात्मक चित्र प्रस्तुत करते हुए वे लिखते हैं—

मंद परस्पर हँसी लसी तिरछी अँखियाँ अस।
रूप उदधि उतराति रँगीली मीन पाँति जस।।

और वे ही गोपियाँ जब साँवरे के साथ नृत्य करती हैं तो कवि को प्रतीत होता है—

साँवरे पिय संग निरतत चंचल ब्रज बाला।
मनु घन-मंडल खेलत मंजुल चपला माला।।

फिर रास का अंतिम दृश्य भी द्रष्टव्य है—

हार हार में उरझि उरझि बहियाँ में बहियाँ,
नील पीत पट उरझि उरझि बेसर नथ महियाँ।

इस प्रकार इसमें जहाँ विभिन्न बाह्य दृश्यों, चेष्टाओं एवं मुद्राओं का अंकन सफलतापूर्वक किया गया है वहाँ गोपियों की आन्तरिक स्थिति का भी उद्घाटन सहृदयतापूर्वक किया गया है। गोपियों के ये उपालंभपूर्ण शब्द उनकी प्रणय-वेदना को भलीभाँति व्यक्त करते हैं—

नैन मूँदिबो महा शस्त्र लै हाँसी फाँसी,
मारत हौ कित सुहथ नाथ बिनु मोल की दासी।
विष तें जल तें व्याल अनल तैं चपला भरते,
क्यों राखी नहि मरन दई नागर नगधर तैं।
अहो मीत! अहो प्राणनाथ! यह अचरज भारी,
अपननि जो मारि हो करिहो का की रखवारी।।

इसमें नन्ददास की सफलता का एक बहुत बड़ा आधार उनका अपूर्व भाषाधिकार है; इस रास-लीला में यदि गोपियाँ कृष्ण के संकेतों पर नृत्य करती हुई दिखाई पड़ती हैं तो इसका प्रत्येक शब्द कवि के इशारे पर नाचता हुआ सा प्रतीत होता है। यहाँ भाषा से केवल अर्थ-बोधन का ही काम नहीं लिया गया है अपितु उसकी समस्त शक्तियों का—स्वर, माधुर्य, नाद-सौन्दर्य, छन्द-प्रवाह, शब्द-चातुर्य, रीति विन्यास, अलंकार छटा एवं वक्र-भंगिमा, इन सबका उपयोग सम्यक् रूप में किया गया है। वस्तुतः एक प्रतिभाशाली कवि के भावों पर मुग्ध होकर भाषा किस प्रकार अपना सर्वस्व अर्पित कर देती है, इसका एक उत्कृष्ट उदाहरण नन्ददास की 'रास पंचाध्यायी' में उपलब्ध होता है। सच कहा जाय तो 'रास पंचाध्यायी' में वस्तु का इतना सौन्दर्य नहीं है जितना उसके शिल्प एवं रूप का है। संभवतः इसी कारण प्रसिद्ध है—'और कवि जड़िया, नन्ददास गढ़िया।'

रसानन्द ने अपनी 'रास पंचाध्यायी' की रचना सामान्यतः नन्ददास के काव्य के अनुसार ही की है, किन्तु प्रकृति-वर्णन की अतिशयता, छंद-वैविध्य एवं कलात्मकता

के प्रदर्शन की दृष्टि से वे नन्ददास से आगे बढ़े हुए प्रतीत होते हैं। उनकी शैली पर भी परवर्ती युग की अति-अलंकरण की प्रवृत्ति का प्रभाव है; यथा—

कैंधौं स्याम घन की घटा सी छित छाइ रही ?
कैंधों घनस्याम अंग सोभा सुख साज को।
कैंधौं रसानन्द नवेलि वेलि मरकत की।
जगमग जोति वारी सत सिरताज की।
रागै जग वंदनी कलिंद नंदनी की प्रभा।
कैंधौं आभा नील अरविन्द के समाज की।
कैंधौं रूप मोहनी की सोहनी अनूप बेंनी।
काम अति श्रेनी है किरेंनी रस राज की ॥

रसानन्द ने अपने इस छोटे से काव्य में कवित्त, छप्पय, दोहा, अरिल्ल, चौपाई, सवैया, सोरठा, पद्धरि और गीतिका, इन नौ प्रकार के छन्दों का प्रयोग किया है। इस वर्ग के अन्य काव्य साधारण कोटि के हैं तथा सभी ने ब्रजभाषा का प्रयोग करते हुए प्रायः नन्ददास का अनुकरण किया है; इससे नन्ददास के विशिष्ट महत्त्व का बोध होता है।

रास-लीला की ही भाँति 'दान-लीला' शीर्षक से भी विभिन्न कवियों ने बीसों प्रबन्धात्मक काव्य लिखे, जिनमें **गिरिजेन्द्र,**[1] **परमानन्ददास, कुम्भनदास, रसखान, खरगसेन, माधुरीदास, ध्रुवदास, चरणदास, आनन्द, उदय, रामदत्त, भानुदास, प्रियादास, श्यामल, वृषभानु, कुँवरिबाई** आदि के नाम उल्लेखनीय हैं। इस सभी में कृष्ण द्वारा दही बेचने के लिए मथुरा जाती हुई गोपियों से बलपूर्वक दही का दान लेने की घटना का निरूपण किया गया है। इन कवियों के मतानुसार इस लीला में केवल दही का ही दान-प्रदान नहीं होता अपितु उसके साथ तन और मन का भी दान होना है ; यही नहीं, कई बार तो गोपियाँ स्वयं इस अवसर की खोज करती हैं

मिलि कै यह मत कियो चलो सब ही अब आली।
आइ चराइ गाइ आज गहवर बन माली ॥
तिन सौं चलि बलि कीजियों कछु इक वाक विलास।
गोरस मिस रस रूप को माखन मदन प्रकास ॥

—दान लीला : उदय

चलो सखी वहाँ जाइए, जहाँ मिलैं ब्रजराज।
गोरस बेचत हरि मिलै, एक पंथ दुइ काज ॥

—दान लीला : गिरिजेन्द्र

वस्तुतः इस 'एक पंथ दुइ काज' वाले दृष्टिकोण के कारण इन काव्यों में न

१. डॉ० मुरारीलाल 'सुरस' की सूचना के अनुसार 'गिरिजेन्द्र' का वास्तविक नाम 'राजेन्द्र' है।

तो शृंगारिकता का ही स्तर ऊँचा उठ पाता है और न ही उसमें धार्मिकता एवं नैतिकता का पोषण हो पाता है। इस प्रकार के काव्य मध्य युग की छिछली रसिकता के ही द्योतक कहे जा सकते हैं। 'जोग लीला', 'चीर हरण लीला' जैसे काव्य भी इसी कोटि में आते हैं। **उदय कवि** ने इन रचनाओं में कृष्ण की रसिक वृत्ति का चित्रण रुचिपूर्वक किया है जो काव्यत्व की दृष्टि से साधारण स्तर का है। राजस्थानी के कवि **सायांजी ने** 'नाग दमण' (१६वीं शती) में और **गंगाधर** ने 'नाग लीला' (१८३०) में नागदमन प्रसंग का तथा उदय कवि ने 'गिरिवरधर लीला' (१७६५ ई०) में गोवर्द्धन धारण सम्बन्धी प्रसंगों का भी निरूपण किया है जो कृष्ण के लोक-मंगलकारी रूप को प्रस्तुत करता है किन्तु प्रबन्धात्मकता की दृष्टि से ये काव्य अधिक विकसित एवं कलात्मक नहीं हैं। अस्तु, इन लीला-काव्यों में सर्वोच्च स्थान रास-लीलाओं का तथा उनमें भी नन्ददास की 'रास-पंचाध्यायी' का ही है।

कृष्ण-प्रवास एवं भ्रमर गीत सम्बन्धी काव्य इस काल के कवियों के दो अन्य प्रिय विषय कृष्ण-प्रवास एवं कृष्ण-सुदामा की मैत्री सम्बन्धी रहे हैं। कृष्ण-प्रयास प्रसंग में मुख्यतः गोपियों की विरह-वेदना एवं उनके क्षोभ, व्यंग्य एवं उपालंभ की अभिव्यक्ति की गई है। इस वर्ग में इन चौदह प्रबन्धात्मक काव्यों को स्थान दिया जा सकता है—(१) नन्ददास रचित 'भँवर गीत'; रचना-काल १६वीं शती। (२) **लक्ष्मीनारायण** कृत 'प्रेम तरंगिणी'; १६वीं शती। (३) **मुकुन्ददास** द्वारा रचित 'भँवर गीत'; रचना-काल अनुमानतः १६२५ ई०। (४) **महमद** रचित 'भमरागीत' (१६७८ ई०)। (५) **रसनायक** रचित 'विरह-विलास'; १७२५ ई०। (६) **मुकुन्ददास** कृत 'स्नेह लीला'; १७-१८वीं शती। (७) **बख्शी हंसराज** कृत 'विरह विलास'; १७५४ ई०। (८) **प्रागनि** कृत 'भ्रमर गीत'; १७६५ ई०। (९) **सेवादास पांडेय** कृत 'करुणा विरह प्रकाश'; १७६५ ई० (१०) **प्रेमदास** कृत 'प्रेम सागर'; १७७० ई० (११) **चाचा हित वृन्दावनदास** कृत 'भ्रमर गीत'; १८वीं शती। (१२) **रत्नदास** कृत 'प्रेम-रत्न'; १८१५ ई०। (१३) **सुखसागर** कृत 'भ्रमर गीत'; १८वीं शती। (१५) **मनोहरदास** द्वारा रचित 'सनेह लीला', १८४७ ई०। इन सभी काव्यों में (रत्नदास के 'प्रेमरत्न' को छोड़कर) उद्धव के आगमन, निर्गुण सम्बन्धी उपदेश एवं गोपियों की विरह-व्यथा का प्रतिपादन किया गया है। 'प्रेमरत्न' में कृष्ण की प्रौढ़ावस्था के एक प्रसंग को लिया गया है जबकि वे अपनी रानियों रुक्मिणी, सत्यभामादि सहित कुरु-क्षेत्र जाते हैं तथा वहाँ उनकी भेंट राधा से होती है। इसमें राधा और कृष्ण के पुनर्मिलन की अनुभूतियों को अभिव्यक्ति प्रदान की गई है।

इस वर्ग के काव्यों में कथानक का विस्तार बहुत कम है। उनमें वर्णन एवं भावाभिव्यंजन की ही प्रमुखता है। गोपियों की विरहवेदना की व्यंजना में अनेक कवियों ने अपनी काव्य-प्रतिभा एवं भाव-प्रवणता का परिचय दिया है; यथा—

सुनि मोहन-संदेश रूप सुमिरन ह्वै आयौ।
पुलकित आनन कमल अंग आवेस जनायौ।।

विह्वल ह्वै धरनी पड़ी, ब्रज-वनिता मुरझाय।
दै जल छींट प्रबोधहीं, ऊधौ बैन सुनाय॥
सुनौ ब्रज नागरी।

—नंददास : भँवरगीत

मधुकर मन से सोचि कहो।
देस काल आनो उर अंतर तुम सर्वज्ञ अहो।
जिन्ह के अंग लगावत मलयज लागति अनल समान।
तिनको कहत प्रलेप गरल को यह है कहा प्रमान।
संयम नेम कहा नारिन में प्रेम तृष्णारत आहि।
राखत हो कुसुमन पर कुलिसहि विहित विचारत नाहि।
यक हम परी विरह वापी में प्रागनि विरह असूझ।
सौ मूंदत हौ जोग जंत्र दे यहै तिहारी बूझ॥

—प्रागनि : भ्रमरगीत

नैन हमारे मधुकरा आनन कृष्ण सरोज।
ब्रज छाडी तिह दिवस ते वैसी भये मनोज॥
मन मोहन यह नाव है मोहन नैन विसाल।
मोहन मूरति माधुरी मोहन वचन रसाल॥

—मुकुन्ददास : स्नेह लीला

हमरौ पथ कठिन अति भारी। क्यों सुनि हौ यह बात हमारी।
कुबिजा पंथ छाडि यह साधौ। तो तुम सौं दुख पैहे माधौ॥

—बख्शी हंसराज : विरह विलास

मुकति कृपा करि साँवरे अलि उन भेजी सोहि।
लीनी सीसि चडाय हम रीझ देत हैं तोहि॥

—रसनायक : विरह विलास

इनमें से 'भ्रमर गीत' संज्ञक काव्यों में एक प्रमुख लक्ष्य निर्गुण सम्बन्धी विचारधारा को खंडित करते हुए योग के स्थान पर भक्ति की प्रतिष्ठा करना भी रहा है। ऐसा करते समय अनेक कवियों ने अपनी सूक्ष्म तार्किकता का भी परिचय दिया है; जैसे—

जो उनके गुन नाहिं और गुन भये कहाँ ते?
बीज बिना तरु जमें मोहि तुम कहौ कहाँ ते?

—नंददास

फिर भी इन काव्यों में तर्क की अपेक्षा भावना की ही प्रधानता है, केवल नंददास का काव्य इसका अपवाद माना जा सकता है। शिल्प एवं शैली की दृष्टि से इन काव्यों में लगभग वे ही प्रवृत्तियाँ मिलती हैं जो इस युग के अन्य प्रबन्ध काव्यों में दृष्टिगोचर होती हैं; यथा कुछ कवियों ने जहाँ दोहा-चौपाई का प्रयोग किया है वहाँ प्रागनि, रस नायक, लक्ष्मीनारायण, सेवादास, हंसराज ने विविध छन्दों का

प्रयोग किया है। नंददास, मुकुन्ददास और वृन्दावनदास ने विविध छन्दों का प्रयोग किया है। नंददास, मुकुन्ददास और वृन्दावनदास ने आद्योपान्त एक ही प्रकार के छन्द का व्यवहार किया है। भाषा की दृष्टि से सभी ब्रज में रचित हैं, केवल रत्नदास ने अवधी और खड़ीबोली का मिश्रण किया है। वस्तुतः इन रचनाओं को सफल विरह-काव्य के रूप में स्वीकार किया जा सकता है।

कृष्ण-सुदामा विषयक काव्य—कृष्ण के बालसखा एवं सहपाठी सुदामा को लेकर भी मध्यकाल में लगभग डेढ़ दर्जन प्रबन्ध काव्य लिखे गये जो सभी 'सुदामा चरित' संज्ञक हैं। इनके रचयिताओं एवं रचना-काल का निर्देश डॉ० सियाराम तिवारी ने इस प्रकार किया है—(१) **हलधरदास**; १५६५ ई० (२) **आलम**; १६वीं शताब्दी (३) **नरोत्तमदास**; १५७३ ई० के बाद (४) **बीरबल**; १५२८-१५८६ ई० (५) **गंग कवि**; १६वीं शती (६) **खुसाल**; सत्रहवीं शती (७) **मीर माधो**; १६७८ ई० (८) **भूधरदास**; सत्रहवीं शती (९) **माखन**; १७०२ ई० (१०) **वीर बाजपेयी**; १७४१ ई० (११) खंडन कवि, १७४२ ई० (१२) **जेठमल**; १७५८ ई० (१३) **अमरसिंह**; १७६२ ई० (१४) **गोपाल**; १७९८ ई० (१५) **प्राणनाथ**; १८०१ ई० (१६) **बालकदास फकीर**, १८३३ ई० (१७) **वंशमणि**, रचना-काल अज्ञात। ये सभी काव्य मूलतः भागवत पुराण के दशमस्कंध के अस्सीवें एवं एकासीवें अध्यायों में वर्णित कथा पर आधारित हैं। यद्यपि कुछ कवियों ने उसमें थोड़ा-बहुत परिवर्तन भी किया है; फिर भी कवियों का लक्ष्य मूलतः कथा-चमत्कार में अभिवृद्धि करने की अपेक्षा वर्णन-विस्तार एवं भाव-व्यंजना को अधिक सशक्त करने का ही है। कृष्ण सम्बन्धी अन्य काव्यों की तुलना में इन काव्यों की कई विशेषताएँ हैं; एक तो इनमें सुदामा के दारिद्र्य के प्रसंग में उस निर्धनता का चित्रण हुआ है जिसका अन्य काव्यों में प्रायः अभाव है। दूसरे, इनमें सुदामा के व्यक्तित्व, चरित्र एवं अन्तर्द्वन्द्व का चित्रण यथार्थ-परक दृष्टि से किया गया है। तीसरे, इनमें कामुकता एवं यौन-भावनाओं की व्यंजना के लिए कोई अवकाश नहीं था; अतः इसके स्थान पर शुद्ध प्रेम या सख्यभाव का निरूपण हुआ है। किन्तु सुदामा का सख्यभाव दो समान व्यक्तियों की मैत्री के स्तर का नहीं था, उसमें एक पक्ष की महत्ता, अनुकम्पा एवं करुणा की तथा दूसरे पक्ष की लघुता, हीनता एवं कृतज्ञता की भावना अधिक है; अतः 'सुदामा चरित' संज्ञक काव्यों को हम विशुद्ध सख्य भावना के काव्यों के रूप में स्वीकार नहीं कर सकते। वस्तुतः इनमें सौंदर्य की अपेक्षा 'औदात्य' की व्यंजना अधिक हुई है, जो पाठक के मन को उच्चता एवं महानता की ओर अग्रसर करता है।

छंद-योजना की दृष्टि से सुदामा-चरित संज्ञक काव्यों को दो वर्गों में विभक्त किया जा सकता है; प्रथम वर्ग में हलधरदास, भूधरदास एवं आलम के काव्य आते हैं जिनमें एक-एक प्रकार के छंद का ही प्रयोग हुआ है। हलधर और भूधर आदि ने अंत के दोहों को छोड़कर शेष सारे काव्य में छप्पय का प्रयोग किया है जबकि आलम ने सर्वत्र लावनी या ककुभ छन्द प्रयुक्त किया है। इसके विपरीत शेष कवियों ने, जिन्हें दूसरे वर्ग में रखा जा सकता है, अपनी रचनाओं में छंद-वैविध्य का प्रदर्शन किया

है। वीर कवि में तो यह प्रदर्शन इस सीमा तक पहुँच गया है कि उन्होंने अपने काव्य में दोहा, सवैया, घनाक्षरी, चौपाई, हरिगीतिका, सोरठा, मौक्तिकदाम आदि पचास प्रकार के छन्दों का आयोजन किया है। शैली की प्रौढ़ता एवं मार्मिकता की दृष्टि से इनमें हलधरदास एवं नरोत्तमदास को विशेष सफलता मिली है। यहाँ कुछ उद्धारण द्रष्टव्य हैं —

सुनि विलाप तिय बैन बारि पिय के दृग छाई।
कहेउ सत्य मम भवन भामिनी वसि दुख पाई।
विपति दाह में पुर्ष हेम जो धीर भले हैं।
तौ सोहागिनी सोहाग संग मिलि दोउ गले हैं।
बिनु धन पिय नहि सुख लहै, विनु सुख पिय मोखैं विपति।
जेहि उपाय कृते धन मिलै, कहहु सो नारि विचारि मति।।

—हलधरदास : सुदामा चरित

सीस पगा न झगा तन में प्रभु, जानै को आहि बसैं केहि ग्रामा।
धोती फटी सी, लटी दुपटी अरु पाँय उपानह को नहिं सामा।
द्वार खड़ो द्विज दुर्बल एक रह्यो चकि सो बसुधा अभिरामा।
पूछत दीनदयाल को धाम बतावत आपनो नाम सुदामा।।

× × ×

कैसे बिहाल बिवाइन सों भए, कंटक जाल गड़े पग जोए।
हाय महादुख पाए सखा ! तुम आए इतै न, कितै दिन खोए।।
देखि सुदामा की दीन दसा, करुना करिकै करुनानिधि रोए।
पानी परात को हाथ छुयो नहिं, नैनन के जल सों पग धोए।।

—नरोत्तमदास : सुदामा चरित

वस्तुतः सुदामा के रूप में एक मध्यकालीन दरिद्र ब्राह्मण की मनोवृत्ति, उसके संस्कारों एवं उसके अन्तर्द्वन्द्व के चित्रण, नाटकीय संवादों के आयोजन, कृष्ण के स्नेह-स्निग्ध व्यवहार एवं शैली के सशक्त प्रवाह की दृष्टि से नरोतमदास का 'सुदामा चरित एक अत्यन्त महत्वपूर्ण काव्य है। शेष कवियो ने भी अपनी प्रतिभा का सम्यक् प्रदर्शन किया है, किन्तु नरोत्तमदास की ऊँचाई तक वे नहीं पहुँच पाये।

इस प्रकार हम देखते हैं कि इस परम्परा के अन्तर्गत कृष्ण के जीवन-चरित, उनसे सम्बन्धित विभिन्न पात्रों एवं घटनाओं तथा उनकी विभिन्न लीलाओं का प्रतिपादन विभिन्न पद्धतियो एवं शैलियों में हुआ है। वस्तुतः इस क्षेत्र में जितनी लोकप्रियता कृष्ण के चरित एवं उनकी लीलाओं को प्राप्त हुई है, उतनी किसी अन्य पौराणिक पात्र को प्राप्त नहीं हुई। अतः यह कहना भ्रामक होगा कि कृष्ण-भक्त कवियों ने प्रबन्ध-शैली की उपेक्षा की तथा गीति-मुक्तक शैलो को ही अपनाया।

११.६. राम-काव्य—

हिन्दी में राम सम्बन्धी प्रबन्ध-काव्यों की परम्परा के प्रवर्त्तन का श्रेय

ईश्वरदास को दिया जा सकता है जिनकी चर्चा पहले की जा चुकी है। इन्होंने अनेक पौराणिक काव्यों की रचना की जिनमें से 'भरत-मिलाप' इस वर्ग के अन्तर्गत आती है। इस रचना की विभिन्न प्रतियाँ प्राप्त हैं जिनमें परस्पर गहरा पाठ-भेद मिलता है तथा रचयिता का नाम भी उनमें अलग-अलग है। सामान्यतः इनमें तीन नाम आये हैं—तुलसीदास, ईश्वरदास एवं सूरजदास। डॉ० शिवगोपाल मिश्र के मतानुसार यह इन्हीं ईश्वरदास की रचना है क्योंकि इसकी एक प्रति उन्हें ईश्वरदास की अन्य रचनाओं के साथ ही प्राप्त हुई थी तथा भाषा-शैली एवं अनेक प्रतियों के उल्लेख के अनुसार भी यह ईश्वरदास की ही रचना प्रतीत होती है। डॉ० सियाराम तिवारी ने अपने शोध प्रबन्ध 'हिन्दी के मध्यकालीन खंडकाव्य' में इस पर पुनर्विचार करते हुए सूरजदास को प्रतिलिपिकार की असावधानी मात्र सिद्ध किया है, किन्तु शेष दो में से उन्होंने अपना मत तुलसीदास के पक्ष में दिया है। पर डॉ० वासुदेव शरण अग्रवाल के मतानुसार 'भरत मिलाप' का रचयिता बादशाह सिकन्दर का समकालीन था, इस आधार पर डॉ० तिवारी ने 'भरत मिलाप' के रचयिता तुलसीदास को प्रसिद्ध कवि गोस्वामी तुलसीदास से इतर एवं प्राचीनतर माना है। हमारे विचार से जब तक एक अन्य तुलसीदास का अस्तित्व असंदिग्ध रूप से सिद्ध नहीं हो जाता तथा इस ग्रन्थ के विभिन्न पाठ-भेदों का सम्यक् अनुशीलन नहीं हो जाता, तब तक रचना-काल, विषय-वस्तु, रचना-शैली की दृष्टि से इसे कवि ईश्वरदास की रचना मानना उचित होगा। तुलसीदास प्रसिद्ध कवि थे; अतः ईश्वरदास की रचना के परवर्ती संरक्षकों द्वारा, इसकी महत्त्व-वृद्धि के लिए ईश्वरदास के स्थान पर तुलसीदास कर दिया जाना तो संभव है किन्तु तुलसीदास की रचना को, भले ही वह तुलसीदास प्रसिद्ध कवि से भिन्न ही क्यों न हो, ईश्वरदास के नाम पर प्रसिद्ध करने की कोई संभावना स्वीकार्य प्रतीत नहीं होती। फिर अनेक प्रतियों में ईश्वरदास का नाम स्पष्ट रूप में आया है—'ना साचे वचन सुनहु जो काना, इसरदास कवि कहहि बखाना।' अतः हम यही मानना अधिक उचित समझते हैं कि अनेक प्रतियों में परवर्ती लिपिकारों ने ईश्वरदास की अप्रसिद्धि या कम प्रसिद्धि तथा तुलसीदास के राम-विषयक ग्रन्थों की अति प्रसिद्धि के कारण इसे ईश्वरदास के स्थान पर तुलसीदास से सम्बन्धित कर दिया। इसका भारी पाठ-भेद इस संभावना को संभव सिद्ध करता है।

इसके निश्चित एवं प्रामाणिक पाठ के अभाव में, इसके काव्य-सौष्ठव के संबंध में कोई मत देना कठिन है, फिर भी इसके अनेक स्थल कवि की अन्य रचनाओं की ही भाँति सरस एवं प्रभावोत्पाद हैं; जैसे—

(क) अयोध्या की शोकपूर्ण दशा :

व्याकुल भये भरथ विशेषा। नहीं संभारिन्ह सिर कै केशा ॥
अयोध्या नगर कीन्ह पैसारी। नगर कें लोग सबैं मनमारी ॥
घर-घर रोवैं पुरुष औ नारी। वार जात रोवैं पनिहारी ॥
पशु-पक्षी रोवैं सब झारी। बाघ सिंह रोवैं बन माँही ॥

(ख) भरत-कैकेई संवाद—

बैठु माता लेहु प्रनाम। हम बरु जाइब जहँ श्रीराम।
जब लगि राम आँखिन नहिं देखीं। जीवन जन्म झूठ के लेखीं।
राम के दरसन करिहौं जाई। संग मैं रहब हम दूनो भाई।
हिरदै मैं कैकेई पछिताई। यह नित कर्म किये मैं भाई।
× × ×
काहे भरत करौ लरिकाई। पिता क दाह देहु अब जाई॥
सुनत भरत परे मुरछाई। भरै हिया फटि कैकई माई॥
पापिन तैं अजगुत कीन्हा। राम लछन सीता बन दीन्हा॥
भल तुम कीन्ह अयोध्या आई। राज करहु आपन घर जाई॥

इसके अनन्तर गोस्वामी तुलसीदास जी के विभिन्न प्रबन्ध-काव्य आते हैं जो इस परम्परा की सर्वोत्कृष्ट रचनाएँ मानी जाती हैं। वस्तुतः तुलसीदास को मध्यकाल के सर्वश्रेष्ठ कवि के रूप में स्वीकार किया जाता है; अतः इनके व्यक्तित्व एवं साहित्य पर यहाँ कतिपय शीर्षकों के अन्तर्गत अपेक्षाकृत अधिक विस्तार से विचार किया जाता है।

तुलसीदास का जीवनवृत्त—गोस्वामी तुलसीदास के चरित पर प्रकाश डालने वाली सामग्री को मुख्यतः तीन वर्गों में विभाजित किया जा सकता है—(१) विभिन्न लेखकों द्वारा रचित उनके जीवन-चरित (२) विभिन्न स्थानों में प्रचलित अनुश्रुतियाँ एवं उनके स्मारक चिह्न, और (३) स्वयं कवि के आत्मोल्लेख। प्रथम वर्ग की रचनाओं में तुलसीदास जी के शिष्य बेनी माधव दास (सं १६५५-९९) द्वारा रचित 'गोसाई चरित' और उसका सारांश 'मूल गोसाई चरित', भवानीदास का 'गोसाई चरित, (लग० सं १८१०), रघुबरदास लिखित 'तुलसीदास चरित', अपने आपको गोस्वामी जी का अवतार मानने वाले हाथरसवासी संत तुलसी साहब (सं०१८२०-१९००) द्वारा 'घट रामायण' में दिया गया आत्म-चरित; भक्तलाल और उसकी टीका, दो-सौ बावन वैष्णवों की वार्ता में नंददास और तुलसी सम्बन्धी प्रसंग आदि उल्लेखनीय हैं। इन रचनाओं में गोस्वामी जी की जीवन-सम्बन्धी अलौकिक चमत्कारपूर्ण घटनाओं का विवरण दिया गया है जो आधुनिक युग के पाठक के लिए अविश्वसनीय है।[1] इसके अतिरिक्त इनमें दिये गये संवत् एवं विभिन्न तथ्य ऐतिहासिक दृष्टि से प्रायः असंगत सिद्ध होते हैं; अतः प्रामाणिक जीवन-वृत्त तैयार करने में इनसे बहुत कम सहायता मिलती है।

तुलसीदास जी के जीवन से सम्बन्धित विभिन्न स्थानों—काशी, अयोध्या, राजापुर, आदि में उनके सम्बन्ध में अनेक अनुश्रुतियों के अतिरिक्त उनके हाथ की लिखी हुई रामायण की कुछ प्रतियाँ एवं उनके स्मारक-चिह्न मिलते हैं, किन्तु जाँच

१. 'तुलसी' (१९४०), डॉ० माताप्रसाद गुप्त।

करने पर इनमें अनेक की तो प्रामाणिकता संदिग्ध सिद्ध हो जाती है, शेष भी किसी महत्त्वपूर्ण तथ्य की सूचना नहीं देते। हाँ, बाँदा जिले के गजेटियर के सं० १९३१ वि० के संस्करण में तुलसीदास जी के सोरों (तहसील कासगंज, जिला एटा) से आने व राजापुर के बसाने की अनुश्रुति का उल्लेख किया गया है। यह अनुश्रुति लगभग एक शताब्दी प्राचीन होने के कारण महत्त्वपूर्ण है।

अपने सम्बन्ध में गोस्वामी जी ने कोई विशेष विवरण तो नहीं दिया किन्तु कुछ पंक्तियों से उनके बाल्यकाल की असहायावस्था[1], गुरु नरहरि के द्वारा सूकरखेत में रामकथा सुनने[2], यौवन काल में नारी जाति के आकर्षण में पड़ने[3], चित्रकूट, काशी, अयोध्या आदि में वास करने[4], यश-प्राप्ति[5], वृद्धावस्था की कुछ बीमारियों, एवं विभिन्न रचनाओं के रचना-काल आदि का संकेत मिलता है, जिनके आधार पर उनके जीवन के सम्बन्ध में कुछ बातों का अनुमान किया जा सकता है। विभिन्न विद्वानों—एच० एच० विलसन, गार्साद तासी, ग्रियर्सन, डॉ० श्यामसुन्दर दास पीताम्बरदत्त बड़थ्वाल, गौरीशंकर द्विवेदी, रामनरेश त्रिपाठी, माताप्रसाद गुप्त, डॉ० रामदत्त भारद्वाज, राजाराम रस्तोगी प्रभृति—ने उपर्युक्त तीनों वर्ग की सामग्री के आधार पर पर्याप्त अनुसंधान किया है, जिसका पूर्ण विवरण स्थानाभाव से देना

---

१. 'मातु पिता जग जाय तज्यो विधिहू न लिखी कछु भाल भलाई।—(कवितावली)
बारे ते ललात बिललात द्वार दीन,
जानत हौं चारिफल चारि ही चनक को —(कवितावली)

२. बंदौं गुरु पद कंज कृपा सिंधु नररूप हरि,
× × ×
मैं पुनि निजि गुरु सन सुनी कथा सो सूकर खेत।
—(रामचरितमानस)

३. लरिकाईं बीती अचेत चित्त चंचलता चौगुनी चाय।
जोबन-जुर जुवती कुपथ्य करि भयो त्रिदोष भरि मदन बाय।
—(विनय पत्रिका)

४. 'अब चित चेतु चित्रकूटहि चलु —(विनय पत्रिका)
सेइय सहित सनेह देह भर कामधेनु कलि कासी —(विनय पत्रिका)
'अवधपुरी यह चरित्र प्रकासा' —(रामचरितमानस)

५. 'हौ तो सदा खर को असवार तिहारोई नाम गयंद चढ़ायो।' —(कवितावली)
'नाम जपत भये तुलसीदास —(बरवै रामायण)

६. 'पाँय पीर, बाहु पीर, मुँह पीर, जरजर सकल सरीर पीर भई है।'
—(कवितावली)

'तातें तनु पेषियत, घोर बरतोर मिस,
फूटि फूटि निकसत लोन राम राय को।' —(कवितावली)

कठिन है। यहाँ इन विद्वानों के निष्कर्षों को ध्यान में रखते हुए तुलसी के जीवन सम्बन्धी कुछ महत्त्वपूर्ण तथ्यों पर प्रकाश डाला जाता है।

जन्म-तिथि—इस सम्बन्ध म अनेक मत प्रचलित हैं। 'मूल गोसाईं चरित' (वेनी माधवदास) तथा 'मानस-मयंक' के लेखक ने सं० १५५४ में तुलसीदास जी का जन्म माना है, किन्तु इस तिथि को स्वीकार कर लेने पर 'कवितावली', 'दोहावली' आदि ११८-१२० वर्ष की आयु में रचित और कवि का १२६ वर्ष की अवस्था तक जीवित रहना सिद्ध होता है जो थोड़ा अविश्वसनीय है। शिवसिंह सेंगर ने अपने 'सरोज' में लिखा है कि "यह महात्मा सं० १५८३ के लगभग उत्पन्न हुए थे।" इसमें 'लगभग' शब्द ही संदेहजनक है। 'घट रामायण' के रचयिता तुलसी साहब ने व मिरजापुर के रामभक्त पं० रामगुलाम द्विवेदी ने प्राचीन अनुश्रुति के आधार पर तथा डॉ० ग्रियर्सन ने 'विश्वसनीय सूत्रों' के आधार पर सं० १५८९ को जन्म-संवत् माना है। इस संवत् को मान लेने पर उनकी रचनाओं के रचना-काल में भी संगति बैठ जाती हैं तथा आचार्य शुक्ल ने भी इसका समर्थन किया है। विलसन महोदय ने सं० १६०० को जन्म-संवत् सिद्ध करने का प्रयत्न किया, किन्तु डॉ० माताप्रसाद गुप्त ने इसका खंडन करते हुए लिखा है—"सं० १५८९ की तिथि कम से कम १४० वर्ष प्राचीन जनश्रुतियों पर आधारित है—उसका उल्लेख अब से ५६ वर्ष पूर्व ग्रियर्सन ने तो किया ही है, संत तुलसी साहेब (सं० १८२०-१९००) ने भी किया है, जो अपने को गोस्वामी का अवतार कहते थे। साथ ही उसका जो विस्तार "भादौं सुदी ११ मंगलवार" उन्होंने दिया है, वह गणना से ठीक उतरता है।"[1] डॉ० गुप्त के तर्क में काफी बल है, अतः सं० १५८९, भाद्रपद शुक्ल एकादशी को महाकवि की जन्म-तिथि स्वीकार कर लेना उचित होगा।

जन्म-स्थान—वैसे तो कई स्थानों का गोस्वामी जी के जन्म-स्थान होने का दावा किया जाता है किन्तु अब संघर्ष मुख्यतः राजापुर और सोरों के बीच ही है। राजापुर के पक्ष में एक तो अयोध्याकाण्ड का तापस-प्रकरण (अयोध्याकाण्ड दोहा ११०-१११) प्रस्तुत किया जाता है जिसमें कवि स्वयं तपस्वी के रूप में अपने आराध्य का स्वागत करता है। दूसरे, राजापुर में तुलसीदास जी के उत्तराधिकारियों को सनदें आदि तथा तीसरे, उनकी भाषागत विशेषता आदि आधार रूप में प्रस्तुत की जाती हैं। आचार्य रामचंद्र शुक्ल एवं श्री रामबहोरी शुक्ल ने राजापुर का ही समर्थन किया है। इसके विपरीत सोरों के पक्ष में पड़ने वाली सामग्री में एक तो स्वयं कवि के द्वारा बाल्यावस्था में गुरु नरहरि के द्वारा सूकरखेत में रामकथा सुनने का उल्लेख, दूसरा राजापुर के गजेटियर का यह उल्लेख कि तुलसीदास जी सोरों से आये थे—बहुत महत्त्वपूर्ण है। इसके अतिरिक्त 'विनय पत्रिका' में कवि ने अपना जन्म-स्थान 'सुरसरि' (गंगा) के समीप बताया है; यह उल्लेख भी सोरों के ही अनुकूल पड़ता है। क्योंकि राजापुर के निकट यमुना बहती है जबकि सोरों गंगा-तट पर स्थित है।

---

१. तुलसी — ले० माताप्रसाद गुप्त (सन् १९५९), पृ० ३०।

राजापुर के पक्ष में दिये गये तर्क भी बहुत दृढ़ आधारों पर आधारित नहीं हैं ; तामस प्रसंग से यही सूचित होता है कि राजापुर के निकट कवि का आश्रम था । जन्म भी उनका वहीं हो यह आवश्यक नहीं । उनके आत्म-लेखों से यह सिद्ध होता है कि वे बचपन में ही अनाथ हो गये थे; अतः ऐसी स्थिति में अपने जन्म-स्थान सोरों को छोड़कर राजापुर में रहने लगना स्वाभाविक है। जीवन का अधिकांश भाग राजापुर में बिताने के कारण वहाँ की भाषागत प्रवृत्तियों का उनके साहित्य में मिलना तथा वहाँ उनकी मूर्ति या स्मारक का स्थापित होना भी संभव है : राजापुर की प्राचीन अनुश्रुति, जो वहाँ के गजेटियर में लिपिबद्ध है तथा जो कम से कम ७० वर्ष प्राचीन है, वह भी इसका समर्थन करती है । यदि तुलसी का जन्म राजापुर में हुआ होता तो वहाँ के लोग उन्हें सोरों से आया हुआ क्यों मानते ।

इसके अतिरिक्त 'सूकरखेत' में बचपन में राम-कथा सुनने की संगति भी उनका जन्म राजापुर मानने पर नहीं बैठती । अतः यही मानना उचित है कि उन्होंने पवित्र दोनों स्थानों को ही किया था; जन्म सोरों में हुआ तथा बाद में वे राजापुर में आये । यह दूसरी बात है कि बाहर के लोगों ने, जिनमें हाथरस के संत तुलसी साहब भी एक हैं, उन्हें राजापुर में ही उत्पन्न समझ लिया जो इस परिस्थिति में स्वाभाविक है ।

प्रमुख घटनाएँ—गोस्वामी जी की विभिन्न उक्तियों से पता चलता है कि वे बाल्य-काल में ही अपने माता-पिता के द्वारा त्याग दिये गये थे, जिससे उन्हें अनेक कष्टों का सामना करना पड़ा । अपनी उदर-पूर्ति के लिए उन्होंने भिक्षा-वृत्ति को साधन बनाया था, किन्तु आगे चलकर उन्हें किसी हनुमान-मन्दिर का आश्रय प्राप्त हो गया था । युवावस्था में उनके विवाह, पत्नी-प्रेम एवं उसको त्यागने के सम्बन्ध में अनेक किम्बदन्तिमाँ प्रचलित हैं किन्तु निश्चित रूप से कुछ नहीं कहा जा सकता । 'रामचरितमानस' (सं० १६३१ वि० या १५७४ ई०) की रचना के पश्चात् उन्हें बहुत सम्मान प्राप्त हो गया था तथा वे काशी के एक मठ के 'गोसाई' भी हो गये थे । फिर भी उनकी वृद्धावस्था कष्ट के साथ ही बीती । जैसा कि 'कवितावली', 'दोहावली', 'हनुमान-बाहुक' आदि के विभिन्न उल्लेखों से ज्ञात होता है एक तो अनेक लोग ईर्ष्या-द्वेष से प्रेरित होकर उनका विरोध करने लग गये थे और दूसरे वे विभिन्न शारीरिक व्याधियों से भी पीड़ित रहने लग गये थे ।

देहावसान—उनकी मृत्यु के सम्बन्ध में सामान्यतः दो तिथियाँ मान्य हैं—श्रावण शुक्ला सप्तमी सं० १६८० वि० तथा श्रावण कृष्णा तृतीया सं० १६८० वि० । विभिन्न शोधकर्त्ताओं ने इस दूसरी तिथि को अधिक प्रामाणिक माना है; अतः हम भी इसी को स्वीकार कर सकते हैं ।

नवीनतम अनुसंधान—तुलसीदास के जीवन-वृत्त के सम्बन्ध में हाल ही में कतिपय शोधकर्त्ताओं ने नया अनुसंधान किया है, जिनमें डॉ० रामदत्त भारद्वाज एवं डॉ० राजाराम रस्तोगी का नाम उल्लेखनीय है । इनके निष्कर्ष संक्षेप में इस प्रकार हैं—

(क) डॉ० रामदत्त भारद्वाज के मतानुसार : (१) जन्म-स्थान—सूकर क्षेत्र के अन्तर्गत रामपुर नामक स्थान जो वराह जी के मंदिर से दो मील है। (२) जन्म-तिथि—श्रावण शुक्ला सप्तमी, शुक्रवार, १५६८ वि०। (३) मृत्यु—श्रावण शुक्ला सप्तमी, १६८० वि०।

(ख) डॉ० राजाराम रस्तोगी के अनुसार : (१) जन्म-स्थान—सूकर क्षेत्र या सोरों। (२) जन्म-तिथि—भाद्रपद शुक्ला ११ मंगलवार, १५८९ वि०। (३) मृत्यु—श्रावण कृष्णा तृतीया, शनिवार १६८० वि०।

हमारे विचार से जन्म-स्थान के सम्बन्ध में डॉ० भारद्वाज का निष्कर्ष तथा जन्म-तिथि एवं मृत्यु-तिथि के सम्बन्ध में डॉ० रस्तोगी के निष्कर्ष विश्वसनीय माने जा सकते हैं।

रचनाएँ - तुलसीदास के नाम पर वैसे तो लगभग पच्चीस रचनाएँ प्रचलित हैं, किन्तु उनके द्वारा रचित वास्तविक ग्रन्थ ये बारह ही माने जाते हैं—(१) रामचरितमानस, (२) रामलला नहछू, (३) वैराग्य संदीपनी, (४) बरवै रामायण, (५) पार्वती मंगल, (६) जानकी मंगल, (७) रामाज्ञा प्रश्न, (८) दोहावली, (९) कवितावली, (१०) गीतावली, (११) श्रीकृष्ण गीतावली, (१२) विनय पत्रिका। इनके अतिरिक्त इनकी दो प्रामाणिक रचनाएं और मानी जाती हैं—'हनुमान बाहुक' एवं 'कलि धर्माधर्म निरूपण'। इनमें से 'हनुमान बाहुक' को तो 'कवितावली' के अन्तर्गत ही सम्मिलित कर लिया जाता है, जबकि दूसरी रचना को डॉ० रामकुमार वर्मा तथा कुछ अन्य विद्वान् ही प्रामाणिक मानते हैं।

काव्य-रूप की दृष्टि से तुलसीदास की प्रामाणिक रचनाओं को तीन वर्गों में विभक्त किया जा सकता है—(१) प्रबन्ध काव्य—रामचरितमानस, रामलला नहछू, पार्वती मंगल, जानकी मंगल। (२) गीति काव्य—गीतावली, कृष्ण गीतावली और 'विनय पत्रिका' (३) मुक्तक काव्य—वैराग्य संदीपनी, बरवै रामायण, रामाज्ञा प्रश्न, दोहावली, कवितावली, हनुमान बाहुक एवं कलि धर्माधर्म निरूपण। यहाँ केवल प्रबन्ध काव्य ही विवेच्य हैं, अतः हम क्रमशः इन्हीं का विवेचन करते हैं, शेष वर्ग की रचनाओं पर अन्यत्र प्रसंगानुसार प्रकाश डाला जायेगा।

रामचरितमानस—तुलसीदास की सर्वश्रेष्ठ रचना 'रामचरितमानस' है जिसकी रचना उन्होंने भगवान राम की जन्म-भूमि अयोध्या में राम की जन्म-तिथि को संवत् १६३१ वि० १५७४ ई० में आरम्भ की थी। इसका निर्देश स्वयं कवि ने इस प्रकार किया है—

संवत सोरह सै इकतीसा। करौं कथा हरिपद धरि सीसा॥
नौमी भौमवार मधुमासा। अवधपुरी यह चरित प्रकासा॥

राम-चरित सम्बन्धी काव्यों को प्रायः 'रामायण' कहे जाने की परम्परा रही है; किन्तु तुलसीदास ने अपने काव्य को 'रामचरितमानस' के नाम से पुकारा है। जिसका विशेष कारण यह है कि कवि ने इसे मानसरूपी सरोवर के रूपक के रूप में प्रस्तुत किया है। सारी कथा चार वक्ताओं के माध्यम से सात कांडों में प्रस्तुत की

गई है। ये चार वक्ता ही इसके चार घाट हैं तथा सात कांड इसके सात सोपान हैं। वैसे इस रूपक के और भी कई अंग हैं; जैसे--राम की महिमा इसके जलाशय की गंभीरता है, उपमादि इसकी तरंगें हैं, छन्दादि इसके कमल हैं, अनुपम अर्थ, भाव भाषा आदि पराग, मकरन्द और सुगन्ध हैं, आदि। वस्तुतः यह रूपक इसके नामकरण की सार्थकता सिद्ध करता है। यह दूसरी बात है कि यह इतना अधिक विस्तृत एवं बौद्धिक हो गया है कि जिससे इसमें काव्यात्मक आकर्षण बहुत कम रह गया है।

'मानस' की रचना में कवि ने संस्कृत, प्राकृत आदि के विभिन्न पौराणिक एवं साहित्यिक ग्रन्थों का उपयोग सम्यक् रूप में किया है। कथा का मूल आधार वाल्मीकीय रामायण है किन्तु उसमें अनेक स्थानों पर परिवर्तन एवं परिवर्द्धन भी पर्याप्त मात्रा में किया गया है, जिसमें कवि की मौलिक दृष्टि का उन्मेष मिलता है। इसके अतिरिक्त आनन्द रामायण, अध्यात्म रामायण, श्रीमद्भागवत, विष्णु पुराण, शिव पुराण, हनुमन्नाटक, प्रसन्न राघव, रघुवंश, उत्तर रामचरित आदि ग्रन्थों का भी प्रभाव इस पर विभिन्न रूपों में दृष्टिगोचर होता है। जैसा कि स्वयं कवि ने 'नानापुराणनिगमागमसम्मतं यद्रामायणे निगदितं क्वचिदन्यतोऽपि' कह कर स्वीकार किया है। इसमें विभिन्न स्रोतों की सामग्री का उपयोग स्वतंत्रतापूर्वक किया गया है।

'रामचरितमानस' की रचना केवल धार्मिक दृष्टि से ही नहीं हुई. इसमें काव्यात्मक लक्ष्य भी कवि के सामने स्पष्ट रूप से विद्यमान था। इसकी ध्वनि निम्नांकित उक्तियों से मिलती है—

तैसेहि सुकवि कवित बुध कहहीं। उपजहिं अनत अनत छवि लहहीं॥
× × ×
जदपि कवित रस एको नाहीं। राम प्रताप प्रकट यहि माहीं॥
× × ×
जे प्रबन्ध नहिं बुध आदरहीं। सो श्रम बादि बाल कवि करहीं॥
× × ×
कीन्हें प्राकृत जन गुन गाना। सिर धुनि गिरा लाग पछिताना॥

उपर्युक्त पंक्तियों में कवि, कविता एवं काव्यात्मकता का उल्लेख इस बात का प्रमाण है कि कवि ने भले ही शिष्टता एवं विनम्रता के नाते अपनी रचना को काव्यत्व से शून्य कह दिया है, किन्तु उसकी आन्तरिक इच्छा अपनी रचना को काव्यात्मक दृष्टि से भी सफल बनाने की अवश्य रही है। इतना ही नहीं, अप्रत्यक्ष रूप से उन्होंने उन कवियों के प्रयास को निन्दनीय बताया है जो प्राकृत व्यक्तियों का गुणगान करने में अपनी कवित्व शक्ति का अपव्यय करते हैं। ऐसी स्थिति में यह स्वीकार किया जा सकता है कि तुलसीदास में धार्मिक भावनाओं की प्रबलता के होते हुए भी वे अपनी रचना की काव्यात्मकता के प्रति सचेत थे। इतना ही नहीं, 'रामचरितमानस' एवं अन्य रचनाओं के आधार पर उनके काव्य-दर्शन की पूरी रूपरेखा तैयार की जा सकती है। यहाँ संक्षेप में इतना ही कहना पर्याप्त होगा कि तुलसी काव्य के क्षेत्र में 'महत्' के उपासक थे। महान् वस्तु एवं महान् लक्ष्य को लेकर

चलने वाले कवि थे; इसलिए उनकी दृष्टि में वही कला सफल कला थी जो सौन्दर्य-युक्त होने के साथ-साथ सबके लिए हितकारी भी हो।

जैसा कि पीछे संकेत किया गया है, 'रामचरितमानस' में कथा को अनेक भूमिकाओं पर प्रस्तुत किया गया है। सारी कथा अनेक वक्ताओं और अनेक श्रोताओं के माध्यम से प्रस्तुत होती है, पर फिर भी इसकी प्रबन्धात्मकता को कहीं कोई टेस नहीं लगती। निर्झरिणी की भाँति कहानी अनेक प्राचीन और नवीन कथानकों की पर्वतीय शाखाओं, दुर्गम घाटियों और अडिग चट्टानों में प्रवेश करती हुई आगे बढ़ती है। उसकी राह में अनेक समतल और विषम-स्थल, हरे-भरे वन-प्रदेश और शुष्क मरुस्थल भी उपस्थित होते हैं, किन्तु तुलसी की मानस-सरिता का प्रवाह कहीं भी अवरुद्ध, क्षीण या भग्न नहीं होता। तुलसी अपने पात्रों के जन्म-जन्मान्तरों तक की घटनाएँ सुना देते हैं किन्तु ऐसा करने से पूर्व वे उपयुक्त वातावरण और प्रसंग की खोज कर लेते हैं। तुलसी की काव्य-कला के इस विराट् ढाँचे और विस्तृत रूप को देखते हुए उसमें शिल्पगत दो-चार त्रुटियों का ढूँढ़ निकालना विशेष महत्व की बात नहीं है।

मानस के पात्रों में कुछ ऐसी विशिष्टता, स्वाभाविकता और भव्यता मिलती है जो अनायास ही पाठक की बुद्धि और कल्पना को केन्द्रित कर लेती है। दशरथ की तीन रानियाँ और उसके चारों पुत्रों में से प्रत्येक के चरित्र में कुछ ऐसा स्पष्ट अन्तर है जिससे हम उन्हें एक-दूसरे से पृथक् कर सकते हैं। इसी प्रकार रावण, कुम्भकर्ण और विभीषण तीनों राक्षस-कुलोत्पन्न होते हुए भी वैयक्तिक विशिष्टता से सम्पन्न हैं। कहीं-कहीं पात्रों के चरित्र में विकास या परिवर्तन भी सूक्ष्म मनोवैज्ञानिक आधार पर दिखाया गया है; जैसे—पति-परायणा कैकेयी का कुल-घातिनी बन जाना। सुग्रीव जैसे सरल व्यक्ति का राज्य-प्राप्ति के अनन्तर भोग-विलास में लीन हो जाना या विभीषण का भ्रातृ-द्रोह के लिए विवश होना भी मनोवैज्ञानिक दृष्टि से उचित है। विभिन्न अवसरों पर पात्रों के संवाद—परशुराम-लक्ष्मण-संवाद, मंथरा-कैकेयी-संवाद, अंगद-रावण-संवाद आदि—सर्वत्र मर्यादित न होते हुए भी स्वाभाविक, रोचक एवं नाटकीय हैं। उनमें पात्रानुकूल भावों एवं विचारों की अभिव्यक्ति हुई है।

'रामचरितमानस' में वैसे तो प्रायः सभी भावों एवं रसों की व्यंजना प्रसंगानुसार हुई है किन्तु इसका अंगी रस या केन्द्रीय भाव भक्ति ही है जिसे रस-सिद्धान्त के अनुसार शान्त रस कहा जा सकता है। इसी को पाश्चात्य सौन्दर्यशास्त्र की दृष्टि से 'उदात्त' या 'औदात्य' की संज्ञा दी जा सकती है। मानस का आधारभूत तत्व औदात्य ही है। जिसकी व्यंजना विभिन्न रूपों में हुई है।

मानव-हृदय की विभिन्न भावानुभूतियों के चित्रण में महाकवि तुलसीदास ने अपनी सूक्ष्म मनोवैज्ञानिकता एवं सच्ची सहृदयता का परिचय दिया है। भाव-दशा के निरूपण एवं विकास में वे एक ही साथ अनेक संचारियों एवं अनुभावों का आयोजन कुशलतापूर्वक कर देते हैं; उदाहरण के लिए दशरथ की शोक-विह्वल दशा का एक चित्र देखिये—

धरि धीरजु उठि बैठ भुआलू । कहु सुमंत्र कहँ राम कृपालू ॥
कहाँ लखनु कहँ राम सनेही । कहँ प्रिय पुत्रबधू बैदेही ॥
× × ×
सो तनु राखि करब मैं काहा । जेहि न प्रेम पनु मोर निबाहा ॥
हा ! रघुनन्दन प्रान पिरीते । तुम्ह बिन जिअत बहुत दिन बीते ॥

'रामचरितमानस' का भाव-पक्ष जितना गंभीर है, उसकी शैली भी उतनी ही प्रौढ़ है । सभी दृष्टिकोणों से इसमें काव्य-कला के महत् रूप का दर्शन होता है । जहाँ तक युग-धर्म और संदेश का सम्बन्ध है, यह ग्रन्थ समस्त उत्तरी भारत में एक पवित्र धर्म-ग्रन्थ की भाँति आदृत होता रहा है । राष्ट्र की विभिन्न धार्मिक एवं सामाजिक समस्याओं का समाधान इसमें आदर्शवादी एवं परंपरागत मान्यताओं के आधार पर प्रस्तुत किया गया है । यद्यपि इसमें कुछ त्रुटियाँ भी बतायी जाती हैं, जैसे पौराणिकता का प्रभाव अत्यधिक होने के कारण अवान्तर कथाओं तथा प्रसंगों का आधिक्य, स्थान-स्थान पर राम की अलौकिकता का प्रतिपादन, माहात्म्य, स्तोत्र, देवताओं के द्वारा पुष्प-वृष्टि, धार्मिक तत्वों, दार्शनिक सिद्धान्तों, नैतिक उपदेशों आदि की बार-बार आवृत्ति आदि । किन्तु समग्र रूप में यह एक अत्यन्त प्रौढ़ एवं उदात्त कृति है, इसमें कोई संदेह नहीं ।

रचना-पद्धति एवं छंद-योजना की दृष्टि से इसमें उसी पद्धति का प्रयोग किया गया है जो इस परंपरा के अन्य कवियों—विष्णुदास एवं ईश्वरदास द्वारा उनसे पूर्व प्रतिष्ठित हो चुकी थी । ईश्वरदास की 'स्वर्गारोहण कथा' की भाँति तुलसीदास ने भी अपने 'मानस' में मंगलाचरण, इष्टदेव की स्तुति, पूर्व कवियों के प्रति कृतज्ञता-प्रकाशन, सज्जन-दुर्जन-प्रशंसा, रचना-काल के निर्देश, काव्य-स्रोत, काव्यादर्श एवं काव्य-प्रयोजन के निर्देश, दोहा-चौपाई शैली, अवधी भाषा आदि सभी विशेषताओं व प्रवृत्तियों का समन्वय किया है । दोहा-चौपाई के अतिरिक्त यत्र-तत्र कुछ अन्य छंदों—सोरठा, तोमर, हरिगीतिका, त्रिभंगा, अनुष्टुप्, रथोद्धता, स्रग्धरा, मालिनी, त्रोटक, वंशस्थ, वसंततिलका, इन्द्रवज्रा आदि—का भी प्रयोग किया गया है । वस्तुतः रचना-पद्धति एवं शिल्प-विधान में कवि ने संस्कृताचार्यों द्वारा निर्देशित महाकाव्य के लक्षणों को प्रयासपूर्वक अपनाने की अपेक्षा पूर्ववर्ती अपभ्रंश एवं हिन्दी के प्रबन्ध-काव्य-रचयिताओं के द्वारा प्रयुक्त एवं विकसित रूप का ग्रहण करने का प्रयास अधिक किया है । पर इसका यह भी तात्पर्य नहीं है कि वे पूर्व-परंपरा से ही बिल्कुल बँधे रहें, वस्तुतः उन्हें जहाँ जो भी रुचिकर लगा उसे ग्रहण करने में उन्होंने कोई संकोच नहीं किया । दोहा-चौपाई के अतिरिक्त अन्य छंदों का प्रयोग इसी तथ्य को प्रमाणित करता है । वस्तुतः उन्होंने इस क्षेत्र में अपनी समन्वयवादी नीति का ही अनुसरण किया है । अतः उनके 'रामचरितमानस' में पौराणिक कथाओं, संस्कृत एवं प्राकृत के महाकाव्यों, अपभ्रंश के चरित-काव्यों एवं हिन्दी के पूर्ववर्ती पौराणिक प्रबन्ध-काव्यों की विभिन्न विशेषताएँ मिश्रित रूप में दृष्टिगोचर होती हैं । यह दूसरी बात है कि उनका निकटतम सम्बन्ध अंतिम वर्ग (पौराणिक प्रबन्ध-काव्यों) की रचनाओं से

होने के कारण उसके काव्य-रूप का मूल ढाँचा इन्हीं पर आधारित है ।

अन्य प्रबन्ध-काव्य—'रामचरित-मानस' के अतिरिक्त तुलसीदास के अन्य प्रबन्ध-काव्यों में 'जानकी-मंगल', 'पार्वती-मंगल', 'रामलला नहछू' आदि उल्लेखनीय हैं। **'जानकी मंगल'** संभवतः कृष्ण-भक्त कवियों के 'रुक्मिणी-मंगल' की प्रतिस्पर्द्धा में लिखा गया था । इसमें कवि ने बाल्मीकीय रामायण, अध्यात्म रामायण, हनुमन्नाटक, 'प्रसन्न राघव' आदि संस्कृत काव्यों को आधार बनाया है । पूरी रचना २१६ छंदों में प्रस्तुत है तथा इसमें आठ-आठ अरुण छन्दों के अनन्तर एक-एक हरिगीतिका छन्द दिया गया है। काव्यत्व की दृष्टि से यह रचना सामान्य कोटि की है। 'पार्वती-मंगल' का रचना-काल सन् १५८६ ई० है । इसमें भी **'जानकी मंगल'** की ही भाँति अरुण और गीतिका छन्दों का प्रयोग किया गया है । वैसे इसका विषय शिव-पार्वती विवाह होने के कारण इसे राम-काव्य की अपेक्षा शिव-काव्य में स्थान देना उचित होगा । 'रामलला नहछू' केवल १० छन्दों की छोटी-सी प्रबन्धात्मक रचना है जिसमें सोहर छन्द प्रयुक्त है । इसमें राम के यज्ञोपवीत संस्कार का वर्णन किया गया है ।

तुलसीदास की अन्य रचनाएँ जिनमें 'विनय पत्रिका' और 'कवितावली' विशेष रूप से उल्लेखनीय हैं—गीति एवं मुक्तक शैली में रचित हैं, अतः उनकी चर्चा आगे पौराणिक गीति-मुक्तक काव्य के अन्तर्गत की जायेगी ।

तुलसीदास की महत्ता—तुलसीदास की अन्य रचनाओं का परिचय उनसे सम्बन्धित विभिन्न परम्पराओं के अन्तर्गत दिया जाएगा । यहाँ सामान्य रूप में इतना ही कहना पर्याप्त होगा कि उनकी कीर्ति का अमर आधार 'रामचरित मानस' ही है । यह न केवल इस परम्परा का अपितु समस्त हिन्दी काव्य का सर्वश्रेष्ठ ग्रन्थ माना जाता है । हमारे विचार से जब तक 'पद्मावत', 'कामायनी' आदि से इसकी सम्यक् तुलना नहीं हो जाती तब तक इसे हिन्दी का सर्वश्रेष्ठ काव्य कहना तो उचित नहीं होगा, किन्तु इसमें कोई सन्देह नहीं कि पौराणिक प्रबन्ध काव्य परम्परा में इसका स्थान सर्वोच्च है ।

समग्र रूप में तुलसीदास की महत्ता के विभिन्न आधार माने गए हैं; कुछ लोग उन्हें धर्मोपदेशक के रूप में, कुछ भक्त के रूप में और कुछ लोक-नायक के रूप में सर्वोच्च मानते हैं, अवश्य ही वे अपने युग के सबसे बड़े धर्मात्मा, भक्त एवं लोक-नायक थे, किन्तु ये सारे पद एवं विशेषण किसी के काव्यत्व की महत्ता का बोध नहीं करवाते, यदि ऐसा ही होता तो हम महात्मा गाँधी को सबसे बड़ा कवि भी मान लेते । हमारे विचार से कवि तुलसीदास की महत्ता का सबसे बड़ा आधार उनमें काव्यत्व की व्यापकता एवं गम्भीरता—दोनों का उचित समन्वय होना है । जहाँ उन्होंने काव्य के विभिन्न रूपों, प्रवृत्तियों एवं शैलियों को अपनाकर व्यापकता का परिचय दिया है वहाँ जीवन के उदात्त आदर्शों एवं गम्भीर भावों के प्रस्तुतीकरण के द्वारा अपने दृष्टिकोण की गम्भीरता को प्रमाणित किया है । उनके काव्य में सौन्दर्य का चित्रण है किन्तु उससे भी अधिक महत्वपूर्ण है औदात्य की आकर्षक व्यंजना ।

काव्य की दृष्टि से उनकी समस्त धार्मिकता, नैतिकता एवं दार्शनिकता का सबसे अधिक महत्त्व इस बात में हैं कि ये सब उसमें औदात्य की प्रतिष्ठा एवं व्यंजना में सहायक सिद्ध होते हैं। इसी औदात्य को रस सिद्धान्त की शब्दावली में प्रत्यक्ष आनन्दस्वरूप शान्तरस के रूप में स्वीकार किया गया है।

केशवदास की 'रामचन्द्रिका'—राम सम्बन्धी प्रबन्ध काव्यों की परम्परा में एक महत्त्वपूर्ण रचना केशवदास मिश्र द्वारा रचित 'रामचंद्रिका' है। इसका रचना-काल स्वयं कवि के उल्लेख के अनुसार १६५८ वि० या १६०१ ई० है। केशवदास राज्याश्रित शृङ्गारी कवि थे, अतः यह विषय उनकी रुचि के बहुत अनुकूल नहीं था, फिर भी १७ वर्ष पूर्व तुलसी द्वारा रचित 'रामचरितमानस' की प्रसिद्धि ने संभवतः उन्हें इस ओर आकर्षित किया। केशवदास किसी का अनुसरण करने वाले कवि नहीं थे, अतः उन्होंने अपनी रचना में तुलसी के आदर्श, शिल्प एवं रचना-शैली को स्वीकार नहीं किया; इस दृष्टि से वे तुलसी के अनुवर्ती या अनुकर्त्ता नहीं हैं अपितु उनके प्रतिद्वन्द्वी हैं। कदाचित् इसीलिये उन्होंने अपने सारे काव्य में तुलसीदास का कहीं उल्लेख न करके अपना सम्बन्ध सीधे वाल्मीकि से स्थापित किया है। कवि ने अपने प्रेरणा-स्रोत के रूप में स्वप्न में वाल्मीकि द्वारा दिये गये आदेश की चर्चा की है। पूरा ग्रंथ केवल सात कांडों में नहीं, अपितु उन्तालीस प्रकाशों में विभक्त है। आरम्भ में गणेश, सरस्वती और राम की वन्दना की गई है तथा अपने वंश, रचना-काल, काव्य-प्रयोजन आदि का निर्देश किया गया है। सारा ग्रंथ दो भागों—पूर्वार्द्ध' एवं उत्तरार्द्ध—में विभक्त है। प्रथम भाग में बीस प्रकाश है जिनमें राम के बचपन से लेकर रावण-वध तक की घटनाएँ वर्णित हैं, जब कि द्वितीय भाग में राम भरत-मिलाप, तिलकोत्सव, राम-राज्य-वर्णन, शम्बूक-बध, सीता-वनवास, लव-कुश जन्म, लवणासुर-वध, लव-लक्ष्मण-युद्ध, राम-सीता मिलन आदि का निरूपण किया गया है। इसके अतिरिक्त उत्तरार्द्ध में राम के राज्य-वैभव, एवं राजसी-जीवन का चित्रण भी विस्तार से किया गया है। डॉ० विजयपाल सिंह के अध्ययन के अनुसार 'केशवदास जी ने पूर्वार्द्ध की अपेक्षा उत्तरार्द्ध में अधिक मौलिकता का परिचय दिया है।'

पूर्ववर्ती आलोचकों ने 'रामचन्द्रिका' पर अनेक आक्षेप आरोपित किये हैं, जिनमें से कुछ ये हैं—(१) प्रबन्ध-पटुता एवं सम्बन्ध-निर्वाह की क्षमता केशव में नहीं थी जिससे 'रामचन्द्रिका' अलग-अलग लिखे हुए वर्णनों का संग्रह-सी जान पड़ती है। (२) कथा के मार्मिक एवं गम्भीर स्थलों की पहचान 'रामचन्द्रिका' के रचयिता को नहीं थी। वैसे स्थलों को या तो वे छोड़ गये हैं या यों ही इतिवृत्त मात्र देकर चलता कर देते हैं। (३) दृश्यों की स्थानगत विशेषता इसमें नहीं मिलती। इन आक्षेपों के आधार पर आचार्य रामचन्द्र शुक्ल का निष्कर्ष है : सारांश यह है कि प्रबन्ध-काव्य-रचना के योग्य न तो केशव में अनुभूति ही थी, न शक्ति। परम्परा से

* केशवदास का विस्तृत परिचय अन्यत्र 'शास्त्रीय मुक्तक' काव्य या रीतिबद्ध काव्य के अन्तर्गत दिया जाएगा।

चले आते हुए कुछ नियत विषयों के (जैसे, युद्ध, सेना-तैयारी, उपवन, राजदरबार के ठाठ-बाट तथा (श्रृंगार और वीर रस) फुटकल वर्णन ही अलंकारों की भरमार के साथ वे करना जानते थे। इसी से बहुत से वर्णन यों ही, बिना अवसर का विचार किए, वे भरते गये हैं। वर्णन वर्णन के लिए करते थे, न कि प्रसंग या अवसर की अपेक्षा से। "रामचन्द्रिका के लम्बे-चौड़े वर्णनों को देखने से स्पष्ट लक्षित होता है कि केशव की दृष्टि जीवन के गम्भीर और मार्मिक पक्ष पर न थी। उनका मन राजसी ठाठ-बाट, सेना की तैयारी, नगरों की सजावट, चहल-पहल आदि के वर्णन में ही विशेषतः लगता था।"

इसमें कोई सन्देह नहीं कि केशवदास को प्रबन्धत्व की दृष्टि से 'रामचंद्रिका' में अधिक सफलता नहीं मिली है, तथा आचार्य शुक्ल के अनेक आक्षेप सर्वथा यथार्थ हैं। किन्तु साथ ही यह भी स्पष्ट है कि आचार्य शुक्ल ने केशव के दृष्टिकोण, लक्ष्य एवं वातावरण को समझने का प्रयास भी बहुत गम्भीरता से नहीं किया अन्यथा यह स्पष्ट हो जाता कि केशवदास जिस लक्ष्य एवं वातावरण से प्रेरित थे, उसमें यही संभव था। जैसा कि डॉ० विजयपालसिंह ने उपर्युक्त आक्षेपों का उत्तर देते हुए अपने शोध प्रबन्ध में स्पष्ट किया है, "केशवदास तुलसी की भाँति भक्त और धार्मिक कवि नहीं थे, अपितु दरबारी कवि थे, अतः दोनों को एक ही कसौटी से परखना उचित नहीं। "केशव कोर्ट के कवि थे, भला कुटिया के पैमाने से कोर्ट को कैसे नापा जा सकता है। केशव के मार्मिक स्थल कोर्ट के थे और उनमें पूर्ण सफलता मिली है। कुटिया और कोर्ट में सदैव से अन्तर चला आया है सदैव रहेगा। अतः तुलसी के मापदण्ड द्वारा केशव की कटु आलोचना करना उस महान कवि के साथ अन्याय करना है।"[1]

यहाँ डॉ० सिंह ने कोर्ट के कवि केशवदास की पैरवी पूरी शक्ति के साथ की है जिससे यह स्पष्ट हो जाता है कि उनके काव्य की विभिन्न विशिष्ट प्रवृत्तियों का मूल कारण क्या है, किन्तु क्या यह स्पष्टीकरण उनकी प्रवृत्तियों को काव्यात्मक दृष्टि से महत्वपूर्ण एवं सौन्दर्योत्पादक भी सिद्ध कर देता है? हमारा विचार है कि डॉ० सिंह के स्पष्टीकरण से केशव की विभिन्न अनपेक्षित प्रवृत्तियों के प्रति सहानुभूति तो हो सकती है, किन्तु वे हमारी श्रद्धा के पात्र नहीं बनते। अवश्य ही केशव कवि कम और आचार्य अधिक थे, वे भावी कवियों को नया मार्ग तो दिखा सकते थे, किन्तु स्वयं भी उत्कृष्ट काव्य रच पाने में सफल हो सकते थे, इसकी सम्भावना कम थी। फिर भी काव्यत्व के कुछ क्षेत्र ऐसे हैं जिनमें केशव की सफलता असंदिग्ध है। इनमें तीन क्षेत्र विशेष रूप से उल्लेखनीय हैं—(१) कठोर भावों—विशेषतः वीर, रौद्र, भयानक, बीभत्स आदि की व्यंजना (२) नाटकीयता एवं वाग्वैदग्ध्यपूर्ण संवादों का आयोजन और (३) ऐश्वर्य एवं विलास का अनुभूतिपूर्ण अंकन। इन तीनों के कुछ उदाहरण यहाँ प्रस्तुत हैं—

१. केशव और उनका काव्य : विजयपाल सिंह, पृ० २६५।

(क) कठोर भावों की व्यंजना :

(अ) विभीषण को लव की ललकार—

आउ विभीषन तूँ रन दूषन।
एक तूँ ही कुल को निज भूषन।
जूझ जुरैं जो भगे भय जी के।
सत्रुहि आनि मिले तुम नीके।
देव बधू जबहीं हरि ल्यायो।
क्यों तबहीं तजि ताहि न आयो।
यौं अपने जिय के डर आयो।
क्षुद्र सबै कुल-छिद्र बतायो॥
× × ×
सिगरे जग माँझ हँसावत हैं।
रघुवंसिन पाप लगावत हैं।
धिक तोकहुँ तूँ अजहुँ जु जियै।
खल जाइ हलाहल क्यों न पियै॥

(आ) भयपूर्ण स्थिति की व्यंजना—

मत्त दन्ति अमत्त ह्वै गए, देखि देखि न गाजहीं।
ठौर-ठौर सुदेस केसव दुन्दभी नहिं बाजहीं।
डारि डारि हथ्यार सूरज जीव लै लै भाजहीं।
काठि के तनत्रान एकनि नारि भेषन साजहीं॥

(इ) शान्तरस की व्यंजना—

केसव काम के राम विसारत और निकाम रे काम न ऐहैं।
चेति रे चेति अजौं चित अंतर अंतक लोक अकेले ही जैहैं।

(ख) संवाद आयोजन :

रे कपि कौन तू? अक्ष को घातक दूत बली रघुनन्दन जू को।
को रघुनन्दन रे? त्रिशिरा-खरदूषन-दूषन भूषन भू को।
सागर कैसे तर्‌यो? जस गोपद, काज कहा? सिय चोरहि देख्यो।
कैसे बँधायो? जु सुन्दरि तेरी छुई दृग सोवत पातक लेख्यो।

(ग) रावण की सभा :

पढ़ौ विरंचि मौन वेद, जीव सोरि छंडि रे।
कुबेर बेर कै कही, न जच्छ भीर मंडि रे॥
दिनेस जाइ दूर बैठु, नारदादि संग ही।
न बोलु चंद मंद बुद्धि, इन्द्र की सभा नहीं॥

उपर्युक्त उद्धरण इस बात के प्रमाण हैं कि कुछ क्षेत्रों में केशव को पू[र्ण]
सफलता मिली है। अतः उनमें काव्य-प्रतिभा का सर्वथा अभाव मानना उचित नहीं
हमारा विचार है कि केशव मूलतः नाटककार थे, वे प्रत्येक विषय को वाचिक अनुभा[व]

या संवादों के माध्यम से व्यंजित करने की कला में पूर्णतः दक्ष थे, किन्तु उस युग में हिन्दी नाटक की विकसित परम्परा न होने के कारण केशव उस ओर प्रवृत्त नहीं हो धके, पर यह तथ्य है कि उनके सभी प्रबन्ध काव्य नाटकीय संवादों से परिपूर्ण हैं जो उनकी विशिष्ट रुचि एवं प्रतिभा के द्योतक हैं। फिर भी कुछ नई परम्पराओं एवं प्रवृत्तियों के उन्नायक के रूप में केशव की देन कम नहीं है। इस सम्बन्ध में विस्तृत विचार अन्यत्र उनकी शृंगारी एवं रीतिबद्ध रचनाओं का परिचय देते समय किया जायगा।

सत्रहवीं शती के आरंभिक कवियों में **प्राणचंद चौहान** का नाम उल्लेखनीय है जिन्होंने सन् १६१० ई० (१६६७ वि०) में 'रामायण महानाटक' की रचना की थी। वस्तुतः यह नाटक न होकर पद्यबद्ध संवादों के रूप में रचित प्रबन्ध-काव्य ही है; उदाहरण के लिए इसकी शैली का एक नमूना प्रस्तुत है—

श्रावन बिना सो अस बहुगुना। मन में हाइ सु पहले सुना॥
देखै सब पै आहि न आँखी। अंधकार चोरी के साखी॥

इसी प्रकार हृदयराम भल्ला का 'हनुमन्नाटक' (१६२३ ई०) भी वस्तुतः नाटक न होकर चौदह अंकों में विभक्त प्रबन्ध काव्य ही है। इसका मूलाधार संस्कृत का 'हनुमन्नाटक' होने के कारण ही इसे यह संज्ञा दी गई है अन्यथा कवि ने इसे दूसरा नाम 'रामचन्द्र गीत' भी दिया है। श्री चन्द्रकान्त बाली ने अपने "पंजाब प्रान्तीय हिन्दी-साहित्य का इतिहास" में इस काव्य का विस्तृत परिचय प्रस्तुत करते हुए इसके सम्बन्ध में अनेक नये तथ्यों पर प्रकाश डाला है। श्री बाली के अनुसार हृदयराम पंजाबी थे, तथा उनके 'हनुमन्नाटक' को गुरु गोविन्द सिंह सदा अपने पास रखते थे, इससे सिक्खों में भी इसका बड़ा सम्मान है। पूरा ग्रन्थ लगभग डेढ़ हजार छन्दों में समाप्त हुआ है। यद्यपि इसमें संस्कृत के 'हनुमन्नाटक' की पूरी छाया ग्रहण की गई है किन्तु यह मौलिकता से भी शून्य नहीं है। इसमें हनुमान का चरित नहीं अपितु राम का जीवन-वृत्त जानकी-स्वयंवर से लेकर राज्याभिषेक तक प्रस्तुत किया गया है, इस दृष्टि से 'रामचन्द्र गीत' कहना ही अधिक उचित होगा।

विभिन्न परिस्थितियों एवं मनोभावों के अंकन में इसके रचयिता को पर्याप्त सफलता मिली है। कुछ छन्द द्रष्टव्य हैं—

मैं धरकै सब सीस लई बतियाँ तुमरी अपने मन में।
अब देहु विदा तुमहू तज मोह धरौं पग सीस चल्यौ छिन में।
घर बैठ रहौं सब लोक कहें—'अजहू मन राज सिंहासन मे'।
सुन सोच कहों तुमसों जननी तनु तो ढिग है मन है वन में॥

कंचन कौ मृग वेद पुरान लिख्यौ न कहूँ न बिरंची न संवार्यौ।
ताहि के हेत चल्यौ तज नारि सु मैं मतिहीन कछू न विचार्यौ।
याहि तैं कैकेयी मात करी सब नीत सुहै घर तैं बन डार्यौ।
राज के लायक है न महाजड़ यों कहिके रघुनाथ पुकार्यौ।

वस्तुत: भाव-व्यंजना एवं शैली की दृष्टि से यह एक प्रौढ़ एवं उच्चकोटि की रचना है।

हृदयराम के अतिरिक्त भी पंजाब के अनेक कवियों ने हिन्दी में राम सम्बन्धी प्रबन्ध काव्यों की रचना की है, जिनमें से कुछ ये हैं – (१) **गुरु गोविंदसिंह** कृत 'रामावतार' (१७४५ वि०), (२) **सोढ़ी मिहरवान** कृत 'रामायण' (१७४० वि०), (३) **कृष्णलाल** कृत 'रामचरित्र' (१८८४ वि०), (४) **गुलाबसिंह** कृत 'अध्यातम रामायण' (१८४६ वि०), (५) **हरिसिंह** कृत 'अध्यातम रामायण' १९ वीं शती, (६) **कीरतसिंह** कृत 'कीरत रामायण' (१९०७ वि०), (७) **संतोषसिंह** कृत वालमीकि 'रामायण' (१८९४ वि०), (८) **निहाल कवि** कृत 'रामचन्द्रोदय' (१९०२ वि०), (९) **रत्नहरि** कृत 'ललित ललाम' (१९१७ वि०), (१०) **वीरसिंह** कृत 'सुधासिंधु रामायण' (१९०८ वि०), इन रचनाओं का उल्लेख श्री चन्द्रकान्त बाली ने अपने इतिहास में किया है, इनका विस्तृत अध्ययन अभी तक नहीं हो सका।[1]

अठारहवीं-उन्नीसवीं शती में 'अद्भुत रामायण' संज्ञक अनेक रचनाएँ लिखी गई थीं जिनके रचयिताओं में **शिवप्रसाद** (रचना-काल १७७३ ई०), **बेनीराम** (१८वीं शती), भवानीलाल (१८०० ई०) और **नवलसिंह** (१८३४ ई०) का नाम उल्लेखनीय है। इनमें सीता की एक काल्पनिक एवं अद्भुत कथा को प्रस्तुत किया गया है जिसमें रावण का वध राम के द्वारा न दिखाकर सीता के द्वारा दिखाया गया है। काव्यत्व की दृष्टि से ये रचनाएँ साधारण कोटि की हैं। इनका संक्षिप्त परिचय डॉ० सियाराम तिवारी ने अपने शोध-प्रबन्ध में प्रस्तुत किया है।

सीता सम्बन्धी काव्य – सीता या जानकी के विवाह, अपहरण आदि प्रसंगों को लेकर इस काल में अनेक प्रबन्ध-काव्य लिखे गये जिनमें ये उपलब्ध हैं— (१) **गोस्वामी तुलसीदास** : 'जानकी मंगल' (१६वीं शती), (२) **कर्मण** : 'सीता हरण', १५४८ ई० (३) **मंडन**: 'जानकी जू को विवाह' १६५९ ई० (४) **प्रसिद्ध कवि** : जानकी विजय : १७५६ ई० (५) **मून** : सीता विवाह; १८०३ ई० (६) **प्रियादास महाराजा** : 'सीता मंगल'; १८१७ ई० (७) **नवलसिंह कायस्थ** : 'सीता स्वयंवर' १८३१ ई० (८) **बलदेवदास** : 'जानकी विजय'; १८३४ ई०। वस्तुत: इस प्रकार के काव्यों की परम्परा के प्रवर्त्तन गोस्वामी तुलसीदास के द्वारा 'रुक्मणी मङ्गल' 'रुक्मिणी-विवाह' जैसे कृष्ण सम्बन्धी काव्यों की प्रेरणा या प्रतिद्वन्द्विता से हुआ। तुलसीदास ने अपने काव्य के लिए वालमीकीय रामायण, अध्यात्म रामायण, हनुमन्नाटक, प्रसन्नराघव आदि संस्कृत काव्यों को आधार बनाया जबकि परवर्ती कवियों ने सामान्यत: तुलसीदास का ही अनुकरण किया। तुलसीदास का 'जानकी मंगल' २१६ छन्दों में रचित है तथा इसमें आठ-आठ अरुण छन्दों के अनन्तर एक-एक हरिगीतिका छन्द दिया गया है। काव्यत्व की दृष्टि से यह रचना सामान्य कोटि की है। इसकी शैली का एक नमूना प्रस्तुत है—

---

१. पंजाब प्रान्तीय हिन्दी-साहित्य का इतिहास : चन्द्रकान्त बाली, पृ० २०१।

कहि सकति कछु सकुचसि, सिय हिय सोचइ ।
गौर गनेस गिरीसहि सुमिरि सकोचइ ।।
होति विरह-सर मगन देखि रघुनाथहि ।
फरकि बाम भुज नयन देहि जनु हाथहि ।।

प्रसंग की दृष्टि से यह काव्य (केवल कर्मण के 'सीताहरण' को छोड़कर) श्रृङ्गार रस के अन्तर्गत आते हैं किन्तु कवियों का लक्ष्य इनमें श्रृङ्गार के स्थान पर वीर और भक्ति की प्रतिष्ठा करने का रहा, अतः इनमें रसात्मकता का सम्यक् रूप में विकास नहीं हो । इसके अतिरिक्त भी सीता-विरह सम्बन्धी कुछ काव्य और उपलब्ध हैं, जिनमें 'जानकी जू का ब्याह' (मंडन, १६५८ ई०), 'सीता राम विवाह' (मून, १८०३ ई०), 'सीता मंगल' (प्रियादास, १८१७ ई० और सीता स्वयंवर' (नवलसिंह कायस्थ; १८३१ ई०) उल्लेखनीय हैं । इन सब में राम-सीता के विवाह का वर्णन विभिन्न प्रकार की परम्परागत शैलियों में प्रस्तुत किया गया है ।

रामायण के अन्य पात्रों से सम्बन्धित काव्य इस वर्ग में सबसे पहली रचना **ईश्वरदास** की 'भरत मिलाप' आती है, जिसका परिचय पीछे दिया जा चुका है । भरत के अतिरिक्त लक्ष्मण, हनुमान, अहिरावण आदि को लेकर भी कुछ प्रबन्ध काव्य लिखे गये हैं जिनमें **उदय कवि** के तीन काव्य उल्लेखनीय हैं—(१) रामकृष्ण नाटक या लक्ष्मण संग्राम (१७६५ ई०), (२) हनुमान नाटक (१८३६ ई०) और (३) अहिरावण लीला (१८४० ई०) । इनमें प्रथम दो रचनाओं को 'नाटक' की संज्ञा दी गई है, किन्तु वस्तुतः वे प्रबन्ध काव्य हैं । इन सभी में आद्यन्त एक ही प्रकार का छन्द प्रयुक्त है । 'राम-करुणा नाटक' में नन्ददास के 'भँवरगीत' की शैली का अनुकरण करते हुए रोला और दोहा को मिश्रित रूप में प्रस्तुत किया गया है, यथा—

कही तात तुम जाउ वेगि मत देर लगावौ ।
करि कै सोई जतन वीर लक्ष्मनहिं जियावौ ।।
विनती मेरी नाथ सु कहियौ माथ नवाय ।
दीन जानि करि हैं कृपा कब मोपै दोऊ भाय ।।
राम करुणा करै ।।

शेष दोनों काव्यों में भी यही शैली प्रयुक्त है—

रे सुत तोकूँ देखि तनक सीतल भई छाती ।
तेहू कहे अब जातु मोहि सोई दिन राति ।।
नैन सिराने तोइ लखि जरति हौं दिन राति ।
जौ तू आवही जातु है मेरी कहा वस्याय ।।
रजायस रामकी ।

—हनुमान नाटक

धर में जाय डराय धाय कुवा में गिरई ।
पोखरि न्हाय सक्याय सात समुद्दर तिरई ।।
गली गिरारै डर करै निधरक फिरै उज्यारि ।

लाज करै सिर ताज की नाचै अंग उघारि
कुमर ये कौन के ।
—अहिरावण लीला ।

वस्तुतः ये रचनाएँ उदय कवि की काव्यात्मक प्रतिभा को प्रमाणित करती हैं । यहाँ यह भी उल्लेखनीय है कि इनके लगभग पन्द्रह ग्रन्थ और भी उपलब्ध हैं, जिनकी चर्चा डॉ० सियाराम तिवारी ने अपने शोध-प्रबन्ध 'हिन्दी के मध्यकालीन खण्ड-काव्य' में की है तथा हमने भी उनकी कुछ रचनाओं का उल्लेख इसी अध्याय में अन्यत्र किया है ।

११.७. **महाभारत सम्बन्धी काव्य** -- भागवत पुराण एवं रामायण की भाँति ही महाभारत भी इस काल में अत्यन्त लोकप्रिय धार्मिक काव्य रहा है । प्रस्तुत परम्परा के अनेक कवियों ने सम्पूर्ण महाभारत या उसके किसी एक अंश को आधार बनाकर विभिन्न काव्यों की रचना की है, जिनमें कुछ का विवरण इस प्रकार है— (१) **सबलसिंह चौहान** : 'महाभारत भाषा', रचना-काल १६६१-१७२४ ई० । **छत्रसिंह कायस्थ** : 'विजय मुक्तावली (महाभारत); रचना-काल १७०० ई० । (३) **गोकुलनाथ गोपीनाथ और मणिदेव** द्वारा संयुक्त रूप में रचित 'महाभारत' और 'हरिवंश': रचना-काल १७००-१८२७ ई० । (४) **गिरधरदास**, 'जरासंध-वध', रचना-काल १८३०-१८५० ई० । इनमें से सबलसिंह ने दोहा-चौपाई शैली का प्रयोग किया है जबकि अन्य कवियों ने विभिन्न प्रकार के छन्दों का व्यवहार किया है । काव्यत्व की दृष्टि से ये सभी सन्तोषजनक हैं किन्तु इनमें से द्वितीय एवं तृतीय रचना अधिक उत्कृष्ट है । गोकुलनाथ एवं उसके भाइयों के द्वारा रचित महाभारत की प्रशंसा तो आचार्य रामचन्द्र शुक्ल ने भी मुक्तकंठ से की है । वे लिखते हैं कि—'कथा प्रबन्ध का इतना बड़ा काव्य हिन्दी साहित्य में दूसरा नहीं बना । यह लगभग दो हजार पृष्ठों में समाप्त हुआ है । इतना बड़ा ग्रन्थ होने पर भी न तो इसमें कहीं शिथिलता आई है और न ही रोचकता और काव्य गुण में कमी हुई है । छन्दों का विधान इन्होंने ठीक उसी रीति से किया है जिस रीति से इतने बड़े ग्रन्थ में होना चाहिए । इसमें रूपमाला, घनाक्षरी, सवैया, दोहा, चौपाई आदि छन्द प्रयुक्त हुए हैं तथा इसकी भाषा प्रांजल और सुव्यवस्थित है ।

यहाँ यह तथ्य भी ध्यान देने योग्य है कि 'महाभारत' संज्ञक ये सभी ग्रन्थ कवियों की दीर्घ साधना के बल पर रचित हैं; सबलसिंह ने अपना काव्य ७३ वर्ष में पूरा किया था तो गोकुलनाथ आदि ने भी इसमें ५० वर्ष से अधिक समय लगाया था। यह दुर्भाग्य की बात है कि जिन रचनाओं में इन कवियों ने अपना समस्त जीवन लगाया है, वे आज भी उपेक्षित पड़ी हैं । हिन्दी में शोध-कार्य की पर्याप्त प्रगति होने के बावजूद भी इन ग्रन्थों का अध्ययन नहीं हो सका है ।

अठारहवीं शताब्दी में पंजाब में भी गुरु गोविन्दसिंह तथा पटियाला में महाराजा के आश्रय में 'महाभारत' का योजना-बद्ध अनुवाद कार्य (अनुवाद-यज्ञ) सम्पन्न हुआ । श्री चंद्रकांत बाली के इतिहास से ज्ञात होता है कि इस अनुवाद-यज्ञ में विभिन्न

व्यक्तियों ने भाग लिया था, जिनकी नामावली इस प्रकार है : (क) गुरु गोविन्दसिंह के आश्रय में—१ कर्ण पर्व : **हंसराज** (२) अश्वमेध पर्व : **टहकन** (३) द्रोण पर्व : **कुमरेश** ४. सभा पर्व : **अमृतराय** ५. शल्य पर्व : **मंगल कवि**। शेष पर्व उपलब्ध नहीं हैं। यह कार्य १७५२ वि० (१६९५ ई०) में पूरा हुआ था। (ख) पटियाला दरबार के आश्रय में— **रामनाथ, दित्तेराय, उमादास, वंशी पंडित, भवानीदास, चंद, स्वर्णकार बसन्त सिंह, मोहरसिंह, और निहाल कवि** ने १७८३ ई० से १८५२ ई० तक महाभारत के विभिन्न पर्वों का अनुवाद हिन्दी में प्रस्तुत किया।[1] इन अनुवादों का भी विशेष अध्ययन प्रस्तुत न होने के कारण इनके सम्बन्ध में अधिक जानकारी का अभाव है। फिर भी इनसे हिन्दी महाभारतीय काव्यों की सशक्त परम्परा एवं उनके प्रभाव का अनुमान किया जा सकता है।

महाभारत के कुछ प्रसंगों पर लिखे गये काव्यों में **प्राणनाथ** की दो रचनाएँ— 'चक्रव्यूह' (१७९३ ई०) और 'बभ्रुवाहन' उपलब्ध हैं जिनमें वीर रस की व्यंजना सफल रूप में हुई है। इन्होंने दोहा-चौपाई के स्थान पर सोरठा चौपाई का मेल किया है तथा अवधी भाषा का प्रयोग किया है। वस्तुतः इन काव्यों से मध्यकालीन समाज में महाभारत की लोकप्रियता का पता चलता है।

११.८. **भक्त चरित सम्बन्धी प्रबन्ध काव्य**—राम, कृष्ण, अर्जुन, युधिष्ठिर आदि विशिष्ट पात्रों के अतिरिक्त प्रह्लाद, ध्रुव, भरथरी, नरसी आदि भक्तों क चरित्र पर भी काव्य लिखने की परम्परा मध्यकाल में रही है। प्रह्लाद विषयक काव्यों मे से ये सात उपलब्ध हैं— (१) 'प्रह्लाद लीला' **रैदास** चरित, पन्द्रहवी शती। (२) 'प्रह्लाद चरित्र' **परशुराम** रचित १५४३ ई०। (३) 'प्रह्लाद चरित्र' **गोपाल** रचित, १६६९ ई०। (४) 'प्रह्लाद चरित्र' **सहजराम** द्वारा १७३२ ई० में रचित। (५) 'प्रह्लाद लीला' **रामदास** द्वारा सत्रहवीं शती में रचित। (६) 'प्रह्लाद चरित्र', **लोकीदास** द्वारा १७९१ ई० में रचित। (७) प्रह्लाद चरित्र', **देवसिंह** द्वारा १८२३ ई० में रचित। ये सभी प्रह्लाद की पौराणिक कथा पर आधारित हैं जो भागवत के सप्तम स्कन्ध, अध्याय तृतीय से दशम तक में तथा विष्णु पुराण के प्रथम अंश में वर्णित हैं। इन सभी में वर्णनात्मक की प्रधानता है। रैदास को छोड़कर शेष कवियों ने दोहा-चौपाई शैली का प्रयोग किया है जबकि रैदास ने केवल दोहे का प्रयोग किया है। रैदास और गोपाल की भाषा ब्रज है तथा शेष की अवधी है। कलात्मक दृष्टि से ये काव्य साधारण कोटि के हैं।

भक्त ध्रुव सम्बन्धी प्रबन्ध काव्य में छह रचनाएँ उल्लेखनीय हैं। इनके रचयिता **परमानन्ददास** (१५५० ई०), **नरोत्तमदास** (१५७३ ई० के बाद), **गोपाल** (सत्रहवीं शती), **मधुकरदास** (१७२५ ई०), **सोमनाथ** (१७७५ ई०), **सुन्दरदास** (१८४४ ई०) हैं, जिन्होंने कोष्ठक में दिये गये सन् में इनकी रचना की। सुन्दरदास के अतिरिक्त अन्य सभी ने अपने काव्य को 'ध्रुव चरित्र को संज्ञा दी है जबकि सुन्दर

१. पंजाब प्रान्तीय हिन्दी-साहित्य का इतिहास : चंद्रकांत बाली, पृ० २०१।

दास ने अपनी रचना को 'ध्रुव लीला' नाम दिया है। ध्रुव की कथा भागवत पुराण के चतुर्थ स्कन्ध में तथा विष्णु पुराण के पंचम अंश में वर्णित है। उपर्युक्त रचनाएँ इन्हीं पुराणों पर आधारित हैं। ये सभी काव्य ब्रज भाषा एवं विभिन्न छन्दों— चौपाई, दोहा, हरिगीतिका' सोरठा, कवित्त, पद्धरि, रोला आदि—में रचित हैं। काव्यत्व की दृष्टि से ये संतोषजनक हैं।

भरथरी और नरसी मेहता पर भी एक-एक प्रबन्ध काव्य उपलब्ध हैं। गोपाल ने भरथरी चरित्र की रचना लगभग १६०० ई० में की थी। वस्तुत: यह जड़ भरत की कथा है जो भागवत के पाँचवें स्कन्ध में वर्णित है। काव्यत्व की दृष्टि से यह रचना साधारण है। 'नरसी मेहता का माहेरा' शीर्षक रचना का सम्बन्ध मीराबाई से स्थापित किया जाता है, किन्तु यह ठीक नहीं। इसकी रचयिता कोई कवि है। इसमें सोरठा, दोहा, चौपाई प्रयुक्त हैं। इसी नाम की एक अन्य रचना रतना खाती के द्वारा रचित भी मिलती है। दोनों ही रचनाएँ साधारण कोटि की बताई जाती हैं। वस्तुत: भक्तों के जीवन-चरित से सम्बन्धित ये विभिन्न काव्य कला की दृष्टि के बहुत उच्चकोटि के न होते हुए भी अपने युग की धार्मिक वृत्ति, पौराणिक भावना एवं विभिन्न साहित्यिक प्रवृत्तियों को अकृत्रिम रूप से प्रस्तुत करते हैं। अत: इस दृष्टि से इनका इतिहास में महत्त्वपूर्ण स्थान है।

११.६. **शिव पार्वती सम्बन्धी काव्य**—पौराणिक आधार पर शिव-पार्वती के विवाह को लेकर भी अनेक प्रबंध काव्य लिखे गये हैं जिनमें चार का विवरण उपलब्ध है—'पार्वती मंगल', गोस्वामी तुलसीदास द्वारा १५८६ ई० में रचित। (२) 'शिव विवाह', लखपति द्वारा १७६० ई० में रचित। (३) 'शिव विवाह', दयाराम द्वारा १७८६ ई० में रचित। (४) 'पार्वती-स्वयंबर', मघ्घूलाल द्वारा अठारहवीं शती में रचित। तुलसीदास ने अपने 'जानकी-मंगल' की भाँति इसमें भी अरुण और गीतिका छन्दों का प्रयोग किया है तथा काव्य-सौष्ठव की दृष्टि से भी यह उच्चकोटि की रचना है। अन्य काव्यों में भी एक से अधिक छन्दों का प्रयोग किया गया है। तुलसी की भाषा अवधी है जबकि शेष कवियों ने ब्रज का प्रयोग किया है। काव्यत्व की दृष्टि से दयाराम का 'शिव विवाह' भी प्रभावोत्पादक है। शेष रचनायें सामान्य कोटि की हैं।

११.१०. **सिक्ख-गुरुओं से सम्बन्धित काव्य**—सिक्ख धर्म के विभिन्न कवियों ने भी अपने गुरुओं के चरित के आधार पर विभिन्न प्रबन्ध-काव्यों की रचना हिन्दी में की, जिनमें से ये उल्लेखनीय हैं—(१) 'दशम ग्रन्थ' (अवतार भाग), **गुरु गोविन्दसिंह** द्वारा अठारहवीं शती में रचित (२) 'गुरु प्रताप सूर्य', **सन्तोष सिंह** द्वारा रचित। (३) 'गुरु नानक प्रताप सूर्योदय; संतोषसिंह द्वारा रचित। (४) 'पंथ प्रकाश, ज्ञानी **ज्ञानसिंह** द्वारा रचित। (५) 'गुरु विलास' **सुखासिह** द्वारा रचित। (६) 'नानक विजय' **संत रेण** प्रथम द्वारा रचित। (७) 'जन्म साखी', संत रेण द्वितीय द्वारा रचिता इनमें पहली रचना को छोड़कर शेष सभी १८२०-५० ई० के लगभग रचित हैं। **गुरु गोविन्द सिंह** (१६६६-१७०८ ई०) ने हिन्दू जाति, हिन्दू-धर्म एवं हिन्दी-साहित्य के

संरक्षण के लिए जैसा प्रयत्न किया यह इतिहास में अविस्मरणीय है। जिस प्रकार उन्होंने हिन्दू धर्म को विधर्मी शासकों के अत्याचारों से मुक्ति प्रदान कर धर्म और राजनीति के क्षेत्र में क्रान्तिकारी कार्य किया उसी प्रकार भारतीय संस्कृति और साहित्य के उद्धार में भी उन्होंने अपूर्व एवं असाधारण योग दिया। उन्होंने प्रेरणादायक एवं ओजस्वी साहित्य की रचना करने के साथ-साथ अपने दरबार में बहुत से कवियों को संरक्षण प्रदान किया जिन्होंने भारतीय संस्कृति के चिरन्तन तत्त्वों को काव्यात्मक भाषा में प्रस्तुत किया। कहा जाता है कि उनके दरबारी कवियों की रचनाओ का एक संकलन 'विद्याधर' संज्ञक तैयार किया गया था जिसका भार नौ मन से भी अधिक था। यदि यह अतिशयोक्ति हो तो भी इसके पीछे उनके व्यापक प्रयासों की वास्तविकता अवश्य है। स्वयं गुरु गोविन्दसिंह के नाम पर, 'दशम ग्रन्थ' मिलता है जिसमें गुरुजी की रचनाएँ संकलित हैं। कुछ विद्वानों के विचार से इसमें अन्य कवियों की रचनाएँ भी सम्मिलित हैं। 'दशम ग्रन्थ' की हिन्दी कविता पर एक शोध-प्रबन्ध डॉ० धर्मपाल अष्टा पंजाब विश्वविद्यालय में प्रस्तुत कर चुके हैं, तथा दिल्ली विश्वविद्यालय के डॉ० हरभजन सिंह ने भी अपने प्रबन्ध में इसका विवेचन प्रस्तुत किया है। 'दशम ग्रंथ' में तेरह रचनाएँ संकलित हैं—(१) जाप साहब (२) अकाल स्तुति (३) विचित्र नाटक (४) चौबीस अवतार (५) चंडी चरित्र (६) चंडी दी बार (७) ज्ञान-प्रबोध (८) शब्द हजारे (९) तेती सवैये (१०) शस्त्र नाम माला (११) पख्यान चरित्र (१२) जफर नामा (१३) हिकायत नामा। पौराणिक प्रबन्ध काव्य परम्परा के अंतर्गत इनमें से चौबीस अवतार और चंडी चरित्र को स्थान दिया जा सकता है। 'चौबीस अवतार' में विष्णु के चौबीस अवतारों की कथा प्रबन्धात्मक शैली में प्रस्तुत की गई है जबकि 'चंडी चरित्र' दुर्गा सप्तशती पर आधारित है।

'दशम ग्रन्थ' में लगभग १०४ प्रकार के मात्रिक एवं वार्णिक छन्दों का प्रयोग हुआ है। छन्द-वैविध्य के क्षेत्र में इसके रचयिता ने हिन्दी के प्रायः सभी कवियों को पीछे छोड़ दिया है। इसकी भाषा ब्रज है तथा शैली प्रवाहपूर्ण है। यहाँ एक छंद नमूने के रूप में उद्धृत है—

देहु शिवा वर मोहि इहै शुभ करमन तें कबहू न टरों।
न डरौं अरि सों जब लाइ लरौं लिसचै करि आपनी जीत करौं॥
अरु सिख हौं आपने मन कौ इह लालच हौं गुन तऊ उचरौं।
जब आयु को औध निदान बनै अंत ही रन मैं तब, जूझ मरौं॥

वस्तुतः गुरु गोविन्दसिंह में काव्य-प्रतिभा के साथ-साथ ही उनका ब्रजभाषा पर भी पूरा अधिकार था, जिससे उनकी लेखनी भी उनकी तलवार की ही भाँति अपने क्षेत्र में समर्थ एवं सफल सिद्ध हुई है।

संतोषसिंह – (१७८८ ई०) का पंजाब के हिन्दी कवियों में बहुत ऊँचा स्थान है। श्री चन्द्रकान्त बाली तो इन्हें पंजाब का तुलसीदास तक मानते हैं। वस्तुतः इनके प्रबन्ध काव्यों—'गुरुनानक प्रताप सूर्य (१८२३ ई०) 'गुरु प्रताप सूर्य (१८२३ ई०) और 'वाल्मीकि रामायण' अनूदित (१८२४ ई०) उल्लेखनीय हैं। 'गुरु प्रताप सूर्य'

दो भागों में विभक्त है––प्रथम भाग में आदिनानक का जीवन चरित वर्णित है जबकि द्वितीय भाग में शेष नौ गुरुओं के जीवन पर प्रकाश डाला गया है। इसकी शैली दोहा-चौपाई की ही है किन्तु बीच-बीच में कवित्त, त्रिभंगी, सवैया आदि छन्दों का भी प्रयोग किया गया है। इसकी भाषा ब्रज है किन्तु उसमें सिक्ख धर्म के विशिष्ट पारिभाषिक शब्द भी प्रयुक्त हैं।

अन्य सिक्ख कवियों में 'गुरु विलास' के रचयिता **सुखासिंह** (१७६८ ई०) का विशेष स्थान है। इन्होंने अपने काव्य में दसवें गुरु गोविन्दसिंह के चरित का वर्णन ओजस्वी शैली में किया है। श्री चंद्रकान्त बाली के शब्दों में 'गुरु विलास' में उनके चरितनायक के अनुरूप वीर रस है। युद्ध वर्णनों मात्र में रौद्ररस तथा भयानक रस का सहभाग है। यह युद्ध-वर्णन खाना-पूरी नहीं है, बल्कि ऐतिहासिक संस्पर्श प्राप्त काव्यत्व का भरपूर विकास है। इसके अतिरिक्त इसमें प्रकृति का चित्रण बड़ा सुन्दर बन पड़ा है।

सुखासिंह में छन्द-वैविध्य की प्रवृत्ति भी मिलती है, उन्होंने अडिल्ल, पाछड़ी झूलना, भुजंगप्रयात, रुआल, रसावल, शंख, नारी, मधुभार, विजय, नाराच, तोटक, सोरठा, तिलक आदि छन्दों का प्रयोग सफलतापूर्वक किया है। भाषा उनकी ब्रज ही है जो कहीं-कहीं पंजाबी से प्रभावित है।

कवि संत रेण (१७४१-१८७१) का 'नानक विजय' एक विशालकाय काव्य है जो २० खंडों और ३२४ अध्यायों में विभक्त है। इस ग्रन्थ में सिक्ख गुरुओं के चरित को पौराणिक दृष्टि से प्रस्तुत किया गया है जिस पर हिन्दुत्व का गहरा रंग है। संत रेण की भी भाषा ब्रज है जिसमें यथेष्ट शक्ति एवं प्रवाह विद्यमान है, यथा—

वर झूलत ताहि निसान चलै, असमान उड़ै तिनकै फर रै।
इक तैं एक वीर चले बन कै तिनि तोफन माँहि भरे छर रै।
दननाइ उठी सगली धरनी, जब तोफ लगी घहरै घर रै।
अरराई परै अर कै दल मैं, अपने दिल ताँहि करै कर रै।

इस परम्परा के अन्य सिक्ख कवियों ने भी ब्रजभाषा का प्रयोग करते हुए उपर्युक्त कवियों का ही अनुसरण किया है।

११.११ पौराणिक प्रबन्ध-काव्य परम्परा : सामान्य प्रवृत्तियाँ

प्रस्तुत काव्य-परंपरा से सम्बद्ध बहु-संख्यक कवि धार्मिक प्रवृत्ति के व्यक्ति थे, जिन्होंने अपनी धार्मिक भावनाओं एवं अनुभूतियों की प्रेरणा से काव्य-रचना की। इस युग की कतिपय अन्य धर्माश्रित काव्य-परम्पराओं की भाँति यह परम्परा किसी सम्प्रदाय-विशेष के आश्रय में या किसी विशेष आचार्य के निर्देशन में पोषित एवं विकसित नहीं हुई, अपितु विभिन्न कवियों ने स्वतन्त्र रूप में ही आत्म-प्रेरणा से काव्य-रचना की थी। इसी तथ्य की घोषणा गोस्वामी तुलसीदास ने 'स्वान्तः सुखाय' कह कर की है। सांप्रदायिक-विशेष पर आश्रित न होने के कारण इन कवियों के दृष्टि-कोण में सांप्रदायिक संकीर्णता, या कट्टर मतवादिता दृष्टिगोचर नहीं होती। इन्होंने

धर्म के प्रति व्यापक दृष्टिकोण का परिचय दिया है तथा विभिन्न सम्प्रदायों में एकता एवं समन्वय स्थापित करने का प्रयास किया है। दृष्टिकोण की इसी व्यापकता के कारण इनके काव्य की विषय-वस्तु के क्षेत्र में भी पर्याप्त व्यापकता आ गई है; राम, कृष्ण, शिव आदि से लेकर जैन-सिक्ख आदि विभिन्न धर्मों के महापुरुषों को इनके काव्य में स्थान मिला है। जनता की धार्मिक चित्तवृत्ति को जागृत करने के लिए इन्होंने अवतारों, महापुरुषों एवं भक्तों के आदर्श चरित का गान श्रद्धापूर्ण शब्दों में किया है जिससे पाठकों के हृदय में सच्ची भक्ति का उद्बोधन होता है। इन्होंने भक्ति के नाम पर श्रद्धाशून्य रति भावना या कोरी रसिकता का प्रतिपादन नहीं किया अपितु उसमें श्रद्धामिश्रित अनुरक्ति का चित्रण किया है, जिसे हम भक्ति का वास्तविक रूप मान सकते हैं। धर्म के नाम पर होने वाले विभिन्न कृत्रिम प्रयोगों, खंडन-मंडन एवं बाह्य-प्रदर्शनों से भी ये दूर हैं। इतना ही नहीं, उन्होंने धर्म के विभिन्न रूपों, उपासना के विभिन्न भेदों एवं भक्ति की विभिन्न पद्धतियों में समन्वय स्थापित करने का प्रयास किया है। इस समन्वयवादिता का सर्वोत्कृष्ट रूप इस परम्परा के सर्वश्रेष्ठ कवि तुलसीदास में देखा जा सकता है।

अब तक प्रायः यह भ्रांति प्रचलित रही है कि मध्यकाल में कृष्ण-भक्त कवियों ने गीति शैली का प्रयोग किया है तथा प्रबन्ध शैली का प्रयोग केवल राम-भक्त कवियों द्वारा हुआ है, किन्तु वास्तविकता यह नहीं है। जैसा कि पीछे दिए गए विवरण से स्पष्ट है, मध्यकाल के प्रबन्ध काव्यों के क्षेत्र में भी राम-चरित की अपेक्षा कृष्ण चरित की ही प्रमुखता रही है। जहाँ कृष्ण-चरित, कृष्ण-रुक्मिणी विवाह, एवं कृष्ण विभिन्न लीलाओं को लेकर इस परम्परा के कवियों ने एक सौ से भी ऊपर काव्य लिखे हैं, वहाँ राम सन्बन्धी प्रबन्ध-काव्यों की संख्या पच्चीस से अधिक नहीं। कृष्ण और राम के अतिरिक्त, शिव-पार्वती, प्रह्लाद, ध्रुव,—सुदामा, नरसी आदि को लेकर भी बहुत से काव्य लिखे गए हैं। महाभारत के काव्यों पर कई प्रबन्ध काव्य उपलब्ध हैं। इसके अतिरिक्त जैन और सिक्ख कवियों ने भी अपने-अपने धर्म-सम्प्रदायों के मान्य पुरुषों को इस परम्परा में स्थान दिया है। इस दृष्टि से इस परम्परा का विषय-क्षेत्र पर्याप्त व्यापक सिद्ध होता है।

विषय-वस्तु के उद्गम-स्रोत के रूप में यहाँ मुख्यतः तीन ग्रन्थ उल्लेखनीय हैं—मद्भागवत पुराण, वाल्मीकीय रामायण और महाभारत। कृष्ण चरित सम्बन्धी अधिकांश काव्य भागवत पुराण पर आधारित हैं, जबकि राम-काव्य सम्बन्धी काव्य वाल्मीकीय रामायण पर तथा अन्य कुछ काव्य महाभारत पर आधृत हैं। इनके अतिरिक्त अन्य पौराणिक एवं धार्मिक ग्रन्थों का भी अवलम्बन इनमें किया गया है। पर सामान्यतः संस्कृत का पौराणिक साहित्य ही इनका मूल स्रोत रहा है।

विषय-क्षेत्र की व्यापकता के अनुसार इनमें भावना की गंभीरता एवं विविधता तथा शैली की बहुरूपता भी दृष्टिगोचर होती है। यद्यपि इनके काव्य का मूल-

भाव सामान्यतः भक्ति भाव ही है, किन्तु इसके अन्तर्गत चरित-नायक की परिस्थिति के अनुरूप श्रृङ्गार, वीर, रौद्र, भयानक, अद्भुत आदि को भी व्यंजना सफल रूप में हुई है। सुदामा सम्बन्धी काव्यों में सख्य रस की भी अभिव्यक्ति हुई है, जिसकी स्थापना रस-रूप में आचार्यों द्वारा अभी तक नहीं हुई है।

काव्य-रूप की दृष्टि से इस परम्परा के सभी काव्यों को 'प्रबन्ध' कहा जा सकता है किन्तु इन सभी का रूप, विस्तार एवं विधान एक जैसा नही है। कुछ अत्यन्त संक्षिप्त हैं तो कुछ विस्तृत। कुछ में सर्ग-पद्धति मिलती है तो कुछ में उसका अभाव है। कुछ खंड-काव्य की कोटि में आते हैं तो कुछ महा-काव्य भी कहे जा सकते हैं। 'रामचरित मानस' (तुलसीदास) इस परम्परा का सर्वोत्कृष्ट काव्य है।

छंदों की दृष्टि मे प्रारम्भ में दोहा-चौपाई शैली का प्रचलन अधिक रहा किन्तु आगे चलकर छंद-वैविध्य की प्रवृत्ति बढ़ती रही। जहाँ हीरामणि के 'रुक्मणी मंगल' में ग्यारह प्रकार के छंदों का प्रयोग हुआ है वहाँ वीर वाजपेयी के 'सुदामा-चरित' में पचास प्रकार के छंद प्रयुक्त हुए हैं। भाषा की दृष्टि से भी इनमें अनेकता मिलती है; विभिन्न कवियों ने विविन्न भाषाओं का प्रयोग किया है, फिर भी मुख्यतः अवधी, ब्रज एवं राजस्थानी का ही प्रयोग इनमें हुआ है।

इस प्रकार हम देखते हैं कि यह परम्परा ग्रन्थों की संख्या, विषय-क्षेत्र की व्यापकता भावनाओं कि विविधता, एवं शैली की बहुरूपता की दृष्टि से अत्यन्त महत्वपूर्णं है। न केवल काव्य-संख्या एवं स्थूल परिमाण की दृष्टि से अपितु काव्य-स्तर की उच्चता एवं काव्य-सौष्ठव के विकास की दृष्टि से भी यह परम्परा कम महत्व की नहीं है। तुलसीदास जैसा महाकवि इस काव्य-परम्परा के उच्च गौरव को सूचित करता है। इस परम्परा के कवियों ने धर्म और समाज के क्षेत्र में अपने व्यापक एवं समन्वयवादी दृष्टिकोण, महापुरुषों के आदर्श चरित एवं भक्ति के सच्चे रूप की स्थापना करके एक ओर धर्म-रक्षा, लोक-हित एवं समाज के उत्थान में योग दिया है तो दूसरी ओर काव्य को उदात्त, उत्कृष्ट एवं लोक-मंगलकारी रूप प्रदान करने का स्तुत्य कार्य किया है। अतः हम मध्यकाल की धर्माश्रित काव्य-परम्पराओं में प्रस्तुत काव्य परम्परा को धार्मिकता, सामाजिकता एवं साहित्यिकता – तीनों की दृष्टि से सर्वोच्च स्थान प्रदान कर सकते हैं।

१२

पौराणिक गीति-काव्य-परम्परा (तथाकथित कृष्ण-भक्ति शाखा)

•

पौराणिक प्रबंध-काव्य-परंपरा का अध्ययन प्रस्तुत करते हुए, पीछे यह स्पष्ट किया जा चुका है कि किस प्रकार इस युग के धर्माश्रित काव्य के विकास में पूर्ववर्ती पौराणिक ग्रन्थों ने योग दिया। प्रबन्ध की ही भाँति गीति के क्षेत्र में भी पौराणिक विषयों—विभिन्न अवतारों के चरित—का गुण-गान धर्माश्रित कवियों द्वारा किया हैं, जिनके काव्य को हम यहाँ 'पौराणिक गीति-काव्य-परम्परा' शीर्षक के अन्तर्गत प्रस्तुत कर सकते हैं। इस परम्परा का विषय-क्षेत्र प्रबन्ध-काव्य-परम्परा की अपेक्षा बहुत संकीर्ण रहा। जहाँ उक्त परम्परा में रामायण, महाभारत एवं भागवत पुराण से सम्बन्धित विभिन्न पात्रों एवं घटनाओं को स्थान दिया गया है, वहाँ इसमें मुख्यतः कृष्ण के ही चरित को अपनाया गया है तथा गौण रूप से कृष्णेतर विषयों को लिया गया है। अतः इस परम्परा को हम यहाँ मुख्यतः दो भागों में विभक्त कर सकते हैं—(१) पौराणिक कृष्ण-गीति परम्परा (२) पौराणिक कृष्णेतर गीति-परम्परा। यहाँ क्रमशः दोनों का अध्ययन प्रस्तुत किया जाता है।

●१२. १. **पौराणिक कृष्ण-गीति-काव्य**—इस काव्य-परम्परा के सम्बन्ध में अब तक प्रायः यह भ्रांति प्रचलित रही है कि कृष्ण सम्बन्धी सारा मध्यकालीन काव्य गीति-शैली में ही रचित है, कृष्ण-चरित को लेकर प्रबन्ध-काव्य प्रायः नहीं लिखे गये। किन्तु जैसा कि पौराणिक प्रबन्ध-काव्य परम्परा के अध्ययन से स्पष्ट है, इस युग में कृष्ण सम्बन्धी प्रबन्ध-काव्य भी पर्याप्त संख्या में लिखे गये हैं, अतः इस परम्परा का पार्थक्य सूचित करने के लिए इसके नाम के साथ 'गीति' शब्द का प्रयोग आवश्यक है! अवश्य ही गतिकारों ने कहीं-कहीं मुक्तक शैली का भी प्रयोग किया है, पर वह नगण्य-सा ही है, अतः उसकी उपेक्षा की जा सकती है। दूसरे, प्रबन्ध-काव्यों की ही भाँति यह गीति-काव्य भी बहुत-कुछ अंशों में पौराणिक ग्रंथों से प्रेरित एवं प्रभावित है। जैसा कि डॉ० शशि अग्रवाल ने इस विषय पर प्रस्तुत अपने शोध-प्रबन्ध में स्वीकार किया है—'हिन्दी कृष्ण-भक्ति काव्य पर भागवत तथा अन्य वैष्णव पुराणों

का पूर्ण प्रभाव है, अतः इस साहित्य को पौराणिक परम्परा का साहित्य मानना सर्वथा उचित है।[1] यह काव्य दृष्टिकोण, प्रेरणा-स्रोत एवं विषय-वस्तु की दृष्टि से सामान्यतः पौराणिक कहा जा सकता है, अतः इस परंपरा के नामकरण में हमने 'गीति' एवं 'पौराणिक' दोनों शब्दों का प्रयोग आवश्यक समझा है जबकि पूर्ववर्ती इतिहासकार इसे केवल 'कृष्ण-भक्ति-शाखा', 'कृष्ण-काव्य' या 'कृष्ण-भक्ति-काव्य' की संज्ञा से अभिहित करते रहे हैं।

१२.२. **कृष्ण की ऐतिहासिकता**—इस परम्परा से सम्बन्धित काव्य की विषय वस्तु मुख्यतः कृष्ण के चरित पर आधारित है, अतः हमें सर्व-प्रथम कृष्ण के व्यक्तित्व के सम्बन्ध में ऐतिहासिक दृष्टि से विचार कर लेना चाहिए। कृष्ण के ऐतिहासिक अस्तित्व के सम्बन्ध में कुछ पाश्चात्य विचारकों को सन्देह भी है। वे 'कृष्ण' शब्द की व्युत्पत्ति 'क्राइस्ट' से सिद्ध करते हुए उसे ईसाइयत से सम्बन्धित करते हैं, किन्तु यह प्रयास कोरी कल्पना पर ही आधारित है। कृष्ण का प्राचीनतम उल्लेख ऋग्वेद में मिलता है जिसके अनुसार वे एक स्तोता ऋषि सिद्ध होते हैं। आगे चलकर 'छांदोग्य उपनिषद्' में भी कृष्ण का उल्लेख देवकी के पुत्र, घोर आंगिरस के शिष्य एवं एक वैदिक ऋषि के रूप में उपलब्ध होता है। महाभारत के आरंभिक अंशों में कृष्ण पांडवों के सखा एवं प्रभावशाली राजनीतिज्ञ के रूप में तथा अन्तिम अंशों में विष्णु के अवतार के रूप में चित्रित हुए हैं। 'सभापर्व' में शिशुपाल के कुछ शब्दों के अतिरिक्त महाभारत में उनके गोप-जीवन पर कोई प्रकाश नहीं पड़ता। परवर्ती पुराणों—हरिवंश, ब्रह्म, विष्णु, भागवत, ब्रह्मवैवर्त्त आदि में उनकी बाल्यवस्था सम्बन्धी आख्यानों या गोप-जीवन सम्बन्धी क्रीड़ाओं में उत्तरोत्तर वृद्धि दृष्टिगोचर होती है। कृष्ण एवं गोपियों की रासलीला का विस्तृत रूप से निरूपण लगभग आठवीं-नवीं शताब्दी में रचित भागवत पुराण में हुआ है। इस प्रकार वैदिक और संस्कृत-साहित्य में कृष्ण के तीन रूप मिलते हैं—(१) ऋषि एवं धर्मोपदेशक का (२) नीतिकुशल क्षत्रिय नरेश का और (३) बाल और किशोर रूप में गोप-लीलाएँ दिखाने वाले अवतारी कृष्ण का। प्रथम रूप का पूर्ण विकास गीता में, दूसरे का महाभारत में एवं तीसरे का भागवत तथा अन्य पुराणों में मिलता है। डॉ० आर० जी० भण्डारकर ने इन रूपों की विभिन्नता के आधार पर कृष्ण नाम के अनेक व्यक्तियों की सत्ता मानते हुए गोपाल कृष्ण को वासुदेव कृष्ण से भिन्न व्यक्ति माना है। उनका तर्क है कि महाभारत के कृष्ण अत्यंत सच्चरित व्यक्ति हैं। जब कि पुराणों के गोपाल कृष्ण गोपियों के साथ व्यभिचार में प्रवृत्त होते हैं, किन्तु डॉ० ए० डी० पुसालकर ने इस तर्क का खंडन करते हुए बताया है कि 'कृष्ण ने गोकुल में गोपियों के साथ कुछ सामूहिक नृत्य-गानादि में भाग लिया था, जो उनके कला-प्रेम का द्योतक है।'[2] इसके अतिरिक्त गोपियाँ ही उन पर आसक्त थीं न कि वे गोपियों पर आसक्त थे, तथा उनके रसिकतापूर्ण व्यवहार सम्बन्धी

---

१. हिन्दी कृष्ण-भक्ति-काव्य पर पौराणिक प्रभाव, पृ० २३१।

२. Studies in the Epics and Puranas A. D. Pusalkar, Page 62-63

विभिन्न प्रसंग बहुत बाद के कल्पित हैं, अता मूलतः गोकुल के कृष्ण के चरित्र में कोई ऐसा भेद नहीं मिलता जिससे कि उनकी सत्ता महाभारतीय कृष्ण से भिन्न मानने की कल्पना स्वीकार की जाये।

प्राचीन संस्कृत के साहित्य के अतिरिक्त जैन एवं बौद्ध साहित्य से भी कृष्ण की सत्ता प्रमाणित होती है। बौद्धों के 'घट जातक' एवं जैनियों के 'उत्तराध्ययन सूत्र' में उनका उल्लेख एक ऐतिहासिक क्षत्रियवीर के रूप में किया गया है। दूसरी ओर पुराणों में दी गई वंशावली से भी ज्ञात होता है कि वे सात्वतकुल के चन्द्रवंशी यादव थे तथा उनका आविर्भाव मनु की ९४वीं पीढ़ी में हुआ था। अस्तु, इसमें तो कोई सन्देह नहीं कि कृष्ण एक ऐतिहासिक पुरुष थे किन्तु उनके प्रति देवत्व की भावना का विकास क्रमशः हुआ। कंस और जरासंध जैसे अत्याचारी शासकों को नष्ट करने के कारण वे अपने जीवनकाल में ही लोगों की श्रद्धा के पात्र हो गये थे, इसका परिचय महाभारत के सभापर्व में मिलता है जहाँ अग्रपूजा के लिए भीष्म कृष्ण का समर्थन करते हुए उन्हें अनेक दिव्य विशेषणों से विभूषित करते हैं। आगे चलकर जब अवतारवाद का विकास हुआ तो इन्हें भी विष्णु के अवतारों में सर्वोच्च स्थान दिया गया। हरिवंश पुराण (तीसरी शताब्दी) में विष्णु के ६ अवतार बताये गये हैं; वायु पुराण में ११, वाराह पुराण तथा अग्नि पुराण में दस और भागवत में बाईस— जिनमें सभी में कृष्ण को प्रधानता दी गई है। इन साहित्यिक प्रमाणों के अतिरिक्त कुछ अन्य साक्ष्य भी उपलब्ध हैं जिनसे पता चलता है कि कृष्ण की उपासना का प्रचार ईसा से तीन-चार शताब्दियों पूर्व अवश्य हो गया था। मेगस्थनीज ने मथुरा एवं कृष्णपुर में कृष्ण की पूजा होने का उल्लेख किया है तथा एक शिलालेख से ज्ञात होता है कि लगभग २०० ई० पू० कृष्ण की मूर्तियाँ एवं उनके मन्दिर बनने लग गये थे।

मध्यकाल में कृष्ण-भक्ति का आन्दोलन नवीन उत्साह के साथ प्रवाहित हुआ जिसके पोषण का श्रेय श्रीमद्भागवत पुराण एवं विभिन्न वैष्णव सम्प्रदायों को है। हिन्दी काव्य में कृष्ण के जिस रूप का चित्रण किया गया है वह भी मुख्यतः भागवत पुराण तथा परवर्ती पुराणों पर आधारित है।

१२.३. **राधा का विकास**—भक्ति-साहित्य में कृष्ण के साथ राधा का भी बहुत अधिक महत्त्व है। प्राचीन-साहित्य—महाभारत, हरिवंश पुराण, विष्णु पुराण, भागवत पुराण आदि में राधा के अस्तित्व का कोई पता नहीं चलता, अतः उसकी ऐतिहासिक सत्ता संदिग्ध है। सर भंडारकर का मत है[1] कि राधा आभीर जाति के लोगों की इष्ट देवी थी, जब आर्यों का आभीर जाति से प्रगाढ़ सम्बन्ध स्थापित हुआ तो इसे भी उन्होंने पूजा-अर्चना में स्थान दे दिया। यह मत बहुत कुछ कल्पना पर आधारित है। उन्होंने इसके समर्थन में कोई दृढ़ प्रमाण नहीं दिया तथा क्या आभीरों के यहाँ 'राधा' नाम की कोई देवी थी ? उसे फिर कृष्ण की प्रेयसी का रूप क्यों दे दिया गया 'आदि प्रश्नों

---

१. देखिए—Vaishnavism, Shaivism and other religious system— Dr. Bhandarkar, Page 33.

के सम्बन्धों में भी वे मौन हैं; अतः इस मत की प्रामाणिकता में सन्देह है।

कुछ अन्य विद्वानों ने भी राधा के सम्बन्ध में मौलिक कल्पनाओं का परिचय दिया है। श्री योगेशचन्द्र राय ने कृष्ण को सूर्य का अवतार सिद्ध करते हुए राधा को विशाखा नक्षत्र का पर्यायवाची बताया है। "कृष्ण विष्णु के अवतार हैं—विष्णु-स्वरूप हैं; अतः वे सूर्य स्थानीय हैं। राधा का वर्णन श्रीकृष्ण के साथ रास लीला के प्रसंग में आता है। यह लीला नक्षत्र-मण्डल की सम्पूर्ण गति है। राधा विशाखा नक्षत्र है। कृष्ण यजुर्वेद में विशाखा और अनुराधा नामक दो नक्षत्रों का वर्णन आता है जिसमें अनुराधा का तात्पर्य है राधा के पीछे आने वाला। अतः विशाखा यथार्थ में राधा का पर्यायवाची है। अथर्ववेद में 'राधे विशाखे' पद में राधा का विशाखा अर्थ में स्पष्ट ही वर्णन है। कार्तिक मास की पूर्णिमा को सूर्य (कृष्ण) विशाखा (राधा) नक्षत्र में ठहरता है। उस दिन सूर्य तथा अन्य नक्षत्र एक साथ दृष्टिगत नहीं होते। सूर्य की किरणों में ही नक्षत्र समा जाते हैं। इस प्रकार रास लीला के दिन कृष्ण राधा के साथ विहार करते हैं, यह भाव भी ज्योतिषशास्त्रानुसार घट जाता है।"[1] कृष्ण सम्बन्धी अन्य पात्रों के नाम नक्षत्र-परक हैं, जैसे—रोहिणी (वासुदेव) की पत्नी), रेवती (बलराम की पत्नी), चित्रा (कृष्ण की बहिन) तथा राधा की सखियाँ—अनुराधा, भद्रा ज्येष्ठा, चित्रा आदि। डॉ० विजयेन्द्र स्नातक ने इस मत को "उसे (राधा तत्त्व) नक्षत्र-विद्या तक सीमित करने का दुस्साहस" मात्र बता कर अस्वीकार कर दिया है। हमारे विचार से नामकरण का यह साम्य उपेक्षणीय नहीं है। सम्भवतः उस युग में जिस नक्षत्र के दिन बच्चे का जन्म हो उसी के आधार पर नामकरण की प्रथा रही हो। राधा का सम्बन्ध आलवार भक्तों से भी स्थापित किया गया है। आलवारों के साहित्य में कृष्ण की एक विशेष प्रिय गोपिका का वर्णन मिलता है, जिसका नाम "नाप्पिनाइ" (फूल विशेष) था। राधा का नाम इसमें कहीं नहीं है; अतः नाप्पिनाइ और राधा को एक बताना भी उचित नहीं।

प्राचीन साहित्य में राधा का उल्लेख सर्वप्रथम हाल द्वारा विरचित 'गाथा सप्तशती' (प्रथम शताब्दी) में मिलता है। एक गाथा (१।२९)[2] में कहा गया है कि 'तुमने (कृष्ण ने) अपने मुख के श्वास से राधिका के कपोल पर लगे हुए धूलिकणों को दूर करके अन्य गोपियों के महत्त्व को न्यून कर दिया है।' कुछ विद्वान् इस पद को प्रक्षिप्त मानते हैं। किन्तु सतसई के कुछ अन्य पदों में कृष्णलीला का वर्णन हुआ है; अतः इसे प्रक्षिप्त बताना उचित नहीं। आगे चलकर आठवीं शताब्दी में भट्टनारायण ने अपने 'वेणीसंहार' नाटक में राधा और कृष्ण के रास का वर्णन मंगलाचरण में किया है। ध्वन्यालोक (आनन्दवर्धन), नलचम्पू (त्रिविक्रम भट्ट—१०वीं शती), दशरूपक (धनंजय), दशावतार चरित (क्षेमेन्द्र) सरस्वती-कंठाभरण

---

१. राधावल्लभ सम्प्रदाय; सिद्धांत और साहित्य, डॉ० विजयेन्द्र स्नातक, पृ० १८०।

२. मुहु मारुएण तं कहण गोरअं राहिआएँ अवणेन्तो।
ऐताणं बलवीणं अण्णाणं वि गोरअं हरसि ॥ गा० स० १।२९॥

(भोजराज), काव्यानुशासन (हेमचन्द्र) आदि ग्रन्थों में भी राधा का उल्लेख हुआ है, दूसरी ओर भागवत पुराण (लगभग ८-९वीं शती) में एक विशेष गोपी को आराधिका विशेषण से विभूषित किया गया है जिसके आधार पर राधा की व्युत्पत्ति (आराधिका = राधिका = राधा) मानी गई है।

राधा के व्यक्तित्व एवं चरित्र का विस्तृत रूप में निरूपण सर्वप्रथम 'ब्रह्मवैवर्त्त' पुराण' में मिलता है किन्तु वह इतनी अधिक अस्वाभाविक एवं चमत्कारपूर्ण शैली में है कि उस पर विश्वास नहीं किया जा सकता। उदाहरण के लिए राधा की उत्पत्ति श्री कृष्ण के पार्श्व से बताई गई है। परवर्ती धार्मिक एवं पौराणिक ग्रन्थों—'पद्म-पुराण', 'देवी भागवत', 'राधा तन्त्र', 'राधिकोपनिषद्' में राधा की भक्ति को महत्त्व दिया गया है। इसी युग के कुछ कवियों—जयदेव, चंडीदास एवं विद्यापति ने राधा-कृष्ण की प्रणय-लीलाओं का वर्णन किया है। वैष्णव-सम्प्रदायों में से चैतन्य, निम्बार्क, बल्लभ एवं राधाबल्लभीय सम्प्रदायों ने राधा की उपासना को उत्तरोत्तर अधिक महत्त्व दिया। राधाबल्लभ सम्प्रदाय में तो उसे 'उस अनादि वस्तु का नित्य रूप स्वीकार किया गया है जो इस अखिल ब्रह्माण्ड में व्याप्त होकर अपनी नित्य क्रीड़ा से आनन्द की अभिव्यक्ति करती रहती है।"[1]

इस प्रकार उपर्युक्त सामग्री के आधार पर हम निम्नांकित निष्कर्षों पर पहुँचते हैं—

१—राधा का ऐतिहासिक अस्तित्व संदिग्ध है, किन्तु उसका सर्वथा निषेध नहीं किया जा सकता। राधा का कृष्ण के गार्हस्थ्य एवं सामाजिक जीवन से कोई सम्बन्ध नहीं था; अतः सम्भव है कि महाभारतकार एवं प्रारम्भिक पौराणिकों ने जान बूझकर उसका उल्लेख न किया हो।

२—लोक-साहित्य एवं जन-साधारण की मौखिक वार्त्ताओं में राखा का अस्तित्व बहुत प्राचीनकाल से रहा है, जिसकी प्रतिध्वनि 'गाथा सप्तशती' में सुनाई पड़ती है।

३—साहित्य एवं पुराणों में राधा के व्यक्तित्व का समुचित विकास ८वीं-९वीं शताब्दी के अनन्तर हुआ है।

१२.४. कृष्ण-काव्य की पूर्व-परम्परा

कृष्ण का अवतरण महाभारत की मूल घटनाओं के काल में हुआ था; अतः उनके जीवन की प्रथम झलक 'महाभारत' में ही मिलती है। किन्तु इसमें उनका पूरा जीवन-चरित उपलब्ध नहीं है, केवल कुछ ऐसी घटनाएँ ही आ पाई हैं, जिनका पांडवों से विशेष सम्बन्ध था। कृष्ण के जीवन का विस्तृत अंकन सर्वप्रथम 'हरिवंश पुराण' में हुआ जिसका विकास आगे चलकर विभिन्न पुराणों; विष्णु पुराण, वायु पुराण, वामन

---

१. राधा बल्लभ-सम्प्रदाय—डॉ० विजयेन्द्र, पृ० २१०।

पुराण एवं भागवत पुराण में हुआ। भागवत-पुराण का रचना-काल संदिग्ध है किन्तु सामान्यतः इसे पाँचवीं शती से नवीं शती तक रचित माना जाता है। इसमें कृष्ण के बाल्यकाल से लेकर द्वारका-प्रवास तक की सारी घटनाएँ विस्तार से अंकित हैं तथा इसी पुराण में परवर्ती कृष्ण-काव्य को सर्वाधिक प्रभावित किया है। परवर्ती युग में और भी कई पुराण रचे गये जिनमें 'ब्रह्मवैवर्त्त' विशेष रूप से उल्लेखनीय है। भागवत-पुराण में राधा का अस्तित्व नहीं है जबकि इसमें राधा के जीवन का विस्तृत रूप में निरूपण है।

पौराणिक साहित्य के प्रभाव से काव्यात्मक रचनाओं में भी कृष्ण चरित को स्थान प्राप्त हुआ। अश्वघोष (प्रथम शताब्दी ई०) के 'बुद्ध चरित', हाल की 'गाथा सप्तशती' आदि में कृष्ण का उल्लेख स्फुट रूप में हुआ है। उन पर स्वतंत्र काव्य की रचना करने का श्रेय सर्वप्रथम दक्षिण के आलवार भक्तों को है। गुप्त साम्राज्य के समय में ही उत्तर भारत का पौराणिक भक्ति-आंदोलन दक्षिण में फैल चुका था तथा वहाँ अनेक वैष्णव भक्त हुए जिन्हें 'आलवार' कहा जाता है। इन्होंने कृष्ण-भक्ति से परिपूर्ण गीतों की रचना तमिल भाषा में की जो 'प्रबन्धम्' में संकलित हैं। वस्तुतः कृष्ण-गीति-काव्य की परम्परा भारत में सर्वप्रथम यहीं से प्रचलित होती है। तमिल से विभिन्न भाषाओं में फैलती हुई यही परम्परा आगे उत्तर एवं पूर्व में पहुँची। संस्कृत में कृष्ण सम्बन्धी कुछ गीत सर्वप्रथम भागवत पुराण में आये हैं जहाँ गोपियाँ कृष्ण के विरह में विलाप करती हैं। 'भागवत पुराण' दक्षिण भारत में रची गयी थी। सम्भवतः इसी के माध्यम से आलवारों की गीति-परम्परा क्षेमेन्द्र के 'दशावतार' के होती हुई जयदेव तक पहुँची। जयदेव के 'गीति-गोविन्द' में राधा-कृष्ण की प्रणय-क्रीड़ाओं का अंकन अत्यन्त प्रभावोत्पादक शैली में हुआ है। इस काव्य की लोक-प्रियता ने कृष्ण-काव्य-परम्परा को नयी गति प्रदान की। आगे हिन्दी के 'विद्यापति' बंगला के चंडीदास तथा अन्य कवियों ने इस परम्परा को आधुनिक भाषाओं के क्षेत्र में प्रतिष्ठित किया। जैसा कि अन्यत्र मैथिली गीति-परम्परा का अध्ययन करते समय स्पष्ट किया गया है, विद्यापति के प्रभाव से यह परम्परा दूर-दूर तक पहुँच गई। चैतन्य-सम्प्रदाय के कतिपय बंगाली वैष्णवों के साथ यह परम्परा बंगाल से ब्रजप्रदेश में पहुँची जहाँ अष्टछाप के कवियों ने इसे अपनाकर इसके वैभव में वृद्धि की। आगे चल कर अन्य कृष्ण-भक्त कवियों ने भी अष्टछाप के कवियों का अनुसरण करते हुए इसे नये-नये भावों से गुंफित किया।

१२.५. **कृष्ण-काव्य : उद्गम स्रोत**—प्रस्तुत काव्य-परम्परा का पोषण एवं विकास अनेक पूर्ववर्ती ग्रंथों के आधार पर हुआ है, जिनमें मुख्यतः ये नौ ग्रंथ उल्लेखनीय हैं—(१) महाभारत, (२) हरिवंश पुराण, (३) भागवत पुराण (4) ब्रह्मवैवर्त्त पुराण, (५) गीत-गोविन्द, (६) विद्यापति की पदावली, (७) भानुदत्त की 'रस-तरंगिनी' (८) रूपगोस्वामी कृत 'उज्जल नील मणि' और (९) भक्तिरसामृत सिंधु। इनमें से प्रथम चार ने कथा-वस्तु के लिए सामग्री प्रदान की। इनमें भी इस दृष्टि से सबसे अधिक महत्त्व भागवत पुराण का सिद्ध होता है। गीत-गोविन्द एवं विद्यापति की

पदावली ने इनकी गीति-शैली के विकास में योग दिया जबकि शेष तीनों ग्रन्थों ने भक्ति-शास्त्र, भक्ति-रस, उज्ज्वल रस, माधुर्य भाव, नायक-नायिका-भेद आदि से सम्बन्धित विभिन्न तत्त्वों को शास्त्रीय आधार प्रदान किया, जिन्हें 'रीति तत्त्व' कहा जाता रहा है। किन्तु उपर्युक्त स्रोतों पर विचार करते समय हमें यह न समझ लेना चाहिए कि इस परंपरा के हिन्दी-कवियों ने सब कुछ पूर्ववर्ती ग्रन्थों से ही ग्रहण किया है; वस्तुत: ऐसा नहीं है, प्रत्येक कवि परम्परागत तत्त्वों को एक सीमा तक ही ग्रहण करता है, उसकी ग्रहण-शक्ति और अभिव्यक्ति अपनी होती है जिसमें उसकी वैयक्तिकता एवं युगीन वातावरण का पर्याप्त प्रभाव मिश्रित रहता है। यही बात इन कवियों पर भी लागू होती है।

१२.३. कृष्ण-भक्ति-काव्य के प्रमुख केन्द्र

कृष्ण-भक्ति-काव्य की रचना मुख्यत: तीन धार्मिक केन्द्रों के आश्रय में हुई है—(१) बल्लभ-संप्रदाय (२) चैतन्य संप्रदाय और (३) राधा-बल्लभ संप्रदाय। इनका संक्षिप्त परिचय यहाँ क्रमश: दिया जाता है।

I. बल्लभ-संप्रदाय—इसके संस्थापक श्री बल्लभाचार्य तेलगू प्रदेश के विष्णु स्वामी मतावलम्बी भक्त लक्ष्मण भट्ट के पुत्र थे तथा इनका जीवन-काल सन् १४७९-१५३० ई० है। इन्होंने छोटी अवस्था में ही संस्कृत-साहित्य और दर्शन-शास्त्रों का गंभीर अध्ययन कर लिया था। विजय नगर के राजा कृष्णदेव की सभा में विभिन्न विद्वानों को पराजित करके 'महाप्रभु' की पदवी प्राप्त की। तदनन्तर भारत के विभिन्न भागों में अनेक बार यात्राएँ करके अपने मत का प्रचार किया। साथ ही संस्कृत में अनेक ग्रंथों की भी रचना की, जिनमें अणुभाष्य, सुबोधिनी, पूर्व-मीमांसा भाष्य, तत्त्वदीप निबन्ध, पुरुषोत्तम सहस्र नाम, दशम स्कंध अनुक्रमणिका, सिद्धान्त मुक्तावली आदि उल्लेखनीय हैं।

बल्लभाचार्य जी के दार्शनिक मतवाद को 'शुद्धाद्वैतवाद' कहा जाता है। वैसे इनसे पूर्व श्री विष्णु स्वामी भी शुद्धाद्वैतवाद की कल्पना कर चुके थे, किन्तु उनका कोई ग्रन्थ उपलब्ध नहीं है, अत: यह कहना कठिन है कि उनके द्वारा इस वाद का कितना विकास हो चुका था। हमारे विचार से शुद्धद्वैतवादी सिद्धान्तों की स्थापना का श्रेय श्री बल्लभाचार्य को ही दिया जाना उचित है। जिस प्रकार विशिष्टाद्वैतवाद, द्वैताद्वैतवाद, द्वैतवाद आदि वादों के अन्तर्गत शंकर के अद्वैतवाद का खंडन करते हुए ईश्वर के सगुण रूप की भक्ति का समर्थन किया गया है, वैसे ही शुद्धाद्वैतवाद में भी इन दोनों लक्ष्यों—अद्वैत के खंडन एवं भक्ति मार्ग के समर्थन—की पूर्ति का प्रयास किया गया है। पर बल्लभाचार्य जी का प्रयास पूर्ववर्ती आचार्यों के मतवाद की अपेक्षा अधिक वैज्ञानिक एवं तर्क-संगत आधार पर प्रतिष्ठित है। उन्होंने शंकर के मतवाद का खंडन यह कह कर नहीं किया कि अद्वैत (ब्रह्म और जीव की एकता) मिथ्या है, अपितु उन्होंने यह सिद्ध किया कि शंकर का अद्वैतवाद शुद्ध अद्वैतवाद ही नहीं है, वे ब्रह्म को सत्य एवं जगत् को मिथ्या मानते हैं, ऐसी स्थिति में स्वत: ही दो प्रकार के

तत्त्वों की सत्ता प्रमाणित हो जाती है—एक सत्य और दूसरा असत्य। अद्वैतवाद के अनुसार ब्रह्म और जीव मूलतः एक ही माने जाने चाहिए, किन्तु शंकर के अनुसार ब्रह्म माया से मुक्त है जबकि जीव माया से आबद्ध है। बल्लभाचार्य ने माया की स्वतन्त्र सत्ता को अस्वीकार करते हुए ब्रह्म, जीव और जगत् तीनों को अभिन्न घोषित किया, उनकी दृष्टि में मूलतः तीनों ही सत्य तथा एक ही हैं, उनमें अन्तर केवल अवस्था एवं स्थिति का है। ब्रह्म में जहाँ सत्, चित् और आनन्द—ये तीनों गुण जागृत रहते हैं, वहाँ जीव में केवल प्रथम दो गुण ही जागृत या सक्रिय रहते हैं, तीसरा गुण सुषुप्त या निष्क्रिय रहता है। जड़ जगत् में केवल एक ही तत्त्व—सत् जागृत रहता है जबकि शेष दोनों सुषुप्त रहते हैं। इस प्रकार ब्रह्म, जीव और जड़—जगत् में तीनों तत्त्व सदा विद्यमान तो रहते हैं किन्तु कहीं वे सभी सक्रिय रहते हैं तो कहीं उनमें कुछ निष्क्रिय हो जाते हैं, इसी सक्रियता एवं निष्क्रियता को बल्लभाचार्य ने 'आविर्भाव' एवं 'तिरोधान' की संज्ञा दी है।

शुद्धाद्वैतवाद मे माया को नये रूप में ग्रहण करते हुए उसे ब्रह्म की इच्छा-शक्ति के रूप में स्वीकार किया गया है। जिस प्रकार अग्नि से उसकी दाहक शक्ति और सूर्य से उसका प्रकाश भिन्न नहीं है, उसी प्रकार माया या आत्म माया ब्रह्म से भिन्न नहीं है।

शंकर के अद्वैतवाद में भक्ति के लिए कोई स्थान नहीं था, क्योंकि उसके अनुसार तो आत्मा और परमात्मा में कोई अन्तर ही नहीं था, अतः एक का दूसरे की भक्ति करना अज्ञान का सूचक था, किन्तु बल्लभाचार्य ने ऐसा नहीं माना। उनके विचार से जीव और ब्रह्म एक होते हुए भी उनकी शक्ति की मात्रा में अन्तर है। जैसे—अंगारे और चिन्गारी में तात्त्विक दृष्टि से कोई भेद नहीं है, फिर भी चिन्गारी अपने उद्‌भव एवं विकास के लिए अंगारे पर निर्भर रहती है, वैसे ही जीव ब्रह्म पर निर्भर है। जीव अपनी शक्ति की अभिवृद्धि या सुषुप्त गुणों के जागरण के लिए ब्रह्म की ही अनुकम्पा पर निर्भर रहता है। इसी अनुकम्पा या अनुग्रह को उन्होंने 'पुष्टि' का नाम दिया है तथा इसी के आधार पर उनके भक्ति मार्ग को 'पुष्टि मार्ग' भी कहा जाता है। इस मार्ग के अनुनायी आत्म-समर्पण के द्वारा अपने आराध्य देव की अनुकम्पा या पुष्टि प्राप्त करना ही अपनी भक्ति का चरम लक्ष्य मानते हैं।

बल्लभाचार्य जी ने अपने संप्रदाय का मुख्य साधना-केन्द्र मथुरा जिले में, गोवर्धन पहाड़ी पर स्थित श्री नाथजी के मंदिर में स्थापित किया। यह मंदिर उन्हीं की प्रेरणा से उनके एक भक्त पूरनमल खत्री ने सन् १५१९ ई० में बनवाया था। आचार्य जी स्वयं यात्राओं में व्यस्त रहते थे, अतः उन्होंने इसकी पूजा का कार्य बंगाली वैष्णवों को सौंप दिया तथा भजन-कीर्तन के लिए कुंभनदास, सूरदास, परमानन्ददास जैसे भक्तों को नियुक्त किया। मंदिर की व्यवस्था का अन्य कार्य-भार अधिकारी कृष्णदास को सौंपा गया, जिन्होंने मंदिर के ऐश्वर्य एवं वैभव में अपार वृद्धि की। आचार्य जी के तिरोधान के अनन्तर पहले उनके ज्येष्ठ पुत्र गोपीनाथ जी उनकी गद्दी पर बैठे, किन्तु उनका देहान्त थोड़े समय बाद ही हो गया, अतः लगभग सन् १५३९ ई० में

आचार्य जी के दूसरे पुत्र विट्ठलनाथजी गद्दी पर बैठे। इस समय तक कृष्णदास जी के प्रभाव में और भी अधिक अभिवृद्धि हो गई। उन्होंने मन्दिर की व्यवस्था एवं सज्जा में असाधारण परिवर्तन किया। एक ओर मन्दिर के परम्परागत पुजारी बङ्गाली वैष्णवों को, जो कि भक्ति के स्थान पर राग-रङ्ग की प्रतिष्ठा के विरोधी थे बड़ी क्रूरतापूर्वक भगा दिया। उनकी झोपड़ी में आग लगवा दी गई, तथा कुछ गुण्डों से उन्हें धमका दिया गया। दूसरी ओर ठाकुर जी के मनोरञ्जन के लिए विभिन्न साधनों के साथ-साथ आगरे की एक रूपवती वेश्या तक को बुलाकर मन्दिर में स्थान दे दिया गया। ठाकुर जी की सभा-मंडली कहीं अकबर की नव-रत्न परिषद् से कम न रह जाय, इसके लिए आठ भक्त कवियों की एक मण्डली बनाई गई, जिसमें कुम्भनदास, सूरदास, परमानन्ददास, कृष्णदास, गोविन्द स्वामी, छीत स्वामी, चतुर्भुजदास और नन्ददास को सम्मिलित किया गया। यह मण्डली 'अष्टछाप' के नाम से प्रसिद्ध है। ठाकुरजी के दैनिक कार्यक्रम को भी आठ प्रहरों में विभाजित किया गया। तथा विभिन्न व्यक्तियों को विभिन्न कार्यों की व्यवस्था का भार सौंपा गया। ठाकुरजी के रास-लीला सम्बन्धी विशेष कार्यक्रम को कृष्णदासजी ने अपने हाथ में ही रखा : इस प्रकार ठाकुरजी का मन्दिर शासन-व्यवस्था, ऐश्वर्य-वैभव एवं राग-रङ्ग में इतनी उन्नति कर गया कि बड़े-बड़े रसिक नरेशों को भी उससे ईर्ष्या होने लगी। जब आचार्य विट्ठलनाथ जी ने इस अति शृंगारिकता का विरोध किया तो अधिकारी जी ने उनका भी मन्दिर-प्रवेश निषिद्ध कर दिया तथा बाद में सरकारी सिपाहियों की सहायता से ही उनका पुनः प्रवेश हो सका। कहते हैं, कई बार अधिकारीजी मन्दिर में प्राप्त दान-दक्षिणा में से भी कुछ राशि अलग रख लिया करते थे। एक बार कुएँ के निर्माण के लिए प्राप्त राशि में से कुछ पैसा अलग रख लिया था; दुर्भाग्य से उसी कुएँ का निरीक्षण करते समय वे उसमें गिर पड़े एवं उनका प्राणान्त हो गया इन सारी घटनाओं का विवरण मन्दिर में लिखित वार्ता साहित्य में उपलब्ध है। वार्ता-लेखकों के अनुसार कृष्णदास जी मृत्यु के बाद प्रेत हो गये। यह बात कहाँ तक ठीक है, कहना कठिन है, किन्तु यह स्पष्ट है कि श्रीनाथ जी के मन्दिर को भक्ति के स्थान पर विलासिता का केन्द्र बनाने में उनका योग-दान बहुत रहा। मन्दिर के वातावरण-परिवर्तन का प्रभाव उसके साहित्यकारों पर भी पड़ा। जहाँ भक्त सूरदास को सड़सठ वर्ष की आयु में रस-नायिका-भेद का ग्रंथ 'साहित्य-लहरी' रचने को विवश होना पड़ा, वहाँ नन्ददासजी को भी अनेक रस, रीति, नायिका-भेद के ग्रन्थ लिखने पड़े। इस सम्बन्ध में विस्तृत चर्चा अन्यत्र की जायगी। यहाँ इतना ही कहना पर्याप्त होगा कि इस परम्परा के काव्य को भक्ति-भावना को लौकिक शृंगार में परिणत करने में इस मन्दिर के वातावरण का भी गहरा प्रभाव निहित है।

विट्ठलनाथजी के देहावसान (सन् १५८१ ई०) के अनन्तर मन्दिर की सम्पत्ति उनके सात पुत्रों में विभक्त हो गई तथा विभिन्न स्थानों में इसके अलग-अलग केन्द्र स्थापित हो गये। आगे औरंगजेब के राज्य-काल में उसके भय से श्रीनाथजी की मूर्ति को मेवाड़ राज्य (राजस्थान) के नाथ-द्वारा स्थान पर भिजवा दिया गया (सन् १६६९

ई०। वहाँ उनका वैभवशाली मन्दिर अब भी प्रतिष्ठित है। अन्य केन्द्र भी कोटा, काँकरौली, गोकुल, सूरत, कामबन आदि में स्थानान्तरित हो गये। इस प्रकार सत्रहवीं शताब्दी के मध्य तक बल्लभ-संप्रदाय का केन्द्र विभिन्न शाखाओं में विभक्त होकर प्रभावहीन हो गया।

२. **चैतन्य संप्रदाय**—हिन्दी कृष्ण-भक्ति-काव्य का दूसरा केन्द्र चैतन्य-संप्रदाय है। इस सम्प्रदाय के प्रवर्त्तक श्री चैतन्य महाप्रभु का जन्म नवद्वीप बङ्गाल के एक ब्राह्मण परिवार में सन् १४८५ ई० में हुआ था। वे माध्व सम्प्रदाय में दीक्षित थे। इन्होंने दार्शनिक मत-मतान्तरों में पड़ने की अपेक्षा अपने आराध्य की भक्ति एवं प्रेमाराधना में समय लगाना अधिक उचित समझा, अतः इनका कोई दार्शनिक ग्रन्थ उपलब्ध नहीं है। किन्तु आगे चलकर इनके अनुयायियों ने, जिनमें रूप-सनातन गोस्वामियों का नाम विशेष रूप से उल्लेखनीय है, अनेक दर्शनिक ग्रंथों की रचना करके चैतन्य मत का विकास किया। यद्यपि यह संप्रदाय मूलतः माध्व संप्रदाय की ही एक शाखा है, जिससे इसे 'माध्व गौड़ेश्वर संप्रदाय' की संज्ञा दी जाती है, किन्तु इसके सिद्धान्तों में माध्व सम्प्रदाय से कुछ अन्तर आ गया है। माध्वाचार्य का मत द्वैतवादी है, जिसकी प्रमुख मान्यताएँ श्री प्रभुदयाल मीतल के अनुसार संक्षेप में इस प्रकार हैं—(१) हरि अर्थात् विष्णु ही सर्वोच्च तत्त्व है। (२) जगत सत्य है। (३) ब्रह्म और जीव का भेद वास्तविक है। (४) जीव ईश्वराधीन है। (५) जीवों में तारतम्य है। (६) आत्मा के अतिरिक्त सुखों की अनुभूति ही मुक्ति है। (७) शुद्ध और निमल भक्ति ही मोक्ष का साधन है। (८) प्रत्यक्ष अनुमान और शब्द तीन प्रमाण है। (९) वेदों द्वारा ही हरि जाने जा सकते हैं।[१] वस्तुतः ये नौ सिद्धान्त ही माध्व सम्प्रदाय के मूल तत्त्व माने जाते हैं।

चैतन्य-संप्रदाय में कृष्ण-भक्ति को अधिक महत्व दिया गया। इसकी दृष्टि में भगवान् श्रीकृष्ण ही एक मात्र आराध्य हैं तथा उनका धाम वृन्दावन है। उनकी आराधना का आदर्श ब्रज-गोपियों की उपासना है। श्रीमद्भागवत ही प्रमाण-ग्रन्थ है तथा प्रेम ही जीव का परम पुरुषार्थ है। माध्व-सम्प्रदाय की भाँति इसमें भी ब्रह्म और जीव की विभिन्नता, ब्रह्म की सगुणता, भगवान् कृष्ण की कृपा से मोक्ष-प्राप्ति, जगत् की सत्यता और उसकी ब्रह्म से उत्पत्ति स्वीकार की जाती है। इस प्रकार चैतन्य मत भी माध्व-संप्रदाय की भाँति द्वैतवादी है, किन्तु दोनों की धाराओं में कुछ अन्तर भी दृष्टिगोचर होता है, जिसे तालिका रूप में इस प्रकार स्पष्ट किया जा सकता है—[२]

माध्व सम्प्रदाय	चैतन्य मत
१. विष्णु का स्थान सर्वोच्च है।	१. कृष्ण सर्वोच्च हैं।
२. सभी अवतार पूर्वावतार हैं।	२. कृष्ण ही पूर्णावतार है, अन्य अंशावतार हैं।

१. चैतन्य मत और ब्रज-साहित्य; श्री प्रभुदयाल मीत्तल, पृ० १०९-११०।

२. प्रभुदयाल मीत्तल द्वारा रचित 'चैतन्य मत और ब्रज-साहित्य के आधार पर प्रस्तुत।

३. सकर्मा भक्ति श्रेयकर है।	३. शुद्धा भक्ति श्रेयस्कर है।
४. दास्य भक्ति श्रेष्ठ है।	४. शान्त, संख्य, वात्सल्य एवं मधुर भक्ति क्रमशः अधिक श्रेष्ठ हैं।
५. देवतागण श्रेष्ठ हैं।	५. ब्रज गोपिकाएँ श्रेष्ठ हैं।
६. उच्च वर्ग के भक्त ही मोक्ष के अधिकारी हैं।	६. सभी वर्णों के लोग मोक्ष के अधिकारी हैं।
७. सर्वश्रेष्ठ ग्रन्थ महाभारत हैं।	७. भागवत सर्वश्रेष्ठ है।

इस प्रकार हम देखते हैं कि माध्व-संप्रदाय की अनेक मान्यताएँ इस मत में परिवर्तित एवं संशोधित हो गई हैं।

इस सम्प्रदाय के अनुयायियों की एक बहुत बड़ी उपलब्धि भक्ति-रस की शास्त्रीय व्याख्या करते हुए उसे नये रूप में प्रतिष्ठित करना है। रूप गोस्वामी ने अपने 'भक्ति रसामृत सिंधु' एवं 'उज्ज्वल नील मणि' में भक्ति-रस के विभिन्न भेदोपभेदों एवं रसावयवों का निदर्शन करते हुए उसे 'उज्ज्वल रस' के रूप में प्रतिष्ठित किया है। भक्ति के भी उन्होंने पाँच भेद किये हैं – शान्त, दास्य, संख्य, वात्सल्य और माधुर्य। इनमें माधुर्य भाव की भक्ति ही सर्वोत्कृष्ट भक्ति है, जिसे 'उज्ज्वल रस' का नाम दिया जा सकता है। आगे चलकर इसी सम्प्रदाय के अन्य भक्त कविराज कृष्णदास ने भी अपने 'चैतन्य-चरितामृत' में भक्ति रस के उपर्युक्त भेदोपभेदों की अधिक स्पष्ट एवं विस्तृत व्याख्या की। शृंगार रस के अनुसार भक्तिरस के भी दो पक्ष—संयोग और विप्रलंभ स्वीकार किये गये। इतना ही नहीं, इन व्याख्याओं ने शृंगार रस के आलम्बन, उद्दीपन, अनुभाव, हाव आदि अवयवों तथा नायक-नायिका-भेद को भी मधुर-भक्ति-रस या उज्ज्वल रस के अन्तर्गत स्थान दिया है। वस्तुतः इनके नायक सामान्य व्यक्ति न होकर एक अवतार हैं, इस तथ्य को छोड़कर शृंगार-रस की शेष सभी बातें इन्होंने उज्ज्वल रस के अन्तर्गत सम्मिलित कर ली हैं, यहाँ तक कि स्थूल शारीरिक क्रीडाओं एवं काम-व्यापारों तक को भी ले लिया गया है, अतः व्यावहारिक दृष्टि से इनका 'उज्ज्वल रस' ''शृंगार-रस' का ही दूसरा नाम कहा जा सकता है। जिस प्रकार बल्लभ संप्रदाय के श्रीनाथ जी के मंदिर ने भक्ति-भावना को लौकिक रति में परिणत करने के लिए अनुकूल वातावरण प्रस्तुत किया, उसी प्रकार चैतन्य मत ने उसे शास्त्रीय एवं नैतिक आधार प्रदान किया। आगे जिस रीतिबद्ध शृंगार-परम्परा का विकास हुआ, उसमें इन संप्रदायों की प्रवृत्तियों का गहरा योग रहा, इसमें कोई संदेह नहीं।

चैंतन्य-सम्प्रदाय से सम्बद्ध हिन्दी कवियों की संख्या शताधिक है, जिनका संक्षिप्त परिचय आगे प्रस्तुत किया जायगा।

४. **राधाबल्लभ सम्प्रदाय** –उपर्युक्त दो सम्प्रदायों की भाँति राधाबल्लभ सम्प्रदाय का भी हिन्दी कृष्ण-भक्ति काव्य के विकास में पर्याप्त योगदान रहा है। इस सम्प्रदाय की स्थापना गोस्वामी हित हरिवंश जी (१५०२-१५५२ ई०) ने स्वप्न में राधिका जी की प्रेरणा पाकर सन् १५२५ ई० में की थी। राधाबल्लभ सम्प्रदाय

का प्रारम्भ में कोई निजी विशेष सिद्धान्त नहीं था किन्तु आगे चलकर इसके कुछ अनुयायियों ने ब्रह्मसूत्रों का राधावल्लभीय भाष्य प्रस्तुत करते हुए सिद्धाद्वैतवाद की स्थापना की। इसके अनुसार राधा और कृष्ण का सिद्ध (स्थायी) अद्वैत ही सिद्धाद्वैत है। पर इस सिद्धान्त को बहुत अधिक प्रामाणिक नहीं माना जाता। वस्तुतः इस सम्प्रदाय के उन्नायकों ने अध्यात्म पक्ष के विवेचन का प्रयास बहुत कम किया है, उनके विचारानुमार भक्ति-मार्ग में इसकी आवश्यकता भी नहीं है। उन्होंने कर्म और ज्ञान का खंडन स्पष्ट रूप से करते हुए भक्त के लिए इतना ही आवश्यक माना है कि वह राधावल्लभ का नित्य केलि के ध्यान में सतत लीन रहे। इस सम्प्रदाय की एक और विशेषता यह है कि इसमें केवल संयोग-सुख की ही लीला स्वीकृत है, वियोग की भावना मान्य नहीं।

श्री हित हरिवंश जी ने 'हित' शब्द की व्याख्या करते हुए इसका अर्थ 'माँगलिक प्रेम' किया है। जिस प्रेम में संयोग नहीं हो, वह मांगलिक कैसे हो सकता है! अतः उन्होंने इस मांगलिक प्रेम की मूर्ति के रूप में राधा-कृष्ण के युगल की स्थापना की है। उनके विचार से 'राधा-कृष्ण' अभिन्न तत्व हैं, वे प्रेम रूप हैं, प्रेम के कारण भी हैं और कार्य भी। वे जल-तरङ्ग की भाँति एक दूसरे से ओत-प्रोत हैं। हित हरिवंश जी इसे स्पष्ट करते हुए बताते हैं कि सृष्टि में जो कुछ जड़-चेतन दृष्टिगोचर होता है, वह सब एक ही वस्तु 'हित या प्रेम' है। प्रेम के इस रसमय रूप के भी दो भेद किये गये हैं—(१) ब्रज रस और (२) निकंज-रस। ब्रज-रस में गोपिकाओं का उपपति प्रेम (जार भाव) होता है अर्थात् इसमें परकीया-भाव से संबंध होता है। यह केवल अवतार-दशा में प्रकट होता है, अतः इसे अनित्य माना गया है। इससे भिन्न निकुंज-रस नित्य, अखंड और एक रस होता है और इसमें 'स्व' और 'पर' का कोई भेद नहीं रहता। यह केवल वृन्दावन में दृष्टिगोचर होता है अतः इसे श्री 'वृन्दावन रस' भी कहते हैं।

उपर्युक्त मान्यताओं के अनुसार राधावल्लभीय भक्त न मुक्ति की कामना करता है, न साधनापरक भक्ति की अपितु वह नित्य-विहार के चार तत्त्वों—(१) नित्य किशोरी राधा, (२) नित्य किशोर कृष्ण, (३) नित्य किशोरी सहचरी और (४) नित्व धाम वृन्दावन के ही दर्शन-चिंतन में मग्न रहने का लक्ष्य अपने में रखना है। इस सम्प्रदाय के कवियों ने भी मुख्यतः इन्हीं तत्त्वों का चित्रण अपने काव्य में विस्तार से किया है।

आगे उपर्युक्त तीनों सम्प्रदायों से सम्बद्ध कवियों का परिचय क्रमशः प्रस्तुत किया जाता है।

१२.७. बल्लभ सम्प्रदाय से सम्बद्ध कवि

सूरदास : जीवन चरित—महाकवि सूरदास का कोई पूर्ण प्रामाणिक जीवन-चरित उपलब्ध नहीं है, किन्तु 'चौरासी वैष्णव की वार्ता' हरिराय जी कृत 'भाव-प्रकाश' (वार्ता की टीका) व वल्लभ-संप्रदाय के अन्य कतिपय ग्रंथों में इतनी सामग्री

मिलती है जिनके आधार पर इनके जीवन की कई प्रमुख घटनाओं पर थोड़ा प्रकाश डाला जा सकता है। 'चौरासी वैष्णव की वार्ता' के रचयिता गो० गोकुलनाथ जी आचार्य विट्ठलनाथ जी के चतुर्थ पुत्र थे तथा इस वार्ता की प्राचीनतम प्रतिलिपि संवत् १७४६ वि० की बताई जाती है। इसमें सूरदास की जीवन-सम्बन्धी अनेक घटनाओं का विवरण दिया गया है किन्तु सन्-संवतों का उल्लेख नहीं किया गया है। यही कारण है कि सूर के जन्म, संप्रदाय-प्रवेश, देहावसान एवं अन्य घटनाओं के काल के सम्बन्ध में विद्वानों में पर्याप्त मत-भेद मिलता है। अस्तु, वहाँ विभिन्न मतों को उपस्थित करते हुए उन पर विस्तृत रूप में विचार करना अपेक्षित है।

जाति और वंश—सूरदासजी को साहित्य लहरी' के एक पद[1] के आधार पर चंद का वंशज तथा भाट जाति का माना गया है किन्तु इसमें १८वीं शताब्दी की घटना -पेशवा साम्राज्य के अभ्युदय[2]—का उल्लेख होने के कारण इसे प्रक्षिप्त समझा जाता है। कृष्णजन्मोत्सव-वर्णन के प्रसंग में सूरदास ने अपने आपको ढाढी के रूप में चित्रित किया है, इससे उनके ढाढी होने का भी अनुमान लगाया गया है किन्तु अष्टछाप के अन्य कवियों ने भी इस प्रसंग में अपने आपको ढाढी के रूप में उपस्थित किया है तथा वल्लभ-संप्रदाय की सेवा-प्रणाली में जन्माष्टमी के दिन ढाढो बनने की प्रथा रही है, अतः इसके आधार पर सूरदास या अन्य किसी कवि को ढाढी समझना अनुचित है वार्ता-साहित्य की टीका 'भाव प्रकाश' में उन्हें सारस्वत ब्राह्मण बताया गया है जिसका समर्थन डॉ० हरवंश शर्मा, श्री प्रभुदयाल मित्तल आदि ने भी किया है। इस टीका के लेखक श्री हरिराय जी स्वयं पुष्टिमार्गीय आचार्यों की वंश-परम्परा में आते हैं तथा उनका यह उल्लेख बहुत प्राचीन है अतः इस पर अविश्वास करने का कोई कारण दिखाई नहीं पड़ता।

जन्म-स्थान और जन्म काल—'साहित्य लहरी' के उक्त पद में सूरदास के पिता का निवास स्थान गोपाचल या ग्वालियर बताया गया है किन्तु पद के प्रक्षिप्त होने के कारण इसे स्वीकार नहीं किया जा सकता। कवि मियाँसिह कृत 'भक्ति-विनोद में मथुरा प्रान्त के किसी गाँव में उनका जन्म होना माना गया है।[3] रामचन्द्र शुक्ल और श्यामसुन्दरदास ने गौघाट के समीवर्ती रुनकता ग्राम को उनकी जन्मभूमि होने का गौरव प्रदान किया है। वार्त्ताओं में सूरदास के गौ-घाट पर निवास करने का उल्लेख मिलता है संभवतः इसी से प्रेरित होकर आचार्यद्वय ने रुनकता में ही उनके

---

१. इस पद की प्रारम्भिक पंक्तियाँ इस प्रकार हैं—

प्रथम ही प्रथु जगाते भे प्राग अद्भुत रूप।
ब्रह्म राव विचार ब्रह्मा नाम राखि अनूप॥

× × ×

तासु वंश प्रशंस शुभ में चन्द चारु नवीन

२. 'प्रबल दच्छिन विप्रकुल तें शत्रु हूँ है नास।

३. मथुरा प्रान्त विप्र कर गेह। भो उत्पन्न भक्ति हर नेह।

जन्म होने का अनुमान कर लिया है किन्तु हरिराय जी ने 'भाव-प्रकाश' में दिल्ली से चार कोस दूर स्थित सीही ग्राम का उल्लेख किया है तथा यह भी लिखा है कि जन-मेजय का नागयज्ञ भी इसी गाँव में हुआ था। इस समय यह गाँव दिल्ली-मथुरा सड़क पर बल्लभगढ़ के निकट स्थित है तथा उपर्युक्त दोनों तथ्य—सर्प-यज्ञ एवं सूरदास के जन्म सम्बन्धी—यहाँ के लोगों में अनुश्रुति रूप में मान्य हैं। आजकल सीही दिल्ली से बहुत दूर स्थिति है किन्तु दिल्ली बार-बार बसकर उजड़ती रही है अतः इस दूरी में अन्तर आ जाना विशेष महत्वपूर्ण नहीं है। 'अष्टसखामृत' के लेखक प्राणनाथ जी ने भी सीही का ही उल्लेख किया है, किन्तु डॉ० मुरारीलाल 'सुरस' के अनुसार सीही न होकर साही सूर का जन्म-स्थान है।

जन्म स्थान की भाँति जन्म-काल के सम्बन्ध में भी प्रारम्भ में भ्रान्त मतों का प्रचलन रहा। 'सूरसारावली' में सूरदास ने अपनी अवस्था ६७ वर्ष की स्वीकार की है[1] तथा 'साहित्य लहरी' का रचना-काल संवत् १६०७ दिया गया है[2] अतः दोनों रचनाओं को एक ही समय की रचित मानकर राधाकृष्णदास, मिश्रबन्धु, रामचन्द्र शुक्ल प्रभृति विद्वानों ने उनका जन्मकाल संवत् १५४० वि० (१६०७-६७—१५४०) सिद्ध किया किन्तु दूसरी ओर पुष्टि-संप्रदाय के अनुयायियों में यह मत प्रचलित है कि सूरदास बल्लभाचार्य जी से दस दिन छोटे थे; आचार्य जी की जन्म-तिथि वैशाख-कृष्ण दशमी रविवार, सं० १५३५ वि० मानी जाती है, जिसके अनुसार सूर का जन्म-दिवस वैशाख शुक्ला पंचमी मंगलवार सं० १५३५ सिद्ध होता है। परम्परानुसार पुष्ट संप्रदाय में अब भी सूर का जन्मोत्सव आचार्य जी के जन्म-दिवस के दस दिन उपरान्त मनाया जाता है। इस दृष्टि से 'सूर-सारावली' और 'साहित्य लहरी' को एक साथ रचित मानने की अपेक्षा दोनों में कुछ अन्तर मानना अधिक तर्क-संगत होगा। यदि प्रथम कृति को पाँच वर्ष पूर्व रचित मान लें तो 'सूर-सारावली' के उल्लेख, 'साहित्य-लहरी' के रचना काल एवं पुष्टि-संप्रदाय में प्रचलित जन्म-तिथि—तीनों की पूर्ण संगति बैठ जाती है। इसके अरिक्त भी बलभाचार्य जी के वंशज श्री गोपिकालंकार जी ने अपने एक पद में 'माधव शुक्ला' पंचमी को सूरदास के प्रकट होने का उल्लेख किया है;[3] अतः इन सब तथ्यों को ध्यान में रखते हुए वैशाख शुक्ला पंचमी मंगलवार सं० १५३५ वि० को ही जन्म-तिथि मानना उचित होगा।

अंधत्व—सूरदास जन्मान्ध थे या बाद में अंधे हुए—इस सम्बन्ध में निश्चित

---

१. गुर परसाद होत यह दसन, सरसठि बरस प्रवीन।

२. मुनि पुनि रसन के रस लेख।
   दसन गौरी नन्द को लिखि सुबल सम्बत पेखि॥

३. प्रगटे भक्त-शिरोमणि राय।
   माधव शुक्ला पंचमि ऊपर छट्ट अधिन सुखदाय।

रूप से कुछ नहीं कहा जा सकता। जहाँ तक सूरदास के आत्मोल्लेखों[१] का तथा वर्त्ता-साहित्य की सामग्री का सम्बन्ध है उनसे वे जन्मान्ध ही सिद्ध होते हैं। वार्त्ताकार ने तो यहाँ तक लिखा है कि वे सलपट अन्धे थे अर्थात् उनके चक्षु नाममात्र की भी न थे, कुहर रूप में केवल चक्षु चिह्न थे; किन्तु उन्होंने अङ्ग-प्रत्यङ्गों के सौन्दर्य का जैसा संश्लिष्ट चित्रण किया है तथा प्राकृतिक दृश्यों में रंगों के सूक्ष्मातिसूक्ष्म अन्तर का जैसा अनुभूतिपूर्ण वर्णन किया है वैसा वर्णन सामान्यत: एक जन्मान्ध के लिए कठिन प्रतीत होता है। फिर भी डॉ० मुंशीराम शर्मा 'सोम' तथा डॉ हरवंशलाल शर्मा ने इसे दिव्य-शक्ति का परिणाम मानते हुए सूर की जन्मान्धता का समर्थन किया है। डॉ० हरवंशलाल शर्मा ने तो यहाँ तक लिखा है कि 'आज भी ऐसे व्यक्ति देखे जाते हैं जिनकी जन्मांधता प्रत्यक्ष प्रमाणित है और जो अपनी क्रियाओं से चक्षुष्मान् व्यक्तियों को आश्चर्य-चकित कर देते हैं। मैंने स्वयं इस प्रकार के एक-दो व्यक्तियों को देखा है।[२] कुछ विद्वानों ने सूरदास की जन्मांधता विषयक उक्तियों को लाक्षणिक अर्थ में ग्रहण करते हुए अज्ञानता की सूचक माना है, किन्तु यह कोरी अटकलबाजी ही प्रतीत होती है। अत: इस सम्बन्ध में कोई अंतिम निर्णय देना तो कठिन है फिर भी यह माना जा सकता है कि सूरदास जन्मांध थे, क्योंकि प्रकृति की दिव्य-शक्ति के रहस्य को कोई नहीं जानता। उसके द्वारा कई बार ऐसी घटनाएँ भी घटित हो जाती हैं जिन्हें हम अलौकिक एवं चात्मत्कारिक मानते हैं।

अन्य घटनाएँ—सूरदास के प्रारम्भिक जीवन की अनेक चामत्कारिक घटनाओं का वर्णन वार्त्ता साहित्य की टीका में किया गया है जो अविश्वसनीय है। इतना अवश्य प्रमाणसम्मत है कि आचार्य बल्लभाचार्य जी से गऊघाट पर भेंट होने से बहुत पूर्व ही सूर वैराग्यपूर्ण जीवन व्यतीत करने लग गये थे। आचार्य जी से उक्त भेंट का समय सं० १५६७-६८ वि० के लगभग सिद्ध किया गया है। 'चौरासी वैष्णवन की वार्त्ता' एवं 'बल्लभाचार्य दिग्विजय' आदि से यह पता चलता है कि बल्लभाचार्य जी दक्षिण देश में शास्त्रार्थ करके अड़ैल लौटते समय मार्ग में गौघाट पर ठहरे थे, जहाँ उनकी सूरदास से भेंट हुई तथा अड़ैल पहुँचने पर उनके ज्येष्ठ पुत्र गोपीनाथ जी का जन्म हुआ था। उक्त शास्त्रार्थ की तिथि सं० १५६५ वि० तथा गोपीनाथ जी का जन्म सं० १५६८ वि० निश्चित है अत: सूरदास के दीक्षा-ग्रहण की तिथि भी १५६५-६८ वि० के मध्य सिद्ध होती है।

सूरदास की प्रसिद्धि सुनकर अकबर भी इनके दर्शनार्थ उपस्थित हुआ था, जिसके काल के सम्बन्ध में मत-भेद है। 'सूर-निर्णय' के रचयिता संवत् १६२३ में डॉ० ब्रजेश्वर वर्मा सं० १६३२ में तथा डॉ० दीनदयाल गुप्त १६३१ वि० से १६३६

१. (क) सूर की बिरीयाँ निठुर होई बैठे जन्म-अंध कर्‌यौ।
(ख) रहौ जात एक पतित जनम कौ आँधरौ 'सूर' सदा कौ।
(ग) करम-हीन जनम कौ आंधी मों ते कौन न कारौ ।।

२. सूर और उनका साहित्य, पृ० ४४।

के बीच कभी इस भेंट का होना स्वीकार करते हैं। कुछ प्रमुख इतिहासकार अकबर के धार्मिक विचारों में उदारता का विकास संवत् १६२३ के अनन्तर ही मानते हैं, अतः इस दृष्टि से इस भेंट का समय संवत् १६२३ के पश्चात् ही माना जा सकता है। अकबर ने संवत् १६३१ से १६३६ के मध्य प्रति वर्ष अजमेर की यात्राएँ की थीं। डॉ० दीनदयाल गुप्त ने इन यात्राओं में से किसी में दोनों की भेंट मानते हुए १६३१-३६ वि० समय निर्धारित किया है। किन्तु हमारे विचार से यह समय सं० १६३१ से १६३३ तक सीमित किया जा सकता है, क्योंकि सं० १६३४ वि० में तो अकबर ने इस सम्प्रदाय को कुछ विशेष सुविधाएँ प्रदान करने का आज्ञापत्र जारी कर दिया था। ऐसा उसने सूरदास से मिलने एवं उनसे प्रभावित होने के अनन्तर ही किया होगा। अतः दोनों का भेंट-काल लगभग सं० १६३३ वि० मानें तो अनुचित नहीं होगा।

देहावसान—सूर का देहावसान-काल मिश्र-बन्धुओं तथा आचार्य रामचन्द्र शुक्ल के द्वारा लगभग १६२० वि० अनुमित किया गया है। डॉ० रामकुमार वर्मा श्री प्रभुदयाल मित्तल एवं डॉ० हरवंशलाल ने कुछ ऐसे तथ्यों की ओर संकेत किया है जिनसे प्रमाणित होता है कि सूर उपर्युक्त समय (१६२० वि०) के बहुत बाद तक जीवित थे—जैसे सं० १६३१-३२ वि० में अकबर से भेंट होना। इसके अतिरिक्त कृष्णदास जी के एक वसन्तोत्सव पद में सूरदास और गोसाईं जी के सप्तम पुत्र घनश्याम (जन्म सं०१६२८ वि०) का उल्लेख साथ-साथ हुआ है और यदि घनश्याम की अवस्था इस समय लगभग ७ वर्ष मानें तो इस पद का रचना-काल लगभग १६३५ वि० सिद्ध होता है। दूसरी ओर वार्ता-साहित्य के आधार पर यह भी प्रमाणित होता है कि सूरदास जी की मृत्यु के समय गो० विट्ठलनाथ जी भी उपस्थित थे। गोसाईं जी का गो-लोकवास सं० १६४२ वि० में हुआ, अतः सूरदास जी के देह-त्याग का समय इससे पूर्व ही होना चाहिए। डॉ० रामकुमार वर्मा, प्रभुदयाल मित्तल एवं डॉ० हरवंशलाल तीनों इस सम्बन्ध में एक मत होते हुए यह समय १६४२ वि० लगभग स्थिर करते हैं। यद्यपि उनके इस मत-निर्धारण में थोड़ी न्यूनताएँ हैं—एक तो घनश्याम जी की आयु कोरे अनुमान पर आधारित है और दूसरे आचार्य की और सूरदास दोनों का देहान्त एक ही वर्ष में होने का कोई सुदृढ़ प्रमाण उपस्थित नहीं किया गया—फिर भी सूरदास के देहावसान-काल की अंतिम-सीमा १६४२ वि० स्वीकार कर लेने में हमें कोई आपत्ति नहीं है। इस सीमा से कितने वर्ष पूर्व सूरदास का देहान्त हुआ, इस विषय पर और अधिक अनुसंधान की आवश्यकता है।

रचनाएँ—प्राचीन वार्ता-साहित्य में सूरदास जी की रचनाओं पर कोई प्रकाश नहीं डाला गया है, केवल उनके पदों की संख्या की ओर कहीं-कहीं संकेत मात्र मिलता है। 'चौरासी वैष्णवन की बार्त्ता' में यह संख्या 'सहस्रावधि' बताई गई है[1] जबकि

१. "सूरदास जी ने सहस्रावधि पद किये हैं ताको सागर कहिये सो जगत् में प्रसिद्ध भये।"—चौरासी वैष्णवन की वार्त्ता।

हरिराय जी की टीका में सवा लाख पद रचे जाने की बात स्पष्ट रूप में स्वीकार की गई है।[१] वार्ता से यह भी पता चलता है कि उनके पदों के संग्रह की प्रसिद्धि 'सागर' (सूर-सागर) के नाम से हो गई थी।[२] किन्तु 'सूर-सागर' में प्राप्त पदों की संख्या दस हजार से ऊपर नहीं है। काशी-नागरी प्रचारिणी सभा तथा अन्य संस्थाओं द्वारा की गई खोज के द्वारा २५ रचनाएँ ऐसी मिली हैं जो सूर-कृत कही जाती हैं। इनमें से अधिकांश 'सूर-सागर' के ही कुछ पदों के संग्रह हैं जिनका नामकरण विषयानुसार कर दिया गया है, जैसे…'भँवर-गीत'। कुछ रचनाएँ—नल-दमयन्ती, हरिवंश टीका, रामजन्म, एकादशी माहात्म्य आदि संदिग्ध या अप्रामाणिक हैं जो किसी अन्य सूरदास की रचित हो सकती हैं। वस्तुत: उनकी प्रामाणिक रचनाए तीन मानी जाती हैं—'सूर-सारावली', 'साहित्य-लहरी' और 'सूर-सागर'। इनका संक्षिप्त परिचय आगे दिया जाता है।

सूर-सारावली—प्रारम्भ में कुछ विद्वान् भ्रान्तिवश इसे 'सूर-सागर' का सारांश (सार+अवली) या उसकी अनुक्रमणिका मात्र समझते रहे किन्तु वास्तव में यह एक स्वतन्त्र रचना है। जैसा कि आचार्य मुंशीराम शर्मा ने सिद्ध किया है यह सारा ग्रन्थ एक 'बृहद् होली' गीत के रूप में रचित है; इसकी टेक है—''खेलत यह विधि हरि होरी हो, हरि होरी हो वेद विदित यह बात।' इसमें ११०७ छंद हैं जो इसी बृहद् गीत की कड़ियों के तुल्य हैं। डॉ० ब्रजेश्वर वर्मा ने इस ग्रन्थ को अप्रामाणिक बताया है किन्तु डॉ० दीनदयालु गुप्त, डॉ० मुन्शीराम शर्मा, डॉ० हरवंशलाल शर्मा प्रभृति विद्वान् गहरे अनुसंधान के द्वारा डॉ० वर्मा की मान्यता का खंडन कर चुके हैं। इसके पद सं० १००२ में कवि ने ऐसा संकेत किया है जिससे पता चलता है कि इसकी रचना उसके ६७वें वर्ष में हुई थी—

> गुरु परसाद होत यह दरसन सरसठ बरस प्रवीन।
> शिव-विधात-तप करेउँ बहुत विधितऊ पार नहिं लीन्ह॥

इस आधार पर इसका रचना-काल सं १६०२ निश्चित किया गया है। इसके काव्यत्व के सम्बन्ध में श्री प्रभुदयाल मितल का मत है—''संपूर्ण रचना में एक ही छंद होने के कारण यह 'सूर-सागर' की तरह रोचक नहीं है और न साहित्यिक गुणों में यह सूर-सागर के समान है, फिर भी इसकी रचना महत्त्वपूर्ण है।''[३]

साहित्य-लहरी—यह ११८ पदों की एक छोटी सी रचना है, किन्तु हमारे विद्वानों एवं अनुसंधानकर्त्ताओं के सामा ने जितनी समस्यायें इस पुस्तिका ने प्रस्तुत की उतनी सूरदास जी की किसी भी अन्य रचना ने नहीं की। एक तो इसके अन्तिम पद

---

१ ''सो सूरदास जी मन में विचारे, जो मैं तो मन ने सवालख कीर्त्तन प्रकट करिवे को संकल्प कियौ है। सो तामें ते लाख कीर्त्तन तौ प्रकट भये है…।''

सूरदास जी की वार्ता—गो—हरिराय जी कृत।

२, देखिये टिप्पणी संख्या १।

३. अष्टछाप-परिचय, पृ० १४३।

में सूरदास कावंश-वृक्ष दिया हुआ है जिसके अनुसार वे चंदवरदायी के वंशज सिद्ध होते हैं। डॉ० ब्रजेश्वर वर्मा ने इसी आधार पर इसे किसी अन्य सूरजदास भाट के द्वारा रचित होने की कल्पना की, किन्तु अब यह स्वीकार किया जाने लगा है कि इसके अन्तिम कुछ पद प्रक्षिप्त हैं, शेष रचना पूर्ण प्रामाणिक है। दूसरे, इसमें रस, अलंकार और नायिकाभेद का प्रतिपादन किया गया है और इसे लिखने का निमित्त किसी 'नन्दनन्दनदास' को—"नन्द नन्दनदास हित साहित्य-लहरी कीन" बताया गया है। नन्द-नन्दनदास का सीधा अर्थ कृष्णदास निकलता है। श्री महावीरसिंह गहलोत ने कृष्णदास अधिकारी के निमित्त ही इसे रचित बताया है किन्तु कुछ लोग यह नहीं समझ पाते कि कृष्णदास जी जैसा प्रौढ़ व्यक्ति भला अपने लिए ऐसी शृंगार सम्बन्धी कृति क्यों रचवाने लगा—अतः वे खींच-तान कर इसका अर्थ 'नन्ददास' करना चाहते हैं।

सूरदास जी ने ७२ वर्ष की अवस्था में 'नायिका-भेद' का ग्रंथ क्यों लिखा या कृष्णदास जी को इसकी क्या आवश्यकता पड़ी, इसका समाधान करने के लिए इस मंदिर के तत्कालीन वातावरण पर थोड़ा विचार करना उचित होगा। महाप्रभु बल्लभाचार्य जी के तिरोधाम के अनन्तर अधिकारी कृष्णदास जी की प्रभाव वृद्धि के साथ-साथ उनकी कलुषित वृत्तियाँ मंदिर पर इस प्रकार छा गई थीं कि उनका उल्लेख करना भी यहाँ जुगुप्सोत्पादक होगा। ठाकुर जी के नाम पर आगरे से सुन्दर वेश्या को बुलाना, महिला गंगाबाई से उनका गुप्त सम्बन्ध, विरोधियों को निर्ममता-पूर्वक—लाठी के जोर से—भगा देना, आदि तथ्य उनकी भोग-वृत्तियों पर प्रकाश डालते हैं। हमारा विश्वास है कि ठाकुर जी को काव्य-शास्त्र, काम-शास्त्र आदि का ज्ञान कराने का उद्देश्य प्रकट करके एक ओर तो इन्होने सूरदार जी को 'सारित्य-लहरी' में प्रवृत्त किया तथा दूसरी ओर नन्दनदास जी को कुछ वर्षों पश्चात् 'रस-मंजरी' लिखने को कहा। इसके अतिरिक्त सोलहवीं शती के उत्तरार्द्ध में रीति की प्रवृत्ति पनपने लग गई थी जिसके प्रभाव से भक्त-कवि भी नहीं बच सके। जिस प्रकार द्विवेदी-युगीन प्रबन्ध-काव्यों के रचयिता कवि मैथिलीशरण गुप्त छायावादी प्रवृत्ति के फलस्वरूप अपनी कुछ रचनाओं में गीतों की ओर उन्मुख हो गए, वैसा ही कुछ इन भक्त कवियों के साथ हुआ। चैतन्य-संप्रदाय से सम्बन्धित रूप-गोस्वामी ने भी इसी युग में नायिका-भेद का एक ग्रन्थ संस्कृत में (उज्ज्वल-नीलमणि) लिखा था, अस्तु सूरदास का ऐसा करना कोई आश्चर्य की बात नहीं। इस कृति का रचना काल स्वयं कवि ने दिया है। जिससे यह सं० १६०७ वि० में रचित सिद्ध होतीं है। रस की दृष्टि से यह ग्रन्थ विशुद्ध शृंगार की कोटि में आता है किन्तु श्रद्धालु आलोंचकों ने इस पर भक्ति का आवरण डालने के लिये रहस्यात्मक शैली का प्रयोग किया है—"साहित्य-लहरी के पदों का ऊपरी ढाँचा चाहे अलंकार और नायिका भेद प्रधान है किन्तु उनमें दृष्टिकूट-काव्य की शैली द्वारा वह मधुर रस भरा हुआ है जो भक्तों की उपासना प्रणाली की एक अंश है। यह मधुर रस अत्यन्त गोपनीय है। इसका लाभ केवल अधिकारी व्यक्तियों को ही हो इसीलिए इसे दृष्टिकूट काव्य की जटिलता

के आवरण से ढक दिया गया है।" (प्रभुदयाल मितल) संतोष की बात है इन अनधिकारियों का प्रवेश निषिद्ध करने के लिए 'सूर-सागर' पर दृष्टिकूटों का यह आवरण नहीं डाला गया।[1]

सूर-सागर—यह सूरदास जी का सबसे अधिक महत्त्वपूर्ण ग्रन्थ है। विभिन्न स्थानों में इसकी शताधिक प्रतिलिपियाँ प्राप्त हुई हैं जिनका प्रतिलिपिकाल सं० ६५८ से लेकर उन्नीसवीं शताब्दी तक है। इनमें प्राचीनतम प्रतिलिपि नाथ द्वारा (मेवाड़) के 'सरस्वती भंडार' में सुरक्षित है। 'सूर-सागर' की उपलब्ध प्रतिलिपियों का रचना-क्रम की दृष्टि से दो वर्गों में विभक्त किया जा सकता है—(१) जिनमें लीलाओं का संग्रह स्वतन्त्र रूप में किया गया है (२) जो द्वादश स्कंधों में विभाजित हैं। दोनों प्रकार की प्रतियों के तुलनात्मक अध्ययन से ज्ञात हुआ कि संग्रहात्मक प्रतियाँ द्वादस स्कन्धात्मक प्रतियों की अपेक्षा लगभग एक सौ वर्ष पुरानी हैं, उनका पाठ भी अधिक शुद्ध य और वे पुष्टिमार्गी परम्परा के अनुकूल हैं। डॉ० हरवंशलाल शर्मा ने संग्रहात्मक प्रतियो को ही अधिक प्रामाणिक सिद्ध किया है।

द्वादश-स्कन्धात्मक प्रतियो में स्कन्धो का विभाजन भागवत के अनुसार मिलता है जिससे कुछ लोगों का विचार है कि 'सूर-सागर' भागवत का अनुवाद है किन्तु अर्वाचीन शोध से यह मत निराधार सिद्ध हो चुका है 'द्वादस-स्कन्धात्मक' प्रतियों में कुछ पंक्तियाँ ऐसी मिलती हैं[2] जिनसे भागवत के अनुवाद सम्बन्धी मत का समर्थन होता है किन्तु ये पंक्तियाँ संग्रहात्मक प्रतियों में नहीं मिलती, अतः इनकी प्रामाणिकता संदिग्ध है। दूसरे भागवत के विभिन्न स्कंधों के विषयऔर परिमाण से सूर-सागर में बहुत भेद है यथा तृतीय, चतुर्थ एवं पंचम स्कंध में भागवत के श्लोकों की संख्या क्रमशः १५०२, १४०७, ६६६ है जबकि सूर-सागर मे पदों की संख्या क्रमशः १३, १३ और ४ है। इसके विपक्ष में यह तर्क दिया जा सकता है कि 'सूर-सागर' के बहुत से पद खो गये हैं। 'सूर-सागर' में एक लाख पद होने की अनुश्रुति प्रचलित है किन्तु वर्तमान संस्करणों में लगभग पाँच हजार पद ही मिलते हैं, अतः बहुत संभव है कि इन स्कन्धों के अधिकांश पद खो गये हों, परन्तु इस तर्क को भी अनेक विद्वान बहुत सबल नहीं मानते, वे इस तथ्य को कि सूरदास जी ने एक लाख पद रचे थे अस्वीकार कर देते हैं। इसके अतिरिक्त इसमें सूरदास ने अनेक ऐसे पात्रों, घटनाओ एवं प्रसंगों का वर्णन किया है जो भागवत में नहीं मिलते। भागवत में राधा का अस्तित्व ही संदिग्ध है जबकि सूरदास ने उसके बाल्य-काल से लेकर प्रौढ़ावस्था तक के जीवन की अनेक

१. मुनि पुनि रसन के रस लेख।
दसन गौरीनंद का लिखि सुबल संवत पेख ॥ पद संख्या २०६।
अर्थ = मुनि = ६ पुनि (सुनि = शुद्ध) = ०; रसन के रस = ६; दसन = १ = १६०७। पुनि का अर्थ ७ करने पर १६७७ भी बन सकता है।

२. व्यास कहे सुकदेव सों द्वादश स्कन्ध बनाइ।
सूरदास सोइ कहे पर भाषा करि गाइ ॥

घटनाओं का वर्णन विस्तार से किया है। दार्शनिक विचारों की दृष्टि से भी भागवत और सूर में पर्याप्त अन्तर है। अतः सूरसागर को भागवत का अनुवाद बताना उचित नहीं। हाँ, इतना अवश्य है कि जिस प्रकार भारतीय भाषाओं में उपलब्ध अनेक राम-कथाओं का मूलाधार ग्रन्थ बाल्मीकीय रामायण है, ठीक वैसे ही सूरसागर का आधार भागवत पुराण है। किसी ग्रन्थ कोआधार मानकर चलने वाला कवि उसकी कथा-वस्तु, घटनाओं एवं विचारधारा में अपनी रुचि के अनुकूल परिवर्तन-परिवर्द्धन कर सकता है, ऐसा ही सूरदास जी ने किया है।

कवित्व—प्रायः आलोचकगण वैयक्तिक रुचि एवं दृष्टि-भेद के कारण किसी कवि की महत्ता के सम्बन्ध में एकमत नहीं हो पाते, किन्तु महाकवि सूर का कवित्व उच्चता की उस सीमा तक पहुँच गया है जहाँ वह सब लोगों की दृष्टि का केन्द्र बन सकता है। जिस प्रकार तंत्री की कोमल मधुर झंकार सुनकर सर्पराज अपने दंशन-कार्य को भूल कर नृत्य-मग्न हो जाता है, कुछ वैसे ही आलोचकगण सूर-काव्य में विभोर होकर अपनी व्यक्तिगत रुचि एवं दोष-दर्शन को प्रवृत्ति को अनायास ही भूल जाते हैं। जिस व्यक्ति में ब्रज-भाषा के समझने की थोड़ी सी भी शक्ति और भावानुभूतियों के अनुभव की थोड़ी सी भी क्षमता है वह इस भावुक गायक की वाणी के स्वर-माधुर्य से आकर्षित, संवेदित एवं द्रवित हुए बिना नहीं रह सकता। संगीत सम्राट तानसेन से लेकर आधुनिक आचार्य रामचंद्र शुक्ल तक की उक्तियाँ हमारे कथन की सार्थकता सिद्ध करेंगी। "किधौ सूर की सर लग्यौ, किंधौ सूर की पीर, किंधौ सूर को पद सुन्यौ,तन-मन धुनत सरीर" जैसी उक्ति यदि तानसेन के हृदय की गंभीर अनुभूति से आप्लावित है तो 'सूर-कवित सुन कौन कवि, जो नहि सिर चालन करै' में भक्त-माल के रचयिता की रस-विभोर दशा का साक्षात्कार होता हैं। इसी प्रकार ,तत्त्व-तत्त्व सूरा, कही, तुलसी कही अनूठी' तथा 'रघुनाथ और कविगन की अनूठी उक्ति, महि लगै झूठी जानि जूठी सूरदास को' में जहाँ तुलनात्मक दृष्टि से विचार करने वाले अनेक अज्ञात सहृदयों की धारणा का परिचय मिलता है तो 'सूर-सूर तुलसी शशि' में मानो सहज ही उनकी सर्वोच्चता का निर्णय दे दिया गया है। आचार्य शुक्ल ने इन्हें केवल वात्सल्य और श्रृंगार का कवि बताकर सर्वोच्चता का सिंहासन तुलसी के लिए सुरक्षित रख लिया है, किन्तु अन्ततः उन्हें भी स्वीकार करना पड़ा —'हिन्दी-साहित्य में श्रृंगार का रसराजत्व यदि किसी ने पूर्ण रूप से दिखाया तो सूर ने।' अस्तु, इस महाकवि का परिचय देते समय कोई भी आलोचक आलोचना के स्थान पर प्रशस्ति लिख बैठे बुद्धि के तर्कबद्ध निष्कर्षों के स्थान पर भावोद्गारों की अभिव्यक्ति करने लगे तो इसे उसी जादूगर कवि की विमोहिनी शक्ति का प्रभाव समझना चाहिए।

सूर-काव्य के सर्वाधिक मार्मिक स्थल वे हैं, जिनमें कृष्ण की बाल-चेष्टाओं का निरूपण, माता यशोदा के वात्सल्यपूर्ण हृदय का अंकन, राधा के प्रणयपूर्ण हृदय की विह्वलता का चित्रण एवं विरह-विधुरा गोपियों की गूढ़ व्यथा का उदघाटन किया गया है। बाल-वर्णन के समय सूरदास अपने आराध्य को अलौकिक समझते

हुए भी उन्हें इतने सहज स्वाभाविक रूप में अवतरित करते हैं कि वे हमारे नेत्रों के समक्ष हँसते-मुस्कराते हुए, घुटने के बल चलते हुए, उठ-उठ कर गिरते हुए, इधर-उधर दौड़ते हुए, साथियों से झगड़ते हुए, माँ से झूठी शिकायत करते हुए किसी चंचल बालक की छवि सजीव रूप में उपस्थित हो जाती है। कभी हमें 'मैया मोहि दाऊ बहुत खिझायो, मोसों कहत मोल को लीन्हों, तोंहि जसुमति कब जायो.........तू मोहीं को मारन सीखी, दाउहिं कबहुँ न खीझै !' जैसी उक्तियों में बाल-हृदय की चटुल वृत्तियों के उत्कर्ष-अपकर्ष का बोध होता है तो कभी 'कब मेरो लाल घुटुरुवन रेंगे; कब धरती पग द्वैक धरैं', 'संदेसो देवकी सों कहियो, हौं तो धाय तिहारे सुत की, मया करत ही रहियो', 'मेरे कुँवर कान्ह बिनु सब कुछ वैसे ही धर्‌यो रहै', 'नित उठि घर घेरत ही ग्वारिन, उरहन कोउ न कहैं !' जैसी पंक्तियों में मातृ-हृदय की सूक्ष्म आशा-आकांक्षाओं, कामनाओं एवं वेदनानुभूतियों की अभिव्यक्ति मार्मिक रूप में दृष्टि गोचर होती है। वस्तुतः वात्सल्य रस के सभी अंगों का सम्यक् विकास 'सूर-सागर' में उपलब्ध होता है।

'शृंगार रस' का चित्रण सूरदास ने राधा तथा अन्य गोपियों और कृष्ण के प्रेम के रूप में किया। उनसे पूर्व ऐसा भागवतकार, जयदेव, विद्यापति आदि भी कर चुके थे तथा इस प्रसंग का उनके जीवन से कोई सीधा सम्बन्ध भी नहीं था, अतः मौलिकता एवं निजी अनुभूतियों के लिए बहुत कम स्थान था। वैयक्तिक प्रेम का निरूपण करने वाले कवियों की शैली में जैसी भावुकता, सरसता एवं प्रभावोत्पादकता सहज स्वाभाविक रूप में ही आ जाती है उसके लिए आख्यानक कवि को प्रयत्न करना पड़ता है, किन्तु सूर इसके अपवाद हैं। उन्होंने नायक-नायिकाओं के सौन्दर्य एवं प्रेम के निरूपण के लिए वर्णनात्मक शैली का प्रयोग कम किया है, आत्माभिव्यंजक पद्धति का उपयोग अधिक किया है। कृष्ण कितने सुन्दर हैं — इसका आख्यान वे स्वयं नहीं करते अपितु उस अगाध सौन्दर्य की अनुभूति की व्यंजना गोपियों के शब्दों में प्रस्तुत करते हैं। अन्य प्रसंगों में भी वे इसी शैली का प्रयोग करते हैं।

सूर के नायक-नायिकाओं के प्रेम का उद्भव सौन्दर्याकर्षण से होता है, किन्तु इसका विकास धीरे-धीरे साहचर्य द्वारा होता है। कृष्ण और गोपियों की प्रारम्भिक छेड़-छाड़ के हास-परिहासपूर्ण स्थल उनकी युवाकालीन चंचल प्रवृत्तियों की उपस्थित करते हैं पर आगे चलकर इनका स्थान प्रणयजन्य गंभीर अनुभूतियाँ ले लेती हैं। कृष्ण के मथुरा जाने के संवाद मात्र से उनका हृदय चिन्ता, आशंका एवं भय से ग्रस्त हो जाता है। विदाई की घड़ियों में, सदैव मौन एवं गंभीर रहने वाले राधिका के हृदय की चंचलता—'हौं साँवरे कै संग जैहौं ! होनी होई सु होइ उभै लै हठ यश-अपयश कहूँ न डरैहौं,—में मानो उसका प्रणय बाहर उफन पड़ता है तो दीर्घप्रतीक्षा के अनन्तर निराश हृदय की वेदना पथिक को कहे गये कुछ शब्दों में—"बटाऊ होहिं न काके मीत" या "कहा परदेसी को पतियारो ! प्रीति बढ़ाय चले मधुबन को, बिछुरि दियो दुःख भारो ! !" में व्यक्त होती है। किन्तु प्रेम का पूर्ण उत्कर्ष 'भ्रमर-गीत'

प्रसंग में मिलता है। प्रिय का अप्रिय संदेश लेकर आने वाले उद्धव का आगमन गोपियों के हृदय की सुषुप्त व्यथा को जागृत कर देता है। जिस घाव पर थोड़ी मरहम-पट्टी समय की दूरी ने की थी उसे उद्धव ने कुरेद दिया। मथुरा से शाही रथ को आते देखकर जिस आशा-किरण का उदय हुआ था वह उद्धव के दर्शन से घोर निराशा-निशा में परिणत हो गई ! ! और फिर उसके सन्देह में राग के स्थान पर विराग; संयोग के स्थान पर योग और कोमल मधुर वाणी के स्थान पर ब्रह्म-ज्ञान-दर्शन का शुष्क प्रतिपादन तो मानो ऊपर से नमक छिड़कने तुल्य सिद्ध होता है। विवशता की इन परिस्थितियों में वे अपनी असमर्थता प्रकट करने व ऊधो से चुप रहने की याचना के अतिरिक्त और क्या कर सकती थीं—

अँखियाँ हरि दरसन की भूखी !
अब कैसे रहति श्याम-रंग राती ए बतियाँ सुनि रूखी !

× × ×

ऊधो प्यारे, कही सौ बहुरि न कहिए !
जो तुम हमैं जिवायो चाहत, अनबोले होइ रहिये !!

सूर-काव्य का कला-पक्ष भी भाव-पक्ष की भाँति ही प्रौढ़ है। उन्होंने अलंकारों एवं मुहावरों का प्रयोग सहज-स्वाभाविक रूप में किया है। गीति शैली की पाँचों विशेषताएँ—भावात्मक, वैयक्तिकता, संगीतात्मकता, संक्षिप्तता एवं भाषा की कोमलता—उनके काव्य में मिलती हैं। उनकी भाषा लोक प्रचलित ब्रज ही है। किन्तु संस्कृत के तत्सम एवं तद्भव शब्दों के उचित प्रयोग द्वारा उसे उन्होंने साहित्यिक रूप प्रदान कर दिया। कहीं-कहीं वे अरबी-फारसी के तद्भव शब्दों का भी प्रयोग करते हैं किन्तु ऐसा उन्होंने भाषा की स्वाभाविकता के लिए ही किया है; जैसा कि निम्नांकित पद में है—

हरि हौं ऐसो **अमल** कमायौ।
साविक जमा हुती जो जोरी **मिनजालिक** तल हवायौ ॥
वासिल बाकी **स्याहा मुजलिम सब** अधर्म की बाकी।
चित्रगुप्त सु होत **मुस्तौफी सरन** गहूँ मैं काकी ॥

उस समय राजकीय भाषा फारसी होने के कारण इन शब्दों का प्रचलन जन-साधारण में हो गया था; अतः इनका प्रयोग यहाँ खटकता नहीं। अस्तु, 'साहित्य-लहरी' के कुछ दृष्टिकूट सम्बन्धी पदों को छोड़कर सूरदास का समस्त काव्य शैली की स्वाभाविकता एवं सरसता से ओत-प्रोत है।

कुंभनदास—अष्टछाप के कवियों में आयु की दृष्टि से ये सबसे बड़े थे। उनका जन्म सं० १५२५ वि० कार्तिक कृष्णा एकादशी को गोवर्धन के निकटवर्ती ग्राम जमुनावती में तथा देहावसान लगभग सं० १६४० वि० में हुआ था। ये वल्लभाचार्य के आरम्भिक शिष्यों में से थे। यद्यपि इनकी गृहस्थी बहुत बड़ी थी—सात पुत्र थे, उनकी स्त्रियाँ एवं दूसरे लोग भी थे—तथा आय का साधन भी खेती-बाड़ी के अतिरिक्त और कुछ न था, फिर भी वे निर्लिप्त भाव से गार्हस्थ्य धर्म का पालन करते हुए

भगवद्-भक्ति में लगे रहे। इसकी प्रसिद्धि सुनकर एक बार अकबर ने भी इन्हें फतेहपुर सीकरी बुलाया। इतने बड़े सम्राट् से सम्मानित होकर भी इन्हें आत्माभिमान नहीं हुआ। अकबर के आदेश देने पर इन्होंने एक पद गाया जिससे इनकी तत्कालीन मानसिक अवस्था का परिचय मिलता है—

सन्तन को कहा सीकरी सों काम ?
आवत जात पनहियाँ टूटीं, बिसरि गयो हरि-नाम ॥
जिनको मुख देखे दुख उपजत, तिनको करिबे परी सलाम।
'कुंभनदास' लाल गिरधर बिनु और सबै बेकाम ॥

कुंभनदास का रचित कोई ग्रन्थ उपलब्ध नहीं होता, केवल दो सौ के लगभग पद कांकरौली के विद्या-विभाग में संगृहीत हैं। इन पदों के अवलोकन से इनकी भावप्रवणता एवं रसिकता का परिचय मिलता है। भाषा पर भी इनका पूरा अधिकार है किन्तु उसमें सूर का-सा प्रवाह नहीं मिलता। श्री प्रभुदयाल मित्तल ने आचार्य शुक्ल की इस धारणा का कि इनके काव्य में बाल-लीला सम्बन्धी प्रसंगों की प्रमुखता है —खंडन करते हुए राधा-कृष्ण के सौन्दर्य एवं प्रेम-वर्णन की प्रधानता बतायी जाती है। आचार्य जी की शरण में आने से पूर्व ही ये इन विषयों को ही काव्य-रचना के लिए अपना चुके थे, इस बात का भी प्रमाण चौरासी वैष्णव की वार्त्ता में मिलता है। इनकी प्रशंसा में आचार्य जी ने कहा था —"कुंभनदास ! निकुंज-लीला सम्बन्धी रस कौ अनुभव भयौ······तिहारे बड़े भाग्य हैं।"

इनकी काव्य-रचना का एक उदाहरण देखिये—

नैन भर देखौं नन्दकुमार।
ता दिन तें सब भूलि गई हौं, विसर्यौ पन परवार ॥
बिन देखे हौं विकल भई हौं, अंग-अंग सब हारि।
ताते सुधि है सांवर मूरति की लोचन भरि-भरि वारि ॥
रूप-रासि पै मित नहीं मानों, कैसे मिलै तौ कन्हाई।
'कुंभनदास' प्रभु गोवरधन धर, मिलियै बहुर री माई ॥

परमानन्ददास - अष्टछाप में कवित्त की दृष्टि से प्रसिद्धि प्राप्त करने वाले कवियों में सूरदास के पश्चात् परमानन्ददास का नाम लिया जाता है। वार्त्ता साहित्य में विभिन्न स्थलों पर सूरदास और परमानन्ददास दोनों का 'सागर' कहा गया है, इससे इनकी महत्ता का अनुमान किया जा सकता है। ये कन्नौजवासी कान्यकुब्ज ब्राह्मण कुल में सं० १५५० वि० मार्गशीर्ष शु० ७ चन्द्रवार को उत्पन्न हुए थे तथा सं० १५७६ में बल्लभाचार्य जी की शरण में आये थे। ये जीवन भर अविवाहित रहे और श्रीनाथ जी की सेवा में लगे रहे। इनका देहावसान काल भाद्रपद कृष्णा नवमी सं० १६४१ वि० माना जाता है।

परमानन्ददास जी की उपलब्ध रचनाओं में परमानन्द सागर, परमानन्ददास जी को पद, दानलीला, उद्धवलीला ध्रुव-चरित्र, संस्कृत रत्नमाला आदि का उल्लेख किया जाता है। इनमें सर्वाधिक महत्त्वपूर्ण 'परमानन्द सागर' ही है जिसमें इनके दो

हजार के लगभग पद संगृहीत हैं। इनके काव्यत्व के विषय में अनेक अतिशयोक्तिपूर्ण बातें कही गई हैं; डॉ० शोभनाथ गुप्त जैसे विद्वान् ने तो यह आशंका भी प्रकट की थी कि इनकी काव्य-रचनाओं का संग्रह प्रकाशित हो जाने पर ये सूर का स्थान छीनने में भी समर्थ हो जायेंगे। यह आलोचना की रोचक शैली है, अन्यथा काव्यत्व की दृष्टि से ये सूरदास-नन्ददास आदि से बहुत पीछे हैं। इन्होंने बाल-लीला सम्बन्धी प्रसंगों में अधिक रुचि प्रदर्शित की है, किन्तु इनकी शैली में सूर की सी स्वाभाविकता एवं मार्मिकता नहीं मिलती। उदाहरणार्थ इनका एक पद द्रष्टव्य है

तनक तनक की दोहिनी दै-दै री मैया।
तात दुहन सिखवन कह्यौ, मोहि धोरी गैया।।
हरि विषमासन बैठि के बेदु कर थन लीन्हौ।
धार अटपटी देखि कै ब्रजपति हँसि दीन्हौं।।
गृह-गृह से आईं जबै, देखन ब्रज-नारी।
सचकित तन-मन हरि लियौ, हँसि घोष बिहारी।।
द्विज बुलाइ दक्षिणा दई, मंगल जस गावै।
'परमानन्द' प्रभु लाडिलौ, सुख सिंधु बढ़ावै।।

कृष्णदास—कृष्णदास का जन्म सं० १५५३ में गुजरात के चिलोत्तरा नामक ग्राम में तथा देहावसान लगभग सं० १६३६ में हुआ था। इनकी प्रसिद्धि कवि की अपेक्षा मन्दिर के प्रबन्धक के रूप में अधिक है। मन्दिर के वैभव एवं राग-रंग की वृद्धि में असाधारण रूप से योग देने का श्रेय इन्हें है। इनके जीवन-चरित में अनेक ऐसी विचित्र घटनाओं का उल्लेख मिलता है जो इनकी कुटिलता, निर्ममता एवं आसक्ति की द्योतक हैं। इन्होंने तेरह वर्ष की अवस्था में अपने बट-मारी करने वाले पिता का साथ छोड़कर बल्लभाचार्य जी का शिष्यत्व ग्रहण किया और उनके आदेश से विभिन्न स्थानों का भ्रमण करते हुए श्रीनाथ जी के लिए भेंट एकत्रित करने का कार्य किया। श्री बल्लभाचार्य जी के गौ-लोकवास के अनन्तर मन्दिर की व्यवस्था का कार्य अपने हाथ में लेने के लिए इन्होंने बंगाली पुजारियों को उनकी झोपड़ियों में आग लगाकर तथा मार-पीट का भय दिखा कर भगा दिया। श्रीनाथ जी को राजसी ठाट प्रदान करने के लिए एक ओर उन्होंने मुखिया भण्डारी, रोकड़िया, भेटिया, ग्वाला, दरजी, सुनार आदि नियुक्त किये तो दूसरी ओर रथ, गाड़ी, घोड़े, ऊँट, बैलों और गौओं की संख्या में वृद्धि की। कवियों से काम-शास्त्र, काव्य-शास्त्र, नायिका-भेद आदि के ग्रन्थ लिखवाये, रूपवती वेश्याओं एवं महिलाओं को नृत्यादि का कार्य सौंपा। गंगाबाई महिला से इनका गुप्त सम्बन्ध था जिसका विरोध करने पर आचार्य विट्ठलनाथ जी को इन्होंने मन्दिर से निर्वासित कर दिया। अपने कुकर्मों के लिए इन्हें जेल-यातना भी भुगतनी पड़ी। वार्त्ता-साहित्य में इनके प्रेत होने की भी कल्पना की गई है जो इनके चरित्र की कुख्याति की व्यंजक है। कुछ आलोचकों ने इनके जीवन की पवित्रता की वकालत करने का भी असफल प्रयास किया है। किन्तु यह एक कटु सत्य है कि पुष्टि

सम्प्रदाय एवं श्रीनाथ जी के मन्दिर के पवित्र वातावरण को विलासिता से दूषित करने का श्रेय बहुत-कुछ इन्हें हैं।

काव्य-रचना की दृष्टि से इनका इतना ही महत्त्व है कि इन्होंने घोर शृंगारिकता के पद लिखकर अष्टछाप के अन्य कवियों को भी ऐसा करने की प्रेरणा दी। संयोग-वर्णन के पदों में इनकी विशेष रुचि परिलक्षित होती है—

कंचुकी के बंद तरकि तरकि टूटे, देखत मदन मोहन घनश्यामसिंह।
काहे को दुराव करत है री नागरि! उमगत उरज दुरत क्यों याहि॥
कछु मुस्कात, दसन छबि सुन्दर, हँसत कपोल लोल भ्रू भ्राजहिं।
रवि ससि जुगल परे रति फंदन, स्रवननि पलक ताटंक के नामहिं॥
बदन कमल पर, अलक मधुप वर, खंजन नैन लेत विस्रामहिं।
सुन 'कृष्णदास' रसिक गिरधर रंग, रंगित सुमुखि लजावति कामहिं॥

इनका कोई ग्रंथ नहीं मिलता, केवल फुटकल रूप में कुछ पद मिलते हैं।

गोविन्द स्वामी ये जाति के समाढ्य थे तथा इनका जन्म भरतपुर राज्यांतर्गत आतरी ग्राम में सं० १५६२ वि० में हुआ। अपनी युवावस्था में ही ये अपनी पत्नी और एकमात्र संतान को त्याग कर विरक्त हो गये और ब्रज में आकर भगवद्भजन और कीर्त्तन में लग गये। सं० १५९२ वि० में गो० विट्ठलदास जी से दीक्षा ग्रहण करके पुष्टि-सम्प्रदाय में सम्मिलित हो गये। तब से वे जीवन-पर्यन्त श्रीनाथ जी की सेवा में संलग्न रहे। इनका देहावसान फाल्गुन, कृष्णसप्तमी, वि० सं० १६४२ प्रसिद्ध है। ये उत्कृष्ट कोटि के गायक एवं कवि थे। इनके स्फुट पद इधर-उधर मिलते हैं, जिनकी संख्या ६०० तक बतायी जाती है। इनकी भाषा सरल है, जो कहीं-कहीं मार्मिक भी बन गई है। एक पद देखिए —

अब हौं या ढोटा तें हारी।
गोरस लेंत अटक जब कीनीं, हँसत देत फिर गारी॥
निसि-दिन हू घर घेरौ करत है, बालक-जूथ मँझारी।
'गोविन्द' बलि इमि कहति ग्वालिनी, ये बातें कैसे जात ससीरी॥

छीत स्वामी - छीत स्वामी मथुरा के चौबे थे और प्रारम्भ में 'स्त्रियों से छेड़छाड़ तथा गुंडई' का कार्य किया करते थे। लगभग बीस वर्ष की अवस्था में सं० १५९२ वि० में ये गो० विट्ठलदास जी से दीक्षा ग्रहण करके पुष्टि-सम्प्रदाय में सम्मिलित हो गये। राजा वीरबल के पुरोहित होने के कारण इन्हें उनसे वार्षिक वृत्ति भी मिलती थी, जिससे इनके परिवार का पालन होता था। कहते हैं कि एक बार वे राजा वीरबल के पास वार्षिक वृत्ति का रुपया लेने गये थे, वहाँ बातचीत में उन्होंने आचार्य जी के देवत्व में सन्देह प्रकट किया, जिससे रुष्ट होकर वे वहाँ से चले आये और उनकी वृत्ति को सदा के लिए त्याग दिया। इससे इनकी आचार्य जी के प्रति भक्ति-भावना एवं निस्पृहता का पता चलता है।'[1]

---

१. 'अष्ट छाप-परिचय', प्रभुदयाल मीतल, पृ० २६२।

इनका देहान्त गोवर्धन के निकट पूँछरी नामक स्थान पर सं० १६४२ में हुआ जहाँ तक इनका स्मारक अब भी बना हुआ है। इनके रचित स्फुट पद मिलते हैं जिनकी संख्या लगभग २०० बताई जाती है। "उनकी कविता भक्तिपूर्ण है, जिसकी भाषा सीधी और सरल है। काव्य-सौंदर्य की दृष्टि से उनकी कविता विशेष उत्कृष्ट नहीं कहीं जा सकती है।

चतुर्भुजदास—ये अष्ट छाप के प्रसिद्ध कवि कुंभनदास के पुत्र थे। इनका जन्म सं० १५८७ में जमुनावती ग्राम में हुआ था। इस पर बाल्यावस्था से ही पिता की भक्ति-भावना के संस्कार पड़ते रहे तथा दस वर्ष की अवस्था में ये पुष्टि-सम्प्रदाय में दीक्षित हो गये। संगीत और काव्य में इनकी पर्याप्त रुचि थी। ये जीवन-पर्यन्त श्रीनाथ जी की सेवा एवं उनके नाम-कीर्त्तन में लगे रहे। इनका देहावसान सं० १६४२ वि० में माना जाता है।

चतुर्भुजदास जी के पदों के तीन संग्रह—'चतुर्भुज कीर्तन-संग्रह', 'कीर्तनावली' और 'दान लीला'—उपलब्ध हैं जो काँकरौली विद्या-विभाग में सुरक्षित हैं। इनके अतिरिक्त खोज-रिपोर्ट में इनके मधुमालती, भक्ति-प्रताप, द्वादश यक्ष और हितजू की मंगल आदि ग्रन्थों का भी उल्लेख हुआ है जो सम्भवतः किसी अन्य चतुर्भुजदास के रचित हैं। चतुर्भुजदास जी के काव्य में भक्ति-भावना और शृङ्गार-भावना का चित्रण सम्यक् रूप में हुआ है। काव्य-सौन्दर्य की दृष्टि से रचना साधारण है।

नन्ददास—अष्ट छाप के कवियों में आयु की दृष्टि से सबसे छोटे नन्ददास थे। डॉ० कृष्णदेव झारी ने इनका जन्म १५३३ ई० तथा देहावसान १५८२ ई० में होना निश्चित किया है।[1] कवित्व की दृष्टि से इनका स्थान अष्ट छाप में सूरदास को छोड़कर सबसे ऊँचा है। इन्होंने फुटकल पदों के अतिरिक्त 'भ्रमर गीत', 'रास-पंचाध्यायी', 'रूप मंजरी', 'रस-मंजरी', 'नाम-मंजरी', 'श्याम-सगाई', 'रुक्मिणी मंगल', 'सुदामा चरित' आदि ग्रन्थों की रचना की। भ्रमर गीत सूरदास के ही भ्रमर गीत प्रसंग की प्रेरणा से लिखा गया है जिसका प्रमुख उद्देश्य ज्ञान पर प्रेम की विजय दिखाना है। सूरदास जी ने भी ऐसा ही किया है। गोपियों के प्रेम-विभोर हृदय में ज्ञान के एक अंश का भी प्रवेश नहीं हो पाता और इस प्रकार शुष्क ज्ञान की निरर्थकता सिद्ध हो जाती है। नन्ददास ने इससे भिन्न मार्ग का अवलम्बन करते हुए शुष्क तर्कों के द्वारा ज्ञान से प्रेम की अधिक महत्ता सिद्ध की है। 'रूप मंजरी' की रचना दोहे-चौपाइयों की आख्यान-शैली में की गई है जिसमें किसी विवाहित स्त्री का कृष्ण के प्रति प्रेम चित्रित करते हुए 'उपपति रस' की आयोजना की गई है। ठीक ही है, जब पुरुषों के लिए 'परकीया भाव' जैसे प्रेम का आविष्कार हो चुका था तो महिलाओं के लिए 'उपपति रस' की स्थापना भी आवश्यक थी। व्यभिचार या जार भाव को नया रूप देने के लिए सम्भवतः भागवतकार इस रोचक शब्द की कल्पना नहीं कर पाये थे, किन्तु नन्ददास ने ऐसा करके श्रीनाथ जी के मन्दिर के

१. अष्ट छाप के कवि नन्ददास : डॉ० कृष्णदेव झारी, पृ० २०-२१।

अधिकारियों (जो अपने-आपको कृष्ण का प्रतिनिधि घोषित कर चुके थे) और (गोपियों का अभिनय करने वाली) भक्त-महिलाओं के लिए एक नया आदर्श स्थापित किया है ।

'रस-मंजरी' में नन्ददास जी ने नायिका-भेद का विस्तृत-निरूपण करते हुए नारी-चेष्टाओं—उनके हावभावादि का चित्रण कामोत्तेजक शब्दावली में किया है। हमारे कुछ विद्वानों ने इसे भी भक्ति-रस मे लबालब बताया है, किन्तु यदि यह न बताया जाय कि यह रचना नन्ददास की है तो इसे किसी घोर शृंगारी की रचित मानने की धारणा बन सकती है । 'विरह-मंजरी' में भी विरह के सूक्ष्मातिसूक्ष्म भेद किये गये हैं तथा 'नाम-मंजरी' व 'अनेकार्थ माला' आदि की रचना शब्द ज्ञान के प्रदर्शन के निमित्त हुई प्रतीत होती है । 'रास पंचाध्यायी' में भागवत के पाँच अध्यायों का अनुवाद है फिर भी भक्ति-भावना की अभिव्यक्ति उसमें कम मिलती है; शुष्क सिद्धान्तों का निरूपण कर देना ही किसी कवि को भक्त सिद्ध नहीं कर देता । वास्तविकता तो यह है कि रीति-बद्ध काव्य की प्रायः सभी प्रारम्भिक प्रवृत्तियाँ उनमें दृष्टिगोचर होती हैं । कृष्ण-भक्ति-काव्य के दीपक से शृंगारिकता के जिस कज्जल के उद्‌भव की बात कही जाती है, उसका प्रारम्भिक रूप नन्ददास के काव्य में दृष्टिगोचर होता है ।

यदि हम नन्ददास को शुद्ध भक्त कवि सिद्ध करने का आग्रह छोड़ दें तो एक कवि शृंगारी कवि के रूप में उनकी अनेक विशेषताएँ दृष्टिगोचर होंगी । प्रेम के क्षेत्र में उन्होंने स्वच्छन्दवादिता की प्रवृत्ति का परिचय देते हुए अपनी 'पदावली', 'रूप मन्जरी' एवं 'विरह-मंजरी में उसके विभिन्न पक्षों का अंकन अनुभूतिपूर्ण शब्दावली में किया है । अवश्य ही उनका प्रेम रसिकता के स्तर का है, किन्तु इसे वे स्वीकार करने में संकोच नहीं करते । वे स्पष्ट रूप में घोषित करते हैं—जो व्यक्ति नीरस हैं, वे मेरी कविता को न पढ़ें; क्योंकि—

रस-विहीन जे अच्छर सुनहीं । ते अच्छर फिरि निज सिर धुनहीं ।

× × ×

बाला-स्मित कटाच्छ अरु लाजा । अंधरै बालम के कहि काजा ।

—(रूप-मंजरी)

ऐसे व्यक्तियों को जो नन्ददास की रसिकता पर नाक-भौंह चढ़ाते हैं, कवि ने आड़े हाथों लिया है; उसके शब्दों में वे पत्थर के समान हैं—

'कवि तो तेई पाहन सम मानें । नाहिंन पखान पखान बखानैं ।

अस्तु, कवि ने अपनी रसिकता की अभिव्यक्ति के मार्ग को प्रशस्त करते हुए उसमें पर्याप्त सफलता प्राप्त की है ।

अष्ट-छाप काव्य को नन्ददास की देन तीन रूपों में स्वीकार की जा सकती है । एक तो उन्होंने अपनी बौद्धिकता एवं तार्किकता के बल पर इस सम्प्रदाय के सिद्धान्तों को पर्याप्त स्पष्ट रूप में अपनी रचनाओं में प्रस्तुत किया है । दूसरे, उन्होंने प्रेमाख्यान-पद्धति, गीति-शैलो, मुक्तक शैली तथा अनेक नयी काव्य शैलियों का प्रयोग

करके शैली-वैविध्य की दृष्टि से इस काव्य को सम्पन्न बनाया है। तीसरे भाषाभ्यास, शब्द-कौशल एवं कला-पक्ष के निखार में उन्होने अप्रतिम योग दिया है। उनकी शब्दावली के वैशिष्ट्य के कारण ही यह कहावत प्रचलित है– 'और कवि गढिया, नन्ददास जड़िया।' उनकी शैली के कतिपय उदाहरण यहाँ प्रस्तुत हैं—

(क) नाम अनूप रूप मंजरी। अंग-अंग सुव लाच्छन भारी॥
सो सोहति असि बैस कुमारी। हिम गिरिवर जनु हिमवत बारी॥
लटकि लटकि खेलत लचिकाई। लरिक समै जनु भूषण पाई॥
मृग की मानौ चंचल छौनी। पावन करति फिरति छबि औनी॥
—(रूप-मन्जरी)

(ख) कोउ कहै रे मधुप तुमें लाजौ नहिं आवत।
स्वामी तुम्हरौ स्याम कूबरी नास कहावत॥
इहाँ ऊँचि पदवी हुती गोपीनाथ कहाय।
अब जदुकुल पावन भयौ दासी जूठन खाय॥
मरत कहा बोल कौं।
—(भ्रमर गीत)

(ग) साँवरे पिय सङ्ग नृतत चंचल वृज बाला।
मनु धन मंडल खेलत मंजुल चपला माला॥
× × ×
रुचिर दृगंचल चंचल अंचल, में झलकत अस।
सरस कनक के कंजन खंजन जाल परत जस॥
— (रास-पंचाध्यायी)

(घ) गोकुल की पनिहारी, पनिया भरन चाली,
बड़े-बड़े नैन तामें खुभि रह्यौ कजरा।
पहिरैं कसूमी-सारी, अङ्ग-अङ्ग छबि भारी,
गोरी-गोरी बाहन में मोतिन के गजरा।
सखी संग लिये जात, हँसि-हँसि करत बात,
तन हूँ की सुधि भूलि सीस धरें गगरा।
'नन्ददास' बलिहारी, बीच मिले गिरधारी,
नैननि की सैननि में भूलि गई डगरा।
— (पदावली)

(ङ) दौरी-दौरी आवत, मोहि मनावत,
दाम खरचि मनौ मोल लई री।
अँचरा पसारि कैं मोहि खिजावत,
तेरे बबा की का हौं चेरी भई री।
जा री सखि भवन आपुने,
लाख बात की एकु कई री।

'नंददास' प्रभु क्यों नहि आवत,
उन पाँयन कछु मेंहदी दई री ।

—(पदावली)

उपर्युक्त उदाहरण नँददास की भाषा-शैली की कोमलता, मधुरता; कामनीयता एवं प्रवाहपूर्णता की उत्कृष्टता को प्रमाणित करते हैं। इस दृष्टि से उनका स्थान निश्चित ही बहुत ऊँचा है।

१२.८ चैतन्य सम्प्रदाय से सम्बद्ध हिन्दी कवि

जैसा कि अन्यत्र कहा जा चुका है, इस संप्रदाय का आविर्भाव एवं विकास मूलतः गौड़ (बंगाल) प्रदेश में हुआ था, अतः इसका बहुत-सा साहित्य तो बंगला एवं संस्कृत में रचित है, किन्तु इसके अनेक अनुयायी ब्रज-प्रदेश में भी निवास करते थे, अतः उनके द्वारा ब्रज भाषा में भी पर्याप्त साहित्य रचित हुआ है। यहाँ प्रमुख कवियों का परिचय संक्षेप में प्रस्तुत किया जाता है। चैतन्य-संप्रदाय के ब्रज भाषा कवियों में **माधवदास जगन्नाथ जी** का नाम सर्व-प्रथम आता है। ये प्रायः जगन्नाथ पुरी में रहा करते थे, जिससे इन्हें 'जगन्नाथी' कहा जाता है। इसके जीवन-वृत्त सम्बन्धी अधिक विवरण अनुपलब्ध है; किन्तु श्री प्रभुदयाल मित्तल ने इनका जन्म संवत् १५४० (१४८३ ई०) लगभग तथा रचना-काल संवत् १५८० (१५२३ ई०) के आस पास माना है। इनकी उपलब्ध रचनाओं में नारायण लीला, जगन्नाथ-माहात्म्य, ग्वालिन झगरौ, मंदालसा आख्यान, परतीत परीच्छा, बाल-लीला, ध्यान-लीला, रघुनाथ लीला आदि उल्लेखनीय हैं। जैसा कि इनके नाम से प्रतीत होता है, ये छोटी-छोटी प्रबंधात्मक रचनाएँ हैं, जिनमें कृष्ण-चरित का गुणगान किया गया है। राधा-कृष्ण की लीलाओं का वर्णन करते समय अनेक प्रसङ्गों को मौलिक एवं प्रभावोत्पादक रूप में प्रस्तुत किया गया है। उदाहरण के लिए, 'ग्वालिन झगरौ' में एक गोपिका का उपालम्भ द्रष्टव्य है

अहो जसोधा हमन गाँम को बसिबो हि छाड़्यो।
निकरन हमैं न देत, जितै तित होतहि आडौ ।।
बरजि जसोधा लाडिले, जो तुम सिखाय।
कोतुक अपने लाल के तुम देखो जसोधा माय ।।
तुम्हारौ ई राज है !

वस्तुतः इनकी रचनाओं में पर्याप्त आकर्षण-क्षमता विद्यमान है तथा उनमें शैली का वैविध्य दृष्टिगोचर होता है—सर्वत्र गीति-शैली का ही प्रयोग नहीं किया गया है।

रामराय का सम्बन्ध चैतन्य मत के साथ-साथ बल्लभ-संप्रदाय से भी माना जाता है। श्री 'रसिकाचार्य चरितावली' में इनका जन्म सं० १५४० (१४८३ ई०) में माना गया है, किन्तु श्री मित्तल जी ने इसे संदिग्ध मानते हुए इसके लगभग बीस वर्ष बाद इनका आविर्भाव होना स्वीकार किया है। ये संस्कृत भाषा के भी प्रकांड

विद्वान् थे तथा ब्रह्मसूत्र पर भी इनकी टीका मिलती है। ब्रज-भाषा में इनकी दो रचनाएँ मिलती हैं—'आदि वाणी' और 'गीत गोविन्द भाषा।' 'आदि वाणी' राधा-माधव विषयक १०१ पदों का संकलन है। इसमें राधा-कृष्ण की शृंगारी-लीलाओं का वर्णन विस्तार से हुआ है; जैसे—

आजु किसोरी लेत हिलोर !
नैक समात न हिये रसिकनी, मिली जुन वल किसोर ॥
सिर सोमंत कुसुम लट अटपट, विकरित चारों ओर।
अरुन नैन आलस बस विथकित, पीक कपोल अघोर ॥
सुरति रङ्ग में रङ्गी रङ्गीली, लूटे निज चित-चोर।
डगमगात पग धरत गहि लई, 'रामराय' पट छोर ॥

यहाँ 'सुरत रङ्ग में रङ्गी' हुई नवल किशोरी का चित्रण सुन्दर बिम्बात्मक शैली में किया गया है, किन्तु कहीं-कहीं नायक नायक-नायिकाओं की अनुभूतियों की अभिव्यक्ति के लिए वाचिक अनुभावों का भी उपयोग किया गया है—

प्यारी, मोहि यति प्यारो लागै, तेरे तन तनसुख की सारी।
अतलस की कंचुकी उरोजन, लहंगा लहरिया ललित किनारी ॥
× × ×
चार-चार चूरी कर कंकन, कहं बिंदु विद्रुम रुचि हारी।
कटि किंकिनि पद मन्जु महावर, 'रामराय पीवत पय बारी ॥

इस प्रकार के अंशों में कवि की व्यापक सौन्दर्य-चेतना एवं नारी-वस्त्राभूषणों के सामान्य ज्ञान पर अच्छा प्रकाश पड़ता है; किन्तु उनके द्वारा व्यंजित रति भाव-वासना के स्तर से ऊँचा उठ गया था, इसका प्रमाण इनमें नहीं है।

इनकी दूसरी रचना, जो संस्कृत के 'गीत-गोविन्द' से अनुदित है, अनुवाद की दृष्टि से सफल रचना है। उसमें मूल का सौन्दर्य विद्यमान है—

राधे ! राधे ! बोलत विलपत, सुन जीवन धन प्यारी !
विरह-बान बरसत ऊपर सों, बिकल बिलाप बिहारी ॥
कोकिल कूक सुनत चहुँदिसि में, जानत तव मुख-बानी।
हँसत लोग जिह दसा देखि तब, पुनि लाजत मनमानी ॥

निःसन्देह इस प्रकार का सफल अनुवाद कवि के पूर्ण भाषाधिकार का द्योतक है।

सूरदास मदन मोहन अकबर के अधीनस्थ कर्मचारी थे तथा परगना संडीले के अमीन के रूप में कार्य करते थे। कहा जाता है कि एक बार उन्होंने मालगुजारी के तेरह लाख रुपये दान-पुण्य में खर्च कर दिये और सम्राट को एक पर्चा भेज कर अर्द्ध-रात्रि में ही संन्यासी होकर वहाँ से खिसक गये। पर्चे में यह लिखा था—

तेरह लाख संडीले आये, सब साधनु मिलि गटकै।
सूरदास मदन मोहन, आधि रातिहि सटकै ॥

अकबर इन्हें क्षमा कर दिया किन्तु वे पुनः सरकारी नौकरी में नहीं लौटे।

इनकी रचनाओं में कुछ स्फुट पद तथा भागवत दशम स्कंध का एक अपूर्ण अनुवाद उपलब्ध है।

गदाधर भट्ट (जन्म १५२० ई०) की भक्ति-भावना की प्रशंसा नाभादास, ध्रुवदास, नागरीदास प्रभृति भक्त कवियों ने श्रद्धापूर्वक की है। यद्यपि इनके जीवन का अधिक वृत्तांत अनुपलब्ध है, किन्तु भक्त की टीका से पता चलता है कि ये जीव गोस्वामी की प्रेरणा से वृन्दावन में जाकर निवास करने लगे थे। इनके पूर्वज आंध्र प्रदेश के थे। इनके द्वारा रचित लगभग एक सौ स्फुट पद उपलब्ध हैं जिनमें कृष्ण-लीलाओं का गुणगान किया गया है।

पूर्वोक्त कवि रामराय जी के **भाई चन्द्रमोहन** (जन्म १५०० ई० लगभग) उच्चकोटि के एक विद्वान् एवं कवि थे। उन्होंने संस्कृत और ब्रजभाषा दोनों में अनेक रचनाएँ कीं, जो मुख्यतः राधा-माधव की भक्ति-भावना से सम्बद्ध हैं। उनकी ब्रज भाषा रचनाओं में 'चन्द्र चौरासी,' 'अष्टयाम सेवा-सुधा', 'गौरांग अष्टयाम', 'ऋतु-विहार' और 'राधा-विरह' उपलब्ध हैं। 'चन्द्र-चौरासी' में सिद्धान्त, उत्सव एवं नित्य सेवा सम्बन्धी ८४ पद दिये गये हैं। इनकी शैली की यह विशिष्टता है कि इसमें प्रत्येक पद के बाद एक दोहा दिया गया है; जैसे--

दोहा—कितने-कितने रस लिये, कौन-कौन सी कुंज।
बतरावत आवत अली, गली-गली छवि पुंज ॥

पद—अरी अब कौन कुंज के माहीं।
विलसत गौर किसोर चोर चित, लियें दियें गल बाहीं ॥
बतरावत आवत जो पूछत, सो बतात जब नाहीं।
अपनी-अपनी बातन भूलीं एक तान चित नाहीं ॥
मेला मच्यौ डगर में दीसत, कोउ दरसन हित जाहीं।
श्री प्रभु चन्द्र कलिंद-सुता की, छटा छई परछाहीं ॥

'अष्टयाम सेवा-सुधा' और 'गौरांग अष्टयाम' भी दो छोटी-छोटी रचनाएँ हैं, जिनमें क्रमशः राधा-माधव एवं गौरांग महाप्रभु की दिनचर्या का वर्णन पद-शैली में किया गया है। पहली रचना में काम-क्रीड़ाओं की प्रमुखता है, जबकि दूसरी में चैतन्य महाप्रभु के दैनिक जीवन के सामान्य क्रिया-कलापों, जैसे जागरण, स्नान, भोजन का आख्यान किया गया है। 'ऋतु विहार' में विभिन्न ऋतुओं का वर्णन उद्दीपन रूप में करते हुए राधा-कृष्ण के बिहार का चित्रण किया गया है। 'श्री राधा विरह' में एक सौ अरिल्ल छन्दों के अन्तर्गत विरह-भावना की व्यंजना की गई है तथा यह रचना उनकी अन्य रचनाओं की अपेक्षा अधिक प्रौढ़ एवं परिष्कृत प्रतीत होती है। सामान्यतः इनकी सभी रचनाएँ शैली की दृष्टि से अत्यन्त सरल, प्रवाह-पूर्ण एवं आकर्षण हैं।

रामराय जी के शिष्यों में बारह कवि प्रसिद्ध हैं[1], जिनमें भगवानदास (अनुमानतः १६वीं शती) का शीर्ष स्थान है। वैंष्णव-वार्ताओं के अनुसार ये पहले गौड़ीय सम्प्रदायी थे किन्तु बाद में बल्लभ-सम्प्रदायी हो गये थे। इसके स्फुट पद उपलब्ध हैं, जो संख्या में न्यून होते हुए भी काव्यत्व की दृष्टि से उच्चकोटि से सिद्ध होते हैं। उनमें आकर्षण एवं सम्प्रेषण की शक्ति विद्यमान है—

मुरली वारे साँवरे, नेक मारग मोहि बताव रे।
संग न सहेली, फिरौं अकेली, कित नंदीसुर गाँव रे॥
भूलि परी संकेत सघन बन, हौं अबला कित जाउं रे।
मृग नैंनी के वचन सुनत ही आय मिले तिहिं ठांउ रे॥

इनके अन्य पदों में भी ऐसी शक्ति विद्यमान है।

रायराय जी के अन्य शिष्य **गरीबदास** (१६वीं शती अनुमानतः) की तीन रचनाएं उपलब्ध हैं——(१) शृंगार शतक, (२) आनन्द शतक और (३) वृन्दावन शतक। ये तीनों विभिन्न छन्दों में रचित हैं तथा इनमें क्रमशः शृंगार रस, ब्रह्मानंद, एवं वृन्दावन की व्याख्या अनुभूतिपूर्ण शब्दावली में हुई है। उदाहरण के लिए 'वृन्दावन शतक' की कुछ पंक्तियाँ द्रष्टव्य हैं—

वृन्दावन कौ चूहरौ, आन गाँम कौ भूप।
ताकी सरबर ना करैं, बेच खाय जो सूप॥
बेच खाय जो सूप, रूप-रस छक्यौं न जानै।
कहा मोहि करतव्य नाम बन राज बखानै॥
रज रानी की कृपा मिलैं प्यारी पिय छानैं।
ब्रह्मादिक जहाँ चकित रहै, धरि-धरि हिय ध्यानै॥
जहँ 'गरीब' के बोल, बोलिवै को प्रमान पन।
श्री राधा-माधव, रामराय गुर भज वृन्दावन॥

गरीबदास ने अनन्य कृष्ण-भक्त कवियों की भाँति गीति-शैली न अपना कर दोहा, सोरठा, कुंडलियाँ आदि छन्दों का प्रयोग किया गया है, जो उन दृष्टिकोण की विशिष्टिता को सूचित करता है।

विष्णुदास सर्राफे के दुकानदार थे, तथा धनाढ्य व्यक्ति थे, किन्तु अपने गुरु रामराय जी के प्रभाव से विरक्त होकर बृन्दावन चले गये। वहाँ उन्होंने एक सौ सवैये की एक सुन्दर कृति 'वैराग्य-विज्ञान' शीर्षक से प्रस्तुत की। यह रचना भाव भाषा एवं शैली की दृष्टि से रसखान के सवैये की याद दिलाती है; जैसे एक सवैया द्रष्टव्य है——

---

१. बारह शिष्य ये हैं—भगवानदास, गरीबदास, विष्णुदास, जुगलदास, राधिकानाथ, किशोरदास, केशवदास, मनोहरदास, लाखादास, मधुसूदन, हरिदास, तीर्थराम।
—चौ० म० व्र०, पृ० १६७।

काम तजो, धन-धाम तजो, गृह गाँम तजो, मनि दीप अटारी ।
लाज तजो, कुल-काज तजो, बनराज के साज-समाज सुखारी ।।
धाम तजो, सुत-माय तजो, निज माय तजो, जो रजोगुन धारी ।
'विष्णु' सबै तजियै, भजियै गुरु, राधिका-माधव प्रीतम-प्यारी ।।

इसी प्रकार इनके गुरु भाई **जुगनदास** ने भी दो वैराग्यपूर्ण ग्रन्थों 'भक्ति-योग' एवं 'योन कल्पवल्ली' —की रचना की थी, जो दोहा-शैली में रचित है । 'योग-कल्पवल्ली' के नाम से प्रतीत होता है कि इसमें योग-साधना का प्रतिपादन होगा, किंतु वस्तुत: यह भक्ति-योग का ग्रन्थ है जो निम्नांकित उद्धरण मे स्पष्ट है

जा जोगी नें नहि लखी, जहि बानी रस-धार ।
रूखे-सूखे जोग में, भटकत है संसार ।।

रामराय जी के अन्य शिष्यों ने भी अनेक महत्त्वपूर्ण रचनाएँ रची, जिनमें **राधिकानाथ** की चार रचनाएँ (१) **महावाणी**, (२) प्रेम संपुट, (३) राधा रस सुधा-निधि, (४) रस विन्दु, **किशोरीदास** की 'कामकलेवर' **केशवदास** की 'गुरुपूर्णिमा', 'वैष्णव-भेद', 'भक्तिवर्धिनी', 'लोक-दीपका' 'क्रोध-कूरता', और 'तत्त्वत्रयी', **मधुसूदन-दास** की 'सत्संग पच्चीसी' एवं 'प्रेम दर्शन', **तीर्थराम** की 'द्रव्य-दोष' 'त्याग-तरणी' 'श्री हरिलीला', 'रसिकाचार्य चर्चा', व्रजवास उल्लेखनीय हैं । इन रचनाओं में केवल आराध्य का ही गुणगान ही नहीं किया गया है अपितु विभिन्न धार्मिक, नैतिक एवं साहित्यिक तत्त्वों की भी व्याख्या की गई है, जिससे इनके दृष्टिकोण की व्यापकता का परिचय मिलता है । साथ ही इनमें शैली की भी विविधता मिलती है । पर काव्यत्व की दृष्टि से ये सभी साधारण कोटि की हैं ।

रसिक मोहन राय (१६वीं-१७वीं शती) पूर्वोक्त रामराय जी के अनुज चंद्र-गोपाल जी के शिष्य थे, जिनकी एकमात्र रचना 'रसिक सेवक वाणी' उपलब्ध है । इसमें १५५ कुंडलियाँ हैं, जिनमें विविध भक्तों एवं आचार्यो को श्रद्धांजलि प्रस्तुत की गयी है । इसकी भाषा सरल एवं प्रवाहपूर्ण है किन्तु भावात्मकता की दृष्टि से विशेष महत्वपूर्ण नहीं है ।

चैतन्य-संप्रदाय के सत्रहवीं शताब्दी के कवियों में माधुरी, कृष्णदास एवं भगवत मुदित का नाम विशेष रूप से उल्लेखनीय है । माधुरी जी का मूल नाम माधव दास था । इनकी आठ रचनाएँ 'श्री माधुरी वाणी' नाम से संकलित एवं प्रकाशित हो चुकी हैं, जो इस प्रकार हैं —(१) उत्कंठा माधुरी, (२) वंशीवट माधुरी, (३) केलि माधुरी, (४) दान माधुरी, (५) वृन्दावन माधुरी, (६) मान-माधुरी, (७) होरी माधुरी, (८) प्रिया जी की बधाई । इन रचनाओं में कवित्त, दोहा, सवैया, रोला, चौपाई, सोरठा आदि विभिन्न छन्दों के अन्तर्गत कृष्ण की अनेक लीलाओं एवं क्रीडाओं का वर्णन भावात्मक शैली में किया गया है । कृष्णदास श्री जीव गोस्वामी के शिष्य थे । उनकी दो रचनाएँ —'श्री गौर नाम रस चम्पू' और 'लघु गोपाल चम्पू भाषा'—उपलब्ध हैं, जिनमें प्रथम मौलिक रचना है जबकि दूसरी जीव गोस्वामी के 'गोपाल चम्पू' का अनुवाद है । दोनों ही रचनाएँ सरस एवं प्रभावोत्पादक हैं ।

भगवत मुदित के दो ग्रन्थ 'वृन्दावन शतक टीका' और 'रसिक अनन्य माल' उपलब्ध हैं। इनमें प्रथम अनूदित है जबकि दूसरी मौलिक है तथा इसमें ३६ भक्तों का जीवन-चरित दोहा-चौपाई छंदों में लिखा गया है। सत्रहवीं शती के इन कवियों में गीति-शैली के स्थान पर मुक्तक शैली के प्रयोग की प्रवृत्ति मिलती है जो रीति-परंपरा के प्रभाव की द्योतक है।

गौरगणदास का जीवन-काल संदिग्ध है। कुँवर चंद्रप्रकाश सिंह ने इन्हें 'कबीर के 'कुछ समय बाद' का माना है जबकि प्रभुदयाल मित्तल के मतानुसार ये अठरहवीं शती में विद्यमान थे। इनकी रचनाएँ 'गौरांग-भूषण-मंजावली' नाम के प्रकाशित हो चुकी हैं। इसमें इनकी तीन रचनाएँ — गौरांग-भूषण-विलास, शृङ्गार-मंजावली और सिद्धांत-प्रणाली शाखा—संकलित हैं। रचना-शैली एवं भाषा-प्रयोग की दृष्टि से गौरगणदास पूर्व काव्य-परंपरा से आगे बढ़े हुए प्रतीत होते हैं। एक तो इन्होंने 'मंज' या 'माँझ' शैली का प्रयोग किया है। 'मंज' या 'माँझ' से विभिन्न प्रसंगों का अट्ठाइस मात्रा के छन्दों में वर्णन होता है तथा इन प्रसंगों को 'माँझ' की ही संज्ञा दी जाती है, जैसे—'रास की माँझ', 'जल-क्रीड़ा की माँझ' आदि। दूसरे, उन्होंने विभिन्न प्रकार की भाषाओं का प्रयोग किया है, संस्कृत के तत्सम शब्दों की प्रधानता है तो कहीं फारसी के शब्दों की है। इसी प्रकार उन्होंने ब्रजभाषा और खड़ीबोली का भी मेल किया है। यहाँ इनकी शैली के कुछ नमूने प्रस्तुत हैं—

(क) फारसी-प्रधान—

वैसे ही रूप सजा दिलवर, हम गाहक हुस्न परस्ती के।
देखते ही मुझे नकाब किया, हों इश्क परस्तां मस्ती के।

(ख) खड़ीबोली—

उपमा का खोज करें शायर, यह रूप कहर का फेरा है।
मृगराज छबी को बंद किया, गजराज गनी को हेरा है॥
क्या सिंधुराज का भ्रमर छीन, रवि-तनया तन को घेरा है।
हाँ, नील कमल सर बीच खिला, रहै काम सुभट का नेरा है॥

वस्तुतः भाषा-शैली के क्षेत्र में नये प्रयोग करने की दृष्टि से इनका विशेष महत्त्व स्वीकार किया जा सकता है।

अन्य कवि—उपर्युक्त कवियों के अतिरिक्त भी चैतन्य-मतानुयायी बहुत से कवि हुए है, जिनका विस्तृत विवरण श्री प्रभुदयाल मित्तल के ग्रन्थ 'चैतन्य मत और ब्रज साहित्य' में प्राप्य है। यहाँ उनकी नामावली मात्र काल-क्रमानुसार प्रस्तुत की जाती है—

(क) अठारहवीं शती के कवि एवं उनका काव्य—(१) मनोहर राय; 'श्री राधारमण रस-सागर', 'संप्रदाय-बोधिनी'। (२) प्रियादास; 'भक्तमाल की टीका', 'रसिक मोहिनी', 'अनन्य-मोहिनी', 'चाह बेली', भक्त-सुमिरनी'। (३) वृन्दावन चंद्र; 'अष्टयाम'। (४) दामोदर दास; 'स्मरण मंगल'। (५) सुबल श्याम; 'चैतन्य चरितामृत'। (६) वैष्णवदास रस जानि; 'भागवत भाषा', 'गीत गोविन्द भाषा'।

(७) राधिकादास; भाव सिंधु' (८) वृन्दावनदास; 'भक्त नामावली', 'प्रेम भक्ति चंद्रिका भाषा', 'विलाग कुसुमांजलि भाषा'। (९) रामहरि; 'बुद्धि विलास', 'संत हंसी', 'बोध बावनी', 'रस-पच्चीसी', 'प्रेम-पत्री'। (१०) रामकृपा; ब्रह्म-संहिता'। (११) दक्षसखी; 'वन विहार लीला', 'अष्टकाल लीला'। (१२) ललित सखी; 'कहानी रहति', 'कूँवरु केलि'। (१३) गोकुलदास; 'भजन-पद्धति'। (१४) कल्याण राय; 'संकल्प कल्पद्रुम', 'ब्रज-माधुरी'।

उन्नीसवीं शती के कवि एवं उनका काव्य - (१) गोविन्द चरण; 'रास पंचाध्यायी भाषा'। (२) गोपालदास; 'दंपति काव्य-विलास', 'दूषण विलास', 'ध्वनि विलास', 'भाव विलास' आदि सत्रह रचनाएँ। (३) नंद किशोर; 'बारहखड़ी महिमा', स्फुट पद। (४) ब्रज किशोर; 'सेवा प्रकाश'। (५) कृष्ण चैतन्य; 'श्री राधा-रमण श्रृंगाराष्टक'। (६) ललित किशोरी; 'रस-कलिका', 'अभिलाष माधुरी', 'विनय श्रृंगार शतक', 'जुगल बिहार शतक' आदि। (७) गुण मंजरी दास; 'श्री राधा रमण पद मंजरी', युगल छद्म', 'भागवत पद मुक्तावली' आदि।

चैतन्य सम्प्रदाय के कवियों की विशिष्टता — अन्य संप्रदायों के कृष्ण-भक्त कवियों की तुलना में इस संप्रदाय के कवियों में तीन विशिष्ट प्रवृत्तियाँ दृष्टिगोचर होती हैं; एक तो इन्होंने अपनी विषय-वस्तु को केवल राधा-कृष्ण की लीलाओं तक ही सीमित नहीं रखा अपितु उसमें विभिन्न प्रसंगों एवं तत्त्वों का समावेश किया है। विशेषतः भक्ति के विभिन्न तत्त्वों एवं विभिन्न आचार्यों व भक्तों के चरित को अपने काव्य का विषय बनाया है। दूसरे, इनकी भक्ति-भावना में माधुर्य भाव को अधिक स्थान मिला है जो आगे चलकर विशुद्ध रसिकता में परिवर्तित हो गया। तीसरे, इन्होंने केवल पद-शैली या गीति-शैली का ही प्रयोग नहीं किया है अपितु विभिन्न प्रकार की मुक्तत एवं प्रबन्धात्मक शैलियों का भी प्रयोग किया, जिनमें विभिन्न प्रकार के छन्दों —जैसे, दोहा सोरठा, कवित्त, घनाक्षरी, अरिल्ल, आदि प्रयुक्त हैं।

उपर्युक्त प्रवृत्तियों के अतिरिक्त शेष प्रवृत्तियाँ बल्लभ-संप्रदाय के कवियों के ही अनुरूप हैं।

१२.९. राधा-बल्लभ-संप्रदाय से संबद्ध हिन्दी कवि

श्री हित हरिवंश —राधा-बल्लभ-संप्रदाय के प्रवर्त्तक गोस्वामी हित हरिवंश का उल्लेख पीछे किया जा चुका है। इनका जन्म संवत् १५५९ में वै० शु० एकादशी सोमवार को मथुरा से ४ मील दक्षिण बाद गाँव में हुआ था। इनके पिता का नाम व्यास मिश्र और माता का नाम तारावती था। पहले ये माध्वानुयायी गोपाल भट्ट के शिष्य थे, किन्तु पीछे इन्हें स्वप्न में राधिका जी ने मंत्र दिया और इन्होंने अपना एक अलग संप्रदाय स्थापित कर लिया। संवत् १५९१ में इन्होंने वृन्दावन में राधा-बल्लभ जी की मूर्ति स्थापित की और वहीं स्थायी रूप से रहने लग गये। इनका गौ-लोकवास आश्विन पूर्णिमा सं० १६०९ वि० में निश्चित किया गया है।

श्री हित हरिवंश द्वारा रचित ग्रन्थों में 'राधा सुधा निधि' (संस्कृत) और

'हित चौरासी' (हिन्दी) बहुत प्रसिद्ध हैं। इन ग्रन्थों की अनेक टीकाएँ भी विभिन्न व्यक्तियों द्वारा लिखी गई हैं। इनके अतिरिक्त इनके स्फुट पद भी मिलते हैं। डॉ० विजयेन्द्र स्नातक ने इनके काव्यत्व की प्रशंसा में बहुत कुछ लिखा है, किन्तु फिर भी हमें यह स्वीकार करना पड़ता है कि अनुभूति की तरलता इनकी रचना के बहुत थोड़े अंश में मिलती है। भाषा अवश्य इनकी संस्कृत-गर्भित है। स्नातक जी के शब्दों में—"संस्कृत की तत्सम पदावली को ब्रजभाषा के प्रवाह में ढालने की कला में हरिवंश जी को अद्भुत क्षमता प्राप्त है।" इनकी शैली का नमूना देखिये—

खंजन मीन मृगज मद मेटत कहा कहौं नैनन की बातें।
सुनि सुन्दरी कहा लौं सिखई मोहन वसीकरन की घातें।
वंक निशंक चपल अनियारे, अरुण श्याम सित रचे कहाँते।
डरत न हरत परायौ सर्वसु मृदु मधु मिव मादिक दृग पाते।
नेक प्रसन्न दृष्टि पूरब करि नहिं मो तन चितयो प्रमदा तें।
हित हरवंश हंस कल गामिनि भावै सौ करहु प्रेम के नाते॥

—हित चौरासी, पद

दामोदरदास (सेवक जी) के जीवन-चरित सम्बन्धी ऐतिहासिक सामग्री उपलब्ध नहीं है, किन्तु भक्त के रूप में इनका महत्त्व इसी से स्पष्ट है कि चैतन्य संप्रदाय के कवि भगवत मुदित ने इनके चरित का वर्णन ६७ पदों में विस्तार से किया है, जिसके आधार पर डॉ० विजयेन्द्र स्नातक ने इनका जन्म लगभग १५२७ ई० में तथा देहावसान सन् १५५३ ई० में अनुमित किया है। इनकी रचना 'सेवक वाणी' है, जिसका इनके संप्रदाग में अत्यधिक महत्त्व स्वीकार किया जाता है। एक प्रकार से इसे हित हरिवंश जी की 'हित-चौरासी' को पूरक समझा जाता है। यह सोलह प्रकरणों में विभक्त है तथा इसमें मुख्यतः राधा बल्लभ-संप्रदाय के सिद्धांतों एवं भक्ति-पद्धति का विवेचन पद्यबद्ध शैली में किया गया है, ऐसी स्थिति में इस रचना से विशुद्ध काव्यत्व की आशा नहीं करनी चाहिए, फिर भी कुछ स्थलों में, जहाँ राधा-कृष्ण की लीलाओं का आख्यान हुआ है, थोड़ी-बहुत काव्यात्मकता मिल जाती है। लगता है, इन्होने विभिन्न छंदों एवं अलंकारों के समावेश का भी प्रयास किया है, पर उसमें अपेक्षित भावात्मकता का अभाव है; उदाहरण के लिए कुछ पंक्तियाँ द्रष्टव्य हैं—

श्री वृन्दावन नव-नव कुंज श्री हरिवंश प्रेम-रस-पुंज।
श्री हरिवंश करत नित केलि छिन-छिन प्रति नव-नव रस झेलि।
कबहुक निर्मित्त तरल हिंडोला, झूलत-फूलत करत किलोला।
कबहुँक नवदल सेज रचावहिं, श्री हरिवंश सुरत रति गाँवहि।

वस्तुतः सेवक जी की वाणी का महत्त्व धार्मिक दृष्टि से ही अधिक है, साहित्यिक दृष्टि से बहुत कम है।

श्री हरिराम व्यास (१६वीं शती) उच्चकोटि के विद्वान् एवं परम भक्त थे। उन्होंने संस्कृत एवं हिन्दी—दोनों में ग्रन्थ रचे थे। संस्कृत में रचित 'नवरतन' एवं

'स्वधर्म-पद्धति' हैं तथा हिन्दी में 'व्यास-वाणी और 'रागमाला' है। 'व्यास-वाणी, को दो भागों में विभक्त किया गया है —(१) सिद्धान्त-रस-विषय और (२) श्रृङ्गार-रस-विषय। प्रथम भाग में जहाँ स्तुति, महिमा, भक्ति की श्रेष्ठता, भक्त-प्रशंसा, प्रेम, ज्ञान, भक्ति, तृष्णा, निवृत्ति आदि विषयों का प्रतिपादन हुआ है वहाँ दूसरे भाग में श्रृंगार रस सम्बन्धी विभिन्न विषयों का निरूपण ७१ प्रकरणों में किया गया है। व्यास जी के मतानुसार विरह-भाव की भक्ति की अपेक्षा मिलन-भाव की भक्ति का अधिक महत्व है, अतः उन्होंने अपने ग्रन्थ में राधा-कृष्ण की संयोग क्रीड़ाओं का वर्णन विशेष रूप से किया है। डॉ० विजयेन्द्र स्नातक के शब्दों में "संयोग श्रृंगार के इतने अधिक वर्णन व्यास-वाणी में उपलब्ध होते हैं कि उन्हें पढ़ते ही यह निश्चय हो जाता है कि व्यास जी परकीया-भाव को स्वप्न में भी स्वीकार नहीं करते थे और न बिरह-भाव को ही वे नित्य-विहार की किसी स्थिति में ग्राह्य समझते थे। राधा-माधव के प्रेमातिशय का वर्णन करने में व्यास जी ने अभिसार मिलन, शय्या, बिहार, विपरीत रति, सुरत आदि का खूब जमकर वर्णन किया है। इन प्रसंगों में अश्लील कही जाने वाली प्रायः सभी व्यंजनाओं का उपयोग हुआ है।'[1] यद्यपि इनके काव्य में स्थूलता, शारीरिकता एवं ऐन्द्रियता की ही प्रधानता है, फिर भी उसमें कहीं-कहीं भावना का भी उन्मेष दृष्टिगोचर होता है, यथा—

जाको मन जास्यौं अटक्यौ रहै न छिन ता विनु छिटक्यौ।
कठिन प्रीति को फंद है।
जैसे सरिता सिन्धुहि भजै कोटिक गिरि भेजत नहिं लजै।
तैसी गति इनकी भई।
एक जु घर तें निकसी नहीं हरि करुना करि आये तहीं।
रास रसिक गुन गाइ हौं।
नीरस कविन कहै रस-रीति रसिकहि लीला रस परतीति।
यह सुख सुकमति जानिवौ॥

व्यास जी ने अपने युग के वातावरण पर भी दृष्टिपात करते हुए कुछ पदों में उसकी व्यंजना की है। कहीं उन्होंने ढोंगी भक्तों एवं श्रद्धा-शून्य शिष्यों की आलोचना की है तो कहीं कलियुग के प्रभाव की चर्चा की है। इस प्रकार के पदों में उनकी सच्ची अनुभूति व्यजित है; जैसे निम्नांकित पद में द्रष्टव्य है—

अब साँचेहू कलियुग आयौ।
पूत न कह्यौ पिया कौ मानत करत आपनौ भायौ॥
बेटी बेचत संक न मानत दिन-दिन मोल बढ़ायौ।
वाही के वरषा मंद होति है पुन्य तें पाप सवायौ॥

---

१. राधा-वल्लभ-संप्रदाय : सिद्धान्त और साहित्य : डॉ० विजयेन्द्र स्नातक पृ० ३८७।

मथुरा खुदत कटत बृन्दावन मुनि जन सोच उपायो।
इतनो दुख सहिबे के काजैं काहै को व्यास जियायौ॥

व्यास जी ने लगभग डेढ़ सौ मुक्तक (साखियाँ) भी लिखे थे जो सरल एवं प्रभावोत्पादक हैं—

व्यास बड़ाई लोक की कुक्कर की पहचानि।
प्रीति करै मुक चाट ही वैर करै तनुहानि॥
काहू के बल भजन कौ काहू के आचार।
व्यास भरोसे कुँवरि के सोवत पाँय पसार॥
व्यास बड़ाई और की मेरे मन धिक्कार।
रसिकन की गारी भली यह मेरो सिंगार॥

अस्तु, इसमें कोई सन्देह नहीं कि व्यास जी भक्त होने के साथ-साथ उच्चकोटि के कवि थे तथा उनकी रचनाएँ काव्यत्व से युक्त हैं।

चतुर्भुजदास नाम के एक कवि अष्ट छाप से सम्बद्ध हैं किन्तु राधा बल्लभीय चतुर्भुजदास को उनसे भिन्न समझना चाहिए। इनका रचित ग्रन्थ 'द्वादश यश' (रचना-काल १६२७ ई०) विचार-प्रधान पद्यबद्ध रचना है, जिसमें शिक्षा, धर्म, भक्ति, संत-महिमा, भजन, राधा, साधना-पद्धति आदि तत्वों की विवेचना की गई है। कवि ने अपनी शैली को अलंकारों से सज्जित करते हुए काव्यात्मक बनाने का ध्यान रखा है फिर भी उन्हें इसमें बहुत कम सफलता मिल पाई है। उनके नाम उपलब्ध कुछ स्फुट पदों में, जिनका विषय राधा-कृष्ण का प्रेम है, अवश्य काव्यात्मकता का उन्मेष मिलता है।

ध्रुवदास (अनुमानत: १५७३-१६३३ ई०) ने अपने ग्रन्थ 'ब्यालीस लीला' (४२ लीलाएँ में भक्ति, प्रेम एवं साधना सम्बन्धी विभिन्न विषयों का प्रतिपादन भावात्मक शैली में किया है। इसकी विषय-वस्तु को वृन्दावन-माहात्म्य, भक्त-चरित, प्रेम का सैद्धान्तिक विवेचन, निकुंज-लीला एवं नित्य-विहार, रसोपासना के विभिन्न उपादान, नैतिक आचार-विचार आदि शीर्षकों के अन्तर्गत विभाजित किया जा सकता है। रूप-सौन्दर्य एवं प्रेमानुभूतियों की व्यंजना में इन्हें पर्याप्त सफलता मिलती है। यहाँ कुछ उद्धरण प्रस्तुत हैं—

(क) नेत्र वर्णन –

बड़े बड़े उज्ज्वल सुरंग अनियारे नैना,
अंजन की रेख हरे हियारौ सिरात हैं।
चपलाई खंजन की अरुनाई कंजन की,
उपराई मोतिन की पानिप लजात हैं।
सरस सलज्ज नये, रहत हैं प्रेम भरे,
चंचल न अंचल में कैसे हूँ समात है।
हित ध्रुव चितवनि छटा जेहि कोर परै,
तेही और बरषा सी रूप की ह्वै जात है॥

(ख) रूपासक्ति —

ज्यों-ज्यों लाल देखे मुख नैनन को तृषा होत,
प्यारी जू को रूप मानो प्यास ही को रूप है।
डीठि-डीठि रही मिलि जैसे एक तारा ध्रुव,
हौ हूँ भूलि देख दशा अति ही अनूप है।
कौन रस स्वाद गह्यौ कैसे हू न जात कह्यौ,
जानत न छाँह और कैसी होत धूप है।
और सुख जेते सब भये हैं पतंग रस,
राज के सुखन पर प्रेम मान-भूप है।

इसी प्रकार नायक-नायिका के मिलन-सुख एवं हास-विलास का निरूपण भी इन्होंने अत्यन्त अनुभूति पूर्ण शब्दों में किया है—

(क) सेज सरोवर राजत है जल मादिक रूप भरे तरुनाई।
अंगनि आभा तरंग उठै तहाँ मीन कटाक्षनि की चपलाई।
प्यासी सखी भरि अंजलि नैन पिये ते गिरी उपमा ध्रुव पाई।
प्रेम गयन्द ने डारे हैं तोरिकै कंजन-कंज चहूँ दिशि भाई।

(ख) रहै मुख चाहि दिये चित आहि परे रस प्रीति सु सर्वस हारी।
रहै इक पास करै मृदु हास सुनौ ध्रुव प्रेम अकत्थ कथा री॥

वस्तुतः इनकी दृष्टि में 'संभोग' ही 'प्रेम' का पर्यायवाची है; उसमें विरह के लिए कोई स्थान नही है, इस तथ्य की स्वाकृति उन्होने स्पष्ट रूप मे की है—

प्रेम मदन कौ सुख जहाँ सहज प्रेम सिंगार।
आदि मध्य अवसान इकइक रस विमल विहार॥
प्रेमी विछुरत नाहि कहूँ मिल्यौ न सौ पुनि आहि।
कौन एक प्रेम कौ कहि न सकत ध्रुव ताहि॥

यद्यपि उपर्युक्त दृष्टिकोण के कारण अन्य राधाबल्लभीय कवियों की भाँति इनमें भी प्रणय भावना का सम्यक् परिष्कार एवं चरमोत्कर्ष नहीं मिलता, फिर भी जो कुछ लिखा गया है यह पर्याप्त प्रभावोत्पादक एवं संवेद्य है। अतः कवि-रूप में उन्हें ऊँचा स्थान दिया जा सकता है।

नेही नागरीदास (१६वीं-१७वीं शती) राधा के अनन्य उपासक थे। आपके द्वारा रचित ग्रन्थो में से 'राधाष्टक' प्रकाशित है तथा शेष अप्रकाशित हैं। अप्रकाशित सामग्री को डॉ० बिजयेन्द्र स्नातक ने तीन वर्गों मे विभाजित किया है—

(१) सिद्धान्त दोहावली; ६६५ दोहे। (२) पदावली; १०२ पद। (३) रस-पदावली; २३१ पद। इन ग्रन्थों में एक ओर प्रेम एवं भक्ति के विभिन्न तत्वों का प्रतिपादन हुआ है तो दूसरी ओर राधा-कृष्ण की रति-भावना का प्रकाशन हुआ है। इनके अनेक दोहों में बिहारी से भी साम्य मिलता है जैसे—

सदा सोच में मन रहै परी जाय जिय झाँखि।
वह चितवन कछु और है प्रेम जु बीधी आँखि॥

प्रेम गह्यौ ज्यों जासु कौ ताहि न और सुहाइ।
तिन ही तन खोजत फिरै, जग कहै लागी बाइ ॥

इनकी रचनाएँ काव्यात्मक की दृष्टि से साधारण कोटि की हैं।

कल्याण पुजारी (१६वीं-१७वीं शती) उच्च कोटि के कवि थे, जिनका परिचय भगवत मुदित ने अपनी 'रसिक अनन्य माल' में विस्तार दिया है। इनके लगभग दो सौ मुक्त उपलब्ध हैं जो कवित्त, सवैया, दोहा, सोरठा आदि छन्दों में रचित हैं इनमें प्रणय, विरह एवं भक्ति-भावना की व्यंजना अत्यन्त उत्कृष्ट रूप में हुई है। यहाँ कुछ उदाहरण प्रस्तुत हैं :—

नारि हली ऐ पै नारि न छूटी यों नारि यै छूटनि जोग भई है।
देह लटी, घटी जाति घटी त्यौंही त्यौं तृष्णा बहोत नई है ॥
कह्यौ चाहे कछू कहि आवत और वैसो धौ भयौ मति भ्रष्ट भई है।
श्री हरि सेवै अजो किन पामर चावर की छवि वार लई है ॥

× × ×

मोहि सीख देति सासु, नन्द-बहु बार-बार,
साँवरे से ढोटा तन जिनि न निहारै री।
आँख मूँदि मूँदि कहौ कहाँ लों चलौरी भाई,
वहा आय आगें काम वाननि ते मारे री ॥
कबहूँ बजावै बैन कबहूँ नचावै नैन,
मृदु मुसिकाय पढ़ि मोहनी सी डारै री।
मनु तो कल्याण एक सोई हरि हाथ पर्‌यो,
होनी ही सु भई, गई बात, फैल पारे री ॥

यद्यपि पुजारी जी की रचनाएँ थोड़े ही परिणाम में उपलब्ध हैं, फिर भी उन्हें काव्यत्व की दृष्टि से इस संप्रदाय के श्रेष्ठ कवियों में स्थान दिया जा सकता है।

इस संप्रदाय के अठारहवीं शती के कवियों में श्री अनन्य अली, रसिकदास एवं वृन्दावनदास विशेषरूप से उल्लेखनीय हैं। **श्री अनन्य अली** का मूल नाम भगवानदास था, किन्तु भक्त होने के बाद यह नाम रख लिया गया था। इसके द्वारा रचित लगभग ८० ग्रन्थ हैं जो 'अनन्य अली की वाणी' में संकलित हैं। इनका रचना-काल १७०२-१७३३ ई० है। इनमें विभिन्न परंपरागत विषयों—सिद्धांत, नित्य-विहार, लीला, वृन्दावन, ऋतु, नख-शिख, प्रेम-विलास आदि—का विस्तार से वर्णन हुआ है तथा संपूर्ण वाणी लगभग ६००० पदों में समाप्त होती है। अतः रचनाओं की संख्या एवं परिणाम की दृष्टि से इनका काव्य बहुत विशद एवं भारी है पर गुणों की दृष्टि से वह अधिक महत्वपूर्ण नहीं कहा जा सकता। तो न उसमें विषयगत मौलिकता मिलती है और न ही वह शैली की दृष्टि से आकर्षक एवं प्रभावोत्पादक है। भाँति-भाँति की लीलाओं का विस्तार उसमें अवश्य है, किन्तु काव्यत्व की दृष्टि से उसका विशेष महत्व नहीं माना जा सकता। इसी प्रकार रसिकदास की भी २२ रचनाएँ मिलती हैं, जिनमें से अधिकांश **'लता'** संज्ञक है, जैसे—सौन्दर्य लता, माधुर्य लता, तरंग लता,

विलास लता, सुखसार लता, कौतुक लता, आनन्द लता आदि। एक ग्रन्थ 'रस कदम्ब चूड़ामणि' नाम से है। ये सब संवत् १७४३ से १७५३ तक (१६८६-१६६६ ई०) रचित हैं। रसिकदास का भाषा पर अच्छा अधिकार है तथा उन्होंने विभिन्न छन्दों—छप्पय, झूलना, चौबोला, इन्द्र, धृति, कुण्डलियाँ, कवित्त, सवैया, चौपाई आदि का भी आयोजन किया है किन्तु अब तक यह परम्परा बहुत कुछ परिपक्व एवं प्रभावशून्य हो गयी थी जिससे उसमें कोई आकर्षण दिखाई नहीं पड़ती। यह बात इनकी रचनाओं पर भी लागू होती है।

वृन्दावनदास (चाचा जी) का साहित्य-रचना-काल सन् १७४३ से १७८७ ई० तक है। इस दीर्घ समय में उन्होंने भारी परिमाण में साहित्य रचना की। डॉ० स्नातक के अनुसार इनकी १५८ काव्य-पुस्तकें उपलब्ध हैं तथा जहाँ तक रचनाओं की संख्या का सम्बन्ध है, ये व्रजभाषा के सभी भक्त कवियों को पीछे छोड़ जाते हैं। वैसे इनका सर्वाधिक महत्त्वपूर्ण ग्रन्थ 'लाड सागर' है, जिसमें राधा-कृष्ण सम्बन्धी विभिन्न प्रसंगों का वर्णन पद-शैली में किया गया है।[1] इनके अन्य ग्रन्थों में 'व्रज-प्रेमानन्द सागर', 'जुगल-स्नेह-पत्रिका', 'आरति-पत्रिका', श्री हरिवंश सहस्रनाम' आदि उल्लेखनीय हैं। भाव-व्यंजना एवं शैली की दृष्टि से ये रचनाएँ साधारण कोटि की हैं, किन्तु कहीं-कहीं भावोत्कर्ष भी दृष्टिगोचर होता है; जैसे 'जुगल-स्नेह-पत्रिका' के निम्नांकित अंशों में है—

> रूप चोर प्रीतम उर लागी, पुनि-पुनि सूर सराहै।
> प्रेम खेत कौ चलन बाँकुरौ, वही लग्यौ पुनि चाहै॥
> मन को घाव दिखावे काकौ मन ही मन अवगाहै।
> वृन्दावन हित रूप वान विध्यौ तदपि नाहि कराहै॥

वस्तुतः वृन्दावनदास जी का काव्य संख्या की दृष्टि से जितना विपुल है काव्यत्व की दृष्टि से उतना सफल नहीं है। उसमें परम्परागत विषय का पिष्टपेषण रूढ़ शैली में किया गया है जिससे वह पाठक को अधिक आकर्षित नहीं कर पाता।

अन्य कवि—उपर्युक्त कवियों के अतिरिक्त भी शताधिक कवि ऐसे हैं जिन का राधा-बल्लभ-संप्रदाय से सम्बन्ध है। इनमें से कुछ प्रमुख कवियों का उल्लेख यहाँ डॉ० स्नातक के द्वारा प्रस्तुत तालिका के आधार पर किया जाता है। (क) विन्दु परिवार (हित-हरिवंश जी के वंशज) के कवि—(२) वनचन्द्र गोस्वामी, (२) कृष्ण चन्द्र, (३) रसिकलाल, (४) सुखलाल, (५) गुलाबलाल, (६) जतनलाल, (७) हित-रूपलाल, (८) चन्द्रलाल, (६) रंगीलाल, (१०) मनोहरलाल प्रभृति।

(ख) नाद परिवार (अनुयायी) के कवि—(१) नरवाहन, (२) दामोदर स्वामी, (३) राम कृष्ण, (४) अति बल्लभ, (५) उत्तमदास, (६) चन्द्र सखी, (७) सेवा सखी (८) कृष्णदास भावुक, (६) परमानन्द (१०) हठीजी, (११) ब्रजगोपाल, (१२) प्रेम

---

१. राधाबल्लभ संप्रदाय और उसका साहित्य : डॉ० विजयेन्द्र स्नातक, पृ० ५२१।

दास, (१२) ब्रजजीवन, (१४) सर्वसुखदास, (१५) प्रियादास, (१६) रतनदास, (१७) लाडलीदास, (१८) भोला नाथ।

१२.१०. संप्रदाय-निरपेक्ष हिन्दी कवि

प्रस्तुत काव्य-परम्परा के अन्तर्गत कुछ कवि ऐसे भी हुए हैं जिन्होंने किसी संप्रदाय-विशेष का आश्रय ग्रहण नहीं किया अपितु अपनी भक्ति-भावना को अभिव्यक्ति स्वतन्त्र रूप से की है। इनमें यहाँ राजस्थान की सुप्रसिद्ध कवियत्री मीराँबाई का नाम विशेषरूप से उल्लेखनीय है। उनका संक्षिप्त परिचय यहाँ प्रस्तुत किया जाता है।

मीराँबाई—कवयित्री मीराँबाई के नाम की व्युत्पत्ति, आविर्भाव एवं जीवन-वृत्त के सम्बन्ध में पर्याप्त मत-भेद प्रचलित है। 'मीराँ' नाम के रहस्य पर प्रकाश डालते हुए स्व० पुरोहित हरिनारायण जी ने बताया है कि 'यह शब्द मीराँ शाह सूफी (अजमेर) के नाम से लिया गया होगा क्योंकि मीराँबाई के माता-पिता संतान के लिए चिंतित थे और मीराँबाई का जन्म उक्त फकीर को मनौती करने पर ही हुआ था।' राजस्थान में इस प्रकार से नाम रखे जाने का आम प्रचलन है; अतः पुरोहित जी की बात को स्वीकार करने में कोई आपत्ति नहीं होनी चाहिये। डॉ बड़थ्वाल ने 'बाई' शब्द का अर्थ पत्नी तथा श्री परशुराम चतुर्वेदी ने 'आदरणीया महिला' किया है, किन्तु दोनों ही अनुमान राजस्थानी वातावरण से अनभिज्ञता का परिचय देते हैं। जिस प्रकार अन्य कुछ प्रदेशों में लड़कियों के नाम के आगे 'देवी' लगाने का प्रचलन है वैसे ही राजस्थान में प्रत्येक नारी के नाम के अन्त में—चाहे वह विवाहिता हो या अविवाहिता, उच्च हो या नीच—'बाई' जन्म से ही लगाया जाता है; जैसे 'कमला बाई', 'सीता बाई', 'सहजो बाई', आदि। अतः इस सम्बन्ध में कष्ट-कल्पना करने की आवश्यकता नहीं।

जीवन-वृत्त—मीराँबाई के पिता मेड़ता के राव दूदाजी के चतुर्थ पुत्र रत्नसिंह थे। इनका जन्म कुड़की गाँव में सन् १४९८ ई० (१५१५ वि०) के लगभग हुआ। आचार्य रामचन्द्र शुक्ल ने संवत् १५७३ ई० में इनका जन्म होना माना है जो अनुसंधान से उनके विवाह का संवत् सिद्ध होता है। इनका विवाह १८ वर्ष की अवस्था में मेवाड़ के प्रसिद्ध महाराणा साँगा के ज्येष्ठ पुत्र कुँअर भोजराज के साथ हुआ किन्तु लगभग तीन-चार वर्ष के अनन्तर ही वे विधवा हो गयीं। उधर उनके पिता का देहान्त भी किसी युद्ध में हो गया। अब वे पूर्णतः भक्ति-भावना में लीन हो गईं। वे कुल की मर्यादा एवं सामाजिक प्रतिबन्धों की उपेक्षा करती हुई हरिभक्तों एवं साधु-मंडलियों के सत्संग एवं भजनादि में भाग लेने लगीं। उनके देवर राणा विक्रमाजीत (राज्यकाल १५८८-९३ वि०) को यह सब कुछ पसन्द नहीं था, अतः उन्होंने इनकी मृत्यु के लिये कुछ षड्यंत्र भी किये। स्व० मु० देवीप्रसाद जी ने इस सम्बन्ध में प्रकाश डालते हुए लिखा है—मीराँबाई को राणा विक्रमाजीत के दीवान कौम महाजन बीजावर्गी ने जहर दिया था।...मीराँबाई का शाप बीजावर्गी कौम को अब तक लगा

हुआ है। और वे मानते हैं कि उस शाप से हमारी औलाद और दौलत में तरक्की नहीं होती है।" मुन्शी जी ने मीराँबाई के जीवन-चरित्र के विषय में जो कुछ लिखा है वह पर्याप्त अनुसंधान एवं प्रमाणों के आधार पर लिखित है, अतः उनके कथन का बहुत महत्त्व है। इसके अतिरिक्त मीराँबाई के कुछ पदों से भी महाराणा के षड्यन्त्र सम्बन्धी बातें प्रामाणिक सिद्ध होती हैं।

अन्त में मीराँ अपने ससुराल-गृह त्याग कर पितृ-गृह (मेड़ता) में जाकर रहने लगी, किन्तु वहाँ का वातावरण उनके अनुकूल नहीं रहा तो वे विभिन्न तीर्थ-स्थानों का पर्यटन करती हुई वृन्दावन पहुँची। वहाँ कुछ समय ठहरकर द्वारका चली गई और अपने जीवन के अन्तिम काल (सम्वत् १६०३ वि० सन् १५४६ ई०) तक वहीं श्री रणछोड़ जी की भक्ति में लीन रहीं।

एक विशेष घटना—कहा जाता है कि मीराँबाई ने गृह-त्याग करने से पूर्व गोस्वामी तुलसीदास जी से निम्नांकित छंद लिखकर उनकी सम्मति माँगी थी—

स्वस्ति श्री तुलसी कुल भूषण, दूषण हरण गोसाई।
बारहिं बार प्रणाम करहुँ अब हरहु सोक समुदाई॥
घर के स्वजन हमारे जेते सबन्ह उपाधि बढ़ाई।
साधु-संग अरु भजन करत मोहि, देत कलेस महाई।
मेरे माता-पिता के सम हौ हरि भक्तन सुखदाई।
हमको कहा उचित करबो है, सो लिखिये समझाई॥

कहते हैं, तुलसीदास जी ने इसके उत्तर में यह पद लिखा था—

जाके प्रिय न राम बैदेही।
तजिये ताहि कोटि बैरी सम, जद्यपि परम सनेही॥
तज्यो पिता प्रह्लाद, विभीषण बंधु, भरत महतारी।
बलि गुरु तज्यो, कंत ब्रज बनिता, भये सब मंगलकारी॥
नातो नेह राम सों मानियत, सुहृद सुसेव्य जहाँ लौं।
अंजन कहा आँख जो फूटैं, बहुतक कहौ कहाँ लौं॥
तुलसी जो सब भाँति परम हित, पूज्य प्रान ते प्यारौ।
जासों बढ़े सनेह राम पद, एतो मतो हमारो॥

उपर्युक्त पद की शैली तथा "एतो मतो हमारो" यह ध्वनित करता है कि इसकी रचना किसी प्रश्न के उत्तर में ही की गई होगी। इसके अतिरिक्त तुलसीदास जी के जीवन-काल की दृष्टि से भी यह पत्र-व्यवहार सम्भव नहीं है। हमारे कुछ विद्वानों ने साधारण-परीक्षा के अनन्तर इसे कपोल-कल्पित घोषित किया है किन्तु जब तक मीराँबाई के जीवन-काल का सम्यक् निर्णय नहीं हो जाता तब तक ऐसा करना उचित नहीं।

रचनाएँ—मीराँ की प्रमुख रचना तो उनके फुटकर पद ही हैं जिनकी संख्या दो-ढाई सौ तक मानी जाती है। किन्तु इनके अतिरिक्त 'गीत गोविन्द की टीका' 'नरमी जी को माहेरो', 'सत्यभामा जी नू रूसणँ', 'राग सोरठ' और 'राग गोविन्द'

भी मीराँबाई के रचित कहे जाते हैं। श्री मोतीलाल मेनारिया ने लिखा है कि "इनमें एक भी मीराँबाई का बनाया हुआ प्रतीत नहीं होता। कारण इनमें न तो कहीं इस बात का निर्देश है कि ये मीराबाई के लिखे हुए हैं और न इनकी भाषा-कविता मीराँबाई की भाषा-कविता से मिलती है।""सत्यभामा जी नूँ रूसणूँ गुजराती में है। 'राग-सोरठ' और राग गोविन्द' कोई ग्रन्थ ही नहीं है, मीराँ के कुछ पदों के शीर्षक मात्र हैं।"

मेनारिया जी का यह मत अधिक गंभीरता से प्रतिपादित किया हुआ प्रतीत नहीं होता। अन्तिम दो ग्रन्थों—राग सोरठ और राग गोविन्द—को तो वे स्वयं ही मीराँ द्वारा रचित अप्रत्यक्ष में स्वीकार कर लेते हैं। मीराँबाई जीवन के अन्तिम भाग में गुजरात में रही थीं और उन्होंने गुजराती में कुछ पद भी लिखे थे, अतः "सत्यभामा जी नूँ रूसणूँ" गुजराती में होने के कारण ही मीराँ द्वारा रचित अस्वीकार नहीं किया जा सकता और "नरसी जी को माहेरो" में मीराँबाई का निर्देश भी मिल जाता है—

('मोहरो' के आरम्भ में दी हुई राग जंघला की ठुमरी में से)

पश्चिम दिसा प्रसिद्ध धाम सुख,
श्री रणछोड़ निवासी।
नरसी को माहेरो मंगल,
गाबे मीरा दासी।
क्षत्री वंश जनम मम जानो,
नगर मेड़ते बासी।
नरसी को जस बरन सुणाऊँ,
नाना निधि इतिहासी।

मध्य का एक पद—

सोवत ही पलका में मैं तो, पल लागी पल में पिउ आए
मैं जु उठी प्रभु आदर दैन कूँ, जाग परी पिव ढूँढ़ न पाए॥
और सखी पिव सोय गमाए, मैं जु सखी पिव जागि गमाए।
आज की बात कहा कहौं सजनी, सपना में हरि लेत बुलाए।
वस्तु एक जब प्रेम की पकरी, आज भए सखि मन के भाए॥

अन्तिम पद—

यौ माहेरो सुनै रु गुंनि है, बाजे अधिक बजाय।
मीराँ कहै सत्य करि मानो, भक्ति मुक्ति फल पाय॥

मीराँबाई राजस्थानी पदों की रचना में ही सिद्धहस्त थीं, किन्तु 'माहेरो' में संभवतः उन्होंने पहली बार ब्रज मिश्रित भाषा में प्रबन्ध-काव्य लिखने का प्रयास किया था, अतः उनके इतिवृत्तात्मक अंशों में पदों का सा प्रवाह न मिलना स्वाभाविक है। अतः हमारे विचार से उल्लिखित ग्रंथों में से अधिकांश मीराँ द्वारा रचित सिद्ध हो सकते हैं।

काव्यत्व---एक तो नारी-हृदय वैसे ही कोमल, भाव-प्रवण एवं अनुभूतिशील होता है और फिर बाल्यकाल के संस्कार, यौवन का असामयिक प्रिय-वियोग, रैदास जैसे सच्चे भक्त का सत्संग एवं एक के बाद एक दुःखद घटनाओं का घटना ये सब मीराँ के भाव-जगत् को उद्वेलित, मथित और झंकृत कर देने के लिए पर्याप्त थे। मीराँ की प्रणय-वेदना भक्ति के पवित्र रंग में मिश्रित होकर विरह के शत-शत स्वरों में बरस पड़ी—

हेरी ! मैं तो दरद दिवाणी होइ, दरद न जाणैं मेरो कोइ ॥
घायल की गति घाइल जाणैं, की जिण लाई होइ।
जौहरि की गति जौहरि जाणैं, की जिन जौहरी होइ ॥
सूली ऊपरि सेज हमारी, सोवणा किस विध होइ।
गगन-मंडप पै सेज पिया की, किस विध मिलना होइ ॥
दरद की मारी बन-बन डोलूँ, वैद मिल्या नहीं कोय।
मीराँ की प्रभु मीर मिटैगी, जद वैद साँवलिया होय ॥

× × ×

पिय बिन सूनो छै म्हाँरो देस।
ऐसा है कोइ पिव कूं मिलावै, तन मन करूँ सब पेस।
तेरे कारण बन-बन डोलूँ, कर जोगण को भेस।
अवधि बदीती अजूँ न आए, पंडर हो गया केस।
मीराँ के प्रभु कवरें मिलोगे, तजि दियो नगर नरेश ॥

मीराँ के काव्य में विरहानुभूतियों की व्यंजना सहज स्वाभाविक रूप में हुई है। उनकी कविता, कविता के लिए रचित नहीं अपितु उसे भावावेश में व्यक्त उद्गारों का संकलन कहना अधिक उपयुक्त होगा। उनकी प्रणय-विभोर आत्मा सांसारिक मर्यादाओं को तुच्छ, लोक-निन्दा को उपेक्षणीय एवं पारिवारिक बन्धनों को त्याज्य समझती हुई मदविह्वल गति से अलौकिक प्रियतम की ओर अग्रसर होती है, अतः वह अपनी आकांक्षाओं की अभिव्यक्ति में किसी प्रकार के लज्जा-संकोच या अस्पष्ट प्रतीकों का प्रयोग नहीं करती। उनकी भक्ति-भावना सच्ची है, जिसकी अभिव्यक्ति के लिए उन्हें किसी प्रकार की कृत्रिमता एवं बाह्य आवरण की अपेक्षा नहीं हुई।

मीराँ ने अपने आराध्य के साथ 'दाम्पत्य-भाव' का सम्बन्ध स्थापित किया है, जिसे भक्ति शास्त्र की दृष्टि से 'माधुर्य भाव' की संज्ञा दी जाती है। उनके इस माधुर्य भाव में लौकिकता अधिक है या अलौकिकता अधिक है, इसका स्पष्ट निर्णय करना कठिन है। यद्यपि उनका प्रियतम लौकिक नहीं है किन्तु फिर भी उसकी साज-सज्जा एवं रूप-माधुरी का आख्यान करते समय उन्होंने लौकिक तथ्यों का ही आयोजन किया है :—

या मोहन के मैं रूप लुभानी।
सुन्दर वदन, कमल-दल लोचन, बाँकी चितवन मंद मुस्कानी।

जमना के तीरे-तीरे धेनु चरावै, वंसी मैं गावैं मीठी बानी ॥
तन मन धन गिरधर पर वारूँ, चरण कँवल मीराँ लपटानी ।

या—

चित्त चढ़ी मेरे माधुरी मूरत, उर विच आन अड़ी ।
कब की ठाड़ी पंथ निहारूँ, अपने भवन खड़ी ॥
\+ × ×
मीराँ गिरधर हाथ बिकानी, लोग कहैं बिगड़ी ॥

यहाँ एक बात स्पष्ट है कि मीराँ का नायक सगुण कृष्ण ही है । जहाँ भी वे उनका चित्रण करती हैं, वहीं वे मोर-मुकुटधारी, पीताम्बरधारी, गिरवर-धारी, वंशीवाले के रूप में उपस्थित होते हैं, अतः जो लोग मीरा; को रहस्यवादिनी सिद्ध करना चाहते हैं, उन्हें इन उदाहरणों को न भूल जाना चाहिये । रहस्यवादी भी अपने प्रभु के सौन्दर्य का चित्रण करता है, परन्तु उसे वह किसी अवतार-विशेष का रूप नहीं देता । वह किसी एक ही रूप में ईश्वर का साक्षात्कार नहीं करता अपितु प्रकृति और जगत् के कण-कण में उसकी सत्ता के दर्शन करता है । इसके विपरीत मीराँ ने प्रकृति के सौन्दर्य का प्रायः उपेक्षा की है । उनके काव्य में प्रकृति यदि आई भी है तो अपने मोहक रूप में नहीं अपितु विरह-व्यथा को उद्दीप्त करने वाले दाहक रूप में ही ।

पर मीराँ के माधुर्य भाव को श्रद्धामिश्रित अनुराग या शुद्ध भक्ति भाव के रूप में भी स्वीकार नहीं किया जा सकता । वे कृष्ण के चारित्रिक गुंणों एवं महान् कार्यों से प्रभावित नहीं होतीं अपितु उनकी रूप-माधुरी से ही आकर्षित होती हैं । मीराँ के शब्दों में—

जब से मोहि नंद-नंदन दृष्टि पड़्यौ भाई ।
तब से लोक-परलोक कछु न सुहाई ॥
× × ×
नैणा लोभी रे वहुरि सके नहिं आइ ।
× △ ÷
चंचल निपट अटक नहीं मानैं परहथ नये बिकाय ।
× × ×

अस्तु, मीराँ का माधुर्यभाव श्रद्धाजन्य नही, सौन्दर्य-जन्य प्रेरित है । इस दृष्टि से उनके माधुर्य भाव की स्थिति सगुण-भक्ति एवं निर्गुण-प्रणय के बीच में पड़ती है । उसकी अन्य कतिपय विशेषताएँ हैं—(१) उनका माधुर्य सम्बन्ध क्षणिक एवं स्थायी या केवल इस जन्म तक सीमित नहीं है अपितु वह जन्म-जन्म का स्थायी सम्बन्ध है । (२) मीराँ के माधुर्य भाव का लक्ष्य केवल मिलन है मुक्ति नहीं । (३) मीराँ का माधुर्य भाव स्वकीय भाव से ओत-प्रोत है । वे अपने को कृष्ण की प्रेयसी नहीं, पत्नी मानती हैं । (४) उसमें स्थूल शृङ्गारिकता, वासना, कामुकता एवं अश्लीलता का सर्वथा अभाव है । (५) उसमें सौन्दर्यानुभूति, प्रणय-वेदना एवं विरह की गंभीरता की व्यंजना सहज रूप में हुई है ।

मीराँ की भाषा लोक-प्रचलित तत्कालीन राजस्थानी है जिसमें राजस्थानी मुहावरों एवं लोकोक्तियों का प्रयोग प्रचुर मात्रा में हुआ है। राजस्थानी ओजपूर्ण भाषा है, किन्तु मीराँ के माधुर्य से सनकर वह भी मधुर हो उठी है। अलंकार, रीति-युग, ध्वनि, वक्रोक्ति आदि के प्रयोग का प्रयास मीराँ ने नहीं किया, किन्तु भावना की प्रेरणा से उनका प्रादुर्भाव सहज ही हो गया है।

मत-सम्प्रदाय और सिद्धान्त विभिन्न आलोचकों ने मीराँबाई की विभिन्न उक्तियों के आधार पर उन्हें रैदासी, सूफी, अद्वैतवादी एवं वैष्णव सम्प्रदायों से सम्बन्धित करने का प्रयास किया है किन्तु हमारे विचार से उनकी भक्ति-भावना का पोषण किसी संप्रदाय-विशेष के आश्रय में नहीं हुआ। उन्हें जहाँ भी ईश्वर-भक्ति एवं हरि-कीर्तन का उत्साह दिखायी दिया, वे उसमें निःसंकोच सम्मिलित हुई हैं। उनकी उक्तियों से विभिन्न संप्रदायों से परिचय का प्रमाण मिलता है किन्तु इसमें यह न समझना चाहिये कि प्रेम दीवानी मीराँ का प्रणय भाव किसी संप्रदाय विशेष की रूढियों से आबद्ध था। उनकी पवित्र प्रणय-सरिता में विभिन्न नदी-नालों के जल-विन्दुओं का अद्भुत मिश्रण हो गया है जिससे वे एक ओर सगुण कन्हैया के साथ होली खेलती दिखायी पड़ती हैं तो दूसरी ओर निर्गुण पिया के साथ 'सुन्न महल' में एकाकार हो जाने की तैयारी करती हुई भी दृष्टिगोचर होती हैं; एक ओर वे गिरिधारी की चाकर बन कर आत्म-दैन्यता का परिचय देती हैं तो अन्यत्र वे गोविन्द पर अपना इतना अधिकार जताती हैं कि उसे अपना 'मोल लिया हुआ' घोषित कर देती हैं। मीराँ का इन रंग-बिरंगी स्वच्छन्द प्रेमानुभूतियों पर संप्रदाय-विशेष का लेबिल लगाने का प्रयास अनावश्यक एवं निरर्थक सिद्ध होगा।

१२.११. पौराणिक कृष्ण-गीति काव्य : सामान्य प्रवृत्तियाँ

प्रेरणा-स्रोत एवं काव्य-प्रयोजन—जैसा कि अब तक के अध्ययन से स्पष्ट है, इस परंपरा के अधिकांश कवि विभिन्न धर्म-संप्रदायों के आश्रित थे तथा वे सामान्यतः अपने संप्रदाय के आचार्य या नेता के निर्देशानुसार काव्य-रचना करते थे; अतः विभिन्न आचार्यों की रुचि एवं प्रवृत्ति के अनुसार इनकी काव्य-रचना का स्वरूप भी निर्धारित होता था। बल्लभ-संप्रदाय में प्रारंभ में बाल-कृष्ण की उपासना प्रचलित थी जिसके प्रभाव से उसके आश्रय में वात्सल्य रस के काव्य का पर्याप्त विकास हुआ। किन्तु आगे चलकर जब बाल-कृष्ण के स्थान पर राधा-कृष्ण की प्रतिष्ठा हो गयी तो उनमें वात्सल्य रस का स्थान श्रृंगारिकता ने लिया। चैतन्य संप्रदाय में परकीय भाव की उपासना तथा राधा-वल्लभ संप्रदाय में नित्य-बिहारी आराधना मान्य थी, जिसका प्रभाव इन संप्रदायों के कवियों पर भी पड़ा; जहाँ एक में विरह की प्रधानता है वहाँ दूसरे में संयोग-क्रीड़ाओं की। इसी प्रकार परवर्ती कवियों ने अपने धर्म-संप्रदाय के वातावरण की प्रेरणा से ही नायिका-भेद सम्बन्धी ग्रंथ लिखे। अस्तु, कहा जा सकता है कि इन कवियों का प्रेरणा-स्रोत मुख्यतः इनके आश्रयदाता संप्रदायों एवं मन्दिरों की आन्तरिक स्थिति, प्रवृत्ति एवं वातावरण में निहित था।

काव्य-रचना का प्रयोजन सामान्यतः अपनी भक्ति- भावना की अभिव्यक्ति करना था; किन्तु यह बात सर्वत्र लागू नहीं होती। व्यावहारिक दृष्टि से देखा जाय तो इन भक्त कवियों का मुख्य कार्य मन्दिर में दैनिक कार्यक्रम एवं विशेष पर्वों व उत्सवों के आयोजन के रूप में भजन-कीर्त्तन का आयोजन करना होता था, इसी लिए इनमें पद-शैली का प्रयोजन विशेष रूप से हुआ है। आगे चलकर विभिन्न संप्रदायों में पारस्परिक प्रतिद्वन्द्विता की भावना भी आ गई, जिससे वे एक-दूसरे की स्पर्द्धा के लिए भी काव्य-रचना करने लगे। अपने संप्रदाय को अधिक से अधिक लोकप्रिय एवं उन्नत बनाने का लक्ष्य भी प्रायः इनके सामने रहता था, अतः वे संप्रदाय के हित और लोक-रुचि की अनुकूलता— दोनों लक्ष्यों की पूर्ति का प्रयास न्यूनाधिक रूप में करते थे।

विषय-वस्तु –इस काव्य-परंपरा में सामान्यतः पौराणिक अवतरणों का ही चित्रण हुआ है जिनमें प्रमुखता राधा-कृष्ण एवं गोपियों की श्रृंगारी लीलाओं को प्राप्त हुई है। कृष्ण के लोक-रक्षक रूप के स्थान पर इस परंपरा के कवियों ने उसके लोक-रंजक रूप की ही प्रतिष्ठा की है। प्रारम्भ में कृष्ण या बाल-कृष्ण अकेले थे, बाद में राधा और गोपियों को लिया गया, तथा राधा-वल्लभ संप्रदाय तक पहुँचते-पहुँचते राधा ही मुख्य हो गई, कृष्ण गौड हो गये। वस्तुतः विषय-वस्तु का यह विकास-क्रम इन कवियों की बढ़ती हुई श्रृंगारिकता एवं रसिकता की प्रवृत्ति को सूचित करता है।

इनकी विषय-वस्तु का आधार मुख्यतः भागवत-पुराण ही है। किन्तु उनमें थोड़ा परिवर्तन एवं परिवर्धन भी किया गया है. भागवत के कृष्ण स्वयं गोपियों से निर्लिप्त दिखाई पड़ते हैं, केवल गोपियों के प्रणय-भाव से प्रभावित होकर ही उनके साथ क्रीड़ाओं में प्रवृत्त होते हैं, जबकि हिन्दी कवियों के कृष्ण एक रसिक छैल की भाँति स्वयं गोप-बालाओं की ओर उन्मुख होते हैं और अपनी चेष्टाओं द्वारा उनके हृदय को जीत लेते हैं। दूसरे भागवत के कृष्ण कहीं भी अपने ब्रह्मत्व को नहीं भूल पाते, वे प्रारम्भ से अन्त तक बार-बार अपनी अलौकिकता की सूचना देते रहते हैं जबकि हिन्दी कवियों के कृष्ण का पूरी तरह लोकीकरण हो गया है—यहाँ तक कि अन्त में वे एक साधारण नायक मात्र रह गये हैं। भागवत में गोपियाँ तो हैं किन्तु उनमें राधा का स्वतन्त्र अस्तित्व दृष्टिगोचर नहीं होता, जब कि हिन्दी-काव्य में उसके व्यक्तित्व एवं रूप का विकास सम्यक् रूप में हुआ है। गोपियों के प्रेम की पवित्रता की भावना में निष्कलंक नहीं रहती, कृष्ण की अनुपस्थिति में बलराम मदिरा पीकर उनके साथ विहार करते हैं जब कि हिन्दी काव्यों में वे सर्वत्र लोकोन्मुख दिखाई गई हैं। इस प्रकार राधा-कृष्ण के चरित की रूपरेखाओं में हिन्दी-कवियों ने नया रंग भर कर उसे अधिक आकर्षक एवं मधुर बना दिया है। अपने युग एवं समाज के सांस्कृतिक वातावरण के अनुसार भी इन कवियों ने अनेक नवीन प्रसंगों की उद्भावना की है तथा विभिन्न परिस्थितियों के अंकन में युगीन रीति-रिवाजों एवं प्रवृत्तियों का समन्वय किया है।

भक्ति-भावना—कृष्ण-भक्त कवियों ने भक्ति के विभिन नव विकसित रूपों में

से प्रेम-प्रधान रूपों को ही मुख्यता प्रदान की है। 'रागानुगा' के भी विभिन्न भेद किये गये हैं जिनमें से इन्होंने मुख्यतः वात्सल्य, सख्य एवं माधुर्य भाव को स्वीकार किया है। माधुर्यभाव में भी चैतन्यमत में परकीयत्व को तथा राधा-वल्लभ मत में संयोग-सुख को अधिक महत्व दिया गया तथा दूसरी ओर पुष्टिमार्गीय नंददास ने भी उपपति भाव की स्थापना की। इस प्रकार भक्ति में से श्रद्धा एवं मर्यादा का भाव उत्तरोत्तर न्यून होता गया तथा प्रणय, रसिकता और कामुकता का विकास क्रमशः अधिक होता गया।

माधुर्य भाव की उपासना को अपनाते हुए भी इन कवियों ने—मीराँ और सूरदास जैसे कुछ कवियों को छोडकर—अपने आराध्य के प्रति प्रत्यक्ष रूप से आत्म-निवेदन एवं प्रणय-निवेदन बहुत कम किया है। वे प्रायः गोपियों के माध्यम से ही अपनी भावनाओं की अभिव्यक्ति करते हैं। वस्तुतः वे अपने आराध्य की प्रणय-क्रीड़ाओं और रास-लीलाओं का अवलोकन मात्र करते हैं, स्वयं उनमें प्रायः सम्मिलित नहीं होते। कबीर जैसा अक्खड़ भी अपने रमैया की सेज का आनन्द लूटने में सफल हो जाता है; पर ये कवि अपने छैल-बिहारी की क्रीड़ाओं के द्रष्टा मात्र ही बने रहते हैं। इसका कारण, संभवतः यही है कि ये माधुर्य भाव को स्वीकार करते हुए भी उसकी प्रत्यक्ष अनुभूति नहीं कर पाते। कृष्ण को तथा स्वयं को इन्होंने पुरुष में ही रखा ऐसी स्थिति में माधुर्य भाव की उद्दीप्ति मनोवैज्ञानिक दृष्टि से भी संभव नहीं थी। केवल मात्र मीराँ ही, नारी होने के कारण, माधुर्य भावना की वास्तविक अनुभूति एवं अभिव्यक्ति का प्रमाण दे सकी शेष तो केवल उसकी चर्चा ही करते रहे।

उत्तर-मध्यकाल में तो शक्ति का स्थान विलासिता ने ही ले लिया था, जबकि कृष्णदास जैसे प्रबन्धक ठाकुर जी के मनोरंजन के लिए मंदिरों में वेश्याओं की व्यवस्था करने लग गये थे, उनका प्रसाद स्वयं भी पाने लग गये थे; अस्तु जैसा कि भक्ति-मार्ग के दिग्दर्शक नारद ने कहा था—श्रद्धा के अभाव में भक्ति का पतन हो जाता है, यही इनके साथ हुआ।

वात्सल्य रस की व्यंजना—पुष्टि मार्ग में प्रारम्भ में बाल-कृष्ण की उपासना प्रचलित थी, अतः उस संप्रदाय के आश्रय में विभिन्न कवियों ने बालकृष्ण की क्रीड़ाओं एवं चेष्टाओं के रूप में वात्सल्य-रस की व्यंजना मार्मिक रूप में की है। इस क्षेत्र में सूरदास एवं परमानन्ददास को विशेष सफलता मिली है। उदाहरण के लिये, 'सूर-सागर' की कुछ उक्तियाँ द्रष्टव्य हैं

मैया मोहि दाऊ बहुत खिझायो।
मो सों कहत मोल को लीन्हों, तोहि जसुमति कब जायो।
× × ×
तू मोहीं को मारन सीखी, दाउहि कबहूँ न खीझै।
मोहन कौ मुख रिस समेत लखि, सुनि सुनि जसुमति रीझै।
× × ×

इसी प्रकार सूरदास ने मातृ-हृदय की आशा-आकांक्षाओं का चित्रण भी

सफलतापूर्वक किया है। मातृ-हृदय की वेदना को जितनी गहराई से ये समझ सके हैं उतनी गहराई से कोई और नहीं समझ सका। जब कृष्ण मथुरा चले जाते हैं तो यशोदा देवकी को संदेश भेजती हैं—

संदेशो देवकी सों कहियो।
हौं तो धाय तिहारे सुत की मया करत ही रहियो।
× × ×

माता यशोदा को आशंका है कि कहीं देवकी कृष्ण को पराया समझ कर उसकी उपेक्षा न करे; अतः वह अपने पुत्र-सुख के लिए माँ के अधिकार को त्याग कर धाय बनना भी स्वीकार कर लेती है। सच्चे स्नेह, वात्सल्य एवं प्रेम में अधिकारों का प्रश्न ही नहीं रहता।

शृङ्गार-रस की व्यंजना—कृष्ण और गोपियों के प्रेम-वर्णन में इन कवियों ने पूर्ण स्वच्छन्द दृष्टि का परिचय दिया है। कृष्ण और राधा का प्रेम सौन्दर्य-जन्य है जो धीरे-धीरे साहचर्य के द्वारा विकसित होता है। वृन्दावन के सुन्दर मधुर प्राकृतिक वातावरण में उन्हें शृङ्गार-भावना के उद्दीपन की पर्याप्त सामग्री उपलब्ध हो जाती है। प्रेम की प्रारम्भिक अवस्था में कृष्ण और गोपियों के बीच छेड़-छाड़ चलती है—

तुम पै कौन दुहावे गैया ?
इत चितवन उत धार चलावत, यहै सिखायौ मैया ?
× × ×
तुम कमरी के ओढ़न हारे पीताम्बर नहिं छाजत।
सूरदास कारे तनु ऊपर, कारी कमरी भ्राजत॥

यही प्रारम्भिक छेड़-छाड़ आगे चलकर गंभीर पणय-वेदना का रूप धारण कर लेती है। प्रेम की विह्वलता एवं तन्मयता का चित्रण इन कवियों ने सफलतापूर्वक किया है। यद्यपि संयोग-पक्ष के चित्रण में कहीं-कहीं अश्लीलता आ गई है किन्तु विरहानुभूतियों की अभिव्यक्ति में इन्होंने पर्याप्त सहृदयता का परिचय दिया है। विशेषतः सूरदास ने अपने 'भ्रमरगीत' प्रसंग में जिस मार्मिकता का परिचय दिया है, वह अद्भुत है। गोपियों का एक-एक शब्द उनके हृदय की गूढ़ व्यथा, वेदना एवं पीड़ा को साकार रूप में प्रस्तुत कर देता है :

बटाऊ होहि न काके मीत !
संग रहत, सिर मेलि ठगौरी, हरत अचानक चित्त !
× × ×
कहा परदेशी को पतिआरो !
प्रीति बढ़ाय चले मधुवन को, बिछुर दियो दुःख भारो !

संसार से अन्य असफल प्रेमी-प्रेमिकाओं की भाँति गोपियाँ भी इसी निष्कर्ष पर पहुँचती हैं कि—

प्रीति करि काहू सुख न लह्यो।
प्रीति पतंग करी दीपक सों, आपै प्राण दह्यो।
× × ×

हम जो प्रीति करी माधव सों चलत न कछू कह्यो।
सूरदास प्रभु बिनु दुख दूनो नैनन नीर बह्यो ।।

इस प्रकार कृष्ण-भक्त कवियों ने प्रेम की सभी अवस्थाओं एवं भाव-दशाओं का चित्रण सफलतापूर्वक किया है। यद्यपि अन्त में नायकराज की उपेक्षा के कारण गोपियों के प्रणय की परिणति असफलता में होती है, पर इससे उनकी रस-दशा के विकास में अधिक अन्तर नहीं पड़ता।

शास्त्रीय तत्व—इस परम्परा के कवियों ने गौण रूप से शास्त्रीय तत्त्वों का समन्वय एवं विवेचन भी अपनी रचना में किया है। यह कार्य मुख्यतः दो क्षेत्रों में हुआ है—(१) भक्ति के क्षेत्र में, (२) शृङ्गार के क्षेत्र में। भक्ति के क्षेत्र में उनके भेदोपभेदों का विवेचन एवं उसके रसशास्त्रीय स्वरूप की प्रतिष्ठा मुख्यतः चैतन्य सम्प्रदाय के आचार्यों एवं कवियों द्वारा हुई। रूप गोस्वामी ने अपने 'भक्ति-रसामृत सिन्धु' एवं 'उज्ज्वल नील मणि' में भक्ति रस, माधुर्यभाव एवं उज्ज्वल रस की स्थापना शास्त्रीय आधार पर करने का प्रयास किया है। उनका प्रभाव अन्य सम्प्रदायों के कवियों पर भी परिलक्षित होता है। पुष्टिमार्गीय कवि नन्ददास ने 'रूप-मंजरी' में 'उपपति रस' की स्थापना की है।

शृङ्गार के क्षेत्र में नायक-नायिका भेदों से सम्बन्धित शास्त्रीय लक्षणों का प्रयोग भी सूरदास द्वारा 'साहित्य-लहरी' में तथा नन्ददास द्वारा 'रस-मंजरी' में हुआ है। वस्तुतः इनके पूर्व इनका आंशिक प्रयोग संस्कृत के कवि जयदेव भी अपने 'गीत-गोविन्द' में कर चुके थे। कुछ अन्य कवियों ने भी गौण रूप में नायिका भेद को ध्यान में रखकर गोपियों के विभिन्न रूपों का चित्रण किया है। आगे चल कर यह प्रवृत्ति राज्याश्रित शृङ्गारी कवियों द्वारा विकसित हुई जिसे इतिहासकार 'रीति-काव्य' की संज्ञा देते हैं।

गीति-शैली इस परम्परा के कवियों ने मुख्यतः गीति-शैली का प्रयोग किया है, यद्यपि इसके कतिपय अपवाद भी मिलते हैं। इनके पदों में सामान्यतः गीति-काव्य के सभी तत्त्व—भावात्मकता, संगीतात्मकता, संक्षिप्तता, कोमलता आदि—न्यूनाधिक मात्रा में मिलते हैं किन्तु गीति-काव्य के सर्वोत्कृष्ट उदाहरण मीराँ और सूरदास के काव्य में ही ढूंढ़े जा सकते हैं। नन्ददास के अनन्तर अन्य कवियों में गीति का शरीर-संगीत—ही अधिक दिखाई पड़ता है, उसकी आत्मा गायब है। राधाबल्लभ-सम्प्रदाय के कवियों में भावात्मकता का स्थान इतिवृत्तात्मकता ने ले लिया है; अतः उन्हें सफल गीतिकार के रूप में स्वीकार नहीं किया जा सकता। फिर भी इन कवियों ने हिन्दी के गीति-भण्डार को समृद्ध करने में पर्याप्त योग दिया है।

भाषा-शैली—ब्रजभाषा कृष्ण की जन्मभूमि की भाषा थी; अतः इसके प्रति इन कवियों का अनुराग होना स्वाभाविक था। यद्यपि इनसे पूर्व साहित्य के क्षेत्र में ब्रजभाषा-काव्य की परम्परा का प्रवर्त्तन विभिन्न कवियों द्वारा हो चुका था,

किन्तु इन्होंने उसे नया जीवन और नयी शक्ति प्रदान की। सूरदास व नन्ददास जैसे प्रतिभाशाली कवियों के हाथ में पड़कर ब्रज-भाषा चमक उठी, उसका शब्द-भण्डार तत्सम एवं तद्भव शब्दों से परिपूर्ण हो गया तथा उसमें व्यंजकता और प्रवाह-शीलता के गुण आ गये। उनके हृदय की भावधारा से आप्लावित होकर उसमें ऐसी मधुरता, कोमलता एवं स्निग्धता आ गई कि वह परवर्ती कवियों के लिए अनुकरणीय हो गई। १६वीं शती के उत्तरार्द्ध में वह केवल ब्रज की भाषा न रह कर समस्त उत्तरी भारत की साहित्यिक भाषा बन गई जिसमें भक्त, दरबारी एवं जन कवि सभी काव्य-रचना करने लगे। आगे चलकर ब्रजभाषा काव्य की एक परम्परा गुरु गोविन्दसिंह के दरबार में विकसित हुई तो दूसरी बंगला कवियों द्वारा घोषित हुई, जिसे बंगला-साहित्य के इतिहास में 'ब्रजबुलि काव्य' कहा जाता है। यद्यपि ब्रजबुल-काव्य की भाषा शुद्ध ब्रज नहीं है फिर भी यह ब्रज भाषा एवं उसके काव्य के प्रभाव को अवश्य प्रमाणित करती है अस्तु, ब्रज भाषा को जो राष्ट्रीय महत्त्व इन कवियों द्वारा प्राप्त हुआ, वही आगे हिन्दी को राष्ट्र-भाषा सिद्ध करने में सार्थक सिद्ध हुआ।

अन्त में हम कह सकते हैं कि इस परम्परा का काव्य विषय, भाव एवं शैली —तीनों की दृष्टि से जनता का काव्य है, वह धर्माश्रय में पोषित होता हुआ भी जन-हृदय से दूर नहीं है अपितु वह धर्म और जनता के बीच की दूरी को दूर करने में सफल सिद्ध होता है।

१२.१२. मैथिली गीति-काव्य

मैथिली भाषा 'मैथिली' मिथिला की लोक-प्रचलित भाषा का नाम है जो कि उत्तरी भारत की आधुनिक भाषाओं के साथ साथ लगभग तेरहवीं शताब्दी में विकसित हुई। इससे सम्बन्धित अपभ्रंश को 'मैथिली अपभ्रंश'[1] तथा 'अवहट्ठ' के नाम से पुकारा जाता था। कुछ विद्वान् 'अवहट्ठ' और 'अपभ्रंश' में अन्तर मानते हैं, किन्तु हमारे विचार से 'अवहट्ठ' की व्युत्पत्ति 'अपभ्रष्ट' से मानते हुए इसे 'अपभ्रंश' का ही पर्यायवाची समझना उचित होगा। दसवीं-ग्यारहवीं शताब्दी में मैथिली अपभ्रंश अपने नये रूप में विकसित होने लगी, जिसे आगे चलकर 'देश भाषा' या 'देसिल वयना' का नाम दिया गया। मैथिली भाषा कुछ समय तक तिरहुत लिपि में लिखी जाती रही। अतः इसे 'तिरहुतिया' भी कहा गया है।[2] वस्तुतः इस भाषा को सर्वप्रथम 'मैथिली' संज्ञा से अभिहित करने का श्रेय कोलब्रुक (Cole Brooke)[3] महोदय को है। आगे चलकर जार्ज ग्रियर्सन ने भी इसी नाम से प्रयोग किया।

---

१. राग-तरंगिणी—लेखक लोचन।

२. लिंग्विस्टिक सर्वे आफ इण्डिया।

३. ऐशियाटिक रिसर्चेज, भाग ७, संस्करण—१८०१ ई०, पृ० १६६।

मैथिली प्रदेश हिन्दी और बंग—दोनों भाषाओं के क्षेत्र की सीमाओं के समीप अवस्थित है। अतः इस प्रदेश की भाषा में दोनों भाषाओं की ही विशेषताओं का समन्वय मिलता है; अतः प्रारम्भ में यह प्रश्न—विवादास्पद रहा कि मैथिली को हिन्दी की शाखा माना जाय या बँगला की, किन्तु निम्नांकित तथ्यों के आधार पर इसे हिन्दी की उपभाषा के रूप में स्वीकार करना उचित होगा।

(१) इसे बँगला से सम्बन्धित मानने के पक्ष में सबसे बड़ा तर्क यह दिया जाता है कि मैथिली और बँगला दोनों ही मागधी प्राकृत से विकसित हुई हैं। किन्तु वास्तविकता यह है कि मैथिली में मागधी के अनेक बातों में वैषम्य मिलता है, जैसे; 'ल' के स्थान पर 'र' का 'श' और 'ष' के स्थान पर 'स' का तथा 'य' के स्थान पर 'ज' का प्रयोग। ध्यान रहे ये विशेषताएँ अर्द्धमागधी से विकसित होने वाली हिन्दी की उपभाषाओं में पाई जाती हैं। अतः मैथिली पर मागधी एवं अर्द्धमागधी का मिश्रित प्रभाव मानना चाहिए।

(२) बंगाली और मैथिली में साम्य की अपेक्षा वैषम्य ही अधिक मिलता है। बंगाली के श, य के स्थान पर मैथिली में स और ज मिलते हैं। मैथिली के लघु स्वरों (अ, इ, उ, ए) का प्रयोग बंगाली में दीर्घ रूप में मिलता है। बात यह है कि प्रारम्भ में मिथिला विद्या का केन्द्र होने के कारण बंगाल के विद्यार्थी यहाँ आते रहे जिससे प्रारम्भिक बंगाली का मैथिली पर पर्याप्त प्रभाव मिलता है. किन्तु आगे चलकर बंगाली का विकास इतना स्वतन्त्र रूप से हुआ कि वह मैथिली के कई शब्द रूपों को पहचानने तक में असमर्थ है।

(३) लिपि की दृष्टि से भी मैथिली और हिन्दी में समानता है। यद्यपि इसके लिए पहले तिरहुत लिपि का प्रयोग किया जाता था; किन्तु अब इसे सामान्यतः देवनागरी लिपि में ही लिखा जाता है।

(४ भौगोलिक दृष्टि से भी मिथिला बंगाल से कुछ सटा हुआ सा है जबकि हिन्दी प्रदेश से इसका गहरा सम्बन्ध है। यही नहीं, प्रशासन की दृष्टि से भी यह उसी बिहार प्रान्त का अंग है जिसमें हिन्दी की अन्य उपभाषाएँ प्रयुक्त होती हैं।

(५) व्यावहारिक दृष्टि से भी मैथिली का हिन्दी से घनिष्ठ सम्बन्ध है। जिस प्रकार राजस्थान, ब्रज, अवध आदि में क्षेत्रीय भाषाओं के अतिरिक्त हिन्दी के सामान्य रूप खड़ीबोली का प्रयोग होता है वैसे भी मैथिली प्रदेश में भी मैथिली के साथ-साथ खड़ीबोली का प्रयोग व्यापक रूप में होता है।

अस्तु, उपर्युक्त तथ्यों के आधार पर मैथिली भाषा को हिन्दी के अन्तर्गत स्थान देना अनुचित नहीं है। हिन्दी की अन्य उपभाषाओं - राजस्थानी, ब्रज, अवधी आदि—की भाँति मैथिली में भी अपनी कुछ विशिष्टताओं का मिलना स्वाभाविक है, किन्तु इसका यह तात्पर्य नहीं है कि इनके कारण उसे हिन्दी की उपभाषा कहने में कोई अड़चन पड़ती है। हिन्दी का प्रांगण बंगला की भाँति इतना संकुचित नहीं है

कि वह किसी उपभाषा को प्रवेश-पत्र देने से पूर्व उसकी विशिष्टताओं का अपहरण कर ले। यही कारण है कि आज मैथिली प्रदेश के जन-साधारण से लेकर विद्वान् लेखकों तक, अपने-आपको हिन्दी भाषा-भाषी बताने तथा प्रान्तीय भाषा के रूप में हिन्दी को स्वीकार करने में गौरव का अनुभव करते हैं। इसी प्रदेश के निवासी श्री रामवृक्ष बेनीपुरी जी के शब्दों में—'मैथिली का शरीर हिन्दी का है और उसकी पोशाक बंगला की। जिस प्रकार कोई हिन्दुस्तानी अंगरेजी पोशाक पहनकर अंग्रेज नहीं बन सकता, उसी प्रकार मैथिली भी हिन्दी को छोड़कर बंगभाषा की नहीं हो सकती।' श्री जयकान्त मिश्र ने भाषा-वैज्ञानिक दृष्टि से मैथिली को हिन्दी से स्वतन्त्र भाषा सिद्ध किया है, किन्तु इस दृष्टि से तो राजस्थानी, ब्रज, अवधी भी स्वतन्त्र हैं। वस्तुत: 'हिन्दी' भारत की भाषाओं का एक ऐसा संघ है जिसमें विभिन्न भाषाएँ अपनी-अपनी वैयक्तिकता, विशिष्टता एवं स्वतन्त्रता को अक्षुण्ण रखते हुए भी इसमें सम्मिलित होने वाली प्रत्येक भाषा अपने इतिहास और स्वरूप की दृष्टि से अपनी पृथक्ता घोषित कर सकती है किन्तु उस स्थिति में वह राष्ट्रीय भाषा का अंग न रहकर एक प्रान्तीय या क्षेत्रीय भाषा मात्र रह जायगी। अत: मैथिली तथा अन्य उपभाषाओं का हित इसी में है कि वे अपने-आपको हिन्दी से विच्छिन्न न करें।

अस्तु, हम मैथिली भाषा के साहित्य को हिन्दी साहित्य का अंग मानते हुए उस पर आगे विचार कर सकते हैं।

गीति-परम्परा—वैसे तो मैथिली में विभिन्न प्रकार की रचनाएँ लिखी गई हैं, किन्तु उसका सबसे अधिक प्रमुख काव्य-रूप गीति है। न केवल हिन्दी में, अपितु इससे पूर्व संस्कृत एवं अपभ्रंश में भी गीति-परम्परा को परिवर्तित करने का श्रेय मुख्यत: इसी प्रदेश के कवियों को है। सर्वप्रथम अपभ्रंश के सिद्ध कवियों ने, जिनमें से अनेक का आविर्भाव इसी प्रदेश में गीतियों के माध्यम से अपनी अनुभूतियों का प्रकाशन किया। सम्भवत: सिद्धों की गीति-शैली का स्रोत जन-साधारण के लोक गीत थे। आगे चलकर जयदेव ने अपनी संस्कृत-रचना 'गीत-गोविन्द' में गीति-शैली का प्रयोग करके उसे नया वैभव प्रदान किया। जयदेव की ही परम्परा में मिथिला में विद्यापति का आविर्भाव हुआ, जिन्होंने मैथिली भाषा में गीति-काव्य की एक सुदृढ़ एवं दीर्घ परम्परा स्थापित की। इस प्रकार मैथिली प्रदेश अपभ्रंश, संस्कृत एवं मैथिली (हिन्दी)—तीनों भाषाओं के गीति-काव्य का जन्म-स्थान रहा।

परम्परा का प्रवर्त्तक कौन?—यद्यपि मैथिली भाषा में साहित्यिक गीतों के प्रथम रचयिता विद्यापति ही माने जाते हैं किन्तु उनसे पूर्व जयदेव 'गीत गोविन्द' की रचना कर चुके थे तथा उनका पर्याप्त प्रभाव विद्यापति पर दृष्टिगोचर होता है; अत: यह विचारणीय है कि इस परम्परा के प्रवर्त्तक का श्रेय किसे दिया जाय, जयदेव को या विद्यापति को? जयदेव ने अपनी रचना में राधा-कृष्ण की शृङ्गारी लीलाओं का चित्रण सुन्दर काव्यात्मक शैली में किया है तथा उनका दृष्टिकोण—जहाँ तक काव्य

का सम्बन्ध है—भक्ति की अपेक्षा शृङ्गारी अधिक है। वे अपनी रचना से हरिस्मरण के इच्छुक एवं विलास-कला के जिज्ञासु, दोनों प्रकार के पाठकों की पुष्टि करना चाहते हैं। ये सारी बातें विद्यापति पर लागू होती है; तथा इसमें कोई सन्देह नहीं कि उनकी विषय-वस्तु, भावना एवं शैली पर जयदेव का प्रत्यक्ष प्रभाव है; अतः विद्यापति को निश्चित रूप से जयदेव का ऋणी स्वीकार करना होगा। पर इसका तात्पर्य यह नहीं है कि इस परम्परा का प्रवर्त्तक जयदेव को मानना अवश्यक है। यदि सूक्ष्म दृष्टि से विचार करें तो विद्यापति में अनेक मौलिक विशेषतायें दृष्टिगोचर होगी जिनका जयदेव में अभाव है। विद्यापति के पद पूर्णतः मुक्तक शैली मे है जबकि जयदेव ने अपने पदों को विशेष क्रम तथा द्वादश सर्गों में प्रस्तुत करते हुए अपनी रचना को प्रबन्ध का रूप देने का असफ़ल प्रयास किया है। दूसरे, विद्यापति के नायक-नायिका सदा पौराणिक कृष्ण एवं राधा के रूप में ही दिखाई नही पड़ते, कई स्थलों पर वे सामान्य-युवक-युवती के रूप में दिखाई पड़ते है जबकि जयदेव के प्रबन्ध का सम्बन्ध सर्वत्र कृष्ण एवं उनकी प्रेयसियों से ही है। तीसरे, जयदेव की भाँति विद्यापति ने काव्य-शास्त्र की अनेक रूढ़ियों—जैसे, नायिका-भेद, काम-दशा आदि का प्रयोग नहीं किया है। चौथे, जयदेव की भाषा संस्कृत है जबकि विद्यापति की मैथिली। अतः इस परम्परा के विकास में जयदेव का पर्याप्त योग-दान स्वीकार करते हुए भी मैथिली भाषा में इसके प्रवर्त्तन एवं प्रचलन का श्रेय विद्यापति को ही देना अधिक उचित होगा। जयदेव और विद्यापति के बीच में लगभग तीन शताब्दियों का व्यवधान भी इस निर्णय की पुष्टि करता है।

विद्यापति—विद्यापति ठाकुर का जन्म १३६० ई० के आस-पास मिथिला के एक सुशिक्षित, धनाढ्य एवं प्रतिष्ठित परिवार में हुआ था।[1] उनके पूर्वज अपनी विद्या-बुद्धि के बल पर बड़े-बड़े राज-पदों पर प्रतिष्ठित हो चुके थे। उनके पिता गणपति ठाकुर उच्चकोटि के विद्वान तथा राज्य-मंत्री थे। इससे विद्यापति को प्राचीन साहित्य एव भाषाओ के अध्ययन की पूर्ण सुविधा प्राप्त हुई। कुल-परम्परा एवं प्रतिभा के बल पर उन्हें क्रमशः कीर्तिसिंह, देवसिंह, भावसिंह जैसे उदार नरेशों का आश्रय प्राप्त हुआ। राजा शिवसिंह ने तो विद्यापति का अत्यधिक सम्मान किया था तथा उन्हें विशपी नाम का ग्राम भी दान में दिया था। विद्यापति का देहावासन डॉ० जयकान्त मिश्र ने १४४८ ई० में माना है।

रचनाएँ—विद्यापति की रचनाओं को भाषा की दृष्टि से तीन वर्गों में विभाजित किया जा सकता है—(१) संस्कृत में रचित, (२) अवहट्ट में रचित और (३) लोक-भाषा में रचित। इनमें से प्रथम वर्ग मे शैव सर्वस्वसार, गंगा वाक्यावली, दुर्गा-भक्त तरंगणी, भू-परिक्रमा, दान-वाक्याली, पुरुष-परिक्षा, विभाग-सार, गया पत्त-

१. विद्यापति का आविर्भाव-काल विवादास्पद है; विभिन्न विद्वानों ने सन् १३५०, १३५७, १३७० १३७२ आदि में उनका आविर्भाव माना है।

लक-वर्ण कृत्य, लिखनावली, आदि रचनायें आती हैं जबकि दूसरे वर्ग में उनकी दो ऐतिहासिक गद्य-पद्य मिश्रित रचनायें—कीर्ति लता एवं कीर्ति पताका—आती हैं। कीर्तिलता में महाराजकुमार वीरसिंह एवं कीर्तिसिंह के युद्ध एवं सौन्दर्य का अङ्कन किया गया है जबकि कीर्ति पताका में राजा शिवसिंह एवं कुछ मुस्लिम आक्रमणकारियों के युद्ध का वर्णन ओजस्वी शैली में हुआ है। तीसरे वर्ग में उन के गीतों का संग्रह पदावली' आती है। वस्तुतः रचनाओं की संख्या की दृष्टि से विद्यापति संस्कृत एवं अवहट्ट के साहित्यकार कहे जा सकते हैं किन्तु हिन्दी-साहित्य के इतिहास में उन्हें उनकी हिन्दी रचना 'पदावली' के आधार पर ही स्थान दिया जाता है। इसके अतिरिक्त उनकी एक अन्य हिन्दी रचना 'गोरक्ष-विजय नाटक' भी उपलब्ध है, किन्तु यहाँ हमारा सम्बन्ध केवल उनकी पदावली से ही है, अतः इसी के आधार पर उनका अध्ययन प्रस्तुत किया जाता है।

स्वच्छन्द प्रेम का निरूपण—यद्यपि उनकी पदावली में शिव-भक्ति, दुर्गा-स्तुति तथा अन्य देवी-देवताओं की विनय से सम्बन्धित पद भी मिलते हैं किन्तु उसमें प्रधानता श्रृंगार-रस के गीतों की ही है। कुछ अलोचकों ने इनके भक्ति सम्बन्धी पदों को लेकर इन्हें भक्त-कवि सिद्ध करने का प्रयास किया है, अवश्य ही वे वृद्धावस्था में भक्ति एवं वैराग से ओत-प्रोत हो गये होगें, जैसा कि केशव, बिहारी, पद्माकर आदि के साथ हुआ, किन्तु मूलतः वे श्रृङ्गारी कवि सिद्ध होते हैं। उनकी सौन्दर्य-भावना एवं रसिकता इतनी अधिक बढ़ी हुई है कि वे नारी के अंग-विशेषों का वर्णन करते समय उन्हें कई बार अपने इष्टदेव शिव से भी बढ़कर घोषित कर देते हैं—

चंद चरचु पयोधर रे,
ग्रिम गज मुकुता हार।
भसम भरल जनि संकर रे,
सिर सुरसरि जलधार।
× × ×
कुच-भय कमल-कोरक जल मुदि रहु,
घट परबेस हुतासे।
दाड़िम सिरिफल गगन बास करु,
शम्भु गरल कठ ग्रासे।।

प्रेम के क्षेत्र में विद्यापति पूर्णतः स्वच्छन्द या रोमांटिक कवि के रूप में दिखाई पड़ते है। उनका प्रेम समाज की मर्यादाओं को स्वीकार करता हुआ आगे नहीं बढ़ता, अपितु वह कुल की प्रतिष्ठा, परिजनों के भय, सामाज के बन्धनों एवं धर्म के नियमों को ठुकराता हुआ निर्बाध रूप में अग्रसर होता है। उनके शब्दों में संसार में सार वस्तु एक ही है, जीवन-पर्यन्त बना रहने वाला स्नेह और प्रिय का संगम, भले ही वह क्षण भर का हो।' इसी आदर्श के अनुसार वे अपनी नायिका को जो कुल

गुन-गौरव एवं सतीत्व के यश-अपशय को तृण के सामान भी नहीं समझती, धर्म रूपी काँच का हार बेच कर बदले में प्रेम रूपी रत्न खरीद ले आने की प्रेरणा देते हैं। उनका दृढ़ विश्वास है कि जब मन में मदन-महोदधि उछलने लगता हैं तो उसमें कुल-मर्यादाएँ डूब जाती हैं!

स्वच्छन्द प्रेम की उत्पत्ति प्रायः प्रथम-दर्शन से होती है। विद्यापति के भी नायक-नायिका प्रथम दृष्टिपात से ही प्रणय-वेदना से पीड़ित हो जाते हैं। एक ओर नायक कृष्ण कहते हैं—'पथ गति पेखल मो राधा! तखनुक भाव पगन भए पीड़ित रहल कुमुद निधि साधा!' तो दूसरी ओर नायिका भी साँवरे सुन्दर को राह में देखकर ही उसमें अनुरक्त हो जाती है—

सामर सुन्दर ए बाट आएल,
ते मोरि लागलि आँखि।

स्वच्छन्द प्रेय या रोमांस के लिए अपेक्षित एक अन्य तत्त्व, साहस या शौर्य्य, का भी अस्तित्व विद्यापति की प्रणय-भावना में दृष्टिगोचर होता है किन्तु उसका आश्रय नायक नहीं, नायिका है। उनके नायक सच्चे रसिक भ्रमर हैं जो सहज रूप में उपलब्ध कलिका के रस-पान में ही सदा मग्न रहते हैं; अतः वे साहस शौर्य आदि के प्रदर्शन का अवसर ही नहीं पाते जबकि नायिकाएँ समस्त बाधाओं एवं विभिन्न संकटों का सामना करती हुई संकेत-स्थलों पर पहुँचती हैं। इस प्रयास में उनके साहस की व्यंजना बार-बार हुई है—

घर गुरुजन डर न मानव,
बचन चूकब नाँहि।

या—

तपन क ताप तपत भेल महीतल,
तातल बालू दहन समाना।
चढल मनोरथ भामिनी चलु पथ,
ताप तपत नहीं जाना।

वस्तुतः विद्यापति की नायिकाएँ प्रत्येक परिस्थिति और अवस्था में अपने प्रेम पर दृढ़ रहकर अपने अपूर्व साहस का परिचय देती हैं। ग्रीष्म में अंगारों की भाँति दहकती हुई भूमि पर या भाद्र की अन्धकारपूर्ण मध्य-निशाओं में चलते-फिरते सर्पों के सिर पर पैर रखती हुई समुद्र की अबाध लहरों की भाँति वे अपने लक्ष्य की ओर बढ़ जाती हैं। फिर भी उनका यह स्वच्छन्द प्रेम अन्त में असफलता, निराशा एवं शोक की अनुभूति में परिणत हो जाता है। रस-लोलुप नायक की वंचकता ही इस असफलता का मूल कारण सिद्ध होता है। प्रणय-वंचिता नायिकाओं की इस निराशा-पूर्ण मनःस्थिति का चित्रण कवि ने पूर्ण सहृदयता के साथ करते हुए उनके क्षोभ, पश्चात्ताप एवं आत्म-ग्लानि के अनुभव की व्यंजना मार्मिक शब्दों में की है—

झांपल कूप देखहिं नहिं पारल, आरति चललहू धाई।
तखन लघु गुरु किछु नहिं गूनल, अब पछताबक जाई।
× × ×
चन्दन भरम सिमर आलिंगन, सालि रहल हिय काँट।

असफल प्रणय की यह वेदना नायक के प्रति गहरे रोष एवं अमर्ष का रूप धारण कर लेती है, और वह उसकी भर्त्सना कठोरतम शब्दों में करने लगती है—

सखि हे बूझल कान्ह गोआर!
× × ×
पसुक संग हुन जनम गमाओल
से कि बुझथि रति रंग!

और अन्त में यह निराश प्रेम इस प्रकार निर्वेद में परिणत हो जाता है कि उसे उस मधुर प्रसंग की चर्चा तक नहीं सुहाती—

सजनी दुरु कर ओर परसंग!
पहिलहि उपजइत प्रेमक अंकुर,
दारुन विधि देल भंग!

वस्तुतः विद्यापति ने स्वच्छन्द प्रणय की यह परिणति अत्यन्त सहज स्वाभाविक रूप में सामाजिक परिस्थितियों के अनुकूल दिखाई है जिसका अनुमोदन आधुनिक मनोविज्ञान के आधार पर भी किया जा सकता है। विद्यापति के समाज में, जहाँ प्रेम के क्षेत्र में अनेक प्रकार के बन्धन थे, यह स्वच्छन्द प्रेम सफल दाम्पत्य में परिणत नहीं हो सकता था; अतः उसकी परिणति निर्वेद में सम्भव थी। यद्यपि अनुरक्ति एवं विरक्ति दो सर्वथा विरोधी मनःस्थितियाँ हैं किन्तु यह एक मनोवैज्ञानिक तथ्य है कि परिस्थितियों की प्रतिक्रिया से एक की परिणति दूसरी में सम्भव है।

विद्यापति के शृङ्गारी पदों में इस स्वच्छन्द प्रणय के अतिरिक्त दाम्पत्य का भी चित्रण गौण रूप में हुआ है, जिसमें प्रथम समागम से लेकर पति के विदेश गमन तक के प्रसंगों का चित्रण अनुभूतिपूर्ण शब्दों में हुआ है। यहाँ नायिका प्रेयसी न होकर पत्नी है; अतः उसके हृदय में प्रणय की वैसी स्वच्छन्दता, व्यापकता एवं गम्भीरता नहीं आ पाती, जैसी कि अनेक संघर्षों का सामना करके प्रणय-पथ पर अग्रसर होने वाली प्रेयसी में मिलती है। उसमें भावनाओं की सूक्ष्मता की अपेक्षा वासना की स्थूल प्रेरणा की प्रमुखता दिखाई पड़ती है—

अंकुर तपन ताप जदि जारब,
कि करब वारिद मेहे!
इह नव जोब विरह गमाओब,
कि करब से पिया गेहे!

पर यह स्थिति केवल नववयस्का पत्नियों की ही है। प्रौढ़ा नायिकाएँ ऐसा नहीं सोचतीं। उनमें यौवन की चंचलता एवं वासना के वेग के स्थान पर प्रणय की ही आकांक्षा अधिक मिलती है। उन्हें अपने यौवन के व्यर्थ बीत जाने की अपेक्षा परदेशवासी पति के स्नेह में कमी आ जाने की चिन्ता अधिक है—

सब कर पहु परदेस बसि सजनी,
आएल सुमिरि सिनेह।
हमर एहन पति निरदय सजनी,
नहि मन बाढए नेह॥

अन्त में वह यहाँ तक सोचने लगती है कि प्रिय न आ सकें तो न सही, पर वे सकुशल रहें—

जुग जुग जिवथु वसथु लख कोस।
हमर अभाग हुनक नहिं दोस।

इस प्रकार हम देखते हैं कि विद्यापति ने स्वच्छन्द प्रणय और दाम्पत्य भाव दोनों का ही विकास सहज स्वाभाविक रूप में दिखाया है। जैसा कि हमने अपने शोध-प्रबन्ध में स्पष्ट किया है, विद्यापति मूलतः स्वच्छन्द या रोमांटिक कवि हैं, अतः उनही प्रवृत्ति सौन्दर्य-चित्रण में अधिक है फिर भी उन्होंने प्रेम और विरह की विभिन्न अनुभूतियों की व्यंजना अत्यन्त मार्मिक रूप में की है। उनकी भावना का विकास औदात्य की चरम सीमा तक नहीं होता किन्तु फिर भी उसमें आकर्षण संप्रेषण एवं द्रवण की पर्याप्त शक्ति विद्यमान है।

काव्य रूप एवं शैली की दृष्टि से भी विद्यापति सफल कवि हैं। उन्होंने एक ओर जहाँ सौदर्न्य, प्रेम और विरह की सूक्ष्मातिसूक्ष्म भावनाओं को अपने काव्य का विषय बनाया है, वहाँ दूसरी ओर उन्हीं के अनुरूप गीति शैली को चुनकर अपनी काव्यात्मक प्रतिभा का परिचय दिया। सफल गीति के लिए अपेक्षित भावात्मकता, वैयक्तिकता, संगीतात्मकता, संक्षिप्तता, कोमलता आदि सभी गुण उनके पदों में विद्यमान हैं। उन्हाने विभिन्न प्रसंगों का वर्णन करते समय स्थूल इतिवृत्त के स्थान पर सूक्ष्म भावों का ही अंकन अधिक किया है तथा अन्य व्यत्तियों की अनुभूतियों को भी उत्तम पुरुष में वर्णित किया है, यथा वे 'कृष्ण ने राधा को देखा' के स्थान पर 'पथ गति पेखल मो राधा' लिखते हैं, जिससे उनके पदों में वैयात्तिकता का प्रादुर्भाव सहज ही हो गया है। संगीत की विभिन्न राग-रागिनियों का समावेश भी उन्होंने सफलता से किया है इसके अतिरिक्त उनमें संक्षिप्ततता एवं भाषा की कोमलता का गुण भी पर्याप्त मात्रा में मिलता है, अतः उनके पदों को गीति-शैली के उत्कृष्ट उदाहरण के रूप में स्वीकार किया जा सकता है। वस्तुतः उनके भाव-पक्ष एवं कला-पक्ष की प्रौढ़ता ने ही उन्हें ऐसी ख्याति प्रदान की कि अल्प समय में ही उनके गीत दूर-दूर तक फैल गये तथा उनकी परम्परा का अनुमरण आगे पाँच-छह शताब्दियों तक बराबर होता रहा।

परम्परा का विकास—विद्यापति के पश्चात् शताधिक कवियों ने मैथिली भाषा में गीति-रचना करके उनकी परम्परा को आगे बढ़ाया है। इन कवियों में गजसिंह, चन्द्रकला, दशावधान ठाकुर, कविशेखर, भीष्म कवि, लोचन, गोविन्ददास, भूपतीन्द्र, भंजन प्रभृति का नाम उल्लेखनीय है इनका जीवन-काल सोलहवीं-सत्रहवीं शती के मध्य पड़ता है। इनके अनन्तर भी यह परम्परा उन्नीसवीं शती के अन्त तक प्रचलित रही है। डा० जय कान्त मिश्र ने अपने शोध-प्रबन्ध 'हिस्ट्री ऑफ मैथिली लिट्रेचर' इस परम्परा के शताधिक कवियों का परिचय प्रस्तुत किया है जिससे इसकी महत्ता का बोध होता है। इन कवियों की रचनाएँ 'राग-तरंगिनी', 'शृङ्गार-भजन गीतावली', 'भाषा-गीत' आदि में संकलित हैं।

प्रमुख विशेषताएँ – मैथिली गीति-परम्परा के अधिकांश कवियों ने विद्यापति की ही परम्परा का अनुकरण करते हुए उन्ही की काव्य-प्रवृत्तियों का विकास अपनी-अपनी प्रतिभा के अनुसार किया। विद्यापति की भाँति इस परम्परा के अन्य कवि भी प्रायः सुशिक्षित एवं उच्च वर्ग से सम्बन्धित थे, तथा अनेक को राज्याश्रय भी प्राप्त था। अतः सामान्यतः इन कवियों का प्रेरणा-स्रोत दरबारी वातावरण एवं उनका आकर्षण-केन्द्र नारी-सौन्दर्य एवं प्रणय-भाव ही रहा। यही कारण है कि इस परम्परा के कवियों ने नारी के नख-शिख, हाव-भाव, अनुराग, मान, विरह आदि का निरूपण सहज स्वाभाविक रूप में किया। यद्यपि सोलहवीं-सत्रहवीं शती के अनेक कवि, जैसे गोविन्ददास एवं भूपतीन्द्र तत्कालीन भक्ति-आन्दोलन से प्रभावित हो गये थे जिससे उनमें शृङ्गारिकता की अपेक्षा भक्ति की प्रवृत्ति अधिक मिलती है, किन्तु वह अधिक स्थायी न हो सकी। परवर्ती कवियों में भक्ति-भावना का स्थान पुनः लौकिक प्रेम ने ग्रहण कर लिया, जो कि इसका मूल भाव है।

इनकी प्रणय-भावना का स्वरूप मूलतः रोमांटिक एवं सौन्दर्य-प्रधान है। उसमें सामाजिक मर्यादाओं एवं शास्त्रीय लक्षणों के आरोपण का अभाव है। अतः उसमें सर्वत्र सहजता एवं मार्मिकता के दर्शन होते हैं। सत्रहवीं-अठारहवीं शती के कुछ कवियों ने प्रणव-प्रसंगों के चयन में काव्य-शास्त्र की सहायता ली है, किन्तु उनका वर्णन सामान्य अनुभूतियों के आधार पर किया गया है, अतः वे शास्त्रीय रूढ़ियों से मुक्त दिखाई पड़ते हैं। संक्षेप में, इन कवियों ने सौन्दर्यानुभूति एवं प्रणय-भावना की अभिव्यंजना सहज स्वाभाविक रूप में की है।

यद्यपि इस परम्परा के बहुसंख्यक कवि उच्च वर्ग से सम्बन्धित थे किन्तु उन्होंने जन-साधारण की भावनाओं, प्रवृत्तियों एवं भाषा-शैली का तिरस्कार नहीं किया। अतः जहाँ उनके काव्य में लोक-जीवन के विभिन्न पदों एवं उत्सवों का चित्रण मिलता है, वहाँ उसमें जनासाधारण की चित्तवृत्तियों एवं भावात्मक प्रवृत्तियों की अभिव्यक्ति अत्यन्त सरल एवं लोक-प्रचलित भाषा में मिलती है। इसीलिए ज्यो-ज्यो जनता की भाषा का विकास होता गया त्यों-त्यों इन कवियों की काव्य-भाषा भी बदलती गयी।

विभिन्न शताब्दियों के कवियों की भाषा का पारस्परिक भेद इस कथन के उदाहरण-स्वरूप देखा जा सकता है।

काव्य-शैली को रोचक एवं प्रभावशाली बनाने के लिए इन्होंने परम्परागत उपमानों एवं अलंकारों का प्रयोग प्रायः किया है, तथा इनके अधिकांश उपमान परम्परागत हैं, किन्तु उनका प्रयोग बड़ी कुशलता से किया गया है। इनके उपमानों में भ्रमर, मालती, कनकलता, वल्लरी, सर्पिणी, कौआ, कोकिल आदि प्राकृतिक उपादानों का प्रयोग विशेष रूप से मिलता है।

मैथिली-गीति-परम्परा का क्षेत्र मिथिला तक ही, सीमित नहीं रहा। चौदहवीं शताब्दी में मिथिला विद्या का केन्द्र था तथा बंगाल, उड़ीसा आदि अन्य प्रान्तों के विद्यार्थी यहाँ विद्याध्ययन करने के लिये आते थे जिससे उनके द्वारा इन गीतों का प्रचार समीपवर्ती प्रान्तों में भी हो गया। बंगाल के प्रसिद्ध कवि चंडीदार ने विद्यापति की ही शैली का अनुगमन करते हुए 'कृष्ण-कीर्त्तन-काव्य' लिखा। दूसरी ओर चैतन्य देव के द्वारा विद्यापति के पदों का प्रचार समस्त उत्तर-पूर्वी भारत में हो गया। चैतन्य देव के कुछ अनुयायी ब्रज-प्रदेश में भी रहने लग गये जिनसे विद्यापति की परम्परा ब्रज-भाषा में पहुँची। पुष्टि मार्ग के तथा अन्य कृष्ण-भक्त कवियों ने विद्यापति की परम्परा में भक्ति-रस का मिश्रण करके उसे नया जीवन और नयी शक्ति प्रदान की, जिसकी चर्चा हम अन्यत्र कर चुके हैं।

(ख) कृष्णेतर गीति-काव्य

यद्यपि प्रस्तुत काव्य परम्परा में मुख्यतः कृष्ण के ही चरित को लिया गया है किन्तु गौण रूप से कृष्णेतर अवतारों—विशेषतः राम—को भी लेकर भी गीति-रचना हुई है। वैसे तो सूरदास तथा अन्य कृष्ण-भक्तो ने कुछ पद विभिन्न अवतारों के सम्बन्ध में लिखे हैं किन्तु उनकी रचना स्वतन्त्र ग्रंथ के रूप में न होने के कारण वे नगण्य ही हैं। इस क्षेत्र में कतिपय रामभक्त कवियों द्वारा गीति शैली में रचित रचनाएँ उल्लेखनीय हैं। इनमें **गोस्वामी तुलसीदास** द्वारा रचित—'गीतावली' एवं 'विनय पत्रिका' का परिचय यहाँ क्रमशः प्रस्तुत किया जाता है।

तुलसीदास ने 'गीतावली' एवं 'कृष्ण-गीतावली' नामक दो ग्रंथ साथ-साथ रचे थे, जिनमें क्रमशः राम एवं कृष्ण चरित का अंकन किया गया है। 'कृष्ण-गीतावली' तो विषय-वस्तु की दृष्टि से 'सूर-सागर' से ही प्रभावित है, तथा केवल ६१ पदों की लघु रचना है जिसका विशेष महत्त्व नहीं है। यहाँ हमारा विवेच्य ग्रन्थ राम सम्बन्धी गीतावली है जिसमें संभवतः पद-शैली के माध्यम से कृष्ण की भाँति राम के चरित को भी लोकप्रिय बनाने का प्रयास किया गया है। इसका रचना-काल वेणी माधवदास ने संवत् १६२८ बताया है जबकि डॉ रामकुमार वर्मा ने लगभग १६४३ वि० निर्धारित किया है। इसमें कुल ३२८ पद हैं जो सात कांडों में विभक्त हैं। इसकी भी शैली पर सूरदास का गहरा प्रभाव परिलक्षित होता है। फिर भी बाल-

वर्णन में तुलसी को विशेष सफलता नहीं मिली। राम के ब्रह्मत्व के निर्देश, उनके राजसी वैभव के उल्लेख एवं वर्णनात्मक शैली के कारण उनमें वह स्वाभाविकता एवं प्रभावोत्पादकता नहीं आ पाई है जो 'सूर-सागर' में मिलती है। इसमें ब्रज भाषा का ही प्रयोग किया गया है शैली का एक नमूना द्रष्टव्य है—

राघौ एक बार फिर आवौ।
ए बर बाजि बिलोकि आपने बहुरौ बड़ धावौं।
जे पय प्याइ पोखि कर पंकज बार-बार चुचुकारे।
क्यों जीवहिं मेरे राम लाडिले ! ते अब निपट बिसारे।
भरत सौ गुनी सार करत है अति प्रिय जानि तिहारे।
तदपि दिनहिं दिन होत झांवरे, मनहुँ कमल हिम मोरे।
सुनहु पथिक जो राम मिलहिं वन, कहियो मातु संदेसो।
तुलसी मोहिं और सबहिन इनको तें बड़ो अंदेसो।

'विनय-पत्रिका' का रचना-काल संवत् १६६६ के लगभग माना जाता है। इसमें कवि ने अपने आराध्य के प्रति आत्म-निवेदन किया है किन्तु तुलसी के आराध्य कोई ऐसे-वैसे व्यक्ति नहीं थे, जिसके पास बिना वैधानिक भूमिका एवं बाह्य औपचारिकता के पहुँचा जा सके, अपितु वे राजा राम हैं, जिन तक पहुँचने के लिए हमारा मर्यादाशील कवि दरबार के सारे नीति-नियमों का पालन करता हुआ—पहले विभिन्न देवी-देवताओं को संतुष्ट करके - सारी औपचारिकताओं के साथ अपनी 'विनय-पत्रिका' प्रस्तुत करता है। इतना ही नहीं पत्रिका पर साहब की स्वीकृति के लिए, वह सिफारिश बाजी का माध्यम भी अपनाता है;

कबहुँक अम्ब अवसर पाई।
मोरिऔ सुधि द्याइबी, कछु करुन,कथा चलाई।
दीन सब अंग-हीन छीन मलीन अघी अघाइ।
नाम लै भरै उदर एक प्रभु-दास दासी कहाइ।
बुझि है 'सो है कौन ?' कहिबि नाम दास जनाइ।
सुनत राम कृपालु के मेरी बिगरिऔ बनि जाइ।
जानकी जगजननि जन की किये बचन सहाइ।
तरै तुलसीदास भव तव-नाथ गुणगन गाइ॥

—विनय-पत्रिका

यद्यपि 'विनय-पत्रिका' में कवि ने आत्म-निवेदन किया है, किन्तु वहाँ भी वह भावुकता में बह नहीं गया है, भक्त की सीमाएँ और प्रभु के पद की मर्यादाएँ वहाँ भी उसके बराबर ध्यान में रहती हैं। इससे उनके भक्त-हृदय की शुद्धता, विमलता एवं दैन्यता पर पूरा प्रकाश पड़ता है। साथ ही उनकी विभिन्न दार्शनिक मान्यताएँ, उनके धार्मिक विश्वास एवं उनके ज्ञान-भक्ति सम्बन्धी विचार भी इसमें अधिक स्पष्ट एवं अनुभूतिपूर्ण रूप में व्यक्त हुए हैं। अस्तु, दार्शनिकता एवं भक्ति-भाव तथा

शैली की प्रौढ़ता की दृष्टि से यह रचना अत्यन्त महत्त्वपूर्ण है, किन्तु गीति-काव्य की सी भावात्मकता, कोमलता एवं सरलता इसमें कहीं-कहीं दृष्टिगोचर होती है, अधिकांश पद प्रार्थना-गीत, स्त्रोत एवं उपदेशात्मक सूक्तियों में परिणित हो गये हैं। वस्तुतः यह चिन्तन-प्रधान रचना अधिक है, भावाद्वेलन इसमें कम है। फिर भी तुलसीदास के ग्रन्थों में इसका स्थान 'रामचरितमानस' एवं 'कवितावली' के बाद सर्वोच्च माना जा सकता है।

इस क्षेत्र के अन्य कवियों में नाभादास (जन्म लगभग १६०० ई०) का नाम उल्लेखनीय है। इन्होंने राम-भक्ति-सम्बन्धी थोड़े से पद लिखे थे। इसके अतिरिक्त इनका प्रसिद्ध ग्रन्थ 'भक्तमाल' है जिसमें दो सौ भक्तों का परिचय ३१६ छप्पयों में दिया गया है। आगे प्रियादास ने इस ग्रंथ की टीका भी लिखी।

इस प्रकार कृष्णेतर अवतारों को गीति-काव्य में अधिक स्थान नहीं मिल सका। वस्तुतः गीति-काव्य के लिए जैसी भावात्मकता एवं स्निग्धता अपेक्षित है उसके लिए कृष्ण की बाल्यकालीन चेष्टाओं एवं यौवन की क्रीड़ाओं का सरस चित्रण ही अधिक उपयुक्त रहता है। गीति के क्षेत्र में कृष्ण की तुलना में राम को स्थापित करने के प्रयास में जब तुलसी जैसे कवि भी सफल नहीं हो सके तो अन्य किसी से तो इसकी आशा करना ही व्यर्थ है। हाँ, परवर्ती युग में इस प्रतिद्वन्द्विता में 'रसिक भक्ति-शाखा, के कवि अवश्य विशेष तैयारी के साथ उतरे, उन्होंने इसमें सफलता पाने के लिए राम के चरित को कृष्ण से भी अधिक रसिकतापूर्ण बना दिया। पर उनमें भी भावना का वह उत्कर्ष नहीं आ सका जो 'सूर-सागर' जैसी रचनाओं में मिलता है। 'रसिक-भक्ति-काव्य परम्परा' का अनुशीलन आगे स्वतन्त्र रूप में प्रस्तुत किया जायगा—अतः वहाँ इस प्रसंग को समाप्त किया जाता है।

१३

रोमांसिक कथा-काव्य (प्रेमाख्यानक) परम्परा

•

लोकाश्रित काव्य : सामान्य परिचय—जैसा कि अन्यत्र स्पष्ट किया जा चुका है, काव्य-रचना के विभिन्न आश्रय-केन्द्रों एवं प्रेरणा-स्रोतों की दृष्टि से मध्यकाल के समस्त हिन्दी काव्य को तीन वर्गों में विभक्त किया गया है—(१) धर्माश्रित काव्य (२) राज्याश्रित काव्य एवं (३) लोकाश्रित काव्य । जहाँ प्रथम दो वर्गों का काव्य क्रमशः तत्कालीन धर्म-संप्रदायों एवं राज-दरबारों की रुचि, मनोवृत्ति एवं प्रवृत्ति का प्रतिनिधित्व करता है, वहाँ तीसरे वर्ग का काव्य उस युग के जन-सामान्य की साहित्यिक रुचियों एवं प्रवृत्तियों को प्रस्तुत करता है । लोकाश्रित कवि किसी विशेष संस्था या सत्ता के निर्देशों से प्रेरित होकर काव्य रचना नहीं करता अपितु आत्मानुभूति की प्रेरणा से अपने युग की लोक-रुचि के अनुकूल काव्य सृष्टि करता है । उसके लिए काव्य जीविका का साधन नहीं होता अपितु आत्म-तोष एवं आत्म-गौरव की स्थापना का पूरक होता है । जन-साधारण की वाह-वाही ही प्रायः उसकी काव्य-साधना का प्रयोजन होता है । ऐसी स्थिति में वह लोक रुचि एवं लोक-रंजन से सम्बन्धित विभिन्न तत्त्वों से न्यूनाधिक प्रभावित होता है ।

यद्यपि लोक-रुचि का रूप युग-विशेष के वातावरण एवं परिस्थितियों के अनुकूल सदा बदलता रहा है फिर भी सामान्यतः मध्य श्रेणी की जनता ऐसी रचनाओं को अधिक पसंद करती रही है जो रोमांचक, उत्तेजक एवं कौतूहलवर्द्धक हों । इस बात का प्रमाण एक ओर 'संदेश रासो' के रचना-काल में, जैसा कि उसके कवि ने लिखा है, पढ़ी जाने वाली सदयवत्स कथा, नल-दमयंती कथा आदि से चलता है तो दूसरी ओर सोलहवीं-सत्रहवीं शती के कवि बनारसीदास जैन द्वारा लिखित अर्द्ध कथानक' से चलता है, जिसमें वे बताते हैं कि किस प्रकार वे अपना सब कुछ भूलकर मृगावती, मधुमालती जैसी दो चार रोमांचक प्रेम कथाओं में लीन रहा करते थे । आधुनिक युग में भी जासूसी तिलस्मी एवं ऐयारी के उपन्यासों, रोमांचक फिल्मों तथा चटपटे समाचार-पत्रों का बहु-प्रचलन भी यह सिद्ध करता है कि सामान्य जनता

अब भी कौतूहलवर्द्धक, रोमांचक एवं ऐन्द्रियक रचनाओं को पसन्द करती है; उसका बाह्य रूप जो चाहे हो। इन तीनों तत्वों को यदि एक शब्द में प्रस्तुत करना चाहें तो इनके लिए अंग्रेजी के 'रोमांस' (Romance) शब्द का प्रयोग किया जा सकता है जो प्रेम, साहस, शौर्य्य एवं कल्पना के समन्वय का द्योतक है। अस्तु, जनसाधारण की रुचि एवं प्रवृत्ति को देखते हुए मध्यकाल के लोकाश्रित काव्य में भी रोमांसिक तत्वों की प्रधानता का होना स्वाभाविक है।

इन रोमांसिक रचनाओं को भी मुख्यत: दो वर्गों में विभाजित किया जा सकता है —(१) जिनमें परम्परागत कथानक रूढ़ियों एवं कथाओं के आधार पर लिखित प्रबन्धात्मक रचनाएँ। (२) रोमांस (स्वच्छन्द प्रेम) की निजी अनुभूतियों के आधार पर रचित मुक्तक काव्य। यद्यपि इन दोनों वर्गों के काव्य का मूल तत्व रोमांस ही है किंतु उनकी विषय-वस्तु के विस्तार, काव्य-रूप एवं शैली में परस्पर पर्याप्त अन्तर है, इस दृष्टि से इन दोनों का अध्ययन दो भिन्न परम्पराओं—'रोमांसिक कथा-काव्य-परम्परा एवं 'स्वच्छन्द मुक्ततक काव्य-परम्परा'—के अन्तर्गत प्रस्तुत करना उचित होगा। अस्तु प्रस्तुत अध्याय में केवल प्रबन्धात्मक शैली में रचित रोमांसिक कथा-काव्यों या प्रेमाख्यानों का परिचय दिया जाता है।

१३.२. **रोमांसिक कथा-काव्य-परम्परा : नामकरण** प्रस्तुत काव्य-परम्परा को अब तक विभिन्न नामों से पुकारा जाता रहा है, यथा—'प्रेम मार्गी (सूफी शाखा' 'प्रेम-काव्य', 'प्रेम-गाथा', 'प्रेम कथानक काव्य', 'प्रेमाख्यानक', 'प्रेमाख्यान' आदि। यह आश्चर्य की बात है कि हिन्दी के विभिन्न विद्वानों ने इन विभिन्न नामों का प्रयोग करते समय इनके अर्थ का स्पष्टीकरण करने का प्रयास नहीं किया। ऐसी स्थिति में किसी भी ऐसे काव्य को जिसमें प्रेम का चित्रण किया गया हो, इस परम्परा में स्थान दिया जा सकता है जबकि वस्तुत: ऐसा करना ठीक नहीं। प्रेम एक ऐसी व्यापक भावना है कि उसका अस्तित्व न्यूनाधिक मात्रा में प्राय: सभी या अधिकांश रचनाओं में होता है किन्तु उन सभी को इस परम्परा में स्थान नहीं दिया जाता। इसका संबंध केवल एक विशेष प्रकार के प्रेम, साहसिक प्रेम या स्वच्छन्द प्रेम से है, जिसे अंग्रेजी में 'रोमांस' (Romance) कहा गया है। वस्तुत: इस काव्य-परम्परा का सम्बन्ध एक ओर तो विश्व में व्याप्त रोमांस-काव्य की परम्परा से है तथा दूसरी ओर भारत की प्राचीन कथा-काव्य-परम्परा से है, इन दोनों तथ्यों का स्पष्टीकरण आगे विस्तार से किया जायगा। यहाँ इतना ही कहना पर्याप्त होगा कि उपर्युक्त दोनों परम्पराओं के सम्बन्ध को सूचित करने वाले क्रमश: दो शब्दों—'रोमांसिक' एवं '**कथा-काव्य**' को ग्रहण करते हुए हम इस परम्परा को 'रोमांसिक कथा-काव्य-परम्परा' के नाम से पुकारना उचित समझते हैं। यहाँ यह भी उल्लेखनीय है कि इस परंपरा के कवियों ने भी प्राय: अपनी रचनाओं के लिए '**कथा-काव्य**' संज्ञा का प्रयोग किया किया है। अस्तु, इसका नया नामकरण इस दृष्टि से भी उपयुक्त सिद्ध होगा।

रोमांस एवं कथा-काव्य के लक्षण —'रोमांस' शाब्दिक दृष्टि से तो फ्रांस की प्राचीन भाषा का नाम है, किन्तु साहित्य के क्षेत्र में इसका तात्पर्य एक विशेष प्रकार

की रचनाओं से लिया जाता है। इन रचनाओं में साहस, प्रेम, सौन्दर्य, कल्पना एवं अलौकिक तत्वों की प्रमुखता रहती है। इनमें भी मुख्यतः प्रेम का चित्रण होता है, किन्तु वह प्रेम एक विशेष प्रकार का होता है—उसमें साहस, शौर्य्य एवं संघर्ष का मिश्रण रहता है दूसरे शब्दों में इसी को साहसिक या रोमांटिक प्रेम भी कहा जाता है। पाश्यचात्य विद्वानों ने जो लक्षण रोमांस के बताये हैं, लगभग वे ही संस्कृत के आचार्यों ने साहित्य के एक विशेष रूप—'कथा' के बताये हैं। आचार्य भामह एवं दंडी के अनुसार इसमें कन्या के अपहरण, युद्ध, विरह एवं प्रेम की प्रमुखता होती है। वस्तुतः ये लक्षण क्रमशः साहस, संघर्ष, शौर्य्य एवं प्रेम आदि तत्वों के ही सूचक हैं। अन्य काव्य-प्रवृत्तियों एवं शैली सम्बन्धी विशेषताओं की दृष्टि से भी रोमांस और कथा-काव्य में गहरा साम्य है इसीलिए पाश्चात्य इतिहासकारों ने भारतीय कथा काव्यों को 'रोमांस' की संज्ञा दी है किन्तु हिन्दी में 'कथा' शब्द का प्रयोग सामान्य कहानियों एवं उपन्यासों के अर्थ में रूढ़ हो गया है, अतः इन काव्यों की विशिष्टता को सूचित करने के लिए 'कथा' के पूर्व 'रोमांसिक' विशेषण का प्रयोग अपेक्षित है। साथ ही यह भी उल्लेखनीय है कि प्रारम्भ में कथा साहित्य गद्य में ही लिखा जाता था जबकि आगे चलकर पद्य में लिखा जाने लगा, किन्तु इससे इनके मूल रूप में विशेष अन्तर नहीं आया। रुद्रट ने बसी तथ्य को स्वीकार करते हुए लिखा है कि यह कथा संस्कृत में गद्य में तथा अन्य भाषा (प्राकृत, अपभ्रंश आदि) में पद्य में में लिखी जाती है। यह बात अंगरेजी के रोमांस पर भी लागू होती है। रोमांस प्रारम्भ गद्य में लिखे जाते थे जबकि १२वीं-१३वीं शती में वे छंदोबद्ध होने लग गये। हिन्दी में भी ये काव्य पद्य में ही लिखे गये हैं। 'रोमांसिक कथा-काव्य' में 'काव्य' शब्द इसी तथ्य का सूचक है।

१२·३. **विश्व-साहित्य के रोमांस का उद्भव एवं विकास** पाश्चात्य विद्वानों के अनुसार रोमांस के मूल तत्व प्राचीन ग्रीक एवं लैटिन साहित्य में विद्यमान थे। आगे चलकर इन्हीं तत्वों के आधार पर प्राचीन फ्रेंच, जर्मन एवं इङ्गलिश में रोमांस काव्यों की एक ऐसी धारा का प्रवर्त्तन हुआ जो यूरोप की अधिकांश भाषाओं के साहित्य में फैल गई। वस्तुतः यह एक ऐसी व्यापक काव्य-धारा है जो मध्यकाल के समस्त यूरोपीय साहित्य पर छायी हुई है। इतना ही नहीं, विश्व के अन्य भागों पर दृष्टि डालें तो वहाँ भी इसकी कई शाखाएँ फैली हुई दृष्टिगोचर होंगी। यूरोप की ही भाँति एशिया में भी—भारत से लेकर ईरान तक इसका प्रचार एवं प्रसार दृष्टिगोचर होता है। इस दृष्टि में यह विश्व-साहित्य की सबसे अधिक प्रबल एवं व्यापक काव्य-धारा प्रतीत होती है।

यहाँ एक प्रश्न है—विश्व के विभिन्न भागों में फैली हुई रोमांस काव्य की ये धाराएँ क्या परस्पर सम्बद्ध हैं या इनका विकास स्वतन्त्र रूप से अलग-अलग हुआ है? इस प्रश्न पर अनेक विद्वानों ने गंभीरतापूर्वक विचार करने के अनन्तर जो निष्कर्ष प्रस्तुत किये हैं, उनसे यह पता चलता है कि यह धारा सबसे पहले भारत के कथा-साहित्य के रूप में प्रस्फुटित हुई, तदनन्तर विभिन्न स्रोतों से यह अरब, फारस,

यूनान रोम एवं स्पेन में होती हुई पश्चिमी एशिया एवं सारे यूरोप में फैल गयी। हिन्दी के उन पाठकों को, जो अब तक इस परम्परा को फारसी मसनवियों या विदेशी सूफियों की देन मानने की भ्रान्ति के ग्रस्त हैं, यह बात बड़ी विचित्र लग सकती है। उन्हें शायद यह पता नहीं है कि जिस धारा को आचार्य रामचन्द्र शुक्ल तथा उनके चरण-चिह्नों पर चलने वाले परवर्ती आचार्य विदेशी मानते हैं, उसी को रीक (Reich), बेनफी (Benfy), कीलर (Keller), हर्टेल (Hertel) जैसे यूरोपियन विद्वान् तथा 'कैम्ब्रिज हिस्ट्री आफ इङ्गलिश लिट्रेचर' व एन्साइक्लोपीडिया आफ ब्रिटानिका' से कतिपय लेखक विश्व को भारत की देन मानते हैं। यह धारा किस प्रकार भारत में पनप कर एक ओर अरब-फारस व ईरान के आख्यानों के रूप में तथा दूसरी ओर ग्रीक, लैटिन, फ्रेंच, जर्मन, इंगलिश आदि के रोमांसों के रूप में विकसित हुई, इसकी विस्तृत चर्चा करना यहाँ सम्भव नहीं। यहाँ हम केवल उन तथ्यों एवं प्रमाणों का संकेत मात्र कर देना चाहते हैं जिनके आधार पर उपर्युक्त मत का प्रतिपादन किया गया है—

(क) रोमांस काव्यों की एक शाखा यूनान और रोम से होती हुई यूरोप के शेष भागों में प्रसारित हुई। यूनान कीं यह शाखा (संभवत: सिकन्दर के आक्रमण के समय भारत से प्राप्त हुई थी। भारत का कथा-साहित्य यूनान में पहुँचा है इस तथ्य को अनेक यूरोपियन विद्वानों ने अपनी-अपनी शोध के आधार पर प्रमाणित किया है, जिनमें रीक, वेनजर, बेनफी, कीलर, हर्टेल आदि का नाम उल्लेखनीय है। रीक (Reich) महोदय ने भारतीय और यूनानी आख्यानों का तुलनात्मक अध्ययन प्रस्तुत करते हुए स्पष्ट किया है कि भारतीय कथा-साहित्य की अनेक प्रवृत्तियाँ यूनानी आख्यानों में विद्यमान हैं; जैसे—(१) प्रथम दर्शनजन्य प्रेमोत्पत्ति, (२) स्वप्न में प्रिय-दर्शन, (३) अलौकिक रूप में भाग्य-परिवर्तन, (४) साहित्य यात्राएँ, (५) समुद्र में जहाज का टूटना, (६) नायक-नायिकाओं के सौन्दर्य का अतिशयोक्तिपूर्ण वर्णन, (७) प्रकृति का विस्तृत रूप में चित्रण आदि। इसी प्रकार वेनजर (Wagener) ने इस विषय पर शोध करते हुए यूनानी आख्यानों पर भारतीय कथा-साहित्य का गहरा प्रभाव सिद्ध किया है। बेनफी ने स्पष्ट रूप में स्वीकार किया है कि आश्चर्य-पूर्ण कहानियों का उद्गम-स्रोत भारत है। कीलर (Keller) महोदय ने ईसा से दो-तीन शताब्दी पूर्व की भारतीय चित्रकला एवं मूर्तियों तथा जातक कथाओं के आधार पर यह प्रमाणित किया है कि कथा-साहित्य का यूनान से पूर्व भारत में आविर्भाव हो गया था, अत: यूनान पर ही भारत का ऋण होना संभव है। कुछ विद्वानों ने इसके विपरीत भारत के कथा-साहित्य को यूनान की देन सिद्ध करने का प्रयास किया है, किन्तु उन्हें सफलता नहीं मिली है। हर्टेल (Hertel) ने विरोधियों के मत का खंडन करते हुए प्रमाणित किया है कि ग्रीक के अनेक सर्वोत्कृष्ट आख्यान मूलत: भारतीय हैं[१]

यद्यपि कीथ जैसे विद्वानों ने यूनानी आख्यानों पर भारत का ऋण स्वीकार करने में संकोच करते हुए यह युक्ति दी है कि शायद यूनान और भारत दोनों ने ही

किसी तीसरे स्रोत से यह साहित्य प्राप्त किया हो या यह भी सम्भव है कि दोनों का विकास स्वतन्त्र रूप में हुआ हो; किन्तु ये युक्तियाँ अन्य प्रमाणों को देखते हुए महत्व-पूर्ण नहीं होतीं।

(ख) भारतीय कथा-साहित्य के यूनान में पहुँचने के और भी कई महत्वपूर्ण साक्ष्य उपलब्ध हुए हैं। एथेन्योस नामक एक प्राचीन यूनानी कवि द्वारा ग्रीक में रचित 'Zariadress and Odates' नामक आख्यान प्राप्त हुआ है। वेबर महोदय ने 'वासवदत्ता' की भूमिका में इसे उद्धृत करते हुए प्रतिपादित किया है कि इसका कथानक वासवदत्ता के कथानक से बिलकुल मिलता-जुलता है, अतः 'वासवदत्ता' का आधार यह ग्रीक काव्य है। किन्तु इसके कवि ने स्वयं यह स्वीकार किया है कि उसे यह आख्यान सिकन्दर महान् के एक कर्मचारी 'Mtiline' (जो संभवतः भारत की यात्रा करके लौटा था) सुनाया था। ऐसी स्थिति में इस पर 'वासवदत्ता' का प्रभाव मानना चाहिए या 'वासवदत्ता' पर इसका? जिस 'वासवदत्ता' काव्य की बात वेबर साहब कर रहे हैं, वह बहुत बाद का है, किन्तु इसकी मूल कहानी, जो कि उदयन और वासवदत्ता के ऐतिहासक वृत्त से सम्बन्धित है, सिकन्दर के आगमन से भी पहले की है, अतः इससे यही प्रमाणित होता है कि यह कहानी भारत से ही यूनान में पहुँची होगी न कि इसके विपरीत हुआ होगा।

इसके अतिरिक्त ग्रीक में Syntipas नाम का एक प्राचीन आख्यान मिलता है जिसमें अनेक स्थल ऐसे हैं जिन्हें सफलतापूर्वक तभी समझा जा सकता है, जब यह मान लिया जाय कि वे केवल किसी संस्कृत मूल के बिगड़े हुए रूप हैं' इससे यह प्रमाणित होता है कि यह आख्यान मूलतः किसी संस्कृत रचना पर आधारित हैं। अस्तु, इन तथ्यों से भारतीय कथा-साहित्य के यूनान में पहुँचने की बात प्रमाणित होती है।

(ग) भारतीय कथा-साहित्य के यूरोप में प्रसारित होने के एक अकाट्य प्रमाण के रूप में पंच तंत्र के विभिन्न अनुवादों को प्रस्तुत किया जा सकता है। जैसा कि इतिहासकारों ने प्रमाणित किया है, पाँचवीं शती से लेकर सोलहवीं शती तक एशिया और यूरोप की बीसों भाषाओं में इसके अनुवाद हो गये थे, जो इस प्रकार हैं—पहलवी भाषा में Burzoe द्वारा (५-६वीं शती), सीरिया की भाषा में (५१० ई०), अरबी में (७५० ई०), ग्रीक में (११वीं शती), हिब्रू (११वीं शती), इटैलियन, लैटिन एवं जर्मन में (१५-१६वीं शती), डैनिश, आइसलैण्ड, डच और स्पेन की भाषाओं में (१५वीं शती), अंग्रेजी में (१५७० ई०)। इसी प्रकार शुक सप्तति, बैताल-पचीसी आदि के अनुवाद यूरोप की विभिन्न भाषाओं में हुए हैं।

(घ) यूरोप में रोमांस-काव्य के अभ्युत्थान में योग देने वाले आधारभूत ग्रंथों के रूप में 'अरबियन-नाइट्स', 'जोसफ एण्ड बरलाम' सिंदबाद की कहानी आदि को स्वीकार किया गया है। डॉ० ए० बी० कीथ ने अरबियन नाइट्स का उद्गम-स्रोत एक जैन गाथा 'कनक मंजरी' को सिद्ध किया है। यह कहानी अरब-फारस से होती हुई यूरोप में पहुँची। 'जोसफ एण्ड बरलाम' की गाथा भी असंदिग्ध रूप में गौतम

बुद्ध की ही जीवन-गाथा मानी जाती है। इसी प्रकार सिंदबाद की कहानी भी मूलत: भारतीय है। अरबी इतिहासकार मसूदी (मृत्यु ९५६ ई०) ने इसे भारतीय कथा माना है। इस प्रकार पाश्चात्य रोमांस-काव्य के आधारभूत ग्रन्थ भारतीय सिद्ध हो जाते हैं।

(ङ) इसी प्रकार तेरहवीं-चौदहवीं शती के अनेक पाश्चात्य रोमांस-काव्य जैसे Gest a Romnorum (१३०० ई०) Perceforest, The wright's chaste wife, Constant du Hamel, Isabeau आदि रोमांचक कथाएँ भी वृहत्कथा की कहानियों पर आधारित हैं।

(च) पाश्चात्य रोमांस काव्य में उपलब्ध अनेक कथानक-रूढ़ियाँ, धार्मिक विश्वास एवं सांस्कृतिक प्रवृत्तियाँ भी मूलत: भारतीय सिद्ध हुई हैं। उदाहरण के लिए स्वयंवर की प्रथा, प्रेमी-प्रेमिकाओं के पुनर्जन्म में मिलने का विश्वास, सतीत्व की परीक्षा आदि तत्त्व भारतीय हैं।

(छ) पाश्चात्य रोमांस के विकास में भारतीय कथाओं के योगदान को स्वीकार करते हुए 'कैम्ब्रिज हिस्ट्री ऑफ इंगलिश लिट्रेचर, भाग १' में श्री डबल्यू० पी० केर ने स्पष्ट रूप में लिखा है--"The far-east began very early to tell upon western imaginations, not only through the marvels of Alexander in India, but in many and various separate stories. One of the best of these and one of the first, as it happens, in the list of English romances, is 'Flores and Blanche flour'.......'Barlaam and Josaphat ? is the story of the Buddha, ann 'Robert of Sicily', 'the proud King' has been traced to a sim ilar Origin.'[1]

इसी प्रकार 'एन्साइक्लोपीडिया ऑफ ब्रिटैनिका' भाग (१९) में भी रोमांस के उदभव पर प्रकाश डालते हुए पूर्व (भारत) के कथा-साहित्य को उद्गम-स्रोत के रूप में स्वीकार किया गया है "That such matter was abundant in the literature and folk-lore of the east ......Certain fragments of eastern stories making their way first it may be, through spain by pilgrimages, laterly by the crusades."[२]

---

१. हिन्दी-अनुवाद —'पाश्चात्य कल्पनाओं (कथाओं) पर सुदूर पूर्व का प्रभाव बहुत पहले से पडने लग गया था। केवल सिकन्दर के द्वारा (प्राप्त) भारतीय चमत्कारों के माध्यम से ही नहीं, उसके भी अतिरिक्त विभिन्न स्वतन्त्र कथाओं के रूप में, जैसे अंग्रेजी रोमांसों में सर्वप्रथम कृति 'Flores and Blanche flour'……है। Barlaam and Josaphat की कथा भी बुद्ध की ही कथा है तथा 'राबर्ट ऑफ सिसली', 'दी प्राउड किंग' आदि का भी मूलोद्भव वहीं (भारतीय) ढूँढ़ा गया है।'

२. हिन्दी-अनुवाद—'इस प्रकार की सामग्री पूर्व के साहित्य एवं लोक-कथाओं में बहुत अधिक विद्यमान थी।.......इन पूर्वी कहानियों के कुछ अंश पहले स्पेन के तीर्थ-यात्रियों द्वारा तथा बाद में आक्रमणकारियों द्वारा पहुंचते रहे।'

(ज) भारतीय कथा-साहित्य के ईरान में होते हुए यूरोप में पहुँचने का एक अन्य प्रमाण यह है कि ईरान के बादशाह बहरामगौर (४२०-४३८ ई०) ने भारत से दस हजार (१) गवैये ऐसे बुलवाये थे जो कि सारंगी पर प्रेम-कथाएँ सुनाकर मुग्ध कर लेते थे। इन गवैयों के ही वंशज आगे चलकर एशिया और यूरोप के अनेक भागों में फैल गये तथा इन्हें 'जिप्सी' कहा जाता है। इन जिप्सियों के द्वारा भी भारतीय कथाएँ पश्चिमी एशिया एवं यूरोप मे फैलीं। कुछ पाश्चात्य विद्वानों ने इन जिप्सियों के द्वारा आयातित कथाओं को भी रोमांस के उद्गम-स्रोतों के रूप में स्वीकार किया है।

उपर्युक्त तथ्यों, प्रमाणों एवं स्वीकृतियों को देखते हुए इसमें संदेह नहीं कि विश्व के कथा-साहित्य विशेषत: रोमांचक कथा-साहित्य का उद्गम-स्रोत भारतीय साहित्य ही है किन्तु जैसा कि इतिहासकारों ने स्पष्ट किया है, भारतीय साहित्य एक बार में, एक साथ ही यूरोप में नहीं पहुँच गया। वहाँ समय-समय पर विभिन्न माध्यमों से वहाँ पहुँचा। पहले सिकन्दर एवं परवर्ती यूनानी शासकों के समय में, जब कि भारत एवं यूनान के बीच राजनीतिक सम्पर्क स्थापित हुआ, तब पहुँचा। तदनन्तर अरब और फारस के व्यापारियों द्वारा, जबकि अरब का स्पेन पर अधिकार था, स्पेन होता हुआ यूरोप में पहुँचा। भारत की अनेक कथाएँ पहले अरब-फारस की भाषाओं में अनूदित हुईं और तदनन्तर यूरोप में पहुँची। इस प्रकार जिप्सी तथा अन्य यात्रियों के द्वारा भी भारतीय कथा-साहित्य यूरोप में प्रचारित हुआ। अस्तु, प्रचार का माध्यम चाहे जो रहा हो, इसमें कोई सन्देह नहीं कि भारतीय कथा-साहित्य का पश्चिमी एशिया एवं यूरोप में पर्याप्त प्रचार हुआ तथा उसी ने विश्व के रोमांस काव्य की दीर्घ परम्परा के उद्भव एवं विकास में पर्याप्त योग दिया।

१३४. **भारत में रोमांचक कथाओं की परम्परा**—यद्यपि रोमांचक कथाएँ मुख्यत: कल्पना पर आधारित होती हैं, किन्तु उस कल्पना के पीछे भी थोडी-बहुत वास्तविकता अवश्य होती है। इस दृष्टि से विचार करने पर हम देखते हैं कि इन कथाओं में सामान्य रूप से एक ऐसा समाज प्रतिबिम्बित है, जो सौन्दर्य और प्रेम को ही जीवन का चरम लक्ष्य मानता है तथा इस क्षेत्र में वह धर्म और नीति की मर्यादाओं को तुच्छ मानता है। विवाह के क्षेत्र में वह इतना अधिक स्वतन्त्र एवं स्वच्छन्द प्रतीत होता है कि वह विवाह से पूर्व नायिका के कुल, जाति, धर्म आदि पर कोई विचार नहीं करता। इच्छित सुन्दरी को पाने के लिए वह सबसे संघर्ष करने एवं सारी कठिनाइयाँ सहन करने को प्रस्तुत है। संक्षेप में वह समाज अत्यधिक सौन्दर्य-प्रेमी, स्वच्छन्द, प्रगतिशील एवं साहसी प्रतीत होता है। भारत के अतीत पर दृष्टि डालें तो हमें ये सारी विशेषताएँ महाभारत के आधारभूत समाज में भली-भाँति दृष्टिगोचर होंगी। उसमें सौन्दर्य की इतनी अधिक प्रतिष्ठा दिखाई देती है कि उसके आगे धर्म, जाति एवं कुल के बन्धन गौण हैं, उदाहरण के लिए शान्तनु जैसा क्षत्रिय नरेश धीवर कन्या सत्यवती को, भीम अनार्य कन्या हिडम्बिनी को, अर्जुन नागकन्या उलूपी को केवल सौन्दर्याकर्षण के कारण ही स्वीकार कर लेते हैं। अपनी सौन्दर्य-

लालसा की पूर्ति के लिए किसी कन्या का बलात् अपहरण भले ही वह अपने मित्र की बहिन ही क्यों न हो, महाभारत के समाज में उचित है। उदाहरण के लिए सुभद्रा के रूप पर मुग्ध अर्जुन को स्वयं कृष्ण परामर्श देते हैं कि वह उसका अपहरण कर ले। इसी प्रकार विवाह से पूर्व संघर्ष के भी इस युग में पर्याप्त उदाहरण मिलते हैं। कृष्ण और रुक्मिणी, पाण्डव एवं द्रौपदी, अर्जुन और सुभद्रा, प्रद्युम्न और प्रभावती, अनिरुद्ध और उषा के विवाह से पूर्व नायक-पक्ष को प्रतिनायक या नायिका के संरक्षकों से संघर्ष करना पड़ता है। अस्तु सौन्दर्यप्रियता, प्रेम की स्वच्छन्दता एवं विवाह-सम्बन्धी प्रगतिशीलता आदि की दृष्टि से महाभारतीय समाज पूर्णतः रोमांटिक कहा जा सकता है। अतः इसी युग को रोमांचक कथाओं का उद्भव-काल माना जा सकता है। वैसे महाभारत से सम्बन्धित समाज के समय के बारे में विद्वानों में परस्पर मत-भेद है, किन्तु सामान्यतः महाभारत युद्ध की घटना ईसा से १४०० वर्ष पूर्व की मानी जाती है, अतः हम इसी समय के आस-पास से रोमांचक कथाओं का मूल उद्भव-काल मान सकते हैं।

यद्यपि महाभारत-ग्रंथ मूल महाभारतीय समाज के समय से बहुत बाद का माना जाता है किन्तु भारतीय साहित्य में यही पहला ग्रंथ है जिसमें एक साथ अनेक रोमांचक कथाओं का प्रारम्भिक रूप उपलब्ध होता है। उदाहरण के लिए इसमें अर्जुन-सुभद्रा, भीम-हिडाम्बनी, नल-दमयन्ती, तप्ता-संवरण के प्रणय के ऐसे प्रसंग विद्यमान हैं जो रोमांटिक तत्त्वों से युक्त हैं। इनमें भी नल-दमयन्ती उपाख्यान तो और भी अधिक रोमांचक है, जिसे परवर्ती युग के भी अनेक कवियों ने अपनाया है। महाभारत के अनन्तर 'हरिवंशपुराण' रोमांचक आख्यानों की दृष्टि से अत्यधिक महत्त्वपूर्ण है। इसमें कृष्ण-रुक्मिणी (अध्याय ५९-६०), प्रद्युम्न-प्रभावती (अध्याय १६२-१६७) और उषा-अनिरुद्ध (अध्याय २६५-२६७) के आख्यान विस्तार से प्रस्तुत किये गये हैं जिनमे परवर्ती रोमांचक आख्यानो का अधिकांश कथानक रूढ़ियाँ उपलब्ध होती हैं। उदाहरण के लिए कृष्ण-रुक्मिणी में नायक-नायिका में गुण-श्रवण द्वारा अप्रत्यक्ष रूप मे प्रेमोत्पत्ति, देव-मन्दिर के निकट दोनों की प्रथम भेंट, नायिका का बलात् हरण, प्रतिनायक से युद्ध आदि की घटनाओं का वर्णन मिलता है। 'उषा-अनिरुद्ध' में स्वप्न दर्शन व चित्त-दर्शन द्वारा प्रेमोत्पत्ति, नायक को सोते हुए महल से उठा ले जाना, नायिका के पिता द्वारा विवाह मे बाधा, विवाह से पूर्व युद्ध, आदि की घटनाएँ आई हैं। प्रद्युम्न और प्रभावती में हंस के द्वारा संदेशों के आदान-प्रदान, नायक के रूप बदल कर घर से निकलने, नायिका के पिता से संघर्ष आदि का वणन हुआ है। वस्तुतः इन आख्यानों में सौन्दर्य, प्रेम, साहस, संघर्ष आदि रोमांचक तत्त्वों के अतिरिक्त कथानक सम्बन्धी बहुत-सी ऐसी प्रवृत्तियाँ मिलती हैं, जिनका प्रयोग परवर्ती कथाओं में बार-बार हुआ है तथा इसीलिए उन्हें 'कथानक-रूढ़ि' (Motif) की संज्ञा दी गयी है।

उपर्युक्त परम्परा का विकास आगे चलकर प्राकृत के कथा-साहित्य में हुआ। ऐसा प्रतीत होता है कि प्रारम्भिक संस्कृत काव्य अपने अति आदर्शवादी दृष्टिकोण

के कारण रोमांचक साहित्य के विकास में अधिक योग नहीं दे सका, जबकि दूसरी ओर प्राकृत में, जो कि जीवन के प्रति यथार्थवादी दृष्टि की सूचक थी, रोमांचक साहित्य का अधिक विकास हुआ। इस सम्बन्ध में प्राकृत की 'वृहत्कथा' विशेष रूप से उल्लेखनीय है। इसका रचना-काल अनुमानतः पहली शती माना जाता है किन्तु मूल ग्रंथ आज अनुपलब्ध है। पर इसी के आधार पर संस्कृत में रचित दो ग्रन्थ 'वृहत्कथा मंजरी' और 'कथा-सरित्सागर' मिलते हैं, जिनसे 'वृहत्कथा' की मूल विषय-वस्तु के सम्बन्ध में बहुत कुछ ज्ञात हो जाता है। 'कथा-सरित्सागर' के माध्यम से पता चलता है कि इनमें अनेक साहसी नायकों के प्रेम और संघर्ष का वर्णन किया गया था। वस्तुतः इसमें अनेक ऐसी नयी कथानक-प्रवृत्तियाँ मिलती हैं, जिनका प्रयोग परवर्ती कथाकारों द्वारा बराबर हुआ है। यहाँ इनमें से कुछ का उल्लेख संक्षेप में किया जाता है—

(क) इसमें नायिकाओं के नाम प्रायः 'वती' प्रत्ययवाले हैं, जैसे—मृगांकवती, अलंकारवती, शशांकवती, पद्मावती, लावण्यवती, रत्नवती, धनवती, हिरण्यवती, मंदारवती, मदिरावती, मलयवती आदि। रोमांचक काव्यों में भी यह प्रवृत्ति बराबर मिलती है। उदाहरण के लिए हिन्दी काव्यों में प्रयुक्त कुछ नाम द्रष्टव्य हैं—पद्मावती, मृगावती, कनकावती, पुष्पावती आदि।

(ख) नायक का जन्म प्रायः विशेष अनुष्ठान या दैवी आशीर्वाद से होता है।

(ग) नायक-नायिका में प्रेमोत्पत्ति प्रायः स्वप्न-दर्शन-चित्त-दर्शन या प्रथम-दर्शन से होती है।

(घ) नायिका प्रायः किसी न किसी द्वीप (मलयद्वीप, सिंहलद्वीप, रत्नद्वीप, स्वर्णद्वीप आदि) की वासिनी होती है, जिससे नायक के समुद्र-यात्रा करने, जहाज के टूटने, नायक के बचने के प्रसंगों का समावेश होता है।

(ङ) नायक प्रायः ब्राह्मण, भिक्षु या तपस्वी का वेश धारण करके नायिका की प्राप्ति के लिए घर से निकलता है।

(च) नायक को किसी संन्यासी, पक्षी या दैवी शक्ति की सहायता से नायिका का पता चलता है।

(छ) नायक-नायिका की प्रथम भेंट प्रायः किसी मन्दिर या फुलवारी में होती है।

(ज) नायक को प्रायः नायिका के संरक्षक से संघर्ष करना पड़ता है।

(झ) नायिका की प्राप्ति के लिए नायक को पर्याप्त शौर्य्य एवं साहस से काम लेना पड़ता है।

(ञ) मुख्य नायिका की खोज करते समय प्रायः नायक की भेंट किसी अन्य सुन्दरी से या ऐसी सुन्दरियों से हो जाती है जो किसी राक्षस या अत्याचारी व्यक्ति के बन्धन में होती हैं, जिन्हें नायक मुक्त करवा कर अपने साथ ले लेता है।

(ट) अन्त में किसी सिद्ध योगी, देवता या बैताल की सहायता से नायक को सफलता मिलती है।

उपर्युक्त कथानक-प्रवृत्तियों का विशेष महत्व इसलिए है कि परवर्ती रोमांचक साहित्य में—भले ही वह संस्कृत, प्राकृत, अपभ्रंश एवं हिन्दी में लिखित हो या ग्रीक, लैटिन, फ्रांस, जर्मन एवं इंगलिश में रचित, सभी में—इनका प्रयोग रूढ़ि रूप में प्रायः हुआ है। वस्तुतः जहाँ महाभारत एवं हरिवंश पुराण रोमांचक कथाओं के विभिन्न तत्त्व बीज रूप में मिलते हैं, वहाँ उनका व्यापक एवं विस्तृत पल्लवित रूप सर्वप्रथम वृहत्कथा (अर्थात् कथा सरित्सागर एवं वृहत्कथा मंजरी) में ही मिलता है। ऐसा प्रतीत होता है कि वृहत्कथा की कथाओं के पीछे उस समृद्ध एवं वृहत्तर भारत की पृष्ठभूमि है जबकि भारत के व्यापारी दूर-दूर के द्वीपों में व्यापार के लिए जाते थे तथा वहाँ से अपने साथ गौरांगनाएँ लेकर लौटते थे। 'वृहत्कथा' में नायिकाओं का द्वीपवासिनी होना, समुद्र-यात्रा, जहाज का टूटना आदि प्रसंगों से सम्बन्धित अनेक नवीन कथानक-प्रवृत्तियों का प्रयोग इसी पृष्ठभूमि को ध्वनित करता है।

रोमांचक कथाओं के विकास की यह परम्परा यहीं समाप्त नहीं हो जाती। अब तक इनमें मुख्यतः कला तत्त्व का ही विकास एवं विस्तार हुआ था, सूक्ष्म भावों, आकर्षक कल्पनाओं एवं काव्यात्मक शैली का प्रादुर्भाव इनमें नहीं हुआ था। इस अभाव की पूर्ति संस्कृत के मध्यकालीन गद्यकारों द्वारा हुई, जिनमें सुबन्धु, वाण, दंडी का नाम विशेष रूप से उल्लेखनीय है। सुबन्धु (५-६ठीं शती) ने 'वासवदत्ता', बाण (७वीं शती) ने 'कादम्बरी' और दंडी (७वीं शती) ने 'दशकुमार चरित' की रचना की, जो सौंदर्य, प्रेम और शौर्य्य से ओत-प्रोत है। जहाँ तक इनकी कथा-वस्तु और कथानक-रूढ़ियों की बात है, इनमें कोई नयी बिशेषता नहीं है। बहुत कुछ वैसा ही है, जैसा 'वृहत्कथा' में मिलता है, किन्तु इनकी नबीनता भावों की सूक्ष्म व्यजकता एवं शैली की आलंकारिता में है। अस्तु इन्होने रोमांचक कथाओं की इतिवृत्तात्मकता को काव्यात्मकता शैली से युक्त करके इस परम्परा को एक नया मोड़ दिया। इन्हीं के प्रभाव से आगे चलकर सस्कृत और प्राकृत में और भी कई गद्य-काव्य एवं चम्पू लिखे गये जो रोमांचक तत्वों से भरपूर हैं; जैसे—समरादित्य कथा, सुर-सुन्दरी चरित्र, दमयंती कथा, उदय सुन्दरी कथा, भवन सुन्दरी कथा, लीलावती आदि। ये सब आठवीं से दसवीं शती के बीच लिखे गये हैं।

प्राकृत-संस्कृत की कथा-काव्य-परम्परा की प्रगति अपभ्रंश में जैन कवियों द्वारा हुई, जिन्होंने दशवीं शती से लेकर पन्द्रहवीं शती तक अनेक महत्त्वपूर्ण काव्य लिखे, जैसे—नायकुमार चरिउ (पुष्पदंत; १०वीं शती), जसहर चरिउ (पुष्पदंत, १०वीं शती), भविसयत कहा (धनपाल; ११वीं शती), सुदंसण चरिउ (नयनंदी, ११वीं शती), करकंड चरिउ (मुनि कनकामर; १०६५ ई०), पउमसिरी चरिउ (धाहिल; १२वी शती), भविसयत चरिउ (श्रीधर १२वीं शती), सुलोचणा चरिउ (देवसेन मणि; १२-१३वीं शती), जिणदत्त चरिउ (लक्खन, १३वीं शती), बाहुबलि चरित (धनपाल, १४वीं शती), धनकुमार चरित (रयधू, १५वीं शती) आदि। यद्यपि जैन कवियों ने अपनी रचनाओं को प्रायः 'चरिउ' या 'चरित' की संज्ञा दी है, किन्तु विषय-वस्तु, कथानक, रूढ़ियों, भाव-व्यंजना एवं शैली की दृष्टि से ये कथा-काव्य की

परम्परा में ही आती है। पूर्ववर्ती कथाओं की भाँति इनमें नायिकाएँ प्रायः 'वती' प्रत्यय वाली हैं, (जैसे—मदनवती, लीलावती, पद्मावती आदि) तथा वे द्वीपों की निवासिनी हैं, जिन्हें पाने के लिए नायकों को समुद्री यात्राएँ करनी पड़ती हैं। प्रेम की उत्पत्ति इनमें रूप-गुण-श्रवण, चित्र-दर्शन या स्वप्न-दर्शन द्वारा ही दिखाई गई है तथा सौन्दर्य, प्रेम, साहस और शौर्य्य का चित्रण रोमांचक शैली में ही हुआ है। पूर्ववर्ती कथा-साहित्य की जिन कथानक रूढ़ियो का संकेत पीछे किया गया हैं, प्रायः वे सभी इनमें बराबर प्रयुक्त हुई हैं। इतना ही नहीं, कई काव्यों में तो पूर्ववर्ती कथाओं के अनेक प्रसंगों की आवृत्ति भी ज्यों की त्यों हुई है, जैसे—'वृहत्कथा' में सोई हुई लावण्यवती को मदनवेग नामक विद्याधर उठा ले जाता है, तो करकंडु चरित में मदनावती को भी इसी प्रकार सुषुप्त अवस्था में एक विद्याधर उठा ले जाता है। अस्तु, कहने का तात्पर्य यह है कि इन काव्यों को भले ही कवियों ने 'चरित' कहा हो, किन्तु हम प्रत्येक दृष्टि से इन्हें रोमांचक कथा-काव्य की ही परम्परा में स्थान दे सकते हैं।

यहाँ यह भी उल्लेखनीय है कि जहाँ जैन कवियों ने इस परम्परा को तीन-चार शताब्दी तक आगे बढ़ाया, वहाँ उन्होंने इसमें कुछ नये तत्वों एवं नयी प्रवृत्तियों का भी सम्मिश्रण किया। एक तो उन्होंने इसमें धार्मिक या सांप्रदायिक तत्त्वों का मिश्रण किया, जिससे कि इनसे मनोरंजन होने के साथ-साथ धर्म-संप्रदाय का भी प्रचार हो सके, जहाँ पूर्ववर्ती कथाओं में नायक को किसी सिद्ध या दैवी शक्ति की सहायता से सफलता मिलती है वहाँ चरित-काव्यों में किसी जैन-तीर्थङ्कर की आराधना या किसी जैन व्रत या अनुष्ठान के प्रभाव से नायक को सफलता मिलती है। इससे जैन धर्म का महत्त्व तो प्रामाणित हो जाता है, किन्तु कला की मूल प्रकृति में विशेष अन्तर नहीं पड़ता, क्योंकि उसका शेष सारा वातावरण रोमांटिक ही रहता है, धार्मिक नहीं। सौन्दर्य, प्रेम और विरह का वर्णन जैन कवियों ने धर्माचार्यों की शैली में नहीं किया अपितु सच्ची रोमांटिक दृष्टि से किया है; अतः धार्मिक तत्त्वों के मिश्रण के बावजूद ये काव्य रोमांस ही रहते हैं, धर्मोपदेश नहीं बन पाते। दूसरे, इनमें एक नयी प्रवृत्ति यह मिलती है कि वे कथा की समाप्ति नायक-नायिका के मिलन-बिन्दु पर ही न करके उसे कुछ और आगे बढ़ाते हुए उन्हें यौवनावस्था से चरम प्रौढ़ावस्था तक पहुँचाते हैं और अन्त में उन्हें सांसारिक भोगों की निस्सारता का अनुभव करवाते हुए वैराग्य या संन्यास की दीक्षा दे देते हैं। इस प्रकार इन कथाओं की परिणति संयोग-शृङ्गार के स्थान पर शान्तिपूर्ण वैराग्य में होती है। तीसरे, इन्होंने गद्य के स्थान पर पद्य का प्रयोग किया है। पर इससे ये कथा-काव्य के क्षेत्र से बाहर नहीं जातीं, क्योंकि रुद्रट जैसे आचार्यों ने कथाओं के लिए गद्य और पद्य—दोनों का माध्यम स्वीकार किया है। इस प्रकार तेरहवीं-चौदहवीं शती तक रोमांचक कथा-काव्य का वह रूप विकसित हो गया था, जिसे गुजराती और हिन्दी के परवर्ती कवियों ने ज्यों का त्यों स्वीकार कर लिया। जैसा कि हम आगे स्पष्ट करेंगे हिन्दी

के कवियों ने यह परम्परा सीधे अपभ्रंश कवियों से ग्रहण की; अतः उनमें वे सब तत्त्व मिलते हैं जिनका उल्लेख यहाँ किया गया है।

इस प्रकार हम देखते हैं कि आधुनिक भारतीय भाषाओं में अग्रसर होने से पूर्व यह परम्परा महाभारत युग से लेकर चौदहवीं शती तक की लगभग पच्चीस सौ वर्षों की लम्बी अवधि में विकास की अनेक मंजिलें तय कर चुकी थी तथा तब तक इनकी अनेक शाखाएँ एशिया और यूरोप के विभिन्न भागों में फैल चुकी थीं। यहाँ यह उल्लेखनीय है कि भारत की भाँति यूरोप की भी आधुनिक भाषाओं में इसका अभ्युत्थान १३वीं-१४वीं शती में ही हुआ था, तथा वहाँ भी इसमें उपर्युक्त नये तत्त्वों धार्मिकता, वैराग्य एवं पद्यात्मकता—का प्रादुर्भाव न्यूनाधिक मात्रा में हो गया था। आगे चलकर पश्चिम में यही परम्परा पुनः गद्यात्मक वेश धारण करके आधुनिक उपन्यास के रूप में विकसित होती हुई पूर्व की ओर लौटी। दूसरी ओर भारतीय भाषाओं में यह गुजराती, हिन्दी, पंजाबी, बंगला आदि में विकसित होती हुई समस्त उत्तरी भारत में फैल गयी। इस प्रकार यह परम्परा भारतीय साहित्य में उन्नीसवीं शती तक अखंड रूप में प्रचलित रही, अस्तु निष्कर्ष रूप में इस परम्परा के विकास-क्रम को यहाँ संक्षेप में इस प्रकार प्रस्तुत किया जा सकता है :

(१) महाभारत-कालीन समाज में रोमांसिक चेतना के आधारभूत मनोवैज्ञानिक तत्त्वों-जैसे, अदम्य सौन्दर्य-लालसा, स्वच्छन्द प्रणय, वैवाहिक प्रगतिशीलता, साहस एवं शौर्य्य आदि—का प्रादुर्भाव तथा महाभारतीय आख्यानों में उनकी प्रारम्भिक अभिव्यक्ति।

(२) 'हरिवंश पुराण' के आख्यानों में रोमांटिक प्रेम की अनेक प्रवृत्तियों का बिकास; जैसे—स्वप्न था चित्र-दर्शन द्वारा प्रेमोत्पत्ति।

(३) 'बृहत्कथा' में कथा-वस्तु का अत्यधिक विस्तार तथा समुद्र-यात्रा सम्बन्धी रूढ़ियों का विकास।

(४) संस्कृत गद्य-काव्यों में एक नये तत्त्व—काव्यात्मक शैली—का प्रादुर्भाव।

(५) अपभ्रंश जैन कवियों द्वारा धार्मिकता, वैराग्य एवं पद्यात्मकता का संचार।

(६) पश्चिम में इसकी आधुनिक उपन्यास के रूप में परिणति।

१३.५ कथा-काव्य परम्परा का हिन्दी में प्रवर्त्तन—जैसा कि ऊपर कहा जा चुका है, यह परम्परा विशुद्ध भारतीय है जो प्राकृत, संस्कृत और अपभ्रंश में होती हुई हिन्दी में पहुँची। किन्तु हिन्दी-साहित्य के अनेक इतिहासकारों एवं आलोचकों ने यह मत प्रचारित कर रखा है कि यह एक विदेशी परम्परा है जिसका प्रवर्त्तन हिन्दी में सूफी कवियों ने अपने सम्प्रदाय का प्रचार करने के लिए फारसी मसनवियों के आधार पर किया है। इस मत की स्थापना सम्भवतः सबसे पूर्व आचार्य रामचन्द्र शुक्ल ने की थी, जिसकी पुष्टि समय-समय पर विभिन्न आलोचकों एवं शोधकर्त्ताओं द्वारा होती रही है, जिससे इनका नाम ही 'सूफी-प्रेम-गाथा' या 'सूफी-काव्य-परम्परा' पड़

गया है । वस्तुतः आचार्य शुक्ल का यह मत हिन्दी के विद्वानों के हृदय में इतनी गहराई से पैठ गया है कि अब शायद इसके विरोध में कुछ कहना, उन्हें उत्तेजित करना होगा । फिर भी यदि निष्पक्ष रूप से विचार किया जाय तो इस मत की अनेक आधारभूत धारणाएँ विशुद्ध भ्रान्तियों के रूप में दिखाई पड़ेंगी । आचार्य शुक्ल ने जिन साक्ष्यों के आधार पर उपर्युक्त मत की स्थापना की थी, वे ये हैं—

(क) हिन्दी के इन आख्यानों में फारसी मसनवियों की ये विशेषताएँ मिलती हैं—(१) कथा का सर्गों या अध्यायों में विभक्त न होना । (२) पूरा काव्य एक ही छन्द में रचा जाना । (३) कथारम्भ में ईश्वर-स्तुति, पैगम्बर की वंदना और तत्कालीन नरेश की प्रशंसा का होना ।

(ख) इन काव्यों की प्रेम-पद्धति भारतीय न होकर विदेशी है, क्योंकि इनका प्रेम ऐकान्तिक एवं लोक-बाह्य है तथा उसका आदर्श लैला-मजनूँ, शीरी-फरहाद आदि अरबी-फारसी कहानियों के आदर्श से मिलता-जुलता है । साथ ही इनमें फारसी परम्परा के अनुकूल नायक के विरह की अधिकता दिखाई गई है, जबकि भारतीय परम्परा में नायिका का विरह अधिक दिखाया जाता है ।

(ग) 'इस शैली की प्रेम-कहानियाँ मुसलमानों के द्वारा ही लिखी गई हैं ।'

हमारे विचार से उपर्युक्त सभी मान्यताएँ भ्रामक हैं । कथा-काव्य की जिन विशेषताओं को आचार्य शुक्ल ने केवल मसनवियों से सम्बन्धित माना है, वे सब पूर्ववर्ती भारतीय कथा-काव्य में मिलती हैं । उदाहरण के लिए कथा का सर्गों में विभाजित न होना भारतीय कथाओं का भी प्रमुख लक्षण है । 'अग्नि पुराण' के रचयिता ने कथा के लक्षणों में भी इसका उल्लेख किया है । जहाँ तक काव्य को एक ही छन्द में रचने की बात है, आचार्य शुक्ल से गिनने में भूल हो गयी; अन्यथा वे देखते ही हिन्दी के तथाकथित आख्यानों में से कोई भी दो छन्दों (चौपाई और दोहा) से कम में नहीं है; अतः यह तर्क तो उनके ही मत के प्रतिकूल पड़ता है । जहाँ तक कथारम्भ में ईश्वर-स्तुति, इष्टदेव या पैगम्बर की वन्दना तथा तात्कालीन नरेश की प्रशंसा की बात है, ये बातें अपभ्रंश के प्रायः सभी चरित-काव्यों में मिलती हैं । इतना ही नहीं, नवीं शती में रुद्रट ने कथा के लक्षणों पर प्रकाश डालते हुए लिखा है—"कथा के आरम्भ में देवता या गुरु की वन्दना होनी चाहिए, फिर ग्रन्थकार को अपना और अपने कुल का परिचय देना चाहिए आदि ।" यहाँ यह ध्यान देने की बात है कि रुद्रट इन लक्षणों की चर्चा उस समय कर चुके थे जबकि फारसी की पहली मसनवी (शाहनामा; १०वीं शती) का भी प्रणयन नहीं हुआ था । अतः उपर्युक्त लक्षणों का केवल फारसी मसनवियों से ही सम्बन्ध मानना किसी भी स्थिति में उचित नहीं ।

इन कवियों की प्रेम-पद्धति एवं प्रेम के आदर्श को विदेशी मानना ही सर्वथा अनुचित हैं । जैसा कि पीछे स्पष्ट किया जा चुका है, इन कवियों ने प्रेम की वही पद्धति एवं आदर्श प्रस्तुत किया गया है जो पूर्ववर्ती भारतीय साहित्य में मिलता है । आचार्य शुक्ल ने इनकी प्रेम-पद्धति की जिन विशेषताओं को अभारतीय माना है, वे

वस्तुतः भारतीय हैं, फारसी मसनवियों में तो वे बहुत कम मिलते हैं। उदाहरण के लिए, फारसी मसनवियों—लैला-मजनूँ, शीरी-फरहाद, यूसुफ-जुलेखा आदि में प्रेम का उद्‌भव एकाएक प्रथम-दर्शन, गुरु-दर्शन, चित्र-दर्शन या स्वप्न-दर्शन से नहीं होता अपितु नायक-नायिका के पारस्परिक सम्पर्क एवं साहचर्य से धीरे-धीरे होता है। दूसरे, फारसी मसनवियों में नायक का संघर्ष प्रतिनायक से होता है जबकि भारतीय कथाओं में प्रायः नायिका के पिता या संरक्षक से होता है। तीसरे फारसी मसनवियों में नायिका का विवाह प्रतिनायक से होता है तथा विवाह के अनन्तर भी नायिका अपने पति के स्थान पर अपने पूर्व-प्रेमी से प्रेम करती रहती है, जबकि भारतीय कथाओं में ऐसा नहीं होता। चौथे, फारसी मसनवियों की परिणति प्रायः नायक की असफलता, निराशा और आत्महत्या में होती है जबकि भारतीय कथाओं में प्रेम की सफलता दिखाई जाती है। हिन्दी के आख्यानों में जिस प्रेम-पद्धति का चित्रण हुआ है, वह मसनवियों के प्रतिकूल तथा भारतीय पद्धति के अनुकूल है।

यह भी एक भ्रान्ति है कि भारत में विरह से नारियाँ ही पीड़ित होती हैं, पुरुष नहीं। वस्तुतः हिन्दी के मध्यकालीन साहित्य को छोड़कर शेष भारतीय साहित्य में नारी की अपेक्षा पुरुष के ही विरह की अभिव्यक्ति अधिक हुई है। उदाहरण के लिए, ऋग्वेद के १०वें मण्डल के ६५वें सूक्त में जहाँ पुरुरवा उर्वशी के विरह में करुणोत्पादक विलाप करता है, वहाँ उर्वशी पर उसका कोई प्रभाव ही नहीं पड़ता। कालिदास के 'विक्रमोर्वशीय' में भी नायक नायिका के विरह में पागलों की तरह उन्मत्त होकर प्रलाप करने लगता है। 'मेघदूत' का यक्ष भी प्रियतमा के वियोग में दुःख को सहन करने में अपने-आपको असमर्थ पाता है, इसी प्रकार 'कादम्बरी' का नायक विरह की प्रथम आँच में ही मोम की भाँति घुलकर प्राण त्याग देता है। वस्तुतः इस परम्परा के अधिकाश काव्यों में हम पुरुष की विरह-वेदना की अभिव्यक्ति स्पष्ट रूप में पाते हैं; अतः हमारे विचार से इस प्रवृत्ति को अभारतीय घोषित करना भारतीय साहित्य के ज्ञान का अभाव प्रदर्शित करना है, अन्यथा यह विशुद्ध भारतीय प्रवृत्ति है।

इसी प्रकार यह कहना कि हिन्दी में कथाएँ मुसलमानों के ही द्वारा लिखी हुई हैं, ठीक नहीं है। इस परम्परा में अब तक लगभग ५५ कवियों की रचनाएँ प्राप्त हुई हैं जिनमें ३५ कवि असंदिग्ध रूप से हिन्दू हैं। इसके प्रारम्भिक दस कवियों में से भी सात हिन्दू हैं। आचार्य शुक्ल के समय तक इस परम्परा के केवल आठ कवियों का ही पता चल पाया था, शेष का शायद उन्हें ज्ञान नहीं था। किन्तु उन आठ कवियों में भी दो हिन्दू थे—ईश्वरदास एवं सूरदास लखनवी। आचार्य शुक्ल ने इनमें से एक के काव्य को इस परम्परा से अलग करके तथा दूसरे को बिना किसी कारण सूफी घोषित करके, अपने कथन को सच्चा सिद्ध कर दिया, किन्तु वस्तु-स्थिति यह नहीं है। हमारे विचार से 'सत्यवती कथा' प्रत्येक दृष्टि से इसी परम्परा में आती है तथा सूरदास लखनवी, जिन्होंने अपने काव्य में हिन्दू देवता और हिन्दू गुरु की वन्दना की है, सूफी नहीं हिन्दू ही हैं। अस्तु, इन कवियों के मुस्लिम होने की युक्ति भी निरर्थक सिद्ध होती है।

ऐसा प्रतीत होता है कि आचार्य शुक्ल भारतीयता का आदर्श एकमात्र राम की मर्यादावादिता में ही मानते थे, जब कि इन काव्यों की मूल चेतना ही स्वच्छन्दवादिता की है। सम्भवतः इसीलिए वे इस परम्परा को भारतीय नहीं मान सके। किन्तु यदि राम के जीवन-चरित्र एवं प्रेमादर्श को ही भारतीयता की एकमात्र कसौटी मान लिया जाय तो उस स्थिति में हमें न केवल इन काव्यों को अपितु महाभारत एवं हरिवंश पुराण से लेकर कालिदास, बाण एवं श्रीहर्ष तक के ग्रन्थो को तथा कृष्ण, अर्जुन, प्रद्युम्न, अनिरुद्ध एवं नल जैसे पात्रों को भी अभारतीय घोषित करना पड़ेगा। आचार्य शुक्ल की राम-भक्ति की पराकाष्ठा तो यहाँ तक है कि उन्होंने सचसुच ऐसा कर दिया है। वे लिखते हैं—"राम के समुद्र में पुल बाँधने और रावण जैसे प्रचण्ड शत्रु को मार गिराने को हम केवल एक प्रेमी के प्रयत्न के रूप में नहीं देखते, वीर-धर्मानुसार पृथ्वी का भार उतारने के प्रयत्न के रूप में देखते हैं। पीछे कृष्ण-चरित, कादम्बरी, नैषधीय चरित, माधवानल, काम-कन्दला आदि एकान्तिक प्रेम कहानियों का भी भारतीय साहित्य में प्रचुर प्रचार हुआ है। ये कहानियाँ अरब-फारस की प्रेम-पद्धति के अधिक मेल में थीं। नल-दमयन्ती की प्रेम-कहानी का अनुवाद बहुत पहले फारसी क्या अरबी तक में हुआ।" यहाँ यह स्पष्ट नहीं किया गया है कि कृष्ण-चरित से लेकर काम-कन्दला तक की भारतीय कहानियों में 'अरब फारस की प्रेम-पद्धति का मेल' कैसे हो गया - पर वे अपनी बात को प्रमाणित करने के लिए एक अनूठा तर्क अवश्य देते हैं; वह है नल-दमयन्ती की कहानी का अरबी-फारसी में अनूदित हो जाना। यदि इसी तर्क से काम लें तो अब महाकवि तुलसीदास को भी अंग्रेजी-साहित्य के मेल में रख सकते हैं; क्योंकि पिछले दिनों उनकी 'रामचरितमानस' का भी अंग्रेजी में अनुवाद हो गया है।

वस्तुतः आचार्य शुक्ल ने इस परम्परा को विदेशी सिद्ध करने के लिए जितनी भी युक्तियाँ दी हैं, वे सब उनके विपक्ष में ही पड़ती हैं। उपर्युक्त तर्क—नल-दमयन्ती का अरबी-फारसी में बहुत पहले अनूदित हो जाना भी—यही सिद्ध करता है कि यह परम्परा भारत से अरब-फारस में पहुँची न कि वहाँ से भारत में आई है। जैसा कि हम अन्यत्र कह चुके हैं, फारसी की प्रथम मसनवी 'शाहनामा' में स्वयं कवि ने यह विस्तार से लिखा है कि किस प्रकार बादशाह बहराम गौर ने भारत से मधुर कथाओं के गायकों को बुलाया और किस प्रकार उनका ईरान में स्वागत किया गया। इन्हीं कथा-गायकों के वंशज जिप्सी कहलाते हैं जिनके द्वारा भारतीय कथाओं का प्रचार एशिया एवं यूरोप के अनेक भागों में होने की बात कीथ जैसे पाश्चात्य विद्वान् भी स्वीकार करते हैं। अतः आचार्य शुक्ल की उपर्युक्त मान्यताओं को स्वीकार करना सम्भव नहीं।

इस काव्य-परम्परा का अध्ययन और भी अनेक शोधकर्त्ताओं ने किया है, जिनमें डॉ० कमल कुलश्रेष्ठ, डॉ० विमलकुमार जैन, डॉ० सरला शुक्ल, डॉ० हरिकांत श्रीवास्तव, डॉ० शिवसहाय पाठक, डॉ० श्याम मनोहर पाण्डेय, आचार्य रामपूजन तिवारी के नाम उल्लेखनीय हैं। यद्यपि इन विद्वानों ने पर्याप्त परिश्रम से कार्य करते

हुए इस धारा के विभिन्न पक्षों पर नया प्रकाश डाला है, किन्तु वे भी उपर्युक्त भ्रांतियों से बहुत कम बच पाये हैं, जिससे अनेक शोधकर्त्ताओं के निष्कर्ष परस्पर विरोधी हो गये हैं; उदाहरण के लिए कुछ निष्कर्ष देखिये—

"भारतीय प्रेमाख्यानों की परम्परा नवीन नहीं है; पर दूसरी ओर ईरान के सूफी कवियों की मसनवियों ने भी प्रेरणा दी।" या एक अन्य विद्वान् का निष्कर्ष है —हिन्दी के पद्मावत आदि प्रेमाख्यानक काव्य यद्यपि मसनवी शैली में लिखे गये हैं तथापि भारतीय चरित-काव्यों की प्रबन्ध-शैली का भी सौन्दर्य उनमें समाविष्ट है।' यहाँ हम 'यद्यपि' वाली बात ग्रहण करें या 'तथापि' वाली यह संदिग्ध है। वस्तुतः हमारे बहुत से शोधकर्त्ता इसका स्पष्ट निर्णय नहीं कर पाये कि इस परम्परा को भारतीय माना जाय या नहीं।

अन्तर्साक्ष्य—हिन्दी की इन कथाओं में अनेक ऐसे अन्तर्साक्ष्य भी मिलते हैं, जिनसे इनका उद्‌गम स्रोत भारतीय होने की भलीभाँति पुष्टि होती है; जैसे—(१) इनसे रचयिताओं ने अपनी रचनाओं को मसनवी की संज्ञा देकर 'कथा' या कथा-काव्य की संज्ञा दी है। यह संज्ञा भी दो प्रकार से दी गई—एक तो कुछ कवियों ने तो ग्रन्थ के नामकरण में ही 'कथा' शब्द का प्रयोग किया है, जैसे—लक्षमणसेन पद्मावती कथा, सत्यवती कथा, उषा की कथा, कथा रत्नावती, कथा कामलता, कथा कनकावती, नलदमयन्ती कथा आदि। दूसरे, कुछ ने नामकरण में तो 'कथा' शब्द का व्यवहार नहीं किया किन्तु अपने काव्य के आरम्भ या अन्त में अवश्य इसका निर्देश कर दिया है; देखिये—

(क) बावन वीर कथा रस लीउ। अेह पवाडु असाइत कहिउ।

(असाइत : हंसावली)

(ख) तोर कहा भइँ यहि खँड गाँवउँ। कथा काब कइ लोग सुनावउँ।

(दाउद : चंदायन)

(ग) प्रेमकथा एहि भाँति विचारहुँ। बूझि लेउ जौ बुझै पारहु॥

(जायसी : पद्मावत)

(घ) कथा जगत जेती कवि आई। पुरुश मारि व्रज सती कराई।

(मंझन : मधुमालती)

(ङ) जाकी बुद्धि होई अधिकाई। आन कथा एक कहै बनाई॥

(उसमान : चित्रावली)

(च) नूरमोहम्मद यह कथा, अहै प्रेम की बात।

(नूरमोहम्मद : अनुराग बाँसुरी)

इसी प्रकार अन्य कवियों ने 'कथा' संज्ञा का ही प्रयोग किया है जो भारतीय कथा-काव्य-परम्परा के सम्बन्ध की घनिष्ठता का सूचक है। (२) अनेक कवियों ने अपनी रचना के उद्‌गम-स्रोत का संकेत स्पष्ट रूप में भी कर दिया है, जैसे—कुतुबन ने 'मृगावती' में लिखा है—

पहले ही ये दुइ कथा अही।
× × ×
पुनि हम खोली अरथ सब कहा।
खट भख अहही ऐही मद्द। पण्डित बिल बूझत होइ सिद्ध।
गाहा, दोहा अरेल, अरल। सोरठा चौपाइ कै सरल॥

यहाँ कवि ने जिन छन्दों—गाथा, दोहा, अरिल्ल आदि का उल्लेख किया है, वे प्राकृत-अपभ्रंश की ही रचना में संभव हैं, अतः निश्चय ही 'मृगावती' की मूलाधार कोई फारसी मसनवी न होकर अपभ्रंश की ही कोई रचना होनी चाहिए। जायसी ने भी 'पद्मावत' के आधारभूत ग्रन्थ का संकेत इस प्रकार किया है—

आदि अन्त जस गाथा अहैं। लिखि भाषा चौपाई कहै।

यह 'गाथा' शब्द विशेष ध्यान देने योग्य है। इसके सामान्यतः दो अर्थ होते हैं—एक, कहानी या आख्यान; दूसरा, प्राकृत का छन्द-विशेष। 'गाथा' का एक अन्य अर्थ प्राकृत भाषा भी है, जैसा कि डॉ० शिवप्रसाद सिंह लिखते हैं—'गाथाछन्द संस्कृत में भी मिलते हैं अपभ्रंश में भी, किन्तु प्राकृत से गाहा और गाहा से प्राकृत का अभेद्य सम्बन्ध है; परिणाम यह हुआ कि 'गाहा' का अर्थ ही प्राकृत भाषा हो गया। केवल 'गाहा' (गाथा) कह देने से प्राकृत का बोध होने लगा। दूसरी पंक्ति में 'भाषा चौपाई' का प्रयोग यह सिद्ध करता है कि यहाँ 'गाथा' का अर्थ केवल कहानी मात्र न होकर प्राकृत के छन्द-विशेष का अर्थ है। पद्मावत की आधारभूत रचना प्राकृत के गाथा छन्दों में रचित थी, जिसे जायसी ने भाषा की चौपाइयों में रूपान्तरित किया। जैसा कि डॉ० हरदेव बाहरी ने अपने प्राकृत साहित्य के इतिहास[२] में उल्लेख किया है, जायसी से पूर्व प्राकृत में रचित 'पद्मावती' जैसी ही एक कथा भी उपलब्ध है, जिसका नाम 'रयण शेखर कहा' (रत्न-शेखर कथा) है। इसमें नायिका का नाम 'पद्मावती' न होकर रत्नवती है किन्तु शेष सारा कथानक लगभग वही है जो 'पद्मावत' का है तथा डॉ० बाहरी ने इसे असंदिग्ध रूप से 'पद्मावत' का पूर्व-रूप माना है। ऐसी स्थिति में यही सम्भव है कि जायसी ने प्राकृत की इसी कथा या ऐसी किसी अन्य कथा को 'पद्मावत' का आधार बनाया हो।

इसी प्रकार 'मंझन' ने अपनी 'मधुमालती' का आधार एक ऐसे ग्रन्थ को बताया है जो मूलतः 'द्वापर युग' का था, जिसे उसने कलियुग की 'भाषा' में रूपान्तरित किया। आलम ने 'माधवानल कामकंदला' का आधार एक संस्कृत-कथा को बताते हुए लिखा है—'कथा संस्कृत सुनि कछु थोरी। भाषा बाँधि चौपाई जोरी॥' बोधा ने भी 'विरह-वारीश' का आधार सिंहासन बत्तीसी' को बताया है—

सिंहासन बत्तीसी मांही। पुरिन कहि भोज नृप पाहीं।
पिंगल कह वैताल सुनाई। बोधा खेतसिंह सह गाई॥

१. सूर पूर्व ब्रजभाषा काव्य, पृ० ८१।
२. प्राकृत भाषा और उसका साहित्य, पृ० ६४।

इसी प्रकार जान कवि, शेखनबी हुसैन आदि ने भी ऐसे संकेत दिये हैं जिनमें उनकी रचनाओं के मूल स्रोत भारतीय सिद्ध होते हैं। मजे की बात यह है कि इन मुस्लिम कवियों में से भी किसी ने किसी भी फारसी मसनवी की चर्चा तक नहीं की है, अतः हिन्दू कवियों से तो इसकी आशा करना ही व्यर्थ है। (३) इन कवियों ने स्थान-स्थान पर आदर्श प्रेमियों एवं पूर्ववर्ती प्रेमाख्यानों का उल्लेख किया है, पर वे सारे उल्लेख भारतीय ही है। १७वीं शती तक किसी भी रचना में लैला-मजनूँ; शीरीं-फरहाद जैसे फारसी प्रेमियों का उल्लेख नहीं मिलता जबकि पूर्ववर्ती भारतीय प्रेमियों का नाम बारम्बार आया है; उदाहरण के लिए जायसी के 'पद्मावत' में विक्रम-सपनावती, मधु-मुग्धावती, राजकुँवर-मृगावती; खंडावत, मधुमालती, प्रेमावती, उषा-अनिरुद्ध आदि प्रेमी युग्मों का नाम आया है।

वस्तुतः सत्रहवीं शती तक इन कथाओं में ऐसा कोई साक्ष्य नहीं मिलता जिसके आधार पर यह कहा जा सके कि इनके रचयिताओं को फारसी मसनवियों का का ज्ञान था। सत्रहवीं-अठारहवीं शती में अवश्य जबकि मसनवियों का भी भारत में प्रचारो हो गया था, हिन्दी कवियों का भी इधर ध्यान गया है तथा कुछ ने लैला-मजनूँ युसूफ-जुलेखा के कथानक को भी अपनाया है, पर यह बात उस समय की है जबकि यह परम्परा हिन्दी में ह्रासोन्मुखी हो गयी थी। अस्तु, इसमें कोई सन्देह नहीं है कि इन काव्यों के नामकरण, विषय-वस्तु, ऐतिहासिक पात्रों, भौगोलिक प्रदेशों, कथानक रूढ़ियों, प्रेम सम्बन्धी प्रवृत्तियों एवं शैलीगत विशेषताओं — इन सभी की दृष्टि से इस परम्परा का स्रोत पूर्णतः भारतीय ही है; यह उसी भारतीय कथाकाव्य की एक शाखा है, जिसकी अन्य कतिपय शाखाएँ एशिया और यूरोप के विभिन्न भागों में विभिन्न माध्यमों से प्रसारित हो चुकी थीं। अतः इसे फारसी मसनवियों से प्रेरित एवं प्रभावित मानना सर्वथा अनुचित है। इतना ही नहीं; इसका सूफीमत एवं सूफी-प्रचार से भी सम्बन्ध मानना अनुचित है, इसका स्पष्टीकरण अन्यत्र किया जायगा।

१३.६. रोमांसिक कथा काव्य : पूर्व मध्यकाल की रचनाएँ

इस परम्परा के अन्तर्गत हम ५४ कवियों द्वारा रचित लगभग अस्सी कथा-काव्यों को स्थान दे सकते हैं, जो १३७० ई० से लेकर १९१७ ई० तक के बीच में रचे गये हैं। इनके अतिरिक्त कुछ ऐसे काव्य भी हैं जिनमें प्रेम का न्यूनाधिक मात्रा में चित्रण हुआ है किन्तु रोमांटिक तत्वों एवं शैली की दृष्टि से वे इस परम्परा से असम्बद्ध सिद्ध होते हैं; जैसे—वीसलदेव रास। कुछ शोधकर्त्ताओं ने इनकी मूल प्रकृति पर विचार किये विना ही इन्हें इस परम्परा में स्थान दे दिया है, जिसे हम उचितनहीं समझते। अस्तु, यहाँ हम केवल ऐसे ही काव्यों का संक्षिप्त परिचय प्रस्तुत करेंगे, जो रोमांटिक चेतना, विषय-वस्तु एवं शैली की दृष्टि से इस परम्परा में स्थान पा सकने के योग्य हैं।

अनेक शोधकर्त्ताओं ने इस परम्परा का हिन्दी में प्रवर्त्तन मुल्ला दाऊद के 'चंदायन' से माना है, जिसका रचनाकाल १३७९ ई० सिद्ध हुआ है, किन्तु उनका

ध्यान इससे भी पूर्व की एक रचना 'हंसावली' की ओर नहीं गया, जो असाइत द्वारा १३७० ई० रची गयी थी। स्वयं कवि ने भी इसके रचना-काल का उल्लेख इस प्रकार किया है—''संवत् चउद्द चक्र मुनि शंख वछ, हंसवर चरित असंख', इसके आधार पर इसके सम्पादक एवं गुजराती के प्रसिद्ध विद्वान् श्री केशवराज काशीराम शास्त्री ने इसे असंदिग्ध रूप से संवत् १४२७ (१३७० ई०) की रचित माना है। इसमें राजस्थानी भाषा का वह प्राचीन रूप मिलता है, जिस समय कि गुजराती का पृथक् अस्तित्व नहीं हो पाया था, इसीलिए इसे हिन्दी (राजस्थानी) और गुजराती दोनों के इतिहास में समान रूप से दिया जा सकता है। डॉ० मोतीलाल मेनारिया ने अपने 'राजस्थानी भाषा एवं साहित्य' में इस पर प्रकाश डालते हुए इसे राजस्थानी या हिन्दी की ही रचना माना है।

यह कथा मूलतः विक्रम एवं बैताल की किसी वीर-कथा पर आश्रित है, जिसका संकेत करते हुए स्वयं कवि ने इसे 'वीर-कथा' कहा है—

बावन वीर-कथा रस लीउ।
एह पवाङ असाइत कहिउ॥

× × ×

तास प्रसादि असाइत त्रणि वीर-कथा वरण व्यास।

ऐसी स्थिति में कदाचित् यह शंका उठ सकती है कि इसे प्रस्तुत परम्परा में स्थान देना कहाँ तक ठीक है! किन्तु हमें यह न भूलना चाहिए कि रोमांस काव्यों में जिस प्रेम का चित्रण होता है, वह साहस, संघर्ष एवं शौर्य्य की भावनाओं से मिश्रित होता है; अतः इन्हें 'प्रेम-कथा' के साथ-साथ 'वीर-कथा' भी कह दिया जाय तो अस्वाभाविक नहीं है। इस परम्परा के अन्य कथा-काव्यों में भी यह प्रवृत्ति कहीं-कहीं मिलती है। उदाहरण के लिए दामोदर ने अपने काव्य 'लखमन सेन पद्मावती' को वीर-कथा ही कहा है,[१] जबकि इसे विशुद्ध प्रेमाख्यानक माना गया है। साथ ही रोमांटिक तत्वों, कथानक, रूढ़ियों एवं शैली की दृष्टि से भी 'हंसावली' रोमांचक, कथा ही सिद्ध होती है; अतः इसे बिना किसी संकोच के इस परम्परा में स्थान दिया जा सकता है।

इसमें एक राजकुमार एवं पाटणदेश की राजकुमारी हंसावली के रोमांसिक प्रेम का चित्रण विस्तार से किया गया है। नायक को स्वप्न में राजकुमारी के दर्शन होते हैं, जिसके प्रेम में विह्वल होकर राजकुमार अपने मंत्री के साथ कहीं ब्राह्मण-वेश में और कहीं योगी-वेश में नायिका की खोज में निकल पडता है। अन्त में किसी प्रकार वे नायिका के देश में पहुँच जाते हैं, किन्तु उनके सामने कठिनाई यह उपस्थित होती है कि राजकुमारी ने पूर्व जन्म के किसी संस्कार के कारण पखवाड़े में पाँच पुरुषों की हत्या का नियम ले रखा था; भला, ऐसी पाषाण-हृदया के हृदय को कैसे

१. सप्त तारिका नक्षत्र दृढ़ जाणि।
वीरकथा रस करूँ बखाण॥ —लखमनसेन—पद्मावती

जीता जाय ! किन्तु किसी प्रकार हंसावली को एक ऐसा चित्र दिखाया जाता है जिससे उसे अपने पूर्व-जन्म की एक विशेष घटना का स्मरण हो जाता है, तथा परिणामस्वरूप वह अपने कुकृत्य को त्याग देती है तथा मन्त्री मणकेश्वर के प्रयत्नों से राजकुमार से विवाह कर लेती है। पूर्व-जन्म की वह विशेष घटना यह थी—

देवि अवधारू मुझ वीनती। पेलि भवि हूँ पंखिणी हती।
ईडां मेहला सेवन कीउ। दव बलतउ तेणि बनि आविउ।
मझ भरतार साहस नवि कीउ। अपति मेहलीनि ऊडी गयु।
इस्यं करम ते निष्ठुर तणां। मूकी ग्यु बालक आपणां॥

मनोवैज्ञानिक दृष्टि से भी यह घटना महत्वपूर्ण है। नर-पक्षी का अपनी पत्नी और बच्चों को जलती हुई आग में छोड़कर उड़ जाना तथा ऐसी स्थिति में नर-पक्षी के व्यवहार की इस प्रतिक्रिया के फलस्वरूप मादा-पक्षी का अपने अगले जन्म (हंसावली के रूप) में सारी नर-जाति से प्रतिशोध लेने लगना पर्याप्त युक्तिसंगत प्रतीत होता है।

इस प्रकार इसमें स्वप्न-दर्शन द्वारा प्रेमोत्पत्ति, योगीवेश, साहसपूर्ण यात्रा, पूर्व-जन्म की स्मृति, कन्या-पक्ष से विरोध, मन्त्री की सहायता, प्रेम की सफल परिणति आदि कथानक-प्रवृत्तियाँ मिलती हैं, जो रोमांस के विभिन्न तत्वों—साहस, प्रेम, संघर्ष आदि — के विकास में योग देती हैं।

विनय प्रतिपादन एवं शैली की दृष्टि से भी यह रचना परवर्ती कथाओं की पूर्वज सिद्ध होती है। कवि ने आरम्भ में शक्ति, शम्भु, सरस्वती आदि की वन्दना करते हुए आत्म-परिचय दिया है तथा अपने काव्य के स्रोतादि का निर्देश किया है। छन्द-योजना में चौपाइयों के बीच-बीच में दोहों का प्रयोग किया गया है तथा भाषा—जैसा कि आरम्भ में कहा गया था — राजस्थानी है। भाव-सौन्दर्य एवं काव्य-सौष्ठव की दृष्टि से यह साधारण है।

मुल्ला दाऊद की चंदायन के दो पाठों का सम्पादन एवं प्रकाशन डॉ० माता प्रसाद गुप्त एवं डॉ० विश्वनाथ प्रसाद द्वारा एक ही साथ हाल ही में हो चुका है। दोनों पाठों के अलग-अलग पांडुलिपियों पर आधारित होने के कारण उनमें परस्पर अन्तर हैं तथा डॉ० माताप्रसाद गुप्त ने अपनी प्रति का नाम 'चंदायन' की अपेक्षा 'लोरकहा' रखना अधिक उचित समझा है। ऐसा उन्होंने इसकी निम्नांकित पंक्तियों के आधार पर किया है—

तोर (लोर) कहा भइँ यहि खँह गाँउँ (गाँवउँ)।
कथा काब कइ लोग सुनाऊँ (सुनावउँ)॥

किन्तु इसी प्रति में चाँदा या चन्दायन का भी उल्लेख मिलता है 'दाउद कवि जो चाँदा गाई। जेंइरे सुना सो गा मुरझाई।' तथा इतिहासकार अल बदायूनी ने भी मुल्ला दाऊद की रचना का नाम चन्दायन लिखा है, अतः डॉ० विश्वनाथ प्रसाद ने इसी नाम का समर्थन किया है। वैसे डॉ० गुप्त भी यह स्वीकार करते हैं कि 'हो

सकता है कि इसका नाम तो 'लोर-कहा' ही रहा हो किन्तु पीछे यह रचना 'चन्दायन' नाम से प्रसिद्ध हो गयी हो।'

इसका रचना-काल अन्तर्साक्ष्य एवं बाह्य प्रमाणों के आधार पर ७८१ हिजरी अर्थात् १३७९ ई० प्रमाणित होता है। कवि ने अपने समय के बादशाह फीरोजशाह एवं अपने आश्रयदाता जूनाशाह एवं उसके पिता खानजहाँ की भी प्रशंसा की है, जिससे उपर्युक्त तथ्य की पुष्टि होती है।

इसकी कोई भी प्रति पूर्ण रूप में अनुपलब्ध होने के कारण इतका पूरा कथानक ज्ञात नहीं। किन्तु प्राप्त अंशों से पता चलता है कि इसमें कथा-काव्य की अनेक प्रवृत्तियों का समन्वय हुआ है, जैसे—नायक लोर एवं नायिका चन्दा का उन्मुक्त प्रणय, प्रथम दर्शन में ही प्रणयोत्पत्ति, विभिन्न व्यक्तियों द्वारा प्रेम में बाधा, नायक का योगी होकर घर से निकलना, एक अन्य राजा का चंदा पर आसक्त हो जाना तथा उसे नायक द्वारा परास्त किया जाना, नाग द्वारा चाँदा को डसा जाना, गारुड़ी द्वारा उसका ठीक हो जाना आदि। इसके कथानक में अन्य कथाओं की अपेक्षा एक विशेषता यह मिलती है कि नायिका अन्य व्यक्ति से विवाहित है तथा विवाह के अनन्तर नायक से प्रेम करने लगी है। वैसे इस रचना के वास्तविक एवं पूरे पाठ का भलीभाँति निर्धारण नहीं हो सका, जो पाठ मिलते हैं उनमें परस्पर गहरा अन्तर है, अतः इस सम्बन्ध में निश्चय के साथ कुछ नहीं कहा जा सकता। इसकी भाषा अवधी है तथा इसमें पाँच-पाँच अर्धालियों के पश्चात् एक-एक दोहा प्रयुक्त किया गया है। इस दृष्टि से यह अवधी में उपलब्ध कथा-काव्यों में सर्वप्रथम रचना कहीं जा सकती है।

लखमन सेन पद्‌मावती कथा के रचयिता दामो थे,[1] जिन्होंने इसके रचना-काल का निर्देश करते हुए इसे संवत् १५१६ (१४५९ ई०) में रचित बताया है—

संवतु पनरइ सोलोत्तरा मझारि,
ज्येष्ठ वदि नवमी बुधवार।
सप्त तारिका नक्षण द्रढ जाणि,
वीर कथा रस करूँ बखाण।

यद्यपि कवि ने इसे 'बीर-कथा' कहा है किन्तु वास्तव में इसमें राजा लक्ष्मण सेन एवं राजकुमारी पद्‌मावती के रोमांटिक प्रेम का चित्रण किया गया है जिसमें कथा-काव्य की विभिन्न प्रवृत्तियों के दर्शन होते हैं, जैसे प्रथम दृष्टि से प्रेमोत्पत्ति, योगी वेश में नायक का घर से निकलना, नायक का नायिका के पिता से संघर्ष होना, अन्त में सफलता आदि। सौन्दर्य और प्रेम का वर्णन अतिशयोक्तिपूर्ण शैली में किया गया है। कथा के आरम्भ में आत्म-परिचय, मङ्गलाचरण, गणेश की स्तुति, रचना. काल एवं रचना का उद्देश्य दिया गया है। चौपाइयों के बीच-बीच दोहा, सोरठा,

---

१. लखमन सेन—पद्मावती कथा; सम्पादक नर्मदेश्वर चतुर्वेदी।

तथा अन्य प्रकार के छन्द दिये गये हैं। संस्कृत के श्लोकों एवं नीति-वाक्यों का भी प्रयोग स्थान-स्थान पर किया गया है। भाषा राजस्थानी है।

ईश्वरदास की सत्यवती कथा (१५०१ ई०) में नायिका के सतीत्व पर विशेष प्रकाश डाले जाने के कारण आचार्य शुक्ल ने इसे प्रेम-गाथा नहीं माना था। किन्तु इसमें कथा-काव्य की प्राय: सभी प्रमुख प्रवृत्तियाँ मिलती हैं, अत: इसे हम नि:संकोच इसी परम्परा में स्थान दे सकते हैं। जहाँ तक नायिका के सतीत्व की बात है, यह न्यूनाधिक रूप में अन्य आख्यानों में भी मिलती है, यहाँ तक कि जायसी पद्मावती में भी सतीत्व की व्यञ्जना कुछ प्रसंगों में मिलती है, अत: नायिका का सतीत्व सिद्ध करना भी इस परम्परा के काव्य की एक प्रवृत्ति है। इसमें कवि ने अपना परिचय एवं कथा का रचना-काल देने के साथ-साथ तत्कालीन नरेश का उल्लेख किया है। कथानक का सम्बन्ध राजकुमारी सत्यवती एवं राजकुमार रितुपूर्ण के प्रथम दृष्टि-जन्य उत्पन्न प्रेम-प्रसंग से है। प्रारम्भ में राजकुमार को नायिका के शाप से कोढ़ी होना पड़ता है, किन्तु अन्त में नायिका से विवाह एवं शाप से मुक्ति हो जाती है। इसकी भाषा अवधी है तथा इसमें दोहा-चौपाई शैली का प्रयोग मिलता है।

'मृगावती' के रचयिता कुतुबुन बंगाल के शासक हुसेनशाह के समकालीन थे, जिन्होंने इस काव्य की रचना ६०६ हिजरी अर्थात् १५०३ ई० में की। इसमें राजकुमार और मृगावती के प्रथम-दर्शनजन्य प्रेम, मृगावती के उड़कर चले जाने, राजकुमार के योगी होने, राह में एक सुन्दरी को राक्षस से बचाकर उसके साथ विवाह करने तथा अन्त में मृगावती की प्राप्ति आदि का वर्णन कथा-काव्य की परम्परा के अनुसार ही हुआ है। वृद्धावस्था में नायक की मृत्यु एवं नारियों के सती हो जाने की घटनाओं का आयोजन करते हुए इसकी परिणति शांत रस में की गयी है जो इस परम्परा के अपभ्रंश-काव्यों की एक प्रमुख प्रवृत्ति रही है। इसमें अवधी भाषा एवं दोहा:चौपाई छन्दों का प्रयोग किया गया है तथा इसकी शैली सरल, स्पष्ट एवं सरस है।

सन् १५२७ ई० में नरसा सुन गणपति के द्वारा **'माधवानल कामकंदला'** काव्य की रचना हुई, जिसका अनुसरण परवर्ती युग में और भी कई कवियों द्वारा हुआ। इसके नायक माधव एवं नृत्य-विशारदा कामकंदला के प्रणय का चित्रण रोमांचक शैली में हुआ है। नायक काम कन्दला की नृत्य-कला पर मुग्ध होकर उससे प्रेम करने लगता है तथा उसे बड़ी कठिनाई से प्राप्त करता है। नायक और नायिका के सौन्दर्य का वर्णन भी अतिशयोक्तिपूर्ण शैली में किया गया है। इसकी भाषा को डॉ० हरिकान्त ने अपभ्रंश बताया है, किन्तु हमारे विचार से वह असंदिग्ध रूप में राजस्थानी कही जा सकी है; उदाहरण के लिए कुछ पंक्तियाँ द्रष्टव्य हैं—

पंखी हूँ पीउ पीउ जपुं तू जपि जगदाधार।
जपतां जपतो आपणी स्वामि कसी सार॥

काव्यारम्भ में कवि ने कामदेव की स्तति करते हुए अपना परिचय दिया है। यद्यपि इसमें कथा-काव्य की विभिन्न प्रबृत्तियाँ सम्यक् रूप में मिलती हैं किन्तु छन्द-

योजना के क्षेत्र में इसकी एक विशिष्टता है -- इसमें केवल दोहों का प्रयोग किया गया है। साथ ही इसमें रोमांचक तत्वों—सौन्दर्य, प्रेम, साहस आदि के अतिरिक्त धार्मिक तत्त्वों, नैतिक उपदेशों एवं विभिन्न विधि-विधानों की भी चर्चा स्थान-स्थान पर की गयी है। काव्यत्व की दृष्टि से भी रचना उच्च स्तर की है।

जायसी कृत 'पद्मावत'

इस परम्परा की प्रौढ़तम हिन्दी रचना मलिक मोहम्मद जायसी कृत 'पद्मावत' (पदुमावत) है, जिसकी रचना-काल का उल्लेख करते हुए कवि ने लिखा है—'सन नव सै सत्ताइस अहा। कथा अरम्भ बैन कवि कहा॥' -- इस दृष्टि से यह ९२७ हिजरी अर्थात् सन् १५२० ई० में रचित सिद्ध होती है किन्तु दूसरी ओर इसमें शेरशाह के दिल्ली सुल्तान होने का भी उल्लेख है जबकि ऐसा होना ९४७ हिजरी से पूर्व सम्भव नहीं। इसलिए कुछ विद्वान इसे ९२७ हिजरी (१५२० ई०) की रचित मानते हैं जबकि कुछ के विचार से यह ९४७ हिजरी (१५४० ई०) में लिखी गयी थी। हमें ऐसा प्रतीत होता है कि यह लिखी तो १५२० ई० में ही गई थी, किन्तु संभव है शेरशाह के बादशाह बन जाने के बाद स्वयं कवि ने या किसी अन्य व्यक्ति ने इसमें बादशाह के नाम में परिवर्तन कर दिया हो। कुछ अन्य प्रमाणों से भी इसका रचना-काल १५२० ई० सिद्ध होता है। बंगला कवि अलाओल ने भी इसका अनुवाद करते हुए 'सप्तविंश नव शत' (९२७ हिजरी) ही रचना-काल दिया है।

'पद्मावत' में चित्तौड़ के राजा रत्नसेन एवं सिंघल की राजकुमारी पद्मावती के प्रेम, विवाह एवं विवाहोत्तर जीवन का चित्रण विस्तार से किया गया है। इसके कथानक को मुख्यतः दो खण्डों में बाँटा जाता है—पूर्वार्द्ध एवं उत्तरार्द्ध। पूर्वार्द्ध में नायक-नायिका के विवाह तक की कथा आती है जबकि उत्तरार्द्ध में उनके विवाहोत्तर जीवन का चित्रण करते हुए पद्मावती के लिए दिल्ली-सम्राट अलाउद्दीन खिलजी के आक्रमण, युद्ध एवं नायक की मृत्यु आदि का वर्णन किया गया है। इस कथा के अनेक पात्रों के ऐतिहासिक होते हुए भी इसका कथानक पूर्णतः ऐतिहासिक नहीं है। पूर्वार्द्ध में तो इतिहास है ही नहीं, उत्तरार्द्ध में भी बहुत-सी घटनाएँ कवि द्वारा कल्पित हैं। फिर भी राणा रत्नसिंह पर अलाउद्दीन खिलजी की चढ़ाई, घोर संघर्ष के बाद खिलजी की विजय, गोरा-बादल के बलिदान, राजा की मृत्यु, स्त्रियों के जौहर आदि की घटनाएँ निश्चित रूप से ऐतिहासिक हैं - शेष सामग्री कवि कल्पना एवं कथानक रूढ़ियों पर आश्रित है। जैसा कि पीछे संकेत किया जा चुका है, यह भी सम्भव है कि जायसी के पूर्व भी कोई अन्य कवि यह कथा प्राकृत या अपभ्रंश में लिख चुका था, जिसे जायसी ने भाषा-चौपाई में प्रस्तुत किया है। किन्तु उस स्थिति में भी इसमें वर्णन-विस्तार, भाव-व्यन्जना एवं काव्य-सौष्ठव के क्षेत्र में बहुत कुछ कवि का अपना है, यह असंदिग्ध रूप से कहा जा सकता है।

'पद्मावत' की सारी कथा को कवि ने एक रूपक में बाँधने का भी प्रयास किया है, जिसका संकेत स्वयं कवि ने काव्य के अन्त में इस प्रकार दिया है—

मैं एहि अर्थ पंडितन्ह बूझा । कहा किहम्ह किछू और न सूझा ॥
चौदह भुवन जो तर उपराहीं । ते सब मानुष के घट माँही ॥
तन चितउर मन राजा कीन्हा । हिय सिंघल, बुद्धि पदमिनि चीन्हा ॥
गुरु सुवा जेहि पन्थ देखावा । बिनु गुरु जगत् को निरगुन पावा ॥
नागमती यह दुनिया धंधा । बाँचा सोइ न एहि चित बंधा ॥

इस रूपक को अब कुछ विद्वानों ने प्रक्षिप्त घोषित कर दिया है । इसके दो कारण बताये गये हैं; एक तो यह कि ये पंक्तियाँ सभी प्रतियों में नहीं मिलतीं, दूसरे, यह रूपक काव्य में ठीक तरह नहीं बैठता । हमारे विचार से इसे प्रक्षिप्त मानना ठीक नहीं । जैसा कि स्वयं कवि ने लिखा है कि जब पंडित लोग इस रूपक को समझने में असफल रहे, तभी उसने ये पंक्तियाँ बाद में जोड़ी थीं, ऐसी स्थिति में कुछ प्रतियों में रूपक का मिलना और कुछ का न मिलना बिलकुल स्वाभाविक है । रही बात रूपक के ठीक न बैठने की—यह भी असत्य है । अभी तक आचार्य शुक्ल तथा उनकी परम्परा का अनुसरण करने वाले अन्य विद्वान पहले से यह मानकर चलते रहे कि इन कथाओं में सूफी मतवाद की व्यंजना है, अतः उसी के अनुसार उन्होंने इसमें भी रत्नसेन को आत्मा तथा पद्मावती को परमात्मा का रूपक मानकर इसकी व्याख्या की, जबकि जायसी ने पद्मावती को परमात्मा का केवल 'बुद्धि' का प्रतीक माना है । ऐसी स्थित में, जबकि कुंजी को ही बदल दिया गया, रूपक का उद्घाटन होना संभव नहीं था । यदि जायसी के संकेतों को सही रूप में ग्रहण किया जाय तो यह रूपक बिलकुल ठीक बैठ जाता है किन्तु उस स्थिति में वे विद्वान जो इसमें सूफी मतवाद की व्यंजना मानते हैं, अवश्य निराश होंगे, क्योंकि इसमें सूफी साधना के स्थान पर भारतीय साधना-पद्धति को ही स्थान दिया गया है । जायसी के अनुसार उनके विभिन्न पात्रों के प्रतीकार्थ इस प्रकार है—(१) चितौर= तन (२) राजा रत्नसेन =मन (३) सिंहल=हृदय (४) पद्मावती=बुद्धि (५) तोता =गुरु (६) नागमती=दुनिया-धंधा या सांसारिक आकर्षण (७) राघव-चेतना एवं आलाउद्दीन=आसुरी शक्तियाँ ।

इसी कुंजी के आधार पर रूपक की व्याख्या इस प्रकार की जा सकती है—रत्नसेन रूपी मन चित्तौर रूपी शरीर का उपभोग करता हुआ सांसारिक आकर्षणों (नागमती) में लिप्त था । गुरु (तोता) संदेश से सांसारिक क्षेत्र से विरक्त होकर वह बुद्धि या सात्विक ज्ञान (पद्मावती) की प्राप्ति की ओर अग्रसर होता है । ज्ञान-प्राप्ति के अनन्तर मन को एक बार गर्व हो जाता है—(सिंहल-विदाई के समय उसकी यह उक्ति; 'देखि दरब राजा गरबाना । दिष्टि माँह कोई और न आना ॥') जिससे उसका पुनः पतन हो जाता है, पुनः वह सांसारिकता, आसुरी प्रवृत्तियों एवं माया-जाल के चक्कर में फँस जाता है, किन्तु अन्त में सद्बुद्धि (पद्मावती) की सहायता ले वह मुक्त होकर निर्वाण को प्राप्त करता है तथा उसको सांसारिक एवं सात्विक वृत्तियाँ (नागमती एवं पद्मावती) भी उसी के साथ विलीन हो जाती हैं । इस दृष्टि से यह रूपक पूर्णतः भारतीय-साधना का सूचक है सूफी-साधना से इसका कोई संबंध

नहीं है। आगे चलकर जयशंकर प्रसाद ने कामायनी में भी भारतीय-साधना के विभिन्न तत्त्वों को रूपक के माध्यम से प्रस्तुत किया है जो जायसी के रूपक से गहरा साम्य रखता है; देखिए—

पद्मावत के पात्र		कामायनी के पात्र		दोनों के प्रतीकार्थ
रत्नसेन	=	मनु	=	मन
पद्मावती	=	श्रद्धा	=	श्रद्धा या हृदयवासिनी बुद्धि (सात्विक बुद्धि)
नागमती	=	इड़ा	=	सांसारिकता या दुनिया धंधा
राघव-चेतन, अलाउद्दीन	=	किराताकुलि	=	आसुरी प्रवृत्तियाँ

अस्तु, पद्मावत एवं कामायनी—दोनों के रूपकों में गहरा साम्य है तथा दोनों में लगभग एक ही संदेश—श्रद्धा या सात्विक बुद्धि से मोक्ष या आनन्द की प्राप्ति—की व्यंजना की गयी है। जायसी ने अपने काव्य के अन्य पक्षों में भी सर्वत्र भारतीय तत्त्वों को ही स्थान दिया है, अतः रूपक में भी उनके द्वारा ऐसा ही किया गया तो यह कोई आश्चर्य या संदेह की बात नहीं है।

वर्णन-विस्तार एवं भावव्यंजना की दृष्टि से भी पद्मावत एक अत्यन्त उच्च-कोटि का काव्य है। पद्मावत के सौन्दर्य, नागमती के विरह एवं रत्नसेन के साहस, त्याग एवं शौर्य्य की जैसी व्यंजना इसमें हुई है, वह अद्भुत है। काव्य की शैली में प्रौढ़ता है तथा उसमें ध्वनि, प्रतीकत्मकता एवं अलंकारों का प्रयोग बड़ी कुशलता से किया गया है। इसकी भाषा अवधी है। तथा दोहा-चौपाई छन्दों का इसमें प्रयोग है। इस रचना का अनुवाद बंगाल तक मे हो गया है, जिससे इसके महत्व एवं प्रचार का पता चलता है। पद्मावत के अतिरिक्त भी जायसी की अन्य रचनाएँ उपलब्ध हैं, जिनमें अखरावट, आखिरी कलाम, चित्र रेखा आदि के नाम उल्लेखनीय हैं।

मंझन कृत 'मधुमालती' (१५४५ ई०) में प्रथम दर्शन-जन्य प्रेम के साथ-साथ पूर्व जन्म के प्रणय-संस्कारों की भी महत्ता दिखाई गई है। महाभारत के उषा-अनिरुद्ध उपाख्यान की भाँति इस काव्य के नायक मनोहर को भी कुछ अप्सरायें एक रात्रि भर के लिये नायिका—महारस नगरी की राजकुमारी मधुमालती से मिला कर ले आती है। नायक की प्रणय-भावना के विकास का परिचय उसके मधुमालनी की खोज में भटकने, समुद्र में बह जाने, प्रेमा के प्रेम को ठुकराने आदि से मिलता है। परम्परागत रूढ़ियों में से नायक के योगी होने, किसी अन्य राजकुमारी को राक्षस से बचाने, माँ के शाप द्वारा नायिका के पक्षी हो जाने आदि का निर्वाह इसमें भी हुआ है किन्तु फिर भी इस काव्य में कवि की कुछ क्षेत्रों में मौलिकता भी दृष्टिगोचर होती है। एक तो कवि ने दो युवतियों को उपस्थित करते हुए भी नायक को सर्वथा एकनिष्ठ दिखाया है, वह दूसरी नायिका के विवाह-प्रस्ताव को अस्वीकार कर देता है। दूसरे, उसने भवभूति के मालती-माधव की भाँति दूसरी नायिका का विवाह

नायक के मित्र से दिखा दिया है और तीसरे, उसने अपने काव्य की परिणित शान्त-रस में न करके संयोग-श्रृंगार में की है। वस्तुतः प्रेम के उच्च स्वरूप की दृष्टि से यह रचना जायसी के पद्मावत से भी उच्च कोटि की है क्योंकि उसमें तो नायक का प्रेम बहुपत्नीत्व के दोष से ग्रस्त है जब कि इसमें नायक का प्रेम अन्त तक एकोन्मुख रहता है। इसमें अवधी भाषा तथा दोहा-चौपाई का ही प्रयोग हुआ है। इसकी शैली में सरलता और सरसता मिलती है।

कल्लोल द्वारा रचित 'ढोला मारू रा दूहा' एक राजस्थानी शैली की प्रेमकथा है। इसका रचनाकाल श्री नरोत्तमदास स्वामी ने संवत् १४५० से पूर्व माना है किन्तु श्री मोतीलाल मेनारिया[1] ने निम्नांकित दोहे के आधार पर, जो कि इसी ग्रन्थ में है, संवत् १५३० वि० अर्थात् १४७३ ई० माना है—

पनरहसे तीसै बरस, कथा कही गुण जाँण।
वदि वैसाखें बार गुरु, तजि जाण सुभ वांण॥

इस दोहे की भाषा मूल ग्रंथ की भाषा से मेल नहीं खाती। संभव है कि किसी परवर्ती कवि ने या लिपिकार ने ही इसे मिला दिया हो।

इस काव्य में नरवर देश के राजकुमार ढोला (दूल्हा) और पुंगल देश की राजकुमारी मारवाणी के प्रणय और विरह का चित्रण अत्यन्त मार्मिकता से किया गया है। दोनों का विवाह अबोधावस्था में ही हो गया था किन्तु पूर्ण यौवनावस्था से पूर्व दोनों मिल नहीं सके। इस बीच ढोला का दूसरा विवाह भी मालवाणी के साथ हो गया था। यौवन की मादकता एवं प्रणय-पिपासा से व्याकुल मारवाणी को जब अपने बाल्यकाल के विवाह की घटना का पता चलता है तो वह ढोला के पास संदेश भेजती है। ढोला संदेश प्राप्त होते ही आ जाता है और मारवाणी को अपने साथ ले जाता है। राह में सर्प-दंश से मारवाणी की मृत्यु हो जाती है किन्तु शिव-पार्वती द्वारा वह पुनर्जीवित हो जाती है। आगे और भी कठिनाइयों का सामना करते हुए वे सकुशल घर पहुँच जाते हैं।

इस काव्य का सर्वाधिक मार्मिक अंश है—मारवाणी का संदेश। पथिक को संदेश देते समय वह किस प्रकार विह्वलता से ओत-प्रोत हो जाती है, यह द्रष्टव्य है—

पंथी हाथ संदेसड़ी, धण विललती देह।
पग सूं काढै लीहटी, उर आँसुआँ भरेह॥

संदेश देते समय यह कभी-कभी उपालंभ एवं व्यंग्यपूर्ण उक्तियों का भी प्रयोग करती है—

कागल नहीं क मसि नहिं, लिखता आलस थाई।
कह उण देश संदेसड़ा, मोलइ बडइ बिकाई॥—१४१

किन्तु अन्ततः उसका प्रणय-निवेदन भारतीय नारी की दैन्यता एवं आत्म-समर्पण की भावना से ओत-प्रोत है—

१. राजस्थानी भाषा और साहित्य—मेनारिया जी, पृ० १३४

तु ही सज्जण मित्त तूं प्रीतम तूं परिवांण !
हियड़ई भीतर तूं वसई, भावई जांण म जांण ।। —१७५

ढोला को मारवाणी के पास जाते देखकर उसकी द्वितीय पत्नी—मालवाणी भी गहरा शोक प्रकट करती हैं—

धावउ धावउ हे मखि, को दांवणि को लाज ।
साहिब म्हांकउ चालियउ, जइ कउ राखइ आज ।।

[हे सखियो, दौड़ो ! दौड़ो ! (इस समय) क्या लाज और क्या बन्धन, मेरा साहिब जा रहा है, उसे आज रख सको तो रखो !] मालवाणी की विरह-व्यथा के चित्रण में भी कवि ने पूर्ण सहृदयता का परिचय दिया है ।

प्रारम्भ में इस प्रणय-काव्य में प्रेम का स्वरूप एकांगी ही दिखाया गया है; मारवणी और मालवणी में प्रणय-भावना के दर्शन होते हैं, किन्तु ढोला तो एक रसलोलुप व्यक्ति के रूप में उपस्थित हुआ । राह में जब कोई ढाढी ढोला से कहता है कि मालवणी तो अब बुड्ढी हो गई, तू जाकर क्या करेगा, तो वह लौटने की बात सोचने लगता है । किन्तु आगे चलकर सर्प-दंश की घटना के कारण उसका आकर्षण कामुकता के स्तर से ऊँचा उठकर प्रणय-भाव में परिणत हो जाता है ।

कुछ विद्वान् इसकी तुलना पंजाब की हीर-राँझा और जायसी के 'पद्मावत' की प्रेम-कहानी से करते हैं । किन्तु हमारी दृष्टि में इसके शृङ्गार का मूल स्वर इन दोनों रचनाओं के साम्य की अपेक्षा वैषम्य का अधिक द्योतक है । 'हीर-राँझा' का प्रणय स्वतन्त्र रूप से विकसित होता है जिसमें सामाजिक मर्यादाओं का उल्लंघन हो जाता है, जबकि 'ढोला मारू रा दूहा' तत्कालीन सामाजिक भाव-भूमि से तिलभर भी इधर-उधर नहीं हटता । दूसरे, 'हीर-राँझा' समाज कीं सामान्य स्थिति से संबन्ध नहीं रखती, किन्तु यह रचना सामन्ती आदर्शों एवं उनकी प्रकृति एवं प्रवृत्तियों का चित्रण यथातथ्य रूप में प्रस्तुत करती है । 'पद्मावत' से इसमें थोड़ा साम्य है—रत्नसेन की भाँति ढोला भी दो पत्नियों का पति है; और उपेक्षित पत्नी मालवणी-नागमती के ही स्वरों में करुण-क्रंदन करती है, किन्तु फिर भी प्रेम-पंथ के आदर्श से ढोला अनुप्राणित नहीं है । वह पद्मिनी जैसी किसी नवीना किशोरी के आकर्षण से प्रेरित होकर साहसिक यात्रा के लिए अग्रसर नहीं होता अपितु अपनी विवाहिता पत्नी के संदेश में परिपक्व-यौवन रूपी फल के आस्वादन का आह्वान पाकर सहज स्वाभाविक रूप से ससुराल के लिये विदा होता है ।

शृंगार के क्षेत्र में राजस्थानी कवि मर्यादा और शिष्टता का अतिक्रमण नहीं करता, यह तथ्य इस रचना के संयोग-पक्ष और वियोग-पक्ष—दोनों के आधार पर प्रमाणित होता है ।

सामान्यत: प्रेम के स्वरूप की दृष्टि से इस रचना की प्रस्तुत परम्परा के अपवाद के रूप में ही ग्रहण करना उचित होगा क्योंकि इसमें रोमांस के अनेक तत्वों का अभाव है ।

माधवानल-कामकन्दला के सुप्रसिद्ध आख्यान को, जिसका परिचय पीछे

गणपति कवि के प्रसंग में दिया जा चुका है, लेकर अनेक कवियों ने काव्य-रचना की जिसमें कुशललाभ का स्थान बहुत ऊँचा है। जिन विद्वानों को यह भ्रम है कि प्रेमाख्यानों मे सिद्धान्त व उपदेशादि का गुम्फन मुस्लिम कवियों ने ही किया, हिन्दुओं ने 'नहीं' वे इस रचना को पढ़ कर अपनी भ्रान्ति का निराकरण कर सकते हैं। बाणभट्ट की कादम्बरी की भाँति इस काव्य में भी प्रेम को जन्म-जन्मान्तरों तक चलने वाला सिद्ध किया गया है और नायक व नायिका की पूर्व-जन्म की प्रणय-गाथा को पर्याप्त विस्तार दिया गया है। ग्रन्थ के नाम से लगता है इसमें केवल चौपाई छन्द का ही प्रयोग हुआ होगा, किन्तु ऐसी बात नहीं है इसमें बीच-बीच में दोहा, सोरठा, गाथा एवं संस्कृत के श्लोकों का भी प्रयोग किया गया है। कथानक में भी कवि ने यत्र-तत्र मौलिकता का परिचय दिया है। इसकी भाषा पर राजस्थानी और डिंगल का प्रभाव है तथा शैली में मार्मिकता है।

रूप मंजरी—अष्टछाप के प्रसिद्ध कवि नन्ददास ने सन् १५६८ ई० के लगभग रूप-मंजरी' काव्य की रचना करके यह सिद्ध कर दिया कि प्रेम का महत्व केवल सूफी पन्थ में ही नहीं—वैष्णव मत में भी है। 'रूप-मंजरी' का कथानक कवि की मौलिक दृष्टि का परिचय देता है, परम्परागत प्रेमाख्यानों में से 'स्वप्न-दर्शन-जन्य प्रेम' की रूढ़ि का ही प्रयोग इसमें किया गया है, बाकी बातें सर्वथा विरोधी रूप में मिलती हैं। इसकी नायिका विवाहिता होती हुई भी कृष्ण को उपपति के रूप में स्वीकार करती है; प्रयत्न भी नायिका की ओर से होता है, प्रेमोत्पति के अनन्तर विशेष संघर्ष भी नहीं दिखाया गया, किन्तु फिर भी ईश-स्तुति, रचना के उद्देश्य, आत्म-विज्ञप्ति चौपाई और दोहे की शैली, आदि की दृष्टि से यह प्रेमाख्यान-परम्परा में ही आती है। यदि कथानक की मौलिकता के कारण ही इसका बहिष्कार करना हो तो दूसरी बात है। प्रेम-पन्थ, प्रेम-रस और प्रेम के अभाव के महत्व की घोषणा इन्होंने निःसंकोच रूप से बार-बार की है। नायिका के रूप-सौन्दर्य के वर्णन एवं विरह-वेदना के व्यापक प्रभाव की व्यंजना में भी उसी अतिशयोक्तिपूर्ण शैली का प्रयोग है जो कि आलोचकों की दृष्टि में अलौकिकता का भ्रम उत्पन्न कर देता है; जैसे—

बाला बैसँधि रूप जनु, दीप जग्यो जग ऐन।
उडि उडि परहिं पतंग जिमि नर नारिन के मैन॥

× × ×

मृगज लजे, खंजन लजे, कंज लजे छबि छीन।
दृगन देखि दुख दीन ह्वै, मीन भये जल लीन।

× × ×

सुर नर चाल के धाम सब, चुवहि बीच बिकराल।
तिन्ह मैं इह कैसे बसै, छैल छबीली बाल॥

---

१ भारतीय प्रेमाख्यानक काव्य—हरिकान्त, पृ० २८६।

भक्त मंडली के जो लोग कवि के स्वच्छन्द वर्णन पर आपत्ति कर सकते हैं, उन्हें पहले ही 'नीरस' घोषित कर दिया गया है—

× × ×

पुनि कवि अपनै मन मैं गुनै। मो कबित्त कोउ निरस न सुनै॥
रस विहीन जे अच्छर सुनहीं। ते अच्छर फिरि निज सिर धुनहीं॥
बाला स्मित कटाच्छ अरु लाजा। अँधरे बालक कै किहि काजा॥
ज्यों तिय सुरत समय सितकारा। निफल जाहि जौ बधिर भरतारा॥

वस्तुतः भक्त-कवि होते हुए भी नन्ददास ने श्रृंगार वर्णन में पूर्ण स्वच्छन्दता से काम लिया है तथा अन्त में 'उपपति रस' (कृष्ण को उपपति रूप के स्वीकार करना) की स्थापना की है। जहाँ तक काव्यत्व का प्रश्न है, यह रचना भावात्मकता एवं अभिव्यंजना-शैली, दोनों की दृष्टि से अत्यन्त आकर्षक है।

लाहौर-निवासी जैन श्रावक जटमल ने 'प्रेम विलास प्रेमलता की कथा' की रचना सन् १५५६ ई० में की थी। इसका आरम्भ 'जैनाय नमः' से करते हुए कवि ने आत्म-परिचय देने के साथ-साथ तत्कालीन शासक का भी उल्लेख किया है। इसका कथानक मौलिक है जिसमें लोकोत्तर घटनाओं की प्रधानता है। नायक-नायिका का प्रेम गुरु के यहाँ प्रत्यक्ष दर्शन से उत्पन्न होता है, तथा वे गुप्त रूप से विवाह करके अन्यत्र भाग जाते हैं; आगे चलकर नायक को राज्य प्राप्त हो जाता है। अन्त में नायक का वानप्रस्थाश्रम दिखाकर कथा की परिणति शान्त-रस में की गई है। इसकी भाषा राजस्थानी मिश्रित अवधी बताई गई है, किन्तु यह अधिक पुरानी प्रतीत नहीं होती। संभवतः प्रतिलिपिकारों की कृपा से यह बहुत कुछ परिवर्तित हो गई है। दोहा और चौपाई छन्दों का प्रयोग किया गया है। शैली में परिपक्वता का अभाव है—

प्रेमलता पुत्री तसु सोहै। रूपवन्त सुर नर मुन मोहै।
चन्द्रमुखी मनुहर मृगनयनी। सुक नासा चंचल पिक बयनी॥

नारायणदास कृत छिताई वार्त्ता (१५९० ई०) का कथानक अर्द्ध ऐतिहासिक है। इसमें देवगिरि के राजा रामदेव यादव की कन्या छिताई और ढोल समुदगढ़ के राजकुमार सुरसी के बिवाहोपरान्त प्रणय, अलाउद्दीन खिलजी द्वारा व्यवधान एवं नायक-नायिका के पुनर्मिलन का वर्णन किया गया है। 'पद्मावत' का राघव-चेतन इसमें भी बादशाह के दौत्य-कर्म का पालन करता है। पद्मावत में नायक को कैद किया गया था जबकि इसमें नायिका को। नायक उसके विरह में योगी हो जाता है और गुरु चन्द्रनाथ से शिक्षा लेता है। किन्तु छिताई की शोक-दशा से पिघल कर अलाउद्दीन उसे मुक्त कर देता है और इस प्रकार नायक-नायिका का पुनर्मिलन हो जाता है। इसकी भाषा राजस्थानी मिश्रित ब्रज हैं तथा दोहा-चौपाई शैली का प्रयोग किया गया है। बीच-बीच में लोक-नीति का-कथन भी स्पष्ट रूप में किया गया है—

आसा बैरी न कीजिय, ठाकुर न कीज मीत।
खिन ताती खिन सियरौ, खिन वियर खिन भीत॥

भाव-सौन्दर्य की दृष्टि से रचना साधारण है।

प्रसिद्ध कवि आलम ने 'माधवानल-कामकंदला' (१५८४ ई०) में मालवानल-कामकंदला की सुप्रसिद्ध प्रेम-कथा को लेकर, सुन्दर प्रेमाख्यान की रचना की है। कवि को इसका मूल रूप संस्कृत में प्राप्त हुआ था, इसका उल्लेख किया गया है। पूर्ववर्ती कवियों ने माधवानल और काम-कंदला के पूर्व जन्म के प्रेम का भी चित्रण किया है किन्तु आलम ने केवल एक ही जन्म की स्वाभाविक घटनाओं को अपने काव्य में स्थान दिया है। इसमें प्रेमोत्पत्ति का कारण संगीत और नृत्यकला विशारदता को दिखाते हुए प्रेम के गंभीरतम रूप को प्रस्तुत किया है। कवि ने संगीत-कला के सूक्ष्म ज्ञान का भी परिचय दिया है। अवधी भाषा और चौपाई की पाँच अर्द्धालियों पर दोहे या सोरठे का प्रयोग हुआ है। कवि ने शाहे वक्त के रूप में अकबर के शासनकाल एवं टोडरमल की मन्त्री-पद-कुशलता पर यथेष्ट प्रकाश डाला है। कथा के आरम्भ में पैगम्बर आदि के स्थान पर पारब्रह्म की स्तुति की गई है। भाव-व्यंजना एवं शैली की मार्मिकता की दृष्टि से आलम को उत्कृष्ट कवियों मे स्थान दिया जा सकता है। विशेषत: बीच-बीच में आये हुए सोरठे तो बहुत ही मार्मिक हैं—

नैन झरत जिमि मेंह, गरव देंह भीजत सकल।
बिछुरत नयन सनेह, मद व्याकुल तन थकित भय॥

× × ×

नैन समुद्र तारंग, प्रीतम बिनु उमगे फिरहिं।
बिन गुन वोहित अंग, बूड़हि सो त्रिय कंत बिन॥

१३.७. उत्तर मध्यकाल की रचनाएँ

चित्रावली (१६१५ ई०) के रचयिता उसमान ने अपने आपको गाजीपुर का निवासी बताया है। ये नारनौल वासी शेष निजाम के शिष्य थे। स्थायी सुयश प्राप्त करने की इच्छा से प्रेरित होकर इन्होंने 'चित्रावली' की रचना हि० सन् १०२२ (१६१३ ई०) में की।[1] अपनी इस कृति पर उन्हें इतना गर्व था कि अन्य कवियों को इससे अच्छी प्रेम-कथा लिखने के लिए ललकारा है।[2] चित्रावली में कथा-काव्य-पद्धति के सभी लक्षणों—ईश्वर स्तुति, आत्म-परिचय, शाहे वक्त का उल्लेख—आदि का निर्वाह करते हुए राजकुमार सुजान और राजकुमारी चित्रावली के चित्र-दर्शन द्वारा उत्पन्न प्रेम का चित्रण किया गया है। इसमें शिव के आर्शीर्वाद से पुत्रोत्पत्ति, देव के द्वारा सोते हुए राजकुमार को नायिका के रंगमहल में पहुँचाकर लौटा लाना, शिव-मन्दिर में नायक-नायिका के प्रथम साक्षात्कार, किसी राजकुमारी—

---

१. मोहूँ चाउ उठा पुनि हीएँ, होउँ अमर पुनि यह अमरित पीए।

—चित्रावली

२. मोरी बुद्धि जहाँ लहु अही, जहं लहु सुझि कथा में कही।

जाकी बुद्धि होइ अधिकाई, आन कथा एक कहै बनाई॥

कँवलावती का उद्धार और उससे विवाह, नायिका के पिता का विरोध, समुद्री तूफान आदि पूर्व प्रचलित कथानक रूढ़ियों का समावेश हुआ है। कहानी को सुखान्त बनाया गया है। इस रचना से कवि के सामान्य ज्ञान की व्यापकता का भी परिचय मिलता है। सौन्दर्य-वर्णन एवं भाव-व्यंजना में कवि को पूरी सफलता मिली है। चौपाई की सात-सात अर्द्धान्यियों के पश्चात् एक-एक दोहों का प्रयोग किया गया है। भाषा सरल एवं प्रवाहपूर्ण अवधी है—

अति सुकुंवारि लंक पुनि छीनी। दिष्टि न पर बारहु ते खीनी।
देखत सकुकै देखन हारा। टुटि न परै दिष्टि के भारा॥

× × ×

'रस-रतन' (१६१८ ई०) के रचयिता पुहकर ने अपनी रचना में अपने वंशादी का पूरा परिचय दिया है जिससे ज्ञात होता है कि आपके प्रपितामह श्री दुर्गादास अकबर के दरबारी थे तथा आपके पिता मोहनदास कायस्थ भी एक प्रतिष्ठित व्यक्ति थे। कवि ने छन्द शास्त्र एवं भारतीय प्रबन्ध काव्य के अतिरिक्त फारसी काव्य का भी अध्ययन किया था। कथा-काव्य की पद्धति का पालन करते हुए आपने तत्कालीन शासक के गुण-गान आदि सभी लक्षणों का निर्वाह किया है। 'रस रतन' में राजकुमारी रंभा और राजकुमारी सोम के प्रणय का वर्णन किया गया है। रंभावती का जन्म उसके निःसन्तान माता-पिता के द्वारा चण्डी की उपासना से होता है। नायक नायिका के प्रेम का उद्भव स्वप्न-दर्शन द्वारा दिखाया गया है। अप्सराओं द्वारा कुमार को सशय्या किसी अन्य राजकुमारी कल्पलता के यहाँ पहुँचा देना दोनों का प्रेम, रंभावती की सुध आने पर कुमार का योगी वेश में निकलना, शिव-मन्दिर में नायक-नायिका की प्रथम भेंट, कल्पलता द्वारा तोते के द्वारा संदेश भेजना; दोनों पत्नियों के साथ कुछ समय तक सुखपूर्वक रहने के अनन्तर नायक के वैराग्य आदि का समावेश पूर्व परम्परा के अनुसार ही हुआ है नारी सौन्दर्य, संभोगकालीन चेष्टाओं एवं विरहादि का निरूपण मार्मिकतापूर्ण शैली में किया गया है। रीति का प्रभाव भी यत्र-तत्र देखने में आता है जैसे कि विरह की दस-दशाओ का वर्णन शास्त्रीय-तत्त्वों के उल्लेख के साथ किया गया है। इसकी भाषा अवधी और शैली दोहे-चौपाई वाली ही है। नमूना देखिए—

भौंह चक्र पश्चिम उजियारे। मद खंजन जनु बान सँवारे॥
श्रवन सींव लोचन उजियारे। पद्म पत्र पर भमर विचारे॥[1]

× × ×

नैन लाज डर त्रास बढ़ि, मदन दुरी तन माँहि।
डूलति नारि नाहीं करै, सकत छुड़ावति बाँहि॥[2]

---

१. विप्रलंभ जिमि मूल हैं, जिम-जिम बिस्तर साख।
दस अवस्था कवि कहत है, तहाँ प्रथम अभिलाख॥

२. भारतीय प्रेमाख्यान काव्य—हरिकान्त, पृ० १६१।

'ज्ञानदीप' की रचना शेख नबी द्वारा १६१६ ई० में हुई थी।[1] इसमें दिये गये आत्म-परिचय के अनुसार कवि का निवास-स्थान औनपुर सरकार के अन्तर्गत अलदेमऊ था। कवि ने अपने प्रतिपाद्य विषयों में वीर, शृङ्गार, विरह और योग का उल्लेख करते हुए[2] पूर्व-प्रचलित कथाओं से भी सहायता लेने की बात स्वीकार की है।[3] इसमें राजा राय शिरोमणि के पुत्र ज्ञानदीप एवं राजकुमारी देवयानी के प्रेम का निरूपण कथानक रूढ़ियों के आधार पर किया गया है, किन्तु कुछ रूढ़ियों का प्रयोग नये रूप में भी हुआ है, जैसे—नायक के स्थान पर नायिका की सखी का योगी-वेश धारण करना, नायिका की सहचारी का नायक से बिवाह नहीं होना आदि। नलोपाख्यान की भाँति इसमें भी नायक के खोज के लिए स्वयंवर का आयोजन होता है। कथा की परिणति सुखमय होती है। भाव व्यंजना में मौलिकता का अभाव एवं अनुभूति की न्यूनता परिलक्षित होती है। भाषा अवधी है और चौपाई की सात-सात अर्द्धालियों के पश्चात् दोहे का प्रयोग मिलता है। ज्ञान-प्रदर्शन की प्रवृत्ति के कारण संगीत की राग-रागिनियों, वैवाहिक संस्कारों, शकुनों आदि का विस्तृत वर्णन मिलता है। वेद-मार्ग की प्रशंसा की गई है।[4] त्रिया को अवगुणों की खान भी घोषित किया गया है—

त्रिय जोबन जल नद को पानी। उतरि गयो को मेखै आनी॥
तिरिया जात दूध की नाई। जिनसे बहुरि संवाद न पाई॥

× × ×

तिरिया जस माटी की गगरी। माहुर बूंद परत षन बिगरी।
औगुन भरी सो तिरिया, तैं सा गुन, आधार।
संत करबहुँ चित्त भीतर जो पुरवहि करतार।

जान कवि द्वारा रचित अनेक प्रेम-कथाएँ मिलती हैं, जिनका रचना-काल-१६१८-१६६३ ई० है। श्री अगरचन्द नाहटा ने फतेहपुर के नवाब अलफाँ के पुत्र न्यामख खाँ का उपनाम 'जान' सिद्ध किया है।[5] इन्होंने लगभग ६० ग्रन्थों की रचना की थी जिनमें २६ प्रेम-कथाएँ हैं। कुछ कथा-काव्यों—'कथा रतनावती'; कथा कनकावती', 'ग्रन्थ बुद्धि सागर', 'कँवलावती', 'कथा मोहिनी', 'कथा नल दमयन्ती', 'लैला मजनू', 'कथा कलावती', 'कथा रूप मंजरी', 'कथा खिज्र खाँ साहिबजादे व देवल

---

१. 'एक हजार सन् रहै छबीला। राज सुलही गनहु बरींसा।
संवत् सौलहा से छिहरा। उक्ति गरत कीन्ह अनुसारा॥
—ज्ञानदीप

२ वीर सिंगार विरह कछु पावा। पूरन पद लै जोग सुनावा।

३. पोथी बाच नबी कवि कही।

४. वेद भेद जो मारग जइया। पंथ हेरान तहीं छिन पइया॥
वेद विहून सुनी सो काया। पशु के अंस धरी नर काया॥

५. हिन्दी सूफी कवि और काव्य—डॉ० सरला शुक्ल, पृ० ३७४॥

दे की चौपाई', 'कथा कलन्दर', 'कथा तमीम अन्सारी', 'कथा अरदेसर पातिसाहि', आदि में कथा-काव्य के लक्षणों का निर्वाह किया गया है। कुछ ग्रन्थ ऐसे भी हैं जिनमें कथा का आरम्भ बिना किसी भूमिका के कर दिया गया है। जो कवि आये महीने नई रचना लिखता था, उसके लिए ऐसा करना स्वाभाविक भी है। उनके ग्रन्थों की पूरी सूची इस प्रकार है—कथा रतनावती, ग्रन्थ लैले मजनू, कथा कामलता की चौपाई, कथा कनकावती, कथा छवि सागर, कथा मोहिनी, चन्द्रसेन राजा सील विधान की कथा चौपाई, कथा नल दमयन्ती, कथा कलावती, कथा रूप मंजरी, कथा खिजर खाँ साहिबजादे व देवल दे, कथा निरमन दे, कथा कलन्दर, कथा तमीम अन्सारी, कथा कामरानी, कथा अरदेसर पातिसाह की, कथा सुभटराइ की, ग्रंथ बुधि सागर, कथा कँवलावती, छीता, कथा पीतमदास, कथा, देवलदेवी, कथा कौतूहल, कथा सतवन्ती, कथा सीलवन्ती, कथा कुलवन्ती, कथा बलूंकिया बिरही, ग्रन्थ बारहमास, सवैया या झूलनाह कवि नान क्रिते, षटऋतु बरवा, षटऋतु पवंगम, घूँघटनामा, सिंगार सत, भाव सत, बिरह सत, दरसनामा, अलकनामा, प्रेमसागर, वियोगसागर, कंद्रपकलोल, भावकलोल, मान विनोद, बिरही के मनोरथ, प्रेमनामा, रस कोष, शृङ्गार तिलक, रस तरंगिनी, चेतन नामा, सिख ग्रन्थ, सुधासिष, बुद्धिदायक, बुद्धिदीप, सतनामा, वर्ननामा, उत्तम सबद, सिष सागर, वंदनामा, जफरनामा, अनेकार्थ नाममाला, बाजनामा, कबूतरनामा, गूढ़ ग्रंथि; देसावज़ी, वैदिक सिषनामा और पाहन परीक्षा।

जान कवि के प्रायः सभी ग्रंथों में शृङ्गार रस की प्रधानता है। इन्होंने अपनी प्रेम कथाओं में भारतीय कथाओं में अतिरिक्त फारसी प्रेमाख्यानों की सामग्री का भी उपयोग किया है। 'लैला-मजनू' तो स्पष्ट ही फारसी कहानी है, 'मधुकर मालती' की कथा भी फारसी ढांचे पर आधारित है; संभवतः जान कवि ने ग्रन्थ-संख्या विस्तार की प्रवृत्ति के कारण ही फारसी कहानियों की ओर ध्यान दिया होगा। किन्तु इन दो ग्रन्थों के अतिरिक्त शेष की कथावस्तु पूर्णतः भारतीय है। यथा—'कनकावती' में निस्संतान राजा भरथ का देव-आराधना द्वारा मरमरूप की प्राप्ति, राजकुमार को स्वप्न में कनकावती के दर्शन, योगीवेश में सिंहपुरी के लिए प्रस्थान, नायिका के पिता द्वारा बाधा, संन्यासी की सहायता से सफलता आदि सर्वथा भारतीय पद्धति के अनुसार है।

यद्यपि कवि ने शृङ्गार रस के सभी अंशों का निरूपण बार-बार किया है किंतु अनुभूति की गंभीरता एवं शैली की परिपक्वता उनमें नहीं मिलती। वे ग्रन्थों के संख्या-विस्तार में ही लगे रहे, प्रौढ़ता की ओर उनका ध्यान नहीं गया। उनकी भाषा राजस्थानी मिश्रित ब्रज है किन्तु कहीं-कहीं अवधी का भी अनुकरण करने का प्रयत्न किया गया है। दोहे-चौपाई के अतिरिक्त सवैया, कवित्त का भी प्रयोग हुआ है। शैली का नमूना—

पाहन सेती कैसी प्रीत। समझता नाहिं नेहु की रीति ॥
जो तू मया के पीर हो पाय। हाथ पकरि न लेत उचाइ ॥
वा काजै हम आँसू परि है। वाके नन तीर न मरि है ॥
जो तुम्ह उ कहो सब दिन रात। येक तुम्हारी सुने न बात ॥

नल दमयन्ती (नरपति व्यास; १६२५ ई०) की भाषा अवधी है एवं दोहा चौपाई शैली में रचित है। इसमें सौन्दर्य एवं विरहादि का निरूपण कहीं-कहीं अलौकिकता का आभास देने वाली शैली में किया गया है—

सौन्दर्य वर्णन :

पंच सवद रचो सुढार। कोटि कन्या न बनी उनहार॥
वचन नयन ता चलन सुरंग। भीम कुँवरि सह अमृत संग॥
तास दृष्टि त्रिभुवनवसु भयौ। नर वै लरहि विरहि परि गयो॥

विरह-वर्णन :

तुम बिन राह अंध्र संसारी। तुम्ह स्वामी हम प्रान अधार॥
तुम बिन जन्म अकारथ जाय। तुम बिनु स्वामि रहन न जाय॥

कोटा नरेश रुद्रसिंह के पुत्र मुकुन्दसिंह ने महाभारत के आधार पर **'नलचरित्र'** की रचना (१६४१ ई०) दोहे चौपाई शैली में की थी। इसमें नारी-सौन्दर्य एवं प्रेम की व्यंजना मार्मिक रूप में हुई है। यद्यपि मुकुन्दसिंह का सूफी मत से कोई सम्बन्ध नहीं था, किन्तु फिर भी इसमें सूफी सिद्धान्तों एवं रहस्यवाद के उदाहरण आलोचकों की कृपा से मिल जाते हैं। डॉ० हरिकांत श्रीवास्तव ने इसमें से 'तरीकत' का एक उदाहरण इस प्रकार दिया है

वानउ के रव होत अपारा। तिहि विध जानहु भ्रमर गुजारा॥
हऊं के हहै सिली मुख नामा। विरही तन कह दोउ दुखधामा॥[1]

संतोष है कि शरीयत, मारिफत और हकीकत के उदाहरण ढूंढ़ने में उन्होंने अपनी असफलता स्वीकार की है।

'नल-दमन' (१६५७ ई०) के रचयिता सूरदास लखनवी को आचार्य शुक्ल ने सूफी घोषित कर दिया था; पर इन्होंने अपना पूरा परिचय कथारम्भ में दिया है जिससे इनके सूफी होने की मान्यता खंडित हो जाती है। इनके गुरु रंगबिहारी[2] श्यामदयाल भटनागर के शिष्य थे। कथा-काव्य के प्रायः सभी नियमों का पालन करते हुए इन्होंने ईश्वर-स्तुति, आत्म-परिचय, गुरु बन्दना, शाहे वक्त का उल्लेख किया है। काव्य-रचना का कारण बताते हुए कवि ने लिखा है कि एक दिन महाभारत में नल-दमयन्ती की प्रेमाख्यान पढ़ते-पढ़ते वह प्रेम की पीर से इतना व्याकुल हो उठा कि उसे तन-मन की सुधि न रही। प्रेम की 'पीर' और 'प्रेम-प्याला' के महत्त्व की चर्चा इन्होंने बार-बार की है :

प्रेमी पीउ निहार जे, चाखत खिन छक जाँह।
एक प्याला फिर पीवैं, दोऊ भर अय दाँह॥[3]

संभवतः इसी प्रकार की चर्चाओं के कारण डॉ० हरिकान्त ने भी इनका दृष्टि-

---

१. भारतीय प्रेमाख्यानक काव्य, पृ० ३६२।
२. अब गुरुदेव केर गुन गाओ। रंग बिहारी जिनकर नाऊँ॥
३. भारतीय प्रेमाख्यानक काव्य, पृ० ४०१।

कोण 'सूफी' बताया है यद्यपि आगे चलकर वे स्वयं ही अपने मत का खंडन कर देते हैं। काव्यसौष्ठव एवं भाव-व्यंजना की दृष्टि से यह रचना बहुत उच्चकोटि की है। सौन्दर्य, प्रेम और विरह का निरूपण अनुभूतिपूर्ण शब्दों में हुआ है। बीच-बीच में दार्शनिक तत्त्वों का भी समन्वय मिलता है। कथा की परिणति शान्तरस में हुई है। इसकी भाषा अवधी है और चौपाई की आठ-आठ अर्द्धालियों के पश्चात् एक दोहा रखा गया है। शैली का नमूना—

नखशिख—दीरघ अनियारे सुघर, सुन्दर विमल सुलाज।
मुखर छबि बारिध मनो नैन स्वरूप जहाज॥

× × ×

तिल कपोल पर कोटि छवि, कहि न जाइ विस्तार।
बदन दीप छवि पतंग मन, देखि जरा भै छार॥

विरह—तन बिन जीउ पीउ महँ जीऊ। तन महँ जीऊ रहै सो पीऊ॥
मन पिऊ महँ तन के सुध नाही। माँती फिरै बीच मनमाही॥
खोज खोज भई, खोज मिलै कोउ नाँह।
कंत गवायो गाँव मँह, कत पावे बन माँह॥

'माधवानल नाटक' (केसि; १६६० ई०) का शीर्षक 'नाटक' है किन्तु वास्तव में यह दोहा-चौपाईबद्ध काव्य है। इसमें प्रसिद्ध आख्यान 'माधवानल-कामकन्दला, की कहानी को आधार बनाया गया है। काव्य-सौष्ठव की दृष्टि से रचना साधारण है। इसकी भाषा अवधी है।

'पुहुपावती' (१६६९ ई०) के रचयिता दुःखहरण दास का मूल नाम मन-मनोहर था तथा इनके गुरु मलूकदास थे, जिनसे इन्हें 'वेद का भेद' प्राप्त हुआ। उनकी कथा सर्वथा मौलिक है—इसका उल्लेख स्वयं कवि ने भी किया है।[1] किन्तु इसमें अनेक पूर्ववर्ती रूढ़ियों का समावेश किया गया है; जेसे—शिव की कृपा से नायक का जन्म, पुष्पवाटिका में प्रत्यक्ष दर्शन से प्रेमोत्पत्ति, नायिका के अतिरिक्त रंगीली को दानव से बचाकर उससे नायक का विवाह करना, योगी वेश में नायक का नायिका को ढूँढने के लिए निकलना, स्वयंवर का आयोजन, मैना द्वारा प्रथम पत्नी का संदेश-भेजना, आदि।

कथा काव्य के अन्य लक्षण—निराकार की स्तुति, पंचदेवताओं की वन्दना, गुरु की वन्दना, औरंगजेब शाह का उल्लेख, आत्म-परिचय आदि सभी मिलते हैं। इनके गुरु मलूकदास कोई सूफी नहीं, सन्त थे, क्योंकि उन्होंने कवि के शब्दों में—"इह संसार असार के जाना। रामनाम सुमरिन मनमाना" अर्थात् रामोपासक थे। 'पुहुपावती' प्रबन्धात्मकता, सम्बन्ध निर्वाह एवं काव्य-सौष्ठव की दृष्टि से सफल रचना है। सौन्दर्य-वर्णन में डॉ० हरिकान्त के शब्दों में[2]—'जायसी की तरह रहस्यात्मक

---

१. अलप वेस बीधी बुधि दीन्हा। नूतन कथा प्रेम की कीन्हा।
२. भारतीय प्रेमाख्यान काव्य, पृ० ३६८।

संकेत' मिलते हैं, अतः इस शैली को केवल सूफीवाद की ही विशेषता न माननी चाहिए। राजकुमार के शारीरिक सौन्दर्य में कवि ने वेद-ऋचाओं के भी दर्शन किये हैं तथा नायिका की रूप छटा में ब्रह्म-ज्योति का सादृश्य बताया है। इसकी भाषा अवधी है तथा दोहा-चौपाई के अतिरिक्त मार्मिक स्थलों पर सोरठों, कुण्डलियों और कवित्त छन्दों का भी प्रयोग मिलता है। शैली का नमूना—

तब रूपवती सीस नवाई। घूंघट काढ़ि के रही लजाइ॥
प्रथम समागम के डरी डरी। अंग-अंग छुटी थर थरी॥
राजकुमार धरी तब बांहा। भिझकि कहेसि मत छुवो नाहा॥
तुम बालम निरदई निछोही। के बिआह और डेरे मोही॥
जस फनींद कैंचुरि तजि जाइ। तसु तुम कंत हमहिं बिसराइ॥

'माधवानल कथा' (दामोदर; १६८० ई०) में प्रसिद्ध 'माधवानल-कामकन्दला' की कथा का वर्णन किया गया है। इसमें प्रबन्धात्मकता का निर्वाह सफलतापूर्वक हुआ है। भाव-व्यंजना की दृष्टि से रचना साधारण है। दोहे-चौपाई शैली में रचित है।

चन्द्र कुँवरि री बात' (हंस १६८३ ई०) में राजकुमार चन्द्रकुँवर और एक सेठानी के गुप्त प्रेम का चित्रण गद्य-पद्य मिश्रित राजस्थानी में किया गया है। यद्यपि कथा-काव्य की अनेक रूढ़ियाँ इसमें मिलती है किन्तु प्रेम के स्थान पर कामुकता की ही प्रतिष्ठा हुई है। रचना साधारण है। शैली का नमूना—

चम्पा बरणी अंग रंग रहे जसको।
हंमा चलण संभाव वखाणु तासको॥
खंजन जहो नेह नेह जाणु को किया।
त्यानु दीजे सुख कुँवर जी मोकला॥

इन्द्रावती (१६८७ ई०) और **'अनुराग बाँसुरी'** (१७०७ ई०) के रचयिता नूरमोहम्मद जौनपुर जिले के सवरहद वासी थे, तथा 'कामयाब' उपनाम से फारसी में भी कविता किया करते थे। 'इन्द्रावती' इनके तरुण काल की रचना है। इसका नायक राजकुँवर हैं जो आगमपुर के राजा जगपति की कन्या रतनज्योति इन्द्रावती को स्वप्न में देखकर उससे प्रेम करने लगता है। वह गुरुनाथ से दीक्षा लेकर मन्त्री बुद्धसेन के साथ जीवपुर पहुँचता है तथा आगे चलकर वह सुन्दर एवं इन्द्रावती से विवाह करता है। इसमें कथा-काव्य की प्रायः सभी प्रवृत्तियों एवं रूढ़ियों का निर्वाह मिलता है। 'इन्द्रावती' के पात्र भी अपना प्रतीकार्थ व्यंजित करते हैं। सारा काव्य भारतीय दर्शन के विभिन्न तत्त्वों से गुम्फित है। पात्रों का नामकरण विभिन्न पारिभाषिक शब्दों का प्रयोग तथा कहानी की परिणति शान्त रस में होना, आदि बातें भी भारतीय परम्परा से सम्बन्धित हैं। इसी प्रकार 'अनुराग बाँसुरी' के पात्र 'अंतःकरण', बुद्धि, चित्त, अहंकार, संकल्प, विकल्प, मोहिनी, सर्व मंगला भी प्रेम कथा के माध्यम से इन्द्रिय-विरोध के द्वारा आध्यात्मिक साधना का संदेश देते हैं। इस समय तक उर्दू भाषा का विकास होने लग गया था जिसे मुसलमान अपनी भाषा

समझते थे तथा वे हिन्दी से दूर हटने लग गये थे। इसीलिए नूर मोहम्मद ने हिन्दी में काव्य-रचना की सफाई में कहा है—

हिन्दू मग पर पाँव न राखेउ। का जो बहुतै हिन्दी भाखेउ॥

'अनुराग-बाँसुरी' में रीति प्रवृत्तियों का भी प्रभाव दृष्टिगोचर होता है। विरह की दस दशाओं एवं नायिका-भेद के कुछ अंगों का निरूपण नामोल्लेख पूर्वक किया गया है; जैसे—'रूप गर्व राखै धन जोई। जानहु रूप गर्विता सोई।' कवि की भाषा अवधी है और इसमें दोहे-चौपाई का प्रयोग किया गया है। शैली में सरसता और प्रवाह है।

'माधवानल कामकन्दला' (बोधा; १७५२ ई०) दोहा-चौपाई शैली में रचित है, किन्तु बीच-बीच में अन्य छंदों का भी प्रयोग मिलता है। इस काव्य को 'विरह वारीश' भी कहा गया है। भावाभिव्यक्ति की दृष्टि से ग्रन्थ बहुत उच्चकोटि का है। संयोग-चित्रण में कवि ने पर्याप्त स्वच्छन्दता दिखाई है जिससे अनेक स्थलों पर अश्लीलता आ गई है। इसकी भाषा चलती हुई ब्रज है। शैली का नमूना देखिए—

तिय चाहत बाँह छुड़ाय भजो। पिय चाहत है कबहूँ न तजो।
कसि कै सिसकै 'रस चित्त धरै। ननकार विकारन और करै।
जब हीं पिय की बाँह पियनाथ कहै। तबहीं तिय वासों छोड़ कहै।

× × ×

नीबी के छुवत प्यारी उलथि पलथि जात
जैसे पवन लगे लोट जात बेली ज्यों चमेली की।

यूसुफ जुलेखा (१७७६ ई०) की रचना शेख निसार ने अपने युवा पुत्र लतीफ की मृत्यु का दुःख भुलाने के लिए की थी। कथा-काव्य की सभी विशेषताएँ इसमें मिलती हैं। भाषा अवधी है और दस-दस अर्द्धालियों के पश्चात् दोहे का प्रयोग किया गया है। कवि की शैली में सरसता एवं प्रभाव है।

उपा चरित्र (जनकुंज: १७८० ई०) भागवत की कथा पर आधारित है किन्तु कथा वस्तु में यत्र-तत्र थोड़ा परिवर्तन भी किया गया है। अवधी भाषा एवं दोहा-चौपाई शैली में रचित है। काव्यत्व साधारण है।

'हंस जवाहिर' (कासिमशाह; १७९३ ई०) उच्चकोटि की रचना है जिसमें कथा-काव्य की विभिन्न रूढ़ियों का निर्वाह हुआ है। कथा का अन्त दुःखमय दिखाया गया है। भाषा अवधी एवं शैली दोहा-चौपाई की है। शैली का नमूना—

कासिम आगी विरह की, पड़ी बहुत तन घाव।
दहकी विरह झिकोर बहु, अब केहि बार बुझाय।

\+ + +

नैन चुवैं जस सावन ओरी। पिउ बिन नाउ को खेवै मोरी।
सखी कन्त संग करें किलोला। राधा पहिरि सुझुलें हिंडोला।
मोर सिंगार सो लैगा नाहा। गही को बाँह पडेउ औगाहा।

मधुमालती (चतुर्भुजदास; १७८० ई०) में राजकुमार मधुकर एवं राजकुमारी

मालती के प्रेम का चित्रण किया गया है। प्रबन्ध के बीच-बीच में पशु-पक्षियों से सम्बन्धित पाँच छोटी-छोटी अन्तर कथाओं का भी गुम्फन किया गया है। शृंगार-वर्णन के साथ-साथ कवि ने नीति की सूक्तियों का भी समावेश करने का प्रयत्न किया है। भाषा अवधी है एवं आठ-आठ अर्द्धालियों के पश्चात् दोहे का प्रयोग मिलता है। सोरठा, कुण्डलियाँ, कवित्त आदि छन्द भी प्रयुक्त हुए हैं। शैली में सरसता है।

'नल दमयन्ती चरित्र' (सेवाराम; १७९९ ई०) में कवि ने 'गणेश-महिमा' का प्रतिपादन करने के लिए मूल कथानक में थोड़ा परिवर्तन किया है। प्रेम-निरूपण के साथ-साथ धर्मोपदेश एवं नीति-वाक्यों का भी समन्वय मिलता है। इसकी भाषा अवधी है तथा दोहा-चौपाई छन्द में रचित है।

प्रेम चिन्गारी (नजफअली; १८०९ ई०) में मौलाना रूमी की मनसवी के आधार पर हजरत मूसा पैगम्बर और गड़रिये की कथा का वर्णन किया गया है। इसमें लौकिक प्रेम का सर्वथा अभाव है। गड़रिये की ईश्वर के प्रति दास्य भक्ति-भावना का प्रकाशन है, तथा प्रेमकथा काव्य की अन्य कई प्रवृत्तियाँ इसमें नहीं मिलतीं। सर्वथा सूफी मसनवियों पर आधारित हिन्दी-काव्य का यह प्रथम उदाहरण है।

'उषा-अनिरुद्ध' के कथानक को लेकर तीन कवियों—जीवनलाल नागर (१८२९ ई०), मुरलीदास (१८३१ ई०) एवं रामदास (१८३७ ई०) ने तीन कथाएँ साथ-साथ लिखीं। इन सभी की भाषा अवधी तथा शैली प्रदोहा-चौपाई की है। प्रथम कवि की कृति में ब्रज का पुट एवं अन्य छन्दों का भी प्रयोग मिलता है।

रमणशाह छबीली भटियारी की कथा (१८४८ ई० से पूर्व) के रचयिता का पता नहीं चलता, किन्तु कथारम्भ 'श्रीगणेशाय नमः' से किया गया है; अतः वह हिन्दू होना चाहिए। इसमें गद्य और पद्य दोनों का मिश्रण मिलता है तथा भाषा भी ब्रज एवं खड़ी बोली मिश्रित है। फारसी के शब्दों का बाहुलय है।

रुक्मिणी-परिणय (श्री रघुराजसिंह जू 'देव', १८५० ई०) ब्रजभाषा में रचित उच्चकोटि का काव्य है। प्रेम-कथाओं की अन्य विशेषताओं के अतिरिक्त इसमें घनाक्षरी एवं सवैया का भी प्रयोग मिलता है।

नल दमयन्ती कथा (१८५४ ई०) का रचयिता अज्ञात है। काव्य सौन्दर्य की दृष्टि से रचना उत्कृष्ट कोटि की है। भाषा प्रांजल है तथा दोहा-चौपाई के अतिरिक्त इसमें सवैयाओं का भी प्रयोग मिलता है।

प्रेम पयोनिधि (मृगेन्द्र; १८५५ ई०) में राजकुमार जग प्रभाकर एवं राजकुमारी शशि प्रभा के प्रेम का निरूपण सरस शैली में किया गया है। भाषा ब्रज है तथा दोहा-चौपाई के अतिरिक्त कवित्त-सवैयादि का भी प्रयोग किया गया है।

इनके अतिरिक्त लैला-मजनूँ (सेवारामकृत), राजा चित्रकूट और रानी चन्द्रकिरण की कथा, कामरूप की कथा, कथा कुँवरावत (अली मुरदाकृत) आदि रचनाएँ भी मिलती हैं, जिनके रचयिता एवं रचना-काल सम्बन्धी तथ्य संदिग्ध हैं। आगे चलकर बीसवीं शती में ख्वाजा अहमद (नूरजहाँ— १९०५ ई०), शेख रहीम (भाषा

प्रेम रस १६१५ ई०) और नसीम (प्रेम दर्पण १६१७) ने भी सुन्दर प्रेम-कथाएँ लिखी।

१३८. रोमांसिक कथा-काव्य-परम्परा की प्रमुख विशेषताएँ

रचयिताओं का व्यक्तित्व एवं काव्य-प्रयोजन—सामान्यतः इस परम्परा के कवियों को सूफी मतानुयायी साधक मानते हुए इनका लक्ष्य सूफीमत का प्रचार करना बताया गया है, किन्तु वास्तविकता यह नहीं है। इस परम्परा के अधिकांश (५४ में से ३७) कवि हिन्दू थे, जिन्होंने काव्यारम्भ में हिन्दू देवी-देवताओं की वंदना करके हिन्दू धर्म में पूर्ण विश्वास प्रकट किया है; अतः उनके द्वारा तो सूफी मत के प्रचार की कल्पना ही नहीं की जा सकती; मुस्लिम कवियों ने भी अपना उद्देश्य स्पष्ट शब्दों में घोषित किया है जिससे ज्ञात है कि इन्होंने शृंगार रस के चित्रण द्वारा पाठकों का मनोरंजन करने एवं अपने नाम की प्रसिद्धि के लिए ही प्रेम-कथाओं की रचना की थी—हाँ, अपनी बहुज्ञता-प्रदर्शन के लिए वेदान्त, दर्शन, योग-मार्ग, इस्लाम नीतिशास्त्र, काम-शास्त्र, काव्य-शास्त्र, संगीत-शास्त्र, ज्योतिष-शास्त्र एवं भूगोल की सामान्य बातों का भी समन्वय उन्होंने कर दिया जो कि इस युग के अन्य कवियों की भी सामान्य प्रवृत्ति रही है तथा केशव, बिहारी आदि की प्रमुख प्रवृत्ति रही है। जायसी जैसे एक-दो साधकों छोड़कर शेष कवि साधारण गृहस्थ थे। जिन्होंने लौकिक अनुभूतियों से प्रेरित होकर काव्य-रचना की। शेख निसार और कवि नसीर ने पुत्र-पत्नी आदि के देहान्त-शोक को भी काव्य रचना में प्रवृत्ति का निमित्त माना है।[1] उसमान, आलम, जान, नूर मोहम्मद, शेख नबी आदि ने अपनी रचनाओं को

---

१. औ मैं जानि कवित अस कीन्हा, मकु यह रहै जगत महँ चीन्हा।
जो यह पढ़ै कहानी, हम्ह सँवरै दुइ बोल॥ (पद्मावत—उपसंहार खंड)

× × ×

बाँच कथा-पोथी भुवन परसन तेहि जगदीश।
हमहि बोल सुमिरे ओई कासिम दई आशीस॥—(कासिम शाह हंस जवाहिर)

× × ×

विधान जब जग जगत माँ यह पुस्तक संचार।
सबका साथ रहीम के नाँव रहै उजयार॥—(शेख रहीम—भाषा प्रेम रस)
मित्र महाशय गुन सदन चित बहलावन हेत।
कहौं कहानी प्रेम की होय के सुनो सचेत॥—(शेख रहीम—भाषा प्रेम रस)

× × ×

कहौं बात सुनौ सब लोग। कथा-कथा सिंगार-वियोग।
सकल सिंगार बिरह की रीति। माधौ कामकंदला प्रीति॥—(आलम)

सर्वगुणसम्पन्न बताते हुए उन्हें तरुणों के हृदय में काम बढ़ाने वाली एवं रसिक भोग-विलासियों को तृप्ति देने वाली घोषित किया है।[१] चित्रावली के रचयिता को तो अपनी रचना पर इतना गर्व था कि उन्होंने अन्य कवियों को इससे बढ़कर काव्य-रचना करने के लिए चुनौती दी है।[२] इसी प्रकार अनेक हिन्दू कवियों ने भी अपना उद्देश्य एक ऐसी अद्‌भुत कथा लिखना बताया है जिससे विद्वानों की तो बात ही क्या, मूर्खों तक का मन मोहित किया जा सके। साथ ही उन्होंने अपनी रचनाओं को काम एवं विलास की पूर्ति में योग देने वाली माना है।[३] अस्तु, इन कवियों को चाहे वे मुसलमान

× + ×

नूर मोहम्मद यह था, अहै प्रेम की बात।
जेहि मन होई प्रेम रस, पढ़ै सोइ दिन रात। —(नूर मोहम्मद)
जब तें लतीफ कर मरम बिसेख्यो। तप संपत भिरथा देख्यो।
रोय-रोम यह विरह बखानी। कोऊ न रहा जग रहै कहानी।
—(शेख निसार—यूसुफ जुलेखा)

× + ×

अन्त वहु मृत्यु रस चाखा। गई परान तीर अभिलाखा।
जस दुखी हूँ मैं जग मांही। तस न केहू संसार ...... । —(मसीर प्रेम दर्पण)

× × ×

१. तरुनन्ह के मन काम बढ़ावा। भोगी कहँ सुख भोग बढ़ावा। —(उसमान)
प्रीतिवन्त ह्वै सुनै सो कोई। बाढ़ै प्रीति हिएं सुख होई।
कामी पुरिष रसिक जे सुनहीं। ते या कथा रैन दिन सुनहीं॥ —(आलम)
वीर है प्रेम दुख सुख यों माँहीं। को सु सुवाद जुया मांहि नाहीं।—(जान कवि)
जेहि मन होई प्रेम रस, पढ़ै सोइ दिन रात॥ —(नूर मोहम्मद)
प्रेमी सुनै प्रेम अधिकावै। —(शेख निसार)
वीर सिंगार विरह किछु पावा। पूरन पद लै जोग सुनावा। —(शेख नबी)
कासिम यौवन हाथ है, चहै सो काज सँवार॥ —(कासिम शाह)

२. जाकी बुद्धि होई अधिकाई। आन कथा एक कहै बनाई॥ —(चित्रावली)

३. देखिए निम्नांकित उद्धरण—

(क) सब कू लगै सुहावणी, रचे सुजीय सीणगार।
बुरखहूँ को मन हरे, सब कू लगे सुसार॥
—(चन्द्र कँवर री बात : हंस कवि)

(ख) प्रेमपयोनिधि प्रेम की, अद्‌भुत कथा महान्।
कौतुक हित बरनन करौं, लख रीझहिं गुनमान॥
—(प्रेम पयोनिधि : मृगेन्द्र)

(ग) राजा पढ़े राजनीत मंत्री पढ़े सुबुद्ध।
कामी काम विलास ज्ञानी ज्ञान सुबुद्ध॥
—(मधुमालती, चतुर्भुजदास कायस्थ)

हों या हिन्दू कोई पहुँचे हुए फकीर या अलौकिक अनुभूतियों से विह्वल रहस्यवादी साधक समझना वैसी ही भूल है जैसी विद्यापति, केशव, बिहारी या पद्माकर को थोड़ी सी धर्म-दर्शनपरक उक्तियों के आधार पर भक्त कवि समझ लेना है। हाँ, जायसी जैसे एक-दो कवि अवश्य इसके अपवाद हैं।

यहाँ यह भी उल्लेखनीय है कि इस प्रकार के बहुसंख्यक कवियों को न तो कोई राज्याश्रय प्राप्त था और न ही वे किसी धर्म-सम्प्रदाय के आश्रित थे; ऐसी स्थिति में उनके काव्य का सम्बन्ध सर्व-साधारण जनता एवं लोकाश्रय से ही था। जनता के भी अनेक वर्ग थे, कुछ तरुण युवक थे, जो सौन्दर्य और प्रेम की चर्चा सुनना चाहते थे, तो दूसरी ओर वे प्रौढ़ व्यक्ति थे जो मनोरंजन के साथ-साथ नीति और शास्त्र का भी ज्ञान प्राप्त करना चाहते थे एवं अन्य वर्ग वृद्धों का था जिसकी रुचि धार्मिक तत्वों में अधिक थी। ऐसी स्थिति में इन कवियों ने सभी वर्गों के पाठकों की रुचि का ध्यान रखते हुए प्रेम, शास्त्र-ज्ञान एवं वैराग्य तीनों का ही समन्वय न्यूनाधिक मात्रा में अपने काव्य में करने का प्रयास किया है। इसीलिए अनेक कवियों ने इन सभी लक्ष्यों की पूर्ति का दावा अपने काव्य में किया है।

रचनाओं का नामकरण - इन कवियों ने सामान्यतः नायिका—और वह भी विशेषतः 'वती' प्रत्ययवाली, जैसे—सत्यवती, मृगावती, पद्मावती आदि—के नाम पर ही रचनाओं का नामकरण किया है, किन्तु कुछ रचनाओं में नायिका के साथ-साथ नायक के नाम का भी निर्देश मिलता है – जैसे माधवानल काम-कन्दला, प्रेमविलास-प्रेमलता, नल-दमयन्ती, उषा-अनिरुद्ध आदि। कहीं-कहीं नायक-नायिका के नाम के अतिरिक्त काव्य-रूप सूचक 'कथा' संज्ञा का भी प्रयास मिलता है, यथा—लखनसेन-पद्मावती कथा, कथा रत्नावली, कथा कामलता, उषा की कथा आदि। अपवादस्वरूप एक आध रचनाएँ ऐसी भी मिलती हैं जिनमें नायक-नायिका के स्थान पर किसी अन्य आधार पर नामकरण किया गया है, जैसे अनुराग-बाँसुरी, प्रेम-चिनगारी, प्रेमदर्पण आदि। फिर भी अधिकांश रचनाओं में संस्कृत एवं प्राकृत की परम्परा के अनुसार नायिका के ही नाम को प्रमुखता दी गई है; अतः इसी को हिन्दी कथा-काव्य की प्रमुख प्रवृत्ति के रूप में स्वीकार किया जाना चाहिए।

कथा-वस्तु के विभिन्न स्रोत —उद्गम स्रोत की दृष्टि से इस परम्परा के हिन्दी-कवियों को तीन वर्गों में विभाजित किया जा सकता है—(१) महाभारत, हरिवंश पुराण आदि पौराणिक वृत्त पर आधारित (२) ऐतिहासिक या अर्द्ध ऐतिहासिक वृत्त पर आधारित, (३) कल्पना-प्रसूत। प्रथम वर्ग में मुख्यतः नल-दमयन्ती एवं उषा-अनिरुद्ध सम्बन्धी कथाएँ आती हैं। यहाँ यह उल्लेखनीय है कि इन दोनों कथाओं पर ही दस-बारह कवियों ने अपने-अपने काव्यों की रचना की है, जिससे इनकी लोकप्रियता का अनुमान किया जा सकता है। ऐतिहासिक वृत्तों को लेकर चलने वाले काव्यों में लखनसेन-पद्मावती (दामी), पद्मावती (जायसी), छिताई वार्त्ता (नारायणदास) आदि उल्लेखनीय हैं। किन्तु इनमें ऐतिहासिकता का निर्वाह बहुत कम हुआ है। इनके पात्रों में—मुख्यतः नायक ही प्रायः ऐतिहासिक है, शेष प्रायः काल्पनिक

हैं। तीसरे वर्ग की रचनाएँ कल्पना-प्रसूत हैं। पर यह आवश्यक नहीं है कि उनकी कल्पना हिन्दी कवियों द्वारा ही हुई हो। अनेक कथाओं की कल्पना पूर्ववर्ती कवियों द्वारा हो चुकी थी, जिनका प्रयोग परवर्ती कवियों ने किया है। उदाहरण के लिए, माधवानल-कामकंदला मौलिक काव्य है, किन्तु इसी के कथानक को किंचित परिवर्तन के साथ सात-आठ कवियों ने अपनाया है तथा यह हिन्दी के अतिरिक्त अन्य भाषाओं --जैसे गुजराती--में भी मिलता है। फिर भी अठारहवीं व उन्नीसवीं शती के दो-तीन काव्यों -- यूसुफ-जुलेखा, लैला-मजनूं, प्रेम-दर्पण -- को छोड़कर सामान्यतः यह कहा जा सकता है कि इन कथाओं का उद्गम-स्रोत भारतीय पुराणों, ऐतिहासिक इतिवृत्तों एवं प्राचीन भारतीय कथाओं में ही निहित है। यदि हम केवल उषा-अनिरुद्ध, नल-दमयन्ती और माधवानल-कामकंदला की कथाओं पर ही लिखित सारे हिन्दी काव्यों को सम्मिलित कर लें तो उनकी संख्या बीस तक पहुँच जाती है; अतः इन्हें इस परम्परा की सर्वाधिक लोकप्रिय एवं प्रतिनिधि कथावस्तु के रूप में लिया जा सकता है।

कथानक रूढ़ियाँ—इन सभी प्रकार के काव्यों में -- चाहे उनका इतिवृत्त इतिहास-पुराण पर आधारित हो या कल्पना पर, कुछ घटनाएँ ऐसी मिलती हैं जो विभिन्न काव्यों में बार-बार आवर्त्त हुई तथा जिन्हें 'कथानक रूढ़' (Motif) की संज्ञा दी गई है। इन काव्यों में निम्नांकित कथानक रूढ़ियों का प्रयोग बहुत अधिक हुआ—(१) नायिका का किसी द्वीप—विशेषतः सिंहल में जन्म लेना। (२) गुण-श्रवण स्वप्न-दर्शन या चित्र-दर्शन द्वारा नायक-नायिका में प्रेमोत्पत्ति। (३) शुक हंस, मैना आदि पक्षियों द्वारा सन्देशों का आदान-प्रदान। (४) अप्सराओं, राक्षसों या अन्य दैवी शक्तियों द्वारा नायक-नायिका को एक-दूसरे के पास पहुँचा देना। (५) नायक का वेश बदलकर -- मुख्यतः योगी वेश में—नायिका की खोज में निकलना। (५) समुद्र-यात्रा एवं उसमें जहाज का टूट जाना, किन्तु नायक का किसी प्रकार बच जाना। (७ नायक का किसी अन्य प्रदेश में पहुँचकर किसी राक्षस या अत्याचारी राजा से किसी अन्य सुन्दरी को बचाना और उससे विवाह कर लेना। (८) फुलवारी या मन्दिर में नायक-नायिका की प्रथम गुप्त भेंट। (९) नायिका के पिता या संरक्षक से नायक का संघर्ष-(१०) विवाह के अनन्तर अनेक पत्नियों के साथ नायक का सुख-भोग एवं अन्त में नायक की मृत्यु एवं पत्नियों का सती हो जाना।

जैसा कि अन्यत्र कहा जा चुका है, इन रूढ़ियों का मूल-स्रोत पूर्ववर्ती भारतीय साहित्य ही है। महाभारत के नलोपाख्यान, हरिवंश-पुराण के उषा-अनिरुद्ध-प्रसंग, गुणाढ्य की वृहत्कथा, संस्कृत कवियों के गद्यकाव्य, प्राकृत के कथा-साहित्य एवं अपभ्रंश, चरित-काव्यों में ये सभी रूढ़ियाँ बारम्बार प्रयुक्त हुई हैं। हिन्दी की कथाओं का सीधा सम्बन्ध एक ओर तो महाभारत एवं पौराणिक साहित्य से है, जिनमें नल-दमयन्ती एवं उषा-अनिरुद्ध सम्बन्धी प्रसंगों में तत्सम्बन्धी बहुत-सी कथानक रूढ़ियाँ उपलब्ध हैं तो दूसरी ओर अपभ्रंश के अनेक चरित-काव्यों से है। अपभ्रंश के चरित-काव्यों में कथानक का पूरा ढाँचा लगभग वही है जो हिन्दी कथा-काव्यों में प्रयुक्त हुआ है; उदाहरण के लिए, नागकुमार चरित में चित्र-दर्शन द्वारा प्रेमोत्पत्ति,

नायक द्वारा अनेक राजकुमारियों का उद्धार और उनसे विवाह करने की घटनाएँ वर्णित हैं तो करकंड चरित में प्रत्यक्ष-दर्शन द्वारा प्रणयोद्बोध नायिका को विद्याधर द्वारा उड़ा ले जाना, नायिका की खोज में नायक का सिंहलद्वीप में पहुँचना, वहाँ जाकर एक अन्य सुन्दरी से विवाह करना अन्त में पर्याप्त संघर्ष से नायिका की प्राप्ति, राज्य-सुख-भोग, वैराग्य, ज्ञान एवं मोक्ष की उपलब्धि आदि रूढ़ियाँ प्रयुक्त हैं। इसी प्रकार जिणदत्त चरित, सुदर्शन-चरित, पद्मश्री-चरित, भविष्यदत्त कथा, सन्तकुमार-चरित आदि में उपर्युक्त सारी रूढ़ियाँ प्रयुक्त हुई हैं।

यहाँ यह भी उल्लेखनीय है कि अठारहवीं-उन्नीसवीं सती में दो-तीन काव्य फारसी मसनवियों के आधार पर लिखे गये थे, उनमें उपर्युक्त कथानक रूढ़ियों का अभाव है। जैसा कि अन्यत्र स्पष्ट किया गया है, फारसी मसनवियों मे प्रेम की उत्पत्ति एकाएक प्रत्यक्ष-दर्शन या चित्र-दर्शन से न दिखाकर धीरे-धीरे बाल्यकाल के साहचर्य से दिखाई जाती है तथा नायिका का विवाह उसके प्रेमी से न होकर, उसकी इच्छा के विपरीत प्रतिनायक से हो जाता है। उनकी परिणति वैराग्य एवं शान्ति में न होकर शोक में होती है। क्योंकि नायक की मृत्यु प्रतिनायक के किसी षड्यन्त्र से हो जाती है तथा उसके शोक में नायिका भी प्राण त्याग देती है। अस्तु, इस दृष्टि से भारतीय कथानक रूढ़ियों में फारसी रूढ़ियों से गहरा भेद है तथा अन्तिम युग के दो-तीन काव्यों को छोड़कर शेष काव्यों की रूढ़ियों को निश्चित रूप से भारतीय कहा जा सकता है।

विचार-तत्व—जैसा कि अन्यत्र संकेत किया जा चुका है, इन कवियों का एक लक्ष्य अपनी रचनाओं को विभिन्न क्षेत्रों के शास्त्रीय ज्ञान से युक्त बनाना भी था; अतः इन्होंने न केवल विभिन्न दार्शनिक मत-वादों, धर्म-सम्प्रदायों, नीति एवं सदाचार के नियमों, ज्योतिष एवं शकुन विद्या के विश्वासों की चर्चा स्थान-स्थान पर की है अपितु काम-शास्त्र, रीति-शास्त्र, वैद्यक-शास्त्र, अश्व-विज्ञान आदि के ज्ञान का भी परिचय विस्तार से दिया है। इस प्रवृत्ति के फलस्वरूप अनेक काव्यों में घोड़ों की विभिन्न जातियों, मछलियों के विभिन्न भेदों, व्यंजनों एवं पकवानों के विभिन्न प्रकारों, विभिन्न प्रकार के पौधों आदि की भी लम्बी सूचियों का समावेश हो गया है। इस प्रवृत्ति के पीछे कदाचित् कवियों के ज्ञान-प्रदर्शन की प्रेरणा स्वीकार की जा सकती है किन्तु हमें यहाँ यह न भूलना चाहिए कि यह प्रवृत्ति मध्यकाल सभी काव्य-परम्पराओं में न्यूनाधिक रूप में मिलती है। इसका सबसे बड़ा कारण युग-विशेष की आवश्यकता को ही बताया जा सकता है। इस युग में परम्परागत ज्ञान एक ओर संस्कृत-प्राकृत की रचनाओं से आबद्ध हो गया था तो दूसरी ओर नये ज्ञान-कोष मुस्लिम-फारसी में तैयार हो रहे थे। जनता की पहुँच न संस्कृत और न फारसी दोनों ही तक नहीं थी; अतः उनकी ज्ञान-पिपासा की शान्ति का कार्य भी इस युग के साहित्य रचयिताओं के ही जिम्मे था। प्रबन्ध-काव्यों में इस कार्य के लिए अधिक स्थान होता है, ऐसी स्थिति में इन रचनाओं को ज्ञान-कोष बनाने का प्रयास करना स्वाभाविक था। यह दूसरी बात है कि विशुद्ध काव्यत्व की दृष्टि से यह प्रवृत्ति घातक सिद्ध होती है।

यह आश्चर्य को बात है कि इस क्षेत्र में अनुसन्धान करने वाले विद्वानों का ध्यान इन कवियों की इस मूल प्रवृत्ति की ओर नहीं गया। उन्होंने इन रचनाओं में केवल धार्मिक एवं दार्शनिण तत्त्वों की ही प्रचुरता को देखकर इन्हें धर्मप्रचारक घोषित कर दिया। यहाँ तक भी ठीक था, किन्तु इससे अधिक बुरा तो यह हुआ कि जायसी-जैसे एक-दो कवियों को सूफी मत में दीक्षित देखकर इस परम्परा के सारे कवियों को ही सूफी घोषित करते हुए उनकी काव्य-रचना का लक्ष्य ही सूफी मत-प्रचार करना मान लिया गया। पर अनुसंधानकर्त्ता अपने प्रबन्ध के आरम्भ में सौ-डेढ़ सौ पृष्ठ 'सूफी' शब्द की व्याख्या, सूफी मत के इतिहास एवं सूफी सम्प्रदाय के सिद्धान्तों आदि की व्याख्या में रंग देने के पश्चात् जब मूल रचनाओं में प्रवेश करते हैं तो वहाँ उन्हें एक भी ऐसा प्रमाण नहीं मिलता जिससे कि वे इन रचनाओं में सूफी मत का अस्तित्व सिद्ध कर सकें। ऐसी स्थिति में विभिन्न विद्वानों ने कई प्रकार की युक्तियों से कार्य लिया है। डॉ० विमलकुमार जैन एवं डॉ० कमल कुलश्रेष्ठ जैसे विद्वानों ने इस तथ्य को ईमानदारी से स्वीकार कर लिया कि इनमें जो मत-सिद्धान्त मिलते हैं, वे सूफी मत के आधारभूत सिद्धान्तों से बहुत कुछ भिन्न हैं। इसके विपरीत डॉ० सरला शुक्ला ने यह मानते हुए कि इनमें अद्वैतवाद सर्वात्मवाद, विशिष्टाद्वैतवाद आदि भारतीय दर्शन एवं भारतीय चिन्तन-पद्धति का ही प्रभाव अधिक है, इसे सूफियों की उदारता माना है। पर हमारे विचार से ऐसे उदार कवियों को, जिन्होंने सूफी मत के आधारभूत सिद्धान्तों को छोड़कर उसके सर्वथा प्रतिकूल पड़ने वाले विशिष्टाद्वैत के सिद्धान्तों को स्थान दिया है, 'सूफी मत प्रचारक' कहना उचित नहीं है। कुछ शोधकर्त्ताओं ने एक तीसरे उपाय का भी अवलम्बन लिया है। उन्होंने इनकी सीध-सादी उक्तियों की भी व्याख्या सूफी मत के अनुसार करने की चेष्टा की है। उदाहरण के लिए मुकुन्दसिंह द्वारा रचित 'नल-चरित्र' में एक स्थल पर प्रकृति के उद्दीपन प्रभाव की व्यंजना सहज-स्वाभाविक रूप में की गई है, जो इस प्रकार है—

सकिए भूप भ्रमर सुखदाए। काम बान सम शोभा पाए।
बानउ के रव होत अपारा। तिहि विध जानहु भ्रमर गुंजारा।
हुऊँ के हहै शिली मुख नामा। बिरही तन कह दोउ दुखधामा।

यहाँ विरही हृदय को भ्रमर गुंजार भी तीरों की चोट सा लगता है, जो प्रकृति के उद्दीपन प्रभाव का द्योतक है। पर डॉ० हरिकान्त श्रीवास्तव ने कवि को बलात् रहस्यवादी या सूफीमतवादी सिद्ध करते हुए इन पंक्तियों में सूफियों की 'शरीअत' अवस्था का निरूपण बताया है। वे उपर्युक्त पंक्तियों को उद्धृत करते हुए लिखते हैं—'नल दमयन्ती के रूप का बखान सुन (कर) 'तरीकत' की अवस्था में पहुँच जाते हैं और बाग में प्रकृति के उद्दीपन रूप उनकी इस अवस्था को और भी अग्रसर करते हैं। "तकिए···दुखधामा"—यह शरीअत की अवस्था नल के दूतत्व तक बनी रहती है। दमयन्ती के मन्दिर में नाना स्त्रियों के कामोद्दीपक प्रभाव से बचने के उपरान्त नल मआरिफ अवस्था में पहुँचते हैं। यह कहना अधिक उचित होगा कि

मवारिफ और हकीकत की संक्रान्तिक भूमि इस स्थल पर मिलती है।" यहाँ यह उल्लेखनीय है कि कवि ने कहीं भी इन अवस्थाओं का संकेत नहीं किया, फिर भी शोध-कर्त्ता ने सूफी मत की चारों अवस्थाओं को इस तरह से ढूँढ़ लिया है मानो राजा नल ने सचमुच सूफी मत की दीक्षा लेकर ही दमयन्ती से प्रेम आरम्भ किया था। खैर, इसमें इन शोधकर्त्ताओं का भी कोई दोष नहीं है। जब एक बार पहले से ही इस काव्यधारा को सूफी मान लिया गया तो इसके कवियों को किसी न किसी प्रकार सूफी सिद्ध करना ही था। हमारे लिए यह सौभाग्य की बात है कि इन शोधकर्त्ताओं की दृष्टि विद्यापति, तुलसी, सूर, बिहारी और पद्माकर आदि पर नहीं पड़ी, अन्यथा वे भी सूफी सिद्ध किये जा सकते थे। क्योंकि उन सब ने प्रकृति का उद्दीपन प्रभाव वैसा ही या उससे भी बढ़कर दिखाया गया है—जैसा कि उपर्युक्त अंश में मिलता है।

यदि हम पूर्व-प्रचलित भ्रान्तियों एवं पूर्वाग्रहों से मुक्त होकर इन काव्यों में प्रतिपादित दार्शनिक मान्यताओं पर विचार करें तो यह स्पष्ट रूप में प्रतीत होगा कि इनमें सूफी विचारधारा की अपेक्षा भारतीय अद्वैत-दर्शन, निर्गुण-ज्ञान साधना एवं नाथ-पंथियों की योग-पद्धति का ही प्रतिपादन अधिक हुआ है। अवश्य ही इनमें से कुछ कवि सूफी मतानुयायी थे, किन्तु ऐसा होते हुए भी उन्होंने अपने मत का प्रतिपादन नहीं किया। जिस प्रकार जायसी, मंझन आदि ने मुसलमान होते हुए भी मुस्लिम पात्रों की अपेक्षा हिन्दू पात्रों का अधिक उत्कर्ष दिखाया है तथा मुस्लिम संस्कृति की अपेक्षा हिन्दू-संस्कृति का अधिक चित्रण किया है, उसी प्रकार अनेक कवियों ने सूफी मतानुयायी होते हुए भी भारतीय दर्शन की अधिक चर्चा की है। इतना ही नहीं, उन्होंने जिस शब्दावली एवं जिन दृष्टान्तों का प्रयोग किया है वे भी भारतीय दर्शन-शास्त्री से गृहीत हैं। इसीलिए आचार्य रामचन्द्र शुक्ल जैसे विद्वान् को भी, (जिन्होंने इस परम्परा को सूफी घोषित किया था) 'पद्मावत' के सम्बन्ध मे यह स्वीकार करना पड़ा—'जायसी सूफियों के अद्वैतवाद तक ही नहीं रहे हैं, वेदान्त के अद्वैतवाद तक भी पहुँचे हैं। भारतीय मत मतान्तरों की इनमें अधिक झलक है।'[1] यह आश्चर्य की बात है कि आचार्यप्रवर ने इस 'अधिक झलक' वाले पक्ष को ही सर्वाधिक गौण कर दिया है।

भारतीय अद्वैतवाद के अनन्तर इन कवियों ने सर्वाधिक स्थान नाथ-पंथी योग-साधना को दिया है। एक तो इसके नायक प्रायः योगी वेश धारण करके घर से निकलते हैं। उन योगियों के विभिन्न उपकरणों का चित्रण इतनी स्पष्टतया से किया गया है कि उनके नाथ-पंथी योगी होने में जरा भी सन्देह नहीं रहता, अपितु इसका स्पष्ट निर्देश भी कई बार कर दिया गया है, जैसे, जायसी के पद्मावत में—

तजा राज, राजा भा जोगी।
औ किंगरी कर गहेउ वियोगी।

× × ×

---

१. जायसी-ग्रन्थावली की भूमिका, पृ० १४२।

मेखल, सिंधी, चक्र कंथारी।
जोग बाट, रुदराछ अधारी॥
कंथा पहिर दंड कर गहा।
सिद्ध होय कहं गोरख कहा॥

इसी प्रकार उसमान की 'चित्रावली' में भी नायक योगी-वेश धारण करके गुरु गोरखनाथ की ही जय कहता है—

सिंगी पूरहु जटा बरावहु।
खप्पर लेहु भीख जेहि पावहु॥
कांधे लेहु बाहि मृग छाला।
गीवं पहिरुहु रुद्राष कै माला॥
अरहु कान जानि एकहु कहै कोउ जौ लक्ख।
पहिरि लेहु पग पाँवरी, बोलहु सिरी गोरक्ख॥

मंझन कृत मधुमालती, नूर मोहम्मद की इन्द्रावती आदि अन्य काव्यों में भी यह प्रवृत्ति बराबर मिलती है। अस्तु इन कवियों के नायक न केवल नाथ-पंथी योग की दीक्षा लेते हैं, अपितु वे योग-पद्धति का पूरा ज्ञान प्राप्त करते हैं। इसीलिए हठयोग की शब्दावली एवं साधना-पद्धति का निरूपण इनमें बार-बार हुआ है। अनेक बार इन नायकों को सफलता भी नाथ-पंथियों के आराध्य देव शिव के द्वारा ही मिलती है। अतः इनके काव्य से किसी धर्म-सम्प्रदाय का प्रचार होता है तो वह योग-पंथ ही है अन्यथा अन्य किसी भी सम्प्रदाय का इतना प्रत्यक्ष, स्पष्ट एवं प्रभावोत्पादक वर्णन इनमें नहीं मिलता।

अनेक कवियों ने प्रतीकों के माध्यम से भी दार्शनिक विचारों एवं साधन-पद्धतियों की अभिव्यक्ति की है। इनमें भी सामान्यतः भारतीय साधना-पद्धति की अभिव्यंजना हुई है। जायसी ने 'पद्‌मावत' में रत्नसेन रूपी मन का नागमती रूपी सांसारिक आकर्षण से मुक्त होकर गुरु की सहायता से पद्‌मावती रूपी सात्विक बुद्धि की उपलब्धि का रूपक प्रस्तुत किया है। इस सात्विक बुद्धि या आध्यात्मिक ज्ञान के द्वारा ही मन माया के बन्धन को काटकर अन्त में मोक्ष प्राप्त करता है। इस प्रकार इसमें मोक्ष-प्राप्ति की भारतीय ज्ञान साधना का ही प्रतिपादन है किन्तु हमारे विद्वानों ने पहले से ही इसे सूफी-साधना का रूपक मानकर इसकी व्याख्या करने का प्रयास किया—जहाँ कवि ने 'पद्‌मावती' को 'बुद्धि' का प्रतीक माना है, वहाँ उन्होंने परमात्मा का मान लिया; फलतः उन्हें रूपक की व्याख्या में सफलता नहीं मिली और इसे निरर्थक घोषित होने को बाध्य होना पड़ा। इसी प्रकार उसमान की 'चित्रावली' नूर मोहम्मद की 'इन्द्रावती' एवं 'अनुराग-बाँसुरी' में ही भारतीय तत्त्वों की अभिव्यक्ति की गई है। 'चित्रावली' का नायक शैव-साधक है, नायिकाएँ विद्या और अविद्या की प्रतीक हैं, तथा अन्त में नायक संसार से संन्यास लेकर शिवाराधना में लग जाता है; जिससे इसमें शैव उपासना के महत्त्व पर प्रकाश पड़ता है। इन्द्रावती में तो पात्रों के नाम ही

भारतीय दर्शन पर आधारित हैं—नायक का नाम जीवात्मा है, नायिका का ब्रह्म-ज्योति, मन्त्री बुद्धसेन (ज्ञान का प्रतीक) है तथा नायक ज्ञान की सहायता से ही ब्रह्म-ज्योति की उपलब्धि कर पाता है। इसी प्रकार 'अनुराग बाँसुरी' का नायक 'अन्तः-करण' है, उसके साथी 'संकल्प-विकल्प' है, उसके मित्रों में बुद्धि, चित्त और अहंकार हैं तथा 'नायिका' 'सर्व-मंगला' हैं। वस्तुतः ये सब पात्र भारतीय दर्शन के ही विभिन्न तत्त्वों को प्रस्तुत करते हैं।

इसके अतिरिक्त इस परम्परा के अधिकांश कवि हिन्दू हैं, जिनमें एक ओर नंददास जैसा सगुण पुष्टिमार्गीय भक्त है, तो दूसरी ओर बाबा धरणीदास एवं दु:ख-हरण दास जैसे संत मतानुयायी हैं। इसी प्रकार कुछ अन्य सम्प्रदायों के मतावलम्बी हैं, किन्तु सभी हिन्दू कवियों की अपने मत पर पूरी आस्था है तथा उन्होंने प्रायः अपने काव्यों में हिन्दू देवी-देवताओं की स्तुति पूरी श्रद्धा के साथ की है; अतः उन पर सूफी होने का सन्देह करना व्यर्थ है।

वस्तुतः इस परम्परा के विकास में विभिन्न धर्म-सम्प्रदायों के अनुयायी कवियों ने योग दिया है, किन्तु जहाँ तक काव्य-रचनाओं का सम्बन्ध है, उनका दृष्टिकोण धर्म-निरपेक्ष ही है। जिस प्रकार विद्यापति ने शैव होते हुए राधा-कृष्ण का चित्रण विशुद्ध रसिकतापूर्ण दृष्टि से किया है या बिहारी ने राधाबल्लभी होते हुए राधा-कृष्ण का चित्रण साहित्यिक दृष्टि से किया है, उनमें धर्म-प्रचार की भावना नहीं मिलती, उसी प्रकार इन कथाओं के रचयिताओं ने—भले ही वे व्यक्ति जीवन में इस्लाम या सूफी मत के अनुयायी रहे हों, धर्म-निरपेक्ष दृष्टिकोण का परिचय दिया है। जिन दार्शनिक तत्त्वों एवं साधनाओं को उन्होंने अधिक स्थान दिया है, उनके पीछे भी किसी विशिष्ट धर्म-प्रचार का लक्ष्य नहीं है। जिस प्रकार भारतीय जीवन और भारतीय संस्कृति के विभिन्न पक्षों का उद्‌घाटन इनके काव्य में सहज रूप में ही हो गया है, वैसे ही भारतीय दर्शन के विभिन्न तत्त्वों का समावेश भी इनमें हो गया है। उस समय नाथ-पंथी योग-पद्धति एवं सन्तों के निर्गुण दर्शन का प्रभाव भारत के समस्त वातावरण पर छाया हुआ था, ऐसी स्थिति में उनकी अनुगूँज इन काव्यों में भी मिले तो यह स्वाभाविक ही है।

आगे चलकर अठारहवीं-उन्नीसवीं शती में अवश्य वैचारिक तत्त्वों की दृष्टि से इस परम्परा में एक नया मोड़ आया। इस युग में मुस्लिम कवि हिन्दी भाषा के माध्यम एवं हिन्दू जीवन के चित्रण में थोड़ा संकोच करने लग गये, जैसा कि नूर मोहम्मद की उक्तियों से प्रकट होता है, परिणामस्वरूप यह परम्परा मुख्यतः हिन्दू कवियो के ही हाथों में रह गयी। यहाँ यह उल्लेखनीय है कि परवर्ती युगों के २६ कवियों में से केवल ६ कवि ही मुसलमान हैं तथा उन्होंने भी हिन्दू-जीवन का चित्रण करने का अपेक्षा यूसुफ जुलेखा, हजरत मूसा, नूरजहाँ आदि की कथाओं के वर्णन में अधिक रुचि प्रदर्शित की है। अतः इन कवियों द्वारा थोड़ी-बहुत मात्रा में अभारतीय तत्त्वों का समावेश हो जाना विशेष महत्त्वपूर्ण नहीं; सब कुछ मिलाकर इस परम्परा में भारतीय तत्त्वों की ही प्रमुखता स्वीकार करनी होगी।

आकर्षण-केन्द्र—इनका मूल आकर्षण-केन्द्र धर्म, दर्शन एवं ईश्वर नहीं है अपितु नारी या सुन्दरी है। नारी को जितना अधिक महत्त्व इन काव्यों में प्राप्त हुआ है, उतना भारत की किसी भी अन्य परम्परा के ग्रन्थों में उपलब्ध नहीं होता। नारी के सौन्दर्य की व्यंजना संस्कृत के महाकाव्य रचयिताओं ने भी की है, किन्तु वहाँ उस सौन्दर्य का इतना महत्व नहीं है कि उसके लिए प्राणों का भी मूल्य दिया जा सके। नारी-सौन्दर्य को इन कवियों ने एक ऐसा व्यापक महत्व प्रदान किया है कि उसके समक्ष संसार की सारी विभूतियाँ आभाहीन एवं तुच्छ प्रतीत होती हैं। इसीलिये सुन्दरियों की प्राप्ति के लिए नायक अपने सर्वस्व का भी वलिदान करने को प्रस्तुत हो जाता है तथा प्राणों की बाजी लगाकर ही उसे पाने में सफल हो पाता है। अस्तु, इन काव्यों के सारे कथानक का मूल केन्द्र नायिका ही है, उसी के लिए कथानक की सारी घटनाओं का आयोजन होता है, और वही सारे क्रिया-कलापों की प्रेरणा एवं प्रयोजन होती है तथा उसी के आधार पर प्रायः कथा का नामकरण होता है। जिस प्रकार भारतीय महाकाव्य एवं नाटक पुरुष-प्रधान या नायक-प्रधान कहे जाते हैं, उसी प्रकार इन्हें नायिका-प्रधान कहा जा सकता है; फिर भी यह उल्लेखनीय है कि ये नायिकाएँ स्वयं प्रायः निष्क्रिय एवं प्रयत्न-शून्य सी ही दिखाई पड़ती हैं; कथानक के सारे उतार चढ़ाव में ये प्रत्यक्ष रूप में कोई भाग लेती हुई सी दृष्टिगोचर नहीं होतीं। आदि से लेकर अन्त तक वे सौन्दर्य की मौन मूर्तियाँ वनी हुई नायक की सारी उछल-कूद-दौड़-धूप एवं हार-जीत को निस्पृह भाव से देखती रहती हैं और अन्त में जब नायक सारी घाटियों को पार करके उनके पास पहुँचने में सफल हो जाता है तो उन्हें प्रसाद के रूप में अपनी सौन्दर्य-राशि के कुछ अंश भेंट करके उनके जीवन को सार्थक बनाती हैं। इस तरह सौन्दर्य को सँभाले रखना और अन्त में उसे भेंट कर देना ही—उनके जीवन के दो प्रमुख कार्य दिखाई पड़ते हैं। फिर भी पुरुषों से इन्हें जितनी पूजा, जितनी सम्मान प्राप्त होता है, वह सचमुच अद्‌भुत है।

भाव पक्ष—इन काव्यों का मूल भाव या स्थायी भाव रति या प्रेम है। प्रेम के भी दृष्टिकोण-भेद से कई रूप माने जा सकते हैं। जहाँ प्रेम समाज की मर्यादाओं से अनुप्राणित हो, उसे मर्यादावादी प्रेम कह सकते हैं, जैसा कि राम-सीता के जीवन में मिलता है। इसके विपरीत दूसरा रूप स्वच्छन्दतावादी प्रेम का है जो समाज के बंधनों एवं नैतिक मर्यादाओं को स्वीकार नहीं करता। एक अन्य रूप; इन दोनों के बीच का है, जो सिद्धान्त रूप में तो मर्यादाओं का विरोध नहीं करता किन्तु वास्तविक जीवन में उनके पालन में असमर्थता स्वीकार करता है—यह यथार्थवादी दृष्टिकोण का द्योतक है। रोमांचक कथाओं में प्रायः इनमें से दूसरे प्रकार के प्रेम या स्वच्छन्दतावादी प्रेम, जिसे पाश्चात्य शब्दावली में 'रोमांस' कहा जाता है -का ही चित्रण होता है। स्वच्छंद प्रेम की उत्पत्ति सौन्दर्य की प्रेरणा से एकाएक होती है, तथा वह साहस एवं शौर्य से ओत-प्रोत होता है। वह कुल, समाज एवं लोक-मर्यादाओं की उपेक्षा करके अपने लक्ष्य की ओर द्रुति गति से अग्रसर होता है। इसमें परिस्थितियों के अनुसार त्याग और बलिदान की भावनाएँ भी विकसित हो जाती हैं; अतः इसमें कोई संदेह

नहीं कि मूलभाव के चरम विकास की दृष्टि से रोमांस को प्रेम का सर्वोत्कृष्ट रूप कहा जा सकता है।

हिन्दी के इन काव्यों में प्रायः इसी रूप का चित्रण किया गया है, किन्तु उन्होंने किसी ऐसी परिस्थिति का आयोजन प्रायः नहीं किया जिससे कि वह सामाजिक मर्यादाओं के प्रतिकूल चला जाय। उदाहरण के लिए, चंदायन जैसी एक-दो रचनाओं को छोड़कर इनमें नायिका कुमारी ही है तथा वह अन्त तक अपने सतीत्व का निर्वाह करती है; इसी प्रकार पुरुषों में बहु-विवाह का प्रचलन होने के कारण भी इनके नायकों का अनेक कुमारियों से विवाह करना सामाजिकता के प्रतिकूल नहीं जाता। अस्तु, इन कवियों ने रोमांस के आधारभूत तत्वों की रक्षा करते हुए भी उसे समाज-विरोधी होने से बचाया है।

प्रेम में परिस्थिति भेद से काम, सौन्दर्य एवं प्रणय का सन्निवेश होता है। इन कवियों ने इन तीनों का ही चित्रण विभिन्न प्रसंगों में चरम सीमा तक किया है। संयोग वर्णनों में कामुकता, नायिकाओं के नख-शिख-वर्णन में सौन्दर्य एवं नायक-नायिकाओं के विरह-प्रसंग में प्रणय की अभिव्यक्ति अपने चरमोत्कृष्ट रूप में हुई है। जब हम इनके संयोग वर्णनों को पढ़ते हैं तो लगता है कवि सारे काम-शास्त्र एवं कोक-शास्त्र को खोल कर बैठ गया है, तो दूसरी ओर सौन्दर्य एवं प्रणय की व्यंजना को देखकर प्रायः आध्यात्मिक सौन्दर्य एवं दिव्य प्रेम की अनुभूति होने लगती हैं। अस्तु, प्रत्येक तत्व को अत्युक्ति की सीमा तक पहुँचा देने की प्रवृत्ति के कारण ही उन्होंने प्रायः ऐसा किया है।

इनके नायक और नायिकाओं के पारस्परिक प्रेम की तुलना करें तो ज्ञात होगा क इसमें नायक का प्रेम प्रायः अधिक स्वच्छ, उदात्त एवं त्यागमय है, उसमें प्रणय की अधिक गम्भीरता है जबकि नायिकाओं में कहीं काम वासना की प्रेरणा अधिक मुखर है। उदाहरण के लिए जहाँ जायसी का रत्नसेन पद्मावती के लिए सारा राज्य-वैभव ठुकरा कर प्राणों का भी बलिदान करने के लिए तत्पर दिखाई पड़ता है, तथा स्वर्ग की अप्सरा को भी यह कहकर ठुकरा देता है कि भले ही वह पद्मावती से अधिक सुन्दर हो, किन्तु उसे पद्मावती को छोड़कर और किसी से कोई मतलब नहीं है, वहाँ पद्मावती में यह बात परिलक्षित नहीं होती। प्रारम्भ में तो ऐसा प्रतीत होता है कि उसकी समस्या एक मात्र 'यौन-ज्वार', 'काम-समुद्र' एवं 'मदन-तरंगों से ही छुटकारा पा जाने की है। इसीलिए वह अपनी समस्या हीरामनि तोते के समक्ष प्रस्तुत करती हुई कहती है —

> सुनु हीरामनि कहौ बुझाई। दिन-दिन मदन सतावै आई।
> देस देस के वर मोहि आवहि। पिता हमार आँख न लावहि।
> जोबन मोर भयो जस गंगा। देह-देह हम्ह लाग अनंगा।
> × × ×

अस्तु, आरम्भ में तो वह विशुद्ध काम-वासना से ही उद्वेलित दिखाई पड़ती है, किन्तु आगे चलकर जब वह रत्नसेन के त्याग को देखती है, उसे अपने लिए शूली

पर चढ़ने के लिए तत्पर पाती है तो अवश्य उसमें प्रणय का स्फुरण होता है। वह इस अवसर पर नायक को जो संदेश भेजती है वह प्रेम की मार्मिकता से ओत-प्रोत है—

जिनि जानहु हौं तुम्ह सौ दूरी। नैनन माँझ गाड़ी वह सूरी।
× × ×
तुम्ह कहँ पाट हिए महँ साजा। अब तुम मोर दुहूँ जग राजा।।
जौ रे जियहिं गर रहहिं, मरहिं त एकै दोउ।
तुम्ह जिउ कहँ जिनि होई किछु, मोहि जिउ होउ सो होउ।।

इन काव्यों की नायिकाओं में प्रेम का विकास क्रमशः वासना से भावना की ओर अग्रसर होता है जबकि नायकों में वह एकाएक ही अपने चरम विकास की अवस्था को प्राप्त कर लेता है। इस दृष्टि से नायिकाओं के प्रेम की यथार्थवादी एवं मानो-विज्ञान-संगत कहा जा सकता है जबकि नायकों का प्रेम, उसके आदर्शवादी एवं अव्यावहारिक स्वरूप का प्रतिनिधित्व करता है। इन दोनों रूपों के साथ-साथ, इनमें नागमती जैसी पत्नियों के दाम्पत्य भाव की भी अभिव्यक्ति मिलती है, जो प्रेम के मर्यादित रूप का प्रतिनिधित्व करता है तथा जिसकी सम्यक् अभिव्यक्ति प्रायः विराहो-दगारों के रूप में ही हुई है। अतः कहा जा सकता है कि इनमें जहाँ रोमांसिक प्रेम की ही प्रधानता है, वहाँ गौण रूप प्रेम के अन्य रूप भी चित्रित हुए हैं।

प्रणय-भाव के अतिरिक्त इनमें उत्साह, निर्वेद, रौद्र, करुणा आति को भी व्यंजना प्रसंगानुसार हुई है—किन्तु उन्हें प्रायः गौणरूप में ही स्थान गिला है। जहाँ तक उत्साह का सम्बन्ध, है, वह तो इसमें प्रणय का स्थायी सहचर ही बन गया है, क्योंकि इसके नायक निष्क्रिय प्रेमी न होकर उद्यमशील साहसी प्रेमी हैं। अन्य भावों की भी अभिव्यक्ति इनमें यथा-स्थान मार्मिक रूप में हुई है – इसमें कोई संदेह नही।

शास्त्रीय तत्त्व – प्रेम की व्यंजना करते समय इन कवियों ने परंपरागत शास्त्रीय तत्त्वों —विशेषतः नख-शिख, नायिका-भेद, काम दशाओं, विरह की अवस्थाओं आदि के निरूपण में—का भी उपयोग कई स्थानों पर किया है। ऐसा करते समय इन्होंने कई बार विभिन्न भेदों का निर्देश भी किया है उदाहरण के लिए पुहकर के द्वारा विरह की अवस्थाओं का निर्देश द्रष्टव्य है—

विप्रलंभ जिमि मूल है, क्रम क्रम विस्तार साख।
दस अवस्था कवि कहत है वहाँ प्रथम अभिलाख।

इसी प्रकार नूरमोहम्मद ने भी नायिका-भेद एवं काम-दशाओं का निर्देश किया है—

पिय की पीत बखानैं एक राखे गोय।
रूप गरबता सुन्दरी प्रेम गरबता होय।।

—अनुराग बाँसुरी

चिन्ता कथन बोच धन परी।
चि-ता करैं घरी औ घरी।
× × ×

उन्मद सो रोवइ हँसइ।
आँसू धरती मोती खसइ॥

— इन्द्रावती

इन कवियों ने न केवल काव्यशास्त्री तत्वों का अपितु कामशास्त्रीय तत्वों का भी प्रयोग प्रचुर मात्रा में किया है। यहाँ तक कि उसमान ने तो 'चित्रावली' में पूरा एक खंड ही 'कामशास्त्र खण्ड' रख दिया है। जिसमें नायिका-भेद एवं काम-कला सम्बन्धी तत्वों पर प्रकाश डालने के साथ-साथ ,काम-भेद-ज्ञाय' के महत्व की भी व्याख्या करते हुए कहा गया है कि 'काम-भेद जानै कोई, दम्पति सेज महासुख होई।, अस्तु, ये कवि जितना उत्साह अद्वैत की व्याख्या में दिखाते हैं, उतना ही काम तत्व की मीमांसा में भी; ऐसी स्थिति में इन्हें किसी एक क्षेत्र से ही सम्बद्ध मान लेना अनुचित होगा।

यहाँ यह उल्लेखनीय है कि ये शास्त्रीय तत्वों का प्रयोग एक सीमा तक ही करते हैं, इसी युग के अन्य शृंगारी कवियों की भाँति ये रीति प्रतिपादन को अपना साध्य नहीं बनाते अपितु उसका उपयोग साधन के ही रूप में करते हैं।

इनके द्वारा शास्त्रीय तत्वों के प्रयोग को कदाचित इस काल के शास्त्रीय काव्य का प्रभाव समझा जाय। अतः इस सम्बन्ध में भी थोड़ा स्पष्टीकरण अपेक्षित है। हमारे विचार से इस परम्परा के लिए वह प्रवृत्ति के सर्वथा नयी नहीं है। हिन्दी से पूर्व अपभ्रंश के चरित-काव्यों में भी हम उस प्रवृत्ति के दर्शत करते है, यथा स्वयंभू ने काम की दस दशाओं का तथा नयनन्दी ने अपने सुदर्शन-चरित (सन् १०४३ ई० में नायिका भेद का निरूपण विस्तार से किया है। फिर भी उतना अवश्य स्वीकार किया जा सकता है कि सोलहवीं शताब्दी के बाद काव्यों में उस प्रवृति को अधिक व्यापक रूप प्रदान करने में उस युग की विशेष रुचि के प्रभाव का भी थोड़ा-बहुत योगदान अवश्य है।

काव्य-रूप एवं शैली —जैसा कि अन्यत्र स्पष्ट किया जा चुका; काव्य रूप की दृष्टि से ये काव्य भारतीय कथा-काव्य की परंपरा में आते है। उसको पुष्टि एक और उसके लक्षणों से हो जाती है तो दूसरी ओर सभी कवियों के उल्लेखों से हो जाती हैं क्योंकि प्रायः सभी कवियों ने अपनी रचनाओं की, 'कथा' की संज्ञा दी है। किन्तु दुर्भाग्य से हिन्दी के विद्वानों ने आचार्य हजारी प्रसाद द्विवेदी एवं डॉ० शम्भूनाथसिंह को छोड़कर और किसो का ध्यान उस तथ्य की ओर नहीं गया; फलतः उन्होंने उनको एक ओर तो फारसी मसनवियो की परम्परा में स्थान दिया तथा दूसरी ओर उनमें भारतीय महाकाब्यों के लक्षणों को ढूँढ़ने का प्रयास किया है जब कि कथा काव्य इन दोनों से ही भिन्न काव्य रूप है। उस तथ्य को भली-भाँति हृदयंगम न कर सक पाने के कारण ही हमारे अनेक सुयोग्य शोध-कर्त्ताओं को अनावश्यक रूप से मसनवियों और महाकाब्यों के परस्पर विरोधी लक्षणों के जंजाल में उलझना पड़ा है तथा अन्त में उन्हें ऐसे निर्णय देने को विवश होना पड़ा है जो अपने आप में अस्पष्ट एवं असंगत

हैं। इसी प्रकार कुछ आचार्यों ने इन्हें महाकाव्य की कसौटी पर कस कर इनके ऐसे दोषों की चर्चा की है, जिनका कथा-काव्य से कोई सम्बन्ध नहीं है। अतः हमें यहाँ सबसे पहले महाकाव्य और कथा-काव्य के अन्तर को स्पष्ट कर लेना चाहिए।

महाकाव्य और कथा-काव्य में सबसे बड़ा अन्तर उनकी आधारभूत जीवन-दृष्टि एवं मूल लक्ष्य का होता है। महाकाव्य जहाँ जीवन में आदर्श एवं मर्यादा की स्थापना के लक्ष्य से प्रेरित होता है, अतः उसका दृष्टिकोण सर्वत्र आदर्शोन्मुखी रहता है जब कि कथा-काव्य का लक्ष्य मुख्यतः पाठक को रोमांचित एवं आह्लादित कर देना मात्र होता है। इसीलिए महाकाव्य में उच्चकुलोद्भव आदर्श पात्रों की सृष्टि होती है जबकि कथा-काव्य में आश्चर्यजनक साहसपूर्ण कार्यों को सम्मानित करने वाले पात्र होते हैं। महाकाव्यों का मूलभाव वीरता या कर्त्तव्यपरायणता की भावना से ओत-प्रोत रहता है जबकि कथा-काव्य स्वच्छंद प्रेम की अभिव्यक्ति होती है। महाकाव्य में चरित्र या पात्र का घटनाओं की अपेक्षा अधिक महत्व होता है जबकि कथा-काव्य में घटनाएँ चरित्र-चित्रण से अधिक महत्वपूर्ण होती हैं। महाकाव्य की परिणति किसी ऐसे कार्य में होती है जो नैतिक दृष्टि से महान् हो, जबकि कथा-काव्य के लिए यह अपेक्षित नहीं है। वस्तुतः लक्ष्य, विषय-वस्तु एवं शैली—सभी के क्षेत्र में महाकाव्य जहाँ शिवम् के आदर्श से अनुप्राणित रहता है वहाँ कथा-काव्य में सर्वत्र सौन्दर्य एवं आनन्द की सरिता तरंगित रहती है। अतः इस अन्तर को ध्यान में रखकर ही कथा-काव्य का मूल्यांकन करना चाहिए।

हिन्दी के कथा-काव्यों को 'महाकाव्य' अनुमित कर लिए जाने का एक कारण उनका पद्यबद्ध प्रबन्धात्मक शैली में प्रस्तुत होना है। किन्तु मध्यकाल में तो वैद्यक एवं ज्योतिष की पुस्तकें भी पद्य में लिखी जाने लगी थीं, तथा हिन्दी से पूर्व प्राकृत एवं अपभ्रंश में भी कथाएँ पद्यबद्ध होने लग गई थीं एवं इसे रुद्रट ने एक लक्षण के रूप में भी स्वीकार कर लिया था; अतः इन कथाओं का पद्य में लिखा जाना स्वाभाविक ही है।

कथा-काव्य के लक्षणों की आंशिक रूप में चर्चा इस परम्परा का अध्ययन आरम्भ करते समय की जा चुकी है, फिर भी संक्षेप में उन्हें यहाँ पुनः दोहराया जाता है। आचार्य भामह, दंडी, रुद्रट, अग्निपुराणकार, साहित्य-दर्पणकार ने इसकी विभिन्न विशेषताएँ बतायी हैं, जो सम्मिलित रूप में इस प्रकार हैं—

(क) उसका विषय सुन्दरियों का अपहरण (उपलब्धि), युद्ध (संघर्ष) और वियोग होता है। (भामह, दंडी)

(ख) कथा के आरम्भ में देवता या गुरु की वन्दना होती है तथा तदनन्तर ग्रन्थकार अपना और अपने कुल का परिचय देता है और कथा लिखने का उद्देश्य स्पष्ट करता है। (रुद्रट)

(ग) यह श्रृंगार के सारे अवयवों से युक्त होती है तथा कन्या (सुन्दरी) की उपलब्धि ही इसका प्रतिपाद्य होता है। (रुद्रट)

(घ) यह संस्कृत में गद्य में तथा अन्य भाषाओं में पद्य में लिखी जाती है। (रुद्रट)

(च) इसमें परिच्छेद नहीं होते। (अग्निपुराणकार)

(छ) इसकी कथा-वस्तु सरस होती है। (साहित्यदर्पणकार)

यहाँ यह उल्लेखनीय है कि प्रारम्भ में कथा और आख्यायिका नाम से गद्य काव्य के दो भेद थे, किन्तु परवर्ती काव्यों में यह भेद प्रायः लुप्त हो गया। साथ ही अपभ्रंश के कवियों द्वारा इसमें कई नई प्रवृत्तियों का भी विकास हुआ, जिनमें से कुछ ये हैं—

(१) अपने आश्रयदाता नरेश की प्रशंसा, जैसे नयनन्दी के 'सुदर्शन-चरित' में मिलती है—

'आराम गाम पुखर णिवेसे,
सुपसिद्ध अवन्ती णाम देसे।
तिहुयण नारायण सिरि णिकेउ,
तहिं णरवर पुंगमु भोयदेउ॥

(२) कवि द्वारा अपनी अल्पज्ञता एवं आतमदैन्य का प्रदर्शन—यह प्रवृत्ति संस्कृत के महाकाव्य-रचयिताओं में भी मिलती थी, जिसे अपभ्रंश-कवियों ने भी अपनाया है; जैसे—'जम्बू स्वामी चरित' से इसका एक उदाहरण द्रष्टव्य है—

मुहियएन कव्वु सक्कमि करेमि।
इछमि भूएंहि सायरु तरे वि॥

(३) धार्मिक तत्वों का सन्निवेश।

(४) नायक-नायिका के विवाह के बाद भी कथा को आगे बढ़ाते हुए उनके गृहस्थाश्रम, त्याग, वैराग्य एवं देहावमान आदि का वर्णन करना। अस्तु, हिन्दी कथा-काव्य के ऊपर संस्कृत आचार्यों द्वारा निरूपित एवं अपभ्रंश कवियों द्वारा परिवर्द्धित सभी लक्षण मिलते हैं—यह दूसरी बात है कि हमारे विद्वानों ने इन्हीं लक्षणों को भ्रान्तिवश फारसी मसनवी काव्य की विशेषताएँ मानकर इन्हें मसनवी शैली में रचित घोषित कर दिया है, जो ठीक नहीं।

अभिव्यंजना-शैली—इस परम्परा की अभिव्यंजना-शैली की सबसे प्रमुख विशेषता अत्युक्ति एवं अतिशयोक्ति का अतिशय प्रयोग करना है। प्रत्येक वस्तु का वर्णन करते समय उसके सभी पक्षों एवं सभी गुणों को ये अत्युक्ति की चरम सीमा पर पहुँचा देते हैं, फिर भले ही वह प्रकृति का वैभव हो या नायिका का सौन्दर्य हो अथवा नायक की विरह-वेदना हो। किन्तु यह प्रवृत्ति हिन्दी कथा-काव्य की अपनी नहीं है।

संस्कृत काल में ही इस परम्परा के अनेक कवि—सुबन्धु, दंडी एवं बाणभट्ट इस प्रवृत्ति का विकास कर चुके थे। उनकी रचनाओं में एक वस्तु के केवल मात्र विशेषणों और उपमानों के वर्णन में पृष्ठ के पृष्ठ तक रंगे हुए मिलते हैं। इसी प्रकार अपभ्रंश के चरित्र-काव्यों में भी यह प्रवृत्ति विद्यमान रही है। उदाहरण के लिए 'सुदर्शन-चरित' के रचयिता नयनन्दी नायिका मनोरमा के सौन्दर्य-वर्णन में उपमाओं एवं उत्प्रेक्षाओं की झड़ी भी लगा देते हैं—

जाहे णिएविणु कोमलु वाहउ, बिस विक रहित गुणउम्मा हउ।
जाहे पाणि पल्लवइं सुललिलयइं, कंकेल्ली दलहिंवि अहिलसि यहिं।।
जाहि सद्द णिसणेवि अहहि वियए, णं किण्हत्तु धरिउ माहवियए।
जाहे कंठ रेहत्तय णिज्जिय, संख समुद्दे वुड्डु णं लज्जिय।।
जाहे अहरराएं विद्धुम गुणु, जित्तउ जेण धरइ कठिण त्तणु।
जाहे दंसण कंतिए जिय णिम्मल, सिप्पिहें तें पइट्ठ कुत्ताहल।।
जाहे सास सुरहि मणउ पावइ, पवणु तेणउव्वि विरु धावइ।
जाहे विमल मुह इंद सयासए, णि वडण खप्परं व ससि भासइ।।

अर्थात्—जिसकी कोमल बाहुओं को देखकर····जिसके सुललित पाणिपल्लवों की अशोक तल भी इच्छा करते हैं; जिसके मधुर स्वर को सुनकर कोकिला ने कृष्णता धारण कर ली; जिसकी कंठ-रेखाओं से पराजित होकर लज्जित शंख समुद्र में डूब गया; जिसके अधरराग से विजित विद्रुम ने कठिनता धारण कर ली; जिसकी दंत-कांति से विजित निर्मल मोती सीपियों के अन्दर जा छिपे; जिसके श्वास-सौरभ को न पाकर पवन विक्षिप्त-सा चारों ओर दौड़ता फिरता है; जिसके मुखचन्द्र के सामने चन्द्रमा···एक खप्पर के समान प्रतीत होता है···।

एक ही वस्तु के सम्बन्ध में विभिन्न उपमानों की बारम्बार आवृत्ति करने की यही शैली हिन्दी के कथा-काव्यों में मिलती है; यथा 'पद्मावत' से कुछ पंक्तियाँ द्रष्टव्य हैं—

बरुनी का बरनौं इमि बनी। गांधे बान जानु दुइ अनी।
उन्ह बानन्ह अस को जो मारा। बेधि रहा सगरो संसारा।।
गगन नखत जस जाहिं न गने। वे सब बान ओहि के हने।
धरती बान बेधि सब राखी। साखा ठाढ़ देहिं सब साखी।।

अस्तु, किसी भी विषय-वस्तु का वर्णन करते समय उसे अत्युक्ति की चरम-सीमा तक पहुँचा देने की प्रवृत्ति इस परम्परा में संस्कृत-काल से ही रही है, किन्तु इसी को कुछ आचार्यों ने सूफी रहस्यवाद की देन समझ कर इसमें आध्यात्मिकता की अभिव्यक्ति मान ली है, जो ठीक नहीं।

वस्तुतः हिन्दी के कथा-काव्यों में अलङ्कारों—विशेषतः उत्प्रेक्षा और रूपक—का प्रयोग अत्यधिक मात्रा में हुआ है, जिसके पीछे मुख्यतः चमत्कार-प्रदर्शन की

प्रवृत्ति परिलक्षित होती है। इनके सौन्दर्य, प्रेम और विरह सम्बन्धी वर्णनों की अत्युक्ति को भले ही हम अलौकिकता से प्रेरित मान लें, किन्तु जहाँ संयोग के दृश्यों को भी युद्ध का रूप दिया गया है या निर्जीव तोपों को मदविह्वल नारियों के रूप में प्रस्तुत किया गया है उनके सम्बन्ध में क्या कहेंगे? जब जायसी जैसे फकीर भी इस प्रवृत्ति से नहीं बच सके तो औरों के सम्बन्ध में तो कहना ही क्या! अतः हमें यह निःसंकोच रूप में स्वीकार करना होगा कि जहाँ इनकी विषय-वस्तु अत्यधिक रोमांचक है वहाँ इनकी शैली भी, उसी के अनुरूप पर्याप्त अतिरंजनापूर्ण है। किन्तु उनकी अतिरंजना अन्ततः भावावेग से उल्लसित एवं परिपूर्ण होने के आकर्षण में अभिवृद्धि ही करती है—उसमें बाधक नहीं बनती।

छन्द-योजना के क्षेत्र में भी इन कवियों ने दोहा-चौपाई शैली का प्रयोग किया है जो अपभ्रंश के चरित-काव्यों की द्विपदियों के बीच-बीच धत्ता देने की शैली से पर्याप्त मिलती-जुलती है। कुछ कवियों में इसका अपवाद भी मिलता है, जैसे गणपति कृत 'माधवानल-कामकंदला' केवल दोहों में रचित है जबकि हंस कवि द्वारा रचित 'चन्द्रकुंवर री बात' में दोहा-चौपाई के अतिरिक्त सोरठे, चोहठे, देशी आदि छन्द भी प्रयुक्त हुए हैं। इसी प्रकार इसमें भाषा भी सामान्यतः अवधी प्रयुक्त है किन्तु कुछ में राजस्थानी एवं ब्रज का भी प्रयोग मिलता है, किन्तु ये अपवाद नगण्यप्राय ही हैं।

महत्व—अन्त में हम कह सकते हैं कि सौन्दर्य, प्रेम और विरह की व्यंजना की दृष्टि से इस परम्परा का महत्व बहुत अधिक है। यद्यपि इस परम्परा के कवियों द्वारा प्रेम सामान्यतः लौकिक स्तर का है किन्तु उसका आदर्श अत्यन्त उच्च है। इन्होंने प्रेम में साहस, त्याग एवं आत्म-बलिदान के भावों का सम्मिश्रण करके उसे कामुकता के स्तर से बहुत ऊँचा उठा दिया है।

मध्यकाल में जो कि लोक-रंजन के अन्य साधनों का प्रायः अभाव था, इन काव्यों ने इस अभाव की पूर्ति में असाधारण योग दिया। साथ ही इनके द्वारा जन-साधारण के ज्ञान-कोष में भी अभिवृद्धि हुई। क्योंकि अनेक कवियों ने अपनी रचनाओं में विभिन्न शास्त्रीय तत्वों को भी प्रसंगानुसार प्रस्तुत किया है। इस परम्परा की दीर्घता एवं व्यापकता भी इसकी लोकप्रियता एवं महत्ता की सूचक मानी जा सकती है। वस्तुतः आधुनिक युग में जो स्थान उपन्यास-साहित्य का है, वही मध्यकाल में इन प्रेम-कथाओं का रहा है; वे जनता की कलात्मक रुचि एवं साहित्यिक भूख को बराबर शान्त करते रहे हैं। इसके अतिरिक्त उस युग के जड़ एवं निस्पंद जीवन में इन आख्यानों की साहसिकता ने न्यूनाधिक चैतन्यता एवं कर्मण्यता का भी संचार अवश्य किया होगा; यह भी स्वीकार किया जा सकता है।

१४

ऐतिहासिक वीर काव्य

•

१४.१. भारत में ऐतिहासिक चेतना का अभाव —विभिन्न पाश्चात्य इतिहासकारों ने भारतीय साहित्य का विवेचन करते हुए बार-बार यह घोषणा की है कि भारतीय लेखकों व साहित्यकारों में ऐतिहासिक चेतना का अभाव रहा है जिससे इस देश में शुद्ध ऐतिहासिक रचनाओं का वर्णन नहीं हो सका। इस सम्बन्ध में संस्कृत-साहित्य के इतिहास-लेखक ए० बी० कीथ का कथन है—'यह एक पुराना आक्षेप है कि भारतवर्ष में इतिहासकारों का और ऐतिहासिक बुद्धि का अभाव रहा है।···भारतीय साहित्य का प्राचुर्य होने पर भी उसमे इतिहास-विषयक ग्रन्थों का ऐसा अत्यन्त दारिद्र्य है तथा सस्कृत-साहित्य के समस्त दीर्घ-काल में एक भी ऐसा लेखक नहीं है, जिसे हम वास्तव में एक विवेचक ऐतिहासिक कह सकें।'[1] भारतीयों में इस ऐतिहासिक बुद्धि के अभाव का क्या कारण है, इस प्रश्न पर विचार करते हुए कीथ की कल्पना जिन संभावनाओं तक पहुँच पायी, वे हैं—(१) 'हमें स्मरण रखना चाहिए कि भारतवर्ष ने वक्तृत्वकला को जन्म नहीं दिया, ···इतिहास से यह सिद्ध है कि वक्तृत्वकला निश्चित रूप से वहीं समृद्ध हुई है जहाँ राजनीतिक स्वतन्त्रता का अस्तित्व रहा है। वक्तृत्वकला के लिए एथेन्स की उतनी ही प्रसिद्धि है जितनी कि स्पार्टा में उसकी न्यूनता थी···।' (२) 'संभवतः भारतवर्ष मे ऐतिहासिकों के उत्पन्न न होने का कारण यह हो सकता है कि १२०० ई० तक के समय मे जिन बड़ी राजनीतिक घटनाओं ने भारतवर्ष को प्रभावित किया उन्होंने जन-साधारण की प्रतिक्रिया को उद्बुद्ध नहीं किया।' (३) वह राष्ट्रीय भावना जो इतिहास लिखने में प्रबल सहायता प्रदान करती है, भारतीयों में नहीं रही। (४) भारतीयों का कर्म सिद्धान्त और भाग्यवाद ऐतिहासिक दृष्टि के विकास में बाधक रहा है। (५) भारतवासियों में 'मस्तिष्क की उस वैज्ञानिक प्रवृत्ति' का अभाव रहा जो प्राकृतिक घटनाओं के लिए प्राकृतिक कारणों का अनुसंधान करती है। (६) भारतीय चिंतन की यह प्रवृत्ति रही है कि विशेष की अपेक्षा सामान्य के प्रति अधिक रुचि दिखाती है। इस प्रकार कीथ

---

१. संस्कृत साहित्य का इतिहास : ए० बी० कीथ (हिन्दी अनुवाद), पृ० १७८।

महोदय ने इस प्रसंग में भारतीयों को उन सारी न्यूनताओं का दिग्दर्शन करा दिया है जो सभ्यता एवं संस्कृति के विकास की दृष्टि से उन्हें यूनानियों की अपेक्षा हीन, तुच्छ एवं पिछड़ा हुआ सिद्ध करती हैं। भारतीयों में न कभी राजनीतिक स्वतन्त्रता रही, न कभी राष्ट्रीयता रही, न कभी बाह्य घटनाओं के प्रति बौद्धिक जागरूकता रही और न ही उनका मस्तिष्क वैज्ञानिक रहा भला ऐसी स्थिति में यह आशा ही कैसे की जा सकती थी कि उनमें कोई इतिहासकार पैदा होता।

संस्कृत और हिन्दी के अनेक भारतीय इतिहासकारों ने भी कीथ की संभावनाओं का अनुमोदन करते हुए विदेशी-लेखकों के प्रति अपनी बौद्धिक गुलामी का अच्छा परिचय दिया है। इतना ही नहीं, जिस बात की कल्पना कीथ नहीं कर सके उसे भी हिन्दी के कुछ दिग्गज आचार्यों ने खोज निकाला है। भारतीयों में सचमुच ही ऐतिहासिक बुद्धि नहीं थी। कीथ के इस निर्णय पर अप्रत्यक्ष रूप से अपनी छाप लगाते हुए हिन्दी के विद्वानों ने बताया है कि हमारे यहाँ सातवीं-आठवीं शती में ऐतिहासिक काव्य लिखने की परम्परा चली और ठीक उसी समय ईरान के साहित्य में भी इस प्रथा का प्रवेश हुआ। आगे चलकर जब ये जातियाँ (मुस्लिम ?) भारत में आईं तो उनके संसर्ग से ही हमारे यहाँ भी ऐतिहासिक काव्य चल पड़े। वस्तुतः यह मत अपने-आप में इतना असंगत है कि इसे स्वीकार करना कठिन है। एक ओर वे मानते हैं कि भारत और ईरान में यह परम्परा साथ-साथ चली, दूसरी ओर उनके विचार से भारत की यह परम्परा ईरान से प्राप्त हुई ! खैर, हिन्दी के इतिहासकारों में यह पुरानी प्रथा रही है कि जब उन्हें किसी प्रवृत्ति के उत्स का ठीक-ठीक ज्ञान नहीं होता तो वे उसे अरबी-फारसी की देन बताकर सहज ही समस्या से छुटकारा पा लेते हैं; अतः इस प्रसंग में भी यदि ऐसा ही हुआ हो तो विशेष आश्चर्य की बात नहीं।

हमारे विचार से कीथ एवं उनके परवर्ती अनुयायियों ने इस प्रश्न पर विचार करते हुए एक बड़ी भारी भूल यह की कि इन्होंने इस तथ्य पर ध्यान नहीं दिया कि 'इतिहास' शब्द का अर्थ भी अलग-अलग जातियों और अलग-अलग युगों में भिन्न-भिन्न होता है। हमारे यहाँ इतिहास के प्रति जो दृष्टिकोण था, वह यूनान-रोम के दृष्टिकोण से सर्वथा भिन्न था। जिस प्रकार किसी भी देश की साहित्यिक रचनाएँ उसकी भावात्मक प्रवृत्तियों को प्रतिविम्बित करती हैं उसी प्रकार उसके ऐतिहासिक ग्रन्थ उसकी सांस्कृतिक चेतना एवं बौद्धिक दृष्टिकोण को सूचित करता है। भारतीयों का दृष्टिकोण प्रायः अन्तर्राष्ट्रीय रहा है, वह संकीर्ण राष्ट्रवाद जिसका गुण-गान कीथ करते हैं, भारतीयों की दृष्टि में बहुत ऊँचा नहीं है। भारतीय इतिहासकार के सामने सदा विश्व-हित एवं विश्व-मानवता का आदर्श रहा, उसने कभी भी धरती के एक खंड के निवासियों के मन में दूसरे खंड के वासियों के प्रति उपेक्षा, घृणा एवं द्वेष का संदेश नहीं दिया जो कि पाश्चात्य इतिहास-लेखकों की विशेषता रही है। अपनी इसी व्यापक दृष्टि के कारण भारतीय इतिहासकारों ने घटनाओं का मूल्यांकन विशिष्ट वर्ग की दृष्टि से न करके नैतिकता के सामान्य मानदंडों के आधार पर किया।

दूसरे, उसने व्यक्ति की क्षण-विशेष की निरर्थक इतिवृत्तात्मकता के स्थान पर उसकी उन स्थायी उपलब्धियों पर अधिक बल दिया जो न केवल उस व्यक्ति की दृष्टि से अपितु समस्त समाज, समस्त राष्ट्र और समस्त विश्व के लिए मूल्यवान् हों। अतः हमारे यहाँ इतिहास का अर्थ 'व्यक्ति-विशेष से सम्बन्धित तथ्यों का संकलन' न लेकर 'सामाजिक महत् उपलब्धियों का आख्यान' लिया गया। इस बात की पुष्टि महाभारत एवं विष्णु-पुराणकार के द्वारा दी गयी परिभाषाओं से भलीभाँति होती है, जो इस प्रकार हैं --

धर्मार्थकाममोक्षाणामुपदेश-समन्वितम्।
पूर्ववृत्तं कथायुक्तमितिहासं प्रचक्षते ॥

—महाभारत

आर्षादि बहुव्याख्यानं देवर्षिचरिताश्रयम्।
इतिहासमिति प्रोक्तं भविष्याद्‌भुतधर्मयुक् ॥

— विष्णु पुराण।

यदि इतिहास की इन भारतीय परिभाषाओं को स्वीकार किया जाय तो भारत में इतिहास-ग्रन्थो की एक दीर्घ परम्परा दिखाई पड़ेगी जिसमें रामायण, महाभारत, पुराण एवं संस्कृत प्राकृत के बीसों काव्य आते हैं जो केवल शुष्क तथ्यों को ही हृदयंगम नही करवाते अपितु धर्म, अर्थ, काम और मोक्ष का मार्ग भी प्रशस्त करते हैं। उस स्थिति में कहा जा सकता है कि यूरोप में एक भी ऐसा इतिहासकार नहीं हुआ जिसमें भारतीय इतिहासकारों को व्यापक दृष्टि, उदात्त भावना एवं उच्च आदर्श मिलता हो। किन्तु पाश्चात्य लेखकों से भारतीय ढंग के इतिहास ग्रन्थों की माँग करना उतना ही बड़ा अन्याय होगा जितना कि भारतीयों से पाश्चात्य ढंग के इतिहासों की माँग करना। अस्तु, किसी जाति एवं देश की सांस्कृतिक परम्पराओं का ठीक मूल्यांकन किये बिना ही, केवल अपने ही दृष्टकोण को सर्वोपरि समझ कर अपने अन्य संस्कृतियों को हेय एवं नगण्य घोषित कर देना अपने आप में अवैज्ञानिक दृष्टि का प्रमाण है; अतः भारतीयों को इस सम्बंध में लांछित करना उचित नहीं।

जैसा कि हमने प्रस्तुत पुस्तक के आरम्भ में संकेत किया है, आधुनिक युग में इतिहास की व्याख्या नैतिक, चारित्रिक एवं काव्यात्मक दृष्टि से न करके वैज्ञानिक दृष्टि से की जाती है, अतः यदि हम वैज्ञानिक दृष्टि से रचित इतिहास की बात करें तो उसकी आशा मध्यकाल से नहीं रखनी चाहिए। वस्तुतः केवल न भारत में अपितु यूरोप में भी, मध्यकाल वैज्ञानिकता का विरोधी युग माना गया है। फिर जहाँ तक साहित्य की बात है, उसमें तो वैज्ञानिकता आ ही नहीं सकती, वैज्ञानिकता के आने का अर्थ होगा, साहित्यिकता का ह्रास। साहित्य की वैज्ञानिक व्याख्या की जा सकती है, पर वह व्याख्या साहित्य की कोटि में न आकर विज्ञान की कोटि में ही आ सकेगी; अतः साहित्यकार द्वारा रचित रचनाओं में इतिहास का उपयोग तो हो सकता है, किन्तु वे वैज्ञानिक इतिहास की स्थापना नहीं कर सकतीं। अतः संस्कृत, प्राकृत एवं हिन्दी के

कवियों द्वारा रचित काव्यों को 'ऐतिहासिक काव्य' के स्थान पर 'इतिहास' मात्र मान लेने की भ्रांति से बचना आवश्यक है। कीथ ने जिन ग्रन्थों के सम्बन्ध में अपना मन्तव्य दिया है, वे वस्तुतः ऐतिहासिक काव्य हैं, 'इतिहास' नहीं।

१४ २. **भारत में इतिहास लेखन की परम्परा**—अब तक विभिन्न विद्वानों द्वारा की गई विभिन्न कल्पनाओं एवं संभावनाओं को छोड़कर विशुद्ध तथ्यों के आधार पर बिचार किया जाय तो यह स्पष्ट होगा कि भारत में इतिहास-लेखन की परम्परा अत्यन्त प्राचीन काल से रही है तथा उसका विकास यहाँ की परिस्थितियों एवं वातावरण के अनुरूप हुआ है। किन्तु उसकी यह विशेषता रही है कि उसका आरम्भ राजनीतिज्ञों के द्वारा न होकर धर्माचार्यों के द्वारा हुआ, वह राजाओं के आश्रम में न रह कर धर्माश्रय में पनपा, जिससे उसमें शासकों के इतिवृत्त के स्थान पर ऋषियों के चरित एवं उपदेश संगृहीत हो गये। वैदिक साहित्य इस बात का प्रमाण है। जैसा कि डॉ० बुद्धप्रकाश[1] ने बताया है—भारतीय इतिहास लेखन का श्रीगणेश वैदिक साहित्य की वंश और गोत्र-प्रवर तालिकाओं में मिलता है। सामवेद शाखा के वंश ब्राह्मण में वैश्रव से लगा कर ६० आचार्यों की परम्परा का उल्लेख मिलता है। शतपथ ब्राह्मण के वृहदारण्यकोपनिषद् में भी ऐसी ही ५८ आचार्यों की एक सूची है। कुछ प्राचीन और सामयिक घटनाओं के उल्लेख वैदिक साहित्य में संगृहीत नाराशंसी गाथाओं में मिलते हैं। आगे चलकर महाभारत अवश्य जनमेजय के राज्याश्रय में लिखा गया किन्तु उसमें भी शुष्क इतिवृत्त के स्थान पर दर्शन, धर्म एवं काव्य के तत्वों का मिश्रण अधिक हो गया है। परवर्ती पौराणिक साहित्य में पर्याप्त ऐतिहासिक सामग्री होते हुए भी वह अन्य तत्वों से मिश्रण के कारण 'इतिहास' के आधुनिक अर्थ से थोड़ा दूर पड़ता है। यह दूसरी बात है कि पाजिटर जैसे विद्वान् ने उनमें अनेक ऐतिहासिक परम्पराएँ एवं वंश-तालिकाएँ खोजने का सफल प्रयास किया है। अस्तु, हमारे प्रारम्भिक ऐतिहासिक ग्रन्थ धार्मिक भावनाओं से अनुप्रमाणित होने के कारण जहाँ वे अपनी मौलिकता एवं विशिष्टता को प्रमाणित करते हैं, वहाँ वे इतिहास के पाश्चात्य रूप से बहुत दूर चले जाते हैं। आधुनिक दृष्टिकोण से इन्हें इतिहास से अलग स्थान दिया जाता है।

भारत में इतिहास का दूसरा उत्थान सातवीं शताब्दी के आरम्भ से हुआ, जब कि बाण ने अपने आश्रयदाता हर्ष के चरित्र को लेकर एक ऐतिहासिक काव्य की रचना की। इस बार वह धर्माश्रय एवं धर्म के प्रभाव से बहुत कुछ मुक्त हो गया था, किन्तु उसका स्थान काव्यात्मकता ने ले लिया जिससे 'वैज्ञानिक इतिहास' के स्थान पर 'काव्यात्मक इतिहास' का विकास हुआ। पहले यदि वह शिवम् के उद्देश्य से प्रेरित था तो इस बार सुन्दरम् की कल्पना से अभिभूत था। सत्य को विशुद्ध सत्य, तथ्य को विशुद्ध तथ्य की दृष्टि से ग्रहण करने का प्रयास उसमें भी नहीं था। फिर भी यह परम्परा आगे प्राकृत और अपभ्रंश में होती हुई हिन्दी तक पहुँची। इस बीच संस्कृत

---

१. इतिहास-दर्शन : डॉ० बुद्ध प्रकाश, पृ० १७।

में 'नवसाहसांक चरित' (पद्मगुप्त : १००५ ई०), विक्रमांकदेव चरित (बिल्हण : ११वीं शती), राजतरंगिणी (कल्हण : १२वीं शती) आदि तथा प्राकृत-अपभ्रंश में कीर्ति-कौमुदी (सोमेश्वर), सुकृत-संकीर्तन (अरिसिंह), प्रबन्ध-चिन्तामणि (मेरुतुंग), प्रबन्ध-कोश (राजशेखर), हम्मीर मद-मर्दन (जयसिंह), वस्तुपाल तेजपाल प्रशस्ति (जयसिंह), 'सुकृतकीर्ति कल्लोलिनी' (उदयप्रभ); कुमार पाल चरित (हेमचन्द्र) आदि लिखे गये, जिनका रचना-काल नवीं शती से तेरहवीं शती तक का है। इसके पश्चात् यही परम्परा हिन्दी में होती हुई बीसवीं शताब्दी तक अखण्ड रूप से आगे बढ़ती रही। इससे स्पष्ट है कि भारत में इतिहास-लेखन की परम्परा सम्यक् रूप से विकसित हो पाई हो या नहीं किन्तु ऐतिहासिक चरित-काव्यों की परम्परा सातवीं शती से लेकर बीसवीं शती तक अखंड रूप से विकसित होती रही, इसमें कोई संदेह नहीं।

यहाँ प्रश्न है—क्या यह परम्परा ईरानी या किसी अन्य विदेशी स्रोत से सम्बन्धित है ? जैसा कि पहले कहा जा चुका है, हिन्दी के कुछ इतिहासकार इसे ईरानी परम्परा से सम्बन्धित करते हैं, किन्तु इसे ठीक नहीं कहा जा सकता। इसका एक कारण तो यह है कि ईरान में भी इतिहास-लेखन की परम्परा सातवीं-आठवीं शताब्दी में ही प्रवर्तित हुई; अतः एक को दूसरी से प्रेरित एवं प्रवाहित नहीं कहा जा सकता। दूसरे इतिहास-लेखन की भारतीय एवं ईरानी पद्धतियों एवं शैलियों में भी जमीन-आसमान का अन्तर है। अतः कोई भी ऐसा आधार नहीं है जिसके बल पर उपर्युक्त कल्पना को तथ्य के रूप में स्वीकार किया जा सके।

वस्तुतः भारतीय ऐतिहासिक काव्यों की इस परम्परा के प्रवर्त्तन का रहस्य भारतीय तत्त्वों में ही निहित है। एक तो इस परम्परा के बीजों का हमारे यहाँ सर्वथा अभाव नहीं था—वाल्मीकि का 'रामायण', अश्वघोष का 'बुद्ध चरित', कालिदास का 'रघुवंश'—चाहे इन्हें विशुद्ध ऐतिहासिक काव्य न कहा जा सके, किन्तु वे ऐतिहासिक व्यक्तियों को लेकर काव्य-रचना करने की प्रेरणा तो दे ही सकते हैं। इतना ही नहीं, भारतीय नाटक-साहित्य—मालविकाग्निमित्र, मुद्राराक्षस आदि—तो इतिहास और काव्य को और भी अधिक निकट ला देता है। अतः आगे चलकर बाणभट्ट ने जिस परम्परा को जन्म दिया वह सर्वथा नूतन नहीं थी, उसने जिस वृक्ष को सींचा उसके अंकुर पहले से ही प्रस्फुटित थे। ऐतिहासिक चरितों का उपयोग साहित्य में पहले भी होता था, किन्तु बाण ने ऐतिहासिकता की मात्रा में और प्रतिपादन-शैली में थोड़ा परिवर्द्धन एवं संशोधन प्रस्तुत किया। अतः यह कहना ठीक होगा कि इस परम्परा के उत्स पहले से ही भारतीय साहित्य में विद्यमान थे।

पर इस परम्परा का आगे जिस द्रुतगति से एवं अखंड रूप से विकास हुआ, उसमें युग के नये वातावरण का भी बहुत कुछ योग था। इस परम्परा का नवोत्थान लगभग उसी समय से होता है जबकि राजनीतिक दृष्टि से भारत के विघटन एवं पतन की प्रक्रिया आरम्भ होती है, जिसके परिणामस्वरूप देश में एक केन्द्रीय शासन के स्थान पर अनेक छोटे-छोटे राज्य स्थापित हो जाते हैं। इन राज्यों के शासकों में

पारस्परिक ईर्ष्या-प्रतिद्वन्द्विता के साथ-साथ आत्मगौरव एवं मिथ्याभिमान की प्रवृत्तियाँ भी क्रमशः पनप रही थीं। जीवन में किसी अन्य बड़े आदर्श एवं महान् लक्ष्य के स्थान पर संकीर्ण स्वार्थपरता की प्रतिष्ठा हो जाने पर इनके अहं और मिथ्याभिमान की संतुष्टि के लिए इनके आश्रित कवियों द्वारा इनकी प्रशस्तियों का लिखा जाना स्वाभाविक ही था।

वस्तुतः इन ऐतिहासिक काव्यों में से अधिकांश में आश्रयदाता की प्रशंसा करना, उसके कुल, वंश एवं चरित को ऊँचा उठाना एवं उसके शौर्य्य एवं ऐश्वर्य को बढ़ा-चढ़ाकर बताना ही इनका मूल लक्ष्य दिखाई पड़ता है; अतः उनमें ऐतिहासिक तथ्यों, घटनाओं एवं परिस्थितियों का यथातथ्य अंकन बहुत कम मिलता है। ऐसी स्थिति में यदि इस प्रकार के काव्यों को 'ऐतिहासिक' के स्थान पर 'प्रशस्ति काव्य' भी कह दिया जाय तो अनुचित नहीं होगा। यहाँ यह भी उल्लेखनीय है कि ज्यों-ज्यों क्षत्रिय शासकों का पराभव अधिकाधिक होता गया, त्यों-त्यों उनके चरित को ऊँचा उठाने के लिए कवियों को अपेक्षाकृत अधिक झूठ के प्रयोग की आवश्यकता पड़ी; अतः इस परम्परा के विकास के साथ-साथ उनमें वास्तविकता कम और कल्पना का प्राचुर्य अधिक होता गया। यही कारण है कि हम संस्कृत, प्राकृत और हिन्दी के काव्यों में ऐतिहासिकता का क्रमशः ह्रास देखते हैं। संस्कृत में रचित 'राजतरंगिणी' की टक्कर का एक भी ऐतिहासिक काव्य हिन्दी में नहीं लिखा गया। अस्तु, इन काव्यों में ऐतिहासिकता की न्यूनता का कारण इनकी अक्षमता या असमर्थता नहीं है। वे चाहते तो सफल एवं उच्च कोटि के ऐतिहासिक काव्य लिख सकते थे, किन्तु उनका उद्देश्य ही इससे भिन्न था—वे प्रशस्ति-काव्य लिखना चाहते थे न कि ऐतिहासिक। ऐसी स्थिति में उनकी रचनाओं में ऐतिहासिक तत्त्वों की न्यूनता का होना स्वाभाविक है।

१४.३. **हिन्दी के ऐतिहासिक काव्य**—हिन्दी में ऐतिहासिक काव्यों की परम्परा तेरहवीं शताब्दी से आरम्भ होकर बीसवीं सती तक बराबर चलती रहती है, जिसे हम काव्य रूपों की दृष्टि से दो शाखाओं में बाँट सकते हैं—(१) प्रबन्धात्मक काव्य, (२) मुक्तक काव्य। इन्हें भी अनेक उप-शाखाओं में विभाजित किया जा सकता है। प्रबन्ध-काव्य में मुख्यतः दो प्रकार की रचनाएँ मिलती हैं—एक 'रासो' संज्ञक तथा दूसरी 'चरित' संज्ञक व अन्य प्रकार की। इन दोनों वर्गों की रचनाओं से मूलोद्भव, विषय-वस्तु एवं रचना-शैली आदि की दृष्टि से सूक्ष्म अन्तर है, अतः इसका अध्ययन दो भिन्न परम्पराओं के रूप में किया जा सकता है—(१) ऐतिहासिक रासो काव्य-परंपरा, (२) ऐतिहासिक चरित काव्य-परंपरा। इनमें से पहली परम्परा का सम्बन्ध अपभ्रंश की रास-काव्य परम्परा से है तथा इसका विकास मुख्यतः राजस्थानी वातावरण में हुआ है जबकि दूसरी परम्परा संस्कृत-प्राकृत के चरित-काव्यों से प्रेरित है तथा उसका विकास भी मुख्यतः राजस्थानेतर क्षेत्रों में हुआ है, यही कारण है कि प्रथम परम्परा के ग्रन्थ मुख्यतः डिंगल या प्राचीन राजस्थानी में रचित हैं जबकि दूसरी परम्परा के ग्रंथों की भाषा सामान्यतः पिंगल या ब्रज है। इन दोनों परम्पराओं

में वीर रस की प्रमुखता होते हुए भी दोनों की वीरता के आदर्श एवं उनकी आन्तरिक भावना में सूक्ष्म अन्तर है। जहाँ रासो काव्य-परम्परा में वीरता का लक्ष्य केवल सफलता या विजय पाना नहीं है अपितु अपने कुल-गौरव एवं स्वाभिमान की रक्षा करना है, वहाँ चरित काव्यों में स्वाभिमान की अपेक्षा विजय एवं सफलता को अधिक महत्व दिया गया है। अतः जहाँ रासो-काव्यों में वीरता का आदर्श साहस, त्याग और आत्म-बलिदान की भावनाओं से ओत-प्रोत है वहाँ चरित-काव्यों में ऐसा कम है। इसके अतिरिक्त रासो काव्यों में व्यक्ति की अपेक्षा कुल एवं वंश के गौरव को अधिक महत्व दिया गया है, वहाँ चरित काव्यों में स्थिति इसके विपरीत है। इसलिए रासो काव्यों की भाँति उनमें वंशावलियों एवं पूर्वजों के क्रिया-कलापों को अधिक स्थान नहीं दिया गया है। वस्तुतः यह अन्तर राजस्थानी क्षत्रियों एवं अन्य क्षत्रियों की वीरता से आदर्शों का अन्तर है, जिसका प्रतिबिम्ब काव्य में मिलना स्वाभाविक है।

ऐतिहासिक मुक्तकों की परम्परा को दो वर्गों में विभक्त किया जा सकता है। एक वर्ग में वे मुक्तक रखे जा सकते हैं जिनके मूल में विशुद्ध प्रशंसा का भाव है, उनमें व्यापक दृष्टि एवं जातीय गौरव का उन्मेष नहीं मिलता है। उनमें अपने आश्रयदाता व्यक्ति को ही ऊँचा उठाने का प्रयास है; जबकि दूसरे वर्ग में वे मुक्तक आते हैं जिनके पीछे अधिक व्यापक प्रेरणा परिलक्षित होती है। यह युग एक विदेशी जाति के भारत में आगमन, प्रतिष्ठा एवं उनके शासन का युग रहा है, जिसने भारत और भारतवासियों को प्रायः पराया ही समझकर उस पर तरह-तरह के अत्याचार किये। ऐसी स्थिति में जहाँ अधिकांश भारतीय शासकों एवं सामन्तों ने इस नयी सत्ता के आगे आत्म-समर्पण करने में ही अपना हित समझा वहाँ अनेक आत्म-त्यागी व्यक्ति भी हुए, जिन्होंने अपने प्राण दे दिये किन्तु अपना मान नहीं दिया, जिन्होंने राजनीतिक पराजय के बावजूद भी मानसिक पराजय स्वीकार नहीं की—ऐसे ही व्यक्तियों में हम्मीर, प्रताप, शिवा एवं छत्रसाल थे। हिन्दी के अनेक मुक्तककारों ने शक्तिशाली नरेशों एवं वैभवशाली सम्राटों की चाटुकारिता करने के स्थान पर राष्ट्र के इन सपूत वीरों के गुण-ज्ञान में अधिक आत्म-तोष पाया। इनकी कविता में राष्ट्रीय जागरण, स्वधर्मरक्षा एवं स्वजाति के गौरव गान की प्रगति परिलक्षित होती है; अतः इस प्रकार के काव्य को 'राष्ट्रीय मुक्तक काव्य' शीर्षक के अन्तर्गत स्थान दिया गया है। अस्तु हमने हिन्दी के मध्यकालीन ऐतिहासिक वीर काव्य को कुल चार वर्गों में विभक्त किया है—(१) ऐतिहासिक रासो काव्य (२) ऐतिहासिक चरित काव्य, (३) प्रशस्तिमूलक मुक्तक काव्य और (४) राष्ट्रीयतामूलक मुक्तक काव्य। इन चारों परम्पराओं का अध्ययन आगे क्रमशः प्रस्तुत किया जाता है।

(क) ऐतिहासिक रासो-काव्य

जैसा कि आदिकाल के अन्तर्गत स्पष्ट किया गया है, रासो-काव्यों की परम्परा का प्रवर्त्तन बारहवीं शती में ही हो गया था तथा अनेक ऐतिहासिक रासो-काव्य की

भी रचना आदिकाल में हो चुकी थी। इनमें 'वीसलदेव रासो' एवं 'पृथ्वीराज्य रासो' का विस्तृत परिचय दिया जा चुका है; अतः यहाँ मध्यकाल में रचित्त रासो काव्य पर संक्षेप में प्रकाश डाला जाता है।

'बुद्धि रासो' के रचयिता जल्ह को डॉ० माताप्रसाद गुप्त ने प्रसिद्ध जल्ह (चंद पुत्र) से अभिन्न होने का अनुमान किया है जबकि डॉ० मोतीलाल मेनारिया ने उसका आविर्भाव-काल लगभग १५६८ ई० बताया है। इस काव्य में जलधि तरंगिनी नाम की युवती के पति-वियोग एवं पुनर्मिलन की व्यंजना की गई है। इस दृष्टि से यह संदेश रासक एवं वीसलदेव रासो जैसे विरहप्रधान काव्यों की परम्परा में आता है। इसमें दोहा, छप्पय, गाहा, पधड़ी, मोतीदाम, मुडिल्ल आदि छंदों का प्रयोग हुआ है तथा कुल छंद संख्या ४० बताई गई है।

राउ जैतसी रो रासो में बीकानेर के महाराजा राव जैतसी (१५२६-१५४१ ई०) और हुमायूँ के भाई कामराँन के युद्ध का बर्णन सजीव रूप से हुआ है। यद्यपि इसका रचना काल एवं रचयिता अज्ञात है, पर सम्भव है कि यह राव जैतसी के किसी समकालीन कवि की रचना हो। डॉ० माताप्रसाद गुप्त ने इस अनुमान की पुष्टि की है। इसकी भाषा डिंगल है तथा इसमें दोहा, मोतीदाम, छप्पय छन्दों का प्रयोग हुआ है। छन्द संख्या ९७ है।

विजयपाल रासो का रचयिता नल्लसिह भाट बताया जाता है तथा इसमें विजयगढ़ (करोली राज्य) के यदुवंशी शासक विजयपाल की दिग्विजय का बर्णन हुआ है। इसमें तोपों का उल्लेख होने के कारण यह पन्द्रहवीं शती के बाद की रचित मानी जा सकती है। इसके केवल ४१ छन्द ही प्राप्त हैं, शेष भाग अप्राय हैं।

१४.५. **उत्तर मध्यकाल के रासो काव्य**—सत्रहवीं शती के रासो-काव्यों में माधवदास का राम रासो विशेष महत्वपूर्ण है, जिसमें भगवान राम के चरित्र का वर्णन विस्तार से किया गया है। उसकी छन्द संख्या डॉ० मेनारिया १६०० बताते हैं जबकि डॉ० हीरा लाल माहेश्वरी ने उसका पूरा विवरण देते हुए उसमें पौने ग्यारह सौ छन्द होने की वात कही है। इसमें गाहा, दोहा, पाघड़ी, कवित्त, रसावला, चौपाई, झूलणा, मोतीदास आदि छन्दों का प्रयोग किया गया है। डॉ० माहेश्वरी ने इसके काव्यत्व का विवेचन करते हुए लिखा है—'इसमें साहित्यिक और बोलचाल की राजस्थानी का अद्भुत मिश्रण है।.....कवि का उद्देश्य सीधे-सादे ढंग से राम की — केवल राम की कथा कहना है। अतः किसी प्रकार के अनावश्यक या इतर विस्तार में न जाकर मूल-कथा सूत्र पर ही ध्यान रखा है। यह वीर रस का उत्कृष्ट-कोटि का वर्णन-प्रधान महाकाव्य है।'[1] इसकी कथा का आधार मुख्यतः बाल्मीकीय रामायण है, किन्तु आनन्द रामायण, अध्यात्म रामायण, लोमश संहिता आदि का भी थोड़ा-बहुत प्रभाव परिलक्षित होता है। विभिन्न प्रसंगों की आयोजना इसमें सरल एवं स्वाभाविक शैली में की गई है। उदाहरण के लिए, सीता-हरण के अनन्तर सूनी कुटिया को देखकर राम

१. राजस्थानी भाषा और साहित्य : डॉ० हीरालाल माहेश्वरी, पृ० १७०।

कहते हैं :—

लषमंण सूंना झूपड़ा, सीता चोर पइठ।
वर षणा दीसो नाह विण, धण विण नाह दिठ।।
तरि तरि पेषि न कलपतरू, सर सर हंस म सोझि।
कुसल न लषमंण जानकी, नड़ि नड़ि बिहड़ न खोजि।।

वस्तुत: इसकी शैली में सूक्ष्म भावात्मकता के स्थान पर स्थूल इतिवृत्तात्मकता अधिक है जिसमें अपेक्षित मार्मिकता नहीं आ पाई।

राणा रासो में मेवाड़ के विभिन्न राणाओं—कुम्भा, उदयसिंह, प्रतापसिंह, अमरसिंह, जयसिंह आदि—का चरित्र ८७५ छन्दों में वर्णित हैं तथा इसमें विभिन्न प्रकार के छन्द प्रयुक्त हुए हैं। इसका रचना-काल १५१५ ई० माना जाता है किन्तु इसमें १६९८ ई० तक के राणाओं का वर्णन उपलब्ध है; ऐसी स्थिति में या तो इसका रचना-काल बाद का है या परवर्ती अंश प्रक्षिप्त हैं। विषय ऐतिहासिक होते हुए भी इसमें कपोल कल्पनाओं एवं अनैतिहासिक इतिवृत्ति की भरमार है। युद्धों के वर्णन में कवि ने विशेष रुचि दिखाई है। इसकी भाषा पिंगल बताई गई है।

रतना रासो में रतलाम के महाराणा रतनसिंह का चरित विभिन्न छन्दों में वर्णित है। इसी नाम का एक अन्य ग्रन्थ चारण जग्गा जो द्वारा भी १६५८ ई० में लिखा गया था जो बंगाल की रॉयल ऐशियाटिक सोसायटी द्वारा प्रकाशित हो चुका है। इसकी भाषा डिंगल है तथा इसमें गद्य-पद्य दोनों का प्रयोग हुआ है। शैली का एक नमूना द्रष्टव्य है—

जग बूड़ै जम हँसे, पाव कर कहूँ न लग्गै।
पीठ पार नह कोई पार नह कोई अग्गै।।

प्रेमाख्यानों के रचयिता प्रसिद्ध जान कवि द्वारा रचित एक रासो—**कायम रासो** उपलब्ध है जिसमें उसने अपने वंश का इतिहास प्रस्तुत किया है। इसमें इतिवृत्त की प्रधानता है। राजस्थान के पुरातत्व मन्दिर द्वारा यह प्रकाशित भी हो चुकी है।

बूंदी के राव छत्रसाल के चरित्र पर आधारित **छत्रसाल रासो** लगभग पाँच सौ छंदों की रचना है तथा वीर रस से ओत-प्रोत है। डॉ० माताप्रसाद गुप्त ने इसकी भाषा-शैली का 'पृथ्वीराज-रासो' की भाषा-शैली की अनुकृति बताते हुए, इसका निम्नांकित छंद उद्धृत किया है—

बजै चंग बाजिया अनंग सारंग भणकै।
उड़ै गुलाल रंग अमरलाल लज्जा अब संकै।।
भ्रम अबीर त्रिविध समीर जुत्र नीर सजै गति।
समै बाज सुर पंचम रंग अंबुज पराग अति।।
वन्नफूलि फूलि कसले ललित कुरंग रति आरति करै।
राजाधिराज छत्रसाल रमै बारे मध्य बसंतरै।।

सत्रहवीं शती के अंतिम भाग में रचित **भगतसिंह रासो** में महाराणा प्रताप के

छोटे भाई शक्तिसिंह को नायक बनाया गया है। इसमें वीर रस की अभिव्यक्ति विभिन्न छंदों में हुई है तथा छंद-संख्या ६४३ है। लगभग इसी समय रासो काव्यों में वीर रस के स्थान पर हास्य-विनोद के प्रतिपादन की प्रवृत्ति का भी विकास होने लग गया था, जिसका परिचय कीर्ति सुन्दर द्वारा रचित **माकण रासो** से मिलता है। इसके नायक कोई महापुरुष नहीं हैं अपितु महाराज खटमल हैं जिनकी लीलाओं का वर्णन लगभग चालीस छन्दों में किया गया है। उदाहरण के लिए कुछ छन्द द्रष्टव्य हैं—

तिण कारण दुसमण तणी सगली बात कहेस।
खटमलियो दुसमण निखर किसा तीड़सी केस ॥

× × ×

कामिणी पण सूती कहै ऊकसते शुभ अंग।
दूर थकाँ ही देखताँ आवे चित्त उमंग ॥

इसी रासो की परम्परा में आगे **ऊँदर रासो**, **गोया रासो**, **खीचड़ रासो** आदि विनोदात्मक लघुकाव्यों की रचना हुई जिनमें चूहे, बैल आदि मानवेतर प्राणियों को नायक बनाया गया है। वस्तुतः वीर रस की गम्भीरता से ऊबकर ही कुछ कवियों ने हास्य-विनोद की प्रवृत्ति का प्रकाशन इनमें किया है, जो इस दृष्टि से नवीनता की द्योतक है।

पर ऐतिहासिक पात्रों को लेकर वीर रस के रासो-काव्य लिखने की परम्परा अभी लुप्त नहीं हो पाई थी। अठारहवीं और उन्नीसवीं शती में भी इस प्रकार के काव्य बराबर लिखे जाते रहे। अठारहवीं शती के काव्यों में **हमीर रासो** और **खुमाण रासो** विशेष रूप से उल्लेखनीय हैं। जैसा कि पहले उल्लेख किया गया है, हम्मीर रासो के रचयिता जोधराज थे, जो अलवर राज्यान्तर्गत नीमराणा के ठाकुर चन्द्रभानु के आश्रित थे। इस ग्रन्थ का रचना-काल स्वयं कवि के उल्लेख के अनुसार १७२८ ई० प्रमाणित होता है। इसमें इतिहास प्रसिद्ध महाराजा हम्मीर के शौर्य्य एवं पराक्रम का अंकन लगभग एक हजार छन्दों में ओजस्वी शैली में किया गया है। यद्यपि इसमें अनैतिहासिकता की भरमार है, पर काव्य-सौष्ठव की दृष्टि से रचना उच्चकोटि की है। हम्मीर की उक्तियों में वीर रस की व्यंजना सम्यक् रूप में मिलती है; उदाहरण के लिए कुछ उक्तियाँ उद्धृत हैं—

पच्छिम सूरज उग्गवै उलट गंग बह नीर।
कहो दूत पतिसाह सो, हठ न तजै हम्मीर ॥

× ×

अनहोनी नहिं होय, होय होनी है सोइय।
रजक मोह हरि हथ्थ, डर सु मानव क्यों कोइय ॥
नाहिं तजूँ शेख की प्रण कखि, सरन धरम क्षत्रियइ तनों।
मन है विचित्र महिमा तनो, सत्य बचन मुख तें भनों ॥

इसके काव्य-सौष्ठव का विश्लेषण करते हुए डॉ० उदयनारायण तिवारी ने जहाँ इसकी अनेक त्रुटियों पर प्रकाश डाला है, वहाँ यह भी स्वीकार किया है कि

इसके रचयिता का भाषा पर पूर्ण अधिकार था तथा वे उसे भावानुकूल बनाने की कला में निष्णात थे। वस्तुतः वीर रस की व्यंजना की दृष्टि से यह एक प्रौढ़ एवं महत्वपूर्ण रचना है।[1]

दूसरी रचना वही प्रसिद्ध **खुम्माण रासो** है जिसे अन्य कतिपय इतिहासकार भ्रान्तिवश ९वीं-१०वीं शताब्दी की रचना समझकर आदिकाल या वीर गाथा काल में स्थान देते रहे हैं। अब निर्विवाद रूप से कहा जा सकता है कि यह १८वीं शती के मध्य की रचना है। इसके रचयिता मेवाड़ के महाराणा संग्राम सिंह द्वितीय (१७६७-१७९० विक्रमी) का समकालीन था, जिसका निर्देश स्वयं कवि ने भी किया है—

बिउ सांगउ अमरेस सुत, सोसोद्यौ सवियाण।
राण पाट प्रतपै रिधू, मन हेला महिराण।।

इसके सम्बन्ध से दूसरी भ्रांति यह थी कि इसमें किसी खुम्माण नामक राजा की कीर्ति का गान है, किन्तु जैसा कि डॉ० मोतीलाल मेनारिया ने सप्रमाण सिद्ध किया है, 'खुम्माण' व्यक्ति-विशेष का बोधक नहीं है अपितु मेवाड़ के राणाओं की मान्य पदवी है। इसमें चित्तौड़ के अपने समय तक के सभी राणाओं—बापा रावल से लेकर संग्रामसिंह द्वितीय तक—का इतिहास वर्णित है। पर अन्य रासो काव्यों की भाँति इसकी ऐतिहासिक सामग्री भी बहुत प्रामाणिक नहीं है। पूरी रचना आठ खण्डों में त्रिभक्त है। युद्धों के अतिरिक्त विवाह, नायिका-भेद, षट् ऋतु आदि के प्रसङ्गों को भी इसमें विस्तार मिला है। अतः वीर और शृंगार—दोनों रसों की इसमें व्यंजना हुई है। छन्द संख्या की दृष्टि से भी यह पाँच हजार छन्दों का विशाल काव्य है, जिसमें दोहा, कवित्त, सवैया आदि का प्रयोग हुआ है। कवि ने बीच-बीच में पृथ्वीराज राठौड़, बिहारी, सुन्दरदास आदि पूर्ववर्ती एवं समकालीन कवियों की उक्तियों का भी समावेश कर दिया है। इसकी भाषा-शैली सरल एवं स्वाभाविक है—

पीउ चित्तौड न आविऊ, सावण पहिली तीज।
जोवै वाट राति विरहिणी, खिण खिण आवै खीज।।
सन्देशो पिण साहिबा, पाछो फिरिय न देह।
पन्थी घाल्यो पींजरे छूटण रो सन्देह।।

परवर्ती युग से विभिन्न रासो काव्यों—**भगतसिंह का रासो, करहिया को रासो, रासा भइया बहादुरसिंह, रायसा, हमीर रासो** (महेश कवि रचित) आदि—में भी विभिन्न ऐतिहासिक व्यक्तियों के पराक्रम का वर्णन किया गया है। इसमें युद्धों का ही वर्णन प्रमुख रूप से हुआ है तथा छन्द-योजना एवं वर्णन-शैली की दृष्टि से ये पूर्ववर्ती काव्यों के ही अनुरूप हैं। काव्यत्व की दृष्टि से इनका विस्तृत अध्ययन अभी तक अनुपलब्ध है। डॉ० मेनारिया एवं माताप्रसाद गुप्त ने इनका संक्षिप्त परिचय अपने-अपने ग्रन्थों में दिया है, जिससे ज्ञात होता है कि इनमें क्रमशः भगवत

---

१. वीर-काव्य : उदयनारायण तिवारी, पृ० ४२५।

सिंह खींची, करहिया के परमारों, बलरामपुर के शासक बहादुरसिंह, धारा के महाराजा जसवन्तसिंह तथा प्रसिद्ध वीर हम्मीर से सम्बन्धित विभिन्न युद्धों का वर्णन विविध छन्दों में हुआ है तथा काव्यत्व की दृष्टि से ये साधारण कोटि की रचनाएँ हैं। फिर भी इनका और अध्ययन अपेक्षित है।

कलिजुग रासौ (१८०८ ई०)---इस परम्परा की सम्भवत: अन्तिम रचना है जिसमें कलियुग का प्रभाव वर्णित है तथा इसमें एक ही प्रकार का छन्द केवल कवित्त—प्रयुक्त हुआ है। छन्द संख्या ७० है। विषय-वस्तु, छन्द की एकरूपता एवं संक्षिप्तता की दृष्टि से यह रचना प्रारम्भिक अपभ्रंश रासक-काव्य 'उपदेश रसायन रास' से इतनी अधिक मिलती-जुलती है कि यह कहा जा सकता है कि अन्ततः रासो काव्य-परम्परा घूम-फिर कर वहीं जा पहुँची जहाँ से इनका आरम्भ हुआ था।

१४.५. **ऐतिहासिक रासो काव्यों की प्रमुख विशेषताएँ**—प्रस्तुत काव्य-परम्परा के कवि प्राय: राज्याश्रित थे, जिनकी काव्य-रचना का लक्ष्य अपने आश्रयदाता के कुल-गौरव, शौर्य एवं ऐश्वर्य को बढ़ा-चढ़ा कर प्रस्तुत करना था। यद्यपि अनेक कवि अपने काव्य-नायक के समकालीन हैं, पर फिर भी ऐतिहासिक दृष्टि के अभाव के कारण उनकी रचनाओं में प्रस्तुत तथ्यों एवं विषय-वस्तु में अपेक्षित ऐतिहासिकता नहीं आ पायी है। वस्तुत: इन्होंने अपने युग के इतिवृत्ति को कम, उसके दृष्टिकोण, भाव व विचार को ही अधिक सच्चे रूप में प्रस्तुत किया है। इसके माध्यम से हम उस युग के मस्तिष्क एवं हृदय को समझ सकते हैं, इतिहास के सन्-संवतों की उपलब्धि इनमें नहीं होती।

पात्रों के चरित्र-चित्रण एवं उनके क्रिया-कलापों की व्यंजना में हमें सामन्तवादी जीवन की पूरी झलक मिलती है। इस सामन्तवादी जीवन का केन्द्रीय तत्व अहं है; इस अहं की उद्दीप्ति एवं पूर्ति ही इनका सर्वोच्च लक्ष्य है। यही इनके सारे आदर्शों एवं क्रिया-कलापों के मूल में विद्यमान है। वीरता—शृंगारिकता—इसी अहं के दो पक्ष हैं, जिनकी अभिव्यक्ति इनके काव्य में बराबर मिलती है। नारी भी पुरुष के इसी अहं की पूर्ति की साधक है, किन्तु वह स्वयं भी अहं से शून्य नहीं है। वह पुरुष की अधीनता को विवशतापूर्वक नहीं अपितु स्वेच्छापूर्वक इसे अपना कर्त्तव्य मानकर स्वीकार करती है। अपने कुल गौरव, सतीत्व एवं मान मर्यादा की रक्षा के लिए उसे प्राणों की आहुति दे देने में भी कोई संकोच नहीं है। इस दृष्टि से इन काव्यों की नायिका का चरित्र भी नायक की अपेक्षा कम गौरवपूर्ण नहीं है।

मध्यकालीन जीवन की सबसे बड़ी विशेषता है—अन्तर्द्वन्द्व का अभाव। सम्भवत: आधुनिक आलोचक इन कवियों पर आक्षेप लगा सकते हैं कि उन्होंने अपने पात्रों के मानसिक द्वन्द्व का चित्रण नहीं किया। पर वास्तविकता यह है कि यह मानसिक द्वन्द्व आधुनिक युग के आस्थाशून्य अति बौद्धिकतावादी दृष्टिकोण की देन है। मध्यकाल में जबकि व्यक्ति से आदर्श, लक्ष्य एवं विचार बिलकुल स्पष्ट थे भले ही वे अधिक मौलिक, उदात्त एवं गम्भीर न हों—तथा उनके जीवन में बाह्य द्वन्द्व की इतनी अधिकता थी कि आंतरिक द्वन्द्व की अपेक्षा उससे नहीं की जा सकती। अत:

इन कवियों के चरित्र-चित्रण में दुविधापूर्ण दृष्टिकोण, शंकाकुल हृदय एवं ढुलमुल व्यक्तित्व का अभाव हो तो यह स्वाभाविक ही है।

कलापक्ष की दृष्टि से इस परम्परा में काव्य-रूपों की स्थिरता, शैली की अलंकृति एवं छन्दों की विविधता परिलक्षित होती है। छन्दों में कवित्त-छप्पय को विशेष रूप से स्थान मिला है। भाषा सामान्यतः पिंगल (ब्रज भाषा) है, पर कुछ रचनाओं में डिंगल या पुरानी राजस्थानी का भी प्रयोग हुआ है। भाषा में ओज गुण के संचार के लिए शब्दों की जोड़-तोड़ भी की गई है।

अस्तु, वीर रस की सहज अभिव्यक्ति एवं शृङ्गार की स्वाभाविकता एवं मध्यकालीन सामन्तवादी जीवन के यथार्थ चित्रण की दृष्टि से यह काव्य-परम्परा पर्याप्त महत्वपूर्ण सिद्ध होती है। मध्यकालीन राजपूत जाति के संघर्ष, त्याग एवं बलिदान के रक्तरंजित इतिहास को प्रतिध्वनित करने की दृष्टि से यह परम्परा राष्ट्र के अतीत की गौरवपूर्ण झाँकी प्रस्तुत करती है, इसमें कोई संदेह नहीं।

(ख) ऐतिहासिक चरित-काव्य

चरित-काव्यों की परम्परा भारत में दीर्घकाल से चली आ रही है। संस्कृत में अश्वघोष का 'बुद्ध चरित', बाण का 'हर्ष चरित' तथा प्राकृत में विभिन्न जैन कवियों द्वारा रचित 'पद्म चरित', 'शलाका पुरुष चरित', 'महावीर चरित', 'सुमति नाथ चरित', 'कुमारपाल चरित' और अपभ्रंश में रचित 'नाथ कुमार चरिउ', 'यशोधर चरिउ', 'पास चरिउ', 'श्रीपाल चरित', 'नेमिनाथ चरित' आदि उल्लेखनीय हैं। किन्तु इन चरित-काव्यों में धार्मिक दृष्टिकोण की प्रधानता है तथा इनके नायक भी कवियों के प्रायः समकालीन नहीं है; अतः इनमें से बहुत कम को ऐतिहासिक काव्य की संज्ञा दी जा सकती है। हिन्दी के कवियों ने काव्य-रूप एवं काव्य-शैली सम्बन्धी कतिपय विशेषतायें तो इस पूर्व परम्परा से ग्रहण की, किन्तु अपने काव्य के आलम्बन के रूप में समकालीन आश्रयदाताओं को स्थान देकर इनमें पर्याप्त ऐतिहासिकता का संचार कर दिया है।

प्रस्तुत परम्परा के सभी काव्य 'चरित' संज्ञक नहीं हैं, किन्तु जो प्रबन्ध रासो-परम्परा में नहीं आते तथा जिनमें चरित-गान का लक्ष्य दिखाई पड़ता है, उन सबको इस परम्परा में स्थान दे दिया गया है। भाषा की दृष्टि से इन्हें दो वर्गों में विभक्त किया जा सकता है—(१) डिंगल (प्राचीन राजस्थानी) में रचित, (२) पिंगल में रचित। यहाँ दोनों का परिचय क्रमशः दिया जाता है।

१४.६. डिंगल में रचित ऐतिहासिक चरित-काव्य

प्रारम्भिक कवि - डिंगल में ऐतिहासिक चरित-काव्यों की परम्परा का प्रवर्तन चौदहवीं शती के कवि **श्रीधर** से होता है, जिन्होंने **'रणमल्ल छन्द'** नामक एक छोटा-सा काव्य रचा था।[१] इसमें ईडर के राठौर राजा रणमल और पाटण के सूबेदार जफर खाँ के युद्ध का वर्णन ७० छन्दों में किया गया है। यह युद्ध सन् १३६७ ई० में घटित हुआ था; अतः श्रीधर का समय इसके आस-पास ही माना गया है। डॉ० मोतीलाल

मेनारिया ने इसे वीर रस की उत्कृष्ट रचना के रूप में स्वीकार करते हुए इसका निम्नांकित छंद उद्धृत किया है :—

हय खुरतल रेणइ रवि छाहिउ, समुहरि भरि ईडरवह आइउ ।
खान खवास वेलि वलि धायु, ईडर अडर दुग्गतल गाह्यु ॥

× × ×

सत्तिरि सहस सहिय सिल्लारह, दहु दिसि फिरवी करि पुक्कारह ।
सुहड़ सद्द सम्भालिवि रउद्दह, घसमस घूंस करइ सफरद्दह ॥

केवल एक छन्द के आधार पर इसके काव्यत्व के सम्बन्ध में अधिक कुछ कहना सम्भव नहीं, फिर भी इस परम्परा की प्रथम रचना होने के कारण इसका महत्व असंदिग्ध है ।

बावर ढाढी द्वारा रचित 'वीरमायण' एक उच्चकोटि का वीर रसात्मक ग्रन्थ है, जिसमें राव वीरम के पुत्र गोगा एवं सिंध के जोइया मुसलमानों के बीच हुए युद्ध का वर्णन किया गया है । गोगा का स्वर्गवास सन् १४०२-३ के लगभग हुआ था; अतः इस आधार पर डॉ० हीरालाल माहेश्वरी ने इस काव्य का रचना-काल १४५० ई० के आस-पास माना है ।

यह इतिहास और काव्यत्व—दोनों की दृष्टि से महत्त्वपूर्ण रचना है । डॉ० माहेश्वरी ने इसकी विस्तृत विवेचना करते हुए लिखा है—"इसमें इतिहास की मूल्यवान् सामग्री सुरक्षित है । ओझा, रेउ तथा आसोपा प्रभृति विद्वानों के इतिहास ग्रन्थों से यह बात स्पष्ट है । इसमें रावल मल्लीनाथ जी और उनके ज्येष्ठ पुत्र जगपाल के वीरकृत्यों, राव वीरम जी का इतिहास और अन्त में उसके पुत्र गोगा देव का अपने पिता की मृत्यु का बदला लेते हुए, युद्ध में वीरगति को प्राप्त करना सविस्तार वर्णित है । भाषा ओज-गुण-सम्पन्न बोलचाल की राजस्थानी है जिसमें उमड़ती हुई पहाड़ी नदी की सी गति पाई जाती है । चलचित्रों की भाँति, एक के बाद एक, घटनाएँ आती हैं और कवि उन सबका सरस वर्णन करता चलता है ।...... सबसे बड़ी बात यह है कि कवि अपने चरित-नायक का यथातथ्य वर्णन करता है—उसके गुणों को कहीं अतिशयोक्ति-पूर्ण नहीं दिखाता ।"[1] डॉ० माहेश्वरी ने विभिन्न उद्धरणों से अपने कथन की पुष्टि की है । यहाँ राव वीरम की एक दर्पोक्ति द्रष्टव्य है -

फडधर छाडे फुंणद सुं नह भार संभावै ।
अरक पिछम दिन उगवै, विध वेद विलावै ॥
वेग छटै विहंगेस को सिव ध्यान भुलावै ।
गोरख भुलै ग्यांन कुं जत लिक्षमण जावै ॥
सत छाडै सीता सती हणमंत घबरावै ।
हु संक कर बैसुं धरे, जग उलटो जावै ॥

यहाँ मांगलियाणी द्वारा वीरम को युद्ध में जाने के लिए मना करने पर वे

१. राजस्थानी भाषा और साहित्य : डॉ० हीरालाल माहेश्वरी, पृ० ७६ ।

अपने दृढ़ हठ को व्यक्त करते हुए कहा है —'भले ही फणीन्द्र अपने फण से धरती का भार उठाने में असमर्थ हो जाय, सूर्य पच्छिम में उगने लग जाय, विधि वेदों को नष्ट कर दे (या वेद विधि को त्याग दें), गरुड़ का वेग कम हो जाय, शिव ध्यान लगाना भूल जायँ, गोरख अपने ज्ञान को भूल जाय, लक्ष्मण अपने संयम से हट जाय, सीता सती अपना सतीत्व त्याग दे या हनुमान भीरु हो जाय, पर यदि मैं शत्रु की शंका से घर में बैठा रहूँ तो सारा संसार उलट जायगा।'

इसी प्रकार अन्य प्रसंगों में भी शूरवीरता का राजस्थानी आदर्श सम्यक् रूप में व्यंजित हुआ है तथा रचना भाव, भाषा एवं शैली—तीनों की दृष्टि से प्रभावोत्पादक है।

गाडण शिवदास कृत 'अचलदास खीची री वचनिका' एक तुकान्त गद्य-पद्य मिश्रित प्रबन्धात्मक रचना है जिसमें मांडू के बादशाह होलंग गोरी और गागरोण गढ़ के राजा अचलदास खीची के युद्ध का वर्णन किया गया है। यह युद्ध सन् १४३३ ई० के लगभग हुआ था; अतः इसका रचना-काल लगभग १४४० ई० माना गया है। इसकी शैली इतिवृत्तात्मक अधिक है जिससे भावों की व्यंजना सम्यक् रूप से नहीं हो सकी।

यद्यपि इसमें दोहा, सोरठा, छप्पय, कुंडलिया आदि विभिन्न छंदों का प्रयोग हुआ है किन्तु काव्य-सौष्ठव एवं शैली की दृष्टि से यह कृति अधिक प्रौढ़ एवं मार्मिक नहीं कही जा सकती।

गाडण पसाइत द्वारा रचित अनेक ऐतिहासिक कृतियाँ उपलब्ध हैं, जिनमें 'राव रिणमल रौ रूपक' एवं 'गुण जोधायण' यहाँ उल्लेख्य हैं। पहली रचना में रणमल द्वारा जैसलमेर के भाटियों से अपने पिता राव चूंडा की मृत्यु का बदला लेने का वर्णन है जबकि दूसरी में रणमल के वीर पुत्र जोधाजी की वीरता का निरूपण किया गया है। दोनों रचनाएँ लगभग १५०० ई० की रचित मानी गई हैं। इनमें दोहा, कवित्त, भुजंगप्रयात, पाधड़ी आदि छन्दों का प्रयोग हुआ है तथा प्रत्येक रचना ७०-७५ छन्दों की है। इनकी भाषा में ओज एवं प्रवाह है किन्तु भावात्मकता का उत्कर्ष अधिक नहीं है।

पन्द्रहवीं शताब्दी के ऐतिहासिक काव्यों में पद्मनाभ द्वारा रचित 'कान्हड़ दे प्रबन्ध' का विशेष स्थान है। ये जालौर के चौहान अखैराज के आश्रित थे तथा इस काव्य की रचना उन्होंने सन् १४५५ (संवत् १५१२ वि०) में की थी। इसमें चौदहवीं शती के चौहान कान्हड़ दे और अलाउद्दीन के युद्ध का वर्णन चौपाई, दोहों, सवैयों आदि छन्दों में किया गया है। पूरा प्रबन्ध चार खण्डों में विभक्त है तथा लगभग दो हजार पंक्तियों में समाप्त हुआ है। इसकी विषय-वस्तु की ऐतिहासिकता, भावों की गम्भीरता एवं शैली की प्रौढ़ता की विभिन्न विद्वानों ने मुक्तकण्ठ से प्रशंसा की है। किन्तु इसकी सबसे अधिक प्रशंसनीय विशेषता यह है कि इसमें कवि ने चाटुकारिता की प्रेरणा से किसी आश्रयदाता का यशोगान नहीं किया अपितु उसके पीछे स्वाभिमान, जातीय गौरव एवं आत्म-बलिदान की सच्ची भावना परिलक्षित होती

है। उसने कान्हड़ दे के युद्ध को केवल वैयक्तिक सम्मान से प्रेरित नहीं माना है अपितु सोमनाथ की रक्षा के लिए किये गये आत्म-बलिदान एवं जातीय गौरव से अनुप्राणित माना है। यद्यपि यह वीर रस-प्रधान रचना है किन्तु बीच में एक प्रेम-प्रसंग का भी आयोजन किया गया है। यह प्रसंग अलाउद्दीन की पुत्री कुमारी फिरोजा एवं कान्हड़ दे के पुत्र वीरम दे के बीच चलता है। प्रेम के लिए दोनों अपना बलिदान कर देते हैं। इस प्रकार कवि ने वीर और शृङ्गार—दोनों को औदात्य से समन्वित किया है। बीच-बीच में कहे गये सिद्धान्त-वाक्य एवं भावपूर्ण गीत भी अत्यन्त सरस एवं प्रभावोत्पादक हैं।

इतिहास-प्रसिद्ध राय हम्मीर देव के चरित पर आधारित एक काव्य-रचना **भाउंड व्यास** कृत 'राय हमीर देव चौपाई' है, जिसे 'रामायण' की भाँति 'हम्मीरायण' भी कहा जाता है। जैसा कि स्वयं कवि ने निर्देश किया है, इसका रचना-काल संवत् १५३८ (१४८१ ई०) है तथा इसमें दोहा, गाथा, चौपाई आदि छन्दों का प्रयोग किया गया है। कुल छन्द-संख्या ३२१ है। इसमें हम्मीर-हठ का प्रतिपादन ओजस्वी शैली में हुआ है। अलाउद्दीन जैसे शक्तिशाली शासक को भी चुनौती देना हम्मीर जैसे साहसी एवं पराक्रमी वीर का काम था। हम्मीर की इस दृढ़ता एवं वीरता की व्यंजना में कवि को पर्याप्त सफलता मिली है। सुलतान के एक प्रस्ताव के उत्तर में हम्मीर का कथन है—

न परणाऊँ डीकरी, न आपी देऊं मीर।
हाथी गढ आपउ नहीं, इसउ कहई हमीर॥
लूं सरीखा सुरताण सूं, करुई विग्रह निशी-दीस।
हमीर देय कथउ इसउ तब इव नामे शीश॥

वस्तुतः इसकी शैली भावों के अनुरूप है तथा काव्यत्व की दृष्टि से यह सफल कृति है। ऐतिहासिकता की दृष्टि से अवश्य कुछ वर्णन अतिरंजनापूर्ण प्रतीत होते हैं।

सोलहवीं शताब्दी ईस्वी के मध्य में रचित एक अन्य ऐतिहासिक वीर-गाथा 'राव जैतसी रो पाधड़ी छन्द' है, जिसके रचयिता **बीठू सूजा** थे। इसमें बीकानेर के राव जैतसी तथा उनके पूर्वज की वीरता का वर्णन किया गया है। राय जैतसी ने हुमायूँ के भाई कामरान को पराजित किया था, यही इस काव्य की मुख्य घटना है। विभिन्न इतिहासकारों ने इसकी आधारभूत घटना को वास्तविक मानते हुए ऐतिहासिक दृष्टि से भी इस काव्य को महत्त्वपूर्ण माना है। राजपूत जाति के मनोभावों एवं आदर्शों की व्यंजना की दृष्टि से तो यह और भी अधिक महत्वपूर्ण है जैसा कि इसके नाम से बोध होता है। कवि ने मुख्यतः पाधड़ी (पद्धड़ी) छन्द का प्रयोग किया है, किन्तु साथ ही गाहा, दोहा, कलस आदि छन्द भी इसमें मिलते हैं। कुल छन्द संख्या ४०१ है इसका रचना-काल डॉ० हीरालाल माहेश्वरी ने सन् १५३५-१५४५ लगभग माना है।

कविवर बारहट आसा (१५०६-१६०३ ई०) ने विभिन्न विषयों को लेकर अनेक काव्यों की रचना की थी, जिनमें 'रावल माला सलखावत रौ गुण' यहाँ उल्लेख्य

है। यह ८७ छन्दों की छोटी सी रचना है जिसमें महेवा के स्वामी रावल मल्लीनाथ जी के वीरतापूर्ण क्रिया-कलापों का वर्णन ओजस्वी शैली में किया गया है। उदाहरण के रूप में निम्नांकित पंक्तियाँ द्रष्टव्य हैं —

मेधड़ौ भारथ उखल मांडै, खाँडे अंहुंउ बोड़ा खाँडे।
छांट पछाड़ नोखिया छाँणी पींजरियौ लूणी रौ पाणी॥

बीकानेर के शासक राजा रायसिंह के समकालीन एक अन्य कवि **सांदू माला** प्रसिद्ध हैं जिन्होंने लगभग १६०० ई० के आस-पास अनेक ऐतिहासिक काव्यों की रचना की थी। उनके ग्रन्थों में से तीन उपलब्ध हैं —(१) झूलणा महाराज रायसिंह जी रा, (२) झूलणा दीवार्ण श्री प्रताप सिंह जी रा (३) झूलणा अकबर पातसाह जी रा। ये सभी झूलणा छन्द में रचित हैं तथा प्रथम दो तीन-तीन सौ पंक्तियो की हैं तथा तीसरी रचना एक सौ आठ पंक्तियों की है। इसमें क्रमशः राजा रायसिंह, महाराणा प्रताप एवं सम्राट अकबर के पराक्रम का गुण-गान विभिन्न ऐतिहासिक घटनाओं के आधार पर किया गया है। कवि की शैली मे सर्वत्र स्वाभाविकता, प्रवाह-पूर्णता एवं प्रभावोत्पादकता मिलती है। विशेषतः महाराणा प्रताप सम्बन्धी वर्णनो में कवि की आत्मानुभूति अधिक स्पष्ट रूप में परिलक्षित होती है।

सोलहवीं शती के अन्तिम भाग में बांठू मेहा के द्वारा रचित भी अनेक ऐतिहासिक काव्य उपलब्ध हुए हैं, जिनमे 'पाबू जी रा छन्द', 'गोगा जी रा रसावला' 'करनी जी रा छन्द', 'गोगा जी रा छन्द' आदि उल्लेखनीय है। ये सभी रचनाएँ छोटी-छोटी हैं, पहली रचना जहाँ केवल ४६ छन्दो की है, वहाँ दूसरी केवल १७ छन्दो की है तथा शेष की छन्द-संख्या ज्ञात नहीं है किन्तु उनकी भी संख्या सम्भवतः इनसे अधिक नहीं है। अतः इन्हें प्रबन्ध काव्य न कह कर प्रबन्धात्मक कविता कहना अधिक उचित होगा। इनमें गाथा, त्राटक, कलश आदि छन्दो मे विभिन्न राजस्थानी वीरों की अमर गाथाओ का गान ओजपूर्ण शैली में किया गया है।

मेवाड़ के महाराणा राजसिंह के आश्रित कवि किशोरदास द्वारा रचित 'राज-प्रकाश' (१६६२ ई०) भी उच्चकोटि का लघु प्रबन्ध-काव्य है जिसमे आश्रयदाता के वैभव, शौर्य एवं पराक्रम की व्यंजना एक सौ बत्तीस छन्दों में की गई है। इसकी शैली में सरलता एवं प्रवाह का गुण विद्यमान है, यथा—

गणपति सरसति, गरुड़पति वृषपति हंसपति वाँणि।
तुष्ट होय मो दीजियै, जुगति पुष्ट इष्ट जांणि॥
जुगति जगत जीवै जचै, उगति विगति अण पार।
निरत फुरत बाँणी नमक, सुरति सभा संसार॥

अठारहवीं शती में रचित डिंगल के ऐतिहासिक काव्यों में वीर भाण का 'राजरूपक' (१७३० ई०) एवं **करणीदान** का 'सूरज प्रकाश' (१७४५ ई०) विशेष रूप से उल्लेखनीय हैं। 'राजरूपक' में कवि ने अपने आश्रयदाता जोधपुर-नरेश अभय-सिंह और गुजरात के सूबेदार शेर बिलदखाँ के मध्य हुए युद्ध (१७३० ई०) का आँखों-देखा हाल वर्णित किया है। **इस काव्य का ऐतिहासिक दृष्टि से भी पर्याप्त**

महत्व है क्योंकि इसमें दी गई घटनाएँ, तिथियाँ एवं नामावली वास्तविक सिद्ध हुई हैं। पूरा ग्रन्थ ४६ प्रकाशों में विभक्त है। काव्य-सौष्ठव एवं शैली की दृष्टि से भी यह प्रौढ़ रचना है; उदाहरणार्थ कुछ पंक्तियाँ प्रस्तुत हैं—

सुन्दर भाल विसाल अलक सम माल अनोपम।
हित प्रकास मृदु हास, अरुण वारिज मुख ओपम॥
कृपा-धाम नव कंज नयन अभिराम सनेही।
रुचि कपोल ग्रीवा त्रिरेख, छबि वेस अछेही॥

इसकी भाषा डिंगल होती हुई भी अपनी सरलता के कारण पिंगल के पर्याप्त समीप आ गई है। ऐसा प्रतीत होता है कि कवि ने कृत्रिम रूप से भाषा में प्राचीनता एवं ओज गुण लाने का प्रयास नहीं किया है जो प्रशंसनीय है।

करणीदान का 'सूरज प्रकाश' एक विशाल काव्य है जो ७५०० छन्दों में समाप्त हुआ है। यह भी पूर्वोक्त महाराजा अभयसिंह के आश्रय में रचित तथा उन्हीं के जीवन-चरित से सम्बन्धित है, पर विषय-विस्तार एवं शैली की दृष्टि से यह 'राजरूपक' की अपेक्षा अधिक प्रौढ़ एवं उच्च माना गया है। महाराजा ने इसकी रचना से प्रसन्न होकर रचयिता को लाख पसाव (प्रसाद) दिया था। इसी का एक संक्षिप्त रूप 'बिड़द सिणगार' तैयार किया गया था जो १२६ छन्दों में है। इनकी शैली का एक नमूना यहाँ प्रस्तुत है—

पग हाथ उड़े धड़ सीस पाट। आहुड़ै क्रोध पौरिस उपाट।
हाकलै भड़ा जैचन्द अथाह। सुरताण सात पर तेज साह॥
तन फूटी पड़त तड़फड़त ताय। लख हेक जाणि लोटण लुटाय।
पाड़ि सोक भयंकर उड़ि पंखाल। कालि में जाणि धन प्रलय काल॥

ऐसा प्रतीत होता है कि अठारहवीं शती के मध्य में ही राजस्थानी कवियों ने भी पिंगल या ब्रज भाषा के प्रभुत्व एवं महत्व को स्वीकार कर लिया था जिससे डिंगल प्रबन्धो की परम्परा लगभग यहीं समाप्त हो जाती है। इसका यह तात्पर्य नहीं है कि इसके पश्चात् राजस्थान में ऐतिहासिक प्रबन्ध-काव्य लिखे ही नहीं गये, अवश्य हो सूर्य्यमल मिश्रण, किशन जी, केसरीसिंह जैसे कवियो ने अनेक प्रबन्ध काव्य लिखे थे तथा ये मूलतः डिंगल के कवि थे किन्तु अपने प्रबन्ध काव्यों में इन्होंने पिंगल का ही प्रयोग किया है। अपवादस्वरूप रामदान (१७६१-१८२५ ई०) एक ऐसे राजस्थानी कवि मिलते हैं जिन्होंने अपने आश्रयदाता महाराणा भीमसिंह के चरित का वर्णन डिंगल में किया है। उनका ग्रन्थ 'भीम प्रकाश' महाराणा के ऐश्वर्य, वैभव एवं गौरव की महिमा से परिपूर्ण है तथा १७५ छन्दों में समाप्त हुआ है। इसमे दोहा, कवित्त आदि छन्द प्रयुक्त हुए हैं। इसकी भाषा में थोड़ी दुरूहता आ गई है।

वस्तुतः रामदान की शैली की कृत्रिमता एवं अस्पष्टता इस तथ्य को प्रमाणित करती है कि अब डिंगल इतनी रूढ़ हो गई थी कि उसे परवर्ती प्रबन्धों में प्रयुक्त करना बहुत उचित न था। दूसरी ओर, पिंगल के प्रबन्ध-रचयिता अपनी भाषा को एक ऐसा रूप दे चुके थे जो कि वीर रस की रचनाओं के अनुकूल था। इस सम्बन्ध

में विस्तृत विवरण आगे दिया जायगा। यहाँ इतना ही कहना पर्याप्त होगा कि यदि उपर्युक्त 'भीम प्रकाश' को अपवाद मानते हुए छोड़ दें तो यह परम्परा करण दान के 'सूरज प्रकाश' के साथ ही सन् १८४५ ई० के आस-पास ही अपना अस्तित्व पिंगल की परम्परा में विलीन कर देती है।

१४.७. पिंगल में रचित ऐतिहासिक चरित-काव्य

जैसा कि अन्यत्र स्पष्ट किया जा चुका है लगभग सत्रहवीं शती के आरम्भ में पिंगल (ब्रजभाषा) में भी ऐतिहासिक प्रबन्ध-काव्य लिखने की परम्परा का प्रवर्तन हुआ। यह परम्परा केशवदास के 'रतन बावनी' एवं 'वीरसिंह देव चरित' से आरम्भ होकर आधुनिक काल के प्रारम्भ तक अखंड रूप में चलती रहती है। यहाँ इस परम्परा के प्रमुख कवियों एवं काव्यों का परिचय संक्षेप में प्रस्तुत है।

केशवदास - प्रसिद्ध श्रृंगारी कवि केशवदास (१५५५-१६२३ ई०) जहाँ एक ओर रीतिबद्ध-श्रृंगार-परम्परा के प्रतिष्ठाता सिद्ध होते हैं वहाँ दूसरी ओर ब्रजभाषा में ऐतिहासिक प्रबन्ध काव्यों की परम्परा के प्रवर्तन के श्रेय के अधिकारी भी वे ही माने जा सकते हैं। उनकी तीन रचनाओं का ऐतिहासिक व्यक्तियों से प्रत्यक्ष सम्बन्ध है—(१) रतन बावनी, (२) वीरसिंह देव चरित और (३) जहाँगीर-जस-चन्द्रिका। 'रतन बावनी' का रचना-काल ज्ञात नहीं है किन्तु इसमें वर्णित घटना १५८५ ई० की है; अतः इसके अनन्तर ही कभी इसकी रचना होनी संभव है। इसमें ओरछा के राजा मधुकरशाह के पुत्र रत्नसेन की वीरता का वर्णन ५२ छन्दों में किया गया है। रत्नसेन ने एक विशाल सेना के विरुद्ध युद्ध करते हुए आत्मोत्सर्ग कर दिया था। इसमें मुख्यतः कुंडलियाँ, छप्पय, दोहा आदि छन्दों का प्रयोग किया गया है तथा इसकी भाषा-शैली सरल, प्रवाहपूर्ण एवं ओज गुण-संपन्न है; उदाहरणार्थ निम्नांकित छन्द द्रष्टव्य हैं—

तुम बालक हम वृध्ध इते पर जुध्ध न देखे।
तुम ठाकुर हम दास कहा कहियै इहि लेखे॥
कहि आवै सो कहौ कहा हम तुमरो करिहैं।
हम आगें तुम लरौ तु अब हम बूड़ि न मरिहैं॥
कहि 'केसव' मंडहि रार रन करि राखैं खित्तहि भवन।
सुन रतनसेन मधुसाह-सुवन हम भज्जैं जुज्झहि कवन॥

कवि का मूल लक्ष्य मधुकर शाह के पुत्र-वियोग-शोक को कम करने का प्रतीत होता है, यह इस काव्य की अंतिम पंक्तियों से प्रकट होता है—

सुनि नरेन्द्र मधुसाह, पुत्र तव ब्रह्म रूप अब।
तिहिं लगि प्रगटे राम, काम पूरन भे तव सब॥

× × ×

अब धन्य धन्य मधुमाह तव प्रगट जगत जस जगमगहु ।
साहि बार-बार इमि उच्चरहि 'केसव' कुल उद्दित कियहु ।।

इसमें वर्णनात्मकता की अपेक्षा संवादात्मकता अधिक है । विस्तार की दृष्टि से इसे एक लघु प्रबन्धात्मक कविता कहना ही उचित होगा; प्रबन्ध काव्य की सी व्यापकता इसमें नहीं है ।

'वीरसिंह देव चरित' या वीर-चरित्र' कवि के उल्लेखानुसार १६०७ ई० में लिखा गया था । इसमें ओरछा नरेश वीरसिंह देव, जो कि कवि के आश्रयदाता भी थे, के जीवन-चरित्र एवं वीरतापूर्ण कार्यों का वर्णन तैंतीस प्रकाशों के अन्तर्गत किया गया है । प्रारम्भ में मंगलाचरण, राजस्तुति, रचना-काल के उल्लेख, आदि के अनन्तर लोभ एवं दान के संवाद से कथा-वस्तु आरम्भ होती है । लोभ कहता है—

दान बिगार्‌यो तैं संसार । भूलि गयो तो कों करतार ।
विद्यमान जे देखत मोहिँ । कहा कर जग पूतन तोहिँ ।।
× × ×
कहि 'केसवदास' निवास-निधि मो समान अब और नहिं ।
सुनि दान, दीन दिन मान तूं, हौं समर्थ संसार महिं ।।

इसका खण्डन दान बड़ी उग्रता से करता है—

लोभ, समुझ अपनो व्यवहार । जानतु है सिगरो संसार ।
अपने आनन अपनी बात । अचरज यहै न कहत लजात ।।
× × ×
तिय तातु न मातु न पुत्र पति मित्र न तेरे मानियै ।
दिन वान कहाँ तूं लोभ लघु कैसें बड़ों बखानियै ।।
× × ×
तूँ भैयन महँ भेद मित्र मित्रन उपजावै ।
पति पतिनी कहँ प्रगट पिता पुत्रनि बिहरावै ।।
राज दोष, द्विजदोष, दीन के दोष बिचारै ।
छल बल गुन गन हरहिं प्रान पुनि हरत न हारै ।।
कहि 'केसव' केवल बित्त-पर बिनय बिनासन अनयमति ।
तूँ लोभ, क्षोनि छाक्यो छ रितु छनकु क्षुद्र अति तिछ्छ गति ।।

यह संवाद शताधिक छन्दों में चलता रहता है तथा अन्त में दोनों इसके निर्णय के लिए विन्ध्यवासिनी देवी के पास पहुँचते हैं, जो प्रत्यक्ष रूप में कोई निर्णय देंने की अपेक्षा उन्हें वीरसिंह देव का वृत्तान्त सुनाती है । इस प्रकार इसकी मूल कथा देवी के मुँह से कहलाई जाती है तथा इसीलिए बीच-बीच में लोभ और दान भी अपने वाद-विवाद को छोड़ कर कथा-प्रवाह में बाधा उपस्थित करते रहते हैं । प्रश्न यह कि कवि ऐसा किस उद्देश्य से करता है ? इसके उत्तर में सबसे पहली बात तो यह कही जा सकती है कि केशव को वाद-विवादों में बड़ी रुचि थी, यह उनका

अपना क्षेत्र था तथा इस क्षेत्र में उनकी सफलता को आचार्य रामचन्द्र शुक्ल ने भी स्वीकार किया है। दूसरी बात यह है कि इनके बहाने काव्य में थोड़ी नैतिकता एवं उपदेशात्मकता के लिए अवकाश मिल जाता है, विशेषत: अपने आश्रयदाताओं की दानशीलता की वृत्ति को जगाये रखने की उस युग में बड़ी आवश्यकता थो, अन्यथा काव्य लिखने का सारा प्रयोजन ही अपूर्ण रह सकता था; अतः इन संवादों के माध्यम से दानशीलता को चुनौती दिलवाया जाना स्वाभाविक ही था। तीसरे, चरित-काव्यों के आरम्भ में एवं स्वतन्त्र रूप से भी संवादों के आयोजन की परम्परा केशव से भी पूर्व मिलती है। विद्यापति के 'कीर्तिलता' एवं चन्द के 'पृथ्वीराज रासो' में शुक-शुकी आदि के संवाद मिलते हैं किन्तु दान-लोभ आदि के संवादों की परम्परा हिन्दी के दरबारी कवियों में सर्वाधिक विकसित रूप में नरहरि (१६वीं शती) में मिलती है, जिन्होंने इस प्रकार के संवादों या वाद-विवादों को ही लेकर स्वतन्त्र रचनाएँ की थीं। जैसा कि अन्यत्र बताया गया है नरहरि की वाद-विवाद सम्बन्धी तीन रचनाएँ उपलब्ध हैं—(१) लौह और कंचन का वाद, (२) तेल तम्बोल का वाद और (३) दाता और भिखारी का विवाद। संभवतः इस क्षेत्र में केशव नरहरि के काव्य से ही प्रभावित एवं प्रेरित थे; दोनों की रचना-शैली एवं छन्द-योजना का साम्य इस सम्भावना की पुष्टि करता है।

यह सम्पूर्ण ग्रन्थ तैंतीस प्रकाशों में विभक्त है तथा इसके पूर्वार्द्ध में वीरसिंह देव के विभिन्न युद्ध का तथा उत्तरार्द्ध में सरोवर नगरी, अश्व-विज्ञान, चौगान, नृत्य नख-शिख, वन-वाटिका, जल-क्रीड़ा आदि का वर्णन करने के अनन्तर राज-कर्म, लेखक (कायस्थ), राजदूत, गुप्तचर, शासन-विधि, राजा के कर्त्तव्य एवं अधिकार, युद्ध नीति, आदि राजनीतिक विषयक तत्त्वों की व्याख्या संस्कृत के उद्धरणों के सहित की गई है। अन्त में विजय, उत्साह, वैराग्य, धैर्य, आनन्द, भाग्य, पराक्रम, सदाचार, सत्य, ज्ञान, प्रेम, विवेक आदि के वार्त्तालाप के माध्यम से कवि ने अपना संदेश व्यंजित किया है। इस प्रकार यह काव्य न केवल वीरसिंह देव के चरित के विभिन्न पक्षों को प्रस्तुत करता है अपितु उस युग के सामन्ती जीवन की प्रायः सभी परिस्थितियों एवं प्रवृत्तियों का भी प्रतिनिधित्व करता है। वस्तुतः यह केशव के दरबारी व्यक्तित्व की एक पूरी झलक हमारे सामने प्रस्तुत करता है जिसमें एक ओर उसकी ऐन्द्रियक अनुभूतियों एवं भावात्मक प्रवृत्तियों का दिग्दर्शन होता है तो दूसरी ओर उसकी बौद्धिक रुचि, विस्तृत अध्ययन एवं व्यावहारिक ज्ञान का निदर्शन स्पष्ट रूप में होता है। हमारे विचार से इसे केशव की प्रतिनिधि एवं सर्वोत्कृष्ट रचना के रूप में स्वीकार किया जा सकता है। जिन लोगों ने इसके स्थान पर 'रामचन्द्रिका' को प्रतिनिधि रचना मानकर केशव को समझने का प्रयास किया है वे अपने लक्ष्य में असफल रहे हैं।

इस प्रबन्ध में विभिन्न घटनाओं एवं दृश्यों के वर्णन तथा संवादों की प्रधानता है फिर भी पन्द्रहवें प्रकाश तक कथानक में गतिशीलता बनी रहती है किन्तु इसके अनन्तर कवि राज्य-वैभव एवं नीति नियमों की व्याख्या में इस प्रकार जम जाता है कि कथा का विकास अवरुद्ध हो जाता है। वस्तुतः 'रामचरितमानस' के उत्तर काण्ड

की भाँति इसके उत्तरार्द्ध (पन्द्रहवें प्रकाश से अन्त तक) को भी एक ऐसा विस्तृत उपसंहार समझना चाहिए जिसमें कवि कहानी कहने के बाद राज्य-वैभव एवं राज-धर्म के सम्बन्ध में कुछ सामान्य बातें कहता है। जहाँ तक भाव एवं रस-व्यंजना का प्रश्न है, इसे वीर रस का काव्य माना जाता है पर इसमें वीर रस के स्थायी भाव उत्साह की व्यंजना न होकर, उसकी व्याख्या एवं प्रशंसा हुई है। यदि प्रशंसा को कोई स्थायी भाव या स्थायी वृत्ति मान लिया जाय तो इसे इस वृत्ति से ओत-प्रोत सच्चा काव्य माना जा सकता है। परिस्थितियों के अनुसार हमारी भावनाएँ नये रूपों में विकसित होती रहती हैं; जिस प्रकार बीसवीं शती के आरम्भ में हम भारतीयों के हृदय में देश-प्रेम या राष्ट्रीयता जैसी विशिष्ट भावना का प्रादुर्भाव देखते हैं वैसे ही सत्रहवीं-अठारहवीं शती के इन कवियों में प्रशंसा की भावना को इसके चरम विकसित एवं स्थायी वृत्ति के रूप में स्वीकार किया जा सकता है। किन्तु प्रशंसा में बौद्धिकता का समन्वय पर्याप्त मात्रा में होता है; अतः रस-सिद्धान्त की दृष्टि से इसे भक्ति रस (लौकिक व्यक्ति की भक्ति) या शान्त रस से सम्बन्धित माना जा सकता है। इस सम्बन्ध में शास्त्रीय विवेचन के लिए यहाँ अधिक स्थान नहीं है, फिर भी संक्षेप में हम प्रत्येक विचार-प्रधान रचना का शान्त रस में स्थान देते हुए 'वीरसिंह देव चरित' को भी इसी वर्ग की रचना मान सकते हैं।

प्रत्येक प्रसंग, चर्चा एवं अवस्था में कवि का ध्यान अपने चरितनायक की प्रशंसा करने का ही रहा है; अतः अन्य भावों की उद्दीप्ति इसमें प्रायः नहीं हो पाई है। फिर भी कुछ स्थल इसके अपवाद अवश्य हैं। अबुलफजल के वीरतापूर्ण बलिदान एवं उसकी मृत्यु के संवाद से अकबर की शोकानुभूति के प्रसंग में कवि ने अपनी सहृदयता का परिचय दिया है। इसी प्रकार सलीम और वीरसिंह की मैत्री भावना का प्रकाशन भी प्रभावोत्पादक शब्दों में किया गया है। युद्धों के वर्णन में भी कवि को थोड़ी सफलता मिली है; यथा—

बीरसिंघ देव पौरि बाहिर दपटि दौरि बैरिन,
को सैन बेर बीसक कचौंदि गौ।
कचन बूंदेल मनि सेल्हनि ढकेलि कोटि,
हाथी पेलि चौकीदार बेतवै में सौंदि गौ।
दुंदुभी धुकार सौं हजार कों चुनौती देत,
भीम कैसी पेज लेत रेत खेत खौंदि गौ।
रामसी को नाम स्यौरि घाम सी जुन्हाई मांझ,
तामसी तिपुर के तनाउ तँबु रौंदि गौ॥

वस्तुतः यहाँ वीर रस की व्यंजना अर्थ के माध्यम से नहीं अपितु शब्दों की ध्वनि एवं लय के माध्यम से की गई है, इसी को वामन के अनुयायियों ने ओज गुण माना है। इसी शैली में नायक की तलवार की प्रशंसा सुनिये—

कालिका की केलि सी, कै कालकूट बेलि सी,
कै कालि कैसी जीभ किधौं काल दण्ड कामिनी ॥
किधौं 'केसौदास' ओछी तक्षक की देह दुति,
जातना की जोति किधौं जात अंतगामिनी ॥
मीच कैसी छाँह, विष कन्या कैसी बाँह,
किधौं रन जय साधि ताकि सिद्धि अभिरामिनी ॥
राती राती माती अति लोह की भूपाल राइ,
तेरी तरवारि पर वारि डारौं दामिनी ॥

यद्यपि इस वर्णन में थोड़ी कृत्रिमता का आभास मिलता है फिर भी यह लय-पूर्वक पढ़े जाने पर श्रोताओं को प्रभावित अवश्य करता है ।

तत्कालीन नरेशों के अंतरंग जीवन, दिनचर्या, राग-रंग एवं रंगमहलों की चहल-पहल का यथातथ्य वर्णन प्रस्तुत करने की दृष्टि से भी इस रचना का विशेष महत्त्व है । इस युग के वातावरण व सामन्ती जीवन के अध्ययन में इस रचना से पर्याप्त सहायता ली जा सकती है क्योंकि राजमहलों की आन्तरिक दशाओं के वर्णन में कवि ने अपनी अनुभूतियों का उपयोग किया है । इसी प्रकार राज-धर्म एवं शासन विधि की विस्तृत व्याख्या भी, आज की दृष्टि से न सही उस युग के शासकों के लिए पर्याप्त उपयोगी थी, इसमें कोई संदेह नहीं ।

'रामचन्द्रिका' की भाँति इसमें पद-पद पर छन्द नहीं बदले गये हैं, चौपाइयों में विस्तृत वर्णन के अनंतर बीच-बीच में दोहा, कवित्त, सवैया आदि में से किसी को स्थान दिया गया है जिससे छन्द-योजना प्रबन्ध के प्रवाह में बाधक नहीं बनती । भाषा शैली में भी वह कृत्रिमता एवं क्लिष्टता नहीं मिलती, जिसके लिए केशव बदनाम हैं । अस्तु, ऐतिहासिक घटनाओं एवं तत्कालीन वातावरण के निरूपण, प्रशंसा-भावना की सच्ची अभिव्यक्ति एवं छन्द-योजना व भाषा शैली की दृष्टि से यह रचना पर्याप्त संतोषजनक है तथा केशवदास की सर्वोत्कृष्ट कृति कही जा सकती है ।

'जहाँगीर-जस चन्द्रिका' लगभग दो सौ छन्दों की संवाद-प्रधान प्रबन्धात्मक रचना है, जिसमें बादशाह जहाँगीर के वैभव, प्रताप एवं न्याय की प्रशंसा की गई है । इसका रचना-काल १६१२ ई० है । काव्य का आरम्भ मंगलाचरण से होता है जिसमें जहाँगीरशाह की 'पल-पल रक्षा' के लिए ईश्वर से प्रार्थना की गई है । नायक के पूर्वजों के गुण-गान के अनन्तर भाग्य और उद्यम का विवाद आरम्भ होता है, दोनों अपनी-अपनी श्रेष्ठता का दावा करते हैं और अन्त में वे निर्णय के लिए जहाँगीर के दरबार में पहुँचते हैं । इसी प्रसंग में कवि को बादशाह के गुण-गान का अवसर मिल जाता है—

नगर नगर पर धनई तो गाजै घोरि ईति की न भीति अधन अधीर की ।
× × ×
गढनि गढोई एक देवता ही देखियतु ऐसी रीति राजनीति राजै जहाँगीर की ॥

× × ×

विस्नु जू मैं भूरि भाव भव को प्रभाव जैसो
भव जू के भाल मैं विभूति को बिलासु सो।
भूति माँझ चंद्रमा सो, चन्द्र मैं सुधा को अंसु,
अंसुनि मैं सोहै चारु चन्द्रिका प्रकासु सो।।

× × ×

बात नरदेवन की कौन गनै,
जो कहँ बिमोहै देखि देव देव नागरी।।

कवि की ये अतिशयोक्तियाँ काव्य के नायक के अहं को क्षणिक तृप्ति भले ही प्रदान कर दें किन्तु पाठक की बुद्धि और भावना उन्हें स्वीकार नहीं कर सकती। प्रशंसा करना बुरा नहीं है और जहाँगीर कम प्रशंसनीय भी नहीं था, पर कवि ने अपनी विवेक-बुद्धि से काम नहीं लिया। वह प्रशंसा के आवेश में उन गुणों को नहीं देख सका जो वस्तुतः जहाँगीर में विद्यमान थे अपितु उसने धरती, स्वर्ग एवं ब्रह्माण्ड तक के समस्त सौन्दर्य, ब्रह्मा, विष्णु एवं महेश के सारे वैभव एवं अपनी उपमाओ के सम्पूर्ण कोष को निःसंकोच भाव से उस व्यक्ति पर उलीच दिया जो बहुत कुछ दे सकने में समर्थ था। जहाँगीर जिस न्यायपरायणता के लिए इतिहास में प्रसिद्ध है तथा जो इस काव्य का भी प्रतिपाद्य है, उसका भी प्रतिपादन इसमें सम्यक् रूप से नहीं हो पाया। भाग्य और उद्यम—दोनों की ही अन्योन्याश्रितता का चलताऊ-सा निर्णय जहाँगीर देता है, उससे न तो उसकी न्यायपरायणता की विशिष्टता का पता चलता है और न ही पाठक उससे विशेष प्रभावित होता है। फिर भी काव्य को असफल नहीं कहा जा सकता; क्योकि अन्त में, जैसा कि इसमें वर्णित है, जहाँगीर इसे सुनकर प्रसन्न होता है और कवि को कुछ माँगने के लिए कहता है। वस्तुतः यही तो काव्य का चरम प्रयोजन था जिसकी उपलब्धि कवि को भलीभाँति हो जाती है।

खैर, सब कुछ मिलाकर केशव के ये तीनों प्रशस्ति-काव्य उस युग की परिस्थितियों एवं प्रवृत्तियों को समझने के लिए पर्याप्त सामग्री प्रस्तुत करते हैं तथा ये ब्रज-भाषा में नई परम्परा का भी सूत्रपात करते है; अतः इनका ऐतिहासिक महत्त्व है, इसमें कोई संदेह नहीं।

मान—मेवाड़ के राजकवि मान ने सन् १६८० ई० में 'राज विलास' की रचना की थी, जिसमें उन्होने अपने आश्रयदाता महाराणा राजसिंह (१६२६-१६८० ई०) तथा उनके पूर्वजों के गौरवपूर्ण चरित को अंकित किया है। पूरा ग्रन्थ अठारह विलासों में विभक्त है। महाराणा राजसिंह के चरित का वर्णन अधिक विस्तार से करते हुए अपने युग की अनेक राजनीतिक घटनाओं पर प्रकाश डाला गया है। किन्तु जैसा कि डॉ० टीकमसिंह तोमर ने अपने 'वीर काव्य' (शोध प्रबन्ध) में इसका विस्तृत अध्ययन प्रस्तुत करते हुए स्पष्ट किया है, मान में ऐतिहासिक दृष्टि का अभाव था। अतः न केवल घटनाओं अपितु विभिन्न नामों एवं सन्-सम्वतों में भी इतिहास की दृष्टि से अशुद्धता मिलती है। कई स्थलों पर अपने पात्रों के चरित को ऊँचा उठाने के लिए

भी ऐतिहासिक तथ्यों में परिवर्तन किया गया है। कवि की रुचि घटनाओं की अपेक्षा चरित्र-चित्रण एवं विविध वर्णनों में अधिक थी; अतः उसमें सरस्वती-वर्णन, वर्षा-वर्णन, राज्य-प्रशंसा, राजसी-वैभव वर्णन, विभिन्न सामन्तों की आत्म-श्लाघा, वीरों की नामावली आदि प्रसंगों का अनावश्यक विस्तार मिलता है। डॉ० तोमर के मतानुसार इन दोषों का कारण यह है कि 'मान दरबारी कवि था, अतः चारण परिपाटी एवं रीति-परम्परा से प्रभावित होना उसके लिए स्वाभाविक था। कविता उसके लिए जीविकोपार्जन का एक प्रमुख साधन न थी। ऐसी दशा में अपने आश्रय-दाता की अत्युक्तिपूर्ण प्रशंसा करना ही उसका मुख्य लक्ष्य था, सर्वाङ्ग सुन्दर काव्य लिखना नहीं।' फिर भी उन्हें रस-व्यंजना में इस परम्परा के अनेक कवियों से अधिक सफलता मिली है; उदाहरणार्थं उत्साह-भाव की व्यंजक एक उक्ति द्रष्टव्य है—

लोयन करिय सु लाल कही कम धज्ज कहानिय।
हम नरनाह अनादि हद रुक्खन हिंदवानय॥
हमसे कोई हठी होउ हम किन पै हल्लय।
संग्रामहि हम सूर दुट्ट दानव पय डुल्लय॥
बंदिहुँ प्रथम तोरन बिहसि तरकि कलहंनन करौं।
अति तुंग सिखर घरवर अचल पूरब तैं पछिम धरौं॥

इसमें मुख्यतः कवित्त, पद्धरिय, भुजंगी, दोहा, मुकुन्दचामर, मोतीदाम आदि छन्दों का प्रयोग हुआ है तथा भाषा में ओज गुण संचार के लिए वर्गों के द्वित्व तथा शब्दों के तोड़-मरोड की प्रवृत्ति मिलती है; इसी को कुछ विद्वानों ने कृत्रिम डिंगल मान लिया है जो ठीक नहीं। साथ ही यह भी उल्लेखनीय है कि इसमें अरबी-फारसी के शब्द बहुत कम व्यवहृत हुए हैं जबकि संस्कृत के तत्सम अधिक मिलते हैं।

हरिनाभ खंडेला के राजा केसरीसिंह के आश्रित हरिनाभ द्वारा रचित 'केसरीसिंह समर' (१६८३-१६९७ ई०) में शेखावत वंश के प्रवर्त्तक राव शेखा से लेकर राजा केसरीसिंह तक का इतिहास वर्णित है। केसरी और औरंगजेब की हिन्दू-विरोधी नीति का विरोध करते हुए उसके विरुद्ध एक युद्ध में आत्मोत्सर्ग किया था। अतः कवि ने ऐसे वीर को अपने काव्य का नायक बनाकर उचित ही किया। वस्तुतः यह ग्रन्थ वीरता की भावना से ओत-प्रोत है तथा इसकी शैली भी भावानुकूल है, जैसे—

चढ़ि कै तब राज निसांन कियै, हय ऊपर पाखर डारि दिये।
तब ही अंग सूरन कोच कसै, जमराज भयंकर रूप जिसै॥
जरि के गज पाखर साज बने मनु पाय चले सु पहार बने।
सजि के सब तोपन अग्ग कियै, उड़ि खूरन धूरिन छाय रियै॥

डॉ० मोतीलाल मेनारिया के शब्दों में 'यह ग्रन्थ वर्णनात्मक है तथापि मार्मिक स्थलों पर कवि ने अपनी सहज रस-सिक्त लेखनी से अनेक सुन्दर चित्र उपस्थित किये हैं। युद्ध-वर्णन, सती चरित्र-वर्णन बड़ा ही मनोहारी है।' इसमें छप्पय हनूफाल, मोतीदाम, भुजंग प्रयात आदि छन्द प्रयुक्त हुए हैं तथा इसकी कुल छन्द संख्या ४५९ है।

वृन्द—कविवृन्द (१६४३ १७२३ ई०) मुख्यतः अपनी 'सतसई' के बल पर प्रसिद्ध है किन्तु उनकी और भी रचनाएँ मिलती हैं जिनमें से 'वचनिका' और 'सत्य स्वरूप' यहाँ उल्लेख्य हैं। 'वचनिका' (रचना-काल १७०५ ई०) में औरंगजेब एवं उसके भाइयों के बीच हुए युद्ध का वर्णन है। इस काव्य के नायक रूपसिंह कन्नौज के राजा थे तथा उन्होंने दारा की ओर से लड़ते हुए इस युद्ध में वीरतापूर्वक आत्म-बलिदान कर दिया था। रूपसिंह की प्रशंसा में जो कुछ लिखा है उसके पीछे सच्ची प्रेरणा परिलक्षित होती है। इसलिए कवि को भाव-व्यंजना में पर्याप्त सफलता मिली है। मेनारिया जी के अनुसार 'कवि ने वीर रस का ऐसा मौलिक, ओजपूर्ण एवं लोमहर्षक वर्णन किया है कि उसे पढ़ते ही भुजाएँ फड़कने लगती हैं किन्तु इतने अच्छे काव्य का कोई उद्धरण उन्होंने प्रस्तुत नहीं किया।

वृन्द के दूसरे काव्य 'सत्य स्वरूप' (१७०७ ई०) में औरंगजेब के उत्तराधिकारियों के पारस्परिक युद्ध का वर्णन किया गया है। इसमें किशनगढ़ के महाराजा राजसिंह, जो संभवतः कवि के आश्रयदाता थे, ने भी शाहजादा मुअज्जम (बहादुर शाह) की ओर से भाग लिया था। उन्हीं के बल-पराक्रम एवं शौर्य्य का निरूपण इसमें मुख्य रूप से हुआ है। इसकी शैली पर्याप्त सरल एवं प्रवाहपूर्ण है—

वह षटमुख यह एक मुख कासीस्वर,
वा कौ जस कोटिन जपत नर अति है।
वह महेन्द्र यह सेनापति महेन्द्र ज्यों व,
आगरे में उखड़ लर्‌यौं अद्‌भुत गति है।
तब सिवरानी सिव सोच कर्‌यौ बीत्यौ सुनि,
कहै कवि वृन्द बोल गगन गनपति हैं।
दौरि गिरवानन पुकार गिरिजा सौं कही,
तेरो यह दलपत नाहिं राव दलपति हैं।

यह ग्रंथ भाव, भाषा, छन्द, शब्द-विन्यास आदि सभी की दृष्टि से उत्कृष्ट माना गया है।

गोरे लाल—'छत्र प्रकाश' के रचयिता कवि 'लाल' का मूल नाम गोरेलाल बताया जाता है तथा इसका जीवन-काल अनुमानतः १६५८-१६१० ई० माना गया है। इनके द्वारा रचित अन्य ग्रंथों में से 'छत्र-प्रशस्ति', 'छत्र छाया', 'छतकीर्ति', छत्र छन्द', 'छत्रशाल शतक', 'छत्र हजार', 'छत्र दण्ड', 'राजविनोद' आदि का उललेख मिलता है। एक ग्रन्थ 'विष्णु विलास' भी लाल कवि द्वारा रचित उपलब्ध है किन्तु इसके सम्बन्ध में डॉ० टीकमसिंह तोमर का कथन है कि इसके रचयिता 'लाल कवि' गोरेलाल से भिन्न कोई अन्य व्यक्ति थे। वस्तुतः गोरेलाल 'लाल' की कीर्ति का प्रमुख आधार 'छत्र प्रकाश' (समाप्ति १७१० ई०) ही है जिसमें इतिहास प्रसिद्ध बुन्देल सरदार छत्रसाल के गौरवपूर्ण चरित्र का अंकन किया गया है। पूरा ग्रंथ छब्बीस अध्यायों में विभक्त है तथा दोहा-चौपाई शैली में रचित है। प्रारम्भ में गणेश तथा सरस्वती की वन्दना के अनन्तर छत्रसाल के पूर्वजों का वर्णन करते हुए उनकी वंश-

परम्परा का निर्देश किया गया है। छत्रसाल के पूर्व-जन्म की कथा और उनके बचपन की घटनाओं का भी अलग-अलग अध्यायों में वर्णन हुआ है। उनके पिता चम्पतराय के संघर्षपूर्ण जीवन के चित्रण के अनन्तर छत्रसाल के चरित को विस्तार से लिया गया है। इस ग्रन्थ के आधार पर असंदिग्ध रूप से कहा जा सकता है कि छत्रपति शिवाजी के सामने मुगल राज्य का उच्छेद करके हिन्दुओं का एक स्वतन्त्र राज्य स्थापित करने का महान् लक्ष्य था। यही लक्ष्य उन्होंने छत्रसाल के सामने रखा जिसे उन्होंने (छत्रसाल ने) उत्साहपूर्वक स्वीकार कर लिया तथा अपना शेष जीवन इसी की पूर्ति के लिए अर्पित कर दिया। छत्रसाल को शिवाजी के द्वारा दिये गये परामर्श की कुछ उक्तियाँ यहाँ प्रस्तुत हैं—

करौ देश को राज छतारें। हम तुम तैं कबहूँ नहि न्यारैं॥
दौरि देस मुगलन के मारौ। दबटि दिली के दल संहारौ॥
तुरकन की प्रतीत न मानौ। तुम केहरि तुरकन गज मानो॥

× × ×

छत्रनि की यह वृत्त बनाई। सदा तेग की खाइ कमाई॥
गाय वेद विप्रन प्रतिपाले। धाउ एडधारिन पै धालै॥

यहाँ शिवाजी की स्वाधीनता का आदर्श सम्यक् रूप में प्रस्तुत है। औरंगजेब के अत्याचार के विरुद्ध हिन्दुओं के रोष एवं क्षोभ की अभिव्यक्ति भी इस काव्य में स्पष्ट रूप से हुई है—

जब तें साह तख्त पर बैठे। तब तैं हिन्दुन सौं उर ऐंठे॥
महँगे करि तीरथन लगाये। वेद दिवाले निदरि ढहाये॥
घर-घर बाँधे जजिया लीनै। अपने मन भाये सब कीने॥

यहाँ कवि का लक्ष्य केवल औरंगजेब की नीति की निन्दा करना ही नहीं है अपितु हिन्दुओं के रोष को असहयोग एवं क्रान्ति का रूप देने का है। मुगलों की सेवा से हिन्दुओं को कोई लाभ नहीं है। इसका प्रतिपादन करतें हुए वे कहते हैं—

खर के अंग सुगंध चढ़ायौ। वायस को घनसार चुनायौ॥
बधिर कान में मंत्र सुनायौ। सूरदास को चित्र दिखायौ॥

× × ×

अविवेकी को सेइ कै, कौ न हियै पछताइ।
बीजा वबै बबूर के, कहा दाख फल खाइ॥

जिस प्रकार खर के अंग सुगन्ध लगाने से या अंधे को चित्र दिखाने से कोई लाभ नहीं, वैसे ही उन शासकों की जो अपनी ही प्रजा के एक बहुत बड़े भाग को गैर समझकर उसे त्रस्त कर रहे थे, सेवा से क्या लाभ हो सकता था। 'लाल' कवि की इन पंक्तियों में उस युग की सच्ची अनुभूति एवं व्यापक जातीय भावना के दर्शन होते हैं। वस्तुतः यह काव्य एक सच्चे वीर की सच्ची गाथा है, जिसमें वीरता के उच्च लक्ष्य का प्रतिपादन हुआ है। ऐतिहासिक दृष्टि से भी यह अत्यन्त महत्त्वपूर्ण है। इस सम्बन्ध में डॉ० उदयनारायण तिवारी ने लिखा है—गोरेलाल जी ऐतिहासिक

घटनाओं को यथातथ्य रूप में वर्णन करने में इतने सत्यनिष्ठ हैं कि शेर अफगन के विरुद्ध, जिस युद्ध में महाराज छत्रसाल को भागना पड़ा था उसका भी उल्लेख अपने 'छत्र-प्रकाश' में किया है; यथा—

कह्यो सबनि समुझाइयौ, जिन भजिबे पछिताउ।
भजे कृष्ण अवतार जे, पूरन प्रगट प्रभाउ ॥

—(छ० प्र०, पृ० १४७)

इससे कवि की सत्य-प्रियता तो स्पष्ट रूप से प्रमाणित होती ही है साथ ही यह भी ज्ञात होता है कि उन्हें इस बात की चिन्ता न थी कि चरित्र-नायक के विरुद्ध लिखने से उनकी जीविका में बाधा पड़ेगी।[1]

इनकी वर्णन-शैली की स्वाभाविकता एवं सरलता की भी विद्वानों ने मुक्त कंठ से प्रशंसा की है। डॉ० तिवारी के शब्दों में 'छब्बीस अध्यायों के एक सौ तिरसठ पृष्ठों के वीर रस के उद्रेक के लिए कहीं भी बलात् टकार-टुकारादि लोमहर्षक वर्णों को अस्वाभाविक रूप में प्रयुक्त करने का प्रयत्न नहीं दिखाई पड़ता। सरल से सरल और स्वाभाविक से स्वाभाविक रचना द्वारा भी भावों का समुचित उत्कर्ष दिखाने में गोरेलाल जी पूर्ण रूप में सफल हुए हैं।[2] इसी प्रकार डॉ० टीकमसिंह तोमर ने भी इसी मत का अनुमोदन करते हुए शैली और भाषा के क्षेत्र में 'लाल' कवि का विशिष्ट स्थान स्वीकार करते हुए लिखा है—'रीति और चारण शैली को न अपनाकर उन्होंने अपना मार्ग अलग ही निश्चित किया है जिसमें उन्हें पूर्ण रूप से सफलता मिली है।[3] अस्तु, इस परम्परा में 'लाल' कवि एवं उनके 'छत्र-प्रकाश' को बहुत ऊँचा स्थान दिया जा सकता है।

श्रीधर या मुरलीधर द्वारा रचित 'जंगनामा' भी एक ऐतिहासिक प्रबन्ध काव्य हैं। पहले श्रीधर एवं मुरलीधर को भिन्न-भिन्न मान लिया गया था किन्तु अब 'जंगनामा' के निम्नांकित दोहों के आधार पर दोनों की अभिन्नता सिद्ध हो गई है—

श्रीधर मुरलीधर उरूफ, द्विजवर बसत प्रयाग।
रुचिर कथा यह शाह की, बढ्यौं कथन अनुराग ॥

इस काव्य में कवि के आश्रयदाता फर्रुखसियर तथा जहाँदारशाह के बीच हुए विभिन्न युद्धों का वर्णन प्रवाहपूर्ण शैली में हुआ है। फर्रुखसियर औरंगजेब का प्रपौत्र था तथा अपने चाचा जहाँदारशाह की हत्या के बाद वह १७१३-१७१९ तक दिल्ली के सिंहासन पर आरूढ़ रहा। जिस समय जहाँदारशाह दिल्ली की गद्दी पर बैठा फर्रुखसियर बंगाल का शासक नियुक्त था। जहाँदारशाह के अन्य भाइयों ने उसे सम्राट् स्वीकार न करते हुए उसके विरुद्ध युद्ध छेड़ दिया था जिसमें फर्रुखसियर ने इस विरोधी दल की ओर से भाग लिया था। जहाँदारशाह और फर्रुखसियर के बीच घटित इन्हीं युद्धों का इस काव्य में वर्णन हुआ है। अन्त में फर्रुखसियर ने

१-२. वीर-काव्य : डॉ० उदयनारायण तिवारी, पृ० ३०९-३१०।

३. हिन्दी वीर-काव्य : डॉ० टीकमसिंह तोमर, पृ० १६७।

१७१३ में दिल्ली की राजगद्दी प्राप्त कर ली थी तथा प्रस्तुत काव्य भी लगभग इसी समय का है। इसमें जहाँदारशाह के पराजित होकर भाग जाने की घटना तक का वर्णन है।

फर्रुखसियर जैसे सामान्य कोटि के व्यक्ति को अपने काव्य का नायक बनाने के लिए डॉ० उदयनारायण तिवारी ने इसकी तीव्र भर्त्सना की है। वस्तुत: इस प्रकार के काव्यों के पीछे न तो जातीयता या राष्ट्रीयता की कोई प्रेरणा थी और न ही उनमें सच्ची प्रशंसा या श्रद्धा का अस्तित्व स्वीकार किया जा सकता है। कोरी चाटुकारिता ही इनका आधार प्रतीत होता है। ऐसी स्थिति में इनमें वीरत्व की सच्ची भावना या उत्साह की सम्यक् व्यंजना ढूंढ़ना व्यर्थ सिद्ध होगा। पूरा ग्रन्थ ६६ पृष्ठों में समाप्त हुआ है, जिसमें पन्द्रह-सोलह पृष्ठ तो नामावलियों से परिपूर्ण हैं। शेष में यत्र-तत्र साहित्यिकता दृष्टिगोचर होती है। अनेक स्थल अवश्य इसमें ऐसे हैं जिनमें शैली की स्वाभाविकता एवं भाषा का प्रवाह प्रशंसनीय रूप में है; जैसे—

जंग सुलतानी मैं कानी कैसी कीनो काम,
श्रीधर छबीले. राम राजा रन रंग मैं।
साढ़े तीन हाथ कद दस हथा हाथी चढ़यो,
दोइ हाथ होत हैं हजार हाथ जंग मैं ॥

इसमें कोई संदेह नहीं कि श्रीधर में काव्य प्रतिभा एवं भाषाधिकार की शक्ति पर्याप्त मात्रा में थी, किन्तु उसका विकास एवं उपयोग सम्यक् रूप में नहीं हो सका। इसमें छप्पय. भुजंगप्रयात, हरिगीतिका, कवित्त आदि का प्रयोग सफल रूप में हुआ है।

सूदन—भरतपुर के प्रसिद्ध जाट योद्धा राजा सूरजमल को अपने काव्य का नायक बनाने वाले कवि सूदन ने अपने प्रबन्ध काव्य 'सुजान-चरित्र' की रचना १७५३ ई० के लगभग की थी जिसमें राजा सूरजमल (सुजान) के सात युद्धों का वर्णन क्रमश: हुआ है। पूरा काव्य १३ अंकों में विभक्त है। काव्य के आरम्भ में वन्दना के रूप में १७५ कवियों की नामावली प्रस्तुत की गयी है। घटनाओं के वर्णन-विस्तार, सूचियों के प्रस्तुतीकरण. बहुज्ञता-प्रदर्शन की प्रवृत्तियों के कारण काव्य का विकास स्वाभाविक रूप में नहीं हो पाया है तथा अनेक प्रसंग पर्याप्त अरुचिकर हो गये हैं। फिर भी ऐतिहासिक तथ्यों एवं समकालीन वातावरण के प्रस्तुतीकरण तथा अपने युग की विभिन्न भाषाओं के सुन्दर नमूनों के प्रदर्शन आदि की दृष्टि से इस काव्य का विशेष महत्व स्वीकार किया गया। यहाँ कतिपय भाषाओं के नमूने द्रष्टव्य हैं

(क) **पंजाबी**—

क्थ्थे जला पेउ किथ्थे जज्जले भिड़ाउ असी,
तुसी कोल ग्रीवाँ असी जिंदगी बचावाहाँ।
भट्ट ररा साहि हुआ, चंदला वजीर वेखो,

(ख) **ढुँढारी (जयपुरी)**

कोठे रहा ठाकरां कि ठाकरा पधार्‌या वीरा ।
चाकरां लारैं म्है उभोर पग धाँवां छा ॥

इसी प्रकार पूरबी, फारसी मिश्रित हिन्दी, खड़ीबोली आदि के भी नमूने प्रस्तुत किये गये हैं जो विभिन्न प्रदेशों से एकत्रित सिपाहियों के फौजी वातावरण को प्रतिध्वनित करते हैं ।

वीर रस की व्यंजना की दृष्टि से भी यह रचना पाठक को अधिक निराश नहीं करती । इतना ही नहीं, मिश्र-बन्धुओं ने तो इनके रचयिता को चंदवरदायी की टक्कर का कवि माना था । पर इस अत्युक्ति को स्वीकार न भी किया जाय तो भी इसे ओज गुण-प्रधान प्रबन्ध काव्य अवश्य माना जा सकता है । छन्दों की दृष्टि से भी यह वैविध्यपूर्ण है, इसमें लगभग सौ प्रकार के छन्द प्रयुक्त हुए हैं । वस्तुतः विषय-वस्तु, शैली, छन्द-योजना, भाषा आदि सभी क्षेत्र कवि की आत्म-प्रदर्शन की प्रवृत्ति से ग्रस्त हैं, अन्यथा यह अधिक उच्चकोटि का काव्य बन सकता था ।

पद्माकर—अठारहवीं शती के प्रसिद्ध शृङ्गारी कवि पद्माकर भट्ट की भी एक वीर रसात्मक रचना 'हिम्मत बहादुर विरुदावली' इसी परंपरा में आती है । इनकी अन्य रचनाओं का परिचय अन्यत्र दिया जा चुका है । यहाँ विरुदावली का ही विवरण अपेक्षित है । रजधान के गोस्वामी अनूपगिरि उपनाम हिम्मत बहादुर के द्वारा किये गये विभिन्न युद्धों का वर्णन किया गया है । इनमें से अन्तिम युद्ध बुन्देलखंड के एक सामन्त अर्जुनसिंह नोने के साथ नौगाँव और अजयगढ़ के बीच १७९२ ई० में हुआ था । कवि ने भी यह युद्ध अपनी आँखों से देखा था तथा इसका वर्णन काव्य में विस्तारपूर्वक किया है । इसका रचना-काल भी लगभग १७९९ ई० अनुमित किया गया है । पूरी रचना २११ छन्दों में समाप्त हुई तथा इसमें विभिन्न प्रकार के छन्दों—हरिगीतिका, छप्पय, डिल्ला, भुजंगप्रयात, त्रिभंगी आदि—का प्रयोग सफलता के साथ हुआ है । शैली में वर्णनात्मकता की प्रधानता है । भाव व्यंजना की दृष्टि से कवि को बहुत कम सफलता मिली है । इसकी भाषा की तुलना यदि पद्माकर के शृङ्गारी मुक्तकों से की जाय तो स्पष्ट प्रतीत होगा कि कवि ने जानबूझकर, संभवतः उसे ओजमयी बनाने के लिए कितना विकृत कर दिया है । एक ही कवि की भाषा विभिन्न रसों की व्यंजना में विभिन्न रूप धारण कर लेती है; यह तथ्य उस युग के अन्य वीररसात्मक काव्यों की प्रवृत्ति पर भी प्रकाश डालता है, उनमें भी भाषा का जो रूप मिलता है, वह वास्तविक एवं स्वाभाविक न होकर कवियों द्वारा परिवर्तित है । उदाहरणार्थ यहाँ विरुदावली का एक छन्द प्रस्तुत है—

आन फिरत चहुँ चक्क, धाक धक्कनि गढ धुक्कहिं ।
लुक्कहिं दुवन दिगंत, जाय जहँ तहँ तन मुक्कहिं ॥
दुंदुभि धुनि सुनि धीर, जलद मन्द-मन्द तजि लज्जहिं ।
भज्जहिं खल दल विकल, सोक-सागर महँ मज्जहिं ॥

घनि राज इन्द्र गिरि-नृप-सुवन, उथपन-थप्पन जयउ।
बर नृप अनूपगिरि भूप जब, सुभट सेन सज्जत भयउ॥

उपर्युक्त पद्य की भाषा में इनके शृङ्गार रस के छन्दों की भाषा से इतना अधिक अन्तर है कि यदि कवि के बारे में कोई और निश्चित जानकारी न होती तो दोनों प्रकार के पद्यों को एक ही कवि के द्वारा रचित मानना असम्भव हो जाता। वस्तुतः वीर रस की रचनाओं में ओज गुण संचार के लिए रीति-सिद्धान्त के अनुसार अपेक्षित विशेषताओं का समाहार करने के लिए ही इस परम्परा के विभिन्न कवियों ने भाषा को यह कृत्रिम रूप दे दिया है। इस कृत्रिमता को कुछ आलोचकों ने डिंगल भाषा का प्रभाव भी मान लिया है, जो उचित नहीं।

पद्माकर के समकालीन कवियों में से दो कवि और इस परम्परा में आते हैं—एक 'समरसार' (१८५२ ई०) के रचयिता **'मान खुमान'** तथा दूसरे, 'अजीतसिंह फत्ते-ग्रन्थ' (१८५३ ई०) के रचयिता **दुर्गाप्रसाद** हैं। पहले प्रबन्ध में राजकुमार धर्मपाल-सिंह और एक अंग्रेज अधिकारी के संघर्ष का वर्णन है जबकि दूसरे में रीवाँ के महाराज अजीतसिंह और पेशवा सरदार जसवंतसिंह के बीच हुए युद्ध का विवरण है। दोनों काव्य साधारण कोटि के हैं तथा इनका अधिक विवरण उपलब्ध नहीं है।

सूर्य्यमल – डिंगल के प्रसिद्ध कवि राजा **सूर्य्यमल मिश्रण या सूरजमल** (१८१५-१८६८ ई०) ने भी पिंगल भाषा में 'वंश भास्कर' (१८४० ई०) नामक ग्रंथ लिखा था, जो राजस्थान में पिंगल भाषा के बढ़ते हुए प्रभाव का सूचक है। इसमें कवि ने अपने आश्रयदाता बूँदी-नरेश एवं उसके पूर्वजों का चरित प्रस्तुत किया है। ऐतिहासिक दृष्टि से यह ग्रन्थ बहुत महत्वपूर्ण है तथा वर्णन-विस्तार व शैली की दृष्टि से भी यह पर्याप्त संतोषजनक है, किन्तु अनेक भाषाओं के अप्रचलित एवं कर्ण कटु शब्दों के मिश्रण एवं कृत्रिम प्रयोगों के कारण इसमें अस्पष्टता एवं दुरूहता आ गई है। फिर भी ओज गुण की दृष्टि से यह सफल कृति मानी जा सकती है। उदाहरण के लिए यहाँ कुछ पंक्तियाँ प्रस्तुत हैं—

अमावसि सावन मास अनेह, मच्यो इस बुंदिय खग्गन मेह।
छई नभ गिद्धनि चिल्हनि छत्ति, घुमड्डत सूदन चंचुवधत्ति॥
लगी लुभि घुम्मन अच्छरि लैन, गुथ्यो रस भाव विभावन नैन।
रच्यो इत तांडव नारद रारि, झुक्यो ऋषि ह्वाँ महती झनकारि॥

इस ग्रन्थ की भाषा को डॉ० मेनारिया ने पहले 'चरणों की खिचड़ी भाषा' माना था, पर अब उन्होंने इसे पिंगल मान लिया है जो ठीक है। यह टीका सहित लगभग चार हजार पृष्ठों में पूरा हुआ है।

चन्द्रशेखर—इस परम्परा के अंतिम प्रौढ़ कवि **चन्द्रशेखर** (१७६८-१८७५ ई०) माने जा सकते हैं, जिन्होंने 'हम्मीर हठ' की रचना १८४५ ई० में की थी। कवि और उसके काव्य-नायक के बीच पाँच शताब्दियों का अन्तर था तथा उसका इतिहास का अध्ययन भी अधिक नहीं था; अतः ऐतिहासिक तथ्यों की दृष्टि से तो

इस रचना की परीक्षा करना अनावश्यक है। इसमें हम्मीर के परम्परागत चरित को ही स्वीकार किया गया है। कवि ने किसी समकालीन आश्रयदाता को न लेकर एक अतीतकालीन सच्चे वीर को लिया। यह तथ्य इस बात का प्रमाण है कि उसने सच्ची श्रद्धा एवं आन्तरिक प्रेरणा से प्रेरित होकर इस काव्य की रचना की है। यही कारण है कि इसमें वीर रस की व्यंजना अत्यन्त प्रभावोत्पादक एवं सफल रूप में हुई है। काव्य का सारा वातावरण उत्साह, त्याग एवं बलिदान की भावना से ओत-प्रोत है। हम्मीर और उसके कुछ सम्बन्धियों के तो प्रत्येक शब्द में वीरता की भावना अनुप्राणित है। यहाँ हम्मीर के युद्ध में जाते समय उसकी माता के द्वारा दिये गये आशीर्वाद की कुछ पंक्तियाँ द्रष्टव्य हैं—

तीरां ऊपर तीर सहि, सेलां ऊपर सेल।
खग्गां ऊपरि खग्ग संहि, इन सन्मुख सुत खेल॥
भुज मुख छाती सामुहैं, घावाँ ऊपर घाव।
पलक न झंपै पूत को, चड़े चौगुनो चाव॥

यहाँ जो कुछ कहा गया है, वह उस युग की आदर्श क्षत्राणियों की गौरवपूर्ण परम्परा के अनुकूल ही है।

कवि की एक विशेषता यह भी है कि उसने अपनी रचना में ओज गुण का संचार करने के लिए भाषा को वह कृत्रिम रूप प्रदान नहीं किया है जो कई अन्य कवियों में मिलता है। उसकी रचना ओज गुण से परिपूर्ण है, किन्तु उसके लिए कवि को विशेष प्रयास नहीं करना पडा। इसके अतिरिक्त उसकी शैली में प्रवाह और सरलता का गुण सर्वत्र विद्यमान है। वस्तुतः चन्द्रशेखर को वीर-रस का एक सफल कवि मानते हुए इस परम्परा के उत्कृष्ट कवियों में स्थान दिया जा सकता है।

अन्य कवि—इस परम्परा में और भी कई कवि आते हैं, जिनका अधिक विवरण उपलब्ध नहीं। यहाँ उनकी नामावली मात्र प्रस्तुत की जाती है—(१) महाराजा मानसिंह; 'मान चरित्र' (१६१८ ई०) (२) रामकवि; जयसिंह चरित्र (१६५३ ई०) (३ सुखदेव मिश्र; 'फाजिल अली प्रकाश' (१६७१ ई०) (४) श्रीपति भट्ट; 'हिम्मत प्रकाश' (१६७४ ई०) (५) बिहारी लाल; 'हरदौल चरित्र' (१७५८ ई०) (६) श्रीकृष्ण भट्ट; 'आलीजा प्रकाश' (१७८३ ई०) (७) किशन जी उदय प्रकाश' (१९०८ ई०) (८) केशरीसिंह; 'प्रताप चरित्र', 'राजसिंह चरित्र', 'जसवन्तसिंह चरित्र' आदि; (रचना काल—१९००-१९५७ ई०)।

१४.८. ऐतिहासिक चरित काव्य परम्परा : सामान्य प्रवृत्तियाँ

डिंगल एवं पिंगल—दोनों वर्गों के ऐतहासिक चरित-काव्यों के अध्ययन के आधार पर उनकी सामान्य प्रवृत्तियों का विवेचन यहाँ कतिपय शीर्षकों के अन्तर्गत प्रस्तुत किया जाता है :

कवियों की वैयक्तिक प्रवृत्तियाँ—यद्यपि इस परम्परा के प्रायः सभी कवि राज्याश्रित एवं दरबारी थे, किन्तु वैयक्तिक रुचि एवं मूल प्रवृत्तियों की दृष्टि से उन

सभी को एक कोटि में नहीं रखा जा सकता। उन्हें सामान्यतः दो वर्गों में विभक्त किया जा सकता है : पहले वर्ग में वे कवि आते हैं जिनमें वीरत्व की सच्ची भावना थी तथा जो स्वयं भी युद्ध-क्षेत्र के अनुभवी थे, जबकि दूसरे वर्ग में उन कवियों को स्थान दिया जा सकता है जो मूलतः रसिक एवं शृंगारी थे; पर उन्होने आश्रयदाता की प्रशंसा के निमित्त प्रबन्ध काव्य की रचना की। यद्यपि अपने चरित-नायक को ऊँचा उठाने के लिए प्रायः सभी ने उसकी वीरता का निरूपण किया है, किन्तु उसमें सफलता प्रथम वर्ग के कवियों को ही मिल पायी है। इसका स्पष्ट कारण यही है कि जहाँ प्रथम वर्ग के कवियों ने आत्मानुभूति की सच्ची प्रेरणा से काव्य-रचना की है वहाँ दूसरे वर्ग के कवियो ने केवल आश्रयदाता की प्रशंसा एवं प्रसन्नता के लक्ष्य से काव्य-रचना का प्रयास किया है। यहाँ प्रथम वर्ग के प्रतिनिधि कवियों के रूप में पद्मनाभ (कान्हड़ दे प्रबन्ध), माउंड व्यास (हम्मीर देव चौपाई), हरिनाभ (केसरी सिंह समर), लाल कवि (छत्र प्रकाश) तथा दूसरे वर्ग के कवियों में मुख्यतः केशवदास, पद्माकर, श्रीधर आदि का नाम लिया जा सकता है।

रचनाओं का नामकरण– यद्यपि हमने इस परम्परा के काव्यों को सामान्य रूप से 'चरित-काव्य' की संज्ञा दी है, किन्तु जहाँ तक मूल कवियों का सम्बन्ध है, उन्होंने किसी एक संज्ञा को स्वीकार नहीं किया है। विभिन्न कवियों ने विभिन्न संज्ञाओं का प्रयोग किया है; यथा—'वचनिका', 'रूपक', 'प्रबन्ध', 'चौपाई', 'झूलणा', 'छन्द', 'प्रकाश', 'विलास', 'चरित', 'बावनी', 'यश-चन्द्रिका' आदि। नामकरण में इस वैविध्य की प्रवृत्ति का मूल कारण संभवतः यह है कि प्रारंभ में इस परंपरा का काव्य रूप स्थिर एवं निश्चित नहीं हो पाया था। विभिन्न कवियों ने विभिन्न प्रकार की पद्धतियों, शैलियों एवं छंदों का प्रयोग किया है। आगे चलकर जब इसका रूप थोड़ा स्थिर हो गया तो अवश्य 'चरित' एवं 'प्रकाश' संज्ञाओं का प्रयोग अधिक होने लग गया। वस्तुतः प्राकृत-अपभ्रंश में रचित काव्यों की सुदृढ़ परम्परा के होते हुए भी इस वर्ग के हिन्दी कवियों ने न तो नामकरण में और न ही पद्धति एवं शैली के क्षेत्र में पूर्ववर्ती परम्परा का अनुसरण किया है। विशेषतः डिंगल रचनाओं में तो ऐसा प्रतीत होता है कि उनके रचयिताओं के सम्मुख किसी निश्चित काव्य-रूप एवं काव्यादर्श का बिलकुल अभाव था, जिस कवि को जो छंद प्रिय लगा, उसी में अपनी भावना को व्यक्त कर दिया। छंदों की संख्या या काव्य के आकार-प्रकार के सम्बन्ध में भी इनमें कोई समता नहीं है। कोई काव्य केवल ७० छंदों का है तो कोई ३००-४०० छन्दों से भी अधिक का है। इसी प्रकार काव्य-रूप एवं शैली सम्बन्धी अन्य सामान्य विधि-विधानों का भी इनमें अभाव है। ऐसी स्थिति में कहा जा सकता है कि यह परम्परा हिन्दी में स्वतन्त्र रूप में विकसित है। परम्परागत काव्य-नियमों एवं रूढ़ियों को उसमें बहुत कम स्थान मिला है। हाँ, अपवाद-स्वरूप केशवदास जैसे कवि का नाम अवश्य लिया जा सकता है, जिसने अपनी रचना 'वीर सिंह चरित' में संस्कृत के महाकाव्य सम्बन्धी लक्षणों की पूर्ति का प्रयास किया है।

विषय-वस्तु—इन काव्यों में मुख्यतः नायक के चरित का वर्णन किया गया

है, जिनमें युद्धसम्बन्धी क्रिया-कलापों की प्रमुखता है। अनेक कवियों ने नायक के पूर्वजों का वर्णन करते हुए उसकी वंश-परम्परा भी प्रस्तुत की है। इनके नायक सामान्यतः उच्च कोटि के आदर्श वीर हैं, जिन्होंने किसी न किसी व्यापक प्रयोजन एवं महान् लक्ष्य को सामने रखकर अपने शौर्य्य एवं आत्मत्याग का प्रदर्शन किया है। ऐसे ही पराक्रमी वीरों में, मुस्लिम आततायी सूबेदार जफर खाँ का दमन करने वाले राठौड़ रणमल्ल हैं, पिता की हत्या का बदला लेते हुए वीर गति को प्राप्त होने वाले अद्भुत योद्धा राव गोगा हैं, माडू के सुलतान हौसंग गोरी से डटकर मुकाबिला करने वाले पराक्रमी राजा अचलदास हैं, हिन्दुत्व के प्रतीक सोमनाथ मन्दिर की रक्षा में प्राणों की आहुति देने वाले राजा कान्हदेव, अलाउद्दीन जैसे प्रतापी सम्राट को चुनौती देनेवाले दृढ़ हठी हम्मीर, औरङ्गजेब की हिन्दू-विरोधी नीति के विरुद्ध संघर्ष करने वाले वीर केसरीसिंह एवं महाराजा छत्रसाल हैं तथा मुगल साम्राज्य की नींव हिला देने वाले भरतपुर के जाट योद्धा राजा सूरजमल जैसे व्यक्ति हैं। इस प्रकार एक से एक बढ़कर शूरवीर, साहसी एवं आत्मत्यागी योद्धाओं के पराक्रम की सच्ची घटनाओं को लेकर इन काव्यों की रचना हुई है। ये काव्य प्रमाणित करते हैं कि भारत में विदेशी आक्रमणकारियों का राज्य भले ही स्थापित हो गया हो किन्तु भारतीयों का साहस, शौर्य्य एवं गौरव फिर भी निःशेष नहीं हो गया था। वस्तुतः वीरों की ये सच्ची गाथाएँ हमारे मध्यकालीन इतिहास के गौरवपूर्ण अध्याय हैं, जिन्हें लिखकर ये कवि अमर हो गये तथा जिन्हें पढ़ कर हम आज भी नयी शक्ति प्राप्त कर सकते हैं। पर कवियों की इस धवल पंक्ति में कुछ नाम ऐसे भी हैं, जिन्होंने अपने कुछ मनोरथों की पूर्ति के उद्देश्य ऐसे व्यक्तियों को नायक पद पर प्रतिष्ठित किया, जिनके गुण-गान में न तो उनका हृदय साथ देता था और न ही उनकी वाणी। अपनी आत्मानुभूति के विरुद्ध प्रयासपूर्वक अपनी वाणी से हम जो चाहें कहलवा लें, किन्तु उसमें वह सहजता एवं प्रभावोत्पादकता नहीं आ सकती जो सच्चे उद्गारों में होती है। केशवदास, पद्माकर एवं श्रीधर जैसे कवियों के प्रबन्ध काव्यों पर यही बात लागू होती है।

भाव व्यंजना—जैसा कि ऊपर कहा गया है, इन काव्यों में सामान्यतः उत्साह, साहस एवं शौर्य्य की व्यंजना स्वाभाविक रूप में हुई है, जिसे वीर रस में स्थान दिया जा सकता है। इन काव्यों के नायक का चरित जहाँ क्षात्र धर्म के उदात्त आदर्शों से अनुप्राणित था, वहाँ इनके रचयिताओं को भी युद्ध-क्षेत्र के प्रत्यक्षदर्शन एवं शौर्य्य व पराक्रम सम्बन्धी भावों की सच्ची अनुभूति प्राप्त थी। इसलिए इन्होंने युद्ध का वर्णन सांगोपांग रूप में किया है। किन्तु वीरता की अभिव्यक्ति की दृष्टि से इन्हें सबसे अधिक सफलता वाचिक अनुभावों या संवादों के क्षेत्र में प्राप्त हुई है; यथा एक उदाहरण द्रष्टव्य है—

न परणाऊँ डीकरी, न आपा देऊँ मीर।
हाथी गढ़ आपउ नहीं, इसउ कहई हमीर॥
तूँ सरीखा सुरताण सूँ करई विग्रह निशी-दीस।
हमीर देव कथउ इसउ, तव नामे शीस॥

—हमीर देव चौपाई

कुछ कवियों ने अनेक स्थलों पर वीरता के उदात्त स्वरूप, जातीयता एवं राष्ट्रीयता की भावनाओं की भी अभिव्यक्ति की है। जैसे, लाल कवि 'छत्र-प्रकाश' में कहते हैं—

जब तैं साह तखत पर बैठे। तब तैं हिन्दुन सौं पर ऐंठे॥
महँगे करि तीरथन लगाये। वेद दिवाले निदरी ढहाये॥
घर-घर बाँधे जजिया लीने। अपने मन भाये सब कीने॥

× × ×

अविवेकी को सेइ कै, को न हिये पछिताइ।
बीजा बबै बबूर के, कहा दाख फल खाइ॥

× × ×

करौ देश कौ राज छतारै। हम तुम तैं कबहूँ न न्यारै॥
दौरि देस मुगलन के मारौ। दबटि दिली के दल संहारौ॥
तुरकन की प्रतीत न मानौं। तुम केहरि तुरकन गज मानौ॥

यहाँ कुछ व्यक्तियों को—विशेषतः उन्हें जो धर्म-निरपेक्षता या धर्म-शून्यता को ही राष्ट्रीयता की सबसे बड़ी कसौटी मानने के अभ्यस्त हैं—ये उद्गार सांप्रदायिकता-पूर्ण प्रतीत हो सकते हैं, किन्तु उन्हें यह न भूल जाना चाहिए कि ये भाव उस औरङ्ग-जेब के विरुद्ध व्यक्त किये गये हैं जिसने अपनी ही प्रजा के एक बहुसंख्यक वर्ग के धर्म, संस्कृति एवं अस्तित्व को नष्ट कर देने के लिए उस पर हर प्रकार के अत्याचार किये हैं। अतः इनमें जातीय संगठन, स्वधर्म-रक्षा एवं राष्ट्रीय अभ्युत्थान के भावों को न देख पाना अपनी दृष्टि की संकीर्णता व संकुचितता होगी।

पर उपर्युक्त बात सभी कवियों पर लागू नहीं होती। पूर्वोल्लिखित रसिक कवियों ने वीरता के क्षेत्र में प्रवेश अवश्य किया, पर इसमें वे पूर्णतः सफल नहीं हो सके। वस्तुतः उन्होंने वीरता के भी उस पक्ष को अधिक महत्त्व दिया, जिससे उनकी आय में निरन्तर वृद्धि होती रहे। इसीलिए केशवदास ने अपने नायकों की दान-वीरता को प्रोत्साहित करने के लिए बार-बार, मौके-बे-मौके प्रयास किया। अवश्य ही दान-वीर होना भी कम महत्त्व की बात नहीं है किन्तु उसके लिए भी दधीचि, शिवि और कर्ण जैसा आदर प्रस्तुत होने पर ही यथेष्ट प्रभाव उत्पन्न हो सकता है। भरे हुए खजाने में से कवि महोदय को मुट्ठी भर हीरे-जवाहरात फेंक देना, कवि की आर्थिक दृष्टि से भले ही महत्त्वपूर्ण हो, पाठक को उसमें वीरता की कोई बात परिलक्षित नहीं होता। फिर भी केशवदास का यह कहना कि दान देने के लिए सनाढ्य ब्राह्मणों को ही विशेष रूप से चुनना चाहिए, उनकी दान-वीरता की प्रशंसा के रहस्य को और भी स्पष्ट कर देता है। यह संतोष की बात है कि इस परम्परा में इस प्रकार के कवियों की संख्या बहुत अधिक नहीं है।

शैली सम्बन्धी प्रवृत्तियाँ—जैसा कि अन्यत्र कहा गया है, इस परम्परा के काव्यों में प्रबन्धात्मकता की दृष्टि से शैली में एकरूपता का अभाव है; विभिन्न कवियों ने विभिन्न प्रकार की प्रबन्ध-पद्धति का उपयोग किया है। कुछ ने कथा को

सर्गों में विभाजित किया है, कुछ ने नहीं। काव्य के विस्तार के सम्बन्ध मे भी इनमें परस्पर पर्याप्त अन्तर है; ४० छन्दों की रचना से लेकर कई हजार छन्दों तक की रचनाएँ इस परम्परा में उपलब्ध हैं। फिर भी कुछ बातें समान रूप में मिलती हैं। एक तो इनमें छन्द-वैविध्य की प्रवृत्ति का विकास दृष्टिगोचर होता है। प्रारम्भ में अलग-अलग कवि अपनी-अपनी रुचि के अनुसार विभिन्न छन्दों का प्रयोग करते रहे, आगे चलकर एक ही कवि के द्वारा अनेक छन्दों का प्रयोग होने लगा। यह प्रवृत्ति यहाँ तक बढ़ी कि सूदन ने अपने काव्य में १०३ प्रकार के छंदों का प्रयोग करके अपनी रचना को छंदों की प्रदर्शनी का रूप दे दिया है। विभिन्न प्रकार के वस्तुओं, पदार्थों, तत्त्वों एवं तथ्यों की नामावली एवं सूचियाँ प्रस्तुत करने की प्रवृत्ति भी इनमें दृष्टिगोचर होती है; विशेषतः उत्तरकालीन कवियों ने ऐसा अपने ज्ञान-प्रदर्शन के निमित्त किया है।

इनमें मुख्यतः डिंगल और व्रज-भाषा का ही प्रयोग हुआ है, किन्तु विभिन्न कवियों ने अपने प्रान्तीय शब्दों का भी मिश्रण उनमें स्वच्छन्दतापूर्वक किया; विशेषतः बुन्देलखण्डी कवियों ने व्रजभाषा में बुन्देलखण्डी शब्दों का प्रयोग बहुत अधिक किया है। अन्य भाषाओं की उक्तियों एवं फारसी, अरबी, तुर्की आदि के शब्दों को भी निःसंकोच स्थान दिया गया है। भाषा को अधिक से अधिक प्रवाहपूर्ण एवं ओज गुण-सम्पन्न बनाने का यत्न किया गया है, इसके लिए अक्षरों में द्वित्व, संयुक्ताक्षरों एवं नादात्मक शब्दो की प्रचुरता तथा शब्द-रूपों में जोड़-तोड़ की प्रवृत्ति भी मिलती है। शृङ्गार रस के क्षेत्र में जो व्रजभाषा अत्यन्त कोमल, मधुर एवं कमनीय सी प्रतीत होती है, वही इस क्षेत्र में अत्यन्त उद्धत, ऊबड़-खाबड़ एव ओजपूर्ण हो जाती है। कई बार तो उसका स्वरूप यहाँ तक बदल जाता है कि वह कोई अन्य भाषा-सी दिखाई पड़ती है। जैसा कि हमने पद्माकर के प्रसंग मे स्पष्ट किया है, एक ही कवि शृङ्गार और वीर में भाषा के दो भिन्न रूपों का प्रयोग करता है। ऐसा प्रतीत होता है कि इन कवियों ने इस क्षेत्र में वामन के रीति-सिद्धान्त का पूर्णतः अनुगमन करते हुए ओज गुण के संचार का विशेष प्रयास किया है तथा इसमें कोई संदेह नहीं कि इसमें उन्हें सफलता भी मिली है। उनकी भाषा के केवल अर्थ-पक्ष में ही नहीं, नाद-पक्ष में भी वीर रस की हुँकार और युद्ध की टंकार अपने चरमोत्कृष्ट रूप में सुनाई पड़ती है।

अन्त में हम कह सकते हैं कि प्रस्तुत काव्य-परम्परा का अनेक दृष्टिकोणों से विशेष महत्त्व है। अपने युग के ऐतिहासिक व्यक्तियों एवं घटनाओं के प्रस्तुतीकरण, समकालीन वातावरण एव विभिन्न दृश्यों के चित्रण, वीरता, शौर्य्य एवं आत्म-बलिदान की भावनाओं के अभिव्यंजन तथा काव्य-पद्धति, छन्द-योजना एवं भाषा-शैली के क्षेत्र में नूतन प्रयोगों की दृष्टि से इस परम्परा की विशिष्ट देन है। साथ ही इतिहासकारों की इस मान्यता के विपरीत कि हिन्दी का मध्यकाल केवल शृंगार रस, काम-क्रीड़ा एवं मुक्तक शैली का ही युग था, प्रस्तुत काव्य-परम्परा प्रमाणित करती है कि इस काल में वीरता, युद्धप्रियता एवं प्रबन्धात्मकता की प्रवृत्तियाँ भी कम विकसित

नहीं थीं; यह दूसरी बात है कि विद्वानों के एकांगी दृष्टिकोण के कारण वे अब तक उपेक्षित एवं अप्रतिष्ठित रही हैं।

(ग) ऐतिहासिक मुक्तक काव्य

जिन प्रेरणाओं ने मध्यकाल के राज्याश्रित कवियों को ऐतिहासिक प्रबन्ध-काव्यों में प्रवृत्त किया, लगभग वे ही प्रेरणाएँ इस वर्ग के मुक्तक-काव्य की स्रोत रहीं। केवल कवियो की परिस्थिति एव क्षमता के भेद के कारण ही जहाँ कुछ ने प्रबन्ध को अपना माध्यम चुना वहाँ कुछ ने मुक्तक को अपनाया। प्रबन्ध में प्राय: पूर्व-नियोजना, निश्चित लक्ष्य एवं प्रत्यक्ष प्रयास रहता है जबकि मुक्तकों की सृष्टि कई बार एकाएक, क्षण-विशेष की तात्कालिक अनुभूति की प्रेरणा से बिना किसी स्पष्ट प्रयोजन के हो जाती है; अत: इनमें प्रबन्ध की अपेक्षा अधिक सहजता एवं स्वाभाविकता की संभावना रहती है। जैसा कि अन्यत्र कहा गया है, इन मुक्तकों की अन्तर्वर्ती प्रेरणा के अनुसार इन्हें दो वर्गों में विभक्त किया जा सकता है—(१) प्रशस्ति-मूलक मुक्तक काव्य और राष्ट्रीयतामूलक मुक्तक काव्य। आगे दोनों का परिचय क्रमश: दिया जाता है।

१४.९. प्रशस्तिमूलक मुक्तक काव्य

प्रारम्भिक कवि—इस वर्ग के प्रारंभिक कवियों में **सिढायत चौभुजा** (अनुमानत: १४५० ई०), **बारहट चौहथ** (मृत्यु १५०४ ई०), **खिड़िया चारण** (१५वी शती) के नाम आते हैं।[1] सिढायत चौभुजा ने राठौड़ राव रणमल की प्रशंसा में तथा शेष दोनों कवियों ने बीकानेर राज्य की स्थापना करने वाले राव बीका जी की वीरता के सम्बन्ध में मुक्तकों की रचना की थी। किन्तु इनकी सभी रचनाएँ उपलब्ध नहीं हैं। केवल थोड़े मुक्तक ही यत्र-तत्र मिलते हैं जो इनकी विषय-वस्तु एवं शैली के नमूने माने जा सकते हैं; यथा—

ए अषियात सलषहर उपम, अगै न कीधी सुरि असुरि।
करि पवढियै कटारी काढी, अंणी सुकादियो प्रिसुण उरि॥
—सिढायत चौभुजा

वीकौ वाखांणि जेण वडरायां, मोटा गढ राखे मैडलि।
आपणै गोकुल तंणु उबारियै, कान्ह प्रवाड़ो किसौ कलि॥
—बारहट चौहथ

सा मेलौ सघण सिहर नर साहण, सावण सहुवर चाढ सभीत।
आरंभ कर अजमेर आवियौ, दल-बादल सझ विक्रमादीत॥
—खिड़िया चारण

---

१ डॉ० हीरालाल माहेश्वरी : राजस्थानी साहित्य।

इसके अतिरिक्त पन्द्रहवीं शती (ईस्वी) के दो अन्य कवियों **हरिसूर और लाल जी महड़ू** का भी उल्लेख डॉ० हीरालाल माहेश्वरी ने अपने शोध प्रबन्ध 'राजस्थानी साहित्य' में किया है, किन्तु इनकी पूरी रचनाएँ नहीं मिलतीं। इनके द्वारा रचित कुछ मुक्तक पद ही प्राप्त हैं। ऐसा प्रतीत होता है कि इनकी रचनाएँ मुक्तक शैली में रचित होने के कारण ही सुरक्षित नहीं हो पायीं या यह भी संभव है कि इन्होंने विभिन्न अवसरों पर कुछ ही मुक्तक लिखे हों। फिर भी ये परम्परा के अस्तित्व को अवश्य प्रमाणित करते हैं।

परम्परा का विकास—इस परम्परा का सम्यक् विकास सोलहवीं शती में दृष्टिगोचर होता है। इस शताब्दी में गोरा, रामा सांदू, वारहट अखौ भाणेस, वारहट आस, वारहट ईसरदास प्रभृति कवियों द्वारा अनेक महत्त्वपूर्ण रचनाएँ लिखी गईं। गोरा के द्वारा रचित 'राव लूणकरण रा कवित्त' एवं 'राव जैतसी रा कवित्त' उपलब्ध हैं, जिनमें तीन-तीन कवित्त हैं।

इसी शताब्दी की अनेक मुक्तक रचनाएँ 'वेलि' नाम से मिलती हैं; जैसे—'वेलि राणा उदयसिंह री' (**रामा सांदू**), 'वेलि राव देईदास जैतावत री' (वारहट अखौ भांणेस), 'रायसिंह जी री वेलि' (रचयिता अज्ञात), 'रतनसी री वेलि' (रचयिता अज्ञात) आदि। इसमें वेलिया या वेलि छन्द का प्रयोग हुआ है। इसी से इन्हें 'वेलि' की संज्ञा दी गई है। इन सभी में, जैसा कि इनके नाम से भी निर्दिष्ट है, विभिन्न आश्रयदाताओं का यश-गान संक्षेप में किया गया है। इनकी छन्द संख्या बीस से लेकर सत्तर तक है तथा इसमें प्रायः इतिवृत्तात्मक शैली का प्रयोग हुआ है।

इस परम्परा के कवियों में **बारहट आसा** का विशिष्ट स्थान है। इनके द्वारा रचित तीन मुक्तक काव्य—'राव चंद्रसेण रा रूपक', 'उमादे रा कवित्त' और 'बाघ जी रा दूहा' उपलब्ध हैं। इनमें पहली रचना राव चंद्रसेन की प्रशंसा में रचित है पर इसकी एक विशिष्टता यह है कि इसमें विभिन्न छन्दों के उदाहरण भी नामोल्लेख सहित प्रस्तुत किये गये हैं, जिससे डॉ० हीरालाल माहेश्वरी के मतानुसार इसे 'एक छोटा-मोटा छन्द-कोष' कहा जा सकता है। इसमें निम्नांकित २६ छन्दों का निरूपण हुआ है (१) गाहा (२) तोटक (३) पाधड़ी (४) नाराच (५) त्रिभंगी (६) बैताल (७) झपिताली (८) सारसी (९) कंमकी (१०) भुजंगी (११) समयालोकण (१२) मोतीदाम (१३) तंणवि (१४) लीलावती (१५) पण विरेडकी (१६) विदुमाला (१७) दुपया (१८) रंगीक प्रमाण (१९) रोमकंद (२०) अरघ नाराच (२१) चामरस (२२) हणुफाल (२३) पोमावती (२४) दंडीयल प्रकाशी (२५) विदोमली और (२६) हाकुटी। अस्तु, इस युग के छन्द-शास्त्र के अध्ययन की दृष्टि से भी यह ग्रन्थ पर्याप्त महत्त्वपूर्ण है।

इनकी दूसरी रचना 'उमादे रा कवित्त' में रानी उमादे के सतीत्व की व्यंजना पर्याप्त प्रभावोत्पादक रूप में की गई है तथा इसमें १४ कवित्त हैं। नारी के महिमा-गान की दृष्टि से यह एक नये ढंग का प्रयास है। काव्यत्व की दृष्टि से भी यह प्रौढ़ रचना है।

बारहट जी की सर्वोत्कृष्ट मुक्तक रचना 'बाघजी रा दूहा' है जो बाघजी की मृत्यु के अनन्तर लिखा हुआ करुण काव्य है। करुण रस की अभिव्यक्ति में कवि को पूरी सफलता मिली है; जैसे—

ठोड़ ठौड़ पग दौड़, कररयां पेट ज कारणै।
रात दिवस राठौड़, वीसरसूं न बाघ नै॥
हुक कलेजै मांय, दाटूं पण दूणी दगै।
धूंधलिया धड़ माँय, बरलाँ उठै बाघजी॥
कस्तूरी झंकी भई, केसर घटियो आध।
सब वस्तु सूंघी थई, गयौ बटाऊ बाघ॥

वस्तुतः इस काव्य में मृत्यु-शोक की व्यंजना सच्ची अनुभूति के आधार पर अत्यन्त सहज स्वाभाविक रूप में हुई है। हिन्दी में इस प्रकार का स्मृति-काव्य लिखने की परम्परा उस युग में प्रचलित नहीं थी; अतः इस प्रयास को अपने ढंग का सर्वथा मौलिक एवं सफल प्रयास माना जा सकता है। करुण रस की सहज स्वाभाविक अभिव्यक्ति की दृष्टि से तो इसे सारे हिन्दी साहित्य में विशिष्ट स्थान दिया जा सकता है।[1]

इन रचनाओं की मौलिकता, काव्यात्मकता एवं प्रौढ़ता को देखते हुए बारहट आसा को एक उच्चकोटि का प्रतिभाशाली कवि मानना होगा। इन्होंने प्रबन्ध-काव्य भी लिखे थे, जिनकी चर्चा अन्यत्र की जा चुकी है। इनकी ही टक्कर के दूसरे प्रतिभाशाली कवि **बारहट ईश्वरदास** हुए हैं, जिन्हें चारण-शिरोमणि तक कहा जाता है। इनका जीवन-काल १६वीं शती (ईस्वी) का उत्तरार्द्ध भाग माना गया है। इनके द्वारा रचित लगभग एक दर्जन ग्रन्थों का उल्लेख मिलता है, किन्तु इनकी कीर्ति का सर्वोत्कृष्ट आधार '**हाला झालाँ रा कुंडलियाँ**' ही है, जिसमें हलवद नरेश झाला रायसिंह एवं ध्रोल राज्य के ठाकुर हाला जसा के बीच हुए युद्ध (१५६३ ई०) की प्रत्यक्ष अनुभूति के आधार पर रचित लगभग पचास कुंडलियाँ प्रस्तुत हैं। सारी रचना वीर रस से ओत-प्रोत है; यथा—

धीरा धीरा ठाकुराँ गुम्मर कियाँ म जाह,
महुँगा देसी झूंपड़ा जै घर होसी नाह।
नाह महुँगा दियण झूंपड़ा निभै नर,
जावसौ कहड़लाँ केमि जरसौ जहर।
रूक हथ पेखिसौ हाथ जसराज रा,
ठिवंतां पाव धीरा दीयौ ठाकुराँ।

इस काव्य की एक विशेषता यह है कि बहुत से छन्दों में पहले दो चरणों में कोई सिद्धान्त-वाक्य कहकर उसके बाद दृष्टान्त-रूप में विषय का वर्णन किया गया

---

१. राजस्थानी साहित्य : डॉ० माहेश्वरी, पृ० १२६।

है। ये सिद्धान्त-वाक्य भी शुष्कता एवं नीरसता से[1] युक्त नहीं हैं अपितु उनमें भी पर्याप्त आकर्षण है।

जैसलमेर राज्य के आश्रित कवि **रंगरेलो बीठू** अपनी व्यंग्यपूर्ण शैली के लिए प्रसिद्ध हैं। इनकी रचना 'जैसलमेर चरित्र' में विभिन्न विषयों का निरूपण मुक्तक रूप में हुआ है। इनकी शैली के कुछ नमूने यहाँ प्रस्तुत हैं—

(क) **जैसलमेर राजकवि वर्णन—**

ढबरो बाग्ठ ढीली लांग, टहक्कै दोनां खोड़ी टाँग।
गल्योड़ी जाजम माँह बगार, जुड़े जहाँ रावल रो दरबार॥

(ख) **पणिहारी वर्णन—**

पद्मण पांणी जावत प्रात, रूलंत्ती आवत आधी रात।
बिलकवो टाबर जोबे बाट, घिनो घर घाट घिनो वर घाट।

कहा जाता है कि इनकी जैसलमेर सम्बन्धी व्यंग्यात्मक उक्तियों से चिढ़कर इन्हें कैद कर लिया गया था तथा बाद में बीकानेर के राजा रायसिंह के द्वारा इन्हें छुटकारा मिला। वस्तुतः बीठू एक स्पष्टवक्ता एवं मौलिक शैली के प्रयोक्ता कवि थे, जिन्होंने अपने युग की प्रवृत्ति के प्रतिकूल व्यंग्य-रचना का स्तुत्य प्रयास किया था। इस दृष्टि से इनकी रचना को विशेष महत्त्व दिया जाना चाहिए।

दूदा आसिया सिरोही राज्य के सुरताण के कृपापात्र थे। इनके आश्रयदाता को अकबर के आदेश से बीकानेर महाराज रायसिंह ने युद्ध में बन्दी बना लिया था किन्तु इनकी कविता पर मुग्ध होकर तथा इनके कहने से महाराजा ने राव को छोड़ दिया जो इनकी कवित्व शक्ति का परिचायक है। इनके द्वारा रचित स्फुट छन्द एवं कुण्डलियाँ उपलब्ध हैं, जो काव्यत्व की दृष्टि से उच्चकोटि की हैं।

सत्रहवीं शती के प्रारम्भिक कवियों में **बारहठ शंकर** का नाम विशेष रूप से उल्लेखनीय है। इन्होंने नयी शैली में 'दातार सूर रो संवाद' की रचना की थी, जिसमें दानी और शूरवीर का संवाद लगभग पच्चीस छन्दों में प्रस्तुत है। इनकी शैली अत्यन्त प्रवाहपूर्ण एवं प्रभावोत्पादक है।

सबको 'तूं' कहने की आदत से विवश सिरोही के गर्वीले कवि **सिढाचय गैपा** से स्फुट छन्द उपलब्ध हैं, जो शैली के तीखेपन की दृष्टि से अनुपम हैं। कहते हैं कि इनके आश्रयदाता राव सुरताण इनकी विशेष आदत के कारण इन्हें अपनी बारात में जैसलमेर नहीं ले गये थे, पर ये पीछे से वहाँ पहुँच गये और जैसलमेर के सम्बन्ध में अनेक उपहासपूर्ण उक्तियाँ कहीं; जैसे—

जल उंडा थल धूधला, पाता मैगल पेस।
वलिहारी उण देसरी, रायां सिंध नरेश॥

सत्रहवीं शती के अन्य मुक्तक-रचयिताओं में **बारहट लक्खा दल्ला आसिया और अल्लू जी कविया** का नाम आता है, किन्तु इनकी रचनाएँ बहुत ही न्यून मात्रा

1. राजस्थानी साहित्य : डॉ० माहेश्वरी, पृ० १२८।

में उपलब्ध हैं। प्रथम दो कवियों के तो कुछ स्फुट पद मिलते हैं जबकि अल्लू जी के चार कवित्त मात्र राव मालदेव के सम्बन्ध में प्राप्त हैं।

पिंगल के कवि - अब तक हमने जिन कवियों की चर्चा की है, उन सभी ने पिंगल में काव्य-रचना की है; किन्तु इस परम्परा में कुछ कवि ऐसे आते हैं जिनकी भाषा पिंगल है। इनमें अकबरी दरबार के तीन कवि—नरहरि, गंग और होलराय विशेष रूप से उल्लेखनीय हैं। **नरहरि बंदीजन** (१५०५-१६१० ई०) ने अपने दीर्घ जीवन-काल में बाबर से लेकर जहाँगीर तक विभिन्न शासकों का सम्पर्क एवं आश्रय प्राप्त किया था, इसी से इनकी रचनाओं में बाबर, हुमायूँ, शेरशाह, सलीमशाह सूरी, अकबर आदि से सम्बन्धित मुक्तक मिलते हैं। अकबर ने इन्हें सर्वाधिक सम्मान एवं 'महापात्र' की उपाधि प्रदान की थी। दरबारी कवि होने के कारण इनकी कविताओं में आश्रयदाताओं की प्रशंसा का होना स्वाभाविक है, किन्तु ये कोरे प्रशंसक ही नहीं थे, सच्चे स्वामिभक्त एवं स्पष्ट वक्ता भी थे। सूरी सल्तनत के पतन के पश्चात् जब हुमायूँ ने इन्हें अपने आश्रय में आने के लिए आमन्त्रित किया तो इन्हें संकोच, वेदना एवं ग्लानि का अनुभव हुआ।

आगे चलकर कवि ने अकबर का आश्रय ग्रहण कर लिया। अकबर अधिक शिक्षा-दीक्षा प्राप्त नहीं कर सका था; अतः सम्भव है कि इसके कारण कभी-कभी उसे हीनता की अनुभूति होती रही हो। नरहरि को इसका आभास मिलने पर उन्होंने एक छंद लिखकर अपने आश्रयदाता के आत्म-विश्वास को जगाने का प्रयास किया[1]

को सिखवत कुलवधून लाज गृह कज्ज रंग रति ?
को हंसनि सिक्खवत करत पय पानि भिन्न गति ?
कै सिंहन को सिक्खवत हनत गज बाजि ततच्छन ?
कै सज्जनसि सेक्खएउ दत्त गुरु वत्त सुलच्छन ?
विधि रचेउ जानि नरहरि निरिख कुल सुभाउ नहिं मिट्टवे।
गुन धर्म अकब्बर साहि कह कहहु सो को नरु सिक्ख वे।।

नरहरि का सम्राट् अकबर पर कितना प्रभाव था, यह इसी से सिद्ध है कि इनके निम्नांकित छप्पय से प्रेरित होकर उसने अपने राज्य में गो-हत्या निषिद्ध कर दी थी—

अरिहि दंत तिनु धरै ताहि नहि मारि सकत कोइ।
हम संतत तिनु चरहिं वचन उच्चरहिं दीन होइ ।।
अमरित पय नित स्रवहि वच्छ महिं थंमन जावहिं।
हिंदुहि मधुर न देहिं कटुक तुरकहिं न पियावहिं ।।
कह कवि नरहरि अकबर सुनौ विनवति गउजोरे करन।
अपराध कौन मोहि मारियत मुएहु चाम सेवइ चरन ।।

अस्तु, इन्हें कोरे चाटुकारों एवं स्वार्थ-साधक प्रशस्तिकारों की पंक्ति में बिठा

---

१. अकबरी दरबार के हिन्दी कवि : डॉ० सरयूप्रसाद अग्रवाल, पृ० ७१।

देना इनके साथ अन्याय होगा। इनके द्वारा रचित ग्रन्थों में से 'रुक्मिणी-मंगल', 'वादु लोहे सोने का', 'नैन-कान वादु', 'तेल-तंबोल का वादु', 'मंगल-दानि का वादु', 'लज्जा और भूख का वादु' तथा लगभग सवा सौ स्फुट छंद उपलब्ध हैं। ऐतिहासिक दृष्टि से इनके स्फुट छंदों का विशेष महत्व है। जैसा कि डॉ० सरयूप्रसाद अग्रवाल ने स्पष्ट किया है, इनकी रचनाओं से अनेक ऐतिहासिक तथ्यों की पुष्टि होती है; जैसे—जगन्नाथपुरी के राजा मुकुन्द गजपति का तुलादान, चित्तौरगढ़ विजय, नरहरि और अकबर का ख्वाजा मुईनउद्दीन चिश्ती से पुत्र-फल के लिए आदि। इसलिए इन्हें यहाँ इस परम्परा में स्थान दिया गया है। जैसा कि पूर्वोक्त छंदों से स्पष्ट है, इनकी शैली में सर्वत्र सरलता, स्वाभाविकता एवं शक्तिमत्ता के दर्शन होते हैं तथा इन्होंने मुख्यतः कवित्त-छप्पयों का प्रयोग किया है। वस्तुतः भावानुभूति एवं अभिव्यंजना-पद्धति दोनों की ही दृष्टि से नरहरि एक गम्भीर एवं प्रौढ़ कवि सिद्ध होते हैं।

अकबरी दरबार के दूसरे प्रसिद्ध कवि 'गंग' (अनुमानतः १५३८-१६२० ई०) थे। इन्होंने न केवल सम्राट् अकबर से अपितु उनके दरबार के अन्य सदस्यों वीरबल, मानसिंह, रहीम आदि—से भी भारी पारितोषक प्राप्त किये थे, जिससे इनके प्रभाव का पता चलता है। पर जहाँ गंग कवि दान लेना जानते थे वहाँ देने में भी कसर नहीं रखते थे, फलतः इन्हें जीवन में कई बार दरिद्रता का सामना करना पड़ा। एक ऐसी ही स्थिति का चित्रण इन्होंने स्वयं भी किया है—

नटवा लो नटै न टरै रहे मोदी सु डाडिन में बहु भाव भरै।
सजि गाजे बजाज अवाज मृदंग लों वाकिये तान गिलौरी लरैं॥
पट धोबी धरे अरु नाई नरै सु तमोलिन वेलिन वोल धरैं।
कवि गंग के अंगन मंगनहार दिना दसते नित नृत्य करैं॥

गंग में स्पष्टवादिता का गुण था, जो आगे चलकर इनकी मृत्यु का कारण बना। जहाँगीर के राज्यकाल में जौनखाँ नामक किसी सरदार ने, जो कि नूरजहाँ का निकट सम्बन्धी था, इकनौर गाँव के कुछ ब्राह्मणों का क्रूरतापूर्वक वध कर दिया था। गंग कवि, जो सम्भवतः इसी गाँव के थे, इस अत्याचार को देखकर मौन नहीं रह सके। उन्होंने जौनखाँ की निन्दा में लिखा

बाकरखाँ विरच विदरभ देस मार्‌यो गंग दलखान मारे मीर कन्हर गौर के।
दाहि भीर मारि के अनेक देश पस्ति कर खानदेस खोहै चित्र मंदिर मरोर के॥
पूरब पछाह वरदाने मानसिंह मारे कासिम खाँ खोदे है मवास ठौर-ठौर के।
केसोदास मारु मरि हरम कमठ करि जौनखाँ जुनारदार मारे इकनौर के॥

डॉ० सरयूप्रसाद अग्रवाल के मतानुसार जब ये छंद नूरजहाँ के कानों में पड़े तो उसके हृदय में प्रतिशोध की भावना जागृत हो उठी। फलस्वरूप दरबार के प्रसिद्ध कवि गंग को जहाँगीर ने हाथी से कुचले जाने की आज्ञा दी।[1] इस तथ्य का अनुमोदन

---

१. अकबरी दरबार के हिन्दी कवि : डॉ० सरयूप्रसाद अग्रवाल, पृ० १२६।

दरबारे अकबरी के रचयिता तथा दूसरे कवियों ने भी किया है। किसी अज्ञात कवि ने लिखा है—

'संग दिल शाह जहाँगीर से उमंग आज, देत है मतंग पद सोई गंग छाती में।'

× × × ×

'कहै ये गुलाम के तिलाम तिनके जे,

साह गंग केसे गुनीत को गयंद पै तुराइये।'

गंग के द्वारा रचित ग्रन्थों में से 'गंग-पदावली', 'गंग-पच्चीसी' एवं 'गंग-रत्नावली' का उल्लेख मिलता है, किन्तु इनमें अंतिम को छोड़कर शेष का पता नहीं चलता। 'गंग रत्नावली' में १४०० अनुष्टुप् छन्द हैं तथा यह पं० मायाशंकर याज्ञिक के संग्रहालय में सुरक्षित है। इसके अतिरिक्त इसकी एक गद्य-रचना 'चंद छंद बरनन की महिमा' भी उपलब्ध है। विषय-वस्तु की दृष्टि से इनकी रचनाएँ वैविध्यपूर्ण हैं, उनमें भक्ति, शृंगार, वीर, नीति-उपदेश सम्बन्धी विभिन्न विषयों का समावेश हुआ है। यहाँ उनके कुछ प्रशंसात्मक ऐतिहासिक मुक्तकों के नमूने प्रस्तुत हैं

(क) अकबर की प्रशंसा में—

अकबर साह जू के महाबली दानमाहि पूरब के पच्छिम पयाने कीजयतु है।
कहै कवि गंग दमामे की दीह धाकि सुनि अरिन के उर मानो आरा दीजियतु है॥
घोरा हाथी अरावौहूँ भारत भूत ताल पढ़ै पन्नग कुबल छितधर दीजियतु है।
एते सान गरद में समद समोय गयो फलगू को तोप ज्यों खरोह लीजियतु है॥

(ख) बीरबल सम्बन्धी—

मालती शकुन्तला सी को है कामकंदला सी हाजिर हजार चार नटी नोल नाग रे।
ऐल फैल फिरत खवास खास आम पास चोवन की चहल गुलाबन की गाग रे॥
ऐसी मजलिस तेरी देखी राजा बीरबर गंग कह गूँगी ह्वै कै रही गिरा भाग रे।
महि रह्यौ मागधनि गीति रह्यो ग्वालियर गोरा रह्यो गोरना अगर रह्यो आग रे॥

इस प्रकार इन्होंने राजा मानसिंह, टोडरमल, तानसेन आदि अन्य दरबारियों पर भी अनेक कवित्त-छप्पय लिखे हैं। इनकी शृङ्गारी कविताओं की चर्चा अन्यत्र की जायेगी। यहाँ इनका अन्तिम मुक्तक जो कि जहाँगीर द्वारा इन्हें मृत्यु-दण्ड दिये जाने के समय का रचित बताया जाता है, प्रस्तुत है—

कबहु न भड़ुआ रन चढ़ै कबहु न बाजी बंब।
सकल सभाहि प्रनाम कर विदा होत कवि गंग॥

जहाँगीर जैसे विलासी एवं क्रूर सम्राट् की इससे अच्छी प्रशस्ति और क्या हो सकती थी!

अकबरी दरबार से सम्बन्धित एक अन्य कवि **होलराय** भी थे, जिन्होंने होलपुर गाँव बसाया था। तुलसीदास जी से इनके संपर्क की बात भी प्रसिद्ध है। कहते हैं, एक बार इन्होंने गोस्वामी जी के लोटे के सम्बन्ध में कहा था—

लोटा तुलसीदास को लाख टका को मोल!

इसके उत्तर में उन्होंने लोटा समर्पित करते हुए कहा—

मोल-तोल कछु है नहीं, लेहु राय कवि होल।

इनकी कोई रचना उपलब्ध नहीं है। सम्राट की रचना में रचित कुछ छंद मिलते हैं, जिनसे इनकी शैली की प्रौढ़ता का पता चलता है।[1]

१४.१० राष्ट्रीयतामूलक मुक्तक-काव्य

प्रारंभिक कवि—इस वर्ग के प्रारंभिक कवियों में **बारूजी सोदा** (१४वीं शती), **जमना बारहट** (१५-१६वीं शती), **हरिदास केसरिया** (१६वीं शती), **गोबर्द्धन बोगसा** (१६वीं शती), **सूरायच टापरिया** (१६वीं शती) प्रभृति आते हैं, जिन्होंने विभिन्न राष्ट्रीय वीरों—हम्मीर, राणासांगा, महाराणा प्रताप आदि का गुण-गान अपने काव्यों में किया है, किन्तु इनकी बहुत कम रचनाएँ अब उपलब्ध हैं। इनके कुछ स्फुट छन्द यत्र-तत्र प्राप्त हुए हैं, जिनके आधार पर इनकी भावना एवं अभिव्यक्ति के स्वरूप को थोड़ा समझा जा सकता है। यहाँ इनके कुछ छंद प्रस्तुत हैं—

ऐला चीतौड़ सहै घर आसी, हूँ थारा दोषिया हरूँ।
जणणी इसो कहूँ नह जायो, कहवै देवी धीज करूँ॥
आलम कलम न वै खंड एला, कैल पुरारी मींढ किसो।
देवी कहै सुण्यो नह दूजो, अवर ठिकाणौ भूप इसौ॥

—बारूजी सौदा

पारथ हेकरसा हथणापुर, हटियो त्रिया पडंतां हाथ।
देख जका दुरजोधन कीफी, पछँतका कीधी कांई पाथ॥
एक राड़ भव माँह अवत्थी, औरस आणै केम उर।
मालतणा केवा कज माँगा, सांगा तू सालै असुर॥

—जमना बारहट

चेला वंस छतीस, गुर घर गह लोतां तणों,
राजा राणा रीस कहतां मत कोई करो।

—सूरायच टापरिया

इन अंशों में हम कृत्रिम प्रशंसा के स्थान पर हम्मीर, साँगा, प्रताप जैसे शूरवीरों का सच्चा गुण-गान देखते हैं, जिनमें जातीयता एवं राष्ट्रीयता की भावना स्फुटित है।

परवर्ती कवि—इस काव्य-परम्परा की सम्यक् रूप में स्थापना करने का श्रेय बीकानेर के राठौड़ कवि **पृथ्वीराज** को दिया जा सकता है, जिन्होंने अकबर के प्रभुत्व में रहते हुए भी महाराणा प्रताप के गौरव का गुण-गान सच्ची राष्ट्रीयता एवं व्यापक जातीयता की भावना से प्रेरित होकर किया। इन्होंने भक्ति रस की भी अनेक रचनाएँ की थीं, जिनकी चर्चा अन्यत्र की जायगी। यहाँ हमारा सम्बन्ध इनके राष्ट्रीयतामूलक

१. राजस्थानी भाषा और साहित्य : डॉ० हीरालाल माहेश्वरी।

मुक्तक काव्य से ही है। महाराणा प्रताप की प्रशंसा में इन्होंने बहुत-से दोहे, सोरठे एवं गीत लिखे जो न केवल डिंगल-काव्य अपितु समस्त हिन्दी-काव्य के लिए गौरव की वस्तु है। यहाँ उदाहरण के लिए कुछ छन्द प्रस्तुत हैं —

घर बाँकी दिन पाधरा, मरद न मूकै माण।
घणां नरिदां घेरियो, रहे गिरिन्दा राण॥
माइ एहड़ा पूत जण, जेहड़ा राण प्रताप।
अकबर सूतो ओझ कै जाण सिराणै साँप॥

अर्थात् "धरती टेढ़ी हो या दिन सीधे, किन्तु शूर अपने मान को नहीं त्यागता; अनेक राजाओं ने घिर कर भी पहाड़ियों में महाराणा (अपने मान को बचाये हुए) रह रहे हैं। माँ ! ऐसे पूत को जन्म दे जैसा कि राणा प्रताप है, जिसे सिरहाने पर खड़ा साँप समझ कर अकबर सोय। हुआ भी चौंक पड़ता है।"

ये पंक्तियाँ केवल प्रताप का गुण-गान करती हैं किन्तु कवि ने बहुत से दोहे ऐसे भी लिखे हैं जिनमें अकबर की भर्त्सना खुले शब्दों में की गई है —

अइरे अकबरियाह तेज तुहालो तुरकड़ा।[1]
नम नम नीसरियाह, राण बिना सहराजवी॥

× × ×

नर जेथ निमराणा निलजी नारी,
अकबर गाहक बट अबट !
चोहटै तिण जायर चीतोड़ो,
बेचै किम रजपूत बट ![2]

यहाँ यह उल्लेखनीय है कि कवि ने अकबर की भर्त्सना किसी व्यक्तिगत द्वेष से नहीं की अपितु हिन्दुत्व के संरक्षण की भावना से की है। अकबर विभिन्न प्रकार से, कहीं हिन्दुओं से विवाह-सम्बन्ध स्थापित करके, कहीं नवरोजे में हिन्दू रानियों को आमंत्रित करके और कहीं प्रताप जैसे हिन्दू कुल-गौरव पर सीधा आक्रमण करके हिन्दुत्व को वशीभूत करने में लगा हुआ था; इसीलिए पृथ्वीराज जहाँ सामन्त के रूप में सम्राट् अकबर के लिए प्राण न्योछावर करने के लिए प्रस्तुत थे, वहाँ कवि रूप में वे अकबर की नीतियों का विरोधी एवं महाराणा के भक्त थे। उन्होंने अकबर के मीना बाजार में बिकने वाले हिन्दुओं की निन्दा करते हुए उस प्रताप की स्तुति की है जिसने किसी भी कीमत पर अपने धर्म को बेचना स्वीकार नहीं किया—

१. भावार्थ—अरे तुर्क अकबर ! तेरे तेज के आगे सब राजा झुक-झुक निकल गये केवल एक राणा को छोड़कर।

२. भावार्थ —जिस चौहटी (नवरोजे का बाजार) पर पुरुष मान-शून्य तथा नारियाँ लज्जा-शून्य हो गईं, तथा अकबर जैसा लुटेरा उनके धर्म को लूट रहा है, वहाँ भला चित्तौड़ का प्रताप आकर अपना क्षत्री-धर्म कैसे बेच दे।

रोजायतां तणैं नव रोजै,
जेथ मुसाणा जणो जण
हींदू नाथ दिली चै हाटे,
पतो न खरचै खत्री पण।

× × ×

रज बेचवा न आवै राणो,
हाटे मीर हमीर हरो।

× × ×

खत्र बेचिया अनेक खत्रियाँ
खत्रवट थिर राखी खुम्माण !

सब क्षत्रियों ने अपना धर्म अकबर को बेच दिया, केवल वह खुम्माण—खुमान का वंशज—ही क्षत्रियत्व को स्थिर रखने में सफल हुआ। कवि की प्रशंसा के मूल में सर्वत्र यही व्यापक भावना परिलक्षित होती है। एक अन्य मुक्तक में वे लिखते हैं—सब कुछ चला जायगा मीना बाजार और उसका आयोजक 'ठगी' अकबर भी चला जायगा, पर संसार में वह क्षत्री धर्म अवशिष्ट रह जायगा, जिसे राणा ने बचाया है। संसार के लोगों, चिन्ता मत करो, राणा ने धर्म को बचा लिया है, दिल खोल कर उसे बरतो ! (व्यवहृत करो)—

जासी हाट बात रहसी जग
अकबर ठग जासी एकार
है राख्यो खत्री ध्रम राणैं,
सारा ले बरतो संसार ॥

अस्तु, राठौड़ पृथ्वीराज का नायक महाराणा प्रताप, केवल शूरवीर ही नहीं है, केवल अपने अभिमान का रक्षक ही नहीं है अपितु कवि की दृष्टि में वह संसार से विदा होते हुए धर्म का सच्चा संरक्षक है। कवि का यह उदात्त दृष्टिकोण उसके नायक, उसके काव्य और उसके व्यक्तित्व को एक ऐसी महत्ता प्रदान कर देता है कि जिसकी प्रशंसा में जितना कहा जाय कम है। कहाँ अकबर के अधीन वह मानसिंह जो चाहता था कि उसी की तरह दूसरे हिन्दू भी अकबर के अधीनस्थ हो जायें और कहाँ ये राष्ट्र-कवि पृथ्वीराज जो अपनी विवशता को भूलकर भी सम्राट् के विरोधी का गुणगान कर रहे हैं। वस्तुतः कवि की यह भावना औदात्य की उद्दीप्ति का एक उत्कृष्ट उदाहरण है।

एक समकालीन कवि ने सच्ची प्रशंसा पाकर महाराणा प्रताप को अपनी विपन्न एवं विषम परिस्थितियों में कितना बल मिला होगा, इस सम्बन्ध में मुस्लिम इतिहासकार मौन है, किन्तु साहित्य का इतिहास इस तथ्य को प्रमाणित करता है कि जब एक बार निराशापूर्ण क्षणों में प्रताप के मन में थोड़ी-सी दुर्बलता आ गई थी तो इसी कवि ने उसे एक ऐसा पत्र लिखा था, जिसकी पंक्तियों ने महाराणा के बुझे हुए हृदय में पुनः नये उत्साह का संचार कर दिया था; उक्त पत्र की कुछ पंक्तियाँ ये हैं :

पटकूँ मूँछा पाण कै पटकूँ निज तन करद ?
दीजे लिख दीवाण, इण दो महली बात इक !

अर्थात "मैं अपनी मूँछों के ताव दूँ या अपने शरीर में तलवार भोंक लूँ ? दीवान ! इन दोनों में से एक बात लिख दो।"

वस्तुतः राठौड़ पृथ्वीराज एक सच्चे राष्ट्र-भक्त कवि थे; बिना किसी व्यक्तिगत स्वार्थ के अपने संरक्षक सम्राट् अकबर के विरोधी के प्रति अगाध भक्ति का प्रदर्शन करना उसकी व्यापक भावना का द्योतक है; संभवतः कुछ लोग उनकी राष्ट्रीयता में सांप्रदायिकता एवं हिन्दूवाद की गंध अनुभव करें किन्तु उस युग की परिस्थितियों को देखते हुए राष्ट्रीयता के इससे अधिक व्यापक रूप की आशा नहीं की जा सकती।

महाराणा प्रताप को अपने काव्य का आलम्बन बनाने वाले एक अन्य प्रसिद्ध कवि दुरसा आढा (१५३८-१६५१ ई०) हैं, जिनके सम्बन्ध में डॉ० मोतीलाल मेनारिया ने लिखा है—"कविता के नाम से जितना धन, जितना यश और जितना सम्मान इनको मिला, उतना राजस्थान के किसी भी दूसरे कवि को आज तक नहीं मिला। इस दृष्टि से इनका महत्व हिन्दी के महाकवि भूषण से भी बहुत बढ़कर है। मेवाड़ के इतिहासकार कवि राजा श्यामलदास के अनुसार सम्राट् अकबर ने इन्हें करोड़ रुपया पुरस्कार में दिया था। यह भी कहा जाता है कि इन्हें अकबर के दरबार में भी बैठक प्राप्त थी तथा सम्राट् से इनकी घनिष्ठता थी। जब महाराणा प्रताप के देहान्त का समाचार अकबर को प्राप्त हुआ, उस समय ये उन्हीं के दरबार में विद्यमान थे। उस समय बादशाह के मन में क्या प्रतिक्रिया हो रही थी, इसका निदर्शन करते हुए इन्होंने एक छप्पय कहा था, जो इनकी सूक्ष्म मनोवैज्ञानिकता का परिचायक है—

अस लेगो अणदाग, पाध लेगो अणनामी।
गौ आडा गवड़ाय, जिको बहतो धुर वामी॥
नव रोजे नह गयो, न गौ आतसाँ नवल्ली।
न गौ झरोंखा हेठ, जेथ दुनियांण दहल्ली॥
गहलोत राण जीती गयो, दसण मंद रसणा डसी।
नीसास मूक भरिया नयण, तो मृत साह प्रताप सी॥[1]

यद्यपि इस छन्द में प्रतापसिंह की ही महत्ता दिखाई गई है, फिर भी सम्राट्

---

१. अर्थ—उसने अपने घोड़ों के दाग नहीं लगने दिया, पगड़ी को झुकने नहीं दिया; यश के गीत गवा दिये। राज्य के धुरे को बाँये कंधे से चलाता रहा, नौरोजे में नहीं गया, उन शाही झरोखे के नीचे नहीं गया, जहाँ सारी दुनिया दहलती थी, सचमुच गहलोत राणा प्रतापसिंह जीत गया ! हे प्रतापसिंह ! तेरी मृत्यु पर अकबर ने दाँतों से जीभ दबाई, निःश्वास लिया और उसकी आँखें भर आईं !

ने कवि को इसके लिए पुरस्कृत किया।

संभवत: आज की परिस्थितियों में हमें यह विचित्र-सा लग सकता है कि कविवर दुरसा एक ओर प्रताप का गुणगान करें तथा दूसरी ओर अकबर से पुरस्कार भी प्राप्त करते रहें। पर हमें यह न भूलना चाहिए कि उस युग में अनेक कवि ऐसे हुए थे जिन्होंने व्यावहारिक सम्बन्ध अकबर से मानते हुए भी अपना आदर्श प्रताप को स्वीकार किया था। प्रतापसिंह की महत्ता का बखान करने में इन कवियों को कोई संकोच नहीं था अपितु इनकी अकबर को खुली चुनौती थी कि यदि प्रताप झुक जायगा तो वे समझेंगे कि सारे हिन्दू, हिन्दुत्व—विजित हो गये। दूसरी ओर इस प्रसंग में अकबर की सहिष्णुता एवं उदारता की प्रवृत्ति का भी परिचय मिलता है। हमारा विचार है कि प्रताप से अकबर का राजनीतिक द्वेष था किन्तु व्यक्ति के रूप में उनकी महत्ता अकबर को भी स्वीकार्य थी। उपर्युक्त छप्पय से भी इसी तथ्य की पुष्टि होती है।

दुरसाजी ने अकबर और प्रताप, दोनों को सम्बोधित करते हुए अपने दोहों एवं सोरठों से प्रताप की महत्ता का प्रतिपादन स्पष्ट रूप में किया है—

अकबर गरव न आँण हींदू सह चाकर हुआ।
दीठो कोई दीवाण, करती लटका कटहड़ै।
अकबर पाथर अनेक कै भूपत भेला किया।
हाथ न लागो हेक, पारस राणे प्रताप सी।
जिणरो जस जग मांहि, जिणरो जग धिन जीवणो।
नेड़ो अपजस नाँहि, पणधर धिनो प्रताप सीह।

यहाँ महाराणा की प्रशंसा सर्वथा अकृत्रिम रूप से की गई है, जिसमें पुरस्कार पाने की लालसा नहीं है अपितु हिन्दुत्व की लाज रखने वाले वीर के प्रति सच्ची श्रद्धा की भावना परिलक्षित होती है।

कवि ने अनेक छन्दों में अकबर की कूटनीति की भी निन्दा जी खोलकर की है; यथा—

अकबर कुटिल अनीत और बीटल सिर आदरै।
रघुकुल उत्तम रीत पालै राण प्रताप सी॥
अकबर कूट अजाण, हिया फूट छोड़ै न हठ।
पगां न लागण पाण, पणधर राण प्रताप सी॥

यह भी संभव है कि इस प्रकार के छंद कवि ने उस समय लिखे हों जबकि वह अकबरी दरबार छोड़ चुका हो, या उसका वहाँ प्रवेश न हुआ हो। खैर, इससे हमें यहाँ विशेष मतलब नहीं है। दुरसाजी अकबर के समकालीन थे और उन्होंने प्रताप का गुण-गान सहज स्वाभाविक रूप में किया था, यह एक तथ्य है। उनकी कविता आत्मगौरव, जातीय सम्मान एवं वीरत्व के उच्च आदर्श से अनुप्राणित है, साथ ही उनकी शैली डिंगल के सरलतम रूप को प्रस्तुत करती है। ये तथ्य उनकी महत्ता को प्रमाणित करने के लिए पर्याप्त हैं।

दुरसाजी ने अपने सवा सौ वर्ष के जीवन-काल में राणा प्रताप सम्बन्धी मुक्तकों के अतिरिक्त भी अनेक रचनाएँ प्रस्तुत की थीं, जिनमें कुछ ये हैं—विरुद छिहत्तरी, किरतार बावनी, राव श्री सुरतांण रा कवित्त, दूहा सोलंकी वीरमदेव जी रा, झूलणा रावत मेघारा; गीत राजि श्री रोहितास जी रौ, झूलणा राव श्री अमरसिंह जी गजसिंह धौत रा। ये सभी रचनाएँ विभिन्न व्यक्तियों से सम्बद्ध हैं तथा प्रायः मुक्तक शैली में रचित हैं; वस्तुतः इस परम्परा में दुरसाजी का बहुत ऊँचा स्थान है।

डिंगल में राष्ट्रीय मुक्तकों की रचना करने वाले कवियों में **साँदू माला** का नाम भी उल्लेखनीय है। यद्यपि इनका विस्तृत परिचय प्राप्त नहीं है किन्तु जैसा कि डॉ० माहेश्वरी ने बताया है, इन्होंने अपने युग के विभिन्न व्यक्तियों पर बहुत से छंद लिखे थे, जिनमें ६० गीत उपलब्ध हैं। यहाँ महाराणा अमरसिंह, प्रतापसिंह धौत सम्बन्धी एक गीत की चार पक्तियाँ द्रष्टव्य हैं—

तां हिंदवाण ताम हिन्दू ध्रम, तां हिंदुही हिन्दुवह दीस।
जां जग जेठ जोध जोगणपुर, सीसौदियौ न नमै सीस ॥
भिड़ परबत ठोसियाँ न भाजै, जावौ सिर फोड़े जवन।
ऊत्तर डिगै न डिगै अमर सी, मेर ऊपलो नखत मन ॥

इसी प्रकार राजस्थान की अनेक कवयत्रियों ने भी इस परम्परा के विकास में योग दिया है, जिनमें से **झीमा चारणी, पद्मा सादू, चम्पादे** उल्लेखनीय हैं। झीमा वीर अचलदास खीची की पत्नी थी, जिसने अचलदास की मृत्यु के अनन्तर उसकी अन्य रानियों के साथ जौहर किया था। पद्मा कवि सांदू माला की बहन थी तथा इन्होंने महाराणा अमरसिंह के सम्बन्ध में अनेक मुक्तक लिखे थे। चम्पादे राठौड़ कवि पृथ्वीराज की पत्नी थी तथा उनकी काव्य-कला में गहरी रुचि थी। इन सभी कवयत्रियों की रचनाएँ बहुत थोड़ी संख्या में मिलती हैं फिर भी जितनी उपलब्ध हैं, वे उच्चकोटि की हैं। यहाँ कुछ नमूने प्रस्तुत हैं—

पगे बजाऊँ घूंघरू, हाथ बजाऊँ तूंब।
उमा अचल मुलावियो, ज्यूं सावन की लूंब ॥

—झीमा चारणी

सहर लूटलो सदा तूं देस करतो सरद, कहर नर पड़ी थारी कमाई।
उजागर झाल खग जैतहर आभरण, अमर अकबर तणी फौज आई ॥
बोकहर सींहधर मार करतौ बसू, अभंग अरवृन्द तो सीस आया।
लाग गयणाग भुजलोल खग लंकाला, जाग हो जाग कलियाण आया ॥

—पद्मा सांदू

हल तो धूना धोरियां पंथज गग्धाँ पाव।
नराँ तुराँ अर बनफलाँ पक्कां पक्कां साव ॥

—चम्पादे

हिन्दी में राष्ट्रीय मुक्तकों की रचना सामान्यतः डिंगल के कवियों द्वारा ही हुई है। किन्तु एक कवि ऐसा भी मिलता है जिसे इसका अपवाद कहा जा सकता है,

जिसने अपने काव्य में डिंगल के स्थान पर पिंगल या ब्रजभाषा का प्रयोग किया है; वह कवि है —**भूषण** (अनुमानतः १६२५-१६८० ई०)। जिस प्रकार डिंगल के राष्ट्रीय कवियों ने महाराणा प्रताप को अपने काव्य का आलम्बन बनाकर अपने कवित्व को सार्थक किया वैसे ही इन्होंने छत्रपति महाराजा शिवाजी एवं वीर बुन्देला सरदार छत्रसाल की प्रशंसा में अपने उद्‌गारों को व्यक्त करके हिन्दुत्व के प्रति अपनी सच्ची निष्ठा का परिचय दिया। इनका प्रण था- 'साहु को सराहौं कि सराहौं छत्रसाल को!' इन दोनों महापुरुषों ने औरंगजेब की राष्ट्र-घातिनी नीति का डटकर मुकाबला किया था; अतः उन्हें उस युग के राष्ट्रीय नेताओं के रूप में स्वीकार किया जाता है। ऐसे राष्ट्रनायकों को स्थान दिये जाने के कारण भूषण के काव्य में स्वतः ही एक ऐसी उच्चता एवं व्यापकता का संचार हो गया है जिसका उस युग के सामान्य आश्रय-दाताओं की प्रशंसा में लिखे गये काव्यों से बहुत ऊँचा उठा देता है।

भूषण का मूल नाम पतिराम या मनीराम माना जाता है। 'भूषण' की उपाधि उन्हें चित्रकूट-पति हृदयराम के पुत्र रुद्र सोलंकी से प्राप्त हुई थी। इनके पिता रत्नाकर त्रिपाठी त्रिविक्रमपुर (तिकवांपुर) के निवासी थे तथा प्रसिद्ध कवि मतिराम एवं चिन्तामणि त्रिपाठी इनके भाई कहे जाते हैं। इनकी रचनाओं में से 'शिवराज भूषण', 'शिवा बावनी', 'छत्रसाल दसक' तथा कुछ स्फुट छंद उपलब्ध हैं, शेष का केवल नामोल्लेख 'भूषण हजारा', 'भूषण-उल्लास', 'भूषण उल्लास' आदि का 'शिवसिंह सरोज' में मिलता है। 'शिवराज भूषण' एक अलंकार ग्रन्थ है, जिसमें अलंकारों के लक्षणों का प्रतिपादन करते हुए उदाहरण के रूप में ऐसे छंद प्रस्तुत किये गये हैं जो शिवाजी की प्रशंसा से ओत-प्रोत हैं। इस प्रकार इसमें दो उद्देश्यों—अलकार-निरूपण एवं शिवाजी की महिमा का प्रकाशन— को एक साथ निभाने का प्रयास किया गया है। फिर भी इनमें से दूसरा उद्देश्य ही प्रमुख हो गया है; इसमें कवि को जितनी सफलता शिवाजी की वीरता एवं महत्ता के निरूपण में मिली है उतनी अलंकार-निरूपण में नहीं मिली।

'शिवा बावनी' एवं 'छत्रसाल दसक' में क्रमशः शिवाजी एवं छत्रसाल सम्बन्धी फुटकर छंद संकलित हैं। ये छंद भी वीर रस से ओत-प्रोत हैं। उनके स्फुट छंदों में भी केवल दस छंदों को छोड़कर शेष सभी शिवाजी की वीरता से सम्बन्धित हैं। इस प्रकार उनका सारा काव्य वीर रसात्मक ही है, केवल आठ-दस छंद ही शृङ्गार रस के हैं, जिन्हें अपवाद ही मानना चाहिए। वस्तुतः भूषण वीर रस के कवि थे; उनकी प्रत्येक उक्ति उत्साह भाव एवं ओज गुण से युक्त हैं; जैसे—

इन्द्र जिमि जृंभ पर, बाडव सु अंभ पर,
रावन सदंभ पर रघुकुल राज हैं।
पौन बारिवाह पर, संभु रतिनाह पर,
ज्यों सहस्रबाहु पर राम द्विवराज हैं।
दावा द्रुम दंड पर, चीता मृग झुंड पर,
भूषण बितुंड पर जैसे मृगराज हैं।

तेज तम-अंश पर, कान्ह जिमि कंस पर,
त्यौं म्लेच्छ बंस पर सेर शिवराज हैं।

---शिवराज भूषण

शिवाजी की यह अत्युक्तिपूर्ण प्रशंसा चाटुकारिता की प्रवृति से प्रेरित नहीं है अपितु इसके मूल में स्वधर्म एवं स्वजाति के संरक्षण की सच्ची भावना परिलक्षित होती है। कवि की इस भावना का प्रकाशन अनेक स्थलों पर स्पष्ट रूप से हुआ है —

वेद राखे विदित पुरान परसिद्ध राखे,
राम-नाम राख्यो अति रसना सुधर मैं।
हिंदुन की चोटी, रोटी राखी है सिपाहिन की,
काँधे मैं जनेऊ राख्यो माला राखी गर मैं।
मीड़ि राखे मुगल मरोड़ राखे पातशाह,
बैरी पीसि राखे बरदान राख्यौ कर मैं।
राजन की हद्द राखी तेग बल सिवराज,
देव राखे देवल स्वधर्म राख्यो घर मैं॥

—शिवा बावनी

कवि की इसी उग्र जातीयता के कारण उसकी लेखनी हिन्दू-विरोधी सम्राट् औरंगजेब के प्रति अत्यन्त प्रखर एवं कटु हो उठती है; उसकी यह प्रखरता कहीं-कहीं तो शिवा की तलवार से भी अधिक तीखी हो जाती है—

दारा की न दौर यह, रार नहीं खजुवे की,
बाँधिबो नहीं है, कैंधौ मीर सहवाल को।
मठ विश्वनाथ को, न बास ग्राम गोकुल को,
देवी को न देहरा, न मन्दिर गोपाल को।
गाढ़े गढ़ लीन्हें अरु बैरी कतलाम कीन्हें,
ठौर-ठौर हासिल उगाहत है साल को।
बूड़ति है दिल्ली सो सभारैं क्यों न दिल्लीपति,
धक्का आनि लाग्यो सिवराज महाकाल को।

डूबती हुई दिल्ली को बचाने के लिए औरंगजेब को दिया गया यह चैलेंज कितना साहस एवं उत्साह से परिपूर्ण है -- इसे शब्दों में स्पष्ट नहीं किया जा सकता। यद्यपि सत्ता के मद में उन्मत्त होकर मुगल सम्राट् ने अपने ही देशवासियों और अपने ही वफादार साथियों के व्यक्तित्व, धर्म एवं बल को कुचलने में कोई कसर नहीं रखी किन्तु जिस देश में शिवा-जैसा एक भी वीर एवं भूषण-जैसा एक भी काव्य-रचयिता विद्यमान हो उसकी जातीयता, धार्मिकता एवं नैतिकता को नष्ट करना किसी भी शक्ति के लिए सम्भव नहीं है। भूषण की ये फड़कती हुई पंक्तियाँ, चुनौतियों से भरे हुए ये शब्द और उसकी वाणी का यह ओजपूर्ण स्वर बताता है कि हजार वर्षों की गुलामी के बाद भी ऐसी जाति जीवित थी, उसमें यह शक्ति थी कि वह दिल्ली के सम्राट् को चुनौती दे सके और इतिहास बताता है कि कवि की यह चुनौती थोथी

धमकी मात्र नहीं थी अपितु एक वास्तविकता थी; 'सिवराज महाकाल' के धक्के से सचमुच दिल्ली-साम्राज्य की नींवें हिल गईं और वह अधिक समय तक स्थिर न रह सका।

शिवाजी की ही भाँति छत्रसाल के गुण-गान में भी कवि ने इसी व्यापक भावना का परिचय देते हुए स्पष्ट रूप में घोषणा की है कि वह या तो शिवा का ही बखान कर सकता है या फिर छत्रसाल का; किसी और का नहीं—

राजत अखंड तेज छाजत सुजस बड़ो,
गाजत गयंद दिग्गजन हिय साल को।
जाहि के प्रताप सो मलीन आफताब होत,
ताप तजि दुज्जन करंत बहु ख्याल को।
साज सजि गज तुरी पैंदर कतार दीन्हें,
'भूषण' भणत ऐसा दीन प्रतिपाल को।
और राव राजा एक मन मैं न ल्याऊँ अब,
साहू को सराहौं कै सराहौं छत्रसाल को॥

भूषण की भाषा-शैली के सम्बन्ध में कहा गया है कि उसमें शब्दों के रूप विकृत हैं तथा मनगढ़न्त शब्दों का प्रयोग हुआ है—इसमें कोई सन्देह नहीं कि आज के वे साहित्यकार जो भाव विशेष का ध्यान रखे बिना सभी विषयों का निरूपण एक जैसी शैली में कर देने के अभ्यस्त हैं, भूषण की शैली को दोषपूर्ण बतायेंगे। किन्तु जो लोग भावों के अनुरूप शैली में परिवर्तन के औचित्य को स्वीकार करते हैं, वे अवश्य ही इसे दोष के स्थान पर गुण मान सकते हैं। हमें यह नहीं भूलना चाहिए कि भूषण ने यह सब कुछ अपने काव्य में ओज गुण के संचार के लिए ही किया था—अपितु यह कहना और अधिक उचित होगा कि उत्साह के अतिरेक में कही गई शब्दावलियों में स्वतः ही ऐसा हो गया है। उनकी इसी विशेषता के कारण उनके युद्ध-सम्बन्धी वर्णन अत्यन्त प्रभावोत्पादक हो गये हैं; जैसे—

दुग्ग पर दुग्ग जीते सरजा सिवाजी गाजी,
उग्ग पर उग्ग नीचे रुंड मुंड फरके।
भूषन भनत बाजे जीत के नगारे भारे,
सारे करनाटी भूप सिंहल को सरके।
मारे सुनि सुभट पनारे वारे उद्भट,
तारे लगे फिरन सितारे गढ़ धर के।
बीजापुर बीरन के गोलकुंडा धीरन के,
दिल्ली उर मीरन के दाड़िम से दर के॥

इस प्रकार के ओजपूर्ण छंदों को देखते हुए कहना पड़ता है कि कवि ने भाषा की सारी शक्तियों को वीर रस के क्षेत्र में झोंक दिया है। उसने उसकी अर्थ-शक्ति से ही काम नहीं लिया अपितु उसके नाद और शब्द-रूपों से भी यथेष्ट रूप में काम लिया है; अतः इसे उसका अतिरिक्त गुण ही माना जाना चाहिए। हाँ, जहाँ कहीं

इसमें अनावश्यक रूप में क्लिष्टता आ गई है, वहाँ वह अवश्य प्रशंसनीय नहीं है। अस्तु, समग्र रूप में महाकवि भूषण को अपने युग एवं अपनी परम्परा का एक ऐसा श्रेष्ठ कवि माना जा सकता है, जिसने अपनी प्रतिभा एवं अभ्यास का उपयोग सस्ती चाटुकारिता में न करके स्वधर्म एवं स्वजाति के संरक्षकों के उत्साहवर्द्धन में किया।

१४.११. ऐतिहासिक मुक्तक-काव्य की विशेषताएँ

ऐतिहासिक मुक्तक-काव्य-परम्परा के दोनों वर्गों के अध्ययन के आधार पर यहाँ उसकी कतिपय विशेषताओं पर प्रकाश डाला जा सकता है। इस परम्परा के सभी कवि मुख्यतः दरबारी हैं, जिनका मूल कार्य काव्य-रचना है। प्रथम वर्ग—प्रशस्ति-मूलक काव्य—की रचनाओं के रचयिता मुख्यतः चारण एवं भाट हैं, जिन्होंने अपने आश्रयदाताओं की प्रशंसा सहृदयतापूर्ण शब्दों में की है। पर इनकी यह प्रशंसा कोरी चाटुकारिता नहीं है अपितु उसमें स्वामिभक्ति की सच्ची भावना परिलक्षित होती है। दूसरे, इनमें केवल वीर रस का ही निरूपण नहीं हुआ, उसके अतिरिक्त करुण, व्यंग, नीति आदि को भी स्थान दिया गया है। 'बाघ जीरा दूहा' जैसी कृति करुण या शोक-काव्य का उत्कृष्ट उदाहरण प्रस्तुत करती है। इनमें छन्द-वैविध्य की प्रवृत्ति भी दृष्टिगोचर होती है; विभिन्न कवियों ने विभिन्न प्रकार के छन्दों का प्रयोग किया है। इस प्रकार प्रथम वर्ग का काव्य विषय-वस्तु एवं छन्द-योजना—दोनों की दृष्टि से विविधतापूर्ण एवं प्रभावोत्पादक है।

दूसरे वर्ग की रचनाओं में मुख्यतः जातीयता एवं राष्ट्रीयता के भावों की अभिव्यक्ति इस युग की दो महान् विभूतियों—महाराणा प्रताप और छत्रपति शिवाजी—की प्रशंसा के रूप में हुई है। जैसा कि पीछे स्पष्ट किया जा चुका है, यह प्रशंसा व्यापक दृष्टि, उच्च आदर्शों एवं सच्ची श्रद्धा पर अवलम्बित है; अतः उससे औदात्य की अनुभूति होती है। इस वर्ग के कवियों ने मुख्यतः दोहा, कवित्त, छप्पय आदि छन्दों का प्रयोग किया है। दोनों वर्गों में ही डिंगल एवं पिंगल का प्रयोग हुआ है। इनकी शैली सर्वत्र ओज गुण से संपन्न है। वस्तुतः वीरता एवं राष्ट्रीयता के भावों से ओत-प्रोत यह मुक्तक-काव्य हमारे साहित्य की गौरवपूर्ण निधि है जो संख्या और मात्रा की दृष्टि से अल्प होते हुए भी बल और शक्ति की दृष्टि से अनुपम है।

१५

रसिक भक्ति-काव्य-परम्परा

•

१५.१. **उत्तर मध्यकाल में प्रवर्तित परम्पराएँ**—अब तक हमने मध्यकाल की उन हिन्दी-काव्य-परम्पराओं का परिचय दिया है जिनका प्रवर्त्तन पूर्व मध्यकाल या उससे भी पहले हुआ था, किन्तु वे पूरे मध्यकाल में अर्थात् **पूर्व मध्यकाल** (सन् १३५० ई० से १६०० ई० तक) और **उत्तर मध्यकाल** (सन् १६०० ई० से १८५७ ई० तक) —दोनों में प्रवाहित होती रहीं; ऐसी स्थिति में इन परम्पराओं को पूरे मध्यकाल से ही सम्बन्धित मानना चाहिए। परन्तु आगे हम कतिपय ऐसी परम्पराओं का विवेचन कर रहे हैं जिनका प्रवर्त्तन पूर्व मध्यकाल की अन्तिम सीमा में या उत्तर मध्यकाल के प्रारम्भ में हुआ तथा जो सामान्यत: उत्तर मध्यकाल के अन्त या आधुनिक काल के आरम्भ तक प्रचलित रहीं। इन परम्पराओं में मुख्यत: तीन उल्लेखनीय हैं—(१) रसिक भक्ति-काव्य-परम्परा, (२) शास्त्रीय मुक्तक काव्य (रीति-काव्य) परम्परा और (३) स्वच्छन्द प्रेम काव्य-परम्परा। कहना न होगा कि ये तीनों परंपराएँ क्रमश: धर्माश्रय, राज्याश्रय एवं लोकाश्रय में विकसित हुई थीं, जिनमें क्रमश: भक्ति एवं शृंगार के विकृत रूपों तथा प्रेम के स्वच्छन्द रूप के दर्शन होते हैं। वस्तुत: भक्ति, शृंगार एवं प्रेम की प्रवृत्तियों का उन्मीलन एवं विकास पूर्व मध्यकाल में ही समुचित रूप में हो चुका था; अत: इस काल के अन्त तक आते-आते उनकी ह्रासोन्मुखी प्रवृत्तियों का प्रकट होना स्वाभाविक था।

प्रस्तुत अध्याय में इनमें से प्रथम का तथा अगले अध्यायों में शेष का विवेचन क्रमश: किया जा रहा है।

१५.२. **रसिक भक्ति-काव्य परम्परा : सामान्य परिचय**—हिन्दी साहित्य के उत्तर मध्य युग के आरम्भ काल (१७वीं शताब्दी) में एक ऐसे धर्म-संप्रदाय की स्थापना हुई जिसमें रसिकता-प्रधान भक्ति को सर्वाधिक महत्त्व दिया गया। इस संप्रदाय की विभिन्न शाखाएँ 'जानकी-संप्रदाय', 'रहस्य संप्रदाय', 'जानकी-बल्लभ-संप्रदाय', 'सिया-संप्रदाय' आदि नामों से प्रसिद्ध हैं; किन्तु सामूहिक रूप से इन सबको 'रसिक-संप्रदाय' के नाम से पुकारा जाता है। इन सबमें राम के रसिक या भोग-

विलासी रूप की उपासना करते हुए उनकी पत्नी सीता या जानकी को राम की अपेक्षा उसी भाँति अधिक महत्त्व दिया जाता है जिस भाँति राधा-बल्लभ-संप्रदाय में कृष्ण की अपेक्षा राधा को महत्त्व दिया जाता है। इन संप्रदायों के अनुयायी स्वयं भी राम के साथ अपना मधुर सम्बन्ध स्थापित करते हुए उनकी शृंगारी लीलाओं का ध्यान एवं चिन्तन करते हैं तथा अपने आपको 'भक्त' न कहकर 'रसिक', 'रसिक भक्त' कहना अधिक पसन्द करते हैं। इन संप्रदायों के आश्रय में शताधिक कवियों द्वारा विभिन्न काव्य-ग्रन्थों की रचना हुई है, जिसमें इनकी भावनाओं का प्रकाशन काव्यात्मक शैली में उपलब्ध होता है। इन्हीं काव्य-ग्रंथों के आधार पर प्रस्तुत इतिहास में 'रसिक भक्ति-काव्य-परम्परा' की प्रतिष्ठा की जाती है। यहाँ यह उल्लेखनीय है कि अब तक इतिहासकार इस परम्परा के काव्यों की सर्वथा उपेक्षा करते हैं या उनका नामोल्लेख राम-भक्ति-काव्य के अन्तर्गत ही करते रहे हैं। हमारी दृष्टि में ये दोनों ही बातें अनुचित हैं। मध्यकाल के भक्ति-आन्दोलन की चरम परिणति इन्हीं रसिक संप्रदायों में मिलती है तथा संख्या और परिमाण की दृष्टि से भी इनका साहित्य कम नहीं है; अतः मध्यकाल की धार्मिक एवं साहित्यिक चेतना को सम्यक् रूप में समझने के लिए इस परम्परा के साहित्य का अध्ययन अनिवार्य है। पर साथ ही यह परम्परा गोस्वामी तुलसीदास-जैसे रामभक्त कवियों की परम्परा से भी सर्वथा भिन्न है। इनकी भक्ति-भावना, विचारधारा एवं रचना-शैली आदि में से किसी का भी तुलसीदास के साहित्य से कोई मेल नहीं है; अतः इसके काव्य को राम-भक्ति-काव्य में तुलसी के काव्य के साथ स्थान देना भी भ्रमोत्पादक है। यही कारण है कि हम एक स्वतन्त्र काव्य-परम्परा—'रसिक भक्ति-काव्य-परम्परा' के अस्तित्व को स्वीकार करते हुए इन्हें उसी के अन्तर्गत स्थान देना उचित समझते हैं।

१५.३. **रसिक भावना की पूर्व परम्परा**—यद्यपि रसिक भक्ति-भावना एवं उसकी साधना-पद्धति की सांप्रदायिक रूप में प्रतिष्ठा सत्रहवीं शताब्दी में स्वामी अग्रदास के द्वारा हुई किन्तु भारतीय भक्ति-भावना के क्षेत्र में रसिकता का विकास न्यूनाधिक मात्रा में उनसे बहुत पूर्व आलवार भक्तों के द्वारा हो चुका था। प्रसिद्ध आलवार भक्त शठकोप, कुल शेखर, गोदा, पराशर भट्ट, लोकाचार्य आदि ने अपने आराध्यदेव राम के प्रति माधुर्य भाव की व्यंजना विभिन्न रूपों में की है। शठकोप ने अपनी 'सहस्रगीति' में राम के प्रति कान्ता भाव को व्यक्त किया है तो कुलशेखर ने राम को अपने दामाद के रूप में स्वीकार किया है। इसी प्रकार रामानुजाचार्य के शिष्य पराशर भट्ट ने भी सीता को अपनी कन्या तथा राम को अपना दामाद मानकर उनके प्रति स्नेह भाव व्यक्त किया है। लोकाचार्य ने भी राम का अनुग्रह प्राप्त करने के लिए सीता की आराधना पर बल दिया है। इस प्रकार इन भक्तों के द्वारा राम-भक्ति के क्षेत्र में विभिन्न भावनाओं का विकास हुआ है।

रसिक भावना के विकास में पन्द्रहवीं शताब्दी के कृष्ण-भक्त कवियों का भी गहरा योगदान है। एक ओर चैतन्य, बल्लभ एवं राधा वल्लभ संप्रदाय के आचार्यों एवं कवियों ने क्रमशः भक्ति के ऐसे रूपों की कल्पना की जिनमें शृंगारिकता का

समावेश अधिक से अधिक मात्रा में हो सके तो दूसरी ओर इन संप्रदायों के कवियों ने भी राधा-कृष्ण की रसिकता, रास-लीला एवं विलासिता का चित्रण अधिकाधिक स्पष्ट रूप में करते हुए रसिक भावना के पोषण में योग दिया। चैतन्य संप्रदाय के अनुयायी रूपगोस्वामी ने सोलहवीं शताब्दी में ही आपने शास्त्रीय ग्रंथों—'भक्ति रसामृत सिंधु' एवं 'उज्जवल नील मणि' में भक्ति के अनेक भेदोपभेद करते हुए माधुर्य भाव की भक्ति को 'उज्जवल रस' के रूप में प्रतिष्ठित किया। इसी शताब्दी में बल्लभ-संप्रदाय के अनुयायी नन्ददास ने अपनी 'रूप-मंजरी' में 'उपपति रस' की स्थापना करते हुए महिला-भक्तों के सामने यह आदर्श रखा कि वे कृष्ण को अपना उपपति मानें। 'राधा बल्लभ संप्रदाय' में भी विशुद्ध प्रेम लक्षणा भक्ति को स्वीकार करते हुए उसमें राधा को अधिक महत्त्व प्रदान किया गया। इस प्रकार सगुण भक्ति के क्षेत्र में क्रमशः भक्ति शृंगारिकता एवं रसिकता में परिवर्तित होती जा रही थी, जिसकी चरम परिणति परवर्ती रसिक संप्रदायों में मिलती है।

१५.४. **रसिक उपासना-पद्धति का प्रवर्त्तन** जैसा कि पीछे संकेत किया गया है, रसिक उपासना-पद्धति की परम्परा को सम्यक् रूप से नियोजित, संगठित एवं प्रवर्तित करने का श्रेय स्वामी अग्रदास को प्राप्त है। स्वामी अग्रदास प्रसिद्ध भक्त रामानन्द स्वामी की परम्परा में आते हैं। क्योंकि उनके गुरु कृष्णदास पयहारी स्वामी रामानन्द के प्रशिष्य एवं स्वामी अनन्तानन्द के शिष्य थे। श्री पयहारी जी ने गलता (जयपुर) में अपनी गद्दी स्थापित की थी तथा वहीं अग्रदास जी ने इनका शिष्यत्व ग्रहण किया था। पयहारी जी के देहावसान के अनन्तर अग्रदास जी ने अपनी अलग गद्दी जयपुर के समीप रैवासा स्थान पर स्थापित कर ली थी तथा वहीं से उन्होंने अपनी नयी उपासना-पद्धति का प्रचार-प्रसार किया था।

अग्रदास ने अपने सिद्धान्तों का प्रतिपादन 'ध्यान-मंजरी' के अन्तर्गत किया है। इसमें उन्होंने दावे के साथ घोषित किया है कि राम की रसिक भक्ति के समक्ष ज्ञान, योग, तप आदि अन्य सभी साधन निस्सार प्रतीत होते हैं—

अमल-अमृत-रसधार रसिक जन यही रस पागे।
तेहि को नीरस ज्ञान योग तप छोई लागे॥

'रसिक' शब्द का प्रयोग भी अग्रदास ने बार-बार किया है—

श्री गुरु-संत-अनुग्रह ते अस गो पुर वासी।
रसिक जनन हित करन रहसि यह ताहि प्रकासी॥

× × ×

यह दंपति वर ध्यान रसिक जन नित प्रति ध्यावैं।
रसिक बिना यह ध्यान और सपने हूँ नहिं पावैं॥

वस्तुतः अग्रदास की 'ध्यान-मंजरी' को ही रसिक-सम्प्रदाय का आधारभूत ग्रंथ माना जाता है।

अग्रदास के अनन्तर इनके अनेक शिष्यों ने रसिक-उपासना-पद्धति का प्रचार विभिन्न क्षेत्रों में किया। प्रारम्भ में इसका क्षेत्र राजस्थान ही रहा किन्तु आगे चलकर अठारहवीं-उन्नीसवीं शताब्दी में अयोध्या, मिथिला, चित्रकूट आदि स्थानों में भी विभिन्न व्यक्तियों द्वारा रसिक उपासना के केन्द्र स्थापित हुए तथा राजस्थान, उत्तर प्रदेश, विंध्य प्रदेश एवं बिहार में इसका सर्वाधिक प्रचार हुआ। यहाँ यह भी उल्लेखनीय है कि इस संप्रदाय के अनेक परवर्ती आचार्यों ने रसिक-उपासना के सिद्धान्तों और साधना-पद्धति की नयी व्याख्या भी अपने-अपने ढंग से विभिन्न रूपों में करते हुए इसके संगठन, प्रचार एवं विकास में गहरा योग दिया। इन आचार्यों एवं संगठन-कर्त्ताओं में रामसखे, रामचरणदास, रघुनाथदास, कृपानिवास आदि का नाम विशेष रूप से उल्लेखनीय हैं।

१५.५. **रसिक संप्रदाय के प्रेरणा-स्रोत**—रसिक संप्रदाय का आविर्भाव उस युग में हुआ जबकि पूर्ववर्ती भक्ति-आन्दोलन अपने उत्थान की चरम सीमा तक पहुँच कर पतनोन्मुख हो गया था। प्रत्येक आन्दोलन किसी विशिष्ट लक्ष्य को लेकर उदित होता है। जब उस लक्ष्य की पूर्ति हो जाती है तो वह प्रायः इतर एवं गौण लक्ष्यों में प्रवृत्त होकर अपना स्वरूप परिवर्तित एवं विकृत कर लेता है तथा अन्त में शमित हो जाता है। ऐसी परिस्थिति में आन्दोलनकारी-संस्था विभिन्न शाखा-प्रशाखाओं में विभक्त एवं खंडित हो जाती है तथा वह बाह्य शक्तियों से संघर्ष करने के स्थान पर आन्तरिक कलह एवं प्रतिद्वन्द्विता में लीन हो जाती है। सत्रहवीं-अठारहवीं शताब्दी में भक्ति-आन्दोलन से सम्बन्धित विभिन्न संस्थाएँ अपने मूल लक्ष्य को भूल कर आत्म-तुष्टि, वैभव-वृद्धि, पारस्परिक प्रतिद्वन्द्विता एवं अन्तःकलह में प्रवृत्त हो गई थीं। बल्लभ एवं राधाबल्लभ संप्रदाय के अनुयायियों की वैभव-वृद्धि एवं लौकिक उन्नति को देखकर अनेक प्रतिभाशाली विद्वानों एवं साधकों का ध्यान भी सफलता के इस सरल मार्ग की ओर आकर्षित हुआ। कृष्ण-भक्ति के क्षेत्र में तो इसके लिए अधिक अवकाश नहीं रह गया था; अतः राम-भक्ति के उर्वर एवं रिक्त क्षेत्र में ही रसिकता की प्रतिष्ठा का प्रयास किया गया। राम-भक्ति के क्षेत्र में रसिकता का प्रादुर्भाव कृष्ण-भक्ति के क्षेत्र में प्रचलित एवं विकसित रसिक वृत्ति की ही प्रतिद्वन्द्विता में हुआ, इसका प्रमाण बाल अली, रामचरणदास, रसिक अली आदि रसिक भक्तों की उन उक्तियों में मिलता है जिनमें राम को कृष्ण की अपेक्षा अधिक उच्च कोटि का रसिक सिद्ध करने का प्रयास किया गया है; यथा—

एक रास वृन्दावन माहीं। श्री शुक कह्यो छिपा सो नाहीं॥
सरन जोग माया की लीनौ। तब कछु प्रगट विभव तहँ कीनौ॥
जहँ ईशता तहाँ रस हानी। बिन ईशता विभव नहिं मानी॥
विभव बिना नहिं होवै रासू। तातै तहँ माधुर्य हरासू॥
पुनि द्वारिका पाई रजधानी। तहाँ भुजा कहि चारि बखानी॥
कहाँ तहाँ माधुर्य सवादा। प्रगट ईशता की मरजादा॥

—बाल अली

यहाँ बाल अली कृष्ण के राम को वैभवहीन, अस्वाभाविक एवं हेय सिद्ध करते हुए उसे माधुर्य स्वाद से शून्य घोषित करते हैं जबकि रास के राम-विलास में ये न्यूनताएँ नहीं मिलतीं—

भिन्न-भिन्न रमणि महलन राखी। रमहिं राम तिनमें मृदु भाषी।।

× × ×

ह्वै सुतंत्र निज महलनि माहीं। रमहिं रमावहिं हँसहिं हँमाहीं।।
नहिं कुछ ईश्वरता तहँ चहिए। राज्य विभव सहजहिं सुख लहिये।।

बाल अली जी के विचार से महलों में स्वतन्त्रतापूर्वक विलास करने वाले राम की क्रीड़ाओं में जैसा माधुर्य है वैसा कृष्ण की लीलाओं में नहीं हो सकता। क्योंकि उनके पास वह वैभव, वह साज-सज्जा एवं वह स्वतन्त्रता कहाँ जो राम के पास थी! इसे और स्पष्ट करते हुए वे लिखते हैं—

रतन किरीट इहाँ शिरधारी। मोर पुच्छ उत मुकुट निहारी।।
वसन जराऊ इत बहु रूरे। उत कारूरी स्याह छवि झूरे।।
इहाँ मणिन के भूषण नाना। गुंजा हार उहाँ मन माना।।
इहाँ भुजनि धरि धनु अरु बाना। चलहिं सिकार सखा संग नाना।।

राम और कृष्ण में 'रत्न किरीट' एवं 'मोर पुच्छ मुकुट' या जड़ाऊ वस्त्र एवं काली कमली का ही अन्तर नहीं है, इनसे भी बड़ा एक अन्तर और है; वह है—

जनकराज कन्या छवि भारी। इहाँ राम दुलहिन अनुहारी।।
उहाँ राधिका गोप कुमारी। जसतस मिली जतन करि भारी।।

भला एक राजकुमारी और गोपकुमारी में क्या समता हो सकती है! और फिर वह गोपकुमारी भी उन्हें सहज-सुलभ कहाँ है, उसके लिए भी उन्हें 'जसतस भारी जतन' करना पड़ता है।

वस्तुतः राम और कृष्ण की तुलना में यहाँ जैसे स्थूल एवं छिछले दृष्टिकोण का परिचय दिया गया है वही इनकी अन्तर्भावना के स्तर को प्रमाणित करने के लिए पर्याप्त है। बाल अली के अनन्तर सियारामशरण, रामचरण, रसिक अली आदि रसिकों ने कृष्ण के प्रति इस प्रतिद्वन्द्वात्मक दृष्टिकोण का परिचय दिया है। सियारामशरण तो वृन्दावन में सर्वत्र कृष्ण की महिमा एवं राम की उपेक्षा होते देखकर ही वहाँ से निराश होकर लौट आये जबकि अन्य रसिकों ने स्पष्ट रूप से कृष्ण की हेयता का प्रतिपादन करके ही संतोष लिया है। यहाँ कुछ उक्तियाँ उद्धृत हैं—

राम सींव मरजाद को, कृष्ण जु बे मरजाद।
राम चरण परनारि रत, कब श्रुति कहहि सद्वाद।।

× × ×

कृष्ण शरन गई गोपिका, तजि सुत पति धन धाम।
तिन अबलन का बन लुटेउ, तदपि कुछ कीन न काम।।

—रामचरणदास

कृष्णचन्द्र ब्रज योषिता मोही गाय सुतान।
नहिं कछु रूप विशेषता, मृगिहु मोह सुनि गान ।।
मिथिलापुर की तियन को रघुवर मोह सुभाय।
केवल रूप विशेषता, नहिं कछु युक्ति दिखाय ।।
—रसिक अली

यहाँ कहा जा सकता है कि इन राम भक्तों ने कृष्ण-भक्तों की अमर्यादिता एवं अनैतिकता का विरोध करने के लिए ऐसा किया है, किन्तु वास्तविकता यह नहीं है। यदि इन रसिकों के मन में सुधार की भावना होती तो वे स्वयं कृष्ण-भक्तों के ही मार्ग पर चलकर राम को घोर विलासी रूप में चित्रित नहीं करते। वस्तुत: इन्होंने कृष्ण-भक्ति-संप्रदायों का पूर्णत: अनुसरण करते हुए रसिकता के क्षेत्र में उनसे भी आगे बढ़ने का प्रयास किया है। कृष्ण-भक्तों का केन्द्र कृष्ण की जन्म-भूमि वृन्दावन था तो इन्होंने राम-सीता के जीवन से सम्बद्ध स्थलों - अयोध्या, मिथिला एवं चित्रकूट—को अपना केन्द्र बनाया। उनके यहाँ राधा और उसकी सखियों का महत्त्व है तो इन्होंने जनक-नन्दिनी की और उसकी सहस्राधिक सखियों की कल्पना की। कृष्ण-भक्तों की रासलीला वृन्दावन के कुंजों में चलती है तो इन्होंने साकेत के रंगमहलों एवं कनक-भवनों में राम की अष्टयामी क्रीड़ाओं का चित्रण किया। अस्तु, इसमें कोई संदेह नहीं कि रसिक-संप्रदाय के विकास में कृष्ण भक्ति संप्रदायों का प्रभाव मूल प्रेरणा एवं प्रति-स्पर्द्धा के रूप में योग देता रहा है। इसके अतिरिक्त इस युग के शासकों एवं सामन्तों की अति रसिकता, जनता के बौद्धिक स्तर के ह्रास एवं जीवन के प्रत्येक क्षेत्र में शृंगारिकता की प्रतिष्ठा ने भी इस संप्रदाय के प्रचार एवं प्रसार के अनुकूल वातावरण तैयार किया। संभव है कि उस युग की लोक-रुचि एवं सामाजिक मान्यताओं की कसौटी पर पूरी उतरने के लिए ही परम्परागत भक्ति को रसिकता का रूप धारण करना पड़ा हो तथा इसीलिए मर्यादावादी राम को भी लोक रुचि के अनुकूल रसिक बिहारी का रूप अपनाना पड़ा हो।

१५.६ **रसिक संप्रदाय के आधार-ग्रंथ** इस संप्रदाय के आधारभूत ग्रन्थों में विभिन्न पांचरात्र संहिताओं एवं शैव व शाक्त तंत्रों का उल्लेख किया जाता है। महात्मा रामचरण दास ने इस संप्रदाय के सिद्धान्तों की परम्परा का निर्देश करते हुए इन ग्रन्थों की चर्चा की है—(क) **पांचरात्र संहिताएँ** –(१) अगस्त्य संहिता, (२) सनत्कुमार संहिता, (३) हनुमत्संहिता, (४) भारद्वाज संहिता, (५) हिरण्यगर्भ संहिता, (६) आनन्द संहिता, (७) वशिष्ठ संहिता, (८) महाशंभु संहिता, (९) सदा-शिव संहिता, (१०) महाशिव संहिता, (११) ब्रह्म संहिता, (ख) **शैव तंत्र**—(१) शैवागम सार, (२) ब्रह्मयामल तंत्र, (३) स्कन्दयामल तंत्र (ग) **शक्ति तंत्र**—महा सुन्दरी तंत्र। इन ग्रंथों में रसिक भावना के पोषण तत्त्व पर्याप्त मात्रा में उपलब्ध होते हैं; यथा—'अगस्त्य संहिता' में सीताराम को शृंगारी मुद्राओं का अंकन रसिकता-पूर्ण दृष्टि से हुआ है, जिसका प्रभाव अग्रदास की 'ध्यान मंजरी' पर भी परिलक्षित होता है।

रसिक संप्रदाय की प्रतिष्ठा से पूर्व कुछ ग्रन्थ और भी रचे गये थे जिनमें राम के प्रति शृंगारी एवं रसिक दृष्टि का उन्मेष मिलता है। इस प्रकार के ग्रंथों को डॉ० भगवती प्रसाद सिंह ने दो वर्गों में विभाजित किया है—(१) अद्वैतवादी शैव भक्तों की कृतियाँ और (२) विशिष्टाद्वैती श्री वैष्णवभक्तों की कृतियाँ। इनमें से पहले वर्ग में 'कबन रामायण', 'आनन्द रामायण' एवं 'राम लिंगामृत' तथा दूसरे वर्ग में 'भुशुंडि रामायण', 'हनुमत्संहिता' और 'सत्योगाख्यान' आते हैं। 'कंबन रामायण' (१०वीं शती) तमिल में रचित है जिसमें राम-सीता के प्रेम को स्पष्टतापूर्वक वर्णित किया गया है। 'आनन्द रामायण' (१५वीं शती) संस्कृत में रचित है, जिसमें सीता-राम के संयोग को अमर्यादित एवं नग्न रूप में चित्रित किया गया है। 'राम लिंगामृत' का निर्माण १६०८ ई० में काशी के अद्वैत नामक ब्राह्मण द्वारा हुआ था। इसके 'जानकी राम-क्रीड़ा-हितक' अध्याय में दंपत्ति की संयोग-लीलाओं का चित्रण अष्टयाम पद्धति पर किया गया है। 'भुशुंडि रामायण' का रचना-काल अनिर्दिष्ट है। इसमें राम का सीता तथा उसकी सखी सहजा आदि के साथ रास-लीला का चित्रण रसिकतापूर्ण दृष्टि से हुआ है। 'हनुमत्संहिता' (रचनाकाल, अनुमानतः १६वीं शती) में 'राम की रहस्यमयी माधुर्य लीलाओं' का प्रतिपादन करते हुए हनुमान को राम की प्रधान सखी 'चारुशीला' के रूप में प्रस्तुत किया गया है तथा इसमें 'रसिक' शब्द का उल्लेख भी सांप्रदायिक अर्थ में हुआ है। 'कोशलखंड' या 'बृहत्कोशल खंड' में रसिकतापूर्ण दृष्टि से राम का चित्रण किया गया है। अस्तु, इन ग्रंथों के आधार पर यह कहा जा सकता है कि राम-भक्ति के क्षेत्र में रसिकता के विकास के लिए उपयुक्त पृष्ठभूमि अग्रदास से पूर्व ही तैयार हो चुकी थी। अग्रदास ने उसमें उचित समय पर नये संप्रदाय का बीज-वपन किया; अतः उनकी सफलता निश्चित थी।

१५ ७. **रसिक संप्रदाय : स्वरूप एवं साधना-पद्धति**—इस संप्रदाय के सिद्धांतों एवं साधना-पद्धतियों को यहाँ कतिपय शीर्षकों के अन्तर्गत संक्षेप में प्रस्तुत किया जाता है—

(क) **'रसिक' का अर्थ**—सामान्यतः 'रसिक' का प्रयोग 'रस-मर्मज्ञ' या 'भावुक' व्यक्ति के अर्थ में किया जाता है। साहित्य के क्षेत्र में काव्य-रस के मर्मज्ञ को भी 'रसिक' कहा जाता है, किन्तु मध्यकालीन काव्य में 'रसिक' का सम्बन्ध मुख्यतः काम-कला एवं रस-केलि के ज्ञाता तथा सौन्दर्य-लोलुप व्यक्तियों से स्थापित हो गया। पुष्टि मार्ग के अनुयायी कवि नन्ददास, आचार्य केशवदास, कवि बिहारी आदि अनेक कवियों ने इसी अर्थ में 'रसिक' का प्रयोग किया है—

(अ) नन्ददास—'लाल रसिक के वंक वचन सुनि चकित भई यौं।'

(ब) केशवदास—'रसिकन को रसिक-प्रिया कीन्हीं केशवदास।'

(स) बिहारी— 'गिरि ते ऊँचे रसिक मन, बूड़े जहाँ हजार।
सोई पशु नरन को प्रेम पयोधि पगार॥'

आध्यात्मिक एवं धार्मिक क्षेत्र में 'ब्रह्मानन्द अथवा लीला रस' के भोक्ता को 'रसिक' कहा जाता है, किन्तु इस सम्प्रदाय में 'रसिक' का अर्थ इतना व्यापक नहीं

है, इसमें स्पष्ट ही 'लीलाओं' का क्षेत्र रसमय या शृंगारी-लीलाओं तक ही सीमित है; इसीलिए अग्रदास ने रसिक के लिए राम-सीता के दाम्पत्य-जीवन की लीलाओं के ध्यान पर विशेष बल दिया है—

यह दंपति वर ध्यान रसिक जन नित प्रति ध्यावें।
रसिक बिना यह ध्यान और सपनेहुँ नहीं पावै ॥

(ख) **रसिकों के भाव-भेद**—इस सम्प्रदाय में रसिक के लिए यह आवश्यक नहीं है कि वह राम को प्रेमी या प्रेमिका के रूप में स्वीकार करे। इसके लिए आराध्य एवं भक्त के बीच पाँच प्रकार के भावात्मक सम्बन्धों की कल्पना की गई है

वात्सल्य, दास्य, सख्य, माधुर्य एवं शान्त; भक्त इनमें से किसी भी एक भाव को अपना सकता है किन्तु प्रत्येक स्थिति में उसे आराध्य राम का चिन्तन दिव्य दंपत्ति के रूप में ही करना होगा। इसका तात्पर्य यह हुआ कि वह आराध्य से अपना चाहे जो सम्बन्ध स्थापित करे किन्तु उसके आराध्य देव सदा युगल बिहारी के रूप में ही उपस्थित होंगे। कुछ आचार्यों ने इन पंचभावोपासक रसिकों को भी दो वर्गों में बिभक्त किया रसिक और रूक्ष रसिक। प्रथम वर्ग में वात्सल्य, दास्य, सख्य और माधुर्य भाव के उपासक आते हैं जबकि दूसरे में शान्त भाव के उपासक। बाल अली ने प्रथम वर्ग के उपासकों को श्रेष्ठतर माना है।

ग) **रसिक लक्षण**—रसिकों में सन्तों एवं भक्तों के सामान्य. लक्षण तो होते ही हैं, इसके अतिरिक्त उनमें रसिकता, प्रेमातुरता एवं विरह-वेदना विशेष रूप से होती है। इस सम्बन्ध में इस सम्प्रदाय के आचार्य एवं भक्त रामसखे ने लिखा है—

रसिक अनन्य वहै सुखदानी। राम रूप बिनु लखहिं न आनी ॥
छवि आसक्त रहहिं मनमानी। क्षण पल राघव बिसरत नाही ॥
हेरि कोऊ सुन्दर नर-नारी। राम वियोग करहिं अति भारी ॥
वेष नृपति छैलन असवारी। आवत राम ध्यान छविकारी ॥

× × ×

देखि कुसुम वसंत ऋतु सोभा। छावत राम प्रेम उर गोभा ॥
कहुँ विलोकि नग जटित नूपुरन। अवध लाल कर रूप चुभत मन ॥

—नृत्य राघव मिलन

इससे ज्ञात होता है कि इस सम्प्रदाय में रसिक का आदर्श लक्षण अपने आराध्य के रूप सौंदर्य, प्रेम और विरह में तल्लीन रहना ही माना गया है।

रसिकों के आचार-व्यवहार के सम्बन्ध में भी कहा गया है कि ये दूसरे सम्प्रदायों के भक्तों एवं साधकों से अपना कोई सम्बन्ध नहीं रखते, केवल सजातीय साधकों से ही मेल-जोल रखते हैं। विधि निषेध से परे रहकर रात-दिन राम की छवि-माधुरी का पान करना ही इनका धर्म है। 'आदर्श रसिकों' की विराग-वृत्ति इतनी तीव्र होती है कि शीत से बचने के लिए एक गुदरी के अतिरिक्त और कोई वस्तु वे अपने पास नहीं रखते। गले में तुलसी की माला, मस्तक पर तिलक, दोनों

भुजाओं में रामायुध की छाप, कमर में लगोटी, हाथ में कमण्डल और शरीर में पीले रंग का वस्त्र, यही इनका बाना है। षडक्षर राम मन्त्र का उपदेश, रासग्रन्थों का स्वाध्याय, राम रास का ध्यान और तद्विषयक पदों का गान करते हुए, वे अपना कालक्षेप करते हैं। राम रास के दिव्य रस से छके हुए इन भक्तों को अन्य साधन-प्रणालियाँ खारी लगती हैं।"[1] वस्तुतः रसिक के ये लक्षण आदर्श शास्त्रीय लक्षण ही हैं, यथार्थ में भी सर्वत्र ऐसा ही होगा, ऐसा मानना उचित नहीं होगा।

(घ) **रसिक साधना का स्वरूप**—यद्यपि सैद्धान्तिक रूप में रसिक शाखा के अन्तर्गत पाँचों प्रकार के भक्ति भाव—दास्य, वात्सल्य, सख्य, माधुर्य एवं शान्त—को मान्यता दी गई है, किन्तु व्यावहारिक रूप में सख्य एवं माधुर्य का ही अधिक प्रचलन एवं विकास हुआ। इसीलिए रसिक भक्त आराध्य से विभिन्न रूपों में अपना मधुर सम्बन्ध स्थापित करते हुए उसकी आराधना करते हैं। वे प्रायः स्वयं को सीता की अंतरंग सखी या राम के नर्म सखा, केलि-सहायक या दंपत्ति के विश्वास-पात्र सेवक के रूप में कल्पित करते हुए आराध्य की गुप्त-क्रीडाओं के रस का उप-भोग प्रत्यक्ष या अप्रत्यक्ष रूप में करते हैं। वस्तुतः रसिक साधक का चरम लक्ष्य दिव्य दम्पत्ति की सेवा व युगल सरकार की क्रीड़ाओं के दर्शन-सुख का अवसर प्राप्त करना ही है। पर इस अवसर की प्राप्ति के अधिकारी कुछ विशिष्ट लोग ही होते हैं। बाल अली तथा रामचरणदास आदि ने प्रत्येक व्यक्ति के सामने इन गुह्य क्रीडाओं की चर्चा करने एवं उन्हें इस रस का अनुभव बताने का निषेध किया है। सांसारिक आकर्षण से मुक्त एवं उच्च स्तर के साधकों को ही लीला-रस के आस्वादन का अधिकारी माना गया है। इसके पीछे वास्तविकता क्या है—इसका स्पष्टीकरण अभी तक नहीं हो पाया है। ये शृंगार के आवरण में भक्ति का पोषण कर रहे थे या भक्ति के आवरण में शृंगार का—इस सम्बन्ध में कोई निर्णय देना अभी कठिन है।

रसिक साधना में प्रवृत्ति का हेतु भगवत्कृपा को ही माना गया है। आवागमन के चक्कर में पड़े हुए जीव के दुःख को देखकर ही भगवान् के हृदय में करुणा, अनु-कम्पा या कृपा का प्रादुर्भाव होता है। ऐसी स्थिति में व्यक्ति को किसी सन्त या गुरु का सानिध्य, संस्कार एवं उसकी दीक्षा प्राप्त होती है। गुरु के द्वारा दीक्षा प्राप्त करके साधक प्रभु-प्राप्ति के पाँच उपायों में प्रवृत्त होता है—(१) कर्म-काण्ड, (२) ज्ञान या चिन्तन; (३) भक्ति, (४) प्रपत्ति (५) आचार्याभिमान अर्थात् गुरु चरणों में पूर्णतः समर्पण। यहाँ यह विशेष ध्यान देने की बात है कि इस सम्प्रदाय में गुरु-भक्ति को अन्य सभी उपायों में अधिक महत्त्व दिया गया है। संभवतः ऐसा आचार्यों एवं गुरुओं ने अपने स्थान एवं महत्त्व को सुदृढ़ बनाये रखने के लिए ही किया होगा।

---

१. राम भक्ति में रसिक सम्प्रदाय : डॉ० भगवती प्रसाद सिंह, पृ० १४६।

साधक गुरु के परामर्श एवं आदेश से आराध्य से पाँच प्रकार के भाव-सम्बन्धों में से कोई एक सम्बन्ध स्थापित करता है। इन पाँच सम्बन्धों—मधुर, सख्य, दास्य, वात्सल्य और शान्त का उल्लेख पीछे किया जा चुका है। "भावना सम्बन्ध देते समय सद्गुरु साधक को इनमें से जिस रस-विशेष का उपदेश देते हैं उसी के अनुकूल उसके परिकर रूप का वर्ग, वय, सेवा और नाम निर्धारित किया जाता है और सम्बन्ध-सूत्र तथा रस-योग की प्रक्रिया की व्याख्या की जाती है। साधारणतया एक आचार्य अपने सम्प्रदाय के ही रस-विशेष के सम्बन्ध का उपदेश देता है। फिर भी यत्र-तत्र ऐसे प्रमाण मिलते हैं जहाँ एक ही आचार्य दो रसों का सम्बन्ध देते देखे गये हैं।"[1]

शिष्य या साधक को सम्बन्ध-भावना की दीक्षा देने के अनन्तर गुरु उसके हृदय में उस भाव विशेष के स्फुरण एवं उद्दीपन के लिए सम्बन्धित तत्त्वों की शिक्षा-दीक्षा देता है। यदि शिष्य को सख्य या सखी भाव का सम्बन्ध प्रदान किया गया तो उसे उसके अनुकूल उसकी वय एवं स्थिति का भी निर्णय किया जाता है। इस दृष्टि से सखियों के भेदोपभेद भी किये गये हैं; जैसे- मधुर सखी, मंजरी सखी, मुग्धा सखी, वयः सन्धिनी सखी, मध्या सखी, प्रौढ़ा सखी आदि। स्पष्ट ही यह वर्गीकरण शृङ्गारी कवियों के नायिका-भेद का अनुकरण है। इसी प्रकार साधक सखी के रूप में कौन सी सेवा, किस नाम और किस प्रकार करेगा—इन सब बातों पर भी गुरु विचार करके साधक का पथ-प्रदर्शन करता है।'युगल सरकार' की अन्तरंग केलियों में भाग लेने का अवसर गुरु की कृपा से ही मिल सकता है, अतः यह सब साधक के लिए अपेक्षित है।

(ङ) **आराध्य का स्वरूप**—रसिक सम्प्रदाय में ईश्वर के पाँच रूपों पर, ब्यूह, विभव, अन्तर्यामी और अर्चावतार—में से मुख्यतः 'पर' स्वरूप को स्वीकार किया गया है। उसमें साकेत बिहारी श्री रामचन्द्र को ही परात्पर ब्रह्म माना गया है। वे ही निर्गुण और सगुण दोनों के कारण हैं तथा सभी अवतार उनकी अंशकला मात्र हैं। ब्रह्मा, विष्णु और महेश के भी वे ही कारण हैं। नित्य-किशोर वय, सौन्दर्य-सिन्धु, गुणातीत होते हुए भी श्री रामचन्द्र अपनी प्रियतमा सीता के साथ साकेत लोक में अपने अनुचरों के सहित बिहार करते रहते हैं। सीता जी उनकी पराशक्ति है। अपने भक्तों को मुक्ति प्रदान करने के उद्देश्य से ही वे अपने परिकरों सहित लीलाभूमि अयोध्या में अवतार धारण करते हैं। अवतार लीला में उनका माधुर्य गोपनीय होता है, जिसका आस्वादन केवल अवतरित सखी, सखा, दास आदि अंतरंग भाव से आश्रित नित्य परिकर ही कर पाते हैं। परात्पर ब्रह्म (राम) के इस रहस्यमय रूप एवं उनकी गुह्य लीलाओं का मर्म केवल गुरुमुख से जाना जा सकता है।

---

१. रामभक्ति में रसिक सम्प्रदाय : डॉ० भगवती प्रसाद सिंह, पृ० २३५।

उपर्युक्त विवरण से स्पष्ट है कि इस संप्रदाय में मर्यादा-पुरुषोत्तम राम को लीला पुरुष के रूप में परिवर्तित कर दिया गया है। वे कनक भवन के अष्टकुंज, सरयू तट पर स्थिति बारह वनों में तथा द्वादश उपवनों में, मिथिला, चित्रकूट एवं रत्नागिरि के विभिन्न रम्य स्थलों में सदा रास-क्रीड़ाओं एवं रस-केलियों में लीन रहते हैं। बालअली, मधुराचार्य, राम सखे आदि आचार्यों ने प्राचीन ग्रन्थों से उद्धरण प्रस्तुत करते हुए यह सिद्ध करने का प्रयास किया है कि राम के केवल एक ही पत्नी नहीं थी, उन्होंने सहस्रों मुनि कन्याओं, राज कन्याओं, नाग कन्याओं तथा गन्धर्व कन्याओं का परिग्रहण किया था। रामसखे जी ने उनकी आठ पटरानियों का भी उल्लेख किया है। उनमें प्रधान रानी या प्रमुख नायिका सीता जी ही मानी जाती हैं। नायिका भेद की दृष्टि से सीताजी को स्वाधीनपतिका के रूप में स्वीकार किया गया है। इस प्रकार राम को ऐसे साधनों एवं सिद्धियों से विभूषित किया गया है जिससे वे रसिक शिरोमणि वृन्दावन-बिहारी गोपीनाथ की प्रतिस्पर्धा में टिक सकें। जहाँ तक स्थूल साधनों एवं बाह्य ऐश्वर्य का सम्बन्ध है, इसमें कोई सन्देह नहीं कि इन आचार्यों को अपने लक्ष्य में पूरी सफलता मिली है, किन्तु राधा और कृष्ण के पारस्परिक सम्बन्ध में प्रणय की जो सूक्ष्म अमृत-धारा कृष्ण-भक्त प्रवाहित कर पाये थे, उसकी एक बूंद भी इन रसिकों के 'युगल सरकार' की रस-केलियों में उपलब्ध नहीं होती। वस्तुतः प्रत्येक अनुकर्त्ता मूल की फार्म को अनुकृत कर पाता है, उसके आन्तरिक सूक्ष्म तत्त्व तक उसकी पहुँच प्रायः नहीं हो पाती, यही बात रसिक संप्रदाय पर लागू होती है। इन्होंने कृष्ण-भक्ति की लोकप्रियता को देखकर उसके बाह्यरूप की तो सभी विशेषताओं वृन्दावन, गोपियाँ, गोपबालाएँ, रास-लीला, अंतरंग सखा-सखियाँ आदि --से सम्बन्धित उपादानों को जुटा लिया किन्तु उसके अंतरंग सूक्ष्म तत्त्व— सहज माधुर्य को प्राप्त कर लेना इनके वश की बात नहीं थी। अस्तु, राम-रसिकों के समस्त सांप्रदायिक सिद्धान्त एवं उनकी पद्धतियाँ कृष्ण-भक्ति के विभिन्न पक्षों की स्थूल, विकृत एवं निर्जीव अनुकृति मात्र प्रस्तुत करती हैं, इसी तथ्य को ध्यान में रखकर इनकी मूल चेतना को समझा एवं परखा जा सकता है।

(च) लीला रस की स्थापना जिस प्रकार चैतन्य संप्रदाय के अनुयायी रूप गोस्वामी ने राधा-कृष्ण की शृङ्गारी लीलाओं को उदात्त रूप प्रदान करने के लिए 'उज्ज्वल रस' की स्थापना की थी, उसी प्रकार इस संप्रदाय के कुछ आचार्यों ने भी राम की संभोग-क्रीड़ाओं के अवलोकन से प्राप्त आनन्द को 'लीला-रस' की संज्ञा दी है। इस 'लीला-रस' के नायक-नायिका आदि का विस्तृत विवेचन इनके द्वारा हुआ है, जो वस्तुतः साहित्य-शास्त्र के शृङ्गार रस सम्बन्धी विवेचन का ही दूसरा रूप है। शृङ्गार रस से लीला रस का अन्तर केवल इतना ही है कि प्रथम के नायक-नायिका सामान्य व्यक्ति होते हैं जब कि दूसरे का सम्बन्ध दिव्य पात्रों—राम, सीता से होता है। भक्ति के भेदों के आधार पर इस लीला रस के भी पाँच भेद किये गये हैं (१)

माधुर्य लीला (२) सख्य-लीला (३) दास्य-लीला (४) वात्सल्य-लीला (५) शान्त-लीला। लीला के विषय, काल, देश आदि के आधार पर भी उसके अनेक भेद किये गये हैं, जिनकी चर्चा यहाँ सम्भव नहीं। वस्तुतः इन्होंने लीला रस का जो सूक्ष्म, विस्तृत एवं ऊहापूर्ण विवेचन किया है उसके आधार पर एक पूरा 'लीला शास्त्र' खड़ा किया जा सकता है।

लीला रस का आस्वादन साधक प्रत्यक्ष रूप में करता है या अप्रत्यक्ष रूप में—इस आधार पर साधकों की भावना के भी दो भेद किये गये हैं—स्वसुख भावना और तत्सुख भावना। जब साधक प्रभु की रस-केलिग्रों में स्वयं भाग लेकर आनन्द प्राप्त करता है तो वह 'स्वसुख भावना' है जब कि अन्य सखियों की रस-केलि को देखकर या उसका ध्यान मात्र करके दूसरे के सुख का अप्रत्यक्ष आनन्द प्राप्त करता है तो उसे 'तत्सुख भावना' कहते हैं। इन दोनों भावनाओं को लेकर रसिक संप्रदाय की दो पृथक् शाखाओं का विकास हुआ है; बालअली जी तथा उनके अनुयायी जहाँ 'तत्सुख भावना' को अपनाते हैं वहाँ श्री जनकराज किशोरीशरण 'रसिक अली' के अनुयायी 'स्वसुख भावना' को स्वीकार करते हैं। वस्तुतः स्वसुख भावना का विकास बाद में हुआ है जो इन रसिकों की बढ़ती हुई रसिकता को प्रमाणित करता है। पहले वे युगल सरकार के 'तत्सुख' से ही संतुष्ट रहते थे, पर आगे चलकर वे 'स्वसुख' प्राप्ति का लोभ संवरण नहीं कर सके। अस्तु, प्रारम्भ में यदि थोड़ी-बहुत भक्ति-भावना थी भी तो वह अंत तक पूर्णतः रसिकता में परिवर्तित हो गयी।

१५.८. **रसिक संप्रदाय के प्रमुख कवि एवं काव्य**—रसिक भक्ति काव्य-परम्परा के प्रवर्त्तक **अग्रदास** माने जाते हैं जो जयपुर (राजस्थान) के श्री कृष्णदास पयहारी के शिष्य थे। इनका जन्म राजस्थान के किसी गाँव में सोलहवी शती के उत्तरार्ध में हुआ था तथा पयहारी जी के देहावसान के अनन्तर इन्होंने अपनी गद्दी जयपुर के समीप रैवासा नामक स्थान पर स्थापित कर ली थी। इनकी हिन्दी रचनाओं में 'ध्यान मञ्जरी' और 'कुण्डलियाँ' उल्लेखनीय हैं। इनके अतिरिक्त 'शृङ्गार रस-सागर' या अग्रसागर' नामक एक विशाल ग्रन्थ भी उपलब्ध है जो इन्हीं के द्वारा रचित बताया जाता है। इन्होंने ब्रज-भाषा के अत्यन्त सरल रूप का प्रयोग अपनी रचनाओं में किया है, यथा—

सहज चलौंगी आपनी, अनखि मरैंगे लोग।
अनखि मरैंगे लोग, वेद कुल कानि न करिहौं॥
भली बुरी सिरधारि अनन मारग अनुसरि हौं।
देव पितर विधि अविधि लोक परलोक न सूसो॥
सरवसु सीताराम कोऊ, रूसो कोऊ तूसो।

ये अपनी रचनाओं में प्रायः 'अग्रअली' और 'अग्रस्वामी' उपनाम का भी प्रयोग करते थे; अतः इन नामों से भी इनकी प्रसिद्धि है।

अग्रदास जी के शिष्यों में सर्वाधिक प्रसिद्धि भक्त **'नाभादास' या 'नाभा अली'** की है, जिन्होंने १७वीं शती के आरम्भ में प्रसिद्ध ग्रंथ 'भक्तमाल' की रचना की थी। इसके अतिरिक्त इनकी दो रचनाएँ 'अष्टयाम' और 'रामचरित संग्रह' हैं। 'भक्तमाल' में विभिन्न भक्तों का श्रद्धापूर्ण परिचय दिया गया है तो अन्य दोनों ग्रंथों में राम की दिनचर्या का विवरण दिया गया है। इनमें राम की विभिन्न क्रीड़ाओं का भी वर्णन किया गया है जो रसिक भावना के उन्मेष की सूचक हैं।

अग्रदास जी के शिष्य-परम्परा में एक अन्य रसिक भक्त **बालकृष्ण 'बाल अली'** हुए, जिनका काव्य-काल सत्रहवीं शती का उत्तरार्ध है। इनकी आठ रचनाएँ ज्ञात हैं—(१) ध्यान मंजरी (२) नेह प्रकाश (३) सिद्धान्त तत्व दीपिका (४) दयाल मंजरी (५) ग्वाल पहेली (६) प्रेम पहेली (७) प्रेम परीक्षा और (८) परतीत परीक्षा। इन्होंने अपनी रचनाओं में प्रायः 'बाल अली' छाप का प्रयोग किया है।

लश्करी शाखा के प्रवर्तक के रूप में प्रसिद्ध बालानन्द का आविर्भाव राजस्थान के किसी गाँव में १६५३ ई० में हुआ था। इन्होंने १६ वर्ष की अवस्था में दशनामी शैवों के आक्रमण का सामना करने के लिए वैष्णवों का एक रक्षा-दल 'रामादल' संगठित किया था। इनकी फुटकल रचनाएँ उपलब्ध हैं जिनमें राम-भक्ति का प्रकाशन रसिकतापूर्ण शब्दों में हुआ है; यथा—

भवन गवन प्रभु कीजै सेज बिछी, भवन गवन प्रभु कीजै।

× × ×

मंद मंद मुसकान छबीले, बोलत बचन रसीले।
'बालानन्द' को देहे किंकरी, श्रीपति ऐसे सुसीले॥

रामप्रिया शरण 'प्रेमकली' ने रसिक परम्परा की प्रतिष्ठा एवं प्रचार में गहरा योगदान दिया है। इनका निवास-स्थान मिथिला था तथा ये अपने-आपको सीता जी की सहोदरा के रूप में मानते थे। इन्होंने 'सीतायन' नामक एक विशाल प्रबन्ध काव्य की रचना की जो सात कांडों में विभक्त है—(१) बाल कांड, (२) मधुर माल कांड, (३) जयमाल कांड, (४) रसमाल कांड, (५) सुखमाल कांड, (६) रसाल कांड और (७) चन्द्रिका कांड। जैसा कि डॉ० भगवतीप्रसाद सिंह ने बताया है, इसमें सीता का पूरा चरित न होकर केवल उनके बाल एवं यौवन-काल की लीलाओं का ही वर्णन है। इसकी शैली का एक नमूना द्रष्टव्य है—

सखी सब राजती संग में, बजाती साज को रंग में।
रसिक सब भक्त छवि पीवे, सिया पिय वदन लखि जीवै॥

वस्तुतः इसमें सीता को राधा के अनुरूप ढालने का प्रयास किया गया है। इनके उपर्युक्त ग्रन्थ का रचना-काल १७०३ ई० है।

अयोध्या के रसिक सन्त **जानकी रसिक शरण 'रसमाला'** ने भी लगभग इसी समय (१७०३ ई०) में 'अवधी सागर' नामक ग्रन्थ की रचना की थी, जिसमें सीता-राम बिहार-लीलाओं का वर्णन है; यथा—

झूलैं सिय पिय रंग हिंडोरै ।
प्रीतम के संग रमक बढ़ावत रंग भरी सखियाँ चहुँ ओरैं ॥
घन गरजत बिजुली चमकत बरसत रिमझिम पवन झकोरैं ।
'रस मालिनि' प्रीतम मन मोहन बोलत खग रव मोर चकोरैं ॥

सूर किशोर महात्मा अग्रदास के गुरुभ्राता कील्ह स्वामी के प्रशिष्य थे जो सीता को अपनी कन्या मानकर उपासना करते थे । इनका एक मात्र ग्रन्थ 'मिथिला विलास' उपलब्ध है । इन्होंने मिथिला के तीर्थ-स्थलों के उद्धार का कार्य भी किया था तथा कहा जाता है कि एक बार इन्हें सीता जी के दर्शन भी हुए थे । इनकी रचनाएँ मुक्तकों एवं पदों के रूप में रचित हैं ।

अठारहवीं शताब्दी के अन्य कवियों में रामसखे, प्रेमसखी, कृपानिवास, रामचरणदास, शिवलाल पाठक प्रभृति का नाम विशेषरूप से उल्लेखनीय है । **रामसखे** सख्य भाव से उपासना करते थे तथा इनके दस ग्रन्थ उपलब्ध हैं—(१) द्वैतभूषण (२) पदावली (३) रूपरसामृत सिंधु (४) नृत्यराघव मिलन दोहावली (५) रास्य पद्धति (६) नृत्य राघव मिलन कवितावली (७) दानलीला (८) बानी (९) मंगल शतक (१०) राममाला । इन्होंने मुख्यत: मुक्तक एव गीति शैली का प्रयोग किया है । संगीत की राग-रागनियों पर अच्छा अधिकार होने के कारण इन्हें गीति-शैली में विशेष सफलता मिली है । इनके मुक्तकों में पर्याप्त सरसता है; यथा—

आजु को हाल सुनो सजनी मडये प्रगटे यक कौतुक भारी ।
जेंवत नारि बराति सबै रघुनाथ लख्यो मिथिलेस अटारी ॥
श्री रघुबीर को देखि सरूप भई मति विभ्रम गावनि हारी ।
भूलि गई अवधेस को नाम देन लगी मिथिलेश को गारी ॥

प्रेमसखी का जन्म श्रृंगवेरपुर (सिंगरौर-प्रयाग) में हुआ था, तथा यह जानकी जी को अपनी सखी के रूप में मानते थे और उनसे इन्हें 'रहस्यकेलि का पूरा ज्ञान' भी प्राप्त हुआ । इनके तीन ग्रन्थ—होली, कवित्तादि प्रबन्ध और श्री सीताराम नख-शिख—उपलब्ध हैं, जिसमें दिव्य दम्पत्ति के नखशिख एवं विलास का चित्रण मुक्तक शैली में है ।

कृपानिवास को आचार्य रामचन्द्र शुक्ल ने एक काल्पनिक व्यक्ति मान लिया था, किन्तु डॉ० भगवतीप्रसाद सिंह ने अपने शोध प्रबन्ध 'रामभक्ति में रसिक संप्रदाय' में इसका खण्डन किया है । कृपानिवास का जन्म दक्षिण भारत में हुआ था तथा इनका मूल नाम 'श्रीनिवास' था । इनके द्वारा रचित १८ ग्रन्थ उपलब्ध हैं जिनमें से कुछ ये हैं—(१) गुरुमहिमा, (२) युगलमाधुरी प्रकाश, (३) भावना शतक (४) जानकी सहस्रनाम (५) राम सहस्रनाम, (६) नित्य सुख, (७) रहस्योपास्य, (८) रूपरसामृत सिंधु, (९) रहस्य पदावली, (१०) हनुमत पचीसी ।[१] ये सभी ब्रज-भाषा तथा मुक्तक एवं गीति शैली में रचित हैं । शैली का एक नमूना द्रष्टव्य है—

१-२. इनके ग्रन्थों के पूरे विवरण के लिए देखिये—'राम भक्ति में रसिक संप्रदाय' (डॉ० भगवतीप्रसाद सिंह) ।

बनि ठनि आज नागरि नव जोबन नवला रस छाये ।
सावन तीज मनावन निकसि मनभावन पिय नैन सिराये ।।
चहुँ दिसि लोचन चपल चलत जनु खंजन अंजन मद के प्याले ।
'कृपा निवास' राम पटरानी रस दामिनी हँसि रस बरसाये ।।

रसिक संप्रदाय के संगठन एवं प्रचार में **रामचरणदास** का बहुत योगदान स्वीकार किया जाता है । इनका जीवन-काल १७६०-१८३१ ई० था । इनके द्वारा रचित २५ रचनाएँ उपलब्ध हैं जिनमें से कुछ ये हैं—(१) अमृत खंड, (२) राम पदावली, (३) सियाराम रस मंजरी, (४) छप्पय रामायण, (५) कवितावली, (६) विरह शतक, (७) रामचरितमानस की टीका ।[1]

इनकी रचनाओं में सांप्रदायिक सिद्धान्तों की व्याख्या एवं साधना-पद्धतियों का ही निरूपण अधिक है, किन्तु कहीं-कहीं मार्मिक प्रसंगों की चर्चा हुई है । डॉ० भगवतीप्रसाद सिंह के मतानुसार इनके जीवन का सबसे महत्वपूर्ण कार्य 'रामचरितमानस' की टीका है ।

शिवलाल पाठक का जन्म गोरखपुर जिले के सोनहुला नामक ग्राम में सन् १७५६ ई० में हुआ था । इनकी तीन रचनाएँ मानस मयंक, मानस अभिप्राय दीपक और बालमीकि रामायण की भाव-प्रकाश टीका उपलब्ध हैं । काव्यात्मकता की दृष्टि से ये साधारण कोटि की हैं ।

उन्नीसवीं शती के कवि—रसिकोपासना का चरम विकास ईसा की उन्नीसवीं शताब्दी में दृष्टिगोचर होता है । इस शताब्दी में इस शाखा के अन्तर्गत विभिन्न कवियों द्वारा शताधिक रचनाएँ रचित हुईं । इस शताब्दी के प्रमुख कवियों में रामगुलाम द्विवेदी, महाराज विश्वनाथसिंह, जीवाराम युगलप्रिया, जनकराज किशोरी शरण, रसिक 'अली', लक्ष्मीनारायणदास पयहारी, प्रताप कुँवरि बाई, काष्ठ जिह्वा देव, पतितदास, उमापति त्रिपाठी कोविद, रामशरण, रघुनाथदास, युगलानन्य बरण 'हेमलता', महाराज रघुराजसिंह, हनुमानशरण 'मधुरअली', बैजनाथ, जानकी प्रसाद, रसिकबिहारी, रघुनाथदास रामसनही, बनादास, अवधशरण प्रभृति उल्लेखनीय हैं । **रामगुलाम द्विवेदी** तुलसी-साहित्य के गूढ़ तत्ववेत्ता होने के साथ-साथ रसिक भक्त थे । उनके द्वारा रचित बारह रचनाओं में से 'कवित्त प्रबन्ध', 'राम गीतावली', 'ललित नामावली', 'राम विनय' आदि महत्वपूर्ण हैं ।

महाराज विश्वनाथ सिंह (१७८९-१८५४ ई०) भी सखी रूप में राम की उपासना करते थे । इन्होंने ३८ ग्रन्थों की रचना की थी, जिनमें से कुछ ये हैं—(१) राम गीता टीका, (२) तत्वमस्यर्थ सिद्धान्त, (३) राधाबल्लभीय भाष्य,

---

१. ग्रन्थों के विस्तृत परिचय के लिए द्रष्टव्य—'राम भक्ति में रसिक संप्रदाय' (डॉ० भगवतीप्रसाद सिंह) ।

सर्व सिद्धान्त, (५) राम रहस्य टीका, (६) विनय पत्रिका टीका, धनुर्विद्या, (८) संगीत रघुनन्दन, (९) भक्ति-मुक्ति सदानन्द, (१०) मृगया-शतक, (११) परम तत्व, (१२) गीता-रघुनन्दन-शतिका, (१३) रामायण, (१४) रामचंद्र जूं की सवारी, (१५) भजन माला, (१६) आनन्द रघुनन्दन नाटक। इनकी रचनाओं में टीकाओं एवं व्याख्याओं की अधिकता है।[१] पर अनेक रचनाएँ मौलिक भी हैं।

जीवा राम 'युगल प्रिया' श्री रामचरणदास के शिष्य थे। इन्होंने अवध और बिहार में रसिक उपासना के प्रसार में पर्याप्त योग दिया। साहित्य के क्षेत्र में इनकी सबसे बड़ी देन 'रसिक-प्रकाश भक्तमाल' है जिसमें रसिक भक्तों के वृत्त संगृहीत हैं। इसके अतिरिक्त इनके तीन ग्रन्थ उपलब्ध हैं—(१) पदावली, (२) शृङ्गार-रस-रहस्य (३) अष्टयाम वातिक। 'रसिक-प्रकाश-भक्तमाल' नाभादास के 'भक्तमाल' की शैली में रचित है। इनकी भाषा सरल एवं स्वच्छ हैं।

श्री जनकराज किशोरीशरण 'रसिकअली' भी रामचरणदास जी के शिष्य थे। इन्होंने रसिकों में परम्परागत तत्सुखी सिद्धान्त के विपरीत स्वमुखी सिद्धान्त की स्थापना करते हुए रसिक उपासना को नयी दृष्टि प्रदान की। इसके द्वारा रचित ग्रन्थों की संख्या चौबीस तक पहुँचती है, जिनमें से कतिपय ये हैं—(१) सिद्धान्त मुक्तावली, (२) सीताराम सिद्धान्त अनन्य तरंगनी, (३) तुलसीदास चरित्र, (४) विवेकसार चंद्रिका, (५) ललित शृङ्गार दीपिका, (६) कवितावली, (७) होलिका विनोद, (८) दोहावली, (९) मिथिला विलास, (१०) अष्टयाम प्रबन्ध पद, (११) अमर रामायण।[२] इनकी रचना-शैली का एक नमूना यहाँ प्रस्तुत है—

राघव रङ्ग भरी अँखियाँ अवलोकनि रङ्गहि में जनु बोरी।
रंग भरी मुसकानि मनोहर पान बिरी मुख रङ्ग रच्योरी॥
रंग भरे मुख बैन कढै गज चाल चलै रङ्ग राचि रह्योरी।
अंगहि के रंग भीजि रहीं हम नाहक डारत हौं रङ्ग रोरी॥

जैसा कि डॉ० भगवतीप्रसाद सिंह ने स्पष्ट किया है, इनकी रचनाओं से जिज्ञासु रसिक साधकों की ही तृप्ति नहीं होती अपितु साहित्य-रसिकों के लिये भी उसमें पर्याप्त रस की योजना मिलती है। अतः सिद्धान्त और कवित्व—दोनों की दृष्टि से इनका स्थान ऊँचा है।

लक्ष्मीनारायणदास पयहारी उच्चकोटि के भक्त थे। इन्होंने तीन स्थानों—पैकोली, बड़हलगंज और बैकुंठपुर—में अपनी गद्दियाँ स्थापित कीं। रसिक परम्परा को इनकी विशेष देन राम-जन्म, कृष्ण-जन्म आदि के अवसरों पर विशेष उत्सवों (व्रतोत्सवों) के आयोजन की प्रथा के प्रवर्त्तन की है। इनके द्वारा रचित एक ग्रन्थ 'श्री भक्ति प्रकाशिका' उपलब्ध है जिसमें कवित्त, गीति एवं प्रश्नोत्तर शैली का प्रयोग किया गया है।

---

१. २. ग्रंथों के विस्तृत परिचय के लिए दृष्टव्य—'राम भक्ति में रसिक सम्प्रदाय' (डॉ० भगवतीप्रसाद सिंह)।

प्रताप कुँवरि बाई मारवाड़ के महाराज मानसिंह की तीसरी रानी थी। बाल्यावस्था में ही इनकी प्रवृत्ति भक्ति की ओर हो गई थी। आगे चलकर विधवा हो जाने पर इन्होंने अपना सारा ध्यान हरि-भजन की ओर लगा दिया। इनके द्वारा रचित अनेक ग्रन्थों का पता चला है—(१) रामचन्द्र महिमा, (२) राम गुण सागर (३) रघुवर स्नेह लीला, (४) राम सुजस पचीसी, (५) राम प्रेम-सुख-सागर पत्रिका, (६) रामचन्द्र विजय आदि। इन्होंने दोहा, चौपाई, गीति आदि शैलियों को अपने काव्य में प्रयोग किया है।

काष्ठ जिह्वा स्वामी 'देव' उच्च कोटि के रसिक भक्त, प्रौढ़ कवि एवं प्रकांड पंडित थे। इनकी पन्द्रह रचनाएँ ज्ञात हैं जिनमें से कुछ ये हैं—(१) रामायण परिचर्या, (२) विनयामृत, (३) पदावली, (४) राम लगन, (५) वैराग्य प्रदीप, (६) अयोध्या बिन्दु, (७) जानकी बिन्दु, (८) श्याम रङ्ग, (९) उदासी संत स्त्रोत आदि। इनकी भाषा मूलतः ब्रज है किन्तु उस पर यत्र-तत्र भोजपुरी, खड़ीबोली और अवधी का भी प्रभाव दृष्टिगोचर होता है।

पतितदास पहले गृहस्थ-जीवन व्यतीत करते थे किन्तु बाद में संन्यासी का जीवन बिताने लगे। आपकी तीन रचनाएँ उपलब्ध हैं—(१) गुप्त गीता (२) पतित पदावली और (३) भजन सर्व-संग्रह। इन्होंने १८५७ की क्रान्ति अपनी आँखों से देखी थी, जिसका उल्लेख अपनी रचनाओं में किया है। अपने युग की अन्य परिस्थितियों का भी विवरण इन्होंने यत्र-तत्र दिया है। सामान्यतः इन्होंने गीति शैली एवं अवधी भाषा का प्रयोग किया है।

उमापति त्रिपाठी 'कोविद' (१७६४-१८७३ ई०) संस्कृत के उद्‌भट विद्वान् एवं हिन्दी के सिद्ध-हस्त कवि माने गये हैं। वे राम को राजकुमार के रूप में, तथा स्वयं को उनके गुरु के रूप में मानते हुए वात्सल्य भाव की उपासना किया करते थे। इनके द्वारा रचित ग्रन्थों की संख्या ४२ है, किन्तु उनमें से अधिकांश स्तोत्र एवं टीकाएँ हैं। उनकी कुछ प्रमुख रचनाएँ ये हैं—न्याय तरंगिणी, महातत्त्व प्रकाश, शरदेन्दुधराधर, गीति गोविन्द, सरयू अष्टक, रम्य पदावली, दोहावली-रत्नावली, श्रीधर शतक, राम संगीत आदि।

रामशरण (१८१७ ई०) का आविर्भाव तो अवध प्रदेश में हुआ था किन्तु इन्होंने अपना साधना-केन्द्र मिथिला को बनाया। ये सख्य भाव से उपासना करते थे। इनके द्वारा रचित दो ग्रंथों—'राम तत्त्व सिद्धान्त-संग्रह' और 'मैथिली रहस्य पदावली'—में से एक में तो तत्व-मीमांसा प्रस्तुत की गई है जबकि दूसरा उनके भावात्मक पदों का संग्रह है। इन्होंने अपने पदों में न केवल लोकगीतों की भाषा एवं शैली को ग्रहण किया है अपितु उनकी विषय-वस्तु भी लोक-जीवन से प्रभावित है। इनके पद संक्षिप्त होते हुए भी पर्याप्त प्रभावोत्पादक हैं; जैसे—

रस रंगन धूम मचाये रसिया।
तेरे रे अवध में सरयू बहति हैं, उमगि उमगि सब आई नदिया।
राम सरन धन धन पुरवासी पिया प्यारी जहँ करैं केलिया।।

रघुनाथ दास (१८१७-१८८२ ई० प्रायः 'जन रघुनाथा' उपनाम से कविता किया करते थे। इनकी एक रचना 'हरिनाम सुमिरिनी' उपलब्ध है जिसमें विभिन्न प्रकार की शैलियाँ प्रयुक्त हैं। सामान्यतः इन्होंने कबित्त, छप्पय, दोहा आदि छन्दों का प्रयोग सफलतापूर्वक किया है। इनकी कविता में अनुभूति की वैयक्तिकता एवं कल्पना की नवीनता दृष्टिगोचर होती है।

युगलानन्यशरण 'हेमलता' (१८१८-१८७६ ई०) का रसिक उपासना की परम्परा में बहुत ऊँचा स्थान है। इन्होंने ८४ ग्रन्थों में रसिक-साधना का विवेचन एवं अनुभव प्रस्तुत किया है। इनके महत्व को स्पष्ट करते हुए डॉ० भगवतीप्रसाद सिंह ने लिखा है—"इनके ८४ ग्रन्थों में सारी रसिक-साधना सिमट कर आ गई। उसका कोई कोना अछूता नहीं बचा···युगलानन्यशरण तक आते-आते रसिकधारा में प्रचुर साम्प्रदायिक साहित्य की सृष्टि हो चुकी थी। अतएव इन्हें साम्प्रदायिक सिद्धान्तों के प्रतिपादन और निरूपण की जिम्मेदारी नहीं उठानी थी। इनके सामने केवल प्रचार और साधनात्मक पक्ष की प्रत्यक्ष अनुभूति द्वारा आत्म-शक्ति का उपार्जन—ये ही दो लक्ष्य थे। इन्होंने इनकी पूर्ति ही नहीं की अपितु अपनी सरस रचनाओं के द्वारा जिज्ञासु साधकों में रसिक-भक्ति के प्रति आकर्षण भी पैदा किया। इनके सैकड़ों विरक्त शिष्यों-प्रशिष्यों ने यह भक्ति सुदूर प्रान्तों में फैलाई जिसके फलस्वरूप आज जितने शिष्य इस घराने से सम्बद्ध हैं उतने अन्य किसी रसिक परम्परा से नहीं। इसका बहुत बड़ा श्रेय रसिकाधिराज युगलानन्यशरण के प्रभावशाली व्यक्तित्व, तपोमय जीवन, प्रकांड-पांडित्य, अद्भुत-अभिव्यंजना-शैली और अपार भाव-संपत्ति को है।[1]

इनकी ७५ रचनाएँ उपलब्ध हैं, जिनमें से कुछ ये हैं—(१) सीता राम स्नेह सागर, (२) मधुप मंजुमाला, (३) प्रेम परख प्रभा दोहावली, (४) विनय-विहार, (५) प्रेम प्रकाश, (६) भक्त नामावली, (७) उज्ज्वल उत्कंठा विलास, (८) वर्ण बिहार (९) मनबोध शतक, (१०) विरति शतक, (११) रूप रहस्यानुभव, (१२) संतसुख प्रकाशिका, (१३) अवध विहार, (१४) सुख सीमा दोहावली, (१५) योग सिंधु तरंग, (१६) युगल वर्ण-विलास, (१७) अष्टयाम ककहरा, (१८) अनन्य प्रमोद, (१९) प्रीति पंचासिका, (२०) गुरु-महिमा, (२१) संत वचनावली, (२२) विनोद विलास आदि।

इनकी भाषा कहीं-कहीं खड़ीबोली के पर्याप्त निकट आ गई है; जैसे—

कोई वाम रूप भजि शाक्त हुए कोई अस्मृति शासन ग्रसे हुए।
कोई निर्गुण ब्रह्म समझते हैं सुषमाना आसन कसे हुए।।
कोई महाविष्णु को जाप किये उरमाल छाप भुज लसे हुए।
जालिम ! हम हाय कहाँ जावैं तेरे जुल्फ जाल में फँसे हुए।।

---

१. राम भक्ति में रसिक सम्प्रदाय : डॉ० भगवतीप्रसाद सिंह, पृ० ४६५

महाराज रघुराज सिंह (१८३३-१८७९ ई०) का भी रसिक परम्परा के विकास में पर्याप्त योगदान है। अपने पिता महाराज विश्वनाथसिंह की भाँति ये भी भक्त एवं कवि थे। यद्यपि ये दास्य भाव की भक्ति में निष्ठा रखते थे किन्तु अपनी रचनाओं में इन्होंने राम की श्रृंगारी-लीलाओं का निरूपण करते हुए रसिक भावना के ही प्रचार एवं प्रसार में योग दिया है। इसकी बत्तीस रचनाएँ उपलब्ध हैं, जिनमें से कतिपय ये हैं—(१) सुन्दर शतक, (२) विनय पत्रिका, (३) रुक्मिणी-परिणय, (४) आनन्दाम्बुनिधि, (५) भक्ति-विलास, (6) रहस्य-पंचाध्यायी, (७) राम रसिकावली, (८) राम स्वयंवर, (९) विनय प्रकाश, (१०) राम अष्टयाम, (११) भक्तमाल (१२) मृगया शतक, (१३) पदावली, (१४) रघुराज विलास, (१५) गङ्गा शतक, (१६) शंभु शतक (१७) हनुमच्चरित्र, (१८) सुधर्म विलास आदि। इनमेंभी 'भक्ति विलास', 'राम स्वयंवर' और 'राम रसिकावली' को महत्वपूर्ण माना जाता है। 'भक्ति विलास' में भक्ति की अभिव्यक्ति के साथ-साथ उसके शास्त्रीय पक्ष का भी विवेचन किया गया है। 'राम-स्वयंवर' एक प्रबन्ध-काव्य है जिसमें बालकांड की कथा वर्णित है। प्रबन्धात्मकता की दृष्टि से यह अधिक सफल नहीं मानी गई है। 'राम-रसिकावली' में भक्तों का जीवन-वृत्त प्रस्तुत किया गया है। अपने युग में प्रचलित प्रायः सभी शैलियों को अपनाने का प्रयास इन्होंने किया है। भाषा पर इनका अच्छा अधिकार है तथा भावाभिव्यक्ति में इन्हें सफलता मिली है। उदाहरणार्थ एक छंद प्रस्तुत है

सासु की बुलाई सीय आई अगनाई बीच,
ता छिन मृगाक्षिन को रूप हेरि हरिगो।
उलटी दुकूलन ते दुलहा के ओप अंग,
चंचल चमक्क चौंध लोचन में भरिगो।
घूंघट उघारि मुख देखत दशा बिसारि,
फैलत प्रकाश मुख चन्द मन्द परिगो।
गिरिजा गिरा गुमान सिंधुजा सती को मान,
काम-वाम रूप को गुमान कूच करिगो॥

इनके काव्य में समसामयिक जीवन का प्रभाव एवं तत्कालीन राजसी ठाट-बाट की छटा भी प्रायः दृष्टिगोचर होती है। वस्तुतः अपने समय की विभिन्न प्रवृत्तियों के प्रतिनिधित्व की दृष्टि से भी इनके काव्य का पर्याप्त महत्व है।

परवर्ती युग के कवि—हिन्दी साहित्य के मध्यकाल की अन्तिम सीमा हमने १८५७ ई० स्वीकार की है; अतः उसके अनुसार यहाँ इस परम्परा के उन कवियों का परिचय दिया है जिनका आविर्भाव इस काल-सीमा से पूर्व हो चुका था। किन्तु यह परम्परा यहीं समाप्त नहीं हो जाती, इसके बाद भी यह परम्परा लगभग ६०-७० वर्ष तक जीवित रही तथा इसके अंतर्गत बहुत से कवि हुए, जिनमें से कुछ के नाम ये हैं हनुमानशरण, मधुर अली, **बैजनाथ**, जानकीप्रसाद; रसिक बिहारी, रघुनाथदास

रामस्नेही, बनादास, अवधशरण, रामानुजदास, रूप सरसा, शीलमणि, बलदूदास जानकीवरशरण, 'प्रीतिलता', सरयूदास 'सुधामुखी', परमहंस सीताशरण, सीता प्रसाद, वृषभानुकुँवरि 'राम प्रिया' रामावल्लभ शरण प्रेमनिधि आदि। काल-सीमा की दृष्टि से ये आधुनिक युग के अन्तर्गत आते हैं; अतः इनका यहाँ निर्देशमात्र कर देना पर्याप्त होगा।

१५.९. रसिक भक्ति काव्य की सामान्य प्रवृत्तियाँ

(क) **काव्य-प्रयोजन एवं उद्देश्य**—इस सम्प्रदाय के कवियों का मूल प्रयोजन उस युग की बढ़ती हुई शृङ्गारिकता की प्रवृत्ति के अनुकूल राम चरित्र को एक ऐसे रूप में प्रस्तुत करना था जिससे वह कृष्ण के छैल बिहारी के रूप से भी अधिक लोकप्रिय हो सके। क्या ऐसा धर्म-प्रचार की भावना से किया गया या लोक मंगल के लक्ष्य से अथवा आत्म-तुष्टि के लिए, यह विचारणीय है। डॉ० भगवती प्रसाद सिंह का इस सम्बन्ध में निष्कर्ष है —'यह साहित्य देशव्यापी राजनीतिक कलह एवं सामाजिक अधःपतन के दिनों में ही विकसित हुआ। ऐसी दशा में यही क्या कम हुआ कि उसने विषयग्रस्त वातावरण में भी राम भक्ति की मर्यादा से पुष्ट मधुर उपासना के प्रति जन-साधारण की भावना उद्बुद्ध की और उसकी शृङ्गारी प्रवृत्ति को आध्यात्मिकता की ओर उन्मुख कर परिष्कृत किया।'[1] हमारे विचार से यह बात केवल इनके साहित्य की वकालत करने के लिए कही गई है, अन्यथा यह स्पष्ट है कि इस संप्रदाय के सामने इस प्रकार का कोई व्यापक लक्ष्य नहीं था। यह विचित्र बात है कि जिन कवियों ने मर्यादावादी राम को घोर रसिक एवं कामुक नायक के रूप में प्रतिष्ठित किया उन्हें ही 'शृङ्गारी प्रवृत्ति को आध्यात्मिकता की ओर उन्मुख करने का श्रेय दिया जाय। जहाँ तक इनके साहित्य के अध्ययन से पता चलता है इन्होंने आध्यात्मिकता को ही शृङ्गारिकता की ओर उन्मुख किया है। पर बहुत कुछ ऐसा भी है, जो इनकी सांप्रदायिक रचनाओं में अलिखित है; अतः हमें अपनी दृष्टि उसी तक सीमित रखना चाहिए। साधक-साधिकाओं को अंतरंग सखियों के रूप में दीक्षित करके उन्हें युगल-सरकार के लीला-रस का रहस्य एवं मर्म समझाने के बहाने इन कवियों एवं आचार्यों ने क्या कुछ नहीं किया होगा, इसका अनुमान ही किया जा सकता है, लिखित प्रमाण मिलना संभव नहीं। खैर जहाँ तक इनकी रचनाओं का सम्बन्ध है, हम उनमें अपने संप्रदाय की प्रतिष्ठा बढ़ाने के लिए कृष्ण की हेयता का प्रतिपादन करने एवं शृङ्गारिकता को अनुचित बढ़ावा देने की ही प्रवृत्ति पाते हैं, जो इनके संकीर्ण दृष्टिकोण व छिछले प्रयोजनों को सूचित करती हैं।

(ख) **विषय-वस्तु**—इस संप्रदाय में सीताराम के केवल संयोग सुख सम्बन्धी लीलाओं के ही वर्णन का विधान है। ऐसी कथाएँ जिनमें शोकानुभूति की व्यंजना होती

---

१. रस-भक्ति में रसिक-संप्रदाय, पृ० ३५७

है निषिद्ध मानी गई हैं। इसका उल्लेख महाराज रघुराजसिंह ने अपने राम स्वयंवर में स्पष्ट रूप में किया है—

बहुरि स्वामिनी हरन महा दुख, बरनि जाइ कहु कैसे।
पुनि वियोग जग जननि नाथ को, लागत कथन अनैसे॥
ताते मम हरि गुरु निदेस दिय, बाल कांड भर पाठा।
करहु तजहु दुख कथा जथाभै, घृत बुध त्यागत माठा॥

अस्तु, इस परम्परा के कवियों ने राम-चरित्र विभिन्न प्रसंगों में से केवल उन्हीं को प्रस्तुत किया जिनमें केवल कामुकता, रसिकता एवं संयोग सुख के चित्रण का अवकाश था। यही कारण है कि इनके द्वारा बालकांड, पुष्पवाटिका एवं विवाहोत्तर मिलन के प्रसंग ही अधिक प्रस्तुत हुए हैं तथा पूरी राम कथा को प्रस्तुत करने का सफल प्रयास नहीं हुआ। रामायण के विभिन्न पात्रों को लेकर इन्होंने कुछ ऐसे नये प्रसंगों की कल्पना की है जिससे उनमें शृङ्गारिकता का समावेश हो सके। उदाहरण के लिए 'रसिक बिहारी'-के 'रामरसायन' को देखा जा सकता है, जिसमें नील और एक राक्षसी के प्रेम-व्यापार का विस्तृत रूप में चित्रण किया गया है। इसी प्रकार इसमें राम की ससुराल-यात्रा के प्रसंग में उनकी साली-सलहजों एवं ससुराल की अन्य युवतियों से छेड़-छाड़ दिखाई गई है। वस्तुतः इन्होंने राम-चरित में अधिकाधिक रसिकता का आयोजन करने के लिए उसे विकृत करने में कोई कसर बाकी नहीं रखी है।

राम और सीता तथा अन्य सखियों के मुक्त बिहार, कनक-भवन तथा अन्य-कुंजों के उद्दीपक वातावरण, दिन-रात चलने वाली क्रीड़ाओं को व्यवस्थित रूप देने वाले अष्टयामी कार्य-व्यापार, सखा-सखियों की कामोत्तेजक चेष्टाओं, राम की सखियों के नखशिख एवं यौन-अंगों के आकर्षण आदि का चित्रण इन्होंने विशेष ध्यान से किया है ताकि उसके समक्ष वृन्दावन-विहारी की रास-लीलाएँ बिल्कुल फीकी एवं तुच्छ प्रतीत हों। एक बात अवश्य है कि इनके राम का रंगमहल इतना व्यापक है कि उसमें सभी नायिकाओं को स्वकीया के रूप में प्रतिष्ठित किया जा सका है; अतः इनकी शृङ्गारी-लीलाओं का वर्णन परकीयत्व एवं अनाचार के दोष से मुक्त कहा जा सकता है। दूसरे, राम की सारी सखियाँ सीता जी की ही अंगजा एवं सहायिकाएँ मानी गई हैं। अतः यदि वे रस-केलि में भाग लेती भी हैं तो उससे सीता अप्रसन्न नहीं होतीं। अस्तु, अपने आराध्य की क्रीड़ाओं को अधिक सुसंगत, स्वच्छन्द एवं निष्कंटक रूप प्रदान करने की दृष्टि से इन्हें अवश्य ही कृष्ण-भक्तों की अपेक्षा अधिक बुद्धिमान्, व्यवहार-कुशल एवं रस-मर्मज्ञ होने का प्रमाण-पत्र दिया जा सकता है। ऐसी स्थिति में यदि वे बाल अलीजी के शब्दों में 'कहाँ तहाँ माधुर्य स्वादा !' कहकर कृष्ण-भक्तों को चुनौती दें तथा अपने राम की क्रीड़ाओं की विशेषता 'है सुतंत्र निज महलन माहीं' कहकर बखानें तो स्वाभाविक ही है।

(ग) **सिद्धान्त-निरूपण**—रसिक भक्ति संप्रदाय ने जिन तत्त्वों को अपनाया था, वे बहुत कुछ संदिग्ध, कृत्रिम एवं अयथार्थ थे। ऐसी स्थिति में इन्हें अपने मत का

प्रचार करने के लिए शास्त्रीय पक्ष की चिन्ता भी सदा बनी रहती थी। यही कारण है कि इस संप्रदाय के विभिन्न कवियों ने अपने मत की पुष्टि के लिए बहुत बड़ी संख्या में सांप्रदायिक एवं सैद्धान्तिक ग्रन्थ लिखे हैं। इन ग्रन्थों में कुछ तो मौलिक हैं जबकि अधिकांश पूर्व प्रचलित ग्रन्थों की विकृत टीकाएँ हैं। भक्ति रस के विभिन्न भेदों, लीला रस के उपकरणों, सखी-सखाओं के भेदोपभेदों आदि के विवेचन में इन्होंने रस-शास्त्रीय दृष्टि का प्रयोग किया है तथा इनके लीला रस को एक नयी उपलब्धि के रूप में स्वीकार किया जा सकता है। इनके सिद्धान्तों का संक्षिप्त परिचय पीछे दिया जा चुका है।

(घ) **भाव एवं रस**—इस परम्परा के काव्यों में मुख्यतः सीता-राम के सौन्दर्य, ऐश्वर्य एवं विलास का ही चित्रण अधिक हुआ है जिसे इनकी शब्दावली में 'लीला रस' की संज्ञा दी जा सकती है। किन्तु परम्परागत साहित्य-शास्त्र की दृष्टि से इसे शृङ्गार रस में ही स्थान देना उचित होगा। इन कवियों की दृष्टि बाह्य ऐश्वर्य एवं स्थूल चेष्टाओं के वर्णन की ओर ही अधिक रही, वर्ण्य की सूक्ष्म भावनाओं की व्यंजना की ओर इनका ध्यान नहीं गया; अतः इनके शृङ्गार रस का पूर्ण परिपाक प्रायः नहीं हो पाया है। उसका स्तर कामुकता एवं रसिकता तक ही सीमित रह जाता है। फिर भी कहीं-कहीं सौन्दर्य एवं माधुर्य की व्यंजना सफल रूप में हुई है; यथा—

सासु की बुलाई सीय आई अगनाई बीच,
ता छिन मृगाक्षिन को रूप हेरि हरिगो।
झलकी दुकूलन ते दुलही के ओप अंग,
चंचल चमक्क चौंध लोचन में भरिगो॥
घूंघट उघारि मुख देखत दशा बिसारि,
फैलत प्रकाश मुख चंद मंद परिगो।
गिरिजा गिरा गुमान सिन्धुजा सती को मान,
काम-वाम रूप को गुमान कूच करिगो॥

—रघुराजसिंह

भोरी भई सुधि माधुरी पागि लगे मुख चन्द्र चकोर सुनैना।
सौम्य चितै चित चोरि लिह्यौ सुधि बैंज सुनाथ रही सुन गैना॥
ज्यों मखिया मधु जाइ फँस्यौ मन हाथ नहीं सुकटै किमि बैना।
मूरति श्यामल गौर लला की लखान बनै पै बखान बनै ना॥

—बैजनाथ

ये उक्तियाँ भी भावों की नवीनता एवं ताजगी तथा अनुभूति की गम्भीरता से शून्य हैं। वस्तुतः इनमें देव, मतिराम, पद्माकर जैसे शृङ्गारी कवियों की भावाभिव्यंजना का प्रभाव दृष्टिगोचर होता है।

(ङ) **रचना-शैली एवं भाषा**——इन कवियों ने अपने आराध्य के सम्पूर्ण चरित्र को न लेकर उसकी दिनचर्या के कुछ खंड चित्रों को ही अपने काव्य का आधार बनाया, फलतः मुक्तक एवं गीति-शैली ही उनके अधिक अनुकूल रही। वैसे कुछ कवियों ने प्रबन्धात्मक खण्डकाव्य प्रस्तुत करने का प्रयास अवश्य किया किन्तु उसमें उन्हें विशेष सफलता नहीं मिली। मुक्तक शैली के अन्तर्गत इन्होंने प्रायः सभी प्रचलित छन्दों—कवित्त, सवैया, कुंडलियाँ, दोहा, बरवै, अरिल्ल आदि का प्रयोग सफलतापूर्वक किया है। हिन्दी के अतिरिक्त उर्दू के क्षेत्र में प्रचलित रेखता और गजल का तथा लोकगीतों की शैली – सोहर, कजरी, चैता, झूमर, बारहमासा, आल्हा आदि का भी प्रयोग इन्होंने किया है। इतना ही नहीं, रामचरणदास एवं सीताप्रसाद जैसे कवियों ने तो सुगन्धा, अनंगशेखर चंचरीक, मनोरम, शैरिणी, शिखरिणी जैसे अप्रचलित छन्दों को भी प्रयुक्त किया है। इसके अतिरिक्त पद शैली या गीति शैली का भी प्रयोग अनेक कवियों ने किया है। अस्तु, छन्द-योजना के क्षेत्र में इसमें वैविध्य की प्रवृत्ति मिलती है।

इनके साहित्य में मुख्यतः अवधी एवं ब्रजभाषा का ही प्रयोग है, पर कवियों के स्थान-भेद के अनुसार उसमें राजस्थानी, मैथिली, भोजपुरी आदि का भी प्रयोग हुआ है। अनेक कवियों ने खड़ीबोली एवं रेखता में भी काव्य रचना की है। अपवादस्वरूप कुछ छन्द पंजाबी में भी उपलब्ध होते हैं।

अस्तु, छंद-योजना एवं भाषा-प्रयोग की दृष्टि से यह काव्य वैविध्यपूर्ण है, इसमें कोई सन्देह नहीं। साहित्यिक एवं सामाजिक दृष्टि से इस काव्य को बहुत ऊँचा स्थान नहीं दिया जा सकता किन्तु ऐतिहासिक दृष्टि से यह महत्त्वपूर्ण है। मध्यकाल की विभिन्न प्रवृत्तियों के चरम विकास, धार्मिक आंदोलन के ह्रास की अन्तिम अवस्था भक्ति के रूपान्तरण की चरम स्थिति एवं उत्तर मध्यकाल एवं आधुनिक काल के बीच की निकटतम कड़ी को प्रस्तुत करने की दृष्टि से इनका पर्याप्त महत्व है; अतः इसमें कोई सन्देह नहीं कि मध्यकालीन हिन्दी साहित्य की विकास-परम्परा को समझने के लिए इस काव्य का अनुशीलन अत्यावश्यक है, इसकी जानकारी के अभाव में मध्यकाल की चरम परिणति को समझ लेना सम्भव नहीं।

१६

शास्त्रीय मुक्तक (रीति-काव्य) परम्परा

•

१६. १. **नामकरण : पुनर्विचार**—हिन्दी के मध्यकाल में राज्याश्रित कवियों के एक वर्ग ने शास्त्रीय तत्त्वों के आधार पर विभिन्न विषयों—मुख्यतः शृङ्गार, भक्ति, नीति आदि—का निरूपण मुक्तक शैली में किया है, जिनके काव्य को आचार्य रामचन्द्र शुक्ल तथा परवर्ती आलोचकों ने 'रीति-काव्य' की संज्ञा दी है। यद्यपि इस नाम का प्रयोग अब इसके लिए इतना रूढ़ हो गया है कि यहाँ इसके विरुद्ध कुछ कहना सामान्यतः अरुचिकर प्रतीत होगा, फिर भी यह निःसंकोच कहा जा सकता है कि यह नाम अपने-आप में पर्याप्त अस्पष्ट एवं भ्रमोत्पादक है। इसे स्पष्ट करने का प्रयास करते हुए आचार्य हजारीप्रसाद द्विवेदी ने लिखा है – "यहाँ साहित्य को गति देने में अलंकार-शास्त्र का ही जोर रहा है जिसे उस काल में 'रीति', 'कवित्त-रीति', 'सुकवि-रीति' कहने लगे थे। सम्भवतः इन शब्दों से प्रेरणा पाकर शुक्ल जी ने इस श्रेणी की रचनाओं को 'रीति-काव्य' कहा है।" डॉ० नगेन्द्र एवं श्री विश्वनाथ प्रसाद मिश्र ने इसे 'काव्य-रीति' का संक्षिप्त रूप बताया है। 'काव्य-रीति' का अर्थ होता है काव्य लिखने की पद्धति या शैली का विवेचन तथा दृष्टि से कहा जा सकता है कि इनमें काव्य-रचना के सिद्धान्तों का प्रतिपादन किया गया है; पर यह बात इस परम्परा की रचनाओं पर बहुत कम लागू होती है। दूसरे 'रीति' शब्द का सम्बन्ध शैली सम्बन्धी तत्त्वों से अधिक है जबकि इन कवियों ने विषय-वस्तु (नायिका-भेद, नख-शिख, हाव-भाव आदि) के चयन में काव्य-शास्त्र का अधिक उपयोग किया है, उसके काव्य-रचना सम्बन्धी नियमों की विवेचना को बहुत कम स्थान दिया है और यदि कुछ कवियों ने ऐसा किया भी है तो वे इसमें सफल नहीं हो पाये हैं। तीसरे, प्राचीन काव्य-शास्त्र में रीति-सम्प्रदाय एक स्वतन्त्र सम्प्रदाय है जिससे इनका कोई प्रत्यक्ष सम्बन्ध नहीं है, जबकि 'रीति' नामकरण ऐसा होने का आभास देता है। चौथे, प्रस्तुत काव्य-परम्परा के सम्बन्ध में एक भ्रान्ति यह भी प्रचलित है कि इन्होंने केवल काव्य-शास्त्रीय तत्त्वों का समन्वय किया, जबकि वास्तविकता यह है कि इन्होंने काव्य-शास्त्र का ही नहीं, काम-शास्त्र, नीति-शास्त्र, भक्ति-शास्त्र, वैद्यक-शास्त्र, ज्योतिष-

शास्त्र—आदि उन सभी शास्त्रों की सामग्री का उपयोग किया है; जिन तक ये पहुँच पाये थे; ऐसी स्थिति में इन्हें केवल 'काव्य-रीति या 'रीति' का ही अनुयायी मानना उचित नहीं कहा जा सकता। यदि 'रीति' का अनुवाद अंग्रेजी में किया जाय जो हमें Method, Technique, Style आदि शब्दों का प्रयोग करना पड़ेगा जबकि इनकी 'रीति' Matter, Subject Matter या Topics से सम्बन्धित है; यह तथ्य भी इस नामकरण की अनुपयुक्तता सिद्ध करता है। वस्तुत: इन कवियों ने 'रीति' या 'काव्य-रीति' का प्रतिपादन कम किया है, विभिन्न क्षेत्रों के शास्त्रीय तत्त्वों का उपयोग अपनी विषय-वस्तु के संयोजन, विस्तार, क्रम-निर्धारण आदि में अधिक किया है। अत: इस परम्परा के लिए 'रीति' की अपेक्षा 'शास्त्रीय' विशेषण अधिक व्यापक, अनुकूल एवं संगत सिद्ध होगा; इससे न केवल इनके काव्य-रीति के प्रतिपादन की अपितु अन्य सभी शास्त्रों से वस्तु-चयन की प्रवृत्ति—जो कि इनकी प्रमुख प्रवृत्ति है—का भी बोध सम्यक् रूप में होता है; अत: हम इसे 'शास्त्रीय मुक्तक काव्य परम्परा' की संज्ञा देना अधिक उचित समझते हैं।

१६.२. **शास्त्रीय आधार ग्रहण करने की प्रवृत्ति**—इस परम्परा के कवियों ने विभिन्न शास्त्रों—काव्य-शास्त्र, काम-शास्त्र, ज्योतिष, वैद्यक, नीति-शास्त्र आदि का आधार ग्रहण करते हुए उनकी सामग्री का उपयोग न्यूनाधिक मात्रा में अपनी रचनाओं में किया है। इस प्रवृत्ति का मूल कारण क्या है, यह यहाँ विचारणीय है। सामान्यत: राज्याश्रित कवियों की यह प्रवृत्ति रहती है कि वे अपने-आपको सुकवि सिद्ध करने के साथ-साथ सुपठित या बहुपठित भी प्रमाणित करना चाहते हैं क्योंकि राज-सभाओं में इस प्रकार के कवियों को अधिक आदर-सम्मान प्राप्त होता है। इसके लिए राज्याश्रित कवि विभिन्न शास्त्रों के सामान्य और विशेष ज्ञान की झलक समय-समय पर अपनी रचनाओं में देते रहते हैं। दूसरे, उस युग में लोक-भाषाओं की साहित्य के क्षेत्र में नयी प्रतिष्ठा हुई थी, जबकि हमारा समस्त परम्परागत चिन्तन-मनन संस्कृत में अवरुद्ध हो चुका था जिस तक सामान्य व्यक्ति एवं राज-सभा के लोग बहुत कम पहुँच पाते थे, फिर भी उनके मन में परम्परागत तत्त्वों के प्रति थोड़ी-बहुत जिज्ञासा अवश्य रहती थी। ऐसी स्थिति में प्राचीन शास्त्रों से परिचित कविगण अपने ज्ञान को लोक भाषाओं में प्रस्तुत करके अपने श्रोताओं की रसिक वृत्ति के साथ-साथ बौद्धिक प्यास भी शान्त करने में योग देते थे। तीसरे, दरबारी कवियों का जीवन-क्षेत्र सीमित एवं जीवन-पद्धति रूढ़ होने के कारण उनमें अनुभूतियों की उस विशदता एवं गम्भीरता का अभाव रहता है, जिसकी काव्य-रचना में अपेक्षा होती है। इस अभाव की पूर्ति के लिए काव्य-रचयिता कई बार शास्त्रीय चिन्तन की प्रेरणा से उद्वेलित कल्पना-शक्ति की सहायता ग्रहण करते हुए काव्य-रचना के लिए विषय-वस्तु एवं रचना-सामग्री जुटाते हैं। इन कवियों ने कई बार इस उद्देश्य से भी शास्त्रीय ज्ञान का आधार ग्रहण किया है। अस्तु, विद्वत्ता-प्रदर्शन, बौद्धिक वृत्ति की तुष्टि एवं सामग्री संचय इन तीनों ही दृष्टियों से, या कभी इनमें से किसी एक दृष्टि से तथा कभी अन्य से, इन कवियों ने शास्त्रीय तत्वों का आधार ग्रहण किया है जिसका पर्याप्त

प्रभाव इनकी रचनाओं पर दृष्टिगोचर होता है।

१६.३ **शास्त्रीयता का स्वरूप एवं क्षेत्र-विस्तार**—इस परम्परा के कवियों द्वारा प्रयुक्त विभिन्न शास्त्रीय तत्त्वों को मुख्यत: पाँच वर्गों में विभाजित किया जा सकता है—(१) काव्य शास्त्रीय तत्त्व, (२) काम शास्त्रीय तत्त्व, (३) नीति-शास्त्रीय तत्त्व, (४) भक्ति वैराग्य एवं दर्शन-शास्त्रीय तत्त्व, (५) अन्य शास्त्रों—जैसे ज्योतिष, वैद्यक, गणित, आदि—से सम्बन्धित तत्त्व। इनमें से प्रत्येक वर्ग का परिचय यहाँ क्रमश: प्रस्तुत किया जाता है।

(क) **काव्यशास्त्रीय तत्त्व** इस क्षेत्र में इन कवियों ने मुख्यत: संस्कृत के परम्परागत साहित्य शास्त्र का उपयोग किया। संस्कृत में साहित्य-शास्त्र सम्बन्धी छ: संप्रदायों—रस, अलंकार, रीति, ध्वनि, वक्रोक्ति और औचित्य—की स्थापना हो चुकी थी किन्तु हिन्दी कवियों ने इनमें से रस, अलंकार एवं ध्वनि संप्रदायों की सामग्री का ही उपयोग अधिक किया, शेष की प्राय: उपेक्षा कर दी गई है। इसका मुख्य कारण यह है कि संस्कृत-साहित्य-शास्त्र के उत्तर काल में भी इन्हीं तीन सम्प्रदाओं को मान्यता प्राप्त हुई थी, शेष गौण एवं अमान्य हो गये थे। प्रमाण के लिए, मम्मट के 'काव्य-प्रकाश', विश्वनाथ के 'साहित्य-दर्पण' तथा पं० जगन्नाथ के 'रस-गंगाधर' को देखा जा सकता है जिसमें रस, ध्वनि एवं अलंकार को ही प्रमुखता दी गई है। रीति, वक्रोति एवं औचित्य को जो विस्तार एवं व्यापकता क्रमश: इन सम्प्रदायों के उन्नायकों के द्वारा दी गई थी वह परवर्ती विद्वानों को मान्य नहीं हुई, उन्होंने इन्हें अत्यन्त संकीर्ण एवं सीमित रूप में स्वीकार किया। अत: हिन्दी के मध्यकालीन कवियों द्वारा भी इनकी उपेक्षा होना स्वाभाविक है। इसके अतिरिक्त रस, ध्वनि एवं अलंकार के भी विभिन्न भेदोपभेदों में से भी इन कवियों ने अपनी रुचि एवं शक्ति के अनुसार ही ग्रहण किया अर्थात् इन सभी को इन्होंने समान रूप में स्वीकार नहीं किया, कुछ को अधिक एवं कुछ को कम स्थान दिया। इनका लक्ष्य बौद्धिक सूक्ष्मता में न पड़कर सरल एवं सीधे ढङ्ग से रसिकता की अभिव्यक्ति का मार्ग प्रशस्त करना था; अत: इन्होंने रस-सिद्धान्तों को, उसमें भी विशेषत: शृङ्गार रस को अधिक महत्त्व प्रदान किया है। शेष तत्त्वों में से अलंकार का विवेचन अधिक सुगम था, अत: इसके विभिन्न भेदों का निरूपण इन्होंने विस्तार से किया है जबकि ध्वनि एवं उसके भेदों की चर्चा बहुत कम कवियों ने की है।

शृङ्गार रस के विभिन्न अवयवों में आलम्बन, उद्दीपन, अनुभाव, संचारी भाव आदि आते हैं। आलम्बन के रूप में इन्होंने नायक-नायिका का चित्रण बड़े विस्तार से किया है। इनमें भी नायक की अपेक्षा नायिका के भेदोपभेदों के निरूपण में इन्होंने अधिक रुचि ली है। संस्कृत ने नाट्य-शास्त्रों एवं काव्य-शास्त्रों में नायिका भेद का पर्याप्त सूक्ष्म विवेचन एवं विस्तार उपलब्ध होता है, जिसका आधार हिन्दी कवियों ने भी ग्रहण किया। भारतीय साहित्य में नायिका-भेद के विवेचन की परम्परा सर्वप्रथम काम-शास्त्रीय ग्रंथों में आरम्भ हुई तथा वहाँ से वह नाटय-शास्त्र में होती हुई काव्य-शास्त्रीय ग्रंथों में पहुँची। इस दृष्टि से यह भारतीय-साहित्य की एक अत्यन्त

पुरानी एवं दीर्घ परम्परा है, जिसे हिन्दी कवियों ने नये रूप में प्रस्तुत किया। अब तक इसका विवेचन बौद्धिक दृष्टि से किया जाता था जबकि इन कवियों ने इसे अपनी शृंगारिकता की अभिव्यक्ति का माध्यम बनाया। इसलिए इनके विवेचन में कोई मौलिकता नहीं मिलती, पर नायिका के स्वरचित उदाहरणों में पर्याप्त रसिकता एवं सरसता के दर्शन होते हैं। संस्कृत के आचार्य नायिका-भेद का प्रतिपादन करते हुए उदाहरण अन्य कवियों की रचनाओं से जुटाया करते थे, जबकि इन कवियों ने स्वरचित उदाहरण प्रस्तुत किये।

नायिका के भेदोपभेदों के अतिरिक्त उसके अंग-प्रत्यंग, चेष्टाओं, वस्त्राभूषणों, साज-सज्जा आदि का विवेचन भी प्राचीन साहित्य-शास्त्रों में उपलब्ध होता है। इस सामग्री को भी हिन्दी कवियों ने अपनाया है। उन्होंने नख-शिख-वर्णन के अन्तर्गत अंग-प्रत्यंगों के सौन्दर्य का तथा हावों व अनुभावों के रूप में चेष्टाओं, वस्त्राभूषणों एवं साज-सज्जा का निरूपण सूक्ष्मतापूर्वक किया है। वस्तुतः नायिका-भेद एवं नख-शिख को लेकर तो बहुत से कवियों ने स्वतन्त्र ग्रन्थों की भी रचना की, जिससे इस विषय में इनकी रुचि एवं प्रवृत्ति का पता चलता है।

(ख) काम-शास्त्रीय तत्त्व—शृंगार रस के विभिन्न अवयवों के प्रतिपादन में इस परम्परा के कवियों ने काम-शास्त्र के विभिन्न तत्त्वों का उपयोग भी प्रचुर मात्रा में किया है। विशेषतः नायिका की विभिन्न चेष्टाओं और उनके भेदों के निरूपण में तथा नायक-नायिका के संयोगकालीन प्रेम-व्यापारों के वर्णन में काम-सूत्र, रति-रहस्य, पंच-शायक आदि ग्रंथों की सामग्री का उपयोग किया गया है।

(ग) नीति-शास्त्रीय तत्त्व—अपने आश्रयदाताओं को नीति या लोक-व्यवहार की शिक्षा देने के उद्देश्य से इन कवियों द्वारा नीति-शास्त्रीय तत्त्वों का प्रतिपादन भी विस्तार से किया गया है। यह प्रतिपादन मुख्यतः दो प्रकार से हुआ है - एक तो शृंगारी मुक्तकों के साथ ही बीच-बीच में नीति के छन्दों को स्थान दे देना, दूसरे नीति विषयक स्वतन्त्र ग्रंथों की रचना करना। इस परम्परा के कवियों में से किसी ने पहले प्रकार को अपनाया है तो किसी ने दूसरे प्रकार को। यहाँ यह भी उल्लेखनीय है कि कुछ कवियों ने केवल नीति विषयक ग्रंथ ही लिखे हैं। जैसा कि इस विषय पर प्रस्तुत शोध-प्रबन्धों में स्पष्ट किया गया है, इन कवियों ने नीति के प्रायः सभी प्रमुख क्षेत्रों—व्यक्तिगत आचरण, पारिवारिक एवं सामाजिक क्षेत्र, अर्थ-नीति, राजनीतिक आदि पर प्रकाश डाला है।

(घ) भक्ति, वैराग्य एवं दर्शन-शास्त्र सम्बन्धी तत्त्व—यद्यपि इस वर्ग के कवि मूलतः भक्त एवं दार्शनिक नहीं थे फिर भी उस युग में इस विषय की थोड़ी-बहुत जानकारी रखना नैतिक दृष्टि से अपेक्षित था। ये कवि व्यक्तिगत जीवन में चाहे कितने ही रसिक, शृङ्गारी एवं धर्म-विमुख क्यों न हों किन्तु सभ्य-समाज में धार्मिकता एवं दार्शनिकता का चोंगा धारण करना, इनके लिए नितान्त आवश्यक था। दूसरे, अपने आश्रयदाता की वृद्धावस्था में या अपनी वृद्धावस्था में ये शृंगारिकता के स्थान पर धार्मिकता एवं दार्शनिकता की ओर अभिमुख हो जाते थे; अतः विभिन्न शृंगारी

कवियों ने भक्ति, वैराग्य एवं दर्शन की भी चर्चा प्राय: की है। पर इस क्षेत्र में इन्होंने किसी प्रकार की साम्प्रदायिक कट्टरवादिता का परिचय नहीं दिया है, सामान्यत: पौराणिक प्रसंगों, राधा-कृष्ण की लीलाओं, अवतारवाद, जगत के मिथ्यात्व, माया, ब्रह्म की अद्वैतता, भोग-विलास की निन्दा, मोक्ष-प्राप्ति की लालसा, आत्म निन्दा सम्बन्धी विभिन्न तत्त्वों की चर्चा समन्वित रूप में की है। कुछ कवियों ने अपने इष्टदेव की स्तुति भी स्वतन्त्र रचनाओं के रूप में की है, जैसा कि पद्माकर की 'गंगा लहरी' में हुआ है।

(ङ) **अन्य शास्त्रों के तत्त्व**—कुछ कवियों ने अपने युग के प्रचलित अन्य शास्त्रों जैसे, ज्योतिष, वैद्यक, गणित आदि—की सामग्री का भी उपयोग सामान्य रूप में किया है। इसका उदाहरण 'बिहारी-सतसई' के कतिपय दोहों में तथा अन्य रचनाओं में यत्र-तत्र उपलब्ध होता है।

इस प्रकार इस परम्परा में मध्यकाल में प्रचलित प्राय: सभी प्रमुख शास्त्रों की सामग्री का उपयोग न्यूनाधिक मात्रा में हुआ है; किन्तु ऐसा प्राय: सामान्य संग्रहवादिता या समन्वयवादिता के रूप में हुआ है, विभिन्न शास्त्रीय तत्त्वों का सूक्ष्म विवेचन-विश्लेषण इनके द्वारा नहीं हुआ।

१६.४ **शास्त्रीय तत्त्वों के आधार-स्रोत**—विभिन्न विषयों के शास्त्रीय तत्त्वों की उपलब्धि के लिए इस परम्परा के कवियों ने मुख्यत: निम्नांकित ग्रन्थों को आधार-रूप में ग्रहण किया है।

(क) **काव्य-शास्त्री ग्रन्थ**—'नाट्य-शास्त्र' (भरतमुनि), 'दश-रूपक' (धनंजय), 'साहित्य-दर्पण' (विश्वनाथ), 'रस-तरंगिणी' एवं 'रस-मंजरी' (भानुदत्त) आदि ग्रंथों का उपयोग मुख्यत: शृंगार रस एवं नायिका-भेद सम्बन्धी प्रसंगों में किया गया है, जबकि अलंकार-ध्वनि आदि के प्रसंग में सामान्यत: 'काव्यालंकार' (भामह), 'काव्यादर्श' (दंडी), 'अलंकार-सार-संग्रह' (उद्भट), 'अलंकार-शेखर' (केशव मिश्र), 'चन्द्रोलोक' (जयदेव)', 'कुवलयानन्द' (अप्पय दीक्षित), 'काव्य-प्रकाश' (मम्मट), ध्वन्यालोक' (आनन्द-वर्धन) आदि को आधार-स्वरूप ग्रहण किया गया है।

(ख) **काम-शास्त्रीय ग्रन्थ**—इस विषय का सर्वश्रेष्ठ ग्रन्थ तो वात्स्यायन का 'काम-सूत्र' है जिसका उपयोग न केवल हिन्दी कवियों ने अपितु संस्कृत के आचार्यों ने भी अपने शृङ्गार-रस सम्बन्धी विवेचन में किया गया है। इसके अतिरिक्त कक्कोक (कोका पंडित) के 'रति-रहस्य', ज्योतिरीश्वर ठाकुर के 'पंच-सायक', कल्याण मल्ल के 'अनंगरग' आदि का भी प्रचार मध्ययुग में बहुत अधिक था, जिनका प्रत्यक्ष एवं अप्रत्यक्ष प्रभाव इस परम्परा के काव्यों पर भी—विशेषत: नायिका-भेद एवं शृंगारी क्रीड़ाओं के निरूपण सम्बन्धी अंशों पर पर्याप्त मात्रा में परिलक्षित होता है।[१]

---

१. डॉ० शिवकुमार शर्मा ने अपने शोध-प्रबन्ध 'हिन्दी काव्य पर काम-शास्त्रीय प्रभाव' (पंजाब वि० वि०) में इस विषय पर सम्यक् रूप में प्रकाश डाला है।

(ग) **नीति-शास्त्रीय ग्रन्थ**—जैसा कि डॉ० रामस्वरूप शास्त्री ने अपने शोध-प्रबन्ध 'हिन्दी में नीति-काव्य का विकास' में विस्तार से स्पष्ट किया है, इस काल में संस्कृत के 'हितोपदेश', 'पंचतंत्र', 'नीति-शतक' (भर्तृहरि), 'विदुर-नीति', 'चाणक्य-नीति', 'प्रश्नोत्तर मणि मालिका' आदि नीति सम्बन्धी ग्रंथों का बहुत प्रचलन था, जिनके अनेक हिन्दी-अनुवाद भी इस युग के विभिन्न कवियों द्वारा प्रस्तुत हुए हैं। इनके अतिरिक्त अनेक कवियों ने आत्मानुभव एवं स्वतन्त्र चिन्तन के आधार पर नीति के विभिन्न तत्वों पर प्रकाश डाला है।

इनके अतिरिक्त भक्ति, वैराग्य, दर्शन, ज्योतिष आदि विषयों का तो प्रचार इस युग में इतना अधिक था कि उनके सम्बन्ध में किसी विशेष ग्रन्थ का निदेश करना ही कठिन है। इन विषयों का सामान्य ज्ञान तो उस युग के प्रायः प्रत्येक सुपठित या बहुश्रुत व्यक्ति को प्राप्त होता था, पर कुछ कवियों ने संभवतः इनका विशेष अध्ययन भी किया हो। अतः इन विषयों की चर्चा इनके इसी सामान्य ज्ञान एवं विशिष्ट अध्ययन पर आधारित मानी जा सकती है।

१६.५. **काव्य परम्परा : उद्गम स्रोत**—प्रस्तुत काव्य-परम्परा हिन्दी की सर्वथा नूतन परम्परा नहीं है अपितु इसका सम्बन्ध संस्कृत, प्राकृत, अपभ्रंश एवं हिन्दी की अनेक पूर्ववर्ती एवं समकालीन काव्य-परम्पराओं से है, जिनका मिश्रित एवं सम्मिलित रूप इसमें दृष्टिगोचर होता है। हमारे विचार से इसका सम्बन्ध मुख्यतः इन चार काव्य परम्पराओं से है —(१) प्राकृत की यथार्थवादी मुक्तक-परम्परा (२) अपभ्रंश की दोहा काव्य-परम्परा (३) संस्कृत एवं हिन्दी की कृष्ण-गीति परम्परा (४) दरबारी कवियों की कवित्त-छप्पय-परम्परा। प्रस्तुत परम्परा के विकास में इनके योगदान को यहाँ क्रमशः स्पष्ट किया जाता है।

(क) **प्राकृत की यथार्थवादी मुक्तक परम्परा**—संस्कृत के काव्य-रचयिताओं ने जहाँ प्रारम्भ में अपने आदर्शवादी दृष्टिकोण के कारण प्रबन्धात्मक शैली को अधिक प्रश्रय दिया वहाँ प्राकृत के साहित्यकारों की यथार्थवादी दृष्टि ने मुक्तक शैली में अधिक रुचि प्रदर्शित की। हाल कवि की 'गाथा-सप्तशती' प्राकृत-काव्य का एक ऐसा रत्न है जिसने संस्कृत के कवियों का भी ध्यान अपनी ओर आकर्षित किया। इसमें कवि ने किसी प्रकार की आध्यात्मिकता एवं धार्मिकता का आश्रय ग्रहण किये बिना अपनी शृङ्गारी भावनाओं की अभिव्यक्ति उन्मुक्त रूप में की है। दूसरे, इसमें जन-साधारण की सामान्य अनुभूतियों को स्थान दिया गया है। साथ ही, शृङ्गार के अतिरिक्त नीति, दर्शन, ज्योतिष, वैद्यक आदि विषयों का भी समावेश इसमें किया गया है। 'गाथा-सप्तशती' की ही मुक्तक परम्परा आगे चलकर 'वज्जालग' (प्राकृत), अमरु शतक (संस्कृत), शृङ्गार-शतक (भर्तृहरि : संस्कृत), आर्या सप्तशती (गोवर्द्धन) आदि के रूप में विकसित होती हुई हिन्दी में पहुँची। हिन्दी की प्रस्तुत परम्परा के अनेक कवियों—बिहारी, मतिराम, पद्माकर आदि ने न केवल इन पूर्ववर्ती मुक्तककारों की विभिन्न प्रवृत्तियों का अनुसरण किया है अपितु इनके शताधिक छन्दों का भावापहरण भी किया है जो इनके पारस्परिक सम्बन्ध की प्रगाढ़ता का सूचक है। विशेषतः जन-

सामान्य की यथार्थपरक शृङ्गारी अनुभूतियों के चित्रण, दाम्पत्य एवं गार्हस्थ्य जीवन की विभिन्न अंतरंग परिस्थितियों के निरूपण तथा शृङ्गार के अतिरिक्त नीति, वैराग्य, ज्योतिष, वैद्यक आदि विभिन्न विषयों के ग्रहण के मूल में पूर्ववर्ती कवियों की प्रवृत्तियों का पर्याप्त प्रभाव दृष्टिगोचर होता है।

(ख) अपभ्रंश की दोहा-काव्य-परम्परा—प्राकृति की भाँति अपभ्रंश में भी मुक्तक शैली पर्याप्त लोकप्रिय हुई। जहाँ प्राकृत में 'गाथा' छन्द का अधिक प्रचार रहा, वहाँ अपभ्रंश में दोहे का प्रचलन अत्यधिक रूप में हुआ। अपभ्रंश में कवियों ने धार्मिक, उपदेशात्मक, शृङ्गारी, नीतिविषयक एवं वीर रसात्मक विभिन्न तत्त्वों एवं तथ्यों का प्रतिपादन दोहा-शैली में किया। सिद्ध और जैन कवियों ने अपने-अपने संप्रदाय के सिद्धान्तों के अतिरिक्त धर्मोपदेश एवं नीति का प्रतिपादन भी किया है, जिनमें सरहपा, कण्हपा, लुइपा आदि सिद्धों तथा योगीन्दु (परमात्मा प्रकाश और योगसागर के रचयिता), मुनि रामसिंह (पाहुड दोहा), सुप्रभाचार्य (वैराग्य सार) आदि जैन कवियों का नाम उल्लेखनीय है। इनके अतिरिक्त हेमचन्द्राचार्य के 'प्राकृत-व्याकरण', 'छन्दोऽनुशासन', 'कुमार-पाल चरित', सोमप्रभाचार्य के 'कुमार पाल प्रतिबोध', मेरु तुंगाचार्य के 'प्रबन्ध चिन्तामणि' तथा अज्ञात कवि को 'प्राकृत पैंगलम्' में भी विभिन्न कवियों के दोहे संकलित हैं जिनमें शृङ्गारिकता, वीरता एवं नीति का प्रतिपादन प्रभावशाली रूप में हुआ है। अपभ्रंश मुक्तकों की इस परम्परा का विकास हिन्दी में तीन शाखाओं के रूप में हुआ—डिंगल के वीररसात्मक दोहा-काव्य के रूप में, संतो की भक्ति एवं वैराग्य सम्बन्धी रचनाओं के रूप में तथा प्रस्तुत परम्परा के दरबारी कवियों की दोहा-शैली के रूप में। शृङ्गारिकता, नीति-पतिपादन एवं दोहा-शैली के क्षेत्र में प्रस्तुत काव्य-परम्परा पर अपभ्रंश-मुक्तकों का भी प्रभाव परिलक्षित होता है।

(ग) संस्कृत एवं हिन्दी की कृष्ण गीति-काव्य-परम्परा—संस्कृत में जयदेव ने कृष्ण-गीति-काव्य की उस परम्परा की प्रतिष्ठा की जिसका विकास आगे चलकर हिन्दी की मैथिली गीति-परम्परा एवं कृष्ण-गीति-परम्परा के रूप में हुआ है। इन परंपराओं ने प्रस्तुत काव्य-परम्परा को कई रूपों में प्रभावित किया—एक तो जयदेव ने 'हरि-स्मरण' एवं 'विलास-कला'—दोनों का समन्वय करने की उस परिपाटी को जन्म दिया, जिस की ओट में परवर्ती हिन्दी कवि परकीया सम्बन्धी शृङ्गार-वर्णन को निःसंकोच प्रस्तुत कर सके तथा उन्हें अपनी सामाजिकता एवं अनैतिकता को धार्मिक एवं नैतिक घोषित करने के लिए भक्ति का कृत्रिम आवरण प्राप्त हो गया। दूसरे, जयदेव ने 'गीतगोविन्द' में नायिका-भेद सम्बन्धी विभिन्न तत्त्वों का उल्लेख एवं प्रतिपादन स्पष्ट रूप में किया था—यथा, 'रोदिनि विलपति **वासकसज्जा**', तथा आगे चलकर रूप गोस्वामी ने अपने 'उज्ज्वल नीलमणि' में, सूरदास ने 'साहित्य लहरी' में तथा नंददास ने 'रस-मंजरी' में भी नायिका-भेद-निरूपण को इस परम्परा को विकसित किया था, यही परम्परा हिन्दी के दरबारी कवियों की रुचि एवं प्रवृत्ति के इतनी अनुकूल सिद्ध हुई कि उन्होंने इसका नवोत्थान पूरी शक्ति से किया। तीसरे, कृष्ण और राधा की शृङ्गार रस के

सामान्य नायक-नायिका के रूप में प्रतिष्ठा करने का श्रेय भी संस्कृत-हिन्दी के कृष्ण-काव्य-रचयिताओं को है, जिसे प्रस्तुत परम्परा के कवियों ने भी अपनाया। इस प्रकार कृष्ण-गीति काव्य-परम्परा की विषय प्रतिपादन सम्बन्धी अनेक प्रवृत्तियों को राज्याश्रित शास्त्रीय काव्य-परम्परा के कवियों ने स्वीकृत एवं विकसित किया।

(घ) दरबारी कवियों की कवित्त-छप्पय-परम्परा—विवेच्य काव्य-परम्परा के विकास से कुछ पूर्व ही हिन्दी में—विशेषतः डिंगल एवं पिंगल में—चारण-भाट कवियों द्वारा वीर रसात्मक कवित्त-छप्पय लिखने की परम्परा का प्रवर्त्तन हो गया था। ये कवि विभिन्न राजाओं के तथा मुस्लिम शासकों के आश्रय में रहते थे। जब आश्रय-दाताओं की रुचि वीर रस के स्थान पर श्रृङ्गार सम्बन्धी विषयों का निरूपण करना आरम्भ कर दिया। उदाहरण के लिए नरहरि, ब्रह्म, तानसेन, गंग आदि अकबरी दरबार के कवि मूलतः वीर-रस के कवि थे किन्तु उन्होंने विभिन्न अवसरों पर राधा-कृष्ण की क्रीड़ाओं, नायिका के नख-शिख और उसकी चेष्टाओं तथा सौन्दर्य और प्रेम की विभिन्न अनुभूतियों का भी निरूपण बड़ी सफलतापूर्वक कवित्त-छप्पय शैली में किया है। अकबरी दरबार के अन्य कवियों ने तथा परवर्ती राज्याश्रित श्रृङ्गारी कवियों ने भी आगे चलकर इसी शैली का अनुसरण किया। 'ब्रह्म', तानसेन, गंग, आदि के छन्दों में हमें प्रणय सम्बन्धी दृष्टिकोण, विषय-निरूपण एवं कवित्त छप्पय शैली की दृष्टि से परवर्ती श्रृङ्गारी कवियों—केशव, मतिराम, देव, पद्माकर आदि—का ही प्रारम्भिक स्वर सुनाई पड़ता है; कुछ छन्द द्रष्टव्य हैं—

जल जंगल महिम गान सूझत दादुर मोर रोर घन सादव।
जदपि मघो मेघ भरि मंडि बुझि विरह विकल बिन कादव॥
'नरहरि' निरखि जरत जोमन वन प्रगटित प्रेम वृथा बिन जादव।
अबतकि परती विकल ब्रज सुन्दरि दुम्भर नयन भवति भरि यादव।

—नरहरि

सेजहिं से उठि नारि चली मन मोहन जू हसि चीर गह्यो।
प्रगट्यो रवि कान्ह विहान भयो मुख मोरि के यों मृगनैनी कह्यो॥
बेनी दुहुँ बीच रही उपमा कवि 'ब्रह्म' भनै यहै निबह्यो।
जनमेजय के मनो जज्ञ समै दुरि तच्छक मेरु की संधि रह्यो॥

—बीरबल 'ब्रह्म'

आज बजाई मुरली मनोहर ने सुध न रही कछु मो तन में।
हौं यमुना जल भरन जात ही कान्हा ठाड़ोरी वृन्दावन में॥
सुध न रही कछु ठगन की अंगन में भूली सब काम काज घरन में।
'तानसेन' के प्रभु तुम बहुनायक मेरो मन मोह्यो आली मदन मोहन ने॥

—तानसेन

इस प्रकार हम देखते हैं कि प्रस्तुत काव्य-परंपरा में प्राकृत, संस्कृत, अपभ्रंश एवं हिन्दी की अनेक परंपराओं के विभिन्न तत्त्वों, प्रवृत्तियों एवं पद्धतियों का सार

संचित है। इस दृष्टि से शास्त्रीय मुक्तक परंपरा में मौलिकता एवं नूतनता का अभाव भले ही परिलक्षित हो किन्तु शास्त्रीयता, पारंपरिकता, संग्रह-शीलता एवं समन्वय-वादिता की दृष्टि से यह पूर्ववर्ती भारत की प्रायः सभी मुक्तक-परम्पराओं का प्रतिनिधित्व न्यूनाधिक रूप में करती है; इस दृष्टि से इस परम्परा के नामकरण में प्रयुक्त 'शास्त्रीय' शब्द को यदि हम केवल शास्त्रीय आधार का द्योतक न मानकर अंग्रेजी के Classic (क्लासिक) का भी पर्यायवाची मानें तो अनुचित नहीं होगा।

१६ ६. **परंपरा का प्रवर्तन एवं विकास-क्रम** जैसा कि अभी स्पष्ट किया गया है, इस परम्परा का विकास चार स्रोतों के संयोग से हुआ है। किन्तु ये चारों स्रोत एक ही साथ और एक ही समय में सम्मिश्रित एवं संयोजित नहीं हुए अपितु वे विभिन्न वर्ग के कवियों के द्वारा विभिन्न अवसरों पर संयुक्त हुए। प्रारम्भ में ये चारों स्रोत अलग-अलग क्षेत्रों में प्रवाहित होते हुए दृष्टिगोचर होते हैं—एक ओर अकबरी दरबार में नरहरि, ब्रह्म, तानसेन, गंग आदि कवित्त-छप्पय पद्धति में वीरता, नीति एवं शृंगारिकता का प्रतिपादन कर रहे थे, तो दूसरी ओर कृपाराम जैसे कवि स्वतन्त्र रूप में दोहा में शृंगारिक मुक्तकों की रचना कर रहे थे, जिसे प्राकृत-अपभ्रंश के मुक्तकों की परम्परा में रखा जा सकता है। साथ ही भक्त कवि सूरदास, नंददास आदि धर्माश्रय में शास्त्रीय तत्त्वों—नायिका-भेद, अलंकारादि तथा राधा-कृष्ण की शृंगारी प्रवृत्तियों के चित्रण की परम्परा का पोषण कर रहे थे। इनमें से प्रत्येक स्रोत में प्रस्तुत काव्य-परम्परा की कोई न कोई विशेषता मिलती है, किन्तु इनमें से किसी में उसकी सभी प्रमुख विशेषताएँ दृष्टिगोचर नहीं होतीं; यथा—अकबरी दरबार के कवियों में तथा हित तरंगिणी के रचयिता कृपाराम में शास्त्रीय तत्त्वों के निरूपण की प्रवृत्ति नहीं मिलती तो कृष्ण भक्त कवियों में कवित्त, छप्पय की अपेक्षा गीति-शैली की प्रधानता है। वस्तुतः इस परम्परा की सभी प्रमुख विशेषताओं का सर्वप्रथम एकान्त संयोग केशवदास के काव्यों में दृष्टिगोचर होता है; उनकी 'कवि-प्रिया' एवं 'रसिक प्रिया' में उन समस्त काव्य-शास्त्रीय एवं काम-शास्त्रीय तत्त्वों का प्रतिपादन मिलता है, जिन्हें इस परम्परा के केशव परवर्ती कवियों ने भी स्वीकार किया, उनकी 'रामचंद्रिका' एवं 'विज्ञान-गीता' भक्ति, नीति एवं वैराग्य की प्रवृत्तियों की सूचक हैं, 'नख-शिख', नख-शिख-वर्णन की परिपाटी की प्रवर्तक है, साथ ही उन्होंने कवित्त, छप्पय एवं दोहों का प्रयोग भी प्रमुख रूप में किया है। केशवदास न केवल इस परम्परा के अपितु अपने युग की सभी राज्याश्रित काव्य-परम्पराओं के प्रतिनिधि कहे जा सकते हैं। क्योंकि उन्होंने 'वीरसिंह देव-चरित', 'रतन-बावनी' एवं 'जहाँगीर-जस-चन्द्रिका' के रूप में ब्रजभाषा में ऐतिहासिक चरित-काव्यों की परम्परा का प्रवर्तन किया तो उनकी 'रामचंद्रिका' ने पौराणिक प्रबन्ध-काव्य-परम्परा के क्षेत्र में भी एक नया आदर्श स्थापित किया। अवश्य ही इस दूसरी परम्परा में 'रामचन्द्रिका' की अपेक्षा तुलसीदास का 'रामचरितमानस' अधिक प्रौढ़ एवं सशक्त रचना है, किन्तु फिर भी हमें यह न भूलना चाहिए कि परवर्ती कवियों में से अनेक ने प्रबन्ध-रचना में तुलसी की दोहा-चौपाई शैली का अनुगमन न करके केशव की छंद-वैविध्य एवं संवाद-

प्रधान पद्धति का अनुसरण किया है। वस्तुतः उत्तर मध्यकाल के पौराणिक एवं ऐतिहासिक प्रबन्धों में छंद-वैविध्य-प्रदर्शन की प्रवृत्ति अत्यधिक विकसित रूप में दृष्टिगोचर होती है, जिसके मूल में केशव की 'रामचंद्रिका' का प्रभाव परिलक्षित होता है। अस्तु, इन तथ्यों के आधार पर यह स्वीकार किया जा सकता है कि प्रस्तुत परम्परा का प्रवर्त्तन विभिन्न स्रोतों के रूप में केशव से कुछ पूर्व हो चुका था, किन्तु उन स्रोतों को सम्मिलित रूप प्रदान करके उसे एक सुदृढ़ परम्परा के रूप में प्रतिष्ठित करने का श्रेय केशवदास को ही है। किन्तु आचार्य रामचन्द्र शुक्ल तथा उनका अनुसरण करने वाले कतिपय आलोचकों ने इस परम्परा का प्रवर्त्तन केशव के लगभग पचास वर्ष बाद चिन्तामणि के द्वारा माना है। केशव को प्रवर्तक मानने में उन्हें तीन आपत्तियाँ हैं—(१) रीति ग्रन्थों का अविरल और अखंडित प्रवाह केशव की 'कवि-प्रिया' के प्रायः पचास वर्ष पीछे चला। (२) केशव अलंकारवादी थे, जबकि परवर्ती कवियों ने केशव से भिन्न आदर्श—रस-सिद्धान्त को अपनाया। (३) परवर्ती कवियों ने अलंकारों के निरूपण में केशव की शैली को न अपनाकर कुवलयानन्द की शैली-एक ही दोहे में लक्षण और उदाहरण देने की शैली, का प्रयोग किया। हमारे विचार मे ये तीनों आपत्तियाँ केशव के एकांगी अध्ययन, पक्षपातपूर्ण दृष्टिकोण एवं भ्रान्त धारणाओं पर आधारित हैं। जैसा कि डॉ० भगीरथप्रसाद मिश्र तथा अन्य शोध-कर्त्ताओं द्वारा प्रस्तुत रीति-परम्परा के इतिहास से स्पष्ट है, केशव के पश्चात् रीति या शास्त्रीय ग्रन्थों की एक अखंड परम्परा उन्नीसवीं शती तक बराबर चलती रही है। केशव और चिन्तामणि के मध्य लगभग १२-१३ ग्रन्थ ऐसे मिलते हैं जो इस परम्परा की अखंडता को सिद्ध करते हैं; वे ग्रन्थ ये हैं—(१) 'रस-चंद्रिका' (बालकृष्ण; १६५७ वि०) (२) अलक शतक एवं (३) तिल-शतक (मुबारक कृत, १६७० वि०), (४) 'रंग भाव-माधुरी' (रस-नायिका-भेद का ग्रंथ—ब्रजपति भट्ट कृत १६८० वि०), (५) नखशिख (लीलाधर; १६७६ वि०) (१) सुन्दर श्रृङ्गार (सुन्दर कृत, रस नायिका-भेद ग्रन्थ, १६८८ वि०), ७—६, रहीम कृत तीन ग्रंथ—नगर शोभा, बरवै नायिका-भेद और मदनाष्टक, (१०) फतेह-प्रकाश (क्षेमराज, १६८५), (११) सुधानिधि (तोष—१६९१), (१२) भाषा-भूषण (जसवन्त सिंह—१६९५) (१३) काव्य-प्रकाश और (१४) श्रृङ्गार-मंजरी—दोनों चिन्तामणि कृत।

दूसरा तर्क कि केशव अलंकारवादी थे—यह भी भ्रामक है। केशव ने जहाँ अपनी 'कवि-प्रिया' में अलंकारों का विवेचन किया है, वहाँ 'रसिक-प्रिया' में रस-सिद्धान्त के सभी अंगों एवं भेदों का प्रतिपादन किया है। कवि रूप में भले ही केशव ने अलंकारों का प्रयोग अधिक किया हो किन्तु जहाँ तक उनके आचार्यत्व का सम्बन्ध है, उन्होंने अलंकार और रस—दोनों को पूरी मान्यता दी है। कुछ लोग केशव को अलंकारवादी सिद्ध करने के लिये निम्नांकित छंद उद्धृत करते हैं—

जदपि सुजाति सुलच्छनी सुबरन सरस सुवृत्त।
भूषन बिनु न बिराजई कविता बनिता मित्त॥

ध्यान से देखने पर स्पष्ट होगा कि यहाँ कवि अलंकारों को काव्य की आत्मा -प्राण घोषित नहीं करता है, अपितु उनका महत्त्व उतना ही स्वीकार करता है जितना कि 'बनिता' के लिए आभूषणों का है। यदि अलंकारों को आभूषणों के तुल्य महत्त्व देने से ही किसी को अलंकारवादी घोषित किया जा सकता है तो फिर संस्कृत के साहित्य-दर्पणकार से लेकर हिन्दी के चिन्तामणि, देव श्रीपति, भिखारीदास आदि प्रायः सभी रीति-बद्ध कवि अलंकारवादी सिद्ध होते हैं क्योंकि प्रायः इन सभी ने अलंकारों का विवेचन करते हुए उन्हें 'भूषण' या 'आभूषण' के तुल्य महत्त्व दिया है; देखिये—

शब्दार्थयोरस्थिरा ये धर्माः शोभातिशायिनः।
रसादीनुपकुर्वन्तोऽलंकारास्तेऽङ्गदादिवत् ॥

साहित्य-दर्पण

"शोभा के बढ़ाने-वाले रस-भाव आदि के उपकारक जो शब्द और अर्थ के अस्थिर धर्म हैं, वे अंगद (आभूषण-विशेष) की भाँति अलंकार कहलाते हैं।"

सगुन अलंकारन सहित, दोष-रहित जो होइ।
शब्द अर्थ वारौ कवित, विबुध कहत सब होइ ॥

—चिन्तामणि

शब्द जीव तिहिं अरथ मन, रसमय सुजस शरीर।
चलत वहै जुग छन्द गति, अलंकार गम्भीर ॥

—देव (काव्य-रसायन)

जदपि न दोष बिनु गुन सहित, सब तन परम अनूप।
तदपि न भूषन बिनु लसै, बनिता कविता रूप ॥

—श्रीपति (काव्य-सरोज छन्द १०)

सगुन पदारथ दोष बिनु, पिंगल मत अविरुद्ध।
भूषण जुत कवि कर्म जो, सो कवित्त कहि सुद्ध ॥

—सोमनाथ (रस-पीयूष निधि, तरंग-६)

"दास जी अपना मत प्रकट करते हैं कि रस ही कविता का अंग है, अलंकार आभूषण है। गुण, रूप और रंग तथा दोष कुरूपता के समान हैं।"

—हिन्दी काव्य-शास्त्र का इतिहास; पृ० १३६।

उपर्युक्त उद्धरणों से स्पष्ट है कि चिन्तामणि, देव, श्रीपति, भिखारीदास आदि ने भी अलंकारों के प्रति लगभग उसी दृष्टिकोण का परिचय दिया है जो केशवदास का है।

केशव के सम्बन्ध में यह भी कहा जाता है कि उन्होंने संस्कृत के प्रारम्भिक आचार्यों दंडी, भामह आदि का अनुसरण किया। परवर्ती आचार्यों मम्मट, विश्वनाथ आदि का अनुकरण नहीं किया, जबकि हिन्दी के रीति-कवि विश्वनाथ आदि के मार्ग पर चले। यह आक्षेप भी 'कवि-प्रिया' के आधार पर किया गया प्रतीत होता है। 'रसिक-प्रिया' की अधिकांश सामग्री —रस-विवेचन, नायक के चार भेद, नायिका के

तीन प्रमुख तथा अवान्तर भेद आदि मम्मट के 'काव्य-प्रकाश' एवं विश्वनाथ के 'साहित्य-दर्पण' पर आधारित हैं।

केशव-परवर्ती कवियों में से कुछ ने अलकार-निरूपण में 'कुवलयानन्द' की पद्धति का प्रयोग किया है जबकि कुछ ने केशव का अनुकरण करते हुए लक्षण और उदाहरण अलग-अलग छन्दों में दिये हैं। दूसरे वर्ग के कवियों में मतिराम (ललित ललाम), भूषण (शिवराज भूषण), रघुनाथ (रसिक मोहन), दूलह (कवि-कुल-कण्ठाभरण), ग्वाल (रसिकानन्द), प्रतापसिंह (अलंकार-चिन्तामणि) उल्लेखनीय हैं। वैसे तो सूक्ष्म-दृष्टि से प्रत्येक आचार्य के दृष्टिकोण, विवेचन एवं शैली में थोड़ा-बहुत अन्तर मिलना स्वाभाविक है किन्तु इसी से किसी को परम्परा से बाहर नहीं किया जा सकता। वस्तुतः केशव ने 'कवि-प्रिया' और 'रसिक-प्रिया' में जिस ढाँचे को खड़ा किया तथा जिन विषयों का जिस पद्धति में विवेचन किया है, परवर्ती कवियों ने प्रायः कुछ अपवादों को छोड़कर उसी ढांचे, उसी पद्धति और उन्हीं विषयों को अपनाया है।

वस्तुतः उपर्युक्त तीनों तर्क केशव के विपक्ष में पड़ने की अपेक्षा उनके पक्ष में अधिक पड़ते हैं। किन्तु दुर्भाग्य से केशव के प्रति आचार्य रामचन्द्र शुक्ल एवं उनके अनुयायी आलोचकों ने उस मानदण्ड को नहीं अपनाया जो सामान्यतः अन्य कवियों के लिए प्रयुक्त किया गया है। उदाहरण के लिए, जहाँ वे तुलसीदास के प्रसंग में तो सर्वथा भिन्न-वस्तु, भिन्न काव्य-रूप एवं भिन्न शैली अपनाने वाले कवियों को भी तुलसी के अनुयायियों में स्थान दे देते हैं, जबकि केशवदास के प्रसंग में उन कवियों को भी उनसे पृथक् कर देते हैं जिन्होंने केशव की विषय-वस्तु एवं काव्य-प्रवृत्ति को अपनाते हुए अलंकारों का निरूपण तो किया, परिभाषा और उदाहरण अलग-अलग न देकर एक साथ दे दिया। यह भी विचित्र बात है कि केशव और चिन्तामणि के बीच लगभग आठ-दस कवियों के आविर्भाव के बावजूद भी यह परम्परागत खंडित मान ली गई है जबकि दूसरी ओर एक प्रबन्धकार, एक नाटककार, एक मुक्तककार तथा एक-दो राम भक्तों एवं हनुमान-काव्य रचयिताओं जैसे कुल पाँच-छः कवियों को लेकर ही राम-काव्य की एक ऐसी ठोस परम्परा मान ली गई है कि इतिहास में उसे एक स्वतन्त्र स्थान दिया गया है।

ऐसा प्रतीत होता है कि आचार्य केशव ने 'रामचन्द्रिका' लिखकर गोस्वामी तुलसीदास की प्रतिस्पर्द्धा में उतरने का गुरु अपराध किया था, कदाचित् उसी का कड़ा दण्ड उन्हें आचार्य शुक्ल के हाथों भुगतना पड़ा है, अन्यथा इसमें कोई संदेह नहीं कि वे प्रस्तुत काव्य-परम्परा के प्रतिष्ठाता थे। परवर्ती कवियों ने न केवल उनकी प्रत्येक प्रवृत्ति का अनुसरण किया है अपितु अनेक कवियों ने तो केशव की स्तुति करते हुए उन्हें मार्ग-दर्शक के रूप में भी स्वीकार किया है।[1]

१६.७. **कवियों का वर्गीकरण**—जैसा कि पीछे कहा गया है इस परम्परा के कवियों ने मुख्यतः शृङ्गार, भक्ति एवं नीति सम्बन्धी विषयों का प्रतिपादन किया है,

---

१. केशवदास और उनका साहित्य; डॉ० विजयपाल सिंह।

किन्तु कुछ कवियों ने इनमें से किसी एक विषय को ही लिया है —या यों कहिए कि वे सब विषयों को नहीं ले पाये। इस दृष्टि से हम इन कवियों को दो वर्गों में विभक्त कर सकते हैं—(१) जिनमें मुख्यतः शृङ्गारिकता की तथा गौण रूप में भक्ति एवं नीति की प्रवृत्ति मिलती है। (२) जिनमें केवल भक्ति एवं नीति की प्रवृत्ति मिलती है। इन दोनों वर्गों के कवियों का परिचय आगे क्रमशः प्रस्तुत किया जाता है।

(क) शृङ्गार-रस-प्रधान काव्य-रचयिता कवि

१६.८. केशवदास के पूर्ववर्ती कवि

कृपाराम प्रस्तुत काव्य-परम्परा के प्रथम ज्ञात हिन्दी कवि हैं, जिनके जीवन-वृत्त के सम्बन्ध में अधिक जानकारी का अभाव है। इन्होंने दोहों में 'हित-तरंगिणी' नामक ग्रन्थ की रचना की थी, जिसका निर्माण-काल स्वयं कवि ने माघ शुक्ला तृतीया सं० १५९८ वि०[1] दिया है, किन्तु इसके कुछ दोहों में 'बिहारी-सतसई' की छाया मिलने के कारण कुछ विद्वान् इसे परवर्ती युग की रचना मानते हैं, पर यह ठीक नहीं। बिहारी ने अनेक पूर्ववर्ती कवियों की रचनाओं से भाव ग्रहण किये हैं, अतः उन्होंने 'हित-तरंगिणी' से भी सहायता ली हो तो आश्चर्य नहीं। वस्तुतः ऐसा कोई कारण नहीं जिससे 'हित-तरंगिणी' में दिये गये रचना-काल को स्वीकार न किया जाये।

ग्रंथ-रचना का उद्देश्य स्पष्ट करते हुए कवि ने बताया है कि 'अन्य कवि बड़े छन्दों में शृङ्गार-रस का वर्णन करते हैं, किन्तु मैंने सुघरता के विचार से दोहों में किया है[2], इससे ज्ञात होता है कि कृपाराम से पूर्व भी शृङ्गार-वर्णन की परिपाटी रही होगी। इसमें नायिका-भेद का प्रतिपादन शास्त्रीय आधार पर किया गया है तथा भरत-मुनि के नाट्य शास्त्र से सहायता लेने का[3] लक्षणों को ध्यान में रखते हुए उदाहरण देने[4] का उल्लेख भी कवि ने किया है। इस ग्रंथ के नामकरण तथा विषय प्रतिपादन से सिद्ध होता है कि इसकी रचना में भानुदत्त की 'रस-तरंगिणी' (संस्कृत) से भी सामग्री ग्रहण की गई है।

सिद्धान्त-निरूपण की दृष्टि से इस ग्रंथ का विशेष महत्त्व नहीं है किंतु काव्यत्व की दृष्टि से यह अत्यन्त प्रौढ़ रचना है। प्रणयानुभूति की व्यंजना में कवि को सफलता

---

१. सिधि निधि सिव मुख चन्द्र लखि माघ शुद्ध तृतीयासु।
हिततरंगिनी हौं रची कवि हित परम प्रकासु॥
—हिन्दी काव्य-शास्त्र का इतिहास : पृ० ५१

२. बरनत कवि सिंगार रस, छन्द बड़े विस्तारि।
मैं बरन्यो दोहानि बिच, याते सुघर बिचारि॥

३. "कृपाराम यों कहत है भरत ग्रन्थ अनुमानि।"

४ "रचौं ग्रन्थ कविमत हारे धरै कृष्ण को ध्यान।
राखे सरस उदाहरण, लच्छनजुत सज्ञान॥

मिली है। आचार्य शुक्ल के शब्दों में 'इसके दोहे बहुत ही सरस, भावपूर्ण तथा परिमार्जित भाषा में है।' कुछ उदाहरण द्रष्टव्य हैं—

आजु सबारे हौं गई, नन्दलाल हित ताल।
कुमुद कुमुदिनी के भटू निरखे औरै हाल॥
पति आयो परदेश तैं ऋतु बसंत को मानि।
झमकि-झमकि निज महल में टहलैं करै सुरानि॥
लोचन चपल कटाच्छ सर अनियारे विषपूरि।
मन-मृग बेधें मुनिन के जगजन सहत बिसूरि॥

नरहरि बंदीजन का विस्तृत परिचय पीछे 'ऐतिहासिक मुक्तक-काव्य-परम्परा' के अन्तर्गत दिया जा चुका है। इन्होंने प्रशंसात्मक काव्य के अतिरिक्त शृङ्गार रस के भी कुछ छन्द लिखे हैं। 'बारहमासा' और अन्य स्फुट छंदों में इन्होंने प्रेम के कुछ पक्षों को प्रस्तुत किया है, यथा—

करत विनोदु स्याम स्यामा संघ दोउ मन मुदित रूप गुन भाजन।
अंग अंग प्रति रंग रंग महँ छवि उप्पम घन बिंदु विराजन॥
नरहरि यह बिपरीति सुरत रत राधे के चरन उचत अति लाजन।
उछरि उछरि वेनी परति पिट्ठि पर मारत मनहुँ मनमत्थ ताजन॥

—स्फुट छंद

इनकी शैली पर वीर रसात्मक छन्दों को द्वित्वपरक शब्दावली का प्रभाव परिलक्षित होता है, जो इस बात का सूचक है कि शृङ्गार रस के क्षेत्र में यह शैली अभी नयी ही थी।

अपनी प्रत्युत्पन्न-मति के लिए प्रसिद्ध कवि **बीरबल 'ब्रह्म'** अकबरी दरबार के अत्यन्त सम्मानित व्यक्तियों में से थे। इनका मूल नाम महेशदास था। जन्म—स्थान तिकवाँपुर बताया जाता है। इनके जन्म संवत् का भी पता नहीं चलता। डा० सरयू प्रसाद ने लगभग संवत् १५८५ अनुमित किया है। अकबरी दरबार में इनका प्रवेश संवत् १६२० के पूर्व ही हो गया था। इनकी मृत्यु माघ शुक्ला द्वादशी शुक्रवार सं० १६४२ वि० को पठानों से युद्ध करते हुए हुई। अकबर के ये अत्यन्त घनिष्ठ व्यक्तियों में से थे। इनकी मृत्यु से सम्राट को कितना दुःख हुआ यह उसके द्वारा रचित निम्नांकित दोहे से व्यक्त होता है—

दीन जानि सब दीन, एक न दीन्हों दुसह दुःख।
सो अब हम कहँ दीन, कछु नहिं राख्यो वीरबर॥

यद्यपि बीरबल (उपनाम ब्रह्म) का कोई ग्रंथ नहीं मिलता किन्तु इनके स्फुट छंद पर्याप्त संख्या में यत्र-तत्र मिलते हैं, जिनके आधार पर इन्हें सुकवि की पदवी दे दी जाय तो अनुचित नहीं होगा। हमारे इतिहासकारों की दृष्टि इनकी नीतिपरक उक्तियों पर ही पड़ी है, शृङ्गार रस से ओत-प्रोत सवैयों पर नहीं गई, जो इनकी कवित्व शक्ति के ठोस प्रमाण हैं। रूप सौन्दर्य की अभिव्यक्ति में इन्होंने अलंकारों का ऐसे सुन्दर ढंग से प्रयोग किया है जो देखते ही बनता है। विशेषतः उपमाओं की

मौलिकता एवं रुचिरता में तो इन्हें असाधारण सफलता मिली है। एक उदाहरण द्रष्टव्य है —

सेज ते ठाढ़ी भई उठि बाल लई उलटी अंगराय जम्हाई।
रोम की राजी विराजी विमाल मिटी त्रिवली अरु पीठ खिलाई॥
बैनी परी पग ऊपर पाछे ते 'ब्रह्म' यहै उपमा उर आई।
लोक त्रिलोक के जीतिबे कारन सोने की काम कमान चढ़ाई॥

किसी कवि ने इनकी उपमाओं पर मुग्ध होकर लिखा है —

"उत्तम पद कवि गंग के उपमा में बलवीर।
केशव अर्थ गंभीरता सूर तीन गुन धीर॥"

तानसेन (१५८८-१६४६ वि०) का जन्म ब्राह्मण जाति में हुआ था किन्तु किसी कारण से उन्होंने इस्लाम की दीक्षा ग्रहण कर ली। अपनी संगीत विद्या के कारण ये युवावस्था में ही बहुत प्रसिद्ध हो गये थे। संवत् १६१८ में इन्हें अकबर का आश्रय प्राप्त हुआ जहाँ इनके यश और सम्मान में और भी अधिक वृद्धि हो गई। इनकी रचनाएँ—'संगीत सार', 'रागमाला' व 'श्रीगणेश स्त्रोत' संगीत कला के विभिन्न अंगों के प्रतिपादन की दृष्टि से ही महत्त्वपूर्ण हैं। काव्यत्व का वैभव उनमें नहीं मिलता। उनके अधिकांश पदों में विभिन्न देवी-देवताओं की वन्दना की गई है, जो शुष्क स्त्रोत-पाठ हैं। शृंगार सम्बन्धी छंदों में अवश्य थोडी सरसता मिलती है। कुछ छंद देखिये—

जोवन के जोर तोर कैसे समझाय राखूं, मेरो कहो मान आज तेरो दाव री।
तन मन धन नोछावर करहूँ बीत गई रैन तासों छूट गयो चाव री॥
लाल यह मनावत तू नहीं मानत उठ री गंवार नार घने समझाव री।
तानसेन कहे प्रभु सो तजो मान हाथ से गवाय लाल फेर पछताव री॥

गंग कवि का विस्तृत परिचय अन्यत्र दिया जा चुका है। इन्होंने शृंगार रस के छंदों की भी रचना अत्यन्त प्रभावोत्पादक शब्दों में की है। नारी के नख-शिख व रूप-सौन्दर्य एवं प्रेम की विभिन्न अनुभूतियों की व्यंजना में इन्हें पूरी सफलता मिली है। भाषा पर कवि गंग का पूरा अधिकार दिखाई पड़ता है। यद्यपि 'तुलसी गंग दुऔ भये सुकविन के सरदार' की उक्ति से हम पूर्णतः सहमत नहीं हो सकते किन्तु यदि इनकी कविता के परिमाण को न देखकर केवल गुणों पर विचार किया जाय तो वे एक उच्चकोटि के कवि अवश्य सिद्ध होते हैं। उदाहरणस्वरूप कुछ पंक्तियाँ द्रष्टव्य हैं—

गयंद की चुराई चाल मेंहदी को लंक चोरयो,
मुख तेरे चंद चोर्‌यो नासा चोरी कीर की।
म्रिगनी के नैन चोर्‌यो पिकनि के बैन चोर्‌यो,
ओठ तेरे लाल चोर्‌यो दंत छवि हीर की।
कहे कवि गंग बैनी नाग तें चुराई लाई,
भौंह जो कमाल पल अर्जुन के तीर की।

जेते तुम लूटे ते पुकारत कन्हैया जू ये,
एतनि की चोरी कहा छपेगी अहीर की ॥

गंग में चमत्कार-दर्शन की प्रवृत्ति भी मिलती है, किन्तु वह भावानुभूति के मार्ग में बाधक सिद्ध नहीं होती।

अकबरी दरबार से सम्बन्धित अन्य कवियों में मनोहर और करणेश का नाम भी मिलता है। मनोहर ने 'शत-प्रश्नोत्तरी' नामक ग्रंथ की रचना लगभग संवत् १६२० में की थी। इसके दोहे अत्यन्त मार्मिक एवं सरस हैं; यथा—

इन्दु वदन नरगिस नयन, संबुलवारे वार।
उर कुंकुम, कोकिल वयन, जेहि लखि लाजत मार ॥
बिथुरे सुथरे चीकने घने घने घुघुवार।
रसिकन को जंजीर से बाला तेरे बार ॥

करणेश के अलंकार सम्बन्धी तीन ग्रंथों—करण-भरण, श्रुति-भूषण और भूप-भूषण—का उल्लेख मिलता है, किन्तु मूल ग्रन्थ अब अप्राप्य हैं। इनके कुछ छंद यत्र-तत्र मिलते हैं, जिनमें एक यह है—

खात है हराम दाम, करत हराम काम, घट घट तिनहीं के अपयश छावेंगे।
दोजख हूँ जैहें तब काटि-काटि खैहैं खोपरी को गूदो काग टोंटनि उड़ावेंगे ॥
कहैं करनेस अब घूम खात लाज नहिं, रोजा ओ निमाज अंत काम नहीं आयेंगे।
कविन के मामले में करे जौन खामी तौन निमक हरामी मरे कफन न पावेंगे ॥

इसी प्रकार **जमाल कवि** का भी कोई ग्रंथ उपलब्ध नहीं है, किन्तु इनके कुछ दोहे मिलते हैं जिनमें शृंगार और नीति का प्रतिपादन मार्मिक शैली में हुआ है; जैसे—

जमला ऐसी प्रीत कर जैसी केस कराय।
कै काला कै ऊजला, जब तब सिर स्यूं जाय ॥
मनसा तो गाहक भये, नैना भए दलाल।
धनी बसत बेचै नहीं, किस बिध बनै जमाल ॥

मोहनलाल और गोपा कवि का पूरा विवरण उपलब्ध नहीं है किन्तु इनके द्वारा रचित ग्रन्थों का उल्लेख यत्र-तत्र मिलता है। मोहनलाल ने 'शृंगार सागर' की रचना सं० १६१६ वि० में की थी जिसमें रस और नायिका-भेद का प्रतिपादन किया गया है तथा गोपा ने 'अलंकार-चंद्रिका' में अलंकारों का निरूपण किया है।

अब्दुर्रहीम खानखाना (१६१३-१६८३ वि०) अकबर के बाल्यकालीन संरक्षक बैरम खाँ के पुत्र थे, इनका जीवन अकबर व जहाँगीर के दरबार में सम्मानपूर्वक बीता। बीच में एक बार जहाँगीर से वैमनस्य हो जाने के कारण इन्हें अनेक विपत्तियों का भी सामना करना पड़ा। योद्धा होने के साथ-साथ रहीम उच्चकोटि के कवि भी थे। इनके द्वारा रचित ग्रन्थों में दोहावली, नगर-शोभा, बरवै नायिका-भेद,

मदनाष्टक[1] आदि उल्लेखनीय हैं। इनमें 'दोहावली' का विषय नीति और उपदेश है जबकि शेष में शृङ्गार रस के विभिन्न अंगों का चित्रण मिलना है। नगर-शोभा और 'बरवै नायिका-भेद' में विभिन्न प्रकार की नायिकाओं का निरूपण किया गया है तथा 'मदनाष्टक' में नायिकाओं की उक्तियाँ हैं। रहीम की कविता में अनुभूति की तरलता, व्यंजना की कुशलता एवं भाषा की कोमलता मिलती है। भाव-पक्ष एवं कला-पक्ष—दोनों की दृष्टि से ही वे उच्चकोटि के कवि सिद्ध होते हैं। उनकी रचना-शैली के कुछ नमूने द्रष्टव्य हैं—

रहिमन वे नर मर चुके जे कहुँ माँगन जाहिं।
उनते पहिले वे मुए जिन मुख निकसत नाहिं॥

—दोहावली

जाति हती सखी गोहन में, मनमोहन को लखि ही ललचानो।
नागरि नारि नई ब्रज की, उनहूँ नंदलाल को रीझिबो जानो॥
जानि भई फिरि कै चितई, तब भाव रहीम यहै उर आनो।
ज्यों कमनैत दमानक में फिरि तीर सों मारि लै जात निसानो॥

—फुटकल कवित्त

नंददास की अनेक रचनाएँ—'रसमंजरी', 'विरह मंजरी' आदि इस काव्य-परम्परा के अन्तर्गत आती हैं। इनका विस्तृत परिचय पीछे 'कृष्ण-गीत काव्य-परम्परा' के अन्तर्गत दिया जा चुका है।

बलभद्र मिश्र का जन्म ओरछा के प्रसिद्ध सनाढ्य परिवार में अनुमानतः संवत् १६०० में हुआ था तथा ये पं० काशीनाथ के पुत्र तथा प्रसिद्ध कवि केशव के बडे भाई थे। इनके द्वारा रचित ग्रन्थों में 'नख-शिख', 'दूषण-विचार', 'गोबर्द्धन सतसई की टीका', 'हनुमन्नाटक' और 'बलभद्री व्याकरण' का उल्लेख किया जाता है किन्तु इनमें प्रथम दो ही उपलब्ध हैं। 'नख-शिख' में नारी-अंगों का वर्णन अत्यन्त सरस शैली में हुआ है। 'दूषण विचार' में काव्य-दोषों का निरूपण किया गया है। इनकी शैली का नमूना

मरकत के सूत, कैधौं पन्नग के पूत, अति
राजत अभूत तमराज कैसे तार हैं।
× + ×
कारे सटकारे भींजे सोंधे सों सुगन्ध बास
ऐसे बलभद्र वाला तेरे बार हैं॥

१६.६ **केशवदास एवं परवर्ती कवि—केशवदास**[2] ने अपनी वंश-परम्परा का परिचय अपनी रचनाओं में दिया है, जिससे ज्ञात होता है कि ये सनाढय कुल में उत्पन्न

1. 'मदनाष्टक' को कुछ विद्वान् पठानी मिश्र की रचना मानते हैं। द्रष्टव्य—'सम्मेलन-पत्रिका' ४६/२ शक १८८२ में प्रकाशित लेख।
2. इनका जीवन-काल सं० १६१२-७४ वि० अनुमित किया गया है।

हुए थे; इनके पितामह का नाम कृष्णदत्त तथा पिता का नाम काशीनाथ था। ये तीन भाई थे—बलभद्र, केशव और कल्याण। इनके पूर्वजों को पहले ग्वालियर-नरेश का तथा फिर बुन्देलखण्ड के शासकों का आश्रय प्राप्त था।[1] स्वयं केशव भी ओरछा के शासक इन्द्रजीत के आश्रय में रहते थे। इनकी यह गर्वोक्ति—'भाषा बोली न जानहीं, जिनके कुल के दास'—सिद्ध करती है कि इनके वंश में विद्याध्ययन की दीर्घ-परम्परा ही पर्याप्त प्रसिद्ध एवं वैभव-श्री प्राप्त कर ली थी।

इनके द्वारा रचित ६ ग्रन्थ उपलब्ध हैं—१. रसिक प्रिया (१६४८ वि०), २ नख-शिख, ३. रामचंद्रिका (१६५८ वि०), ४. कवि-प्रिया (१६५८ वि०), ५. रतन-बावनी, ६. वीरसिंह देव-चरित (१६६४ वि०), ७. जहाँगीर-जस-चंद्रिका (१६६९ वि०), छंद-माला, ६. विज्ञान-गीता (१६६७ वि०)। इन रचनाओं को काव्य-प्रवृत्तियों के आधार पर तीन वर्गों में विभक्त किया जा सकता है—(१) भक्ति एवं वैराग्य सम्बन्धी —'रामचंद्रिका' और 'विज्ञान-गीता'। (२) काव्य-शास्त्रीय एवं शृङ्गार-सम्बन्धी ग्रन्थ —'रसिक-प्रिया', 'कवि-प्रिया', 'नख-शिख' और 'छंद-माला'। (३) वीर रसात्मक ऐतिहासिक प्रबन्ध-काव्य —'रतन-बावनी', 'वीर सिंह देव-चरित' और 'जहाँगीर जस-चंद्रिका'। इन वर्गों को देखते हुए कहा जा सकता है कि केशव ने अपने युग की सभी प्रमुख काव्य-प्रवृत्तियों का प्रतिनिधित्व किया है।

आचार्यत्व—केशवदास का महत्त्व कवि की अपेक्षा आचार्य के रूप में अधिक है। यद्यपि इनसे पूर्व भी नायिका-भेद एवं अलंकार निरूपण सम्बन्धी कुछ ग्रन्थ लिखे जा चुके थे, किन्तु काव्य-शास्त्र के विभिन्न अंगों—कवि, काव्य, रस, नायिका भेद, नख-शिख, अलंकार, गुण-दोषादि—की व्यवस्थित ढंग से चर्चा करने का प्रथम प्रयास इसमें मिलता है। वस्तुतः इस परम्परा के प्रवर्त्तन में सबसे अधिक योग देने का श्रेय इन्हें ही है। आचार्य शुक्ल ने इस सम्बन्ध में कुछ आक्षेप प्रस्तुत किये हैं, जिनका निराकरण पीछे किया जा चुका है। केशव ने अलंकारों का महत्त्व स्वीकार किया है, इसी से उन्हें अलंकारवादी घोषित करते हुए उनका सम्बन्ध भामह, दंडी से स्थापित कर देना उचित नहीं। केशवदास ने संस्कृत के प्रत्येक काव्य-सम्प्रदाय से लाभ उठाया है; उनकी दृष्टि इतनी संकुचित नहीं थी कि वह किसी संप्रदाय-विशेष की सीमा में ही आबद्ध हो जाती। जिस प्रकार भाव-पक्ष के लिए रस का महत्व है वैसे ही कला-पक्ष के लिए शैली सम्बन्धी गुणों-अलंकारादि के समन्वय की आवश्यकता है; इसी से उन्होंने कविता-कामिनी के लिए 'सुबरन, सरस, सुवृत्त' के साथ-साथ 'भूषणों' की भी आवश्यकता पर बल दिया था। यदि केशव कोरे अलंकारवादी होते तो 'रसिक-प्रिया' की रचना नहीं करते, जिसमें रस और उसके विभिन्न अवयवों का प्रतिपादन किया गया है। संस्कृत-काव्य-शास्त्र के क्षेत्र में भारत से लेकर विश्वनाथ तक जो कुछ अंकुरित, पल्लवित एवं पुष्पित हुआ, उसी के संचित फल को अपने युग के पाठकों तक

१. कवि-प्रिया : केशवदास।

लोक-भाषा के माध्यम से पहुँचा देने का प्रयास आचार्य केशवदास ने किया है, जिसका अनुसरण परवर्ती कवियों द्वारा भी हुआ।

कुछ विद्वान् केशव के आचार्यत्व का महत्त्व दूसरे प्रकार से न्यून करना चाहते हैं। उनकी दृष्टि से उनमें एक तो मौलिकता का अभाव है, दूसरे कहीं-कहीं प्रतिपादन सम्बन्धी भूलें हैं। यदि ऐतिहासिक दृष्टि से विचार करें तो ये आक्षेप महत्वहीन हैं। केशव से पूर्व हिन्दी में आचार्यत्व के क्षेत्र में कोई कार्य ही नहीं हुआ था; अतः वे मौलिकता क्या दिखाते। दूसरे, यदि वे संस्कृत-ग्रन्थों का आधार ग्रहण नहीं करते तो उस समय के विद्वान् —'भाषा में लिखी हुई' इन पोथियों की प्रामाणिकता ही स्वीकार नहीं करते। फिर भी उन्होंने यत्र-तत्र मौलिकता दिखाई है। यह दूसरी बात है कि बीसवीं शताब्दी के निपुण आचार्यों को वह पसन्द न आवे। प्रथम प्रयास में प्रतिपादन सम्बन्धी साधारण भूलें भी विशेष महत्व नहीं रखतीं। हाँ, परवर्ती आचार्यों ने केशव के कार्यों को आगे नहीं बढ़ाया, वे उनकी ही सीमाओं में चक्कर काटते रहे। बस, यही इस परम्परा का दुर्भाग्य था, पर इसके लिए केशव को दोष देना आवश्यक है।

केशव के काव्य-शास्त्रीय ग्रन्थों में 'रसिक-प्रिया', 'कवि-प्रिया' एवं 'छन्द-माला' की गणना की जा चुकी है। 'रसिक-प्रिया' में रस-सम्बन्धी विभिन्न विषयों का प्रतिपादन स्वरचित उदाहरणों सहित किया गया है। इसके प्रमुख विषय ये हैं—रस के अवयव, रस-संख्या, शृङ्गार-रस के भेद, नायक के भेद, नायिका-भेद, भावों का विवेचन, शृङ्गारेतर रसों का विवेचन, रस-विरोध-परिहार, काव्य-वृत्तियाँ और उनका रस से सम्बन्ध तथा रस के बाधक तत्व। इसी प्रकार 'कवि-प्रिया' में मुख्यतः इन विषयों को लिया गया है—(१) कवियों के तीन भेद—उत्तम (हरि गुणगान करने वाले), मध्यम (मानव-चरित्र का वर्णन करने वाले) और अधम (परनिन्दात्मक काव्य रचने वाले)। (२) काव्य-वर्णन की विभिन्न प्रणालियाँ, (३) पूर्व प्रचलित काव्य-रूढ़ियाँ (अलंकार), (४) काव्य-दोष और (५) कवियों के लिए अन्य ज्ञातव्य बातें। वस्तुतः 'रसिक-प्रिया' काव्य की विषय-वस्तु एवं रस-सिद्धान्त को लेकर चली है जब कि 'कवि-प्रिया' में वर्णन-शैली सम्बन्धी सिद्धान्तों —अलंकार और रीति—का प्रतिपादन हुआ है। इस प्रकार ये दोनों ग्रन्थ एक-दूसरे के पूरक हैं।

'छन्दमाला' में वार्णिक एवं मात्रिक छन्दों का परिचय दिया गया है। वार्णिक वृत्तों में श्री नारायण, तरणिजा, मदन, माया, मालती, सोमराजी, संकर, ललिता, मल्लिका, मदन मोहन, तोमर, हरिणी, मोदक, भुजंग-प्रयात, द्रुत-विलम्बित, कलहंस आदि ७६ प्रकार के छन्दों का विवेचन सोदाहरण हुआ है जबकि मात्रिक छन्दों के ८४ भेदों का केवल नामोल्लेख ही किया गया है।

इस प्रकार हम देखते हैं कि केशवदास ने काव्य-शास्त्र के प्रायः सभी पक्षों का समाहार अपने विवेचन में किया है, किन्तु परवर्ती आचार्यों ने केशव के द्वारा अपनाये गये अनेक विषयों की उपेक्षा कर दी; जैसे—कवियों का वर्गीकरण, काव्य-वर्णन की प्रणालियाँ, नायक के भेद, शृङ्गारेतर रस, रस सम्बन्धी विभिन्न समस्यायें, काव्य-रूढ़ियाँ आदि। इसी से परवर्ती हिन्दी काव्य-शास्त्र का क्षेत्र सीमित हो गया।

कवित्व—केशव की रचनाओं को शैली की दृष्टि से दो वर्गों में विभाजित किया जा सकता है —(१) **प्रबन्ध**—रतन-बावनी, वीरसिंह देव चरित्र, जहाँगीर-जस चन्द्रिका, विज्ञान-गीता और रामचन्द्रिका। (२) **मुक्तक**—कवि-प्रिया, रसिक-प्रिया और नख-शिख। प्रबन्ध काव्यों में से प्रथम तीन में क्रमशः ओरछा के राजकुमार रत्नसेन, महाराजा वीरसिंह देव और मुगल सम्राट् जहाँगीर का गुणगान किया गया है। इनका परिचय अन्यत्र ऐतिहासिक चरित्र काव्य-परम्परा के अन्तर्गत दिया जा चुका है। 'विज्ञान-गीता' संस्कृत के 'प्रबोध-चन्द्रोदय' की शैली में रचित है जिसमें मोह पर विवेक की विजय दिखाई गई है। 'रामचन्द्रिका' का भी परिचय पौराणिक प्रबन्ध काव्यों के अन्तर्गत पीछे दिया जा चुका है। सामान्यतः केशव के प्रबन्ध-काव्यों में घटनाओं एवं प्रसंगों का निरूपण चमत्कारपूर्ण शैली में हुआ है। पात्रों के व्यक्तित्व उनकी चारित्रिक विशेषताओं एवं विभिन्न भाव-दशाओं का निरूपण प्रायः इनमें नहीं मिलता। राजाओं की साज-सज्जा, वाटिकाओं के वैभव एवं प्राकृतिक दृश्यों की आयोजना केवल महाकाव्य के लक्षण की पूर्ति के निमित्त भी की गई प्रतीत होती है, उनमें प्रभावोत्पादन की शक्ति नहीं। नीति एवं उपदेशों के लिए भी बलात् स्थान निकालने की चेष्टा की गई है इसी चेष्टा के कारण राम के मुँह से कौशल्या के सामने पातिव्रत्य पर एक पूरा व्याख्यान दिलाने का हास्यास्पद प्रयास किया गया है। वास्तव में भाव-पक्ष की दृष्टि से इनकी रचनाएँ शून्य हैं ही, कला-पक्ष भी इनका दोषपूर्ण है। जैसा कि डॉ० हजारी प्रसाद जी ने लिखा है, "भाषा में कविता लिखने के कारण वे मन ही मन एक प्रकार की हीन-भावना का अनुभव कर रहे थे, जिसका परिणाम यह हुआ कि उनमें पांडित्य दिखाने का प्रयत्न कुछ मात्रा से अधिक हो गया।" पद-पद पर छन्दों के परिवर्तन से इसका प्रबन्धत्व शिथिल हो गया। संवादों की इतनी अधिकता है कि इन्हें पद्य-बद्ध नाटक कह दें तो अनुचित नहीं होगा। उक्ति वैचित्र्य एवं शब्दालंकारों के जाल में उनकी रचनाएँ उलझी हुई हैं। वस्तुतः प्रबन्ध-काव्य लिखने के लिए केशव ने जिन शैलियों को अपनाया वे प्रबन्ध-रचना के सर्वथा अनुपयुक्त थीं। उनमें प्रतिभा थी, किन्तु उनका सदुपयोग नहीं हुआ।

केशव की शैली में एक गुण ओज अवश्य प्रशंसनीय है। इसी गुण के कारण उनके काव्य के विभिन्न वीर-रसात्मक स्थल एवं वाद-विवाद सम्बन्धी प्रसंग मार्मिक बन गये हैं। 'रामचन्द्रिका' के रावण-वाणासुर संवाद, राम-परशुराम संवाद, रावण-अंगद संवाद, लवकुश-भरतादि संवाद, वीरतापूर्ण दर्पोक्तियों से परिपूर्ण हैं। कुछ पंक्तियाँ द्रष्टव्य हैं—

हौं जब ही जब पूजन जात पितापद पावन पाप प्रणासी।
देखि फिरौं तब ही तब रावण सातों रसातल के जे विलासी॥
लै अपने भुजदंड अखंड करौं छिति मंडल छत्र प्रभासी।
जानै को केशव केतिक बार मैं सेस के सीसन दीन्ह उगासी॥

—वाणासुर की उक्ति

बोरों सबै रघुवंश कुठार की धार में बारन बाजि सरत्थहिं ।
बान की वायु उड़ाय के लच्छन लच्छकरौं अरिहा समरत्थहिं ।।
रामहि बाम समेत पठै वन कोप के भार में भूंजौ भरत्थहिं ।
जो धनु हाथ धरै रघुनाथ तो आजु अनाथ करौं दसरत्थहिं ।।

—परशुराम की उक्ति

केशव के संवादों को रोचक बनाने वाली दूसरी विशेषता उनकी व्यंग्यात्मकता है; जैसे—

रे कपि कौन तू ? अक्ष को घातक दूत बलि रघुनंदन जु को ।
को रघुनंदन रे ? त्रिशिरा—खर-दूषण— दूषण भूषण को ।।
सागर कैसे तर्‌यो ? जस गोपद, काज कहा ? सिय चोरहि देखो ।
कैसे बँधायो ? जु सुन्दरि तेरी छुई दृग सोवत पातक लेखो ।।

यहाँ हनुमान् का प्रत्येक उत्तर वाग्वैदग्ध्य एवं व्यंग्य से पूर्ण है । इनके संवादों में औत्सुक्य जागृत करने की क्षमता, सामान्य बोल-चाल के ढंग की वाक्य योजना एवं संक्षिप्तता का गुण भी मिलता है । फिर भी इतना स्पष्ट है कि संवादों की सफलता के मूल में शैली का चमत्कार ही अधिक है, अनुभूति की तरलता या भावों की गम्भीरता उनमें नहीं मिलती ।

केशव की रचनाओं में सरसता की दृष्टि से 'रसिक-प्रिया' अधिक महत्वपूर्ण है । इसमें नायिका की चेष्टाओं, प्रेम की विभिन्न अवस्थाओं आदि के उदाहरणों के रूप में दिये गये छन्दों में कहीं-कहीं भावोद्रेक की क्षमता पायी जाती है—

जिनके मुख की द्युति देखत ही निसिवासर केशव दीठ अटी ।
पुनि प्रेम बढ़ावन की बतियाँ तजि आनि कछू रसना न रटी ।।
जिनके पद पाणि उरोज सरोज हिये धरि कै पल नैन रटी ।
तिनके संग छूटत ही फटु रे हिया तोहि काहि न दरार फटी ।।

इस प्रकार के सरस उदाहरणों को देखते हुए यह स्वीकार नहीं किया जा सकता कि केशव कवि-हृदय से सर्वथा वंचित थे । हाँ, इतना अवश्य है कि आधुनिक युग के साहित्यकार महावीर प्रसाद द्विवेदी की तरह से उन्हें कविता की अपेक्षा आचार्यत्व में अधिक सफलता मिली । वे स्वयं कुशल कवि न होते हुए भी अपने युग के कवियों का नेतृत्व करने में सफल अवश्य हुए । केशवदास का अधिक सहृदयतापूर्ण अध्ययन विगत कुछ वर्षों में डॉ० हीरालाल, डॉ० विजयपाल सिंह, डॉ० किरणचन्द्र शर्मा, प्रो० धर्मस्वरूप गुप्त आदि ने अपने शोध-प्रबन्धों में प्रस्तुत किया है, जो महत्त्व-पूर्ण है ।

केशवदास के समकालीन कवियों में **मोहनदास**, **बालकृष्ण**, **लीलाधर** एवं **मुबारक** का नाम उल्लेखनीय है । दुर्भाग्य से इन कवियों का विस्तृत परिचय अनुपलब्ध है । मोहनदास ने सम्वत् १६५० वि० में 'बारहमासा' नामक ग्रंथ की रचना की थी, जिसका उल्लेख पं० विश्वनाथप्रसाद मिश्र ने 'बिहारी' की भूमिका में किया है । बालकृष्ण ने शृङ्गार-रस एवं नायिका-भेद सम्बन्धी एक ग्रन्थ 'रस-चन्द्रिका' १६५७

वि० के लगभग निर्मित किया था। लीलाधर ने 'नखशिख' की रचना १६७६ वि० में की थी। **मुबारक** का कवित्त-काल भी लगभग यही था। ये संस्कृत, फारसी और अरबी के भी अच्छे विद्वान् बताये गये हैं। इनके द्वारा रचित 'अलक-शतक' और 'तिल-शतक' में नायिका की अलकों और उसके तिल की सुन्दरता का वर्णन सौ-सौ दोहों में हुआ है। इनके अतिरिक्त इनके कुछ स्फुट कवित्त-सवैये भी इधर-उधर मिलते हैं। इनके कुछ दोहे द्रष्टव्य हैं—

परी मुबारक तिय-बदन अलक ओप अति हाय।
मनो चंद की गोद में रही निशा सी सोय॥
चिबुक कूप में मन पर्‌यो छबि-जल तृषा विचारि।
कढ़ति मुबारक ताहि तिय अलक-डोरि सी डारि॥

सेनापति का जन्म अनूप शहर के एक कान्यकुब्ज-परिवार में सम्वत् १६४६ वि० में हुआ था। प्रारम्भ में ये किसी राजा के आश्रय में रहकर काव्य रचते थे, किन्तु वृद्धावस्था में ये विरक्त हो गये। इनका प्रसिद्ध ग्रन्थ 'कवित्त-रत्नाकर' है जिसकी रचना १७०६ वि० में हुई थी। इनमें श्रृङ्गार और भक्ति दोनों की प्रवृत्तियाँ मिलती हैं, किन्तु इन्हें सर्वाधिक सफलता प्रकृति-वर्णन में मिली है। अपने कुछ पदों में इन्होंने श्लेष द्वारा चमत्कार उत्पन्न करने का भी सफल प्रयास किया है। भाषा पर भी इनका अच्छा अधिकार सिद्ध होता है।

ब्रजपति भट्ट एवं **क्षेमराज** का विशेष विवरण उपलब्ध नहीं है। ब्रजपति के द्वारा रचित रंग 'भाव-माधुरी' (१६८० वि०) तथा क्षेमराज के अलंकार सम्बन्धी ग्रन्थ 'फतेह-माधुरी' (१६८५ वि०) का उल्लेख डॉ० भगीरथ प्रसाद मिश्र ने अपने शोध-प्रबन्ध में किया है।

सुन्दर कवि—ये शाहजहाँ के दरबारी कवि थे। इनकी कविता की सरसता पर मुग्ध होकर शाहजहाँ ने इन्हें 'कविराय' की उपाधि से विभूषित किया था। इनके द्वारा रचित ग्रन्थों में 'सुन्दर श्रृङ्गार', 'बारहमासा' और 'सिंहासन बत्तीसी' का उल्लेख किया जाता है। 'सुन्दर श्रृङ्गार' में नायिका-भेद का प्रतिपादन किया गया है जिसकी रचना सम्वत् १६८७ में हुई थी। इन्होंने इस ग्रन्थ की रचना किसी संस्कृत ग्रन्थ के आधार पर की थी—

'सुर बानी याते करी, नर बानी में ल्याय।
जाते मगु रस-रीति को, समझौ जाय॥" —सुन्दर श्रृङ्गार

नायिका-भेद के अतिरिक्त इसमें संयोग, विप्रलम्भ, अनुभाव, हाव आदि श्रृङ्गार-रस के अन्य अंगों का भी विमोचन किया गया है। इनकी रचना-शैली का एक नमूना द्रष्टव्य है—

काके गए बसन ? पलटि आए बसन, सु,
मेरो कछु बस न रसन उर लागे हौ।
भौहैं तिरछौ हैं कवि सुन्दर सुजान सोहैं,
कछु अलसौहैं गौं हैं जाके रस पागे हौ॥

परसौं मैं पाय हुते परसौं मैं पाय गहि,
परसौं वे पाय निसि जाके अनुरागे हौ।
कौन वनिता के हौ जू कौन बनिता के हौ सु,
कौन बनिता के बनि, ताने संग जागे हौ ।।

प्रसिद्ध कवि **बिहारी** का पूरा नाम '**बिहारीदास**' था। यह अब अनेक प्रमाणों के आधार पर सिद्ध हो गया है, किन्तु उनके लगभग एक शताब्दी बाद बूंदी में 'बिहारीलाल' नामक एक कवि और हुए थे; कुछ इतिहासकारों ने इन दोनों को एक मानकर इनके नाम, व्यक्तित्व एवं वंश के सम्बन्ध में अनेक भ्रांतियाँ प्रचारित कर दी हैं। बिहारी के समकालीन कवि उनके भानजे कुलपति ने तथा उनकी सतसई के विभिन्न टीकाकारों ने भी उनका नाम 'बिहारीदास' लिखा है; यथा—

भाँति-भाँति रचना सरस देव गिरा ज्यों व्यास।
त्यौं भाषा सब कविनु मैं विमल बिहारीदास ।।

— कुलपति मिश्र

इसी प्रकार बाबू जगन्नाथ 'रत्नाकर' जी को प्राप्त सतसई की प्राचीन प्रति पर भी यह दोहा अंकित है—

सुचि सिंगार में बूड़ि के भयो बिहारीदास।
जग तें फिरत उदास अब सुकवि **बिहारीदास** ।।

इस सम्बन्ध में और भी कई प्रमाण उपलब्ध हुए हैं जिनके आधार पर कहा जा सकता है कि इनका नाम 'बिहारीदास' ही था। आधुनिक युग के कुछ इतिहासकारों ने इन्हें 'बिहारीलाल' मान लिया है।[1]

इसी प्रकार बिहारी के पूर्वजों के बारे में भी यह विवाद रहा है कि वे प्रसिद्ध कवि केशवदास के पुत्र थे या किसी अन्य केशवदास के? हमने इस सम्बन्ध में अपने शोध-प्रबन्ध—'हिन्दी काव्य में शृंगार-परम्परा और महाकवि बिहारी'—में ठोस प्रमाणों के आधार पर निश्चित किया है कि इनके पिता प्रसिद्ध कवि केशवदास ही थे। केशवदास का जीवन-काल, निवास-स्थान, व्यक्तित्व, काव्य-प्रवृत्तियाँ आदि तो इस दृष्टि से बिहारी के अनुकूल पड़ती ही है, इसके अतिरिक्त केशवदास के वंश-वृक्ष में भी उनके एक पुत्र का नाम बिहारीदास मिलता है। अतः अब इसमें कोई सन्देह नहीं है कि सतसईकार बिहारी प्रसिद्ध कवि केशवदास ('रामचंद्रिका' के रचयिता) के पुत्र थे।

बिहारी ने केवल एक ही ग्रन्थ—'बिहारी सतसई'—की रचना अनुमानतः १७०० वि० में की, किन्तु यह इतनी लोकप्रिय हुई कि इनका स्थान इस काल के श्रेष्ठ कवियों में माना जाता है। इसकी रचना की प्रेरणा इन्हें जयपुर-नरेश महाराजा जयसिंह से मिली थी। कहते हैं कि एक बार ये आमेर गये हुए थे, वहाँ महाराजा अपनी नव-विवाहिता रानी के प्रेम में मुग्ध होकर महल में ही पड़े रहते थे, जिससे

१. द्रष्टव्य—'बिहारी-सतसई : वैज्ञानिक समीक्षा' (डॉ० गणपतिचन्द्र गुप्त)।

राज्य सम्बन्धी सारे कार्यों में अव्यवस्था हो रही थी। ऐसी स्थिति में बिहारी ने किसी प्रकार अपना एक दोहा[1] महाराज के पास पहुँचा दिया जिसे पढ़कर उनकी आसक्ति दूर हो गई। इन्होंने प्रसन्न होकर बिहारी को ऐसी और कविताए बनाने का आदेश दिया। सतसई रचना के सम्बन्ध में यही घटना अनुश्रुति के रूप में प्रचलित है।

जैसे कि बिहारी ने स्वयं स्वीकार किया है, उनका लक्ष्य सतसई को अनेक स्वादों से युक्त करने का रहा (करी कमाई सतसई भरी अनेक स्वाद।) अर्थात् उन्होंने अपने युग की रुचि के अनुकूल सभी विषयों का समावेश इसमें करने का प्रयत्न किया। अतः इसमें श्रृंगार रस की प्रमुखता होते हुए भी भक्ति, नीति, ज्योतिष, आदि विषयों का भी निरूपण मिलता है। काव्यशास्त्रीय तत्त्वों का विवेचन उन्होंने स्पष्ट रूप में तो नहीं किया किन्तु उसमें नायिका-भेद, नख-शिख, षट्-ऋतु एवं अलंकारों के प्रायः सभी अंगों के उदाहरण मिल जाते हैं—कुछ विद्वान् कहते हैं कि ऐसा बिहारी ने जानबूझ कर नहीं किया होगा—किन्तु सतसई का सम्यक् विश्लेषण करने पर यह स्पष्ट हो जाता है कि उन्होंने प्रयत्नपूर्वक सभी प्रकार के उदाहरण जुटाये हैं तथा बहुत से दोहों की रचना लक्षण-पूर्ति के निमित्त की हुई प्रतीत होती है। उनके श्रृंगार-वर्णन का क्षेत्र भी सीमाओं से इस प्रकार आबद्ध है कि वे उससे बाहर निकलने का प्रयत्न बहुत कम करते हैं; और यदि कभी बाहर निकलते भी हैं तो उनकी दृष्टि प्रेम के कुत्सित एवं घिनौने दृश्यों पर ही पड़ती है। यदि 'सतसई' के आधार पर ही तत्कालीन समाज की कल्पना की जाय तो ऐसा प्रतीत होगा कि नैतिकता, पवित्रता एवं आदर्शवादिता का तो मानो उस युग में लवलेश भी नहीं रह गया था। उनकी नायिकाएँ घर में देवरों की कुत्सित चेष्टाओं से पीड़ित हैं; छत पर पड़ोसियों से कलुषित सम्बन्ध स्थापित करती हैं और बाहर पंडे, भिखारियों और कथा-वाचकों से आँख लड़ाती हैं। बिहारी ने ही नहीं—इस परम्परा के अन्य कवियों ने भी परकीया के प्रसंग में ऐसा किया किन्तु एक तो उन्होंने इसके पीछे प्रेम की ऐसी सूक्ष्म अनुभूतियों का उद्रेक दिखाया है, जिसके प्रवाह में पड़कर पाठक की दृष्टि उनके चरित्र के कलुषित पक्ष को नहीं देख पाती; दूसरे उन्होंने वर्णन की ऐसी शैली को अपनाया है जिससे उनकी नायिकाओं के प्रति पाठक की सहानुभूति ही होती है—घृणा नहीं जबकि बिहारी में इसका अभाव है।

नायिका के सौन्दर्य का चित्रण बिहारी सतसई में मुख्यतः चार प्रकार से किया है - (१) नख-शिख वर्णन के रूप में (२) हावों के उदाहरणों के रूप में (३) स्वाभाविक मुद्राओं के रूप में और (४) सौन्दर्य में समन्वित प्रभाव के रूप में। इनमें नख-शिख वर्णन में तो अलंकारों के द्वारा सौन्दर्य की नाप-जोख ही की गई जो पाठक की बुद्धि को भले ही चमत्कृत कर दे, हृदय पर उसका कोई मार्मिक प्रभाव नहीं पड़ता। शेष तीनों क्षेत्रों में अवश्य ही कवि की रस-ग्राहिणी दृष्टि का परिचय मिलता

---

१ नहिं पराग नहीं मधुर मधु, नहिं विकास इहि काल।
अली कली ही सों फस्यौ, आगे कौनु हवाल॥

है। इनमें से प्रत्येक का एक-एक उदाहरण द्रष्टव्य है—

(क) **हाव-योजना—**

जदपि नाहि नाहीं बदन लगी जक जाति।
तदपि भौंह हाँसी भरिनु हाँसी यै ठहराति॥

(ख) **स्वाभाविक मुद्रांकन—**

अहे, दहेड़ी जिनि धरैं, जिनि तूँ लेहि उतारि।
नीकैं हैं छींकैं छुवैं, ऐसेहिं रहि नारि॥

(ग) **सौन्दर्य का समन्वित प्रभाव—**

अंग-अंग छबि की लपट उपटति जाति अछोह।
खरी पातरीऊ तऊ, लगै भरी सी देह॥

बिहारी का प्रेम सम्बन्धी दृष्टिकोण यथार्थवादी है। वे प्रेम के समक्ष धर्म, नीति व मर्यादा को उपेक्षणीय तो घोषित नहीं करते फिर भी दबे स्वर में यह स्वीकार करते हैं कि 'यौवन के दिनों में ऐसी भूल सी हो जाती है।' प्रेमानुभूतियों के अन्तर्गत उन्होंने रूप-लिप्सा, प्रणयोद्बोधन, प्रेमजन्य औत्सुक्यादि का चित्रण अत्यन्त मार्मिक शब्दों में किया है, किन्तु अन्य परिस्थितियों के निरूपण में प्रायः असफल रहे हैं। विरह-वर्णन के क्षेत्र में तो उसकी यह असफलता अपनी चरम सीमा तक पहुँच जाती है। वहाँ वे अतिशयोक्ति एवं उक्ति-वैचित्र्य का ऐसा असंगत प्रयोग करने लगते हैं कि उनकी उक्तियाँ विरहिणी के प्रति सहानुभूति जगाने के स्थान पर हास्य का उद्रेक करने लगती हैं; यथा—

आड़ै दै आले बसन, जाड़े हू की राति।
साहसु कै कै नेह बस, सखी सबै ढिग जाति॥
सुनत पथिक मुँह माह निसि चलत लुवैं उहि गाम।
बिनु बूझै बिनु ही कहैं जियति बिचारी बाम॥

सतसई में नीति और भक्ति का भी प्रतिपादन गौण रूप में हुआ है, किन्तु तत्सम्बन्धी दोहे भी श्रृङ्गारिकता से मुक्त नहीं हैं। नीति का उपदेश देने के लिए भी बिहारी की दृष्टि नारी-अंगों से ही सामग्री ग्रहण करती है नये अधिकारियों द्वारा किस प्रकार का एक स्वत्व दूसरे को दे दिया जाता है, इसे समझने के लिये वे उस बाला का उदाहरण प्रस्तुत करते हैं जिसकी कटि की गुरुता नव-यौवन के द्वारा उरोजों को दे दी गई है। कुसंगति का प्रभाव सिद्ध करने के लिए भी उन्हें दूर नहीं जाना पड़ता—कुटिल भृकुटी के सान्निध्य से नायिका की चितवन का टेढ़ा हो जाना प्रत्यक्ष प्रमाण है। दुष्ट प्रकृति के लोग सम्पत्ति पाकर किस प्रकार तन जाते हैं, इस तथ्य को भी वे नवयौवना के उन्नत स्तनों के आधार पर सिद्ध करते हैं।

बिहारी के भक्ति सम्बन्धी वे दोहे जिनमें उन्होंने आत्म-निवेदन किया है, श्रृंगारिकता से मुक्त हैं, किन्तु शेष दोहों में रसिक वृत्ति का ही रङ्ग है। बिहारी के आराध्य गोबर्द्धन-धारण की गम्भीरता बेला में भी किशोरी बाला राधा को देखकर रोमांचित हो उठते हैं। इसी प्रकार ब्रह्म की सूक्ष्मता का प्रतिपादन करने के लिए

भी वे नारी की सूक्ष्म कटि को आधार बनाते हैं। वैद्यक, ज्योतिष एवं गणित के कुछ सिद्धान्तों का प्रतिपादन भी वे नारी-अंगों के आधार पर करते हैं। अस्तु, इतना ही कहना पर्याप्त होगा कि बिहारी के काव्य की मूल प्रवृत्ति शृंगारिकता व रसिकता ही है, अन्य प्रवृत्तियाँ गौण हैं। नारी का नख-शिख बिहारी के लिए एक ऐसा कल्पवृक्ष है जिसकी छाया में उन्हें धर्म, दर्शन, नीति, शृंगार, ज्योतिष, गणित आदि सब कुछ उपलब्ध हो जाता है।

शैली की दृष्टि से बिहारी की प्रशंसा में बहुत कुछ कहा गया है; यथा—उनमें कल्पना की समाहार-शक्ति बहुत है। थोड़े में अधिक कह देने की कला में भी वे सिद्धहस्त हैं तथा भाषा पर उनका पूरा अधिकार है, आदि। इनमें कोई सन्देह नहीं कि उपर्युक्त विशेषताएँ उनमें विद्यमान हैं, किन्तु अनेक स्थानों पर ये काव्यत्व की पोषक होने के स्थान पर बाधक भी सिद्ध होती हैं। समास-शैली के कारण इनमें अनेक स्थानों पर अस्पष्टता, दुरूहता एवं क्लिष्टता आ गई है। इस तथ्य को स्वीकार करते हुए आचार्य रामचन्द्र शुक्ल ने, जिन्होंने इनकी समास-शैली की सबसे अधिक प्रशंसा की है, भी लिखा है "अनेक स्थानों पर इनके व्यंग्यार्थ को स्फुट करने के लिए बड़ी क्लिष्ट कल्पना अपेक्षित होती है। ऐसे स्थलों पर केवल रीति या रूढ़ि ही पाठक की सहायता करती है और उसे एक पूरे प्रसंग का आक्षेप करना पड़ता है।"

बिहारी का मूल्यांकन करते समय हमें यह भी न भूल जाना चाहिए कि उनके बहुत-से दोहे गाथा-सप्तशती, अमर-शतक, भर्तृहरि-शतक, आर्या-सप्तशती तथा अन्य पूर्ववर्ती हिन्दी कवियों के काव्य पर आधारित हैं; इस प्रकार के दोहे बिहारी की अनुवाद-कला के प्रमाण हैं न कि काव्य-कला के।

अस्तु, समग्र रूप में देखें तो बिहारी में काव्य-प्रतिभा, काव्यानुभूति एवं भावाभिव्यक्ति की अपेक्षा अध्ययन की गम्भीरता, चिन्तन की प्रौढ़ता एवं भाषाधिकार की कुशलता ही अधिक दृष्टिगोचर होती है। फिर भी कुछ क्षेत्रों में—सौंदर्यानुभूति, रसिकता एवं व्यंग्यात्मकता के क्षेत्र में—उन्होंने अच्छी सफलता प्राप्त की है तथा सभी प्रकार के पाठकों की रुचि का ध्यान रखकर चलने के कारण उन्हें पर्याप्त लोकप्रियता भी प्राप्त हुई है; अतः निस्संदेह वे अपने युग के ऊँचे कवियों मे स्थान पाने के अधिकारी हैं।

चिन्तामणि त्रिपाठी कानपुर जिले के तिकवांपुर के निवासी थे तथा इनके दो अन्य भाई—भूषण और मतिराम—भी उच्चकोटि के कवि थे। ये नागपुर के भोंसला राजा मकरन्दशाह के दरबारी कवि थे तथा इनके द्वारा रचित पाँच ग्रन्थों—छंद-विचार, काव्य-विवेक, कवि-कुल-कल्पतरु, काव्य-प्रकाश और रामायण का उल्लेख शिवसिंह सरोज में किया गया है, किन्तु वस्तुतः अब इनके तीन ही ग्रन्थ—'कवि-कल्पतरु', 'शृङ्गार-मंजरी' और 'पिंगल'—प्राप्य हैं। 'कवि-कल्पतरु' (रचना-काल १७०७ वि०) में काव्य-गुण, अलंकार, रीति, वृत्ति, काव्य-दोष, नायिका-भेद, हाव-भाव, शृङ्गार रस, अन्य रस तथा रस के विभिन्न अवयवों आदि का निरूपण किया गया है। काव्य की परिभाषा करते हुए इसमें कहा गया है—

सगुन अलंकारन सहित, दोष-रहित जो होइ ।
शब्द अर्थ वारौ कवित, विबुध कहत सब कोइ ।।

यहाँ उल्लेखनीय है कि केशव को इस परम्परा से यह कहकर पदच्युत कर दिया गया था कि वे अलंकारवादी थे, जबकि चिन्तामणि आदि परवर्ती कवि रसवादी थे। किन्तु वस्तुतः अलंकार का महत्त्व चिन्तामणि ने भी उतना ही स्वीकार किया है जितना कि केशव ने किया था।

'शृङ्गार-मंजरी' में नायिका-भेद का ही विस्तार से प्रतिपादन किया गया है। इस ग्रन्थ की पुष्पिका में 'महाराजाधिराज मुकुट तट धरति मनि प्रभराजिनी राजित चरन राजीव साहिराज गुरुराज तनुज साहि बड़े साहिब अकबर साहि विचरिता शृङ्गार मंजरी समापता' लिखा है; अतः इसकी रचना सम्राट् अकबर की प्रेरणा से होना स्वीकार किया जा सकता है। इस युग के अन्य कवियों ने भी अपने विभिन्न आश्रयदाताओं का उल्लेख इसी प्रकार—'विरचिता'—के रूप में किया है; अतः यहाँ 'विरचिता' का अर्थ 'रचयिता' न लेकर 'प्रेरणादाता' ही लेना चाहिए। डॉ० भगीरथ प्रसाद मिश्र ने अकबर शाह को प्रसिद्ध सम्राट् अकबर से भिन्न गोंड राजा मकरन्द शाह का कोई वंशज होने की सम्भावना प्रकट की है, किन्तु इसका कोई आधार नहीं है।

'शृङ्गार मंजरी' का मुख्य आधार भानुदत्त की 'रस-मंजरी' है। इसमें पहले प्रत्येक नायिका का लक्षण भानुदत्त के अनुसार देकर फिर उसका अपनी ओर से स्पष्टीकरण करने का प्रयास किया गया है। इनका 'पिंगल' छन्द-शास्त्र का ग्रन्थ है किन्तु उसका अधिक विवरण उपलब्ध नहीं है।

आचार्यत्व की दृष्टि से चिन्तामणि का विषय-क्षेत्र केशवदास के ही अनुसार है। मौलिकता भी इनमें केशव से अधिक नहीं है। विषय को स्पष्ट करने का प्रयास अवश्य इन्होंने थोड़ा अधिक किया है। पर चिन्तामणि का महत्त्व आचार्य की अपेक्षा कवि के रूप में ही अधिक है। शृङ्गार-रस की विभिन्न दशाओं एवं नायिका के विभिन्न भेदों का उदाहरण प्रस्तुत करते हुए इन्होंने अपनी काव्य-प्रतिभा का परिचय दिया है। उदाहरण के लिए एक छन्द द्रष्टव्य है—

आँखिन मूँदिबे के मिस आनि अचानक पीठि उरोज लगावै ।
केहूँ कहूँ मुसकाय चितै अँगराय अनूपम अंग दिखावै ।।
नाह छुई छल सौं छतियाँ, हँसी भौंह चढ़ाय अनंद बढ़ावै ।
जोबन के मद मत्त तिया हित सों पति को नित चित्त चुरावै ।।

यहाँ यौवन-मद से 'मत्त' नायिका एवं कवि की कविता की—दोनों ही जिन चेष्टाओं से चित्त चुराने का प्रयास कर रही है, वे हल्के स्तर की—ऐन्द्रिक स्तर की ही हैं, फिर भी रसिकों की तुष्टि के लिए यही पर्याप्त है।

जैसा कि पीछे कहा गया है, **मतिराम** चिन्तामणि के ही छोटे भाई थे। पंडित विश्वनाथ प्रसाद मिश्र ने इनके द्वारा रचित इन आठ ग्रन्थों का उल्लेख किया है—(१) फूल-मंजरी, (२) रस-राज, (३) छन्द सार-पिंगल, (४) ललित-ललाम,

(५) मतिराम-सतसई, (६) साहित्य-सार, (७) लक्षण-शृङ्गार और (८) अलंकार पंचाशिका। 'फूल-मंजरी' में ६० दोहे हैं तथा प्रत्येक दोहे में किसी न किसी फूल का उल्लेख किया गया है। वैसे इस रचना को कुछ लोग किसी अन्य मतिराम की भी मानते हैं; अतः यह विवादास्पद है। 'रस-राज' और 'साहित्य-सार' में मुख्यतः नायिका-भेद एवं शृङ्गार-रस का प्रतिपादन किया गया है। 'ललित-ललाम' तथा 'अलंकार-पंचाशिका' (१७४७ वि०) में अलंकारो का और 'छन्दसार-पिंगल' में छन्दों का निरूपण हुआ है। 'मतिराम-सतसई' बिहारी-सतसई के अनुकरण पर रचित है किन्तु भावों की गम्भीरता एवं अभिव्यंजना की सरलता, स्वच्छता एवं सरसता की दृष्टि से उससे अधिक महत्त्वपूर्ण है। यद्यपि इन्होंने युग-प्रवृत्ति से प्रभावित होकर शास्त्रीय तत्त्वों के प्रतिपादन का प्रयास किया है किन्तु मूलतः ये आचार्य नहीं कवि हैं। नायिका के सौन्दर्य, उसकी माधुर्यपूर्ण चेष्टाओं व उक्तियों, प्रेम-पूर्ण हृदय की आकांक्षाओं, नव-विवाहितों की अभिलाषाओं, दाम्पत्य-जीवन की अनुभूतियों एवं विरही हृदयों की व्यथाओं का चित्रण, निरूपण एवं अभिव्यंजन इन्होंने अत्यन्त मार्मिक रूप में किया है। उदाहरणार्थ नायिका के नित्य नूतन सौन्दर्य की एक झलक यहाँ द्रष्टव्य है—

कुंदन को रँग फीको लगै, झलकै अति अंगति चारु गोराई।
आँखिन में अलसानि, चितौन में मंजु विलासन की सरसाई॥
को बिनु मोल बिकात नहीं मतिराम लहे मुसकानि मिठाई।
ज्यों-ज्यों निहारिये नेरे ह्वै नैनानि त्यौं-त्यौं खरी निकरै सी निकाई॥

यहाँ कवि ने अपने चित्र को आकर्षक बनाने के लिए न तो यौन अंगों की स्थूलता, पीनता या दृढ़ता का उल्लेख किया है और न ही उसने कामुकतापूर्ण चेष्टाओं का उपयोग किया है। इसमें नायिका के सौन्दर्य—विशुद्ध सौन्दर्य—की सच्ची अनुभूति अत्यन्त स्वच्छ एवं सूक्ष्म रूप से प्रस्तुत की गई है जो कवि की परिष्कृत रुचि, व्यापक सौन्दर्य-चेतना एवं सच्ची कलाकारिता की द्योतक है।

मध्यकालीन गार्हस्थ्य जीवन एवं उससे प्रभावित तत्कालीन दाम्पत्य-जीवन की भी अनेक स्थितियों के चित्र मतिराम ने अत्यन्त सजीव रूप में प्रस्तुत किये हैं; यथा—

केलि कै राति अघाने नहीं, दिन ही में लला पुनि घात लगाई।
'प्यास लगी' कोउ पानी दै जाइयो, भीतर बैठि के बात सुनाई॥
जेठि पठाई नई दुलही, हँसि, हेरि हरैं मतिराम बुलाई।
कान्ह के बोल पै कान न दीन्हो, सुगेह की देहरि पै धरि आई॥

मतिराम में जहाँ सामान्य जीवन की यथार्थ अनुभूति का निरूपण सहज स्वाभाविक रूप में उपलब्ध होता है, वहाँ उनकी भाषा भी तदनुकूल सरलता, सहजता एवं मधुरता से युक्त दिखाई पड़ती है। आचार्य हजारी प्रसाद द्विवेदी ने ठीक ही लिखा है कि भाषा के सहज प्रवाह और भावों के अनाडम्बर प्रकाशन में मतिराम के साथ भाषा के बहुत थोड़े कवियों की तुलना की जा सकती है। ब्रज

भाषा काव्य में ऐसी अकृत्रिम सरसता बहुत कम कवि ले आ सके हैं।' वस्तुतः हमारे विचार से इन्हें इस परम्परा के तीन श्रेष्ठतम कवियों—देव, मतिराम और पद्माकर में स्थान दिया जा सकता है।

जसवन्तसिंह जोधपुर के राजा थे। इनका जन्म सम्वत् १६८३ में तथा देहावसान १७३५ वि० में हुआ। इन्होंने मुगल सम्राट् औरंगजेब की ओर से अनेक युद्धों में विजय प्राप्त की। बड़े भारी योद्धा होने के साथ-साथ ये विद्वान् और काव्य रसिक भी थे। इनके द्वारा रचित ग्रन्थों में भाषा-भूषण, अपरोक्ष सिद्धान्त, अनुभव-प्रकाश, आनन्द-विलास, सिद्धान्त-बोध, सिद्धान्त-सार, प्रबोध-चंद्रोदय (नाटक) आदि उल्लेखनीय हैं। इनमें सबसे अधिक प्रसिद्ध 'भाषा-भूषण' है, जिसमें 'चंद्रालोक' की शैली का अनुगमन करते हुए अलंकारों के लक्षण और उदाहरण एक-एक दोहे में ही दिये गये हैं; जैसे—

पूर्णोपमा—यदि विधि सब समता मिलै, उपमा सोई जान।
ससि सो उज्जल तिय-बदन, पल्लव से मृदु पानि॥

इस रचना की अनेक टीकाएँ भी रची गई हैं—वंशीधर कृत अलंकार-रत्नाकर' (१७९२ वि०), प्रतापसिंह की टीका और गुलाब कवि की 'भूषण-चंद्रिका'। डॉ० विश्वनाथ प्रसाद मिश्र ने इसे खड़ीबोली गद्य टीका के सहित अत्यन्त शुद्ध रूप में प्रकाशित करवाया है।

मंडन बुन्देलखण्ड के निवासी थे तथा सम्वत् १७१६ में राजा अंगदसिंह के दरबार में वर्तमान थे। इनके पाँच ग्रन्थों—रस-रत्नावली, रस-विलास, जनक-पचीसी, जानकी जू को ब्याह और नैन-पचासा—की रचना की; जिनमें प्रथम दो रस एवं नायिका-भेद सम्बन्धी हैं। इनकी रचना-शैली के सम्बन्ध में आचार्य शुक्ल का मत है—'जो पद इनके मिलते हैं उनसे ये बड़ी सरस कल्पना के भावुक कवि जान पड़ते हैं। भाषा इनकी बड़ी ही स्वाभाविक, चलती हुई और व्यंजनापूर्ण होती थी। उसमें और कवियों का सा शब्दाडम्बर नहीं दिखाई पड़ता।' एक सवैया देखिए—

अलि हौं तो गई जमुना जल को, सो कहा कहौं बीर ! विपत्ति परी।
घहराय कै कारी घटा उनई, इतनेई में गागरि सीस धरी॥
रपट्यो पग, घाट चढ्यौ न गयो, कवि मंडन ह्वै कै विहाल गिरी।
चिरजीवहु नंद को बारो अरी, गहि बाँह गरीब ने ठाढ़ी करी॥

कुलपति मिश्र प्रसिद्ध कवि बिहारी के भानजे थे तथा जयपुर-नरेश महाराजा रामसिंह के आश्रय में रहते थे। इन्होंने 'रस-रहस्य' (सं० १७२७ वि०), द्रोण पर्व, युक्ति-तरंगिणी, नख-शिख, संग्राम-सार, दुर्गा सप्तशती का अनुवाद, सरूप-कुरूप-संवाद, आसाम की बाढ़ और विष-अमृत का झगड़ा आदि ग्रन्थों की रचना की थी।[1] इनका रचना-काल सं० १७२४-४६ वि० माना जाता है। 'रस-रहस्य' में 'काव्य-

---

१. अंतिम चार रचनाओं का उल्लेख डॉ० मोतीलाल मेनारिया कृत 'राजस्थान का पिंगल साहित्य', पृ० ११३ के आधार पर किया गया है।

प्रकाश' के आधार पर काव्य के विभिन्न अंगों का निरूपण किया गया है। 'द्रोण पर्व' एवं 'संग्राम-सार' में महाभारत की कथा का वर्णन हुआ है। 'युक्ति तरंगिणी' में शृंगार-रस सम्बन्धी सात सौ दोहे हैं। 'नख-शिख' में नायिका के विभिन्न अंगों का निरूपण किया गया है। आचार्यत्व एवं कवित्व दोनों ही दृष्टियों से कुलपति सफल हैं।

सुखदेव मिश्र का जीवन-वृत्त स्व० पं० महावीर प्रसाद द्विवेदी ने 'सरस्वती' में प्रकाशित करवाया था। इन्होंने वृत्त विचार, छन्द विचार, फाजिल अली प्रकाश, रसार्णव, शृंगार लता, अध्यात्म-प्रकाश, दशरथ राम आदि ग्रन्थों की रचना की जिनका रचना काल सम्वत् १७२० से १७६० तक माना जाता है। ये उच्चकोटि के कवि थे, साथ ही आचार्यत्व का निर्वाह भी इन्होंने सम्यक् रूप में किया है। फाजिल अली प्रकाश, रसार्णव, शृंगार लता आदि में शृंगार-रस और नायिका-भेद का निरूपण अत्यन्त सरस शैली में हुआ है। यहाँ 'वचन-विदग्धा' नायिका का एक उदाहरण द्रष्टव्य है—

ननद निनारी, सासु मायके सिधारी,
अहै रैन अँधियारी भरी, सूझत न करु है।
पीतम को गौन कविराज न सोहात भौन,
दारुन बहत पौन लाग्यो मेघ झरु है।
संग ना सहेली, बैस नवल अकेली,
तन परी तलबेली महा लाग्यो मन सरु है।
भई अधिरात, मेरो जियरा डरात,
जागु जागु रे बटोही! यहाँ चोरन को डरु है!

इनके 'छन्द विचार' में छन्दों का निरूपण भी अत्यन्त विस्तार से हुआ है।

कालिदास त्रिवेदी ने 'वारवधू विनोद' (सम्वत् १७४९), 'जंजीराबन्द', 'राधा-माधव-बुध-मिलन-विनोद', 'कालिदास हजारा' आदि ग्रन्थों की रचना की। अन्तिम ग्रन्थ में अनेक कवियों की रचनाएँ संगृहीत हैं। 'वार-वधू-विनोद' में नायिका-भेद का निरूपण अत्यन्त सरस शैली में हुआ है। कवित्व की दृष्टि मे इनका स्थान उच्चकोटि के कवियों में है।

महाकवि देव (१७३०-१८२४ वि०) का पूरा नाम **देवदत्त** था। इनका जन्म कान्यकुब्ज कुल में इटावा में हुआ था तथा इन्होंने अनेक नरेशों एवं धनपतियों का आश्रय समय-समय पर ग्रहण किया था, जिनमें से राजा भोगीलाल, आजमशाह, भवानीदत्त वैश्य, कुशलसिंह, उदोतसिंह आदि के नाम का पता इनकी रचनाओं से चलता है। इनके ग्रन्थों की संख्या भी ७२ बतायी जाती है, जिनमें से कुछ का नामोल्लेख इस प्रकार है—भाव-विलास, अष्टयाम, भवानी-विलास, प्रेम तरंग, कुशल-विलास, देव-चरित्र, जाति-विलास, रस-विलास, प्रेम-चंद्रिका, सुजान-विनोद, शब्द-रसायन या काव्य-रसायन, सुख सागर-तरंग, राग-रत्नाकर, प्रेम-पचीसी, तत्व-दर्शन-पचीसी, आतम-दर्शन-पचीसी, जगद्दर्शन, देव-माया-प्रपंच आदि। देव की काव्य-रचना

का क्षेत्र पर्याप्त व्यापक है, उसमें इस परम्परा की प्रायः सभी प्रवृत्तियों—शास्त्रीयता, श्रृंगारिकता, भक्ति, नीति, दर्शन, संगीत-कला आदि का निरूपण हुआ है। शास्त्रीय तत्त्वों के प्रतिपादन के क्षेत्र में इन्होंने अपने संस्कृत-साहित्य के व्यापक ज्ञान का परिचय देते हुए काव्य-शास्त्र, काम-शास्त्र, दर्शन-शास्त्र आदि के विभिन्न विषयों को ग्रहण किया है। काव्य-शास्त्र के विभिन्न अंगों—काव्य-स्वरूप, रस के विभिन्न अवयवों श्रृंगार रस, नायका-भेद, शब्द-शक्ति, ध्वनि, अलंकार, आदि—का निरूपण इन्होंने कई ग्रन्थों में किया है। 'रस-विलास' (१७८३ वि०) में रस के विभिन्न अवयवों तथा नायिका-भेद एवं दूतिका-भेद का प्रतिपादन किया गया है। इनकी यह विशेषता है कि इन्होंने नायिका का वर्गीकरण आठ आधारों—जाति, कर्म, गुण, देश, काल, वय, प्रकृति एवं सत्व—पर किया है। 'भवानी-विलास' और 'भाव-विलास' में भी इन्हीं विषयों को लिया गया है। 'काव्य-रसायन' में शब्द-शक्ति, रीति, गुण, रस, अलंकार, ध्वनि आदि का विवेचन विस्तार से किया गया है। इस प्रकार हम देखते हैं कि इन्होंने काव्य-शास्त्र के उन सभी पक्षों को लिया है जो उस युग में मान्य थे। इसी प्रकार 'प्रेम-चन्द्रिका' में काम-शास्त्र व 'राग-रत्नाकर' में संगीत-शास्त्र की सामग्री का उपयोग किया गया है। भक्ति, वैराग्य एवं तत्त्व-दर्शन सम्बन्धी विषयों का प्रतिपादन 'तत्त्व-दर्शन पच्चीसी', 'आत्म-दार्शन-पच्चीसी', 'जगद्दर्शन-पच्चीसी' में किया गया है। 'देव-चरित्र' एक खंडकाव्य है तथा 'देव-माया-प्रपंच' अनूदित नाटक है। अस्तु देव में चाहे मौलिकता अधिक न हो किन्तु अध्ययन-क्षेत्र की व्यापकता, विषय-क्षेत्र-विस्तार, भेदोपभेदों की संख्या-विस्तार एवं शैली-वैविध्य की दृष्टि से उन्हें इस परम्परा के कवियों में शीर्ष स्थान प्रदान किया जा सकता है।

पर देव मूलतः आचार्य की अपेक्षा कवि अधिक थे। उन्होंने श्रृंगार-रस की व्यंजना में पर्याप्त सहृदयता, मार्मिकता एवं कलात्मकता का परिचय दिया है। प्रेम के प्रति उनका दृष्टिकोण रसिकता-प्रधान ही था, फिर भी इनकी प्रणय-व्यंजना में पर्याप्त गंभीरता परिलक्षित होती है। प्रणयानुभूतियों के क्षेत्र में वे लक्षण-पूर्ति के उद्देश्य को भूलकर सहज स्वाभाविक रूप में काव्य-रचना में प्रवृत्त हुए हैं, जिससे इन के वर्णन में पर्याप्त मार्मिकता आ गई है; यथा—

मूरति जो मनमोहन की,
मन-मोहनी कै थिर ह्वै थिरकी-सी।
'देव' गुपाल का नाम सुने,
सियराति सुधा छतियाँ छिरकी-सी॥
नीके झरोखा ह्वै झाकि सके नहि,
नैनन लाज घटा घिरकी-सी।
पूरन प्रीति हिये हिरकी,
खिरकी खिरकीन फिरै फिरकी-सी॥

यहाँ रूपासक्ति-जन्य विह्वलता का चित्रण अत्यन्त स्वाभाविक रूप में किया गया है, किन्तु यह स्थिति प्रारंभिक ही है। प्रेम का विकास आगे होता है जब—

चौगुनी रंग चढ़ी चित मैं,
चुनरी के चुचात, लला के निचोरत !

संयोगकालीन चेष्टाओं एवं क्रीड़ाओं का सरस निरूपण करने के साथ-साथ इन्होंने विरह-वेदना की भी अभिव्यक्ति सफलतापूर्वक की है; यथा—

(क) वे बतियाँ छतियाँ लहकैं, दहकैं बिरहागिनि की उर आचैं।
वा बाँसुरी को पर्‌यो रसु रसु री, इन कानन मोहन मंत्र से माचैं ॥
को लगि ध्यान धरे मुनि लौं, रहिए कहिए, गुन वेद से बाचैं।
सूझता ना सखि आन कछू, निसि द्यौस वेई अंखियान मैं नाचैं ॥

(ख) आई नहीं तन में तरुनाई, भई नहीं स्याम के संग संयोगिनी।

× × ×

आँखिन ते अँसुआ नहिं सूखत, एकहि बार ह्वै बैठि वियोगिनी।

देव के श्रृंगार-निरूपण का सबसे अधिक मार्मिक अंश है, उनके वाचिक अनुभावों का, जिनमें नायिका का दैन्य, रोष, उपालंभ आदि की अभिव्यक्ति सर्वोत्कृष्ट रूप में हुई है :

(अ) आहन जात अहीर अहैं, तुम्हैं कान्ह, कहा कहौं,
काहू की पीर न !

(आ) ऐसे निरमोही सदा मोही में बसत,
अरु मोही ते निकस फेरि मोहि न मिलत हो !

(इ) मंद मुसक्याय लै, समाय जी मैं ज्याय लैरे,
प्याइले पियूष प्यासी, अधर सुधा की हूँ !

(ई) कहा लगि लाल कछू कहिए,
इतनी सहिए सब रावरे काज !

(उ) साथ में रखिए नाथ उन्हें,
हम हाथ में चाहति चारि चुरी ये !

(ऊ) सब तें सब भाँति भली हरिनी,
निसि वासर पास रहै पिय के !

इस प्रकार की सरस उक्तियों को देखकर कहना पड़ता है कि प्रणयानुभूति की व्यंजना अत्यन्त सूक्ष्म, कोमल एवं मार्मिक रूप में करने की दृष्टि से वे इस परंपरा के सर्वश्रेष्ठ कवि हैं। कुछ विद्वानों ने इनकी बिहारी से हीनता या उच्चता के प्रश्न को लेकर पर्याप्त वाद-विवाद किया है, किन्तु जैसा कि हम अपने बिहारी सम्बन्धी शोध-प्रबन्ध में विस्तार से स्पष्ट कर चुके हैं। ये दोनों दो भिन्न क्षेत्रों के कवि हैं। बिहारी के पास पांडित्य है, अभ्यास है, दृष्टि की सूक्ष्मता है और शब्दों का अगाध भंडार है तो देव के पास अध्ययन-क्षेत्र की व्यापकता, दृष्टि का विस्तार, अनुभूतियों की तरलता, छन्दों की कमनीयता एवं भाषा की कोमलता है। जहाँ तक सौन्दर्य के सूक्ष्म चित्रण का प्रश्न है, नायिकाओं की मुँह-बोलती तस्वीर खींचने की बात है; बिहारी देव से बहुत आगे हैं किन्तु भावों की तरल अभिव्यक्ति, प्रणय की गंभीरता एवं छन्दों

की झंकार की दृष्टि से देव के समक्ष बिहारी शुष्क, उदास और फीके से दिखाई पड़ते हैं। देव का काव्य क्षेत्र भी व्यापक है; संयोगकालीन दृश्यों की जैसी विविधता उसमें है, उसका बिहारी सतसई में अभाव है। और वियोगानुभूतियों के क्षेत्र में तो देव के वैभव के सम्मुख बिहारी अकिंचन से प्रतीत होते हैं।[1] अस्तु, हमारे विचार से देव की भाव-प्रवणता से बिहारी की शुष्क कल्पनाशीलता की कोई तुलना नहीं। फिर भी जो बिहारी को देव से श्रेष्ठ सिद्ध करने में सफल हुए हैं उनकी आलोचन-शक्ति प्रशंसनीय है।

सूरति मिश्र ने अपना परिचय देते हुए अपनी जाति कान्यकुब्ज ब्राह्मण तथा अपना निवास-स्थान आगरा बताया है। इनके द्वारा रचित निम्नांकित ग्रन्थ मिलते हैं—अलंकारमाला, रसरत्न-माला, सरस-रस, रस ग्राहक चंद्रिका, नख-शिख, काव्य-सिद्धान्त, रस-रत्नाकर, अमर चंद्रिका (बिहारी सतसई का टीका), कवि प्रिया और रसिक प्रिया की टीकाएँ और 'बैताल पंचविंशति' का ब्रजभाषा गद्य में अनुवाद। इनका रचना-काल संवत् १७६६-१७६४ निश्चित किया गया है। इनका महत्व कवि की अपेक्षा आचार्य के रूप में अधिक है। काव्य सम्बन्धी सभी प्रचलित विषयों—काव्य के सामान्य सिद्धान्त, रस, नायिका भेद, नख-शिख, अलंकार आदि का निरूपण इन्होंने किया।

श्रीपति जाति के कान्यकुब्ज ब्राह्मण थे तथा इनका निवास-स्थान कापली था। इन्होंने काव्य-सरोज, कवि-कल्पद्रुम, रस-सागर, अनुप्रास-विनोद, विक्रम-विलास, सरोज-कलिका, अलंकार गंगा आदि ग्रन्थों की रचना की जो आचार्यत्व एवं कवित्व—दोनों की दृष्टि से बहुत उच्चकोटि के हैं। इनका रचना-काल सं० १७७७ के आसपास है।

भिखारीदास ने अपना पूरा वंश-परिचय दिया है, जिससे पता चलता है कि ये प्रतापगढ़ (अवध) के पास ट्योंगा गाँव के निवासी थे तथा जाति के श्रीवास्तव कायस्थ थे। इनके द्वारा रचित ग्रन्थों में रस-सारांश (१७६६ वि०), छन्दोर्णव-पिंगल (संवत् १७६६), काव्य-निर्णय (सं १८०३), शृंगार-निर्णय (१८०७ वि०), नाम प्रकाश कोश (संवत् १७६५), विष्णु पुराण भाषा (दोहे-चौपाई में), छंद प्रकाश, शतरंज-शतिका, अमर-प्रकाश (संस्कृत अमरकोष भाषा-पद्य में) आदि का पता लगा है। इनकी कविता का क्षेत्र इतना अधिक व्यापक है कि इनमें इस काव्य-परंपरा की सभी प्रवृत्तियों का विकास मिलता है। 'काव्य-निर्णय' में इन्होंने प्रायः सभी अंगों का प्रतिपादन विस्तार से तथा स्पष्ट रूप में किया है। यद्यपि इनके विवेचन में भी कहीं-कहीं छोटी-मोटी भूल मिलती है, किन्तु इसमें कोई सन्देह नहीं कि मध्यकालीन आचार्यों में इनका स्थान बहुत ऊँचा है। 'शृगार-निर्णय' एवं 'रस-सारांश' आदि में इनकी कवित्व शक्ति का परिचय मिलता है। इनके उदाहरण सरस हैं तथा भाषा भी आडम्बरशून्य है। आचार्य शुक्ल ने इनके काव्य-सौष्ठव की भूरि-भूरि

---

१. हिन्दी काव्य में शृङ्गार-परम्परा और महाकवि बिहारी, पृ० ३८२।

प्रशंसा करते हुए उन्हें उच्चकोटि का कवि माना है, जिससे हम भी सहमत हैं। इनकी कुछ उक्तियाँ द्रष्टव्य हैं—

नैनन को तरसैए कहाँ लौं, कहाँ लौं हियो विरहागि मैं तैए !
एक घरी न कहूँ कल पैच, कहाँ लगि प्रानन को कलपैंए !!
आवैं यही अब जी में विचार सखी चलि सौतिहुँ के घर जैए !
मान घटे तें कहा घटि है जु पै प्रान पियारे को देख न पैए ।।

× × ×

देखत कान्है न चेत रहै, नहि चित्त रहै, न रहै चतुराई !

× × ×

एरी ! बेगि करकैं मिलापु थिर थापु, न तौ
आपु अब चहत अतनु को सरीर भो !

भूपति अमेठी के राजा थे तथा इनका मूल नाम गुरुदत्त सिंह था। इन्होंने 'सतसई' (१६६१ वि०), 'कंठाभूषण' और 'रस-रत्नाकर' की रचना की। अंतिम दो ग्रंथ अनुपलब्ध हैं। सतसई के दोहों में शृंगार-रस का प्रतिपादन अत्यन्त सरस शैली में हुआ है।

तोषि निधि शृंगवेरपुर (इलाहाबाद) वासी चतुर्भुज शुक्ल के पुत्र थे। इनके द्वारा रचित तीन ग्रन्थ—सुधानिधि (१७६१ वि०), नख-शिख और विनय-शतक प्राप्त हैं। 'सुधानिधि' में काव्यांगों का विवेचन बहुत सुन्दर रूप में हुआ है तथा उदाहरणों में रचयिता के कवि-हृदय का परिचय मिलता है। कहीं-कहीं ये उक्ति-वैचित्र्य के फेर में पड़ जाते हैं फिर भी इनकी शैली में सरलता, सरसता एवं स्वाभाविकता के गुण विद्यमान हैं; देखिये —

एक कहै हँसि ऊधव जू ! ब्रज की जुवती तजी चंद्रप्रभा सी !
जाय कियो कह तोष प्रभू ! एक प्रान प्रिया लहि कंस की दासी ।।
जो हुते कान्ह प्रवीन महा सो हहा ! मथुरा में कहा मति नासी ।
जीव नहीं उबियात जबै ढिग पोढति है कुबजा कछुआ सी !!

सोमनाथ **'ससिनाथ'** भरतपुर के राजकुमार प्रतापसिंह के आश्रय में रहकर काव्य-रचना करते थे। इन्होंने 'रस पीयूषनिधि' (सं० १७६४ वि०), कृष्ण लीलावती पंचाध्यायी (१८०० वि०), सुजान-विलास (सिंहासन बत्तीसी पद्य में; १७०८ वि०), माधव-विनोद नाटक (सं० १८०६ वि०) आदि ग्रन्थों की रचना की। 'रस-पीयूष-निधि एक बहुत बड़ा ग्रन्थ है जिसके काव्य-लक्षण, प्रयोजन, भेद, शब्द-शक्ति, ध्वनि, भाव, रस, रीति, गुण-दोष आदि का विवेचन स्पष्टतापूर्वक हुआ है। कवि के रूप में भी शशिनाथ को बहुत सफलता मिली है। नायिका के सौन्दर्य तथा उसकी विभिन्न चेष्टाओं व प्रेम का विभिन्न अवस्थाओं की व्यंजना इन्होंने अत्यन्त मार्मिक शैली में की है। एक उदाहरण द्रष्टव्य है—

'छटि कै कटि रंचक छीन भई, गति नैनन की तिरछानि लगी।
'ससिनाथ कहै उर ऊपर तै अँचरा उघरें तें लजान लगी ।।

लरकाई के खेल पछैल कछुक, सयानि सखीन पत्यान लगी।
पिय नाम सुनै तिय द्यौसक तें दुरिकै मुरिकै मुस्क्यानि लगी॥

रसलीन का मूल नाम **'सैयद गुलाम नबी'** था। इन्होंने अंग-दर्पण (१७४४ वि०) और 'रस प्रबोध' नामक दो ग्रन्थों की रचना की। 'अंग-दर्पण' में नायिका के विभिन्न अंगों का निरूपण चमत्कारपूर्ण शैली में किया गया है जबकि 'रस-प्रबोध' में शृङ्गार-रस के विभिन्न अवयवों - नायिका-भेद, षड्ऋतु, बारहमासा आदि का प्रतिपादन ११५५ दोहों में किया गया है। इन्होंने दोनों ही ग्रन्थो में दोहे का प्रयोग किया तथा इनकी दृष्टि उक्ति-वैचित्र्य की ओर अधिक रही। फिर भी इनके दोहों में कहीं-कहीं सरसता व मधुरता मिलती है :

अमिय हलाहल मद भरे, सेत स्याम रतनार।
जियत, मरत, झुकि-झुकि परत, जेहि चितवत इक बार॥

रघुनाथ काशी-नरेश महाराज बरिवंड सिंह के आश्रय में रहते थे। इनके द्वारा रचित चार ग्रन्थ काव्य-कलाधर, रसिक मोहन, जगत मोहन और इश्क-महोत्सव मिलते हैं। 'काव्य-कलाधर' (१८०२ वि०) में रस और नायिका-भेद का, 'रसिक मोहन' (१७९६ वि०) में अलंकारों का तथा 'जगत मोहन' (१८०७ वि०) में नायक की दिनचर्या का निरूपण किया गया है। 'इश्क महोत्सव' में खड़ीबोली का प्रयोग हुआ है। अलंकारों के प्रतिपादन में इन्हें विशेष सफलता मिली है। रचना-शैली साधारण है। इनकी खड़ीबोली का नमूना द्रष्टव्य है—

'आप दरियाव, पास नदियों के जाना नहीं,
दरियाव पास नदी होयगी सो धावैगी।
दरखत बेलि-आसरे को कभी राखता न,
दरखत ही के आसरे को बेलि पावैगी।
मेरे तो लायक जो था कहना सो कहा मैंने,
रघुनाथ मेरी मति न्याय ही को गावैगी।
वह मुहताज आपकी है, आप उसके न,
आप क्यों चलोगे ? वह आप पास आवैगी॥

दूलह कवि कालिदास त्रिवेदी के पौत्र तथा उदयनाथ 'कवीन्द्र' के पुत्र थे। इनकी एक ही रचना 'कवि कुल कंठाभरण' उपलब्ध है, किन्तु फिर भी इनका नाम उच्चकोटि के कवियों में लिया जाता है। किसी कवि ने इनकी रचना पर मुग्ध होकर कहा है -और "बराती सकल कवि, दूलह दूलह राय!" 'कवि-कुल-कंठाभरण' अलंकारों का ग्रन्थ है जिसमें उदाहरणों के रूप में दोहे के स्थान पर कवित्त-सवैये जैसे बड़े छंदों का प्रयोग किया गया है, जिससे काव्य में अधिक सरसता आ गई है। इनकी रचना-शैली का उदाहरण द्रष्टव्य है—

सारी की सरोंट सब सारी में मिलाय दीन्हीं
भूषन की जेब जैसे जेब जहियतु है।

कहै कवि दूलह छिपाए रदछद मुख,
नेह देख सौतिन की देह दहियतु हैं ॥
बाला चित्रमाला तें निकसि गुरुजन आगे,
कीन्हों चतुराई सो लखाई लहियतु है।
सारिका पुकारै "हम नाहीं, हम नाहीं"
"एजू ! राम राम कहौ" "नाहीं नाहीं" कहियतु है ॥

शंभुनाथ मिश्र नाम के और भी कई कवि हुए हैं, यहाँ प्रथम शंभुनाथ का परिचय दिया जाता है। इन्होंने 'रस-कल्लोल', 'रस-तरंगिणी' और 'अलंकार-दीपक' इन तीन ग्रन्थों की रचना की। इनका रचना-काल संवत् १८०६ के लगभग है। इनकी रचना-शैली साधारण है।

शिवसहाय दास का निवास-स्थान जयपुर था। इन्होंने संवत् १८०९ में 'शिव-चौपाई' और 'लोकोक्ति-रस-कौमुदी' नामक ग्रन्थों की रचना की। 'लोकोक्ति रस-कौमुदी' की विशेषता यह है कि इनमें कहावतों के आधार पर नायिका-भेद का वर्णन किया गया है।

रूपसाहि ने संवत् १८११ में 'रूप-विलास' नामक ग्रन्थ की रचना दोहे-छंद में की जिसमें नायिका-भेद, अलंकार, छंदादि का प्रतिपादन किया गया है। रचना-शैली सरस है।

चंदन नाहिल पुवायां (शाहजहाँपुर) के निवासी तथा गौड़ राजा केसरसिंह के आश्रित कवि थे। इन्होंने निम्नांकित ग्रन्थों की रचना की—(१) श्रृंगार सागर (२) काव्याभरण (३) कल्लोल-तरंगिणी (४) चंदन सतसई (५) नखशिख (६) केसरी प्रकाश (७) पथिक बोध (८) नाम माला (कोष) (९) पत्रिका बोध (१०) तत्त्व-संग्रह (११) शीत-वसन (१२) कृष्ण-काव्य (१३) प्राज्ञ-विलास। इनका कविता-काल संवत् १८२०-५० तक माना जाता है। इन्होंने फारसी में भी 'दीवाने संदल' की रचना की थी। इनकी रचना-शैली साधारण है।

देवकीनन्दन ने 'श्रृङ्गार-चरित्र' (१८४१ वि०), 'अवधूत भूषण' (१८५७ वि०) और 'सरफराज-चंद्रिका' नामक ग्रंथों की रचना की जिनमें रस, नायिका भेद व अलंकारादि का निरूपण किया गया है। इनके अतिरिक्त 'नख-शिख' भी मिलता है। इनमें चमत्कार-प्रदर्शन की प्रवृत्ति के साथ-साथ सरसता एवं मधुरता भी मिलती है।

बेनी प्रवीन लखनऊ के दीवान के आश्रय में रह कर कविता किया करते थे। इन्होंने 'श्रृङ्गार-भूषण', 'नवरस-तरंग' (सं० १८७४) और 'नानाराव-प्रकाश' की रचना की। 'नवरस-तरंग' इनकी सर्वश्रेष्ठ कृति है, जिसमें रस और नायिका-भेद का निरूपण बहुत ही सुन्दर हुआ है। श्रृङ्गार-रस के विभिन्न अवयवों की व्यंजना सरसतापूर्ण शैली में हुई है। इनकी भाषा भी प्रवाहपूर्ण है। कवित्व की दृष्टि से आचार्य शुक्ल ने इन्हें मतिराम पद्माकर के समकक्ष स्थान दिया है। रचना-शैली का नमूना द्रष्टव्य है—

मालिह ही गूँथी बबा की सौं मैं गज मोतिन की पहिरी अति आला।
आई कहाँ तें यहाँ पुखराज की, संग एई जमुना तट बाला॥
न्हात उतारी हौं बेनी प्रबीन हँसैं सुनी बैनन नैन रसाला।
जानति ना अँग की बदली, सब सौं "बदली बदली" कहै माला॥

महाकवि पद्माकर के पूर्वज दाक्षिणात्य (तैलंग) ब्राह्मण थे जो सं० १६१५ में गढ़पत्तन में आकर बस गये थे। किन्तु वहाँ पर जीविका निर्वाह न होने पर उनमें से कुछ लोग मथुरा, बाँदा, बुन्देलखण्ड आदि स्थानों में रहने लगे। बाँदा में स्थित जनार्दन भट्ट के तीन पुत्र हुए जिनमें सबसे छोटे मोहनलाल का जन्म सं० १७४३ में हुआ। इन्हें ही महाकवि पद्माकर का पिता होने का गौरव प्राप्त है। स्वयं मोहनलाल भट्ट ने भी अपनी विद्वत्ता के बल पर क्रमशः नागपुर, पन्ना और जयपुर के शासकों से पर्याप्त सम्मान प्राप्त किया था।

पद्माकर का जन्म सं० १८१० में हुआ। साहित्यिक वातावरण में पलने के कारण इनकी रुचि साहित्य में हुई और अल्पकाल में ही इन्होंने संस्कृत व हिन्दी का अच्छा ज्ञान प्राप्त कर लिया। इनकी प्रसिद्धि सुनकर बुन्देलखण्ड के तत्कालीन शासक अर्जुनसिंह ने इन्हें बुलाकर सम्मानित किया। फिर वे बाँदा के सेनानायक गोसाईं अनूपगिरि उपनाम हिम्मत बहादुर के पास चले गए। आगे चलकर सागर-नरेश रघुनाथ राव, जयपुर-नरेश महाराजा सवाई प्रतापसिंह, ग्वालियर-नरेश दौलतराम सिंधिया व उदयपुर के महाराणा भीमसिंह से इन्हें पर्याप्त सम्मान व पुरस्कार मिला। कहते हैं कि जयपुर में इनका किसी सोनारिन से अनुचित सम्बन्ध हो गया था जिससे इनकी ख्याति पर धब्बा लग गया। जीवन के अन्तिम दिनों में इन्हें वैराग्य हो गया था; अतः गंगा के किनारे (कानपुर के समीप) रहने लग गये। यहीं ९० वर्ष की अवस्था में इनका देहान्त हुआ।

पद्माकर द्वारा रचित ग्रन्थों में 'राम-रसायन', 'हिम्मत बहादुर विरुदावली', 'जगत्-विनोद', 'पद्माभरण', 'आलीजाह प्रकाश', 'हितोपदेश', 'प्रबोध-पचासा', 'गंगा-लहरी' और 'जयसिंह विरुदावली' उल्लेखनीय हैं। 'राम-रसायन' में वाल्मीकि रामायण के तीन काण्डों का भाषानुवाद है। रचना साधारण कोटि की है, संभवतः यह उनका प्रथम प्रयास हो। 'हिम्मत बहादुर विरुदावली' में गोसाईं अनूपगिरि के वीरतापूर्ण युद्ध का वर्णन ओजस्विनी शैली में किया गया है। 'जगत्-विनोद' में रस और नायिका-भेद का तथा 'पद्माभरण' में अलंकारों का निरूपण परम्पराबद्ध शैली में किया गया है। 'आलीजाह प्रकाश' भी शास्त्रीय विवेचन सम्बन्धी ग्रन्थ है। 'हितोपदेश', 'प्रबोध पचासा' व 'गंगा लहरी' शान्त व भक्ति रस संबंधी रचनाएँ हैं। शेष रचनाएँ अनुपलब्ध है। इस प्रकार पद्माकर की लेखनी तत्कालीन युग के सभी प्रचलित विषयों - शृङ्गार, वीर व भक्ति-भावना पर चली है, फिर भी उनकी काव्य-शक्ति का सर्वोत्कृष्ट प्रमाण शृङ्गार-विषयक रचनाओं में ही मिलता है। नायिका की विभिन्न मुद्राओं एवं चेष्टाओं के निरूपण एवं उसकी मानसिक दशाओं के चित्रण में इन्हें अद्भुत सफलता प्राप्त हुई हैं। विरह-वेदना की अभिव्यक्ति भी इन्होंने अत्यन्त

मार्मिक शब्दों में की है। होली के विभिन्न दृश्यों के माध्यम से नायक-नायिका के प्रथम साक्षात्कार, प्रेमोद्भव, प्रणयजन्य आकुलता आदि का जैसा सरस वर्णन इनके काव्य में मिलता है वह अन्यत्र दुर्लभ है। यहाँ केवल कुछ पंक्तियाँ द्रष्टव्य हैं—

ऐरी ! इन नैनन के नीर में अबीर घोरि,
बोरि पिचकारी चित चोर पै चलाइ आऊँ ?

× × ×

धोइ-धोइ हारी 'पद्माकर' तिहारी सौंह,
अब तो उपाय एकौ चित्त पै चढ़ै नहीं।
कैसी करौं ? कहाँ जाऊँ ?
कासों कहौं ? कौन सुनै ?
एरी ! मेरे बीर, जैसे-जैसे इन आँखिन ते,
कढ़िगो अबीर पै अहीर को कढ़ै नहीं !

× × ×

नैन नचाय, कहीं मुसुकाय,
'लला ! फिर आइयो खेलन होरी !

भाव-पक्ष की ही भाँति इनका कला-पक्ष भी प्रौढ़ है। उक्ति-वैचित्र्य एवं चमत्कार-प्रदर्शन की प्रवृत्ति अन्य रीतिबद्ध कवियों की भाँति इनमें भी मिलती है, किन्तु वह भावानुभूति के मार्ग में बाधक सिद्ध नहीं होती। एक ओर वे अपनी चित्रांकन-शक्ति के बल पर नायिकाओं की अनेक छवि-भरी झाँकियाँ प्रस्तुत करते हैं तो दूसरी ओर उनकी सरस उक्तियाँ नव-युवति बालाओं के हृदय की प्रणयानुभूतियों का परिचय देती हैं। कहीं-कहीं अनुप्रासों का प्रयोग भी इन्होंने अत्यधिक मात्रा में किया है, किन्तु वह अरुचिकर प्रतीत नहीं होता। भाषा पर इनका पूरा अधिकार दिखाई पड़ता है तथा वह सरलता, स्वाभाविकता एवं व्यंजकता के गुणों से युक्त है। आचार्य रामचन्द्र शुक्ल के शब्दों में कह सकते है कि 'कहीं तो इनकी भाषा स्निग्ध, मधुर पदावली द्वारा एक सजीव भावभरी प्रेम-मूर्ति खड़ी करती है, कहीं भाव या रस की धारा बहाती है, कहीं अनुप्रासों की मिलित झंकार उत्पन्न करती है, कहीं वीर दर्प से क्षुब्ध वाहिनी के समान अकड़ती और कड़कती हुई चलती है और प्रशान्त सरोवर के समान स्थिर और गंभीर होकर मनुष्य-जीवन की विश्रान्ति की छाया दिखाती है।'

इनकी कविता के कुछ नमूने और देखिये—

छाजति छबीली छति छहरि छरा को छोर,
भोर उठि आई केलि मन्दिर के द्वार पर।
एक पग भीतर सु एक देहरी पै धरै,
एक कर कंज एक कर है किवार पर।

× × ×

अंकहू न लागी पै कलंकिनी कहाई या तें,
अरज हमारी एक या ही अनुसरिये।
सांझ के सबेरे दिन दसवें दिवारी फाग,
कबहूँ भले जू भले आइबो तौ करिये ॥

× × ×

'को ही मैं तिहारी ?' 'तू तौ मेरी प्रान पियारी', अजी,
होती जो पियारी तब रोती कहो काहे को !''

प्रतापसाहि चरखारी (बुन्देलखंड) के महाराज विक्रमसाहि के यहाँ रहते थे। इनके द्वारा रचित निम्नांकित ग्रंथ हैं— (१) जयसिंह प्रकाश (१८५२ वि०) (२) व्यंग्यार्थ कौमुदी (१८८२ वि०) (३) काव्य-विलास (१८८६ वि०) (४) श्रृङ्गार मंजरी (१८८९ वि०) (५) श्रृङ्गार शिरोमणि (१८९४ वि०) (६) अलंकार चिन्तामणि (१८९४ वि०) (७) काव्य-विनोद (१८९६ वि०) (८) रसराज की टीका (१८९६ वि०) (९) रत्न चन्द्रिका (सतसई की टीका —१८९६ वि०) (१०) जुगल नख-शिख और बलभद्र 'नख-शिख' की टीका। इनके सर्वश्रेष्ठ ग्रन्थ 'व्यंग्यार्थ कौमुदी' एवं 'काव्य-विलास' हैं जिनमें इनके आचार्यत्व एवं कवित्व दोनों का सुन्दर समन्वय हुआ है। 'व्यंग्यार्थ कौमुदी' में व्यंजना या ध्वनि के उदाहरण इस प्रकार दिये गये हैं जिससे नायिका-भेद का भी निरूपण हो जाता है। वस्तुतः ये आचार्य और कवि दोनों रूपों में ही सफल हुए हैं। इनकी भाषा भी अत्यन्त स्निग्ध, सरस एवं प्रभावोत्पादक है।

विक्रम की उन्नीसवीं शती के अन्य कवियों में रामसिंह, जसवन्त सिंह, यशोदा-नन्दन, गुरुदीन पाँड़े, कर्ण कवि एवं ब्रह्मदत्त का नाम उल्लेखनीय है। रामसिंह ने 'अलंकार-दर्पण', 'रस-निवास' एवं 'रस-विनोद' में अलंकार एवं नायिका-भेद का निरूपण किया है। इसी प्रकार जसवंत सिंह ने 'श्रृङ्गार-शिरोमणि' में, यशोदानंदन ने 'बरवै नायिका-भेद', में गुरुदीन पाँडे ने 'बाग मनोहर' में, कर्ण कवि ने 'साहित्य-रस' एवं 'रस-कल्लोल में तथा ब्रह्मदत्त ने 'विद्वद्विलास' और 'दीप-प्रकाश' में काव्य-शास्त्रीय विषयों का प्रतिपादन परंपरा के अनुसार किया है।

प्रस्तुत काव्य-परंपरा के अन्तिम प्रसिद्ध कवि **ग्वाल** का जन्म बृन्दावन में मार्ग शीर्ष शुक्ला २, संवत् १८४८ को हुआ। इन्होंने अपनी काव्य-रचना के बल पर नाभा नरेश जसवन्तसिंह, लाहौर के महाराजा रणजीतसिंह आदि अनेक राजा-महाराजाओं से अतुल धन-वैभव प्राप्त किया। इनका देहावसान रामपुर में सं० १९२५ वि० में हुआ। इनके द्वारा रचित निम्नांकित ग्रन्थ मिलते हैं—जमुना-लहरी (१८७९ वि०), रसिकानंद (१८७९), हमीर हठ (१८८१), राधा-माधव-मिलन, राधा अष्टक (१८८२), श्रीकृष्ण जी का नख-शिख (१८८४ वि०), नेह-निबाह, बंशी लीला, गोपी पच्चीसी, कुब्जा अष्टक (१८९१), कवि दर्पण (१८९१), साहित्यानन्द (१९०४), रस-रंग (१९०४), अलंकार-भ्रम-भंजन, प्रस्तार-प्रकाश और भक्ति-पावन (१९२०)। उपर्युक्त ग्रन्थों के अतिरिक्त उनके एक अन्य प्रबन्ध-काव्य 'विजय-विनोद' का और पता चला

है जिसकी सूचना श्री देवेन्द्रसिंह विद्यार्थी ने 'रेखा' में प्रकाशित एक लेख द्वारा दी है। उपर्युक्त ग्रन्थों के द्वारा इस काल की प्राय: सभी प्रवृत्तियों का प्रतिनिधित्व हो जाता है, किन्तु फिर भी इन्हें सबसे अधिक सफलता शृङ्गार-वर्णन में ही मिली है। षड्ऋतुओं का वर्णन भी इन्होने कामोद्दीपक शैली में किया है। 'रस-रंग', 'रसिकानंद और अलंकार-भ्रम-भंजन में क्रमश: रस, नायिका भेद व अलंकारों का विवेचन किया है, किन्तु आचार्यत्व के लिए आवश्यक गम्भीरता का इनमें अभाव है। शृङ्गार के क्षेत्र में भी इन्होंने भोग-विलास की सामग्री का अधिक आयोजन किया है, प्रेम की विभिन्न दशाओं का निरूपण कम है। फिर भी इनके प्रेम के स्वर में कुछ ऐसी मस्ती मिलती है जो इन्हें अन्य रीति-बद्ध कवियों से विशिष्टता प्रदान कर देती है।

'विजय-विनोद' और 'हम्मीर हठ' वीर रस के ग्रन्थ हैं, जिनकी रचना आश्रयदाताओं की प्रेरणा से हुई है। 'विजय-विनोद' में राजा ध्यानसिंह के जीवन की कुछ घटनाओं के विभिन्न प्रकार के ४८७ छन्दों में वर्णन किया गया है। ग्वाल कवि की न तो शैली ही प्रबन्ध-काव्य के उपयुक्त थी और न ही उनमें वीर भावनाओं का उन्मेष था; अत: वे इन प्रबन्ध ग्रन्थों की रचना में सफल नहीं हुए। इनकी भाषा में अनेक स्थानों पर अरबी-फारसी के शब्दों का प्रयोग अत्यधिक हुआ है। रचना-शैली के कुछ नमूने द्रष्टव्य हैं—

कौन भई नहीं रूपवती अरु, कौन पै आई न रीझ है जाकी।
कौन के कंठ पर्‌यो नहिं माल ह्वै, चाल यही जिन सीखी सदा की॥
यों कवि 'ग्वाल' अनेकन को दगा, दै दै न पूछत कौन कहाँ की।
भूलौ न कोऊ गुविन्द के नेह पै, है यह चाँदनी चार दिना की॥
ऐसी जिंदगानी के भरोसे पै गुमान ऐसे!
देस देस घूमि-घूमि मन बहलाना है!
आए परवाना पर चलै न बहाना, यहाँ,
नेकी कर जाना, फेर आना है न जाना है!!

१६.१०. **शास्त्रीय मुक्तक काव्य की सामान्य प्रवृत्तियाँ**—शास्त्रीय मुक्तक काव्य-परंपरा के प्रस्तुत वर्ग—शृङ्गार-प्रधान-काव्य—की सामान्य प्रवृत्तियों का विवेचन यहाँ कतिपय शीर्षकों के अन्तर्गत क्रमश: प्रस्तुत किया जाता है।

(१) **काव्य-रचयिताओं का व्यक्तित्व एवं दृष्टिकोण**—इस परम्परा के प्राय: सभी कवि विभिन्न शासकों एवं धनिक वर्ग के लोगों के आश्रित थे, जिनका मूल लक्ष्य अपने आश्रयदाताओं की रुचि के अनुकूल काव्य-रचना करते हुए अर्थ एवं काम सम्बन्धी प्रयोजनों की पूर्ति करना था। उच्च वर्ग के सम्पर्क में आने के लिए उनका उच्च कुलोद्भव होने के साथ-साथ सुशिक्षित एवं सुसंस्कृत होना भी अपेक्षित था; पर उस युग की शिक्षा का स्तर बहुत ऊँचा नहीं था। संस्कृत, फ़ारसी, हिन्दी आदि भाषाओं के ज्ञान के अतिरिक्त काव्य-शास्त्र, छंद-शास्त्र, काम-शास्त्र, नीति-शास्त्र, वैद्यक, ज्योतिष आदि विषयों की न्यूनाधिक जानकारी प्राप्त कर लेना उस युग के दरबारी कवि के लिए पर्याप्त था। इसके अतिरिक्त घुड़सवारी, तैराकी, आखेट, युद्ध-विद्या आदि ऐसे विषयों

का, जिनसे आश्रयदाता शासकों से सम्बन्ध था, व्यावहारिक ज्ञान कवियों की अतिरिक्त योग्यता मानी जाती थी। राज-दरबारों से सम्बद्ध कवियों के लिए कलम की कला के साथ-साथ तलवार के संचालन का भी थोड़ा-बहुत ज्ञान आवश्यक था। वीरबल जैसे कवि का युद्ध में वीरगति प्राप्त करना इसका प्रमाण है। इस काल के एक कवि की उक्ति से भी इन कवियों की इस स्थिति का बोध होता है—

जानत हौं ज्योतिष, पुराण और वैद्यक को,
जोरि-जोरि आखर कवित्तन को उच्चरौं।
बैठी जानौं सभा माँझ, राजा को रिझाय जानौं,
अस्त्र बाँधि खेत माँझ, सत्रुन सौं हौं लरौं।
राग धीर गाऊँ और कुदाऊँ घोड़े बाग धरि,
कूप ताल बखरीन नारन ही मैं हौं तरौं।
दीनबंधु दीनानाथ ये ते गुन लिये फिरौं,
करम न यारो देत ताको मैं कहा करौं॥

अस्तु, विभिन्न विषयों के ज्ञान-संग्रह—गंभीर अत्ययन नहीं—के कारण ये किसी भी विषय पर पूरा अधिकार तो प्राप्त नहीं कर पाते थे, फिर भी काव्य-रचना इनका व्यवसाय, अपितु पैतृक व्यवसाय बन जाने के कारण उसका अच्छा अभ्यास कर लेते थे। यही कारण है कि इनके भावों में चाहे अनुभूति की गंभीरता न भी दिखाई पड़े किन्तु इनका शैली-पक्ष सामान्यतः व्यवस्थित, परिमार्जित एवं प्रौढ़ दिखाई पड़ता है।

जीवन, समाज और साहित्य के प्रति इनका दृष्टिकोण यथार्थवादी षरिलक्षित होता है; अतः न तो इसमें आदर्शवादियों की सी सच्ची आध्यात्मिकता, नियमबद्धता एवं गम्भीरता दृष्टिगोचर होती है और न ही स्वच्छन्दतावादियों की तरह से ये सामाजिक मर्यादाओं एवं धार्मिक मान्यताओं को खुली चुनौती देते हैं। वे मर्यादाओं को सैद्धान्तिक मान्यता तो प्रदान करते हैं किन्तु व्यवहार में इनके पालन में असमर्थता एवं विवशता प्रकट करते हैं। वस्तुतः सच्ची यथार्थवादिता इसी में है कि दोनों पक्षों से समझौता करके मध्यवर्ती मार्ग निकाल लिया जाय।

सौन्दर्य, प्रेम एवं कला के प्रति भी इनका यही यथार्थवादी दृष्टिकोण प्रायः व्यंजित हुआ है; बिहारी के शब्दों में उनकी सौन्दर्य सम्बन्धी आस्था को इस प्रकार प्रस्तुत किया जा सकता है—

समै समै सुन्दर सबै, रूप कुरूप न कोय।
जित जाकी जेती रुचि, तित तेती रुचि होय॥

इसी प्रकार वे प्रेम एक दुर्बलता या औगुण मानते हैं, पर साथ ही उसकी अनिवार्यता भी स्वीकार करते हैं।

भक्ति एवं वैराग्य की चर्चा करते हैं, पर 'तंत्री-नाद, कवित्त-रस, सरस राग एवं रति-रंग' के आस्वादान में भी वे कोई कमी नहीं रखते। इसी दृष्टि के कारण इनकी रचनाओं में विभिन्न विरोधी प्रवृत्तियों के दर्शन होते हैं तथा किसी एक ही

सिद्धान्त, मत या विश्वास के प्रति गहरी आस्था एवं कट्टरवादिता का अभाव मिलता है।

(२) **शास्त्रीय तत्त्वों का प्रतिपादन**--जैसा कि अन्यत्र स्पष्ट किया गया है, इस वर्ग के कवियों ने शास्त्रीय तत्त्वों का प्रतिपादन मुख्यत: दो कारणों से किया है—एक को ये अपने-आपको केवल कवि ही नहीं अपितु शास्त्रों का ज्ञाता भी 'काव्य की रीति सिखी सुकविन सों (भिखारीदास)' सिद्ध करना चाहते थे। दूसरे, वे आश्रयदाता नरेशों व धनाढ्य लोगों को शास्त्रीय ज्ञान एवं व्यवहार की भी शिक्षा देना चाहते थे; अत: उनका लक्ष्य परम्परागत शास्त्रीय ज्ञान की जानकारी मात्र प्रदर्शन करना था, मौलिकता-प्रदर्शन करना नहीं। यदि किसी ने जन्मजात प्रतिभा के कारण थोड़ी मौलिकता लाने का प्रयास भी किया तो उसका स्वागत नहीं होता था। लोग पूछते थे—'बताओ, ऐसा किस शास्त्र में लिखा है ?' ऐसी स्थिति में इन कवियों के शास्त्रीय विवेचन में मौलिकता का अभाव होना स्वाभाविक था।

काव्य-शास्त्र के क्षेत्र में इन्होंने बहुत थोड़े विषयों को अपनाया। इन्होंने मुख्यत: रस, नायिका-भेद एवं अलंकारों का ही विवेचन किया है। बहुत थोड़े ग्रन्थ ऐसे हैं जिनमें काव्य की अन्य समस्याओं, काव्य का वर्गीकरण, काव्य सम्बन्धी विभिन्न मानदण्डों, शब्द-शक्तियाँ आदि का स्पष्टीकरण किया गया है। संस्कृत में नाटक, प्रबन्ध, कथा आदि काव्य-रूपों का सूक्ष्म विश्लेषण हुआ है; किन्तु इन विषयों की हिन्दी के इन ग्रन्थों में प्राय: उपेक्षा हुई है। जिन विषयों को लिया गया है उनमें भी शुद्धता एवं स्पष्टता का प्राय: अभाव है। फिर भी इस क्षेत्र में इनका इतना योगदान अवश्य है कि इन्होंने संस्कृत साहित्य-शास्त्र की अध्ययन-परम्परा को किसी न किसी रूप में जीवित रखा तथा ब्रजभाषा जैसी नवोदित लोक-भाषा में संस्कृत की उपलब्धियों को अनूदित रूप में प्रस्तुत किया। फारसी भाषा के राज्य भाषा हो जाने के बावजूद भी वे अपनी परम्पराओं से सर्वथा विच्छिन्न नहीं हुए। उस युग के वातावरण को देखते हुए यह भी कम महत्त्वपूर्ण बात नहीं है।

पिछले कुछ वर्षों से यह फैशन चल पड़ा है कि इन कवियों को विभिन्न वादों के अन्तर्गत विभाजित करके किसी को अलंकारवादी घोषित किया जाता है, किसी को रसवादी और किसी को ध्वनिवादी। ऐसा करते समय हमारे विद्वान् भूल जाते हैं कि मध्यकाल आधुनिक युग की भाँति बौद्धिकता, कट्टरवादिता एवं विश्लेषणपरकता का युग नहीं था। उस युग में जहाँ दर्शन के क्षेत्र में एक व्यक्ति को द्वैत, अद्वैत, विशिष्टताद्वैत सब कुछ मान्य था वहाँ साहित्य के क्षेत्र में अलंकार, ध्वनि, रस आदि सभी स्वीकार्य थे। यही कारण है कि हम एक ही कवि को विभिन्न विषयों एवं सिद्धांतों का प्रतिपादन करते देखते हैं। वस्तुत: साहित्यिक वादों का युग इससे पूर्व चौदहवीं शताब्दी में ही समाप्त हो चुका था, जबकि साहित्य-दर्पणकार ने अपने ग्रंथ में रस, ध्वनि, अलकार सब को एक साथ दे दिया था। बिहारी जैसे कवि ने, जिसने स्पष्ट लिखा है—'करी बिहारी सतसई, भरी अनेक संवाद'—तथा जिनके काव्य में रस, ध्वनि-अलंकार सभी के उदाहरण पर्याप्त मात्रा में मिलते हैं, बलात् ध्वनिवादी सिद्ध

करने का प्रयास किया गया है। हमारी दृष्टि में ऐसा करना ठीक नहीं, फिर भी यदि इन्हें 'वादी' सिद्ध करना आवश्यक ही हो तो अधिक से अधिक इन्हें 'संग्रहवादी' या 'समन्वयवादी' कह देना पर्याप्त होगा।

(३) **शृंगार निरूपण**—प्रेम के प्रति इनका दृष्टिकोण रसिकतापूर्ण था; अतः इन्होंने शृंगार-रस के संयोग-पक्ष एवं नायिका के सौन्दर्य का निरूपण विशेष रूप से किया है। आलम्बन की मधुर छवि एवं उसकी सूक्ष्म चेष्टाओं के अंकन के लिए इन्होंने नख-शिख वर्णन की परम्परागत शैली में थोड़ा संशोधन करके नई पद्धति का विकास किया। नख-शिख-वर्णन-प्रणाली में नायिका के सभी स्थूल अंगों का क्रमशः वर्णन किया जाता था जो रूढ़िबद्ध हो जाने के कारण अपना प्रभाव खो चुकी थी; अतः इन कवियों ने केवल कुछ अंगों को लेकर एक समन्वित प्रभाव उत्पन्न करने का प्रयत्न किया, जिसमें इन्हें पर्याप्त सफलता मिली है।

कहीं-कहीं इन कवियों ने नायिका के सौन्दर्य की एक-एक विशेषता पर ही पूरा छन्द लिख दिया है, किन्तु फिर भी उसमें किसी प्रकार की शिथिलता दृष्टि-गोचर नहीं होती--

घाघरि झीन सौं, सारी महीन सौं, पीन नितम्ब भार उठै सचि।
बास-सुबाद सिंगार-सिंगारनि, बोझनि ऊपर बोझ उठै मचि॥
स्वेद चलै, मुख चन्द च्वै, डग द्वैक धरे मति फूलन सों पचि।
जात है पंकज वारि बयारि सौं, वा सुकुमारि को लंक लला लचि॥

—भिखारीदास

यहाँ केवल 'सुकुमारता' का वर्णन किया गया है; वह भी अतिशयोक्तिपूर्ण है किन्तु इससे उसकी मार्मिकता में कोई न्यूनता नहीं आई।

इसके अतिरिक्त रीति-कवियों के सौन्दर्य-चित्रण की एक बड़ी भारी विशेषता नायिका के हावों व अनुभावों का अत्यन्त स्वाभाविक रूप में चित्रण करना है। इस क्षेत्र में वे अपने पूर्ववर्ती कवियों से भी आगे बढ़ गये हैं। नायिकाओं की हृदयस्थ भावनाओं एवं प्रिय के सान्निध्य से प्राप्त होने वाली अनुभूतियों की व्यंजना भी इन्होंने अत्यन्त सूक्ष्मतापूर्वक की है। यहाँ एक उदाहरण पर्याप्त होगा—

अपने हाथ सों देत महावर, आप ही बार संवारत नीके।
आपुन ही पहिरावत आनिकै, हार सँवारि के मौरिसिरी के॥
हौं सखि लाजन जात मरी, 'मतिराम' सुभाव कहा कहौं पी के।
लोग मिलें घर घेरु कहैं, अबई ते ए चेरे भए दुलही के॥

—मतिराम

उपर्युक्त पंक्तियों में अभिव्यक्ति अनुभूतियाँ गार्हस्थ्य-जीवन से सम्बन्ध रखती हैं। इन्होंने शृंगार चित्रण के लिए प्रायः तत्कालीन दाम्पत्य एवं गार्हस्थ्य-जीवन से सामग्री ली है—किन्तु प्रेम की स्वच्छन्द अनुभूतियों का भी इनके काव्य में अभाव नहीं है। इसलिए कहीं हम 'मैनशर' से पीड़ित होकर एक नव-वधू बाला को अर्द्धनिशा में

किसी 'बटोही' को जगाते देखते हैं तो कहीं किसी निर्मोही को हृदय दे बैठने के कारण किसी तरुणी को निर्वेद से ग्रस्त पाते हैं—

घर ना सुहात, सुहात बन बाहर हूँ,
बाग न सुहात जे खुसाल खुशबोही सौं।
\+ \+ \+
साँझ ना सुहात, ना सुहात दिन माँझ कछु
व्यापी यह बात सो बखानत हों तोहीं सों।
राति न सुहात, न सुहात परभात आली
जब मन लागि जात काहू निरमोही सों।

—पद्माकर

इनके शृंगार की परिधि की व्यापकता के अनुकूल ही इनके काव्य में प्रेम की विभिन्न अवस्थाओं व भाव-दशाओं का चित्रण हुआ है। मतिराम, देव और पद्माकर जैसे कवियों ने प्रेमोत्पत्ति से लेकर उसकी चरम परिणति तक की प्रायः सभी अवस्थाओं को अनुभूतिपूर्ण शब्दों से चित्रित किया है; यथा—

मिलनाकांक्षा—

ऐरी इन नैनन के नीर में अबीर घोरि,
बोरि पिचकारी, चितचोर पै चलाइ आउँ॥

—पद्माकर

प्रेमासक्ति—

मूर्ति जो मनमोहन की, मन मोहिनी के मन ह्वै थिरकी सी।
'देव' गुपाल को बोल सुनै, छतिया सियराति सुधा छिरकी सी॥
नीकें झरोखा ह्वै झाँकि सकै नहिं नैनन लाज घटा थिरकी सी।
पूरन प्रीति हियें हिरकी, खिरकी-खिरकीनि फिरै फिरकी सी॥

—देव

वस्तुतः उपर्युक्त सभी पंक्तियाँ एक से एक अधिक स्वाभाविक, सरस और मार्मिक हैं। कुछ आलोचकों ने इनके विरह-वर्णन को ऊहात्मकता से ओत-प्रोत बताते हुए इन्हें इस क्षेत्र में असफल घोषित किया है। किन्तु वास्तविकता यह है कि ऊहात्मकता का प्रयत्न बिहारी जैसे चमत्कारवादी कवि में ही अधिक मिलता है। वैसे थोड़ी मात्रा में ऊहात्मकता अब अन्य कवियों में भी आई है किन्तु वह प्रायः काव्य की सरसता को ठेस नहीं पहुँचाती; जैसा कि देव के निम्नांकित पद में है—

साँसन ही में समीर गयो अरु आँसुन ही सब नीर गयो ढरि।
तेज गयो गुन लै अपनो अरु भूमि गई तनु की तनुता करि॥
'देव' जियै मिलवेई की आस कै आसहु पास अकास रह्यो भरि।
जा दिन तें मुख फेरि हरै हँसि हेरि हियो जु लियो हरि जू हरि॥

यहाँ मृत्यु तक का चित्रण किया गया है, जिसे हम सामान्यतः ऊहात्मकता की

कोटि में रख सकते हैं, किन्तु फिर भी कवि ने इस स्वाभाविकता के सारे दृश्य को प्रस्तुत किया है कि वह बरबस ही हमारे हृदय में स्थान बना लेता है।

अस्तु, हम यह स्वीकार करते हुए भी कि रीति की सीमाओं व आश्रयदाताओं के मनोरञ्जन के दृष्टिकोण के कारण इनके श्रृंगार-वर्णन में वह स्वच्छन्दता एवं सरसता नहीं आ सकी जो घनानन्द जैसे कवियों में मिलती है। किन्तु फिर भी इसमें जितनी सरसता एवं मार्मिकता मिलती है वह भी कम महत्वपूर्ण नहीं है। अपनी सीमा में रहते हुए भी इन्होंने जो कुछ किया वह नैतिकता की दृष्टि से न सही— कलात्मक दृष्टि से तो महत्त्वपूर्ण है।

(४) **भक्ति एवं वैराग्य का मिश्रण**—रीति-काव्य में श्रृंगार-निरूपण के साथ-साथ भक्ति एवं वैराग्य-सम्बन्धी भावनाओं की भी विवृत्ति पर्याप्त मात्रा में मिलती है। भक्ति को तो हम पूर्ववर्ती युग का प्रभाव कह सकते हैं। एक तो उस युग का कवि ही नहीं, समाज का सामान्य व्यक्ति भी अपनी समस्त सत् एवं असत् वृत्तियों पर भक्ति का आवरण किसी न किसी रूप में डालकर चलना आवश्यक समझा था; दूसरे, श्रृंगार के नायक-नायिका के रूप में राधा-कृष्ण की प्रतिष्ठा ने भी इनके काव्य में भक्ति के लिए क्षेत्र तैयार किया। कवि में भावुकता का गुण होना सहज स्वाभाविक है; अतः जब ये भक्ति सम्बन्धी छन्दों की रचना में प्रवृत्त होते हैं तो वहाँ वे कहीं-कहीं 'सच्चे भक्त' का भ्रम उत्पन्न कर देते हैं। इस तथ्य से अपरिचित विद्वानों ने विद्यापति, बिहारी और पद्माकर जैसे घोर श्रृंगारी कवियों तक को 'भक्त कवि' की संज्ञा दे डाली है।

वैराग्य की प्रवृत्ति को अति श्रृंगारिकता की प्रतिक्रिया के रूप में ग्रहण करना उचित होगा। जैसा कि डॉ० राजेश्वरप्रसाद चतुर्वेदी ने अपने शोध-प्रबन्ध में स्पष्ट किया है – वृद्धावस्था में आसक्त होकर केशव, देव, पद्माकर आदि सभी प्रमुख कवि वैराग्य से ग्रसित दिखाई पड़ते है जो मनोवैज्ञानिक दृष्टि से ठीक ही है। यहाँ पद्माकर के कुछ निर्वेदमूलक उद्‌गार द्रष्टव्य हैं—

आस बस डोलत सु याके बिसवास कहा, साँस बस बोलै मल मास ही को गोला है।
कहै पद्माकर, विचार छन भंगुर या, पानी को सो फेन जैसे फलक फफोला हैं॥
× × ×
छोड़ हरि नाम नहिं पैहै विसराम अरे, निपट निकाम तम चाम ही को चोला है।

(५) **प्रकृति का उद्दीपन रूप में वर्णन**—यद्यपि इस परम्परा के कवियों ने 'षट-ऋतु' व 'बारहमासा' शीर्षक से अनेक स्वतन्त्र काव्य-ग्रंथों की रचना की, किन्तु फिर भी यह आश्चर्य का विषय है कि उनमें प्रकृति का चित्रण स्वतन्त्र रूप में नहीं मिलता। इन काव्यों में प्रकृति एवं ऋतुओं को श्रृंगार रस की पृष्ठभूमि या शास्त्रीय परिभाषा में 'उद्दीपन' के रूप में प्रस्तुत किया गया है। प्रकृति के विभिन्न अंगों में से भी इनकी दृष्टि विशेषतः विभिन्न ऋतुओं के कामोद्दीपक वैभव पर ही पड़ी है। पावस के आर्द्र एवं कोमल वातावरण के कारण नव-वयस्का 'गोरी' के सौन्दर्य के प्रभाव में कैसी तीक्ष्णता आ गई है, इसका वर्णन नीचे की पंक्तियों में देखिए—

ऐसी झरी बून्दन में दून्दन उठायो काम
मूंदे मुख प्यारी बनी मूंदे न बहरि के ।
× × ×
ऊन री घटा में गोरी, तू न री अटा पै बैठ,
खून री करैगी, लाल चूनरी पहरि कै ।

—शिवनाथ

इसी प्रकार वसन्त का मादक वैभव नायक-नायिका के हृदय को रस-विह्वल कर देता है—

उमग्यो परत अनुराग बन बागनि में,
राखि है सोहाग सोहागनि ह्वै कन्त की ।
× × ×
या रितु सोहाइ में सोहाई न करो री कोई,
फिरत दोहाई 'देव' मैन मतिमंत की ।
चाहति सुजान नव लाल मधुकर मिल्यो,
नवला विमल नव जोबन बसन्त की ।

—देव

सुखपूर्ण दिवसों में मानव-हृदय को आह्लादित कर देने वाली यही प्रकृति शोक संतप्त प्राणी के लिये और भी अधिक संताप-बर्द्धक सिद्ध होती है । पावस की जो घटाएँ किसी युगल दम्पत्ति को अमृत वर्षा सी करती प्रतीत होती हैं वे ही किसी विरहिणी अबला के लिए दुःसह शोक-व्यथा को जन्म देने वाली बन जाती हैं—

साँझ के सलोने घन अंबुज सुसंगन सों,
कैसे कै अनंग अंग अंगनि सताउतौ ।
× × ×
काहु विरही की कही मानि लेतो जो पै दई,
जग में दई ते दया सागर कहाउतौ ।
पावस बनायो तौ न विरह बनाउतौं,
जो विरह बनायौ तौ न पावस बनाउतौ ॥

—पद्माकर

आधुनिकयुगीन वे आलोचक जो प्रकृति को उसके मूल रूप में देखने के अभ्यस्त हैं, संभवतः इस प्रकार के चित्रों से संतुष्ट नहीं होंगे । किन्तु यदि काव्य का उद्देश्य वस्तुओं को यथातथ्य रूप में प्रस्तुत करना न मानकर, उन्हें मानवीय अनुभूति के रंग में रंगकर चित्रित करना स्वीकार किया जाता है तो अवश्य ही हम प्रकृति के उद्दीपक रूप को भी प्रशंसा के योग्य समझेंगे ।

(६) **मुक्तक-शैली**—सामान्यतः इस परम्परा के काव्य-ग्रन्थों में मुक्तक शैली का ही प्रयोग किया गया है । यह विचारणीय है कि इससे पूर्ववर्ती युग में प्रबन्ध एवं गीति-शैली का प्रचलन था; अतः इन कवियों ने उनका तिरस्कार करके मुक्तक

शैली को क्यों अपनाया? इसका समाधान ढूँढने के लिए हमें अकबरी दरबार पर दृष्टि डालनी होगी। प्रारम्भ में चारण भाटों में मुक्तक शैली का प्रचार था, नरहरि बंदीजन जैसे भाट को अकबर के दरबार में प्रश्रय मिला। दूसरी ओर फारसी कविता की मुक्तक शैली का भी प्रभाव पड़ा। अतः हम देखते हैं कि अकबरी दरबार के अनेक प्रमुख हिन्दी कवि—नरहरि, ब्रह्म, टोडरमल, रहीम, गंग आदि—प्रारम्भ में ही कवित्त-सवैयों की मुक्तक-शैली का प्रयोग करने लग गये थे; अतः केन्द्रीय सत्ता में इस शैली की प्रतिष्ठा हो जाने पर सम्बन्धित शासकों व नरेशों के यहाँ भी इसी को प्रश्रय मिलना स्वाभाविक था।

विभिन्न छन्दों में से रीति-काव्य में कवित्त, सवैया, घनाक्षरी एवं दोहे को ही प्रमुखता मिली। इन छन्दों के कारण भाषा के माधुर्य एवं स्वर-झंकृति में विकास हुआ। दोहे में अवश्य कवित्त-सवैयों की सी झंकार नहीं मिलती, किन्तु उसमें संक्षिप्तता एवं शब्द-लाघव का गुण मिलता है।

(७) **ब्रजभाषा का प्रयोग** - ब्रजभाषा की प्रतिष्ठा साहित्य-क्षेत्र में कृष्ण-भक्त कवियों द्वारा ही हो चुकी थी। इन कवियों द्वारा उसका और भी विकास हुआ। लाक्षणिक प्रयोगों, स्वाभाविक अलंकरण, भावपक्ष की कोमलता एवं सरसता से युक्त होकर इस काव्य में ब्रजभाषा अपने सम्पूर्ण वैभव के साथ उदित हुई है। इसमें कोई सन्देह नहीं कि रीति-काव्य के रचयिता चाहे सफल आचार्य नहीं बन सके हों, किन्तु उन्होंने अपने दीर्घ काव्याभ्यास एवं शब्द प्रयोग की सूक्ष्म जानकारी पर परिचय अवश्य अपनी शैली की प्रौढ़ता के द्वारा दिया है।

अस्तु, उपर्युक्त प्रवृत्तियों को ध्यान में रखते हुए हम कह सकते हैं कि यह काव्य विषय-क्षेत्र की संकीर्णता, रूढ़ियों की परिधि एवं नियमों की शृङ्खलाओं में ही आबद्ध रहा, किन्तु इन परिस्थितियों में भी उसने जैसी सरसता, कोमलता एवं मार्मिकता प्राप्त की, वह कम महत्त्व की बात नहीं है। चाहे उन्होंने मुख्यतः शृङ्गार को ही लिया, किन्तु उसके विभिन्न अंगों का जैसा चित्रण उन्होंने किया वह अन्यत्र सुलभ नहीं। उनकी दृष्टि चाहे नायिकाओं के विभिन्न रूपों तक ही सीमित रही, किन्तु उनकी जैसी सजीव एवं हाव-भावपूर्ण अनेकानेक मूर्तियाँ उन्होंने प्रस्तुत की हैं, वैसी किसी अन्य साहित्य में दृष्टिगोचर नहीं होतीं। साथ ही हमें यह भी स्वीकार करना पड़ेगा कि हिन्दी में ये पहले कवि थे, जिन्होंने कला को शुद्ध कला के रूप में देखा एवं सौन्दर्य के साधना को ही अपने कर्त्तव्य का चरम लक्ष्य स्वीकार किया।

(ख) नीति-काव्य रचयिता कवि

१६.११ **पूर्ववर्ती कवि** —इस वर्ग के काव्य का विस्तृत अध्ययन डॉ० भोला नाथ तिवारी एवं डॉ० रामस्वरूप शास्त्री 'रसिकेश' ने अपने शोध-प्रबन्धों में प्रस्तुत किया है। विशेषतः 'रसिकेश' जी का प्रयास इस क्षेत्र में बहुत व्यापक एवं महत्त्वपूर्ण है। यहाँ इन प्रबन्धों के आधार पर प्रमुख कवियों का परिचय संक्षेप में प्रस्तुत किया जाता है।

इस वर्ग के आरम्भिक कवियों में **पद्मनाभ** का नाम सर्वप्रथम आता है, जिन्होंने अपने आश्रयदाता सेठ डूँगर के नाम पर अपना नीति सम्बन्धी काव्य 'डूँगर बावनी' सं० १५४३ वि० (१४८६ ई०) में रचा था, जिसमें ५२ छप्पयों के अन्तर्गत (साथ में एक छप्पय मंगलाचरण सम्बन्धी मिलाकर कुल ५३ छप्पयों में) दया, क्रोध, अभिमान, विनम्रता, कर्म-फल, जीवन-साफल्य, जुआ, आखेट, सुरा-पान, वेश्यागमन आदि विभिन्न विषयों का निरूपण किया गया है। कवि ने अपनी कल्पना-शक्ति का उपयोग करते हुए विषयों को प्रभावोत्पादक रूप में प्रस्तुत किया है; यथा—

जस कारणि बलिराज दिन्न बावन महाधर।
जस कारणि कवियणह कंणि अप्पउ कणयभर॥
जस कारणि करि समर कप्पि अप्पीयउ कलेवर।
जस कारणि जगदेव कलहि कंकाल दियउ सिर॥
जस कज्जि अज्जि भूपत भमण भिडई मुँड रिण रंग रसु।
सो दुक्खि सुक्खि डूंगर कहइ तिम किज्जइ जिम होइ जसु॥

इनकी भाषा को डॉ० रसिकेश ने अपभ्रंश-प्रभावित राजस्थानी माना है। कवित्त-छप्पय प्रारम्भ में वीर रस के लिए ही प्रयुक्त होते थे; अतः उनकी ओजस्विता का प्रभाव यहाँ भी परिलक्षित होता है।

ठाकुरसिंह (ठक्कुरसी) के दो नीति-काव्य—'कृपण चरित्र' एवं 'पंचेन्द्री वेलि'—अभी तक अप्रकाशित हैं। 'कृपण चरित्र' की रचना १५८० वि० में हुई थी तथा इसमें एक कृपण सेठ की कथा ३५ छप्पयों में प्रस्तुत की गई है। इस दृष्टि से यह मुक्तक काव्य न होकर लघु प्रबन्ध काव्य है। दूसरे ग्रन्थ का रचना-काल १५८५ वि० है, जिसमें पंचेन्द्रियों से उत्पन्न विकारों का दिग्दर्शन दोहा एवं साखी छन्द में करवाया गया है। इसकी शैली पर्याप्त सरस एवं काव्यात्मक है। एक नमूना द्रष्टव्य है—

वन तरुवर फल खातु फिरि, पय पीवतौ सु खंद।
फरसण इन्द्री प्रेरियौ, बहु दुख सहै गयंद॥
बहु दुख सहौ गयंदो, तसु होइ गई मति मंदो।
कागत के कुंजर काजै, पड़ि खाड़ै सक्यो न भाजै॥

छीहल ने 'बावनी' नामक ग्रन्थ की रचना सं० १५८४ वि० में की थी, जो अभी तक अप्रकाशित है। इसमें संसार की स्वार्थपरायणता, दान के औचित्य, नृप, स्त्री, सर्प, सुनार तथा वारांगनाओं की अविश्वसनीयता, कृपण-निन्दा आदि का निरूपण छप्पयों में किया गया है। विषय-वस्तु को प्रभावोत्पादक शैली में प्रस्तुत करने में इन्हें पर्याप्त सफलता मिली है; यथा एक छप्पय द्रष्टव्य है—

दरबु गाडि मम धरहु धरी, किधु काजि न आवइ।
बिलसउ जस कंइ काजि न तरि तीछै पछितावइ॥
नर नरिंद नर भुवणि संचि संपइ ते मूवा।
ते वस्तु धार्महि बहुरि जनम सूकर के हूवा॥

धन काज अधोमुख दसन सिंउ धरणि विदारहि रयण दिण ।
'छोहल' कहै सोधत फिरइ किही न पावै पुनि विण ।।

मारवाड़ निवासी **देवीदास** तुलसीदास के समकालीन एवं शेखावाटी-नरेश राव लूणकरण के मन्त्री थे, जिन्होंने 'राजनीति के कवित्त' में राजनीति एवं लोक-व्यवहार का प्रतिपादन अत्यन्त प्रवाहपूर्ण शैली में किया था । उदाहरणार्थ एक छन्द प्रस्तुत है --

जिनके उदार चित्त गाँव बीच मित्त पूरे,
गुनवन्त सब ही के 'देवी' सुखदात हैं ।
रूप के उजारे नैन तारन मैं राखि लीजै,
बोलन मैं मोल लेत ऐसे मुख बात हैं ।
साथ लागै सुख फिरै निराधार दुख फिरै ।
भाग खुलैं जहाँ को तहाँ ई चलि जात हैं ।
कापुरुष गुन हीन दीन मन नीच नर,
बाप की तलाई बीच बैठे कीच खात हैं ।

इनके अनेक छन्दों पर भर्तृहरि के 'नीति-शतक' तथा अन्य संस्कृत ग्रन्थों का भी पर्याप्त प्रभाव दृष्टिगोचर होता है; अतः कहा जा सकता है कि इन्होंने संस्कृत-ग्रन्थों का पर्याप्त अनुशीलन किया था । शैली के क्षेत्र में इन्होंने अनेक प्रयोग -- उपदेशात्मक शैली, संवादात्मक शैली, अन्योपदेशात्मक शैली आदि --किये हैं जो प्रशंसनीय हैं । डॉ० रामस्वरूप शास्त्री ने इन्हें विषय की उपयोगिता, भावों की तीव्रता, अनुभव की व्यापकता, भाषा की स्वच्छता आदि की दृष्टि से नीति-काव्य-रचयिताओं की अग्र-पंक्ति में स्थान देने योग्य प्रमाणित किया है, जो उचित प्रतीत होता है ।[1]

१६.१२. **उत्तर मध्यकाल के कवि**---बीकानेर वासी **उदयराज जैन** यति थे, जिन्होंने 'उदयराज रो दूहा' (१६६० वि) एवं 'गुण बावनी'. (१६७६ वि०) आदि ग्रन्थों की रचना की जो प्रकाशित हैं । इन्होंने मुख्यतः दोहों में अपने सुन्दर विचार, गम्भीर अनुभव एवं मनोरम भाव प्रस्तुत किये हैं; यथा--

कौड़ी से किंकर आगे ही दौड़त, कौड़ी से काम करै सम दौड़ी ।
कौड़ी से कायर सूर सौं होवत, जालिम आगै रहै हथ जौड़ी ।।
कौड़ी से नृत्य वाजित्र बजै अरु, कौड़ी सैं राग करैं गान गौड़ी ।
'उदल' एक कहैं सम कौं, आछ मोई बड़ौ जाकि गाँठि है कौड़ी ।।

रोमांसिक कथा-काव्यों के रचयिता प्रसिद्ध कवि **जान** ने एक नीति-विषयक काव्य 'शिक्षा सागर' की रचना १६६५ वि० में की थी, जिसमें शारीरिक पवित्रता, पंचेन्द्रिय सेवा, हराम और हलाल का भक्षण, सुवचन, क्रोध, यौवन, बार्द्धक्य, गुरु-सेवा, जाति-स्वभाव, दुष्ट, मूर्ख-लक्षण, राज-कर्तव्य, कर्म-फल आदि विषयों का

१ हिन्दी में नीति-काव्य का विकास : डॉ० रामस्वरूप शास्त्री, पृ० २०५ ।

निरूपण २४३ दोहों में किया गया है। सरलता, सरसता एवं प्रवाहपूर्णता की दृष्टि से इनकी प्रतिपादन-शैली विशेष प्रशंसनीय है। कुछ दोहे प्रस्तुत हैं —

अपने मन को भेद तूं जिन काहूँ सूं भाख।
वह कैसे राखत दुर्यो, जो तूं सक्यो न राख॥
मूरखि औरहि देत दुख, राखत सुख अभिलाष।
बै इन्द्रायन बेलि कौ, खायौ चाहत दाख॥

'अर्द्ध कथानक' के रचयिता प्रसिद्ध कवि **बनारसी दास** ने प्रारम्भ में शृङ्गार-प्रधान काव्य की रचना की थी, किन्तु सं० १६६२ वि० में सम्राट् अकबर की मृत्यु का संवाद पाकर इन्हें इतना वैराग्य हुआ कि अपना शृङ्गारी-काव्य गोमती में प्रवाहित कर दिया और वे शान्त रसात्मक काव्य की रचना में प्रवृत्त हो गये। इन्होंने पाँच ग्रन्थों—नवरस पद्यावली, नाटक समय-सार, बनारसी-विलास, नाम माला और अर्द्ध-कथानक—की रचना की थी, जिनमें से यहाँ 'बनारसी-विलास' विवेच्य है। इसमें धर्म, अध्यात्म एवं नीति सम्बन्धी ५७ स्फुट कृतियाँ संगृहीत हैं। इन्हीं में से 'तेरह काठिया', 'नवरत्न कवित्त', 'वैद्यादि भेद', 'प्रस्तावित फुटकर कविता' आदि नीति काव्य के अन्तर्गत आती हैं। इन्होंने नीति के प्रायः सभी क्षेत्रों—दाम्पत्य-जीवन, गार्हस्थ्य-जीवन, सांप्रदायिक एकता, धर्म-सिद्धान्त, सदाचार एवं लोक-व्यवहार संबंधी आदर्श आदि—की व्याख्या काव्यात्मक शैली में प्रस्तुत की है; यथा—

ज्ञानहीन करणी करैं, यों निज मन आमोद।
ज्यों छेरी निज खुरहिं ते, छुरी निकासै खोद॥
कामी तन मंडन करै दुष्ट गहै अधिकार।
जारजात मारहिं पिता, असति हनै भरतार॥

शैली के क्षेत्र में भी इन्होंने विभिन्न पद्धतियों एवं छन्दों का प्रयोग किया है। उस युग में प्रचलित छप्पय-पद्धति, गीति-पद्धति, कवित्त-सवैया-पद्धति, दोहा-पद्धति आदि सभी का प्रयोग उनके काव्य में मिलता है तथा साथ ही विभिन्न अलंकारों एवं काव्य-गुणों का भी उपयोग सहज-स्वाभाविक रूप में दृष्टिगोचर होता है। वस्तुतः बनारसीदास एक सुशिक्षित, प्रौढ़ एवं मँजे हुए कवि थे, जिनमें काव्य-रचना के लिए अपेक्षित प्रतिभा एवं सहृदयता पर्याप्त मात्रा में थी। शृंगारी-काव्य को नदी में बहा देने के कारण तथा नीति-काव्य का ठीक मूल्यांकन न होने के कारण इन्हें अब तक हिन्दी-साहित्य के इतिहास में वह स्थान नहीं दिया गया जिसके ये अधिकारी हैं। इनका 'अर्द्ध कथानक' हिन्दी की कदाचित् पहली 'आत्म-कथा' है जिसमें न केवल इनका व्यक्तित्व अपितु इनका युग भी भलीभाँति प्रतिबिम्बित है। इस दृष्टि से इनका महत्त्व और भी अधिक है।

वाजिद या वाजिन्द मूलतः पठान थे, किन्तु एक हरिणी के आखेट के समय इनके मन में वैराग्य जाग उठा और ये दादू के शिष्य बन गये। इन्होंने लगभग चौदह ग्रन्थों की रचना दोहा-चौपाई में की थी, किन्तु नीति-काव्य के प्रसंग में इनका 'अरिल'

उल्लेखनीय है। इसमें दान, दया, कृपणता, सुसंगति, दुष्ट-स्वभाव, संयम आदि विभिन्न विषयों का प्रतिपादन अनुभूतिपूर्ण शैली में किया गया है; यथा—

कहि-कहि वचन कठोर, खरूँठ नहिं छोलिये।
शीतल शान्त स्वभाद सबन सूं बोलिये॥
आपत शीतल होय और भी कीजिये।
हरिहाँ बलती में सुण मीत न पूला दीजिये॥

वाजिद की भाषा पर राजस्थानी का पर्याप्त प्रभाव दृष्टिगोचर होता है, 'खरूँठ' जैसे शब्द तथा 'बलती में पूला देना' जैसे मुहावरे इसी प्रभाव के द्योतक हैं।

वृन्द का परिचय अन्यत्र दिया जा चुका है। इन्होंने नीति सम्बन्धी भी अनेक ग्रन्थों की रचना की थी, जिनमें 'वृन्द सतसई' विशेष महत्त्वपूर्ण है। इसमें वैयक्तिक, पारिवारिक, सामाजिक, आर्थिक, राजनीतिक आदि विभिन्न क्षेत्रों के नीति-व्यवहार का प्रतिपादन कुशलतापूर्वक किया गया है। इन्होंने दोहा-छंद का ही प्रयोग किया है।

गिरधर कविराय के जीवन-चरित के सम्बन्ध में विशेष जानकारी उपलब्ध नहीं है। इनका नीति-सम्बन्धी ग्रन्थ 'कुंडलियाँ' है, जिसमें कुंडलियाँ, पद्य, दोहा, सोरठा आदि लगभग पौने पाँच सौ छन्द हैं। इन्होंने विभिन्न विषयों का प्रतिपादन अत्यन्त सरल सरस एवं प्रवाहपूर्ण शैली में किया है; यथा—

जो तुझको तोला झुके, तू झुक सेर पचीस।
मरोर करै इक तस्सु भर, तू कीजै हाथ बाईस॥
कीजै हाथ बाईस रीति व्यवहारिक ऐसी।
जैसा-जैसा देव जगत में पूजा तैसी॥
कह गिरधर कविराय रोते के संग रोते जो।
हँसते सँग हँस मिले पुरुष हँस के बोले जो॥

गिरिधर कविराय की सफलता का एक विशेष कारण सहजता है। उन्होंने नीति से गूढ़ विषयों के स्थान पर सामान्य जीवन की बातों को लिया है तथा उन्हें सामान्य उदाहरणों से पुष्ट किया है। साथ ही कुंडलियाँ, छन्द एवं मुहावरों के प्रयोग ने भी उनके मुक्तकों के प्रभाव की वृद्धि में पर्याप्त योग दिया है।

गणपति भारती जयपुर नरेश महाराजा सवाई प्रतापसिंह के सभाकवि थे। इनके दस ग्रन्थ उपलब्ध हैं—१. भीष्मपर्व भाषा २. योगवाशिष्ठ सार ३. नय पचीसी ४. विरह पचीसी ५. प्रीति मंजरी ६. अन्योक्ति काव्य ७. शृङ्गार-हजारा ८. वीर-हजारा ९. नव रस और १० अलंकार सुधा निधि। इनमें से 'अन्योक्ति-काव्य' या 'अन्योक्ति-वर्णन' में नीति सम्बन्धी विषयों का प्रतिपादन कवित्त-सवैया शैली में किया गया है। इन्होंने नीति-प्रतिपादन में अभिधा के स्थान पर व्यंजना का उपयोग किया है; अतः उनमें विशिष्ट आकर्षण उत्पन्न हो गया है; यथा—

दीपक उजेरे माँझ नेरैं ही रह्यो हो छिपि,
जिगनू प्रकास भास नैंक करि ही गयो।

× × ×

भारती कहत भभरानौं सो फिरत क्यों अब,
आगैं ही समझि देखि बीज विष को गयो ।
भाजि न सकैगो कित जाय कै दुरैगो दौरि,
एरे तम जानि अब भानु कौ उदय भयो ॥

यहाँ 'सूर्य' और 'तम' के माध्यम से किमी तेजस्वी व्यक्ति एवं उसके विरोधी का निरूपण अन्योक्ति के रूप में किया गया है ।

बाँकीदास का परिचय अन्यत्र दिया जा चुका है । इनके द्वारा रचित २७ ग्रंथ उपलब्ध हैं, जिनमें से उन्नीस नीति सम्बन्धी हैं—१. सूर छत्तीसी २ सिंह छत्तीसी ३. वीर विनोद ४. धवल पच्चीसी ५. दातार बावनी ६. नीति मंजरी ७ वैसक वार्त्ता ८. मावडिया मिजाज ६. कृपण-दर्पण १०. मोह मर्दन ११. चुगल मुख चपेटिका १२. वैश्य-वार्त्ता १३. कुकवि बत्तीसी १४. विदुर-बत्तीसी १५ कायर-बावनी १६. सुयश-छत्तीसी १७ संतोष बावनी १८. वचन-विवेक पच्चीसी १६. कृपण-पच्चीसी । ग्रन्थों की नामावली से ही पता चलता है कि इनकी विषय-वस्तु का क्षेत्र कितना व्यापक है । वस्तुतः इन्होंने जीवन के प्रत्येक पक्ष को अपने काव्य में स्थान दिया है । साथ ही अनेक प्रसंगों में इन्होंने व्यंग्यात्मक शैली का प्रयोग भी प्रभावोत्पादक रूप में किया है; यथा—

बानर री निर्लज्जता, उपल कण्ठता लीध ।
वायस तणौं कुकंठ ले, सुकवि विधाता कीध ॥

— कुकवि बतीसी

कहीं-कहीं इनके व्यंग्य का स्वर बहुत तीखा होकर निन्दा या भर्त्सना में भी परिणत हो जाता है; जैसे—

जस अपजस देखै नहीं, स्वारथ दात ।
जिम तिम कर बणियो रहै, बणियो तेण कहाय ॥

— वैश्य वार्त्ता

वस्तुतः बाँकीदास ने जिस क्षेत्र में विषय-विस्तार एवं शैली-वैविध्य का प्रदर्शन किया है वह अनुपम है ।

बैताल कवि का जीवन-काल विवादास्पद है, किन्तु सामान्यतः उनका आविर्भाव अठारहवीं शती में माना जा सकता है । एक मत के अनुसार यह चरखारी (बुन्देलखंड) के प्रसिद्ध गुणग्राही और सुकवि राजा प्रतापसिंह के सभा-कवि बताये जाते हैं । इनके स्फुट छप्पय उपलब्ध हैं जो अपनी शैली की विशिष्टता की दृष्टि से विशेष महत्त्वपूर्ण हैं; यथा —

राजा चंचल होय, मुलुक को सर करि लावै ।
पंडित चंचल होय, सभा उत्तर दै आवै ॥
हाथी चंचल होय, समर में सूँड़ि उठावै ।
घोड़ा चंचल होय, झपट मैदान देखावै ॥

ये चारों चंचल भले, राजा पंडित गज तुरी।
'बैताल' कहै विक्रम सुनो, तिरिया चंचल अति बुरी ॥

प्रायः ये विरोधी-पक्ष से अपनी बात आरम्भ करते हुए क्रमशः अपने प्रतिपाद्य विषय तक पहुँचते हैं, जिससे इनकी उक्ति में विशेष चमत्कार आ जाता है। डॉ० रामस्वरूप शास्त्री के शब्दों में ये 'षष्ठ चरण' में एक ऐसा तथ्य प्रस्तुत कर देते हैं जो पूर्व तथ्यों के सर्वदा विरोधी होता हुआ हृदय में तीर की तरह धँस जाता है।

उन्नीसवीं शती के अन्य नीति-काव्य रचयिताओं में **मनरंगलाल, रघुनाथ, बुधजन, बाबा दीनदयाल गिरि** का नाम उल्लेखनीय है। मनरंगलाल ने 'सप्तव्यजन चरित' में रघुनाथ ने 'पंचावनी' में तथा बुधजन ने 'बुधजन सतसई' (१८८२ ई०) में नीति का प्रतिपादन किया है। 'बुधजन सतसई' दोहा शैली में रचित प्रभावोत्पादक रचना है। पर इनमें सर्वाधिक सफलता **बाबा दीनदयाल गिरि** को मिली है। इन्होंने 'दृष्टान्त तरंगिणी' एवं 'अन्योक्ति कल्पद्रुम' में अपने विषय का प्रतिपादन सरसतापूर्वक किया है।

कहीं-कहीं इन्होंने विभिन्न वर्ग के लोगों पर भी आक्षेप किये हैं। यहाँ ग्रामीण सभा की चर्चा श्रव्य है—

हे पाँडे यह बात को, को समुझै या ठाँव।
इतै न कोऊ है सुधि, यह ग्वारन को गाँव ॥
यह ग्वारन को गाँव, नाँव नहिं सूधे बोलें।
बसैं पसुन के संग, अंग ऐंडे कार डोलैं ॥
बरनै दीनदयाल छाँछ भरि लीजै भाँडे।
कहा कहौ इतिहास, सुनै को इत हे पाँडे ॥

—अन्योक्ति कल्पद्रुम

वस्तुतः दीनदयाल गिरि की उक्तियाँ अत्यन्त सहज, सरस एवं प्रभावशाली है।

यहाँ हमने प्रमुख नीति-काव्य-रचयिताओं का परिचय प्रस्तुत किया है किन्तु नीति-काव्यो की संख्या इतनी ही नहीं है। जैसा कि पीछे कहा गया है, इस परम्परा के शृङ्गारी कवियों —केशव, बिहारी, सेनापति, मतिराम, देव, भिखारीदास, कुलपति मिश्र, रसनिधि, पद्माकर, विक्रम, ग्वाल आदि—ने भी नीति-काव्य की रचना न्यूनाधिक मात्रा में की है, जिसका अलग परिचय यहाँ नहीं दिया जा रहा है। वास्तव में इस परम्परा के कवियों ने शृङ्गार के अन्तर्गत नीति को ही सर्वाधिक महत्त्व प्रदान किया है। यह दूसरी बात है कि अनेक कवि इन दोनों पक्षों में से एक को ही ले पाये हैं।

इसके अतिरिक्त विभिन्न संग्रहों के रूप में भी शताधिक ज्ञात-अज्ञात कवियों की नीति-विषयक उक्तियाँ उपलब्ध होती हैं। 'सभा विलास' (लल्लूलाल, १८७० वि०), गुण जंगनामा (जगन्नाथ, १८८७ वि०) आदि अनेक ऐसे संग्रह हैं जिनमें विभिन्न कवियों की रचनायें संग्रहीत हैं। इस परम्परा के अनेक कवियों का अभी तक सम्यक् अध्ययन नहीं हो पाया है किन्तु उनकी सूची डॉ० रामस्वरूप शास्त्री ने प्रस्तुत

की है, जो संक्षेप में इस प्रकार है—(१) अकमल या अकू ; रचना—'शील बतीसी', रचना-काल १७२१ वि० (२) प्रवीण कविराय; स्फुट छंद (१७वीं शती) (३) महेश मुनि ; 'अक्षर-बतीसी', १७२५ वि० (४) भरमी कवि; १७०८ वि० (५) लक्ष्मी बल्लभ गणि उपाध्याय; कवित्त-बावनी', १७४१ वि० (६) महाराज जसवंतसिंह; 'चन्द्रोदय नाटक' का अनुवाद; सत्रहवीं शती, (७) जगन्नाथ; 'गुरु-महिमा', १७६० वि० (८) गडू, स्फुट छंद, १७७० वि० (९) अज्ञात कवि; 'प्रश्न पुण्य-पाप'; १७७२ वि० (१०) प्रेमचन्द, 'मृत्यु महोत्सव पच्चीसी, १७७८ वि० (११) अमरसिंह; 'गुरु चेला नी चडबड', १८वीं शती (१२) भीम, 'सप्त व्यसन दूहा-कुण्डलियाँ', १८१२ वि० शती (१३) नागरीदास; 'इश्क-चमन' (१४) मुनिमान; 'मान-बावनी', १८१२ वि० (१५) अज्ञात कवि; 'बारहखड़ी', १८१४ वि० (१६) लालचंद, इस नाम के तीन कवि हुए हैं, जिनकी 'छिनाल पच्चीसी', 'मूरख- सोलही' उपलब्ध हैं। (१७) ब्रजवासी दास; 'प्रबोध चन्द्रोदय' नाटक, १९वीं शती (१८) उम्मेदराय; 'सत्योपदेश', १८७८ वि० (१९) श्री सार, 'उपदेश सत्तरी', १८३८ वि० (२०) क्षमा कल्याण; 'हित-शिक्षा द्वात्रिंसका', १८७२ वि० (२१) रसिक गोविन्द, 'कलियुग रासो', १८६५ वि० (२२) शिवलाल दूबे, स्फुट छंद, १८३९ वि० (२३) देवा ब्रह्मा या देवा पांडे; ढाल मधु बूंद', 'गुरु-शिष्य' और 'सास-बहू का झगड़ा', १८७२ वि० (२४) सूरत; 'बारहखड़ी', १८८० वि० (२५) जीवो ऋषि ; 'कक्का बतीसी', १९वीं शती (२६) पारखीदास; बारहखड़ी, १९वीं शती (२७) बनारस सुन्दरदास; बावनी (२८) मुरलीदास; 'गृह-सत-सार', (२९) गिर या गिरधर, फुटकर छंद (३०) भगवानदास निरंजनी; 'भर्तृहरि शतक का अनुवाद', (३१) देवमणि, 'चाणक्य नीति' के एक अध्याय का अनुवाद। इनमें से अन्तिम पाँच रचनाओं का काल अज्ञात है।

इस प्रकार हम देखते हैं कि इन नीति-काव्यों की एक अत्यन्त सशक्त एवं दीर्घ-परम्परा हिन्दी में रही है। यह दूसरी बात है कि इतिहास ग्रन्थों में इन्हें यथोचित स्थान नहीं दिया गया।

१६ १३. **सामान्य प्रवृत्तियाँ**—नीति-काव्यों में सामान्यतः दो प्रकार के कवियों के दृष्टिकोण की व्यंजना मिलती है; एक आदर्शवादी एवं दूसरे यथार्थवादी। आदर्शवादी कवियों ने मुख्यतः धर्म, दर्शन एवं नैतिकता सम्बन्धी तत्त्वों की विवेचना की है जबकि यथार्थवादियों ने व्यावहारिक जीवन के विभिन्न पक्षों पर विचार किया है। प्रारम्भ में आदर्शवादी दृष्टिकोण की प्रमुखता रही किन्तु आगे चलकर यथार्थवादी दृष्टिकोण प्रधान हो गया है। प्रारंभ के कुछ कवियों को छोड़कर प्रायः सभी ने विभिन्न राजाओं, सामन्तों एवं सेठों के आश्रित रह कर काव्य-रचना की है। उनका मूल लक्ष्य नीति की शिक्षा देना रहा है, किन्तु अपनी प्रतिपादन शैली एवं अभिव्यंजना-पद्धति में काव्यात्मकता लाने का भी पूरा ध्यान रखा गया है।

नीति-काव्य का क्षेत्र पर्याप्त व्यापक एवं वैविध्यपूर्ण रहा है। जीवन की प्रायः सभी परिस्थितियों, क्षेत्रों और समस्याओं को इसमें लिया गया है। धर्म, दर्शन, सदाचार, नैतिकता, राजनीति, लोक-व्यवहार, व्यवसाय, दाम्पत्य-जीवन, काम-शास्त्र

वैद्यक आदि विभिन्न विषयों का प्रतिपादन विस्तार से किया गया है। वस्तुतः मध्य काल में उच्च-शिक्षा के अभाव की पूर्ति में इन कवियों ने असाधारण योग दिया है। एक ओर इन्होंने उपर्युक्त विषयों से सम्बन्धित विभिन्न संस्कृत ग्रन्थों की सामग्री को हिन्दी-पाठक के लिए सुलभ एवं सुगम रूप में प्रस्तुत कर दिया तो दूसरी ओर अनेक विषयों में इनका निजी अनुभव एवं चिन्तन भी प्रस्तुत किया गया है। यद्यपि इस काव्य की रचना मुख्यतः राज्याश्रय में हुई है किन्तु धर्माश्रय एवं लोकाश्रय भी इससे अप्रभावित नहीं रहे हैं। इन रचनाओं का प्रचार जन-साधारण में भी पर्याप्त हुआ।

कुछ आलोचकों ने काव्यत्व की दृष्टि से इसे निकृष्ट स्थान प्रदान करते हुए 'सूक्ति काव्य' की संज्ञा दी है। हमारे विचार मे यदि बौद्धिक तत्त्वों को अनुभूतिपूर्ण काव्यात्मक शैली में प्रस्तुत किया जाता है तो उसे शुद्ध काव्य मानने में हमें कोई आपत्ति नही होनी चाहिए। काव्य का काव्यत्व केवल उसकी वस्तु-विषय पर आधारित नहीं होता अपितु उसकी सरसता या आकर्षण शक्ति पर आश्रित होता है; इसका स्पष्टीकरण विस्तार से 'साहित्य-विज्ञान' के द्वितीय खंड में किया जा चुका है। इस प्रकार के काव्य में औदात्य की व्यंजना होती है जिसे रस-सिद्धान्त की शब्दावली में 'शान्त रस' कहा जा सकता है। अवश्य ही इस वर्ग के सभी कवि रस-व्यंजना की दृष्टि से पूर्णतः सफल नहीं हुए हैं, किन्तु यह बात तो प्रायः सभी काव्य-परम्पराओं पर लागू होती है। प्रत्येक परंपरा में कुछ कवि ही, काव्यत्व के उच्च प्रतिमान तक पहुँच पाते हैं, अतः इस परम्परा में भी ऐसा होना स्वाभाविक है।

विषय-निरूपण-पद्धति एवं अभिव्यंजना-शैली के क्षेत्र में इन कवियों ने वैविध्यता का प्रदर्शन किया है। विभिन्न कवियों ने विभिन्न शैलियों का, यथा—वर्णनात्मक, विवेचनात्मक, संवादात्मक, अन्योपदेशात्मक, सम्बोधनात्मक, व्यंग्यात्मक आदि का प्रयोग किया है। रचनाओं के नामकरण में भी विभिन्न प्रवृत्तियों के दर्शन होते हैं, जैसे कहीं छंदों की संख्या के आधार पर नामकरण किया गया है तो कहीं विषय-वस्तु के आधार पर। छंदों के अन्तर्गत दोहा, सोरठा, कवित, सवैया, छप्पय, कुंडलिया का प्रयोग मुख्य रूप में तथा चौपाई, चौबोला, त्रिभंगी, मालिनी, ढाल, पद्धति का गौण रूप में हुआ है। इसमें ब्रज, राजस्थानी, खड़ीबोली, मिश्रित आदि भाषाओं का प्रयोग अलग-अलग कवियों द्वारा हुआ है।

अस्तु विषय-विस्तार एवं शैली-वैविध्य—दोनों की ही दृष्टि से इस वर्ग के काव्यों का पर्याप्त महत्त्व है। जहाँ राज्याश्रित शृंगारी कवियों ने केवल सुन्दरम् की व्याख्या की है वहाँ इन्होंने सत्यं और शिवम् का समन्वय करके अपने आश्रयदाताओं एवं सामाजिकों के जीवन को संतुलित रूप प्रदान किया है। मैथ्यू आर्नल्ड का यह कथन है कि कविता जीवन की आलोचना है, इस काव्य पर विशेष रूप से लागू होता है। अतः इसकी उपेक्षा नहीं की जा सकती।

१७

स्वच्छन्द मुक्तक काव्य-परम्परा

•

१७.१. **सामान्य परिचय**—जैसा कि अन्यत्र कहा जा चुका है, प्रस्तुत काव्य-परंपरा में मुख्यत: ऐसे कवियों को स्थान दिया गया है जिन्होंने आत्मानुभूति की प्रेरणा से स्वच्छंद प्रेम का चित्रण मुक्तक शैली में किया है। इन कवियों में से अनेक—आलम, घनानन्द, बोधा आदि ऐसे भी थे, जिनका न केवल काव्य अपितु जीवन भी स्वच्छन्द प्रेम की अनुभूतियों से ओत-प्रोत था। इन कवियों ने हिन्दू होते हुए भी मुस्लिम युवतियों से प्रणय-सम्बन्ध स्थापित करके स्वच्छन्दवादिता का परिचय दिया था। स्वच्छन्द प्रेम की अन्य प्रवृत्तियाँ, जैसे—सौन्दर्यानुभूति, साहसिकता, विरह-वेदना आदि की प्रधानता भी इनके व्यक्तिगत जीवन में दृष्टिगोचर होती है। यद्यपि इन कवियों का प्रारम्भ में राज-दरबारों में सम्बन्ध था, किन्तु प्रेम की प्रेरणा से इन्होंने अपने राज्याश्रय, समाज एवं धर्म तक को ठुकरा दिया; अत: इनका प्रेम कोरी रसिकता नहीं है अपितु वह साहस, संघर्ष एवं त्याग की भावनाओं से अनुप्राणित है। दूसरे, इन्होंने प्राय: अपनी प्रेयसियों को अपने जीवन एवं काव्य में वही स्थान दिया है जो रोमांसिक कथा-काव्य में उनकी नायिकाओं को प्राप्त है। इनमें नारी का व्यक्तित्व एवं सौन्दर्य केवल विलासिता का साधन मात्र नहीं है अपितु आराधना एवं साधना की ऐसी वस्तु है जिस पर वे अपना सर्वस्व न्योछावर कर देते हैं। इसी लिए इनमें प्रेम में भी एकोन्मुखता एवं भावना की गंभीरता परिलक्षित होती है। तीसरे, इनके जीवन में विरह-वेदना की अधिकता होने के कारण उसमें प्रणय का अत्यन्त स्वच्छ, परिष्कृत एवं उदात्त रूप दृष्टिगोचर होता है, जिसका मध्यकालीन काव्य में प्राय: अभाव है। वस्तुत: रोमांसिक प्रेम के जिस आदर्श रूप की प्रतिष्ठा इनमें पूर्व कथा-काव्य रचयिताओं ने काल्पनिक आख्यानों के माध्यम से की थी, उसे इन्होंने अपने जीवन की वास्तविकता में परिणत कर दिया। सामाजिक दृष्टि से ऐसा किया जाना कहाँ तक उचित है, इसका यहाँ स्वीकारात्मक उत्तर नहीं दिया जा सकता। किन्तु जहाँ तक काव्यत्व का सम्बन्ध है अवश्य ही इसका काव्य वैयक्तिक अनुभूतियों पर आधारित होने के कारण पर्याप्त शक्तिशाली एवं प्रभावोत्पादक सिद्ध होता है।

यहाँ इन कवियों के सम्बन्ध में एक स्पष्टीकरण और दिया जा सकता है। हमने इन्हें 'लोकाश्रित' वर्ग में स्थान दिया है जबकि इनमें से अनेक का राज्याश्रय से भी सम्बन्ध रहा है। किन्तु उनमें से कुछ ने तो अपने स्वच्छन्द प्रेम की प्रेरणा से राज्याश्रय का परित्याग कर दिया था तो कुछ राज्याश्रय के रहते हुए भी उसकी ओर से निश्चिन्त रहे हैं; उन्होंने अपने आश्रयदाताओं की रुचि एवं तुष्टि की अपेक्षा स्वानुभूतियों की अभिव्यक्ति को अधिक महत्व दिया है। इस दृष्टि से उनका काव्य राज्याश्रित कवि की मनोवृत्तियों की अपेक्षा लोकाश्रित या आत्माश्रित स्वच्छन्द कवि की मनोवृत्तियों से अधिक ग्रस्त है; इसीलिए हमने इनके काव्य को लोकाश्रित वर्ग में रखना अधिक उचित समझा है। लोकाश्रित काव्य के भी दो भेद किये जा सकते हैं (१) व्यक्ति-प्रधान (२) समाज-प्रधान। दोनों में क्रमशः वैयक्तिकता एवं सामाजिक अनुभूतियों एवं प्रवृत्तियों की प्रधानता होती है। इस काव्य में वैयक्तिकता को न केवल सामाजिकता से अधिक महत्त्व दिया गया है अपितु उसे समाज विरोधी रूप में, सामाजिकता का अतिक्रमण करने वाले रूप में भी प्रस्तुत किया है; अतः इसे प्रथम वर्ग—व्यक्ति-प्रधान काव्य—में ही स्थान दिया जा सकता है। आगे इन कवियों का एवं उनके काव्य का परिचय प्रस्तुत किया जाता है।

कवि और काव्य

१७.२. **कवि और काव्य**—प्रस्तुत परम्परा में रचना-काल की दृष्टि से सर्व-प्रथम रसखानि (१५५८-१६३३ ई०) को दिया जा सकता है। ये एक मुस्लिम सरदार थे, किन्तु इनका मूल नाम ज्ञात नहीं है, कविता में ये 'रसखान' या 'रसखानि' उपनाम का प्रयोग करते थे। इनके द्वारा रचित ग्रंथों में 'सुजान-रसखानि' एवं 'प्रेम-वाटिका' उपलब्ध हैं। इन्होंने कृष्ण एवं गोपियों के स्वच्छन्द प्रेम का निरूपण अत्यन्त मार्मिक रूप में किया है, साथ ही कृष्ण के प्रति अपनी भक्ति-भावना की भी व्यंजना गंभीर रूप में की है। उदाहरण के लिए इनके कुछ छन्द द्रष्टव्य हैं—

(क) कृष्ण-गोपियों की प्रणय-भावना :—

जा दिन तें वह नन्द को छोहरो या बन धेनु चराइ गयो है।
मोहिनी ताननि गोधन गावत, बेनु बजाइ रिझाइ गयो है॥
वा दिन सों कछु टोनो से कै रसखानि हिये में समाइ गयो है।
कोऊ न काहू की कानि करै सिगरो ब्रज वीर बिकाइ गयो है॥

(ख) भक्ति-भावना :

मानुष हौं तौ वही रसखानि बसौं ब्रज गोकुल गाँव के ग्वारन।
जौ पसु हौ तौ कहा बस मेरो, चरौं नित नन्द की धेनु मंझारन॥
पाहन हौं तौं वहीं गिरि को, जो धर्‌यौ कर छत्र पुरंदर-धारन।
जौ खग हौं तो बसेरो करौं मिली कालिंदी-कूल कदंब की डारन॥

वस्तुतः रसखान ने अपने कवित्त-सवैयों में प्रेम के जिस सूक्ष्म भावात्मक रूप का चित्रण किया है वह अपूर्व है। इनके प्रणय-चित्रण में कहीं भी शारीरिकता, नग्नता एवं अश्लीलता दिखाई नहीं पड़ती; सर्वत्र वह भावना के उदात्त एवं गम्भीर रूप को प्रस्तुत करता है। प्रेम का शुद्ध, स्वच्छ, उदात्त एवं गम्भीर रूप हिन्दी के किसी भी अन्य कृष्ण-भक्त कवि में दृष्टिगोचर नहीं होता। अवश्य ही प्रणयानुभूतियों की विशदता एवं गम्भीरता की दृष्टि से सूरदास इनसे बहुत आगे हैं तथा कृष्ण के जीवन-चरित को उन्होंने अधिक विस्तार से प्रस्तुत किया है पर ऐन्द्रिकता, नग्नता एवं अश्लीलता की दृष्टि से उनका काव्य सर्वथा निर्दोष एवं आक्षेप-मुक्त नहीं कहा जा सकता। इसी प्रकार कृष्ण के प्रति अपने अनुराग की प्रत्यक्ष व्यंजना में भी रसखानि, हिन्दी के सभी कृष्ण-भक्त कवियों में केवल मीरा को छोड़कर—सबसे आगे दिखाई पड़ते हैं। फिर भी इन्हें कृष्ण-भक्त कवियों की परम्परा के स्थान पर इस परम्परा में स्थान दिये जाने का कारण यह है कि इनमें धर्मपरक भक्ति-भावना की अपेक्षा सौन्दर्याकर्षण-जन्य प्रेम की स्वच्छन्दता अधिक दिखाई पड़ती है। उसमें सामाजिक मर्यादाओं का अतिक्रमण, सौन्दर्योन्मुखता, रूपाशक्ति विरह-वेदना आदि की अभिव्यक्ति लगभग उसी स्वर एवं उसी शैली में हुई है जिसे इस परंपरा के परवर्ती कवियों ने स्वीकार किया है। रसखान के काव्य का भाव-पक्ष जितना गंभीर है, शैली-पक्ष भी उतना ही प्रौढ़ है, इसमें कोई संदेह नहीं है।

आलम—आलम नाम के अब तक दो कवि माने जाते रहे हैं—एक 'माधवानल कामकन्दला' (प्रबन्ध-काव्य) के रचयिता एवं अन्य औरंगजेब के पुत्र मूअज्जमशाह के आश्रित प्रस्तुत परम्परा के कवि, पर अब यह प्रमाणित हो गया है कि ये दोनों एक ही हैं। श्री विश्वनाथप्रसाद मिश्र ने इस सम्बन्ध में विस्तार से विचार करते हुए इनका रचना-काल सन् १५८३-१६२३ ई० में निश्चित किया है।[1] इनकी रचनाओं में 'माधवानल-कामकंदला', 'सुदामा-चरित', 'स्याम स्नेही', 'आलम केलि' आदि उल्लेखनीय हैं। इनमें से प्रथम तीन प्रबन्ध-काव्य हैं जिनकी चर्चा अन्यत्र की जा चुकी है। यहाँ इनका मुक्तक-संग्रह 'आलम-केलि' ही विचारणीय है।

'आलम-केलि' में प्रस्तुत प्रणय-चित्रण को समझने के लिए इनके व्यक्तित्व एवं जीवन से सम्बन्धित एक विशेष घटना को ध्यान में रखना चाहिए। कहा जाता है कि ये पहले हिन्दू थे किन्तु एक मुस्लिम युवती, जो कि रंगरेजिन थी, की काव्य-कला पर मुग्ध होकर उससे विवाह तथा धर्म-परिवर्तन कर लिया था। इससे ज्ञात होता है कि इनमें कितनी अधिक भावुकता, रसिकता, कला-प्रियता एवं स्वच्छन्दता थी, जिसकी व्यंजना 'आलम-केलि' में भी मिलती है। कुछ आलोचकों का यह भी अनुमान है कि इस ग्रंथ के बहुत-से छंद, जिन पर 'शेख' की छाप है, इनकी पत्नी के द्वारा रचित हैं,

---

१. हिन्दी साहित्य का अतीत, श्री विश्वनाथप्रसाद मिश्र, पृ० ६२१।

किन्तु इस सम्बन्ध में निश्चित रूप से कुछ कहना कठिन है।

'आलम-केलि' में संयोग एवं वियोग शृंगार की विभिन्न परिस्थितियों, दशाओं एवं अनुभूतियों के साथ-साथ राधा कृष्ण की लीलाओं का भी चित्रण यत्र-तत्र हुआ है। अत. कहा जाता है कि उनके स्वच्छन्द प्रेम पर उस युग का कृष्ण-भक्ति काव्य का भी थोड़ा-बहुत प्रभाव पड़ा है।

इनके काव्य में प्रेम के विभिन्न पक्षों का चित्रण अनुभूतिपूर्ण शब्दों में हुआ है। इनकी वैयक्तिक प्रणय-गाथा सुखान्त में परिणत हो जाने के कारण इनकी विरह-वेदना में वह गम्भीरता नहीं आ सकी जो इस परम्परा के अन्य कवियों में मिलती है तथा उसमें कहीं-कहीं कामुकता, अश्लीलता एवं नग्नता के भी दर्शन होते हैं फिर भी उसमें पर्याप्त सरसता एवं प्रभावोत्पादकता है; यथा —

जा थल कीने विहार अनेकन ता थल काँकरी बैठि चुन्यो कर।
जा रसना सों करी बहु बातन, ता रसना सों चरित्र गुन्यो करैं॥
आलम जौन से कुंजन में करी केलि, तहाँ अब शीश धुन्यो करैं।
नैनन में जे सदा रहते, तिनकी अब कान कहानी सुन्यो करैं।

उपर्युक्त पंक्तियों से आलम की काव्य-प्रतिभा, सरसता एवं उनकी शैली की प्रौढ़ता का परिचय मिलता है। निःसंदेह उन्हें उच्चकोटि का कवि स्वीकार किया जा सकता है।

घनानन्द—हिन्दी में घनानन्द या आनंदघन नाम के अनेक कवि मिलते हैं जिनके व्यक्तित्व एवं कृतित्व को विभिन्न इतिहासकारों ने घुला-मिला दिया है, जिससे अनेक भ्रांतियाँ प्रचलित हो गई हैं। हमारे विचार से सुजान-प्रेमी घनानंद एवं भक्त कवि आनन्दघन दो भिन्न व्यक्ति हैं; दोनों की रचनाओं को मूल भावना एवं अभिव्यंजना शैली में पर्याप्त भेद दृष्टिगोचर होता है।[1] आनन्दघन संभवतः चैतन्य संप्रदाय में दीक्षित थे तथा उन्होंने भक्ति-भावपूर्ण पद लिखे हैं; यथा —

श्री चैतन्य दयानिधि धीर।
कलि-काल मलीन दीन जन पावन करन परम गम्भीर।
पूरनचंद नन्दनन्दन को उदै सदा उमगनि की भीर॥
बहु नाव चढ़ाय बहुत जन प्रेम मगन करि पाए तीर।
भाव तरंग अभंग विभंजित महा मधुर रस रूप सरीर॥
विविध ताप तें जरत जीव जे सीतल किये परसि पद नीर।
करुना दृष्टि वृष्टि सों सींचै जय जय जय आनन्द मुदीर॥

इस प्रकार के पद घनानन्द के न होकर आनन्दघन के ही हैं। अहमदशाह दुरानी के आक्रमण में भी ये आनन्दघन ही मारे गये थे न कि घनानन्द। इस सम्बन्ध

१. आचार्य रामचन्द्र शुक्ल ने घनानन्द द्वारा रचित ग्रंथों में 'सुजान-सागर', 'विरह-लीला', 'कोकसागर', 'रसकेलिवल्ली' और 'कृपानन्द' का उल्लेख किया है। घनानन्द के मुक्तकों का संग्रह 'घनानन्द-कवित्त' शीर्षक से प्रकाशित है।

में चाचा हित वृन्दावन ने अपनी 'हरिकला वेलि' में लिखा है—

आनन्दघन को ख्याल इक गयौ खुलि गए नैन।
सुनत महा विह्वल भयौ मन नहिं पायो चैन॥
ऐसे हू हरि-संत-जन मारे जमनमि आइ।
यह अति देखि हियो भयो लीनौ सोच दबाइ॥

यहाँ जिस हरि सन्त-जन आनन्दघन का उल्लेख किया है वे भक्त आनन्दघन ही हैं न कि स्वच्छन्द शृंगारी कवि घनानन्द; जबकि भूल से यह मान लिया गया है कि घनानन्द की मृत्यु 'नादिरशाही' आक्रमण में हुई। अस्तु, इस विषय पर अभी और शोध की अपेक्षा है।

प्रस्तुत घनानन्द मुगल सम्राट् मुहम्मदशाह रंगीले (१८वीं शती ईस्वी का उत्तरार्द्ध) के 'मीर मुन्शी' थे। वे दरबार की एक वेश्या 'सुजान' पर आसक्त हो गये थे, इसी कारण इन्हें अन्त में दरबार छोड़ना पड़ा तथा वे जीवन भर सुजान के विरह में तड़पते रहे। सुजान का विरह ही इनकी समस्त कविताओं का प्रेरणा-स्रोत एवं विषय-वस्तु है। विरह की सच्ची प्रेरणा से काव्य-रचना करने के कारण इनके काव्य में एक ऐसी सहजता एवं स्वाभाविकता आ गई है जो अन्यत्र बहुत कम दृष्टिगोचर होती है। इसी प्रेरणा की ओर संकेत करते हुए इन्होंने स्वयं भी लिखा है—'लोग हैं लागि कवित्त बनावत, मोहि तो मेरे कवित्त बनावत।'

घनानन्द ने सौन्दर्य, प्रेम और विरह का चित्रण अत्यन्त सूक्ष्म, मार्मिक एवं उत्कृष्ट रूप में किया है। उन्होंने अपनी प्रेयसी के सौन्दर्य का अंकन करते समय अपनी परिष्कृत रुचि एवं सच्ची अनुभूति का परिचय दिया है; यथा—

झलके अति सुन्दर आनन गौर छके दृग राजत काननि छ्वै।
हँसि बोलनि में छवि फूलन की बरषा उर ऊपरि जाति है ह्वै॥
लट लोल कलोल कपोल करे, कलकण्ठ बनी जल-जावलि द्वै।
अंग-अंग तरंग उठै दुति की, परिहै मनोरूप अबै धर च्वै॥

उपर्युक्त चित्रण कवि की विशुद्ध सौन्दर्य-दृष्टि का परिणाम है, जिसमें कामुकता का लवलेश भी नहीं, कवि के लिए किसी अंग-विशेष की पृथुलता या उन्नतता में आकर्षण नहीं है उसे तो प्रिया के रोम-रोम में सौन्दर्य की तरंगें उठती हुई दिखाई दे रही हैं। इस युग के कतिपय अन्य कवियों—केशव, बिहारी आदि—की भाँति इन्होंने नारी के समस्त नख-शिख को प्रस्तुत नहीं किया अपितु उसकी चितवन, मुस्कराहट, लज्जा जैसे सूक्ष्म सौन्दर्य का चित्रण अनुभूतिपूर्ण शब्दों में किया है।

घनानन्द के प्रेम में विरह की प्रधानता है; वस्तुतः उनका काव्य विरह-काव्य है। विरही हृदय की विभिन्न दशाओं एवं अनुभूतियों की व्यंजना इन्होंने अत्यन्त गम्भीर एवं उदात्त रूप में की है। प्रणय-विभोर मन की कोई ऐसी वृत्ति नहीं है जिसका सहज-स्वाभाविक चित्रण घनानन्द के काव्य में अनुपलब्ध हो। प्रिय की स्मृति

को आचार्यों ने प्रेम के संचारी के रूप में स्वीकार किया है। घनानन्द ने स्थान-स्थान पर इसका निरूपण अत्यन्त आकर्षक रूप में किया है; जैसे—

वहै मुसक्यानि, वहै मृदु बतरानि वहै,
लड़कीली बानि आनि उर में अरति है।
वहै गति लैन औ बजावनि ललित नैन,
वहै हँसि दैन हियरा तैं न टरति है।
वहै चतुराई सौं चिताई चाहिबे की छवि,
वहै छैलताई न छिनक बिसरित है।
आनन्द निधान प्राण प्रीतम सुजान जू की,
सुधि सब भाँतिन सों बेसुधि करति है।

यहाँ प्रिया की सूक्ष्म चेष्टाओं, उसके ललित हावों एवं मधुर व्यवहार की ही स्मृति का निदर्शन हुआ है जो कवि की प्रणय-भावना के अनुरूप है। कालिदास के 'मेघदूत' का यक्ष जहाँ अपनी प्रिया के विभिन्न अंगों की स्थूलता एवं पृथुलता तथा उसके साथ व्यतीत की हुई संयोगकालीन रात्रियों की स्मृति में ही तल्लीन रहता है, वहाँ घनानन्द में ऐसा कहीं भी नहीं मिलता। उनकी भावना सर्वत्र कामुकता एवं रसिकता के स्तर से बहुत ऊपर उठी हुई दिखाई पड़ती है।

विरह-वेदना की गम्भीरता का परिचय प्रिय को दिये गये उपालम्भों से भी मिलता है। घनानन्द के उपालम्भ इस दृष्टि से अत्यन्त महत्त्वपूर्ण हैं; यथा

कित को ढरिगो वह ढार अहो जिहि मोह तन आँखिन ढोरत हे।
अरसानि गही उहि बानि कछू सरसानि सो आनि निहोरत हे॥
घन-आनन्द प्यारे सुजान सुनो, तब यों सब भाँतिन भोरत हे।
मन-माँहि जो तोरन ही तो कहो बिसवासी सनेह क्यों जोरत हे॥

यही उपालम्भ कहीं-कहीं अत्यन्त दैन्यता, विकलता एवं प्रलाप में परिणत हो जाता है जबकि विरही अपनी व्यथा को सह पाने में असमर्थ होकर कहने लगता है—

मीत सुजान अनीति करो जिन. हा हा न हूजियै मोहि अमोही।
दीठी को और कहूँ नहिं ठौर, फिरी दृग रावरे रूप की दोही॥

× × ×

पहिले घनआनन्द सीचि सुजान कही बतियाँ अति प्यार-पगी।
अब लाय वियोग की लाय बलाय बढ़ाय, बिसास दगानि दगी॥
अंखियाँ दुखयानि कुबानि परी, न कहूँ लगैं, कौन घरी सु लगी।
मति दौरि थकी, न लहै ठिक ठौर, अमोहि के मोह-मिठास ठगी॥

× × ×

जो घनआनन्द ऐसी रुचि, तौ कहा बस है अहा प्राननि पीरौं।
पाऊँ कहाँ हरि हाय तुम्हें, धरनी में धँसौ कि अकासहि चीरौं॥

प्रिय से मिलन की इस आतुरता का परिचय प्रिय को भेजे गये विभिन्न संदेशों से मिलता है तो उसके प्रेम की सघनता का प्रमाण संदेश लेकर आने वाले के प्रति दिखाई गई विशिष्ट कृतज्ञता, दैन्यता एवं आत्मीयता में ढूंढा जा सकता है—

जहाँ तें पधारे मेरे नैननि ही पाँव धारे,
वारे ये विचारे प्रान पैंड पैंड पै मनौ।
आतुर न होहु हा! हा! नेकु फैंट छोरि बैठो,
मोहिं वा विसासी को है ब्यौरो बुझिबो घनौ।
हाय! निरदई कों हमारी सुधि कैसे आई,
कौन विधि दीनी पाती दीन जानि कैं भलौ॥

इस प्रकार हम देखते हैं कि घनानन्द ने विरह-वेदना की व्यंजना अत्यन्त मर्मस्पर्शी शब्दों में की है। उनकी उक्तियों में प्रणय की सच्ची अनुभूति, भावना की सच्ची प्रेरणा एवं बेदना की सच्ची आकुलता व्यक्त हुई है। इस क्षेत्र में घनानन्द की टक्कर का कोई अन्य कवि दिखाई नहीं पड़ता। विद्यापति में सौन्दर्य-लालसा एवं रूप-सौन्दर्य की अभिव्यक्ति अत्यन्त मनोरम शैली में हुई किन्तु उसमें प्रेम की ऐसी गम्भीरता कहाँ? सूरदास की गोपियाँ भी विरह-वेदना से कम व्यथित नहीं हैं; किन्तु उनके सामूहिक रुदन में एकाकी प्रेम की व्यथा का ऐसा मौन चीत्कार कहाँ? प्रेम दीवानी मीरा अपने साँवलिया के रङ्ग में बेसुध है; अतः उनकी पीड़ा पर अलौकिकता एवं आध्यात्मिकता का ऐसा आवरण पड़ा हुआ है जो उसे अधिक चंचल नहीं होने देता। इनके अतिरिक्त नायिका-भेद की पुस्तकें पढ़कर जैसे-तैसे शृंगार-निरूपण करने वाले अन्य कवियों से तो इनकी समता ही क्या। वस्तुतः यदि इनकी तुलना किसी से हो सकती है तो इसी परम्परा के अन्य कवि रसखान और बोधा से हो सकती है। किन्तु अनुभूति की गम्भीरता, अभिव्यंजना की सशक्तता एवं प्रभाव की तीक्ष्णता की दृष्टि से ये भी घनानन्द से थोड़े पीछे ही रह जाते हैं। हमारे विचार से यदि हिन्दी के समस्त शृंगारी कवियों में घनानन्द को शीर्ष स्थान प्रदान कर दिया जाय तो अनुचित नहीं होगा। भावात्मकता के साथ-साथ शैली की प्रौढ़ता, सशक्तता लाक्षणिकता, व्यंजनात्मकता आदि की दृष्टि से भी इनकी पंक्तियाँ ब्रज-भाषा काव्य के प्रौढ़तम रूप का प्रतिनिधित्व करती हैं। इसमें कोई सन्देह नहीं है कि मध्यकालीन प्रबन्ध काव्य में जो स्थान तुलसीदास के 'रामचरितमानस' का है, वही इस काल के मुक्तक काव्य में घनानन्द के कवित्त-सवैयों का है, उनके मुक्तक हिन्दी-मुक्तकों के सौन्दर्य की चरम सीमा का स्पर्श करते हैं; यह तथ्य है।

बोधा—बोधा का मूल नाम बुद्धसेन बताया जाता है। ये पन्ना दरबार के आश्रित थे तथा 'सुभान' नामक वेश्या से प्रेम करते थे। यही इनके काव्य का आलम्बन एवं प्रेरणा-स्रोत है। इनका रचना-काल १७७३-१८०३ ई० माना जाता है। इनके मुक्तकों में सौन्दर्य, प्रेम और विरह का निरूपण अत्यन्त मार्मिक रूप में हुआ है; यथा—

(क) **सौन्दर्यानुभूति :**

एक सुभान के आनन पै कुरबान जहाँ लगि रूप जहाँ को !
× × ×
जान मिलै तो जहान मिलै नहिं जान मिलै तो जहाँन कहाँ को !

(ख) **प्रेम-पथ की विकरालता :**

अति खीन मृनाल तारहु तें, तेहि ऊपर पाँव दै आवनो है।
सुई-बेह कै द्वार सके न तहां परतीती को डांढो लदावनो है ॥
कवि बोधा अपनी धनी नेजहु तें चढि ता पै न चित्त डरावनो है।
यह प्रेम को पंथ कराल महा तरवारि की धार पै धावनो है ॥

(ग) **विरहानुभूतियों की व्यंजना :**

'कबहूँ मिलिबो, कबहूँ मिलिबो' यह धीरज ही मैं धरैबो करै।
उर ते कढि आवैं, गरे तें फिरै, मन की मन में ही सिरैबो करै ॥
कवि बोधा न चांड सरी कबहूँ, नितही हरवा सो हिरैबो करै।
सहते ही बनै, कहते न बनै, मन ही मन पीर पिरैबो करै ॥

वस्तुतः भाव-पक्ष की गंभीरता एवं मार्मिकता की दृष्टि से बोधा पूर्णतः घनानंद के लघु संस्करण प्रतीत होते हैं, किन्तु इनको अभिव्यंजना शैली में उनकी सी स्वच्छता, परिष्कृत एवं प्रौढ़ता परिलक्षित नहीं होती। इन्होंने 'विरह-वारीश' नाम की एक रोमांसिक कथा भी लिखी थी, जिसकी चर्चा अन्यत्र की जा चुकी है। इनके मुक्तक-संग्रहों में 'बिरही सुभान', 'दंपत्ति विलास', 'इश्कनामा', 'बारह मासा' आदि का नाम उल्लेखनीय है।

ठाकुर इस नाम के हिन्दी में अनेक कवि हुए हैं किन्तु प्रस्तुत कवि का जन्म ओरछा में १७६६ ई० में हुआ था। इनकी कविताओं का एक संग्रह लाला भगवान-दीन ने 'ठाकुर-ठसक' नाम से प्रकाशित करवाया था। यद्यपि इस परम्परा के अन्य कवियों की भाँति ठाकुर के व्यक्तिगत जीवन के सम्बन्ध में स्वच्छन्द प्रेम की कोई गाथा प्रचलित नहीं है फिर भी वे अपने विशिष्ट दृष्टिकोण के कारण इस परम्परा में आते हैं। उन्होंने अपने युग के शास्त्रबद्ध मुक्तककारों पर व्यंग करते हुए लिखा है —

सीखि लीन्हों मीन मृग खंजन कमल नैन,
सीखि लीन्हों जस औ प्रताप को कहानो है !
सीखि लीन्हों कल्पवृक्ष कामधेनु चिंतामनि,
सीखि लीन्हों मेरु औ कुबेर गिरि आनो है।
× × ×
ढेल सो बनाय आय मेलत सभा के बीच,
लोगन कबित्त कीबो खेल करि जानो है ॥

यहाँ उन्होंने स्वच्छन्द एवं सहज काव्य-रचना की जिस प्रवृत्ति का समर्थन अप्रत्यक्ष रूप में किया है वही इनके काव्य में भी प्रत्यक्ष होती है। प्रणयानुभूतियों की व्यंजना इन्होंने अत्यन्त सहज स्वाभाविक रूप में की है :

वा निरमोहिन रूप की रासि जऊ उर हेत न ठानति ह्वै है।
बारहि बार बिलोकि घरी घरी सूरति तौ पहिचानति ह्वै है॥
ठाकुर या मन को परतीति है जो पै सनेह न मानति ह्वै है।
आवत है नित मेरे लिए, इतनो तौ विसेष कै जानति ह्वै है॥

वस्तुतः इन्होंने प्रणयी हृदय की साधारण बातों को भी पूर्ण सहजता एवं सरसता के साथ प्रस्तुत कर दिया है। यह दूसरी बात है कि वैयक्तिक विरहानुभूतियों के अभाव के कारण इनकी कविता में वेदना की वह गंभीरता नहीं आ पायी जो इस परम्परा में अन्यत्र मिलती है।

द्विजदेव—इस परम्परा के अन्तिम कवि अयोध्या के महाराजा मानसिंह माने जाते हैं जो 'द्विजदेव' उपनाम से कविता करते थे। इन्होंने भी ठाकुर की भाँति प्रणय-भावनाओं की अभिव्यक्ति सहज स्वाभाविक रूप में की है। वहाँ कुछ पंक्तियाँ द्रष्टव्य हैं

तू जो कही, सखि ! लोनो सरूप सो मो अँखियान को लोनी गई लगि।

× × ×

एहो ब्रजराज ! मेरो प्रेमधन लूटिबे को,
बीरा खाय आए कितै आपके अनोखे नैन !

× × ×

हाय इन कुंजन तें पलटि पधारे श्याम,
देखन न पाई वह मूरति सुधामई।
आवन समैं में दुखदाइनि भई री लाज,
चलन समै में चल पलन दगा दई॥

इनके दो मुक्तक-संग्रह—'शृङ्गार-बत्तीसी' एवं 'शृङ्गार लतिका'—प्रकाशित हैं। यद्यपि घनानंद-बोधा की उच्चता एवं गंभीरता इनमें नहीं मिलती, फिर भी इनके काव्य में सरसता अवश्य है। विशेषतः ऋतु-वर्णन के क्षेत्र में इन्होंने अपनी परंपरा के अन्य कवियों की अपेक्षा अधिक रुचि दिखाई है। जिसकी प्रशंसा में आचार्य रामचन्द्र शुक्ल ने लिखा है—"ऋतु-वर्णन में इनके हृदय का उल्लास उमड़ पडता है। बहुत से कवियों के ऋतु-वर्णन हृदय की सच्ची उमंग का पता नहीं देते, रस्म सी अदा करते जान पडते हैं। पर इनके चकोरों की चहक के भीतर इनके मन की चहक भी साफ झलकती है। एक ऋतु के उपरान्त दूसरी ऋतु के आगमन पर इनका हृदय अगवानी के लिए मानो आप से आप आगे बढ़ता था।"

द्विजदेव को इस परम्परा का अन्तिम कवि माना जाता है, यद्यपि इसका प्रभाव परवर्ती कवियों पर भी पाया जाता है; विशेषतः भारतेन्दु हरिश्चन्द्र के कवित्त,

सवैयों में इस परम्परा के स्वच्छन्द प्रेम की प्रतिध्वनि स्पष्ट रूप में सुनाई पड़ती है, किन्तु काल-सीमा की दृष्टि से वे आधुनिक काल में आते हैं; अत: उनकी विस्तृत चर्चा आगे यथास्थान की जायगी। यहाँ इस परम्परा के कवियों की चर्चा समाप्त की जाती है।

१७.३. **प्रस्तुत काव्य-परम्परा की प्रमुख विशेषताएँ**—प्रस्तुत काव्य-परम्परा के विशिष्ट कवियों एवं उनके काव्य के अध्ययन के आधार पर उनकी प्रमुख विशेषताओं का निर्देश यहाँ संक्षेप में किया जाता है :

(१) **प्रेरणा-स्रोत एवं काव्य-प्रयोजन** - प्रस्तुत परम्परा के कवियोंने सामान्यत: स्वानुभूतियों की अभिव्यक्ति की प्रेरणा से काव्य-रचना की है। इस क्षेत्र में उन्होंने किसी बाह्य निर्देश को स्वीकार नहीं किया है। घनानंद ने इसी तथ्य पर प्रकाश डालते हुए कहा है -

'लोग है लागि कवित्त बनावत,
मोहिं तो मेरे कवित्त बनावत।'

अर्थात् लोग लगकर या प्रयास करके कविता बनाते हैं जबकि मुझे तो मेरी कविता (कवित्त) ही बनाती है। कवि के कथन का आशय यह है कि वह कविता बनाने का प्रयास नहीं करता अपितु अनुभूतियों की प्रेरणा से वह स्वत: ही कविता बनाने को विवश हो जाता है। यह परिस्थिति इस युग के शास्त्रीय मुक्तक रचयिताओं की स्थिति के प्रतिकूल पड़ती है, जहाँ वे केशवदास के शब्दों में कल्पना एवं चिन्तन के बल पर काव्य-रचना करते थे ('चरन धरत चिन्ता करत') वहाँ ये सहजानुभूति की प्रेरणा से अनायास ही भावाभिव्यक्ति में प्रवृत्त हो जाते थे। वस्तुत: इस परम्परा के कवि सहजानुभूति से प्रेरित काव्य को ही सच्चा काव्य मानते थे, चेष्टापूर्वक रचित काव्य का तो उन्होंने उपहास किया है; यथा -

सीखि लीनो मीन मृग, खंजन, कमल, नयन,
सीखि लीनो जस और प्रताप को कहानो है।
× × ×
डेल सो बनाय आय मेलत सभा के बीच,
लोगन कवित्त कीबो खेलि करि जानो है॥

— ठाकुर

इससे स्पष्ट है कि इन कवियों ने सच्ची कविता के मर्म को समझकर सहजानुभूति एवं सच्ची प्रेरणा के महत्त्व को स्वीकार किया था तथा यही कारण है कि हम इनके काव्य में काव्येतर तत्त्वों के स्थान पर अनुभूति की प्रधानता पाते हैं।

(२) **स्वच्छन्द प्रेम या रोमांसिकता** —जैसा कि अन्यत्र स्पष्ट किया गया है, इन कवियों के जीवन एवं काव्य में स्वच्छन्द प्रेम या रोमांसिकता की प्रधानता है। स्वच्छन्द प्रेम का अर्थ यह है कि इन्होंने विशुद्ध सौन्दर्यानुभूति की प्रेरणा से जाति,

समाज एवं धर्म के बन्धनों की अवहेलना करते हुए ऐसी नायिकाओं से प्रणय-सम्बन्ध स्थापित किया था जो अन्य जाति एवं धर्म से सम्बन्धित थीं। उदाहरण के लिए आलम, घनानन्द एवं बोधा मूलत: हिन्दू थे, किन्तु उनकी प्रेयसियाँ—क्रमशः शेख, सुजान एवं सुभान—मुस्लिम थीं। ऐसी स्थिति में इन्हें प्रेम के क्षेत्र में पर्याप्त साहस, संघर्ष एवं त्याग का परिचय देना पड़ा। मित्रों के उपहास, समाज से बहिष्कार, आश्रयदाताओं के विरोध को सहन करते हुए इन्होंने प्रेम के क्षेत्र में सत्यता, गम्भीरता एवं औदात्य का परिचय दिया। बोधा के शब्दों में वे अपनी प्रेयसी के लिए संसार के समस्त वैभव को ठुकराने के लिए सहर्ष प्रस्तुत थे—

'एक सुभान के आनन पै, कुरबान जहाँ लगि रूप जहाँ को।
जानि मिले तो जहान मिलै, नहीं जान मिलै तो जहान कहाँ को॥'

प्रेम की इसी अनन्यता के कारण इनके शृङ्गार-वर्णन में निम्न स्तर की कामुकता, छिछली रसिकता एवं बाह्य चेष्टाओं के स्थान पर प्रणय के स्वच्छ गम्भीर एवं वेदना-प्रधान रूप की व्यंजना मिलती है।

(३) **नारी-सौन्दर्य के प्रति आस्था**—इन कवियों ने नारी के व्यक्तित्व एवं सौन्दर्य को आस्था की दृष्टि से देखते हुए उसका चित्रण अत्यन्त स्वच्छ सूक्ष्म एवं उदात्त रूप में किया है। इन्होंने परम्परा के अनुसार नख-शिख की स्थूल परिपाटी का निर्वाह करने के स्थान पर उसके सौन्दर्य के प्रभाव की व्यंजना अनुभूतिपूर्ण शब्दों में की है; यथा—

'अंग अंग तरंग उठै द्युति की, परि है मनो रूप अबै धर च्वै!

× × ×

'छवि को सदन, गोरो वदन रुचिर भाल,
रस निचरत मृदु मीठी मुस्क्यानि में!'

—घनानंद

वस्तुत: इन्होंने नारी के प्रति अत्यन्त सम्मानपूर्ण दृष्टिकोण एवं अपनी परिष्कृत रुचि एवं व्यापक सौंदर्य-चेतना का प्रमाण प्रस्तुत किया है, जो महत्त्वपूर्ण है।

(४) **विरह की प्रधानता** इनमें से अधिकांश कवियों का प्रेमपूर्ण जीवन प्राय: प्रेयसी की मधुर स्मृति में ही व्यतीत हुआ था। सामाजिक परिस्थितियों की विषमता के कारण वे अपने जीवन में संयोग की घड़ियाँ प्राप्त करने में प्राय: असफल रहे। आलम ने अवश्य हिन्दू धर्म को त्याग कर अपनी प्रेयसी शेख के सान्निध्य का सुख प्राप्त कर लिया था, किन्तु अन्य कतिपय कवियों पर यह बात लागू नहीं होती। यही कारण है कि उनके काव्य में विरह-वेदना की अभिव्यक्ति अत्यन्त गम्भीर एवं मार्मिक रूप में हुई है।

(५) **वैयक्तिकता**—हिन्दी काव्य में कदाचित् ये पहले कवि हैं जिन्होंने लौकिक प्रेम की वैयक्तिक अनुभूतियों को नि:संकोच रूप में व्यक्त किया है। इन्होंने अपनी

प्रेम-कहानी सुनने के लिए न तो राधा-कृष्ण की भक्ति का आवरण उधार लिया और न ही किसी रत्नसेन या पद्मावती का आश्रय ग्रहण किया। दूसरे, यह भी कम महत्त्व-पूर्ण नहीं कि इन्होंने अपनी प्रेयसियों—सुजान या सुभान को अपनी रचनाओं में प्रत्यक्ष रूप से सम्बोधित करने का साहस किया। वस्तुतः इन कवियो की सी वैयक्तिकता आगे चलकर छायावादी एवं छायावादोत्तर कविताओं में ही मिलती है, हिन्दी काव्य में अन्यत्र इसका प्रायः अभाव है।

(६) **शैली**—इन कवियों ने अपने काव्य में प्रायः मुक्तक शैली में कवित्त-सवैयों का प्रयोग किया है। इनकी भाषा प्रौढ़ ब्रज है, जिसे इन्होंने नयी शक्ति और नया सौन्दर्य प्रदान किया। घनानन्द जैसे कवियों ने अपनी लाक्षणिक प्रयोगों एवं विरोधाभास, विशेषण-विपर्यय, मानवीकरण, रूपक, रूपकातिशयोक्ति, प्रतीक जैसे तत्त्वों के प्रयोग द्वारा उसकी अर्थ-शक्ति में पर्याप्त अभिवृद्धि की। पर इसका यह तात्पर्य नहीं है कि इन्होंने कला-पक्ष की साज-सँवार के लिए विशेष प्रयास किया अपितु यह समझना चाहिए कि भावों की सच्ची प्रेरणा एवं भाषा पर पूर्ण अधिकार के कारण ही इनकी शैली में वक्रता एवं लाक्षणिकता सम्बन्धी विभिन्न तत्त्वों का प्रादुर्भाव सहज ही हो गया।

अस्तु, इस परम्परा का काव्य भावों की गम्भीरता एवं शैली की प्रौढ़ता का एक उत्कृष्ट उदाहरण है। अवश्य ही इन्होंने जीवन के लिए कोई महान् संदेश प्रदान नहीं किया किन्तु इसमें कोई संदेह नहीं कि जहाँ तक सौंदर्य-विशुद्ध काव्य-सौन्दर्य की बात है, ये कवि किसी से पीछे नहीं हैं। इन्होंने कला की साधना विशुद्ध कलात्मक प्रयोजनों से की थी तथा इसी दृष्टि से इनकी उपलब्धियों का महत्त्व स्वीकार किया जा सकता है। बौद्धिक तत्त्वों, शास्त्रीय ज्ञान एवं नैतिक आदर्शों में न इनकी रुचि थी और न ही इसकी इनसे आशा ही की जा सकती है। वस्तुतः इनके शब्द प्रेम-विवश हृदय के सच्चे उद्गार हैं, जिन्हें इसी रूप में ग्रहण करना उचित एवं संगत होगा।

१८

मध्यकाल (विशेषतः उत्तर मध्यकाल) : सिंहावलोकन

१८.१. **मध्यकाल की काव्य-परम्पराएँ : पुनर्विचार**—अब तक हम विभिन्न अध्यायों के अन्तर्गत मध्यकाल —पूर्व मध्यकाल एवं उत्तर मध्यकाल— की इन आठ काव्य-परम्पराओं का अध्ययन क्रमशः प्रस्तुत कर चुके हैं —(१) संत काव्य-परम्परा, (२) पौराणिक प्रबन्ध काव्य-परम्परा, (३) पौराणिक गीति काव्य-परम्परा, (४) रोमांसिक कथा-काव्य (प्रेमाख्यानक) परम्परा, (५) ऐतिहासिक वीर काव्य-परम्परा, (६) रसिक भक्ति काव्य-परम्परा, (७) शास्त्रीय मुक्तक (रीति काव्य) परम्परा और (८) स्वच्छन्द मुक्तक काव्य-परम्परा। इनमें से प्रथम काव्य-परम्परा—संत काव्य-परम्परा की प्रतिष्ठा तो आदिकाल में ही सम्यक् रूप में हो चुकी थी किन्तु इसका प्रचलन व विकास मध्यकाल के प्रारम्भ से लेकर अन्त तक बराबर होता रहा। अतः काल-सीमा की दीर्घता की दृष्टि से यह हिन्दी-काव्य की सर्वाधिक दीर्घ परम्परा मानी जा सकती है। इसके अनन्तर अगली चार परम्पराएँ पौराणिक प्रबन्ध-काव्य, पौराणिक गीति-काव्य, रोमांसिक कथा-काव्य एवं ऐतिहासिक वीर-काव्य से सम्बन्धित परम्पराएँ—भी पूरे मध्यकाल में आदि से अन्त तक अबाध-गति से प्रचलित रहती हैं; अतः इन्हें भी केवल पूर्व मध्यकाल या तथाकथित 'भक्तिकाल' तक सीमित कर देना उचित नहीं अपितु इन्हें समस्त मध्यकाल की अत्यन्त प्रौढ़ एवं सशक्त परम्पराओं के रूप में स्वीकार किया जाना चाहिए। इनके अतिरिक्त शेष तीन परम्पराएँ — रसिक-भक्ति, शास्त्रीय मुक्तक एवं स्वच्छन्द मुक्तक सम्बन्धी—ऐसी हैं जिनका प्रवर्त्तन तो सोलहवीं शती ईस्वी में ही हो चुका था किन्तु सम्यक् विकास उसके बाद ही हुआ। दूसरे शब्दों में, ये तीनों परम्पराएँ ऐसी हैं जो पूर्व मध्यकाल में प्रवर्तित होकर उत्तर मध्यकाल के अन्त तक प्रवाहित रहती हैं। इस प्रकार यह स्पष्ट है कि उत्तर मध्यकाल में पूर्व मध्यकाल की सभी परम्पराएँ प्रचलित एवं विकसित होती रही हैं। इस स्थिति को और अधिक स्पष्ट करने के लिए विभिन्न परम्पराओं की तालिका काल-क्रमानुसार एवं काल-खण्डानुसार प्रस्तुत की जाती है :

मध्यकाल (१३५० — १८५७ ई०) की काव्य-परम्पराएँ

काल खण्ड	पूर्व मध्यकाल (१३५०-१६०० ई०)			उत्तर मध्यकाल (१६००-१८५७ ई०)			
काल-सीमा	१३५० ई०	१४०० ई०	१५०० ई०	१६०० ई०	१७०० ई०	१८०० ई०	१८५७ ई०
परम्पराएँ							
१—संत-काव्य	→	→	→	→	→	→	→
२—पौराणिक प्रबन्ध काव्य (तथोक्त 'राम-काव्य')	→	→	→	→	→	→	→
३—पौराणिक गीति (तथोक्त 'कृष्ण-काव्य')	→	→	→	→	→	→	→
४—रोमांसिक कथा-काव्य (प्रेमाख्यानक काव्य)	→	→	→	→	→	→	→
५—ऐतिहासिक वीर-काव्य		→	→	→	→	→	→
६—रसिक भक्ति-काव्य				→	→	→	→
७—शास्त्रीय मुक्तक-काव्य (रीति-काव्य)				→	→	→	→
८—स्वच्छन्द मुक्तक काव्य				→	→	→	→

उपर्युक्त तालिका से निम्नांकित बातें स्पष्ट होती हैं—

● सम्पूर्ण मध्यकाल एक इकाई है क्योंकि पूर्व मध्यकाल की सभी परम्पराएँ उत्तर मध्यकाल के अन्त तक प्रवाहित होती रहती हैं।

● सन् १६०० ई० के लगभग तीन नयी परम्पराओं का प्रवर्त्तन होता है; अतः इसे पूर्व मध्यकाल एवं उत्तर मध्यकाल की विभाजक-रेखा के रूप में स्वीकार किया जा सकता है।

● पूर्व मध्यकाल में भक्ति के अतिरिक्त स्वच्छन्द प्रेम, लौकिक श्रृङ्गार एवं वीरता की प्रवृत्तियाँ भी स्वतन्त्र काव्य धाराओं के रूप में प्रवाहित रहती हैं; अतः इसे 'भक्ति काल' कहना एकपक्षीय एवं एकांगी बोध का सूचक है।

● उत्तर मध्यकाल में जहाँ कुछ नयी परम्पराएँ स्थापित होती हैं वहाँ पूर्ववर्ती परम्पराओं का भी प्रचलन बराबर रहता है तथा इसमें भक्ति, प्रेम, वीरता, रीति आदि की सभी प्रवृत्तियाँ समानान्तर रूप में विकसित होती हुई दृष्टिगोचर होती हैं; अतः इसे केवल 'रीति-काल' या 'श्रृङ्गार-काल' तक सीमित कर देना भी अनुचित होगा।

● प्रारम्भिक पाँच परम्पराओं की अविच्छिन्नता को देखते हुए इन्हें किसी

एक काल-खण्ड में सीमित नहीं किया जा सकता तथा इन्हें पूर्व मध्यकाल एवं उत्तर मध्यकाल के अनुसार खण्डित रूप में प्रस्तुत करने से इनके उद्‌भव, विकास एवं ह्रास के सम्यक् बोध में कठिनाई उपस्थित होती है। इन्हीं तथ्यों को ध्यान में रखते हुए हमने इनका परिचय व विवरण भी अविच्छिन्न रूप में दिया है। इसका अन्य विकल्प यह भी हो सकता है कि पूर्व मध्यकाल की पाँचों परम्पराओं के सोलहवीं शती तक के कवियों का परिचय पहले देकर उत्तर मध्यकाल में पुनः इन परम्पराओं के शेष कवियों का परिचय प्रस्तुत किया जाता। किन्तु हमारे विचार में जबकि उत्तर मध्यकाल पूर्व मध्यकाल से पूर्णतः विच्छिन्न नहीं है दोनों एक ही काल-खण्ड के दो पक्ष हैं—पूर्व पक्ष और उत्तर पक्ष --ऐसा करना आवश्यक नहीं था। वस्तुतः विभिन्न परम्पराओं के विकास-क्रम को सम्यक् रूप में समझने-समझाने की दृष्टि से यही उचित है कि उन्हें अनावश्यक रूप से खंडित न किया जाय।

१८.२. **आश्रय-केन्द्रों की दृष्टि से विचार**—मध्यकाल की विभिन्न काव्य-परम्पराओं पर उनके आश्रय-केन्द्रों की दृष्टि से विचार करते हुए उन्हें निम्नांकित रूप में वर्गीकृत किया जा सकता है—

आश्रय केन्द्र	परम्पराएँ	मुख्य प्रवृत्तियाँ
१. धर्माश्रय :	(१) सन्त-काव्य परम्परा	रहस्यानुभूति
	(२) पौराणिक प्रबन्ध-परम्परा	भक्ति-भावना
	(३) पौराणिक गीति-परम्परा	भक्ति-भावना
	(४) रसिक भक्ति-परम्परा	रसिक भक्ति (माधुर्य उपासना)
२. राज्याश्रय :	(१) ऐतिहासिक वीर काव्य	वीरता, राष्ट्रीयता, प्रशस्ति
	(२) शास्त्रीय मुक्तक (रीति) काव्य	शास्त्रीय तत्त्व, शृङ्गार, नीति, रीति।
३. लोकाश्रय	(१) रोमांसक कथा-काव्य (प्रेमाख्यानक)	प्रेम एवं साहस
	(२) स्वच्छन्द मुक्तक काव्य	वैयक्तिक प्रेमानुभूति

उपर्युक्त वर्गीकरण से यह स्पष्ट होता है कि सम्पूर्ण मध्यकाल में तीनों ही आश्रय-केन्द्रों में काव्य-रचना की परम्पराएँ समानान्तर रूप में प्रचलित थीं; अतः किसी एक ही आश्रय-केन्द्र को प्रमुखता देना उचित नहीं है। फिर भी इतना अवश्य स्वीकार किया जा सकता है कि पूर्व मध्यकाल में राजनीतिक दृष्टि से अशान्ति थी, किसी केन्द्रीय शासन की सत्ता सुदृढ़ रूप में स्थापित नहीं हो पायी थी, विभिन्न वंशों तुगलक, लोदी, सूरी, मुगल आदि—के शासकों में सत्ता के लिए निरन्तर परस्पर युद्ध एवं संघर्ष होता रहता था तथा दूसरी ओर अनेक मुस्लिम शासकों की कट्टरता के कारण धार्मिक द्वन्द्व की भी प्रबलता थी; अतः ऐसी स्थिति में स्वाभाविक था कि राज्याश्रयों की अपेक्षा धर्माश्रयों में ही काव्य-रचना अधिक गम्भीरता से होती रही। हाँ, राजस्थान-गुजरात के वे राज्याश्रय अवश्य इसके अपवाद हैं जिन्होंने दीर्घ-

काल तक मुस्लिम शासकों की सत्ता के आगे आत्मसमर्पण नहीं किया और उनसे संघर्ष करते रहे। इसीलिए इन राज्याश्रयों में पूर्व मध्यकाल में वीरता एवं जातीयता के भावों से ओत-प्रोत काव्य की रचना हुई। यही बात उत्तर मध्यकाल के भूषण एवं लाल जैसे कवियों पर लागू होती है। किन्तु दूसरी ओर उत्तर मध्यकाल में जबकि अकबर, जहाँगीर एवं शाहजहाँ जैसे शासकों ने अपेक्षाकृत सुदृढ़ एवं स्थिर शासन की स्थापना करते हुए अपने दरबारों में कला और काव्य को भी आश्रय प्रदान किया—इससे कलाकारों के शैक्षणिक स्तर, राजनीतिक सम्मान, सामाजिक प्रतिष्ठा एवं आर्थिक वैभव में तो अभिवृद्धि हुई किन्तु साथ ही इससे उनकी कला-साधना एवं काव्यानुभूति के लक्ष्य की उच्चता एवं गम्भीरता को भी ठेस पहुँची। उदात्त सामाजिक एवं नैतिक प्रयोजनों के स्थान पर वे तुच्छ एवं वैयक्तिक स्वार्थों से प्रेरित होकर ऐसी रचनाओं में प्रवृत्त हो गये जिनसे उनके आश्रयदाताओं के काम एवं अहं की तुष्टि हो सके। फिर भी उत्तर मध्यकाल में काव्य-रचना की दृष्टि से धर्माश्रय की तुलना में राज्याश्रय को अधिक प्रमुखता प्राप्त हुई।

१८.३. **मध्यकालीन काव्य : विकास-क्रम की दृष्टि से**—यदि मध्यकाल की विभिन्न काव्य-परम्पराओं की प्रवृत्तियों को ध्यान में रखकर विचार किया जाये तो यह स्पष्ट होगा कि पूर्व मध्यकाल में जहाँ वे विकासोन्मुख रहीं वहाँ उत्तर मध्यकाल में वे ह्रासोन्मुखी होती गईं। सर्वप्रथम धर्माश्रय को ही लीजिए—इसमें जहाँ प्रारम्भ में निर्गुण ब्रह्म की उपासना, धार्मिक एकता, समाज-सुधार, सदाचार, त्याग एवं संयम की प्रवृत्तियों की प्रमुखता थी वहाँ आगे चलकर पौराणिक प्रबन्ध-काव्य-परम्परा एवं गीति-परम्परा में आध्यात्मिक, दार्शनिक, धार्मिक एवं सामाजिक आदर्शों का पतन क्रमशः होता गया। कृष्णेतर प्रबन्ध-काव्यों में जहाँ शुद्ध भक्ति-भावना, धर्म-पालन एवं लोकहित की प्रवृत्तियाँ दृष्टिगोचर होती हैं वहाँ कृष्ण सम्बन्धी काव्यों में स्वच्छन्दता एवं रसिकता के तत्त्व प्रतिष्टित होते गये। पौराणिक गीति काव्य से सम्बन्धित विभिन्न संप्रदायों—वल्लभ संप्रदाय, चैतन्य संप्रदाय, राधा वल्लभ संप्रदाय आदि—के कवियों की भक्ति-भावना में क्रमशः लोकहित एवं सामाजिक मर्यादा के तत्त्व कम होते गये और माधुर्य भाव के तत्त्वों की अभिवृद्धि होती गई। इसी का परिणाम था कि उत्तर मध्यकाल तक पहुँचते-पहुँचते भक्ति-भावना की परिणति—रसिक भक्ति भावना में हो गई।

इसी प्रकार राज्याश्रय एवं लोकाश्रय में भी पूर्व मध्यकाल की अनेक परम्पराएँ एवं प्रवृत्तियाँ उत्तर मध्यकाल में पहुँचकर अपेक्षाकृत अधिक संकुचित एवं संकीर्ण होती गईं। जहाँ पूर्व मध्यकाल के राज्याश्रय में वीरता एवं राष्ट्रीयता (जातीयता) की प्रवृत्तियाँ प्रमुख थीं, वहाँ उत्तर मध्यकाल में शास्त्रीय तत्त्वों से प्रेरित शृङ्गार व नीति की परम्पराओं का विकास हुआ। अवश्य ही उत्तर मध्यकाल में रचित काव्य की शैली में विकास एवं परिष्कार दृष्टिगोचर होता है किन्तु अनुभूति

की गम्भीरता एवं अभिव्यक्ति की स्वाभाविकता की उसमें अपेक्षाकृत न्यूनता परिलक्षित होती है।

पूर्व मध्यकाल में लोकाश्रय में रचित प्रेमाख्यानों की परम्परा में भी उत्तर मध्यकाल में क्रमशः ह्रासोन्मुखता के लक्षण दृष्टिगोचर होते हैं। उनकी कथावस्तु में धीरे-धीरे नूतनता, मौलिकता व व्यापकता के तत्व क्षीण होते गये तथा रचनाशैली भी क्रमशः शिथिल एवं प्रभावशून्य होती गई। किन्तु दूसरी ओर स्वच्छन्द प्रेम की अनुभूतियों से परिपूर्ण मुक्तकों की परम्परा का प्रवर्त्तन हुआ जिनमें भावना की गम्भीरता एवं अभिव्यंजना की प्रौढ़ता तो अपने चरम रूप में दृष्टिगोचर होती है किन्तु उनकी विषयवस्तु का क्षेत्र अत्यन्त सीमित एवं संकीर्ण है।

अस्तु, समग्र रूप में कहा जा सकता है कि उत्तर मध्यकाल पूर्व मध्यकाल में विकसित काव्य-परम्पराओं व प्रवृत्तियों के ह्रासोन्मुखी रूपों का ही प्रतिनिधित्व अधिक करता है—उसमें जो कतिपय नई प्रवृत्तियाँ प्रस्फुटित हुईं वे भी अधिकांशतः पूर्ववर्ती प्रवृत्तियों की नव परिणति के रूप में दिखाई पड़ती हैं—साहित्य की किसी सर्वथा नयी दिशा एवं नूतन दृष्टि के दर्शन उसमें बहुत कम होते हैं। अवश्य ही काव्य-प्रवृत्तियों की दृष्टि से वह भक्ति, नीति, शृङ्गार, प्रेम (रोमांस, वीरता आदि) सभी का परिचायक है किन्तु उसमें उस उच्चता, औदात्य एवं गम्भीरता की क्रमशः न्यूनता दृष्टिगोचर होती है, जिससे पन्द्रहवीं-सोलहवीं शती का हिन्दी साहित्य परिपूर्ण दिखाई पड़ता है। वस्तुतः विकास की प्रत्येक प्रक्रिया की परिणति अन्ततः ह्रास में होती है, अतः ऐसा मध्यकालीन हिन्दी-साहित्य के साथ भी होना स्वाभाविक था।